走向世界的中国历史地理学

——2012年中国历史地理国际学术研讨会论文集

主编　靳润成　副主编　宫宝利　毛　曦

ZOUXIANGSHIJIE DE ZHONGGUO LISHI DILIXUE

2012 Nian Zhongguo Lishi Dili
Guoji Xueshu Yantaohui Lunwenji

中国社会科学出版社

图书在版编目（CIP）数据

走向世界的中国历史地理学：2012 年中国历史地理国际学术研讨会论文集／靳润成主编．—北京：中国社会科学出版社，2014．4

ISBN 978－7－5161－4027－7

Ⅰ．①走…　Ⅱ．①靳…　Ⅲ．①历史地理学—中国—国际学术会议—文集
Ⅳ．①K928．6－53

中国版本图书馆 CIP 数据核字(2014)第 044375 号

出 版 人　赵剑英
责任编辑　王　茵
责任校对　任晓晓
责任印制　王炳图

出　　版　中国社会科学出版社
社　　址　北京鼓楼西大街甲 158 号（邮编 100720）
网　　址　http://www.csspw.cn
　　　　　中文域名:中国社科网　　010－64070619
发 行 部　010－84083685
门 市 部　010－84029450
经　　销　新华书店及其他书店

印　　刷　北京君升印刷有限公司
装　　订　廊坊市广阳区广增装订厂
版　　次　2014 年 4 月第 1 版
印　　次　2014 年 4 月第 1 次印刷

开　　本　880×1230　1/16
印　　张　44.5
插　　页　2
字　　数　1028 千字
定　　价　136.00 元

目　录

论中国历史地理学时空范围的拓展与分支学科的创建

黄盛璋

一 绪论

历史地理研究最早始于中国，原和历史研究合一不分，后被作为史学四大开门钥匙之一，为其分科。何谓“历史”？笔者认为，历史学研究的“历史”，是指人类改造自然，进入与自然不同的世界，即人类文明史；从人类改造自然、出现文明开始，产生食粮被称为“农业革命”，表明人类改造自然最早成立，故成为文明的决定标志，所谓历史就是文明史的起点。最新发掘确定：中国最早陶器距今为20000年前，水稻为12000年前，都是世界最早，中国文明持续发展至今，世界绝无仅有，早成共识。产生食粮的农业革命就是文明史即历史成立之始，中国早于世界，已确证不移，就不是五千年的文明史，而是上加两倍，历史地理学研究时间空间都要随之开辟，就要开创新的理论、方法、道路，尽管是长期的研究，但是问题多而大，对中国当前与今后都有很大影响，从现在开始，就要研究如何推进。

文明是人类的最大成就，文明史为历史科学各学科的研究对象，历史地理学研究只是文明史之一部分，即天、地、人之一的“地”，而以人为主导最大动力，地（即自然）为发展基础，也要利用天时、天文历法，不是单纯的地与人，而是人与地结合，形成人地关系及其发展规律，产生各种物质文明与精神文明。

改造自然、产生食粮成为文明成立与文明史起点的标志。中国栽培水稻为公元前10000年，粟黍稷也相差不远，都是世界最早，就不是五千年文明史，或文字记载加历史传说的历史，而向上增多两倍，这一部分历史在文字使用前，被称为“史前”，长期研究限于文字记载的历史，最早时间从何时开始？根本对象研究什么？过去不明，无法改进。从20世纪50年代起，笔者长期承担国家历史边界边疆研究和《中华人民共和国国家历史地图集》编绘，多次到新疆、河西考察，提出建立民族历史地理学和绿洲学与西域学研究，主办《亚洲文明》，本文将笔者数十年研究实践积累经验教训，为开辟中国历史地理学研究时间、空间、论题与分支学科的理论、方法、道路抛砖引玉，多望匡谬补缺，共同前进。

二 历史地理学应重点研究中华文明探源中“地”的问题

当前中华文明探源工程，作为国家重大研究，已进行十年、四次，第一次为预研究，第二次探源时间为公元前2500—前1500年，第三、第四次皆为公元前3500—前1500年。新近中国社会科学院考古研究所所长王巍《关于中华文明探源工程》开头就一再说明，最早定为公元前3500年就是为论证“中华文明五千年”是否可信，取得众多重要成果，应予肯定。但是要求明确是“探源”，现探出大都是流，很多距起源还很遥远，时间为3500年前的两倍，无法求到中华文明起源、形成经过，中国持续发展的文明，缺了最少2/3，探源是求最早起源，如非最早就不是源，改为探中国五千年文明，严格地说就是偷换概念。

造成如此失误，首先就在于缺乏历史地理学的认识，而又不研究，排除于外。中国文明西来说最早发起于欧洲，经历三四个世纪，数经改变，西来说在国际上仍居主要地位。1966年，国际汉学代表蒲立本刊布《吐火罗语与汉语》，首倡公元前5000年，吐火罗语与汉语同源、同祖，前2000年，分为两支，一支到印度，成为印度梵语；一支到新疆焉耆、龟兹，就是汉语来源。各国都有赞同者出版论著，包括中国，成为当前最大西来说与最新学派。由于中外存在重大争论，所以要探源查明，包括中外，都要拿出真凭实据。连对西来说起源年代也不明，不能对其专门研究，无法说明西来或外来说究竟是怎么回事。这就是考古发掘限于微观，只见树木，不见森林，缺乏宏观的指导理论造成的根本失误。

据最新发现：中国陶器出现早到距今20000年前，水稻12000年前，粟黍稷至少10000年前，都是世界最早，中国最早进入人类文明史，无一古国能与其比肩并立。明确规定探源，而改为探五千年文明，何源之求？文明探源，除时间问题外，就是“地”的问题，包括地区、地点、城、邑，国家与其人民（部族）分布，都属历史地理学的范畴，而非其他学科专业所能取代。探源工程作为重点研究，“时”与“地”之源都未能探出，考古学专业主要为发掘，很多是不能或难以发掘出来的，因此有关学科都有探源责任。上述属于地的问题，源多不明，限于公元前3500年，源无法求，地以人为主导，而产生物质文明与精神文明，地就是文明依存与发展的根本基础，仅次于天，至今地除历史地理学为专业研究外，还没有其他学科取代，我们责无旁贷。探求中国文明最早之源，追查到底，这是历史地理学研究者重大责任，大量地源研究等待进行，我们能为中国和世界做出重要贡献。

“地”上与天对，就是自然，称为“大地”，地理学研究为狭义地理，地理科学皆研究现代，分为多科，对象更为褊狭，无一专研大地学科，只有历史地理学，从1956—1957年，笔者奉命筹备世界最早的地理所历史地理研究组，“建立中国特色的历史地理学，为社会主义建设做出贡献”是先师竺可桢面交的两大任务，成为笔者的重大责任，必须完成。集数十年实地考察与实践研究，深知关键：一要提出指导研究的新理论；二要利用新方法、技术、测验手段；三要开发新资料来源；四要创建新分支学科，这些都必须通过实地研究，不断总结上升，利用考古学发掘研究，历史学史料考据，地理学与地图学遥感和实验分析新技术方法，创建宏观和微观合一的历史地理考古学。目前考古发掘勘察还很有限，中国既是亚洲最大陆国，也是最大海域国家，但发展较晚而被西方殖民侵略和东方日本军国入侵，首先从海上落后，变为穷困衰弱，笔者已筹措十年，拟创立“中国海学新学”，将郑和开辟的海路、海船、海港、海贸、海侨，发展上升成为独立的分支学科。西域与南海相对，干旱地区唯一绿洲可以居人、生活、生产，世界绿洲大多衰落、消灭，唯有中国绿洲发展居世界之最，笔者多次到新疆考察绿洲，出版《绿洲研究》在中国先行研究，创建绿洲学，作为历史地理学分支学科。

三　中国早期文明新发现为文明起源与有关学科研究提出新思路

产生食粮就是人类改造自然，成为文明成立决定性标志与文明史即历史开始，区别自然世界，进入历史时期，而与人类史、自然史、地质史、生物史等学科明确分界。利用新石器工具耕种，考古学称“新石器时代”，最早出现在冰后期，大暖期开始的全新世，过去通认为约1万年左右。中国最早栽培水稻为江西万年仙人洞、吊桶环与湖南道县玉蟾岩的先民，20世纪后期发现后，就进行多次发掘、研究，并请水稻权威专家反复鉴定，皆有栽培水稻植硅体，“确实是该遗址文化层时期遗存”。1993年、1995年、1999年，中美组成联合考古队，先后五次对仙人洞进行发掘，当时因陶片取样受限，碳14年代数据的样品和陶器的关系不准确。2003—2005年，中美联合考古队又对玉蟾岩遗址系统采取碳14年代样品，结合地层沉积微结构分析，确定距今18000年，发表于2009年PNAS杂志。2009年，又在重新清理仙人洞遗址剖面上，用同一方法、措施，确定陶器距今20000年，由北京大学吴小红、张弛教授发表在世界权威杂志《科学》（2012年6月28日），《北大文博》有最新报道，同年8月《中国文物报》全文转载，据称进一步研究了陶器最早使用等关系，水稻关系年代，文末说，问题复杂，需要研究，但陶器20000年与18000年反复检验确定，笔者请教考古所专研此问题名家，确定水稻距今12000年，可信。两处陶器与水稻年代基本明确，就是突破性新发现，其他研究结果刊布后再讨论，先就已知事实阐明其在世界文明史研究中的重要价值。

1928年和1936年，著名考古学家柴尔德一再提出“新石器革命”，将陶器出现、栽培植物、驯养动物作为新石器时代来临的标志，认为新石器时代最早起源于西亚两河流域。1960年，布雷伍德“农业革命”取代“新石器革命”并加改进，提出两河流域古文明农业最早起源于其东北扎格罗斯山地的“新月形沃地”，公元前5500年普遍废弃，而后变为与南部两河流域文明同步发展，不再存在。据西方最新研究，西亚农业社会可追溯到距今11500年，直到9000年前，才出现陶器，欧洲常有无陶期，可晚于农业生产一两千年。中国烧造陶器在新石器前，最新公布江西万年县仙人洞与湖南道县玉蟾岩陶器，分别为距今20000年和18000年，皆为旧石器末期晚更新世，而都有栽培水稻，但都没有陶器早，陶器不是新石器时代标志。陶器最早烧造，还没有水稻，但是必须与定居生活有关，为何烧造？做什么用？也不能与盛饮食器无关系，都待再发掘研究，两处水稻都是栽培约公元前1万年，笔者坚持中国文明起源中原本土论，但和原属中亚边区分开，特别是新疆与甘肃个别地方冶金铸造铜及铁器。历史地理学研究人类历史文明，而以农业革命为起点，必须从文明出现开始，坚决不同意按"中国五千年文明史"探源，至公元前3500—前1500年，而要以公元前10000年栽培水稻产生食粮的农业革命进入文明史即历史之始。中国不仅早于世界，水稻与粟黍稷都是一直持续发展至今不断，农业起源世界范围尚未能解决，成为各国文明起源重大问题，都在不断探求。中国也有许多起源问题，也要作为重点，农业是最早出现、成立的文明，人类改造自然首先成功而变为文明世界，就是以地为基础、人为主导产生解决饮食生活必需的物质文明，地是根本，就是历史地理学专业研究的重大任务。

中国长期被认为文明晚于西亚两河流域与北非埃及，所有西方出版的世界史与有关中国上古史论著，大都按此说法。16世纪欧洲东来亚洲殖民贸易进行经济掠夺，土地占据使中国从海上开始日益落后于西方，贫穷衰弱，从而被鄙视。中华文明西来说始于欧洲，1654年德国基歇尔（A. Kicher，1620—1680）于罗马出版《埃及之谜》，首倡"埃及殖民中国"，经历三四个世纪，来源地区、时间、说法虽有不断变改，但是外来说特别是西来说，在西方至今仍占主要地位。考古学很晚自西方传入，而与世界文明史对比研究，更晚而落后于西方。但是自20世纪特别是新中国成立后，考古学和其他有关科学研究取得很多重大发现，证明中国文明起源有不少不仅比西方早，而且居世界领先地位或和外国不同，考古遗址、遗物表现的文明尤为显著，取代、改变旧说，属于历史地理学的研究，目前其他学科尚未解决，应是我们历史地理学义不容辞的专业研究任务。

中国最早产生水稻的"农业革命"，开始进入人类文明史或历史，而比世界通认最早的埃及与两河流域最古文明要早几千年。西方史学界长期认为两河流域文明起源最早，成为旧大陆各地之冠，所以都起源于西亚，包括中国。以研究文明著称的汤因比晚年一直坚持将世界发展史分为四期：第一期文明中心为西亚两河流域；第二期为16世纪到二战前，中心为西欧殖民帝国；第三期是二战后，中心为美国；第四期为今后发展，中心是中国。中国文明不少起源时间最早，特别是产生食粮的农业革命的水稻与粟黍稷彻底否定了中国文明来源于西亚。

笔者提出中国文明五大特点：一是独立起源；二是与西亚平行发展；三是有中国自己的文明体系；四是有自己的文明传播地区；五是持续发展，世界绝无仅有。所以创建"东学新学"，与西学对峙，历史地理考古学作为其下分科，用于研究实践，其中直接关涉历史地理学研究众多问题，另撰专文，此不赘述。

四 文化、文明及历史地理学研究的对象与价值

历史就是人类文明史，从改造自然成立文明开始，但何谓文明？从19世纪后期起，西方“文明”与“文化”的解释定义都多达一二百种，常互用不分、观念混乱，直接关系到研究什么？有必要予以明确。

（1）“文化”、“文明”二者观念、称谓，最早都源自拉丁文，后为欧洲英、法、德等拉丁语系沿用，原意不断扩展、改变。“文明”源出拉丁文的civis，“文化”源出拉丁文curtura，直到19世纪中叶，还常为同义语。此后混乱，1871年英国著名人类学家泰勒最早解释：“文化或文明……是一种复杂丛结之全体……包括知识、信仰、艺术、法律、道德、风俗以及任何其他的人所获得的才能和习惯”，这里已具有多种用义，混淆不清。美国人类学家克鲁伯和克拉克洪合著《文化，关于概念和定义的检讨》一书指出，从1871—1951年的80年间，文化的定义至少有164种，而与文明互混更数不清，无法统计。1992年，笔者在《亚洲文明》第二集“代序”中，针对中文多按西方观念混用文化、文明概念的情况，溯流穷源，重新界定，作为“东学新学”新说，清除西方文化、文明的观念混淆和定义纠葛。

（2）“文化”本义与纯自然相对，人为对自然加工改造，改变成为各种不同形状，脱离自然状态，成为最初的文化，而为形成文明的基础。文明本义是与野蛮相对，最早是由不同时地起源的文化汇合于一，提精荟萃，成为精华，上升到相当历史阶段，形成文明。文化未提炼，可以是糟粕，而文明只能是精华。二者不同，简括地说：一是有简单与综合的差异；二是有低级与高级的区别；三是有粗放与优化的不同。例如中华文明是由各地区、各时期、各种不同的文化，汇合成为文明的长河，文化为其支河，文明用为总称，包括文化；文化在其下一级，不能包括文明。这是相对的区别，单独一字较难分辨，一般混用，字典也混注互注。历史地理学所研究的文明史，是已形成的综合文明，不是未形成的单纯文化。

（3）汉语“文化”、“文明”对译西文，笔者早指出最早非出汉译，近年有一些研究者认为是中国晚清民初所译，并发表一些专著，分析先后用法与字义发展演变，甚至把《易经》与《尚书·舜典》中所用“文明”也都收入讨论，认为古代中国“文明”一词，与现代西方所使用文明概念的基本含义具有某种相同之处。但是按照晚清中国（或传教士）出版编译的欧语字典，日本语早有“文明”（ブンメイ）、“文化”（ブンカ），“文”读ブン（ben），“明”读メイ（mai），“化”读カ（ga），都是唐音，来自中国古籍，很早就进入成为日本语。但是日本最早编译西文英、法、德等语字典，源出拉丁文civis译注为“文明”或兼注“文化”，curtura译注“文化”，包括其名、动、形词性，都不用上述唐音日文，证明使用“文明”、“文化”，日本早于中国。

（4）《易经》中“文明”不是也不能含有西方文明某些意思。《舜典》的“文明”完全套用《易经》，它是东晋梅颐所献伪古文，宋以来研究者考为伪作，至清初阎若璩《古文尚书疏证》，经乾嘉学派验定成为定论，最新发现清华简《尹诰》就是伪孔传

《咸有一德》，而与之完全不同，《舜典》“文明”一词出于伪作，铁证不移。有人引清初李渔文证明中国古书“文明”，也有近似西文“文明”之意，《易经》的“文明”，两三千年都已不用，李渔文中的“文明”与《易经》没有关系，他不懂拉丁文，当时西方“文明”、“文化”尚未成为固定的概念，传教士也没有将之传入中国，有关论著并未使用“文明”或“文化”字样，不管怎样说，和西文“文明”风马牛不相及，凭此一根稻草，证明中国古代也有近似西方“文明”的概念，妄牵是研究大戒，笔者不能赞同，另有专文详论。

人类文明的发展具有伟大的历史意义，文明史研究在当前仍然具有重大的学术价值和现实意义。

（1）历史就是人类文明史，是人类将自然世界改造改变成为人类文明社会，是人类的最大成就与精华会聚的结晶，历史就是由文明的起源、形成、发展、传播、兴衰等全过程组合起来的。总之，文明的伟大历史意义是人类长期劳动创造集中的结果，没有它，就没有人类社会的发展，以至今天，作用之大无须多说，但是因有地区大小、时间早晚长短、成就多少等而有差异，还需要有上述比较标准，以为衡量区分。

（2）世界文明古国从四个最大最多到九个最大都有中国，而犹太、阿拉伯和新大陆某些较晚古国尚不在内，时间早晚成为一个主要因素。过去曾以埃及历法、文字等起源早于他国，作为世界最早文明古国。后又以两河流域文明在前，为世界最早，旧大陆其他古国文明都是来源于此处，包括中国在内，以考古学家柴尔德为代表力主此说，而为西方考古学家、世界史家所赞同。以研究文明闻名于世的汤因比，以《历史哲学》巨著作为定论，直到1976年死后出版遗著，分世界文明发展为四期，第一期就是以两河流域文明为世界最早起源发展中心，中国虽被定为四大或九大文明古国，但是一直被认为晚于两河流域和埃及，甚至晚于古印度文明。据最新发现，中国陶器最早为距今20000年，比西方至少早10000年，烧造陶器必须定居，出现原始农业，用为饮食器，人类改造自然开始，而为最早文明远在新石器时代之前，不能作为标志但是不能与定居生活无关，考古发掘者对此尚在继续研究，未做解释。笔者按历史地理学研究，提出如此推断，姑妄言之，尚待发掘验定。不管怎样说，这是中国最早改造利用自然的重大成果，世界无可能比，成为中国先民的重大突破。

（3）2011年10月，党的十七届六中全会提出把文化强国作为发展国策，长期施行。而美国提出重返亚太海军舰队60%和自阿富汗与伊拉克撤出的美军近10万，全部派驻于亚太各要地以维护、巩固其世界霸权主义与霸主地位，长期不变。其视中国为最大敌手，希拉里四处奔走中国周边诸国，阻遏中国崛起。美国东进亚太主要依靠海、陆、空军和核武器，控制亚太海路，防阻中国海上发展，将长期不变，无法躲避，我们对此必须从军事、政治、经济多方面做好准备，海上建设尤为关键，有文有武，两手进行。实施文化强国战略，以文克武，中国长期用文化优势之力，成为世界强国，获得显著成功，成效很大，已有历史证明，现定为发展国策施行，以文兼武应对美国东进亚太，实为上策。

（4）文化强国，十七届六中全会提出要求与方向，具体如何实施是问题关键。历史地理学应以其作为重大课题，有关研究者要发挥所长，而为国家需要贡献力量。美国东进亚太直到中国家门外海的南海、东海，为阻遏中国崛起，联络东盟诸国某些国家，支持向中国声索海岛。当前日本掠夺钓鱼岛、菲律宾占黄岩岛与中国对抗，都是依靠美国为其后台，美国给予军备、经济等支援，造成亚太沸腾。根子在于美国东进亚太，如何切断它还要多方面措施，包括军事、经济、文化，综合应对不能单靠一种方法。而应对美国，应该有专门研究及对策。

（5）美国保护其世界霸权与霸主地位战略不会改变，特别是其新的亚太战略，使得中国南海、东海难有宁日。南海、东海，西方曾称为“大明海”、“大清海”及“中国海”，其中许多内容可以将其作为历史地理学研究对象，我们的学术研究也要为国家分忧解难，贡献力量。对此，历史地理学的专门研究不能熟视无睹，需要作为专门与长期的研究计划，而尽我们应尽责任。关于详细讨论，拟专文述及。

当前中国文明求源作为国家重点工程，是以考古学研究为主干，附加部分为上古史研究。考古学特长为发掘，无可代替，应作为重点研究，但发掘限于微观与点，文明与其发展都属宏观，例如“国家是文明的概括”就是宏观之面，难于或不能发掘。历史地理学研究贯穿古今，重在宏观，综合考察，与细部分析合一，微观与地理之点定位、定代，常要利用考古学发掘，所以需要创建历史地理考古学，微观与宏观合一，从最早出现文明开始。文明求源只到公元前3500年，就是将中国文明史全过程拦腰斩断，仅留下身，头已不在，还求什么源？没有最早文明，起源丢掉，最早来源时地不明，缺乏历史地理认识与研究，造成对中国最早文明无知。这是历史地理考古学的根本任务，没有它的参与，有关难题难以解决，所以应以其作为重点，彻底查明中国文明之源。

中华文明探源是重大学术问题，有关学科都负有研究责任，以某一学科为主办，不能解决其他学科研究难题，考古学研究可以作为重点进行，但是微观与点的发掘，诸多问题发掘不出，微观之外看不到，不能自知，不能自以为得。笔者在《亚洲文明》第四集的《“东学新学”文明求源百咏（代序）》中指出：考古发掘限于微观之点，当前存在十大误区，一半以上都是考古研究造成的。为此，创建历史地理考古学，二者互助，取长补短，匡救彼此缺陷，而以人主导地即自然改造，形成人地关系的发展规律，作为创建此学的指导理论与方法论。20世纪八九十年代，创办《亚洲文明》，会聚有识之士，共建此专门独立学科。历史地理学研究对象为中国文明史全过程，从起源开始，经形成、发展、传播（时间、地域），就是从农业革命产生文明开始，直到衰亡。当前中国最早文明求源，就是历史地理考古学根本研究任务，至今被排除于外，对中国文明求源造成很多损失。其根本问题就是缺乏历史地理考古学认识，而又排除其研究，历史地理学不仅可为中国文明求源，也可为世界文明史重大问题研究做出贡献。

五　中国历史地理学的进程及特征

历史学与历史地理学都是研究人类文明史的学科，历史学研究从人类原始社会开始，历史地理学研究要从农业革命出现文明开始。使用新石器工具耕种，就是其时间起点，而不是文字记载加上传说的四五千年的文明史，研究时间拓展至两倍，内容与问题等都随之增加多倍，为此必须开创新的分支学科分别进行研究，都需要有理论、方法指导完成。总之，这是长期的、多学科、多人、多课题研究的艰巨任务，关键在于"实践出科学"、"万事起头难"、"千里之行，始于足下"，遵依中国古老格言，立即起行，迎头赶上。

历史地理研究起于时间发展引起的地理上地点与地名变化，越久变化越大。中国文献丰富，历史地理研究最早，开世界之先河。《禹贡》就是以当时地理作为基础，上溯最早建立国家开创者夏禹之时的自然山河土壤分布，政区九州划分，与其人民、部族分别和生产、交通、贡赋等经济地理，被中外推为中国历史地理研究之鼻祖，实属战国儒家在大一统思想引导下理想复古的地理著作。真正历史地理学研究开创是在西汉后期，《汉书·地理志》说"汉承百王之末，国土变改，民人迁徙，成帝时，刘向略言其《域分》……朱赣条其《风俗记》"，又说"地名又数改易"，成为历史地理问题表现最为明显的问题，时间越久，改变就越多越大，不是靠人的记忆所能解决，最重要就是寻找证据，这就是历史地理学最早产生的根本原因之一。刘向著《域分》就是国土疆域变迁需要讲明，最早沿革地理；朱赣著《风俗记》就是各地民俗异同变化，地方史志的前身，而后为历代继承、改进、发展，产生历史地理大量著述，世界无可比拟，经验教训值得总结。

中国历史悠久，文明遗产丰富，历史文献浩如烟海，皆为历史地理学研究铺垫基础，历史地理研究成就众多，世界领先。历史地理学发展由简单到复杂，最初与历史学合一研究，作为历史学四大门钥之一，与历史学总称"史地之学"，实际上尚未成为独立学科，大量皆为历史叙述，缺乏上升为理论的方法论，关键就在限于文字记载的历史研究。由于记载的有限性，我们的认识仅为文明史或历史之后小半部，其前大半部文明史都只能付诸阙如。近代考古学兴起之前，只能依靠文字记载和历史传说，无可厚非，其他已经逝去的文明，越早越难找到遗存，资料与方法限制了人们认识的程度。

考古学兴起之后，地下材料日益发现增多，其他有关现代科学如水文、生物、土壤、森林、水利等，以及测验技术和先进方法不断涌现，到了20世纪，可以说是"日新月异"、"层出不穷"，历史地理学研究不能再仅仅延续依靠文字记载与历史传说的资料和方法，时间与空间必须开拓，首先就是时间上限，随之就是空间地域，要依中国历史实际不断发展。1954年，中国科学院筹设地理研究所后，筹委主任竺可桢调笔者筹设历史地理组。1956年，竺可桢先生面谕两条：一是创建现代科学的中国历史地理学；二是为社会主义建设服务，做出应有成绩。直到1988年退休，都由笔者负责地理所历史地理组的研究工作，任务主要由上方交办限期完成，最大有两项：一是历史边界、边疆研究；二是《中华人民共和国国家历史地图集》的地图编制。前者每年不断下达，必须按要求完成，大多不能公开，新疆成为重点，为此笔者多次实地考察，并和彭加木横穿干无滴水的罗布荒原，最后步行进入没有生命的死都楼兰古城，从而获知它位于楼兰海口三角洲上，屯田汉人不惯胡语，而用汉语称为海头。王国维认为名为海头就不是楼兰城，他从未到此，以为此城则在东北隅，而与《水经注》记在西北不合（《流沙坠简叙》），实则就是在其西北。

六　历史地理学与中华文明史研究的拓展

历史地理学研究的历史是人类文明史，“文明”与“文化”皆源于西方，中文中的“文明”、“文化”都是转自日本最早译名，不是中国原有。最早《易经·乾》“见龙在田，天下文明”，同书《贲》“文明以止，人文也”，包括古籍屡用之“文化”，与今日观念根本不同。对此，应予明辨。文化的本义是和纯自然对立，最简单的解释就是人为对自然加工改造，改变原状，与自然区别，成为人工生产品，称为文化，它是文明形成的基础；文明则是一些来自各处文化会聚发展上升到相当高度，脱离野蛮状况，进入与野蛮不同的文明世界。考古证明：野蛮时代可以有各种不同文化，尚未进入文明，文明世界就不能容有野蛮。文明在野蛮之上一层，就是一些文化综合与取精荟萃，上升为文明。中华文明就是由各地区、各时期、各种不同的文化汇合而成的长河，由主流、支流或岔流组成。历史地理学研究对象总起来说就是这一中华文明长河，文明包括各种文化为其形成、组合成分与基础，但是文化不能包括文明，不能反过来，而西方的“文明”、“文化”被纠混成为乱丝，至少表明西学在文明研究这一点上的停滞不前。笔者曾在《亚洲文明》第二集《代序》中提出创建中国“东学新学”以与西学对峙，就是从分析西文“文明”、“文化”混乱开始，匡谬补缺，以为中国文明研究“开端发轫”，并结合当前需要寻求新知。

历史学研究文明史始于原始社会与以后发展，仍以文字记载史料为主。考古学研究历史遗址、遗物，包括旧石器时代，大多在历史文明之外。至于历史地理学，过去研究时间如历史学，对象为地理，究竟属地理科学或历史科学，皆有主张，越早越缺乏地理史料与研究方法，现虽加用考古发掘遗址资料，但仍然非常有限，很多没有或不能发掘，一般只能为文字记载加历史传说，要前进就必须改变、改进。研究对象是天地人之地，要以人为最大主导动力，地为利用基础、依存载体，产生人地关系，成为发展的关键因素，决定前进的方向道路。以农业革命为起点，拓展历史地理学的时空范围，并在理论与方法上有所创建。

文明分为物质文明与精神文明，直接关系人的生活、生存与发展，不能偏废。物质文明主要是利用、改造自然，产生农业、畜牧业，是人类生存、生活的根本依靠。最初为采集、游牧，直到产生食粮，表明改造自然开始成立，出现与自然界不同、对峙的另一世界，称为文明与“农业革命”。中国栽培水稻世界最早，并沿长江上下持续发展而遍及中国上古各地区，后更成为世界广泛食粮，通用至今，持续不停。

中国北部黄河流域黄土地带是最早栽培粟地区，太行山东麓的徐水南庄头、北京东胡林、燕山南麓的转年三处新石器遗址，是迄今已发现的公元前8000年左右粟作（粟黍稷）农业地区。稍后分布更为广泛，黄河裴李岗、磁山，山东后李、西辽河、大凌河及燕山北麓兴隆洼等新石器遗址，都是粟黍稷生产区。一般认为：粟原产地为中国，向北发展传到朝鲜与日本，辗转传到各国。1985—1986 年，中科院遗传所李璠教授在甘肃民乐县东灰山新石器遗址发现多种粮食碳化籽粒，论证普通小麦、普通大麦中国为产生原地，向外发展、传播。最近，李水城《中国境内考古所见早期麦类作物》将中国境内所出和西方对比研究，认为在西亚叙利亚、土耳其、伊拉克、伊朗和南欧希腊克里特岛所发现公元前五六千年的普通小麦，是经新疆、甘肃传入，可能性较大，笔者以为如此之早，根本不可能。在张骞凿空之前，中国与西方根本没有交通往来，也无法数万里长途跋涉、翻山越岭，越过号称天险的帕米尔高原，无法进入新疆，甘肃更不用说。农业起源可以多元，不能只一个地方，现已有很多证据动摇了一元说，中国大、小麦起源还有待更多证据，未发现前，都需要不断地研究探溯。

物质文明主要为农业、畜牧业和手工业的各种生产活动及其产品，包括各类生产生活用具和用品。精神文明如各种宗教、祭祀、占卜等，还有城邑、国家、政治、军事组织等。中国多为世界最早，或为中国特有，尚有许多信息未能查明，中国历史地理学必须认真加以研究。开始改造自然，属原始文化，包括采集与渔猎食物。而到生产粮食，改造自然成立，人类文明时期开始。历史地理学是文明史研究的重要力量之一，有其独特的视角和方法，中国历史地理学对于中华文明史研究的不断深化必将发挥极其重要的作用。

（作者单位：中国科学院地理科学与资源研究所）

走向世界：对于中国世界历史地理研究的思考

毛　曦

中国历史地理学的发展经由传统向现代转型直至今天，研究范围不断拓展。[①] 从理论上讲，中国历史地理学不仅是研究中国历史地理的历史地理学，也应是研究世界历史地理的历史地理学。到目前为止，我国的中国历史地理研究业已取得非凡成就，研究领域极其广泛，但世界历史地理研究的开展极其有限，仍属极其薄弱的学术领域。不言而喻，中国世界历史地理研究的推进不仅对于历史地理学的整体发展乃至中国学术走向世界具有重要的学术价值，同时，在我国综合国力不断增强并积极参与全球国际事务的今天，也具有重要的现实意义。如何系统开展世界历史地理研究，特别是在历史学一级学科已做出调整的新情况下，如何从学科建设的高度做出响应，都是亟待解决的重要问题。笔者不揣谫陋，在梳理总结中国世界历史地理研究的历史与现状的基础上，就世界历史地理的学科问题及专业研究工作的全面开展提出粗浅看法，以做引玉之砖。

一　从周边到全球：中国世界历史地理研究的渊源与现状

"世界历史地理"，亦称"域外历史地理"或"外国历史地理"。从逻辑来说，与"中国历史地理"相对应，"外国历史地理"之称更为准确。而"域外历史地理"之称与"外国历史地理"接近，只是属于较为传统的用法。但若以我国目前的学科划分及其名称来看，历史学目前分为中国史、世界史、考古学三个大类，地理学也可分为中国地理和世界地理，据此，中国的历史地理学应该分为中国历史地理和世界历史地理。因此，"世界历史地理"之称与其他名称相比更为妥当。

我国对于世界历史地理的探索由来已久，早在先秦时期，对于中国周边地区的历史地理就具有了一定的认识，《山海经》、《穆天子传》等文献对此有一定的反映。秦汉以来，《史记》、《汉书》等一大批历史文献对于世界历史地理有着大量的记载。清朝康熙时期陈梦雷编辑完成的大型类书《古今图书集成》是对明代及其以前各种文献资料的分类汇编，其中《方舆汇编》之《边裔典》设有542部，包括140卷，对中国

① 毛曦：《全球史观与中国历史地理学研究范围的拓展》，《天津师范大学学报》2009年第1期。

境内周边民族及所知的世界各国各地区的历史文化，包括历史地理的相关文献进行分类编选，可谓中国世界历史地理文献的集中体现。① 近年来编纂并陆续出版的《中华大典》是继《古今图书集成》后又一部规模宏大的大型类书，其中专门设置有《历史地理典》（邹逸麟主编、葛剑雄副主编），《历史地理典》再下设历史地理综论分典、历史人文地理分典、历史自然地理分典和域外历史地理分典共四个分典。赵永复、傅林祥主编《中华大典·历史地理典·域外分典》② 辑录了1912年以前我国有关世界历史地理的历史文献资料，内容分为综论总部、亚洲总部、欧洲总部、非洲总部、美洲总部（包括南、北美洲）和大洋洲总部共六个总部，除综论总部外，各洲总部下以国、地区、聚落、民族和部族设部。较之《古今图书集成》之《边裔典》，《中华大典》中《域外分典》不仅收录资料范围更为广泛，而且应属于更严格意义上的中国世界历史地理文献的类编。这些文献资料反映出不同时代中国的世界知识和世界观念，也体现出中国认识世界历史地理的悠久历史和艰辛历程。

毋庸置疑，由于社会活动范围和思想观念等诸多方面的原因，伴随着历史的演进过程，虽然我们对于世界地理的认识范围在逐渐扩大，水平在逐步提升，但相对来看，在很长时间内，依然处于一个较为低级的认识阶段。在明代中叶以前，中国人关于世界地理的认识范围尚不及世界之半。除中国周边地区的国家外，认识范围仅包括欧洲东部和非洲北部等地，并且对于欧洲等地区的认识也十分粗浅，与同时期西方发达国家对于世界地理的认识相比已明显落后。直至明后期，对于世界地理的认识方才有所觉醒和加快。“随着十五六世纪西方地理大发现的到来，以及明后期西方传教士的来华，中国人关于世界地理的认识发生了质的飞跃，到清末时，中国人的地理视野已遍及世界各主要地区，已对世界地理概况有了比较全面、准确的认识。”③ 如1910年刊印的王先谦的《五洲地理志略》，较为完整地记述了除南极洲之外的各大洲的215个国家和地区的地理信息。

民国以降，我国地理学和历史地理学渐次完成了从传统向现代的转型，现代学科体系得以形成和发展，对于世界地理的认识获得了全新的推进和提升，对于世界历史地理的探索也取得了一定的成就。从历史过程来看，对于世界地理认识的空间范围在逐渐扩大，认识范围已遍及全球；认识的内容无论自然与人文均已更加丰富和全面；认识的科学性及其体现出的认识能力在不断增强。不同历史时期对于世界地理的认识均可视为现代历史地理学的研究对象，历史上有关世界地理的认识较少涉及历史地理的内容，而我们今天在认识世界地理的同时，有意识地去探索世界各地历史地理的内容，正反映出学术的发展和认识的进步。

到目前为止，我们对于世界历史地理的认识有了一定的进展，表现在翻译、研究和教学三个方面。

---

① 张星烺编著、朱杰勤校订《中西交通史料汇编》（全6册，中华书局1977年版）从《古今图书集成·方舆汇编·边裔典》中辑录了大量有关明代及其以前中国与欧洲、非洲和亚洲的西亚、中亚、印度半岛各国或地区长期交往的多种史料。

② 赵永复、傅林祥主编：《中华大典·历史地理典·域外分典》全3册，浙江古籍出版社2008年版。

③ 赵荣、杨正泰：《中国地理学史（清代）》，商务印书馆1998年版，第161页。

（一）国外历史地理著述的翻译

国外历史地理著述的翻译包括：①对历史地理学理论方法著述的翻译，如苏联学者 B. C. 热库林的《历史地理学——对象与方法》（韩光辉译，北京大学出版社 1992 年版）、日本学者菊地利夫的《历史地理学导论》（10 篇系列论文，辛德勇译，连载于《中国历史地理论丛》1987—1989 年各期）和英国学者贝克的《地理学与历史学：跨越楚河汉界》（阙维民译，商务印书馆 2008 年版）等。②对国外地理学史、地理学思想史及历史地理学学术进展等有关著述的翻译，如英国约翰斯顿的《地理学与地理学家》（唐晓峰等译，商务印书馆 1999 年版）、美国普雷斯顿·詹姆斯的《地理学思想史》（李旭旦译，商务印书馆 1982 年版）、杰弗里·马丁的《所有可能的世界：地理学思想史》（成一农等译，上海人民出版社 2008 年版）和吉恩斯的《澳大利亚的历史地理研究》（赵中枢译，《地理译报》1989 年第 3 期）等。③少量国外历史地理研究专著的翻译出版，如美国拉尔夫·布朗的《美国历史地理》（上下册，秦士勉译，商务印书馆 1978 年第 1 版，1990 年第 2 版）和苏联卡列斯尼克等著《苏联地理（总论）》（全2 册，其中含有历史地理专门章节，东北师范大学外语系等译，商务印书馆 1997 年版）。翻译工作目前开展得相对较多，但仍有大量工作留待后续进行。

（二）世界历史地理的学术研究

这方面的成果可以分为五类：第一类是有关世界历史地理学科问题的分析研究。包括：①历史地理学理论方法的探究。理论方法问题的分析往往是兼涉中外，如姜道章的《历史地理学》（台北三民书局 2004 年版）第一编《历史地理学的理论方法》，在总结中外历史地理研究成果的基础上，就历史地理学的性质、主题、对象、资料和方法提出了自己的观点；阙维民的《历史地理学的观念：叙述、复原、构想》（浙江大学出版社 2000 年版），则以英国出版《历史地理学杂志》刊文为基础，系统分析了西方历史地理学的理论与方法问题。②对于世界地理学史、世界历史地理学史和世界历史地理研究动态的总结分析，如赵中枢的《达比对历史地理学的贡献》（《自然科学史研究》1994 年第 3 期）论述了英国著名历史地理学家达比对历史地理学学科性质、历史与地理关系及其对世界尤其是中国现代历史地理学的影响；侯仁之的《西方历史地理学的发展》（《地理译报》1982 年第 4 期）介绍、分析了西方历史地理学的发展状况与最新进展；姜道章的《历史地理学》一书对美国、英国、法国、日本等国的历史地理学研究状况做了系统的介绍和分析，其中包含了这些国家对于中国历史地理研究的情况；陈桥驿的《日本学者的中国历史地理研究》（《历史地理》第 6 辑，上海人民出版社 1988 年版），则专门提供了国外关于中国历史地理研究的学术信息。③对于中国认识世界历史地理的学术史探讨，如史念海的《隋唐时期域外地理的探索及世界认识的再扩大》（《中国历史地理论丛》1988 年第 2 期）一文，总结了隋唐时期对于世界地理认识的贡献；张箭的《古代中国人足迹和地理知识的北至》（《历史研究》1999 年第

6期）一文，论述了古代中国对于世界地理的有关认识。

第二类是中外历史地理的比较研究，如侯仁之的《从北京到华盛顿——城市设计主题思想试探》（《城市问题》1987年第3期）、李孝聪的《中西封建社会城市形态的比较研究》（马克垚主编的《中西封建社会比较研究》，学林出版社1997年版）等。

第三类是世界历史地理的专题研究，主要有对某个国家或地区特别是中国周边国家或地区历史地理的研究和中外交通交流的历史地理研究，如黄盛璋的《文单国——老挝历史地理新探》（《历史研究》1962年第5期）和《十七世纪中叶以前柬埔寨国都与国际贸易港变迁考》（《中国社会科学》1990年第3期）等涉及外国历史地理的专题研究；又如侯仁之的《在所谓新航路的发现以前中国与东非之间的海上交通》（《科学通报》1964年第11期）、黄盛璋的《中外交通与交流史研究》（安徽教育出版社2002年版）等著述对于世界交通交流进行历史地理研究。

第四类是世界历史地理工具图书的编著，如孙文范编著的《世界历史地名辞典》（吉林文史出版社1990年版）、张芝联和刘学荣主编的《世界历史地图集》（中国地图出版社2002年版）等。

第五类是世界史和地理学中非历史地理方向研究包括世界地理研究对于世界历史地理相关内容的涉及，如张箭的《哥伦布第二次远航与旧大陆生物初传美洲》（《历史研究》2005年第3期）和《甘薯的世界传播史》（《中国社会科学报》2012年9月5日）等。

（三）世界历史地理的教学工作

世界历史地理专业课程的开设是培养本专业研究人才的重要途径，然而，由于中国世界历史地理研究相对薄弱，至今尚无法为大学本科或研究生开设"世界历史地理"课程。复旦大学历史地理研究中心外聘意大利学者斯特凡诺·皮亚斯特拉（Stefano Piastra）率先在国内开设了"欧洲历史地理"专业课程，这无疑对于我国世界历史地理研究队伍的培养及学术研究的推动具有十分重要的作用。

总之，我国的世界历史地理研究虽然已经取得一定的成绩，且显现出了一定的特点，即目前依然以译介为主，研究工作尤其是对世界历史地理的专题研究开展得远远不够，但这些译介和研究为新时期中国世界历史地理研究的深入系统展开提供了必要的条件和相关的学术研究基础；另外，在一定程度上说，我们对于世界历史地理的关涉，仍主要是以中国历史地理的研究为中心或出发点，一是关心国外有关中国历史地理研究的进展状况，以便为专业研究提供资讯；二是关注历史地理学的学科理论问题，包括历史地理学理论、地理学史、地理学思想史等，引进先进的学科理论观念与研究方法，以便推动中国历史地理学的发展，促进中国历史地理各项研究的深化。但从学科构成来看，我们对于世界历史地理的研究尚缺乏系统性与整体性，研究中涉及的国家和地区及专题专门领域还十分有限，时间范围上多以近现代为主而古代涉及偏少，至今尚未形成中国世界历史地理研究的专门领域及其分支学科，离该领域研究真正全面系统地展开尚存在较大的差距。

二　世界史与地理学：新时期中国世界历史地理研究的学科隶属

2011 年 3 月，国务院学位委员会、教育部联合颁发《学位授予和人才培养学科目录（2011 年）》，在历史学类首次设置考古学、中国史、世界史三个一级学科，这一学科调整必将对历史学类学科的发展和专业学术研究的引导产生重大的影响。世界历史地理研究应该是历史地理学研究的重要组成部分，随着历史学一级学科的调整，该领域学术研究的发展面临着新的机遇和新的问题，既包括对原有研究领域的强化，又包括对新的研究领域的开拓。

（一）中国史中的世界历史地理研究

从理论上讲，中国的历史地理学以全球空间之历史地理为研究范围，既研究中国历史地理，也研究世界历史地理。在原历史学一级学科中有历史地理学二级学科的设置，历史地理学研究包括了中外历史地理的研究。而从实际来看，由于各方面的多种原因，我们的历史地理学目前依然主要从事的是中国历史地理的研究工作，对于世界历史地理的研究极其有限。随着历史学的学科调整，中国史成为独立的三个一级学科之一，原历史地理学专业被归入中国史之下，虽然反映了我们历史地理学的现实状况即目前主要从事中国历史地理研究，但却限制了学科的发展即尚须开展世界历史地理研究。原历史地理学专业实际上调整为中国历史地理专业，完整的历史地理学被分割为中国历史地理与世界历史地理两大部分，要在中国历史地理中系统开展世界历史地理研究显然是不合情理的。当然，中国史中的中国历史地理研究仍然可以在一定程度和层面上参与世界历史地理的专题研究。

一是历史地理学理论方法等学科问题的研究。历史地理学学科问题尤其是学科理论方法问题往往具有超越国家地区历史地理研究之上的普遍价值与意义，源于某些国家和地区历史地理学的理论方法，可对其他国家和地区历史地理学的发展产生积极促进作用。中国历史地理研究及其中国历史地理学的发展，不仅要探研和借鉴世界先进的历史地理学理论方法，还要挖掘自身的理论方法及其特色，将中外学科理论方法加以整合融通，进而推进中国乃至世界历史地理学的发展。可以说，包括世界历史地理学在内的历史地理学理论方法等学科问题的研究，应是中国历史地理学研究的重要内容之一。

二是以中国历史地理研究参与全球历史地理的整体研究。中国历史地理是全球历史地理的组成部分，全球历史地理研究同时需要研究中国历史地理，对于全球历史地理的整体研究可以有中国学者的中国历史地理研究参与其中。另外，一些历史地理问题往往关涉整个世界范围，如包括历史时期气候变化在内的自然环境变迁等历史自然地理问题，以及早期人类迁移、历史上不同地区文化交流等历史人文地理问题，都需要从整个世界范围进行考察研究。

三是开展跨国家地区的历史地理研究。以中国历史地理研究为核心，积极开展与中国相邻的包括中国部分地域在内的跨国家地区的历史地理专项研究，既是以自然地理单元为基础的区域历史地理研究，同时也是拓宽研究者学术视野、拓展中国历史地理学研究范围的重要路径之一。如东北亚历史地理研究，就是依据自然地理单元选定地域范围，属于跨国家地区的历史地理课题。

四是中外历史地理的比较研究。比较研究是学术研究的常用方法之一，通过比较可以较为容易地发现所比较对象各自的异同及特点。中外历史地理的比较研究，不仅属于世界历史地理的内容，而且也隶属于中国历史地理研究的范围。如李孝聪极为重视中外历史城市地理的比较研究，并认为这种比较研究是中国历史城市地理研究的重点之一。中外历史地理的比较研究，应是深化中外历史地理学研究的途径之一。

五是开展世界历史地理背景下的中国历史地理研究。“把历史课题（哪怕属纯粹一国范围内的课题）放在全球背景下来观察，这可以使研究具有新的深度和广度。比如我们研究中国史，如果能把一个题目与当时世界的大背景联系起来，一定可以发掘出新的意境。”① 把中国历史地理作为全球历史地理的有机组成部分而加以研究，同样可以“发掘出新的意境”，不仅可以拓展中国历史地理学的研究范围，而且更便于发现中国历史地理的特点，把握中国历史地理的世界地位及对世界历史地理的重要影响等。

（二）世界史中的世界历史地理研究

世界史原为历史学中的二级学科，经学科调整，世界史成为历史学类中的三个一级学科之一，经此调整，世界史学科的地位得以显著提升，势必将极大地促进中国世界史学科的发展和世界史研究的繁荣。在世界史一级学科中可设立诸多二级分支学科，考虑到学科调整后我国历史学中历史地理学遇到的新的问题，特别是历史学类的世界历史地理研究的学科隶属尚不明确，因此，笔者建议增设世界史的世界历史地理二级学科。世界史中的世界历史地理研究应是我国世界历史地理研究的主体部分，中国世界历史地理的系统研究不仅可以不断丰富和深化中国的世界史研究，促进世界史学科的完善和发展，而且可以极大地推进我国历史地理学的整体发展，助推历史地理学研究早日走向世界。走向世界的中国历史地理学，既要有我国中国历史地理研究的国际化发展②，更需要中国世界历史地理广泛而系统地开展并不断取得数量丰硕且具有国际影响的质量上乘的学术成果。

（三）地理学中的世界历史地理研究

历史地理研究兼跨历史学和地理学，历史地理学也一直被同时视为历史学与地理学的分支学科。地理学为理学类的一级学科，我国地理学学科中有历史地理学方向的

---

① 钱乘旦：《探寻“全球史”的理念——第十九届国际历史学科大会印象记》，《史学月刊》2001年第2期。

② 葛剑雄：《中国历史地理研究的世界意义》，《中国社会科学报》2009年9月22日第3版（历史学版）。

设置，如北京大学地理学中的历史地理研究具有极强的实力，中国科学院地理科学与资源研究所也曾有历史地理研究方向的专门设置。但总的来看，我国各高校及科研院所的地理学专业中历史地理方向的设置相对较少。我国地理学对于历史地理研究做出了重要的贡献，但主要属于对于中国历史地理的研究，关于世界历史地理的专门研究相对较少，主要集中在边疆历史地理研究等方面。如20世纪50—60年代对于中印、中缅、中尼、中老、中锡等边界的研究，70年代对中苏边界、钓鱼岛和南海诸岛疆域的研究等。黄盛璋、宋力夫等学者对此做出重要的贡献，有关边疆历史地理研究的成果最终汇编为《边界历史地理研究论丛》，并于1978年获得全国科学大会重大科技成果奖。① 当然，除地理学中的历史地理学方向外，其他方向的研究对于世界历史地理研究也有所涉及。如地理学的世界地理研究在探讨当今世界地理时对世界历史地理有所追溯而少量涉及。② 毫无疑问，世界历史地理研究属于我国地理学研究的薄弱环节，针对这一现状，有必要进一步强化地理学中历史地理学的世界历史地理研究，同时加强地理学中历史地理学方向之外尤其是世界地理方向的世界历史地理研究。

三 理论与实践：中国世界历史地理研究的系统开展

目前，基于我国历史学与地理学的学科设置及历史地理研究的实际情况，理论意义上包括中外历史地理研究的独立的历史学中的历史地理学实际上已被分割为中国历史地理和世界历史地理，而二者分别隶属中国史与世界史不同的一级学科。应该说，在历史学类的世界历史地理研究中，世界史的专门研究构成了研究的主体部分，是全面系统开展世界历史地理研究的中坚力量；中国史的历史地理研究主要对象为中国历史地理，对于世界历史地理研究的参与较为有限且具有一定的角度。而地理学中历史地理学及其他方向的世界历史地理研究也理应成为我国地理学研究的重要内容。如何深入开展世界历史地理研究，需要我们从学科的角度、从理论与实践的层面做出分析思考，从而有条不紊地积极推进我国世界历史地理的学术研究。

首先，应积极做好世界历史地理研究的学科基础建设。加强中国世界历史地理研究的学科建设，具体来讲，一是在世界史中设置世界历史地理二级学科，创造条件开设世界历史地理专业课程，通过设立硕士和博士学位，培养专业研究人才；二是强化历史地理学理论方法的专题研究，推出研究成果，编著相关教材；三是编制世界历史地理工具图书，包括世界历史地理研究的论著目录、专业辞典及世界历史地图集③等；

---

① 毛汉英：《世界地理研究回顾与展望——建所70周年世界地理研究成果与发展前景》，《地理科学进展》2011年第4期。

② 毛汉英：《世界地理研究回顾与展望——建所70周年世界地理研究成果与发展前景》，《地理科学进展》2011年第4期；杜德斌、冯春萍：《中国的世界地理研究进展与展望》，《地理科学进展》2011年第12期。

③ 一般所说的历史地图可以理解为：广义的历史地图，实际上包括了历史示意图、历史地理地图和古地图等三种不同类型的历史地图；而狭义的历史地图应该是更为科学精确的历史地理地图。这里所说的世界历史地图集是指世界历史地理地图集。

四是构建世界历史地理研究的史料学，这些史料应该包括大量的外文文献、部分中文文献（主要为研究中国周边国家地区历史地理的文献资料）、古地图和相关考古资料等；五是做好世界历史地理的学术史研究，包括对国外历史地理研究状况的总结分析（包含国外中国历史地理研究的相关学术信息），还包括古代以来中国认识世界历史地理的学术史。

其次，多学科参与开展世界历史地理研究工作。世界历史地理研究属于历史地理学的研究范围，同时也是世界史和地理学其他专题方向包括世界地理研究的组成部分，中国史研究也部分参与其中。世界历史地理应该是世界史和地理学两个一级学科的共同学术领域，并且与中国史具有密切的关联。从大的学科门类观察，世界历史地理研究同其他历史地理研究一样，同时隶属于历史学和地理学，是社会科学与自然科学的交叉学科。正因如此，世界历史地理研究需要有历史地理学、世界史、中国史乃至历史学、地理学等学科的共同参与。通过多学科的广泛参与，合力助推中国世界历史地理研究的整体提升。

最后，不断开拓中国世界历史地理研究的新领域。我国世界历史地理的研究一方面需要继续做好已经开展的包括翻译、研究、教学在内的各项工作；另一方面需要积极开拓新的研究领域。在世界历史地理研究中，要不断开拓世界历史自然地理和历史人文地理的专门专题领域，要积极拓宽世界区域历史地理包括国家地区、跨国家地区和自然地理区域在内的空间范围，要主动开展不同历史时期世界历史地理的研究探讨，要开展不同类型、不同地区、不同时段世界历史地理的比较研究，通过多层次、多角度研究的开展，不断扩展中国世界历史地理研究的范围。

世界历史地理研究的全面系统开展应是中国学术研究领域的新拓展，对此，世界史、地理学乃至中国史研究当仁不让，肩负着重要的学术使命，尤其是世界史学科在时下更承担着最为主要的任务，也最有可能在世界历史地理这一广阔天地大有作为。事实上，时至今日，强化中国世界历史地理研究已经逐渐成为我国学术界的共识。《中国历史地理论丛》2011 年第 3 期曾专门刊出关于外国历史地理研究专题论文的征稿启事，其中写道："历史地理学既是历史学，也是地理学的重要组成部分。那么，在世界史、世界地理研究领域中，也都应当有历史地理学的研究内容。""时至今日，随着硬件研究条件的改善，海外访问及其交流考察的机会逐渐增多，青年学者不断成长，特别是历史地理学可以对应学术研究国际化、全球环境问题、全球变化研究等重要方向的研究，学术界对历史地理学界不仅提出了研究外国历史地理的期望，甚至期望有比较好而多的建树，这是本刊深表赞同的学术发展方向。"展望未来，我们深切期待中国世界历史地理研究的蓬勃发展，深切期待中国历史地理学能够早日真正走向世界。

（作者单位：天津师范大学历史文化学院）

沙漠历史地理研究中若干理论问题再议

李并成　侯文昌

沙漠历史地理研究，是由我国著名学者侯仁之院士奠基开创的具有重大学术价值和现实意义的一门新型学科领域，近半个世纪来，经一批学者的艰辛努力取得了丰硕成果。时至今天，随着经济建设的快速发展，人类面临的生态环境问题越来越严峻，土地沙漠化即为其最可关注者之一。研究、解决今天的沙漠化问题，就很有必要追本溯源，探究其形成的历史过程和产生的根源，因而沙漠历史地理的研究愈来愈受到各国学者的重视。笔者自20世纪80年代起师从侯仁之院士，在这一学科领域初涉浅尝，偶有所得。十多年前，笔者曾就干旱地区历史上土地沙漠化的若干理论问题撰文探讨。① 近些年工作中，对于这一研究领域中的若干问题又有了一些新的发现与思考，因以撰此小文，以就教于学界。

一　关于历史时期土地沙漠化的定义

沙漠化是土地荒漠化的一种主要类型，英文“Desertification”一词的本义是指荒漠化，在中国由于传统和习惯的原因被译成了沙漠化。1992年联合国环境与发展大会上对荒漠化定义为：“荒漠化是因各种因素所造成的干旱半干旱及具有干旱的半湿润地区的土地退化，其中包括气候变化和人类活动。”这一定义基本上为世界各国所接受。朱震达、王涛等学者根据我国的实际情况将沙漠化定义为：沙漠化是干旱半干旱和部分半湿润地带在干燥多风和疏松沙质地表条件下，由于人为不合理的土地利用等因素，破坏了脆弱的生态平衡，使原非沙质荒漠的地区出现了以风沙活动（风蚀、粗化、沙丘形成与发育等）为主要标志的土地退化过程。这一过程造成可利用土地资源的丧失、生物生产量的显著降低，甚或招致整片绿洲或草地（或草原）的沙化毁弃。

对于这一定义吴正等学者则提出了不同意见，认为沙漠化在空间上既可以发生在如朱震达等所说的“原非沙漠的地区”，又可以发生在原系沙漠的地域（沙漠环境条件的强化与扩张）；在时间上既可以发生在人类历史时期，也可以发生在地质时期。简言

① 李并成：《沙漠历史地理学的几个理论问题》，《地理科学》1999年第3期。

之，沙漠化就是沙漠的形成和扩张过程。以上两种对于沙漠化概念的不同看法，各有其道理。不过对于历史地理学科而言，由于其研究时段的限定，无疑是以人类历史时期的沙漠化作为自己的研究对象的；至于地质时期沙漠的形成和扩张过程，那是属于古地理学的范畴。因而对于历史时期沙漠化笔者认为可定义为：历史时期的沙漠化是指干旱半干旱和部分半湿润地区在干燥多风和疏松沙质地表条件下，由于历史上人为不合理的、过度的土地利用等因素（滥垦、滥牧、滥樵、滥用水资源，以及战争的破坏等），破坏了脆弱的生态平衡，使原非沙质荒漠地区出现了以风沙活动（地表风蚀、粗化、沙丘形成与发育等）为主要标志的土地退化过程，或使原沙质荒漠地区的沙漠环境条件得到进一步强化和扩张。

有必要说明另外一个概念，即沙漠与沙漠化土地（或可简称为沙化土地）的区别。沙漠主要形成于第四纪，是自然因素作用的产物，是地球环境的组成部分，且整体面积大，风成地貌形态复杂而高大。我国境内主要有十二大沙漠（沙地），即塔克拉玛干沙漠、古尔班通古特沙漠、库姆塔格沙漠、柴达木盆地沙漠、巴丹吉林沙漠、腾格里沙漠、乌兰布和沙漠、库布齐沙漠、毛乌素沙地、科尔沁沙地、呼伦贝尔沙地、浑善达克沙地。据《中国沙漠概论》一书，我国沙漠连同戈壁在内的总面积为109.5万平方公里，其中沙漠为63.7万平方公里，戈壁为45.8万平方公里。而沙漠化土地则是指形成于人类历史时期的，是在自然因素影响的基础上，受人为不合理的过度的经济活动等因素的影响形成和发展的生态环境退化过程形成的土地。沙漠化土地整体面积相对较小，风沙地貌形态较为简单、矮小，多呈块状、片状分布于绿洲边缘或草地（或草原）边缘。我国沙漠化土地的面积据《中国土地沙质荒漠化》一书，20世纪90年代为37.1万平方公里。中科院寒区旱区环境与工程研究所所长王涛于2005年在北京大学召开的“全球华人地理学家大会”上报告，到了2000年全国沙漠化土地已达到38.57万平方公里。① 这一数据较上引90年代的数据有所增加。上述数据均源于我国专门从事沙漠研究的权威机构，应是可信的。

现已查得，我国境内历史上形成的沙漠化土地主要分布在塔克拉玛干沙漠南北边缘、河西走廊北部、腾格里沙漠东南边缘、乌兰布和沙漠北部、宁夏河东沙区，以及毛乌素沙地、科尔沁沙地和呼伦贝尔沙地的部分地段。依其所处区域气候自然地带的不同，又可分为历史时期草原及荒漠草原地带的沙漠化、荒漠地带的沙漠化两大区域。

然而，今天常常见诸一些报端，则称我国境内的荒漠化土地面积超过260万平方公里，其中沙漠化土地面积超过173万平方公里，其数据较以上权威机构发布的数据大出了许多倍。如《光明日报》2007年3月27日第3版刊董峻、刘雄鹰《保障国土生态安全，促进人与自然和谐——我国防沙治沙成就综述》一文写道：“目前全国仍有荒漠化土地263.6万平方公里，占国土面积的27.46%，分布于18个省份的498个县。沙化土地173.97万平方公里，占国土面积的18.1%，分布于30个省份的889个县，影响全国近4亿人口的正常生产生活。”又如该报2011年1月5日第4版《5年减少荒

① 王涛：《中国北方沙漠化过程研究》，《中国地理学会会讯》2005年第4期。

漠超过天津市面积》（记者郑北鹰）报道："截至2009年底，全国荒漠化土地面积262.37万平方公里，沙化土地173.11万平方公里，分别占国土总面积的27.33%和18.03%。"未知这些数据的来源和根据何在？这里暂且不论所云"荒漠化"的面积是否准确（显然"荒漠化"与"荒漠"是不同的两个概念），单就沙漠化土地面积而论，比上述我国权威沙漠研究机构发布的数据大出了约3.49倍！这就不能不令人生疑。也许这些报道误把沙漠化土地的面积当成了整个沙漠的面积，但即使我国境内所有沙漠、戈壁与沙漠化土地的面积加起来也只有146.6万平方公里，也达不到173万平方公里。作为权威报刊的报道，应该审核其数据的科学性，应该搞清楚沙漠与沙漠化（或曰沙化）土地的区别，不要混而不论。

二　历史时期沙漠化土地的景观形态特征

历史上形成的沙漠化土地，无疑应具有现代沙漠化土地的一般特征。其景观上应表现为地表形态的变化、地面组成物质的变化和地表植被的变化。伴随着这些变化，干旱、半干旱生态系统也发生相应的变化。绿洲地表形态的变化，或主要由于受风的吹蚀作用演变为风蚀擦痕地表以至形成雅丹地貌，或主要由于受风的搬运和堆积作用演变为片状流沙地、沙波纹地、吹扬灌丛沙堆以至形成发育程度不等的新月形沙丘、梁窝状沙丘诸形态。地面组成物质的变化主要表现在物质粒级组成的变化、物质营养成分的变化、物质中盐分的变化、矿物组成的变化等，其中尤以细粒物质的吹失和粗粒物质的富集为明显特征。地表植被的变化不仅反映在植被覆盖度的减少，也反映在其群落结构及植物种群组成的改变上，植被退化，植株变得低矮稀疏，且沙生植被逐渐占据优势。上述这些变化为衡量一个地区沙漠化发生及其发展程度的重要指征，其中尤以地表形态的变化最为显著。

人类历史时期所发生的沙漠化过程，除具有上述现代沙漠化过程的这些一般指征外，笔者总结出还应具有如下一些重要的地表特征：

其一，由于历史上的沙漠化过程距今时间较长，其沙漠化土地形成和古绿洲废弃以后，沙漠化作用仍在继续，因而其沙漠化发展的程度较深。如在以风蚀作用为主的地区，古绿洲地表切割破碎严重，很不完整，不少地段由条带状的"风蚀垄槽"演变到凌乱残留的碎块，当地俗称"人头疙瘩"（如甘肃瓜州县芦草沟下游古绿洲、新疆渭干河下游古绿洲等）。有些地段风蚀垄槽比较高，最高者超过3米。还有些地段风蚀垄槽与吹扬灌丛沙堆或流动沙梁交错分布（如新疆古楼兰绿洲、甘肃马营河摆浪河下游古绿洲等）。在以风积作用为主的地区，或为密集的新月形沙丘、沙丘链侵入，沙丘高度多在3—5米，甚或可达10米；或遍布吹扬灌丛沙堆，沙堆一般高1—3米，多为白刺灌丛沙堆，在地下水位较高的一些地段则分布柽柳灌丛沙堆，沙堆上植被覆盖度一般可达30%—70%（如甘肃民勤县西沙窝、新疆于田县克里雅河下游古绿洲等）。并且由于不同地域沙漠化发生的时间不一，或距现代绿洲距离远近有别，其地表景观上往往呈现出带状差异分布的特色（如内蒙古额济纳旗黑河下游古居延绿洲、甘肃瓜州县疏勒河洪积冲积扇西缘古绿洲等）。

历史时期形成的沙漠化土地，虽距今时间较长，但遗弃的古耕地阡陌、渠道、堤坝等遗迹大多仍可辨认，有些地段则较为清晰，保存较好，宛如沙漠化的发生即在昨日。

其二，在地理分布上，历史时期的沙漠化土地大多位处河流下游，特别是范围较大的成片沙漠化区域更是如此。因为下游地区位于绿洲尾闾，水资源状况较差，易受水量变化的影响，且当地盛行风向（多为偏北风）前冲，干旱、大风等灾害性天气的作用较烈，又多与流沙、盐碱地、戈壁等相间分布，甚或被沙漠切割包围，其生态环境的潜在不稳定性很强，因而沙漠化过程易于被激发活化，在人类不合理的开发利用方式作用下易于向荒漠演替（如孔雀河等下游的古楼兰绿洲、讨赖河下游金塔东沙窝古绿洲、古居延绿洲、民勤西沙窝等）。内陆河流中游亦见沙漠化土地（如甘肃张掖市“黑水国”、武威市高沟堡等），但其范围一般较小，且分布较为分散。故此防治土地沙漠化的重点应放在下游地区。

其三，历史时期的沙漠化土地，往往散落许多过去人类活动遗留下来的陶器碎片、砖瓦碎块、铜器铁器残片、石磨残片等古物，并可见到古钱币、料珠、装饰件、建筑物残件和器形较完整的一些物品、某些艺术品等。有些地段古物遍地铺撒，俯拾即是，恍若进入琳琅满目的古董世界（如甘肃敦煌市南湖古董滩、新疆民丰县尼雅河下游古绿洲等）。还有一些地段分布有新石器时代的遗址遗物，人类对古绿洲的开发往往可追溯到新石器时代。

古城遗址是古绿洲上最具有标志性、遗物分布最为集中的处所。干旱、半干旱地区由于气候干燥，少有雨水，地表文物少受雨雪、地下水、盐碱等的侵蚀，并且因人口分布密度较小，人为活动的影响也较为有限，因而古城址也易于保存下来。即拿河西走廊而论，其现存各个不同时期，各类不同等级、规模、规格、形制的古城遗址多达200余座，它们除部分位于现代绿洲上外，大多位于沙漠化古绿洲上，或较为完整，或破坏惨重，毁坏罄尽无址可考的城址并不多。河西走廊和塔里木盆地南北边缘堪称我国乃至世界上保存古代城址数量最多、类型最齐全、时代序列最完整的地区。这些古城址是我国古代文明最具权威性的历史标本和实物载体，是古丝绸路上最为珍贵的历史遗珍，具有极重要的学术价值。

三　干旱地区高大山系森林破坏对于大气降水及河川径流的影响

关于森林破坏是否会引起降水量减少，以至影响河川径流减少的问题是一个颇为复杂的议题，也是学界探讨得相当热烈的话题。早在1981年黄秉维先生就撰文认为，森林不能使林区及邻近地区降水增加，“有林就有水”、“向林要水”等说法已“风行草偃”，说过了头。[1] 窦景新、[2] 丘健、[3] 霍英强[4]则持相反观点。龙斯曼引用美国学者在阿帕纳奇高地的试验结果，证明平均每砍伐1%的森林河水径流深度可增加约2.8毫米。[5] 黄秉维举出1967年国际森林水文学术讨论会上的材料指出，希伯尔特在会上汇集了全世界所有记录加以分析，进一步肯定砍伐森林一般地增加河流全年流量。汪振儒、黄伯璇指出，我国黄河流域流经林地的河水全年流量无例外地少于无林地，长江流域则正相反。[6] 真可谓见仁见智，各执其理。

近年来随着我国实施可持续发展战略以及西部大开发的不断深入，此问题又重新热了起来。张健民研究表明，每亩林地比无林地至少可多蓄积水分20立方米，5万亩森林所涵蓄的水量相当于一座100万立方米的水库容量，森林对于雨水，尤其是暴雨和融雪水，起到了“零存整取”的作用，群众形象地说“山上栽满树，等于修水库”。[7] 李桂林认为，实践证明每公顷森林可以含蓄的水量相当于一座容量为四五千万立方米的水库，这既是开源，又是节流。[8]

那么对于干旱地区而言，与其他地区相比，森林植被与大气降水以及河川径流的关系又如何呢？有无其特殊性？对此学界看法亦有较大分歧。王文元认为，植树的利弊客观上有个分界线，在降水量较多的地方树木能涵养水源，保持水土，削减洪峰，减少水土流失，可以说一片林地就是一个“蓄水池”；但是在严重干旱的地方树木为了生存，不得不通过强大的根系在土壤中拼命找水，又不得不把仅有的一点水分散发到空中去，这样的话林地就不仅不是个蓄水池，而且成了把地下水提上来蒸发的“抽水机”了。[9] 傅抱璞则认为西北干旱地区绿化后，在森林植被影响下可增大降水量。[10]

就此，笔者据多年来对西北历史环境变迁及沙漠化的研究，对于干旱地区高大山系森林植被与大气降水及河川径流的关系提出如下几点看法：其一，西北干旱地区的水源主要依靠耸立在茫茫荒原上的天山、昆仑山、阿尔泰山、祁连山、贺兰山等高大山系流出的径流，这些山脉依一定高度分布的乔木林、灌木林、草被草甸及积雪和冰川带涵养、蓄积的水量，为干旱地区绿洲的发育以及人们的生产生活提供了最主要的水源，这些山系实为维系西北生态系统的“命根子”。从这个意义上说，较之其他地区，干旱地区森林植被与降水及河川径流的关系更为密切、更加直接，森林植被的保护状况更值得我们倍加关注。其二，对这一问题的探讨除了着眼于林地和无林地下垫面的不同外，还应注意到不同地域大气环流状况的差异，尤其是不可忽视水汽来源方

---

① 黄秉维：《确切地估计森林的作用》，《地理知识》1981年第1期。

② 窦景新：《森林能增加降水几个实例》，《地理知识》1982年第1期。

③ 丘健：《森林能增加降水》，《地理知识》1982年第1期。

④ 霍英强：《水源林是山地丘陵生态平衡的基础》，《中国环境科学》1981年第3期。

⑤ 龙斯曼：《生态平衡与可更新资源管理》，《自然资源》1883年第5期。

⑥ 汪振儒、黄伯璇：《确切地认识森林的作用》，《地理知识》1981年第8期。

⑦ 张健民：《森林与蓄水保水》，《人民日报》1990年5月18日第5版。

⑧ 李桂林：《浅谈森林涵养水源的作用》，《黑龙江科技信息》2008年第26期。

⑨ 王文元：《要以科学的态度开采地下水和在干旱地区植树造林》，《人民政协报》2000年3月16日第1版。

⑩ 傅抱璞：《人类活动对大气降水的估算》，载《全国气候变化学术讨论会文集》，科学出版社1981年版，第150页。

面的差异。毋庸置疑，干旱地区高大山系因其所处地域本身干旱，其降水的形成主要地不是来自当地的蒸发和蒸腾，而是源于西风带和太平洋水汽的输送。有了森林可以增大下垫面的粗糙度，增加湍流，增多林间有机微粒和水汽凝结核，并能降低温度，增强湿度，因而比起裸露地面林地毫无疑问可以截留更多的水汽，故而能显著增加山区降水。其三，增加降水量与增大径流量则是两个不同的概念。森林虽能增加干旱地区高大山系的降水量，但其本身耗水量、蒸腾量亦大，如增加的降水量大于森林本身耗水量、蒸腾量，则出山径流量增加，反之则出山径流量减少。二者孰大？可进一步对其考察和研究，各地情况可能不尽一致。从祁连山脉的情况来看，则以前者为大，即森林的存在可以增加祁连山出山径流量。① 其四，考察森林的水文效应不应脱离在一定历史条件下人类对水资源的利用能力、利用程度与水资源实际状况之间相互关系的探讨，如离开了人类的活动仅就水文效应论及水文效应的话，其意义并不会太大。如从河西走廊地区来看，即使祁连山森林破坏后流入绿洲的总径流量不减，但因森林破坏后山区涵养、调蓄能力降低而导致水情状况变劣，来水骤起骤落，人们不便利用，实际能够利用的水资源则相应减少，这在客观上就相当于减少了水资源总量，同时这还使得绿洲可供重复开采的水资源量亦减。这一切均会给绿洲生态环境带来不利影响，使绿洲潜在沙漠化因素得以强化。

综上可见，森林植被对于维系干旱地区的生态系统来说，较之其他地区显得尤为重要，其涵养水源主要表现在其蓄水能力、调节径流功能、削洪抗旱功能和净化水质等几个方面，森林通过对降水的截流、吸收和下渗，对降水进行时空再分配，减少无效水，增加有效水。因而无论在任何时候和情况下，切实保护好干旱地区高大山系的水源涵养林草对于当地的可持续发展、生态环境的建设及沙漠化的防治都是至关重要、须臾不容忽视的。

（作者单位：西北师范大学历史文化学院）

① 李并成：《历史上祁连山区森林的破坏与变迁考》，《中国历史地理论丛》2000 年第 1 期。

论历史地理学人地关系研究中的尺度问题

苏海洋

人地关系研究中的尺度问题是地理学的热点话题，也应该成为历史地理学关注的重要问题。已有的人地关系理论绝大部分存在着将某一空间或时间尺度研究所得出的结论普遍化的倾向：环境决定论有将大空间尺度与长时间尺度研究获得的结论向中小尺度收缩的倾向；可能论和适宜论有将中等尺度研究结论分别向大尺度与小尺度推演的倾向；文化决定论有将小尺度研究的结论向中、大尺度扩张的倾向。在人地关系研究实践中，也存在由于尺度选择或尺度转换不合理而曲解文化力与自然力地位的现象。因此，如何正确认识人地系统中人与自然环境的相互关系，避免用错误的原因解释结果，或用错误的结果诠释原因，确定合理的时空尺度就成为首要任务。在地学上，尺度指自然过程或观测研究在空间、时间或时空域上的特征量度。① 一般将地球表面自然地理区域空间尺度划分为三个等级，即大尺度地域分异（全球性地域分异、全海洋和全大陆地域分异、区域分异）、中尺度地域分异、小尺度地域分异。② 本文以我国非地带性划分方案中的自然大区作为区域分异，自然地区为中尺度分异，亚地区和州为小尺度分异。一般将时间尺度分为地质尺度（万年及万年以上）、历史尺度（100—1000年）、年际尺度（10—100年）、年及以下尺度等。③ 本文以万年及万年以上的地质尺度为长尺度；千年尺度为中尺度；百年尺度为小尺度。研究表明，时空尺度与文化力、自然力的相对地位密切相关，一般地认为，区域时空系统尺度越大，自然力作用越突出；反之，区域系统时空尺度越小，文化力作用则越显著。

一 大尺度时空下的文化力与自然力

大尺度时空内，正如环境决定论认为的那样，人的活动、发展和分布与生物一样，受环境制约，文化力处于从属地位。

---

① 李双成、蔡运龙：《地理尺度转换若干问题的初步探讨》，《地理研究》2005 年第 1 期。

② 伍光和、王乃昂、胡双熙、田连恕、张建明编：《自然地理学》，高等教育出版社 2008 年版，第 473—481 页。

③ 阙维民：《论现代历史地理学的时间特性》，《热带地理》1996 年第 4 期。

（一）从全球性地域分异看，陆地系统气候带和地表起伏特征决定着世界人口的分布格局

地球气候与整体自然界地域分异现象出现于距今4亿—3.6亿年的古生代泥盆纪。受全球性地域分异影响，世界人口主要集中在北温带，历史上四大文明古国以及对世界文明产生重大影响的大帝国绝大部分位于北温带地势平坦、土地肥沃、气候温和、水源充足的地方，其他过寒、过热、过湿、过干以及海拔4000米以上的地区由于生存条件恶劣，人口分布稀少或无常住人口，无法形成持久的有影响力的文明中心。

（二）从全大陆分异看，大陆位置、面积、轮廓、区域分异特征影响文化差异、历史进程与地缘政治

以欧亚大陆为例，其东、南、北三面分别濒临太平洋、印度洋和北冰洋，南北跨度近80个纬度，东西跨度超过143个经度，总面积达5520万平方公里，是地球上面积最大、跨温度带最多、东西跨度最长、干湿带性分异最明显、地表起伏最大的一块大陆，因而也是气候类型最为复杂的一块大陆。复杂多样的生态环境孕育了多个差异显著的文明中心，它们在经济与文化上的互补性，为不同层次的世界性的交往提供了地理条件。首先谈对欧亚大陆游牧世界与农耕世界互动形成的影响。欧亚大陆中部深居内陆、远离海洋，形成面积巨大的沙漠，沙漠以北是东西延伸数千公里的狭长的半干旱草原，为半干旱游牧经济区；沙漠以南是自东向西排列的青藏高原—帕米尔高原—伊朗高原组成的巨型构造单元，为高寒游牧世界；欧亚大陆东西和偏南的地方由于距海较近，气候温暖湿润，大部分为发达的农业区。欧亚大陆干湿分带性和横贯东西的巨型构造单元，对其历史进程产生重要影响。研究发现，欧亚大陆中部面积广大的干旱与半干旱区域起源于2200万年前由全球冰量的增加而引发的干旱化，360万年以来青藏高原的隆起，进一步加剧了干旱化进程。① 受全球季风2万年岁差周期影响，约4000年前世界范围内发生强烈干旱事件。在持续干旱的打击下，距今3000年前后，欧亚草原由农牧混合经济和畜牧经济向游牧经济过渡。② 欧亚草原以南的其他地方则在原始锄耕农业的基础上逐步发展了传统农耕经济。两三千年以来的一部欧亚的整体历史，就是南部农业社会与北方草原游牧社会的互动的展现。中国历史上的南部农业区与北方草原的游牧社会的互动，只是这个整体中的一个组成部分。③ 这种南北方向上的纵向互动，推动了中国文明、印度文明、波斯文明、古希腊和罗马文明等古典文明形态的

---

① 刘东生：《黄土与环境》，《西安交通大学学报》2002年第4期。

② 杨建华：《欧亚草原经济发展阶段及其与中国长城地带的比较——读〈欧亚草原东西方的古代交往〉》，《考古》2004年第11期。

③ ［美］拉铁摩尔：《中国的亚洲内陆边疆》，江苏人民出版社2005年版，第206—207页。

嬗变和不断向前发展。[①] 其次谈对东西方向的不同文明体系之间文化交流的影响。欧亚大陆东西跨度达15000多公里，跨越不同的文明中心，使古代和中世纪从中国黄河流域和长江流域出发，经印度、中亚、西亚连接欧洲与北非，以丝绸贸易为主要媒介的东西方向的文化交流之路——丝绸之路的出现和发展成为可能。游牧民族形成后，一条横贯欧亚大陆的草原丝绸之路就出现了。古典时代，罗马帝国、帕提亚帝国、贵霜帝国和汉帝国的扩展，促进了丝绸之路的发展。中世纪时，以阿拉伯帝国和蒙古帝国为代表的前所未有的跨地区的庞大帝国的出现，进一步扩大了欧亚大陆诸民族间相互影响的规模，推动了丝绸之路的繁荣。最后谈对地缘政治的影响。欧亚大陆占有世界陆地的2/5，囊括世界人口的9/10，孕育了人类最早、最先进的文明和影响世界历史进程的众多古今帝国。根据面积、人口、经济总量、延续时间、经济文化和军事各方面的影响及地区代表性评出的古今37个帝国中，有33个位于或发源于欧亚大陆。麦金德的“心脏地带”理论就是基于对欧亚大陆的历史地位的认识提出并逐步完善的。斯皮克曼“谁控制了边缘地带，谁就控制了欧亚大陆；谁控制了欧亚大陆，谁就控制了世界的命运”的论断，则精辟地指出了欧亚大陆在世界地缘政治格局中的核心地位。[②]

（三）从区域地域分异看，环境承载力从根本上制约着人类开发自然的强度

地势低平、气候温暖湿润、水资源丰富、土壤深厚肥沃和植被良好的东部季风区，由于自然环境优越，环境承载力巨大，尽管面积只占全国总面积的47.6%，但在整个传统时代，却集中了全国92%以上的耕地与95%以上的人口。[③] 与环境承载力相适应，人类对自然环境的影响也最为深远而广泛，可开垦的地方已经辟为农田，天然林大部分被破坏，水文、小气候也因人类影响而改变。西北干旱区和青藏高原合计面积超过国土总面积的50%，但由于自然环境恶劣，只养活了不足全国10%的人口，环境承载力极其有限，人类对自然环境的影响也非常微小。因此，从根本上说，人类对自然环境影响力的大小，不是由人类开发能力大小决定的，而是由自然环境的承载力或自然环境对人类活动的限制力大小决定的。

有人认为，环境影响是一种逐步缩小的力量，而文化力会经不断积累而逐步成长；人会逐渐摆脱自然环境的制约，并加强对自然环境的控制。笔者认为，随着科学技术的发展，人类摆脱了某种自然力的制约，但同时会受新的自然力的影响；随着人类活动对自然环境影响范围的不断扩大和程度的加深，自然环境也会在更广阔的范围和更深的程度上影响人类。因此，从大尺度时空看，自然力始终处于支配地位，不存在所谓自然力与文化力此消彼长的问题。

---

① 王仁湘：《农牧文化背景与古代文明的演进》，《中华文化论坛》2009年第S2期。

② 孔小惠：《麦金德的“心脏地带”理论及其对美国欧亚大陆地缘战略的影响》，《湖北经济学院学报》2005年第1期。

③ 姜涛：《人口与历史：中国传统人口结构研究》，人民出版社1998年版。

二 中尺度时空下文化力与自然力

尽管大尺度时空内人类活动更多地受自然环境的制约，但随着时空尺度的缩小，人在自然环境面前并不完全处于被动地位。正如可能论所认为的那样，人类的生活方式不完全是环境统治的产物，环境中包含着许多可能性，对它的利用完全取决于人类的选择能力。不过在生产力不发达的时代，正如适应论所认为的那样，这种“选择”更多地带有被动适应的成分。

中尺度时空内，文化力地位逐渐上升，在对人类经济活动的影响中，与自然力具有同等重要的地位。我国东部季风区分为南北两部分，北部为温带季风气候区，南部主要为副热带季风气候区。秦汉至隋唐，人口主要集中在温带季风气候南部的暖温带半湿润气候区，唐代后期至北宋中后期以来，人口重心逐渐转移至南方副热带季风区。这一人口南北分布的重大转折是社会因素与自然因素共同作用的结果。唐代以前，我国北方的黄河中下游地区气候温和湿润，黄土疏松深厚，宜于落后的石木农具耕作，所以很早就成为农业发达区和人口稠密区。而南方地区由于夏季气候炎热、多雨，地势低平潮湿，疾病易于流行；河湖沼泽太多，水域面积过大，排水困难；加上土壤黏性太强，石木农具不易耕作，所以人口比较稀少。① 1230 年以后北方气候趋于寒冷、干旱，② 生态环境和社会环境均趋于恶化。唐末以后至清代中叶以前，以干旱化、黄河决徙改道和黄土高原水土流失为代表的生态环境的恶化使旱地精细农业走向衰落，单位面积土地供养人口的能力下降；改朝换代之间的大规模战争多以北方为战场，使北方人口在锐减—恢复—锐减的恶性循环中缓慢增长；缺乏移民空间也是限制北方人口增长的一个因素。尽管清代前期由于番薯、玉米、花生、土豆旱地高产作物的普遍种植和近代工商业的发展使北方人口成倍增长，但未能改变北轻南重的人口分布格局。与北方相反，两宋以来，南方气候温暖湿润，生态环境优越，土地生产潜力巨大；水田精细耕作和作物栽培技术逐步提高，粮食品种不断改良，尤其是美洲旱地高产作物的引入，进一步提高了单位土地面积的人口供养能力；东汉末年至魏晋南北朝、唐末五代时期和宋元之间自黄河流域向长江流域及其以南的大规模移民为南方开发提供了丰富的劳动力；较少的战乱为人口增长提供了安定的社会环境，这些都为南方人口的持续增长与人口重心的南移提供了重要条件。明清时期，平原地区基本开发完毕，失去土地的农民为谋生计向人口相对稀少、尚待开发的南方亚热带山区和北方中温带、寒温带平原地区迁移，至清代末期形成沿黑河—腾冲一线东西分异的人口分布新格局。明清时期向山区、边区的大规模移民运动，一方面受人口压力驱使，另一方面与移入地的自然条件有关。鄂豫交界山区、秦岭、大巴山、闽浙赣皖粤山区虽然地表崎岖，

① 王平、王志伟、张学通、李春娥、王迅、冯琦胜、陈全功：《西汉时期我国人口分布空间格局及其成因探讨》，《西北人口》2010 年第 5 期。

② 张丕远主编：《中国历史气候变化》，山东科学技术出版社 1996 年版，第 320 页。

但热量充足、降水丰沛，适宜种植玉米、甘薯等旱地高产作物。东北地区虽然热量没有黄河中下游地区充足，但平原面积广阔、土地肥沃，亦为从事农业生产的理想区域。历史时期中国人口重心在东部季风区内的南北移动及东西人口分异格局的最终形成，是农业生产技术水平、人口迁移和人口压力等人文因素与自然环境及其变迁共同作用的结果。

与东部季风区相同，西北干旱区历史时期人口空间格局的演变，也是自然环境与社会因素共同作用的结果。以河西走廊为例，历史上经历了马家窑文化至齐家文化（农）—四坝文化至西汉初年（牧）—西汉中叶至东汉（农）—魏晋南北朝（牧）—隋至盛唐（农）—中唐至元代（牧）—明清（农）的多次农牧更替。大规模农业开发时期，大片绿洲草原、牧场、荒野被辟为田畴，定居农业人口增加，人口重心在绿洲，而且随着山前引水的增加、人工绿洲的扩大以及河流下游沙漠化的加剧，人口有由河流下游绿洲向河流中上游绿洲迁移的趋势；农业开发衰退时期，绿洲农业人口大量减少，农田大量抛荒，土地利用方式变为以牧业为主或农牧兼有，人口在绿洲和祁连山地牧场之间摆钟式迁移。从人文驱动力看，河西走廊农业开发高潮时期刚好处于东部农耕力量的扩张期；而农业开发低潮时期则刚好处于东部农耕力量的收缩期。其次，从自然驱动力看，全新世中期、西汉和隋唐是中国和西北气候的温暖时期，明代后期至清代是河西走廊的冷湿时期①，充足的热量条件或充足的水资源支撑了农业经济的繁荣，因此吸引了大量农业定居人口，人口重心在绿洲；4000 年前后、② 魏晋南北朝和中唐以后至明代中叶为冷干时期，③ 河流来水减少，农业衰退，畜牧经济发展，人口随着畜群的流动，在绿洲冬季牧场和祁连山夏季牧场间季节性迁移。西北干旱区山地与盆地相间分布，河西走廊农牧演变引起的人口空间分布格局变动的模式，应该适应于其他地理单元。

青藏高原是全球最高的一个巨型构造地貌单元，其严酷的自然环境严格限制了人类活动，人口密度远远小于东部季风区。不过其人口的地理分布不完全受制于自然环境，而是高原内部地貌差异引起的地域分异与土地利用方式演变共同作用的结果。原始农业时期，人口主要集中在青藏高原东北部高原温带黄河和湟水谷地地势平坦、土壤相对肥沃的一二级阶地上④和藏南高原亚热带低海拔地区。⑤ 卡约文化时期（距今约 3800—3600 年），在气候干旱与畜牧技术进步的共同推动下，原始农业经济向以养羊为主的畜牧经济过渡，人口流动性大大增加，人类活动空间摆脱了沿河谷发展的模式，向海拔更高的高原山区蔓延，⑥ 逐渐出现分散式人口分布格局。西汉至蒙元时期，在周期性振荡的地缘政治格局主导下，高原东北部温带地区人地关系从游牧业逐步向农牧

---

① 李并成：《河西走廊历史时期气候干湿状况变迁考略》，《西北师范大学学报》1996 年第 4 期。

② 吴文祥、葛全胜：《全新世气候事件及其对古文化发展的影响》，《华夏考古》2005 年第 3 期。

③ 李江风：《新疆三千年来的气候变化》，载《干旱区新疆第四纪研究论文集》，新疆人民出版社 1985 年版，第 1—8 页。

④ 国家文物局：《中国文物地图集·青海分册》，中国地图出版社 1996 年版，第 16—23 页。

⑤ 高志伟：《试论青藏高原的古环境对人类经济活动的影响》，《青海民族研究》2004 年第 1 期。

⑥ 侯光良、刘峰贵：《青海东部史前文化对气候变化的响应》，《地理学报》2004 年第 6 期。

交错的土地利用方式转变，而高原南部亚寒带地区一直以游牧经济为主。明清时期，在不断增长的人口压力和土地承载力限制下，高原温带半农半牧区向农耕区、牧区林区向农牧林交错区转化，[①] 人口重新向低海拔的农业区集中，而青藏高原亚寒带地区由于受自然条件限制，仍以高寒游牧经济为主，农业经济无法大规模介入。所以出现今天青藏高原人口分布不是随海拔高度增加而递减，而是在2600米和4000米两个不同海拔高度上相对集中的现象。[②]

三 小尺度时空下文化力与自然力

在小尺度空间与短尺度时间内，由于区域差异减小，自然地理要素基本稳定，因此，自然力地位相对下降，而文化力作用则相对凸显。关中平原土地肥沃、物产丰富、人口稠密，是历史上最早获得“天府之国”美誉的地方[③]和十三朝古都所在地。自然区划上关中平原位于我国东部季风区华北区黄土高原亚区渭河平原小区，属小尺度地域分异。其历史上百年尺度上的人口波动主要受控于政治因素。西汉定都长安，吸引了大量的移民，至元始二年（2），关中人口达240多万，占全国总人口的4.09%。西汉末年战乱使长安及关中残败不堪；加上光武帝定都洛阳后关中失去了全国政治中心的地位，人口大量减少，至东汉永和五年（140），关中人口锐减至50多万，仅占全国总人口的1.07%。隋唐定都长安，关中重新成为统一政权都城所在地，又复归往日的繁荣。唐开元二十八年（740），关中人口300余万，占全国总人口的6.34%，达到历史上最高比值。唐代末年战乱使长安及关中又一次残败不堪；加上宋太祖定都开封后，关中又一次失去了政治中心的地位，人口再次衰退。北宋大观四年（1110），关中人口180多万，占全国总人口的3.85%，不复往日荣光。[④]

又如陇右位于我国东部季风区华北区黄土高原亚区陇西黄土高原小区，属小尺度地域分异。宋至金元时期两三百年间人口的剧烈波动，主要受控于军事形势。北宋为防御西夏和吐蕃敌对部落的入侵，在此大量修筑堡寨、屯驻军队，并进行大规模的屯田，使人口猛增。太平兴国五年（980）秦凤路有户近12万，元丰元年（1078）增加至36万余户，年平均增长率为10.9‰，居宋境各区域第五位及北方各区第一位。金初战乱使人口增长率显著下降，泰和七年（1207），秦凤路有户34.8万，与北宋崇宁户相比，年平均增长率仅为0.6‰。金元之际战乱又一次导致秦凤路人口剧减，即使是因当地守将投降而人口减少较小的秦州，户数不及金泰和七年（1207）的

① 王爱民、刘加林、缪磊磊：《青藏高原东北边缘及毗邻地区历史时期的人地关系及其演进》，《人文地理》2000年第2期。

② 廖顺宝、孙九林：《青藏高原人口分布与环境关系的定量研究》，《中国人口·资源与环境》2003年第3期。

③ 王双怀：《“天府之国”最早指陕西关中》，《四川统一战线》2003年第2期。

④ 张小明、樊志民：《生态视野下长安都城地位的丧失》，《中国农史》2007年第3期。

1/4。①

再如河西走廊位于我国西北干旱区西北副区河西走廊阿拉善亚区河西走廊小区，属小尺度地域分异。如前所论，河西走廊千年尺度上经历的多次农牧更替，受人文要素和自然环境变迁的共同影响。但从百年尺度看，每个农业开发阶段内的人口波动，主要是人力作用的结果。如第一次农业开发高潮的两汉时期，有人口统计数据的峰值出现在西汉元始二年（2），区内总人口约37.33万；谷值出现在东汉永和五年（140），区内总人口约24.93万，与元始人口相比减少了12万多。东汉定都洛阳对西北经营力度的减小，特别是安帝永初元年（107）至元初五年（118）凉州持续10余年的羌族反抗斗争是本区人口不增反减的主要原因。处于第一次农业开发低潮的魏晋南北朝时期，人口峰值出现在西晋太康元年（280），约19.88万；谷值出现在北魏永熙年间（532—534），约1.6万。魏晋南北朝河西走廊农业开发低潮时期，畜牧经济占据优势，农业人口大量减少；又由于北魏的残暴统治，从太武帝太平真君年间（440—451）到长广王建明二年（531），秦、雍、凉各州百姓先后发动了十多次反抗斗争，人口损耗严重，河西人口跌入有历史记录以来的最低谷。②

在小尺度时空内强调人文要素，并不意味着自然力的影响变小或不复存在，相反，自然力的影响一直持续着，如旱涝灾害，其频繁程度往往交替出现，对人口增长的消极影响始终存在。只是因为它出现的频率高，并非一时所特有，一般只是降低了人口增长率，没有像大范围的、持久的严重灾害那样导致人口负增长，③ 因此，本文没有将其作为人地关系中的变量对待。对于大范围的、持久的严重灾害，在人地关系研究中应该予以足够重视，不过由于它在百年尺度内出现的频率并不高，所以不会影响突出文化力作用的基本判断。

四　历史地理学人地关系研究中存在的尺度转换问题

尺度转换又称标度化或尺度推绎，是不同时间和空间层次上过程联结的概念，一般尺度转换包括尺度上推和尺度下推。尺度上推是把给定尺度信息向更大尺度转换的过程；尺度下推即向较小尺度转换。由于尺度转换不合理，人地关系研究中常常出现曲解因果关系的现象。

一种情况是将小尺度时空内人地关系研究结论扩张至大尺度空间时，片面夸大人类活动的力量。黄土高原是我国东部季风区乃至世界上水土流失最严重的地区。有学者认为，两三千年前的西周、春秋时代，整个黄土高原广布着森林与草原，地面平坦完整，气候温和湿润，河水丰沛清澈，今日的光山秃岭、千沟万壑，很大程度上是人

---

① 吴松弟：《中国人口史》第3卷，复旦大学出版社2000年版，第429—430页。

② 参见程弘毅、黄银洲、韩宇翔《历史时期人类活动对环境影响强度的定量研究》，《中国人口·资源与环境》2011年第S1期。

③ 葛剑雄：《中国人口史》第1卷，复旦大学出版社2002年版，第425页。

为原因造成的。① 实际情况是不是这样呢？自然地理学研究表明，黄土高原的丘陵、梁、塬、峁基本形态，早在没有人类活动或人类活动影响十分轻微的更新世就已经形成，黄土堆积伊始，流水作用就相伴而生。“广阔的黄河下游平原的冲积史，就是中上游黄土侵蚀历史的反衬。与短短的数千年的人类历史时期比较起来，黄土高原的侵蚀与黄河下游平原的冲积扩展一样，都是漫长得多的过程。”② 从区域分异角度看，黄土高原南部森林草原和落叶阔叶林带人口密度大，侵蚀模数反而小；黄土高原北部草原带人口密度小，侵蚀模数反而大，说明生物气候因素是控制黄土高原土壤侵蚀区域分异的主导因素，人为因素则处于次要地位。③ 以上研究表明，从长时间尺度与大空间尺度看，人类活动因素在黄土高原水土流失中不起主导作用。之所以认为人类活动是黄土高原水土流失的罪魁祸首，主要原因是研究者将历史文献中记载的山地森林作为黄土高原的地带性植被，即将小尺度的隐域分异作为大尺度的地带性分异对待，历史记载与今天黄土高原的植被状况相对照，自然就得出人为原因在黄土高原土壤侵蚀中占主导地位的判断。

由于观察尺度不同，学术界对西北干旱绿洲边缘沙漠化本质的认识也存在争议。近些年来，学术界有一种颇为流行的说法，认为在干旱地区随着人类利用、改造自然活动的加剧，沙漠化过程亦不断强化，沙漠化土地面积不断扩大，绿洲范围则日趋缩小。李并成先生通过对历史时期河西走廊敦煌绿洲和石羊河下游绿洲的研究，认为沙漠化过程的发生并不一定意味着流域内绿洲总面积的缩小，而在很大程度上则表现为一种绿洲的转移，即此处发生沙漠化，彼处可能又有新的绿洲形成。李先生还认为，只要大的气候环流形势和流域总水量无大变化，则其所发育形成的绿洲总面积就不致发生大的改观。④ 笔者认同李先生的观点。在西北干旱地区，沙漠属于由降水、植被、土壤等因素控制的较大尺度的非地带性分异，绿洲则是沙漠中局部地方水资源汇聚的产物，属于较小尺度的隐性分异。人类活动仅仅改变了隐性地域水资源的空间分配形式，但无法改变由大尺度大气环流控制的降水量和流域内水资源的绝对总量，自然也就无法使沙漠化面积绝对增加，绿洲面积绝对减小。对于绿洲地区沙漠化认识的分歧，与学者观察问题时选取的空间尺度有关：前者以河流下游沙漠化地点为观察尺度，只看到该地点沙漠化面积的日益扩大，绿洲面积的日益缩小，而没有注意到中上游绿洲面积的扩大；后者以整个流域为观察尺度，不仅仅看到下游绿洲的蹙缩，更看到中上游绿洲面积的扩大。由此看来，正确选择观测尺度，对于科学认识绿洲地区人类活动的地位与自然环境变化的本质是十分必要的。

在地理尺度扩张时夸大人类活动作用的倾向，在气候变化研究领域内也存在。有

---

① 史念海：《历史时期黄河中游的森林》，载《河山集》（二集），生活·读书·新知三联书店 1981 年版；鲜肖威：《历史时期黄土高原的环境变迁》，《社会科学》1982 年第 2 期；鲜肖威：《关于历史上黄土高原的环境与森林变迁》，《兰州大学学报》1983 年第 4 期。

② 唐少卿、伍光和：《历史时期甘肃黄土高原自然条件变化的若干问题》，《兰州大学学报》1984 年第 1 期。

③ 黄秉维、郑度、赵名茶等：《现代自然地理》，科学出版社 2000 年版，第 284—285 页。

④ 李并成：《今天的绿洲较古代绿洲大大缩小了吗——对于历史时期绿洲沙漠化过程的一些新认识》，《资源科学》2001 年第 2 期。

人认为工业革命以来约200年，由于大规模的生态破坏、迅速城市化和大气污染与热源污染，特别是二氧化碳的大量排放，使人类活动已经突破区域尺度，影响到全球气候的变化。葛剑雄曾对全球气候变暖的判断提出质疑，认为气候变化是有周期的，周期长短不一；目前的气象资料没有覆盖对气候变化产生重要影响的海洋与南极，所以根据已知资料很难判断气候曲线是上升还是下降。他还强调说二氧化碳是不是全球变暖的因素还有争议，中国历史上的人口比今天少得多，但极端气候比今天更冷或更热，因此，气候的变化并不完全是人类活动造成的，还有自然本身的原因。① 葛先生的论述实际上同时触及了目前全球气候变化研究中存在尺度选择及尺度转换问题，即不恰当地用小范围、短时间内积累的气象资料解释或推断大范围、长尺度气候状况。从时间尺度上看，气候变化从年际到百万年以上的时间尺度上都在发生；不同尺度的气候变化相互重叠、相互作用，以致不考虑长周期变化就不可能了解短期变化。② 从空间尺度上看，据20世纪70年代末提出的气候系统概念，气候不仅包含我们熟悉的大气行为，而且还包含我们了解不多的海洋、冰体和陆地表面的复杂的物理过程、化学和生物过程，这些过程相互作用，构成一个耦合的气候系统，③ 因此，不了解地球更大空间尺度的水圈、冰冻圈、岩石圈以及生物圈的变化，就不可能了解小尺度空间内大气圈的变化。由于气候受更长时间尺度与更大空间尺度变化的制约，所以用小范围获得的资料解释全球气候并预测其长期变化的趋势，认为全球变暖是人为原因造成的，恐怕有夸大人类活动作用的嫌疑。

另一种情况是将大尺度时空内人地关系研究结论收缩至小尺度时空内，片面夸大自然环境的力量，忽视人的因素。如有历史学家认为，西北干旱地区的沙漠是在漫长的地质时期形成的，所谓人为因素导致沙漠化的观点是站不住脚的。其实沙漠化指的是历史时期由于人类活动与自然环境的变迁，使本来不是沙漠的地方演变为沙漠的过程。沙漠的形成与沙漠化的时空尺度是有区别的。沙漠指万年及万年以上时间尺度内形成的面积广大的沙化土地。而沙漠化指在万年以下时间尺度内形成的小面积的沙化土地，不论时间尺度或空间尺度，都远远小于前者。所以，沙漠与沙漠化是两个时空尺度的概念。之所以将二者混淆，除了有些历史学者不了解学科概念之外，与不顾自然现象形成条件的制约，将大时空尺度内的结论推演至小时空尺度内不无关系。目前，学术界还流行一种观点，认为过去河流流量丰沛，今天河流的流量与过去相比普遍变小了，因此，得出今天气候远要比过去干旱得多的结论。这是否符合历史实际呢？不可否认，2000年来中国历史气候特别是北方气候有干旱化的趋势，气候干旱化的确会导致河流流量变小，但问题是气候干旱化是不是河流流量减小的主导因素呢？据统计，新中国成立50年来，全国用水总量从1949年的1000多亿立方米增加到1997年的5566亿立方米，增加了近5倍，而由于气候变化引起的降水量的增减幅度并没有超过

① 葛剑雄：《从环境变迁看人与自然的关系》，《地理教学》2007年第6期。
② 汪品先：《全球季风与气候的长期变化》，《中国科学院院刊》2010年第2期。
③ 王绍武：《从“气候”到“全球气候系统”概念的发展》，《气象科学进展》2011年第3期。

15%。[1] 可见，是密如蛛网的农业灌溉渠道和城市生活、生产用水管道分流了河川径流，以致造成今天的河流径流量比过去大大减小了的错觉。因此，气候并不是江河径流量大规模减小的主要原因，而是人类超强度的利用导致的后果。气候干旱化是一种趋势，是更长尺度的缓慢的变化过程，用它解释短时间尺度内发生的快变化时，应该谨慎对待。

五 相关结论

基于以上论述，本文认为研究尺度问题是历史地理学人地关系研究中亟待解决的重大问题。如果尺度选择或转换不合理，会影响我们对人地系统中人与自然环境的相互关系的正确认识，导致片面夸大自然力或文化力，甚至出现因果关系倒置的情况，因此，确定合理的时空尺度是人地关系研究的首要任务。本文主张大空间尺度或长时间尺度内，应突出自然环境对人类的影响和人类对自然环境的适应；中时空尺度内，既要重视自然环境对人类活动的影响，又要重视人对环境的利用与选择；小时空尺度内，在考虑自然环境对经济活动影响的同时，要更多地注意文化力的作用，即随着时空尺度的缩小，要逐步重视人类活动的因素；反之，随着时空尺度的扩大，则要逐步突出自然的影响力。

（作者单位：天水师范学院文史学院）

① 沈永萍：《社会经济发展及气候变化对中国水资源的影响》，《冰川冻土》2002 年第 5 期。

关于中国历史地理学中民族因素相关性的几个问题

娜　拉

一　历史地理学各分支学科研究中重视民族因素的必要性

历史地理学的研究对象是整个人类历史时期地理环境变迁及其规律，这里的地理环境既指自然地理环境，也包括人文地理环境。历史地理学就其学科性质而言，它是一门地理科学，是地理学的分支学科，与沿革地理研究有密不可分的关系。但就研究所依据的资料和方法而言，它又具有历史学科的属性。历史地理学研究的对象虽然不是历史，但由于是历史时期的地理现象，主要依靠历史文献记载，使用历史学的研究方法，其成果更多的是为历史学所利用。在中国历史地理的理论体系中，一直有自然和人文之分，又有更具体的部门之别。此学科划分曾推动了历史地理研究的进一步深入。历史时期的自然环境或多或少都直接或间接受到人为活动的干预，而且这种干预随时间的发展，有愈来愈严重的趋势，因此历史地理学开展综合研究已是必然的趋势。如研究历史自然地理，尤其是环境变迁问题，就不能不考虑人类自身对环境的作用。自然环境是人类赖以生存和发展的基础，从事历史人文地理研究则必须充分考虑自然环境条件的制约作用。

专门史研究、社会史研究、民族史研究中限于学科特色较少涉及地理演变。黄盛璋先生认为，“民族历史地理是由于时间推移、环境变化、民人迁徙三方面因素错综于一而形成并呈现于地表的”，民族历史地理的研究内容应为“民族类别、地域差异、源流变迁”①。然而，从现有研究成果来看，②“中国民族历史地理”的研究内容目前仍属于历史人文地理学、民族学、民族史等大门类范围。笔者认为，自19世纪中叶民族学和地理学作为独立学科加以区别以来，民族志研究成为反映同民族地域性改造有关的过程的重要来源。民族、族群在各自不同的自然环境中，需要有各自不同的文化适应

① 黄盛璋：《论民族历史地理学的基本理论问题》，《传统文化与现代化》1995年第5期。

② 孙进己：《关于民族历史地理的研究》，载复旦大学《国际中国历史地理讨论会论文摘要》，1990年；刘锡涛：《中国民族历史地理学的几个理论问题》，《喀什师院学报》2000年第1期；李并成：《西北民族历史地理研究刍议》，《甘肃民族研究》1997年第1期；朱圣钟：《论民族地理学研究中若干问题》，《广西民族研究》2005年第1期；管彦波：《民族地理学的研究对象和学科内容》，《云南社会科学》1996年第3期。

策略，并形成各具特色的生计方式，而不同民族、族群的生计方式与手段、制度设计、生态伦理又在一定程度上影响了历史时期活动区域生态系统、地理环境、景观格局的演变。因此，除历史民族地理学——作为专门研究历史时期特定区域地理环境与民族相互关系、探讨民族人口地域空间分布等凸显民族元素的历史地理学分支学科外，在诸如历史政治地理、历史城市地理、历史经济地理、历史人口地理、历史社会地理、历史文化地理、历史科技地理、历史军事地理等分支学科中民族因素的存在是客观的，而在这些分支学科中重视民族因素相关性研究更是必要的。

二　族群文化系统与历史地理中的区域研究

人地关系，即人类社会和自然环境的关系，是现代地理学研究的重要课题。历史地理学关注历史时期区域文化的变异以及文化地域、文化人群。人与地的互动形塑区域性格。鲁西奇先生认为，地区多样性包括景观的多样性和历史发展道路、模式的多样性，“政区、移民、地理环境、经济类型、城市发展以及地方特权、方言、风俗”是影响多样性区域之生成、演变的重要因素，地区多样性与中国历史发展的总体架构和走向有着密切的关系，而“建立连续的区域历史地理剖面”是历史区域地理研究的重要思路。①

历史地理研究的“区域”就是指在人类活动参与下形成的具有历史发展共同性及某种共同经济文化特征的人地关系地域综合体。民族、族群是在历史上形成的人类文化群体，我国各民族先民很早就在中国这块辽阔的土地上共居，并在漫长的岁月中，通过各种形式的交往，结成了种种政治的、经济的、文化的关系，体现着我国历史特有的面貌及其生动、丰富的内容。我国各民族之间的这种关系的历史，是中国历史研究的重要内容。每个民族、族群的民族过程，都离不开它所置身的客观环境的造就。我国新石器时代文化的分布和特征，不仅反映出不同的文化中心和系统，而且反映了民族集团的分布。我国新石器文化的遗址，分属于黄河和淮河流域的仰韶文化、大汶口文化、龙山文化、马家窑文化、齐家文化，长江流域的河姆渡文化、马家浜文化、良渚文化、大溪文化、屈家岭文化，福建省和台湾地区的昙石山文化、大坌坑文化、圆山文化、凤鼻头文化，岭南和西南地区的原始文化，东北、北部和西北地区的红山文化、富河文化、新乐下层文化以及广大草原以细石器为主的文化。华夏民族集团是在仰韶文化及其发展出来的龙山文化的基础上逐渐形成的，东夷民族集团是在大汶口文化及其发展出来的山东龙山文化基础上逐渐形成的，南蛮民族集团是在河姆渡文化、马家浜文化、良渚文化、大溪文化、屈家岭文化以及南方其他新石器文化的基础上逐渐形成的，北狄和东北地区的民族集团是在新乐下层文化、富河文化、红山文化以及北方其他新石器时代文化的基础上逐渐形成的，西戎民族集团是在马家窑文化和西部

① 鲁西奇：《论历史地理研究中的区域问题》，《武汉大学学报》1996 年第 6 期；鲁西奇：《再论历史地理研究中的区域问题》，《武汉大学学报》2000 年第 3 期。

其他新石器文化的基础上逐渐形成的。多样性区域文化作为在具体的自然地理空间之中的民族、族群文化的总称，“就其内部的组成状况而言，区域文化并不是均质化的文化整体”，不同的族群以及不同的文化区域之间存在着某一程度的差异性——尽管这种状况的现实存在并不是隔绝它们之间的交流与互动的主要障碍，也并不排斥区域文化内部所可能出现的某些相近或者相似的文化特征。“区域文化内部这种文化格局的形成，既受到地理环境的影响，同时也是人类社会活动的结果。”①

从文化系统所属来看。中国文明的起源是多元的。考古学家苏秉琦先生根据各地新石器时代考古学文化的内涵、分期年代分为：以燕山南北长城地带为中心的北方；以山东为中心的东方；以关中（陕西）、晋南、豫西为中心的中原；以环太湖为中心的东南部；以环洞庭湖与四川盆地为中心的西南部；以鄱阳湖—珠江三角洲一线为中轴的南方等六大区系。中国古代主要农业经济区一般划分为黄河中下游地区—成都平原—长江下游地区、太湖平原—长江中游地区—珠江流域—东北平原。而从中国古代少数民族生活的生态环境、文化联系的紧密度、文化发展、变迁轨迹来看，中国古代少数民族文化大体可分成六大系统，即北方草原少数民族文化系统、东北松辽平原少数民族文化系统、西域绿洲少数民族文化系统、黄河上游黄土地带少数民族文化系统、青藏高原少数民族文化系统和东南、西南丘陵红土地带少数民族文化系统。每个文化系统都有其特质。如北方草原少数民族文化系统，就其经济文化类型来说，都是以草原游牧经济文化为其特征，主要是阿尔泰语系的语言。费孝通先生提出中国民族格局的“六板块”，即北部草原区、东北部的高山森林区、西南部的青藏高原区、云贵高原区、沿海区、中原区。宏观上来看，农业和牧业是两种不同性质的产业文明，根据胡焕庸先生提出的从黑龙江省黑河向云南腾冲一线为中国农业文明和牧业文明的分水岭，我们可以将全国分为东南部的农业文化和西北部的牧业文化两个文化区。以上种种划分形式与内容中都贯穿着人类行为与自然环境的互动结果。许多有关人类生物多样性的解释有一种强烈的决定论倾向。生态人类学理论中的“决定论”有两种极端的观点，一为环境决定论观点，一为文化决定论观点。前者认为地理环境因素决定性地造就了人类及其文化，后者的看法则完全相反。传统人类地理学具有强烈的环境决定论倾向，“以单一的环境因素做涵盖性的推论，认为文化由环境所造成。这类研究把文化看做功能相关的整体，把诸如气候、地形等自然环境的一些现象视为判断整个环境的标准，认为每个区域对应地产生整合的整体文化”。② 如今环境决定论已基本被所谓的“人类—环境模式”论所取代，这种观点对环境的作用进行了限制，认为环境为“非创造性”的条件，并且承认人与环境之间复杂的互动关系。笔者认为在运用横剖面法研究区域历史地理中，族群文化系统视角的引入，无疑也是文化景观与生态环境之间的空间相互关系的分析。

---

① 周大鸣：《关于中国族群研究的若干问题》，载吴晓萍、徐杰舜主编《中华民族认同与认同中华民族》，黑龙江人民出版社 2009 年版，第 81 页。

② 庄孔韶主编：《人类学通论》，山西教育出版社 2007 年版，第 132 页。

三 民族过程与地理区域的变迁

人口的分布与迁徙以及人类活动与地理环境的关系是历史地理学不可回避的问题。我国现有民族，他们的形成虽有早有晚，但都有着悠久的历史，都是我国古代民族直接的和间接的继续和发展，都是我国历史的长河中经过民族分化和融合逐步形成的。

文化是民族之间相区别的重要标志，民族、族群具有不同生计方式，历史时期人地系统中土地利用方式的活动差异对经济区域格局的变化有着不可忽视的影响。如“同一自然生态区如鄂尔多斯高原，当游牧民族占有时，则成为畜牧区，这就可能与其北面的河套平原形成一个经济区；当农耕民族占有时，往往变成农耕区或至少是半农半牧区，则可能与其南面的陕北高原形成一个经济区”。① 民族过程影响着地理区域文化边界的变迁，或者说民族过程造成区域生态地理环境的演变。民族过程主要表现为：分化过程、融合过程、民族迁徙过程。民族学、人类学往往关注民族迁徙中形成的文化走廊、文化变迁，而对民族人口迁徙对迁入区域的生态地理环境有着什么样的影响较少涉及，但已有历史自然地理研究学者关注这方面的缺憾。王子今先生认为，秦汉时期，黄河中游地区土地利用方式的变化原本即与以气候变迁作为条件之一的民族迁移有关②。大量研究结果表明，近代在北方草原地区，随着农业人口的迁入，乱开垦种田，使地表植被与耕层遭到严重破坏和侵蚀，沙化日益严重，草原逐渐缩小，破坏了游牧民族赖以生存的自然条件。

中原地区为华夏族发源地，东汉以后为儒家文化的核心地区。三国后，江淮不断开发，南北朝后，南北之间地域风俗形成了明显差异。北方民族向南迁徙，也使北部中原地区汉族文化中包含了大量北方少数民族的特质和因素。北方各民族在其发展过程中，大多数都有一个向西、向南迁徙的历史。所谓向西迁徙，包括一些起源于东北而逐渐向蒙古高原迁徙，或由蒙古高原向西域、中亚、西亚甚至欧洲东部迁徙的经历。其中如东胡中的鲜卑、室韦是由东北向蒙古高原迁徙；匈奴、突厥、回鹘等向西域及其以西迁徙。因此，北方民族文化因素中包含了大量东北民族文化的特质，西域民族文化中也包含了大量蒙古高原民族文化的特质。少数民族迁徙内地尤其是一些政治军事力量强大的民族迁徙内地，改变了迁入地民族人口的构成，并在某些迁入地出现了少数民族化的倾向。少数民族对迁入地经济、政治、文化等方面的影响程度，一般取决于移民数量的多少和时间的长短，如果移民数量过少，那么移民一般会被迁入地的文化所同化。如果移民数量很大，且移居时间较长，则必然会引起迁入地水环境、土壤、植被、役畜、聚落等方面的地理生态的改变。

美国历史学家保尔·柯文（Paul A. Cohen）在谈及中国史研究时指出：“……因为中国的区域性与地方性的变异幅度很大，要想对整体有一个轮廓更加分明，特点更加

① 邹逸麟：《我国古代经济区的划分原则及其意义》，《中国史研究》2001 年第 4 期。

② 王子今：《秦汉时期气候变迁的历史学考察》，《历史研究》1995 年第 2 期。

突出的了解——而不满足于平淡无味地反映各组成部分间的最小公分母——就必须标出这些变异的内容和程度。”① 区域地理研究中的核心内容之一是“区域地理现象及其内在实质（包括因果关系）的观察、分析与探讨，亦即区域的个性研究”；② 历史时期区域的地理学研究基于具有自身社会历史发展特征和自成系统的历史地理单元，关注历史人口地理、历史聚落地理中的民族、族群因素研究，是在空间与时间的架构、文化群互动互生的视野中，正如民族学从19世纪末、20世纪初不断地从地理学吸收地理空间的视野那样具有可行价值。

（作者单位：天津师范大学历史文化学院）

① ［美］柯文：《在中国发现历史——中国中心观在美国的兴起》，林同奇译，中华书局1989年版，第142页。

② 鲁西奇：《论历史地理研究中的区域问题》，《武汉大学学报》1996年第6期。

China through Italian Eyes: Geo – Historical Themes in the Travel Report by Giovanni Gherardini (late 17th century)

[意大利] Stefano Piastra

Giovanni Gherardini (1655 – 1729 ca.), also known as 吉拉尔吉尼，热那第尼，杰拉蒂尼，吉拉第尼 or 切拉蒂尼 in Chinese language, was an Italian Baroque painter, active between Italy and France. Born in Modena (Emilia-Romagna Region, Northern Italy) (Campori 1879 – 1880; Roberti 1900; Corsi 1999, pp. 108 – 109; Corsi 2000), he soon moved to Bologna, where he joined the so-called 'Quadratura' school (an artistic approach based on a very high emphasis given to perspective in ceilings and walls frescos), led by A. M. Colonna.

RELATION
DU VOYAGE
FAIT A LA CHINE
ſur le Vaiſſeau l'Amphitrite, en l'Année *1698.*

Par le Sieur Gio : Ghirardini, Peintre Italien.

A MONSEIGNEUR
LE DUC DE NEVERS.

M. DCC.

Fig. 1 – Title page of G. Gherardini, *Relation du Voyage fait a la Chine sur le Vassieau l'Amphitrite, en l'Année 1698*, Paris 1700 (original edition of the report in French language).

In 1680, still in his young age, he moved toFrance, where he worked for Philippe Jules Mancini (née Filippo Giulio Mancini), Duke of Nevers (1641 – 1707), nephew of the very influent French chief minister Cardinal Mazarin (née Giulio Raimondo Mazzarino; 1602 –

1661).

During his stay in France, in his mature age, probably in 1697, Gherardini met the French Jesuit Joachim Bouvet (1656 – 1730) (Chinese name: 白晋 or 白進; courtesy name: 明远), just returned to his home country from China: in that period, Bouvet, under the explicit mandate of the Emperor Kangxi (康熙帝) (1654 – 1722), besides embassy issues with the French King, was searching for European artists and scientists interested in a long/medium stay in the Chinese Empire. This fact was not a case, and has to be considered in the context of Kangxi's toleration, during most of his reign, towards Christian predication in China (carried on by Jesuits mainly) and, in a broader sense, Western cultural influence. The situation changed drasticly in 1715, when the Pope Clement XI, in the framework of the so-called "Chinese-Rites Controversy", condemned the Chinese rites; as a reaction, in 1721 Kangxi banned Christian missions in his Empire (Brockey 2007, p. 199; this proscription was effectively implemented starting from 1724 by Kangxi's son and successor, Yongzheng).

RELAZIONE

DI

UN VIAGGIO FATTO ALLA CHINA

NEL 1698

DA

GIOVANNI GHERARDINI

PITTORE BOLOGNESE

BOLOGNA

SOCIETA' TIPOGRAFICA BOLOGNESE.

1854.

Fig. 2 – Title page of G. Gherardini, *Relazione di un viaggio fatto alla China nel 1698*, Bologna 1854 (Italian translation of the original report, edited by M. Gualandi).

Invited by Bouvet to China in order to decorate the internal of some Christian Churches in Beijing and work as a portraitist, Gherardini, even though he was not used to voyages out of Europe and probably had almost no notions about Far East and Mandarin language, accepted the offer, considering it as an unrepeatable opportunity for his reputation as an artist.

Together with the French Jesuit, the Italian artist boarded on the ship "L'Amphitrite" (Froger 1926; Pelliot 1930), which sailed from the French port ofLa Rochelle on March 7th,

1698, with China as final destination. He arrived there ca. seven months later.

Once landed in Guangzhou (one of his first stops before arriving in Beijing), Gherardini wrote a report focused on his voyage from France to China and the first months of his Chinese stay, under the form of a letter addressed to the Duke of Nevers, his patron. This letter is currently in large part neglected in the scientific debate, except for some incidental quotations in general works about cultural flows betweenItaly and China (Bertuccioli & Masini 1996, p. 184; Tucci 2005, pp. 167 – 168) and some recent papers by E. Corsi (Corsi 1999; Corsi 2000). It dates back to February 20th, 1699 and was firstly published in French in 1700 (Relation du Voyage fait a la Chine sur le Vassieau l'Amphitrite, en l'Année 1698: Gherardini 1700); a late Italian translation of it was published in 1854 under the supervision of Michelangelo Gualandi (Relazione di un viaggio fatto alla China nel 1698: Gherardini 1854).

In his work, Gherardini gives accurate informations about the trip, making possible a precise reconstruction of the route of the ship "L'Amphitrite": sailed from France, after the navigation along the Western African coastline and the rounding of the Cape of Good Hope, the ship reached the city of Banda Aceh (Sumatra Island, Indonesia; "Achen" in the original French text), passed Paracel Islands ("Le paracel" in the original French text) and eventually arrived in the island of Shangchuan ("Sancién" in the original French text), in Guangdong. The stop here was quite long (October 5th, 1698 – October 20th, 1698 ca.), because of wind problems, but also because several priests on board decided to pay a visit to the place where, in that island, the Spanish Saint Francis Xavier (1506 – 1552), one of the founders of the Society of Jesus and canonized ca. 70 years before, had died. Gherardini affirms that, during that weeks, they had even planned to build in Shangchuan a new burial mound in Xavier's honour, asking for his protection during their subsequent stay inChina (this fact is confirmed also by Guillemin 1868, p. 7). From here, the next stop was Macau (October 24th, 1698; "Macao" in the original French text; Gherardini explains, in a footnote, that it was an island located on the Guangdong coastline, under the Portuguese control) and eventually "L'Amphitrite" landed in Guangzhou (October 31st, 1698; "Canton" in the original French text). In the subsequent months, Gherardini moved from Guangzhou to Beijing (his final destination) by land.

The final part of the route of the ship "L'Amphitrite" as outlined above is fully inside the mainstream of the sea routes of that time from Europe to the Far East: the success of such an itinerary has to be explained through several factors, like the presence of the Portuguese settlement in Macau (since the middle of the 16th century), the high depth of the Pearl River Estuary (a feature very important for the access of the European deep-sea ships) and the fact that the Pearl River was a direct waterway to Guangzhou and, from there, to inner China (Van Dyke 2005). It is not a coincidence that in the 19th century the same route was still one of the most used (see the travel reports quoted and discussed in Wise 2008) andGuangdong one of the most important China's gateways.

The letter by Gherardini deals also with landscape issues. Regarding the countryside of Guangzhou, the author highlights the presence of terraced fields (probably related to rice) and the large availability of water, underlining implicitly the different scale of these features in comparison with the European contexts, where, in particular in the Mediterranean biome, water is scarcer and rice is cultivated only in specific sectors of plains (in the case of Italy, mainly in the Po Plain, where Modena, Gherardini's hometown, is located): " [Close to Guangzhou] there are grasslands [rice fields?] as far as the horizon; there are small hills shaped as an amphitheater, where each man-made step is covered with plants … There [close to Guangzhou] you can find canals which, creating islands…form a beautiful landscape. "①

Moreover, the Italian artist points out that, in the environs of Guangzhou, most of the watercourse and canals are navigable: "…an infinite number of boats, going upstream or downstream, are visible; they seem to navigate like on the grass…the boats navigate like in the middle of a grassland. "② If such a situation could present similarities to that in France (where Gherardini had lived, in that period, for a long time already), on the contrary it has to be noted that the Italian context, where the painter was raised, was and is totally different: here, because of the irregular regime of the rivers, only very few watercourses and canals are fully navigable.

The Italian artist goes on dealing with the Pearl River Estuary. The traditional toponym "Tiger's Mouth" ("La porte du Tigre" in the original French text; other synonyms were, at that time and later, "Bocca Tigris" or Bogue in English) is mentioned. This placename derived directly from the Chinese original toponym Humen (虎门) and is referred to the final section of the Pearl River, where it flows into the South China Sea: "Regarding the toponymy, you can find some magnificent placenames in China…the river's [Pearl River] mouth is named Houmoüen [sic], that is 'Tiger's Mouth'. "③

Moreover, in the same section of the travel report, Gherardini gives some informations about the military forts located in the Pearl River Estuary, which are described (humorously) as impressively smaller in comparison with those he had seen in Europe (during the 17th century, in the "Old World", the Military Architecture, now characterized by thick walls and towers as a response to the large use of heavy artillery, reached one of its peak): "… but the Chinese are not highly skilled about war, and their fortresses were somehow hilarious for us. Just imagine, my patron [Philippe Jules Mancini, Duke of Nevers, to whom the letter is addressed], the small walls that a priest in a rural village could build around his garden: now

① Gherardini (1700), Relation du Voyage fait a la Chine sur le Vassieau l'Amphitrite, en l'Année 1698, Paris, p. 53.

② Gherardini 1700, pp. 53 – 54.

③ Ibid., pp. 55 – 56.

you have the right idea about what these ‘invincible fortresses’ really are. ”①

Finally, the city ofGuangzhou is briefly outlined. The most impressive feature, according to Gherardini, was the low quality of the Architecture. In fact, following the Greco-Roman-derived axiom (and an unconcealed prejudice of superiority) based, in the West, on the convincement that good-quality Architecture has to be built with stones, and comparing the houses of Guangzhou with the urban landscape of Paris in France and Turin in Italy, the Italian painter gives a bad assessment of the Chinese traditional houses, built mainly in timber and tiles: "The city of Guangzhou is very large, with a high population. … The roads are narrow and covered with stones, and [here you can see] arcades with beautiful shops… All the houses are similar each other, characterized by the same layout, without windows or windowpanes. This is the idea, my patron [Philippe Jules Mancini], that you should have about Guangzhou. It is totally different from Paris or Turin. Italian Fine Arts are considerably better; the Chinese' knowledge about Architecture or painting is comparable to my knowledge about Old Greek and Hebrew languages [out of metaphor, very poor]. ”② Moreover, it has to be underlined that Gherardini was a baroque artist, and so focused on an emphatic and lavish artistic style: probably, according to his European point of view, the Chinese architectural style of that time looked too basic.

Few notes are dedicated to the Chinese customs: "… To me, the Chinese look like good people, polite, they pay attention to hygiene and they are not aggressive or violent. ”③

The final part of the report is focused on the warm welcome given by some Imperial envoys to Father Bouvet.

Unfortunately, Gherardini's report is focused only on the very first part of his travel; we have very few informations about his subsequent and longer stay inBeijing (until 1704), where he met the Chinese Emperor and gained a significant reputation as a painter. Currently, his frescos in Beijing are lost, because the Church he decorated was destroyed by fire a few years after the inauguration.

In 1705 he decided to come back toEurope. The return voyage by the Italian painter overlaps in large part to his outward voyage: he sailed from Guangzhou in January 1705 and he reached Europe in December of the same year.

He spent inFrance the rest of his life, until the death in 1729 ca.

The style of the letter proves a considerable background in Humanities by Gherardini: in fact the report presents a lot of quotations (published in Italian language with French translation) from Italian writers and poets, in particular Torquato Tasso and Ludovico Ariosto.

---

① *Gherardini 1700*, p. 55.

② Ibid., pp. 59 – 61.

③ Ibid., p. 61.

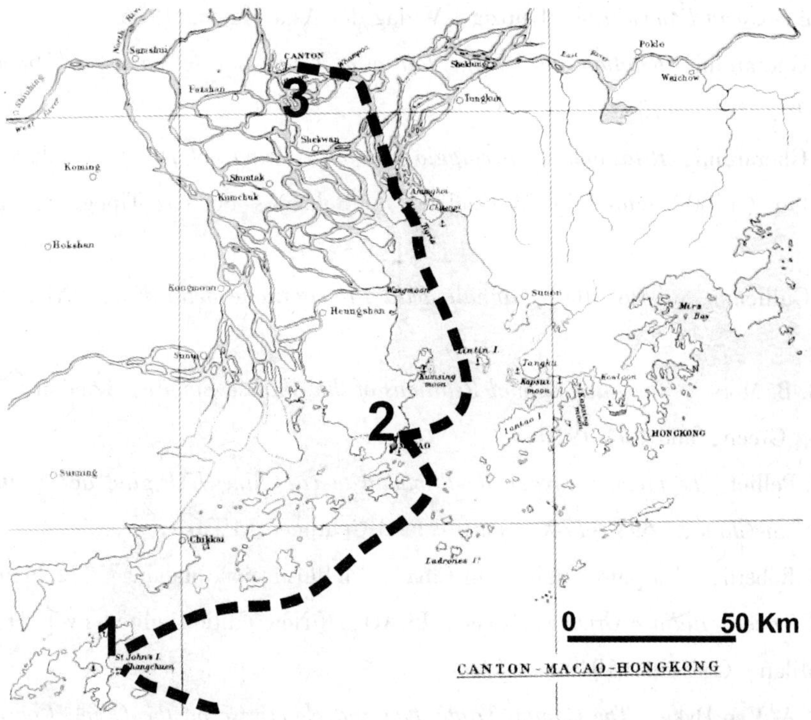

Fig. 3 – Final part of Giovanni Gherardini's voyage toChina (1698) (Pearl River Estuary Region). No. 1: Shangchuan Island; no. 2: Macau; no. 3: Guangzhou. Cartographical source: *Canton-Macao-Hong Kong*, map attached to Morse 1910.

Generally speaking, the report by the Italian author seems to be realistic and unaffected, and not the result of a literary re-elaboration. His approach is Eurocentric, but devoid of colonialist and racist patterns.

References

1. G. Bertuccioli & F. Masini, *Italia e Cina*, Rome-Bari: Laterza, 1996.

2. L. M. Brockey, *Journey to the East: The Jesuit Mission to China, 1579 – 1724*, Cambridge: Harvard University Press, 2007.

3. G. Campori, "Un pittore modenese nella China (*1698*)", *Atti e Memorie delle Reali Deputazioni di Storia Patria dell' Emilia*, n. s., IV, pp. 1 – 9.

4. E. Corsi, "Late Baroque Painting in China Prior to the Arrival of Matteo Ripa. Giovanni Gherardini and the Perspective called Xianfa", in M. Fatica & F. D' Arelli (Eds.), *La missione cattolica in Cina tra i secoli XVIII – XIX. Matteo Ripa e il collegio dei Cinesi*, (Proceedings of the Conference; Naples, 11th – 12th February 1997), Naples: Istituto Universitario Orientale, 1999, pp. 341 – 417.

5. E. Corsi, "Gherardini, Giovanni", *Dizionario Biografico degli Italiani*, Vol. 53, 2000, Rome: Treccani.

6. F. Froger, *Relation du premier voyage des François à la Chine, fait en 1698, 1699 et*

1700 sur le vaisseau l'Amphitrite, Leipzig: Verlag der Asia Major, 1926.

7. G. Gherardini, *Relation du Voyage fait a la Chine sur le Vassieau l'Amphitrite, en l'Année 1698*, Paris, 1700.

8. G. Gherardini, *Relazione di un viaggio fatto alla China nel 1698*, (Italian translation of Gherardini (1700) edited by M. Gualandi), Bologna: Società Tipografica Bolognese, 1854.

9. Z. Guillemin, [No title], *Annali della Propagazione della Fede*, XL, 1868, pp. 6-22.

10. H. B. Morse, *The International Relations of the Chinese Empire*, London, New York: Longmans, Green, and Co, 1910.

11. P. Pelliot, *Le premier voyage de l'Amphitrite en Chine. L'Origine des relations de la France avec la Chine, 1698-1700*, Paris: Paul Geuthner, 1930.

12. G. Roberti, "Un pittore italiano in Cina", "L'Illustrazione italiana", 22 luglio, 1900.

13. G. Tucci, *Italia e Oriente*, Rome: ISIAO, (New edition edited by F. D'Arelli; 1st edition: Milan, Garzanti, 1949).

14. P. A. Van Dyke, *The Canton Trade. Life and Enterprise on the China Coast, 1700-1845*, Hong Kong: Hong Kong University Press, 2005.

15. M. Wise, *Travellers' Tales of the South China Coast. Hong Kong, Canton, Macao*, Singapore: Marshall Cavendish Editions (1st edition: Singapore, Times Books International, 1986).

(作者单位:复旦大学历史地理研究中心)

日本历史地理学研究：1977—1986

——以《地理学文献目录》为核心的考察

潘　晟

一　引言

随着历史学学科目录的调整，世界史成为一级学科，世界史研究的重要性得到了高度的重视。这一变化，也给其他学科分支门类带来了新的机遇和挑战，历史地理学无疑是其中感受到这种迫切性的领域。近代学科体系意义上的历史地理学在中国的发展，应该说经过国内学者几十年的努力，取得了丰硕的成果。从标志性的《中国历史地图集》，到运用最新技术逐渐构建的中国历史地理信息系统，以及大量专题性、区域性的历史地理论著，这些成果的取得有目共睹，也得到了学界的普遍认同。不过，回过头来看看，这几十年，尤其是20世纪80年代进入学科蓬勃发展阶段以来，在众多的研究成果以及各个历史地理研究所或中心，在研究对象上的一个突出特点就是，在区域或地域方面几乎没有越出中国的范围，至少可以说对中国以外区域的历史地理研究极为罕见，只有少数几种翻译的著作。如秦士勉翻译的拉尔夫·布朗《美国历史地理》，韩光辉翻译的热库林《历史地理学：对象与方法》等。即使对于国外历史地理学发展的研究，我们的工作也很少，专著仅有阙维民对英文《历史地理学》期刊的专题研究成果《历史地理学的观念：叙述、复原、构想》。就与中国史学界联系密切的日本而言，我们对于日本历史地理学的情况也并不是很熟悉。因此，在学科调整的背景下调整视野，从世界史的角度来审视历史地理学在中国的发展，实在是一件非常迫切的工作。而从世界史角度展开历史地理学研究，首先需要做的基础工作，便是了解各国别之基本历史地理文献，以及各国别历史地理学研究之进展。因此本文以与中国史学界较为熟悉的日本为对象，进行讨论。

21世纪之初，姜道章先生指出，关于日本历史地理学科的研究与介绍，中文文献并不多，主要包括：陈芳惠《历史地理学在日本》（《大陆杂志》第53卷，1976年第5期，第44—46页），陈民耿《日本的历史地理学会》（《文艺复兴》1976年第75期，第44—48页），陈桥驿《日本学者的中国历史地理研究》（《历史地理》第6辑，1988年，第209—220页），以及辛德勇翻译的菊地利夫《历史地理学方法论》（《中国历史地理论丛》1987年第1、2辑，1988年第1、2、3、4辑，1989年第1、2、3、4辑）和河野通博《日本历史地理学家略论》（《中国历史地理论丛》1988年第3辑）。另外，姜道章还指出，有两种目录，一种是邓嗣禹编《日本学者对于日本与东洋之研究：传略及其著述略》（香港中文大学出版1961年版，英文）；杜瑜、朱玲玲编《中国历史地理学论著索引：1900—1980》所收录部分日本历史论著，虽然有许多还不是真正的历史地理学著作，但极有参考价值。①

有感于中文世界对于日本历史地理学的不了解，姜道章主要依据浮田典良、足利健亮1976年在日本发表的《日本的历史地理研究》②，服部昌之1979年在美国发表的《日本的历史地理学》③，千田稔1982年在英国发表的《日本历史地理学的进展》④，结合其他文献，撰写了长文《日本历史地理学研究述评》，发表在《中国历史地理论丛》2001年第3期上，分19个专题对日本历史地理学的研究情况做了较为全面的介绍。这是目前中文世界对日本历史地理学科现状最为全面深入的评论。

另外，侯甬坚曾对日本《历史地理》杂志创刊初期的学科概念进行了深入的检讨。⑤ 2007年，钟翀撰文，依据其在日本所接触的情况，从聚落历史地理、经济历史地理和地域开发史、文化历史地理及其他三个方面，对20世纪90年代以来日本学者的中国历史地理研究情况做了专门的评介。⑥ 除此之外，辛德勇等主编的《中日古代城市研究》，以及《日本学者研究中国史论著选译》、《科学史译丛》等，对于我们了解日本历史地理研究的相关情况都有帮助。

考虑到国内对于日本历史地理学评介的情况以及手头的资料状态，本文以日本人文地理学会文献编集委员会编制的《地理学文献目录》第7、第8两集为基础（文中未注明出处的数据、表格和引文皆源于此），截取1977—1986年间的日本历史地理学研究现状进行轮廓性的考察。选择1977—1986的时间段落作为讨论对象，除了资料便于利用的因素外，还在于，一方面国内对之前和之后都已经有一些可资参考的讨论，而此时间段恰好有所空缺；另一方面这段时间也刚好是中国历史地理学真正进入正规学科发展阶段，有一定的对比参考价值。另外，也希望用一种不同的学术史方法来展开讨论，为更长时段的专题考察做准备。

二 《地理学文献目录》的编制出版情况概述

日本人文地理学会文献目录编集委员会从20世纪50年代初开始编制日本国内出版

---

① 姜道章：《日本历史地理学研究述评》，《中国历史地理论丛》2001年第3期。

② Tsuneyoshi Ukita & Kenryo Ashikana, "Historical Geography", in Shinzo Kiuchi, ed. *Geography in Japan*, Tokyo, 1976, pp. 215 - 235.

③ Masayu Hattori, "Historical Geography in Japan", *Professional Geograoher*, Vol. 31, 1979, pp. 321 - 326.

④ Minoru Senda, "Progress in Japanese Historical Geography", *Journal of Historical Geography*, Vol. 8, 1982, pp. 170 - 181.

⑤ 侯甬坚：《日本〈历史地理〉杂志创刊初期的学科概念》，《陕西师范大学学报》1999年第4期。

⑥ 钟翀：《近年来日本之中国历史地理学研究》，载《九州》第4辑，商务印书馆2007年版，第284—293页。

刊布的地理学论著目录：《地理学文献目录》，第1集1953年由柳原书店出版，目前已经连续出到第12集，收录论文的截止时间是2006年（见表1）。依据出版说明，在第12集纸版书后附录了一张电子光盘，其中收录的时间范围是1986—2006年。

表1　　《地理学文献目录》出版情况

集序	收录论著时间跨度	出版机构	出版时间
第1集	1945—1951	柳原书店	1953.1
第2集	1952—1956	柳原书店	1957.11
第3集	1957—1961	柳原书店	1963.11
第4集	1962—1966	大明堂	1968.4
第5集	1967—1971	大明堂	1973.4
第6集	1972—1976	大明堂	1978.5
第7集	1977—1981	大明堂	1984.3
第8集	1982—1986	大明堂	1989.3
第9集	1987—1991	古今书院	1993.3
第10集	1992—1996	古今书院	1998.4
第11集	1997—2001	古今书院	2004.6
第12集	2002—2006	古今书院	2009.7

目前该系列出版物在国内的馆藏情况还不清楚。国图目录上有，但是并不全，其中除了在工具书区开架阅览的第12集以外，还有闭架阅览的第9集和第10集，其他国图目录上显示的各集，暂时没有在馆内找到。开架的第12集，书后的光盘也没有了。北大图书馆目前的机读目录上没有该书收藏情况。笔者所有的为第7、第8集。①

在该系列出版物中，与历史地理学相关的栏目有“历史地理”、“地理学史”、“地图·古地图”、“地名”、“地志”等，经过初步的核对，发现各栏目所收论著有重复现象，因此本文在依据其讨论日本历史地理学的相关情况时，仅统计其“历史地理”大类下收录的内容，不再将其他“地理学史”等相关大类纳入统计的范围，一方面为了客观保存日本学者自身对历史地理学的分类观念，另一方面也是为了避免数据的系统误差和人工识别的难度。

三　《地理学文献目录》历史地理学分类情况

《地理学文献目录》的“历史地理”部分，在第7集中包括25个分支类别，第8

① 国内可资利用的该目录纸版，可以统计的是1977—1996年、2002—2006年，若有第12集的光盘，则两者结合，则可以有1977—2006年之间的连续数据。由于统计时的数据录入工作量极大，而利用国图资料在时空上的困难，故此次仅能讨论1977—1986年的情况。

集则并为21个，此后基本稳定，最新的第12集仅在个别分类名称上与第8集略有不同(见表2)。就第8集与第7集相比，将第7集独立的“土地所有制度”与“检地·石高”合并为一，“水产”与“林业·牧畜”合并，“矿业”与“工业”合并为“矿工业”，“灾害”则发展为“灾害·公害”，取消了原先的“景观保存”。

表2　《地理学文献目录》第7、第8、第12集历史地理分类

第7集	第8集	第12集
1. 历史地理一般	1. 历史地理一般	1. 历史地理一般
2. 历史地志	2. 历史地志	2. 历史地志
3. 自然的基础	3. 自然的基础	3. 自然的基础
4. 先史·遗迹	4. 先史·遗迹	4. 先史·遗迹
5. 村落	5. 村落	5. 村落
6. 都市	6. 都市	6. 都市
7. 人口	7. 人口	7. 人口
8. 文化·社会·宗教	8. 文化·社会·宗教	8. 文化·社会·宗教
9. 政治	9. 政治	9. 政治
10. 产业一般	10. 产业一般	10. 产业一般
11. 农业	11. 农业	11. 农业
12. 水利·治水	12. 水利·治水	12. 水利·治水
13. 条里·古地割	13. 条里·古地割	13. 条里·古地割
14. 检地·石高	14. 土地所有制度·检地·石高	14. 土地所有制度·检地·石高
15. 土地开发	15. 土地开发	15. 土地开发
16. 土地所有制度		
17. 林业·牧畜	16. 牧畜·林业·水产业	16. 牧畜·林业·水产业
18. 水产业		
19. 矿业	17. 矿工业	17. 矿工业
20. 工业		
21. 商业·贸易	18. 商业·贸易	18. 商业·贸易
22. 交通	19. 交通	19. 交通
23. 灾害	20. 灾害·公害	20. 灾害·环境
24. 景观保存		
25. 史料	21. 史料	21. 史料

该文献目录的论著著录项为“书名·论文名”、“著者名”、“发行所·杂志名”、“卷号”、“年”。各类别下首先著录我们所说的“通论”（这部分原书没有标题，为便于描述，本文拟作“通论”）性质的书和论文，然后按地域顺序收录论著。其地域顺

序，先日本国内后外国。日本国内依次为北海道、东北、关东、中部、近畿、中四国、九州；外国依次为ァジァ（亚洲）、ソ连（苏联）、欧洲、ァフリカ（非洲）、北美、中南美、大洋洲。大部分类别著录时不再分更细的小类，只有“村落”、“都市”、“交通”按更细的子类著录。详见表3。

表3　《地理学文献目录》著录类别格式

类目1	类目2	区域	类目1	类目2	区域
1. 历史地理一般		（通论）	6. 都市	都市一般・都市史	
		东北		日本古代都市	关东
		关东			—
		中部			九州
		近畿		城馆・城郭・山城	—
		中四国		日本中世都市	—
		九州		日本近世都市	—
		ァジァ		城下町	—
		ソ连		宿场町	—
		欧洲		港町	—
		アフリカ		日本近代都市	—
5. 村落	村落一般			外国都市	—
	古村落	（通论）	22. 交通	交通一般	—
		北海道		古代・中世	—
		—		近世街道・关所	—
		中四国		近世水运	—
		九州		近代	—
	中世村落・庄园	—		外国交通	アジァ
	近世村落	—			ソ连
	外国村落	—			欧洲

从上面描述的《地理学文献目录》分类著录情况，我们可以得到一个简单的直观认识，即1977—1986年之间，日本历史地理学领域具体研究对象较为广泛，其地域视野虽然以日本国内为重，但是并不局限，对于世界其他国家和地区的历史地理研究也有不错的展开。在具体的研究对象方面，有关村落、都市和交通的讨论最为丰富。比较各集分类情况，其延续性很强，表明日本国内对历史地理学的学科性质、观念等长期以来较为稳定。

四　日本的历史地理论著刊发出版情况概述（1977—1986）

学术成果的出版与刊布，是知识传承和发展的一个基础。为了更好地描述日本历史地理学论著出版刊发机构的情况，我们首先介绍书籍的出版机构和单位。在这10年间，总共有89家出版机构和单位，共出版了各类历史地理书（著作）大约250种共295册，平均每年出版25种。① 其中，超过20种的是大明堂和古今书院两家，超过10种的是日本放送出版协会、历史地理学会。兹将出版超过5种的12家出版社情况列为表4。② 这12家出版机构所出著作数量几乎占据了总量的一半。尤其是大明堂、古今书院、日本放送出版协会和历史地理学会4家，最为突出，集中程度非常高。其余出版过4种的有7家，出版3种的9家，出版2种的14家，仅出1种的47家。③

表4　　日本历史地理学书籍出版主要机构略表（1977—1986）　　单位：种

	年份 / 出版机构	1977	1978	1979	1980	1981	1982	1983	1984	1985	1986	合计
1	大明堂	2	4	2	1			4	2	5	1	21
2	古今书院	2	1	2	2		3	1	3	1	5	20
3	日本放送出版协会	1	1	2		1	4	2				11
4	历史地理学会	1	1	1	1	1	1	1	1	1	1	10
5	学生社			2	1		1	1	1	3		9
6	吉川弘文馆	2	1		2	3				1		9
7	朝仓书店	4	2	1					1	1		9
8	原书房	1						1	2	1	2	7
9	柏书房					1	1	2			1	5
10	岩波书店		1		1	1	1		1			5
11	筑摩书房	3	1						1			5
12	柳原书店	2	1				1	1				5
	合计	18	13	10	8	7	12	13	12	13	10	116

① 由于统计口径上的问题，所以虽然有明确的计数，但仍然只能用约数表达。在这250种之中，原书房在1985、1986两年间出版了朝仓治彦解说监修的《江户城下变迁绘图集》1—17册；新人物往来社从1979—1981年分3年出版了由不同学者编著的《日本城郭大系》1—18卷，并别卷Ⅰ、Ⅱ；集英社在1981年出版了不同学者编著的《日本的街道》1—8册；相模书房1983年出版了佐野敬彦、林宽治翻译的《图说都市世界史》1—4册（古代、中世、近世、近代）。

② 还有一家井上书院，1983年出版了5种，在此前后的各年都未曾出版同类著作，故未列入表4。

③ 人文地理学会编：《地理学文献目录》第7集·1977—1981，东京：大明堂1984年版，第451—501页；《地理学文献目录》第8集·1982—1986，东京：大明堂1989年版，第359—399页。

表5　　历年出版书籍种数（1977—1986）

年份	1977	1978	1979	1980	1981	1982	1983	1984	1985	1986	合计
书籍种数	36	29	15	19	18	31	31	30	20	21	250

《地理学文献目录》收录的书籍类型较为宽泛，除了学者的专著外，还包括普及读物以及旅游摄影类作品，在翻译的著作中同样如此。由于条件限制，无法浏览阅读这10年间出版的书籍，所以难以做进一步的取舍分析。虽然如此，由于上述统计以种数为基础，在一定程度上避免了册数较多的通俗套书在数据中的分量，因此这些统计在总量和趋势上对于我们了解与认识该时期日本历史地理书籍的出版情况应该有较高的可信度。而在论文的刊发方面，这种影响就更小。

依据《地理学文献目录》，日本学术论文的刊发情况比较复杂。按编辑出版单位分主要有四类。一是各级学会编辑出版的刊物，大体上包括期刊和年刊两种类型，比如历史地理学会，① 除了出版《历史地理学》（《历史地理学会会报》1980年改此名）期刊外，还有《历史地理学纪要》年刊。而日本的学会组织情况好像也较为复杂，如地理学，其顶层除了“日本地理学会”外，还有“地理科学学会”、“日本大学地理学会”、“人文地理学会”等。“日本地理学会”编辑的《地理学评论》有A辑和B辑；“地理科学学会”出版的是《地理科学》，而“日本大学地理学会”则出版《地理志丛》，“人文地理学会”发行《人文地理》。另外，地方地理学会也有期刊出版，如“琦玉地理学会”出版《琦玉地理》、“大分县地理学会”出版《大分县地理》，和歌山地理学会的《和歌山地理》等，这是按地方政区组织的学会。还有按区域组织的学会，如“东北地理学会”，它编辑出版《东北地理》。

二是各大学相关机构编辑出版的刊物。日本大学中的学术出版情况较为丰富多样，不同的大学出版的连续出版物依据各自的情况类型多样。大体有如下几类：①以大学名义出版的各类报告，如以爱知教育大学为例，以大学名义编辑的有《爱知教育大学研究报告》自然科学、社会科学、人文科学三种，这与我们国内的大学学报类似。②主要以大学内的相关机构编辑出版专业期刊，如爱知大学，它的刊物还有综合乡土研究所编辑的《爱知大学综合研究所纪要》、文学会编辑的《爱知大学文学论丛》、法经学会编辑的《爱知大学法经论集》（经济·经营1）和

① 关于日本的历史地理学会，依据姜道章的文章：①1899年成立了日本历史地理研究会，1900年改称日本历史地理学会，出版《历史地理》，至1943年停刊。②二战后，1948年于京都创立的日本人文地理学会，在1963年成立了一个历史地理委员会。③1958年在东京成立了一个日本历史地理学会。1963年人文地理学会成立的历史地理委员会，与1958年成立的日本历史地理学会，两者分别代表了京都学派和东京学派。详见前揭姜氏《日本历史地理学研究述评》，第99—123页。今据《地理学文献目录》第7、8集所附《收录志一览》，位于东京大学文学部的日本历史地理学会出版过《历史地理》，该刊似至1977年停刊。而大致在1977—1981年间，“历史地理学会”出版的《历史地理学会会报》（1980年改《历史地理学》）和《历史地理学纪要》，则由位于川崎市的专修大学文学部地理学研究室负责。到了1982—1986年间，“历史地理学会”的《历史地理学》、《历史地理学纪要》则改由位于つくば市的筑波大学历史·人类学系负责。

（经济·经营2）等。①

另外，相关图书收藏机构的定期出版物也可归入此类，如东洋文库的《东洋学报》和《东洋文库书报》。

三是由书店或出版社名义主持的刊物。由书店或出版社编辑的期刊数量并不多，如古今书院编辑出版的《地理》，吉川弘文馆出版的《日本历史》（该刊实际由日本历史学会编辑），岩波书店编辑出版的《科学》、《文学》，朝日新闻社《科学朝日》等。

四是企业等社会团体编辑的刊物，如财团法人德川黎明会编辑出版的《德川林政史研究所研究纪要》。这一类的数量较少。

1977—1986年的10年间，剔除论文集及合并改名刊物等情况后，总共有429种期刊和连续出版物刊发过历史地理学方面的论文或文章大约1720篇，平均每年发论文量在172篇左右。② 兹将1977—1986年间刊文数量超过20篇以上的刊物历年刊发情况列为表6.

表6　日本刊发历史地理文章的主要杂志及历年刊文数量（1977—1986）　单位：篇

序号	年份 杂志	1977	1978	1979	1980	1981	1982	1983	1984	1985	1986	合计
1	历史地理学	8	7	12	8	6	7	9	9	7	9	82
2	地理	8	5	6	13	19	7	13	6	2	1	80
3	历史地理学纪要	7	10	3	3	5	7	6	8	7	5	61
4	信浓	3	1	2	1	7	1	4	10	15	12	56
5	地方史研究	1	17	4	20	1	2	4	3		2	54
6	人文地理	2	4	8	3	5	7	3	2	6	4	44
7	日本史研究	6	8	8	8	6	3		1	1		41
8	日本历史	5	3	5	8	6	1		1			29
9	考古学研究	3	6	9	4	5			2			29
10	史林	4	6	3	2	4	1	3	2	1	1	27
11	ヒストリス	4	3	4	2	2	3	3	2	4		27
12	德川林政史研究所研究纪要	4	2	2	8	7	1		2			26
13	历史学研究	2	3	7	3	1	1	1	1	4	2	25
14	社会经济史学	7	3	4	1	1	3	2	2			23

① 关于日本大学出版物之细节，承留学京都大学的上海师大钟翀兄垂教，补充说明如下：在日本以大学名义出版的刊物较为复杂，与历史地理相关的还需要特别注意日本大学之中的各地理学研究室或其所属大学院、学部的刊物。以京都大学为例，其当时所在的人间·环境学研究科（大学院级）有《人间·环境学》，而其下属的人文地域环境论讲座地域空间论分野（即人文地理学研究室，参见 http：//www. h. kyoto-u. ac. jp/jinkan/information/course/course2_ 3. php），又有【地域と環境】专门刊发人文地理学论文的刊物，在日本多称此类刊物为“纪要”，文中提到的爱知大纪要等即属此类型。这种情况在日本大学中较为普遍，一般有实力的研究室都会刊发此类刊物，因日本书刊印刷出版的管理比较自由，各种团体、个人均可出版。钟翀兄进而指出，此类刊物由于相当广泛，可能有些未被收入《地理学文献目录》，需要从 http：//ci. nii. ac. jp/ja 上检索。对于钟翀兄百忙中教示详情，深表感佩，谨致谢忱！

② 由于部分论文连载的缘故，在统计数字上尚有细微的出入，故作约数。另外，在没有剔除论文集等情况下，总发文量为1941篇。

续表

序号	年份 杂志	1977	1978	1979	1980	1981	1982	1983	1984	1985	1986	合计
15	月刊文化财	3	11	2	4	1						21
16	立命馆文学	2	3	1	1	7	2	1	1	1	1	20

说明：1.《宗教艺术》10年共刊发28篇文章，分别为1979年17篇，1984年9篇，1986年2篇，年份和数量都过于集中，非正常情况，故予以剔除。2.《月刊文化财》从1982年起无数据，推测或者停刊，或者转改刊名。3. 由“历史地理学会”出版的《历史地理学会会报》至1980年第108号讫，同年改名为《历史地理学》继续刊行，故表6数据统一合并入《历史地理学》刊名下。

依据表6，在10年中发表论文超过20篇的刊物共有16种，仅占429种的3.7%。其中“历史地理学会”编辑出版的《历史地理学》期刊和《历史地理学纪要》年刊在数量上占据了最重要的地位。另两个发表数量可观的是位于松本市的信浓史学会编辑的《信浓》和位于东京的古今书院出版的《地理》。其他刊物的情况依次罗列如下：《地方史研究》（地方史研究协会·东京）、《人文地理》（人文地理学会·京都）、《日本史研究》（日本史研究会·京都）、《日本历史》（日本历史学会编·吉川弘文馆·东京）、《考古学研究》（考古学研究会·冈山市·冈山大学文学部）、《史林》（史学研究会·京都）、《ヒストリス》（大阪历史学会·大阪市）、《德川林政史研究所研究纪要》（财团法人德川黎明会·东京）、《历史学研究》（历史学研究会·东京）、《社会经济史学》（社会经济史学会·东京）、《月刊文化财》（文化厅文化财保护·东京，该刊似1981年即停刊）、《立命馆文学》（立命馆大学文学部人文学会·京都）。

依据上述罗列的刊物情况，我们可以发现在论文刊发数量中占据重要位置的基本上都是各学会的刊物，而且基本上都属于人文性质，因此我们大致可以得到下面的结论，即在1977—1986年间，日本历史地理学的研究中，历史的人文倾向占据明显的优势。

为了更好地测量不同杂志刊发历史地理学成果的情况，在剔除1982年起没有数据的《月刊文化财》之后，将表6中余下的15种期刊10年间发文数量的中位数、平均值，以及中位数与平均值的差值列为表7。①

表7　　主要杂志刊文量中位数、10年均值、差值（1977—1986）

新序	原序	所有类型杂志	中位数	10年均值	差值
1	11	ヒストリス	3	2.7	0.3
2	7	日本史研究	4.5	4.1	0.4
3	3	历史地理学纪要	6.5	6.1	0.4
4	6	人文地理	5	4.4	0.6
5	1	历史地理学	9	8.2	0.8
6	10	史林	3.5	2.7	0.8

① 计算中位数、均值，以及中位数与均值的差值，主要是为了考察期刊发文量的离散程度。在统计学中考察数据的离散特性有专门的计算方法，因为相对复杂且笔者不会，故改用了目前这种较为简单的方法。该算法，在分析的时候需要考虑总量的层次和结构，所以后文按发文量分档列表。

续表

新序	原序	所有类型杂志	中位数	10 年均值	差值
7	5	地方史研究	6.5	5.1	1.4
8	12	德川林政史研究所研究纪要	4	2.6	1.4
9	13	历史学研究	4	2.5	1.5
10	8	日本历史	4.5	2.9	1.6
11	14	社会经济史学	4	2.3	1.7
12	2	地理	10	8	2
13	16	立命馆文学	4	2	2
14	9	考古学研究	5.5	2.9	2.6
15	4	信浓	10.5	5.4	5.1

依据表 7 并结合表 6，我们可以看到，历年刊发历史地理类文章数量年际变动较为稳定的是《ヒストリス》、《日本史研究》、《历史地理学纪要》、《人文地理》、《历史地理学》、《史林》6 种。发文数量年际变动较大的是《地理》、《立命馆文学》、《考古学研究》，最大的则是《信浓》。因此，《ヒストリス》、《日本史研究》、《历史地理学纪要》、《人文地理》、《历史地理学》、《史林》这 6 种期刊是 1977—1986 年之间，日本历史地理学界最为核心的刊发园地，具有最典型的代表性。

除了上述表格和说明提到的刊物以外，刊发 10—19 篇论文的杂志有 15 种，5—9 篇的有 38 种，4 篇的 24 种，3 篇的 35 种，2 篇的 103 种，1 篇的 197 种。① 说明日本历史地理研究成果的刊发两端集中的趋向非常显著：一方面核心刊物非常突出，另一方面刊发的期刊也极为分散零星。从整体上看，这可能与研究者身份、学术周期以及研究对象的特殊性等有关。

兹将刊文量在 10—19 篇之间、5—9 篇之间的期刊分为两档，就其 10 年间刊发的历史地理论文数量和中位数、均值、差值等制为表 8、表 9，罗列如下，以备参考。

表 8　　刊文量 10—19 篇杂志的刊文中位数、10 年均值、差值表（1977—1986）

总序	新序	所有类型杂志	刊文・篇	中位数	10 年均值	差值
30	1	东北地理	10	1.5	1	0.5
31	2	爱知大综合乡土研究所纪要	10	1.5	1	0.5
24	3	东洋史研究	13	2	1.3	0.7
20	4	史学杂志	17	2.5	1.7	0.8
22	5	日本建筑学会论文报告集	17	2.5	1.7	0.8
25	6	史学研究	12	2	1.2	0.8
27	7	地理学报告	11	2.5	1.1	1. 4
28	8	大阪大经济学	11	2	1.1	0.9

① 人文地理学会编：《地理学文献目录》第 7 集，东京：大明堂 1984 年版，第 451—501 页；第 8 集，东京：大明堂 1989 年版，第 359—399 页。

续表

总序	新序	所有类型杂志	刊文・篇	中位数	10 年均值	差值
29	9	古代学研究	10	2	1	1
17	10	历史评论	18	3	1.8	1.2
26	11	古代文化	12	2	1.2	0.8
18	12	地域	18	3.5	1.8	1.7
21	13	水利科学	17	3.5	1.7	1.8
19	14	骏台史学	17	4.5	1.7	2.8

说明：表 8 中剔除了 1985 年创刊的《条里制研究》(16 篇，第 23 位)。

表 9　　刊文量 5—9 篇杂志的刊文中位数、10 年均值、差值表（1977—1986）

总序	新序	所有类型杂志	刊文・篇	中位数	10 年均值	差值
57	1	国立历史民俗博物馆研究报告	6	1.5	1.5	0
44	2	宇都宫地理学年报	7	2	1.75	0.25
41	3	佐贺大教养部研究纪要	7	1	0.7	0.3
42	4	奈良大纪要	7	1	0.7	0.3
54	5	日本文化研究所研究报告别卷	6	1	0.6	0.4
55	6	名古屋大文学部研究论集	6	1.5	0.6	0.9
56	7	东北学院大论集（历史学・地理学）	6	1.5	0.6	0.9
58	30	地理学评论 Ser. A	5	2	1.6	0.4
50	8	和歌山地理	6	1.5	1	0.5
65	9	东京学芸大纪要（第 3 部门社会科学）	5	1	0.5	0.5
67	10	明石工业高专研究纪要	5	1	0.5	0.5
33	11	阪大法学	9	1.5	0.9	0.6
34	12	琦玉地理	8	1.5	0.8	0.7
36	13	地理学评论	7	1.5	0.7	0.8
40	14	造园杂志	7	1.5	0.7	0.8
43	15	静冈大教养部研究报告（人文科学）	7	1.5	0.7	0.8
45	16	历史人类	6	1.5	0.6	0.9
49	17	东洋学报	6	1.5	0.6	0.9
60	18	历史研究	5	1.5	0.5	1
61	19	史学	5	1.5	0.5	1
63	20	国史学	5	1.5	0.5	1
64	21	皇学馆大纪要	5	1.5	0.5	1
68	22	阪南论集（人文・自然科学）	5	1.5	0.5	1

续表

总序	新序	所有类型杂志	刊文・篇	中位数	10年均值	差值
69	23	福冈大学商学论丛	5	1.5	0.5	1
35	24	地理科学	7	2	0.7	1.3
47	25	东方学	6	2	0.6	1.4
48	26	环境文化	6	2	0.6	1.4
51	27	历史	6	2	0.6	1.4
52	28	朝鲜学报	6	2	0.6	1.4
53	29	东南ァジァ研究	6	2	0.6	1.4
59	31	鬼谷史坛	5	2	0.5	1.5
62	32	经济理论	5	2	0.5	1.5
32	33	地理志丛	9	2.5	0.9	1.6
38	34	史潮	7	2.5	0.7	1.8
39	35	一桥论丛	7	2.5	0.7	1.8
66	36	僵原考古学研究所论集	5	2.5	0.5	2
46	37	史丛	6	3	0.6	2.4
37	38	文学	7	7	0.7	6.3

说明：《文学》1984年刊发7篇，其余9年无数据；《史潮》1981年起无数据；《宇都宫地理学年报》1983年出第1卷，故均值按4年计算；《和歌山地理》1981年创刊，均值按6年计算；《国立历史民俗博物馆研究报告》1983年起有数据，均值按4年计算；《地理学评论 Ser. A》1984年开始有数据，均值按3年计算，该刊由日本地理学会编辑，原名《地理学评论》，1984年第57卷起改为《地理学评论 Ser. A》和《地理学评论 Ser. B》两辑出版，《地理学评论 Ser. B》1984—1986间刊发4篇历史地理类论文。其余《国史学》、《福冈大学商学论丛》、《经济理论》、《鬼谷史坛》数据也存在类似情形，在制表时未按此方法计算。由此通过表9得到的差值排序结果，其受到杂志终刊和创刊年份的影响，仅供参考。

依据上述论述，我们进一步发现，虽然在1977—1986年间，日本历史地理学研究，其历史的人文倾向占据明显的优势，但是同时在地理学主流刊物中同样占据了稳固的地位，表明历史地理学作为学科分支在地理学内部有较高的认同。

还值得提出来讨论的是著作出版与论文刊发之间的关联性。兹依据表10数据制成图1，以显示两者之间的直观联系。

表10　　日本历史地理论著历年数量（1977—1986）

年	1977	1978	1979	1980	1981	1982	1983	1984	1985	1986	合计
书籍种数	36	29	15	19	18	31	31	30	20	21	250
论文篇数	165	211	201	223	182	144	144	167	143	140	1720

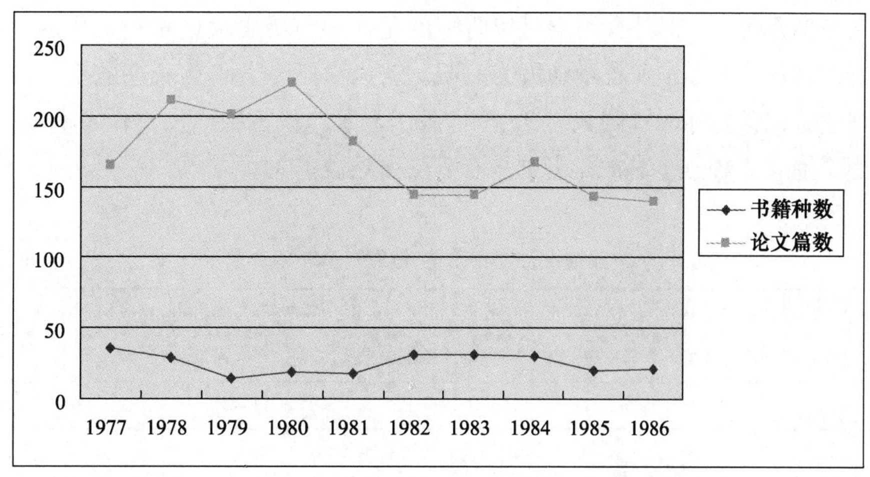

图1 日本历史地理论著出版年际曲线

图1表明，著作出版低谷期与论文刊发的高峰期呈现同步现象，当论文刊发量降低的时候，著作出版量却相对上升。这种反向相关的情况，可能是两者关系的常态。一般而言，研究者先撰写论文，在论文陆续刊发的基础上再形成专著，这样在著作的出版和论文的刊发之间即表现出一定的时间差。出现这种情况的另一个条件，则是同仁学者之间的学术周期存在趋同的现象。这一点在日本学界也比较好理解，很大程度上与二战后的重建有关，由于研究者团体的生产本身具有同质的周期性特点，所以比较容易造成上述情况的出现。

五 日本历史地理学共同体的若干特征（1977—1986）

学术共同体是学科发展的驱动力，同时也是认识和了解该学科现状所必须深入讨论的对象。我们对于涉及汉学领域的日本历史地理学学者有所认识，但是对于其他日本历史地理学者，除了少数有中译作品的学者如菊地利夫、海野一隆以外，所知就甚为有限，对于日本历史地理学者的整体情况知道得就更少。下面我们利用《地理学文献目录》勾勒1977—1986年间日本历史地理学术共同体的概貌。①

（一）参与者广泛，核心学者高度集中

1977—1986年之间，在《地理学文献目录》收录的历史地理论著中，单独署名发表文章的作者有1106人，而独立出版著作的学者有96人。发表不同篇数论著的作者数量情况详见表11。依据表11，只有少数作者在这10年连续发表论文。出现这种情况的

① 对日本历史地理学者的整体研究极为有意思，不过本文受制于资料的时间尺度，所以很难做全面而深入的讨论，即使就1977—1986年间的情况也会有误判的现象出现，更无法理清不同学者之间的学派、人际网络、学术风格等，希望以后有机会能有条件从事此项工作。

原因应该是多方面的，但是有一点可以肯定的是，参与历史地理相关工作的学者群体十分广泛，真正的核心作者数量却极为有限。若以出版专著作为长期从事专门工作的历史地理学研究者的标志，则只有96位出版了专著，仅占独立发文作者的8.7%．而10年出版2种以上独立专著的学者则只有7位（见表12）。

表11　　独撰论著发表数量（1977—1986）　　单位：位

	1	2	3	4	5	6	7	8	9	10	11—20	21	合计
论文	792	156	72	31	14	13	8	8	5	0	6	1	1106
著作	89	3	3	1									96

表12　　独撰2种以上著作的作者历年出版情况（1977—1986）　　单位：种

作者＼年份	1977	1978	1979	1980	1981	1982	1983	1984	1985	1986	合计
小野忠熙			1	1				1		1	4
菊地利夫	1							1		1	3
藤冈谦二郎	2					1					3
岸俊男	1			1				1			3
金田章裕									2		2
足利健亮								1	1		2
田村胜正								1	1		2

表13　　独撰6篇以上论文的作者历年发文情况（1977—1986）　　单位：篇

作者＼年份	1977	1978	1979	1980	1981	1982	1983	1984	1985	1986	合计
千田稔	1	1	2	4	1	3	1	3	2	3	21
藤冈谦二郎	1		3	3	7	3		2			19
足利健亮		1	3	1	4	5	1	2		2	19
金田章裕		5			1	1	1	4		6	18
有园正一郎		1		1	3	2	1	2	3		13
日野尚志	1	2	2	3		1	2			1	12
服部英雄	1	3	1	2		1			1	2	11
玉井哲雄	4	3			1					1	9
土田良一	1	1	1	1	1	2	1			1	9
岩崎公弥		2	1	1		1	1	3			9
吉本昌弘			2	1	1	1	2		1	1	9
日下雅义					1		3	1	3	1	9
小野忠熙	1	1		1	2	1		2			8
木下良	1						1	3	1	2	8
高桥康夫		3	3			1		1			8

续表

作者 \ 年份	1977	1978	1979	1980	1981	1982	1983	1984	1985	1986	合计
林毅		2	1			1	1	1	1	1	8
米仓二郎		2			1	2	1	1	1		8
菊池万雄		2		2	1			1	2		8
桑原公德		1	1		3				2	1	8
高桥诚一		1		2	2	1		1		1	8
池田雅美	2	1	1	2					1		7
福田徹	2		1		3	1					7
小林健太郎	1	2	1	1	1					1	7
千叶德尔	1			2	1	1	1	1			7
沟口常俊		1	1		1	1	2			1	7
古田悦造			2		1			1	3		7
尾川勇作			1			1	1	3	1		7
金井年				2	1		1	1	1	1	7
菊地利夫	2	1	3								6
野崎清孝	2	1		2			1				6
大岳幸彦	2		1			1	2				6
安田喜宪	1	2		1	1			1			6
深井甚三	1	2		1			1		1		6
服部昌之	1	1		1			1			2	6
三浦弘万	1	1				2	1			1	6
伊达宗泰	1	1		1	1		1	1			6
楼井由躬雄	1		1	3		1					6
水田义一		2			1					3	6
安藤精一			1				3		1	1	6
加藤瑛二				1	1	1		1	2		6
田北广道							2	2	2		6

结合表12、表13，藤冈谦二郎、足利健亮、金田章裕、小野忠熙、菊地利夫是该时期最为高产的历史地理学者，① 无论专著还是论文，刊发的数量都极为突出。而出版专著3部的岸俊男，刊发了3篇论文；出版2部专著的田村胜正则仅发表1篇论文。千田稔虽然只出版了1部专著，却发表了21篇论文，是发表文章最多的学者。不过值得指出的是，该时期有部分学者将相当的精力用于编书。10年中参与编纂的学者计有58

① 藤冈谦二郎在20世纪70年代末退休，他的退官纪念集于1978年出版；小野忠熙80年代初退休，他的退官纪念集在1984年出版。

人，其中参与编著2种以上的见表14。

表14　参与编著主要学者统计（1977—1986）　单位：种

编者	合计	编者	合计	编者	合计	编者	合计
藤冈谦二郎	13	竹内理三	2	西川幸治	2	浮田典良	2
原田伴彦	5	志田諄一	2	石跃胤央	2	服部昌之	2
矢守一彦	5	远藤元男	2	谷冈武雄	2	児玉幸多	2
丰田武	4	小林博	2	高桥启	2	大藤时彦	2

综上，日本学术界参与历史地理相关研究的学者群体十分广泛，但是真正能够长期致力于历史地理研究的学者数量可能并不大，其核心学者的数量则更为有限，这从一个侧面反映了日本学术界在这10年间的淘汰率相当高。整个群体呈现出极为显著的金字塔形结构。

（二）1980年前后，日本历史地理学可能进入了代际交替阶段

代表性的例子是藤冈谦二郎、小野忠熙分别于20世纪70年代中期、80年代初退休。二战以来成长起来的学者经过30多年的活跃，至于该阶段开始逐渐淡出舞台，而新生代开始大量涌现。我们可以用10年间仅发表1篇论文的作者年际分布情况做一概略性的说明（见表15）。

表15　10年单篇发文人次年际阶梯（1977—1986）

1977	1978	1979	1980	1981	1982	1983	1984	1985	1986
78									
	117								
		98							
			106						
				90					
					51				
						47			
							73		
								71	
									61

据表15，1977年后9年未曾发表论文的学者有78人，1978年后8年未曾发表论文的学者有117人，1979年后7年不发表论文的学者有98人，1980年后6年不发表论文的学者高达106人，仅在1981年发表论文的则为90人。反过来，1986年之前9年未曾发表论文的学者为61人，1985年前8年未曾发表论文的学者为71人，1984年前

7年不发表论文的为73人，1982年前6年不发表论文的为51人。总体上1977—1980年之间为399人，1981—1986年之间为393人，这两个时间段发文人数基本相等。因此，推测在1980年前后，出现了日本历史地理学界代际交替的转折。

这种情况在10年间于不同年份共发表两篇论文的作者中也得到了佐证。在131位学者中，前1篇论文发表于1980年前的共85人，占据了大多数。其2篇论文发表的时间间隔呈现逐渐增大的趋势，其中前后间隔8年的有2人，间隔7年的4人，间隔6年的2人，间隔5年的7人，而1980年之后未曾发表论文的有24人，相加有39人之多。可以进一步佐证在1980年前后日本历史地理学者共同体开始进入代际交替的阶段。①

（三）共同署名发表论文的情况并不普遍

日本的工作坊是一种非常有特点的学术研究模式，但是依据统计，共同署名发表论文的情况并不普遍。

表16　合作类型刊文数量（1977—1986）

类型	机构	2人	机构·个人	3人	合计
篇数	13	45	1	17	76

表17　合作撰文人次（1977—1986）

合撰	1篇	2篇	3篇	4篇	合计
人次	73	4	4	2	83

依据表16和表17，以机构名义发表论文的数量共13篇，2人共同署名发表的有45篇，3人共同署名的17篇，机构+个人的1篇，总计76篇，占发文量1720篇的4.4%。而参与合作撰述的学者共计83人，为独立作者的7.5%。

六　日本历史地理研究中区域与对象的若干特征（1977—1986）

（一）日本国内历史地理研究的区域与对象特征

1. 有关近畿、中部和关东地区的区域历史地理成果最丰富

表18　专题论著区域排序（1977—1986）　单位：篇，种

区域	论文数	区域	著作数
近畿	417	近畿	27
中部	279	关东	20

① 由于人数众多，列表篇幅太冗长，故未制表。这种趋势在表格上更为显著。

续表

区域	论文数	区域	著作数
关东	181	东北	9
中四国	137	中四国	8
九州	105	中部	8
东北	104	九州	5
北海道	24	北海道	0

依据表 18 的排序，[①] 我们可以看到近畿地区是这 10 年期间，日本历史地理研究中得到讨论最为集中的区域，其次是中部和关东地区，中四国、九州和东北地区则相对平稳，北海道的讨论则最少。整体上看，对北海道讨论极少的原因似乎很大程度上与该区域在日本的开发进程和社会生产方式有关，因为这两者影响了文献的生产。[②]

2. 各区域研究中以都市、村落、交通为对象的最多

日本国内区域研究的专题方面，其情况则如表 19 所示：刊发的论文高度集中在都市、村落、交通三个方面，尤其关于都市的研究最为热烈。其次则是先史・遗迹、条里・古地割、林业・牧畜・水产，以及政治等专题。而矿工业、农业、土地开发、检地・石高・土地所有制、文化・社会・宗教方面的讨论也占有一定的分量。若结合表 20 对专题进一步归类的话，我们发现，总体上聚落、交通、与土地利用方式相关的各种产业地理和制度研究得到的讨论最集中，相对而言社会文化地理的研究则并不热烈。

值得注意的是，与区域有关的专题著作其对象与论文有一定的差异，如都市、交通和史料类型的区域历史地理著作。区域性都市、交通历史地理著作与专题论文的集中程度一致。而历史地志、史料专题性质的著作数量与其论文数量相比完全逆转，出现这种情况的可能性解释或许在于，就这两类研究对象而言，历史地志是传统的区域撰述方式，而史料作为文献，受其内容的影响往往以书的形式表现更能反映研究成果。

表 19　　日本国内区域研究专题论著数量排序（1977—1986）　　单位：篇，种

序号	专题	论文数	序类	著作数
1	都市	280	历史地志	24
2	村落	149	都市	18
3	交通	113	交通	12
4	先史・遗迹	69	史料	10

① 在表 18 中，没有计入 167 篇通论性著作，以及 355 篇通论性论文，需要指出的是这些在《地理学文献目录》中没有归入各个区域的通论性论著，并非全都是不涉及区域的问题论著。

② 一个有趣而值得讨论的因素与学者籍贯或者其生长地域、区域内教育与学术机构有关，限于条件没有能力收集资料讨论。另外，依据这些表格可以具体讨论的问题不少，但是受资料条件和自身能力的限制，无法做更多的深入讨论，甚为遗憾。另外，据钟翀兄告知，日本历史地理学界研究区域集中在近畿、关东地区，与这两个地区历史上是日本核心区域所在密切相关。

续表

序	专题	论文数	序类	著作数
5	条里・古地割	65	水利・治水	5
6	林业・牧畜・水产	59	历史地理一般	4
7	政治	52	自然的基础	1
8	矿工业	48	政治	1
9	农业	48	土地开发	1
10	土地开发	47	矿工业	1
11	文化・社会・宗教	46	灾害	0
12	检地・石高・土地所有制	42	先史・遗迹	0
13	水利・治水	37	文化・社会・宗教	0
14	人口	34	条里・古地割	0
15	商业・贸易	34	商业・贸易	0
16	灾害	28	人口	0
17	自然的基础	26	农业	0
18	史料	21	林业・牧畜	0
19	历史地志	17	检地・石高・土地所有制	0
20	历史地理一般	14	村落	0
21	产业一般	9	产业一般	0

说明：表中数据剔除了外国研究以及国内研究的通论性论著。

3. 各区域间专题研究对象存在着一定的差异

我们将其国内各区域专题研究论文情况汇总为表20，并单独将近畿、中部地区的专题研究论文进行排序，制成表21。

表20　　日本国内区域研究专题论文分区（1977—1986）　　单位：篇

专题	近畿	中部	关东	中四国	九州	东北	北海道
历史地理一般	9	1	1	1	1	1	0
历史地志	5	1	3	4	4	0	0
自然的基础	13	6	2	5	0	0	0
先史・遗迹	23	9	21	7	5	2	2
村落	51	32	19	13	15	17	2
都市	109	44	42	32	23	24	6
人口	7	14	7	3	0	3	0
文化・社会・宗教	23	5	6	4	3	3	1
政治	19	9	10	4	7	2	1
产业一般	3	3	0	1	2	0	0
农业	9	15	4	7	7	6	0
水利・治水	16	11	4	3	3	0	0
条里・古地割	25	14	7	9	8	2	0
检地・石高・土地所有制	14	10	6	6	4	2	0

续表

专题	近畿	中部	关东	中四国	九州	东北	北海道
土地开发	6	18	8	7	3	4	1
林业·牧畜·水产	10	23	5	7	4	6	4
矿工业	13	11	7	3	3	7	4
商业·贸易	9	14	5	0	2	4	0
交通	31	28	16	13	7	16	2
灾害	5	8	5	3	3	4	0
史料	7	3	3	5	1	1	1

说明：表中数据剔除了外国研究以及国内研究的通论性论著。

表21　近畿、中部地区专题研究论文排序（1977—1986）　单位：篇

近畿	论文	中部	论文
都市	109	都市	44
村落	51	村落	32
交通	31	交通	28
条里·古地割	25	林业·牧畜·水产	23
先史·遗迹	23	土地开发	18
文化·社会·宗教	23	农业	15
政治	19	人口	14
水利·治水	16	条里·古地割	14
检地·石高·土地所有制	14	商业·贸易	14
自然的基础	13	水利·治水	11
矿工业	13	矿工业	11
林业·牧畜·水产	0	检地·石高·土地所有制	10
历史地理一般	0	先史·遗迹	9
农业	9	政治	9
商业·贸易	0	灾害	8
人口	7	自然的基础	6
史料	7	文化·社会·宗教	5
土地开发	0	产业一般	3
历史地志	0	史料	3
灾害	5	历史地理一般	1
产业一般	3	历史地志	1

说明：表中数据剔除了通论性论文。

近畿与中部这两个区域相比，都市、村落、交通的次序没有差异，这三类专题都是两个区域研究中最重要的对象。但是，在其他专题方面则有较大的不同。在近畿地区的研究中相对靠后的林业·畜牧·水产，却是中部地区专题研究的重要对象，仅次于都市、村落和交通。类似的情况如土地开发、农业、人口、商业·贸易。另一

方面，在近畿地区较为重要的文化・社会・宗教，在中部地区的研究中在当时还属于较少关注的对象。其他如先史・遗迹、政治。此种差异的出现，除了动态因素以外，可能较大的程度上与不同区域的自然地理环境，及其在日本历史上的社会进程有关。

（二）日本外国历史地理研究的区域与对象特征

我们将10年间日本对于外国历史地理研究的著译书籍和专题论文的历史发表情况制作成表22和表23。

表22 日本外国历史地理著译排序（1977—1986） 单位：种

年份 / 区域	1977	1978	1979	1980	1981	1982	1983	1984	1985	1986	合计
欧洲	0	0	0	0	0	4	10	2	0	3	19
アジア（亚）	2	2	1	1	0	0	4	2	0	0	12
北美	0	0	0	0	0	0	2	1	0	0	3
大洋洲	0	0	0	0	0	0	0	0	2	0	2
ソ连（苏）	0	0	0	0	0	0	0	0	0	1	1
外国都市通论	0	0	0	0	0	0	1	0	0	0	1
合计	2	2	1	1	0	4	17	5	2	4	38

表23 日本外国历史地理论文统计（1977—1986） 单位：篇

年份 / 区域	1977	1978	1979	1980	1981	1982	1983	1984	1985	1986	合计
アジア（亚）	23	21	14	20	20	28	14	5	8	10	163
欧洲	10	17	17	19	9	17	10	7	3	9	118
ソ连（苏）	1	5	2	0	3	1	0	0	2	1	15
アフリカ（非）	1	2	0	1	2	1	1	0	0	1	9
中南美	0	0	1	1	0	2	1	1	1	1	8
北美	0	1	2	0	0	1	0	0	1	2	7
大洋洲	0	0	0	0	1	1	0	4	0	1	7
合计	35	46	36	41	35	51	26	17	15	25	327

若将表22著作中关于欧洲的译著剔除，结合表23，则在此10年期间，在日本外国历史地理研究中，亚洲最重，其次欧洲，其他各大洲的情况则远远不能与对此两大洲的研究相比，显得极为薄弱。比较突出的是，在其区域分类中苏联占据了单独的一类，一定程度上显示了日本学界对苏联的关注度极高，这其中除了意识形态的因素以外，也有非常值得注意的地缘政治传统。近代以来，日本在中国的侵略情报机构，除了深入勘测编制中国的各种资料以外，同时在“露亚调查”的名义下也编制了大量的资料。这是日本在该时期从事苏联历史地理研究的重要基础。

表 24　　日本的亚、欧历史地理研究专题论文排序（1977—1986）　　单位：篇

アジァ（亚洲）	论文	欧洲	论文
土地所有制度	28	都市	41
都市	22	村落	9
村落	16	农业	8
水利・治水	14	土地所有制度	8
交通	14	政治	7
政治	11	历史地志	6
文化・社会・宗教	10	人口	6
农业	6	工业	6
工业	6	商业・贸易	6
检地・石高	5	条里・古地割	4
史料	5	文化・社会・宗教	3
历史地理一般	4	交通	3
土地开发	4	土地开发	2
商业・贸易	4	林业・牧畜	2
历史地志	3	矿业	2
林业・牧畜	3	景观保存	2
人口	2	历史地理一般	1
水产业	2	先史・遗迹	1
景观保存	2	产业一般	1
自然的基础	1		
先史・遗迹	1		

依据表 24，日本对亚洲的专题研究中，最关注土地所有制度，其次则是都市。村落、水利・治水、交通、政治、文化・社会・宗教的讨论也较为频繁，其他领域则相对较为分散。而日本对欧洲的历史地理研究则高度集中在都市方面，其次则是村落、农业和土地所有制度，都市以外的专题都较为零散。

总体而言，外国历史地理研究在日本历史地理学领域中已经占据了相当的分量。10 年 327 篇，占总发文量的 16.8%（按包括论文集等在内的 1941 篇计算）。专书 38 种，占总量的 15.2%（按总量 250 种计算）。这是很高的比例，作为分支领域具有了相当可观的规模。

七　简短结论

通过上文的勾勒，在 1977—1986 年之间，就日本历史地理学术共同体的情况而言，参与者广泛，核心学者高度集中；1980 年前后，可能进入了代际交替阶段；共同

署名发表论文的情况并不普遍。其国内历史地理的研究，区域方面以近畿、中部和关东地区的成果最丰富；专题方面则以都市、村落、交通最突出。

对外国历史地理的研究占据了相当的分量，其中对欧洲和亚洲的研究为主。对欧洲的历史地理研究高度集中在都市方面，对亚洲国家的研究则集中于土地所有制，而都市、村落、水利·治水、交通、政治等也占有相当的分量。这种情况一方面与各个研究区域的历史地理过程有关，另一方面也体现了日本学术界对于这些区域的认识兴趣。

（作者单位：南京师范大学历史文化学院）

早期九州说的思想史脉络

田　天

“九州”是先秦就已形成的重要地理概念，影响深远。后代地理书和经学阐释中所追溯的“九州”主要本于《禹贡》。① 但在先秦至西汉早期，对九州的描述与解释见载于许多文献，可通称为“早期九州说”。以往研究对早期九州说的探讨以《禹贡》为主，又多集中于其年代与九州的具体界域，② 就“九州”这一概念本身的确立、变迁及发展的研究较少。与后代以《禹贡》为中心的九州追溯与考证相比，早期九州说的内容更为丰富，其来源与思想背景也颇值得探究。本文重新梳理了早期九州说，并探讨其发展脉络，尝试进一步认识早期九州说及“九州”概念的内涵。

一　早期九州说分类研究

早期对九州的记载与描述可见于《尚书·禹贡》、《周礼·夏官·职方氏》、《尔雅·释地》等文献。下文根据其叙述方式与九州结构将之分为两类，一类为《禹贡》系统的早期九州说，另一类可称之为“模式化的九州说”，以下试分论之。

（一）导山导水：《禹贡》系统的九州说

通常认为，在早期诸种九州说中，以《尚书·禹贡》的时代最早。与其他各类记叙九州的文献相比，《禹贡》从文字记载上也呈现出较古的面貌：

> 济河惟兖州，九河既道，雷夏既泽，灉、沮会同。桑土既蚕，是降丘宅土。……

---

① 《周礼》、《尔雅》二书中的九州在后代九州的阐释系统中也占有一席之地，但其重要性远无法与《禹贡》相比。

② 这种研究《禹贡》九州具体界域的传统自古已有，以清代胡渭的《〈禹贡〉锥指》为集大成者。近年来，因为上博竹书《容成氏》的发表，学界又重新燃起对九州的兴趣，较有代表性的研究如陈伟《竹书〈容成氏〉所见的九州》，《中国史研究》2003 年第 3 期，第 41—48 页；李零《三代考古的历史断想——从最近发表的上博楚简〈容成氏〉、豳公盨和虞逑诸器想到的》，载《中国学术》第 14 辑（2003 年第 2 辑），商务印书馆 2003 年版，第 188—213 页。此外还有不少学者进行了相关研究，后文将随文引用。

浮于济漯，达于河。①

学者对《禹贡》的成书年代看法不一，较有代表性的有商周追述说②、西周说③、春秋说④、战国说⑤等。过去以战国说影响较大，⑥ 但近年来学者多认为，《禹贡》的年代可能早于战国。

对于先秦古籍，应区别其文本产生的年代与最终成书的年代。邵望平文通过对考古文化的研究，指出九州划分是自龙山文化时就已形成的人文地理区系，极富启发性。但从地理区系形成到九州观念的形成，再到此类文献的写定流传，还需要相当的时间。《禹贡》全文可分为两部分，第一部分讲九州范围及职责，第二部分谈五服。前者以山川形势为界，勾画出九州分域。后者则是规整的王朝地理结构，与《周礼》所载之理想化的王朝控制体系十分相像，很可能形成的时代稍晚。⑦ 近年保利博物馆入藏西周中期偏晚燹公盨一件，铭文有"天命禹敷土，随山濬川"，⑧ 与《禹贡》及《书序》都极为相似。虽然不能直接由此确定《禹贡》的年代，但或能旁证《禹贡》九州来源的古老。今本《禹贡》或定型于战国时代，但前半部分即九州部分成型的时代应该更早，至少有更早的来源。《禹贡》九州说的起源至迟不会晚于西周晚期，应为现存最古老的九州体系。

近年发布的上博楚简《容成氏》篇也记录了一种九州说：

> 禹亲执畚（?）耜，以陂明都之泽，决九河之阻，于是乎夹州、徐州始可处。禹通淮与沂，东注之海，于是乎竞州、莒州始可处也。……禹乃通伊、洛，并瀍、涧，东注之河，于是乎豫州始可处也。禹乃通泾与渭，北注之河，于是乎虘州始可处也。⑨

《容成氏》讲述大禹故事与古代帝王世系，其九州为夹州、徐州、竞州、莒州、蓏

① 《尚书注疏》，中华书局影印阮元校刻《十三经注疏》本，中华书局影印阮元校刻《十三经注疏》本，中华书局1980年版，第147页中栏、下栏。

② 邵望平：《〈禹贡〉九州的考古学研究——兼说中国古代文明的多源性》，《九州学刊》1987年9月总第5期。

③ 辛树帜：《禹贡新解》，农业出版社1964年版。

④ 王成祖：《中国地理学史（上）》，商务印书馆1982年版，第4—6页。

⑤ 顾颉刚注：《禹贡》，载中国科学院地理研究所编《中国古代地理名著选读》第1辑，学苑出版社2005年版，第1—6页。

⑥ 对《禹贡》年代的讨论很多，篇幅所限，仅举出不同说法的代表性著作。刘起釪曾对这一问题有较为详尽的梳理总结，参见刘起釪《〈禹贡〉写成年代与九州来源诸问题探研》，载《九州》第3辑，商务印书馆2003年版，第2—13页。

⑦ 这一问题前人已有探讨，可参见前引刘起釪文所做总结。

⑧ 释文及断代暂从李学勤《论燹公盨及其重要意义》，《中国历史与文物》2002年第6期。关于这件器物的其他探讨与研究也见《中国历史与文物》此期。

⑨ 《容成氏》最初发表于《上海博物馆藏战国楚竹书（二）》，上海古籍出版社2002年版。《容成氏》释文和编连成果很多，本文释文及格式全从陈剑《上博简〈容成氏〉的拼合与编连问题》，载《中国南方文明学术研讨会论文》，台北："中央"研究院历史语言研究所2003年版。

州、荆州、扬州、豫州、虘州，与《禹贡》及其他传世文献所载九州相差很大。

与下文将探讨的第二类早期九州说相比，《容成氏》的叙述方式与《禹贡》更为相近。首先，二者都将禹与九州联系在一起。九州为禹开创的观点渊源有自，多见于史籍，如《左传·襄公四年》引《虞人之箴》云“芒芒禹迹，画为九州”，《山海经·海内经》有“禹鲧是始布土，均定九州”等。铜器铭文中也有这类记载。① 但明确指出九州之具体名称与界域的，唯《禹贡》与《容成氏》而已。其次，《禹贡》最明显的特点是“每州只举出两三个名山大川作为分界点”，② 在对山川形势的描述中，又以水道走势为九州分界最重要的标识。《容成氏》的叙述中没有对山的描写，完全以水道划分九州。水道既是天然的地理分界，也与大禹治水平九州的传说相关，强调时人类所居之九州正因大禹疏通水道才得以确立。这种与自然山川形势的密切关系可以说是《禹贡》系统九州最为显著的特征。

此外，可以归入此类的文献还有《尔雅·释地》。《释地》并未追述大禹故事，但亦以河流走势来划分九州：

> 两河间曰冀州，河南曰豫州，河西曰雍州，汉南曰荆州，江南曰扬州，济河间曰兖州，济东曰徐州，自济东至海，燕曰幽州，齐曰营州。③

《尔雅·释地》之九州范围的划定明显要宽泛很多，对山川形势的描述也不如《禹贡》确切。又有“燕曰幽州，齐曰营州”的说法，将国名附入九州系统，年代不太可能早于战国。

后世，随着《禹贡》不断经典化，这类与地理描述密切相关的九州说以《禹贡》为代表，《容成氏》或与之相类的早期文献则佚失不存。战国时代应有更多的同类九州说文献流行，早期九州说的面貌比我们所见的更为丰富。

（二）模式化的九州说：从《吕氏春秋》到《淮南子》

战国中期或以后，一些九州描述中与现实地理相关的内容都或多或少地被省并，只留下操作性很强的方位、国名等内容。九州说的叙述结构较《禹贡》系统更为简单化和抽象化，本文称之为“模式化的九州说”。如《吕氏春秋·有始》即展现了另外一种形式的叙述：

---

① 王国维最早注意到这一点，他曾引用1917年甘肃礼县所出的“秦公敦”（即秦公簋）与宋代著录的齐侯镈钟（即叔弓镈）来说明这一点。叔弓镈铭文曰：“咸有九州，处禹之堵。”秦公簋铭文则曰：“丕显朕皇祖受天命，鼎宅禹迹，十有二公。”都是追述大禹开创九州的故事，郭沫若对此问题也有讨论。可参见王国维《古史新证——王国维最后的讲义》，清华大学出版社2000年版，第4—6页；《郭沫若全集·历史编1》，人民出版社1982年版，第305—306页。

② 顾颉刚注：《禹贡》“说明”部分，载《中国古代地理名著选读》第1辑，学苑出版社2005年版，第1页。

③ 《尔雅注疏》，中华书局影印阮元校刻《十三经注疏》本，第2614页下栏。

何谓九州？河、汉之间为豫州，周也。两河之间为冀州，晋也。河、济之间为兖州，卫也。……南方为荆州，楚也。西方为雍州，秦也。北方为幽州，燕也。①

《有始》区别九州的标准很不统一，似是杂取了几种不同的分界方式。除以河、济、泗等水道划分九州外，还有以方位标识的“东方为青州”等。此外，其最为显著的特点是将九州与具体国名一一比附。从形式看，这与战国时代同样流行的分野说有相近之处，东汉郑玄在《周礼·春官·保章氏》注中引用了十二次分野：

星纪，吴越也；玄枵，齐也；陬訾，卫也；降娄，鲁也；大梁，赵也；实沈，晋也；鹑首，秦也；鹑火，周也；鹑尾，楚也；寿星，郑也；大火，宋也；析木，燕也。②

将九州或分野这类范围不确定的区域与具体国名相比附，或是战国时代的流行做法。《有始》中虽还部分保留着《禹贡》式的、以河流分界的方式，但这已不是唯一重要的区别因素。国名才是《吕氏春秋》之九州说中最具标志性的特征，这种九州体系比《尔雅·释地》更为简化。

另一种后代流传较广的早期九州说保存于《周礼·夏官·职方氏》：

正东曰青州，其山镇曰沂山，其泽薮曰望诸，其川淮泗，其浸沂沭，其利蒲鱼，其民二男二女，其畜宜鸡狗，其谷宜稻麦。③

其中虽然也有对一州山川的描述，但山川并不作为天然地理区划的标识，而作为某一州境内较显著的地理特征被描述。在《职方氏》中，勾连九州的最重要的因素是“正东”、“东北”等方位。虽然《职方氏》九州的标志性特征与《有始》不同，但二者都在构建一种用某一因素可以概括勾连起来的九州系统，其特征更为鲜明，形式也更加简单。

这种以方位确定九州的模式到汉初编成的《淮南子》中变得更为突出与完善，《淮南子·地形训》：

何谓九州？东南神州曰农土，正南次州曰沃土，西南戎州曰滔土，正西弇州曰并土，正中冀州曰中土，西北台州曰肥土，正北济泲州曰成土，东北薄州曰隐土，正东阳州曰申土。④

---

① 许维遹：《吕氏春秋集释》，中华书局2009年版，第278页。

② 《周礼注疏》，中华书局影印阮元校刻《十三经注疏》本，第819页中栏。

③ 同上书，第862页下栏。

④ 刘文典：《淮南鸿烈集解》，中华书局1989年版，第130—131页。

《淮南子》的九州与之前所引诸种九州说都大相径庭，九州的地理分界、主要特征和物产等信息全被隐去，只留下州名与方位。《淮南子》九州可以按方位图解为标准的九宫格形式：

台州 西北	济州 正北	薄州 东北
弇州 正西	冀州 正中	扬州 正东
戎州 西南	次州 正南	神州 东南

图1 《淮南子》九州

前文已提及，《周礼·职方氏》中以方位确定九州的叙述结构就已初现端倪，但《职方氏》的九宫格尚不完整，据《职方氏》原文，其九州可图示为：

——	正北 并州	东北 幽州
正西 雍州	——	正东 青州
——	正南 荆州	东南 扬州

图2 《周礼》九州

有六州的位置用方位表示，另外三州的范围分别为“河南曰豫州”、“河东曰兖州”、“河内曰冀州”，划分此三州的界限仍为黄河。至《淮南子》，九州已被置入一个匀称的九宫格结构中，九州与方位的联结已经稳定下来。换言之，方位成为了标识九州的唯一特征。

以上将各种早期九州文献划分为两个类别，一类是《禹贡》、《容成氏》、《尔雅·释地》。这类文献多强调大禹开创九州，山川形势是九州分界的依据。第二类为《吕氏春秋·有始》、《周礼·职方氏》、《淮南子·地形训》等。这类九州说中大禹不再出场，方位、国名等更易辨识的因素成为分界九州的标识，模式化的痕迹较为明显。《尔雅·释地》可以视为这两类文献中的过渡。

二 九州选择与世界建构

虽然在文献内部做了分类，但通观以上九州说文献，其中都有山川分界（或方位标识)、地理概况、州名几个要素。可见到战国中晚期，这类文献的叙述方式已经基本稳定。这种叙述模式结构相似，但内容各不相同，呈现出极大的包容性。[①]“九州”这一结构本身即带有建构痕迹，其背后的思想背景也值得更细致地探讨。

（一）九州的选择与建构：九州与“十二州”

先秦地名中带有“州”字的不在少数，既有实指，也有虚指。如《左传》十七年之“戎州”，《孟子·万章上》“舜流共工于幽州”，《墨子·兼爱上》也有“以利冀州之民”云云。九州的州名即取自这些一直流传着的地名。“九”则是古人常用的成数，《左传·文公七年》：

> 《夏书》曰：“戒之用休，董之用威，劝之以《九歌》，勿使坏。”九功之德皆可歌也，谓之《九歌》。六府、三事，谓之九功。[②]

《国语·周语下》：“封崇九山，决汨九川，陂鄣九泽，丰殖九薮，汨越九原，宅居九隩，合通四海。”[③] 阴阳五行学说中又以九配五行之金，以九数归纳事物的先秦文献可谓不胜枚举。九州，同样也是用九来归纳可知的世界。将具体州名与九相比附的过程，本身就包含了筛选的意味。前引诸种先秦九州文献，以《禹贡》、《职方氏》、《释地》与《有始》的九州说差异较小，可简单表列如表1：

表1　九州名称对照

《禹贡》	雍州	梁州	冀州	豫州	青州	徐州	荆州	扬州	兖州	——	——	——
《职方氏》	雍州	——	冀州	豫州	青州	——	荆州	扬州	兖州	幽州	并州	——
《释地》	雍州	——	冀州	豫州	——	徐州	荆州	扬州	兖州	幽州	——	营州
《有始》	雍州	——	冀州	豫州	青州	徐州	荆州	扬州	兖州	幽州	——	——

这四种文献有六个州名重合。与《禹贡》相比，另外三种文献多出并、幽、营三州。

《尔雅》、《周礼》在经学时代被看作是商代九州和周代九州，其正统性在《汉书·地理志》中得到了确认。[④]《汉书·地理志》追叙九州沿革时还提到“十二州说”：

---

① 李零在《中国古代地理的大视野》中已提出九州“这种地理概念是一种有弹性的概念”。李零：《中国古代地理的大视野》，载《中国方术续考》，东方出版社2001年版，第262页。

② 《左传注疏》，中华书局影印阮元校刻《十三经注疏》本，第1846页中栏。

③ 上海师范学院古籍整理组点校：《国语》卷3《周语下》，上海古籍出版社1978年版，第104页。

④ 《汉书·地理志》有：“殷因于夏，亡所变改。周既克殷，监于二代而损益之，定官分职，改禹徐、梁二州合之于雍、青，分冀州之地以为幽、并。故《周官》有职方氏，掌天下之地，辩九州之国。”即认为《禹贡》为夏代制度，《周礼》九州为西周制度，这与《汉书》对《尚书》与《周礼》写作年代的判断有关。此说对后代影响甚大，不属本文讨论范围，不能详论。

> 尧遭洪水，怀山襄陵，天下分绝，为十二州，使禹治之。水土既平，更制九州，列五服，任土作贡。①

"十二州"并非《汉书》首创，《尚书·舜典》即有"肇有十二州"，②《史记·五帝本纪》则曰："帝尧老，命舜摄行天子之政……肇有十二州，决川。"《史》、《汉》都没有具体列出"舜十二州"的名称，《史记集解》引东汉马融说：

> 禹平水土，置九州。舜以冀州之北广大，分置并州。燕、齐辽远，分燕置幽州，分齐为营州，于是为十二州也。③

后代附和马说者甚多，《汉书》颜师古注也采用了这种说法："九州之外有并州、幽州、营州，故曰十二。"包含并、幽、营三州与《禹贡》九州的"十二州说"刚好能覆盖《尔雅》、《周礼》甚至《吕氏春秋》中出现的不同的九州说。"十二州说"只存州名，并无具体的方位或范围信息，似可推断这种说法出现在上述三种九州说之后，既是对三代九州不同的弥缝，也是对上古制度的想象。从此可以看出，表1所引的四种九州说，应是最为流行的九州说。其州名应也是当时九州说的主流。不同九州说，就是在这个"大名单"中选取符合作者创作意图或认识范围的州名，构成一套九州系统。

（二）世界的建构法：九州世界与大九州

可以说，"九州"概念一经确立，便形成了一个框架，成为不同学说比附或推演的基础。因此，前文所述九州说，尤其是模式化的九州说，并不能全面反映古人对当时地理分区的全面认知，只是在同一种知识背景下的不同演绎。这些演绎背后当然有古人对于地理的真实认识，但很难从一个州名的有或无，探讨此种九州说的来源地区，甚至很难借助这类九州说文献精确还原古人的区域地理认识。特别是在《有始》、《地形训》等模式化程度很高的九州说中，九州已经成为一个框架，由此达成对地理空间的建构。不但九州，其他重要的地理特征也被用"九"归纳起来。《吕氏春秋·有始》：

> 天有九野，地有九州，上有九山，山有九塞，泽有九薮，风有八等，水有六川。
>
> 何谓九野？中央曰钧天，其星角、亢、氐。东方曰苍天，其星房、心、尾。

---

① 《汉书》卷28上《地理志上》，中华书局1962年标点本，第1523页。

② 《尚书注疏》，中华书局影印阮元校刻《十三经注疏》本，第128页下栏。

③ 《史记》卷1《五帝本纪》，中华书局1959年点校本，第24、27页。

东北曰变天，其星箕、斗、牵牛。……东南曰阳天，其星张、翼、轸。

何谓九州？……何谓九山？会稽，太山，王屋，首山，太华，岐山，太行，羊肠，孟门。何谓九塞？曰太汾、冥阨、荆阮、方城、殽、井陉、令疵、句注、居庸。

何谓九薮？曰吴之具区……赵之巨鹿，燕之大昭。

何谓八风？东北曰炎风……北方曰寒风。

何谓六川？河水，赤水，辽水，黑水，江水，淮水。①

《淮南子·墬形》基本沿用了《有始》的说法。② 之所以不惮其烦地引用这段文字，是为了展示作者所构建的完整的世界模式。作者所描述的是以九州为依托的一个世界，这些具体景观的建立方式，正与“九州”被选择的过程相同。以六川为例，当时名水绝不止河水、赤水等六条，但作者只强调“六川”的重要性，其他江河被置于次要地位。构建起《有始》中这个世界的是作者所选用的九山、九塞、九薮等特定景观。在这个空间结构里一切都均匀完满，作者拈出名山大川各以九数，形成了一套规整的秩序。“九”、“八”、“六”这些数字统率着不同的地理概念，它们在九州之上存在，并以九州为基础构建出一个严整有序的世界。

九州之上覆盖着九野，它们与九塞、九薮、六川等经由拣选的地理景观共同结构出了一个世界模式。这一模式并非用来认识和描述世界，而是用来解释世界。这种模式化的叙述不仅可以用于建构人居世界，还可以用来建构未知世界。两种较晚的文献可以说明这一点，《史记·孟子荀卿列传》：

驺衍……以为儒者所谓中国者，于天下乃八十一分居其一分耳。中国名曰赤县神州。赤县神州内自有九州，禹之序九州是也，不得为州数。中国外如赤县神州者九，乃所谓九州也。③

《初学记》卷8《州郡部》“总叙州郡第一”引汉代纬书《河图括地象》曰：

天有九道，地有九州。天有九部八纪，地有九州八柱。昆仑之墟，下洞含右；赤县之州，是为中则。东南曰神州，正南曰迎州一曰次州，西南曰戎州，正西曰拾州，中央曰冀州，西北曰柱州一作括州，正北曰玄州亦曰宫州，又曰齐州，东北曰咸州一作薄州，正东曰阳州。天下九州，内效中域，以尽地化。④

---

① 许维遹：《吕氏春秋集释》，中华书局2009年版，第276—281页。

② 《淮南子》之“八风”为“东北曰炎风，东方曰条风，东南曰景风，南方曰巨风，西南曰凉风，西方曰飂风，西北曰厉风，北方曰寒风”，与《吕氏春秋》微有不同，另“九塞”与“九薮”二书所叙为一事，但名称微有不同，《淮南子》中“天之九野”的部分并入《天文》篇叙述。

③ 《史记》卷73《孟子荀卿列传》，中华书局1982年版，第2344页。

④ （唐）徐坚等：《初学记》，中华书局1962年版，第163页。

《河图括地象》的年代与《淮南子》相去不远，二者的九州说也有一定关联，都是对当时世界的抽象与概括，将九州与“八柱”这种想象的空间支撑，用以描述人居世界。邹衍的“大九州说”则是发扬了战国九州说，将华夏九州推而广之，勾勒出了一个九州套九州的结构。这些都是模式化九州说的进一步发展与演绎。

（三）九州与宇宙结构：天地相应与《淮南子》的九宫宇宙

《吕氏春秋》中的天与地有对应关系，所谓“天有九野，地有九州”。但《吕氏春秋》之九州并没有严格地以方位结构，因此与“九野”的对应不够严格。而《淮南子》中的九州是以方位为辨识特征的，这一套以方位为标识的九州与“天之九野”构建起一个天地对应的宇宙模式。[①] 综合《淮南子》之《天文》与《地形训》中九野与九州的记载，可得一个九宫格式的对应描述：

西北　幽天 东壁、奎、娄 台州	北方　玄天 婺女、虚、危、营室 济州	东北　变天 箕、斗、牵牛 薄州
西方　颢天 胃、昴、毕 弇州	中央　钧天 角、亢、氐 冀州	东方　苍天 房、心、尾 扬州
西南　朱天 觜巂、参、东井 戎州	南方　炎天 舆鬼、柳、七星 次州	东南　阳天 张、翼、轸 神州

图3　《淮南子》九州九天结构

古人的世界中，天地对应的观念由来已久。如《史记·天官书》所云“天有五星，地有五行”，《初学记》卷5引《河图括地象》：“天有七星，地有七表。”

早期文献中也多见“九地”与“九天”的对应，如《孙子兵法·形篇》：“昔善守者，藏于九地之下；善攻者，动于九天之上。”[②]《淮南子·原道》：“上通九天，下贯九野。”[③]《大戴礼记·五帝德》：“平九州，戴九天。”[④] 在这些文献里，九地与九天对应的格局已经形成。在《淮南子》之《天文》、《地形训》中，天与地都以方位分为九

---

① 《淮南子》的九州说不见于其他早期文献，其来源尚不能探明。《淮南子》九州曾被《列子》引用，《列子·黄帝》有“华胥氏之国，在弇州之西、台州之北”。参见杨伯峻《列子集释》，中华书局1979年版，第41页。但这一套九州系统似不见于《淮南子》之前的文献，仅“戎州”、“冀州”等地名曾在文献中零星出现。

② 《十一家注孙子》卷上《形篇》，上海古籍出版社1978年版，第80页。

③ 刘文典：《淮南鸿烈集解》，中华书局1989年版，第29页。

④ （清）王聘珍：《大戴礼记解诂》，中华书局1983年版，第124—125页。

宫，一一对应。在天地对应之外，《淮南子》还构建了一种以九宫形式表达的宇宙。作者认为，九州之外有八殥，而八殥之外还有八纮，八纮之外又有八极，这些空间皆以方位区分。人类所居住的九州，就是这个层层叠叠的九宫格的中心。《淮南子》所建立的九宫格式的宇宙如图 4 所示。

<table>
<tr><td>一目
（沙所）</td><td colspan="3">积冰
（委羽）</td><td>和丘
（荒土）</td></tr>
<tr><td rowspan="3">金丘
（沃野）</td><td>大夏
（海泽）</td><td>大冥
（寒泽）</td><td>大泽
（无通）</td><td rowspan="3">棘林
（桑野）</td></tr>
<tr><td>九区
（泉泽）</td><td>九州</td><td>大渚
（少海）</td></tr>
<tr><td>渚资
（丹泽）</td><td>大梦
（浩泽）</td><td>巨区
（元泽）</td></tr>
<tr><td>焦侥
（炎土）</td><td colspan="3">都广
（反户）</td><td>大穷
（众女）</td></tr>
</table>

图 4 《淮南子》宇宙模型

这种无限扩张的宇宙具有两个重要的特征，一为天地严格对应，二为以方位划分的九宫格模式。可以说，《淮南子》的世界是一个九宫模式的世界。

这种极度模式化的宇宙观让我们想起 1977 年安徽阜阳双古堆曾出土的一件形式较为特别的西汉漆木式[①]（见图 5），此式天盘分为九宫，以四条直线将圆形天盘八分，天盘中央为中宫，各有配数。地盘以节气划分为八等份，与天盘九宫对应。地盘节气分别为四立和二至二分，文字中九宫名为天溜、苍门、上天等。学者多指出，与《黄帝素问灵枢经》卷 9《九宫八风第七十七》的九宫图相同，[②] 但对其具体定名与性质尚有疑义。以目前对式的认识来看，虽然其最终目的是占验，但其形式还是对宇宙的模拟。[③] 双古堆这件漆木式以九宫划分天地，与前论《淮南子》甚至《吕氏春秋》的宇宙模型都颇为相类。文献与式未必是继承或模仿的关系，而是在表达同一种宇宙观。九宫在数术类文献尤其是式占中有广泛的应用，这让我们不能不考虑到以《淮南子》为代表的模式化九州说与九宫之间的关系及其数术背景。

---

① 《阜阳双古堆西汉汝阴侯墓发掘简报》，《文物》1978 年第 8 期。

② 严敦杰：《式盘综述》，《考古学报》1985 年第 4 期，第 452 页。李学勤《〈九宫八风〉及九宫式盘》中也有论述，李学勤：《古文献丛论》，上海远东出版社 1996 年版，第 235—243 页。

③ 李零：《中国方术考》，东方出版社 2000 年版，第 89—176 页。

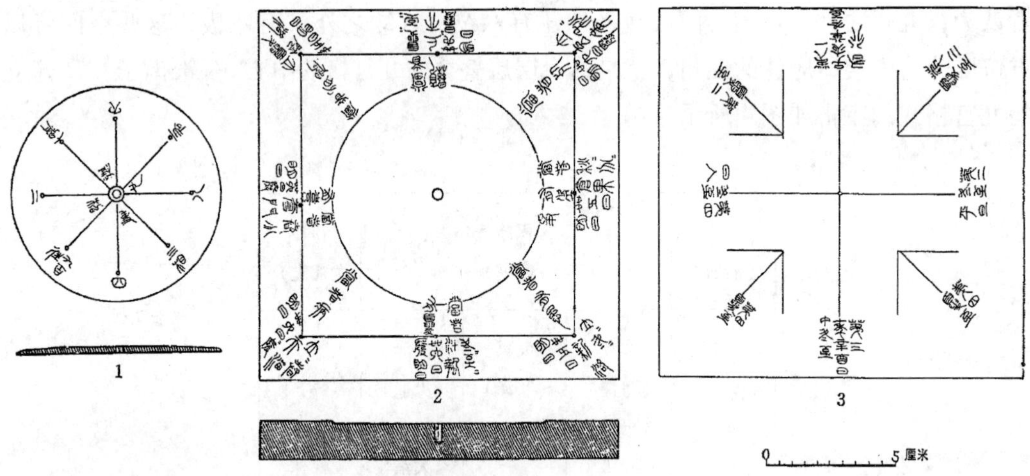

图5　阜阳双古堆汝阴侯墓九宫式

资料来源：《阜阳双古堆西汉汝阴侯墓发掘简报》，《文物》1978年第8期。

三　模式化九州说的数术背景

（一）九宫九州的术数化

在后代，《禹贡》之外的九州说并未完全消失，其中重要的一支保存在术数类文献中。为叙述方便，可暂将《淮南子》中可与九宫密合的九州说称为“九宫九州”。目前很难从先秦文献中找到九宫九州与术数的直接联系，但从稍晚的术数类文献中可以找到一些痕迹。《五行大义》卷1“论九宫数”：

> 《九宫经》言：“一主恒山，二主三江，三主太山，四主淮，五主嵩高，六主河，七主华山，八主济，九主霍山。”又“一为冀州，二为荆州，三为青州，四为徐州，五为豫州，六为雍州，七为梁州，八为兖州，九为扬州”。①

《五行大义》为隋代萧吉所编，主要以引用前代文献为主，再由作者加以整合。《汉书·艺文志》无《九宫经》，《隋书·经籍志》中有《黄帝九宫经》一卷，郑玄注《九宫经》三卷。这些文献时代较晚，但由来有自，继承了较早的数术传统。将《五行大义》所引《九宫经》之九州配数按九宫分派，如图6所示：

① 《续修四库全书》子部，第1060册，据宛委别藏日本刻佚存丛书本影印，上海古籍出版社2002年版，第211页下。

雍州 乾	冀州 坎	兖州 艮
梁州 兑	豫州 中宫	青州 震
荆州 坤	扬州 离	徐州 巽

图6　《五行大义》九州（一）

《五行大义》又说："太一以兖州在正北，坎位。青州在东北，艮位。"是另一种排序方式，如图7所示：

冀州 乾	兖州 坎	青州 艮
雍州 兑	豫州 中宫	徐州 震
梁州 坤	荆州 离	扬州 巽

图7　《五行大义》九州（二）

所谓"太一"是式占中的另一数术门类，二者都用《禹贡》九州，但后者宫位逆时针移动一格，应与式占遁甲式中所谓"飞九宫"有关。①《五行大义》认为："此并依《周礼·职方》之始位，虽宫位微移，五行气一。此九州上对九天，分二十八宿属焉。"可见其以九州与九天对应的模式是为了回应与解释《周礼》。接着，《五行大义》将九野与《禹贡》九州相配，九州方位同前引《九宫经》，可得天地对应结构如图8：

西北　幽天 东壁、奎、娄 四 雍州	北方　玄天 婺女、虚、危、营室 九 冀州	东北　变天 箕、斗、牵牛 二 兖州
西方　颢天 胃、昴、毕 三 梁州	中央　钧天 角、亢、氐 五 豫州	东方　苍天 房、心、尾 七 青州
西南　朱天 觜巂、参、东井 八 荆州	南方　炎天 舆鬼、柳、七星 一 扬州	东南　阳天 张、翼、轸 六 徐州

图8　《五行大义》宇宙结构

资料来源：《五行大义》卷1。

---

① 飞九宫为式占遁甲式的一种变化，文献中多有记载，以前引严敦杰文叙述最为明晰："以上面九宫中各数每数减一，一减一则改为九，又九宫中各数每数加一，九加一为十则改为一，然后以紫白按数填入，这就是顺飞九宫和逆飞九宫。"严敦杰：《式盘综述》，《考古学报》1985年第4期，第454页。本文所引之"太一"家说，即为式占遁甲式中的顺飞九宫。此太一与式占中的"太乙式"配数不同，非太乙式。

除了九州州名不同外，《五行大义》与《淮南子》的天地对应模式如出一辙。不过，在《五行大义》的宇宙模式中，系联天地的最显著的要素不再是方位，而是九宫之数。即《五行大义》引《黄帝九宫经》所云："戴九履一，左三右七，二四为肩，六八为足，五居中宫，总御得失。其数则坎一坤二，震三巽四，中宫五，乾六兑七，艮八离九，太一行九宫，从一始。"以上所引诸种九宫图，都按这个顺序排列。[①] 除此之外，这一架构依然继承了早期以天地对应模拟宇宙的模式。

有理由相信，《河图括地象》至《五行大义》及相类文献中所论之九宫九州一脉相承，皆直接承自《淮南子·地形训》一类的文献，并加以推演。

（二）九宫九州与式占

式占之起源不晚于战国，《史记·龟策列传》中曾记载宋元王时博士卫平对式的使用[②]，学者也将曾侯乙墓的箱盖上的二十八宿图与早期式图联系起来。[③]《淮南子》与早期式占关系至为密切，王振铎已指出式的图式结构与《淮南子·天文训》十分接近，[④]《天文训》篇之二十八宿运转与天盘形式相近，《天文训》篇之钩绳图也多见于式的地盘。也有学者认为"《淮南子·天文训》和《论衡·诘术篇》中也保留有早期一些演式的痕迹"，[⑤] 甚至认为《淮南子·天文训》中所载就是六壬式。[⑥] 目前能见的唐宋以来的式法与早期式法已有很大不同，《淮南子》中的式占具体是哪一种目前尚难断言，但其与式占的关系密切应无疑义。前文曾论《五行大义》之宇宙模型与《淮南子》的宇宙模型十分相似，而《五行大义》本身又与式占一致。有理由相信，《淮南子》之九宫九州与式和式法有密切的关系。自九州被纳入九宫，就与式占联系在一起。

以上所论九宫九州之数术背景，主要针对《淮南子》而言，但在《吕氏春秋·有始》中已见端倪。这种传统后来不见于主流文献，无论是正史地理志或是地理总志、地方志中都不见这种模式化程度很高，且带有强烈数术背景的九州说。但这类九州说在数术类文献中还在流传。唐《太乙金镜式经》卷 8 "推九宫分野"中九州与九宫对应关系与前《九宫经》完全相同，但是确切地描述了九州位置与范围，如：

---

① 《黄帝九宫经》所排九宫序列，以上南下北为正，本文所画九州九宫图为符合现代读图习惯，皆以上北下南为正。

② 《史记·龟策列传》："卫平乃援式而起，仰天而视月之光，观斗所指，定日处乡。规矩为辅，副以权衡。四维已定，八卦相望。"按：《龟策列传》虽为褚少孙所补，然前人如罗福颐、钱大昕等论式占亦常引此条材料，盖因其所言式占原则有所凭据，篇幅所限，不能详论。可参见罗福颐《汉栻盘小考》，载《古文字研究》第 11 辑，中华书局 1985 年版；《十驾斋养新录》卷 17，上海书店 1983 年版，第 413—414 页。

③ 曾侯乙墓箱盖二十八宿图可参见《湖北随县曾侯乙墓发掘简报》，《文物》1979 年第 7 期；王健民、梁柱、王胜利《曾侯乙墓出土的二十八宿青龙白虎图像》，《文物》1979 年第 7 期。讨论曾侯乙墓箱盖图像与式图有关的文章可参见上引严敦杰文，及李零《中国方术考》，东方出版社 1996 年版，第 110 页。

④ 王振铎：《司南考》，载《科技考古论丛》，文物出版社 1989 年版。

⑤ 严敦杰：《式盘综述》，《考古学报》1985 年第 4 期。

⑥ 参见罗福颐《汉栻盘小考》，载《古文字研究》第 11 辑，中华书局 1985 年版；陶磊《〈淮南子·天文〉研究》，齐鲁书社 2003 年版，第 49—52 页。

三宫青州：得齐青、淄、潍、密、登、莱及辽东志地也。……《春秋元命包》曰："虚危流为青州。"青、齐、莱、密、菑、乐、济、德平。①

这种叙述中包含了九宫宫位、州名、分野及具体范围等诸多要素，试图将古代地理分区、当时行政区划与式占相互系联，以达到现实中推算占验的目的。《景祐太乙福应经》卷8中也有相似的内容，九宫宫位与九州分派与《太乙金镜式经》全同，唯每州所对应的为景祐间的行政区划，如："三宫青州：……青州、永州、连州、沔州、齐州、密州。"② 这两种文献都是实用的式占手册，其中九州宫位等核心内容相同，而占卜所对应的具体地点则随时代变化被改易，可见这类九宫九州在式占类文献中的流传一直未曾断绝。虽然已不被主流文献关注，但模式化的九州在数术类文献中依然被传承与演绎。

四 结论与余论

综上所述，早期九州说可以分为两类，第一类以《禹贡》、《容成氏》、《尔雅·释地》等为代表，与大禹传说相关，以山川等自然标识分割九州。较为详尽地描述了九州的地理特征，包含了古人对世界与真实地理区域的认识。《禹贡》一直被认为是上古时代真实的地理区划，又因其经典地位，影响最为广泛和深远。第二类以《周礼·职方氏》、《吕氏春秋·有始》、《淮南子·地形训》等文献为代表。《周礼·职方氏》已开始用方位来结构九州，《吕氏春秋·有始》用九原、九塞等事物建设起世界，并出现了天地对应的结构。《淮南子·地形训》则记叙了高度模式化的九州说，九州与九野在方位上一一对应。在九州之上，又有九山、九塞、九薮、六川等，这些经由选择的地理景观共同建设起一个有序的世界。

第一类九州说所强调的地理景观，除了表达对地理分区的认识之外，更重要的是讲述大禹导山导水的故事。通过对地理特征的细致描写，强调九州或曰人居世界是由圣人开创的。这个世界与"天"无关，九州上秩序的确立只与水道的疏通相关。第二类九州说是古人对宇宙或人居世界的构建，大禹不再出场，其所强调的是九州的方位与天地对应。在这样一个世界中，九州的秩序由方位确定，并与"天"直接相关。天地都可被划为八方与中央，可纳入均匀的九宫格结构。第二类九州说有很强的数术背景，尤其与九宫和式法有密切的关系。

阴阳五行说是战国时代最为流行的学说，其重要特征，就是以配数配物等方式，将一切有代表性的事物纳入这个大系统，从而解释世界。这一系统牵一发而动全身，模式化的九州说与式占关系紧密，正是被纳入了这个阐释系统。因此，模式化的九州

① （唐）王明希：《太乙金镜式经》卷8，文渊阁四库全书本，第8页A。

② 李零主编：《中国方术概观·式法卷》上，人民中国出版社1993年版，第262—265页。

说是古人对宇宙构成的抽象与总结。在认识九州说特别是战国时代的九州说时，必须注意到这一点。

以《禹贡》为代表的九州说反映了古人的地理认识，以《淮南子》为代表的九州说则有深厚的数术背景，存在于古人对宇宙模式的建构之中。以目前能见的材料而言，这是先秦流行的九州说的面貌。同时，如《容成氏》之类的出土文献则不断更新着我们对古代思想世界的认识，也许早期九州说的情况比我们目前能见得更为丰富和复杂。

（作者单位：首都师范大学历史学院）

《禹贡》不仅是地理志之祖

——历代《禹贡》研究与地理研究的关系*

王小红

《禹贡》是儒家经典《尚书》中重要的一篇，它以中国一直以来就盛传的大禹治水的历程为线索，以地理山川为界线，将当时的天下划分为冀、兖、青、徐、扬、荆、豫、梁、雍九州，并详细记载了各州之疆域、山川、原隰、土壤、赋税、贡物、贡道，以及天下山脉之走向、河流之渊源与经宿，最后还勾画了一个甸、侯、绥、要、荒五服区划。该篇全文虽仅1193字，却保存了丰富的社会、经济、地理等资料，成为研究中国上古社会的重要依据。从现代地理学的角度来看，《禹贡》包含自然地理和人文地理的诸多内容，故很早以来不少学者视其为地理学经典，并将它从《尚书》中独立出来进行研究。不仅如此，历代学者从地理及其相关角度研究《禹贡》的学术活动以及产生的大量《禹贡》学文献，客观上也是中国古代地理文献的重要组成部分。同时，历代的《禹贡》研究对中国传统地理学在思想、内容与方法上的促进作用也非常明显，引发了职方地理、山川地理、历史地理、经济地理、交通地理、军事地理以及地图学、地名学、水利学等的较大发展，增强了学者的地理研究兴趣。另外，历代学者地理观察的视野及地理学研究的内容、方法、建构的理论等的不断突破，也对《禹贡》研究有重要影响。因此，中国历代《禹贡》研究与地理研究的关系可谓“水乳交融，相得益彰”。

本文从《禹贡》学史和地理学史的角度，来探讨《禹贡》和《禹贡》学文献的地理性质、历代《禹贡》研究与地理研究的密切关系。

一　《禹贡》是地理志之祖：历代学者的共识

《禹贡》是一部什么性质的书，虽有记禹功之书、治水之书、贡法之书等说法①，

* 本文为全国高等院校古籍整理研究工作委员会直接资助项目“《禹贡》学文献研究”（项目编号0866）、四川省哲学社会科学重点基地项目“巴蜀《尚书》学研究”（项目编号SC12E002）成果之一。

① 王小红：《宋代〈禹贡〉学研究》第二章第二节，吉林人民出版社2011年版。

但历史上不少学者认为《禹贡》是地理之书，且是我国第一部综合性地理著作。

《禹贡》被视为地理之书最早始于何时，我们难以找到准确答案，这当与中国古代地理和地理学的发展以及人们对其认识有着密切的关系。从现存史料来看，作为中国第一部以“地理”命名的地理学著作，《汉书·地理志》在开篇几乎转录《尚书·禹贡》和《周礼·职方》全文，来诠释汉代以前全国地理的演变和发展。因此，可以说，至迟在汉代，《禹贡》已被当成地理志。唐代刘知几在谈《尚书》义理时则明确说：“《禹贡》一篇，惟言地理。”①

到了宋代，《禹贡》作为地理书的观点普遍流行。北宋李复谈到前世作者修地理书时“在天必考星辰所临以别野，在地则以《禹贡》所分以定区域”②，可见宋人关于《禹贡》对地理研究影响的认识。郑樵则专作《禹贡地理辨》一文论述《禹贡》的地理性质，认为“验星躔，考分野”、“探河源，穷禹穴”以及“穷山经，求海志”都不足以知地理，只有据《禹贡》才能知晓天下地理。他还列举出孟子、司马迁、扬雄、班固等人考辨古今地理的实例，认为《禹贡》一文虽千余言，然“古今言地理之抵牾莫不于此取质焉，则后之言地理者，其可舍之而不为依据乎?”谓“其深于道”，“非后世地理家比也”③，道出了《禹贡》乃中国地理著述之祖的深刻道理。

林之奇虽有“《禹贡》之书为治水而作”之言，但这只是论及《禹贡》成书的缘起，而对《禹贡》的性质认定，他说：“地理之书，自《职方氏》而下，皆不如《禹贡》之善也。”④ 极力推崇《禹贡》为一部好地理书。他在阐释“荆河惟豫州”条时，还将《禹贡》与《职方氏》、《尔雅》等地理书从地理观念、行文方式等做具体比较，并引郑樵之说曰：“《禹贡》之书，所以为万代地理家成宪者，以其地命州，不以州命地也。……观渔仲此言，所谓得《禹贡》之意，盖由万世而下求《禹贡》九州之分域皆可得而考者，由其以山川之高大者定逐州之界故也”⑤，认为《职方氏》、《尔雅》叙述各州州境时谓“正南为豫州”等只以方位而定，不如《禹贡》以不轻易变迁之高山大川来确定为善，“所以后世地理家之所志，惟以《禹贡》为准”，道出了《禹贡》成为地理志之祖的主要原因。林之奇还说：“一州之境必有四面之所至，今其所载但及其山川之二境，则是其所不载者亦互见于邻州之间……非其长于记述，岂能若是乎?《禹贡》一书，所以为万代地理家之成说也。”“其文简，其事备，非后世地理家之所可及也。”“《禹贡》既叙治水曲折于九州之下，而于导山、导水之次又叙其源委之详，其所记载实为万代地理家之成宪也”。⑥ 林之奇反复强调《禹贡》为万代地理家之成宪，是地理著作之祖，突出了《禹贡》在中国地理学史上的经典地位。另外，从疏解《禹贡》的内容来看，林之奇对山川地理考证特详，可见他的《禹贡》研究较前儒更具地

① （唐）刘知几：《史通·内篇·六家第一》，黄寿成校点本，辽宁教育出版社 1997 年版。

② （宋）李复：《答李忱承议书》，《潏水集》卷 3，文渊阁《四库全书》本。

③ （宋）郑樵：《禹贡地理辨》，《六经奥论》卷 2，文渊阁《四库全书》本。

④ （宋）林之奇：《尚书全解》卷 8“海岱惟青州”条，文渊阁《四库全书》本。

⑤ （宋）林之奇：《尚书全解》卷 7“济河惟兖州”条，文渊阁《四库全书》本。

⑥ （宋）林之奇：《尚书全解》卷 8“海岱及淮惟徐州”、卷 9“沱潜既导”条、卷 10“导洛自熊耳，东北会于涧瀍”条。

理学意识。其后，夏僎撰《尚书详解》，“折衷于之奇者什之六七”[①]，亦认为《禹贡》是地理著作之成宪[②]。

宋代以后，视《禹贡》为地理书已成学界共识。明人艾南英在《禹贡图注》自序中明确地提出：“《禹贡》一书，古今地理志之祖。”[③] 清代学者朱鹤龄也说：“逖览史籍，凡职方、地理、河渠、田赋诸书，其文皆祖《禹贡》。”[④] 历代《禹贡》研究之集大成者胡渭，将其研究《禹贡》的专著命名为“禹贡锥指”，取意于《庄子·秋水》“用管窥天，用锥指地”，“言所见者小也。……夫其不曰管窥而曰锥指者，《禹贡》为地理之书，其义较切故也”[⑤]。李振裕在为《禹贡锥指》作序时亦称：“自禹治水，至今四千余年，地理之书无虑数百家，莫有越《禹贡》之范围者。”[⑥] 近现代中国地理学得到长足发展，学人几乎都把《禹贡》作为地理之书——顾颉刚认为它是一篇古代地理形势方面极其宝贵的材料[⑦]；王成组说“《禹贡》不但是祖国古代文化遗产中极重要的一篇地理文献，也是世界古地理文献中极其杰出的一篇”[⑧]；尹世积认为《禹贡》记载了我国最早的政治地理、山岳地理、水文地理、经济地理[⑨]；史念海则鲜明地指出“《禹贡》是我国最早的地理名著”[⑩]；1990 年版的《中国大百科全书》把《尚书·禹贡》收入地理卷，而新《辞海》则明确说《禹贡》“是我国最早一部科学价值很高的地理著作”[⑪]。

历代学者不但道出了《禹贡》对中国古代地理学的巨大影响，还进行了大量的《禹贡》地理专题研究，从多方面论述了《禹贡》的地理学思想、包含的地理学内容以及地理学价值，对“《禹贡》为地理之书”这一性质的认定起到了重要的推广作用。而近现代中国地理学的发展，沿革地理以及地貌、水文、土壤、经济等专题地理的研究，在寻找它们的源头活水时，都要上溯至《禹贡》，这也有力地印证了宋代王十朋在一次策问中所说的那句话：“后世言地理者，咸根本于斯焉！”[⑫]

二　《禹贡》学文献是地理学文献的重要组成部分

自先秦以来，《禹贡》就备受学者关注：他们或征引《禹贡》之文，阐发自己的

---

① （宋）夏僎：《尚书详解》卷首提要，文渊阁《四库全书》本。

② （宋）夏僎：《尚书详解》卷 5，文渊阁《四库全书》本。

③ （明）艾南英：《禹贡图注序》，《禹贡图注》卷首，清道光十一年六安晁氏木活字《学海类编》本。

④ （清）朱鹤龄：《禹贡长笺原序》，《禹贡长笺》卷首，文渊阁《四库全书》本。

⑤ （清）胡渭：《禹贡锥指略例》，《禹贡锥指》卷首，周逸麟点校本，上海古籍出版社 1996 年版，第 1、14、15 页。

⑥ （清）李振裕：《禹贡锥指序》，《禹贡锥指》附录，第 712 页。

⑦ 顾颉刚：《禹贡注释》，载侯仁之主编《中国古代地理名著选读》，科学出版社 1959 年版。

⑧ 王成组：《从比较研究重新估定〈禹贡〉形成的年代》，《西北大学学报》1957 年第 4 期。

⑨ 尹世积：《禹贡集解序》，载《禹贡集解》，商务印书馆 1957 年版。

⑩ 史念海：《论〈禹贡〉的著作年代》，《陕西师范大学学报》1979 年第 3 期。

⑪ 《辞海》编纂委员会：《辞海》，上海辞书出版社 1999 年版，第 249 页。

⑫ （宋）王十朋：《策问·第二道·地理》，载《王十朋全集·文集》卷 8，上海古籍出版社 1998 年版，第 697—698 页。

学术观点和政治主张；或考释文字、内容，发明其中的义理思想，锲而不舍地对《禹贡》进行多方面的研究，撰写出大量的《禹贡》研究著述，促进了一门特征鲜明、体系完整、内容丰富的学问——“《禹贡》学”的形成。

由于《禹贡》本身包含丰富的地理信息，历代学者研究《禹贡》，不但是研究历史时期的地理，也多涉及当时的地理以及地理学的一些理论与方法，使《禹贡》学文献自然而然具有很多地理内容。因此，《禹贡》学文献应当是地理学文献的重要组成部分。然而，在实际的地理学和历史地理学领域，《禹贡》学文献的地理性质没有得到充分的肯定。这主要表现在以下几个方面：

（1）在历代目录书中，《禹贡》学文献不是著录于史部之地理类，而是载于经部之《尚书》类。因为《禹贡》只是经学著作《尚书》的一篇，所以这样的处理也不无道理。

（2）近现代学者研究中国各历史时期的地理和地理学，往往忽略当时的《禹贡》学文献所蕴藏的地理和地理学内容。例如，吴其昌于1927年发表的《宋代之地理学史》，虽在论述“宋代之舆图学”时，提及了宋代的两部《禹贡》学著作——程大昌的《禹贡山川地理图》、傅寅的《禹贡说断》，介绍了当时所刻也可视之为《禹贡》学文献的《禹迹图》和《华夷图》，但在阐述“宋代地理学之分类史略”时，没有将宋代开创的《禹贡》专门研究以及形成的大量文献作为专门的一类，就连“历史地理”类，也没有涉及一部《禹贡》学文献。① 这种情况的出现，一定与《禹贡》学文献在古代文献四部分类体系中位于经部之《尚书》类而非史部之地理类有很大关系。然而，这样的分类处理，湮没了《禹贡》学文献的地理性质，使其在地理和历史地理研究中容易成为被忽略的资料。

（3）现代中国历史地理学在20世纪中后期发展成为一门相对独立的学科之后，介绍中国历史地理文献的著作，如靳生禾著《中国历史地理文献概论》以及杨光华、马强编《中国历史地理文献导读》等②，在概说各时期历史地理文献时，都未将《禹贡》学文献纳入历史地理文献中，更不用说将其作为专门的一类历史地理文献或地理学文献加以系统论述。因而，从一定意义上讲，这些著作介绍的历史地理文献是不完整的，有待补充。

其实，历代学者从地理学角度研究《禹贡》，形成了数百种《禹贡》学专著和专题图，通过对它们进行仔细考察，我们可以发现大多数是为考辨《禹贡》山川地理而作，主要包含的是地理和历史地理信息。例如，晋代裴秀所作的《禹贡地域图》，“上考《禹贡》山海川流，原隰陂泽，古之九州，及今之十六州，郡国县邑，疆界乡陬，及古国盟会旧名，水陆径路，为地图十八篇”③，可以说是实实在在的地理和历史地理之作。唐代贾耽绘制《海内华夷图》及撰述《古今郡国县道四夷述》，中国部分即

① 吴其昌：《宋代之地理学史》，《国学论丛》1927年第1期。

② 靳生禾：《中国历史地理文献概论》，山西人民出版社1987年版；杨光华、马强编：《中国历史地理文献导读》，西南师范大学出版社2006年版。

③ 《晋书》卷35《裴秀传》，中华书局2000年版标点本，第680页。

"以《禹贡》为首，外夷以《班史》（即班固《汉书·地理志》）发源，郡县记其增减，蕃落叙其衰盛"①，对《禹贡》以来历代地理沿革、边防及城镇都会的变迁、各地人口增减进行了考订。程大昌在《禹贡论》、《禹贡后论》及《禹贡山川地理图》三部《禹贡》学专著中，则弃《禹贡》经文于不顾，直接以河流与山脉等地理事物为主题进行论说。其《禹贡论》2卷所谓52篇以及《禹贡后论》8篇，从论题的名称来看，共有53篇是考证具体的山川地理；而《禹贡山川地理图》30幅，则是宋人以《禹贡》山川地理为题材的大量地图的代表。② 元代黄镇成撰《尚书通考》，在考《禹贡》时，将"《禹贡》所书山水地名，悉注以今之郡县，庶乎读是书者按图易见"③，可谓做了一番历史地理研究。明代郑晓撰《禹贡说》、《禹贡要注》、《禹贡说长笺》三部《禹贡》学著作，其《禹贡说》将全文内容绘制于数十幅地图之上，用地图来考释九州、山川的地理位置，每州的疆界，贡赋之道，以及一些地理事物的相互关系。清代胡渭利用编纂《大清一统志》能够看到国家图书馆藏书的机会，收集了大量历代地理资料，进行细致的考订研究，最后写成了集大成的《禹贡》学专著——《禹贡锥指》，为后世之人理解《禹贡》时代的地理面貌以及历史变迁提供了极为丰富的信息和重要的启示。

纵观历代的《禹贡》学文献，其蕴含的信息对中国古代地理学的思想、内容与方法都有重要影响。

（一）《禹贡》学文献中的地理思想和地理学理论

在研究《禹贡》的过程中，历代学者还领悟出许多地理思想和地理学理论，大略有以下几方面：

1. 时空观

众所周知，我们人类是能思维的高等动物。自从人类生活在地球上以后，就一直在对时空进行探究。例如，在原始人看来，空间就是他们的手和眼睛所及的范围，各个空间部分都有质的不同；而要形容一段时间，他们往往就得借助于太阳的运动、沙漏的过程、焚香的过程等可感知的事物的变化来表达。在漫长的历史进程中，人类的时空观在不断演变，这可从人们对地理的认识和研究中得到较为清晰的印证。

历代学者研究《禹贡》，尤其是研究《禹贡》地理时，经常表达他们的时空观。例如，程大昌在《禹贡论》中认为"天地东西之位，亘古今无易"、"天下无两月，四方亦无两东"、"山水之名称迹道，随世变易，固不可主一据以为定"④，主张包罗万象的天地从时空上来说亘古不变，而地球上山川等地理事物在历史时期都有很大变迁，可见其有相对的时空变迁观。他的这种天地时空不变的观点，在今天看来显然是不科

① 《旧唐书》卷138《贾耽传》，中华书局2000年版标点本，第2574页。

② 吕南公在元丰中就看到不少"世儒所出《禹贡图》"，且"家各不同"（载《灌园集》卷8《十八路地势图序》），说明宋代《禹贡》图多。

③ （元）黄镇成：《尚书通考》卷7"禹敷土，随山刊木，奠高山大川"条，文渊阁《四库全书》本。

④ （宋）程大昌：《禹贡论·禹贡论下》之《汉》、《弱水》，《通志堂经解》本。

学的，但较之地球上地理环境的千变万化，天地本身的运动变化的确要少很多，而且常常不易发觉，故其谓天地不变也具有一定的合理性。

人们研究历史地理，往往要对研究对象确立时空范围。这当然不是现代才有的观念，历代学者在研究《禹贡》历史地理时都是如此。例如，程大昌在为《禹贡山川地理图》作序时谓“历代山水名称改易既众，又郡县分合更改世世不同，今且专以唐世地书为正，一则取其州县四境悉有方隅底止……”① 可见程大昌确定了他作《禹贡山川地理图》的时空下限为“唐世”，地理空间为唐时“州县四境”。在地图上，程大昌还用颜色表明时空的变化，“图以色别，青为水，黄为河，红为古今州道郡县疆界，其用雌黄为识者，则旧说之未安而表出之者也。”②

2. 山水观

《禹贡》一篇述山、水内容多，且“山有脉络”，水有体系，而“九州”也以名山大川作为自然界划，体现出较强的系统性地理观念，蕴含着一定的山水观。正因为如此，历代学者研究《禹贡》，善于从《禹贡》中记载山水的一般叙述性文字中提炼出较为明确的山水观。

其一，关于山、水的地理意义，有不少学者将其视为“地脉”。苏轼在《书传》中谓班固、马融、王肃治《尚书·禹贡》时都谈到“地脉”，谓《禹贡》“随山刊木”之“随山”者，“随其地脉而究其终始也。何谓地脉，曰：地之有山，犹人之有脉也，有近而不相连者，有远而相属者，虽江河不能绝也”。其说深得林之奇、张九成等学者的赞同。而元代黄镇成则说：“今之地理，以水为主。水者，地脉络也。”③

其二，关于山、水间的相互关系，学者多有论述。宋代胡士行说：“山，水之源。导山，所以导水也。”④ 明代马明衡则道：“夫两山夹一水，两水夹一山，此理之不可易者。故水必因山而比，山必随水而行。”⑤ 表明山与水是相依相承的关系。

其三，山水的哲学义理。程大昌将禹治水的方法归结为顺水性，其谓：“孟子曰‘禹之行水也，行其所无事’，亦因也。鲧之绩用弗成者，障也，陻也，不善因也。禹能继鲧而就绪者，反其道而用之也，功以因而成，则《书》载其成功，亦岂外于因哉？因者，本其所自然，而无所增损云尔。行水作贡，元有是事，则本其故而书之，非奇非凿，通乎万世，是以得名为经也。”⑥ 他从大禹治水“本其所自然，而无所增损”来表明他的“无为而无不为”的哲学思想。清代孙承泽在《格致录》卷1《九州山水考上》曰：“《禹贡》一篇，不独纪载成功……夫山之所坟，水之所涌；水之所奔，山之所亘，动静相生，刚柔互错，先儒所谓一理一分殊、分殊一理之妙，不于山水益见乎。”其认为《禹贡》记载山水反映出的哲学义理与宋明理学所讲一理与万物关系的重要命题“理一分殊”是一致的。

---

① （宋）程大昌：《禹贡山川地理图序》，《程尚书禹贡山川地理图》卷首。

② 同上。

③ （元）黄镇成：《尚书通考》卷8“郑氏《通志·地理略·序》”条。

④ （宋）胡士行：《尚书详解》卷3，文渊阁《四库全书》本。

⑤ （明）马明衡：《尚书疑义》卷2，文渊阁《四库全书》本。

⑥ （宋）程大昌：《禹贡论·禹贡论上·总叙》，文渊阁《四库全书》本。

3. 天下观和国家观

中国传统的天下观和国家观，是华夏民族自古以来逐渐形成并一脉相承的。所谓“天下观”，简而言之，是指人们对天下地理的认识；“国家观”则是指国家出现以后人们对国家地理疆域等的认识①。而这些观念的渊源和形成，与儒家经典《尚书·禹贡》有着密切的关系。古史传说大禹治水，足迹遍及“天下”，从而有《禹贡》之作。《禹贡》记载禹平治天下水土后，就“别九州”，列五服，“任土作贡”，于是“东渐于海，西被于流沙，朔南暨，声教讫于四海”。它向人们描绘了一幅大一统的天下图。华夏民族的先哲们通过对《禹贡》及其他先秦文献中出现的“天下”、“九州”、“五服”、“九服”等概念的解读，建构出对后世影响深远的天下观和国家观。

这种观念，一方面把“天下”各国、各地都看作是“王土”，王朝的教化要普及天下，天下各地要以土地所有向王室纳贡；另一方面又把《禹贡》“九州”的地理范围视为国家的疆域所至。历代学者特别看重这种天下观和国家观，认为只要遵守此，则天下和平；如果不遵守，则天下混乱，百姓遭殃。因此，当四夷强占“中国”境地时，华夏族就要诉诸武力，收复故土。例如，当辽、西夏、金朝南下占领宋朝疆土时，有着传统天下观和国家观的许多宋代学者，强烈要求收复属于《禹贡》九州地理范围的“燕云十六州”，即使在未收复时，也把它们纳入宋朝版图，寄予收复之愿望。由此可见，由《禹贡》“五服”制与“九州”制影响形成的天下观和国家观，在他们心中可谓根深蒂固。

（二）《禹贡》学文献中的地理内容

作为儒家经典《尚书》中的一篇，《禹贡》记载了古人认知的天下地理，地理内容很丰富，对后人的地理认知与地理学研究有很大帮助。正如宋代学者郑樵所说，通晓天下地理，“所可据者，《禹贡》一书耳”②。故历代研究《禹贡》的学者，尤其是宋代及宋以后的《禹贡》学家，都将主要精力放在地理的考证上，对《禹贡》中的各种地理问题，进行了详尽的考释和研究。尤其是对地理事物的考证，为我们提供了丰富的地理和历史地理资料。

所谓地理考证，是指对地理实体及其名称查考证实和辨别是非，它的内容实质和工作过程主要是运用历史、地理、语言学等相关的知识，对地理实体的位置、名称的起源、含义、沿革变迁及文献记载的是非进行多方面的考究。历代学者对《禹贡》几乎所有的山川地理都进行了详尽的考证与辨析，特别对一些古今学者纷纷论说而分歧尤为显著的地名，如三江、九江、九河、云梦、汉水、黑水、弱水、碣石、江河源流、淮泗道汴达河、菏河之辨、济河荥之关系、禹河汉河之别、三条四列等，多有考订，

---

① 中国传统的“天下”与“国家”概念，可用顾炎武在《日知录·正始》中解释“亡国”与“亡天下”的区别的话进行说明。他说的“亡国”是指改朝换代，一个王朝的灭亡；“亡天下”是指整个国家民族的沦亡。他说“保天下者，匹夫之贱与有责焉耳矣”，意思说保卫“天下”，即整个国家民族，是全国人民都有责任的事情。

② （宋）郑樵：《禹贡地理辨》，《六经奥论》卷2，“国立中央”图书馆藏本。

意见纷繁。尤其是《禹贡》三江、九江、九河的地理问题，不仅是《禹贡》学史上的大难题，也是中国历代历史地理研究中争论不休的问题。这三个地名是单称，是合称，还是泛指河流众多？其地望究竟在何处？历史上发生了什么变迁？可以说一直以来众说纷纭。各时期的学者用他们各自的地理观与地理研究方法，进行这些地理大难题的研究，取得了一些阶段性的成果，并在总结前代学人的地理考证成果、启发后世学者之研究方面做出了重要贡献。

今天我们在研究与《禹贡》所载相关地理事物时，完全可以将这些《禹贡》学文献中的地理内容作为我们的资料，也许有时还是唯一的资料。例如，关于九江与洞庭湖的关系，从宋以来学者多方面的论述，我们可以梳理出九江、洞庭湖的历史变迁。

（三）《禹贡》学文献中记载的地理研究方法

《禹贡》的研究在一定程度上促进了历代学者对“地理”的知识性思考。例如，陈藻在“三条四列两戒”的策问中就有关于《禹贡》的地理学思考①，其对地图与实地考察之关系、山川大势之认识、地理位置确定之方法、地理分界线之原则等地理学的方法和对象都有所探讨，并要求应举者回答这些问题，体现出他对地理学基本问题的认真探索。兹对历代学者在《禹贡》研究中运用或总结的地理方法简略介绍如下：

1. 选定合适的参照物考证地理

对于同一个地理事物，选用的参照物不同，其变化发展情况的描述也就不一样。如果参照物选择得当，将有利于考证地理，简化研究。在这方面，程大昌在《禹贡论》中多有运用。他在考证九河、逆河地理时说：“欲知汉河、禹河入海之实，从碣石求之则可见矣。九河历世滋久，借曰通塞（从）〔徙〕移，不可主执，而碣石者，通一山冢趾皆石，无有徙移曲折之理也。……则九河、逆河，其与碣石，俱沦于海。”② 他以不易迁徙变化的山体碣石作为考察九河、逆河变迁的参照物，因为《禹贡》记载河水的入海口在碣石，“九河之合乃为逆河，逆河之口正并碣石”③，九河、逆河、碣石，三者在地理位置上相互关联。兹不论程氏所持观点正确与否，其以不动参照物来研究地理的方法，以现在的地理学观点来看，应具有一定的科学性。在宋代，此研究法亦当是新颖之见。对此，蔡沈极为推崇，其云：“惟程氏以为九河之地已沦于海，引碣石为九河之证……九河水道变迁，难于推考，而碣石通趾顶皆石，不应仆没。今兖、冀之地既无此石，而平州正南有山而名碣石者，尚在海中，去岸五百余里，卓立可见，则是古河自今以为海处，向北斜行，始分为九，其河道已沦入于海明矣。”④ 由此可见，蔡沈发现了程大昌选用合适参照物考证地理这种方法的科学性。的确，程大昌以不易发生地理变迁的碣石作为参照物，来考证《禹贡》九河、逆河的地理位置，较之以经

---

① （宋）陈藻：《策问》“三条四列两戒”条，《乐轩集》卷7，文渊阁《四库全书》本。

② （宋）程大昌：《禹贡论·禹贡论上·逆河》，文渊阁《四库全书》本。

③ （宋）程大昌：《禹贡论·禹贡论上·逆河碣石》，文渊阁《四库全书》本。

④ （宋）蔡沈：《书集传》卷2，文渊阁《四库全书》本。

常变迁的河流去考察河流，其合理性显而易见。当然，以现代地理学的地理变迁理论来看，任何地理事物，包括碣石，都处于变化之中，尤其是在漫长的历史时期，发生诸如火山、地震等灾害，都可能使碣石瞬间消失。所以，程大昌的考证方法，也只能说具有相对的合理性。不过，在宋代，能探索出这种地理研究方法，实在难能可贵。

2. 以实地考察方法来研究地理

以朱熹为代表的许多学者都主张以实地考察来研究《禹贡》地理。朱熹曾说："《书》中间亦极有难考处。只如《禹贡》，说三江及荆、扬间地理，是吾辈亲目见者皆有疑，至北方即无疑。此无他，是不曾见耳。"① 他认识到《禹贡》所载山川地理在历史时期的变迁很大，考证《禹贡》地理必须重视实地考察。其通过实地考察和文献考辨相结合撰《九江彭蠡辨》一文，不但指出《禹贡》经文记载有误，也论说郑樵等前辈学者阐释《禹贡》地理的是非。

综上所述，历代学者对《禹贡》的认识逐渐超越经学篇章的地位，从地理学的角度进行研究，撰述的《禹贡》学著作包含丰富的地理内容。因此，历代《禹贡》学文献应当纳入地理学文献中，与其他地理学文献一起组成全面的地理学文献，为系统认识和综合研究各历史时期的地理和地理学史提供资料帮助。

三 历代地理研究对《禹贡》研究的影响

历代学者地理观察的视野及地理学研究的内容、方法、建构的理论等的不断突破，都对《禹贡》研究有重要影响。

一方面，历代学者常常将《禹贡》研究纳入地理学的研究范畴，这在前面已经述及。学者们研究地理，已经认识到地理环境的历史变迁性，后代的地理环境总是从历史时期变化而来的。故《禹贡》所载地理，经数千年演变，形成后代的郡县、山岳、原隰、河流、泽薮等地理事物，故他们修撰全国地理总志、方志、山志、水志等，几乎都成惯例地运用这样一种方式：谓"××"地名，或山名，或水名，"即《禹贡》××"。例如，《舆地广记》开篇即论"《禹贡》九州"，作者将北宋当时的州府系于《禹贡》"九州"之下，阐释九州在北宋当时的地理范围、地理形势、地理沿革，以及在全国所处的历史地位、经济发展水平和风俗习惯等，显示出宋代疆域政区以及各地区经济文化的久远发展与复杂变迁。其正文部分还76次引用《禹贡》之文，指出《禹贡》外方山等33座山、淮水等15条水系、彭蠡泽等10个泽薮及太原、敷浅原等地理事物之于宋代的地理所在。可见，宋人在研究当代地理时，客观上也研究了《禹贡》，促进了《禹贡》研究的发展。

另一方面，历史时期"经学地理"与"史学地理"的新发展，也促进《禹贡》学的发展。历代学者研究经学著作，尤其是阐释经学原典如《周易》、《尚书》、《诗经》、

---

① （宋）黎靖德编：《朱子语类》卷83，载朱杰人、严佐之、刘永翔主编《朱子全书》本，上海古籍出版社、安徽教育出版社2002年版，第2870页。

《春秋》等，以及史学名著如《史记》、《汉书》、《资治通鉴》时，对其中的地名、山川、疆域及风俗等地理相关内容进行考察，使经学、史学与地理学逐渐结合起来，形成新的学问——“经学地理”与“史学地理”。正如清代李超孙在《诗氏族考》中所云：“以《诗》之为经，草木虫鱼则有疏，名物则有解，地理则有考。”此处虽说的是《诗经》研究中的地理考，其实乃中国历史时期经学与史学研究中的普遍现象。因为地理学研究的对象——地理环境，是地球上的人事活动必需的空间。不论是经学著作，还是史学著作，主要是记载我们人类的所思所行，这其中必须有地理空间作为背景场所。研究背景场所，实质上就是研究地理。经学史学研究中的地理考，通常不单独成文，而是穿插于经学或史学论述的行文之中。到了宋代，开始出现独立成书的专门之作，如程大昌的《禹贡山川地理图》、王应麟的《诗地理考》，都是千古传诵的佳作，并深远地影响到后世。明、清时期，此类专著逐渐丰富起来。可以说，经学地理与史学地理的发展，带动了更广泛的《禹贡》研究，丰富了历代《禹贡》学的内容。

纵观《禹贡》学史和地理学史，中国历代的《禹贡》研究激发了学者的地理研究兴趣，深刻地影响了中国古代地理学的思想、内容和方法等诸多方面。同时，历代地理研究的不断发展，促进了《禹贡》研究的推陈出新。因此，历代《禹贡》研究与地理研究相互促进，共同发展，二者可谓同栖共生，日月同辉。

（作者单位：四川大学古籍整理研究所）

陆游川陕诗的历史地理学意义

马　强

“川陕”在南宋前期是一个出现频率很高的地理词汇，大致有广义与狭义之分。狭义的“川陕”在南宋历史文献中更多地特指今川北陕南一带，即宋代的利州路北部，当时又称“蜀口”；广义的“川陕”则是指今日关中、陕南和四川，主要为宋代的川陕四路。由于金人制定的灭宋战略之一是集重兵占领西部四川，从长江上游顺江而下迂回包抄南宋，所以宋室南渡后川陕地区很快成为抗击金人南侵的西部主战场，为保卫南宋国政权的西大门，当时曾经为无数热血爱国抗战人士所向往，主战派领袖们如李纲、张浚、朱胜非、吕颐浩等大多将川陕作为恢复失地的军事基地，而一腔热血报国抗敌的爱国志士如辛弃疾、陆游等更是把川陕视为“剑指三秦”、“上马击狂胡，下马草军书”、从戎疆场、施展才华的英雄用武之地。川陕地区雄奇的自然地理景观、悠久灿烂的历史文化及其南宋前期特殊的战略地位都使得中年入蜀的诗人陆游倍感兴奋，写下了多首即兴写实抒怀的佳作，而在后来漫长中晚年岁月中又断断续续有多首回忆梁、益的感怀诗，川陕岁月给诗人一生留下以难以磨灭的生命记忆。正如中国唐宋文学史上杜甫、白居易、苏轼、范成大、杨万里等杰出现实主义诗人一样，陆游长达60多年的诗歌创作不仅为中国文学史留下了一页浓墨重彩的史诗，其诗歌本身也蕴含有十分重要的历史地理学价值。陆游仕宦川陕八年，写下了大量状描川陕物候生态的诗作，为诗人一生最为重要人生旅程与创作阶段，其川陕诗所包含的历史信息和科学史价值同样是多方面的，这里仅仅从历史地理学角度做一初步考察。

一　陆游对川陕历史地理的考察及价值

何谓地理诗？姜立新《地理诗歌选辑》认为：重视写实，追求准确、生动地再现自然山水、让多姿的山水和读者直接见面，在追求文学价值的同时，兼重真实描写风土人情、山川地貌、文化遗迹的诗歌，即为地理诗①。陆游不仅是伟大的爱国主义诗人，同时也是一位关注山川湖泊、注重观察生态环境的地理学家。不仅他的《入蜀记》是研究古代长江三峡的著名地理游记著作，即使像《老学庵笔记》这样的笔记散文也

---

① 姜立新：《地理诗歌选辑》，上海教育出版社1961年版。

多次记载了山川湖泊和诸多自然地理与民俗文化地理信息。留下了研究南宋前期中国历史地理若干珍贵记录和思考见解。他的川陕诗包含有丰富的地理学内容、地理思想和地理实践，是研究宋代川陕历史地理、宋代地理学史的重要一手资料。

众所周知，爱国忧民是陆游诗歌的主旋律，而对祖国大好山川的赞美、对区域淳美风俗民情的欣赏则构成了陆游地理诗的另外一大特色。陆游在川陕地区写下大量有关行旅见闻、山川形胜、风俗民情的地理诗，至今尚未引起学者研究。川陕地区历史悠久、关山形胜闻名遐迩，陆游对川陕的关注与向往早在青年时代就久已有之，乾道九年（1173）六月陆游在成都时曾回忆说："余少读地志，至蜀、汉、巴、僰间，则怅然有游历山川、揽观风俗之志。私窃自怪，以为异时或至其地，以偿素心，未可知也。岁庚寅，始泝峡，至巴中，闻竹枝之歌。后再岁，北游山南，凭高望户、万年诸山，思一醉曲江、美陂之间。其势无繇，往往悲歌流涕。又一岁，客成都唐安，又东至于汉、嘉，然后知昔者之感，盖非适然也。"① 正是出于这样一种对蜀地地理情有独钟的观念，陆游从家乡启程开始川蜀之行时即已有意识地将沿途所见风物记载下来，《入蜀记》向以三峡地理描述为世人称道，成为今天研究宋代三峡历史地理的珍贵文献。可见他对于川陕历史地理的向往并非始于入蜀以后。作为一个有深重地理学情结的诗人，川陕雄奇独特的地理景观、悠久灿烂的历史文化都深深吸引着陆游。

陆游入蜀后不仅写下了大量有关歌咏蜀地山川地理的诗篇，还曾经亲自做过汉江源、长江源的实地考察②，这在《渭南文集》中有明确记载。乾道八年（1172）春至岁暮，陆游曾经在兴元府（今陕西省汉中市）南郑王炎麾下戎幕大半年之久，利用公干之余，诗人足迹踏遍陕南汉中的山山水水，为汉中悠久的历史、雄奇的山川、淳朴的古风民俗所陶醉，据《剑南诗稿》和《渭南文集》统计考察，诗人仅仅在汉中躬身履历过的地方就有汉水、沮水、褒水、中梁山、定军山、褒谷口、武侯墓、拜将坛、孤云山、两角山、阳平关、骆谷道、褒斜道、陈仓道、三泉驿、阳平关、潭毒关、百牢关、武休关、嶓冢山、龙洞等20余处，足迹几乎遍及汉中所有的名胜古迹和山川关隘。由于唐宋时期主流地理学已经将汉水正源定谳为兴元府境内嶓冢山，加之又系遗留有不少大禹遗迹和川陕交通金牛道之必经，陆游对汉中西部三泉县历史地理尤为钟情，曾经亲自攀登上险峻的嶓冢山，近距离观察并记录了汉水发源地潺潺山泉：

> 自古水土之功，莫先乎禹。纪其事，莫备乎禹贡之篇。禹贡之所载莫详乎江汉，曰嶓冢导漾，东流为汉。又曰岷山导江。某尝登嶓冢之山，有泉涓涓出两山间，是为汉水之源，事与经合③。

---

① 陆游：《渭南文集》卷14《东楼集序》，《陆放翁全集》（上），中国书店出版社1986年版，第78页。

② 陆游在仕宦成都时还曾有实地考察长江源头的愿望，惜因当时条件限制未能实施，其《成都江渎庙碑》云："及西游岷山，欲穷江源而不可得，盖自蜀境之西，大山广谷，谽谺起伏西南，走蛮夷中，皆岷山也。则江所从来尤荒远难知。"见《渭南文集》卷16《成都府江渎庙碑》，《陆放翁全集》（上），中国书店出版社1986年版，第90页。

③ 陆游：《渭南文集》卷16《成都府江渎庙碑》，《陆放翁全集》（上），中国书店出版社1986年版，第90页。

汉水源于嶓冢山，先秦儒家经典早有记载，《尚书·禹贡》云："嶓冢导漾，东流为汉，又东为沧浪之水"，以后《山海经》、《汉书·地理志》、《华阳国志》、《水经注》跟踵相载，只是对"嶓冢山"地理位置注释不同，导致歧义纷出，莫衷一是，成为中国经学史、地理学史一大疑案。据笔者考索，两汉至魏晋南北朝时期大多数学者认为《尚书·禹贡》中的"嶓冢山"在武都郡即今甘肃天水，也即今嘉陵江上源之一的西汉水，直到北魏魏收作《魏书》时方定位于汉中三泉县境内。至唐宋时虽然"嶓冢山"在汉中三泉说已经成为主流地理学观点，但仍然有学者持有疑义①。

陆游躬身考察嶓冢汉源在地理学史上意义重大。正如现代学者所指出的那样："《水经》辨明了东西两汉水的流道，但在当时和以后一段时间内，人们对汉源的认识仍然是混乱的。"② 对汉源的认识这一问题直到唐宋时期，经过学者反复考辨，才渐趋统一。唐宋时期，对汉源的认识逐渐明朗化，南宋郑樵说得很肯定："汉水名虽多，而实一水。说者纷然。其原出兴元府西县嶓冢山，为漾水，东流为沔水，故地曰沔阳。又东至南郑，为汉水，有褒水从武功来入焉，南郑，兴元治。兴元，故汉中郡也。"③ 而学术史上将汉水源确定在今天陕西汉中宁强嶓冢山，开始于北魏学者魏收。《魏书》卷106《地形二下》华阳沔阳嶓冢县条下有"有嶓冢山，汉水出焉"。北魏梁州领五郡十四县，沔阳郡治今勉县，嶓冢县大致相当于唐金牛县、宋三泉县④，这也是历史上第一次将汉水源地定为秦岭以南梁州（汉中）境内。紧接着，初唐所修《隋书·地理志》汉川郡西县条下有"旧曰嶓冢，大业初改焉。有关官，有定军山、百牢山、街亭山、嶓冢山，有汉水"。但在贞观年间魏王李泰修《括地志》时，仍然受汉志与《水经注》的影响在这一问题上存在矛盾，一方面作"嶓冢山，水始出山沮洳，故曰沮水。东南为瀁水，又为沔水，至汉中为汉水，至均州为沧浪水"⑤。这里的山为何山？没有讲明。唐人重古文经，多依伪孔传以解《尚书》，《括地志》对"瀁水"（即漾水）的解释显然有承袭伪孔传痕迹。不过另一方面《括地志》还是认为嶓冢山和汉源都在汉中，"汉水源出梁州金牛县东二十八里嶓冢山"⑥。语虽简短，却奠定了有唐一代汉水源于汉中金牛县嶓冢山的基调，唐至元明，遂成通识，直到清代乾嘉考据学炽盛，才又掀起争讼⑦。李吉甫《元和郡县图志》对汉源疏于考证，在兴元府南郑条下只说"汉水，经县南，去县一百步。《禹贡》曰：'嶓冢导漾，东流为汉'。裴秀云汉氏释淮水改秩汉水为四渎，以其国所氏"⑧；在金牛县条下则明确地说："嶓冢山，县东二十

① 参见拙著《唐宋时期中国西部地理认识研究》第二章第三节"唐宋时期对西部江河地理的探索——以黄河、长江、汉江上源为主"，人民出版社2009年版，第133—141页。

② 刘国元、吕叔桐：《嶓冢汉源考辨》，《中国史研究》1985年第1期。

③ 郑樵：《通志》卷40《地理略第一》，王树民点校，中华书局1995年版。

④ 关于北魏置嶓冢县，《太平寰宇记》卷133，山南西道一·兴元府·西县引《周地图记》记载比较具体："后魏宣武正始中，分沔阳县地置嶓冢县，属华阳郡。开皇三年罢郡，置白马镇于古诸葛城，县理不改。大业二年，改嶓冢县为西隅，以县西南有诸葛所立西乐城以名之。"

⑤ 《史记·夏本纪》张守节《正义》注引《括地记》，中华书局1959年版。

⑥ 同上。

⑦ 清代疑古之风盛行，学者在解注《禹贡》汉源问题甚有争议，阎若璩、胡渭等力主汉中嶓冢汉源说，钱坫、徐松等则坚持陇西氐道说，而且双方皆有实地考察的依据，反映了汉源问题实乃中国经学史上一大公案。

⑧ 李吉甫：《元和郡县图志》卷22《山南道三·兴元府·南郑县》，贺次君点校，中华书局1983年版。

八里，汉水所出。"① 唐金牛县系唐武德二年（619）析利州绵谷县通谷镇所置②，隶属褒州，即今天汉中西端宁强县，与四川广元市毗邻。唐代诗人自秦赴蜀途经梁州，一般都要游访嶓冢汉源。岑参梁州诗中有"汉水出嶓冢，梁山控褒斜"③；元和四年（809）三月，元稹奉使入东川，沿途考察山川名胜、地理风情，写有多首蜀道诗，其中写于次年的《渡汉江》诗自注说："去年春，奉使东川，经嶓冢山下"，诗中有"嶓冢去年寻汉水"④ 的句子；稍后几年羊士谔赴资州刺史任途经梁州金牛县也曾察看汉水源，吟有"今日鸣驺到嶓峡，还胜博望至河源"⑤ 的诗句，说明嶓冢汉源说在唐代已经比较流行。

到了宋代，山南西道兴元府嶓冢汉源说逐渐得以确认。北宋初乐史著《太平寰宇记》，在兴元府三泉县条下明白无误地记有"嶓冢山在县东二十八里，《禹贡》曰岷嶓既艺，又山海经云嶓冢之山，汉水出焉，而东流注于江，亦曰沔水"⑥；而且乐史也把漾水与沔水（汉水）视为一水，"漾水一名汉水，一名沔水，源出县东二十八里嶓冢山"⑦。由于《太平寰宇记》在宋代地理总志上的开创、权威意义，兴元府三泉嶓冢汉源说影响所及，两宋地理学著作几乎承袭不变，宋人一般也无疑义。张方平仕蜀途经三泉，曾特地寻访汉源，并以诗记之。其《嶓冢》诗自注说："汉江之源，所出蜀道金牛驿西七里，有嶓冢神祠。山势峻坨，水源甚微，经祠前西南，山曲折，至兴元之西县，诸山涧相合，渐大而为汉江。"⑧ 其《嶓冢》诗如下："江汉朝宗入海长，尝蒙起浪卷轻航。金牛西路经嶓冢，却见微源此滥觞。"诗与注皆明白无误地确认三泉嶓冢山就是汉水发源地。宋神宗元丰年间成书的《元丰九域志》兴元府三泉县的"古迹"门注记有"金牛驿、百牢关、嶓冢山"⑨，只是《元丰九域志》行文太简略，没有注明汉水所出；北宋末欧阳忞《舆地广记》汉水源地失载，只在西县条提到了涺水："北发武氏中，南径城东，又南径张鲁治城，南流入沔，谓之涺口。"⑩ 实际上提到的只是沔水支流涺水。由于《舆地广记》缺佚较多，汉水记载或在其内，今天人们无从看见。南宋王象之所著《舆地纪胜》以征引丰赡、考证缜密著称，在汉源问题的处理上没有轻易下结论。首先他将沔水与汉水分开载述，不混为一谈。记沔水"源出古金牛县界又一派出，东流入南郑县界，入汉水，此今所谓沔水也"。其次他重点引证了《华阳国志》诠释《禹贡》"嶓冢导漾，东流为汉"的记载，认为汉水实际上有两个源流，"东源武都氐道漾山，因名为漾，《禹贡》流漾为汉是也。西源出陇西嶓冢山，会白水，经

---

① 李吉甫：《元和郡县图志》卷22《山南道三·兴元府·金牛县》。
② 《旧唐书》卷39，《地理志》，中华书局1975年版。
③ 《全唐诗》卷198，载岑参《与鲜于庶子自梓州成都少尹自褒城同行至利州道中作》。
④ 元稹：《元氏长庆集》卷17，文渊阁《四库全书》本。
⑤ 《全唐诗》卷332，载羊士谔《赴资阳经嶓冢山》，中华书局1960年版。
⑥ 乐史：《太平寰宇记》卷133《山南西道一·兴元府·三泉县》，王文楚等点校，中华书局2007年版。
⑦ 同上。
⑧ 张方平：《乐全集》卷3《嶓冢》，文渊阁《四库全书》本。
⑨ 王存等：《元丰九域志》卷8《利州路·三泉县》，王文楚、魏嵩山点校，中华书局1984年版。
⑩ 欧阳忞：《舆地广记》卷32《利州·西县》，李勇先、王小红校点，四川大学出版社2002年版，第948页。

葭萌入汉，始源曰沔，故曰汉沔”。最后王象之借《皇朝郡县志》的说法，指出：“今之言汉水者，以西县之嶓冢山为源。”① 细读这段记述，可以发现《舆地纪胜》对待汉源问题所持态度相当审慎，不偏不倚，最后也没有对汉源做出自己的认定。但透过字里行间不难体知王象之似乎是不大赞成汉中汉源说的。只是汉中汉源说在宋代已经成为学人和社会之共识，难以逆转，所以只好以《皇朝郡县志》的观点默认之。

陆游于乾道八年（1172）仕宦四川王炎征西幕府时曾在抗金前线的兴元府一带从军大半年之久，对汉中的山川地理颇有兴趣，其在诗文中多次记述。陆游曾亲自赴三泉考察嶓冢山汉源，后来在淳熙四年（1177）五月所作的《成都府江渎庙碑》中特地提及此事：“自古水土之功，莫先乎禹。纪其事，莫备乎《禹贡》之篇。《禹贡》之所载，莫详乎江、汉。曰：‘嶓冢导漾，东流为汉’；又曰：‘岷山导江’。某尝登嶓冢之山，有泉涓涓出两山间，是为汉水之源，事与经合。”② 他还写了与此次汉中实地考察嶓冢山汉水源有关的诗，如“孤云两角不可行，望云九井不可渡。嶓冢之山高插天，汉水滔滔日东去”③；“嶓冢山头是汉源，故祠寂寞掩朱门。击鲜藉草无穷乐，送老那知江上村”④。需要指出的是，陆游为什么断定汉中三泉嶓冢山为汉源？作为诗人，他不大可能皓首穷经，日日埋头于解经注经的烦琐考证，所接受的只能是社会流行的地理观念而已。因此，陆游的汉中汉源的观念在南宋应该是很有代表性的，也说明兴元三泉嶓冢山为汉水发源地的说法已经在南宋时被人们所普遍认同，而陇西氐道汉源说则已悄然退出学者的视野，成为学术史上一段遥远回忆。

据现代地理考察，汉江有南、北、中三源，其中正源（南源）为玉带河，发源于陕西省宁强县烈金坝乡嶓冢山中⑤，这与陆游之论是相符合的。也可以说汉中西部宁强县嶓冢山为汉水源头，是从北魏发现、唐人认可至南宋陆游最后定谳的。此后虽有清儒争议，但汉中汉源说一直占据主导地位。至今，汉中宁强县嶓冢山汉源说得到进一步的科学确认，国内权威性的工具书如《辞海》、《中国大百科全书·地理卷》均持此说，并被写进大、中学校地理教科书。回首历史，唐宋学者特别是著名诗人陆游的实地考察对汉水源地的最后确立功不可没。

陆游作为诗人解经，虽然不能像学者那样引经据典烦琐考证，但却往往颇具真知灼见，既有宏观视野，又能不囿于传统观点而成一家之言，也是宋代普遍兴起的疑经思潮典型表现。在川陕地区近十年广泛接触自然环境与社会环境的经历，不仅使诗歌创作达到了前所未有的辉煌成就，其地理学思想也有重要的收获，这在他为吕居仁诗

---

① 王象之：《舆地纪胜》卷183《利州路·兴元府·景物上》，中华书局1992年影印本。

② 陆游：《渭南文集》卷16《成都府江渎庙碑》。

③ 陆游：《剑南诗稿》卷14《十月二十六日夜梦行南郑道中既觉恍然揽笔作此诗时且五鼓矣》，《陆故翁会集》（中），中国书店出版社1986年版。

④ 陆游：《剑南诗稿》卷34《怀旧》。

⑤ 中国科学院地理研究所、水利部长江水利委员会汉江工作队：《汉江流域地理调查报告》，科学出版社1957年版；20世纪60年代，陕西师范大学地理系师生为撰写《汉中专区地理志》，曾对汉水正源做过野外考察，提出一种新的观点，认为大巴山北坡五丁关—陈家大梁一带的石钟沟从河长到水量方面都具有汉江正源的特征，但这一观点并没有被学术界普遍接受。参见杨起超主编《陕西省汉中地区地理志》第五章“水文与水利”，陕西人民出版社1993年版，第97页。

集所作序言中有集中的反映：

> 天下大川莫如河江，其源皆来自蛮夷荒忽辽绝之域，累数万里而后至中国，以注于海。今禹之遗书所谓岷积石者，特记禹治水之迹耳，非其源果止于是也。故《尔雅》谓河出昆仑墟，而《传记》又谓河上通天汉。某至蜀，穷江源，则自蜀岷山以西，皆岷山也。地断壤绝，不复可穷河江之源，岂易知哉！古之学者盖亦若是，惟其上探虙羲唐虞以来，有源有委，不以远绝，不以难止，故能卓然布之天下后世而无愧。凡古之言者，皆莫不然①。

陆游的江河之论，既正确指出了我国主要江河（以长江、黄河）皆发源于西南遥远闭塞高原的民族地区、蜿蜒逶迤进入内地，最后注入大海的基本走向，又以自己在川陕地区的地理考察实践表明，探穷江源、河源自上古以来源源不断，由于地理环境险恶，未能穷尽企及。虽然文献记载有所差异，但先辈做出的努力应该得到后人尊重。这种辩证的地理学思想在宋代地理学史上无疑是卓然不俗的论断，应该得到充分的重视。

二　陆游川陕诗中的南宋气候资料及其价值

在中国气候变迁史上，宋代是一个重要的转折点。1972 年竺可桢先生发表著名的《中国近五千年来气候变迁的初步研究》②，首次全面揭示了仰韶文化时期以来东亚与中国近五千年来的温暖期与寒冷期的交替变迁，而唐宋时期正处于有史以来第三个温暖期向寒冷期过渡阶段，其中宋代属于寒冷期。尽管 40 年来历史地理学界的大量研究成果表明竺可桢先生的论点基本上经受住了时间的检验，至今仍不失为一篇经典性的气候科学文献，但也有不少学者发现这一经典性的气候变迁理论虽然不失开创之功，但由于资料占有的局限，仍然有粗疏、遗珠之憾，笔者深以为然。其中竺文在南宋气候研究中资料运用方面仍然有可补充之处。现在我们可以更进一步说，宋代气候变迁的基本走向是北宋仍然处于温暖期，北宋末年开始趋向寒冷，至公元 12 世纪后期具体地说在南宋乾道年间（1165—1173）出现突变极寒，降低至中古气候寒冷的峰值，这在黄庭坚、陆游、王十朋等人的诗歌中有真实的客观反映③，其中陆游在戎幕梁州期间的诗歌及其日后的回忆诗作是有关这一时期气候寒冷的珍贵记录。南宋西南地区的寒冷气候在乾道、淳熙年间突变表现得尤为明显。陆游注重气候记录，他的川陕诗从历史地理学角度看，尤其具有科学史价值。

---

① 陆游：《渭南文集》卷 14《吕居仁集序》，《陆放翁全集》（上），中国书店出版社 1986 年版，第 80 页。

② 竺可桢：《中国近五千年来气候变迁的初步研究》，《考古学报》1972 年第 1 期；又见《中国科学》（A 辑）1973 年第 2 期。

③ 详见拙著《唐宋时期中国西部地理认识研究》第二章第一节“唐宋时期对西部气候的观察记录及其价值”中的详细论证，第 92—108 页。

唐宋时期西南地区的气候转向寒冷是从北宋晚期开始的，至公元12世纪中叶的南宋时期，出现了寒冷气候峰值，从陆游等人的诗文记录中可以看出，乾道六年（1170），西南气候已经发生显著变化。著名诗人陆游自家乡山阴（今浙江绍兴）奉诏赴夔州通判任，其《入蜀记》真实记载了沿途所见所闻的物候生态，对江陵、三峡地区过早寒冷的气候有亲身感受。记述九月十九日过江陵，“极寒如穷冬，土人云：此月初已尝有雪”；十月入三峡，“是日极寒，岩岭有积雪”。长江三峡一带九月已初雪、十月已“极寒”，可见当时秋冬气温明显低于现代。

这一时期寒冷气候在陆游三峡诗中也有充分反映。如作于乾道六年冬的《雪中卧病在告戏作》云：“面裂愁出门，指直但藏袖。谁云三峡热，有此凛冽候。殷勤愧雪片，飞舞为我寿。方惊四山积，已见万瓦覆。岂惟寒到骨，遂觉疾在腠。地炉炽薪炭，噤坐连昏昼。梅花真强项，不肯落春后。俗人爱桃李，若道太疏瘦。清芬终见赏，此事非速售。已矣吾何言，高枕听檐溜。”《偶忆万州戏作短歌》：“峡中天下最穷处，万州萧条谁肯顾。去年正月偶过之，曾为巴人三日住。南浦寻梅雪满舟，西山载酒云生屦。至今梦听竹枝声，灯火纷纷驿前路。残春游客蜀江边，陈迹回思一怆然。渐老定知欢渐少，明年还复忆今年。”可见乾道六年冬夔、万一带雪线明显下移，已经是漫山遍野，大雪覆盖了。

此外陆游宦游陕南汉中的诗作也颇能说明南宋西南气候转寒问题：如《夜行》诗自注回忆乾道八年（1172）秋在山南，“顷自小益还南郑，夜宿金牛驿，时方大寒，人马俱仆卧”。

而且陆游诗还说明，乾道年间汉中降霜、降雪时间明显提前，《秋雨渐凉有怀兴元》诗写道：“八月山中夜渐长，雨声灯影共凄凉，遥知南郑风霜早，已有寒熊犯猎场。”① 另一首诗也颇能说明问题：“昔我从行台，宿师南山旁。仲秋已戒寒，九月常賈霜。入冬即大雪，人马有仆僵。土床炽薪炭，旃毳如胡羌。果蔬悉已冰，熟视不得尝。”诗中所反映的汉中秋冬气温明显低于现代。这些诗文资料都有力地印证12世纪中叶以后，确切地说南宋乾道六年至八年（1170—1172）间前后，是宋代气候突变转寒的关键年份。陆游的气候诗为我们今天研究南宋气候变迁提供了极好的一手资料。

此外，陆游仕宦蜀中，读杜甫诗时发现成都气候时令与唐时已经大不相同。他在笔记中写道：“杜子美梅雨诗云：南京犀浦道，四月熟黄梅。湛湛长江去，冥冥细雨来，茅茨疏易湿，云雾密难开。竟日蛟龙喜，盘涡与岸回。盖成都所赋也。今成都乃未尝有梅，雨惟秋半积阴，气令蒸溽，与吴中梅雨时相类耳。岂古今地气有不同耶。”② 从此条记载看，陆游已经敏锐地感觉到南宋成都气温要比中唐杜甫诗中节令偏低，以至于成都转寒，已经无梅花可以观赏，气候已经发生较大变化。

---

① 陆游：《剑南诗稿》卷15。

② 陆游撰，李剑雄、刘德权点校：《老学庵笔记》卷6，中华书局1979年出版，第84页。

三 陆游川陕诗中地名的“实”与“虚”意及其象征意义

陆游曾经在南宋抗金战争形势最好的乾道、淳熙间仕宦川陕八年之久，公干之余，颇为钟情于独具特色的川陕山川地理、风俗民情，做过多次地理考察。

有学者指出，陆游诗歌中的地名往往具有深刻的情感体验①，实际上笔者认为陆游川陕诗更有历史政治地理象征意义。在陆游诗中，曾经亲历实地的汉中关河形胜往往与强烈的建功立业并联，无法企及的关中名胜，则常常与北伐难遂、报国无门相关。所以陆诗词中的川陕地名有虚实之分。如“当年万里觅封侯，匹马戍梁州。关河梦断何处？尘黯旧貂裘”②；“尘埃出师表，草棘定军山。壮气河潼外，雄名管乐间”③。诗中的梁州和潼关，就是地理空间实与虚的代表符号。

在陆游看来，能亲历南郑前线固然兴奋异常，但他最为向往的地方还是秦岭以北的关中和长安。直到陆游生命的晚年，还对迁都关陕念念不忘，曾借一个故事传说再次表明自己对关中建都的看法：“河渭之间，奥区沃野，周秦汉唐之遗迹隐辚故在。自唐昭宗东迁，废不都者三百年矣。山川之气郁而不发，艺祖、高宗皆尝慨然有意焉，而群臣莫克奉承……岂关中将复为帝宅乎？夷暴中原，积六七十年，腥闻于天，王师一出，中原豪杰必将响应，决策入关，定万世之业。”④ 陆游之所以将自己最重要的诗文集分别命名为带有鲜明川陕地域意义的《剑南诗稿》和《渭南文集》，分明意味着纪念自己从戎梁州、仕宦西蜀的难忘岁月，同时也寄托着终生不忘以川陕为基地北伐中原的遗愿。如其哲嗣陆子虡所说“是以题其平生所为诗卷曰《剑南诗稿》，以见其志焉”。

作为中国南北地理分界线的秦岭横亘于关中与汉中之间，也是秦陇与巴蜀两大区域的界山，在陆游诗中也有特别的象征意义（诗人借用唐人的习惯称之为“南山”）。秦岭（南山）这一地理名词在陆游川陕诗歌中多次出现，寄托着诗人特殊的感情意义。靖康之难，北宋告亡，女真金人很快西侵关陕，南宋、川陕之地沦为与金、蒙交战的战场，特别是富平之战宋军失败、关中沦陷于女真金人之后，秦岭成为南宋西部国防的一大屏障。陆游在汉中常常深情遥望秦岭，渴望飞越天险，收复关中长安失地。“秦岭剑攒青不断”，“一柱西南半壁天”⑤。“南山”一词随之成为北伐抗战、恢复中原的地理象征。诗人陆游在抗金前线重镇兴元府（今陕西汉中）王炎幕府赞画军事，兴元府北缘就是秦岭南麓，循褒斜、傥骆古栈道可以直通关中之岐、眉、户、杜一带，因此在放翁诗中，秦岭（南山）词汇总是寄托着抗金北伐的

① 白振奎：《陆游文学世界中的地理意象与空间想象》，《文史知识》2007年第12期。

② 陆游：《渭南文集》卷50《诉衷情》。

③ 陆游：《剑南诗稿》卷37《感旧》。

④ 陆游：《渭南文集》卷25《书渭桥桥事》。

⑤ 程公许：《沧洲尘缶编》卷10《自七曲祠下乘马至上亭二首》，文渊阁《四库全书》本。

战斗激情，“许国虽坚鬓已斑，山南经岁望南山”①；“尔来从军天汉滨，南山晓雪玉嶙峋。呜呼楚虽三户能亡秦，岂有堂堂中国空无人”②。南宋秦岭一线百年抗金，在历史上写下了可歌可泣的一页，秦岭成为西部抗击强敌的中流砥柱，也见证了南宋的兴盛衰亡。

但是，陆游诗中多次提及的散关、长安、灞桥等地名，却并非实指，不过是诗人爱国北伐、英雄主义的梦幻象征。根据绍兴和议，散关及其以北划归金国，乾道年间早已沦为敌占区30余年，并不在南宋军队实际控制之中，诗人作为文官不可能经常纵马扬鞭于渭水之畔。那么诗中那么多的“散关”、“渭水”等关中地名，往往寄托着诗人恢复汉唐故都的光荣梦想，只能是一种“指代”而已。至于诗中的距离山南梁州更远的杜陵、韦曲、灞桥等长安郊区名胜，则属于金人重兵驻防的军事重地，陆游更不可能亲历，因而只能是一种文学想象世界中的“借代”而已。

（作者单位：西南大学历史地理研究所）

① 陆游：《剑南诗稿》卷5《观长安城图》。
② 陆游：《剑南诗稿》卷4《金错刀行》。

值得重视的宣统《重修泾阳县志》

吕卓民

宣统《重修泾阳县志》，由陕西近代文化名人宋伯鲁先生担任总纂，编修于宣统三年，即公元1911年，既是清王朝的最后一年，也是整个封建王朝的最后一年。这一具有偶然性的时间选择，便赋予了该志书鲜明的时代意义，也就是一个完整的时代断限。阅读此书，其中有三大方面的内容给笔者留下了深刻印象。

一　关于引泾工程

引泾工程肇始于战国秦时的郑国渠，之后历代相沿，汉代为白渠，唐代称三白渠，宋为丰利渠，元为王御史渠，明为广惠渠，今为泾惠渠。宣统《泾阳县志》有关引泾工程的内容分两部分见诸记载：一部分内容见于该书卷4《水利志·泾渠》篇，该篇从兴修郑国渠起，备陈各个历史时期引泾工程的变化与兴修的情况，以及有关文字记载。另一部分内容见于该书卷16《文征》部分，收录了相关整治和开凿泾渠的奏议或碑记文字，特别是收录的数任泾阳知县有关泾渠的文字，很有价值。因为这些文字在其他地方或难以找到，或存在收录不齐等缺点，因此，可以说该志为引泾工程研究提供了最集中最丰富的文字资料，从而对引泾工程的研究者是不可或缺的。

笔者也曾从事过引泾工程研究，写过这方面的文章。但在看到该志中收录的引泾文献以后，还是有一种触动，觉得以前的相关研究，在资料收集方面确实还存在疏漏，有不到位的地方，而该志所提供的资料对引泾研究无疑是有很大帮助的。

其一，有关历代泾渠整治的记载最为详细。该志卷4《水利志》从秦修郑国渠始，详细记载了历朝各代兴修泾渠的事迹。泾渠作为一项大型的官办水利工程，在历史时期，几乎包括了所有的朝代，对其发挥灌溉作用及其进行整修，都是非常重视的，其整修过程也不绝于史书。但相对而言，史书记载的多是一些由级别较高的官员主持的规模相对较大的工程建设，而该志书则除了这些大型的工程建设以外，还详细地记载了像由泾阳知县等地方官员所主持的引泾整治工程。因而作为资料，就比史书的记载更为全面。

其二，通过资料对比，可使研究工作做得更细更深入。该志卷16《文征》篇，收录了明项忠的《广惠渠记》，这是泾渠研究者广为引用的一篇文献。但从该志又收录的另一篇明彭华的《重修广惠渠记》，则可以看出仅引用《广惠渠记》的记载还是有问题的。如据《重修广惠渠记》记载，项忠于明宪宗成化初以右副都御史衔巡抚陕西，主持修治泾渠，主要是将渠口再向上延伸，由于工程艰巨，尚未完工，又随着项忠离陕返京而作罢。成化四年（1468），项忠受命西征，经过陕西，又督促有关部门与人员负责完成上述未完的工程。等他胜利归来，石渠也修成了，遂刻石勒工，名为广惠渠。实际上这次开凿的石渠由于是仓促完工，并没有达到可通水的目标，故彭华《重修广惠渠记》说“而渠实未通也”。成化十二年（1476），右副都御史余子俊又主持续修石渠，历时一年多，因调任兵部尚书而未能完成计划。之后，由副都御史阮勤继之，至成化十八年（1482）终于完工，计可溉五县田八千余顷。

如果彭华的《重修广惠渠记》记载不误，则项忠所撰的《广惠渠记》所记载的事实就有问题。即《广惠渠记》记载灌田面积为八千二十二顷八十余亩，就与彭华所言的“而渠实未通也”相矛盾。项忠之后，又经过余子俊、阮勤等人的努力，至成化十八年，石渠终于修成，然后才有了灌田八千余顷的事实。故引用《广惠渠记》的记载，说此前灌溉面积就有八千余顷肯定是不准确的。也就是说，项忠《广惠渠记》所记载的灌溉面积不能作为已经发挥的灌溉效益来引用，它可能仅仅是一个设计数字。

其三，该志卷4《水利志》记载了清代泾渠醴泉、泾阳段所设置的放水灌溉斗门，以及每个斗门放水灌溉的土地亩数。如记“首为王屋一斗，灌泾阳、醴泉二县地十五顷五十亩”。下面小字注云：“每月自初二日寅时七刻起，至本日巳时三刻止，逢小建，则移初三日，时刻起止亦如之。泾阳利夫七名半，醴泉八名，每名受水地一顷。”依次又记：“又东南为王屋二斗，灌泾阳、醴泉二县地十八顷五十亩。”下面小字注云：“每月自三十日巳时三刻起，至初一日寅时七刻止。逢小建则移初一日，时刻起止亦如之。泾阳利夫五名半，醴泉利夫十三名。”等等。这些文字记载是泾渠灌溉面积最具体、最准确的记录，再把各斗门的灌溉面积加起来，就是泾阳、醴泉两县很实际的引泾灌溉受益面积。采用这种计算方法得来的数据，肯定要比那些笼统而言的灌溉总面积更具有说服力。其次是上述文字也清楚地反映出了泾渠用水的一些管理措施及其制度规定，这是灌区秩序赖以维持的重要保证。

其四，在泾渠维修方面还有一种重要措施，就是为维修泾渠筹措的经费，包括摊派及受捐等，将存余和累积起来的资金贷给商人，用所获得利息作为每年整修泾渠的经费。这样就在一定程度上减轻了当地老百姓的负担。而且这种运作模式也未发现有贪污舞弊现象，也没有发生不良商人赖账、拒付息或少付息问题。可见其经费的管理严密无疏，委托的商人也是诚信可嘉的。

其五，收录了泾阳知县及一些县民关于修治泾渠的议论或碑记，如明代泾阳知县袁化中的《开吊儿嘴议》、县民吕应祥的《修堰事宜》，清代泾阳知县金汉鼎的《重修三白渠碑记》、知县王际有的《修渠碑记》等。这些资料往往为省志或府志所缺，就只有找县志查找了。而县志里面也确实记录了很多重要的信息，如清代修龙洞渠，引泉拒泾是泾渠发展史上的重大变化，虽实现于清代，但明万历间（1573—1620）泾阳知县袁化中已在《开吊儿嘴议》中明确地提出了这一设想，这一点是不能不重视的。清初泾阳知县金汉鼎在其《重修三白渠碑记》中云：“渠口分三限，限各立斗门，总为斗一百三十有五。”很清楚地记载了泾渠沿线设置的放水入田进行灌溉的斗口数量。其下又云：“凡水之行也，自上而下；水之用也，自下而上。溉下交上，庸次递浸。岁有月，月有日，日有时，顷刻不容紊乱。水论度，度论准，准论缴，尺寸不得增减。彼邑之水，禁壅诸此邑；彼斗之水，禁取诸此斗，即斗内之地，禁亩寡之水占亩多之水。”又对泾渠管理与灌溉次序交代得清清楚楚。这些都是泾渠研究的珍贵资料。

二　发达的文化教育事业

该志卷6为《学校志》，记载了当时泾阳县文化教育事业的发展状况，即随着时代的变化，出现了由旧式教育向新式教育的过渡与发展。具体而言，即由传统的书院、社学或乡学教育，改为按新的教育体系和教学内容而开办的新式学校。但从中也清楚地看出了清代泾阳县传统教育的发达。

据该志卷6《学校志》记载，清代的泾阳县，曾有瀛洲、泾干、味经、崇实、正谊等五所旧式书院。其兴废变化是：

瀛洲书院，位于县城的西南隅。乾隆五年（1740）由知县唐秉刚兴建。同治元年（1862），城陷被焚，仅余讲堂。是指此年关中发生的回民起义，曾攻克泾阳县城，焚烧了书院。同治四年（1865），知县黄传绅修复。同治八年（1869）、光绪十六年（1890），知县马纶笃、涂官俊又先后进行了增修与扩建。光绪二十八年（1902）改为蒙养学堂；光绪三十二年（1906）再改为高等小学堂。从此完成了从旧学向新学的转变。由于地方偏小，又对学校基址进行了适当展拓。至宣统二年（1910），再次展拓学校基址，并增建了校舍。

泾干书院，位于县城的西北隅。同治八年（1869），由县中士绅姚敏、姚德创立。修建校舍等项资金，共计用银一万余两。书院建成后，二人又捐银五千两作为基金，发典营运，即放贷于商业运作，每年获得利息七百五十两，作为书院日常运作的经费。光绪二十八年改为高等小学堂，三十二年（1906）改为初级师范学堂。宣统二年（1910），又改为初等农业学堂，并扩大了用地面积。

味经书院，位于县城东北姚家巷。同治十二年（1873）由陕西提督学政许振祎奏请创立。由县中士绅吴建勋捐地助学，监院怡立方、姚诚瑊、王贤辅监修而成。光绪年间仍不断有所增修，特别是光绪十五年（1889），由监院周斯亿主持修建了藏书楼、左右廊庑等建筑，十七年（1891）又修建了刊书处。书院以各种捐银和集资银一万余两为本金，发商运营以取息，作为书院及刊书处的日常运作经费。该书院还成立了董事会，制定了详细的办学章程，对书院进行管理。值得一提的是，该院董事会成立后，所聘请的第一任院长就是近代著名的教育学家刘古愚。

崇实书院，位于味经书院之东。光绪二十二年（1896），由陕西提学使赵维熙奏请创立。书院占地仍由县邑士绅吴氏捐助。书院建设则由周斯亿全面负责。书院建成后，开办经费两千余金，由陕西布政使张汝梅筹拨官票钱三万串，交由泾阳、三原商人运营生息，又每年从味经书院和刊书处拨银五百七十两，以资应用。同时，崇实书院也订立了四条办学章程：一曰建规制；二曰定经费；三曰立课程；四曰严考核，以保证书院的正常运转。光绪二十八年（1902），三原宏道书院改为新式学堂，陕西提学使沈卫遂将味经、刊书、崇实三处资本抽提，重新划拨。宣统二年（1910），知县刘懋官向上级有关部门提出申请，要求把味经、崇实两书院资产划归泾阳县管理，改设工业学堂。宣统三年（1911）遂利用原味经书院旧址设立了艺徒学堂，第一年就招了40余名学生，学习机器纺纱织布等新型技术。

正谊书院，位于县东北40里的清凉原。这是一所唯一不在县城内的书院。光绪七年（1881），由三原知县焦云龙创修。校舍共有门房五间，讲堂五间，厢厦十余间，土屋十余所。日常运营经费由两千本金的利息支付。书院聘请贺瑞麟先生担任主教习。贺瑞麟先生是一位饱学之士，他自己收藏的各种书籍就有数千卷，他在书院只负责给学生讲学和校勘前哲典籍。书院的日常管理，则由门人代管。前来求学的学生，均自备伙食，不用书院负责。这是该书院的特点，并以此代相传递。清末实行新政，泾阳的旧式书院多改为新式学堂，唯正谊书院仍坚持书院办学体制，继续维持了30余年。

关于社学或乡学，该志记载在明初之时，泾阳县的社学按里分设，分别是县东里、敬又里、永丰里、县西里等40余处。由于里是当时的基层管理单位，有一定的户数要求，一个里单位还有可能包括两个以上的自然村，故先说于某里置社学，后面又进而说明位于某村。到了清同治元年（1862），由于遭受回民起义的打击，很多村落已残破不堪，社学亦随之荡然无存。之后，学校教育渐次恢复，称之为乡学。先后设置宜善乡学于县城内，临泾乡学于成村，甘延乡学于云阳镇，金圭乡学于桥底镇，广吉乡学于雪河滩，瑞安乡学于永乐镇，清流乡学于冶峪镇，温丰乡学于鲁桥镇，瑞安分乡学于瀛洲台，临泾分乡学于临泾镇。清末新政，上述乡学皆改为初等小学堂。光绪三十年（1904），雷天裕任泾阳知县，新式小学堂增至20处。光绪三十三年（1907），杨宜瀚任泾阳知县，又新增公立学堂九所，私立学堂四所。到1911年，泾阳县新式学堂的发展变化是：有官立学堂27所，公立学堂43所，私立学堂3所，总计73所。

从上可以看出，在有清一代，泾阳县的传统教育很发达，仅书院就有5所，这在关中诸县中是很少见的。同治年间，虽受回民起义破坏严重，但之后又以较快的速度恢复，到1911年，全县的各种学堂又达到73所，这一数字确实是值得称道的。它不仅反映了泾阳向为文化发达之区，而且也反映了泾阳县具有重视文化教育的优良传统。这也是近现代以来泾阳、三原之所以能产生像于右任、吴宓这样一些文化名人的原因所在。

三 值得铭记的历史教训

该志卷13《忠烈传》记载了各代死于国难的人物，如唐人庞坚死于“安史之乱”，明人汤国柱、刘鸿业、王祚丕、王徵、魏知徵、师心知、王烈等死于明末爆发的陕西农民起义。在所记载的忠烈人物中，尤以国朝也就是清朝时期的人物最多。而清朝死于国难的人物主要集中在清后期的同治初年，此时的关中地区由回汉之间的民族纠纷与矛盾，进而产生民族摩擦，最终因矛盾激化而引发了回民起义。在这场民族矛盾与摩擦中，回族与汉族之间相互仇杀，结果使关中地区的社会经济遭受严重破坏。首先是区域人口数量锐减，数十万原居于关中地区的回民被迫走上了举家西迁的征程，而留在故土的汉族民众也饱受战争的苦难，家破人亡者，在在有之。《重修泾阳县志》记载了这场民族灾难中泾阳县死亡的官民名称及其死亡人数，虽然只有汉族人口死亡数字，明显失之偏颇，但也可以窥一斑而见全豹，对于后人了解那段历史，还是十分有益的。

该传记载的死于这场灾难并有事迹可考的“忠烈”人物38名，其中有张芾、徐正宜、阎建元等。张芾是道光十五年（1835）进士，官至都察院左副都御史。同治元年（1862），张芾服丧在家，适逢关中回汉矛盾激化，清廷授命张芾督办陕西团练并处理回汉矛盾事宜。张芾前往临潼回民事发地进行劝谕，结果为当地回民领头者所杀。徐正宜是太常寺卿徐法绩之子，在同治元年（1862）的回汉摩擦中，担任泾阳团练的团总，在一次与回民起义队伍的交战中，因寡不敌众而战死。阎建元是冶峪镇团练之团长，勇力过人，手下有团丁300余人，护卫着冶峪镇一方之地。同治元年（1862）九月十三日，回民起义军攻打冶峪，阎建元带领团丁奋力抵御，保护老百姓逃离，不幸被炮弹打在腿上而倒地。此时，他还不顾一切地和敌人拼命，竟被敌人乱刀杀死。等等。

其他死于这场灾难的人，该志把他们分为三种类型：一为“力战殒命”者，共计496人；二为“骂贼杀身”者，共计1290人；三为“城陷被难”者，共计2060人。在这场灾难中，死亡的官民总计为3884人。然而这还不是全部，因为这些人都是男性，应还有死亡的妇女和儿童等，这些弱势人群的牺牲可能更多。用这样的史实复原已经过往的历史，将是多么惨烈的景况。但这只是汉族民众一方的情况，回族民众的损失还要惨重，他们连家园也放弃了。该志虽然没有记载泾阳回族民众有多少人离开了故土或者死亡，但据该志卷3《贡赋志》户口项下记载，道光二十一年（1841），全县有土著烟户23717户，客户6073户，160700人，商民32500人。经过同治间的事件后，到了光绪三年（1877），全县共有土著烟户12032户，客户322户，71235人。二者相比较，光绪三年（1877）比道光二十一年（1841）少17436户，89465口。可以看出，无论户数与口数，后者都不及前者的一半。这半数以上的人口损失，回族人口无疑占了不少。

关中地区在清朝同治年间发生的回汉民族冲突，本是一件不应该发生的事情，但它发生了，而且给关中社会经济的发展带来了非常严重的消极后果。这一深刻的历史教训，有很多值得反思和总结的地方，后人应该永远牢记，并深刻反省，使之不再发生。而最根本的是：生活在中华大地上的各民族，都是兄弟民族，我们脚下的这块土地，是各兄弟民族的共同家园，各族之间没有根本的利害冲突，而只有经济文化的互惠与互补。深刻认识到这一点，搞好民族团结和民族和睦相处，就不再是一件难事。

行文于此，又翻阅到该志卷7《兵事志》军事项下有关同治年间回民起义的史料，亦十分珍贵，便不自觉地庆幸该志的整理与出版，并产生了一种先睹为快的愉悦心情。

但愿该志能得以不断流传于世，也希望更多的人能读到这本新出的志书，特别是史学工作者，如果能充分利用和发掘其史料价值，无疑会有助于相关研究的深入开展。

（作者单位：西北大学西北历史研究所）

《中国地震资料年表》编制与国际反响的科学社会史考察

张九辰　黄荣光

历史上，地震中心总是具有在不同区域之间的迁移或呼应的现象，在时间和频度上也有区域性的周期变化特点。通过对历史地震的时间和空间变化规律的分析，可以从中提取某些地震前兆信息，使之用于地震监测预报研究当中。因此分析历史地震资料，成为研究地震活动性的重要手段之一，这种方法已经为国际学术界所公认。

地震史料在研究地震与地质构造的关系及其在成因上的联系、地震活动特点、确定地震区（带）、研究震源机制、地震序列特征与类型、地震活动的周期更迭、空间分布与迁移规律，进行烈度区划、重大建设项目的地震危险性和稳定性评价、烈度检定、震害预测，探讨地震孕育发生的相关因素及其成因的内在联系，进而探讨地震预报，制定地震监测台网布局和大震对策，都是不可缺少的信息源和基本依据。因此，地震史料的整理与利用对于发展历史地震学、理论地震学和探索地震预报手段等，都具有重要的价值。

中国是一个地震频发的国家，地震活动不仅频度高、强度大，而且在中国经济政治文化的中心地区，也受到过强烈地震的影响。据不完全统计，1900 年前仅见于历史记载的 7 级以上地震有 49 次，其中 8 级以上大地震多达 11 次①。中国有着悠久的历史和文化，中国历史文献中的地震记载具有时间久远、内容丰富和科学价值高等特点。

中国地震历史资料编撰，无论在质还是量方面，都走在了世界的前列。1956 年《中国地震资料年表》和 1983 年《中国地震历史资料汇编》的先后出版，引起了国内外学者的普遍关心和重视，也为全面、系统地研究中国地震科学的发展规律和特点，奠定了深厚的基础。本文重点对 1956 年出版的《中国地震资料年表》编制的起因、过程、特点，及其后续影响进行梳理和分析，并从中考察新中国成立早期，科学活动的社会时代背景、国际交流，及其对科学活动的影响。

---

① 齐书勤：《中国历史文献中地震科学的某些成就及其特点》，《山西地震》1986 年第 2 期。

一 服务于经济建设的《中国地震资料年表》

中国历史地震资料的整理，起始于新中国大规模经济建设初期。在强调理论联系实际、科学研究为生产建设服务的年代，科学研究大多带有鲜明的任务性与时代特点。

1953年，中国开始实施第一个五年计划。苏联决定派遣专家学者来华，帮助并指导中国实施重大工程建设项目。按照苏联的建设经验，苏联专家提出在建设大型工程项目之前，必须要有建设地点的抗震设防的地震烈度资料。而地震烈度的订定，在苏联必须经过苏联科学院的核准。因此在中国，这项工作就落在了成立仅三四年的中国科学院（以下简称中科院）身上。

接到任务以后，中科院于1953年11月专门成立了“中国科学院地震工作委员会”，并制定了委员会章程。章程中规定，在中科院领导下建立地震工作委员会（以下简称委员会），作为国家计划委员会的咨询机构，由中科院聘请地震、地质、地理、历史、古建筑、土木结构等有关学科的专家，以及国家计划委员会代表组成，于必要时得邀请各有关地方代表参加。

委员会成员由各学术领域的资深学者组成。中科院副院长李四光和竺可桢分别担任了该委员会的主任委员和副主任委员。其他院外的委员有：梁思成（清华大学）、汪季琦（中央设计院）、周廷儒（北京师范大学地理系）、曹言行（国家计划委员会）、汪家宣（国家计划委员会）、张有龄（第二机械工业部）、朱兆雪（北京设计院）；中国科学院的委员有范文澜（兼历史组组长）、杨钟健、侯德封、张文佑（兼地质组组长）、赵九章（秘书）、陈宗器、李善邦（兼综合组组长）、傅承义、张克明（秘书）①。

委员会下设三个工作组：综合组、地质组和历史组。地质组和历史组的任务主要是收集、调查有关资料，并提供给综合组。综合组则根据各地地方政府与建厂单位所组织的地震调查队，以及委员会中地质组和历史组提供的资料进行研究，发现问题，必要时由中科院和国家计委组织有关专家，在地方政府领导下进行复查，检定资料和记录的正确性，根据资料和调查结果进行分析鉴定和综合工作，提出烈度。委员会根据综合组提出的意见加以审核，鉴定其他地震烈度。章程中还规定：凡某地区地震烈度已达VII度（含）以上及重点建厂地区，原则上应召集各委员及有关人员开会讨论后决定。各地工矿企业机构需要地震资料时，须由中央各部或大行政区统一提出，由中科院交委员会办理。同时还决定聘请苏联专家参加并指导地震烈度鉴定工作②。

1954年2月，甘肃省山丹地区发生了7.2级地震，李四光立即组织地质力学、水文地质、地球物理和地貌等专业人员配合地震工作者到现场调查，并多次参加讨论地震强度和烈度划分的会议。此时中国的地震台站为数不多，为时又短，无法提供足够

---

① 中国科学院办公厅编：《中国科学院资料汇编·1949—1954》，1955年版，第80—81页。

② 同上。

的数据以供进行地震烈度的确定。是年，李四光提议，利用中国历史材料制定地震烈度，此提案得到了地震工作委员会全体委员的赞同①。后李四光因身体状况不好，经常住院，具体工作主要由竺可桢负责。

对地震历史资料的整理工作，由历史组的范文澜、金毓黻主其事，中科院历史研究所第三所负责收集资料，地球物理研究所、清华大学、北京大学、北京师范大学、中央民族学院和北京其他有关机构共同完成。

1956年底，《中国地震资料年表》（以下简称《年表》）由科学出版社正式出版。全书分为上、下两册，总计200多万字。《年表》按照资料记载的年月排序，并按照全国23个省、2个自治区、1个地方行政区划（北京、天津包括在河北省内）制表。每次地震都分时间（公历、旧历、朝代、帝号）、地点（当时地名和今名）、地震情况和来源，并加附注。全书共收集资料15000余条，涉及地震8000余次，其中记有破坏性地震达850余次。

在编制《年表》的同时，中科院地球物理所根据《年表》收集的材料，编制了《全国震中分布图》，绘制等震线和总结全国每县地震情况，做出了《中国历史上地震烈度分布图》。1955年苏联学者果尔什科夫教授来华，并到西北、西南各省考察。在他的指导下，地球物理所绘制了《中国地震区域划分图》，并于1957年正式出版。50年代末期，地震工作委员会的任务基本结束，委员会也就停止了工作。

二　日本学者的质疑

《年表》这项浩大工程的完成，为第一个五年计划中的重大工程建设提供了科学依据。《年表》不仅对新中国成立初期地震烈度鉴定和地震区划起到了应急的作用，而且对于地震科学研究的发展也有着重大的学术价值。后来编制的地震目录、各地地方志的地震篇和历史地震资料汇编与研究等工作，均是以《年表》为基本素材的，后来的工作也基本上是在《年表》的基础上扩充和增删而已②。

《年表》自正式出版之日开始，就引起了国内外的普遍重视，其中包括了日本学者庆松光雄（1907—1977）。庆松光雄是日本金泽大学教养部教授，自1938年在东京大学研究生院在读期间，就开始研究中国地震史，并经常参加日本地震学会的学术活动。他也因历史研究获得了京都大学的文学博士学位，因地震学的研究获得东北大学的理学博士学位。庆松光雄在后来的工作中，将中国地震史研究作为毕生的事业，并因为“关于中国地震的历史学、地震学方面的研究业绩”获得中日新闻社的“中日文化奖”。

1957年初，中国地球物理学家在赴日本参加国际地球物理年的相关会议时，将《年表》赠予东京大学地震研究所，该所立即将这一信息告知庆松光雄。他在1957年3

① 竺可桢：《序言》，载《中国地震资料年表》。据《李四光年谱》记载，早在1953年底地震工作委员会刚刚成立之时，李四光就与范文澜商谈过如何收集和分析中国历史文献中丰富的地震资料。

② 吴开统：《略论〈中国地震资料年表〉——兼评庆松光雄之批判》，《山西地震》1994年第2期。

月看完《年表》后，在东大地震研究所的月例研究会上进行了详细的介绍和评价。他将书中的内容与他自己的研究结果进行了比较，并发现了一些问题。为此，他给中科院院长郭沫若写信，提出有关问题。

庆松光雄的质疑主要集中在三个方面：第一方面是发生地震的时间，在中西历换算中有误，这方面的意见绝大部分是对的。其实《年表》出版后，国内学者也注意到了这些问题，并在后来陆续出版的《中国地震目录》（1960、1970 和 1983）和《中国地震历史资料汇编》（1983）中逐步加以修正。第二方面的问题是有些地震事件史实有误，对史料的考证、批判不足。中国学者针对庆松光雄的质疑进行了认真的核查，结论是互有对错。第三方面是庆松光雄提出，为什么不引用其他学者的二次成果的问题。因为古今中外人士，已经利用中国丰富的史料整理编辑过不少历代地震年表或地震目录。由于二次成果中错误较多，如果引用，就需要与原始资料进行对照，这项工作不是两三年时间能够完成的①。委员会开始组织编制《年表》时，国家已经开始执行第一个五年计划，全国建设项目已经全面展开，急需委员会早日拿出资料结果。《年表》本身就是一个任务性工作，有时间的限制，这些社会背景情况庆松光雄并不了解。

中科院地球物理所在收到庆松光雄的信函后，于 1957 年 5 月向中科院报送了回复意见：①表示感谢；②希望庆松光雄将批判文章寄给地球物理所，以便改正错误；③希望进一步的合作②。庆松光雄在收到地球物理所赠给他个人的《年表》和包含愿意接受他坦诚批判的回信时，由于眼疾无法工作，直到 1961 年，他才把个人的意见详细整理成《〈中国地震资料年表〉批判》一文。但是这篇文章在当时没能公开出版③，自然中国学者也不知晓。

在 1961 年完成的《〈中国地震资料年表〉批判》中，庆松光雄专设一章《赠言中国科学院》，在充分肯定《年表》所取得成就的同时，提到“痛感中国科学院缺乏对学问的谦虚和认真的态度”，认为编纂队伍中“有不少缺乏责任感和学识不足的人”，真诚地表示“我不相信中国科学院的学术水平如《年表》所表示的这样低下，但无论怎样的精锐部队，如果过于相信自己的能力，做事没有定见，好大喜功，就会发挥不出自己的力量，犯下想不到的错误”④。

1972 年在庆松光雄退休之际，在他的学生的帮助下，《〈中国科学院编中国地震资料年表〉批判》正式出版，中国学者才得以知晓庆松光雄的详细意见。然而此时正值“文化大革命”时期。郭沫若院长十分重视庆松光雄的意见，但因为处境不佳，他也不便直接回复，此事因此被搁置下来。1973 年国内形势稍有好转，郭沫若即指示中科院历史三所和地球物理所的有关专家共同研讨此事，并拟出一个恰当的答复方案。中科院为此还专门在三里河地球物理所会议室，召开了有关编撰《中国地震资料年表》的

① 吴开统：《略论〈中国地震资料年表〉——兼评庆松光雄之批判》，《山西地震》1994 年第 2 期。

② 中国科学院档案馆档案：Z376—72。

③ 庆松光雄：《〈中国科学院编中国地震资料年表〉批判》，1972 年 3 月，“1961 年 1 月旧序”，第 2—3 页。

④ 同上，《赠言中国科学院》，第 85 页。

研讨会，会后由地球物理所的学者根据研讨的结果草拟了一份针对庆松光雄批判的答复提纲。提纲上报郭沫若院长后，因政治时局有所变化，郭沫若又难以处理。

中国学者的积极态度，庆松光雄在世时并不知情。直到90年代初期，参与此事的国家地震局分析预报中心的研究人员吴开统，发表了《郭老难以处置的一件事》，首次公开了此事的过程①。1994年，作者又在《山西地震》杂志上发表了《略论〈中国地震资料年表〉——兼评庆松光雄之批判》一文。尽管此时庆松光雄和郭沫若均已作古，但作者认为庆松光雄文章的发表，“对中日两国的历史学界和地震学界具有一定的影响，虽事隔20余年，作为一名中国地震学者仍感到有义务将我所了解的事情经过及对庆松光雄先生一文的见解公诸于世，以供学界的同仁参考”②。也正是吴开统的文章，为我们考察新中国成立初期科学研究与社会政治之间的关系，提供了重要的史料线索。

三　存在的问题及其启示

《年表》编制的历史意义和学术价值是毋庸置疑的。作为一项工程浩大又是开创性的工作，其中存在问题也在所难免。其后不断有学者质疑、交流、讨论、订正，也是学术研究不断深入、完善的正常情况。但是五六十年代，中国的科学研究被赋予了过多的社会责任，“任务带学科”的理念也引导着当时的学术研究方向和工作方法。

在地震专业人员少，服务于工程建设的经验不足、水平不高，地震资料又不足的历史环境下，鉴别地震危险性的理论和方法都不成熟。因此，要提出论据充足、说服力强的地震烈度相当困难。利用历史地震资料，成为解决新中国工程建设中燃眉之急的有效途径。因此一项需要学者们长期积累的资料收集与整理工作，就变成了要在短时期内完成的紧急任务。

一方面，这项工作紧急，学者们无暇细细查考有关史料。另一方面，新中国建设中各个方面都需要科学家的参与，这就造成学者们承担科研任务过多，投入时间不足。编制《年表》工作的具体负责人竺可桢，既是中科院的副院长，又同时担任着十多个委员会的主任委员或委员③。投入此项工作的精力十分有限，其他学者也存在着同样的问题。

作为一项开创性的工作，缺乏经验在所难免。《年表》的编制属资料汇编性质的工作，由于涉及学科、专业、人员众多，所用资料不尽相同、精度互有参差，所列历次地震的震级标度也不尽一致，造成使用者莫衷一是，无法用于统计研究，也是这项开创性工作无法回避的问题。

---

① 吴开统：《郭老难以处置的一件事》，《中国减灾报》1993年9月7日第3版。

② 吴开统：《略论〈中国地震资料年表〉——兼评庆松光雄之批判》，《山西地震》1994年第2期。

③ 如中国科学院自然资源综合考察委员会主任委员、中国科学院自然区划工作委员会主任委员、黑龙江流域综合研究委员会主任委员、地震工作委员会副主任委员、全国水土保持委员会委员、中国科学院自然科学史委员会主任委员、黄河规划委员会委员、长江规划委员会委员、中国地球物理年主任委员、国家科学规划委员会委员（参见《竺可桢日记》第4卷，科学出版社1989年版，第85—86页）。

当时编制《年表》还存在着技术及史料的瓶颈。评定烈度是分析处理地震历史资料的关键性环节。为了统一烈度标度，不仅需要有统一的尺度，更重要的是使用者对烈度有一致的认识。在这个方面，还没有现成的经验可供参考。比如，17 世纪以前的中国地震史料，多为地震情况的直观记录和描述。元代以前的地震史料主要来源于正史，其内容多为经过加工的第二手资料，如震区地方官吏、钦差大臣奏报的地震灾害概况，皇帝有关救灾的谕旨或罪己自遣的诏书等等①。根据这些资料确定地震的有关要素和数据，进行深入比较、分析与研究显得十分困难。

在中国当代科学史上，演绎了太多的“大跃进”式的科学工作方法。在计划经济体制的年代里，依托政府的大力支持和社会主义大协作，也确实产生了一批重大的科研成果。但是，这种不计成本、群众运动式的科学工作方法，无法为新中国的当代科学研究注入持久的生命力。改革开放以后，许多科学工作在面临国家经济体制转型的过程中遇到了种种的困境，就是一个很好的说明。

宽松的学术研究与国际交流环境，也是发展科学的重要保证。20 世纪五六十年代不断的政治运动干扰，阻碍了正常的学术讨论与国际合作。对于日本学者的质疑，其具体内容会逐渐得到业内学者的判断、修订；但是日本学者的误解，则反映了国际交流在特定历史时期的特殊关系。而这方面，正是需要我们认真反思的问题。

相对闭关自守的学术环境，也不利于科学研究的健康发展。中国当今的科学发展，如何摆脱“任务带学科”的传统模式，如何与国际学术界的研究传统接轨并积极开展国际性的学术合作……这些问题，正是历史带给我们的思考。

（作者单位：中国科学院自然科学史研究所）

① 齐书勤：《中国历史文献中地震科学的某些成就及其特点》，《山西地震》1986 年第 2 期。

《清代乾隆河南黄河河工图》考释

王志刚

《清代乾隆河南黄河河工图》手卷，经检索国家图书馆等馆藏舆图，以及近年出版之各类中国古地图集如阎平、孙果青等编著《中华古地图集珍》（西安地图出版社1995年版），刘镇伟主编《中国古地图精选》（中国世界语出版社1995年版），天津图书馆编《水道寻往——天津图书馆藏清代舆图选》（中国人民大学出版社2007年版）等，均未著录。该图现由个人收藏，名称系笔者综合判断其内容、年代等情况之后拟定，以下从三方面探讨其多方面的历史文献价值。

一　形制、年代和作者

《清代乾隆河南黄河河工图》手卷，绢本设色，实际长度368厘米，如果天头引首完整，按左右对称计算则应长486厘米；高28.7厘米。画心长120厘米，高27.7厘米。引首残缺之题诗，长56厘米，拖尾题诗部分长93厘米，左侧空白处长81厘米。引首、拖尾和画心之间的隔界均为14厘米。

该图引首和拖尾，抄录了乾隆皇帝咏黄河的三首诗作。引首录诗一首："惟天有汉地有河，其源则一理岂讹？时巡嵩洛初渡过，清秋浪静暄且和。楼船捩柁发棹歌，涛声砰石盖鼓灵鼍。黄头相顾喜色多，讶逢希有之恬波。我昔澄海纵遐瞰，此输彼受均难为，壮哉大观抒雄哦！"拖尾录诗两首，一为："一带黄河经两度，省方中土记初来。风平稳过柳园渡，云表回瞻繁氏台。学海波涛不舍耳，拍天气象实雄哉！长堤舄奕金墉固，疏导常怀大禹才。"一为："春初南渡夏初回，诗稿新添百叶纔。应为贪多佳作少，蛟龙不遣绕船来。"上述三首诗作，经检对文渊阁《四库全书》乾隆《御制诗集》，第一首原题《渡河舟中作》，第二首原题《渡黄河》，均载于《御制诗集》2集卷21庚午八，庚午即乾隆十五年（1750）；第三首原题《渡黄河》，见载于《御制诗集》2集卷27辛未六，辛未即乾隆十六年（1751）。

引首题诗之末，署"庚寅仲秋萬壽節敬録於扶雅堂之南窗"，落款"隄村蘇燿"，并有两枚篆字名章，阴文"蘇燿"，阳文"電章"。拖尾题诗之末，署"庚寅中秋蘇燿敬録"，名章同引首。"庚寅仲秋万寿节"和"庚寅中秋"透露了抄录乾隆诗作的时间。乾隆时代及其后的庚寅年有乾隆三十五年（1770）、道光十年（1830）、光绪十六年（1890）三个年份。众所周知，1865年黄河自铜瓦厢北决入海，但据该图画心所示黄河尚系夺淮入海，可见此图反映的是黄河北流之前的情况，所以可将光绪十六年（1890）排除在外。“万寿节”指皇帝的生辰，乾隆帝弘历生于康熙五十年（1711）八月十三日，道光帝旻宁生于乾隆四十八年（1782）八月初十日，比较而言，乾隆帝的生日更近中秋，更符合“庚寅仲秋万寿节”这个时间。由此，综合考虑画心内容、题诗及其所示抄录时间，可以断定，此幅长卷系乾隆三十五年（1770）的作品，而画心所反映的河南黄河河工形势最晚不会超过乾隆三十五年。

关于该长卷的作者，我们只知道抄录乾隆诗作的是苏燿，但检寻《清高宗实录》、《豫河志》卷23《职官一》，以及清代有关书画著录等，均查无此人，又据苏燿在题诗后所署的“扶雅堂之南窗”，检寻“扶雅堂”，仍旧无着，所以对苏燿其人，我们也所知甚少。至于画心部分的河工图，其原作者究竟是谁，亦无法确知。因而，有关作者的进一步情况只能存疑待考。

二　南北两岸河工图记等地理要素

《清代乾隆河南黄河河工图》之图幅方向为传统的上南下北，西起潼关，东至砀山，标注了大量地理要素，翔实反映了截至乾隆三十五年（1770）的黄河河南段南北两岸的河工形势。这些地理要素涉及府州县等行政机构、河道管理分界、河工设置、河流、山脉、关隘、渡口、潭、庙观等多个门类近200处1000余字的标注。详情如表1：

表1　《清代乾隆河南黄河河工图》之图注

地理要素	黄河南岸	黄河北岸
府州县等行政机构	阌乡县　灵宝县　陕州　渑池县　新安县　河南府洛阳县　孟津县　偃师县　巩县　汜水县　荥阳县　荥泽县　河阴县　郑州　杨桥镇　万胜镇　韩庄　杏花营　中牟县　开封府祥符县　大新庄　陈留县　程家寨　兰阳县　仪封县　考城县　归德府商丘县　虞城县　王家楼	济源县　怀庆府河内县　清化镇　温县　修武县　武陟县　原武县　汤阴县　封丘县　新石集　贾家庄　陈桥　小宋集　杨家桥　三家庄　流通集　曹县　望鲁集　单县　黄岗集　马良集
河道管理分界	陕西交界　荥泽县丞郑州州判交界　郑州州判中牟县丞交界　祥符县丞祥符主簿交界　祥符主簿陈留县丞交界　陈留县丞兰阳县丞交界　南河厅兰阳县丞仪考厅仪封县丞交界　仪封县丞考城主簿交界　仪考厅考城主簿	山西蒲州府界　山西芮城县界　山西平陆县界　山西垣曲县界　武陟县丞荥泽主簿交界　黄沁河厅荥泽主簿上北河厅原武主簿交界　原武主簿阳武主簿交界　上北河厅封丘主簿下北河厅祥符主簿交界　祥符主簿陈留巡检交界　祥陈巡检兰阳主簿交界

续表

地理要素	黄河南岸	黄河北岸
河道管理分界	商虞厅商丘主簿交界　商丘主簿虞城主簿交界　虞城主簿虞城县丞交界　河南虞城县江南砀山县交界	下北河厅兰阳主簿曹仪厅兰仪巡检交界　河南仪封主簿山东曹县巡检交界　曹仪厅曹县巡检曹单厅曹县主簿交界　曹县主簿曹县县丞交界　曹县县丞单县主簿交界　山东单县江南砀山县交界
河工	山岗无堤　旧荥泽县　西坝埽工　东坝埽工　胡家屯　十七堡埽工　裴昌庙埽工　十八堡埽工　郑中交界埽工　杨桥大坝埽工　青谷堆防风埽工　十三堡埽工　程家寨埽工　七堡防风埽工　九堡防风埽工　三堡防风埽工　拦河坝防风埽工	王家沟埽工　魏家营埽工　小金堤　古阳堤　永兴堰　广阜堰　大丰堰　石斗门　惠民渠　上清渠　西民渠　长□堰　兴隆堰　木乐店埽工　御坝　西坝埽工　东坝埽工　秦□□埽工　马营埽工　董家堤　十三四堡埽工　古黄池埽工　柳园渡埽工　十九堡埽工　大河坝埽工　头堡埽工　耿家寨埽工　杨家桥埽工　葛家庄防风埽工　四堡东堤防风埽工　八堡防风埽工　和好工防风埽工　崔家小缕堤内防风埽工　二堡东防风埽工　赵家集西防风埽工　四堡堤内防风埽工　熊普庙防风埽工　李家二坝防风埽工　四堡防风埽工　黄奶奶庙防风埽工　二十一堡防风埽工　头堡防风埽工　二堡防风埽工　十二堡防风埽工　十三堡防风埽工　十六堡防风埽工　诸望旧坝
黄河干流	三门　砥柱　滩*　嫩滩**	
河流	洛河［洛河源在陕西洛南县至汜水县入黄］　涧河［涧河源出新安县白石山至洛阳县西南流入黄河］　瀍河［瀍河源出孟津县谷城山至洛阳入洛河］　伊河［伊河源出卢氏县至偃师县南入洛河］　汜河	三河口　溴河***　□河　利丰河***　沁河***［沁河源出山西沁源县］　大丹河［大丹河源出山西泽州］　小丹河　猪龙河　余济河　济河　广济河［广济河源出五龙口］　涝河　新涝河　沁黄交汇
山脉	湖山　乾山　凤凰山　伊山　龙门　白石山　谷城山　少室　嵩山　万安山　太室　五至岭　广武山	王屋山　莽山　五龙山　太行山***　姑嫂山
关隘	潼关　虎牢关	
渡口	玉门古渡	
潭	黑龙潭	济池　申家潭
庙观	溥仁观　天王寺	济渎庙　月山寺　敕建嘉应观　敕建惠安观　大王庙

说明：* 在黄河中流靠近北岸孟县一侧。

** 嫩滩有三处，分别在黄河中流靠近北岸孟县一侧、靠近北岸阳武县一侧、靠近北岸兰阳主簿管耿家寨埽工一侧。

*** 有两处标注。

三 史料价值

《清代乾隆河南黄河河工图》有着多方面的史料价值。首先，从其所标注的地理要素等内容来看，可以结合有关文献记载双向考察有关河工建置的年代、维修利用的经过等重要水利史实。如乾隆初年至三十五年（1736—1770）间河南段黄河两岸的河工建置，在该图当中多有标注，如孟县小金堤、郑州黄岗庙月堤、中牟十二堡月堤、荥泽县月堤、郑州头堡月堤、十三堡口门大堤、阳武五堡民埝、十二堡大堤、郑州花园月堤、郑州中牟九堡月堤、中牟十堡月堤、杨桥大坝埽工、耿家寨埽工等，具体情况如下①：

乾隆元年，官修孟县小金堤防风五十丈。

乾隆四年，筑郑州黄岗庙月堤。

乾隆七年，筑中牟十二堡月堤。

乾隆九年，河势南徙，筑荥泽县月堤，东自胡家屯，西至李家庄，长三里。

乾隆十一年，筑郑州头堡月堤。

乾隆十六年六月，河决阳武祥符朱水，自十三堡口门经太平镇分为二道。……是年七月兴工，先筑月石堤民堰，以遏其冲，次筑玉皇庙大坝，以塞其倒流。……十一月合龙断流，水归正河。十七年正月，十三堡口门大堤筑成，又增筑缕堤、格堤等工数百丈。

乾隆十八年四月，河东河道总督顾琮、河南巡抚蒋炳奏称，阳武五堡民埝并十二堡大堤，因雨，沁黄并涨，以致漫溢。现在抢筑断流，上游进水地方亦赶紧拦河筑小坝。又五堡外，地势极洼，滩水汇聚，急应疏通去路。现于坝东开引渠，滩水至此循民埝东去，漫入滩地以分水势。

乾隆十八年九月，河水骤涨，阳武汛漫开五堡三坝及格堤横坝，冲决十三堡大堤四十二丈，随经补筑完固。

乾隆十八年，筑郑州花园月堤。

乾隆二十年，筑中牟九堡月堤。

乾隆二十二年，筑中牟十堡月堤。

乾隆二十六年七月十七至十九日，大风雨，河水陡涨漫溢，中牟县杨桥大堤夺溜成河。命侍郎裘曰修驰往查勘抚恤并筹堵濬。

乾隆二十九年十一月上谕：李宏等奏豫省耿家寨引渠告成一折，该处埽工旧称险要，今开挖引渠，全河大溜悉行归注，冲刷宽深，险工淤闭，甚属可嘉。

其次，可据图考订有关河工利用情况。如陈留县七堡防风埽工、九堡防风埽工，

① 吴詠湘：《豫河志》卷6《工程上之二》，河南河务局1923年版。

据《豫河志》卷23《职官一》载，雍正十一年（1733）“七月河决陈留县七堡九堡，八月合龙”，可见七堡、九堡防风埽工至乾隆三十五年（1770）仍在维护利用。

最后，有助于水文化的研究。如溥仁观，据《豫河志》卷21《祀典二》，“神，黄姓，名守才，偃师人，生著灵异，殁为河神，旧祀陈留县曲兴集，名曰‘大王坛’，雍正十二年建庙，赐名‘溥仁观’”，结合图注，可知溥仁观之具体位置，在七堡防风埽工和九堡防风埽工以南不远处，并可知其至乾隆三十五年仍在祭祀之列。

通过以上所论，可见《清代乾隆河南黄河河工图》手卷及其图注在探讨清代治黄史和黄河变迁史方面有着不可替代的历史文献价值。

（作者单位：北京师范大学历史学院）

炎帝部族与涿鹿之战地理新考

周运中

古史难考，远古史尤难。但是越难越有魅力，越难越需探索。今治远古史，应全面继承乾嘉考据学之精华，利用现代自然科学、考古学、语言学、人类学成果，方能烛幽解疑。

涿鹿之战是中国历史上的第一次大战，司马迁把涿鹿之战列在《史记》之首。这场战争非常惨烈，《庄子·盗跖》说："然而黄帝不能致德，与蚩尤战于涿鹿之野，流血百里。"涿鹿之战的地点，过去学者多以为在今河北涿鹿县，但也有学者对此质疑。因为河北涿鹿县远离中原，位置偏北，不太可能是中原各大部族混战之地。吕思勉认为涿鹿在徐州，理由是《太平御览》引《帝王世纪》说："《世本》云涿鹿在彭城南。"① 徐旭生推测可能在巨鹿县一带，因为音近涿鹿，不过他也说巨、涿不同声部。② 二者都是孤证，难以成立。有学者认为河北涿鹿的传说最多，③ 其实这些晚近传说的形成也有民间文人参与因素，不足为据。

要研究涿鹿地点，必先考定炎黄部族位置。此一问题又涉伏羲、神农地理，故需整体思考。由于黄帝和伏羲氏的问题非常复杂，本文无法展开。炎黄二族位置邻近，所以本文首先考证炎帝部族位置。

一　神农与炎帝

《史记·封禅书》连说宓羲、神农、炎帝、黄帝封泰山，有学者因此否认炎帝和神农是一人。④ 其实神农氏是较早出现的族名，而炎帝是晚出的部落联盟首领名号，所以炎帝可以出自神农氏。《史记·周本纪》说周武王灭商后，封神农之后于焦（在今三门峡市）。《集解》："《地理志》弘农陕县有焦城。"《国语·鲁语上》："桀奔南巢。"《太平御览》卷82《竹书纪年》："汤遂灭夏，桀逃南巢氏。"古人多谓在安徽巢湖附近，其实不是，郑杰祥先生指出南巢是焦，《淮南子·本经》："于是汤乃以革车三百乘，伐

① 吕思勉：《先秦史》，上海古籍出版社2005年版，第57页。

② 徐旭生：《中国古史的传说时代》，广西师范大学出版社2003年版，第110页。

③ 李学勤主编：《中国古代文明与国家形成研究》，云南大学出版社1997年版，第222页。

④ 谢维扬：《中国早期国家》，浙江人民出版社1995年版，第243页。

桀于南巢。”又《主术》：“汤革车三百乘，困之鸣条，禽之焦门。”高诱注：“焦，或作巢。”[①] 二字可通，所以古代的安徽巢湖又作焦湖，焦门即三门峡。

既有南巢，一定还有北巢。北巢应在晋南，《山海经·中山经》说牛首山，出劳水，西注潏水，《水经注·汾水》说潏水即巢山水，此即北巢。巢山在今山西浮山县东南，向东不远过安泽县，即是炎帝所居发鸠山，此炎帝为神农氏之一证。《庄子·盗跖》和《韩非子·五蠹》都说到太古之初的有巢氏，居于木上。今人多以华南的干栏建筑比附，其实这是古人的误解。即使在中全新世大暖期，黄土高原居民也不可能住在干栏建筑中。更何况有巢氏年代古早，气候还较干冷。有巢氏即巢地的神农氏，后人讹为二。

《左传·昭公二十九年》蔡墨说：“有烈山氏之子曰柱为稷，自夏以上祀之。周弃亦为稷，自商以来祀之。”烈山氏为古农官，即神农氏，烈山即炎火，此炎帝为神农氏一证。古音柱端母侯部（tio），焦精母侯部（tsiǒ），准双声旁转，读音极近，此炎帝为神农氏之二证。

《元和郡县图志》卷15潞州长子县发鸠山在县西南65里，羊头山在县东56里，神农城，《后魏风土记》曰：“神农城在羊头山上，山下有神农泉，即神农得嘉谷之所。”《管子·轻重戊》：“神农作树五谷淇山之阳，九州之民，乃知谷食。”淇山或在淇水流域，离长子县很近。

神农氏居晋南，正是中国农业起源地。山西吉县柿子滩旧石器时代晚期遗址分布在清水河两岸从西村到大田窝村15公里范围内，在2万年前的地层中发现了磨盘，表面提取出植物淀粉，为研究农业起源提供了新的线索。清水河北岸的人祖山传说是伏羲、女娲故地，吉县之东的蒲县南川河原名江水，可能是最早的姜水。清水河原名羊求水，也和姜有关。

《国语·晋语四》：“炎帝以姜水成。”《水经注》认为姜水在今陕西，此说无据。古代同名的地名太多，孤证不用。后世学者多有根据《水经注》而把炎帝原居地定在陕西者，也没有任何新证据。前人认为炎帝在西北，其实是误以为姜水是渭水支流，又把姜姓、羌人误认为一，其实牧羊人固然可以写作羌，但是西北牧羊的民族有很多姓氏，比如姬姓、己姓、允姓等，不可能都是姜姓。西北民族中的姜姓是后来西迁的一支，《左传·襄公十四年》的姜戎氏是其一。傅斯年把姜姓与羌人牵合，此说已有学者提出质疑。

有学者将龙山文化时代晋东南的小神类型归入陶寺文化，[②] 说明二者关系紧密。陶寺文化对应的正是古神农氏地域，晋东南是炎帝地域。炎帝从神农氏分出，向东扩展，此时在陶寺文化区的是和炎帝同源的共工氏。学者多谓陶寺文化是陶唐氏，其实陶唐氏是东方部族，本文无法展开。

《山海经·海外北经》：

钟山之神，名曰烛阴。视为昼，冥为夜，吹为冬，呼为夏。不饮不食不息，息

① 郑杰祥：《新石器文化与夏代文明》，江苏教育出版社2005年版，第573页。

② 戴向明：《黄河流域新石器时代文化格局之演变》，《考古学报》1998年第4期。

为风。身长千里。在无晵之东（按：应为西）。其为物，人面蛇身，赤色，居钟山下。

郭璞注："烛龙也，是烛九阴，因名云。"《大荒北经》：

西北海之外，赤水之北，有章尾山。有神，人面蛇身而赤，直目正乘，其瞑乃晦，其视乃明。不食，不寝，不息，风雨是谒。是烛九阴，是谓烛龙。

《天问》：

日安不到，烛龙何照？

《淮南子·地形训》：

烛龙在雁门北，蔽于委羽之山，不见日，其神人面蛇身而无足。

《楚辞·大招》：

北有寒山，逴龙赩只。代水不可涉，深不可测只。

逴龙即烛龙（逴、烛同音），赩即赤色。

烛龙又长又红，住在山下，能吹出风，能发强光，能把黑夜照亮。有学者认为是极光，[①] 但极光在空中，不在山下。极光千姿百态、五颜六色，并非长形、赤色一种，所以早有学者质疑。[②]

其实闻一多的解释已经接近真相，他根据章和钟、尾（燬）和火相通认为章尾山即钟火山，《洞冥记》："东方朔北游钟火山，日月不照，有青龙衔烛，照山四极。"他进而认为烛龙"由火山的性能傅会而来"，但没有做更深分析。[③]

其实已有学者提出烛龙正是另外一种煤火山，[④] 但是尚未对此问题做深入阐发。《水经注·河水》："又有芒干水（今内蒙古大黑河）出塞外，南迳钟山，山即阴山。"毕沅、郝懿行据"雁门北"推断阴山为钟山。《史记·货殖列传》："种、代，石北也，地边胡。"代即代地（代郡之地，今山西、河北、内蒙古交界地区），种即钟山一带。所以《淮南子》说烛龙在雁门之北，委羽之山即解羽之地，委羽是放弃羽毛，解羽是解下羽毛，意思一样，即《海内西经》雁门之北"群鸟所生及所解"的大泽。《大招》也说逴龙在代地，也很吻合。

---

① 张明华：《烛龙与北极光》，载中国《山海经》学术讨论会编《山海经新探》，四川省社会科学出版社1986年版，第311—314页；何新：《诸神的起源》，时事出版社2002年版，第246页。

② 韩湖初：《对"烛龙神话即极光现象"说的质疑》，《华南师范大学学报》2003年第5期。

③ 闻一多：《神话研究》，巴蜀书社2002年版，第87—91页。

④ 周述春：《释"烛龙"》，《中国历史地理论丛》1998年第3期。

山西多煤，煤会自燃，白天烟雾弥漫，夜晚明火上蹿，一片通明，这就是传说中在山下的红色烛龙。《水经注·㶟水》：

> 黄水又东注武州川，又东历故亭北，右合火山西溪水。水导源火山，西北流，山上有火井。南北六七步，广减尺许，源深不见底，炎势上升，常若微雷响。以草爨之，则烟腾火发。

这个火山就在今大同煤矿，①烛龙呼吸的传说由洞口的气流和声响而来，洞穴内外温差引发气流。《水经注》同篇：

> 井北百余步有东西谷，广十余步，南崖下有风穴，厥大容人，其深不测，而穴中肃肃，常有微风，虽三伏盛暑，犹须袭裘，寒吹陵人，不可暂停。

煤火山在古籍中记载很多，《水经注·河水》记有西域龟兹国北山煤火，岑参有《火山云歌送别》诗，又有《经火山》诗说："火山今始见，突兀蒲昌东。赤焰烧虏云，炎氛蒸塞空。不知阴阳炭，何独烧此中。我来严冬时，山下多炎风。人马尽汗流，孰知造化工。"②他明确说到是煤炭燃烧形成火山。北宋有火山军（在今山西省河曲县），因煤火自燃的火山得名，见陆游《老学庵笔记》。③这些火山都是煤火，因为山西多煤火，被称为烛龙，此即祝融（烛龙）由来。

明白了祝融来自火山，我们就能明白史书一方面说炎帝以火为纪，又有烈山氏之号。《左传·庄公二十二年》：

> 姜，大岳之后也，山岳则配天。

《国语·周语中》富辰说：

> 齐、许、申、吕由大姜。

许是姜姓，《左传·隐公十一年》：

> 夫许，大岳之胤也。

《国语·周语下》：

---

① 贾兰坡等：《考古在研究大同火山活动时代中的作用》，载《亚洲文明论丛》，四川人民出版社1986年版。

② （唐）岑参：《岑参集校注》，上海古籍出版社2004年版，第106、204页。

③ （宋）陆游撰，李剑雄、刘德权点校：《老学庵笔记》，中华书局1979年版，第129页。

共之从孙四岳佐之祚四岳国，命以侯伯，赐姓曰姜、氏曰有吕。

姜姓既是炎帝之后，又是太岳或四岳之后。原来太岳、四岳和火、烈山并不矛盾，就是统一的火山，也即烈山。丁山曾经从字形的角度提出岳即火山，① 但是他没有发现烛龙就是火山的真相。

二　炎帝的东扩

《山海经·北次三经》：

（发鸠之山）有鸟焉，其状如乌，文首、白喙、赤足，名曰精卫，其鸣自詨。是炎帝之少女名曰女娃，女娃游于东海，溺而不返，故为精卫。常衔西山之木石，以堙于东海。漳水出焉，东流注于河。

发鸠山在今山西长子县，西山即太行山。《禹贡》最后说导河："至于大伾，北过降水，至于大陆。"郑玄说降水是淇水，郦道元说是漳水。降水（漳水）得名于姜姓，降、姜皆为见母阳部（kiang），双声叠韵。

炎帝部族曾经大举东扩，有两大铁证：

第一，炎帝征服宿沙氏。《吕氏春秋·用民》：

夙沙之民，自攻其君而归炎帝。

《左传·襄公十八年》齐有夙沙卫，《国语·晋语九》鼓国（在今河北省晋州市）有臣夙沙釐，夙沙氏后裔散布于齐、晋二国，说明夙沙氏古国在二国之间。夙沙氏又作宿沙氏，顾名思义是住在沙滩上的，所以古籍记载夙沙氏善于煮盐、捕鱼，《后汉书》马融传李善注引《鲁连子》：

古善渔者，昔宿沙渠子。使渔山侧，虽十宿沙子不得鱼焉。宿沙非暗于渔道也，彼山者，非鱼之所生也。

《水经注·涑水》：

吕忱曰：宿沙煮海谓之盐。②

---

① 丁山：《古代神话与民族》，商务印书馆2006年版，第396页。

② （北魏）郦道元撰，杨守敬、熊会贞疏，段熙仲点校：《水经注疏》，江苏古籍出版社1989年版，第584页。

《北堂书钞》卷146引《鲁连子》：

> 宿沙瞿子善煮盐。

《太平御览》卷865引《世本》：

> 宿沙作煮盐。

宿沙氏在齐地海边，朱芳圃先生已有考证。① 这里有丰富鱼盐，当然是很吸引内地部落，因此炎帝无疑是向这里扩张。

第二，发鸠山的精卫填海的传说也有历史原型，真相是炎帝部落有一支东迁到了今天的山东沿海，这一支即薄姑国。薄姑即发鸠，薄是并母铎部（bak），发是非母月部（piuat），非并旁纽，月铎通转，姑（ka）、鸠（kiu）见母双声，鱼幽旁转，所以发鸠就是薄姑。《左传·昭公二十年》晏子说：

> 古而无死，则古之乐也，君何得焉？昔爽鸠氏始居此地，季荝因之，有逢伯陵因之，蒲姑氏因之，而后大公因之。古者无死，爽鸠氏之乐，非君所愿也。

齐都临淄原来是薄姑氏所居，之前的有逢伯陵也是姜姓，《国语·周语下》说伶州鸠说：

> 星与日辰之位，皆在北维。颛顼之所建也，帝喾受之。我姬氏出自天鼋，则我皇妣大姜之侄，伯陵之后，公之所凭神也。

有逢伯陵也是姜姓，而且是周人祖妣所出。亦即姜太公之国，上引《国语》说齐、许、申、吕这四个国家的分封因为姜姓外戚，可见姜太公分封到齐，不完全是因为他的辅佐之功，而是有西周和东海的姜姓历来通婚的基础在前。《史记·齐太公世家》：

> 太公望吕尚者，东海上人。其先祖尝为四岳，佐禹平水土甚有功。虞夏之际封于吕，或封于申，姓姜氏。

东海（此指今渤海）的姜姓不是源自西部的姜姓，而是远古炎帝部族的东迁。上古时期的山东沿海，有纪（在今山东寿光东南）、州（在今山东安丘东北）、向（在今山东莒南东北）、黄（在今山东龙口市）等姜姓国家，不可能都是西周初年分封。以往

---

① 朱芳圃：《中国古代神话与史实》，中州书画社1982年版，第115—116页。

学者认为这些国家多是西周分封，① 现在看来还缺乏证据。

《水经注·济水》：

> 济水又迳薄姑城北。后汉《郡国志》曰：博昌县有薄姑城。《地理书》曰：吕尚封于齐郡薄姑。薄姑故城在临淄县西北五十里，近济水，史迁曰：胡公徙薄姑。城内有高台。

这里说吕尚初封在薄姑，又说胡公才迁到薄姑，杨守敬认为二说并存，其实二说并不矛盾。因为《齐太公世家》虽然说武王封吕尚在营丘，但是又有吕尚夜行到营丘，与莱人争地的传说，说明吕尚定都营丘很可能是受局势所迫而临时决定，因为营丘地接莱人，所以立国之初，需要在此防卫。原都很可能就是薄姑，所以到胡公又迁回。薄姑古城在今山东省博兴县湖滨镇北部，这里在古代正是海滨，上古之时更靠海，所以和精卫填海的传说可以吻合。

炎帝的分布区由漳水上游向东扩展到河北平原，和蚩尤为九黎之君可以对应，因为在漳水上游有黎国。《太平寰宇记》卷45潞州黎城县："古黎国，《春秋》曰：晋荀林父灭潞，立黎侯而还。今县东一十八里黎侯城是也。"蚩尤随着炎帝东迁，所以在今河南省浚县，古有黎阳县，《水经注·河水五》："又东北，过黎阳县南（经）。黎，侯国也。《诗·式微》黎侯寓于卫是也（注）。"蚩尤就是在此开始进攻炎帝，而后追击炎帝到大陆泽南的涿鹿之野。蚩尤被黄帝擒杀后，九黎一支东迁，所以在巨野泽北部也有黎城，即汉代东郡黎县。《左传·哀公十年》："赵鞅帅师伐齐，大夫请卜之。赵孟曰：吾卜于此起兵，事不再令，卜不袭吉，行也。于是乎取犁及辕，毁高唐之郭，侵及赖而还。"杜注："犁，一名隰。济南有隰阴县，祝阿县西有辕城。"祝阿县西的辕城即汉代的瑗县，《太平寰宇记》卷19齐州禹城县说在县南100里。犁应是汉代黎县，在今郓城县西。同书卷14济州郓城县说：

> 黎丘，在县西四十五里。黎侯寓于卫，故黎侯讽卫侯诗曰：胡为乎泥中？盖恶其卑湿也。

黎丘在巨野泽西北，所以比较低湿，黎丘可能是人工所建土台，这才是黎侯所居，并非黎阳县。这里很可能是蚩尤后裔所居，和巨野泽东南、东北的两个蚩尤冢构成一个整体。

炎帝部落即考古学的后岗二期文化，分布于晋东南、冀南、豫北，此文化早期集中在漳河流域，晚期迅速向四周扩张，东北抵今沧州市，② 正是文献记载的精卫填海及夙沙臣服炎帝所在之地。

---

① 杨宽：《西周史》，上海人民出版社2003年版，第390页。

② 董琦：《虞夏时期的中原》，科学出版社2000年版，第42页。

三 史籍中的几个涿鹿

《史记》对涿鹿之战的描述很简单,《逸周书·尝麦》的记载最详:

> 昔天之初,诞作二后,乃设建典命,赤帝分正二卿,命蚩尤宇于少昊,以临四方,司□□上天未成之庆,蚩尤乃逐帝,争于涿鹿之阿,九隅无遗。赤帝大赦,乃说于黄帝,执蚩尤,杀之于中冀,以甲兵释怒。用大正顺天思序,纪于大帝。用名之曰绝辔之野。乃命少昊清司马鸟师,以正五帝之官,故名曰质。天用大成,至于今不乱。

徐旭生认为:

(1)"宇于少昊"就是说蚩尤居住在少昊的地方。

(2)汉代关于蚩尤的遗迹全在山东西部:《汉书·地理志》东郡寿良县,"蚩尤祠在西北泲上",泲上指济水边;《史记·五帝本纪》裴骃《集解》引《皇览》说:"蚩尤冢在东平郡寿张县阚乡城中,高七丈,民常十月祀之。有赤气出,如匹绛帛,民名为蚩尤旗。肩髀冢在山阳郡巨野县重聚,大小与阚冢等。传言黄帝与蚩尤战于涿鹿之野,黄帝杀之,身体异处,故别葬之。"寿张(即寿良)在今山东东平县,巨野即今巨野县。

(3)东汉高诱、马融说蚩尤是九黎君长,而根据地名,九黎在山东、河北、河南交界处。

(4)《盐铁论·结和》说:"黄帝战涿鹿,杀两皞、蚩尤而为帝。"蚩尤与太皞、少皞在同一战线上。

所以是蚩尤与太皞、少皞属于东夷集团。① 但是,笔者认为这个观点不能成立,因为以下四点:

(1)赤帝(即炎帝)命蚩尤居住到少昊的地方去,说明蚩尤没有住在那里。而且赤帝命蚩尤"临四方,司□□",《说文》:"临,监临也。"赤帝让蚩尤监管四方,蚩尤很可能是赤帝属下的最高长官。西周令彝铭文:"王令周公子明保,尹三事、四方,受(授)卿事寮。"卿事寮的长官有权管理四方事务,也掌握政治、军事、刑法等,② 相当于后世的丞相。蚩尤的地位正如西周的卿事,所以《逸周书·尝麦》说"分正二卿",正因为蚩尤掌握大权,才有可能成功叛乱。《逸周书·史记》:

> 武不止者亡。昔阪泉氏用兵无已,诛战不休,并兼无亲,文无所立,智士寒心,徙居至于独鹿,诸侯畔之,阪泉以亡。

---

① 徐旭生:《中国古史的传说时代》,广西师范大学出版社 2003 年版,第 55—61 页。

② 杨宽:《西周史》,上海人民出版社 2003 年版,第 321—325 页。

对照《尝麦》，阪泉氏即赤帝，赤帝让蚩尤住到少昊的地盘去，正是命令蚩尤侵略少昊族，所以说“用兵无已”。蚩尤驱逐赤帝，在“涿鹿之阿”大败赤帝，不正是“徙居至于独鹿，诸侯畔之，阪泉以亡”吗？独鹿是涿鹿的异写，《孙膑兵法·见威王》说：“黄帝战蜀禄。”蜀禄也是涿鹿的异写。[①] 可能正是因为炎帝经常发动战争，所以民众不满，于是蚩尤带领大家倒戈，这种情况在历史上很多，比如完颜亮征伐南宋过急，被手下将领杀死在扬州，又如北魏末年高欢以尔朱氏命六镇流民出征为由，率领六镇流民反叛。蚩尤可能是贬称，不是真名。扬雄《方言》卷12：“蚩、慆，悖也。”[②] 尤、慆音近，蚩、尤的原意就是悖逆。

（2）后代蚩尤的遗迹在鲁西，不能推出蚩尤本来在鲁西，只能说明鲁西有蚩尤族后人。

（3）蚩尤即使是九黎之君，可是九黎据其推测，不全在鲁西，也可能在河南、河北一带，可能和少皞异族。

（4）在同一战线不能推出同族，比如吴三桂和清军也在过同一战线。

当然，蚩尤的地域不会远离鲁西，所以涿鹿也不会远离鲁西。《史记集解》引服虔曰：“涿鹿，山名，在涿郡。”又引张晏曰：“涿鹿在上谷。”自汉代以来，学者主要认为涿鹿之战在今河北省的涿鹿县，《史记·五帝本纪》后太史公曰：“余尝西至空桐，北过涿鹿。”这个涿鹿就是汉代上谷郡的涿鹿县（在今涿鹿县）。徐旭生说：“蚩尤不过同炎帝氏族争地，未必远出到今河北省的北境。”笔者认为这个看法很高明，《逸周书》说黄帝“执蚩尤，杀之于中冀”，就是冀州中部，黄帝、赤帝、蚩尤应该都是中原人，他们没有理由跑到那么远的涿鹿县去打仗！服虔所说涿郡的涿鹿山长期被埋没，《水经·滱水注》：

> （博水）东南径三梁亭南，疑即古勺梁也。《竹书纪年》曰：燕人伐赵，围涿鹿，赵灵王及代人救涿鹿，败燕师于勺梁者也。今广昌东岭之东有山，俗名之曰涿鹿罗。城地不远，土势相邻，以此推之，或近是矣，所未详也。

熊会贞指出：“《汉书·武帝纪》，元封四年，历浊鹿鸣泽。服虔谓独鹿，山名，在遒县北界，正在广昌东岭之东。独与浊形声并近，独鹿即浊鹿也。”[③] 广昌县治在今河北涞源县，遒县治在今涞水县，涿鹿山在今涞水、涞源、易县北部一带，和涿鹿县相连。几县交界处是山区，上古人口极其稀少，山区更甚，一个山名所指范围往往很大，所以涿鹿县的涿鹿和涿郡的涿鹿原来是一个涿鹿。《水经·㶟水注》：

> （连水）又西迳王莽城南，又西，到刺山水注之，水出到刺山西山，甚层峻，

---

① 银雀山汉墓竹简整理小组：《银雀山汉墓竹简》，文物出版社1985年版，第264页。

② （汉）扬雄著，周祖谟校笺：《方言校笺》，中华书局1993年版，第77页。

③ （北魏）郦道元注，杨守敬、熊会贞疏：《水经注疏》，江苏古籍出版社1989年版，第1075页。

未有升其巅者。《魏土地记》曰：代城东五十里有到剌山，山上有佳大黄也。

到剌山在代城（治今河北蔚县）东50里，今涿鹿县西部的大堡镇倒拉嘴村即得名于到剌山，主峰即今小五台山，到剌山水即今涿鹿县和蔚县的定安河，① 到剌山实即涿（独）鹿山之音转。

河南修武县也有浊鹿城，《水经·清水注》：

山阳县东北二十五里，有陆真阜，南有皇母、马鸣二泉，东南合注于吴陂也。次陆真阜之东北，得覆釜堆。堆南有三泉，相去四五里，参次合次，南注于陂泉。陂在浊鹿城西，建安二十五年，魏封汉献帝为山阳公，涿鹿城即是公所居也。

又据《清水注》，浊鹿城西的吴泽陂即《左传·定公元年》魏献子所田的大陆泽，在今焦作市九里山乡大陆村一带。浊鹿城在今修武县五里源乡李固村，熊会贞说五里源即指《水经注》堆南有三泉。覆釜堆今名古汉山，因为汉献帝葬于西得名。《史记·五帝本纪》说黄帝："合符釜山，而邑于涿鹿之阿。"其实就是这个釜山。浊鹿、涿鹿音近，有学者认为河南的浊鹿没有黄帝的遗迹，所以不是涿鹿之战的涿鹿，他没有提及河南的浊鹿之旁也有釜山。② 但是他又指出今河北涿鹿县的有些遗迹也是后世伪造出的，现在陕西黄陵就不是汉代记载的黄帝陵，现代黄陵出自唐代人的伪造。③ 其实我们对于文献中的很多遗迹不必太相信，很多后世的遗迹也是很晚才编造出的。

修武县的李固村恰好是龙山文化时代豫北地区的主要中心，④ 这也证明这里就是涿鹿之战的涿鹿。

四 涿鹿的本义

上述涿鹿县的涿鹿和修武县的涿鹿都在山麓有泉水的地方，从地图上可以看出，今蔚县、涞源县古涿鹿山附近也有很多泉水。⑤ 其实涿鹿就是流泉之地的通名，《说文》："涿，流下滴也。"鹿、漉可以通假，漉有渗出的意思，还有湿的意思，所以涿、漉的意思接近，涿是水往下流，漉是往外渗，涿鹿即泉流。多水的地方如果在自然状态下一般比较污浊，所以又写作浊鹿，上古音的知、端合一，所以又写作独鹿。此字即后世的沮洳，古音沮为精母鱼部（tsia），洳为日母鱼部（nia），浊为定母屋部（de-

① 河北省测绘局：《河北省地图集》，内部发行，1981年版，第122—125页。

② 王北辰：《黄帝史迹涿鹿、阪泉、釜山考》，载《王北辰西北历史地理论文集》，学苑出版社2000年版，第302页。

③ 王北辰：《桥山黄帝陵地理考》，载《王北辰西北历史地理论文集》，学苑出版社2000年版，第280—290页。

④ 刘莉：《中国新石器时代：迈向早期国家》，文物出版社2007年版，第166页。

⑤ 河北省测绘局：《河北省地图集》，内部发行，1981年版，第116、125页。

ok)，涿为端母屋部（teok），鹿为来母侯部（lok），前字舌齿音邻纽，后字鼻边音邻纽，前后字皆为旁对转，沮洳、涿鹿皆为双声联绵字。扬雄《方言》卷7："泷涿谓之霑渍。"泷涿即涿泷，亦即涿鹿。

《元和郡县图志》卷4灵州："长乐山，旧名达乐山，亦曰铎洛山，以山下有铎洛泉水，故名。旧吐谷浑部落所居，今吐蕃置兵守之。"铎洛、达乐就是涿鹿，这也证明涿鹿就是泉水。《水经注》卷14《鲍丘水》说："(洵河）西北流迳平谷县，屈西南流，独乐水入焉。水出北抱犊固，南迳平谷县故城东。"今平谷仍有独乐河地名，平谷东南就是蓟县，今蓟县独乐寺也和独乐地名有关，平谷、蓟县一带多泉。

蒙古国的土拉河，唐代称为独乐水，土拉、独乐对转，类似铎洛即达乐。现代汉语方言俗字旮旯的本字是入声词角落，也是同理。土拉原意即草原，《春秋·昭公元年》："晋荀吴帅师败狄于大卤。"《左传》："晋中行穆子败无终及群狄于大原。"《谷梁传》："中国曰大原，夷狄曰大卤。号从中国，名从主人。"大卤是戎狄语太原，郑张尚芳指出其语源即突厥语的草原（dala）。[①] 大卤、土拉也即涿鹿，因为游牧民族要选择水泉较多的草原，所以与草原、泉泽有关。《逸周书·王会》说北方有族名独鹿，其后所附伪托伊尹《四方献令》说到北方有族名旦略，独鹿即旦略，旦为端母元部（tan），略为来母铎部（liak）。此篇独鹿在孤竹、令支、屠何、东胡、山戎之前，应在今燕山附近，这可能就是后世涿鹿县的由来。但是《王会》是战国文献，伪托周公，所以不足为黄帝涿鹿之据。关于《王会》，笔者另有专文详考。

《乐府诗集》卷55《独禄辞》：

> 《南齐书·乐志》曰："晋《独鹿歌》六解，齐乐所奏，是最前一解。"独禄独禄，水深泥浊。泥浊尚可，水深杀我！

《独漉篇》李白：

> 独漉水中泥，水浊不见月。不见月尚可，水深行人没。

《独漉歌》王建：

> 独独漉漉，鼠食猫肉。乌日中，鹤露宿，黄河水直人心曲。

独鹿（独禄、独漉）是污浊的意思，所以诗中说水深泥浊、鼠食猫肉。《荀子·成相》说：

> 欲衷对，言不从，恐为子胥身离凶。进谏不听，到而独鹿弃之江。

---

① 转引自潘悟云主编《汉语历史音韵学》，上海教育出版社2000年版，第188页。

就是说伍子胥的尸体狼藉一片，被丢在江里。太行山麓是泉水集中地区，著名的有河北邢台百泉、河南卫辉百泉等，[①] 所以几个涿鹿都在太行山麓。

《五帝本纪》说黄帝战胜炎帝于阪泉，上引《逸周书·史记》一条证明炎帝就是阪泉氏，《太平御览》卷79引《归藏》说："黄帝与炎帝争斗涿鹿之野。"《淮南子·兵略》说："炎帝为火灾，故黄帝擒之。"《汉书·律书》："黄帝有涿鹿之战，以定火灾。"贾谊《新语》两次提到黄帝与炎帝战于涿鹿之野，阪是山坡，阪泉和涿鹿同义。汉简《孙子兵法》说黄帝南伐赤帝："战于反山之原。"笔者认为阪泉即古凡国的百泉，《水经注·清水》说："司马彪、袁山松《郡国志》曰，共县有凡亭。周凡伯国，《春秋·隐公七年》书，王使凡伯来聘是也。杜预曰：汲郡共县东南有凡城。"又说附近有很多泉水，此即今河南辉县百泉。《元和郡县图志》卫州共城县："故凡城在县西20里。"杨宽认为凡国在辉县西南20里。[②] 即今辉县市北云门镇凡城村，此地西南24公里就是涿鹿城。因为先有黄帝在阪泉战胜炎帝，所以才有炎帝向西南逃往涿鹿又求助黄帝。

其实河南修武县的涿鹿就在大陆泽旁，上古有两个大陆泽，还有一个是巨鹿泽，巨鹿就是大陆。因为都是地势低洼、水流汇集的湖沼，所以也可以称为涿鹿，讹为大陆。可见，涿鹿是一个广泛见于河北西部和河南西北部的地名。

五　绝辔之野及附近的蚩尤冢

《逸周书》明确地说黄帝杀蚩尤是在冀州中部的绝辔之野，不是涿鹿之阿。几千年来，没有学者详细研究过绝辔之野的位置，大概他们都认为这则传说过于久远，不一定能考证清楚。其实中国的历史记载极为悠久，所以这个绝辔之野其实有迹可考。

马王堆帛书《十六经》讲到黄帝杀蚩尤，李零读为："黄帝身遇蚩尤，因而擒之。剥其革为干侯，使人射之，多中者赏。剪其发而建之天，名曰蚩尤之旌。充其胃以为鞠，使人执之，多中者赏。腐其骨肉，投之苦醢，使天下之。"[③] 黄帝肢解蚩尤，令人想到上古的两个地名：列人、乾侯，列人即裂人，就是肢解，乾侯即干侯。《太平寰宇记》卷58肥乡县："列人故城，在今县东北十五里。按《汲冢记》：梁惠成王八年，伐邯郸，取列人。"[④] 列人之名，很早就有，列人古城在今肥乡县东北15里的城西村。《春秋·昭公二十八》年说："公如晋，次于乾侯。"杜预注："乾侯在魏郡斥丘县。"斥丘县在今魏县，乾侯在今魏县一带。

西汉时，列人县西南还有个即裴县，古音绝是从母月部（dziuat），即是精母职部（tsiək），从、精旁纽，辔是帮母物部（piət），裴是并母微部（byəi），帮、并旁纽，

① 河北省地方志编纂委员会：《河北省志·自然地理志》，河北科技出版社1993年版，第233页。

② 杨宽：《西周列国考》，载《杨宽古史论文选集》，上海人民出版社2003年版，第199页。

③ 李零：《考古发现与神话传说》，载《李零自选集》，广西师范大学出版社1998年版，第79页。

④ （宋）乐史撰，王文楚等点校：《太平寰宇记》，中华书局2007年版，第1196页。

物、微对转，绝辔、即裴读音相近。笔者认为即裴县就是绝辔之野，还有一个铁证，《太平寰宇记》卷54成安县说："蚩尤冢，在邑界。"成安县的这个蚩尤冢，前人几乎没有注意，其实北宋的成安县正是汉代即裴县所在。《水经注·浊漳水》说："漳水又东，右迳斥丘县北，即裴县故城南，王莽更名之曰即是也。《地理风俗记》曰：列人县西南六十里，有即裴城，故县也。漳水又东北，迳列人县故城南。"即裴县在列人县西南60里，即今成安县西南部。谭其骧主编《中国历史地图集》误把即裴县定在成安县东北部，这里不足60里，所以应在今成安县西南部。

上古时期人口极少，荒野很大，所以古代的地名范围很广，列人、即裴虽然在后世是两个地名，但是远古时期是一个地区。列人、即裴正是冀州中部，符合《逸周书》的记载。然后黄帝在列人、即裴一带杀了蚩尤，留下蚩尤墓。蚩尤残部东迁到巨野泽地区，留下古寿张县、巨野县的蚩尤墓。

韩建业认为黄帝对应考古学中的庙底沟文化，蚩尤对应仰韶文化的后岗类型，后岗类型的遗存出现在江汉平原东部，反映了涿鹿之战后蚩尤族人南逃到江汉平原。[①] 若如此，黄帝的年代就过早了，因为黄帝和夏朝之间只隔着几代，不会离夏朝太远。而且没有早期史料表明蚩尤逃往南方，后世把蚩尤和南方联系起来的说法不足为据。张学海认为聊城地区的龙山文化城群是蚩尤族，涿鹿之战在冀、鲁、豫交会地区。[②] 这是受了徐旭生的影响，认为蚩尤属于少昊集团，所以把蚩尤归属于龙山文化。

上文已经说过，炎帝是后岗二期文化，黄帝是三里桥文化。赤帝命下属蚩尤进攻少昊氏的看法，和鲁西少昊氏的古城群不矛盾。正是因为西面的赤帝、蚩尤集团"用兵无已，诛战不休，并兼无亲"，所以少昊族人要在鲁西筑起一座座城池来自卫。据研究，山东龙山文化西北的尚庄类型在与后岗二期文化的关系中，后者处于强势，所以有学者认为尚庄类型人群不得不筑城防御，造成鲁西地区是龙山文化城址最密地区。[③] 后岗二期文化的中心在冀南、豫北，所以赤帝命蚩尤扩张到少昊氏地盘去，蚩尤反戈时应该驻扎在赤帝的东方，他向西追逐赤帝，赤帝西逃到其南面的中心聚落涿鹿（在今修武县李固村），向黄帝求援。

黄帝部落部族应是晋豫陕交界处的三里桥文化，向东帮助炎帝，战胜蚩尤，杀蚩尤于绝辔（即裴）之野（在今成安县）。蚩尤余部东退巨野泽，有的被炎黄收编。黄帝威服中原，不仅收编了炎帝和蚩尤部落联盟，还威震东方少皞、太皞及河南诸族。

六　涿鹿之战的自然地理背景

《大荒北经》：

---

① 韩建业：《涿鹿之战探索》，《中原文物》2002年第2期。

② 张学海：《鲁西两组龙山文化城址的发现及对几个古史问题的思考》，《华夏考古》1995年第4期。

③ 李伊萍：《龙山文化：黄河下游文明进程的重要阶段》，科学出版社2005年版，第138页。

> 蚩尤作兵伐黄帝，黄帝乃令应龙攻之冀州之野。应龙畜水。蚩尤请风伯雨师，纵大风雨。黄帝乃下天女曰魃，雨止，遂杀蚩尤。魃不得复上，所居不雨。叔均言之帝，后置之赤水之北。叔均乃为田祖。魃时亡之，所欲逐之者，令曰："神北行！"先除水道，决通沟渎。

黄帝从西部来救援赤帝，所以驻扎在蚩尤上游，山区河道狭窄，容易筑坝拦截，所以"应龙畜水"指应龙拦截河流，切断蚩尤水源，必要时候开坝放水，可以造成洪水冲垮蚩尤的军队，类似关羽水淹七军。有学者用距今5000年前后的气候变化来解释传说中风雨和干旱，[①] 但气候变化是一个长期的过程，不是一次事件，所以这种解释值得怀疑。

华北的暴雨主要出现在山脉的迎风坡，太行山东麓和南部是暴雨集中的地区，而且暴雨的时间集中。据河北省统计，一次暴雨过程的日降水量常达月降水量的一半以上，这是华北洪水的重要原因。华北暴雨强度之大、时间之长，在国内甚至世界上都很少见。[②] 涿鹿之战时突发暴风雨，引发山洪，黄帝的军队驻扎在海拔较高的地区，受灾较小，蚩尤部驻扎下游，成为洪水的受害者。即使河流没有筑坝，暴雨后的山洪也足以冲垮蚩尤的部队，何况河流本来就被应龙拦截了，溃坝后的山洪强度更大。

暴风雨帮助了黄帝，所谓蚩尤纵大风雨、黄帝下天女魃等等都是古人对气象的神化。既然是黄帝从暴风雨中受益，为何后人不编造黄帝纵大风雨的传说以夸耀黄帝的本领呢？因为造成风雨的气流从东方来，正是蚩尤的方向。魃是旱神，黄帝下旱神的神话解释了暴风雨的迅速结束，这对于黄帝军队来说也是十分重要的，如果风雨持续，黄帝不能迅速进军，蚩尤就撤退了，黄帝不能获得战果。

《山海经》之言不是凭空编造，符合太行山东麓地理。因此涿鹿县不太可能是涿鹿之战的发生地，因为其所处的桑（干河）洋（河）盆地是河北省三个少雨中心之一，[③] 而冀西南和豫西北可能是涿鹿之战的发生地。河南省辉县市孟庄镇发现的龙山文化古城毁于洪水就是一例。[④] 孟庄城址在海拔100米的台地上，应该是毁于山洪，而非黄河洪水。

太行山区不仅是自然地理上的界线，更是中国古代政治地理的一道重要界线，源自西北高原的政治势力和山东的政治势力往往在附近发生恶战，并由此产生太行山东麓中山（今河北定州市）、襄国（今河北邢台市）、邯郸（今河北邯郸市）、邺（今河北磁县南）、安阳（今河南安阳市）等一列重要古都及太行八陉等交通要道。涿鹿之战是这一系列战争史的开端，由此不仅拉开了华夏民族形成的序幕，而且促发了颛顼时代的政治制度改革，因此具有非常重要的意义。关于颛顼的历史，笔者将有后续专文考证。

（作者单位：厦门大学历史学系）

---

① 李学勤主编：《中国古代文明与国家形成研究》，云南人民出版社1997年版，第226—227页。

② 陶诗言等：《中国之暴雨》，科学出版社1980年版，第115页。

③ 河北省地方志编纂委员会：《河北省志·自然地理志》，河北科学技术出版社1993年版，第132页。

④ 袁广阔：《关于孟庄龙山文化城址毁因的思考》，《考古》2000年第3期。

定县北庄汉墓墓石题铭相关问题研究

马孟龙

1959年，河北省文物工作队发掘了定县北庄东汉中山简王刘焉墓。① 墓中除大量器物外，还出土4000余块墓石。墓石为青砂岩质，被凿刻成长宽约1米，厚约25厘米，重约300公斤的方形石块。其中174块墓石带有铭刻或墨书题字，大多填埋于墓室顶部。② 发掘报告随文附有174块题铭墓石的释文及拓片。就内容来看，题铭主要记录石料的产地以及凿刻工匠的籍贯和姓名，这之中有丰富的地名信息。这些地名信息对于探讨刘焉墓的营建以及东汉中山国疆域沿革问题具有十分重要的意义。自资料公布以来，尚未引起学界注意，原整理者在表述中的一些错误也未能得到纠正。笔者不揣鄙陋，试就北庄汉墓墓石题铭所蕴含的相关问题予以阐发，求教于学界同仁。

一　有关题铭文字的释读问题

通过对比拓片，原整理者对墓石题铭的释读基本上是准确的。但个别题铭的释读仍有可商榷之处。另外，由于某些墓石为同一位工匠凿刻，因而对不同墓石刻铭的对读也可以纠正原释文的一些错误。

（1）11号墓石题铭释文作“北平石鲁□太”，缺释一字应为“脩”。

（2）21、116号墓石题铭释文作“望都下邑朱伯作”。从拓片看，“朱”下一字左半部从“水”甚明，不当释作“伯”。从右半部残泐的字形看，应为“河”字或“泊”字。

（3）22、93号墓石题铭整理者分别释为“北平石东平许□作”、“北平石东平许□”，“许”后一字缺释。通过对照拓片及30号墓石题铭“东平许叔北平石”，两块墓石题铭缺释之字应为“叔”。

（4）41号墓石题铭整理者释为“望都石曲逆木工王李陵”，此“王李陵”乃“王季陵”之误。155号墓石题铭为“望都石曲逆木工王季陵”，两块墓石均为曲逆工匠王

---

① 河北省文化局文物工作队：《河北定县北庄汉墓发掘报告》，《考古学报》1964年第2期。

② 据发掘报告介绍，174块带有题铭的墓石得自1959年和1962年的两次发掘。

季陵凿刻，41 号墓石题铭释文可据 155 号墓石题铭改正。

（5）45 号墓石题铭原释文作“鲁文阳石工于角望都石”，从拓片看，该刻铭中的“角”字应当释作“鱼”字。无独有偶，59 号墓石题铭为“望都石鲁国文阳石工于鱼作”，可证 45 号墓石题铭所记工匠名确为“于鱼”。

（6）57 号墓石题铭整理者释作“望都工张□□作”，缺释两字似可补释为“叔华”。

（7）58 号墓石题铭原释文作“望都段须石”，144 号墓石题铭原释文作“望都段伯阳石”。这里的工匠名“段须”、“段伯阳”应为“段颜”、“段伯颜”的误释，可对照 115 号墓石题铭“望都段颜石”改正。

（8）64 号墓石题铭原释文作“望都曲逆石张□春”，缺释一字应为“叔”。

（9）72 号墓石题铭整理者释为“北平石无盐邓□”，最后一字未能释出，其实此字乃“過”字。135 号墓石题铭原释文“北平石毋盐邓

（10）80 号墓石题铭整理者释为“北平石鲁□作”。整理者未释出的一个字，其实是“□伯”两个字，而“伯”前一字从字形上看，似为“康”字。该墓石与 5 号墓石应同出自鲁石工康伯之手。

（11）86 号墓石题铭有两字整理者未能释出，现对照拓片可将题铭完整释为“望都石唐工章伯石二尺二寸”。

（12）104 号墓石题铭整理者释为“望都孟□石”，此缺释之字应释为“盖”字。

（13）119 号墓石题铭最后一字残缺，释文作“北平东平陆江长□”。其实，此字可据 143 号墓石题铭“北平东平陆江长兄”补释为“兄”字。

（14）129 号墓石题铭整理者释为“望都工段况石”。此“况”字显然是“次”字的误释。这里的段次与 82 号墓石题铭所记“望都石段次宜作”中的段次宜应当是同一个人。

（15）149 号墓石题铭原释文作“北平工□□石”，此“工”后缺释一字应为“皃”。

（16）150 号墓石题铭“北平□□建”，“建”前缺释之字应为“我”字。

（17）162 号墓石题铭原释文“东平陆兄北平”中的“兄”字为“皃”字的误释。笔者推测凿刻 162 号墓石的工匠为“皃哀”，与 37 号、125 号、153 号墓石题铭“望都石东平陆工皃哀作”中的“皃哀”是同一个人。

（18）169 号墓石题铭释文作“望都石鲁工□作”。这里缺释的字应为“颜”，而“作”字乃“伯”字的误释。该墓石题铭应改作“望都石鲁工颜伯”。这个颜伯与 81 号墓石题铭所记“望都石鲁工颜伯文作”中的颜伯文应当是一个人。

（19）170 号墓石题铭整理者释为“望都东平寿张□□作”，此缺释的两个字从字形上看应为“王圣”。此墓石题铭与 60 号墓石题铭“望都东平寿张王圣作”是一致的。

（20）171 号墓石题铭整理者释为“望都議曹□张□”。此题铭最后一字残缺，已无法释出。而中间缺释一字应为“掾”。《溧阳长潘乾校官碑》录有“議曹掾李就”、

“議曹掾梅桧”,[①] 可知議曹掾为县廷属吏。

（21）174 号墓石题铭“望都石梁□中”，缺释之字为“叔”字。

二 石料产地与工匠来源地

从北庄汉墓墓石题铭来看，刘焉陵墓的石料出自北平、望都、上曲阳、新市四地，工匠则来自卢奴、安国、曲逆、北新城、安险、苦陉、上曲阳、唐、毋极、下邑、单父、己氏、无盐、章、富城、东平陆、南平阳、寿张、鲁、文阳、卞、薛等地（见表1）。有关以上各县的所属郡国，整理者的表述存在一些问题，下面分别予以探讨。

关于石料产地北平、望都、上曲阳、新市。整理者以为北平、望都、新市三县属中山国，上曲阳属常山郡。整理者将上曲阳定为常山郡属县，主要依据的是《汉书·地理志》。不过，《汉书·地理志》反映的是西汉元延三年（前 10）的行政区划,[②] 而在记录东汉永和五年（140）行政区划的《续汉书·郡国志》中,[③] 上曲阳为中山国辖县，这说明永和五年以前，上曲阳县已经由常山郡改属中山国管辖。从墓石题铭来看，中山简王在位时期上曲阳已是中山国辖县，因为题铭所见石料产地和工匠来源地均不见常山郡属县，而且中山王到常山郡开采修建王陵的石料也令人费解，显然常山郡并未参与中山王陵的营造，墓石题铭中的“上曲阳”应视为中山国辖县，中山王陵的石料全部来自中山国境内，与常山郡无关。

中山简王时期的中山国辖有上曲阳县也能找到一些文献证据。汉宣帝神爵元年（前 61），汉廷立常山祠于上曲阳县，作为举行北岳祭祀活动的固定场所。《汉书·郊祀志》曰：“自是（神爵元年）五岳、四渎皆有常礼……北岳常山于上曲阳。”《汉书·地理志》常山郡上曲阳县自注：“恒山北谷在西北，有祠。”元和三年（86），汉章帝北巡，“戊辰，进幸中山，遣使者祠北岳”[④]。汉章帝进入中山国境内，随即派遣使者前去祭祀北岳，可以证明元和三年上曲阳县已经归属中山国管辖，此与北庄汉墓墓石题铭所反映出的信息正相符合。

关于工匠的来源地，整理者指出卢奴、安国、曲逆、北新城、安险、苦陉、唐、毋极属中山国，上曲阳属常山郡，无盐、章、富城、东平陆、寿张属东平国，鲁、文阳、卞、薛属鲁国，下邑、己氏属梁国，单父属山阳郡，平阳属河东郡，山阳属河内郡。刘焉墓工匠来自中山国、梁国、东平国、常山郡、山阳郡、鲁国、河东郡、河内郡八个郡国。[⑤] 整理者的上述看法也是有问题的。

---

① （宋）洪适：《隶释·隶续》卷 5，中华书局 1985 年版。

② 马孟龙：《汉成帝元延三年侯国地理分布研究》，《历史研究》2011 年第 5 期。

③ 据李晓杰先生研究，《续汉书·郡国志》记录的是汉顺帝永和五年（140）的行政区划信息。参见《东汉政区地理》，山东教育出版社 1999 年版，第 14—15 页。

④ 《后汉书》卷 3《章帝纪》，中华书局 1965 年版。

⑤ 郑绍宗先生也持同样的看法，参见《满城汉墓》，文物出版社 2003 年版，第 28 页。

表1　墓石题铭所见工匠来源地

郡国	县	人数	工匠名及墓石编号
中山国	安国	2	尹伯通（1），孟郎（66）
	曲逆	8	刘建（10），高巨（23、88），李次孙（29、77），梁统（40），王季陵（41、155），张叔春（64），张伯和（101），高□（158）
	北新城	5	王文伯（16、154），马伯成（18、42），付伯明（33），祝文虎（39、123），张文（47）
	安险	3	杨伯（17），张伯（31），吴都（69）
	苦陉	1	？（53）
	上曲阳	2	李文（114），耿文（138）
	卢奴	2	刘伯斋（75、102），杨伯宁（134）
	唐	4	燕长田（85），章伯（86），邵次（96），孟伯（120）
	毋极	1	？（136）
梁国（郡）	下邑	7	朱伯（3、118），朱河（21、116），？（159），邓阳（35、113），周伯（65），朱礼（107、142），付伯（122、151）
	单父	1	？（36）
	己氏	2	祝鱼（110），朱伯（111）
		11	丁圣（6、68、99），世奇（12），？（25），卢孙（79），郑伟（95），？（103），黄君（105），郑丹（117），丁巨（137），杖孺（148），？（165）
东平国	章	5	于通（4），张圣（27），开文（62），王少（98），丁伯（112）
	富城	3	江河（8、9、168），魏长兄（26），？（133）
	南平阳	1	王解（24、78）
	东平陆	2	兒哀（37、125、153、162），江长兄（119、143）
	寿张	4	吕武（55），王圣（67、170），朱河（109、128），陈荆（141）
	无盐	1	邓過（72、135）
		4	许叔（22、30、93），王伯（76），马兄（92），？（173）
鲁国	鲁	15	康伯（5、80），脩太（11），柏仲（19），宣子（34），田次（46、164），孔都（48），井孙卿（50、89、167），柏长豪（52），于仲荆（67、156），薛季（73），颜伯文（81、169），马次（83、84），脩季（83），田仲文（94），史仲（126）
	文阳	4	章和（38、49），于鱼（45、59、50），许伯（91、121），夏鱼士（140）
	卞	1	孙伯（63）
	薛	2	族文（97），吴文（127）
山阳郡		2	陈元（124），谢和（130）

说明：1. 材料来源为《河北定县北庄汉墓发掘报告》所附《北庄汉墓题铭石块登记表》及拓片。2. 无籍贯信息的工匠未纳入统计。3. 籍贯仅记郡国名称的工匠列于各郡国县邑分类之后。4. 只记载工匠籍贯而未记工匠姓名或工匠姓名残缺的题铭，工匠名标示为"？"。5. 部分工匠籍贯只记有"鲁"，对此类刻铭暂作鲁县理解。6. 83 号墓石分别有"北平石鲁脩季"和"望都石鲁马次"两处题铭。

先看单父。36 号墓石题铭为“北平工梁国单父”，此题铭工匠名残缺，但工匠来自梁国单父县是没有问题的。《汉书·地理志》单父属山阳郡，《续汉书·郡国志》单父属济阴郡，均不属梁国。整理者称单父县属山阳郡，显然认为题铭“梁国单父”有误，故取信《汉书·地理志》的记载。事实上，东汉各县邑的隶属关系常常发生变更，而单父县确实曾归属梁国管辖。《后汉书·梁节王畅传》载建初四年（79）“徙（畅）为梁王，以陈留之郾、宁陵、济阴之薄、单父、己氏、成武，凡六县，益梁国”，同传复载永元五年（93）“削（梁国）成武、单父二县”。据此，单父县曾于建初四年至永元五年（79—93）归属梁国管辖。中山简王刘焉于永平二年（59）就国中山，永元二年（90）薨，则单父县归属梁国管辖时，正值中山简王在位时期，36 号墓石题铭恰好与史籍记载相互印证。刘焉墓营造之时，单父县为梁国辖县，而非山阳郡辖县。

再看平阳。78 号墓石题铭记载“北平平阳王解”，题铭记载该石料来自北平，而工匠是来自平阳的王解。整理者以为此“平阳”为《汉书·地理志》、《续汉书·郡国志》河东郡平阳县。但 24 号墓石同样为王解凿刻，其题铭为“北平石东平王解”。此题铭表明，王解为东平国人，而非河东郡人。其实，题铭中的平阳应为《汉书·地理志》、《续汉书·郡国志》山阳郡之南平阳。南平阳在东汉时期一度归属东平国管辖，《后汉书·东平宪王苍传》载永平二年（59）“以东郡之寿张、须昌，山阳之南平阳、橐、湖陵五县益东平国”。秦汉时期，常在相同的地名前加方位字以示区别，[①] 故南平阳本作“平阳”。这里举两个相似的例证，《汉书·地理志》、《续汉书·郡国志》东郡有东武阳县，而悬泉汉简记为“转卒东郡武阳东里宫赋”（87—89C：10）。[②] 又洛阳东汉刑徒墓砖 P4M7：2 所记“东平平陆鬼新董少”[③] 即《汉书·地理志》、《续汉书·郡国志》东平国东平陆县。由此看来，78 号墓石题铭所记“平阳”为东平国南平阳县无疑。

最后看山阳。124 号墓石题铭为“上曲阳山阳陈元”，整理者注释“山阳县名，属河内郡”。在这里，整理者把“山阳”视为河内郡山阳县。笔者以为，整理者的这一判断较为武断，在北庄汉墓墓石题铭中直接记载工匠所属郡国的情况也很常见，如 30 号墓石题铭“东平许叔北平石”、148 号墓石题铭“北平石梁国杖孺”仅记工匠所属郡国。而东汉时期有山阳郡，因此不能排除题铭“山阳”为山阳郡的可能。汉代的山阳郡与东平国、梁国、鲁国相邻，而东平国、梁国、鲁国为刘焉墓工匠的主要来源，笔者以为题铭“山阳”为山阳郡的可能性要更大一些。

现已明确单父属梁国，平阳属东平国，山阳为山阳郡，再加上前面提到上曲阳属中山国，则刘焉墓工匠除中山国外，全部来自梁国、东平国、鲁国和山阳郡。梁国、东平国、鲁国、山阳郡地域毗连，均在今河南、山东两省之间，[④] 说明刘焉墓外来工匠

---

① 华林甫：《中国历代更改重复地名及其现实意义》，《历史研究》2000 年第 4 期。

② 胡平生、张德芳：《敦煌悬泉汉简释粹》，上海古籍出版社 2001 年版，第 97 页。

③ 中国社会科学院考古研究所编：《汉魏洛阳故城南郊东汉刑徒墓地》附图 51，文物出版社 2007 年版。

④ 谭其骧主编：《中国历史地图集》第 2 册，中国地图出版社 1982 年版，第 44—45 页。

的来源地十分集中。这一现象对于我们探讨北庄汉墓墓葬形制渊源也许会有启发。

北庄汉墓墓葬形制的特点是利用大量凿刻石材垒砌墓墙，而在西汉晚期的中山国，还见不到类似的墓制。目前在定县境内发现的八角廊40号汉墓和三盘山汉墓，被确认为西汉晚期的中山王陵墓，两墓均为木质黄肠题凑墓。① 可以说，中山简王墓的墓葬形制在定县本地是找不到渊源关系的。

就目前的考古发掘来看，以石筑墓墙为特点的汉代诸侯王墓葬最早出现在今山东、河南两省交界地区，如山东巨野红土山汉墓，河南永城僖山一号墓、二号墓和窑山一号墓、二号墓便属于这一墓葬类型。② 红土山汉墓墓主被认为是西汉昌邑王刘髆，③ 而僖山、窑山两墓墓主可确定为西汉晚期的某两代梁王和王后。赵化成、高崇文两位先生提到，僖山汉墓“反映了诸侯王墓中一种新葬制开始出现”④。就北庄汉墓的营造形制来看，与红土山汉墓、僖山汉墓、窑山汉墓多有近似，而红土山汉墓、僖山汉墓、窑山汉墓墓石同样带有题铭，因此两者间应当存在渊源关系。⑤

在对北庄汉墓的形制源流进行考察后，其营造工匠主要来自梁、鲁、东平、山阳四郡国的现象便值得探讨了。笔者以为，以石筑墓墙为特点的诸侯王墓葬形制首先出现于西汉晚期的昌邑国（即东汉山阳郡）和梁国。从西汉梁王陵的考古发掘来看，元帝、成帝时期梁国已广泛采用凿刻石块垒砌墓壁的墓葬形制。除僖山汉墓、窑山汉墓外，僖山周边的梁国贵族墓也多采用这种墓葬形制。此后，以凿刻石块垒砌墓壁的墓葬形制逐渐由昌邑国、梁国流行于周边的东平、鲁等王国。至东汉初期，石筑墓墙的营造技术在梁、山阳、鲁、东平等地已经成熟。中山简王在营建陵墓时采用了石筑壁墙墓葬形制，因此从梁国、鲁国、东平国、山阳郡引进大量工匠参与王陵的营建，故北庄汉墓墓葬形制与僖山汉墓、窑山汉墓多有相似之处。如果笔者上述看法可以成立，则北庄汉墓墓石题铭对于研究东汉诸侯王墓葬形制的发展和流传是很有意义的。

另外一个值得注意的现象是，山东济宁东汉任城孝王刘尚墓墓石题铭所记录的工匠，也全部来自梁、鲁、东平、山阳四郡国。其中部分工匠的姓名与北庄汉墓墓石题铭工匠姓名相同，发掘者推测营建刘尚墓的部分工匠也参与了刘焉墓的修建。⑥ 如整理者所言不误，则东汉初年的梁、鲁、东平、山阳四郡国存在一批专业营造陵墓的工匠

---

① 河北省文物研究所：《河北定县40号汉墓发掘简报》，《文物》1981年第8期；河北省文物管理处：《河北省三十年来的考古工作》，载《文物考古工作三十年》，文物出版社1979年版。

② 阎根齐主编：《芒砀山西汉梁王墓地》，文物出版社2001年版；山东省菏泽地区汉墓发掘小组：《巨野红土山西汉墓》，《考古学报》1983年第4期。

③ 刘瑞先生认为红土山汉墓墓主为下葬于武帝建元五年（前136）的山阳王刘定。刘瑞：《巨野红土山西汉墓墓主新考》，《中国文物报》2008年2月29日第7版。

④ 赵化成、高崇文：《秦汉考古》，文物出版社2002年版，第86页。

⑤ 孙波先生提到：“（河南永城僖山一号墓）石筑石墙代替了木质黄肠题凑，演变成黄肠石墓。并且这一墓制为后世的东汉定县北庄刘焉墓、淮阳北关刘崇墓等沿用。”参见《西汉诸侯王墓的发现和研究》，载《汉代考古与汉文化国际学术研讨会论文集》，齐鲁书社2006年版。

⑥ 济宁市文物管理局：《山东济宁市肖王庄一号汉墓》，载《考古学集刊》（12），中国大百科全书出版社1999年版。

群体。①

三　东汉时期中山国疆域变迁

北庄汉墓墓石题铭所记录的地名，除去梁国、东平国、鲁国、山阳郡辖县，均在中山国境内，我们据此可以大致复原出中山简王时代的中山国疆域范围。

根据史书记载，中山简王刘焉于永平二年（59）就国中山，永元二年（90）薨，北庄汉墓墓石题铭所反映的地名信息应当是这一时段内的情形。另外，《续汉书·郡国志》中山国蒲阴县自注“本曲逆，章帝更名”，安憙县自注“本安险，章帝更名”，汉昌县自注“本苦陉，章帝更名”。在北庄汉墓墓石题铭中，安险、苦陉、曲逆皆未更名，整理者由此推定北庄汉墓的时代下限为汉章帝章和末年（88）。其实，对于这次更改地名，《水经注》有更为详细的记载。《水经·滱水注》曰：“汉章帝元和三年，行巡北岳，以曲逆名不善，因山水之名改曰蒲阴焉。”② 安险、苦陉、曲逆三县应同在元和三年（86）汉章帝北巡时，因“名不善”而被更名。北庄汉墓墓石题铭所反映的行政建制下限可进一步上推至元和三年。墓石题铭还多次出现“梁国”，梁国乃章帝建初四年（79）设置。不过，我们还不能据此认定题铭所反映的行政建制上限为建初四年，因为题铭中还多次出现“梁郡”，特别是工匠丁圣所凿刻的石料分别刻有“北平梁郡丁圣石”（6号）和“北平石梁国□郭丁圣”（99号），说明中山简王墓在建初四年以前已经开始营建，营建年代跨越了建初四年。③ 综合以上几点，北庄汉墓墓石题铭所反映地名信息的时代应在公元59年至公元86年之间。

通过梳理北庄汉墓墓石题铭所记录的县名，公元59年至公元86年的中山国辖有北平、望都、上曲阳、新市、卢奴、安国、曲逆、北新城、安险、苦陉、唐、毋极十二县。④（见图1）

《汉书·地理志》记录的中山国疆域是汉成帝元延三年（前10）的情形，《续汉书·郡国志》所记录的中山国疆域是汉顺帝永和五年（140）的情形。现在我们根据北庄汉墓题铭复原出公元59年至公元86年之间的中山国疆域，便可以此为契机来探讨东汉时期中山国的疆域变迁情况。

---

① 北京西郊东汉秦君墓石阙有刻铭“永元十七年四月卯令改为元兴元年其十月鲁工石巨宜造”。该石阙为东汉元兴元年（105）由鲁国工匠石巨宜所造，可窥见东汉初年鲁国石刻工匠在燕赵地区曾有广泛活动。北京市文物工作队：《北京西郊发现汉代石阙清理简报》，《文物》1964年第11期。另据陈根远先生研究，今陕北地区的东汉画像石墓葬形制也是通过鲁、山阳等郡国的工匠传入当地的。参见《陕北东汉画像石初探》，载《纪念山东大学考古专业创建20周年文集》，山东大学出版社1992年版。

② 各本《水经注》皆作“章和二年”。今按，章帝北巡在元和三年（86），故《水经注》“章和二年”应为“元和三年”之误。杨守敬已做改正。参见杨守敬、熊会贞疏《水经注疏》，江苏古籍出版社1989年版，第1081页。

③ 从墓葬的修建跨越了建初四年（79）这一情况来看，原发掘者有关北庄汉墓墓主为中山简王刘焉的看法当无疑义。

④ 《后汉书·中山简王焉传》载：“（永平）十五年，焉姬韩序有过，焉缢杀之，国相举奏，坐削安险县。元和中，肃宗复以安险还中山。”则明帝永平十五年（72）至章帝元和元年（84）中山国不辖有安险县。

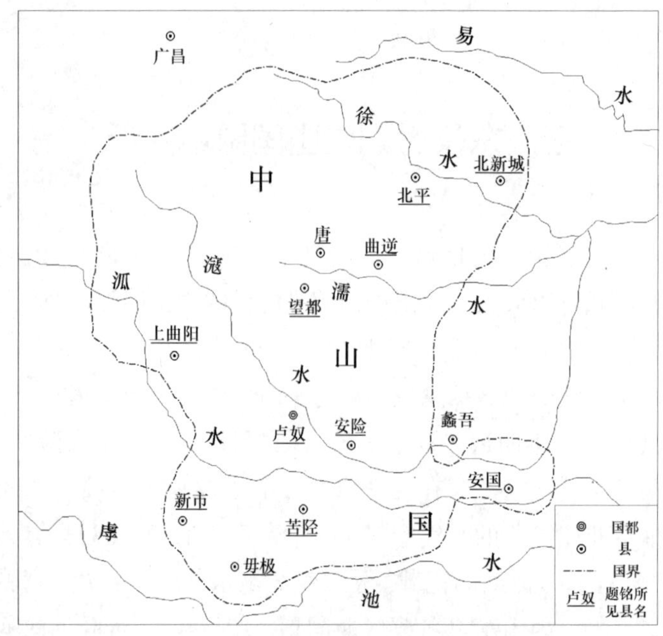

图1　中山简王在位时期中山国疆域范围

为方便讨论，现将《汉书·地理志》、北庄汉墓墓石题铭、《续汉书·郡国志》所记录的中山国辖县编制成表（见表2），以便于稍后做进一步的分析。

表2　　　　中山国疆域变化（公元前10年—公元140年）

地理志	卢奴	北平	北新城	唐	苦陉	安国	曲逆	望都	新市	毋极	安险	深泽	新处	陆成			
北庄墓石题铭	卢奴	北平	北新城	唐	苦陉	安国	曲逆	望都	新市	毋极	安险				上曲阳		
郡国志	卢奴	北平		唐	汉昌	安国	蒲阴	望都	新市	毋极	安憙				上曲阳	广昌	蠡吾

根据表2，我们可以对公元前10年—公元140年的中山国疆域变迁情况进行探讨。通过对比《汉书·地理志》和北庄汉墓墓石题铭所反映的中山国疆域，可以看到《汉书·地理志》中山国所辖深泽、新处、陆成三县没有出现在北庄汉墓墓石题铭中，说明三县在中山简王在位时期已经撤销。李晓杰先生推测深泽、新处、陆成三县在建武六年（30）六月光武帝“并省四百余县”时被撤销，① 现在看来这一观点是可以成立的。

在北庄汉墓题铭中多次出现上曲阳，为陵墓石料和工匠的主要来源地，辅之以元

① 本节所引述李晓杰先生观点，俱出自《东汉政区地理》，山东教育出版社1999年版，第91—93页。以下不再注明出处。

和三年（86）汉章帝巡幸中山国时派使者前往上曲阳祭祀北岳之事，可以明确至迟公元86年上曲阳县已经由常山郡转属中山国管辖。李晓杰先生认为上曲阳县于建初四年（79）改属中山国，现在看来是有可能的，但也不能排除上曲阳县于建初四年以前改属中山国的可能性。

通过对比北庄汉墓墓石题铭和《续汉书·郡国志》所反映的中山国疆域，可以考察公元86年至公元140年中山国疆域变迁情况。

在《续汉书·郡国志》中，北新城为涿郡辖县，李晓杰先生推测北新城由中山国转属涿郡在建武三十年（54）以前。而北庄汉墓墓石题铭仍有北新城，则说明中山简王在位时期北新城属中山国管辖，北新城转属涿郡当在公元86年至公元105年之间。①

《续汉书·郡国志》中山国广昌县自注“故属代郡”。关于广昌县由代郡改属中山国的时间，李晓杰先生推测在建武二十六年（50）。但在北庄汉墓墓石题铭中却不见“广昌”，可见中山简王在位时期广昌县不属中山国管辖，广昌县改属中山国当在公元86年以后。

《续汉书·郡国志》中山国辖有蠡吾侯国。《后汉书·河间孝王开传》载永建五年（130）“（刘开）上书，愿分蠡吾县以封翼（刘开之子——笔者注），顺帝从之”。据此，蠡吾县本河间国地，永建五年因分封河间王子侯国而别属中山国。北庄汉墓墓石题铭无蠡吾之名，可证史籍记载之可信。

由此，我们可以大致勾勒出公元前10年至公元140年中山国疆域沿革。汉成帝元延三年（前10），中山国辖十四县。建武六年（30），汉廷省并深泽、新处、陆成三县。建初四年（79），上曲阳县由常山郡改属中山国管辖。故中山简王在位时期，中山国辖有十二县。汉和帝永元元年（89）至汉顺帝永和五年（140）之间，中山国北新城县改属涿郡，广昌、蠡吾两县分别由代郡、河间国来属。至永和五年中山国辖有十三县。

（作者单位：复旦大学中文系）

① 《后汉书·孙程传》：“孙程字稚卿，涿郡新城人也。安帝时，为中黄门。”李晓杰先生称：“（孙程）生当在和帝时，故可知北新城至迟已在和帝时由中山别属涿郡。”据此，北新城由中山国转属涿郡的时代下限当在和帝元兴元年（105）之前。

盛唐“平定河北之役”的历史地理考察

穆渭生　文　嘉

“安史之乱”（755—763）是李唐王朝盛极而衰的重大转折。众所周知，战争既是交战双方军事、经济实力的抗衡，也是双方决策指挥集团斗智斗勇的过程。对于其时“综合国力”鼎盛的唐朝来说，平定河北明显拖延稍久——原本应有另一种结局。虽然历史不能“假设”，但这却是治史常用的思维方法。本文运用“逆向思维”，遵循古代兵家“天时、地利、人和”之通论，寻绎唐朝中枢战略指挥的明显“破绽”，并解读其背后的奥秘所在。

一　河北道地理形势与交通概况

（一）河北道南部地理形势

盛唐的河北道，辖有25个州府，东并大海，南迫黄河，西距恒山、太行，北通渝关、蓟门，“远夷则控契丹、奚、靺鞨，室韦之贡献焉”①。揆诸今地，包括北京市、天津市、河北、辽宁大部，河南、山东古黄河以北地区。大致以北京北面的燕山山脉（东西走向）为界，南部为正州，北部和东北部多为羁縻府州。

今华北平原北部（海河平原）地势，西北高而东南低。北部的高原习称“坝上”，为内蒙古高原南部，包括张家口、承德等地；山地多分布在西、北部，主要是连绵于西部的太行山、北部的燕山；平原位于南、东部，海拔平均300米以下，主要由黄河、海河及其支流冲积而成，地势低平。②

唐代的河北道与河东道（今山西省、河北西北部内外长城之间地区），以太行山为界。太行山西南起于黄河北岸，向东北蜿蜒与北京北面的燕山相接，南北纵峙，使得山西高原与河北平原的界面十分清楚，从平原西望，山势格外高耸挺拔，也是东西交通的巨大障碍。

---

① 《唐六典》卷3《户部》，陈仲夫点校，中华书局1992年版，第66—67页。

② 河北平原自西向东，分为山前冲积、洪积平原；中部冲积平原，地势坦荡，有洼地和缓岗交错；东部滨海平原，地势低平，排水不畅，土壤盐化严重。

太行山北起拒马河谷，由太行、五台、太岳、中条诸山组成，海拔1000米以上，最高超过2000米。其山势北高南低，西坡迂缓而东坡陡峻，受河流切割而形成的多条东西横谷（陉）为交通必由之路，有所谓“太行八陉”：轵关陉（豫济源市西北）、太行陉（豫沁阳市西北）、白陉（豫辉县市西北）、滏口陉（冀磁县西北。滏水源于滏山，沟深路险，自古为邺城西出要道）、井陉（冀井陉县西）、飞狐陉（冀蔚县东南）、蒲阴陉（冀易县西北）、军都陉（北京昌平西北）。

（二）内外交通路线

古代北方地区战争形态的基本特征有：冷兵器（刀、矛、弓、弩等，杀伤范围小），以步、骑为主要兵种，空间上平面展开（步战、骑战、步骑协同作战，野战与攻坚等）。因此，交通路线（尤其是关隘、津桥等）的军事地理价值特别突出。由此以观，河北道平原地区的南北水（永济渠连接黄河，北通幽燕）陆交通，畅达无碍；但与河东道之间，却因太行山阻隔而呈现“仰攻”态势，在战略上处于不利地位。

自太行山东麓至于大海，皆为平原广野，河流湖泊交错分布。自渤海湾西至保定地区，在唐代尤多水泽、沮洳之地，不便于车骑通行。所以，保定南北一线交通，靠近太行山麓。其沿线的古老城市如安阳、邯郸、邢台、中山（定县）、易县、幽州等，便是明证。河北道中部平原地区的纵向交通线，取幽、莫、瀛、深、冀、贝、魏、卫州而行。

盛唐的范阳节度使治所幽州（今北京市西南）南距东京洛阳1680里（唐里，下同），距西京长安2523里。[①] 自幽州至洛阳的官驿大道，循太行山麓西南行、渡过黄河。而通往长安的道路，则以取太行山“井陉道”经太原府最为近便。[②] 在“安史之乱”中，此道用兵最为频繁。

通过“安史之乱”中的军事行动，能更实际地了解河北道的内外交通状况。当安禄山起兵反叛、制定进攻方略时，其部将何千年建议“四路进兵”：①由高秀岩带3万兵出振武（今内蒙古前套）攻击朔方（今宁夏吴忠市），并诱使河套诸蕃部落南攻盐、夏、鄜、坊等州，从北面（今陕北、陇东）进逼关中。②由李归仁、张通儒带2万兵取道云州（今山西大同市）南下，经雁门关（今山西代县西北）攻取太原，再南下蒲津关（今山西永济西蒲州镇），夹攻关中。③由安禄山带5万兵沿太行山麓大道南下，取河阳津（今河南孟州市）渡河直指东京洛阳。④由蔡希德、贾循带2万兵渡海南下，攻取淄（今山东淄博）、青（今山东益都）等郡，动摇江淮地区。[③] 但这个建议未被采纳。安禄山贪婪垂涎的是洛阳、长安的繁华富庶，宫室珍宝，并急于南面称帝。

---

① 《通典》卷178，中华书局1988年版，第4709页。

② 《元和郡县图志》卷17《河北道二》，中华书局1983年版，第478页。自幽州西南行至恒州（今河北正定县），“西取太原路至上都（长安）1760里，西取井陉路至太原府500里”。

③ 《新唐书》卷225上《安禄山传》，中华书局1975年版，第6417页。

按：何千年建议的第一、第二路，是从幽州西北方向取妫州（今河北怀来东南）即桑干河谷而行，一路经云中继续向西、再向南，一路折而南下取代州（今山西代县）雁门关指向太原。自幽州西北取妫州路，折西南经蔚州（今山西灵丘县）、代州、太原府，也是通往长安的一条大道。[①] 从宏观战略着眼，这个计划庞大，攻击方向多、路程远而兵力分散。但从战乱初期的情势逆推：其第三、第四路能够奏效，第二路奏效的可能性较大，第一路会遭遇朔方军阻遏而不易奏效。

安禄山实施的进兵方略如下：①以贾循守范阳，吕知诲守平卢（营州）；高秀岩守大同军（今山西朔县东）防范太原方向；以刘道玄为海运使守景城（今河北沧州市西），利用永济渠输送军需资。②以主力军10万余迅速南下，至常山郡（恒州，今河北正定县）后，分出一支精兵堵塞井陉口，阻挡唐军从太原方向东下、威胁其侧背及后方交通线；命平原郡（德州，今山东陵县）太守颜真卿防守德州至博州（今山东聊城）一带黄河，掩护永济渠运输线。③主力军自滑州（今河南滑县东）、卫州（今河南卫辉市）渡过黄河，连陷汴州、洛阳，然后分三路，一路向西进攻潼关，一路自汴州向东南进攻江淮地区，一路向南进攻江汉地区，企图切断唐朝依赖的东南财赋供给线。[②]

（三）军事战略要地

从用兵捷径和战略控制上着眼，太行山东麓的恒州、定州（今河北定州市）及其以东的瀛州（今河北河间市）、冀州（今河北冀州市）、贝州（今河北清河县西北），具有突出的军事地理价值。

恒州、定州为河北道后方交通线之侧背。恒州北控燕蓟，南通河洛，西有井陉之险（交通咽喉）。故安禄山过定州，即分兵把守井陉口。定州在恒州东面，川陆流通，联络表里，据恒、冀之肩，控范阳之肘腋，向西北取飞狐道[③]可指河东道之蔚州、代州、云州（今山西大同市），向东可以兼瀛州、沧州（今河北沧县东南旧州镇）。

瀛、冀、贝三州南北相连，北拱幽州，为水陆交通（饷道）所经行，陂泽沃衍，川原富饶，宜于耕植，东近海滨，转输鱼盐以供军需。尤其是贝州当永济渠之中继站，结集江淮、河南地区钱粮布帛以供北方边军，有“天下北府”之称。当安禄山叛乱时，

---

① 严耕望：《唐代交通图考》第5卷，上海古籍出版社2007年版，第1366—1367页。

② 唐朝防卫汴河水运和江淮地区的军事要地有雍丘（今河南杞县）、睢阳（宋州，今河南商丘市南）；防卫淮汉、江汉以许州（今河南许昌市）、邓州（今河南邓州市）为要地。邓州（南阳郡）当荆、襄和关、洛地区的交通孔道，南蔽荆襄，北控汝洛，西控商洛，山高水深，舟车辐泊，有陆海之称。今豫西南的南阳盆地，东、北、西三面环山，为向南开口的扇形山间盆地，南面与江汉平原相连，东北方有方城县缺口与许州（即华北平原）相通。

③ 飞狐道，自汉魏以降的交通要道。在今河北涞源县、蔚县之恒山峡谷中，飞狐口即今蔚县东南恒山峡谷口之北口。向东北通往河北怀来、北京市，向西北通山西大同市（唐代云州）、西南通山西代县（唐代代州）。至唐代有两路：一为旧道，自飞狐县（今涞源县）北入妫州怀戎县（今怀来县东南怀来镇）；一由飞狐县西南循唐河谷道西出灵丘县（今山西灵丘县），即与飞狐旧道之南段接通的灵丘道。由代州—蔚州—定州即取此道。

"北府"存有粮30余万斛（一斛为十斗）、布300余万匹、帛80余万匹、钱30余万缗（一缗为千文）、甲兵器械50余万事（件）。①

按：井陉道与恒、定二州之所以成为李光弼、郭子仪与叛军竭力争夺之地，就是因为这里地势较高，出井陉道而东下，可以横断河北，致使叛军首尾不能相顾。

二　三个"流产"的平叛方略②

盛唐"平定河北"可分为三个阶段：第一阶段自天宝十四载冬至次年夏（755—756），相关战事有李光弼、郭子仪东下井陉，唐军嘉山大捷；潼关失守，李、郭西退河东。第二阶段自至德二载至乾元二年夏（757—759），相关战事有史思明降而复叛；唐军九节度兵溃相州（今河南安阳市）。第三阶段自宝应元年至广德元年春（762—763），相关战事有雍王（即德宗）挂帅出征；仆固怀恩奉旨招降河北。以下但叙唐朝平叛方略，显示平定河北的战略指挥得失。

（一）"固守潼关，进军河北"的中断

安禄山起兵反叛，唐朝中枢仓促应对、调整的防御部署，以及唐军的战况如下：

（1）派遣特进毕思琛赴洛阳、金吾将军程千里赴河东，就地招募兵众，组织训练，以御叛军。程千里进屯潞州（今山西长治市），防守太行山之壶关—崞口道（即滏口陉），相机东进，威逼洺州（邯郸）、相州（安阳）、怀州（今河南沁阳市），牵制叛军之侧背。派遣羽林大将军五承业镇守太原。派遣卫尉卿张介然镇守汴州（今河南开封），但很快失守、殉难。

（2）派大将军封常清赴洛阳，募兵设防；以大将高仙芝守陕州（今河南三门峡市西），为封常清后援。二人很快皆告失守，合兵退保潼关，旋以兵败失地皆被问斩；改由哥舒翰坐镇潼关（紧急征调陇右、河西两镇边军③）。

（3）擢升朔方军将领郭子仪为本镇节度使，率军由河套地区东进，连克静边军（今西右玉县西北右卫镇故城④）、马邑（今山西朔县东北），打开东陉关（今山西代县东北）道路，与太原王承业相声援。天宝十五年（756）二月，河东节度使李光弼率1.3万兵力东下井陉，进军河北；四月，郭子仪又东下井陉，增援李光弼（合兵约10

---

① 《通鉴》卷217，中华书局1956年版，第6957—6958页。

② 穆渭生：《郭子仪评传》，三秦出版社2000年版；台湾三军大学"中国历代战争史编纂委员会"：《中国历代战争史》第9册，军事译文出版社1983年翻印本；严耕望：《唐代交通图考》第5卷，非有考辨，不详注。

③ 据《通典·兵典总序》："……哥舒翰统西方二师（陇右、河西镇兵），安禄山统东北三师（平卢、范阳、河东镇兵）……于是骁将锐士，善马精金，空于京师，萃于二统，边陲势强既如此，朝廷势弱又如彼……"按：在盛唐的边疆十道节度使镇兵中，以哥舒翰、安禄山两大军事集团的兵力最为雄强。哥舒翰所统二师有兵14.8万，战马3.54万匹。安禄山所统三师有兵18.35万，战马2.6万匹，占全国十道边兵的37%，战马的33%。

④ 靳生禾、谢鸿喜：《唐收复静边军之战场考察报告》，载陕西师范大学西北环发中心编《历史环境与文明演进——2004年历史地理国际学术研讨会文集》，商务印书馆2005年版。

万），连续攻克九门、赵郡（今河北赵县）等地；五月末于嘉山（今河北曲阳县东）大败叛将史思明等，歼敌4万余。叛军在河北道一时路绝。

（4）与李、郭东下井陉的同时，河北道东南以颜真卿为盟主的“敌后抗战”也展开攻势，连收魏州（今河北大名县东北）、冀州，形成南北呼应之优势。

（5）南阳节度使鲁炅率5万民兵，驻守河南道汝州叶县（今河南叶县西南）；颍川郡（许州）太守来瑱固守城池，阻遏叛军南下江汉。真源县（今河南鹿邑县）令张巡等拒敌于雍丘（今河南杞县），阻遏叛军南下江淮。

（6）哥舒翰在潼关上奏：叛军远来利在速战，我军据险利在坚守。郭子仪与李光弼也联名上奏：固守潼关，不可轻出；进取范阳，覆其巢穴。①

综观当时战局，哥舒翰坐守潼关，李、郭以偏师进击河北，唐朝已基本稳定阵脚，局部转入反攻。河南道诸郡形成有效防御，叛军仅据洛阳、郑、汴数州，安禄山极为忧惧，准备放弃洛阳，回保范阳。②

但是，如此有利的战局形势，却因唐玄宗和宰相杨国忠的“瞎指挥”，被轻易地葬送掉了。是年六月四日，哥舒翰在严诏催逼下，捶胸痛哭，开关出战；六月七日，与叛军相遇在河南灵宝西原，遭伏击而溃败，哥舒翰退回潼关，被部下番将劫持投降叛军，潼关南北两翼的防线土崩瓦解。六月九日，叛军轻取天险雄关。十三日黎明，唐玄宗一行仓皇离京西走，入蜀避难。十七日，叛军进占长安。在河北前线的郭、李大军闻讯后，西撤河东，暂守太原。

解读潼关失守的原因，有以下诸端：①唐玄宗不谙军情（特别是低估叛军的战斗力），盲目乐观，企图速战取胜。更深刻的政治原因则是安禄山叛乱之后，对哥舒翰等大将（节度使）不敢再完全信任。如听信监军宦官边令诚谗言，斩封常清、高仙芝于潼关；而哥舒翰挟私诬陷、致原朔方节度使安思顺被冤杀，已有恃兵乘危“要君”之嫌③——潼关距长安仅300里路，平坦无险，轻骑兵一日可达，倘若哥舒翰也心生叛逆，后果不堪设想。再者，宰相杨国忠既不懂军事，又与哥舒翰有矛盾，极为担心其手握重兵，于己不利。于是，为保其权位，便屡进谬说谗言，逼迫哥舒翰引兵出战。此所谓“国贼”者，不惜举国事以徇私利。②哥舒翰指挥失误。守关唐军号称20万，实以哥舒翰曾长期统领的陇右、河西两镇边兵为主力，骑兵较多，长于野战。而叛军中的奚、契丹族战士，习于山谷之战；叛将崔乾佑利用山原隘道，预先设伏，以逸待劳，又佯败引诱唐军进入圈套。双方接战之后，哥舒翰先是乘船在黄河中流遥望指挥，后又登上北岸高岗“遥控”。盛夏六月，灵宝西原树林茂密，如此远距离指挥，又岂能临机决断，应变制敌！③唐军虽居优势，但军纪涣散，士气低落，实不堪一击。当时，哥舒翰因患风疾（偏瘫）不能亲躬军务，由行军司马田良丘代理，不能专决大事；分统骑、步兵的王思礼与李承光，争权不和，军令无法统一。而哥舒翰治军严厉，素来

① 《新唐书》卷136《哥舒翰传》，中华书局1975年版，第4572—4573页。

② （唐）姚汝能：《安禄山事迹·卷中》，中华书局2006年版。

③ 穆渭生、乔潮：《盛唐大将安思顺生平事迹钩沉》，《唐都学刊》2011年第6期。

不恤士卒。[①] 因而前军失利，后军争先逃命，顿成全线溃败，不可收拾。倘若军纪肃明，士气振奋，部勒细致周全，即使接战失利，退回潼关仍可继续坚守天险，阻挡叛军西进。

而潼关失守，玄宗离京西逃所造成的严重影响，有如下数端：①整个平叛战局急转直下，前功尽弃；20余万大军溃败，逃散者已经难以收拢聚集；唐军士气沮丧，而叛军气焰嚣张。②玄宗西逃，朝廷播迁，致使全体军民的抗敌精神意志遭受重挫，京城官吏纷纷逃命，士民多离乡避难。③唐朝中枢权力之争、中央与地方的矛盾等发展恶化，“同仇敌忾”的上下团结无由再造。其后发生的“马嵬事变”，太子（肃宗）分道北上灵武（今宁夏吴忠市）、另立朝廷，便是明证。④唐军有生力量遭受严重损失，而肃宗借回纥兵犹如“饮鸩止渴”，平叛时日拖延，遗患于数百年之后。

（二）李泌“灵武献策”的搁置

天宝十五年（756）六月，潼关失守，玄宗离京西走至金城县（今陕西兴平县）西，发生“马嵬事变”，宰相杨国忠、贵妃杨玉环等被护驾禁军杀死。太子李亨乘机分道北上灵武，于七月中旬自行称帝（史称肃宗），改元“至德”，以兴复国家为己任。同时，派人前往颍阳（今河南登封西南）访召其“东宫旧臣”李泌至灵武，参谋平叛军政方略。

当时，叛军占据着长安、洛阳，李泌的“灵武献策”如下：①令李光弼自太原出井陉，横击叛军后方。②令郭子仪自同州（今陕西大荔）渡河取蒲州，牵制东西两京的叛军。③肃宗进驻关中西部扶风郡（岐州，今陕西凤翔县），东逼长安。以上三路唐军，皆不以攻占城池为急务，伺机进攻，消耗叛军生力，疲其士气。④明年春，以建宁王（肃宗第三子）为范阳节度大使，并塞北出，即从范阳西北方向的妫州、檀州（今北京密云）发起攻击，与李光弼南北响应，覆灭叛军巢穴。然后各路大军发起总攻，收复两京。[②]

按：李泌之献策，与“固守潼关，进击河北”的方略基本相同。自古以来，两面（线）作战，左右招架，乃兵家之大忌；而多面攻击，乃克敌之“上策”。

至德二年（757）正月，叛军发生内讧，安禄山被其子安庆绪杀死，导致叛军上层出现严重分裂。但是，肃宗却未能充分利用这一有利情势。二月，驾至凤翔后，李泌奏请实施“灵武献策”，而肃宗决意先以强兵收复长安、洛阳。李泌再三陈说利害缓急：以大军直取西京，必会得之，但非长远之计，叛军之生力仍在，战事势将拖延期限。肃宗曰：“朕切于晨昏之恋，不能待此决［策］矣。”[③] 而此后数年的战局进程，

---

① 著名边塞诗人高适当时正在哥舒翰幕府，于战后上《陈潼关败亡形势疏》，痛陈失败原因：“仆射哥舒翰……疾病沉顿，智力将竭。监军李大宜与将士约为香火（结拜），使倡妇（乐妓）弹箜篌、琵琶，以相娱乐，樗蒲（赌博）饮酒，不恤军务。蕃军及秦陇武士，盛夏五六月，于赤日中食仓米（陈米）饭，且犹不足。欲其勇战，安可得乎。”（《全唐文》卷357）又据《新唐书·哥舒翰传》：玄宗曾派宦官至潼关慰劳士卒，赐袍服10万件，而哥舒翰竟全部封藏于库中，及通关失守，尚封锁如故。

② 《新唐书》卷139《李泌传》，中华书局1975年版，第4633—4634页。

③ 《通鉴》卷219，中华书局1956年版，第7018页。

果如李泌所料。

按：肃宗所谓“晨昏之恋”，就是尽快收复长安，迎回太上皇（玄宗）。其深层政治原因，首先是“灵武即位”虽为顺应危难形势，但毕竟属于“抢班夺权”，因而急于收复长安，迎回太上皇，告祭宗庙，正位京城。倘若玄宗继续滞留剑南成都府，肃宗的皇位能否坐稳还成问题。因为，上年末就发生了江陵大都督永王李璘（玄宗第十六子）欲效“东晋故事”的未遂事变。① 而永王统领东南四道节度使，正是玄宗在入蜀途中任命的。所以，早日迎回太上皇，就能消除事实上的“两个朝廷”，了却心腹忧患。其次是同乃父一样，不敢完全信任带兵的诸道节度使。②

对于李泌献策被搁置，胡三省指论曰：“使肃宗用泌策，史思明岂能再为关、洛之患乎！”③

（三）上元元年九月制命的夭折

肃宗乾元二年（759）三月，唐军九节度使20余万大军兵败相州（今河南安阳）。四月，史思明杀死安庆绪，自称大燕皇帝，重新控制了河北。九月，史思明又攻陷洛阳，继攻陕州，威逼关中，平叛战局又发生重大逆转。有赖李光弼以劣势兵力，坚守洛阳东北面的战略要地河阳津渡达一年之久，牵制叛军不能轻易进攻关中。

上元元年（760）九月二十一日，肃宗颁布制命：“（郭）子仪统诸道兵自朔方直取范阳，还定河北，发射生英武等禁军及朔方、鄜坊、邠宁、泾原诸道蕃、汉兵共七万人，皆受子仪节度。”但是，“制下旬日，复为鱼朝恩所沮，事竟不行”。胡三省云：“使郭子仪果总兵向范阳，则史思明有内顾之忧，李光弼成夹攻之势，必无邙山之败矣。郭、李成功，则又必无树置河北诸帅之祸矣。”④

按：此道制命所谓“取邠、庆、朔方路，过往收大同、横野、清夷，便收范阳及河北”⑤，是仍拟实施李泌“灵武献策”，复为大宦官鱼朝恩阻挠而夭折。⑥

三 代宗平定河北之方略

肃宗上元二年（761）三月，叛军再次发生内讧，史思明被其子史朝义杀死，致使叛军分崩离析，实力大为削弱。但是，唐朝也是困弊异常，国家府库无蓄积，加之肃

① 《唐会要》卷5《杂录》，上海古籍出版社2006年版，第71页；《旧唐书》卷107《玄宗诸子·永王璘传》，中华书局1975年版，第3264—3266页；《旧唐书》卷111《房琯传》，中华书局1975年版，第3322页。

② 肃宗至德元年（756）十月，以宰相房琯统兵5万进取长安，但惨败于咸阳东面的陈涛斜。据两《唐书·房琯传》，房琯虽有吏干之能，但未尝习军旅之事，用兵非其所长，而善大言高论，好纸上谈兵。肃宗为何不用建制完整且战斗力较强的朔方军？这是不信任郭子仪、李光弼等大将的明证。

③ 《通鉴》卷219，中华书局1956年版，第7008—7009页。

④ 《通鉴》卷221，中华书局1956年版，第7096页。

⑤ 《唐大诏令集》卷59《郭子仪都统诸道兵马收复范阳制》，上海商务印书馆1959年版，第317—318页。

⑥ 严耕望：《唐代交通图考》第5卷，上海古籍出版社2007年版，第1392—1493页。

宗皇帝久病难愈，不能立即实施大规模的战略反攻。

宝应元年（762）四月，玄宗、肃宗相继驾崩，代宗即位称帝。十月，以雍王李适（德宗）为天下兵马元帅，统率诸道节度使与回纥兵从陕州出征，以仆固怀恩父子为先锋，连战皆捷，从汴州、滑州、卫州、相州方向一路追击史朝义直到幽州，迫其穷途自尽，安史之乱宣告平息。

黄永年先生指出：平定河北，有两点值得特别注意，一是主要依靠仆固怀恩父子统率的朔方军等。二是打击目标集中在史朝义身上，咬住不放，直至歼灭；而对于叛军中的实力派田承嗣、李怀仙等，只要归降，便安抚之，因为叛军势力不弱，舍此别无良策。所以，整个战役只用了不到五个月就告成功。当然，这个总体方略是由代宗确定的，怀恩父子只是依诏行事的执行者。①

四　结语

《孙子・地形篇》云：“夫地形者，兵之助也。料敌制胜，计险恶远近，上将之道也。知此而用战者必胜，不知此而用战者必败。”从单纯的军事地理角度观察，唐朝平定河北，由河东道进击河北，在地势上乘高而下，在交通上控制优势；由井陉道东下，可以横断河北，使叛军首尾不能相顾；由代北取桑干河谷东进，可直捣叛军巢穴范阳；再加上由滏口道（太行壶关—崞口道）东下，由潼关一路东进，就能将叛军分割为数段，使其处于各自孤立无援之绝境——这是“纸上谈兵”的最佳方略。而当时唐朝是否具有这样的军事实力呢？回答是肯定的。

第一，安禄山叛乱之时，身兼范阳、平卢、河东三镇节度使（即“东北三师”），总兵力为18.35万人，战马2.6万匹。但安禄山于天宝十年（751）二月始兼河东节帅，时间较短，故河东镇兵并非完全为其所用。② 其中被安禄山控制的只是雁门关以北的大同军、云中守捉和横野军，③ 共计有兵力2.5万人，战马8500匹。如此，则安禄山实际掌握的三镇兵力为15.35万人，战马2.05万匹。

第二，唐朝在潼关失守前，征调所及的朔方、陇右、河西与河东大部分兵力，总计为24.27万人，战马4.98万匹。从数量上明显居于优势。虽然叛军中的奚、契丹族将士战斗力较强，但唐朝任用将帅得人，仍足与叛军抗衡。李光弼、郭子仪统率朔方军在河北大败史思明就是明证。

由是以观，唐朝中枢决策者对上述“最佳方略”非不知也，乃不用也。以致潼关

---

① 黄永年：《六至九世纪中国政治史》，上海书店出版社2004年版，第341—343页。

② 天宝十年（751）二月初，安禄山始兼云中郡（云州，今山西大同市）太守、河东节度使。至十四载（755）十一月反叛时，先派其部将何千年、高邈带奚族精骑20人，以“献射生手”为名，乘驿赴太原，将太原尹、节度副留守杨光翙劫持，押至河北定州杀害。

③ 安禄山起兵时的部署之一，就是命别将（大同军使）高秀岩守大同军（今山西朔州市东北，管兵9500人，马5500匹），防备太原方面的唐军。是年十二月，郭子仪统率朔方军东进的路线为：攻拔静边军、云州、马邑（今山西朔州市东北马邑镇）、大同军，打开东陉关通路。

失守之后，肃宗征调兵力更远及于安西（今新疆境内）；并三借回纥骑兵，遗患甚烈。

《孟子·公孙丑下》云：“天时不如地利，地利不如人和。”而“天时”有常（规律），“地利”恒静（静态），“人和”（内部团结，民心所向）难得，三者的有机契合，以“人和”为关键。唐朝平定河北之役的“庙算之不臧”，根本原因就在失“人和”耳；战事延宕，皆因最高统治者“私己之心”作祟所致也。此虽老生常谈，亦千古殷鉴矣。

（作者单位：陕西学前师范学院历史文化与旅游系）

清代燕赵地区民风初探

陈新海

清人昭连《啸亭杂录·德济斋夫子》："人心为风俗之本，未有人心浇漓而风俗朴厚者。今世不患乏才，而患人心之不复古，非讲学无以明之。"① 民风淳朴是历代封建统治者所追求的"天下大治"的社会标准，故而，各级地方官吏对当地民风都非常重视，各地方志中都留下了有关民风的记述。本文以同治《畿辅通志》卷71《舆地二十六·风俗》为基础，探讨清代燕赵地区的民风文化的地域特征，并对"自古多慷慨悲歌之士"的燕赵民风文化的千年传承演化进行检讨。

一　方志中有关清代燕赵民风的记载

本文所用方志以同治《畿辅通志》及台湾成文出版社有关河北地区的方志为主。从同治《畿辅通志》卷71《舆地二十六·风俗》中所引资料可以看到，至清代燕赵地民风大致可分为三大类：一是民风尚武；二是读诗书，有慷慨之节气；三是好耕稼，民风朴质（见表1、表2、表3）。

表1　　**清代燕赵地民风资料分类统计之一**

类别	县域	民风	资料出处
民风尚武	宣化	山高水深风劲气寒，人性勇健，喜敦信义，故多贞烈之节。士流以简亢自恃武弁，以侈华相竞。	旧宣镇志
		文士自视甚高，不轻下人，不伸说不辍，能谦受者盖寡。	宣化府志
	西宁	民间率重诗礼与关内彷彿，但边风刚劲，习武者多。	西宁县志
	万全	文武士人皆持重，不肯毁名节，内外坦白，心无畛畦，轻财好施，无悭啬之习。	万全县志
		人以气岸相尚，喜则倾心，怒则视剑。	西路旧志
	赤城	奉圣之民，习于兵农安于勤苦，不为浮华之行。	龙门县志
		地极高寒，霜雪偏早，农业之暇聚族讲武，近被学校之化，渐有中州之风。	北路旧志

① （清）昭连撰，何英芳点校：《啸亭杂录》卷2《德济斋夫子》，中华书局1980年版。

续表

类别	县域	民风	资料出处
	卢龙	人多刚猛而尚才勇，士好礼让。嘉靖以降，朴变而巧，野变而文，谨约变而夸诈，四民之习骎骎乎异矣。	卢龙县文庙碑记
	新城	俗薰京兆之华，带塞垣之武。	新城县志
	冀州	质厚少文气勇尚义号为彊忮。	冀州志
	衡水	衡介于燕赵之间，多慷慨。	衡水县志
	献县	武风甲于河郡，故数有魁，多士者。	献县志
	沧州	士尚气节习于诗书尊吏畏法耻事斗讼。	沧州志
	清河	清河以平干尾邑，僻处河滨，壤接山东，地多斥卤，惟侠烈之气，远过邻封。	清河县志

表2　清代燕赵地民风资料分类统计之二

类别	县域	民风	资料出处
读诗书，有慷慨之节气	北京地区	士人文雅沉鸷而不狃于俗，感时触事则悲歌慷慨之念生，犹然燕丹遗烈。	顺天府志
	通州	喜声名者有雄杰之风，好诗书者，多慷慨之致。	通州旧志
	顺义	使气仗节擅桀骜之风，好斗轻生间剽悍之俗，读慷慨悲歌之序，知燕赵之挺雄才，咏风潇水寒之歌，识幽燕之多壮士。	顺义县志
	固安	缙绅先生抗言励志，犹有古风。	固安县志
	文安	执正不阿，追燕市悲歌之节，有赵人慷慨之风。	文安县志
	山海关	士习诗书，谈气节，少所许可。	临榆县志
	唐县	贤者多威稜尚气节，踔厉自将，无龌龊依违之气。……山居之民力本耐劳，习尚俭朴，士无鲜衣，女无冶容，居无丹垩地，有陶唐遗风。	唐县志
	完县	缙绅最为清雅谦冲、光明正大，青衿中多循循谨饬，不尚奇诡，故文雅静谧者多而嚣躁者不数见焉。	完县志
	望都	章甫华胄，盖古仁让之域。	望都县志
	高阳	风土深厚，民性朴质，多忠信义烈之士。	高阳县志
	定州	唐建学以教民，文士辈出，宋为重镇，韩忠献公增修学校以化导之，苏文忠公复莅斯土，人渐于其化，兼习文武。……俗敦纯朴，人务农桑，有勤俭之风，多慷慨之气。	定州志
	石家庄地区	风物蕃衍，地广气豪，人习文则其质彬彬，习武则其气赳赳，大有赵胜鲁连之风。	正定府志
	正定	缙绅先生抗言励志，好尚儒学，尤有先古遗风。	正定县志
	无极	龙冈蟠拱于后，滋水带绕于前，风气攸萃，礼义渐兴，第慷慨轻生，刚毅任侠，信鬼尚祈，嗜游弛业，尤不免燕赵之俗。	无极县志
	藁城	藁居太行之东，人物豪雄，多慷慨尚义节。	藁城县志
	束鹿	男尚争竞，女巧机织，俗称强悍。	束鹿县志

续表

类别	县域	民风	资料出处
	邢台	邢州素号繁剧之郡，龙冈鸳水，地望甚雄，文物风流若一都会。	邢州庙学记
	邢台地区	邢襄素号文献之邦，英才蔚起，彬彬称盛。	顺德府学田记
	邯郸北部地区	广平，畿南剧郡，土厚俗纯，士重然诺，先王之遗风犹有存者。	广平府学记
		敦厚勤俭，有重气侠尚奢浇者。	广平府志
	广平	广邑风气雄劲深沉大都，矜气节，敦礼义。	广平县志
	成县	风俗纯美，务农力学，衣冠礼仪为邻邑首称，人性多敦厚而过于持重。	成县志
	邯郸南部地区	士人忠信质直，君子深思，小人任侠。缙绅先生过闾里数徒步，不张车盖。……性纯朴，气刚毅，颇称好学务本。衣冠文物之盛为畿南称首。	大名府志

表3　　清代燕赵地民风资料分类统计之三

类别	县域	民风	资料出处
好耕稼，民风朴质	延庆	男务耕稼。妇勤女红，无浮末之习，其俗之美，视昔有加。	延庆州志
	宁河	尚朴实，知廉隅，其父兄子弟相授受，师友相切镰，一以经书为本业，无作辍、无营求，虽困顿挫折，终不以夺其志。	宁河县志
	秦皇岛地区	明初习记诵而心理道者少，然多醇谨经书务在讲实，子史亦多涉猎。	永平府志
	昌黎	邑人雅重读书，村里皆有塾师，虽家贫必令弟子就学，然或有读至数十年改业贸易者，若缙绅之家崇礼师儒，诵习经史率多根柢之学，自前明以来不乏达人。	昌黎县志
	抚宁	士尚实学，人好礼乐，有古夷齐风。	抚宁旧志
	乐亭	缙绅率恬让章逢（逵），多质朴。 古称夷齐廉颂，起懦而泺乐为桑梓之乡，其被化犹切。	乐亭县志
	满城	土阜民厚，山川秀丽，家尚礼义。……小民勤本业而一意种植纺织，老幼耻狡诈。	满城县志
	蠡县	纯正守规无事浮夸。	蠡县志
	雄县	士勤弦诵而秉末泽畔尚于于有古风。	雄县志
	河间地区	汉河间南王好学，慕古以招贤者，毛公之徒毕至，于是彬彬兴起，至数百年而流风未衰，及乎拓拔、高齐扰攘之余，儒生辈起，经术犹盛，斯其献王之力也。	河间府志
	新安	人多贵德俗尚敦朴。	新安县志
	阜城	士林多雅重廉介。	阜城县志
	肃宁	士类驯服教化。	肃宁县志
	交河	仁爱好学倜傥乐施。	交河县志
	南皮	士风恬退子弟谦谨。	南皮县志

续表

类别	县域	民风	资料出处
	盐山	士尚名节俗重信义。	盐山县志
		士务经学不崇佛老。	盐山旧志
		士子闭户读书通经怀古科甲相继，皆由攻苦力学以得功名，绝少夤缘侥幸之事。即筮仕四方敬慎自守及归林下囊无厚资，盖行已有耻心节信义之风，由来旧矣。	
	涞水	士敦简略，不事浮华，然好学力文者不多见，故科目如晨星焉。	涞水县志
	昌平	淳而少讼，朴而无华。	昌平州志
	霸州	郡西地皆平衍，民树桑枣，勤耕强，然当诸河之冲，频历水患，东多水乡，饶鱼盐席苇之利，南多污下沮洳不得耕播，民多业渔。其俗朴野愚钝，倔强不肯屈折。每秋水泛溢多偕家徙别所。郡北沙薄不宜谷，民树榆柳植瓜果，从尚凉薄，俗习纤啬与诸营屯接壤有军风。	霸州志
	玉田	山环水抱人多秀而知学。	玉田县志
	易州	州本英俊之域黼冕所兴。	易州旧志
		世族多能由礼耻于干谒。	易州志
	井陉	士苦于贫乏者多，故耕读兼营，然颇以分自安，鲜荡检逾闲之习。	井陉县志
	南和	俗变几鲁，为礼义邦，号易治。	南和县志
	磁县	土浊人稀，习尚敦厚，重儒学，颇有逊畔之风。	磁州志
	赵州	地属畿辅，政教渐靡，日趋文雅。	赵州志
	宁晋	文物鲜华，衣冠齐楚。	宁晋县志
	巨鹿	昔称忮诈椎掘，今则急上而力农，昔称弹弦跕躧，今则纺织而宵作。	钜鹿县志
	鸡泽	鸡本卫地，疑近淫靡，今则耕耨罔怠，刀尺相闻，其勤俭几与唐魏等，殆犹有康叔武公之旧乎。	鸡泽县志

二　燕赵民风文化的地域特征

燕赵地区民风的分类是不完全准确的，一个地区的民风有时同时表现在好农、读诗书等几个方面，民风的表现之间也是有关联的，只能以当地民风中的主体来进行区分，便于总结和讨论。

从表1—表3的归纳可以看出，燕赵民风文化可划分为三个民风文化区和两个民风文化亚区。

（一）燕北山地高原民风文化区

这一地区主要分布在燕山以北，由山地向内蒙古高原过渡地区，以今河北北部的张家口和承德地区为主。这里“山高水深风劲气寒，人性勇健，喜敦信义”，形成以尚武为主要民风文化特征的区域。

（二）古运河沿岸民风文化区

这一地区分布在明清南运河两岸，以今清河、冀县、衡水、献县、沧州等县市为主的弧形地带，“质厚少文气勇尚义号为彊忮”，“武风甲于河郡”，形成一个鲜明的运河尚武带。

（三）河北平原民风文化区

这一地区位于燕山以南、太行山以东，东临渤海，地域广大，以好农务桑、民风淳朴为主要特征，这一民风文化区可分为两个民风文化亚区，即诗书节义文化区和耕读质朴文化区。

1. 京广沿线的诗书节义文化区

这一地区沿现今京广线从保定，中经石家庄、邢台至邯郸地区，这地区域也是燕、赵、中山古国的核心区域。如《保定府志》云：“其俗愚悍少虑，轻薄无威，亦有所长，敢于急人，燕丹遗风也。读书重授受，喜延名下设皋比诗文楷模大家。塾馆图籍园亭竹卉，藏素位置都雅，盖富而好礼者与。”燕丹养勇士为国的遗风对当地仍有影响，再加上诗书传授的影响，当地民风由悍直、少思考，没有威信，渐而变成“敢于急人”，讲求义信之民风了，得到“燕丹遗风”之真谛。又如《高阳县志》：“缙绅先生耻尚逡巡，于是若疏，盖雅负刚阳，不工绕指，亦其习也。”刚直尚义的风气可望而知。其他如“俗敦纯朴，人务农桑，有勤俭之风，多慷慨之气”。“风物蕃衍，地广气豪，人习文则其质彬彬，习武则其气赳赳，大有赵胜鲁连之风。”“广平畿南剧郡，土厚俗纯，士重然诺，先王之遗风犹有存者。”其民风文化中的侠义之气十分突出。

2. 平原地带的耕读质朴文化区

这一地区包括太行山麓地区和任丘、河间、辛集及以南地区，“民树桑枣，勤耕强”，“急上而力农”，“纺织而宵作”，“人多贵德，俗尚敦朴。”其民风文化以淳朴、好农为主要特征。

从燕赵地区的民风文化的地域分布可以看到：燕北山地高原民风区呈片状沿长城东西分布；燕南地区的民风文化区呈现南北向的带状分布，这使燕赵地区的民风文化区形成“一横三纵”的空间分布特征，形如倒写的“山”字。“一横”就是燕北的长城，“三纵”是京师通往南方的三条重要的水陆要道，其中，运河尚武带与明清沟通南北的大运河走向一致；耕读质朴文化区是与自明代以来形成的京师通往山东、江南的驿路基本相同，即由顺天府会同馆，南行经固节驿（今北京良乡境）、涿鹿驿（今河北涿州境）、清苑驿（今河北清苑县境）、汾水驿（今河北新城县境）、归义驿（今河北雄县境）、鄚城驿（今河北任丘县境）、瀛海驿（今河北河间境）、乐城驿（今河北献县境）、富庄驿（今河北交河县境）、阜城驿（今河北阜城县境）、东光驿至山东德州，进入山东境界；诗书节义文化区与通往中原地区的驿路相符，即由顺天府会同馆，南行经固节驿（今北京良乡境）、涿鹿驿（今河北涿州境）、清苑驿（今河北清苑县境）、宣化驿（今河北定兴县境）、白沟驿（今河北徐水境）、金台驿（今河北保定境）、陉阳驿（今河北满县南）、翟城驿（今河北庆都境）、永定驿（今河北定县境）、西乐驿（今河北新乐境）、伏城驿（今河北正定境）、镇宁驿（今河北获鹿境）、关城驿（今河北栾城境）、鄗城驿（今河北赵县境）、槐水驿（今河北柏乡境）、中丘驿（今河北内丘境）、龙岗驿（今河北邢台境）、临洺驿（今河北永年境）、丛台驿（今河北邯郸县境）至河南境内，经河南可通往湖广、陕西等地①，清代多沿承（见图1）。

图1　清代燕赵地区民风分布

① 杨正泰：《明代驿站考》，上海古籍出版社2006年版，第113页。

三 民风地域特征的形成原因

清代燕赵地区北部（今张承地区）民风强悍尚武，仍保持秦汉以来的民风传统，其主要原因是“迫近胡寇”。自秦汉以来，这一地区一直是蒙古高原南下进入华北平原的重要过渡地带，先后有匈奴、鲜卑、突厥、女真、蒙古等民族活跃其间，《读史方舆纪要·北直九》：“司南屏京师，后控沙漠，左挹居庸之险，右拥云中之固，弹压上游，居然都会。后汉末刘虞牧幽州，开上谷外市之利，通渔阳盐铁之饶，境内以殷富。唐乾宁初李克用侵幽、燕，拔武州，进围新州，而李匡筹败亡。朱梁乾化三年，晋将李嗣源攻刘守光，分兵徇山后八州皆下之，进取武州，而守光穷蹙矣。其后金人由此逼燕、云，蒙古再攻宣德，蚕食山北，遂并山南。盖万全不守则藩垣单外，而蓟门之祸不免也。”故而，立都中原的王朝都在这一地区设置军队，防御边塞。长期的边塞战争冲突，使当地百姓习武成风，“农业之暇聚族讲武”成为生活的一部分。这一状况在清朝统一全国之后得到了改观，起自北方的满族在南下之前就与北方草原上的霸主蒙古族结为同盟，天下一统之后，阻隔南北的长城不再是军事防御的前线，而是出现了长城内外是故乡的和平景象。和平统一的政治环境为农耕文明渐渐进入直隶北部地区提供了条件。明代虽然也在这里推行卫所屯田，但是，这一时期的屯田农业是为解决军粮，是为军事防御的，这就使其农业的发展受到一定的影响。清代的统一，大量内地汉族的流入，促进了当地的农业发展，据陈坦《宣化乡土志》记载，康熙年间宣化人口增至22.2万人，有耕地133.34万亩，民风淳厚，务农桑，“老少相爱，耕获以力相助，有上世遗风焉”。[①] 百余年后，宣化地区的农田增至693.71万亩，垦殖率为24.5%，永平府和遵化府的农田也分别达到241.7万亩和188.97万亩，垦殖率分别为12.4%和21.5%，已处在较高的水平。农耕文明的长期发展也使直隶北部的民风有所变化，《西宁新志》云：“然值数百载兵革不兴，民气乐和，生殖大育，则虽一邑已不能无今昔之异。”又指出，这里“地阻山河，承明季用武后，故人沉毅而好胜……先年习尚武健，故家大姓，能挟持官吏短长，武断乡曲，则群相尊奉。今则多守分畏法，间有桀骜不驯者，众排之矣。家勤稼穑，虽城居必资于耕”[②]。

燕山以南地区是河北平原的主体，是农业开发最早的地区，自东汉以来成为中原王朝的重要粮食基地，特别是在唐代，成为唐王朝的粮仓，《资治通鉴考异》记载了颜杲卿在天宝十四年（756）的奏疏，他在奏疏中说：“今河北殷实，百姓富饶，衣冠礼乐，天下莫敌。”[③] 到宋代仍有“河北为天下根本”之称。自南宋之后，随着经济重心的南移，河北之地虽然仍保持着政治上不可替代的重要地位，但是，在经济上却不再

① 陈坦：康熙《宣化乡土志》，台北：成文出版社1968年版。

② 韩志超、杨笃修纂：《同治西宁新志》，台北：成文出版社1968年版。

③ （宋）司马光编著，（元）胡三省音注：《资治通鉴（附考异）》卷217《唐纪三十三》玄宗天宝十四载附《考异》，中华书局1997年版。

受统治者重视，其主要原因是河北地区的气候转寒、自然灾害增多。据统计，从清乾隆元年（1736）至宣统三年（1911）的176年中，海河和滦河流域只有18个年份没有洪涝记载，其余的158年都有洪涝发生，总计海流域为5615县次（每州县每年以一次计）；滦河流域为227县次，共5842次。又据对1822—1911年直隶地区灾害的统计说明，在这90年中，发生灾害的年份为57年，其中发生频率最高的是水灾，为57个年份，雹灾为27个年份，旱灾为22个年份，虫灾为16个年份①。在水利工程年久失修、河流不时泛滥、频繁的自然灾害的环境下，河北地区的农业发展是多么的艰难。南北大运河的开通增强了京师对江南的经济依赖，这使有清一代直隶地区的农业水平一直处于江南之后的地位。

康熙雍正时期，也曾想大力发展直隶地区的农业，使其变成“第二个江南”，以解决长途漕运所存在的隐患。康熙、雍正时期都在京畿地区大兴水利，种植水稻，尤以怡贤亲王允祥的成就最大，开辟水田5600余顷，屡年大获丰收，“秔稻溢于市廛”。但是，自然环境的恶化，制约着河北地区农业的发展，再加上管理不善，人亡政息，“第二个江南”的梦想破灭了。

随着清朝的稳定，直隶地区的农业也恢复发展起来，到康熙末年，平原地区已无不垦之土。在适耕土地的开垦已达到饱和的状态下，人口的增加却没有停止，雍正二年（1724）直隶地区的耕地数为6259.4万亩，人口为340.7万口，人均耕地面积为18.37亩；到嘉庆十七年（1812），人口增至2799.1万口，耕地面积为7414.4万亩，只增加了1100余万亩，而人口却增加了2400多万口，这使人均耕地面积下降到2.65亩。按照当时的生产力水平，人均耕地面积10亩左右才能维持1个人的生活所需，为了生存，迫使直隶地区百姓将开垦的方向对准了山地、水滨河尾地和盐碱地。生存环境的艰难，又使直隶地区百姓更加勤奋地从事农作生产，稳定的生活方式为读诗书知礼仪、尚质朴提供了条件。如灵寿县，同治《灵寿县旧志序》记载：“灵寿于真定三十二州县中最为瘠壤，其民遇丰岁，豆饭仅免沟壑，一遇水旱虫雹之灾，流离转死不可救药，盖在前代已然。”灵寿土地虽然贫瘠，但是，灵寿县百姓却仍以农耕为食，民风质朴，同治《灵寿志》卷2《地理·风俗》记载：“士勤诵读，尚质朴，贫或亲耕锄，间有奔逐末，人咸訾之。然绝无鼓众劫持伺议时政者，绰有古之淳风焉。”又云：“灵民全无逐末，专务力田，供赋养家皆仰于此。且土地硗确力费而获薄，是以不能盖藏。”赞皇县地处太行山中段东麓，以山地和丘陵为主，深山区占全县面积的22.23%，浅山区和丘陵区占69.52%，适宜耕作的山前平原区仅占8.25%，土质亦属贫瘠，历史上有“七山一滩二分田”之说。光绪《赞皇县志》卷3《风俗》记载：“赞邑侧介山陬，土隘民贫，男力耕樵，女勤纺织，士多带经而锄。尚朴实、务俭啬，即绅者故，非礼服不用帛，非婚嫁大事不用酒肉。庶民短衣粝食，夙夜勤动，遇丰年亦庆如歉岁。盖赞本赵地，在古隶晋之东陲，故至今忧深虑远，尚有三晋遗风焉。”《河间府志》：“汉河间献王好学，慕古以招贤者，毛公之徒毕至，于是彬彬兴起，至数百年而流风未衰，及拓拔、高齐扰攘之余，儒生辈起，经术犹盛，斯其献王之力也。人多贵德，俗

① 邹逸麟主编：《黄淮海平原历史地理》，安徽教育出版社1997年版，第285页。

尚敦朴，衣冠不乏，风俗熙熙。”据统计，清代各科进士共26747名，直隶地区考中进士2389名，排在江苏、浙江之后，名列第三。其中顺天府为1036名，保定府327名，河间府207名，天津府295名，正定府87名，顺德府35名，广平府94名，大名府96名，易州22名，冀州68名，赵州61名，深州34名，定州27名。①

在京广沿线地区形成南北向的以诗书节义为特征的民风文化。如《顺天府志》云：“士人文雅沉鸷而不狃于俗，感时触事则悲歌慷慨之念生，犹然燕丹遗烈。”《顺义县志》：“使气仗节擅杰骜之风，好斗轻生间剽悍之俗，读慷慨悲歌之序，知燕赵之挺雄才，咏风潇水寒之歌，识幽燕之多壮士。”《保定府志》：“其俗愚悍少虑，轻薄无威，亦有所长，敢于急人，燕丹遗风也。读书重授受，喜延名下设皋比诗文楷模大家，塾馆图籍园亭竹卉秀丽，家尚礼仪。”《正定府志》：“风物蕃衍，地广气豪，人习文则其质彬彬，习武则其气赳赳，大有赵胜鲁连之风。”《广平府学记》：“广平，畿南剧郡，土厚俗纯，士重然诺，先生之遗风犹有存者。”《广平府志》：“敦庞勤俭，间有重气侠尚奢浇者。”《大名府志》：“士人忠信质直，君子深思，小人任侠，缙绅先生过闾里，数徒步不张车盖。”② 这一地区正是秦汉时期的侠义之气十分突出的地方，《汉书·地理志》云：蓟“初，太子丹宾养勇士，不爱后宫美女，民化以为俗”。“其俗愚悍少虑，轻薄无威，亦有所长，敢于急人，燕丹遗风也。”“赵、中山地薄人众，犹有沙丘纣淫乱余民。丈夫相聚游戏，悲歌慷慨，起则椎剽掘冢，作奸巧，多弄物，为倡优。”邯郸“土广俗杂，大率精急，高气势，轻为奸”③。秦汉时期在燕、中山、赵核心地区形成的这种悲歌、尚气任侠的民风文化，虽然经历了政府的打击，但仍然顽强地在燕赵核心区域发展下来。东汉以后有幽州突骑闻名天下。④ 隋唐时期，燕地的“人性劲悍，习于戎马”。赵地的“人性多敦厚，务在农桑，好尚儒学，而伤于迟重”。⑤ 燕赵地区的侠义之风传承不衰，宋代持续的战争又使其风更为浓烈，《宋史》称其“人性质厚少文，多专经术，大率气勇尚义，号为强忮。土平而近边，习尚战斗”⑥。元时杂剧作家纪君祥创作了《赵氏孤儿》（全名《冤报冤赵氏孤儿》，又名《赵氏孤儿大报仇》），成为与《窦娥冤》、《长生殿》、《桃花扇》并称的中国古典四大悲剧，后被改编为京剧、潮剧、秦腔、晋剧等剧目。《赵氏孤儿》深受百姓喜爱，广泛流传于燕赵大地，这也为侠义之风的传承起到了重要的作用。明代“质朴劲勇，不以浮华为习，而以耕织为生”⑦。进入清代之后，这一区域的尚侠义、讲节义之民风仍然传承不断。

由沧州、清河县、冀县等构成的运河尚武带，其尚武民风形成历史悠久，早在唐宋时期，这一地区习武已成风气，《寰宇记》：“沧州古渤海地，风俗鸷悍，高尚气力。”宋代冀县出现了许多闻名的战将，形成了冀州籍武将群，主要有张廷翰、荆罕

① 张森：《明清河北进士的时空分布》，硕士学位论文，河北师范大学，2007年。

② 转引自《同治畿辅通志》卷71《舆地二十六·风俗》，台北：成文出版社1968年版。

③ 《汉书》卷28《地理志》，中华书局1962年版。

④ 《后汉书》卷18《吴汉传》，中华书局1965年版。

⑤ 《隋书》卷29《地理志》，中华书局1973年版。

⑥ 《宋史》卷86《地理志》，中华书局1977年版。

⑦ 《古今图书集成》之《方舆汇编职方典》第72卷“保定部”，上海中华书局1934年版。

儒、傅潜父子、范廷昭、皇甫继明、耿全斌、王继昇、王昭远等人。明清尚武民风更盛，特别是京杭大运河纵穿沧州内境，沧州、泊头、清河、河间均为水陆交通要冲，是南北商品流通必经之地或商品集散中心，也是官府商贾走镖要道。至清代沧州镖局林立，不少武林高手以保镖为业，并有"镖不喊沧州"的说法，镖局行业的兴起又促进了这一地区习武之风的盛行。乾隆《沧州志》称："沧邑俗劲武，尚力气，轻生死，自古以气节著闻。承平之世，家给人足，趾高气扬，泱泱乎有表海之雄风。"光绪《清河县志》卷1《风俗》记载："广平府志云：清河俗称敦庞勤俭，户习诗书。婚姻丧葬相为救恤，颇近古厚之风。"又云："旧令向日红尝称清河之俗颇同于信都、河间、博陵、恒山、赵郡、武安、襄国，其人多敦厚务农桑，学士先生雅习礼让，士好文而伤于迟重。乃今则彬彬然矣，顾多侠气，死生相赴，亦自古慷慨之遗焉。"① 向日红曾于明万历年间在清河为官，并修纂《清河县志》，清河地区的任侠好武给他留下了深刻的印象，此尚武侠义的民风又一直流传到清代，特别是在光绪年间，冀鲁交界各州县乡民多习拳勇，名曰义和。清河县成为义和拳流行地之一，并成为义和团的重要基地。民国《清河县志》卷9《风土志》："清河地毗齐赵，席古燕赵之风，人民任侠好武，则亦有悲歌之遗意矣。古语有曰：礼失而求诸野。又曰：观于乡而知王道之易，易也。故凡留心治化者，莫不惟风土是问。然俗与化移，物随境迁。至于今尤有殊别不同这点。则欧风东渐是也。吾清风土正新旧过渡时期，备录之，亦异日之鸿爪也。作风土志。"民国二十三年（1934）署理清河县县长刘绍先为《清河县志》作序中称："志载民情敦朴而好侠。余因之有感焉，周礼六行任居其一，孔子亦称北方之强；曾子曰：士不可以不弘毅，任重而道远。仁以为己任，是故任也者处乎仁而节之以义，古圣贤之至行也。侠则任之流而其道不备，故曰侠者狭也。今世之大患俗浇漓而民呰窳。诚能本天赋之敦朴，行儒者之任而毋为闾巷之侠，无事则各勤其职，各尽其分，讲道德守法律而为良民，有警则被发缨冠保卫乡里，或执干戈以赴国难，捍御寇仇而著忠勇之节，虽有隐患强邻，奚足为害?! 若夫男耕女织，勤俭耐劳，崇儒尚文，士习淳美，尤当扩充光大之，则他日赓续此志，宁不愈益人文彪炳也哉。"②《清稗类钞·义侠类》记载："幽燕俗喜斗狠，而蠡、博、高、肃、献诸邑于山东之泰山、齐河壤地相接，其间椎埋剽劫之徒尤多。"并收录了有关燕赵地区人士行侠仗义的故事《赵士望解贾时泰狱》、《王花农醵金拯某令》。③

明清的武科举制度也拉动了运河尚武带尚武民风的发展，自明成化十四年（1478）开设武科，到清光绪二十七年（1901）废武科。据地方志载，明代沧州人中武进士者49名，中武举者265名；清代中武进士者330名，中武举者813名。据民国《冀县志》卷19记载，冀县明代中举者6人；清代中武进士15人，武举者56人。④ 清河县清代中武士者5人，武举者43人⑤。

① （清）黄汝香等纂修：《清河县志》，光绪九年刊印，台北：成文出版社。

② （民国）张福谦修，赵鼎铭纂：《清河县志》，民国二十三年铅印本，台北：成文出版社。

③ （清）徐珂编撰：《清稗类钞》第6册，中华书局1986年版，第2618、2674页。

④ （民国）王树枬等纂：《冀县志》卷19，民国十八年铅印本，台北：成文出版社。

⑤ （民国）张福谦修，赵鼎铭纂：《清河县志》卷10，民国二十三年铅印本，台北：成文出版社。

这一地区还出现了许多闻名的武林豪杰和武术大家。如康熙年间献县人窦尔墩，即纪晓岚笔下的“剧盗”窦二东，是位杀富济贫武林豪杰，直到如今，窦尔墩仍以武林大侠形象活跃在京剧舞台上。再如丁发祥、霍元甲、王子平、大刀王五等一大批高人义士，为御外辱、扬国威、光大中华精神做出了突出贡献。

（作者单位：廊坊师范学院继续教育学院）

元代以来京津唐地区环都文化与都城文化的空间关系与地域分异

尹国蔚

京津唐在行政上分别辖北京、天津二市和河北省唐山、秦皇岛、廊坊三市，总面积55643平方公里，共68个区县。由于北京、天津和廊坊、唐山、秦皇岛分别属于不同的高级政区，研究京津唐区域文化的论著，大多按不同的政区单元分别进行，缺乏对该地区的整体研究。对不同地域单元进行的研究，在分量上又以北京占绝对优势；对都城文化对周边地区的影响及周边地区文化的空间特征的探讨极其罕见。

元明清三代京津唐地区绝大部分直隶于北京。元代在今京津二市和河北、山东、山西等省范围内设立中书省，在京津唐地区有大都路、永平路和河间路。大都路州县的绝大部分、永平路全部州县和河间路清州靖海县都在此范围之内。① 明成祖移都北京，北直隶府州直隶于京师，在今京津唐地区设有顺天府、永平府、河间府和延庆直隶州。顺天府的绝大部分州县、永平府全部州县、河间府静海县和延庆州、永宁县都在此范围之内。② 清代本区属于直隶省顺天府、永平府、遵化直隶州、宣化府和天津府。其中，顺天府绝大部分州县，天津府天津、静海二县，宣化府延庆州，遵化直隶州玉田、丰润和永平府全部州县在本区范围之内。③

北京国都地位的长期稳定促进了京津唐城乡地域文化的相互影响和发育，外来文化通过国都进入其他城市和农村，使环都文化与都城文化具有一定程度的相似性。但元代以来北京作为全国政治文化中心的存在是靠全国的财力物力来加以维持的，而每当改朝换代和社会动荡的年代，北京周围都是遭受灾难最为深重的地区。元明清三代保京保漕运政策的长期实行，加剧了这一地区自然灾害的危害和水资源供应的紧张程度。作为皇都，可以在全国“聚敛九州贡京阙”，而京畿地区只能在贫困线上勉强维持。清末民初，胡朴安先生就已观察到，与“繁富”的北京城相比，距京数十里的郊外，“即栖茅啜菽，一如穷乡僻壤”，京师的“繁缛”与周边地区的“朴陋”，构成鲜明的对比。④ 这样就造成了京师文化与环京地区之间的巨大反差。

---

① 《元史》卷58《地理志》，中华书局1976年版。

② 《明史》卷40《地理志》，中华书局1974年版。

③ 《清史稿》卷54《地理志》，中华书局1977年版。

④ 胡朴安：《中华全国风俗志》，河北人民出版社1986年版，第1—3页。

所以用“燕赵文化”一词来表述整个河北省及京津地区乃至包括山西西部、辽宁西南部和内蒙古自治区在内的地域文化特征过于粗略；无论作为现代研究还是历史研究，把与周围地区存在巨大反差的北京与京畿地区并列，不能突出二者各自的特性。有学者建议将“燕赵文化”的提法改为“河北文化”，而河北文化的性质是环都文化。① 这种提法比较符合北京与京畿地区的文化实际。对京津唐地区来说，用“京师文化”或“京都文化”、“都城文化”与“环都文化”或“环京文化”、“京畿文化”来分别作为北京与北京外围地区文化的代称，也是比较恰当的。

本文从农业土地利用景观、建筑文化、婚丧习俗、饮食、乐俗、岁时节令与风气习尚，以及宗教信仰等方面对都城文化和环都文化的关系，以及环都文化的空间结构进行概括。时间范围以元代以来的历史时期为主，个别问题视必要与否时间下限延长至今。

一　都城文化与环都文化的关系

都城文化与环都文化之间既存在巨大反差，又有紧密联系，二者在某种程度上具有共生共存共享的地域特征。

京畿文化因为都城服务而存在并产生，并因为都城服务而得到升华与提高。京西玉泉山水专供皇室，万泉庄一带的稻米专做御稻之用，海淀的莲藕主要供应宫廷，丰台的花木为贵族点缀环境而生产，金鱼池的金鱼业因宫廷和士大夫阶层的赏玩需要而异常兴旺，表现出环都下层农业文化对都城文化的依赖性。环都乐俗文化向京城的传播，在丰富都城文化舞台的同时，本身也得到发展和提高。不但有京西海淀庙会和千军台、庄户古幡会的文武行当受到皇封，京畿地方乐俗唐山皮影、评戏、河北梆子进军京城，而且元杂剧因融入了河北地区民间歌唱和地方音乐得以形成，京韵大鼓因以河间“怯大鼓”做胚胎得以问世，等等。有时环都文化的变化对都城文化的发展会起决定作用。如清后期北方产粮区杂粮豆麦种植占用土地面积与产量的增加，改变了元代以来都城居民以大米为主食的习惯，在饮食结构中达到“食豆麦杂粮者约占十分之七”② 的程度。

都城文化向京畿地区辐射，几乎影响到环都物质文化和精神文化的各个层面。元大都宫城内有固定的斡耳朵，离大都不远的太平庄和居庸关两侧出现了纳钵；明代北京城几重高大的城墙层层围合，蓟镇长城则重城叠关，在密云、平谷、蓟州一带三道长城并列，由五重城墙、三座关城和一座岔道城组成的40里关沟层层叠叠，捍卫京阙。北京的四合院内有“天棚、鱼缸、石榴树”，在环都乡间民居的庭院中有同样的景致和摆设。元大都人吃脱脱麻食，今天乡间仍喜欢吃揪疙瘩；元明清三代北京城靠大

---

① 郭秋良：《燕赵文化与河北文化》，《大时代》2000年第2期。

② 《中外经济周刊》1926年第172号。

米供养，民间则视大米为珍品，非婚丧节令，“恒不轻用”①；清宫内小吃众多，环京地区麻花、馓子、涮羊肉为改善伙食的代表食品；清宫有满席、汉席，民间有满汉全席中北菜系的固定套数；王致和臭豆腐随南方举子入京，在京城内外同样受到欢迎；本“不重茶饮”的旗户入京，因南俗影响而嗜茶如命，使各色茶馆遍布京城，“冬夏皆饮水”② 的京畿民间仕商之家饭后和一般人户筵请之余，也必侍茶以待。由各地进京后的乐俗文化以各种方式传向京畿，弋阳腔因传至高阳一带具有了高阳口音而被称作高阳高腔，昆腔因咸丰十年（1860）后国葬频发而流向京东、京南，由徽、汉、昆、梆升华成的京剧走向全国，北京评书艺人时时出没京畿乡间，天津、遵化、大城、昌黎、滦州等地也有了京城冬至后绘制“九九消寒图”的雅兴，受宫廷妇女旗鞋启发的寸子秧歌于清末民初在青龙应运而生。元大都兼容各教，真大道出现在隆庆，正一派出现在天津，全真教在京东、京北和冀东北的蓟县、平谷、迁安、山海关、延庆进行广泛活动，“踵都门白云观之意”③ 的燕九、烟九在顺义、房山、永清、良乡等地成为时尚。清廷安抚蒙藏，藏传佛教传至遵化；以萨满教为国俗，民间至今仍兴跳大神。从元到明清，白莲教由公开转入地下，由京城转入民间，遍布天津、沧州、蓟州、永平、顺天、滦州、平谷、密云、大兴、霸州、文安各地，成为对朝廷发泄不满的工具，藕断丝连，难以根绝。元大都天主教、景教火热，偏僻的门头沟斋堂川出现了教影；明末清初天主教二次进京，外传至永平府、蓟县、迁安、滦南，进而扩大到昌黎、抚宁、山海关及今廊坊各县和天津武清、宝坻等地。第二次鸦片战争后，不但有新教传入，形成了天津、唐山、龙卢等新的传教中心，本不以传教为主要宗旨的东正教也在西山、香山、通县、遵化、天津、北戴河等地占领地盘。基督各教派纷纷入围，扩充势力，遍及城乡。

都城文化与环都文化之间的相互传播和影响，以都城文化为主流。但环都地区往往只是接受都城文化的个别方面，既不普及，又有明显的滞后性。虽然石榴树比较普遍，但生活水准的落后使与经济生活无直接关系的庭院鱼缸十无一二，早在封建时代已在京城出现的冬季暖室蔬菜生产今天才得以推广。住宅取暖条件的落后与冬季寒冷的自然条件不可能使木床完全替代土炕，皇家规制的限制使今天民居的前檐出现了廊庑式的突出。明万历年间已入京的昆腔因为只适合于宫廷与士大夫欣赏，直到清咸丰十年（1860）才开始不得已下流京畿，民国时期与新中国制度性的新节日在民间没有反响。火葬因政府强制命令最近才得以推广，但仍要堆土做冢，留作凭吊。今天的青年人因市场上没有其他样式才穿起西装，老年一辈仍视啤酒为酸干水，年轻人因贪图方便才在长辈的寿诞之日买蛋糕赠送，西红柿、黄瓜之类不能列入菜谱，只配做生嚼碎嘴之用。婚礼上只鞠躬不磕头在礼俗上讲不通，自由恋爱为民间所取笑，白色、紧身、超短之类的流行服饰被视为异类，讲究饮食被看作不过日子，更别说京城“老公”之类的流行语，“离婚”之类的口头词，根本与环都地区无缘。

---

① （民国）《香河县志》卷5《民生》，成文出版社1968年版。

② （民国）《滦县志》卷4《人民生活状况》，1937年铅印本。

③ 《康熙顺义县志》卷2《田赋志·附风俗土产》，康熙十三年刻本。

二　环都文化的分异

历史上，天津作为北京的门户和向北京转运漕粮的枢纽而发展起来，唐山为了满足京、津发展的需要而得到开发，京畿地区现有人口的祖先与聚落的形成，大都因移民充实京畿而来。所以，称北京外围地区的文化为环都文化是名副其实的。

环都文化区内的民居、婚丧习俗、饮食文化、乐俗、岁时民俗、风气习尚与宗教信仰具有较强的一致性，但由于自然环境和历史发展过程的差异，使环都文化区呈现出以北京为中心的环状分布状态。根据地貌差异和具有典型特征的文化现象，可将环都文化区分为内环带和边缘带两部分。

（一）边缘文化带

该带是古代和近代分别从陆地和海上捍卫北京的屏障，包括长城文化区和滨海文化区。前者包括呈“厂”字形分布于北京以西、以北的太行山余脉和燕山山地丘陵地区，与滨海文化区连接成“门”形环绕北京。

1. 长城文化区

包括房山西北部、门头沟、昌平、延庆、密云大部、平谷东北部、蓟县北部、遵化、丰润北部、迁西、青龙、迁安北部、卢龙北部、抚宁北部、昌黎北部、秦皇岛和滦县一部分，以昌平南口关沟为界，分为北京西山风景名胜和燕山农业山地丘陵两个文化亚区。该文化区有长城顺山势从中或沿边缘穿过，由于受纬向构造体系与新华夏构造体系的控制，北部山地形成一系列东北—西南走向的平行山脉，西部山地有一系列的东北或东北东走向的复式背斜—向斜构造，长城沿线的关城、城堡、敌楼等依险而建，在蓟州、密云、香河和关沟一线构成重城叠关的险要形势。由于长期营卫屯田的缘故，自然聚落中以关、口、营、堡命名者居多。山地丘陵区有坑田、环山水平沟、梯田、淤沟田、纯人造田、复垦田等土地景观，呈林果木杂粮立体占用状态。

西山风景名胜亚区以佛教寺庙和风景园林著称，著名的潭柘寺、碧云寺、卧佛寺，以及清代皇家园林——“三山五园”都位于这一带。天主教信仰历史悠久，有地方典型性的窑神崇拜。

燕山农业山地丘陵亚区位于明蓟长城两侧，由军都山、天津北部山地、蓟运河上游山地和冀东北部山地组成。历史上，该区宗教信仰发达，蓟县盘山、平谷、延庆、迁安、山海关有全真道，滦州、平谷、密云有秘密宗教，东端山海关和海港一带是传统道教、伊斯兰教与妈祖、小圣信仰等陆地文化与海洋文化的复合地带。昌平、遵化呈宝城宝顶式仿宫阙“前朝后寝”制的明清皇陵是封建社会后期皇家陵寝制度的代表。遵化一带的藏传佛教因清东陵而兴起。唐秦深山区以杂粮为主食，喜水饭。敬仰“麻姑”，崇拜窑神。居民院落在南侧中间开门，留有后门、后窗。青龙满族自治县民居中的口袋房、万字炕、神杆，饮食中的冻食、黏食、白肉、冬季一日两餐，以及猴打棒、寸子秧歌等乐俗，保存着浓厚的满族传统文化特征。

2. 滨海文化区

该文化区位于北运河、南运河以东和宁河—柏各庄—马头营—赤洋口—西河南一线以南，东、南临海的滨海平原地区，并向东北延伸至山海关，与长城文化区接合。包括静海东部、天津郊县、塘沽、武清东南部、宁河东南部、丰南南部、滦南西南部、唐海、乐亭东南部、昌黎东南部和抚宁西南端，以及柏各庄、芦台、汉沽三农场。区内除秦皇岛为海蚀地貌以外，多为由海退地组成的海积平原，土壤盐渍化严重。在沿海的几道贝壳堤西侧，有由潟湖和淤水形成的南大港、北大港、黄庄洼、七里海等洼淀。在长期的土壤改良实践中，形成了土埂畦田、台田、沟洫畦田、条田、围田和台基鱼塘等多种土地景观。在天津近海和冀东平原有密植的稻作文化景观和盐碱荒地畜牧占用景观。早在五代时期，就已经出现了以汉沽、芦台为中心的盐姥崇拜。在宁河、大沽口、天津河东盐坨及山海关南海口则有海神庙和铁神庙建筑。① 妈祖信仰以天津为核心，在海河、运河、滦河沿线和滨海一带的静海、天津、卢龙、乐亭、滦州、昌黎、迁安、秦皇岛等地均有分布。滨海的天津、北戴河也是西方基督教首先进入的地区之一。历史上，由于水运便利，天津、静海有经商的传统，滦县、乐亭、临榆和玉田南部亦因地临东北，“人多商贾东省”②。

天津处于陆地和河、海交通的枢纽地位，“五方杂处”，人好公益，河神、海神信仰兼备，不仅是传统佛、道二教和伊斯兰教，以及白莲教、理门和一贯道的活动之地，还是京津地区和河北省妈祖信仰传播和扩散的中心，并有在京津唐地区独特的端午竞渡之习。饮食中受山东文化影响较大，并形成了自己独特的代表性食品。天津在近代华北地区乃至全国北方曾起过开风气之先的桥头作用，“广东神”③、“衣兜烟卷”和私人洋楼、银行、洋行公司、领事馆等西式建筑大量涌现，基督教及近代教育、图书、博物和新闻事业在全国率先发展起来，西方话剧、西洋马戏纷纷登陆，并新生出地方性的天津时调、快板书等乐俗文化。

由于自然风景优美，北戴河也是滨海文化区中西式别墅、伊斯兰教、基督教和西方饮食文化早期进入的地区之一，并带动了国内对该地的开发。

乐亭得天独厚的自然条件与社会环境，使之成为冀东乐俗，包括评戏、皮影和乐亭大鼓的发源地。

在抚宁西河南朝鲜族聚居区充满着浓郁的朝鲜族文化氛围。订婚、举行婚礼时在女方家中宴请乡亲，新婚之夜载歌载舞，双方家长互送“尝桌”、“回婚礼”等婚嫁习俗，以及丧俗中的白布裹尸、停尸于炕、白茬棺木、妇女不送葬、红幡、瓢形坟、不焚香烧纸等仪节，与周围满汉民族判然有别。习种稻谷，主食大米，喜冷面、狗肉、泡菜、辣椒酱、酱汤、狗肉汤，以及年节、元宵节、中秋节特有的饮食文化和以摔跤、荡秋千为戏的端午节乐俗，使西河南成为一个独特的民族文化岛。

① 《光绪畿辅通志》卷179《寺观二·宁河县·铁神庙》，商务印书馆1923年影印本。

② （民国）《直隶风土调查录》，商务印书馆1918年版。

③ 《津门杂记》卷下《广东神》，天津古籍出版社1981年版，影印光绪十年刻本。

（二）内环带

该带包括京津唐除去长城文化区和滨海文化区之外环绕在北京周围的平原地区。以大型园田化丰产方为典型的土地占用景观，密植、套作与高中矮作物景观毕备。

1. 优良农业与京郊文化区

该区位于太行山东侧和燕山南侧由海河、蓟运河、滦河及其支流形成的冲积—洪积平原上，包括大兴大部、房山东南部、顺义、密云小部、平谷西部、蓟县南部、三河、大厂、香河、丰润南部、唐山郊县、滦县大部、丰南北部、滦南大部、乐亭西北部、昌黎南部，以及迁安、卢龙和抚宁的一部分。由于坡度较大，排水通畅，地下水埋藏丰富，土壤肥沃，该区是全河北省和京津地区重要的粮棉油产地。环都近郊受都城文化辐射较强，以生产蔬菜、副食为主的城郊农业十分发达。都城文化，如燕九节在房山、顺义、良乡、永清等地有所表现。冀东唐秦一带流行地方性的地秧歌以及麻姑和窑神崇拜，在历史上不同时期先后形成了卢龙、滦县、唐山等文化集散中心。由于民族成分和近京的地缘影响，大兴、香河、通州等曾经是“民多务经商”① 之地。在以大厂为中心，连及通州、三河的回族聚居区形成了又一个民族文化岛，婚俗中的说茶、定茶、写伊扎布，丧俗中做讨白、白布裹尸、不用棺木，以及以脱脱麻食、油香、油茶、切糕、牛羊肉为代表的饮食文化和开斋、古尔邦、圣纪等伊斯兰节日，别具特色，与周围地区文化明显不同。

2. 淀洼文化区

该区介于山麓洪积—冲积平原和滨海平原之间，包括大兴南部、通州大部、安次、永清、固安、霸州、文安、大城、武清西北部、宁河西北部和宝坻等低冲积平原地区。由于坡度较小，地表径流排泄不畅，历史上该区内涝灾害严重，形成了白洋淀、东淀、文安洼、贾口洼及草泊秋水区等众多洼淀。除具有人工起沙田和适应旱涝变化的农耕文化之外，有集中的河神信仰与较发达的秘密宗教活动。由于淀洼之中芦苇茂密，民间中的火神崇拜意识比较强烈。位于北运河沿岸的霸州、大城等地曾有过妈祖信仰存在。在有年度性积水的霸州、文安一代，有稻作文化的经验。

三 结论

本文以北京成为我国封建社会后期全国统一国都的元朝为上限，是因为大一统王朝的国都对中外文化的辐合能力最强，元明清北京国都地位的连续为原本以北京为目的地的外来文化向周边地区辐射提供了可能，所以都城文化与环都文化之间相互影响、相互依赖和相互传播的关系密切。由于政治地位和经济生活水平的巨大差异，北京与周边地区之间显然以都城文化向环都地区传播占主导和优势。周边地区对都城文化的

① （民国）《直隶风土调查录》，商务印书馆 1918 年版。

接受同样存在普及性低和时间滞后的特征，加上自然环境、地缘位置和历史发展过程不同，周边不同地区的文化特征存在明显差异。表现周边各地区文化特征的要素有的存在时间较长，有的存在时间较短，虽然都不出元明清三代，但不少不在同一时段，本文所述综合了各时段的内容，难免有孰古孰近的感觉。由于除北京之外，其他地区早期资料极少，行文涉及明清偏多。清中期和近代以来，天津、唐山等城市已发展成为地方性文化传播中心，京津唐南部边缘地区的文化特征与河北平原中部多有相似，都城文化向外辐射的范围远不止京津唐，所以北京与周边地区文化空间关系的研究有待更加详细，空间范围有待进一步延伸。

（作者单位：南京人口学院人口经济系）

天津直辖市地域的清代地理沿革

——新修《清史·地理志》天津相关部分

华林甫

今天津直辖市，地域包括南开、红桥、和平、北辰、河东、河西、河北、东丽、西青、津南、武清、宝坻、滨海新区13区和静海、蓟县、宁河三县。本文要涉及的，是这个地域范围内于有清一代之地理沿革诸问题。该地域范围，清朝主要分属天津府北部和顺天府东南部（另有极其微小部分属于遵化直隶州）。

清天津府始置于雍正九年（1731），宣统三年（1911）时管辖一州六县，府境北部天津、静海两县在今天津市境域内。作为都城所在的顺天府，清代始终存在，地域范围很广，宣统三年（1911）所辖五州十九县中的武清、宝坻、宁河、蓟州四州县在今天津市内。今以天津府在现天津市地域之内容作为本文的第一部分，而以顺天府所属一州三县内容为第二部分，略去非天津市地域的天津府其他五州县和顺天府其余20州县。

作为大型清史《地理志》的一部分，撰稿标准须符合《清史编纂则例》、《清史典志编纂细则》和《〈清史·地理志〉正文编纂细则》（共有100余条，此处从略）。续写的正史地理志应与全国地理总志、地方志区别开来，即字数有约束，不能放开了写，但又不能遗漏重要的清代地理实体。大型清史正式出版时，仅能保留极少量的个别脚注。

因体例所限，有些地方不能展开，特此说明。

一　天津府

天津府　最要。冲、繁、疲、难①。直隶交涉使②、直隶提学使③、巡警道、劝业

---

① 据宣统三年夏季《大清搢绅全书·直隶天津府》。《清国史·地理志》卷6《天津府》：冲、繁、疲、难。《清史稿·地理志》：冲、繁、疲、难。刘铮云《〈清史稿·地理志〉府州厅县职官缺分繁简订误》：“案：《清史稿》遗漏‘最要缺’三字，当补。”（台湾中研院《历史语言研究所集刊》第65本第3分册，1994年版，第520页）

② 据《宣统三年冬季职官录·直隶省》，第643页。

③ 同上。

道、天津道、津海关道治①。副都统②、总兵③、长芦盐运司④、河防粮捕盐漕同知驻⑤。西距保定府四百六十里⑥，西北至京师二百五十里⑦。北极高三十九度十分。京师偏东四十七分⑧。明天津、天津左、天津右三卫，属河间、顺天二府地⑨。顺治元年因明制置天津巡抚，六年裁⑩；九年，左、右二卫并入天津卫⑪。雍正三年改天津卫为天津直隶州⑫，以顺天府之武清与河间府之青县、静海三县来属⑬；四年武清还属顺

---

① 《清国史·地理志》卷6《天津府》："天津道治，府隶之。"中国第一历史档案馆庋藏录副奏折，档号：03—0397，件号：03—0397—093，缩微号：027—0058，文种：录副奏折，题名：《直隶总督方观承奏请将天津口北二道加兵备衔事》，时间：乾隆三十一年十二月十二日。

② 《清高宗实录》卷164《乾隆七年四月上癸巳》："今天津亦应添设副都统一员。……所有天津添设亡副都统员缺，请于八沟副都统常久，独石口副都统保善二员内，补内一员……独石口副都统既经裁汰。……常久着补授天津副都统。"（《清实录》第11册，中华书局1985—1987年影印版，第67页上。以下所据实录皆为此本，不再一一说明）

③ 《钦定历代职官表》卷57《总兵副将表》："国朝官制，总兵官正二品，直隶马兰镇、泰宁镇、宣化镇、天津镇、正定镇，各一人……天津镇，驻天津府，本标左右二营，同城一营，分防二十有二营。"《清会典事例》卷590："天津镇总兵官，驻扎天津府。"《清国史·地理志》卷6《天津府》："总兵驻。"

④ 雍正《畿辅通志》卷26《公署》："长芦盐运使司署在沧州，今移驻天津府"；卷60《职官》：长芦盐运使"顺治初仍设，驻天津府"。《清国史·地理志》卷6《天津府》："长芦盐运司亦治焉。"《清史稿·地理志·天津府》："天津道、总兵、长芦盐运司、通永镇总兵驻。"乾隆续修《大清一统志》卷3《直隶》："巡视长芦盐政，驻天津府。"乾隆朝《大清会典则例》卷45《户部盐法上》："长芦都转运盐使司，管盐法道运使专理，原驻沧州，康熙二十四年移驻天津。"

⑤ 据宣统三年夏季《大清搢绅全书·直隶天津府》，北京荣禄堂刊本。

⑥ 《清朝续文献通考》卷305《天津府》"在省治东四百六十里。"《清国史·地理志》卷6《天津府》：西距省治四百六十里。

⑦ 《清朝续文献通考》卷305《天津府》："自府治至京师二百五十里。"

⑧ 《清史稿》卷54《地理志·直隶·天津府》："北极高三十九度十分，京师偏东四十七分。"《清朝续文献通考》卷350《舆地考一·直隶·天津府·天津县》："北纬三十九度十分，东经四十七分。"《舆地经纬度里表·直隶·天津府·天津县》："北三十九度十分，偏东四十七分。"按：三种记载一致，纬度值比今值偏北2′，经度值与今值吻合（天津府治今天津市，其今日经纬度为北纬39°08′、东经117°11′）。

⑨ 续修《大清一统志》卷17《天津府》："明永乐初置天津、左、右三卫，为河间府地。"雍正《畿辅通志》卷14《建置沿革·天津府》："明洪武初属北平、河间二府，永乐二年置天津、左、右三卫。"《大明一统志》卷2："天津卫、天津左卫、天津右卫，俱在静海县小直沽，永乐二年筑城，三年调天津卫并天津左卫，四年复调天津右卫，以守备。"

⑩ 雍正《畿辅通志》卷59《职官》："天津巡抚都御史，天启二年设，顺治六年裁。"《清世祖实录》卷44顺治六年五月癸未，户部等衙门疏言："裁天津、凤阳、安徽巡抚巡江御史、天津饷道等官，以裕国家经费之用。报可。"（《清实录》第3册，第354页上下）《清史稿》卷201《疆臣年表五》，顺治六年五月裁天津巡抚，末任巡抚夏玉于顺治六年九月改任山东巡抚。

⑪ 《清世祖实录》卷65顺治九年六月丁未："天津左卫、右卫归并天津卫。"（《清实录》第3册，第506页下）

⑫ 《清世宗实录》卷30雍正三年三月乙巳："改天津卫为州，设立知州一员。"（《清实录》第7册，第450页下）卷36雍正三年九月甲子："升直隶河间府所属天津州为直隶州，管辖武清、青县、静海三县，从长芦盐政御史莽鹄立请也。"（《清实录》第7册，第545页上）雍正《畿辅通志》卷13《建置沿革》："雍正三年改天津卫为直隶州。"《清会典事例》卷152："雍正二年升天津卫为直隶州，领青、静海二县。"（《清会典事例》第2册，中华书局1991年影印，第926页上。以下所据皆为此本）续修《大清一统志》卷17《天津府》："雍正三年改天津卫为州，九年又升为天津府，领州一、县六。"

⑬ 《清世宗实录》卷36雍正三年九月甲子："升直隶河间府所属天津州为直隶州，管辖武清、青县、静海三县。"（《清实录》第7册，第545页上）雍正《畿辅通志》卷14《建置沿革·天津府》："雍正三年改卫为州，直隶京师，以顺天府之武清县、河间府之青县、静海县来属。"光绪《顺天府志》卷35：武清县"雍正三年正月改属天津州"。

天府①；八年设河道水利总督，驻天津②；九年升直隶州为天津府，附郭置天津县③，降沧州直隶州为散州，并原领南皮、盐山、庆云三县来属④。乾隆十四裁直隶河道水利总督⑤。咸丰十年，英、法续约开为商埠，置三口通商大臣⑥。同治九年裁撤三口通商大臣，改津海关道⑦，以直隶总督兼北洋大臣而常驻天津，设总督行署，冬令还驻

---

① 雍正《畿辅通志》卷14《建置沿革·天津府》："雍正四年，武清县还属顺天。"

② 《清世宗实录》卷110雍正八年十二月己亥："工部等衙门遵旨议奏直隶河工关系重大，请设立河道水利总督一员，驻扎天津，令四道厅员及印河各官受其节制。"（《清实录》第8册，第337页上）《大清会典事例（嘉庆朝）》卷20："（雍正）八年，议准：直隶河工关系重大，设立河道水利总督一人，驻扎天津，令四道厅员及印河各官受其节制，一切事务俱照河东总河例行。"按：雍正八年并设协办一人，九年改直隶副总河（驻固安，见《养吉斋丛录》）；乾隆元年裁副总河，以直隶总督兼管河务，直隶河道出现总督与总河并管河务的局面，见《清高宗实录》卷17"乾隆元年四月辛巳"条（《清实录》第9册，第440页下）。

③ 《清世宗实录》卷103雍正九年二月丙辰："天津直隶州……请升州为府……附郭置天津县……此新设一县同该州原辖之青县、静海及沧州、南皮、盐山。庆云一州三县统归新升之府管辖，其旧设之河间府海防同知应就近改属天津……再霸昌道属之宝坻县之江洼口起至西头庄止路南一带，割归梁城，并改所为县……寻定天津新升府曰天津……梁城所新改县曰宁河。"（《清实录》第8册，第368页上）《大清会典则例》卷8《吏部》："九年升天津直隶州为天津府，设天津县附郭，于旧属二县外，以河间府属之沧州一州、南皮、盐山、庆云三县并归府治。"《清会典事例》卷28：雍正九年"改直隶沧州直隶州为州，隶天津府"。（《清会典事例》第1册，第359页下）《清会典事例》卷30：雍正九年"升直隶天津直隶州为府，以州地置天津县为府治，以原辖之青县，静海二县隶之，并改河间府属之南皮，盐山，庆云三县，均隶天津府"。（《清会典事例》第1册，第385页上）《清会典事例》卷152雍正八年："升天津直隶州为天津府，置天津县（附郭）于旧属二县外，以河间府属之沧州一州，南皮、盐山、庆云三县，并归府治。"（《清会典事例》第2册，第926页上）雍正《畿辅通志》卷13《建置沿革》："雍正九年复改天津州为县，降直隶沧州为州，更置天津府"；卷14天津府："雍正九年改设天津府，置天津县，其东光县还属河间，而沧州及所属南皮、盐山、庆云皆来隶焉。领州一、县六。"同卷："雍正三年改卫为州，九年改设天津府，以州境置县属焉。"续修《大清一统志》卷17《天津府》："雍正三年改天津卫为州，九年又升为天津府，领州一、县六。"光绪《畿辅通志》卷16《表一·府厅州县沿革一·天津府》："旧为卫，雍正三年改卫为州，九年升为府，隶天津道，领州一县六。"雍正《畿辅通志》卷22《川》："本朝雍正八年，改设府治，为京师东面襟喉之地。"

④ 雍正《畿辅通志》卷14："（雍正）七年复割河间府之沧州直隶京师，以东光、南皮、盐山、庆云四县属之；九年改设天津府，置天津县，其东光县还属河间，而沧州及所属南皮、盐山、庆云皆来隶焉，领州一县六。"《清朝文献通考》卷270《舆地考二》："本朝初设关，置总兵镇守，雍正三年改为直隶天津州，以河间府之静海、青二县来属，九年升为府，以沧州及南皮等三县来属，又增置天津县，凡领州一县六。"《清会典事例》卷152雍正八年："又升天津直隶州为天津府，置天津县（附郭）于旧属二县外，以河间府属之沧州一州，南皮、盐山、庆云三县，并归府治。"（《清会典事例》第2册，第926页上）

⑤ 《大清会典事例（嘉庆朝）》卷20："（乾隆）十四年，裁直隶天津河道总督一人。"

⑥ 《清朝续文献通考》卷305《天津府》："咸丰十年，英、法续约开天津为商埠。"黄月波等编《中外条约汇编》（商务印书馆1935年版，第11页）："《中英续增条约九款》订立于一八六零年十月二十四日……第四款一续增条约画押之日大清大皇帝允以天津郡城海口作为通商之埠……第六款一前据本年二月二十八日大清两广总督劳崇光将粤东九龙司地方一区交与大英驻扎……大清大皇帝定即将该地界付与大英大君主，并历后嗣并归英属香港界内，以期该港埠面管辖。"黄月波等编《中外条约汇编》（第88页）："《中法续增条约十款》一八六零年十月二十五日订立……第七款从两国大臣画押盖印之日起，直隶省之天津府克日通商与别口无异。"

⑦ 《清实录》卷293同治九年十月庚申："谕内阁，前据总理各国事务衙门奏，遵议尚书毛昶熙请撤三口通商大臣条陈，当谕令李鸿章妥筹应办各事宜……着照所请，准其另设津海关道一缺，专管中外交涉各事件，及新钞两关税务……新设天津海关道，定为冲、繁、疲、难四字最要之缺，由外拣员请补，沿海地方均归专辖，直隶通省中外交涉事件，统归管理，兼令充直隶总督海防行营翼长，并拟于运河北岸，圈筑新城，另建官署，为经久防患之计。下部议，从之。"（《清实录》第50册，第1059页上—下）《清史稿·地理志》："同治九年，废为津海关道，以总督兼北洋钦差大臣，驻保定，半岁一移节。"

保定①。光绪十一年设武备学堂②；二十六年义和团运动期间，府城被夷为平地③。土贡：绢、绵、丝、绫、布、簟、蟹、鱼、盐、酒④。宣统三年领州一、县六⑤：

---

① 《穆宗毅皇帝实录》卷286同治九年七月丁丑："又谕崇厚奏体察津郡现时情形拟即来京陛见一折，崇厚着即来京，其三口通商大臣一缺著毛昶熙暂行署理。崇厚即将关防交毛昶熙接收，毋庸携带来京，津门应办事宜仍著曾国藩、毛昶熙禀遵次谕旨妥速筹办。将此各谕令知之"；卷293同治九年十月下："又谕总理各国事务衙门奏遵议毛昶熙请撤三口通商大臣条陈一折。洋务海防，本直隶总督应办之事，前因东豫各省匪踪未靖，总督远驻保定，兼顾为难，特设三品通商大臣，驻津筹办，系属因时制宜；而现在情形，则天津洋务海防较之保定省防关紧尤重，必须专归总督一手经理，以免推诿而专责成。著照所议。三口通商大臣一缺即行裁撤，所有洋务海防各事宜著归直隶总督经管，照南洋通商大臣之例，颁给钦差大臣关防，以昭信守，其山东登莱青道所管之东海关、奉天奉锦道所管之牛庄关均归该大臣统辖。通商大臣业已裁撤，总督自当长驻津郡，就近弹压，呼应较灵，并著照所议。将通商大臣衙署改为直隶总督行馆，每年于海口春融开冻后移扎天津，至冬令封河再回省城。如天津遇有要件亦不必拘定封河回省之制。李鸿章现任直隶总督，当禀遵此次改定章程，将洋务事宜悉心筹划，海防紧要，尤须统筹全局"；卷293同治九年十月下庚申："谕内阁、前据总理各国事务衙门奏、遵议尚书毛昶熙请撤三口通商大臣条陈。当谕令李鸿章妥筹应办各事宜。兹据该督酌议章程具奏。天津地方紧要。自宜因时变通。三口通商大臣一缺。着即行裁撤。所有应办各事宜。均着归直隶总督督饬该管道员经理。即由礼部颁给钦差大臣关防。用昭信守。并着该督于每年海口春融开冻后。移扎天津。冬令封河。再回省城。傥遇有紧要事件。必须回省料理。亦准其酌度情形。暂行回省。事竣仍赴津郡。以资兼顾。其山东登莱青道所管东海关、奉天奉锦道所管牛庄关、均归该督统辖。"《清实录》卷293同治九年十月壬子："又谕总理各国事务衙门奏，遵议毛昶熙请撤三口通商大臣条陈一折，洋务海防，本直隶总督应办之事，前因东豫各省匪踪未靖，总督远驻保定，兼顾为难，特设三口通商大臣，驻津筹办，系属因时制宜，而现在情形，则天津洋务海防，较之保定省防，关系由重，必须专归总督一手经理，以免推委而专责成，著照所议，三口通商大臣一缺，即行裁撤，所有洋务海防各事宜，著归直隶总督经管，照南洋通商大臣之例，颁给钦差大臣关防，以昭信守，其山东登莱青道所管之东海关，奉天奉锦道所管之牛庄关，均归该大臣统辖，通商大臣业已裁撤，总督自当长驻津郡，就近弹压，呼应新录，并著照所议，将通商大臣衙署，改为直隶总督行馆，每年于海口春融开冻后，移扎天津，至冬令封河，再回省城，如天津遇有要件亦不必拘定封河回省之制，李鸿章现任直隶总督，当禀遵此次改定章程，将洋务事宜悉心筹画，海防紧要，尤须统筹全局，选将练兵，大加整顿，铭军酌留若干营，曾否定议，杨村河西务王庆坨等处，应否修筑码台，拨营分驻，均著该督酌度情形，妥为筹办，畿辅水利，本宜讲求，而畿东尤亟，应如何设法宣泄，以利农田而固封守，著该督慎选贤能之吏，次第兴办。"（《清实录》第50册，第1051页下）《穆宗毅皇帝实录》卷321，同治十年十月庚午"谕军机大臣等：李鸿章奏、酌派练军营勇分路巡缉一折。本年直隶地方。被灾较重。诚恐不法匪徒。借端滋事。自应豫为防范。李鸿章现拟分派练军营勇。会同各路州县汛团。梭巡查缉。所筹尚妥。着即饬令带队员弁。各就地段。严密稽查。遇有抢劫之案。随时协同地方官认真缉捕。务须约束严明。不准丝毫骚扰。以靖奸宄而安善良。至天津为通商要地。刻下饥民较多。尤应妥为弹压。得该督坐镇其闲。庶几宵小不至生心。而洋人亦可免疑虑。本年封河后。该督应否仍驻天津暂缓回省之处。着酌量情形。妥筹具奏。将此谕令知之。寻奏、津郡四乡赈务。即日开放。拟俟封河后前往永定河工查勘。就近回省。得旨、该督回省后。津郡事宜。仍着妥筹兼顾。毋稍疏虞"。《穆宗毅皇帝实录》卷324，同治十年十一月下"又谕、李鸿章奏、请饬催新授藩司迅速赴任等语。前有旨将孙观　放直隶藩司。直隶地方紧要。政务殷繁。各属被灾地方。亟须加意抚绥。来春总督应驻天津。保定一切公事。尤赖藩司经理。着瑞麟传知该员务于开春后即行雇搭轮船。由海道迅速赴任。毋稍迟延。将此谕令知之"。

② 《清会典事例》卷1220光绪十一年："天津地方设武备学堂。"（《清会典事例》第12册、第1125页上）

③ 《清史稿·地理志》："府城三岔口西南。光绪庚子，拳匪乱，夷为平地。"秦树声呈稿《直隶》（台北故宫文献编号205000661，不分卷）："府城三岔口西南，光绪庚子拳匪致戎，夷为平地。"

④ 台北故宫庋藏清内府朱丝栏写本（204卷本）《皇朝地理志》卷6，清国史馆302册写本《皇朝地理志》卷6。

⑤ 《清会典事例》卷152光绪二年："天津府，领沧州一，天津（附郭）、青、静海、南皮、盐山、庆云等县六。"（《清会典事例》第2册，第926页下—927页上）续修《大清一统志》卷17《天津府》："明永乐初置天津、左、右三卫，为河间府地。本朝初设关，置总兵镇守。雍正三年改天津卫为州，九年又升为天津府，领州一、县六。"乾隆《大清会典》卷8《户部》："天津府领州一：沧，县六：天津、青、静海、南皮、盐山、庆云，治天津县。"

天津　最要。冲、繁、疲、难①。附郭②。海防同知、副将驻大沽口③。雍正九年置④。渤海在县东一百二十里⑤。海河由五河汇聚而成⑥：北运河即白河，北自顺天府武清来，南迳北仓，又南至丁字沽、西沽纳永定、大清二河，又南迳小红桥纳子牙河，又东南至三汊口而合南运河即卫河⑦，始名海河⑧，一曰直沽⑨，又东迳紫竹林，缘与宁河县交界处东南流一百二十里，历二十一沽，左右引河以十数，至大沽口入海⑩。汛

① 据宣统三年夏季《大清搢绅全书·直隶天津府》。刘铮云《〈清史稿·地理志〉府州厅县职官缺分繁简订误》："案：《清史稿》遗漏'最要缺'三字，当补。"（台湾中研院《历史语言研究所集刊》第65本第3分册，1994年，第521页）

② 乾隆《大清会典》卷8《户部》："天津府领州一：沧，县六：天津、青、静海、南皮、盐山、庆云，治天津县。"

③ 《清仁宗实录》卷340嘉庆二十三年三月壬子："铸给直隶天津府海防同知关防。"（《清实录》第32册，第491页下）《清会典事例》卷27：嘉庆二十二年"直隶设天津海防同知一人，驻大沽"。（《清会典事例》第1册，第346上）《清会典事例》卷590："大沽协副将一人，驻扎天津海口南岸。"（《清会典事例》第7册，第635页上—下）

④ 雍正《畿辅通志》卷14："雍正九年改设天津府，以州境置县属焉。"《清朝文献通考》卷270《舆地考二》，"天津县附郭，雍正三年改卫为州，九年升州为府，以州地置天津县。"光绪《畿辅通志》卷16《表一，府厅州县沿革一》天津县："本为卫，雍正九年置县，附郭。"

⑤ 雍正《畿辅通志》卷22《川·天津府》："渤海在天津县东一百二十里，京畿南北群川悉由直沽以入，其西南历沧州、盐山而接山东之海丰县界，其东北历青县、静海而达于顺天府之宝坻县界。"

⑥ 《清史稿·地理志》天津县："北运河自武清入，汇永定、大清、子牙、南运为海河，迳紫竹林，历二十一沽，左右引河以十数，至大沽口入焉。"按：清末民初的舆图，有光绪末《直隶省五河全图》，宣统或民初《畿辅六大河流图》（即五河加漳河或黄河），1916年《直隶五干河图》，1939年《重印直隶五河图说》等（见北图舆图组编《舆图要录》，第127—128页）。今取其"五河"之说。海河"五大水系"为今人说法，不取，已存其真。

⑦ 雍正《畿辅通志》卷22《川》："三岔河在天津县东北，本名三汊口，亦名三汊沽，卫河西南自静海来，径县北而东，其流浊；白河西北自顺天府武清县来，亦径县北而东，其流清；各流至县东北二百步许而合流，谓之三岔河；又东南出直沽，注于海。"

⑧ 《直隶河渠志》："海河，南北运、淀河之会流也，自天津东北三岔口迄大沽口，长一百二十里，涘广崖深，奔流湍驶，潮汐迎之则逆行而上，《禹贡》所谓逆河是也。"续修《大清一统志》卷17《天津府》："直沽在府城北，南则卫河，合南路之水；北则白河，受北路之水；西则丁字沽，受三角淀之水；皆至城东北三岔口合流，东注。旧名小直沽，其东南十里曰大直沽，地势平衍，每遇霖潦，群流涨溢，茫无涯涘，故有大直沽之名。又东南百余里为大沽口，众水由此入海，即杜佑《通典》所云'三会海口'也。新志：直沽今亦谓之海河，南、北运淀河之会流也，自天津东北三岔口、迄大沽口，长一百二十里。"

⑨ 《直隶河渠志》："按：直沽即今大沽口，河流入海处也，两岸壁陡，一国中横，土人谓之海门。潮汐所至，北抵杨村，南抵程官屯，西过王庆坨，率二百余里皆淡水也。咸潮抵海门而止无坌入者若天设之以限内外斯亦奇矣。"《钦定日下旧闻考》卷112《京畿·武清县》："按：武清县，自本朝雍正八年分邑之东南一百四十余村归天津县，如直沽、杨栁青等处"；"原直沽在县东南一百二十里，卫河、白河、丁字沽合流于此，又东南四十里名海口"。雍正《畿辅通志》卷22《川》：天津府"直沽在天津县东南，卫河、白河、丁字沽之水汇流于此，又东南注于海"。

⑩ 《清世宗实录》卷39雍正三年十二月辛卯："直隶之卫河、淀河、子牙河、永定河皆汇于天津州大直沽入海。"（《清实录》第7册，第582页上）齐召南：《水道提纲》卷3《京畿诸水》："永定河今全南流经固安县北、又东南经永清县北、霸州东北、东安县南；玉带河自西南来会，东流过三角淀，经武清东南，子牙河自南来会，又东流经杨柳青之北，又东至西沽南，白河自北来会，又东南运河自西南来会，所谓丁字沽也，东流经天津府城北，又东南百余里至大沽，北入于海。"光绪《畿辅通志》卷62《舆地十七·山川六》海河："南北运河之会流也，自县东北三岔口至大直沽口，长一百二十里。"

一，属三角淀通判，与武清分辖：南八工下。有减水河二，俱入塌河淀①。县东六十里葛沽有丰财盐场②。葛沽之东为新城，雍正四年创立水师营，先筑土城，乾隆三十二年裁，嘉庆二十二年复设③，同治十三年新建砖城，故名。后建有新城炮台，与大沽炮台相犄角。县东南有小站，袁世凯练兵处。行宫一：杨惠庄④。巡检司一：葛沽⑤。有大沽、三河头、浮沟、蒲沟、咸水沽、双港、北马头、赵家场、宜兴埠诸镇⑥。水陆二驿：杨青⑦。沿海航路：东南通之罘、上海，东北通营口，向东通往韩国仁川、日本长崎。津浦、津榆、津卢、津沽等铁路均以为起点⑧。

---

① 雍正《畿辅通志》卷22《川》："减水河有二，一自顺天府武清县杨村北流，至天津县东南张家嘴入直沽，此泄潞河之水者也；一自沧州南流，至天津县大直沽渡入直沽，此泄卫河之水者也。"续修《大清一统志》卷17《天津府》："减水河有二，一在沧州南十五里，曰砖河，以近捷地镇，今亦呼捷地减河；一在青县南故兴济县，曰兴济河皆明弘治中开，以泄卫河泛溢之水。久堙塞。本朝雍正四年重浚砖河一百二十里、兴济河九十里，各建滚水石坝，引水分入海港，沧、青水势藉以宣，居民赖之。乾隆二年以后，屡经疏导，建置坝闸。今汛员专司启开，以防运阿阻浅。三十二年皇上复命重加修筑，一律疏通，俾运河益收分泄之利焉。"

② 雍正《畿辅通志》卷36《盐政》："丰财场在沧州葛沽"；卷22《川》："葛沽在天津县东六十里"；卷47《水利营田》："沧州葛沽、盘沽二围，营田引用海河潮水，仍泄水于本河，今归天津县。"

③ 雍正《畿辅通志》卷38《兵制》："天津水师营，雍正四年设"；卷60《职官》："天津水师都统，雍正四年设，驻天津府。"卷26《公署》："天津水师都统，署在天津芦家嘴新城内。"《大清会典则例》卷113《兵部·职方清吏司·军政》："天津水师营，每年四月起八月止，出海操演，均择天气晴和、潮平风顺时。"《清朝文献通考》卷183《兵考·直省兵·直隶八》记载："（乾隆）三十二年，裁天津水师营都统以下官兵、其驻防兵二千五百名，令分驻凉州府一千名，福州府二百二十九名，广州府四百九十八名，余兵八十一名统拨往凉州"；"（乾隆）三十二年裁天津水师营，将大沽营游击移驻水师营旧驻之新城，改名葛沽营，将中军守备移驻大沽口"。《嘉庆重修一统志》卷5《文职官》："天津水师营总兵官，驻天津府新城，嘉庆二十二年设左、右二营。"《嘉庆重修一统志》卷25《天津府（二）》："水师营在天津县东卢家嘴，本朝雍正四年因天津界海，为福建、浙江、江南、盛京诸省商船出入要隘，建砖城，周二里，驻满洲兵于此，以都统等官领之，沿海试战船，俾肄水师。乾隆三十二年裁，嘉庆二十二年复设绿营兵，增置水师营总兵等官领之。"按：今从《嘉庆重修一统志》。

④ 续修《大清一统志》卷17《天津府》："海河叠道，自府城东门外三岔河起，历咸水沽、东西泥沽、杨惠庄，至大沽计七十余里……杨惠庄建有行宫，三十二年皇上巡幸天津，阅视海河，驻跸于此。"《高纯皇帝实录》卷878乾隆三十六年二月丙子："颐安总督：以通州至扬州一带河道，向有河淤，舟行稍滞，将天津杨惠庄行宫移建武清县之桐柏村，次日由宝稼营登州。川途尤为便利……亦遂听之。"（《清实录》第19册，第754页）

⑤ 光绪《畿辅通志》卷62《舆地十七·山川六》天津县："葛沽，在县东六十里。"

⑥ 《清国史·地理志》第18页上，《清史稿·地理志》第8册，第1907页。宜兴埠，见乾隆《天津县志》卷1《著录》。民国《天津志略》第6章："（北乡）东北为宜兴埠，地产鱼苇，其居民之繁盛，殆与西乡杨柳青颉颃云。"

⑦ 即杨柳青，清时在天津、静海两县界上。雍正《畿辅通志》卷42《津梁》："杨柳青渡，在静海县北四十五里，东去天津四十余里，自此渡上寒家树、抵京师，比天津差近。旧志：杨柳青地近丁字沽，四面多植杨柳，故名。"雍正《畿辅通志》卷43《驿站·铺司附》："杨青水驿，在天津城城外，旧在武清县南一百五十里杨柳青，嘉靖十九年移置于此，属静海县，极冲。"《钦定日下旧闻考》卷112《京畿武清县》："原杨柳青地近丁字沽，四面多植杨柳，故名。"《雍正畿辅通志》卷60《职官》："杨青驿丞一员，向属静海县，雍正十一年改属天津县，兼巡检。"

⑧ 《清朝续文献通考》卷305："津浦铁路，起于天津西南，迳静海、青县、沧州、南皮入河间府之东光。"《清朝续文献通考》卷305："京奉铁路，由武清入，迳天津东南入顺天府宁河。"《清德宗实录》卷260光绪十四年十月乙巳："津沽铁路告成，验如如式。各商禀请接造通州铁路，以广利益。"（《清实录》第55册，第498页下）《清德宗实录》卷425光绪二十四年七月下丙子："又谕，胡燏棻奏，津榆铁路学堂，仍移设山海关，并添派洋教习等员，及招选学生分课等语，著总理各国事务衙门查核办理。"（《清实录》第57册，第577页下）《清德宗实录》卷432光绪二十四年十月下乙巳："谕内阁：奕劻等奏，建造天津至镇江铁路，请派员督办一折，著派侍郎胡燏棻督率办理。惟该侍郎现经承办津卢及山海关外一带铁路，事务较繁……"（《清实录》第57册，第679页下）

静海　最要。冲、繁、疲、难①。府西南七十里②。原隶河间府，雍正三年改属③。子牙河，北自大城县来，纳南自青县入而迳县西之黑龙港河④；大清河正流会同河亦北自大城县来，纳辛张河⑤；两河均北迳杨柳青，东北入三角淀。南运河⑥，南自青县流河镇来，北迳唐官屯、陈官屯，又北迳县西，至杨柳青之南而折东入天津县⑦。有四党口、唐官屯、子牙、良王庄、陈官屯诸镇⑧。子牙镇在县西南四十五里，西界大城县，管河主簿驻⑨。独流镇在县北二十里⑩，有巡检司，子牙河把总驻⑪。水驿一：奉新⑫。有津浦铁路⑬。

（以下还有天津府属的青县、沧州、南皮、盐山、庆云五州县，在此从略）

二　顺天府

顺天府　北极高三十九度五十五分，中⑭。顺治元年四月入关，五月迁都京师，沿明

① 据宣统三年夏季《大清搢绅全书·直隶天津府》。刘铮云《〈清史稿地理志〉府州厅县职官缺分繁简订误》："案：《清史稿》遗漏'最要缺'三字，当补。"（台湾中研院《历史语言研究所集刊》第65本第3分册，1994年版，第521页）

② 《清朝文献通考》卷270《舆地考二》静海县："在府西南七十五里。"《清朝续文献通考》卷305《静海县》："在府西南七十五里。"

③ 雍正《畿辅通志》卷14："雍正三年改属天津州，九年属天津府。"《清朝文献通考》卷270《舆地考二》："本朝初属河间府，雍正三年改属天津州，九年属府。"

④ 《钦定日下旧闻考》卷123《京畿·大城县》："臣等谨按：黑龙港河与子牙河合，详见后条，乾隆五年疏浚"；"沿河自河间县之龙华桥入县界，东北流，至县东南二十五里四呈口，合黑龙港河，亦名交河，北折绕县东十二里赵扶村，又北折迳子牙村，故名子牙河"。光绪《畿辅通志》卷58《舆地十三·山川二》大城县：子牙河"北流至县东南二十五里四呈口，合黑龙港河，亦名交河，从此北折迳子牙村，又名子牙河"。《清史稿·地理志》静海"西：子牙河自大城入，纳黑龙港河。西北：大清河亦入，纳支津辛张河。"《清圣祖实录》卷197康熙三十九年二月辛未："上乘舟至静海县，东阅子牙河堤"。（《清实录》第6册，第5页上）

⑤ 《清史稿·地理志·静海县》。

⑥ 雍正《畿辅通志》卷22《天津府》："卫河即运河，自河间府交河县流迳南皮县西，又东北迳沧州城西，又东北迳青县南，合滹沱河，又东北迳静海县，又东北迳天津县北，又东与白河会三岔河。"

⑦ 《直隶河渠志》：卫河"即南运河也，亦曰永济渠，亦曰御河，源出河南卫辉府，自山东武城县流入直隶故城县界……东北迳青县城东、静海县城西、天津府城北，至三岔口与白河会，入海，计长八百余里"。齐召南《水道提纲》卷4《运河》："北流经青县城东，又北至马厂泛，折而东北至唐官屯、陈官屯西，又北经静海县城西，又东北流经大王庄北、杨柳青南，又东至天津府城北，白河与桑干诸水自西北来会，又东南至大沽入海。"

⑧ 《清国史·地理志》，第18页上。

⑨ 《嘉庆重修一统志》卷9《顺天府四》："子牙镇在大城县东北四十里，与静海县接界，东北去静海县四十五里，有东、西二村，东属静海，西属大城，以盐河中流为界"；卷25《天津府二》："子牙镇在静海县西南，滨子牙河，接大城县，有管河主簿驻此。"

⑩ 傅泽洪撰：《行水金鉴》卷155《运河水》："……十五里至静海县奉新驿，二十里至渎流，二十里至新口，二十里至杨柳青，二十里至曹家庄，二十里至天津卫。"按："渎流"系"独流"之误。

⑪ 《嘉庆重修一统志》卷5《直隶统部》："子牙河把总，驻静海县独流。"

⑫ 雍正《畿辅通志》卷43《静海县》："奉新水驿在县南城外，杨青马驿在天津城外，应天津府差。"《清高宗实录》卷270乾隆十一年七月上丁酉："移直隶静海县奉新驿驿丞驻独流镇。"（《清实录》第12册，第517页上）按：杨青驿，雍正时改属天津县。

⑬ 《清朝续文献通考》卷305："津浦铁路，起于天津西南，迳静海、青县、沧州、南皮入河间府之东光。"

⑭ 清制经纬度以京师子午线为经度基准线，标准记录有经度值"中"。又，新修《清史·地理志》收录与今天存在偏差之清制经纬度值，只是为了记录晚清科技认识水平之真实，特此说明。

制为顺天府①，属顺天巡抚②，领属州五、县二十二③，大兴、宛平、良乡、固安、永清、东安、香河七县直属于府，通州领三河、漷县、武清、宝坻四县，涿州领房山一县，蓟州领玉田、丰润、遵化、平谷四县，霸州领文安、大成、保定三县，昌平州领顺义、怀柔、密云三县④。十六年废漷县入通州⑤。康熙元年属保定巡抚，六年属直隶巡抚⑥。十五年升遵化县为属州，以丰润隶之⑦。二十七年置东、南、西、北四路同知以分辖所属州、县⑧，

① 《清朝通典》卷90："京师顺天府，明京师皇朝，顺治元年世祖章皇帝定鼎建都于此，仍设顺天府尹。"续修《大清一统志》卷4《顺天府》："永乐九年建为北京，改北平府为顺天府，十九年始称京师，本朝因之，领州五、县十九，统于顺天府尹，亦属直隶总督。"雍正《畿辅通志》卷13《建置沿革》："本朝顺治初裁漷县入通州，康熙十五年升遵化县为州，领州六、县二十，统于顺天府尹，并属布政司。"《皇朝文献通考》卷83《职官考七》："顺天府府尹管京府之政令，府丞总理学校考试之事，治中叅理府事，京县二各掌其县之政令，品视外县令加一等。府尹一人，每钦派大臣兼管府丞一人，所属治中一人、通判一人、经历一人、照磨一人、司狱一人、崇文门分司副使一人，余所属二十五州县兼属直督不具载。"

② 《清朝文献通考》卷269《舆地考一》："（顺治元年）设顺天巡抚驻遵化，辖顺天、永平二府。"《大清会典事例（嘉庆朝）》卷20："顺治初年，设顺天巡抚一人，驻遵化州。"

③ 《大明一统志》卷1《京师》："永乐初改为顺天府，领州五、县二十二。"雍正《畿辅通志》卷13《建置沿革》："本朝顺治初裁漷县入通州，康熙十五年升遵化县为州，领州六、县二十，统于顺天府尹、并属布政司，而以霸昌、通永二道分辖焉。"《嘉庆大清会典事例》卷128《户部》："京师顺天府，顺治初年定：顺天府领大兴、宛平京县二，通州、昌平州、涿州、霸州、蓟州等州五，良乡、漷县、固安、永清、东安、香河、三河、武清、宝坻、顺义、密云、怀柔、房山、文安、大城、保定、平谷、遵化、玉田、丰润等县二十。"《清国史·地理志》卷2《顺天府》："国初因明制，领州五：通、涿、霸、蓟、昌平，县二十二：大兴、宛平、良乡、固安、永清、东安、香河、三河、武清、漷、宝坻、顺义、密云、怀柔、房山、文安、大城、保定、玉田、丰润、遵化、平谷。"

④ 见《明史·地理志》。如果不写这个属州内容，一是无法与明史衔接，二是与相同内容风格不同。

⑤ 《清世祖实录》卷127：顺治十六年八月"裁直隶漷县，归并通州"（《清实录》第3册，第986页上）。雍正《畿辅通志》卷13《建置沿革》："本朝顺治初，裁漷县入通州。"《皇朝文献通考》卷269《舆地考一》："本朝初因之，顺治十六年省漷县。"《大清会典（康熙朝）》卷18《州县一》："旧有漷县，顺治十六年裁并通州。"《大清会典事例（嘉庆朝）》卷128《户部》："十六年省漷县入通州。"《光绪清会典事例》卷15顺治十六年"省漷县入通州"（《清会典事例》第2册，第924页上）。续修《大清一统志》卷6《顺天府·古迹三·漷县故城》："本朝顺治十六年以地狭人稀，省入通州。"《嘉庆重修一统志》卷8《顺天府古迹》："漷县故城在通州南四十五里，本朝顺治十六年省入通州。"《清国史·地理志》卷2《顺天府》："顺治十六年省漷县入通州。"《清史稿·地理志》："顺治十六年省漷县入之。"

⑥ 《圣祖仁皇帝实录》卷20康熙五年十二月庚申，提及"（直隶）总督朱昌祚、巡抚王登联"；卷21康熙六年正月丙戌："以顺天府府尹甘文焜为直隶巡抚。"据《清史稿》卷201《疆臣年表五》，"康熙五年十二月尚有保定巡抚王登联，而次年正月则有直隶巡抚甘文焜"。

⑦ 《圣祖实录》卷64康熙十五年十二月丁酉："以顺天府遵化县昌瑞山建世祖章皇帝寿陵，升县为州，改设知州、州判、吏目、学正、训导各一员。"（《清实录》第4册，第823页上）《大清会典（康熙朝）》卷18《州县一》："遵化州，旧为遵化县，康熙十五年升为州。丰润县，旧隶蓟州，康熙十五年改隶遵化州。"雍正《畿辅通志》卷13："康熙十五年以陵寝所在，特旨升县为州，属顺天府。"《清朝文献通考》卷270《舆地考二》："本朝初属顺天府，康熙十五年以陵寝所在升县为州，仍属府。"《清朝通典》卷90："康熙十五年升遵化县为州。"《清国史·地理志》卷2《顺天府》："康熙十五年升遵化县为州，仍属府。"《清史稿，地理志》："（康熙）十五年，升遵化为州。"

⑧ 雍正《畿辅通志》卷94："惟四路同知分辖二十六州县，督捕缉拿事权归一。且东路驻扎通州，运漕之粮艘汇集；西路驻扎芦沟，往来之商旅纷纭；他如南路之黄村、北路之沙河，或外府通衢，或军需要路，地处冲繁。"雍正《畿辅通志》卷94："霸昌（道）自归并通永，所属共辖二十六州县，虽刑名分于四路同知，而督缉之责与夫一应钱粮出入销算盘查俱由该道管理，鞭长不及，时多率漏。"《清朝文献通考》卷183《兵考·直省兵·直隶五》："二十七年设直隶四路同知。"《清朝通志》卷67《职官略四》："臣等谨按，顺天府初止辖大兴、宛平二县，康熙十五年始以昌平、良乡等州县并顺天府，今所属自大兴、宛平以外凡州县二十有五，设东、西、南、北四路同知以分领之，皆兼统于直隶总督，复特简大臣兼管府事，以重其任。"详见《钦定历代职官表》卷32《顺天府表》、《光绪顺天府志》卷17《顺天府沿革表》。

分属霸昌、通永二道①。雍正元年后，以部院大臣兼管府事②；二年以后，属直隶总督兼辖③；三年，以玉田改属永平府④，以武清改属天津直隶州；四年，武清还属⑤；六年，通、涿、霸、昌平、遵化五属州降为散州⑥，所领三河、武清、宝坻、房山、文安、大成、保定、顺义、怀柔、密云十县直属于府，丰润改属永平府；九年置宁河县⑦。乾隆八年遵化州升直隶州，以永平府玉田、丰润二县属之，蓟州降为散州而以所领平谷直属于府。土贡：盐、铁、绫、绵、绢、煤、角弓、水精、琉璃、谷、人参、桃、枣、梨、栗、葡萄、

① 雍正《畿辅通志》卷13《建置沿革·顺天府》："统于顺天府尹、并属布政司，而以霸昌、通永二道分辖焉。按：旧分大兴、宛平、霸州、保定、文安、大城、涿州、房山、良乡、固安、昌平州、顺义、怀柔、密云、永清、东安、香河属霸昌道，通州、三河、武清、宝坻、蓟州、遵化州、平谷、丰润、玉田属通永道。雍正四年以通永道专司河务，通州三河等州县并属霸昌道，而以丰润、玉田二县分属永平府。九年改宝坻县之梁城所为宁河县，十一年置热河承德州，十二年仍以通州、三河等七州县分属通永道。"中国第一历史档案馆03—5094、03—5094—051、388—0605，光绪三十年十一月十四日直隶总督袁世凯录副奏片《奏为霸昌道归并通永道管理辖并移交篆务关防等事》："再前因霸昌道一缺，所辖仅西南北三厅，并无审转案件，奏请裁撤，归并通永道管辖，已由政务处议准咨行，分饬遵照在案。"

② 《钦定历代职官表》卷32《顺天府表》："顺天府：尹，汉人一人；丞，汉人一人。……员额俱顺治元年定。雍正元年以来，以部院大臣兼管府事，皆由特简，无定员。治中，汉人一人；通判，汉人一人。"《皇朝通典》卷33《职官十一》，京尹条同。《清朝通志》卷67《职官略四》："顺天府府尹，汉人一人，掌京畿之治理，雍正元年以来又以部院大臣兼管府事，皆由特简，其首领有经历、照磨、司狱、崇文门副使，汉人各一人。"雍正《畿辅通志》卷60《职官》：本朝总督部院"顺天府尹"：张坦麟湖广人进士雍正元年任，张令璜东阿人进士雍正二年任，刘于义武进人进士雍正四年任，申大成扬州人雍正六年任，谢王宠陕西人进士雍正六年任，史贻直溧阳人进士雍正七年署理，孙嘉淦山西人进士雍正八年任，焦祈年山东人进士雍正十年任，陈世倕海宁人进士雍正十二年任。文献所见雍正、乾隆的府尹中，有顺天府府尹兼管国子监事孙嘉淦、经筵讲官户部侍郎今任户部尚书兼管顺天府府尹曹文埴、户部左侍郎兼管顺天府府尹事钱汝诚、刑部尚书兼管顺天府府尹事胡季堂、兵部侍郎兼管顺天府府尹蒋炳、兵部侍郎管顺天府府尹刘纶、经筵讲官工部尚书兼管顺天府府尹裘曰修等。

③ 雍正二年（1733）改直隶巡抚为直隶总督，见《清朝文献通考》卷269《舆地考一》："（雍正）二年改直隶巡抚为直隶总督。"雍正《畿辅通志》卷60《职官》："今上雍正二年升直隶巡抚为直隶总督，仍驻保定府，巡抚不复设。"《清国史·地理志》卷2："雍正二年复改巡抚为总督，始如今制。"《清会典事例》卷590："直隶总督，节制一提督七镇，驻扎保定府……"（《清会典事例》第7册，第629页上）查钱实甫《清代职官表》第1388页，首任直隶总督李维钧，系由直隶巡抚迁任。顺天府，兼属于直隶，见续修《大清一统志》卷4《顺天府》："永乐九年建为北京，改北平府为顺天府，十九年始称京师，本朝因之，领州五、县十九，统于顺天府尹，亦属直隶总督。"《清史稿·地理志》：顺天府"分隶通永、霸昌二道，并兼统于直隶总督"。《清朝续文献通考》卷305：京师顺天府"凡领州五，县十九，统于顺天府尹，亦兼属于直隶总督"。《清朝通志》卷67《职官略四》："顺天府……皆兼统于直隶总督。"《钦定历代职官表》卷32《顺天府表》："皆兼统于直隶总督。"《皇朝通志》卷214《地理略一》："直隶省兼管顺天府。"

④ 雍正《畿辅通志》卷13："雍正三年改属永平府。"《清朝文献通考》卷270《舆地考二》："初属顺天府，雍正三年改属永平府，乾隆八年分属遵化州。"

⑤ 详见前述天津府沿革。

⑥ 明末五州管辖了十五县，清初文献中诸县直属于顺天府，其间的变化发生于何时？查阅诸多文献，均无明确答案，但从整个直隶省的情况来衡量，似有蛛丝马迹可寻。可参见拙文《清前期"属州"考》，载人大清史所《清代政治与国家认同》上册，社会科学文献出版社2012年版，第169—214页。

⑦ 雍正《畿辅通志》卷13《建置沿革》：宁河县"本宝坻县梁城所地，本朝雍正九年置县，属顺天府；九年改宝坻县之梁城所为宁河县"。《清朝文献通考》卷269《舆地考一》："雍正九年增置宁河县。"《清朝通典》卷90："雍正九年增置宁河县。"《钦定日下旧闻考》卷113《京畿》："宝坻县今制分设宁河县。臣等谨按宝坻县于本朝雍正九年分邑之东南境置宁河县：增宁河县，于雍正九年分宝坻之梁城所新设。"《钦定八旗通志》卷69《土田志八》："梁城所，谨案：梁城所，即今宁河县。"《清国史·地理志》："（雍正）九年，析宝坻县之梁城所置宁河县。"《清史稿·地理志》："（雍正）九年置宁河。"

频婆果、芍药、豹尾、鹿胶、画眉、石花、班石①。宣统三年领州五、县十九②：

（略去大兴、宛平、良乡、固安、永清、东安、香河、通州、三河、昌平州、顺义、密云、怀柔、涿州、房山、霸州、文安、大城、保定、平谷二十州县）

武清 要。冲、繁、疲③。府东南一百二十里④。隶东路厅⑤。北运河同知驻河西务，通判驻杨村⑥。县丞驻耍儿渡。原属通州，雍正三年改属天津直隶州，次年还属，六年直属于府。南有东淀，古雍奴薮，与西淀以张青口分界，以三角淀为最大⑦，延袤于东安、永清、霸州，西及文安、大城，南至天津府静海县，绵亘七州县境，周四百余里；自雍正四年导永定河入三角淀后⑧，淤塞

---

① 台北故宫庋藏清内府朱丝栏写本《皇朝地理志》卷2，清国史馆写本《皇朝地理志》卷2。

② 《清朝通志》卷243："京师顺天府领京县二州五县十有七。"《清朝续文献通考》卷305《京师顺天府》："凡领州五，县十九，统于顺天府尹，亦兼属于直隶总督。"

③ 据宣统三年夏季《大清搢绅全书·直隶省顺天府》。刘铮云：《〈清史稿地理志〉府州厅县职官缺分繁简订误》："案：《清史稿》遗漏'要缺'二字，当补。"（台湾中研院：《历史语言研究所集刊》第65本第3分册，1994年版，第515页）

④ 《清朝文献通考》卷269《舆地考一》："武清县在府东南一百二十里，旧治今县东境，明洪武初移今治，本朝因之。"《清朝续文献通考》卷305："武清县，在府东南一百里。"《清史稿·地理志·武清》："府东南九十里。"《清国史·地理志》卷2："府东南九十里。"《嘉庆重修一统志》卷6《顺天府一》："武清县在府东南一百二十里。"今从《嘉庆重修一统志》。

⑤ 光绪《畿辅通志》卷16《表一·府厅州县沿革一》（第628册，第554页），"武清县旧置，属东路厅"。

⑥ 陈仪：《直隶河渠志》："雍正三年大水，堤岸埽坝多有冲溃；四年，经怡贤亲王奏请，北运河一切工程归通永道统辖，河西务设同知一员、杨村设通判一员，分界管理，增置县丞、主簿等官，以端防修。"续修《大清一统志》卷3《顺天府》："北运河同知驻河西务，通判二员一驻杨村、一驻通州。"续修《大清一统志》卷7《顺天府四·关隘》："河西务在武清县东北三十里，自元以来皆为漕运要途。"《高纯皇帝实录》卷987乾隆四十年七月己巳："直隶：北运河杨村厅所辖之王甫汛，工长二十五里，甚为紧要，该汛距杨村通判驻扎处六十余里，距务关同知驻扎处仅三百步，应设隶务关同知，就近管理，并另立界牌，将该汛与杨村汛接壤之草坝月堤，俱归王甫汛经理，其杨村汛县丞，与耍儿渡县丞，催趱漕运，即于新设界牌处为限，应如所请，从之。"（《清实录》第21册，第174页）

⑦ 齐召南撰：《水道提纲》卷3《京畿诸水》："三角淀即古雍奴水，当西沽之上，最大周二百余里，后渐填淤，袤延霸州、永清、东安、武清，南至静海、西及文安、大城之境，东西百六十余里，南北二三十里，为七十二清河所汇，永定河自西北来、子牙河自西南来，咸注之。"《钦定日下旧闻考》卷112《京畿武清县》："臣等谨按：三角淀即古雍奴水，今已淤成平陆。乾隆七年丈明，实止地百顷余，分给附近贫民耕种，与《名胜志》所载二百余里不符，当由今昔异形，渐淤则界址渐小耳。"

⑧ 《钦定日下旧闻考》卷119《京畿霸州一·御制淀神祠碑文》："西淀之大，周三百余里，概周一县四；东淀尤大，周四百里，而嬴概州县七，其为数泽也广，故畿内之水，大则沽、渝、濡、滱、沠、滋、易、涞，小则山泉涧流无所不容，而旁境之沟浍污涔亦无所不赴，其受水多，故两淀又各有经河，以条贯酾导之。……玉带、会同，缘其督扼以茅湾，掖以中亭、十望，络以南北中三股，欲于台头，涤于大清河，趋西沽为尾闾之泄焉。"《直隶河渠志》："东淀延袤霸州、文安、大城、武清、东安、静海之境，东西亘百六十余里、南北二三十里及六七十里不等，盖七十二清河之所汇潴也；永定河自西北来，子牙河自西南来，咸入之。"雍正《畿辅通志》卷45《河渠》："东淀延袤霸州、文安、大城、武清、东安、静海之境，东西亘一百六十余里，南北二三十里及六七十里不等，盖七十二清河之所汇潴也；永定河自西北来，子牙河自西南来，咸入之。"《清史稿·地理志》：武清县"三角淀一曰东淀，古雍奴数，亘霸、文、东、武、静、文、大七州县境（按：两'文'字之中必有一为'永'之误）。雍正四年，放永定于淀，塞且半，仅王庆坨一角耳。乾隆十六年后，导河支贯淀而东，平芜弥望"。续修《大清一统志》卷5《顺天府二·山川下》："三角淀在武清县南，即古雍奴水也。"《水经注》："雍奴者，数泽之名，四面有水曰雍、不流曰奴，南极滹沱、西至泉州、雍奴，东极于海，谓之雍奴薮，其泽野有九十九淀，枝流条，往往径通。"《明通志》："三角淀周围二百余里，即古之雍奴水也，范瓮口、王家陀河、掘河、越河、深河、刘道口河、鱼儿里河诸水所聚，东会汊沽港入于海。旧志：淀在县南八十余里，东西五六里、南北十余里，又东为四汊港、四汛，可四五里，又东为西沽，三十里合运河，达于天津。按：古时惟三角淀最大，又当西沽之上，故诸水皆会入于此；今渐淤而小，新志合相近诸淀泊，总谓之东淀，云：延袤霸州、文安、大成、武清、东安、静海之境，东西亘百六十余里，南北二三十里或六七十里，为七十二清河之所汇潴，永定河自西北来、子牙河自西南来，咸入之。盖其地本皆古雍奴薮也。"《钦定日下旧闻考》卷112《京畿武清县》："臣等谨按：三角淀即古雍奴水，今已淤成平陆。乾隆七年丈明，实止地百顷余，分给附近贫民耕种，与《名胜志》所载二百余里不符，当由今昔异形，渐淤则界址渐小耳。"

且半①；自乾隆十六年导永定河穿淀而东，平芜弥望，渐成平陆。永定河，西自东安县来，入三角淀，尝迳王庆坨、叉光、鱼坝口，同治十一年北徙，东入天津县②③④。汛三，属三角淀北岸通判，皆分辖：南八工上、南八工下、北七工⑤。北运河自香河入县东北，南迳河西务，过县东三十里，又南迳三里浅、南北蔡村、杨村，南入天津县⑥。康

① 《清史稿·地理志》武清："三角淀一曰东淀，古雍奴薮，亘霸、文、东、武、静、文、大七州县境。雍正四年，放永定于淀，塞且半，仅王庆坨一角耳。乾隆十六年后，导河支贯淀而东，平芜弥望。"李鸿章有《奏设法清理东淀水道疏》，载《光绪畿辅通志》第10册，第604页。

② 光绪《畿辅通志》卷58《舆地十三·山川二》武清县"永定河自东安县流至范甕口，入县境下流入天津县三角淀（县志）其故道分支在今河北，自东安县流入境，东流迳李庄马营小王村，又东入凤河"。

③ 陈仪：《直隶河渠志》："海河、南北运，淀河之会流也，自天津东北三岔口迄大沽口，长一百二十里，涘广崖深，奔流湍驶。"雍正《畿辅通志》卷45《河渠》："海河、南北运、淀河之会流也，自天津东北三岔口迄大沽口，长一百二十里，涘广崖深，奔流湍驶。"《乾隆帝御制文二集》卷12《阅永定河记》："而柳岔口，而王庆坨，而冰窖、草坝，而贺老营，而今之调河头，或北或复南，凡六徙。"《高纯皇帝实录（12）》卷922乾隆三十七年十二月丁卯："永定河下口，自康熙年间筑堤之后，原就南岸，雍正年间，因河身渐淤，改由北岸，近自乾隆癸酉间，又改从水窖南出两河之间，是以康熙间之北堤，转为南堤。雍正间之南堤，转为北堤，嗣后节次兴工修治，地势屡更，是水窖南之故道……永定河自康熙三十七年开挖新河，筑两岸大堤，南岸自卢沟桥石堤起，至永清县郭家务止，北岸亦自卢沟桥石堤起，至永清县何麻子营止，三十九年……水由霸州之柳岔口，归淀入海，复于南岸，接筑西堤，自郭家务起至柳岔口止，北岸接筑东堤，自何麻子营起至柳岔口迤东止。雍正三年南北两岸又接筑大堤，南堤自水窖东堤起至王庆坨止。北堤自何麻子营起至武清县范甕口止。四年柳岔口河淤，自郭家务起，开挖引河，十年接筑重堤。乾隆三年又接筑南北两埝。五年又自葛渔城北埝起接筑北埝……二十年水窖河口南北淤？……于贺尧营一带入淀归海，二十一年接筑遥埝，二十八年又添筑越埝。"（《清实录》第20册，第371页）永定河改道详细情况，可参见尹钧科、吴文涛《历史上的永定河与北京》，北京燕山出版社2005年版，第214—227页。

④ 陈仪：《直隶河渠志》："淀河在天津县北五里，永定、子牙、清河之会流也。"《清高宗实录》卷70乾隆三年六月上癸未："永定河道所属淀河地方，添设堡船二百只……设把总一员，驻扎武清县之王庆坨。"（《清实录》第10册，第123页下）

⑤ 《清史稿·地理志》：武清"汛三，隶三角淀北岸通判：南八工上、南八工下、北七工"。又见《清国史·地理志》卷2。按：贺老营一作贺尧营，见《钦定日下旧闻考》卷125《京畿永清县》："永定河堤自康熙三十七年开挖新河……（乾隆）二十年冰窖河口南北淤高，皇上亲临阅视，开堤改河，于贺尧营一带任其荡漾，入淀归海。二十一年接筑遥埝，二十八年添筑越埝，三十九年兴举大工，于下游条河头挑浚，宽深直趋毛洼，归沙家淀，达天津入海。""贺尧营"又见光绪《畿辅通志》卷85《五大河总说》第10册，第629—631页。

⑥ 《钦定授时通考》卷18《土宜水利四》："本朝怡贤亲王敬陈水利疏：窃直隶之水，总会于天津，以达于海。其经流有三：自北来者曰白河，自南来者曰卫河，而淀池之水贯乎白卫二河之间，是为淀河。白、卫为漕艘要津。迩年以来，白河安澜无泛溢之虞……"雍正《畿辅通志》卷45《河渠》：白河"即北运河，也亦曰潞河……燕赵之间，地方千里，其间巨细河流，悉至武清县丁字沽，注于白河，故一遇雨潦，白河满溢，要儿渡口、南蔡村等处冲决堤岸，坏民田庐……康熙三十八年决武清县筐儿港，三十九年圣祖仁皇帝亲临视阅，命员外牛钮等于冲决处建减水石坝二十丈，开挖引河，夹以长堤而注之塌河淀，由贾家沽道泄入海河，杨村上、下百余里河平……康熙五十年，以河西务工程险要，亲临指授，命牛钮开挖引河，复以河西务城东有旧河，形对新河下口，至三里屯，长四百余丈，特命开直河一道，次年工成，于是新河之溜移流于西，而东岸大堤之汕刷以免，要儿渡之冲险无虞矣。雍正三年大水，堤岸埽坝多有冲溃，四年经怡贤亲王奏请，北运河一切工程归通永道统辖河西务，设同知一员，杨村设通判一员，分界管理，增置县丞、主簿等官，以专防修，五年河水泛溢，东西岸漫决者四；六年怡贤亲王奏拓筐儿港旧坝，阔六十丈，展挖引河，改筑长堤；七年疏浚贾家沽道，分减既多，消泄亦畅，故坝门以下，河水安流，而河西务一带距坝稍远，山水暴至，遂复漫决。上廑圣怀发帑遴员授之方略，于河西务上流之青龙湾，建坝四十丈，开引河而注之七里海，仍展挖宁车沽河，导七里海水而泄之，北塘口上下分消，区画尽善，运道民生均获宁谧，而所费帑金已不下六十余万矣"。雍正《畿辅通志》卷21《川·顺天府》：白河"古沽水也，亦曰潞河……东南又迳香河县西南，折而东南入武清县界，又东南达天津府之三岔河，由直沽入海"。续修《大清一统志》卷17《天津府》：北运河"在天津县北，亦名白河，即潞河也，自顺天府武清县流入，至县北三岔口与南运河会"。《行水金鉴》卷155《运河水》："顺天府运河，自武清县杨村驿，三十里至南北蔡村，十里至砖厂，十里至王家务，十里至荣村，十里至白庙，十里至河西务，对岸则香河县。"

熙三十八年北运河决筐儿港，次年浚为减河，后淤①，同治十三年复浚②，东入宁河县七里海。凤河自通州入县西北，至堠上村纳凉水新河，绕城北，折而东南，亦南入三角淀③。有王庆坨、安平、桐柏、崔黄口、三里浅、南蔡村、筐儿港、黄花店诸镇④。驿二：河西、杨村⑤。有津卢铁路。

宝坻 要。繁、疲、难⑥。府东南一百八十里⑦。隶东路厅⑧。原属通州，雍正六年直属于府。蓟运河⑨自三岔口右纳泃河⑩，缘界入县北，东南缘玉田界，至八门城纳鲍邱河，南入宁河县。鲍邱河，西北自三河县来，东至王补庄纳西自香河县来之窝头河⑪，至八门城入蓟运河⑫。西南有王家务减河，亦西北自香河县来，东南入宁河县七里海⑬。有王甫营镇⑭。县驿一。

---

① 光绪《畿辅通志》卷58《舆地十三·山川二》武清县“筐儿港引河，在县东南，自运河东岸筐儿港开浚，东南流入天津县（畿辅舆图）。谨案：雍正通志新引河在河西务东，康熙五十四年开浚，今无改”。

② 《清国史·地理志》卷2《顺天府武清》：“筐儿港”条。

③ 雍正《畿辅通志》卷21《川》：“凤河源出南苑，流经东安县东北，又东入武清县南，流入三角淀，河道久淤，雍正四年开浚。”齐召南撰：《水道提纲》卷3《京畿诸水》：“凤河源出南苑海淀中，东南流，经旧漷县为新庄河，至东安县东北四十里凤窝集为凤河，又东至武清县西北为漷水铺河，又绕城北折而东南八十里为安沽港河，南入三角淀，即元时浑河故道也。”

④ 《清史稿·地理志》（第8册，第1897页）：武清“八镇：王庆坨、安平、桐柏、崔黄口、三里浅、南蔡村、筐儿港、黄花店”。参见《清国史·地理志》第6页。

⑤ 雍正《畿辅通志》卷43《驿站铺司附》：“武清县河西驿，在县治东北三十里，极冲。”《钦定日下旧闻考》卷112《京畿武清县》：“杨村驿，在县南五十里，建文三年平安败燕兵于杨村，进攻通州，不克；宣德初驾征高煦，驻于杨村，即此。”《大清会典则例》卷121《兵部车驾清吏司》：“水路四十里，通州潞河驿，八十五里通州和合驿，七十里武清县河西驿，六十里武清县杨村驿，六十里天津县杨青驿，七十五里静海县奉新驿……”《二十年目睹之怪现状》第69回：“我心中无限焦躁，只得拉着缰绳步行一程，再骑一程，走到太阳偏西，还没有走到杨村（由天津进京尖站），越觉心急。看见路旁一家小客店，只得暂且住下，到明天再走。”

⑥ 据宣统三年夏季《大清搢绅全书·直隶省顺天府》。刘铮云：《〈清史稿·地理志〉府州厅县职官缺分繁简订误》：“案：《清史稿》遗漏‘要缺’二字，当补。”（台湾中研院《历史语言研究所集刊》第65本第3分册，1994年版，第515页）

⑦ 《清朝文献通考》卷269《舆地考一·十六》：“宝坻县在府东少南一百八十里。”《清朝续文献通考》卷305：“宝坻县，在府东少南一百八十里。”

⑧ 光绪《畿辅通志》卷16《表一·府厅州县沿革一》（第628册，第554页），“宝坻县旧置，属东路厅。”

⑨ 光绪《畿辅通志》卷58《舆地十三·山川二》：“宝坻县，蓟运河在县东三十里，其上流一自蓟州之沽河，一自三河县之泃河，至县东北三岔口合流，俗名潮河，亦名运粮河，又曰白龙港，东南流至县东南九十里，名丰台河，合还乡河，又南入宁河界。”

⑩ 光绪《畿辅通志》卷58《舆地十三·山川二》（第631册，第273页），宝坻县：“泃河，自三河县流至县界，入蓟运河（大清一统志）。”

⑪ 光绪《畿辅通志》卷58《舆地十三·山川二》（第631册，第273页），宝坻县：“窝头河，自香河县合蒲石河东注，流迳县城，池内由水关入城，过文明桥，复南流出城百里，至八门城会蓟运河（县旧志）。”

⑫ 《直隶河渠志》：“鲍邱河源出密云北山，迳三河县之夏店，东南迳虎将庄，入宝坻县界，东迳县北齐河务、萧家堼，东南至王补庄，与窝头河会，过林亭口、张家庄至周家庄，东南迳尹家庄，又东由八门城入蓟运河。”雍正《畿辅通志》卷45《河渠》同。

⑬ 光绪《畿辅通志》卷58《舆地十三·山川二》：宝坻县，“王家务减河，在县南，自香河县入境东流，迳大口下哨，又东南入宁河县为青龙湾引河（畿辅舆图）”。

⑭ 《清史稿·地理志》作玉甫营，而《读史方舆纪要》卷11《顺天府下》作“王甫营”。今从清内府朱丝栏写本（204卷本）《皇朝地理志》卷2、清国史馆302册写本《皇朝地理志》卷2作“王甫营”。今见《北京历史地图集》第39—40页，亦作“王甫营”。此地在今河北省三河市东南新集镇之王甫营村。

宁河　要。冲、繁、难①。府东南三百里②。隶东路厅。雍正九年改宝坻县梁城千户所置③。南有塘沽，海防同知驻，界天津，海河缘南界入海。渤海在东南九十里北塘口④。蓟运河⑤自宝坻入县北，屈曲环城而南，南迳芦台镇，又南迳南涧沽而纳七里海东流之水，又南而纳金钟河，至北塘口入渤海。七里海上承王家务、筐儿港⑥二减河之水。芦台镇在县南三十里⑦，有盐场、巡检司，通永镇总兵⑧、抚民通判⑨、天津河捕通判⑩驻。有北塘口、新河庄、营城诸镇⑪。有津榆铁路⑫。

---

① 据宣统三年夏季《大清搢绅全书·直隶省顺天府》。刘铮云：《〈清史稿·地理志〉府州厅县职官缺分繁简订误》："案：《清史稿》遗漏'要缺'二字，当补。"（台湾中研院《历史语言研究所集刊》第65本第3分册，1994年版，第515页）

② 《清朝文献通考》卷269《舆地考一》，"宁河县在府东南三百里，本朝雍正元年改置宁河县"。《清朝续文献通考》卷305《宁河县》："在府东有三百里。"

③ 雍正《畿辅通志》卷13《建置沿革·宁河县》："本宝坻县梁城所地，本朝雍正九年置县，属顺天府；九年改宝坻县之梁城所为宁河县。"《清朝文献通考》卷269《舆地考一》，"雍正九年增置宁河县"。《清朝通典》卷90："宁河本宝坻县地，明永乐初置梁城千户所，本朝雍正九年置县。"《清朝通志》卷24："宁河，雍正元年设。"《钦定日下旧闻考》卷113《京畿》："宝坻县今制分设宁河县。臣等谨按宝坻县于本朝雍正九年分邑之东南境置宁河县：增宁河县，于雍正九年分宝坻之梁城所新设。"《钦定八旗通志》卷69《土田志八》："梁城所，谨案：梁城所，即今宁河县。"《清国史·地理志》："（雍正）九年，析宝坻县之梁城所置宁河县。"《清史稿·地理志》："（雍正）九年置宁河。"光绪《畿辅通志》卷16《表一·府厅州县沿革一》（第628册，第554页）"宁河县本宝坻县之梁城所，雍正九年析置属东路厅"。按：《清会典事例》卷152《雍正元年》："置宁河县，隶顺天府"（《清会典事例》第2册，第924页上），《清会典事例》（第11册，第912页）上又作雍正四年，年份恐误。

④ 雍正《畿辅通志》卷21《川·顺天府》："渤海在宝坻县东南二百里，西南接天津，东接丰润界。"按：此言是指宁河县分立前之事，故此渤海应在宁河县东南。续修《大清一统志》卷5《顺天府·山川下》："渤海在宁河县东南，西南接天津府天津县、东接遵化州丰润县界。"《清史稿·地理志》宁河："海，东南九十里为北塘口。"

⑤ 光绪《畿辅通志》卷58《舆地十三·山川二》宁河县：蓟运河"自宝坻县南入县界，迳卢台抵北塘口入海（大清一统志），其东南一支会涄水名怀襄河（县志）"。

⑥ 光绪《畿辅通志》卷58《舆地十三·山川二》宁河县："筐儿港引河在县西九十里，由天津县塌河淀流至堤头入县境，下流注七里海，又东注南涧沽，入蓟运河，乾隆十一年开浚，长五十里。"

⑦ 《光绪宁河县志》卷3《建置志》：芦台"为京东巨镇……"

⑧ 《清会典事例》卷552道光二十三年："又裁西安镇总兵官，改为直隶新设通永镇。"（《清会典事例》第7册，第162页下）《清史稿·宣宗本纪三》："己丑，设通永镇总兵，驻芦台，以向荣为通永镇总兵"；《职官志四》武职·提督等官条："通永镇，二十三年改陕西西安镇置"；《兵志二》绿营条："二十二年，直隶芦台增设通永镇总兵官，以北塘、海口等十五营均归统属，分三营，设游击、守备等将领。"至于《清德宗实录》卷106光绪九年二月壬申："通永镇总兵前已移驻北塘海口，为畿东沿海扼要之区…从之。"（《清实录》第54册，第247页上）尚无旁证，书以待考。《清会典事例》卷590："通永镇总兵官，驻扎宁河县芦台镇；通州协副将一人，驻扎通州；山永协副将一人，驻扎临榆县；山海路营游击一人，驻扎永平府；北塘营游击一人，驻扎北塘庄。"（《清会典事例》第7册，第637页）宣统三年夏季《大清搢绅全书·天津府》："通永镇总兵驻芦台。"

⑨ 据宣统三年夏季《大清搢绅全书·直隶省顺天府》。

⑩ 《清朝续文献通考》卷305："宁河县，在府东有三百里，县南三十里芦台镇，天津通判借驻焉。"

⑪ 《清国史·地理志》第6页下，《清史稿》第8册，第1897页。

⑫ 《清朝续文献通考》卷305："京奉铁路，由武清入，迳天津东南入顺天府宁河。"按：天津以东至山海关，清末应称"津榆铁路"。

蓟州　要。冲、繁①。府东北一百八十里②。隶东路厅③。原为属州，领玉田、丰润、遵化、平谷四县。康熙十五年升遵化为属州，以丰润隶之。雍正三年，以玉田改属永平府。乾隆八年降散州，以平谷直属于府。西北二十五里盘山④，一名无终山。蓟运河之名始自明天顺二年，上源梨河⑤东自遵化入，纳淋河⑥，至城南五里桥始曰蓟运河，折而南迳上仓店、下仓店⑦，泃河⑧缘界自西来入，东南经宝坻、玉田界而入宁河县。边墙西起黄松峪、东至宽佃峪，汛四：黄花店、青山岭、黄崖关、将军石关。行宫四：盘山⑨、桃花山⑩、葛山隆福寺⑪、白涧庄。驿一：渔阳⑫。

（作者单位：中国人民大学清史研究所）

---

① 据宣统三年夏季《大清搢绅全书·直隶省顺天府》。刘铮云：《〈清史稿·地理志〉府州厅县职官缺分繁简订误》："案：《清史稿》遗漏'要缺'二字，当补。"（台湾中研院：《历史语言研究所集刊》第65本第3分册，1994年版，第516页）

② 《清朝文献通考》卷269《舆地考一·蓟州》："在府东一百八十里。"《清朝续文献通考》卷305《蓟州》："在府东少北一百八十里，州西北二十五里盘山行宫。"

③ 光绪《畿辅通志》卷16《表一·府厅州县沿革一》："蓟州，旧置，属东路厅。"

④ 雍正《畿辅通志》卷17：盘山"蓟州西北二十五里"。

⑤ 《钦定日下旧闻考》卷143《附编遵化州》："梨河在县西南十里，源出县北山谷中。旧志云：出滦州界，流入县境；县西北有汤河，出鲇鱼口；又有清水河，出道沟谷；俱流合焉，经玉田县，入宝坻县界，会于潮河。"雍正《畿辅通志》卷17《山川》："苍山，遵化州西南六十五里，梨河及诸水汇流于山前"；"芦儿岭，遵化州东五十里，梨河出此"。

⑥ 光绪《畿辅通志》卷58《舆地十三·山川二》蓟州：淋河"在州东五十里，由遵化州流至林河庄，东南流入境。又西南流至夏官屯，合沽河"。

⑦ 雍正《畿辅通志》卷21《顺天府川》："沽河东接遵化、玉田交界处，至州南纪家窝而南行，至下仓店转而西南行，至嘴头庄与泃河合流，转而东南行，由白龙港至曹家口、头庄蓟州志。"续修《大清一统志》卷7《顺天府四·关隘》："上仓店镇在蓟州南三十里，又南三十里有下仓店镇。"

⑧ 光绪《畿辅通志》卷58《舆地十三·山川二》：蓟州：泃河"一名广汉川，在州北四十里，源出塞外，自黄崖关东流入，故一名黄崖川，西南行至盘山阴。又名为独乐水，俗名头道河，西入平谷县，下流自三河县至宝坻县北岸，复入州境，合蓟运河"。

⑨ 光绪《畿辅通志》卷57《舆地十二·山川一》蓟州：盘山"在州西北二十五里，西去平谷县三十里……乾隆十九年建行宫于山之午方，曰：静寄山庄"。《清朝续文献通考》卷305："蓟州，在府东少北一百八十里，州西北二十五里盘山行宫。"

⑩ 光绪《畿辅通志》卷57《舆地十二·山川一》蓟州：桃花山，"在州西南六十里，山多桃花……乾隆九年建行宫于山旁"。

⑪ 《钦定日下旧闻考》卷117《京畿·蓟州四》："隆福寺之右，恭建行宫……臣等谨按：隆福寺行宫，御制诸诗谨绎，有关纪述者恭载卷内，余不备录。按：寺故有金泰和三年《文林郎守左拾遗文字同知云骑尉赐绯鱼袋吕卿云碑记》，言是山名葛山，寺创于唐初，曰智嘉禅师者，恒诵持妙法莲花经，选胜至此，穴岩以居，夜半闻钟声，心异之，寻至山腹，见废寺，故基壁间有龙福院额，遂结茅其地……臣等谨按：葛山之名，蓟州志及各书俱不载，赖金时吕卿云碑可考，足以补图经之阙矣。"

⑫ 雍正《畿辅通志》卷43："蓟州渔阳驿在州城东南。"

天津聚落的演变及城镇体系的形成

李兆江

聚落是人类各种形式的聚居地的总称，作为人类适应、利用自然的产物，聚落的存在形式是人类文明发展历程上的重要标志，其外部形态、组合类型无不深深打上了地理环境的烙印，因而又是重要的文化景观。聚落可分为乡村聚落和城市聚落两大类。城镇体系是指一定区域内在经济、社会和空间发展上具有有机联系的城市聚落群体。从乡村聚落到城市聚落，再发展到现代的城镇体系是天津城市发展的三个递进阶段。

一　早期天津地域内聚落的形成

（一）退海之地利于先民渔猎和农耕，形成原始乡村聚落

天津平原地区的开发，大约开始于距今6000年的新石器时代，而且经历了一个由北向南、自西向东的逐步推进的过程。1974年，考古工作者首先在天津北郊刘家码头发掘出石斧与石磨棒，以后又陆续在武清、宁河和宝坻发现同类的石斧、石磨棒等。经鉴定，这些石器均属新石器时代的遗物。说明当时天津北部和西部地区的地势较高，再加上河流纵横，土质肥沃，耕性良好，宜于人类居住与开发，因此在新石器时代已有群居的先民在这里进行农耕和渔猎活动，出现了许多原始的乡村聚落。与此同时，天津东部尚处在全新世的海浸之中。据史料记载，自商代开始，黄河曾先后三次移到天津附近入海，历经数千年的淤积作用，海水才逐渐退到现在的海岸位置。

商周时期，天津东部平原刚刚成陆，地势过于低洼，湖沼星罗棋布，芦苇、杂草丛生，生活着麋鹿和野驴等野生动物，人类活动仍局限在平原北部和西部地势较高的地带。到了战国时期，东部滨海平原上的淤积作用使湖沼减少，利于农耕，因分布在平原上的贝壳堤地势较高，其地下储有一定量淡水，所以堤上已经开始出现了呈带状零星分布的原始村落（现已发现80多处遗址）。①

---

① 张树明：《天津土地开发历史图说》，天津人民出版社1998年版，第5—8页。

（二）渔盐之利和舟楫之便造就了天津最早的城市聚落

作为退海之地的天津平原经过战国时期和秦代的开发，到西汉初年已经成为富饶之地，为人类的居住和经济活动创造了有利条件。因天津平原濒临海洋，当时的滹池河（今滹沱河）、沽水（今北运河）、治水（今永定河）、桃水（其上游为现在的拒马河）以及泒水（今海河）、庚水（今蓟运河）等均经这里分流入海，海河水系尚未独立形成，而黄河则在东平舒以南入海。平原上还有著名的洼淀雍奴薮，捕鱼和煮盐业非常兴盛。朝廷为了经济开发，在此设置了属于右北平的无终（今蓟县境内），属于渔阳郡的雍奴、泉州（均在武清区境内），属于渤海郡的东平舒（今静海境内）等县城，并且建有城垣，形成了天津平原上早期的城市聚落。因天津平原水系众多，航运极为方便，这些地方已成为当地的政治和经济中心及水运交通枢纽。

西汉末期，由于局部海侵，海平面在天津附近上升了大约 1 米。当时天津附近的海岸在军粮城一带，滨海平原 4 米等高线以下，均受渍水淹没，形成一片沼泽。天津滨海平原上的许多村落因此而消失，西汉初年所设的四座县城亦因此全部废弃，天津平原欣欣向荣的开发进程被迫中断，又恢复到原始海岸的荒凉状态。东汉时期虽然开始了海退，沼泽的面积有所萎缩，但直到北魏时的《水经注・鲍邱水》介绍：“自是水（鲍邱水即现在的蓟运河）之南，南极滹沱，西至泉州，东极于海，谓之雍奴薮”，仍“泽野有九十九淀，支流条分，往往径通”。根据目前钻探资料和考古资料也证实，包括天津市区、环城四区及宁河、静海两县全部，宝坻区大部及武清区东部在内的广大地区在当时仍为沼泽环境。①

（三）人工运渠的开凿促进了天津早期港口城市的兴起

东汉末年，天津沿海一带在军事上的重要性日益突出，建安十一年（206）曹操决定发兵征讨乌桓，开凿平虏渠和泉州渠，以便通海。与此同时，还开凿了一条西与泉州渠北端相衔接，东至濡水（今滦河）的新河运渠。平虏、泉州二渠连接了天津平原上的众多河流，使地处航运中转地位的泒河尾闾地区，开始成为河海运输的冲要之地。还使泒水成为流经天津平原诸多河流的总汇之处，促进了今日海河水系的形成。

魏晋时期，在泉州渠与泒水汇合处（即地处昔日泉州渠南端的军粮城一带）兴起了一座叫漂榆邑的港口城市。当时的漂榆邑正处于泒河尾入海处的北岸，制盐业十分发达，成为当时东出渤海的冲要之地和军事物资的中转站。到了唐代，天津沿海地区的三会海口，作为河海运输中转必由之路的地位更加巩固。

---

① 天津市规划和国土资源局：《天津市历史地图集》，天津古籍出版社 2004 年版，第 13 页。

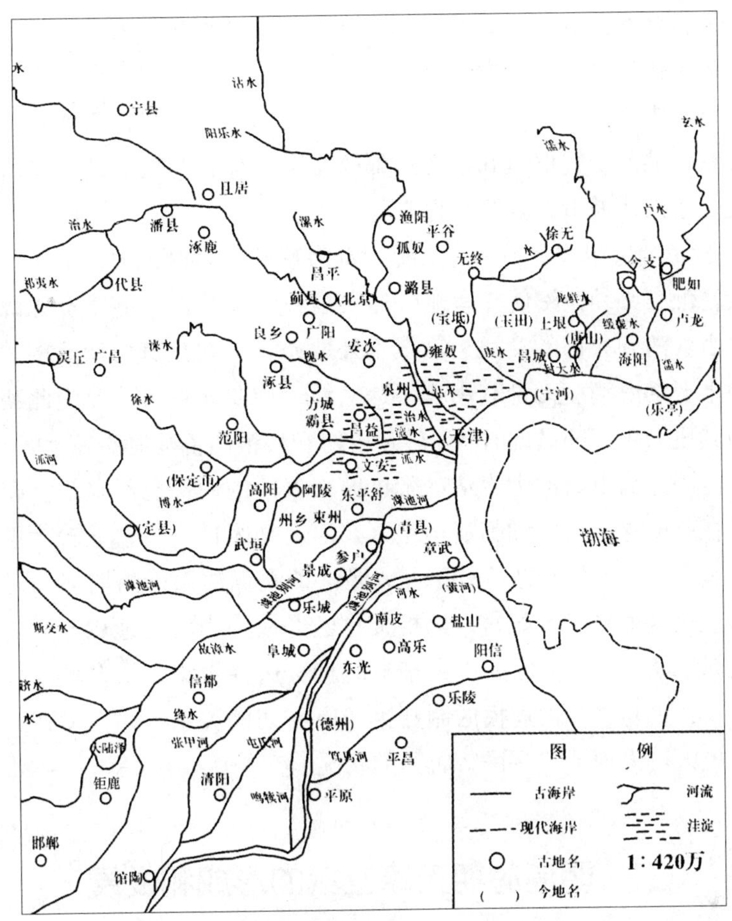

图1　西汉时期渤海湾西北岸诸水及城镇分布情况

（四）军事对峙影响了天津古代乡村聚落的形成和分布

隋唐五代之后，天津地区又成为宋、辽南北对峙的前沿阵地。天津平原上的沠水则在此时被黄河夺道，并成为宋辽的分界线，故称界河。出于军事防卫的需要，宋辽双方各自在界河南北两岸的险要之处设防，布置了许多名为“寨”、“铺”的军事据点。北宋雍熙四年（987）宋王朝调集沿界河防线的士兵在天津一带试种水稻，第二年获得丰收。“自顺安（今河北省安新县安州村）以东濒海，广袤数百里，悉为稻田，而有莞蒲蜃蛤之饶，民赖其利。”从此开始了天津地区种植水稻的历史，促进了这里的农业发展，并影响农村聚落沿海河呈带状分布。①

（五）北京建都奠定了天津漕运和军事重镇的地位

古代天津勃兴的契机，始于金、元时期北京的定都。从1165年起，金朝廷利用永济渠运送漕粮，经霸州信安以达涿郡和中都。但是永济渠旧道在金代仅维持了40年便

---

① 天津市规划和国土资源局：《天津市历史地图集》，天津古籍出版社2004年版，第14—20页。

淤塞不能行舟，自金泰和五年（1205）始，漕船不再经霸州信安北上涿郡，而是开挖新渠由静海独流至柳口（今杨柳青）东折至三岔河口，入笥沟（即潞水，今北运河），再北上武清、达于中都。因新凿漕渠与笥沟汇合处的三岔河口一带漕运逐渐兴盛，很快发展成为漕粮运输的中转枢纽和通往首都的军事要地，朝廷在此建立直沽寨并驻有大量军队。奠定了天津城市聚落发展的基础。

1272年，元王朝决定改金中都为大都，定为京城。为保证大都的军需民食，并造成大都的繁荣富庶，必须设法使江南地区的大批粮食和其他丰盛物资源源不断运到大都，因为当时由江南到大都的交通运输线不外两条，一条是贯穿南北的大运河，另一条是沿海路北上至渤海湾。无论利用哪条运输线，均要通过天津。为此朝廷在天津设立海津镇，使其成为距京师最近的漕船转运枢纽和漕粮储备基地。

当时地处河海运输枢纽的大直沽一带，城市聚落的萌芽已经显露。朝廷为了适应海漕的需要，在此设立接运厅和临清运粮万户府。又因这一带盐业较为发达，元朝廷在此处设立“盐煎办”。漕运的兴盛有力地促进了大直沽人口的增加和商品经济的繁荣。当时人们还在这里修建天妃宫，妈祖文化已经成为当时的地域文化之一。由此可见，元代是天津早期城市聚落的人口大聚集时期，这种聚集，来自城市生产、运输和商业发展的需要，也与当时大规模的制盐生产有密切的关系。元王朝在这里还常年驻有军队，使这里人口出现了“兵民杂居”的状况。①

二　明清时期天津卫城的形成和发展

（一）军事建制奠定了天津城市聚落的基础

自永乐二年（1404）以来，明王朝在天津先后设立了天津卫、天津左卫、天津右卫，并在南北运河与海河交汇处的三岔河口西南开始筑城，拉开了天津城市建设的序幕，同时也就明确了天津的军事和政治职能。天津建城后，重修达15次之多，其中13次重修是在清代，可见明代以后天津军事职能的不断提升。在这个发展阶段天津的主要城市职能首先是其军事职能，其次作为漕运的枢纽，以及由于漕运所带来的商业贸易的发展。

（二）城市综合职能的增强促进城市聚落的发展

明初时期的朝廷在天津设卫，最初的目的是建立发挥防御作用的军事城堡，后来随着漕运枢纽功能对天津的商业发展的带动，加之制盐业的发展，这几个方面共同增强了天津的经济实力，强化了城市的各种职能。到了清代，随着天津州、天津府的建立，天津由一个军事据点，转变成为一级地方性政府管理机构，由此可见天津的政治

① 郭长久：《追寻大直沽》，百花文艺出版社2003年版，第10—13页。

地位被迅速提升。在这个阶段，天津拱卫京畿的地位没有被削弱，当时天津已经具备了较为完整的军事防御系统，只是防御的对象不再是关外的进犯，而是外国殖民者对中国的窥视活动。

清代中期，天津作为北京的门户城市，在政治地位提升的同时，经济实力得到了不断的增强。这也为20世纪后天津发展成为北方经济中心奠定了良好的基础。随着清代社会经济的发展，漕运对天津城市成长的影响主要表现在如下几个方面。一是漕船往来，携带了大批南方的农副土特产品，因需在天津换泊，遂使天津成为这些货物的集散地。二是奉天海运的实行，使天津发展成华北地区的粮食集散市场。为了发展商业，当时在天津城中心的鼓楼及东南西北四门内设有五集，后因这些集市不能满足城市成长的需要，又在城外及南运河畔的张官屯增设许多集市。由此反映了城市商品交易的繁荣。①

明初天津的盐业生产，仍承继元代“万灶沿河而居”的基础。明代中叶以后，随着天津城市的成长，盐产区逐渐向海河下游的滩涂地区发展。尤其在清代时，天津城市的成长与沿海地区长芦盐业发展关系更为密切。随着社会需求量的增加和扩大财政收入的需要，清王朝十分注意发展长芦盐的产销。不但号召天津当地的殷商官户投资盐业，而且允许各地商人来津业盐，许多人因此致富而落籍天津。

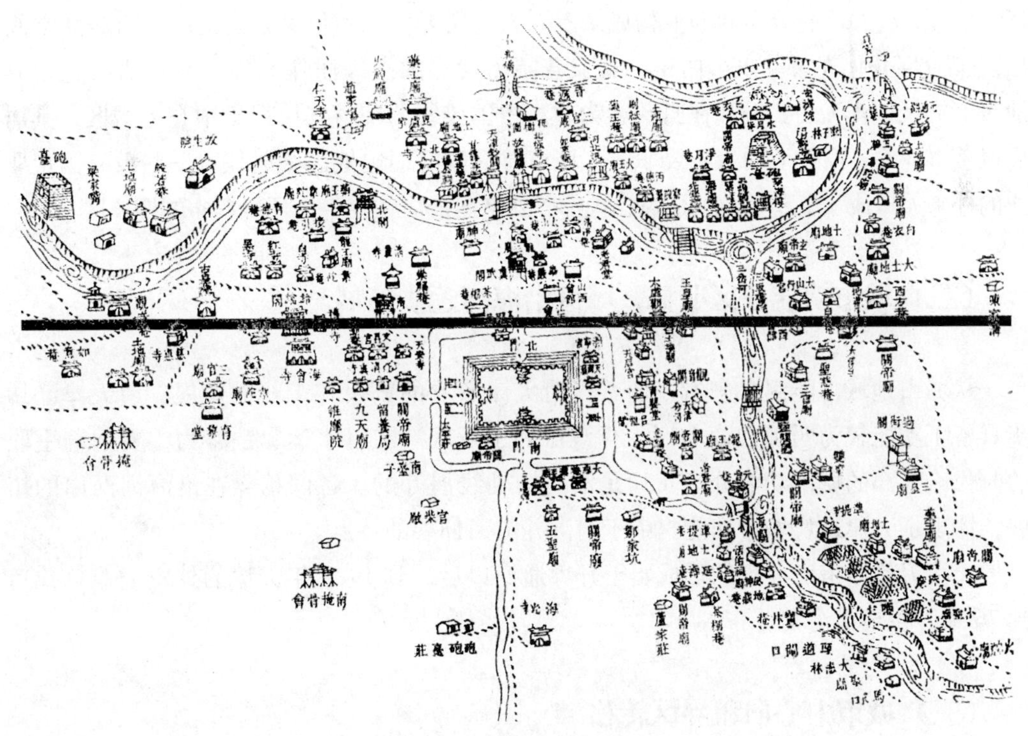

图2　1846年天津的城厢

① 天津市规划和国土资源局：《天津城市历史地图集》，天津古籍出版社2004年版，第47页。

三　近代天津城市聚落的快速发展

在漫长的封建社会中，天津的发展是缓慢的。从1840年以后至新中国成立前夕，随着资本主义和商品经济在我国的进一步发展，作为典型半封建半殖民地城市的天津在经济上迅速崛起，城市聚落进入快速发展时期，成为近代历史上我国北方最大的工商业城市和经济中心。

（一）人口高度聚集，城内区域差异明显

自天津开埠后，沿海河分布的九国租界并立的局面使得市区面积迅速扩大，各国总面积达23350.5亩，为旧城厢总面积的8倍。由于各国租界的建立和朝廷对于河北新市区的开发，旧城区、租界区、河北新区三大块连成一片，天津城区面积有了较大扩展。在城市的地域结构上，天津所呈现出的是"城市建成区的非租界地区—九国租界区—城市建成区的周边地区"这三种在功能与空间结构形态上完全不同的三元结构。

在此阶段，天津的城市人口由鸦片战争前的20多万人增加到新中国成立前夕的180万人。从人口的分布和职业构成来看，人口向老城区和租界区集聚，城市居住空间出现了阶层分化现象。以小白楼、黄家花园为代表的高级居住区集中在英法日意租界地带，居民以洋人、买办和在野政客为主；中国传统的院落式民居集中在老城区，其居民以从事运输、商业活动为主要职业；城市建成区的周边地区则居住着一些没有固定职业的外来人口或从事制盐业的居民，大部分外来居民居住在生活环境恶劣的棚户区。

（二）城市功能分区明显，城区沿海河逐步拓展

从城市地域功能组合来看，随着当时天津商业的繁荣和工业的发展，使天津已初步具备了功能较为明确的商业区、行政区和工业区。在以水运、铁路为主要运输手段的时代，天津的城市功能分区布局是沿运输轴线展开的。各国租界在沿海河两岸的拓展，体现了天津近代城市功能集中于河港并沿河伸展的特点。

天津近代城市工业区的形成始于开埠通商以后，到1928年天津的外资企业总共达到76家，主要沿海河分布。①

（三）城市中心向租界区转移

西方势力进入天津后，天津原有的政治中心逐渐由旧城厢的北部向两个方向转移：一是转移到河北新市区，形成华界的政治中心；另一方向是转移到英租界，形成西方

① 杨大辛：《近代天津图志》，天津古籍出版社2004年版，第72页。

列强用以控制天津的政治中心。

伴随租界区商业经济的快速发展，天津传统中心商业区发生转移，1922 年以后，由老城厢东北角附近向南移至靠近日租界南市一带，1928 年以后再次转移到法租界劝业场一带，最终奠定了劝业场地区全市中心商业区的地位。

天津传统的金融机构原主要集中在旧城厢东北部一条狭小的街巷内，西方势力进入天津后，天津传统的票号、钱庄被新兴洋行取代，而天津的金融中心也由旧城厢东北部转移到了英租界维多利亚道，即现在的解放北路一带。

天津对外开放后，西方的文化观念也随即渗入天津，中西文化在这里交融并存。西方势力的进入带来了天津早期教育的启蒙，在租界区内设有大批外国学校和中西合办的西式学堂；此外，各国租界还陆续开办报社，出版一些中外文报纸；为丰富外国侨民的文化娱乐生活，租界内成立了很多俱乐部，相对于老城厢地区的逐渐“边缘化”，繁华的租界区已成为天津城区新的文化中心。①

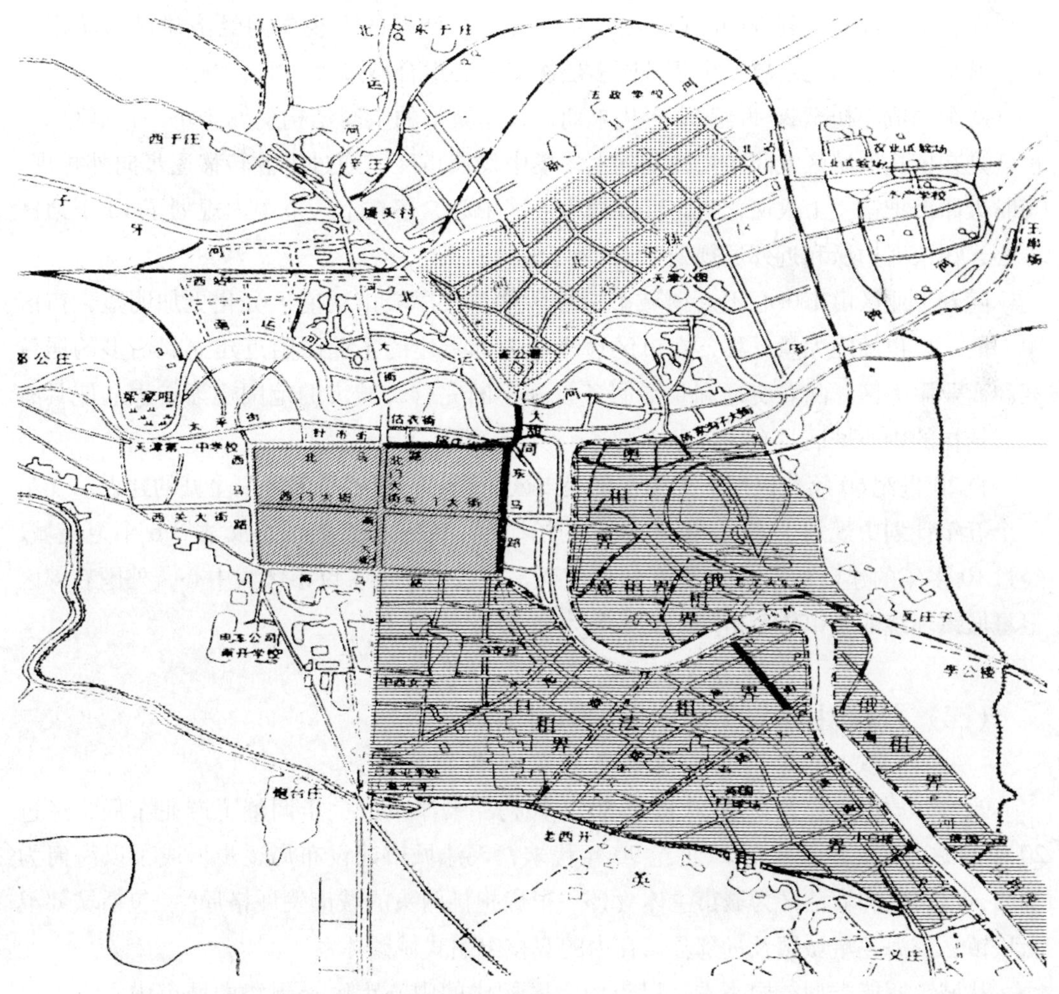

图3 1917 年天津城市三元空间划分

① 马玫：《天津城市发展研究——产业 · 地域 · 人口》，天津人民出版社 1997 年版，第10—20 页。

四 现代天津城镇体系的形成和发展

新中国成立以后，尤其是改革开放以来，天津城市发展进入了现代化的城镇体系阶段。城镇体系是指一定区域内在经济、社会和空间发展上具有有机联系的城市群体。在不同发展时期，天津市城镇体系的地域空间结构、规模等级结构和职能类型结构均受当时的经济发展水平、产业结构调整、土地利用变化、城市环境保护、交通设施发展和工业聚集地的转移等多方面因素影响，其中工业聚集地的战略性转移是导致天津城镇体系空间格局不断变化的主导因素。

（一）以市区为中心的单核城镇体系阶段

在新中国成立后到60年代间，天津经历了有计划的大规模的经济建设与城市建设，城市空间结构也由单一市区型向多层次多中心组合型过渡。

新中国成立初至20世纪50年代末期，天津城市的空间结构仍属于单一市区模式，也就是在依托旧城区空间布局的基础上，集中发展市区，通过工业转移逐步向外扩展。当时天津市把第一工人文化宫附近规划为市区中心，还在市区范围内规划了10个地区中心，在市区边缘和近郊还规划了12个工业区。

随着工业区由市中心不断向城市边缘转移，天津城市功能区分化更加明显，市区中心的人口也随之大量迁移，在市区边缘和近郊新建的工业区附近建立起诸多的居住区和商业服务区，随着交通和生活服务设施不断完善，城市的范围逐渐扩大。使具有环形结构的中心城区具有了雏形。

自20世纪60年代以来，天津在发展市区的同时，开始了郊区卫星城的建设。在第二个五年计划中规划了郊区和滨海地区的杨柳青、军粮城、塘沽、汉沽等6个卫星城，经过10多年的建设和发展，至70年代中期，已基本形成了以市区为中心，外围有郊区卫星城镇环绕的城镇体系格局。①

（二）双核组团式的城镇体系形成阶段

改革开放以后，尤其是20世纪80年代初，天津市进一步调整了产业布局，经过20年的城市发展建设，至20世纪90年代末，天津城市建设布局逐步形成了以海河为轴线，以市区和塘沽区为城市主体（即一根扁担挑两头的城市发展格局），包括城郊卫星城镇、滨海卫星城镇及远郊县镇在内的双核组团式城镇体系。

从城镇职能类型结构来看，以市内六区构成的中心市区是天津的城市中心，人口规模相当于特大城市，其主要功能分区包括市中心区和外围生产生活区。市中心区是

① 马玫：《天津城市发展研究——产业·地域·人口》，天津人民出版社1997年版，第30—36页。

天津市的政治、信息、金融、贸易、文教、科研中心，外围区主要是工业区、仓储区和生活区。

城郊卫星城镇是指位于中心市区周围的东丽、西青、津南、北辰四区范围内的一些建制镇，例如杨柳青、大南河、军粮城、咸水沽这四个建制镇由于距离天津市区较近，具有较好的工业基础和发展潜力。

滨海卫星城镇包括塘沽、汉沽和大港区。20 世纪 70 年代以来，随着滨海地区大港油田的开发，天津市又建设了大港石油化工基地以及扩建了天津港和塘沽、汉沽区的工业区。当时的塘沽区因区位条件优越，人口规模已相当于中等城市，区内拥有著名的天津新港，交通网络发达，有着丰富的土地资源和工业历史积淀。尤其是 80 年代经济技术开发区在此建立后，该区已发展成为天津市工业战略东移的落脚点，成为天津城镇体系的副中心。

远郊县镇包括蓟县、宝坻、宁河、武清、静海等五区县境内的建制镇，由于距离市中心相对较远，拥有丰富的土地资源和劳动力资源，不仅可以吸收城市扩散的产业和技术，还可以为城市提供大量的农副产品和原材料。它们成为当时天津城市发展的后方基地。①

（三）双核轴带状多层次的城镇体系阶段

进入 21 世纪以来，我国已经进入城市化快速发展时期。天津市以实现城乡和区域的统筹发展为目标，按照循序渐进、节约用地、集约发展、合理布局的原则，因地制宜地稳步推进城镇化，逐步改变城乡二元结构，提高城乡一体化水平。随着中心城区人口和产业的对外扩散、转移，天津的郊区县充分发挥毗邻中心城市的区位优势，较之一般地区的农村城市化发展速度。天津市域内的城镇体系建设在空间上的格局是：在东西方向上沿着“武清—中心城区—塘沽城区”这一主轴发展；在南北方向上分别建立了“宁河—汉沽—塘沽—大港东部沿海发展带”和“蓟县—宝坻—中心城区—静海西部发展带”。在这些城镇发展的轴、带之间，分别建有北部“蓟县山地生态环境建设区”、中部“七里海—大黄堡洼”湿地生态环境建设区和南部的“团泊洼水库—北大港水库”湿地生态环境建设区，基本形成了“一轴两带三区”的空间结构。

在此空间结构的基础上，根据天津城镇人口和城镇发展的特征，明确提出了以中心城区和滨海新区核心区为主副中心，建立由主副中心、新城、中心镇和一般镇组成的四级城镇体系。

中心城区是指分布在外环线以内的区域，用地面积 371 平方公里。本区域主体部分为市内六区，边缘部分包括东丽、西青、津南和北辰四区的一部分。该区是天津城市的行政文化中心、商贸服务中心，是反映中国近代史的历史文化名城，具有综合性服务职能。中心城区集中了全市大部分的公共设施，是全市人口和城镇建设最密集的地区，常住人口规模已达 500 万人以上。

---

① 仲小敏、李兆江：《天津地理》，北京师范大学出版社 2011 年版，第 20、21 页。

滨海新区核心区包括塘沽城区和天津经济技术开发区、天津港保税区，是天津城市体系的副中心，2007 年常住人口规模也超过 100 万。本区以科技研发转化为重点，主要发展高新技术产业、现代制造业，利用商务、金融、物流、中介服务等现代服务业来增强为港口服务的职能和提升城市的综合功能。

中心城区与滨海新区核心区之间的关系是各有分工，各有侧重，互相补充，共同承担着城市中心的综合职能及其对周边地区的城市辐射功能。

已经建成及正在建设的新城是天津城市发展轴带上的重要节点，分别是：蓟县、宝坻、武清、宁河、汉沽、西青、津南、静海、大港、京津和团泊新城，人口规模介于 10 万—30 万之间。新城是各区县政治、经济、文化的中心和重要的功能区，承担着疏解中心城区人口、聚集新产业、带动区域城镇发展的任务。

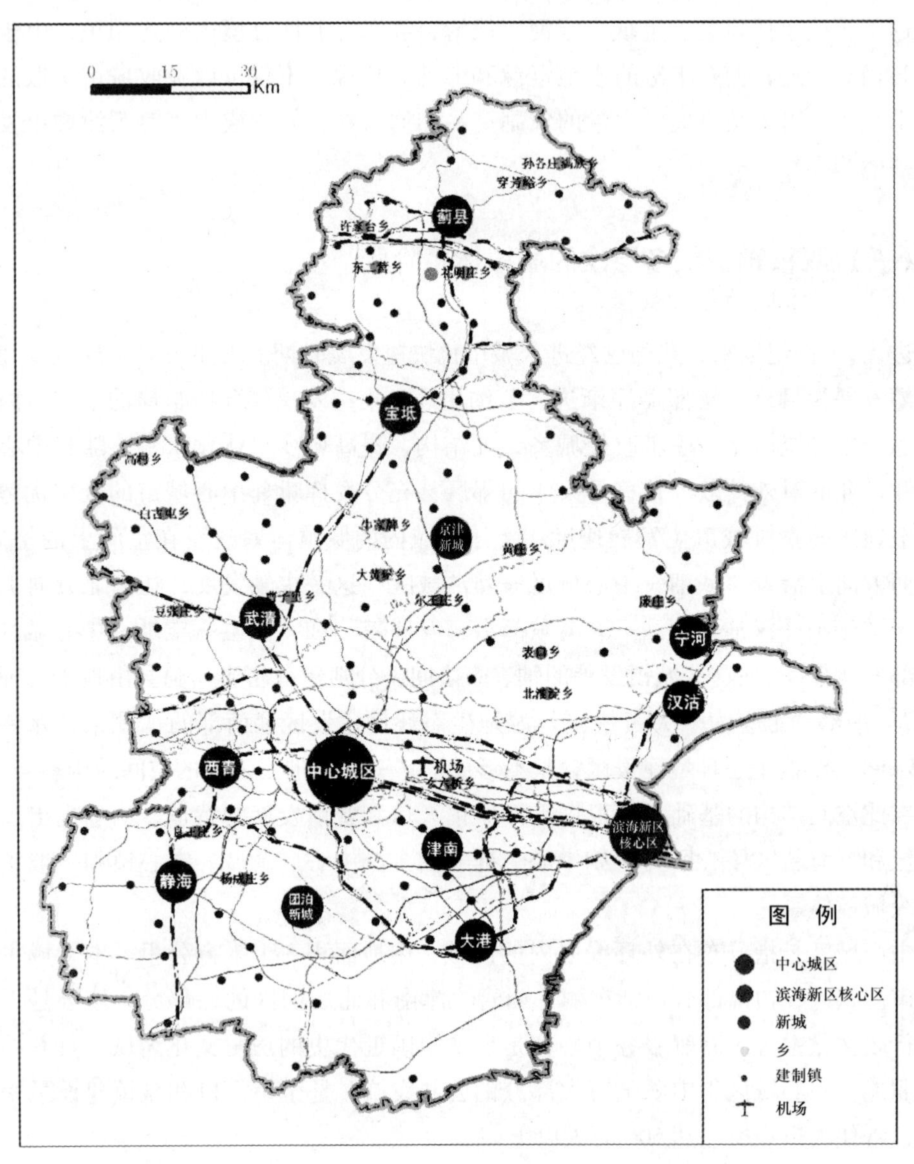

图 4 天津市域城镇分布现状

中心镇是天津市建制镇中发展基础好、区位条件优越、发展潜力大的一些城镇，人口规模一般在3万—10万人。为改变天津原来小城镇分散发展的状况，天津市将大寺、双港等30个城镇确定为中心镇。根据各中心镇的不同条件，发展加工工业、交通运输、商品流通和社会化服务等，形成商贸型、交通型、旅游型等职能特色突出的新型城镇。①

一般建制镇分布在市域各地，其主要功能是承担着分流城市人口和聚集农村人口的功能，重点发展为大城市服务的劳动密集型工业和第三产业。人口规模在1万—3万人之间。②

自2005年以来，天津市结合本地实际，围绕破解农村小城镇建设中普遍存在的土地和体制制约等难题，探索建设小城镇、推进大城市近郊区新农村建设的新途径，在不减少耕地的前提下，在全国率先提出了以"宅基地换房"建设示范小城镇，开创了统筹城乡发展的新模式。"宅基地换房"是通过让农民以宅基地换取新建生态宜居小城镇住宅的方式，改善居住环境；农民原有的宅基地统一组织复耕还田，用于发展现代设施农业，使农业增效、农民增收；同时规划建设适合产业集聚的现代产业园区，为农民提供就业岗位，增强经济实力和可持续发展能力。小城镇农民居住社区、设施农业产业园区、示范工业园区的"三区"统筹联动模式，体现出具有天津特色的城镇化发展战略。

五　结束语

天津是中国历史文化名城。自全新世海退成陆后，从洪荒之地演变成河海联运的水运枢纽，自古乃军事要地。以"天子渡口"而得名的天津卫城，已经历了600多年历史沧桑。近代的天津作为京师门户，成为中华民族不惧外辱、顽强抗争的海防前哨；开埠后天津地处中西政治、经济、文化交汇的前沿，西方工业文明的物质形式和意识形态在这里率先登陆，在中西文化的博弈中，天津工商业及城市建设迅速崛起，成为展示中国近代文明的窗口。新中国成立后，天津经过60年的努力，在半封建半殖民地的废墟上建成为现代化的特大城市，城市面貌发生了翻天覆地的变化。目前天津正凭借环渤海区域中心的地域优势，向国际性港口大都市迈进。

目前天津市的经济社会结构仍在不断地调整，工业区由市中心不断向外转移；城市功能区分化更加明显；城市人口亦由市区中心不断向滨海地区和外围城镇迁移，使城市的地域空间范围逐渐扩大。与此同时，随着天津加强新城和中心镇的建设，鼓励市区人口和农村人口逐步向这里转移，在一定程度上推动了农村城镇化和促进了城乡一体化。

（作者单位：天津师范大学城市与环境科学学院）

---

① 仲小敏、李兆江：《天津地理》，北京师范大学出版社2011年版，第22、23页。

② 天津市人民政府：《天津市城市总体规划（1996—2010）》，2007年，第2页。

明代天津的游击将军

肖立军

明代天津卫一带处于北直隶（京师），严格说来，该地不属于蓟镇总兵辖区。明代的游击将军，也简称游击，分为征伐与镇戍两类。九边镇戍游击中，其典型者主要任务是统领游兵，另外也充标兵将领。明代天津卫及沿海一带情况有所不同，据笔者所见资料，明代天津卫及其沿海一带设立的游击有如下几类，下面分别予以探讨。

一　春秋两班游击与海防左右营游击

明朝迁都北京，为加强北京防务，便从若干地区抽调部分卫所军士到京师帮助防守。明代天津卫班军至迟在宣德年间（1426—1435）已经设立或派遣，起初是作为京班出现的，即定期赴北京操守。景泰时期（1450—1456）分为三班；正德时期（1506—1521）分两班，春秋两班总人数7417人①。嘉靖二十九年（1550），蒙古俺答汗进攻明朝，在京郊大掠八日，酿成“庚戌之变”。为加强北京外围防守，明廷决定从北边等地调集精兵“入卫”，充实蓟镇防守。在此稍后，天津赴北京的班军也改赴蓟镇防守，即定期到蓟镇守卫。万历时期（1573—1620），天津春秋两班即两营共5992人②。

班军设有领班将领，《四镇三关志》卷7《制疏考》中《敕统领蓟镇通津春班游击徐槐》内容如下：

> 近该总督蓟辽军务官题称，各该班军因循怠玩，赴戍后期，举动掣肘，不能展布。要将河南、山东领班蓟镇都司照京营例，俱去以职，与见任佥书二员轮番京、边二班领兵操守……天津等处领班都司，照河间、定州班操例，俱改为游击职衔等因，事下该部议覆相应。今命尔统领天津等三卫并定边、通州左、右、神武中卫共春班军士三千四百三十四名，到边分布太平路地方防守。每年于正月初旬上班，六月初旬下班。其官军往回经行去处，严加钤束，关支本等粮草外，不许作践田禾，砍伐树株，占宿店房，强买货物，拐带人口，奸淫妇女，夺用车船，

① 蒋曙：《兴革利弊疏》，《明经世文编》卷175，中华书局1962年版，第1779页。

② 万历《河间府志》卷6《武备志》，明万历刻本。

抢掳财物。在途许守、巡、兵备官严加访察，在边听总督、镇、巡官节制。尔亦要善加抚恤不许分毫科扰。卫所都司掌印官照数唱名，交付管领起程，其有不到者，即系领班将官、札付官通同卖放，悉听督抚官查照少军事例，从重参治。下班之日，地方无事将军士双月调取一操，遇有盗贼窃发，听本处巡抚官调度剿杀。凡比较事故官军马匹，同军政官协和议处，其所属卫所听尔管辖，仍听总练班军将官分别勤惰，通行殿最。其该地方兵备官，仍相接以礼，不得互相抗违，致误边计。凡事务要查照该部题覆事理，并与兵备官计议而行，不许偏执己见。如果能恪恭职事，仍听本部别项推用。尔须持廉奉法，正己率下，毋得贪残偾事，法不轻贷。尔其慎之，故敕。

同书所载《敕统领蓟镇天津春秋班游击刘龙、祝琦》内容大同小异，不同者前一敕书是给通津领班游击的，本敕书是给天津三卫春、秋班游击的：

……今命尔统领天津等三卫春班军士三千名，到边分布松棚路地方防守，与天津营秋班更番对代，回日驻扎本卫城内。每年于正月初旬上班，六月初旬下班……

言外之意，天津三卫除了组成天津三卫自己的春秋两班军外，还要与通州左等卫一道另组春班班军。

上述敕书没有记载给敕时间，但敕书中的内容可与《明神宗实录》相印证。《明神宗实录》万历三年（1575）三月癸丑日记载，总督蓟辽保定左侍郎杨兆议准，“将领班都司加以职衔，与该省都司佥书轮番更代”①。同书万历四年（1576）正月丙午日又记载，“诏给德州、宁山、通津、天津、沈阳领班游击尹湘……各旗牌三面副”②。本段前一资料发生的事在领班游击给敕之前，后一资料发生在给敕之后。也就是说，天津三卫领班都司改为游击的时间在万历三年左右③。

万历中叶，天津因防倭需要，战略地位提升，天津春、秋班军在歇班之际偶尔留津负责海防，春、秋班军同海防联系起来，改称海防左、右营。其中，秋班称海防左营，春班称海防右营④。

二　负责屯运与统领标兵游击

明代后期，天津卫及沿海地区还设立了负责屯田、运粮和统领标兵的游击。

---

① 《明神宗实录》卷36《万历三年三月癸丑》，台湾中研院史语所校印本。

② 《明神宗实录》卷46《万历四年正月丙午》。

③ 万历《明会典》卷126《镇戍一·将领上》中也可得到印证，广陵书社2007年版，第1801页。

④ 《明神宗实录》卷308《万历二十五年三月甲辰》；卷410《万历三十三年六月甲辰》。

（1）屯田游击。天启五年（1625），天津巡抚毕自严在《举劾营伍将领疏》提道："海防营管理屯兵游击石公衔，筋骨权奇，才情磊落，勤事可方，运甓开屯，蚤见积仓。"① 这里的屯田应指营田，与卫所屯田的生产组织有所不同②。

（2）运粮游击。明代天津游击负责的运粮任务，主要分为两类，一类是从大沽口运粮山海关一带，供应山海关、宁远（辽宁兴城）明军，称关运；另一类是运粮朝鲜皮岛，供应毛文龙的军队，称鲜运③。据毕自严《奏缴发运粮料支放银两数目疏》记载，关、鲜二运始于天启二年（1622）④。崇祯时期（1628—1644），天津专设"津门总运游击"，负责押运粮、盐、银两至山海关⑤，鲜运军中也设有"鲜运游击"⑥。

（3）统领标兵游击。明代标兵始设于嘉靖二十五年（1546）前后，起初指总督、巡抚、总兵等直辖兵马。后来，标兵一词有泛滥倾向，副将、兵备、内臣直接统领的军队有时也称标兵⑦。标兵设有统率将领，所隶将帅地位高、规模大的标兵，设游击或更高武将统领。天启时期天津设有"正兵营游击"、"委官中军游击"⑧。这里的正兵营指镇守副总兵直辖的军队⑨，"委官中军"指天津巡抚所委之负责宣传号令武将。

负责运粮、屯田和统领标兵的游击中，统标游击在天津以外的地区也多有设立，但领兵屯田特别是领兵从事关、鲜海运的游击，其他镇比较少见。

三　海防营与镇海营游击

天津海防营最初设立于万历二十一年（1593），地点在葛沽⑩。几年后汪应蛟任保定巡抚（辖区包括天津），在《酌议海防未尽事宜疏》中提到，"葛沽原设陆兵三千，统以参将一员。海口见设水兵二千五百，统以游击一员"。汪建议将葛沽海防营减至2500人，与海口水兵共5000人⑪。

海口（大沽口）水兵，来源于万历二十年（1592）前后南方沿海等地北调水军。

---

① 参见毕自严《饷抚疏草》卷7，四库禁毁书丛刊本。

② 《明熹宗实录》卷68《天启六年二月丁丑》，巡抚天津侍郎黄运泰言，"海防（营）改防改归屯田"。台湾中研院史语所校印本。

③ 《明熹宗实录》卷32《天启三年三月癸卯》。

④ 毕自严：《饷抚疏草》卷7。

⑤ 毕自严：《度支奏议·堂稿》卷13《题覆阁部速给关宁兵饷疏》。

⑥ 毕自严：《度支奏议·新饷司》卷3《题覆督饷鲜运效劳疏》，续修四库全书本。

⑦ 肖立军：《明代的标兵》，《军事历史研究》1994年第2期。

⑧ 毕自严：《饷抚疏草》卷7《举劾营伍将领疏》，《奏缴发运粮料支放银两数目疏》。

⑨ 正兵营指镇守总兵直辖兵马，在嘉靖二十五年（1546）标兵出现后，有的正兵改称标兵（个别镇未改）。天津于万历四十八年（1620）前后设镇守总兵官。据《明熹宗实录》记载，天启二年（1622）四月辛巳，明廷命张继先接任天津总兵，至迟同年十月戊辰称张为"副总兵"。估计天启二年（1622）以后的几年里，天津镇的主将为镇守副总兵。天启五年（1625）七月毕自严在《举劾营伍将领疏》中首先提"副总兵"，亦为此时天津以镇守副总兵为首之佐证。天津正兵营按明代制度应属镇守总兵（或镇守副总兵）直接统领，但天津情况比较特殊，巡抚对正兵营插手较多。

⑩ 汪应蛟：《海防奏疏·酌议海防未尽事宜疏》，续修四库全书本。

⑪ 同上。

例如，万历二十年（1592）九月，浙江巡抚常居敬题："奉旨调取防倭战船，沙、唬二船可繇内河抵天津，随即调取八十只，哨官五员，捕舵兵士、杂流共一千五百有奇……各船赴天津听候调遣。"① 除了南来的水兵外，在本地也招募了部分水军。保定巡抚汪应蛟称，"臣查得水营初创，原募南兵与近海土民兼用，除汛期齐赴水操、出海轮哨外，至撤汛之日略仿浙直事例，南兵常川守船，其土兵暂放下班生理，止给月饷之半"。总计土兵约1000名②。

葛沽海防营先设立，故亦称旧海防营，主要是"陆兵"，与海口水军合称海防水陆营。

天津镇海营驻扎于大沽口，大约建立于天启初年（1621），属水兵编制③。起初分为镇海前、后、奇三营，后合并为一营。据毕自严《津兵征调已多营制澄汰已定疏》记载，镇海营"系游击朱拱臣统领"，合并为一营后定额官兵2650人④。

四 结语

明代比较典型的军事重镇为九边，至晚在嘉靖时期，九边建设已大为加强。自嘉靖以后，九边的镇数略有增加，但直到明末仍习称九边。至于天津与九边的关系，据成书于嘉靖二十年（1541）左右的《九边考》记载，负责天津卫、河间、沧州等地军政、司法、河道等事务的天津兵备，听顺天巡抚管辖，说明天津卫及以南一带不属于蓟镇总兵辖区。在万历十五年（1587）颁行的《明会典》卷126和卷128中，在蓟镇总兵下辖地区中未提天津卫，而将天津兵备列于保定巡抚之下⑤。意思是天津卫一带受保定巡抚节制。所以，严格来说，天津卫当不属于蓟镇辖区。

永乐帝在天津设立三卫，是拱卫北京政策的一环。天津卫城正式兴建当不早于永乐二年（1404），天津筑城置卫取得重大进展是在永乐三年（1405）⑥。万历中期，日本进攻朝鲜，同时也对明朝构成威胁。天津为京东门户、海防前哨，战略地位迅速提升。后金兴起以后，天津成为集兵供饷的桥头堡。万历四十八年（1620）前后，明廷添设镇守天津总兵官，天启元年（1621）六月铸给关防⑦。明代天津镇为后起之镇，其任务与九边略有侧重⑧，天津卫及沿海地区所设游击的职能与九边游击也有所不同。

---

① 《明神宗实录》卷252《万历二十年九月癸酉》。

② 汪应蛟：《海防奏疏·酌议海防未尽事宜疏》。

③ 毕自严于天启四年（1624）八月题《海防将领患病疏》，兵部复奏称"天津镇海营系抚臣新经并建者"（见《饷抚疏草》卷3）。

④ 毕自严：《饷抚疏草》卷2。

⑤ 万历《明会典》卷128《镇戍三·督抚兵备》。

⑥ 肖立军、王锡超：《明代天津筑城置卫若干问题考辨》，《天津师范大学学报》2010年第5期。

⑦ 《康熙天津卫志》卷2《天津通志旧志点校本卷上》，南开大学出版社2009年版，第36页；肖立军、张丽红：《明代的天津总兵官》，《历史教学》2008年第2期。

⑧ 九边的任务总体来说是防御蒙古和后金等，也有拱卫北京之责。而天津镇的使命是"拱护神京，策应关门"（见《饷抚疏草》卷7《题为举劾营伍将领官员事》）。其中策应山海关、增兵供饷是天津镇的重要任务之一。

明代天津卫及沿海地区（万历末、天启初在此设立了天津镇），所设立的游击等省镇营兵制将领，其互相配合的系统性不如九边。在九边等地区，一镇设镇守总兵一名，负责全镇防守，统领正兵或标兵。总兵之下，副总兵协助总兵，统领奇兵（后称协兵）；总兵统领若干参将，每参将统领援兵（营兵之一种），负责一镇的部分分辖区——一路的防守。参将之下，设有若干守备，每守备统领守城兵，负责一处城堡及附近地区。总兵统参将，参将统守备。游击所统营兵称为游兵，一般无固定辖区，本镇哪里有警就到哪里杀敌。游击是明代省镇营兵制指挥系统中比较活跃的武将①。在天津镇，如前所述，游击的主要任务不是统率游兵并往来应援，而是统领京班（或入卫蓟镇）、负责屯田与运粮、守卫海防、节制标兵等。其中天津游击负责的屯田、海运粮饷等任务，同九边的游击相比颇具特色。

天津游击、镇守总兵等武将特别是镇守总兵的设立，为后来天津地位的提升奠定了一定基础，因为明代的镇守总兵为省级武将。

（作者单位：天津师范大学历史文化学院）

---

① 参见肖立军《明代省镇营兵制研究》，天津古籍出版社2010年版，第231、271页。

太行两翼是通道

——兼说太行通道对北京历史发展的重要意义

马保春

一　太行山东西两翼的文化交流通道

我们这里要讨论的是太行山脉东西两侧两条大致南北向的文化交流通道，其中位于太行山之西的通道，是沿着太行山与吕梁山之间的汾河、桑干河、涞水等河流河谷地带形成的通道，我们称之为太行西道；另一条是沿太行山东南麓延伸的南北道路，我们叫太行东道，两条大道合称为太行通道。太行通道对北京历史的发展有极其重要的意义。

（一）太行之西的文化通道

新石器时代晚期，出现了一次全新世的气候最宜期（7200aB. P. —6000aB. P. ）。这一时期，在以河南西部、山西西南部狭长地带为中心，东至河北中部，南达汉水中上游，西及甘肃洮河流域，北抵内蒙古河套地区的广大区域范围内，仰韶文化聚落如雨后春笋般地出现。同时期的红山文化在燕山以北西辽河支流西拉木伦河、老哈河以及大凌河流域也蓬勃发展。苏秉琦先生曾经从文化因素角度入手分析，认为发源于渭水流域的仰韶文化同燕北西辽河流域的红山文化之间有着考古学文化的碰撞、交流与融合。证据就是作为仰韶文化最具代表性的“玫瑰花”彩陶图案，向东北传播到了红山文化的分布地区。之后两种考古学文化最具代表性的文化因素，即玫瑰花图案和龙形图案汇合，迸发出两个“火花”，其一是仰韶文化彩陶构图技法被龙山文化接纳后，出现了鳞纹彩陶罐（它的最早或较早标本出在赤峰蜘蛛山遗址），这类器物的延续发展序列一直在红山文化的后期（如赤峰水泉遗址）；其二是朝阳建平牛河梁“女神庙”、喀左东山嘴“祭坛”遗址出土的猪头蛇身玉雕龙和简化了的玫瑰花图案彩陶盆共生①。

仰韶文化北上的具体路径就是自关中沿渭河而下，过黄河后溯汾河北上至山西省北部，然后向西与内蒙古河套地区连接，向东北经桑干河与冀西北后，再向东北与分布于辽西老哈河、大凌河流域的内蒙古赤峰，辽宁朝阳、阜新等地的红山文化连接，形成“Y”形的文化带。位于这条文化带上的张家口桑干河支流壶流河流域的西河营（属仰韶文化传布范围）遗址，晋中太谷白燕遗址（仰韶至龙山时期）便是两种文化交流的地理衔接点。由于苏先生是在讨论“晋文化考古”问题的时候谈到这一点的，所以他结合晋文化考古源流的思路，赋诗一首，曰《晋文化颂》，诗云：

华山玫瑰燕山龙，
大青山下斝与瓮。
汾河湾旁磬与鼓，
夏商周及晋文公。②

特别是此诗的首句“华山玫瑰燕山龙”，它很精当地概括出了我们讨论的新石器时代晚期太行之西的文化交流通道。如果我们暂且不论自晋北向西北方向延伸到河套地区的那条岔道的话，南北向的主体文化带就是一个“S”形的通道。这条通道实际上也有一个自然地理的基础，即它是沿着所谓的山西地堑系的形态而展布的。从地质学上来看，整个山西地区都处于一个晚新生代以来新构造运动中形成的地堑系的中部主体位置，整个地堑系南北绵延数千里，其北端起于今北京市的延庆县、自此沿西南方向经河北省、山西省到陕西省分布着一系列在成因上属于地堑的盆地，从东北至西南有延（庆）怀（来）盆地—阳原盆地—大同盆地—繁（峙）代（县）盆地—忻（县）定（襄）盆地—晋中盆地（太原盆地）—临（汾）侯（马）盆地—运城盆地。这些盆地的分布组成一个在北部近似东西走向，在中部近似南北走向，在南部又转为东西走向的“S”形地带③。盆地内均有较大的河流经过，延怀、阳原、大同三盆地是桑干河的流经地；忻定盆地是滹沱河的上源；晋中、临侯诸盆地是汾河流域；涑水则是流经运城盆地的。古代大道多是沿着河流谷地开发的，所以山西地堑系串珠状分布的盆地及其内流经的诸河流就为古代南北文化交流通道的形成创造了天然的地理条件。

不论在有史以来还是在史前，这条“S”形通道可以说一直存在，而似乎尤以史前时期更为重要。这可能和当时的气候条件不无关系，全新世的气候最宜期正是仰韶文化最为发达的时期，反过来仰韶文化之所以这么发达，也是得益于该时期适宜的气候条件。当时年平均气温比现在高，雨量充沛，所以黄河中下游海拔较低的今华北平原

① 苏秉琦：《晋文化问题——在晋文化研究会上的发言（要点）》，载《华人·龙的传人·中国人——考古寻根记》，辽宁大学出版社 1994 年版，第 17—21 页。

② 苏秉琦：《中华文明的新曙光》，《东南文化》1988 年第 5 期。

③ 王乃樑等：《山西地堑系新生代沉积与构造地貌》，科学出版社 1996 年版，“前言”，第 1—3 页。

地区，水网密布，地表水体众多，不宜大量人口定居，因而也就不可能也无须在平原地区形成足以连接南北两大古文化圈的交通要道。侯仁之先生在《北京城的兴起——再论与北京建城有关的历史地理问题》中就曾指出，在距今3000多年前，华北平原水网密布、湖沼纵横的局面依然存在①。这也许是史前环境的延续或反复的出现。当然仰韶文化在太行山东南山麓沿线有带状的分布，也体现出了南北交通线的形式，但是由于这里已经是仰韶文化分布的东界，所以只是一个单纯的交通沿线的分布，不是主干道。相反，太行山脉及其以西的山西高原，作为黄土高原的重要组成部分，海拔相对较高，山地与盆地相间分布，没有大面积河湖水系的持续泛滥，适宜人类居住，这就为南北文化交流通道的形成奠定了自然和人文地理的双重基础。苏秉琦先生就曾给这条文化通道以极高的评价，他说这条“Y”形文化带（我们所说的“S”形通道）在中国文化史上曾是一个最活跃的民族大熔炉，又是中国文化总根系中一个重要直根系。

事实上，早在旧石器时代，这条“S”形通道还是中国旧石器时代华北地区两种石器工业技术区域间相互交流的通道。贾兰坡先生曾经提出过华北旧石器时代石器技术的两系说②。其一是处于晋豫陕交界地带以匼河旧石器地点群、丁村旧石器地点群、三门峡旧石器诸地点等为代表包括西侯度、蓝田人猿人石器的“匼河—丁村系”或称“大石片砍砸器—三棱大尖状器传统”，简称“大石器系统”。这一文化区地处暖温带南部的河谷和丘陵地带，气候相对暖湿，自然植被中森林较多。其二是分布在晋北、冀北、内蒙古、东北地区及北京在内的以周口店第一地点（即北京猿人遗址）和第十五地点、许家窑遗址、内蒙古乌审旗萨拉乌苏旧石器、峙峪遗址、河南安阳小南海遗址等为代表包括阳原小长梁旧石器地点的“周口店第一地点—峙峪系”或称“船头状刮削器—雕刻器传统”，简称“第一地点—峙峪系”或“小型石器系统”。这一文化区地处暖温带的北部，气候相对干凉，自然植被以草原为主。“大石器系统”以碰砧法利用宽大石片制造大砍砸器，代表石器是三棱大尖状器，但也包含少量的小石器；“小型石器系统”多采用锤击法生产细小石器，以刮削器为主，较大的尖状器也多有发现。可见两个系统中虽然有代表各自典型特征的器物，但也都互相包含对方石器，说明二者之间在文化上是有交流的，这种交流，从地理位置看，由于上述两种石器技术分布的区域正好一南一北分布在“S”形通道的两端，所以，我们没有理由不相信这种石器技术信息的交流就是通过这条“S”形通道来实现的。

上述两个文化区及其特征，至少在旧石器时代早、中期是比较明显的。分布于不同区域的这两个文化系统，既相互区别，又相互影响。到了旧石器时代晚期，由于黄土高原的形成，整个华北地区的气候逐渐向干凉的方向发展，植被也逐渐草原化。在这种环境气候的影响下，小型石器系统文化逐渐向南扩散，并在华北旧石器时代文化发展、演变的过程中，占据了主导地位，两种类型的旧石器文化渐趋统一而向细小化

---

① 侯仁之：《北京城的兴起——再论与北京建城有关的历史地理问题》，载《侯仁之文集》，北京大学出版社1998年版，第41页。

② 贾兰坡：《山西峙峪旧石器时代遗址发掘报告》，《考古学报》1972年第1期。

发展，使得文化内涵更趋复杂，最终演化出典型的细石器。在小型石器系统南下的过程中，“S”形通道也无疑是这次文化迁徙所依赖的重要通道之一。

五帝传说时代，炎帝、黄帝部落以及蚩尤部落之间爆发在今北京附近的战争，也是和这条“S”形南北通道不无干系的。相传黄帝部落在北方，炎帝部落在西方，蚩尤部落在东方。炎黄之间的战争爆发在阪泉，阪泉有说在今河北涿鹿的，也有说在山西运城的，但不管怎么，二者均处于“S”形通道上，足见这条文化通道的重要性。炎黄部落联盟与蚩尤的战争爆发在涿鹿，一般多认为在河北桑干河流域的涿鹿。在这两大部落联盟间的战役中，作战双方都把太行之西的通道作为调兵遣将、行军作战、排兵布阵的重要场所。这说明在传说时代，“S”形通道依然在中华文化的大发展、大变革中担当着地理舞台的顶梁柱。

尧舜禹时期，太行之西“S”形通道亦非常重要。《史记·五帝本纪·索隐》引皇甫谧云：“尧初生时，其母在三阿之南，寄于伊长孺之家，故从母所居为姓也。”《汉书·地理志》中山国“望都”下引张晏曰：“尧山在北，尧母庆都山在南，登尧山见都山，故以为名。”又“唐”下班固自注云：“尧山在南。”应劭曰：“故尧国也。唐水在西。”张晏曰：“尧为唐侯，国于此。尧山在唐（唐侯国——引者注）东北望都界。”看来，尧早年随其母居于太行之东与三阿、尧山、庆都山等相关联的古唐国。后来尧登帝位后，却都于太行之西的平阳。《帝王世纪》云：“尧都平阳，于《诗》为唐国。”由太行之东的古唐国到太行之西平阳的唐国，最可行的迁徙路线，便是自太行八陉之一的井陉西逾太行山，进入晋中，然后沿“S”形通道南下至晋西南平阳。

舜就是冀州人，《史记·五帝本纪》讲：“舜，冀州之人也。舜耕于历山，渔雷泽，陶河滨，作什器于寿丘，就时于负夏。”又说帝尧为了检验舜的德行和能力，还把两个女儿嫁给了居于“妫汭”的舜。舜活动过的这些地方，其地望有的虽多有异说，但都在太行山东西两翼或不远的地区，说明帝舜也有巡行于“S”形通道的事迹。素有“夏墟”之称的晋西南更是在这条通道的南段。

由此可见，太行之西的南北通道在史前表现得相当活跃，屡次充当了中华文化演进过程中的地理根系。

（二）太行之东的南北通道

夏商时期，太行东道的重要性开始渐渐显露了出来。当夏王朝控制中原地区的时候，商先公王亥与易水流域的有易部落发生冲突被杀死了，弟恒及恒的儿子上甲微时才报了仇。后来先商文化沿着太行东道渐次南下，与中原地区的夏王朝发生对抗并进而灭了夏。这一事件在考古学上的表现就是邹衡先生所倡导的先商文化由位于太行山东南麓的漳河型向辉卫型，再到难关外型的转变与推进①。很显然，这种推进也是在太行东道上自北而南进行的。这次先商文化的南下可能与中国全新世的气候波动有关。

① 邹衡：《夏商周考古学论文集》，文物出版社1980年版。

据研究，在4000aB. P. 前后，中国大陆出现过一次普遍的降温事件，旱涝灾害频繁，干旱半干旱地带的农牧交错带的北界向南移动了近1个纬度①。北方游牧民族南移，生活在太行山东麓以原始农业为主的先商文化也被迫南迁了。

商灭夏占据中原地区后，其对冀北东北部、京津及东北地区的控制，也是要通过太行东道北上才能实现的。至迟在商代晚期，在燕山南北及东北地区南部，分布着诸如孤竹、东胡、北燕、蓟等古方国。这些方国的文化与商文化有很高的统一性。在北京平谷刘家河、辽宁喀左发现的高规格青铜器和中原商文化青铜器在各方面保持高度的一致性，那么它们与中原之间的信息文化交流恐怕也是依赖太行东道得以实现的。臣服于商王朝的众多方国和高规格青铜器的发现，也说明殷人通过太行东道不仅有效控制了今京津地区及东北的部分地区，同时还将势力远远延伸到幽燕地区（北京地区前身）的北界。

西周封召公奭于燕，在地理上看，它是周初几个主要封国中离宗周镐京最远的一个，直线距离接近1000公里。相比较之下，距离镐京300多公里的四川盆地由于秦岭、大巴山的阻隔，周初并没有分封。那么周人为什么要在这么遥远的地方建立封国呢？一个很重要的原因是地理上的，即由于太行山两翼南北大道的存在，在此前很长时间里，幽燕地区与文化发达的中原地区已经被有效地连接起来了。相对便捷的太行通道在缩短了二者之间实际距离的同时，也方便了两个区域之间物质和文化的相互交流。所以，以中原为政治核心区的早期王朝就很有必要也很容易把幽燕乃至更远的东北地区纳入其力图一统天下的政治地理宏图。

这样看来，幽燕地区不论是政治上还是文化上，都是中原王朝不可忽视的重要区域。那么，周人的势力究竟是沿着东西两条太行通道中的哪一条北上的？当然也有可能是沿着太行西道蜿蜒迂回至于燕蓟地区的。傅斯年、顾颉刚所倡导的召公奭初封在河南郾城，后经由汾水、桑干河流域的太行西道辗转来到北京地区的观点，恐怕也是考虑了太行西道在当时的重要地位。20世纪50年代以来北京房山区琉璃河燕国城址及墓地的发现，从某种程度上证明了周人可能是沿着太行东道北上的，一方面，召公曾经在周初随周公经营过河北地区，对太行东道一带相当熟悉；另一方面，如果召公奭代表的周人是从太行西道沿汾河、桑干河进入北京地区的，则为何不把都城建在一出军都山南口就能到达，并且东、北、西三面有燕山、西山等天然屏障的北京小平原偏北的地理部位，而是南下越过了这个适宜建都的地区来到今房山琉璃河镇寻找地点呢？这种迹象表明，在琉璃河燕国都城遗址以北至燕山的区域内，可能当时还盘踞着蓟国或别的政治势力，而不便于继续北上。

秦灭燕的行军道路也是太行东道。公元前228年，秦将王翦先攻破太行山东南麓的邯郸灭赵，然后沿太行东道北上，经易水、治水破燕据有蓟城。秦始皇第四次巡游时到过碣石山，其行走的路线就是自关中东出潼关，沿太行山东南麓的太行东道北上燕地的。看来三代以来，太行东道屡屡显示出了它在南北交通中的重要性。

由此可见，太行山之所以名“太行”，可能与其东西两翼的古代大道不无关系，

---

① 吴文祥、刘东生：《4000a B. P. 前后降温事件与中华文明的诞生》，《第四纪研究》2001年第5期。

“太”就是大，《礼记·礼运》陈澔注：“极大曰太，未分曰一。”《白虎通·五行》“太亦大也”。行者，《说文》云：“行，道也。”很明显，太行山之“太行”就是“大道”的意思。那么在山峦层叠的太行山脉之中是不可能形成大道的，只有在山脉的东西两侧与平原或盆地相接的山麓地带方能形成大道。而且太行山脉东西两翼的南北大道不是孤立的，万千年来，人们在有河流穿行的太行山中，找到了一条条横向连接东西两翼通道的小道，其中较大的便是所谓的轵陉、太行陉、白陉、滏口陉、井陉、飞狐陉、薄阴陉、军都陉等太行八陉。

二　太行通道在北京历史发展中的重要意义

在辽金以前的历史时期，可以说中华文化先进的核心区是以豫西、晋南、关中为主体的中原地区，这是毋庸置疑的。作为中原周边的四围之地，都是通过一定的地理通道与中原取得经济、文化和政治上的联系。在这种政治地理格局中，拥有与中原地区便捷畅通的道路，对周边区域来说就至关重要。周边地区能不能或在多大程度上较快地发展起来，也和其与中原之间的交通状况有着密切的关系。对于北京地区乃至更偏北的内蒙古、东北地区而言，由于太行通道的存在，它们在相当早的时期就同中原地区取得了联系并在周围地区中独树一帜。召公奭的得封就是一个很明显的证据。

两汉时期，广阳国、燕国的分封，说明燕地一如既往地受到中原王朝的重视。燕刺王刘旦谋反的政治谋略，表明幽燕地区有了强劲的发展势头。此时它与中原之间通过太行通道联系紧密，政治、经济和文化有了长足的发展。十六国北朝时期，北魏自平城南迁于洛阳走太行西道，后赵、前燕、后燕、北魏、东魏、北齐都是以太行通道为主要交通要道，在南北方向上实现了它们对各自领土的控制。特别是前燕时期，自蓟城至于襄国（今邢台），种植成行的榆树，途经滹沱河时，还于其上架设浮桥，建立蓟城同襄国之间的通道，显然是太行东道在政治军事活动中的绝妙利用。隋唐时期更是以幽州为进攻高丽的前沿阵地，太行通道的重要性更加凸显，兵马粮草是经由这里自中原北运于幽州的。这一时期，幽州地区的政治、经济地位进一步提高，使得后来爆发了“安史之乱”。安禄山也正是沿着便捷的太行东道，没有花费多少时日，就打到了唐都长安。

辽金元时期，随着契丹、女真、蒙古等北方少数民族的迭次兴起，太行通道更是中原王朝北上抵御北方民族侵扰和北方势力铁骑南下中原的交通要道。在这一时期，太行通道空前繁忙，十分活跃。自辽朝把蓟城作为陪都，至金代在此建立正式的都城，直到统一全国的元王朝国都大都城的兴建，太行通道无疑是把幽燕地区与中原地区连接起来的最为重要的地理通道。也正是由于这一通道的存在，幽燕地区才被纳入与中原地区同等重要甚至超越中原地区的历史地位。

总之，历史时期太行通道的存在，自秦汉以来，今北京所在的幽燕地区就开始被自然而然地纳入到中原先进文化圈的范围之中。经过1000多年的发展，幽燕地区不仅达到了与中原地区相当的文化程度，而且在此后的发展中还赶超了中原地区，这个赶超始于辽金时期，完全形成于大元王朝，明清时期进一步巩固和加强，现今依然如此。在这个发展和超越的过程中，太行通道在地理交通方面起到了一定程度的推动作用，具有重要的政治地理意义。

（作者单位：首都师范大学历史学院）

人类活动影响下的清代北京周边森林植被

孙冬虎

在暖温带大陆性季风气候的作用下，北京周边地区的地带性植被类型是暖温带落叶阔叶林。历史上的人类活动，深刻地影响着区域植被的分布。从辽南京到金中都，既是北京从陪都向中国北部政治中心过渡的阶段，也是周边地区天然森林的采伐规模逐步扩大的开始。元大都与明代北京城的建设以及城市居民对于燃料的需求，进一步扩大了对城市周边地区森林的采伐范围，明代的采伐地点已遍布浑河（即永定河、桑干河）、白河流域，大体上包括了太行山、燕山、军都山直至山西北部诸山脉，而蔚州（治今河北蔚县）、易州（治今河北易县）、保安州（治今河北涿鹿，后移怀来新保安）、雾灵山、紫荆关、居庸关、雁门关一带以及长城喜峰口外，则是采伐比较集中、森林植被变迁比较典型的区域。清代在延续这种历史惯性的同时，林木采伐的区域又向长城以北有所扩展。就一般情形而言，历史上曾经相当茂密的森林，随着人口增长与人类活动的加剧而逐渐萎缩乃至砍伐殆尽，构成了区域植被变迁过程的主线。

一　北京周边林木采伐区域的变化

影响清代北京周边地区森林植被的因素，仍然与元明两朝一样，主要是为获得木材和柴炭而砍伐森林，为开采煤炭、石料而破坏区域植被的种种人类活动。随着人口数量与建设需求的增长，森林被砍伐的危险时时存在。嘉庆八年（1803）时，上方山（位于今北京房山区）“松桧荫翳”，龙虎峪“古松黛色参天”，然而，“闻往时有议采为内殿栋梁者，以道险难运至得全”①，是艰难的交通环境阻止了古树被砍伐的命运。在北京西郊，乾隆年间已出现了“京郊开垦似江南”的景象，“高梁桥至圆明园、香山，夹河两岸，近闻水田已有二千余亩，并连康熙、雍正年间所垦，为数更多；而丰台穿池筑塘，亦倍于昔，故鱼虾市中不断，菱藕肥嫩，宛似江南，惟少芡盘耳”②。西山脚下农耕范围的扩大，在一定程度上意味着森林地带的逐步退缩。为满足城市生活

---

① 谢振定：《游上方山记》，《小方壶斋舆地丛钞》第4帙，杭州古籍书店1985年影印光绪十七年上海著易堂排印本。

② 汪启淑：《水曹清暇录》卷4“京郊开垦似江南”条，北京古籍出版社1998年版。

与建设的需要，除了继续依赖云贵川与湖广等南方地区以及永定河上游旧有的山场之外，清代采伐林木的范围已经向北京西北及北部的长城以外地区扩展，这是它有别于明代的新动向。

永定河上游传统的采木区，在清代依然发挥着重要作用。顺治八年（1651）题准：“各工需用木植，令正定、山西、江西、浙江、湖广五处地方购买。”① 其中山西的一部分属于永定河上游，直隶省正定府的北部也与明清时期一直设置了重要山场的易州毗连。康熙二十六年（1687）议准：“直隶省房山县额存楸棍山地，每岁应解楸棍十九万一千二百九十八根到部，以备各工取用。”② 楸树是长江、黄河流域山麓与冲积平原上常见的一种落叶乔木，是建筑、造船以及制作家具的优质木料。这里的“楸棍”则是截取楸树的树干而成，在建筑施工中用来搭起脚手架。房山县的部分山地是楸棍的生产基地，即使楸树自身生长较快，每年需要交到工部的数量近 20 万根，对当地的森林植被也是一个不容忽视的压力。直到康熙六十年（1721），鉴于工部的木仓里已储存了 10 万多根楸棍，康熙批准了工部的题本，要求以后管理工程的官员们，竣工后一律将楸棍按数交回，这才使得“房山县额征楸棍，俱停办解”③，相应的森林砍伐自然有所缓解。此外，采办建筑用的石材、为烧制石灰而开采石灰石，也不免对包括森林在内的地表植被造成破坏。顺治初年确定，各大工程所需的石材与石灰，由工部官员负责监督开采烧造，“于大石窝（今房山区良乡西南 34 公里的石窝村，至少自隋朝以来就是大理石等建筑材料的著名产地）采白玉石、青白石，马鞍山（今门头沟区西南 8 公里）采青砂石、紫石，白虎涧（今昌平区西南 14 公里前、后白虎涧村附近）采豆渣石，牛栏山（今顺义区北 10 公里）采青砂石，石景山（今石景山区西部）采青砂石、青砂柱顶、阶条等石。其青白石灰，于马鞍山、磁家务（今房山区良乡西北 14 公里）、周口（今房山区良乡西南 17 公里）、怀柔（今怀柔区）等处置厂烧造，运京应用”④。开采石材与石灰石，势必改变作业区的地表形态、毁灭上面的植被；烧制石灰也需要柴草、树木作为燃料，这些都可能涉及某些生长着原生或次生森林的地段。

兴起于北方的清朝，不再像明朝那样面临着来自塞外的军事威胁，当北京周边地区森林越砍越少而社会所需木材不断增长的时候，把砍伐木材的地域推进到长城以北就成为自然的选择。顺治九年（1652）题准：“各工需用木料，招募商人，自备资本，出古北、潘家、桃林等口采伐木植，运至通州张家湾地方。”⑤ 由此到康熙初年，还不断减少征税的额度以鼓励采木。古北口在北京密云县东北；潘家口古称“卢龙塞”，位于河北迁西县城西北 30 公里、与宽城县交界处；桃林口地处河北卢龙县东北 30 公里、桃林口村东南隅。这三处都是长城沿线的重要关隘，由此向北出长城，即进入了燕山山脉所属的林区。这样，潮河、滦河的上中游地区，成为北京外围森林采伐的又一重要区域，与永定河中上游地区一起支撑着北京对森林资源的需求。潮河经古北口进入

① 昆冈、李鸿章等《钦定大清会典事例》卷 875《工部》光绪二十五年八月石印本。
② 同上。
③ 同上。
④ 同上。
⑤《钦定大清会典事例》卷 942《工部》。

密云境内，滦河上游多条支流在长城外汇合后通过潘家口到达迁西，滦河的另一重要支流青龙河穿越桃林口流到卢龙，成为把木材漂流到通州张家湾的基础。

《大清会典事例》记载，康熙十八年（1679）议准："潮河川、墙子路、南冶口、二道关等处，有愿采伐木植者，照例将人畜数目报部，转咨兵部，给票出关。"康熙十九年（1680）题准："喜逢口外庄头人等所砍木植，愿交税者由水路运送，给票照例征收。"又题准："龙井口产有大木，愿采伐者，给发关票出口，令潘家口差官照例收税。"① 潮河川指密云县古北口镇西南约3公里潮关一带的潮河两岸，明清在此设置潮河关堡与潮河关寨；墙子路位于密云县东32公里，明清在此修建关城把守；二道关位于怀柔西北28公里黄花城乡二道关村内；南冶口位于怀柔西北24公里铁矿峪村北山谷中，二者也是明清时期长城上的重要关口。龙井口即今河北省迁西县西北30公里的龙井关。长城沿线的上述关口附近在明代是军事禁区，清代则允许在它们周围以及关口以北的广阔区域采伐木材。此外，康熙二十年（1681）议准："科尔沁蒙古有愿伐木进关照民商纳税者，许由潘、桃等口放入贸易"；康熙三十八年（1699）题准："大青山等处木植甚多，有殷实商人愿往采取者，该部给票，令守口官验明放行，照例输税，入口贩卖。"② 这就表明，长城以北供应北京的木材产地，已经推进到内蒙古呼和浩特以北的大青山，从那里经过潘家口、桃林口以及山西的杀虎口等关口运到北京和关内其他地方。长城以北的"口外诸山，前代为匠所不经之地，蓄积既久，菁华日献，视内地庇纵寻斧者相悬万万"③，从前伐木者无暇光顾的口外山林，到清代显示了资源丰富的优势，因此成了新的木材基地。与此同时，长城以南局部地区的森林也没有停止采伐。康熙五十九年（1720）议准："口内马前寨等处木植甚多，部给木商头领十人执照，在口内砍木纳税，禁止本处人砍伐木植。惟三陵应用木植，仍著千丁人内置办，不许出口，于口内砍伐。"④ 长城以南砍伐森林的地域，应属于今北京、河北所辖的山区。

当森林采伐进行了一个时期以后，从口外进关的木材数量迅速回落。雍正七年（1729）覆准的古北口税课为"每年额征银四万三百四十一两五钱"，第二年就再次覆准"古北口一路，近年木植进关甚少，额征银一千十有二两五钱一分"⑤。到嘉庆七年（1802），这个每年1000多两的定额仍然无法完成，皇帝的一道谕旨说："今据称，该处商贩寥寥，无人领票办课，山场砍伐既久，近年以来止有小民在附近各山采取柴薪，照例输课，每岁不过三四十两至五六十两等语，自系实在情形。"⑥ 其后，朝廷不得不把税收定额取消。其间的税额落差如此之大，应与口外容易砍伐的森林资源日趋减少有关。此外，木材进关路径的不断增多也削弱了单一关口税收的数额，同治十年（1871）通永道经管的所谓"六小口木税"，就包括了潘家口、界岭口（在河北抚宁县

① 《钦定大清会典事例》卷942《工部》。

② 同上。

③ 王庆云：《石渠馀纪》卷6《纪杂税》，北京古籍出版社1985年版。

④ 《钦定大清会典事例》卷942《工部》。

⑤ 同上。

⑥ 同上。

北31公里，与青龙县交界处）、山海关、潵河口（即河北迁西县西北30公里的龙井关）、冷口（在河北迁安县东北22公里，与青龙县交界处）这些重要的长城关口，另有“沿岩儿口”暂且无法考证其位于何地①，由此可见长城以北森林采伐地域的广泛。道光年间的王庆云记载：康熙二十五年（1686）停止在四川采办楠木，颁布的谕旨说：“蜀中屡遭兵燹，岂宜重困？今塞外松木，材大可用者多，取充殿材，可支数百年，何必楠木？”② 就经济效益而言，这项政策当然可以大大节省采木的成本；若从森林采伐区域来看，四川的楠木暂时获得了解脱，被大片砍伐的噩运转过来落在了塞外的松树身上，而在相对寒冷少雨的水热条件下，北方的植被恢复起来要比南方缓慢、困难得多，所遭受的生态破坏自然也要更严重。

二　十三陵地区森林植被的衰败

京城以北的昌平十三陵地区，在明代依靠朝廷的特殊政策，保存了繁茂的森林植被。这种保护的力度随着明末的时局动荡与战乱频仍而削弱。在改朝换代之后的清朝初期，昔日的皇家陵墓所在地，已呈现出建筑破损、森林被肆意盗伐的景象。类似的情形在房山的金代陵墓区也曾发生过，乾隆十八年（1753）的《御制过金世宗陵留句》，开头就是“牧扰樵侵不忍言”③。顺治九年（1652）“敕禁明陵樵采”，十六年（1659）给工部的谕旨说：“朕巡幸畿辅，道经昌平。见明朝诸陵寝，殿宇墙垣，倾圮特甚。近陵树木，多被砍伐。向来守护未周，殊不合理。尔部即将残毁诸处进行修葺。见存树木，永禁樵采。添设陵户，令其小心看守。”但是，直到乾隆五十二年（1787）的上谕中，仍有“数十年来，地方官并未小心稽查”之语，维修之后又担心“复不免有私行樵采及殿宇墙垣间被风雨损坏等事”④。明末清初的史学家谈迁（1593—1657），顺治十一年（1654）八月去拜谒埋葬崇祯皇帝的思陵时，也看到了由于“牧圉之不戒”而造成的荒凉景象，以至于“今一抔之土，鞠为茂草，酸枣数本，高不四五尺，求一号乌之树不可得”⑤。十三陵地区森林植被与地面建筑的破坏，已是显而易见的事实。

比谈迁稍晚些的另一著名学者顾炎武（1613—1682），在顺治十六年（1659）到康熙十六年（1677）期间六次拜谒明陵所在地天寿山，所著《昌平山水记》记载了昌平州及其所辖顺义、密云、怀柔三县的历史地理变迁。他指出：“凡山陵大工所用白石黝垩，皆取于顺义西北诸山”⑥；怀柔县“西三里为石塘山，有大工则采石焉，有工部厂”⑦。为修建皇陵或其他工程提供大量石料，周边的林木可能会受到某些损坏。“而

① 《钦定大清会典事例》卷941《工部》。
② 王庆云：《石渠馀纪》卷4《纪采办》，据北京古籍出版社1985年重新标点本。
③ 于敏中等：《日下旧闻考》卷132《京畿》“房山县三”，北京古籍出版社1985年版。
④ 于敏中等：《日下旧闻考》卷136《京畿》“昌平州三”，北京古籍出版社1985年版。
⑤ 谈迁：《北游录》“纪文”卷20《思陵记》，中华书局1960年版。
⑥ 顾炎武：《昌平山水记·卷下》，北京古籍出版社1980年版，第24页。
⑦ 同上书，第26页。

今密云多枣，小而坚致，北人重之。正统二年，镇守都指挥陈亨以占所部枣树八百株，被劾夺俸。"① 战国时期的著名策士苏秦，曾对燕文侯称燕国为"天府"，就是因为它的北面有枣栗之利。到明清两朝，枣树显然已成为密云县重要的经济林。不过，书中的这些内容，远不如关于明末清初十三陵地区森林状况的记载详尽。

原本郁郁葱葱的树木被大肆砍伐与焚毁，是明末清初十三陵地区森林植被的普遍特征。出昌平城西门向北6里到达石牌坊，开始进入陵区，再向北2里至大红门（后称"大宫门"）。顾炎武以沉痛的笔调写道："自大红门以内，苍松翠柏无虑数十万株，今翦伐尽矣。"② 所谓"大红门以内"，就是指它北面的整个陵区。长陵在天寿山中峰之下，"宝城周围二里。城之内下有水沟，自殿门左右缭以周垣，属之宝城，旧有树，今亡"。献陵在天寿山西峰之下，两组建筑分布在玉案山前后，"山之前门及殿，山之后门及宝城各为一周垣，旧有树，今亡"。景陵在天寿山东峰之下，"宝城前有树十五株，冢上一株"。裕陵在石门山，"宝城如献陵，垣内及冢上树一百六十七株"。茂陵在聚宝山，"垣内外及冢上树千余株"。泰陵在史家山，"垣内及冢上树百余株"。康陵在金岭山，"垣内外树二三百株"。永陵在十八道岭，嘉靖十五年（1536）改名阳翠岭，宝城周围"旧有树，今亡"。昭陵在文峪山，"明楼为贼所焚，树亡"。定陵在大峪山，"殿庑门为贼所焚，树亡"。庆陵在天寿山西峰之右，"殿门前及垣内树四五百株"。德陵在檀子峪，"树亡"③。上述陵墓周围的树木，在顾炎武的时代也只剩下2000株左右了，比起繁盛年代的数十万株已有天壤之别，而来自各个方面的盗伐与战争中的焚烧，如正统十四年（1449）蒙古瓦剌部首领也先入犯时焚毁陵园等，是造成陵区树木锐减的主要原因。顾炎武还记载，距离昌平州城东门8里，"有松园，方广数里，皆松桧，无一杂木。嘉靖中，俺达之犯，我兵伏林中，竟不得逞而去，今尽矣"④。这片树林是明代为绿化陵园而建立的培育松柏树苗的基地，今昌平区治所东北1.4公里有称作"松园"的居民区，从前的聚落就是在此基础上形成的。根据地形、聚落以及战守形势推断，明代这片"方广数里"的林区，应在今"松园"与其东北方向的"东山口"之间，即今十三陵水库西南、十三陵乡仙人洞村以东"汗包山"一带的低山丘陵，汗包山与东北方向的蟒山、凤山一起，扼守着进入陵区的河谷通道（即今十三陵水库的东南出口）。此次御敌发生在嘉靖二十九年（1550），到这片森林"今尽矣"的清初，也不过100年的时间，实际消亡的年代甚至还要早些。受其连带的影响，"东山口内二里，景陵果园之旁有古槐一株，其大数十围，中空，可容十人坐，相传为燕山窦氏庄，自陵木尽而槐亦伐矣"⑤。此地即今昌平西北约13公里处的十三陵乡果庄村，明代该聚落被称为"大槐树"，就是以这棵古槐而命名的。

---

① 顾炎武:《昌平山水记·卷下》，北京古籍出版社1980年版，第27页。

② 同上书，第5页。

③ 同上书，第6—9页。

④ 同上书，第12页。

⑤ 同上书，第14页。

三 北京柴炭供应对森林资源的消耗

从元代以后，北京基本连续地保持着全国首都的地位，城市运转需要大量的能源支持。一般说来，树木、柴草是城郊农村与窑厂的基本燃料；原料取之于森林的木炭，是宫廷、署衙与部分家庭取暖的主要能源，金属冶炼以及部分窑厂也需要以此为燃料；煤炭稍晚些用于取暖和生产，并最终成为北京的能源支柱；以煤炭为燃料的电力，则在清末开始逐渐成为推动社会生活的主要能源类型。明清时期取暖、冶铁、铸造钱币所需要的木炭，往往来自地处北京外围的遵化、易州、蔚州、密云等地的山场，这些地方的森林由此被大量砍伐。

顺治初年规定，内廷需要的木柴煤炭，由工部负责招募商人、提供费用、办理购买事宜，所需的炭墼（用炭末做成的圆柱形引火燃料）也由工部提供费用，委派经营煤炭的铺户制作。顺治十一年（1654）设立惜薪司，管理内廷燃料供应事务。其后，随着行政机构的调整，工部、惜薪司、内务府都曾履行这一职能，雍正、乾隆时期还分别设置了煤炭监督和木柴监督这样的专职官员。皇帝巡幸南苑期间所用的柴炭，由内务府行文到工部，由工部委派官员与地方官协同，按照当时的价格采办；再由工部行文与兵部协商，用他们的驿车装运。此外，皇帝陵寝祭祀所用的柴炭，由陵寝所在州县采买，然后上报工部复核报销。那里的柴炭采办活动与北京城没有直接的关联，但清东陵与清西陵附近的遵化、蓟州、丰润、玉田以及易州、涞水等州县，都处于北京的周边地带，从区域环境的角度看，彼此也是相互关联的。

康熙二十九年（1690），廷臣奉命查阅了明清两代的宫廷用度，其中，明代“每年木柴二千六百万斤，今止七八百万斤；红螺炭（引者按：即‘红箩炭’）一千二百余万斤，今百余万斤……至各宫殿基址墙垣，砖用临清，木用楠木，今禁中修造，出于断不得已，第用常砖松木而已”①。除了康熙皇帝提倡节俭之外，煤炭的广泛使用也是柴炭用量减少的原因之一。康熙四十五年（1706）给出了内廷所用每斤燃料的银钱定价：木柴三厘七毫、黑炭七厘八毫、煤二厘三毫、红箩炭一分六毫、白炭一分三厘。这个价钱在不同时期、不同情况下有所变动。内廷采办的红箩炭，顺治初年定额为每年烧造八十万斤，动用保定府柴夫银支付。康熙五十六年（1717）“令煤炭监督于易州地方采办供应，每岁与煤炭一并报销”②。内廷所用的杨木长柴，清初规定由直隶省承担，永宁卫（治今北京延庆县东北18公里永宁城）800斤、保安卫（治今河北涿鹿县城）2000斤、怀来卫（治今河北怀来县东南，官厅水库淹没区）800斤、美峪所（治今涿鹿县南27公里下关村）400斤、宣府前卫（治今河北宣化县城）6000斤、蔚州卫（治今河北蔚县）15000斤、宣府南路广昌城守备（治今河北涞源县城）5000斤。嗣后，怀来等处的负担不断加重，咸丰三年（1853）怀来县增至岁额11000斤，以供给

① 王庆云：《石渠馀纪》卷1《纪节俭》，北京古籍出版社1985年版。

② 《钦定大清会典事例》卷951《工部》。

北京天坛等处的祭祀活动所需①。这段记载显示，明代长期依赖的易州山场，到清代仍然是宫廷木炭的供应地，无法得到生态恢复所需要的喘息时间。乾隆时期的方志记载，自金代就已成为木材基地的蔚州，“前明时以南山一带近紫荆关，禁人砍伐，特命守备官及时巡逻，今则资之以为利也”②。这里所谓“利”，也就是获取木柴、建筑用材以及砍柴烧炭。柴炭产地以外的州县，则要抽调人力到山场服劳役，由各州县支付其工钱、路费等花销，比如，清代冀州（治今河北冀州）每年要派出“易州山场斫柴夫一千一百五名，共银三千三百一十五两，外加路费银一百一十两五钱，脚价银二十七两四钱四厘”③。由此可以想见直隶其他府州派出“斫柴夫”的情形，而易州等地山场砍伐林木的规模无疑是相当可观的。

清代的北京不再像明代那样面临着来自北方或西北方的军事威胁，朝廷因此允许越出某些关口砍柴烧炭。康熙元年（1662）题准，“砍柴烧炭，许出古北口、石塘路、潮河川、墙子路、南冶口、二道关，其建昌、居庸等十四关口，永行禁止”。乾隆六年（1741）奏准：“鲇鱼关、大安口、黄崖关、将军关、镇罗关、墙子路、大黄崖口、小黄崖口、黑峪关等九处，商民出口砍柴烧炭。”④ 这些开放的关口位于燕山山脉的长城沿线，从密云县北向东，经河北与天津的交界线，直至河北遵化县以北，历史上一直是北京城的北部屏障。清代到长城以北部分地区砍柴烧炭，既反映了人口增长造成的生存压力，也表明北京周围可供烧炭的林木已远远不足。

周边森林资源的日渐匮乏，使煤炭成为清代北京能源的主力。西山煤炭主要分布在宛平、房山二县，根据直隶总督方观承的奏折统计，嘉庆六年（1801）正在开挖的煤窑达185座。清末仍在开采或清代曾经开采过的煤窑，宛平有99座，房山为16座⑤。在砍伐树木、开采煤炭以满足京城能源需求的同时，连带出现的生态问题几乎是难以避免的。中国第二历史档案馆藏的一份档案显示，近代的北京门头沟矿区，多年采煤导致“山上全无树木”⑥。历史资料中如此直截了当的文字并不很多，但清代某些限制煤炭开采的皇帝谕旨与官府碑刻，却可以成为从侧面认识煤炭开采引发区域生态问题的重要切入点。在依赖西山煤炭解决能源问题的大前提下，清代多次颁布禁止某些地方采煤的禁令，目的在于保护北京西山的风水，防止堪舆家所说的“龙脉”被挖断。比如，康熙五十二年（1713）题准：“红石山、蝎子山，自青龙桥迤北高儿山、破头山、杨家顶一带，均关风水，行文五城等官，通行严禁，毋许采砍。……果系无关地脉之山，方许开采。”⑦ 这类禁令的颁布，大多属于煤矿已经开采并危及环境之后的补救措施。原本带有迷信色彩的“龙脉”之说，在这里反而充当了保护区域环境的理论根据。禁令规定的处罚之严厉，恰恰衬托着煤矿开采对西山生态环境，尤其是地表

---

① 《钦定大清会典事例》卷951《工部》。

② 李舜臣：《乾隆蔚县志》卷15《货属》，清乾隆四年刻本。

③ 王树枏：《冀县志》卷15《起运表》，1929年铅印本。

④ 《钦定大清会典事例》卷951《工部》

⑤ 周佳楣等：《光绪顺天府志》卷57《经政志四·矿厂》，北京古籍出版社1987年版。

⑥ 罗桂环等：《中国环境保护史稿》，中国环境科学出版社1995年版，第310页。

⑦ 《钦定大清会典事例》卷1039《都察院》。

形态、植被覆盖、河流水源等所造成的破坏情形。位于门头沟区马鞍山的戒台寺（又称“戒坛寺”），山门殿外有康熙二十四年（1685）《御制万寿寺戒坛碑记》。碑文首先赞叹这里“林壑深美”的自然景色，接着写道：“朕以时巡，偶至斯地，辄为驻辇。顾近寺诸山，为产煤所，居民规利，日事疏劚。念精舍之侧，凿山采石，良非所宜。爰命厘定四止而禁之。俾梵境常宁，旧观弗替。于以葆灵毓秀，山川当益增辉泽尔。”① 这里，康熙皇帝重申要划定戒台寺的范围加以保护，限制采煤区向寺院的蚕食。与明朝成化年间颁布的敕谕一样，他显然意识到了煤炭生产的无序不仅将危及寺院的外围环境，而且不利于维护寺院建筑的安全，因而才动用最高权力以保持“旧观弗替”。光绪十七年（1891），恭亲王奕䜣立碑赞颂这块碑记是“名山之护符，禅门之宝诰”②。康熙的圣旨对于保护戒台寺周围的生态环境发挥了不可忽视的作用，也反衬出这个区域之外采煤业迅速推进的势头。

四　结论

元明两代积累的环境问题，被清代继承并延续下来。北京周边地区的森林，在很长时期内一直是城市木材与燃料的重要来源。元大都在以木柴、木炭为主的前提下，煤炭的开采和应用也有所进展。柴炭主要取之于大都外围乃至永定河上游山区，在大都以西的易州建立了砍柴烧炭的山场，在大都以东的遵化建立了铁冶厂，在远郊的西山开采煤炭。明代永乐年间定都北京以后，沿袭着元代已有的能源地理格局，只是各种燃料的消耗在继续增长。北京北部与西北部的燕山、太行山直至外围的宣化、大同一带的森林，在面临着来自北方军事威胁的明朝看来，是一道不可缺少的天然军事防线，多次颁布法令限制砍伐树木。当来自东北的满族统治者定都北京以后，从前的军事威胁不复存在，开始允许人们越出关口到长城以北采伐木料与柴薪。虽然煤炭在清代北京能源构成中的地位继续上升，但周边森林的采伐范围却在不断扩大。

以森林为代表的植被变迁，是水环境之外另一个最能直接体现古今生态环境差异的因素。人口不断增长的都城对建筑用材以及木炭、木柴等能源的需求日益加大，加剧了北京周边地区森林尤其是原生林的减少，砍伐林木的地点距离北京越来越远，蔚县等木材基地、易州等炭场所在地由郁郁葱葱变为童山濯濯，成为人类活动引发区域生态衰退与环境破坏的样本。尽管由于首都地位以及帝王游猎休闲的需要，京城外围建立了面积广大的皇家园林，规定了一些禁猎区与禁伐区，并为保护皇家风水、防止挖断京城“龙脉”而制定了相当严厉的法令，但这并不影响周边山区森林被过度砍伐而日渐萎缩的总趋势。

在柴炭为主要燃料、木材为主要建筑材料的时代，在保障居民生活和城市建设的基本需求之外，统治者的奢侈浪费、各级官吏的横征暴敛以及砍伐倒卖，不仅使百姓

① 于敏中等：《日下旧闻考》卷105《郊坰》，北京古籍出版社1983年版。

② 此碑竖立在戒台寺千佛阁遗址前。

的负担越来越沉重，而且加剧了的森林消耗与生态破坏。林木生长的速度远远赶不上人类砍伐的速度，而红箩炭与马口柴之类造价昂贵的燃料，耗费的森林木材量更是惊人。京西太行山区易州等地山场的几度迁移，京东遵化冶铁厂的数次搬家，大体都是在当地森林砍伐过度乃至消耗净尽的后果，而当地植被的自然恢复却相当缓慢和困难。煤炭地位的逐步上升虽然缓解了对森林的砍伐，但也带来了对地表形态、植被覆盖、河流水源的破坏，甚至在地下形成采空区而危及地面建筑的安全，造成部分村落的整体迁移以及其他生态灾害。诸如此类的例证都说明，人类既是环境的建设者，也是环境的破坏者。根据不同区域的环境条件进行适度合理的人工采伐，有助于森林资源的有效利用和有序更新，问题的症结在于人类经常突破这个适当的“度”，以毁灭性的过度砍伐代替科学的永续利用。清代北京周边地区森林的变迁，在很大程度上是元代以后森林采伐政策相继发挥作用的最后结果，由此带来的生态效应对今天仍然具有直接影响，也为我们提供了一个认识人类活动影响区域植被变迁的典型。

（作者单位：北京市社会科学院历史研究所）

清代密云八旗“满城”时空演变探析

朱永杰　韩光辉

清代在中国古代城市建设和发展史上的突出特点就是“满城”的筑建。1644 年清军入关定都北京以后，为镇压与防范外族，维护国家政权，在全国各地建设了大小 20 多处满城，其中北京地区的密云满城就是比较重要的一个，是畿辅地区驻防发展的产物。作为容纳八旗官兵及其家眷的城池空间，密云满城有大量城市、军事领域亟须探讨的问题，尤其在时间发展、空间结构方面，许多有价值的内容值得研究。但是，目前关于该问题的成果有限，国内外学术界不仅专门论著缺乏，而且相关的文章也甚少，至今无人进行系统探究。即使存在一些与其相关的成果，如日本北山康夫著《清代驻防八旗研究》、韩国任桂淳《清代八旗驻防兴衰史》、马协弟的《清代满城考》等，但均只对八旗驻防制度或满城问题进行了宏观的分析，并未专门涉及密云满城的时空结构问题。本文即针对这一问题展开研究，主要从时间和空间结合的角度揭示密云满城的情况。

一

密云满城的营建与密云驻防的设立息息相关。清朝定都北京后，为了巩固统治、维护国家稳定，对八旗劲旅做出了进一步的分配和安排，除了将半数驻于京城之内，还在畿辅、直省、东北、新疆等地分兵驻防。其中，由于京师乃国家的政治中心，畿辅地区的驻防很有必要，因此清朝统治者也在该区设置了诸多驻防点。从清初到乾隆朝，是畿辅驻防陆续形成、不断调整的时段。顺治初至康熙初，出于镇压明朝残余势力和农民反抗的形势需要，畿辅驻防以东、南、西三面为驻防要区，后来随着西部准噶尔势力的崛起和进逼，康熙中叶以后畿辅北部的防卫逐步加强，进一步充实了通往内蒙古重要关口独石、古北、喜峰等口以及其他重要防点的军事实力，并且还建立了新的驻防要点，而密云驻防就是其中重要的一个。① 根据乾隆四十二年（1777）诏谕，密云县“彼处城邑亦大，尽可建盖兵房，安插兵丁千余”，拟于京师东北部的密云县安设驻防官兵，乾隆四十五年（1780），正式“设密云驻防”，由京师遣派八旗兵员进行

① 定宜庄：《清代八旗驻防研究》，辽宁民族出版社 2003 年版，第 21—27 页。

戍卫，大大加强了都城东北的军事力量。①

密云满城的兴建与所在驻防的设置基本同步。乾隆四十二年（1777）于密云设驻防的考虑成熟后，满城的建造工事随即启动，乾隆四十五年（1780）告竣，历时整整三载。按建立驻防、派兵戍卫必然需要建造兵营配套设施，这样才能有效地达到军事防卫的目的。密云满城的修建实际上就是这样一座与驻防的发展需要配套而建的规模较大的驻防兵营。建造驻防城以纳八旗驻防官兵是清朝营建领域的一个普遍现象，除了密云满城外，畿辅、直省、东北、新疆等地区的驻防城广泛分布。根据《钦定大清会典》："将军、副都统、城守尉等，除在省城、府厅县城驻防外，其绥远城、乍浦、庄浪、采育里、凤凰城及吉林、黑龙江将军、副都统、城守尉所驻，并西北两路将军、参赞、办事、领事大臣所驻，皆专设驻防之城，其衙署等工，并建设如制"②，将军、副都统、城守尉以及参赞、办事、领队大臣等驻防官员率领的驻防一般也都建有驻防城。密云满城所在驻防设副都统一员，最高驻防官员为副都统（正二品官），符合上述规制。而且，副都统之下依次设协领、佐领、防御、骁骑校等官员，制度十分规范。

清末，社会动荡不安，八旗体制受到冲击，密云满城也难逃厄运。进入20世纪以后，满城发生了巨大的变化。自乾隆四十五年（1780）到民国十三年（1924），出现了辛亥革命、宣统退位等一系列事件。动荡的社会环境也影响到了密云驻防城，社会歧视、生计困难都给满城内的八旗官兵及其家眷带来了压力。作为京师东北部的一座重要驻防城池，驻防官兵的驻防能力大大下降，城池本身的军事防御作用明显削弱。

如果说20世纪上半叶前25年驻防满城本身未受到致命冲击的话，1925年以后，首都南迁、日本侵华、国家内战等事件都给社会造成了很大影响。在这种社会背景下，密云满城由于民族矛盾的恶化以及供给的严重不足，官兵及其家眷的生计雪上加霜，驻防军营不断瓦解，失去了存在的可能性。1930年驻防营改为村庄，取古代檀营之意为檀营村，至此真正意义上的满城已不复存在。此后至1949年之间，满城又历经了坎坷，1948年全村房屋更是无一完好，人口也只有200户、900人左右，境况十分窘迫。可以说，20世纪上半叶乃密云满城的消亡期。

新中国成立至今，密云檀营处于不断发展的阶段。在村民生活得到改善的同时，老的营房或加以修补，或得到重建，经过规划之后，不但一些驻防城古迹得到了一定程度的保护，旧时的城内大致格局也得以存留。面貌翻新后的檀营仍向人们展示了昔时的驻防特色。

综合上述，就发展年份而言，乾隆四十五年（1780）是密云满城的形成时期，1930年为满城的完全败落时期，1949年后满城虽然没有了以往的风貌，但却逐渐恢复发展起来。而就发展时段来说，乾隆四十五年至清末可以看作是满城的建立、发展时期，清末至新中国成立则为该城的逐渐消亡时期，新中国成立后至今乃驻防城得到保护并逐渐恢复发展的时期。

① 张廷玉：《皇朝文献通考》卷183《兵考》五，上海图书集成局光绪二十七年铅印本。

② 光绪朝《钦定大清会典》卷58《工部》，上海商务印书馆光绪三十四年石印本。

二

密云满城的形成是多种原因的结果。首先，密云满城的建立可从其所在驻防的形成原因中找到线索。一方面，如前所述，清初畿辅驻防首重东南，后来西北战事吃紧，出于减少京城八旗兵人口日繁的压力和加强京师周边驻防力量的考虑，逐渐在畿辅北部、东北部或巩固或新建了一些驻防点。密云满城所在驻防就是在这一背景中产生的。驻防建立之后，兼辖三河、玉田、昌平、顺义、古北口等处驻防官兵，形成了以密云为中心的区域驻防体系。一旦京师有事，该体系立刻能做出反应，增强了畿辅东北的驻防力量（见图1）。所以说，密云驻防的设立是缓解京城兵员压力和满足畿辅东北军事力量扩充需要的结果。

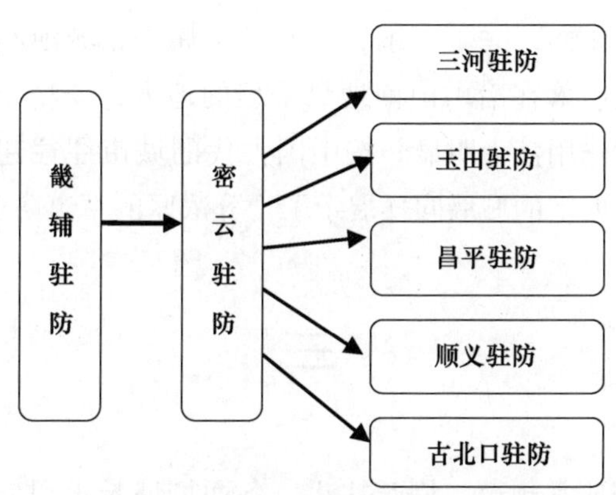

图1　密云满城所在驻防军事体系

另一方面，驻防的设立还与密云重要的宏观战略位置有关。该区“西拱京陵，与居庸、紫荆相为犄角，北临古北，东控渔阳，西南则为潞河，万艘并下，国计攸关，此要害之地也”[①]，关口锁钥、山川险要，为紧邻京师的显要之地。全区地势北高南低，东部、北部群山起伏，拥有居高临下之势；长城穿越其间，竖起了一道军事屏障，重要关口——古北口“两崖壁立，中有路，仅容一车，下有深涧，亘石磊砢，凡四十五里为显绝之道”，更是中原势力屯驻重兵或展开守御或进行出击的前沿阵地和北方民族南下的战略要地；而且，密云还拥有川流险胜，潮白两河贯流其间，尤其潮河，宽处一二里，狭处二三丈，“昔人每以木石纵横布列，以限戎马”[②]，军事上的战略作用不容小觑。值得注意的是，密云还是北京和承德之间的必经之地，属于连接两地日常防务的重要枢纽。由此来看，密云突出的险要位置足以引起清朝的重视，一定程度地促成密云驻防的设立。

---

① 光绪《顺天府志》卷21《地理志三·城池》，光绪十至十二年顺天府修志局本。

② 顾祖禹：《读史方舆纪要》卷11《北直》二，图书集成局1901年版。

其次，微观角度而言，满城的修建还能从城址和城池本身找到一些原因。城址方面，满城位于今密云县城东北，所在区域地势高峻、山脉耸立，战略作用比分别处于盆地、平原的密云中部、西南部突出，为建设营垒的首选之地。有清一代，密云北部、东北部一直是军事城防建造的重要区域，除了八旗驻防营外，还修筑了古北口城、石匣城、柳林营、曹家路城、石塘路城等具有戍卫功能的营城，所谓“城营林立”，“次旗营，次柳林营，次练军营，重统率也”。[①] 因此，密云满城的建成与所在密云东北区域重要的地理形胜有关。不仅如此，满城坐落处本身就拥有险峻的地势，所谓“据冶山之阳”，符合古代城池选址因山而建的原则。由于位于冶山之南，向北可依据山地屏障进行防御，向南则可居高临下，能攻能守，易于在纷乱的局面中积蓄力量、建立根据地，掌握军事上的有利之势。可见，满城修造之时清朝对城池所在地的自然环境进行了充分的考虑。总之，无论满城城址所在较大区域方面的战略优势，还是城池本身选址上的特征，都一定程度地促进了满城的形成。

城池自身的军防作用也是满城产生的原因之一。城池的建立可以为驻防八旗官兵提供必需的居住空间，然而，除了容纳官兵及其家属外，城池本身也是颇具规模的军事防御设施。满城城基坐落在冶山山前地势平坦的地方，安稳牢固，四围城墙质地坚硬，外虎皮大墙，防御作用甚为明显。按中国古代的城市往往建设城墙进行防御，密云满城自然也不例外，四围的城墙同样展示了十分浓厚的军事防御色彩。

三

满城建成后，形制非常规范，周长 4 里，各面城墙长 1 里，接近正方形，符合中国传统的建城规制。古代城池的城墙多为方形（矩形或正方形），一般认为是受了《周礼·考工记》中有关营国规定的影响。历史上西汉、隋唐时期的长安，金元时期的中都、大都等，城郭形状均近乎矩形。当然应该看到，这些城市近乎矩形而非绝对的矩形，往往会因为自然条件的制约导致建城的最终结果与预想有些出入。满城城墙高 2 丈，借助石料修造而成，墙体外观呈不规则状，类似虎皮。城墙的东南角、东北角、西北角分别筑建了魁星楼、太阳宫、万寿宫等建筑。城门主要有三座，位于东、南、西三面，名曰东门、西门、南门；而根据民国《密云县志》城图所示，满城北面实际上也开设了一门，即庙门，全城共计开立了 4 座城门。

满城经过了严格认真的设计，城内街道非常整齐、笔直，以十字形走向为主，南北东西贯通一气。这些街巷把全城分成了许多块状区域（见图 2），一方面中心十字街把城内分成四个大的方块，另一方面小十字形的街巷又将每一方块区域区分开来，使得 16 个佐领各司其所，4872 间兵房排列其间、整齐有序。

---

① 民国《密云县志》卷 2《舆地营城》，北平京华书局 1914 年铅印本。

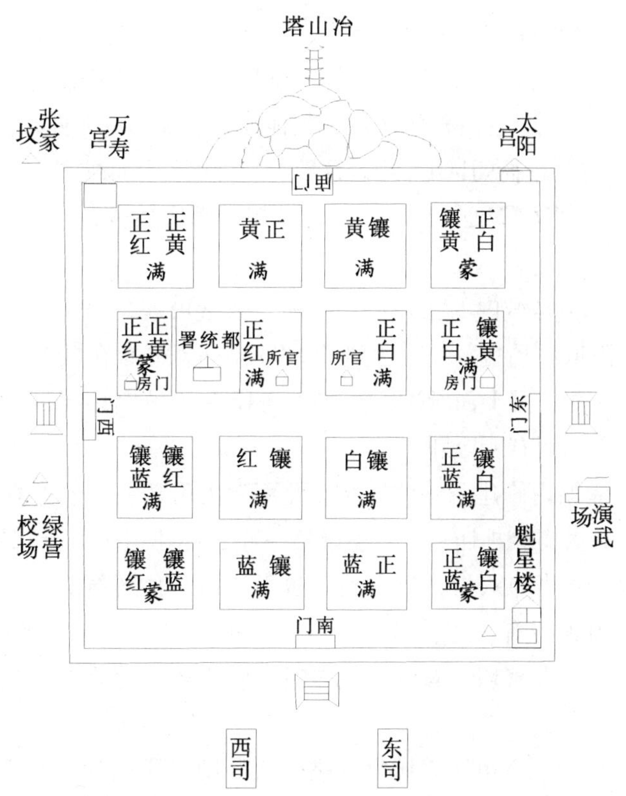

图2　密云满城平面结构

从分区角度分析，满城内部布局十分规整，主要体现在两个方面。

1. 从空间角度分成了17个标准的区域

首先，按照八旗方位，满、蒙八旗布列成16片整齐区域。自北而南，右翼为正黄、正红、镶红、镶蓝，左翼为镶黄、正白、镶白、正蓝等旗。如果从四隅布局来分析，东北主要为镶黄、正白旗所在地，东南为镶白、正蓝旗所在地，西南为镶红、镶蓝旗所在地，西北为正红、正黄旗所在地。

其次，满城内另外一处较大的区域是都统署所在的衙署区，位于蒙古正红、正黄旗和满族正红旗之间，是城防最高官员副都统办公的地方，也是城内的中心区。由于受等级制度的影响，都统署规模宏大、房屋众多，显示出了最高官员地位的与众不同。

此外，满城城内八旗的布设还有两个值得注意的特点。一方面，就不同民族的旗兵分布区域而言，满八旗往往居于城之中央，也即位于内层；而蒙八旗则居于营城四隅，东北隅为蒙古镶黄、正白旗，东南角为蒙古正蓝、镶白旗，西南角为蒙古镶红、镶蓝旗，西部外层偏北为蒙古正红、正黄旗，与满族旗兵共同构成了内外严密的防线。另一方面，满蒙两种旗兵混合居住的区域皆位于城内的东西外围，内层则主要由满族旗兵单独驻守，没有混合居住的情况，以与蒙古族旗兵相区分。

2. 从设施角度又分为几个重要的功能区①

（1）官署区。满城内建造了诸多官署，构成了有别于其他区域的官署区。其中，副都统衙署占地规模最大，为特殊的区域；其他如协领衙门区 4 处，佐领衙门区 16 处，防御衙门区 16 处，骁骑校衙门区 16 处，数量十分可观。除此之外，满城内还有印务处 1 所，左右司各 1 所，官厅 2 处。由于衙署占地规模都比兵房大，所以说是城内引人注目的功能区域。

（2）兵房区。兵员是城内的主要活动主体，数量可观，由于一般携眷居住，所处的区域范围很广。满城内兵房数量曾达到了 4000 多间，分布在城内 16 个小的块状区域内，由不同的旗种驻防。据上面所述，有些兵房仅由一种旗兵居处，有些则由两种旗兵混合驻扎，兵员不同而有所区别。

（3）宫庙区。满城内修建了一些庙宇，北面建关帝庙一座；东西两侧分别建太阳宫、万寿宫各一处；另有火神庙一座，魁星楼一座；还建造了大士佛殿三处，各三间。城内寺庙之所以较多，当与八旗驻防官兵“敬天法祖”的传统有关。除了城内的寺庙之外，满城北面冶山顶还有一座普济寺，寺内立冶山塔一座，乃满城形成的参照物。该塔与驻防营的关系非常密切，满城形成之后，政府曾十分重视该塔，并进行了重点修建。

（4）教育训练设施区。由于满城官兵携家属驻防，所以为了兴文教、讲武事教化八旗子弟，城内外设置了满、汉、蒙文学堂以及弓箭房、善扑营等多处设施。与其他地方学堂不同，密云满城设置了武学堂，开设弓箭、摔跤等武术技能。满城东门外旧有演武厅一处，北山以西则有靶场一处，都是重要的训练场所。有的时候，官兵还在西门外绿营校场里摔跤，在北门外火器营里打靶、射箭。完备的训练设施有利于提高军队的战斗力，增强城池本身的军事防御能力。

（5）其他设施区。除了上述衙署、兵房、寺庙、训练设施区外，满城还有一些其他设施。主要包括：井八眼；东西南门和东西街石桥五座；东西南城门各一间等。

综合上述，密云满城分区明确、设施齐全，空间结构合理而有序。

四

密云满城的规划比较合理，体现了中国古代城池建设的一些特征。

1. 体现了五行相克思想

五行说是中国古代影响深远的一种学说，即木（东）、火（南）、土（中）、金（西）、水（北），顺次叫作“五行相生”，逆次叫作“五行相胜”，五行统一于阴阳，阴阳统一于天。这种广为盛传的汉族文化被满族统治者吸纳采用，以至于在建立八旗制度时按照阴阳五行排定方位，所谓“自昔帝王之兴，五德迭运，或取相生，或取相胜，继天立极，由来尚矣。本朝龙兴，建旗辨色，制始统军，尤以相胜为用”，“八旗

① 《密云驻防事宜》卷首，光绪元年至三十四年抄本。

方位相胜之义，以之行师，则整齐纪律；以之建国，则巩固屏藩”，深刻吸取了五行相胜的内核。① 而且，清军入关进入北京后，八旗兵民仍井然有序地按照阴阳五行相胜方位排列。

与此一致，密云满城的八旗布局也严格遵循了这种规制，两黄旗在正北，取土胜水之意；两白旗在正东，取金胜木之意；两红旗在正西，取火胜金之意；两蓝旗在正南，取水胜火之意，中间则是满城中枢机构，分布有序，规划统一。这种特征，充分体现了清朝统治者按中方本图、中方副图；东方本图、东方副图；南方本图、南方副图；西方本图、西方副图；北方本图、北方副图的五行相胜原则治国安民的初衷。五行既然能相生、相胜（相克），而且变幻无穷，运用在城市设计中自然也要注意方位，使东、南、中、西、北都能得到合理利用，加强王朝的统治和安全。简言之，五行相胜思想影响下的八旗方位固定分布特征在密云驻防城内体现得淋漓尽致。

2. 展示了中心布局原则

中国古代不论是都城还是地方城市，在规划时都要首先选择中心，然后再向四周扩展确定城市的核心街道，再与城垣或者界墙一起框定城区的总体范围。这种建城方法体现的就是中心布局原则。密云满城的布局对这种原则也有着一定的遵循，城内以重要官员的衙署（副都统署）和十字路口为中心，同时由几条相交的中轴线勾画出城内的核心脉络，与四周城垣共同形成整个城池的架构。满城体现出的这种中心布局原则和封建的等级思想基本一致。秦始皇统一全国后，专制主义的中央集权统治中国达2000年之久。在此期间，等级思想一直占据统治地位，同时也影响着中国城市的规划。以至于无论都城还是地方城市，都或多或少地打上了等级的烙印。清朝的城市规划自然也不例外，为了体现封建统治者的尊严，亦充分利用了这种根深蒂固的等级思想。

3. 凸显了对称布局原则

如上所述，满城街巷将城池分成了许多区域，各旗按照确切方位分列其中，形成了非常显著的对称性：左右各有两排旗兵，其中内层两排都是满族旗种居住区，对称协调；外层两排皆为两种旗属共处的兵房区域，彼此也十分匀称；不仅如此，满城南北也很讲究均衡，除了独立旗种所在区域之间互相对应外，混合旗种所在区域也彼此对照呼应。而且，虽然蒙古八旗被安排在外围，但正白、镶黄，镶白、正蓝，镶蓝、镶红等旗固定在东北角、东南角和西南角的格局，也体现出了一定程度的规整性。

五

综合上述，密云满城伴随着清代驻防制度的发展而产生，经历了由盛至衰的复杂

① 鄂尔泰：《八旗通志初集》卷2《旗分志》二，东北师范大学出版社1985年版。

演变过程，其形成不仅适应了畿辅驻防系统空间发展的需要，而且与所在区域的地理形胜息息相关。满城是驻防官兵及其家眷的居住空间，形制规整、结构合理、分区明细，体现出了古代城市规划的一些特点，是一座军事色彩突出的城池。

（作者单位：北京联合大学北京学研究所、北京大学城市与环境学院）

近代环渤海地区经济中心重组的政治因素

张利民

从地缘政治学看，距政治中心越近，国家的控制力越强，管理成本越低且越有成效；也就是说包括出现外来侵略等动乱事件的地方，离首都等政治中心越近，对中央政府等国家权力的威胁就越直接。明清以来，环渤海地区是天子脚下，该地区外国势力的不断扩张、在民族主义推动下的民众爱国举动、军阀混战带动的地方力量崛起、行政区划上各自为政等，这些政治因素对区域发展、经济格局和经济中心的推进或制约，甚或对华北区域空间范围的演变都有着很大的影响，这一点与江南地区有所不同。这样的地缘政治，似乎在当前国务院批准的各个经济圈、经济带、经济区域等发展规划，甚至国家的区域经济发展战略中都可以找到痕迹。

明清时期，环渤海地区①的经济格局是基于以内河和驿道构筑的商品流通网络形成的，是直隶、山东、辽宁三个经济区域并存，拥有各自的经济中心。在直隶，北京既是全国的政治和文化中心，也是北方乃至西北地区的商业和金融中心；天津毗邻首都，地理环境优越，清代以来经济实力和集散能力增强。在山东，济南、临清、济宁和潍县（今潍坊市）所处的位置不同，分别为鲁中和鲁北、鲁西、鲁西南、鲁东各地区的经济中心。在辽宁，奉天（今沈阳市）为“龙兴之地”，居经济中心的地位。这样格局的特点是，以内陆型的相对封闭的国内市场为主，经济中心与城镇规模呈较强的关联性，政治功能与经济功能形成重合和互补。近代以后，环渤海地区内三个经济区域的格局并没有明显的改变，但各口岸与国际市场接轨，促进了进出口贸易的繁盛，近代工商业和交通等得以出现和发展，促使各区域内的经济重心迅速向沿海一带的东移，形成了面向国际和国内市场的多层次的商品流通网络，经济中心也随之重新组合，均呈现出双核心的现象。② 在直隶，天津上升为该区域的经济中心，北京转为以消费为特色的经济中心；在山东，青岛依仗现代化港口、外资企业和胶济铁路跃为该区域的经济中心，济南以其政治和交通枢纽的优势，成为与青岛各有不同范围腹地的次经济中心；在辽宁，大连与青岛类似，在俄国和日本的长期经营下等迅速成长为该区域的经济中心，奉天仍然保持经济中心的地位。值得重视的是，这样的经济布局一直延续

---

① 环渤海地区是指环绕着渤海内海的全部以及黄海的部分沿岸地区，从狭义上讲包括了北京、天津两市和河北、辽宁、山东三省，广义上还包括山西和内蒙古部分地区。

② 张利民：《同一性与特殊性：经济区域重组的重要因素——略论近代以来环渤海地区的经济发展趋势》，《天津社会科学》2009 年第 6 期。

至今。

诚然，开埠通商、交通运输体系变革、商品流通网络重构、城镇经济实力增强，尤其是经济发展，是经济中心重组的主要原因，但是，政治因素绝不可小觑，特别是在畿辅之区，保守与革新势力糅杂，新旧思潮冲突剧烈，加之外患和内战等，对经济中心重组尤为突出。分析环渤海地区经济中心重组的政治因素，可以更全面地把握该地区经济发展的进程，有助于认清不同地区的特点，更为准确地分析区域发展的不平衡性。

一 约开商埠的政治军事企图

各国列强逼迫清廷北方三口开埠通商，与20年前的东南五口通商的企图有所不同，五口通商是要打开中国的南大门，开拓其海外市场，缓解中国白银入超带来的压力；而北方三口开埠，不仅仅觊觎攫取资源和扩展市场，更为重要的是以武力威胁和震慑清廷，设立远东军事基地，扩张其势力范围，妄图将中国变为殖民地。

天津、登州和牛庄的北方三口乃首都之屏障，明代均为军事卫所。天津以“河海之要冲”拱卫首都，历来为军事防御的最后一道防线，沿海设水师营、炮台等；烟台是“南北之冲”，明代即驻军“设墩台狼烟以资警备”；营口是清朝后方根据地，东北的出海口。西方列强要求北方三口开埠，首先看重的是军事战略地位。1835年，英国东印度公司雇员胡夏米侦察中国沿海后，给英国外交大臣的信中评价道：“天津的商务不及福建的繁盛，但天津距北京不足五十英里，我们在天津所造成的惊恐，大可逼迫满清政府早日结束战争。”① 事实确实如此，从第一次鸦片战争时起西方列强就不断驱军舰北上，陈兵渤海湾，武力恫吓清廷。天津的开埠也是西方以武力强争的结果。1854年10月英美公使在大沽口外与清廷代表谈判“修约”时，就提出“以天津为贸易通商港口，派领事官驻扎”，② 遭到清廷拒绝后遂发动第二次鸦片战争，英法联军进攻大沽口，兵临天津城，逼迫清政府签订了《天津条约》，由于增开的10处通商口岸中没有天津，英国政府认为是驻华大使“额尔金政策的失败”。③ 于是，1861年西方列强以换约为口实，出动20余艘军舰和近3万军队再次占领北塘和塘沽，包围天津城，攻陷北京，迫使清廷签订了《北京条约》，增天津为开埠通商口岸。

列强确定改在烟台、营口开埠，也是详尽勘察之所为。第一次鸦片战争期间，列强军队勘察烟台后认为，港口条件良好，如立即占领“也就会占有附近地区的资源，而那里的资源是很丰富的，因为他是一个重要的商业点，在战争一旦延续的情况下，

---

① 严中平：《英国资产阶级纺织利益集团与两次鸦片战争史料》，转引自罗澍伟主编《近代天津城市史》，中国社会科学出版社1993年版，第126页。

② 《筹办夷务始末》，中华书局1979年版，第343页。

③ O. D. Rasmussen, *Tientsin: An Illustrated Outline History*，载《天津插图本史纲》，许逸凡等译，天津人民出版社2009年版，第18页。

他就会成为一个很好的军事基地"。[①] 法军司令孟托班经过反复比较后称，"我早就选择芝罘作为上海和白河之间的中转站，以便我们的计划一旦遇到意想不到的困难时，即行在那里安置我的军队"。[②] 第二次鸦片战争时，英法联军也利用换约之机，派3000余人强占烟台，建立兵营、修筑炮台，不久增兵至1.5万人。营口则是西方列强占领东北的桥头堡和跳板。1858年英国军舰就"停泊营口西炮台以西半里处，载有夷人三四十名，大炮四尊"，以探地方虚实。翌年，英国军舰又进入营口，测量辽河水路，认为"水路良好"，意是通过开埠控制东北。[③] 因此，北方三口的被迫开埠是西方殖民侵略深化的体现。

20世纪前后，面对西方海上势力的增强，清廷更加重视环渤海沿海的防御功能而加紧布防。胶州湾居南北洋之中，乃兵家必争之地，港口宽阔水深，常年不冻，是北方的天然门户。清代官员认为其对防卫京畿关系重大，"久为外人垂涎"，应建军港"以巩固国防，而杜外患"；[④] 清政府议决在胶澳驻兵设防，并建栈桥等供军舰补充给养和弹药。威海与旅大隔海相望，共扼渤海咽喉，军事战略地位十分重要，其南北两岸如双臂斜伸入海，刘公岛横置于前，形成天然屏障。刘公岛两侧的出海口与外洋相通，水道宽深，是建立军港首选之地，李鸿章将北洋水师提督衙门设于此岛，周围有鱼雷营、机器厂、屯煤所，并修建了诸多炮台、长墙、堑壕、地雷、水雷等防御设施。旅顺一向是北方海上交通要道和海防战略要地，形势险要，明代设置中左所，修筑了南、北两座城池，清代设水师营以备海上侵袭。近代以后，列强军队不断北上骚扰，清廷深感辽东半岛命系盛京及京畿安危，李鸿章在此造船坞筑炮台，成为北洋水师的基地。

西方列强在瓜分中国的狂潮中，也同样看重上述口岸的军事地位，以军事占领的方式要挟清廷签订条约，使其成为殖民地。

1896年11月，德国向清政府要求租借胶州湾50年，被拒绝后于翌年2月派河海专家来山东"详密调查"，结论是"山东半岛南部的胶州湾在军事上与经济上乃最适宜（德国）的地点"，[⑤] 制定了"日后开商埠，通铁路、筑码头、设船坞各项计划甚详"。[⑥] 11月，德国借口巨野教案，派舰队强占了胶州湾，随后强迫清政府签订了《胶澳租借条约》，从此胶州湾沦为其殖民地。德国政府将胶澳地区长期置于海军署管辖之下，意在"在海军的保护下顺利发展"，[⑦] 在东亚建立补充给养的海军基地，争夺海上霸权。1914年，日本借第一次世界大战向德国宣战，派军舰封锁了胶州湾，与德军开战，最终占领青岛等地，胶州湾又沦为日本的殖民地。威海在中日甲午战争后失去了

---

① 《布而布隆致函华勒夫斯基伯爵》，上海，1860年2月17日，转引自齐思和《第二次鸦片战争》第6册，上海人民出版社1979年版，第261页。

② 转引自齐思和《第二次鸦片战争》第6册，上海人民出版社1979年版，第318页。

③ 转引自营口港史编委会《营口港史》，人民交通出版社1995年版，第39页。

④ 中国史学会济南分会：《山东近代史资料选集》，山东人民出版社1959年版，第119页。

⑤ 《德国外交文件有关中国交涉史料选译》第1卷，孙瑞芹译，商务印书馆1960年版，第159、218页。

⑥ 赵琪：《胶澳志》卷12《大事记》，华昌印刷局铅印1928年版，第2页。

⑦ 德国海军署国务秘书蒂尔皮茨1898年1月16日笔记，转引自余凯思《在"模范殖民地"胶州湾的统治与抵抗——1897—1914年中国与德国的相互作用》，孙立新译，山东大学出版社2005年版，第235页。

军港和海防要塞的作用，英国政府乘机向清政府要求租借，虽被清廷拒绝，但英国与日本、德国相互勾结谋划，1898 年 4 月派十余艘军舰强行至烟台，公然以武力要挟。随后，中英双方谈判议定，中国向日本付清战争赔款并于日军撤出威海卫时，中、英两国军队一同进驻威海；遂在租借威海卫的专约申明军事占领的性质：英国在该地区及附近沿海均可择地建筑炮台、驻扎军队、建医院，除中英兵丁外，他国兵丁不准擅入。

旅大的开埠，同样是各国相互勾结划分势力范围的结果。中日黄海海战后，依照《马关条约》日军占领了辽东半岛；不久日本政府听从俄、德、法三国政府的“劝告”，从该地退出，中国政府将其收回。但是，沙俄为了扩大在东北的势力，以德国占领胶州湾为借口，派太平洋舰队强占了旅顺、大连和金州等地，迫使清廷签订了《旅大租地条约》等。沙俄投资 1170 万卢布兴建了旅顺口军港和大连商港，20 世纪初各项工程基本完竣，旅大成为沙俄海军在远东的基地和出海口。日俄战争后，大连和旅顺等地被日本占领，从此成为其殖民地。

可见，环渤海地区约开口岸多是在西方列强武力威胁，甚至军事占领下被迫开埠的，有的直接成为其殖民地或军事基地，有的广设租界和领事馆，是诸国瓜分中国野心日炽的结果。这些口岸是各国列强政治和经济势力扩张的原点，也是中国与国际市场接轨的基点，轮船和铁路等近代交通在这里出现，大型企业和洋行、银行等在这里聚集，在政治地位提升的同时，增强了经济实力，扩展了腹地范围，为构筑经济中心创造了条件。

二 自开商埠提升了经济地位

环渤海地区自开口岸的数量为全国之最，其中有奉天、济南等省会，秦皇岛、安东、临清、济宁等沿海沿河港口，张家口、周村、潍县、辽阳、凤凰城、新民、铁岭等边境与内地城镇。自开口岸是由中国政府自行开埠，商埠范围自行划定且不设租界，中外民众均可以居住投资，所有行政、司法等国家主权没有流失。可以说，自开口岸是清政府应对西方势力迅速扩张和约开口岸增加而主动采取的措施之一，可以视为其政治作为。

19 世纪 80 年代，清廷朝野人士就曾提议要自开口岸。陈炽主张：“凡轮舟铁路电报所通之地及中国土产矿金工艺所萃之区，一律由官提款，购买民田，自辟市埠。”他将自开商埠与抵御外强、护商惠民相联系，“使皆由中国自辟商埠，则此疆此界虽欲尺寸侵越而不能。今通商之地日益多，占地之谋日益甚，非自辟华市以清其限制，则官司隔膜无可稽查。……大兴商埠，则商贾通而民不为病，厘捐撤而国不患民贫”①。中日甲午战争以后，日本的“开国”政策助长了有识之士自开商埠的议论。盛宣怀在天

① 陈炽：《大兴商埠说》，载沈云龙主编《近代中国史料丛编》正编第 76 辑，台北：文海出版社 1974 年版，第 368 页。

津任中国铁路总公司督办时曾与郑孝胥等议及“举国通商事”，主张“将内地各省会一体通商”；① 曾任美国等国公使的伍廷芳考察日本后，主张仿效日本全境开放，建议“沿海地方择商务最繁之一省先议举行，其余酌分年限，次第举办”②。同时，甲午战争后清廷巨大的财政负担，希图通过自开商埠广开财源。在清廷看来，自开商埠不仅会有利于维护主权和缓解外患积怨，还可以振兴商务和解救财政困境。

最早的自开口岸是岳州、三都澳和秦皇岛。③ 清政府确定在秦皇岛开埠，有明显的维护主权、兴商和增加收入之意。1898 年 3 月 26 日，总理各国事务衙门大臣奕䜣以“振兴商务”为由，奏请将秦皇岛辟为通商口岸，遂向各国使臣宣布秦皇岛为自开通商口岸。清廷的谕旨申明，“现当海禁洞开，强邻环伺，欲图商务流通，隐杜觊觎，惟有广开口岸之一法”；各省在开办商埠时，“不准划作租界，以均利益而保事权”。总理衙门强调了财政解困的意图：“中国自通商以来，关税逐渐加赠，近年征至二千余万，京协各饷多半取给于此。惟是筹还洋款各项，支用愈繁，筹拨恒苦不继。臣等再四筹维，计惟添设通商口岸，借裨饷源。”④

20 世纪后，清政府开辟济南、奉天，以及诸多交通枢纽为通商口岸，有同样的政治诉求。济南为山东省政治中心，亦是南北交通枢纽。烟台开埠以后，济南通过小清河到烟台，开始了与国外的往来，特别是德国占领青岛和胶济铁路通车后，外商欲来济南开栈经商者日见增多，难以禁止，地方当局认为“明禁而实不能禁，与其专利德商而他商无所与，不如由我自开商埠较为有益”⑤。1904 年北洋大臣袁世凯和山东巡抚周馥奏请，援照秦皇岛等开埠成案辟济南为商埠。清廷批准后，由袁世凯等划定城西胶济铁路迤南约 4000 余亩“作为华洋公共通商之埠，准各国商民任便往来，租地设栈，与华商一体居住贸易”⑥，商埠内“一切事权，皆归中国自理，外人不得干预”。⑦

1903 年中美两国的《续议通商行船条约》中有奉天、安东、大东沟为自开口岸的条款，但适值日俄战争中辍。1905 年，奉天与东北地区 16 个城镇一并辟为商埠，则完全是政治和外交的需要。义和团运动期间，沙俄借口保护中东铁路，出兵占据了东北许多要地。清廷与各国与其交涉，要求尽快归还，此时张之洞、刘坤一和伍廷芳等封疆大吏提出东北要“全行开放”，以防各国窥觊。张之洞提出，“莫如将东三省全行开放，令地球各国开门任便通商，所有矿务工商杂居各项利益，俱准各国人任便公享，我收其税，西语谓之开门通商”，“从此俄人独吞满洲之计永远禁绝矣”。⑧ 由于 1902 年 4 月中俄双方签订了《交收东三省条约》，俄军分三期撤离东北，开放口岸之议便搁置未行。1904 年的日俄战争，触发东北开埠通商之议再起。7 月驻法大使孙宝琦上奏，

① 《郑孝胥日记》，光绪二十四年正月二十五、二十九条，中华书局 1993 年版，第 642—643 页。

② 《奏请变通成法折》，载《伍廷芳集》上册，中华书局 1993 年版，第 47—50 页。

③ 杨天宏：《口岸开放与社会变革——近代中国自开商埠研究》，中华书局 2002 年版，第 69 页。

④ 朱寿朋：《光绪朝东华录》四，中华书局 1958 年版，第 4062、4158 页。

⑤ 山东巡抚衙门：《密致商务局》，载《筹笔偶存》，中国社会科学出版社 1983 年版，第 675 页。

⑥ 《东方杂志》第 2 年第 7 期，第 65—69 页。

⑦ 王守中：《近代山东城市变迁史》，山东教育出版社 2001 年版，第 273 页。

⑧ 《杨儒庚辛存稿》，中国社会科学出版社 1980 年版，第 251 页。

主张将东三省、蒙古等处开埠通商，以为牵制。1905年俄军战败，清廷开始筹划善后中日、中俄关系等事，张之洞提出善后之法五条的第一条就是“遍地开放”，“盖非此无以慰各国均沾之望，亦无以杜强邻吞并之谋”。[①] 于是，同年底清廷与日本签订的《会议东三省事宜》中，宣布该地区16处自行开埠通商。

1902年清廷将张家口大境门外附近的元宝山开放为通商贸易市场，以促进边境贸易；1914年民国政府自行开放张家口和多伦、归绥、赤峰、连山湾等五口，主要也是为了抑制沙俄策划的蒙古独立。其他自开为通商口岸的城镇，原多为交通枢纽且规模不一的商品市场，而沙俄的中东铁路、日本的南满铁路和德国的胶济铁路开通后，其商品集散能力被大大削弱，经济发展缓慢，地方政府自行开埠通商也是抗衡外国势力和发展当地经济需要之所为。

三 维权兴商的政治动机助长了省会城市的经济实力

在天子脚下，政府在省会和天津等城市创办军事工业和铁路等，既是与西方势力的抗衡，也是对京畿的保护；而且，军阀官僚也在这些城市投资建厂设店，以保存和扩张自身势力；正因为这里是政治中心和交通枢纽，也成为华商投资工商业的首选之地，即便在外地兴建新式矿山，也常将总公司设在这里。不同集团的经济活动促进了天津和省会城市经济结构转变和经济实力增强，助长其经济中心的形成。

清政府最早在天津、济南和太原等地兴办机器局等军事工业，也在于便于控制和保护首都。李鸿章和丁日昌等督抚在筹办天津机器局时多次强调“以资拱卫取携”、“拱卫京畿”和“拱卫神京”的作用。[②] 丁宝桢在济南创办山东机器局时，号称“无一事假借洋人”，“不使外洋一人夹杂其中，期于力求争胜”，以挽回利权。[③] 清政府创办铁路的首要目的同样是为了增强国力和军事防御，挽回利权。同治末年，李鸿章就强调铁路对海防的重要性，有铁路则“屯兵于旁，闻警驰援，可以一日千数百里，则统帅当不至于误事”[④]。光绪初年，兴建铁路成为朝野内外、洋务派与顽固派争论的一个焦点。李鸿章的《妥筹铁路事宜折》言兴建铁路有大利九端，其中便于国计（收厘税）、军政、拱卫京师、救灾赈济和军饷等政治军事之利居前五位，是“于国家远大之图，驭外固本之术”。[⑤] 台湾巡抚刘铭传认为修铁路为“用兵一道，尤为急不可缓之

---

① 《清季外交史料》卷190，第13页，转引自杨天宏《口岸开放与社会变革——近代中国自开商埠研究》，中华书局2002年版，第104—105页。

② 孙毓棠主编：《中国近代工业史资料》第1辑，科学出版社1957年版，第347、345、348页。

③ 《丁文诚公遗集》卷12《奏稿》，转引自孙毓棠主编《中国近代工业史资料》第1辑，科学出版社1957年版，第478页。

④ 《李文忠公全书》卷24《奏稿》同治十三年十一月初二日，第22页；转引自宓汝成主编《中国近代铁路史资料》第1册，中华书局1963年版，第78页。

⑤ 《李文忠公全书》卷39《奏稿》光绪六年十二月初一日，第20—26页；卷12，《译署函稿》光绪七年正月初四日，第2页，转引自宓汝成主编《中国近代铁路史资料》第1册，中华书局1963年版，第93、96页。

图"，是"事关军国安危大计。"[①] 李鸿章为确保北洋海军用煤不被洋人牵制，开办开平煤矿，力排众议兴办唐胥铁路，承办铁路的官员声称，"如有铁路相通，遇警则朝发夕至"，可节省养兵之费，"尤为水师命脉所系"；[②] 股商们亦言"将来于海防调兵运械诸事，实属便捷异常，有益国家者正非浅鲜"。[③] 在初议修建京汉铁路时，盛宣怀称"于拱卫京师，大有裨益"，总理海军事务奕譞言道"以开中国万世之利，以杜四裔环伺之谋"，是"今日利国利民之大端"。[④] 中国政府兴修的各条铁路，皆以北京、天津、奉天和济南为枢纽，带动了交通运输体系的变革，也增强了省会等城市的政治功能和集散能力。

随着通商口岸的发展和西方势力的扩张，政府、军阀官僚和华商将天津和省会城市作为兴办新式企业的首选。日本在"关东州"实行殖民统治后，张作霖代表的东北政府为与之抗衡，在奉天建立了奉天兵工厂、大亨铁工厂、大冶铁工厂、东北大学工厂、东北迫击炮厂、东北航空工厂、奉天纺织厂、东三省陆军粮秣厂、三畲油坊等工业企业，以及造币厂和新式银行等，其中奉天纺织厂资本450万元，东北大学工厂可以修造铁路车辆；加之汇集多条铁路，集散能力日见增强，奉天经济结构开始转变。据调查，1911年奉天有中国人办的大小商铺1286家，[⑤] 1929年商会的调查增加到5717户。[⑥] 于是，在辽宁形成了两个经济中心，大连拥有港口和众多的日资企业和银行等，承担着东北地区的主要进出口贸易，是以进出口为特色的经济中心；奉天则是以中国政府和商人投资为主的工商业和连接关内外商品流通的经济中心。

济南开埠通商后，政府、军阀官僚和华商逐渐增加了对济南的投资，如在山东机器局经过数次增加资金和设备，到1901年有八个分厂、一个附设煤矿。[⑦] 为了促进济南与烟台的商品往来，山东巡抚周馥奏准拨款疏浚小清河和创设内河轮船公司；还将官银号改建为山东银行，创办大型造纸厂等，增强了济南的经济实力。日本占领青岛后，投巨资建立了数家纺纱厂，华商也不甘落后，以济南为阵地创建了山东第一家华资纱厂——鲁丰纱厂，以后又建成两家华商纱厂，资本总额530万元；外商在青岛和胶济铁路沿线兴建榨油厂，有行业垄断之虞，华商随即在济南设立3家榨油厂，到30年代初达到17家。[⑧] 济南的面粉和火柴业闻名全国，也是与在青岛的德国、日本争夺利权有关。济南1913年出现的第一家华资面粉厂，到1919年达到9家，资本总额达

---

① 《奏请筹造铁路折》光绪六年十一月，《刘壮肃公奏议》卷2，第2页，转引自宓汝成主编《中国近代铁路史资料》第1册，中华书局1963年版，第87页。

② 《海军衙门请准建津沽铁路折》光绪十三年二月二十三日，转引自宓汝成主编《中国近代铁路史资料》第1册，中华书局1963年版，第131页。

③ 《申报》，光绪十四年九月二十五日；转引自宓汝成主编《中国近代铁路史资料》第1册，中华书局1963年版，第143页。

④ 《总理海军事务奕譞等折》光绪十五年八月初一日；《洋务运动》六，上海人民出版社1961年版，第261页。

⑤ 孔经伟主编：《清代东北地区经济史》，黑龙江人民出版社1990年版，第488页。

⑥ 《奉天通志》卷115《实业三·商业》。

⑦ 樊百川：《清季的洋务新政》，上海书店出版社2003年版，第1306页。

⑧ 《胶济铁路经济调查报告汇编》，胶济铁路管理局车管处委员会1934年版，总编下册，第8页；分编第1册，第25页。

350万元，日产能力约3万包，位居全国第三位，抑制了青岛日资面粉业的发展。日本占领青岛后，建立了2家火柴会社，资本各为31万元和5万元，[①] 1921年发展到6家。[②] 在抵制日货呼声下，华商也在济南等地创办火柴厂，20年代有3家华商火柴厂，资本143万元，以后又建数厂，1933年年产量在全国居青岛、上海之后，为第三位。济南周围地区的农业和手工业比较发达，胶济和津浦铁路在此交会，成为省内商品的集散中心，也带动了城市经济的发展，1914年有大小工商业2300余家，1924年增加到9100余家，其中纯商业6500余家；1933年的调查统计，当时的商业有47个行业，注册的商店和商号1228家，资本总额520.9万元，营业额9135.25万元。[③] 由此可见，政府的扶持、华商的投资带来了济南经济的发展，加之交通枢纽和农产品商品化程度的提高，使得济南的经济地位得到提升。

区域内经济中心的重构有着诸多因素，经济因素固然重要，但也不能忽视政治因素。尤其是中国，在政治中心的卵翼下与在尾大不掉的地区，有着较为明显的差异。当然，有得益于地缘政治而发展起来的城市或者区域，也不乏那些天高皇帝远地区的腾飞或者衰落，对于中国经济和区域发展的研究，特别要注意国家的在场，[④] 这或许是中国社会经济发展进程的一个特色。

（作者单位：天津社会科学院历史研究所）

---

① 《青岛之商业》，日本青岛守备军民政部1918年版，第170页及附表。

② 青岛档案馆主编：《帝国主义与胶海关》，档案出版社1986年版，第180页。

③ 实业部国际贸易局主编：《中国实业志·山东省》丁，台北宗青图书公司1934年版，第39页。

④ 赵世瑜：《作为方法论的区域社会史——兼及12世纪以来的华北社会史研究》，《史学月刊》2004年第8期。

近代环渤海经济一体化简析

樊如森

进入1980年代以后，随着中国对外开放和全球经济一体化进程的进一步加快，国内外学术界对包括环渤海地区在内的中国区域经济一体化问题的研究，也日益关注起来。不过，从目前已有的研究成果来看，从事环渤海经济一体化研究的学科和学者，主要来自现代经济学、现代地理学。如张玉庆著《环渤海与长三角、珠三角比较研究：兼论天津在环渤海经济圈中的地位与作用》① 等，成果数量众多。但是，受研究任务和学术分野的限制，类似成果的考察时段却主要局限于1980年代以来短短的30年时间，这就难免割裂环渤海源远流长的经济发展进程和纷繁复杂的市场经济联系。与此同时，国内外经济史学界、历史学界、历史地理学界的一些学者，则开始从本学科的研究视角出发，长时段地探讨环渤海地区经济一体化的问题，力图从源头上探寻并厘清环渤海地区经济发展与市场整合的历史进程和现实基础。② 他们的研究具有较强的实证性、历史感和本土化特征，然而由于起步较晚，力量较弱，原创性的深度研究成果还很欠缺。

笔者试图在学术界和本人已有研究的基础上，借助于历史地理学的时空视角和研究方法，从城镇布局、交通网络、产业结构、市场体系、运作机制等多个层面，剖析近代环渤海区域市场整合即区域经济一体化的时间、空间历程与内在动力机制，以丰富该课题研究。

一　新型经济城镇是区域市场整合的网络节点

为适应中央集权政治统治的需要，中国北方很早就形成了以“都城—治所”为核心的古代城镇网络，政治治理成为城市最基本的社会功能。西安、洛阳、开封、北京

① 张玉庆：《环渤海与长三角、珠三角比较研究：兼论天津在环渤海经济圈中的地位与作用》，首都经济贸易大学出版社2008年版。

② 代表作主要有许檀：《清代前中期的沿海贸易与山东半岛经济的发展》，《中国社会经济史研究》1998年第2期；张利民：《略论近代环渤海地区港口城市的起步、互动与互补》，《天津社会科学》1998年第6期；樊如森：《环渤海经济区与近代北方的崛起》，《史林》2007年第1期；张利民等：《近代环渤海地区经济与社会研究》，天津社会科学院出版社2003年版；［日］山本进：《环渤海交易圈の形成と变容——清末民国期华北・东北の市场构造》，东京：东方书店2009年版；等等。

等作为中原王朝都城的时候，其全国性政治统治核心的作用固然十分明显；当都城发生位移、上述城市降格为府城县治以后，其区域性政治中心的地位，依然得到自然而然的认同。尽管它们有时也会扮演相关区域经济、文化中心的角色，但毕竟从属于政治功能。进入近代以后，环渤海城镇的社会功能与空间布局均发生了重大变革，一批以发展经济为主要功能的新型城镇涌现出来，为区域经济一体化提供了网络节点。

（一）口岸城镇

京津地区是清朝对内实行政治统治、对外维护天朝上国尊严的核心阵地。所以，无论是乾隆五十八年（1793）英国使臣马戛尔尼的和平来访，还是道光二十年（1840）的鸦片战争，均没有能在京畿重地开辟出一处通商口岸来。只是后来，在太平天国运动和第二次鸦片战争的双重打击之下，清政府才被迫在中英《天津条约》及其《续约》中，宣布于 1860 年对外开放牛庄（实际为营口）、登州（实际为烟台）、天津"北洋三口"。此为环渤海地区正式出现口岸城镇的开始。后来，在俄、德、英三国的强占强租下，又于 1898 年被迫开放了大连、青岛、威海卫。

进入 20 世纪以后，进出口贸易对区域经济发展的拉动作用日益明显，国人为"挽回利权"，主动对外开放了一系列的商埠，史称自开口岸。它们和依据不平等条约而被迫开放的约开口岸一起，掀起了环渤海地区对外开放的新高潮。新开口岸包括：1901 年开放的秦皇岛，1906 年开放的济南、周村（今淄博市）、潍县（今潍坊市）、通江口、铁岭、法库门、新民屯（今新民市），1907 年开放的吉林、长春、辽阳、凤凰城（今凤城市）、安东（今丹东市）、大东沟（今东港市），1908 年开放的沈阳，1909 年开放的龙井村（今龙井市）、百草沟（今汪清县）、局子街（今延吉市）、头道沟（今和龙市），1914 年开放的洮南、葫芦岛、多伦诺尔（今多伦县）、归化（今呼和浩特市），1915 年开放的龙口，1916 年开放的锦州、张家口，1917 年开放的郑家屯（今双辽市）、赤峰，1921 年开放的济宁、海州（今连云港市）、包头，1922 年开放的郑县（今郑州市）、徐州，等等。

总之，1860—1922 年的 62 年间，环渤海地区先后对外开放了 39 个，占中国该年前对外开放商埠总数 109 个的 36%，显示出该区域由国内市场走向国际市场的惊人速度和深厚基础。这些以发展对外贸易为基本功能，并与沿海和国际市场接轨的新型口岸城镇的大量涌现，有力地冲击了以政治功能为主导的环渤海传统城镇格局，成为区域经济一体化进程中引领时代潮流的火车头。

（二）交通城镇

随着轮船、火车、汽车、电报、电话等新式交通方式的出现，一批以发展对外贸易和现代工商业为主要目的的交通枢纽城镇，也在环渤海地区快速兴起。

首先，是随着现代轮船运输业而迅速崛起的城镇，主要是沿海的港口城市，如华北的天津、秦皇岛、烟台、青岛、龙口、威海、海州，东北的营口、大连、葫芦岛、安东，等等。比如大连，以前只是辽东半岛东南角名叫“青泥洼”的小渔村，1899 年才由俄国修建成港口，1906 年由日本接管后，又进行了更大规模的基础建设。到 1930 年，大连港可同时容纳 3000—4000 吨级的海轮 40 艘，3 万吨级的大船也可近岸停泊①，从而迅速超越营口而成为东北南部最大的海港。

随着火车、汽车运输而兴起现代交通枢纽城市也鳞次栉比。如山东的济南、青岛、周村、潍县，河北的天津、北京、石家庄、邯郸，河南的郑县、洛阳、开封、新乡，江苏的徐州、海州，山西的太原、榆次、大同，绥远的归化、包头，察哈尔的张家口、宣化，辽宁的大连、沈阳、锦州，吉林的永吉、长春等等。比如石家庄，1900 年前后只是获鹿县一个 800 余人的小村子。1904 年京汉铁路通车、1907 年正太铁路在此与京汉铁路交会后，迅速发展成沟通河北与山西等地的现代交通枢纽。大量的土、洋货物从这里进出，商业日趋繁荣。大兴纺织公司、振华洋火公司、荣裕玻璃厂、英美烟草公司以及现代银行支行、传统钱庄分号等工商企业，也都在此发展壮大。1933 年，石家庄的城市人口已达 6.3 万人②。

正是这些沿海和内陆现代交通型城镇的兴起，才将现代轮船、火车、汽车运输和传统水陆交通方式连通起来，架构成遍布环渤海的近代化交通运输网络。

（三）工矿城镇

环渤海地区的近代工矿型城镇，是随着现代交通及工业发展对机械动力原料——煤的需求的不断增加而快速发展起来的。

如河北唐山，19 世纪 70 年代还是一个村庄，80 年代开平煤矿建立后成为集镇，到 20 世纪 30 年代，开滦矿务局便拥有工人 3 万余人，年产煤炭约 600 万吨，每年由秦皇岛港出口运销到中国沿海各省及朝鲜、日本等地约 200 万吨，由北宁铁路运销平、津等地约 150 万吨，铁路及煤矿用煤约 100 万吨，稳执中国煤矿产业之牛耳③。同时，唐山的工业企业如启新洋灰公司、华新纱厂分厂等，也设立并发展起来，这里“有交通大学、铁工厂、巡警局、矿务局、中国医院、矿务局养病院、铁路工厂、学校、新开市场，建筑宏敞，非内地县城所能比”④。另外，河南焦作、辽宁抚顺、河北临城、山西大同、江苏徐州、山东淄博等，也作为近代兴起的工矿业城市，为环渤海经济的现代化和一体化建设，提供了新的能源和市场支点。

（四）旧城转型

数量众多、分布广泛的现代交通和工矿城镇，不仅改变了环渤海城镇的布局，更

---

① 《海关十年报告》（1921—1930）大连部分，载茅家崎主编《中国旧海关史料》第 156 册，京华出版社 2001 年版。

② 白眉初：《中华民国省区全志》第 1 册第 2 卷，求知学社 1924 年版。

③ 张其昀、任美锷：《本国地理》下册，钟山书局 1934 年版。

④ 白眉初：《中华民国省区全志》第 1 册第 2 卷。

引导了城镇发展的潮流。随着它们示范效应的发挥，原有政治色彩浓厚的传统老城市，如西安、开封、北京、济南、沈阳等，其城区范围内的基础设施和产业布局，也都发生了显著的变化。其中北京等旧城，变成了天津主导下的次一级城市；而山东济南和辽宁沈阳等旧城，也纳入了青岛和大连等口岸城市的主导之下，成为区域经济一体化的组成部分（如图1）。

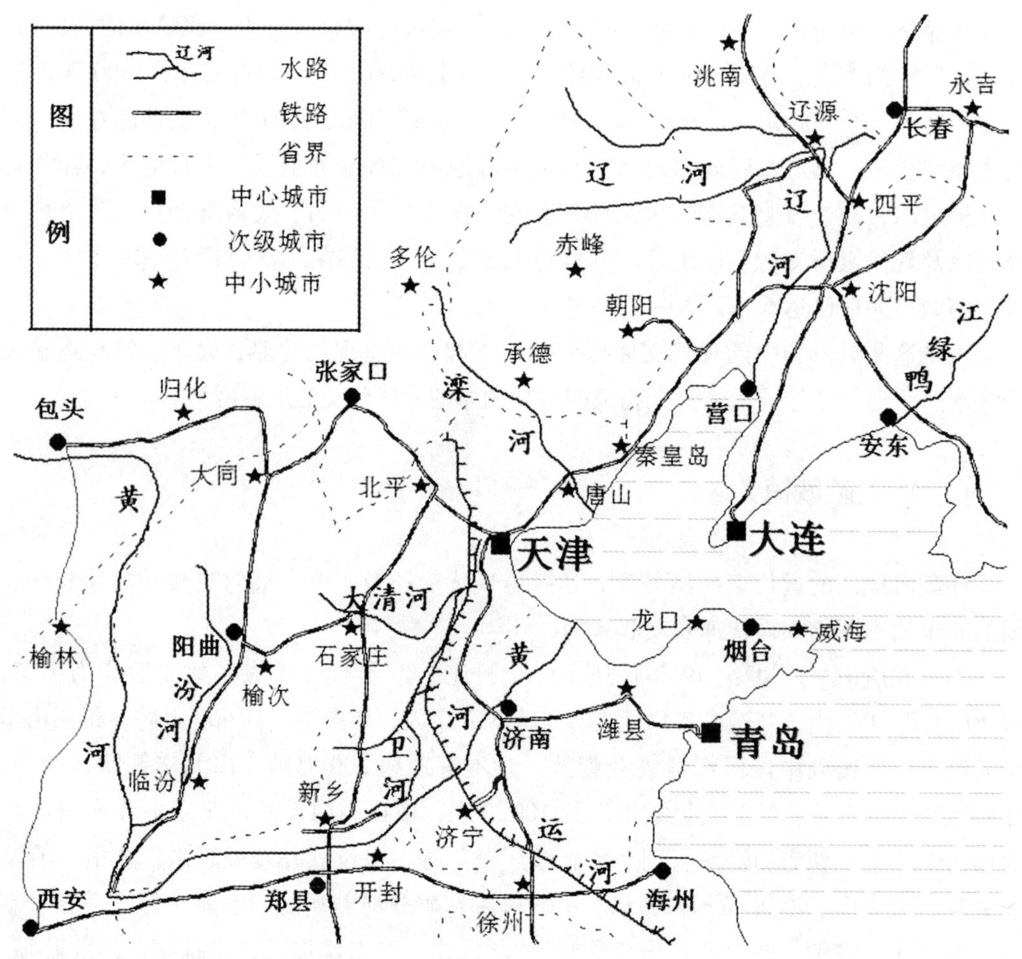

图1 1934年环渤海经济型城镇格局示意图（底图为申报馆1933年出版的《中华民国分省地图》）

以最大的政治中心城市北京来说，城区的主要现代化基础设施和生产生活内容，都基本上始发和试验于天津，然后才着手进行。如铁路的大规模兴修、煤矿的现代化开采、邮政电报等现代化通信方式的引进和运用，各种现代化生产和生活物资的进口等等。据王玲考察，清末民国时期，“北京许多最早的市政工程是由天津帮助进行的，北京早期一些小的工矿企业也有天津企业家的投资。……天津一些巨富还在北京市政建设和小企业中投资”①。

① 王玲：《北京与周围城市关系史》，燕山出版社1988年版，第111页。

近代以后，以经济为主要职能的各类城镇的兴起，改变了环渤海地区的传统城镇网络结构，为该地区以口岸城市为龙头的区域市场整合布下了必要的核心节点。

二　现代交通为区域市场的整合提供了传输纽带

受国内政治经济格局与技术水平的制约，清朝前期的环渤海交通尚很落后。连接内陆城市和乡村的，是泥泞的土路和蜿蜒的河流。主要河港和海港，包括渤海湾西岸的天津港，山东半岛沿岸的胶州塔埠头港、莱阳县羊郡港和金家口、福山县烟台港，辽东半岛沿岸的锦州港、牛庄港、营口港等，都分布在狭小港湾或入海河流岸边，人为筑建工程不多，抵御泥沙沉积和海浪侵蚀的力量不强；航运技术方面，无论是海船还是河船，都是木帆船，航行动力是人力和风力，航速慢、运量小，难以适应沿海和远洋贸易的发展需要；信息传递方面，主要依靠古老落后的邮传系统，难以跟上瞬息万变的政治经济形势。

（一）海上交通的改善

1860 年天津被辟为通商口岸后，原来浅狭的三岔口内河码头区，已无法适应进出口贸易快速发展的新需要。于是，英、法、美、德、日、俄、奥、意、比 9 国列强，先后在紫竹林一带的海河南北两岸租界区，修建了新式的沿河码头，在塘沽也建造了深水码头，并且进行了海河的水量保持、河道裁弯、淤沙开挖、冬季航道破冰，越来越多地使用蒸汽动力的轮船。19 世纪 60 年代，天津港的帆船吨位尚占 50%；到 80 年代，帆船已经不到总数的 1/3 和总吨位的 1/6；90 年代，帆船只剩下 52 艘，而轮船却有 533 艘；1905 年以后，除偶尔有 1 只不定期的帆船来到大沽口外，再也没有帆船来到天津了。① 与此同时，烟台、青岛、大连等商埠的港口建设也得到了强化。20 世纪 30 年代的青岛，既有专门停泊外海巨轮的大港，也有专门停泊内地小船的小港。其中大港计有码头 5 座，可泊万吨船只。并且，青岛大港还实现了与胶济铁路的货物直接联运。②

轮船代替帆船，引起了水上运输特别是海上远洋运输的巨大变革。“中国人充分感觉到把他们的货物交由外国轮船运输能有迅速和安全的优点，他们知道外国轮船可以在任何季节和季候风里航行”③，加快了港口城市与内陆腹地之间进出口货物的运输速度，增加了运输的数量，降低了运输的成本，促进了环渤海地区与沿海及国际市场间的贸易联系。

---

① 雷穆森：《天津插图本史纲》，第 22 章第 17 条“天津港的航运”，许逸凡等译，《天津历史资料》第 2 期。

② 胶济铁路管理局车务处编：《胶济铁路沿线经济调查报告分编》，“一、青岛市”，胶济铁路管理局 1934 年版。

③ 聂宝璋主编：《中国近代航运史资料》第 1 辑下册，人民出版社 1983 年版，第 1272 页。

（二）内河航运的兴旺

在现代化的铁路、公路运输方式诞生以前，内河航运始终是中国内陆主要的长距离货物运输方式。环渤海地区作为中国最重要的经济区之一，内河航运一向发达。

海河流域，是我国内河水资源丰富的地区之一，最晚至元、明、清各朝，处在首都漕粮河运和海运中枢位置的今天津地区，一直是海河流域的内河航运枢纽。1860 年口岸开放以后，天津地区的海上和内河航运，又得到了更大发展。吃水深度大的海船，大都停泊到新建的紫竹林租界港区和塘沽沿海港区；航行于海河各支流之上的大小木帆船，则依然停泊在三岔口内河港区。海河和支流以及潮白河、滦河水系一起，共同构成了天津地区稠密的内河航运网络。随着轮船、火车、汽车的陆续兴起，木帆船的比重有所下降。1912 年，内河航运占天津输往腹地商品运输总量的41.61%，占内地输往天津商品总量的45.87%；[①] 到1921 年，内河航运在天津与腹地间货物集疏总量中的比重下降到25.5%，[②] 但内河航运价格低廉、转运灵活，仍为天津与腹地之间的重要交通手段。

清末民国时期，黄河航运有了更大发展。从上游青海到下游山东，从干流到支流，总长度达4000—5000 公里的河段上，各类水上交通工具都因地制宜地发挥着内河航运的最大效用[③]。河南境内的黄河，自“郑县以下，至山东的泺口（济南洛口镇）间，水运称便，所以豫东的农产品，一部分由此途散布山东一带”[④]。辽河是东北南部地区的重要河流之一，20 世纪初年的中东铁路、京奉铁路通车以前，它一直是环渤海北部地区的水上交通动脉。1904 年，辽河干、支流河段，共有各种运输船舶达到 4 万艘，运送长途旅客25 万人，货物400 万吨，通航里程达1250 公里。到 1930 年，辽河上的各种船只仍有900 余艘，总吨位为2.6 万吨，航线为650 公里。[⑤]

（三）陆路交通的进步

陆路交通的进步，主要体现在铁路、公路的建设方面。华北地区的铁路建设，肇始于以天津为中心的洋务运动。为了便于开平煤的外运，1881 年在李鸿章的支持下，修通了从唐山到胥各庄的铁路；1888 年，唐胥铁路又经北塘、大沽延展到了天津。到20 世纪初，胶济、京汉、京奉、正太、道清、京张、汴洛、津浦等铁路先后通车，形成了一个以天津、青岛等口岸城市为枢纽的华北近代铁路网，高效地协调了海、陆间的运输。东北是中国近代铁路网络最为密集的地区，它肇始于19 世纪90 年代。主要铁

---

① 李洛之、聂汤谷：《天津的经济地位》，经济部驻津办事处内部资料，1948 年，第79 页。

② 《天津海关十年贸易报告书（1912—1921 年）》，吴弘明译，载《天津历史资料》第13 辑，1981 年。

③ 樊如森：《民国以来的黄河航运》，载《历史地理》第24 辑，人民出版社2010 年版。

④ 王益厓：《高中本国地理》，世界书局1934 年版，第187 页。

⑤ 曲晓范、周春英：《近代辽河航运业的衰落与沿岸早期城镇带的变迁》，《东北师范大学学报》1999 年第4期。

路干线，包括俄国人1898年动工、1903年全线通车的东清铁路（亦称中东铁路，即俄国西伯利亚铁路的中国段，其干线西从满洲里入境，中经哈尔滨，东至绥芬河出境；其支线北起哈尔滨，中经长春、沈阳，南抵大连、旅顺），1905年后，日本人修建并控制的吉长、四洮、洮昂、吉敦铁路，以及东北地方政府修建的南满铁路的运输支线。“铁路运输条件日渐便利，对这种进展起了极大的作用。先前，货物一直由骆驼、大车与木船运至本埠，这种运输方式不可避免地会迁延时日，并且有遭受损失的可能性。现在，只有从产地到最近的火车站一段仍采用这种旧的运输方式，到车站后就由火车转运至天津了。这样，节省了许多时日，而且大大地减少了风险。”①

汽车是继火车之后出现在华北的又一种现代化陆路运输工具。它以其比较灵活、快捷的优点，成为火车运输的延伸和补充；而汽车公路的发展，也为行走其上的其他传统车辆带来了便利（如表1）。

表1　　1934年前后华北各省建成公路和客货车辆概况　　单位：公里、辆

省区	公路	车辆	车辆备注	省区	公路	车辆	车辆备注
河北	3063	4300	北平1948，天津2000	热河		290	金家凤1936年数据
山西	2060	785		山东	7600	1828	济南507，青岛1079
察哈尔	1000	101	金家凤1936年数据	河南	3064	163	金家凤1936年数据

资料来源：［日］赤松祐之：《支那各省经济事情》上、中、下卷，日本帝国协会昭和10—11年（1935—1936年）版；金家凤：《中国交通之发展及其趋向》第二章第二节，正中书局1937年版（本表据两书当中有关华北各省交通的内容综合绘制）。

（四）电信事业的发展

原有落后的邮传系统无法适应国内外贸易快速发展对信息传递提出的高新要求，是西方现代化的电信技术得以及时引入中国，并在华北大地上迅速发展的根本动因（如表2）。

表2　　1934年前后华北各省电信交通概况　　单位：公里

省区	有线电报	长途电话	省区	有线电报	长途电话
河北	3462	4350	河南	2453	4836
山西	1689	830	察哈尔	铁路和公路沿线均通电报、电话	
山东	4520	5844	热河	铁路和公路沿线均通电报、电话	

资料来源：同表1。

轮船、火车、汽车、电报、电话等现代交通工具的发展，构建起以通商口岸为物流、人流、资金流与信息流枢纽的新型海陆交通网络，为以天津、青岛、大连等通商

① 《天津海关1902—1911年十年调查报告书》，许逸凡译，《天津历史资料》第13期，第31页。

口岸为中心城市的环渤海经济的一体化，奠定了必要的传输纽带和技术基础。

三 市场化产业成为区域市场整合的物质保障

（一）农业经济作物产业区的形成

在进出口贸易的带动下，环渤海农业的种植结构发生了显著变化，收益较高的经济作物如棉花、麻类、花生、大豆、烤烟等，种植面积大为增加，市场化农业快速发展起来。

华北地区推广植棉开始于明代，到清中叶，棉花的主要用途只是衣被填充物和土布原料，种植面积扩展缓慢。① 1900 年以后，随着国际市场和国内棉纺织工业对原料需求的扩大，华北的棉花种植面积有了提高。到 1920 年，黄河流域的产棉量已占全国的 54%。天津作为和上海、汉口齐名的中国三大棉市之一，不但集散河北省的棉花，就连陕、豫、晋、鲁各省的棉花也有很多集运到天津。② 河北、河南、山东、山西等省共同构成了中国最大的棉花产业区。③ 除棉花之外，大麻、青麻、花生、大豆、烤烟等经济作物，在华北农村的种植面积和经由天津、青岛、烟台等口岸对外出口的份额也在增大。

东北地区的传统农作物主要有高粱、谷子、玉米、大豆等，其中以高粱最为重要。1900 年后随着大豆及大豆制品走俏国际市场，大豆的种植比率逐步超过了高粱、谷子、玉米等作物而居于第一位，商品率达 80% 以上。东北成为中国最大的大豆种植和出口基地。

（二）牧业产品市场化程度的提高

环渤海地区的畜牧业，无论是家庭饲养和草原放养，在近代以前的生产规模和产品市场化程度都不高。口岸开放以后，天津、营口、青岛的外国洋行，以及山西旅蒙商人和直隶顺德（今河北邢台市）皮毛商，均通过口岸大量收购华北农家和蒙古草原的畜产品。1928 年，天津畜产品的出口曾占到其出口总值的 51%，其他年份所占的份额也都在三分之一以上，畜产品出口已成为中国最大畜产品输出口岸天津的重要经济支柱。④

东北地区也是环渤海皮毛的重要输出地，很多产品是通过营口对外出口，并在欧美市场获得很高声望的。这些皮毛包括虎皮、豹皮、狐皮、松鼠皮等，多是皮货商人到黑龙江、松花江和乌苏里江等地区收购而来，另外，也有一定数量的狗皮、狼皮、

---

① 从翰香主编：《近代冀鲁豫乡村》，中国社会科学出版社 1995 年版，第 146 页。

② 曲直生：《河北棉花之出产及贩运》，商务印书馆 1931 年版，第 2 页。

③ 许道夫：《中国近代农业生产及贸易统计资料》，上海人民出版社 1983 年版，第 203—210 页。

④ 樊如森：《天津与北方经济现代化（1860—1937）》，东方出版中心 2007 年版，第 247 页。

鼠皮、海獭皮、羚羊皮等，从蒙古草原的东部区域集中到营口。①

（三）城乡现代工业的繁荣

尽管环渤海地区很早就有自给自足和满足市场的两类手工业，但引进西方现代技术、设备和管理方式的现代工业，却是口岸开放后以沿海城市为基地发展起来的。

天津作为中国北方的洋务中心，其现代工业最早是洋务派19世纪60年代建设的军事工业和民用工业，包括军工、航运、工矿、电信和铁路企业；同时，外国人也在天津投资创建了轮船驳运、羊毛打包、印刷、煤气、自来水、卷烟等轻工企业；而中国的官僚、军阀和其他民间资本也在天津投资建厂。1911年前的天津民族工业有107家，1914—1928年间又新设1286家。到1928年，天津的中国城区，共有工厂2186家，资本总额3300余万元，其中制盐、碱、棉纱、面粉、火柴等17家大型工厂资本额合计为2900余万元。另外，租界内还有中外工厂3000多家。② 青岛“有工厂设备者200余家，计40余业，内国资经营者160余家，除华新纺织股份有限公司、永裕盐公司、茂昌股份公司外，资本鲜有50万元上者。外资经营之工厂50余家，日商最多，资本俱雄厚，纺织工厂为尤着。大者3000余万元，低亦500万元。国资经营之工厂，资本之合计约1030余万元，外资经营者8200余万元”③。唐山、济南、石家庄、太原等其他华北城市，现代工业也有了一定的发展。

在城市工业和国内外市场需求引导下，华北乡村工业也由传统转向现代。如乡村棉毛纺织、蛋类加工、草帽缏加工、榨油、猪鬃加工、针织、发网花边加工等，均为华北现代工业体系的重要组成部分。其中又以河北高阳和山东潍县等地的乡村织布工业最为突出。

河北高阳乡村以土纱为原料纺织窄面土布，1906年以后，高阳商会从天津购买了新式织机，试办工厂，利用机制“洋纱”纺织宽面“洋布”。除高阳地区外，“河北省129县中，凡89县有棉织工业。以民十八年论，89县的布匹总产额约为25690923匹，总值约为81360597元，占全省各种重要乡村工业总值108504923元的75%”④。山东潍县“现据各方估计，木机、铁机2种合计不下6万张，每年各种出品约有390万疋，总值在1090万元之谱。出口种类计分白细布、条子布、方格布、褡裢布、木机布各种”。上述各项布匹质料甚佳，能远销云南、四川、贵州、福建、河北、河南、绥远等省。⑤

东北地区的工业基础薄弱，起点也较内地为低。清朝末年，初级产品的加工制造

---

① 邓景福主编：《营口港史》，人民交通出版社1995年版，第110页。

② 罗澍伟主编：《天津近代城市史》，中国社会科学出版社1993年版，第418页。

③ 胶济铁路管理局车务处主编：《胶济铁路沿线经济调查报告分编》，“一、青岛市”，胶济铁路管理局1934年版。

④ 毕相辉：《高阳及宝坻两个棉织区在河北省乡村棉织工业上之地位》，载方显廷主编《中国经济研究》下，商务印书馆1938年版，第664—675页。

⑤ 胶济铁路管理局车务处主编：《胶济铁路沿线经济调查报告分编》，“二十二、潍县”，胶济铁路管理局1934年版。

业才逐渐兴盛，其中以大连和南满铁路沿线诸城镇的外向型加工业，如榨油、酿酒、缫丝等最为繁盛。1907 年大连开港之初，当地有 18 家油坊，1908 年增加到 35 家，1919 年增加到 82 家，大连成了东北大豆加工和出口的中心。大连的油坊多采用机器榨油，规模大，产量高。油坊的投资者多是粮商、货栈主或洋货批发商，资本一般在数万元至十几万元不等。1927 年大连各油坊的豆饼产量达到 4000 余万枚，占东北地区豆饼总产量的 56%①。

（四）新型商业营销网络的建立

华北地区很早就形成了与国内贸易相适应的商业营销网络。天津、青岛等通商口岸对世界市场开放以后，欧美国家的机制工业品，源源不断地输入进来。为了营利，中国的传统商人，除了贩运中国的土货，也开始销售外国的机制棉布、棉纱、五金、机器、日用百货等洋货，从而改变了华北原来的商品营销结构，出现了以经营进出口商品为主要内容的新式商人群体。另外，还有一些直接经营进出口业务的外国洋行商人和中国买办商人。以天津体系为例，洋行为便利洋货进口和土货出口业务，除设立代理商间接推销洋货和收购土货之外，还在交通方便的次一级城市或者原料产地，建立了洋行的分行与分庄。华商主要是山西旅蒙商，他们早年以车拉驼载的“出拨子”方式，用中外“洋货”直接到草原深处交换皮毛，先运回归化、张家口等大市场集中后再转运天津。20 世纪以后，旅蒙商也纷纷改变购销方式，在各中级市场上建立起自己的商号，并且在草原深处的集市和庙会上设立分号店铺，形成以各中级市场的大商号为根本、以各初级市场的店铺为依托的商品购销体系。华、洋两大商业网络，既相互竞争又互为表里，共同组建起了以天津、青岛等通商口岸为国内终点市场、以进出口业务为基本内容的新型商业营销网络。

和华北地区相比，东北地区的商业发展也相对落后。不过，随着该地区近代对外贸易和铁路交通的扩展，1920 年代的东北商业也从内容到形式上发生了很大变化。时人指出，“近日商务当以通商各埠为盛，内地市镇亦有逐渐兴盛之势，日后交通便利，荒芜渐辟，其商务发达，未可限量”②。

四　近代环渤海经济一体化的动力机制、市场表征与历史地位

（一）经济一体化的动力机制

环渤海经济一体化即区域市场整合，是一个长时间、广空间、多层面的复合发展

① 满铁调查科主编：《关东州工业的现势》，1932 年，第 5—6 页。

② 徐犀：《东三省之商业》，《东方杂志》1924 年 5 月第 21 卷第 10 期，第 50 页。

过程。它肇始于1860年代以降，这一地区39个沿海和内陆通商口岸的陆续对外开放。这些口岸作为连通国内外市场的网络节点，引领着该区域的城镇、交通、产业等主要经济领域，率先进入了经济现代化与市场化的行列。其主体内容和表现，就是来自中外双方的不同生产方式和市场要素，在环渤海广阔的地理与社会空间内，发生了长时期的相互碰撞、彼此调适和市场整合。这其中，城镇网络格局由政治职能城市为主向经济职能城市为主的转变，为该区域提供了走向经济一体化的发展龙头与网络节点；从水路到陆路、从沿海到内地、从传统到现代的交通方式的进步，保障了该区域人流、物流、信息流的畅通；农、牧、工、商业市场化与现代化程度的不断提高，为区域经济的繁荣奠定了坚实的物质基础。

（二）经济一体化的市场表征①

区域经济一体化的核心，就是主要市场要素不断整合，市场联系不断强化的过程。近代环渤海经济一体化程度提高的市场表征，就是20世纪30年代，以天津为中心、以青岛—大连为两翼的环渤海外向型经济区的初步形成。

1. 以天津为核心的华北西北外向型经济区

天津是近代中国北方最大的经济都会，其直接和间接的经济辐射范围包括华北和东北的西部、西北大部以及内外蒙古的广大地区。而就环渤海的空间范围而言，包括天津统领之下的河南郑县（今河南郑州）、山西阳曲（今山西太原）、陕西西安、察哈尔张家口、绥远包头5个二级市场所能直接辐射到的区域。天津这个一级市场、5个二级市场、加上其下的众多三级（也称初级、产地）市场一起，共同构成了近代环渤海最大最强的外向型市场网络。

2. 以青岛为核心的华北东部外向型经济区

青岛是山东省大部、河南省东部和江苏省北部黄河流域部分的国内终点市场。它的“航路，南可以到达上海、香港，北可以到达天津、大连，东可以通朝鲜、日本，交通便利，贸易发达，是山东的商业集散地。输入品以织物、火柴、煤油、砂糖、染料等为大宗，输出以煤、铁、盐、草帽缏、花生、豆油、麦、果实等为主要，每年的贸易额，竟达六七千万两。所以我国北方的商港，除掉天津、大连以外，就要推青岛了”②。同时青岛纺织业、食品加工业、火柴业、面粉业等近代工业也很发达，整体发展水平在北方仅次于天津。以青岛为经济中心城市的华北东部市场网络，统领着烟台、济南、海州3个二级市场。

3. 以大连为核心的东北南部外向型经济区

大连是东北南部和内蒙古东部的外贸中心，“海陆航运极为发达，其贸易额常占（全国）第二位，次于上海，与天津相颉颃”③。其下统领着营口、长春、安东3个二

① 限于篇幅内容从简。详见樊如森《近代环渤海经济一体化及其动力机制》，《学术月刊》2011年第7期。

② 陈博文：《山东省一瞥》，商务印书馆1925年版，第63页。

③ 王惠民：《新东北指南》，商务印书馆1946年版。

级市场。

4. 环渤海口岸之间的业务协作与腹地交叉

近代环渤海经济一体化即区域市场整合程度的提高，不仅表现在以天津、青岛、大连为核心的三大外向型经济区的初步形成，即纵向市场联系的加强；而且也体现在三大市场网络之间横向市场联系的加强，主要表现为口岸间的外贸业务协作和腹地市场的交叉。

（三）环渤海地区在全国经济地位的提升

环渤海经济的一体化，促进了该区域内部的经济交流和进出口贸易发展，加速了各经济领域和产业部门的市场化和现代化。大量数据显示，20 世纪 30 年代，环渤海地区的多项经济发展指标，均已达到了国内领先水平。

就对外贸易而言，天津的皮毛、棉花、草帽缏，青岛的花生，大连的大豆等重要农畜产品的出口量均占全国首位。1934—1937 年，天津绵羊毛和山羊绒的出口，分别平均每年均占全国出口总量的 86.5% 和 86.3%，远远超过了上海，遥居全国第一。① 1920 年代以后，中国草帽缏编织业首推山东、直隶两省，次为山西、河南，而“山东、直隶等省草帽缏出口，固有烟台、胶州（青岛）、威海卫、龙口等处，然从天津出口，或从此转运他埠，惟天津为独多”②。20 世纪 20—30 年代，作为重要出口商品之一的棉花，仅天津 1 个口岸的对外输出，就占到了全国的半数以上。③ 大豆及其产品是大连最重要的出口货物，1908 年其价值占全部土货出口的 37%，1930 年则达到大连海关出口总值的 35%。除了日本和欧洲市场以外，大连对印度和埃及等地区的大豆出口也较为显著，从出口数值和出口市场的角度来看，大连大豆已成为世界多数国家普遍需求的重要原料产品④。

现代工业的发展，往往被看作中国近代经济发展的重要指标。而从当时的各类资料统计来看，环渤海城乡的工业现代化水平也已经有了很大提高。据严中平对 1933 年和 1947 年全国 12 个主要工业城市（不含关外）工厂数目、工人数目、资本总额、生产净值等主要现代工业发展指标的统计，环渤海的天津、青岛、北平、西安四大城市，特别是天津和青岛的地位均很重要，天津已成为仅次于上海的中国第二大工业城市，青岛棉纺织工业的发展程度也仅次于上海。⑤ 如果把东北南部大连、长春、抚顺、鞍山等地工业数据统计在内，环渤海地区在全国现代工业发展中的地位还会更高。

从作为经济发展支柱的现代金融业来看，1932 年，本国银行在天津设立总行的一共有 10 家，占全国总行数的 7.03%；设分行的有 93 家，占全国所有分行数的 9.43%；实收资本总额为 2548 万元，占全国银行资本总额的 12.69%，各项指标仍然均仅次于

① 许道夫：《中国近代农业生产及贸易统计资料》，第 313 页。

② 工商部工商访问局：《调查》，《工商半月刊》1929 年第 11 期。

③ 华北农产研究改进社：《天津棉花运销概况》1934 年第 15 期。

④ 满铁庶务部调查课：《满洲贸易详细统计》，1926 年第 500 页、1930 年第 194 页。

⑤ 严中平主编：《中国近代经济史统计资料选辑》工业，表 8，科学出版社 1955 年版。

上海，居全国第二位，[1] 从而奠定了天津北方最大金融中心的地位。与此同时，当时的北平，在全国现代金融业的发展中，也占有很高的位置。

肇始于近代的环渤海经济一体化，明显提高了该区域城镇、交通、产业等主要经济领域的市场化和现代化水平，促进了区域内部的市场整合以及区域内外的经济联系，初步形成了以天津为中心、以青岛—大连为两翼的外向型经济区，走出了一条具有环渤海特色的中国经济现代化之路，在很大程度上扭转了自唐宋以降北方经济发展的颓势，提升了该地区在全国的经济地位，适应了近代以来全球经济一体化的历史趋势。

（作者单位：复旦大学历史地理研究中心）

① 谷书堂：《天津经济概况》，天津人民出版社1984年版，第392页。

旱域水潦：明清黄土高原的城市水患与拒水之策*

——基于山西12座典型城市的考察

李　嘎

一　问题的提出

黄土高原作为我国的缺水区域，水资源利用很早就呈现出紧张的态势。围绕黄土高原的“用水”问题，史学界进行了长时期的关注，从而成为中国环境史、水利社会史等学科的研究热点。我们可从用水类型的角度，将相关成果分为灌溉用水和生活用水两类。就前者而言，研究论题涉及农田水利开发①、用水秩序及相关问题②、水利社

* 本文为2012年度国家社会科学基金项目“环境史视野下华北区的洪水灾害与城市水环境研究（1368—1949）”（批准号：12CZS073）、第49批中国博士后科学基金面上资助项目（批准号：20110491628）、中国博士后科学基金第五批特别资助项目（批准号：2012T50245）阶段性成果。

① 代表性成果有：黄盛璋：《关中农田水利的历史发展及其成就》；氏著：《历史地理论集》，人民出版社1982年版，第111—146页；魏丕信：《清流对浊流：帝制后期陕西省的郑白渠灌溉系统》，载刘翠溶、伊懋可主编《积渐所至：中国环境史论文集》，台北“中央”研究院经济研究所2000年版，第435—506页；李令福：《关中水利开发与环境》，人民出版社2004年版。

② 仅以重要成果列举如下：萧正洪：《历史时期关中地区农田灌溉中的水权问题》，《中国经济史研究》1999年第1期；行龙：《明清以来山西水资源匮乏及水案初步研究》，《科学技术与辩证法》2000年第6期，第31—34页；邓小南：《追求用水秩序的努力——从前近代洪洞的水资源管理看“民间”与“官方”》，载《暨南史学》第3辑，暨南大学出版社2004年版，第75—91页；赵世瑜：《分水之争：公共资源与乡土社会的权力和象征——以明清山西汾水流域的若干案例为中心》，《中国社会科学》2005年第2期，第189—203页；韩茂莉：《近代山陕地区基层水利管理体系探析》，《中国经济史研究》2006年第1期，第119—125页；韩茂莉：《近代山陕地区地理环境与水权保障系统》，《近代史研究》2006年第1期，第40—54页；钞晓鸿：《灌溉、环境与水利共同体——基于清代关中中部的分析》，《中国社会科学》2006年第4期，第190—204页；张俊峰：《率由旧章：前近代汾河流域若干泉域水权争端中的行事原则》，《史林》2008年第2期，第87—93页；张俊峰：《前近代华北乡村社会水权的表达与实践——山西“滦池”的历史水权个案研究》，《清华大学学报》2008年第4期，第35—45页；张俊峰：《油锅捞钱与三七分水：明清时期汾河流域的水冲突与水文化》，《中国社会经济史研究》2009年第4期，第40—50页。

会的类型[①]等方面。就生活用水而论，研究重心则表现为对乡村饮用水[②]、城市用水[③]等问题的考察上。

同时我们也应看到，易旱之区的黄土高原的水患现象同样是不容忽视的重要问题，对地方民生的影响决然不容小觑，这单从《清代黄河流域洪涝档案史料》[④] 中连篇累牍的水患记录即可见其端倪。系统探讨整个黄土高原的水患现象及相关问题，实为摆在研究者面前的重要课题。

然而，令人遗憾的是，史学界对黄土高原水患问题的研究明显缺乏，[⑤] 与围绕“用水”而产生的丰富成果相比，极不相称。基于这一现状，本文反弹琵琶，将关注点由以往因“缺水”而注重对“用水”的研究平移至因“水患”而产生的对“拒水”问题的考察上。本文探讨的主题为发生在城市中的水患现象，具体研究对象则是笔者选取的山西 12 座较有典型意义的城市。[⑥] 之所以考察城市水患问题，原因之一在于城市作为官府衙署的所在，是地方统治的中心，官方往往会给予更大的关注，因之保留了丰富的文献，二则在于城市聚集了比乡村更为大量的人口，从而成为一定区域中社会运转的核心，在地方社会中有着比乡村更为重要的意义。

二 山西南部

本文中的山西南部，以清嘉庆年间的统县政区而论，包括蒲州府、平阳府、潞安

① 张俊峰在这方面做出了努力，参见氏著《水利社会的类型——明清以来洪洞水利与乡村社会变迁》，北京大学出版社 2012 年版。

② 胡英泽在该领域进行了系列研究，探讨的重点主要为乡村，主要成果有：《水井碑刻里的近代山西乡村社会》，《山西大学学报》2004 年第 2 期，第 40—45 页；《水井与北方乡村社会——基于山西、陕西、河南省部分地区乡村水井的田野考察》，《近代史研究》2006 年第 1 期，第 55—78 页；《凿池而饮：明清时期北方地区的民生用水》，《中国历史地理论丛》2007 年第 2 辑，第 63—77 页；《古代北方的水质与民生》，《中国历史地理论丛》2009 年第 2 辑，第 53—70 页。

③ 代表性成果有：黄盛璋：《西安城市发展中的给水问题以及今后水源的利用与开发》，《地理学报》第 24 卷，1958 年第 4 期，第 406—426 页；史红帅：《明清时期西安城市地理研究》，中国社会科学出版社 2008 年版，第 132—171 页；程森：《清代豫西水资源环境与城市水利功能研究——以陕州广济渠为中心》，《中国历史地理论丛》2010 年第 3 辑，第 148—156 页。

④ 《清代黄河流域洪涝档案史料》，中华书局 1993 年版。

⑤ 较为重要的成果目前仅见行龙《明清以来晋水流域的环境与灾害——以“峪水为灾”为中心的田野考察与研究》（《史林》2006 年第 2 期，第 10—20 页）一文。王元林在关于明清时期泾洛流域水文变迁问题的研究中，间接地涉及了少数中小城市的洪灾问题（王元林：《泾洛流域自然环境变迁研究》，中华书局 2005 年版，第 140—190 页）。周亚从历史地理学角度，对宋代以来的太原城市水患问题有所探讨（参见周亚《宋代以来太原城的水患及其防治》，载范世康主编《建设特色文化名城——理论探讨与实证研究》，北岳文艺出版社 2008 年版，第 95—103 页）。杨晓国在对历史时期蒲州城市景观变迁的考察中，对明清蒲州城的水患问题多有涉及［杨晓国：《十三世纪金元战争前后的蒲州城市景观变迁》，载《第二届山西区域社会史国际学术研讨会论文集》（未刊稿），2011 年］。

⑥ 笔者曾对明清山西一省的城市洪灾实况及其防治问题进行过初步的梳理，撰写思路并不是典型案例的分析，因此不能代替本文的研究（李嘎：《明清时期山西的城市洪灾及其防治》，《中国地方志》2012 年第 6 期，第 55—62 页）。需要说明的是，山西清源、交城、孝义三座城市的水患问题亦很有典型性，笔者因已有专文论述，故而不列入本文讨论的 12 座城市之中（李嘎：《关系千万重：明代以降吕梁山东麓三城的洪水灾害与城市水环境》，《史林》2012 年第 2 期，第 1—12 页）。

府、泽州府、解州、绛州、隰州、沁州、霍州（灵石县除外）等地。山西南部地貌复杂多样，黄河、汾河、沁河、漳河、涑水河、丹河等为区域内有名的大河，年均降水量在500毫米以上，部分地区甚至接近700毫米，水资源在黄土高原地区相对丰富。明清时期区域内有多座城市存在严重的水患问题，除人所熟知的蒲州城之外①，洪洞县城、闻喜县城、夏县城、垣曲县城则是值得探讨的典型案例。

（一）洪洞县城

洪洞县城位于临汾盆地内的冲积平原上，城区地势相对平坦，汾河自城西1里处自北向南蜿蜒而过，城南有涧河一道，发源于东部今安泽县境内，河道比降8‰②，每逢夏秋降雨之际，河水暴涨，对县城造成很大威胁。早在北宋时期就有涧河危害城池的记录，“李周，宋为洪洞令，……县南有涧支流溢入为害，周筑新堤以扞其冲，害遂除”③。明弘治十七年时，涧水曾冲塌东南城墙数堵，④知县郑选督令义官张满兴筑土堤，长200丈，嘉靖二十二年知县陈宗仁砌之以石，万历四十五年知县马鸣世与邑绅相商，复加修理，堤内外“夹树桃柳以蒂固之”⑤，终明之世数十年无水患。清顺治八年六月，汾、涧两水同时暴涨，“浪高二丈，直冲城下，郭外西南隅庙宇、庐舍漂没无踪，十余日水始退”⑥。顺治九年夏，涧河之水再次暴涨，“溢岸驾堤，直逼城郭”，知县金贵设法修补护城堤。乾隆九年邑绅刘衷与同族再一次实施大规模的堤防重修，“凿石甃其外，碎石实其中，灰汁灌注，凝而为一”，堤长775丈，用钱2万余两，用夫35606人，工程可谓浩大，此后较长时期内城市未遭水患威胁。⑦七十余年后的道光二年五月，涧河再发洪水，“漫溢堤岸，南关傍堤一带最极低洼，浸塌民房四十九间，淹毙男女大小七名口”⑧。同治八年，涧水复涨，溃堤入城，“街衢可舟而游，廨署皆溢，负郭膏腴尽为巨浸”⑨，知县张维藩、袁敬踵先后加以重修，旋复坏，知县艾绍濂捐俸再行修补⑩。

除涧河对洪洞县城的威胁之外，由于城区地势相对平坦，阴雨连绵之际城内极易积潦成涝，因此洪洞民众历来注重城区排水问题。明隆庆年间砖砌洪洞县城之时，就特别留心对城区排水系统的构筑，“城中水泽通出城外者九路，各置石洞铁窗，水可外出而盗不得入”⑪。洪洞县城内的排水沟渠在民国版县志中有详细记载：

---

① 参见杨晓国前揭文。

② 李英明、潘军峰主编：《山西河流》“洪安涧河”条，科学出版社2004年版，第114页。

③ 民国《洪洞县志》卷6《宦绩志》“李周”条，上海商务印书馆1917年铅印本。

④ 民国《洪洞县志》卷8《建置志·城池》。

⑤ 民国《洪洞县志》卷8《建置志·城池》“石堤附”。

⑥ 民国《洪洞县志》卷18《杂记志·祥异》。

⑦ 民国《洪洞县志》卷8《建置志·城池》“石堤附”。

⑧ 《清代黄河流域洪涝档案史料》“1822年（道光二年）”第13条，第530页。

⑨ 董麟：《重修城南涧水石堤记》，民国《洪洞县志》卷16《艺文志中》。

⑩ 民国《洪洞县志》卷8《建置志·城池》“石堤附”。

⑪ 刘应时：《砖城记》，民国《洪洞县志》卷15《艺文志上》。

城内羊沟之设，所以通清流而泻污水，俗有三进六出之名。三进者，一清泉渠水由东门外少北入，……一副霍渠水由小北门外少东入，……一清泉渠水由小南门外极东入，……至石桥下，与前清泉、副霍渠水会，南流至祆神庙，由城根石洞流出入濠。六出者，一即上三渠水从出之路，一在药王庙前，一在药王庙迤南，一在太岁庙前，一在西门迤南，一在西南隅。凡城内污潦之水均从此出，城下石洞各一。①

清代洪洞官员对城内沟渠的淘浚事务十分重视，道光二十五年知县陈景曾令邑绅王树梓等募资浚治。同治四年时，知县缪炯捐钱800余缗令邑人复加修浚，并用余钱存钱行生息以为“岁修”之资，同时责令在城士绅每年轮流经理淘浚之事，以为常制。②洪洞城通过城内水道与城下石洞共同构筑起了比较完善的积水外排系统，对于减轻城市内涝无疑能发挥有效作用。

（二）闻喜县城

闻喜县城的水患亦有典型意义。该城坐落于涑水河上游谷地的低阶地平原上，中条山与峨嵋岭分峙于南北两侧，涑水河自东北而来，经城池南部向西南流去，发源于两侧山中的千沟万壑之水无不汇流于涑水河内，天作淫雨之时，水患遂不可免。文献对此记载说：“主水既无所分，而中条山水北入，峨嵋岭水南入，于是水势滋大”③，城池南侧遭到洪水的很大破坏。加之涑水河系“沙底，善崩”，加大了防治水患的难度。万历元年闻喜知县王象乾始筑石堤防护。其先令人深挖城池南侧的涑水河道，“见黄泥而止”，同时遍插木桩，“以石杵筑入，木尽而止”，然后于木桩之上铺石垒堤，石堤总长160余丈，高2丈余，阔1丈余。④ 有效遏制了涑水河为患城市的情况。

受制于城区地势高下不一的微地貌特征，城市积水也是闻喜县城水患的重要表现形式。明嘉靖以前，城中积水近四门者可轻易出城入濠，城区内部则依靠五处大型污池以蓄积行潦之水，“察院后一，草场前一，城隍庙前一，东西近城者二”⑤，水有归宿，并不为害。但随着城市人口的增加，居民纷纷于污池所在之处建房修宅，至万历中期，仅剩城隍庙前的一处污池，其余四处均已消失，城区遂积水成患：

比年秋雨淫霖，潦水大盛，以阖邑之水独归此一池，于是水势溃溢，沛不可御。民间临池房屋百数十家浸灌日久，尽皆圮颓，若巨泽大湖，然害亦极矣。⑥

① 民国《洪洞县志》卷8《建置志·城池》“羊沟附”。
② 同上。
③ 李汝宽：《创建护城石堤记》，光绪《闻喜县志》卷11《艺文志》，光绪六年刻本。
④ 同上。
⑤ 翟绣裳：《新修水路记》，光绪《闻喜县志》卷11《艺文志》，光绪六年刻本。
⑥ 同上。

万历二十二年知县乔允升捐俸新修城区水道，首先于大西门口附近开辟水路，然后再行扩大挖深城隍庙前的污池，“深丈许，周围约十亩”①，以增加蓄水容量。又恐“除害临池而移害西门”，遂“开掘地沟，砌以砖石，覆以巨木，为暗水道，东自梁家巷起，至大西门，三百步有奇”，西门之下的出水洞也甃以巨石。经过此番努力，“时有潦水，循其新道，而无泛滥之害”，收到良好效果。②

然而，由于后继者缺乏及时、有效的沟渠管理，城隍庙前污池很快出现淤积，至万历二十九年时，污池一带已是“淤泥充物，渐与路平”，“民环池居者，号泣待旦，凛凛莫必其命”。万历三十一年，知县乔嘉栋遂捐俸重修，沟渠之“底旁俱用砖砌，上用石板盖覆之，板面间磋大孔二三，用便疏浚”。此次重修用砖5万余块，运石30余丈，历时三个月方才告竣。③

（三）夏县城

夏县城的水患同样十分严重。该城位处中条山脉西麓的洪积冲积平原上，白沙河为流经县城附近的唯一一条河流。其源自中条山巫咸谷，经城南西流，汇入姚暹渠，流路较短，但河道比降大，明清时期经常发生河水决岸的惨剧，“决而南则破李绰堰而害及盐池，决而北则害及城关”④，对盐池与夏县城皆造成很大威胁。隆庆四年、万历十四年、顺治十年、康熙十八年、康熙三十九年、乾隆十年、道光十二年均发生了白沙河冲击城池的事件。⑤ 以万历十四年水患为例，是年“七月初一日，东山大雨暴作，白沙河水涨，北堤崩决，南关房屋墙垣漂没，大石覆压，宛如旷野，人民死者三百有奇”⑥，对县城造成了极大打击。碑刻资料对此次水患亦有记述：“日移午，关南半没矣。涛翻浪怒，虎啸□奔。顷之，辑鳞次之众，朝且治生，夕登鬼录。而比庐联堵之境，为沙铺矾枕之场。计所湮没而溺［阙］者什三，其以逐末至而萍聚者什一”。⑦

为防治水患，白沙河两岸很早即筑有河堰，但因系土堰，极易损坏。乾隆二十七年始筑南北石堰，凡长5里，“北岸责令民修，南岸归入盐法岁修”⑧。同年，夏县知县李遵唐又于城东北近白沙河处修筑护城堤，砌砖三层；复筑石堰于城东门外，“其形似月”，月形石堰可对来袭洪水起到缓冲作用，从而降低对城市的威胁，“水患赖以无恐”。⑨

有必要指出的是，夏县城内西北隅与东北隅存在两处莲花池，其对消减城市水患亦有意义。光绪《夏县志》记载称：

---

① 民国《闻喜县志》卷22《营建·县城水路》，民国八年石印本。

② 翟绣裳：《新修水路记》，光绪《闻喜县志》卷11《艺文志》。

③ 民国《闻喜县志》卷22《营建·县城水路》。

④ 光绪《夏县志》卷1《舆地志·山川》“白沙河”条，光绪六年刻本。

⑤ 光绪《夏县志》卷5《灾祥志·荒灾》，光绪六年刻本。

⑥ 同上。

⑦ 卢应议：《夏县白沙河河堰成功记碑》，载张学会主编《河东水利石刻》，山西人民出版社2004年版，第158页。

⑧ 光绪《夏县志》卷1《舆地志·山川》“白沙河”条。

⑨ 光绪《夏县志》卷6《官师志·宦绩》“李遵唐”条。

> 莲花池二。一在城内西北隅，环一顷八十亩，一在城东北隅，差小。两池皆植莲，盘曲相通，盖源泉也。旧于城西北隅置铁窗以泄之，今改置砖洞于西门之北。①

莲池内广植荷花，“开时花映霞明，盖擎绿净，一邑胜概，为山右所罕见”②，“莲池碧照”也因之成为夏县八景之一。文献并未交代两处莲花池的形成时间，但这片面积可观的水域必然会在降低城内洪水强度方面发挥作用。例如，文献中有“隆庆间莲池水涨，西北隅时圮”③ 的记载，而隆庆年间仅在隆庆四年时发生了严重的城市水患：“六月二十二日夜，大雷雨，山水涨发，白沙河堤溃，溢入城”④，而两处记载极有可能系指同一事件，这实际上反证了城内莲池的防洪功能。城内水大之时，莲花池无疑可暂为蓄积来水，并进一步通过城墙内的铁窗或砖洞流出城外，从而起到消减城内洪水的作用（如图1）。

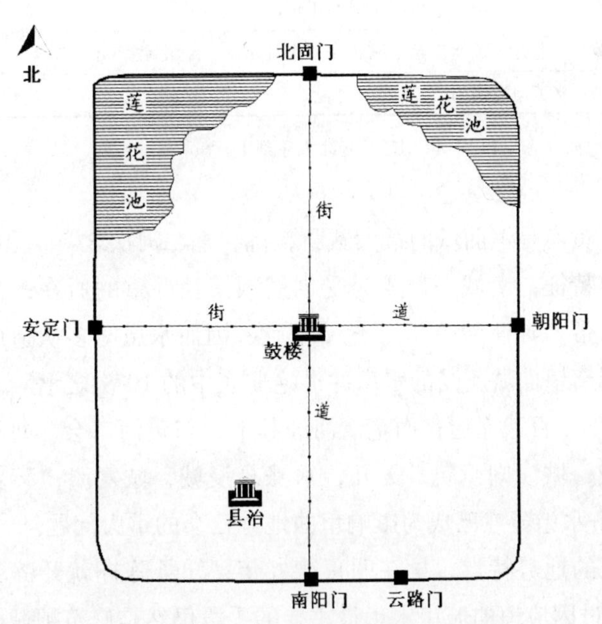

图1　明清时期夏县城内莲池景观示意图
（据光绪《夏县志》卷首，《图·县城图》改绘，光绪六年刻本）

（四）垣曲县城

位于晋省南端黄河北岸的垣曲县年均降水量可达670毫米左右，城区恰当沇水

---

① 光绪《夏县志》卷1《舆地志·山川》“莲花池”条。
② 光绪《夏县志》卷1《舆地志·物产》“藕”条。
③ 光绪《夏县志》卷2《建置志·城池》。
④ 光绪《夏县志》卷5《灾祥志·荒灾》。

（即今允西河）、亳清河、黄河的相交点上。沇水源头海拔2100米左右，南部汇入黄河处仅有200米，河道比降高达13.3‰，亳清河比降亦达11‰，[①] 因此但凡沇水、亳清河流域稍有较成规模的降水，均会对垣曲城区造成大的破坏；黄河来水也往往对该城构成巨大威胁。下表1显示的是方志“灾异志”中的城市水患记录：

表1　　明清时期垣曲城水患一览

序号	时间	灾情
1	洪武十八年	大水，圮南城
2	嘉靖九年	大水，圮南城
3	嘉靖十三年	河溢三日，淹南门，冲没无算
4	嘉靖十五年	七月七日，大雨如注，平地水深数尺，河溢，城圮
5	万历二十六年	六月，大水，水深数尺，淹没无算
6	崇祯五年	秋，淫雨四十余日，黄河溢，南城不没者数版
7	乾隆二十一年	黄河溢，水至南门
8	乾隆二十六年	秋，大雨四昼夜不止，两川水溢，城垣尽圮
9	道光二十三年	七月，黄河溢至南城砖垛，次日始落，淹没无算
10	咸丰五年	黄河溢南门

资料来源：光绪《垣曲县志》卷14《杂志》，光绪六年刻本。

由上表可知，黄河是垣曲城的最大威胁，沇、亳二河次之[②]；受制于城区地势西北高、东南低的倾斜特征，南城一带成为受创最频繁且严重的所在；又由于三河的长期冲刷堆积，城区一带“河濡沙土”[③]，地基松软，因而水患时多次造成城墙倒塌的严重后果。实际上，明清垣曲城所受的水患冲击绝非表中的10次之谱。文献形容垣曲城的水患说：“城距山不二百武而遥，而亳清河经其下，与黄河口会。每秋水泛涨，万壑奔注，水势激荡浸城，城溃则亟筑，无几，水涨复浸城，城复溃，又复亟筑，而钟杵之役无虚岁”[④]，城市水患显然已成为影响垣曲地方社会的重大问题。

因着垣曲城区的地势特点，早在明正德九年，知县陈标就开辟了东、南二水门以泄城中水潦。[⑤] 不过因应垣曲城市水患最主要的手段仍然是修筑护城堤。嘉靖十五年始创修沙堤[⑥]，但沙性松软，根本不可能长久发挥功效，很快就冲没无存。万历二十八年山西巡按赵文炳令垣曲知县仝梧始筑石堤护城，“堤广七尺，崇倍之，下地三尺，延长二千七百尺，俱砌以石板”[⑦]，并于堤防内侧植柳数千株以提高稳固度[⑧]。但九年以后

① 《山西河流》“亳清河”、“允西河”条，第220、221页。
② 表中乾隆二十六年水患中的“两川”无疑即指沇水、亳清河。
③ 言如泗：《筑堤记》，光绪《垣曲县志》卷3《城池》，光绪六年刻本。
④ 刘鲁：《赵公创修石堤记》，光绪《垣曲县志》卷11《艺文二》。
⑤ 光绪《垣曲县志》卷3《城池》。
⑥ 同上。
⑦ 刘鲁：《赵公创修石堤记》，光绪《垣曲县志》卷11《艺文二》。
⑧ 文登：《纪侯重修石堤记》，光绪《垣曲县志》卷12《艺文三》。

的万历三十七年石堤复圮，知县吕恒补修，此后清顺治十六年、康熙四年、乾隆十一年，在任知县均曾补修加固。① 乾隆十六年时知县言如泗再次大修，并采取了一些新的手段：

> 乃选择董事，稽核工料，先令堤外浚濠引水入河，堤根方出，掘地及泉，觱沸杂发，爰伐巨石，栽泉深处丈余，基址盘固，垒石灌灰，增高培厚。②

首先是开挖引河以排除堤内积水，并充分考虑到城区一带广布沙土、地基不稳的实际，在夯实堤防根基上下大力气。后人称赞言如泗的御患措施为"洞悉利弊、擘画最周"③，实非虚言。需要指出的是，万历后期，知县梁纲还曾通过"增修南瓮城、塞城东门"④ 的方式，以对抗水患，这是他处不多见的拒水之策。

三 山西中部

以清嘉庆年间的统县政区言之，本文界定的山西中部包括太原府（北部之兴县、岢岚州、岚县除外）、汾州府、平定州、辽州以及霍州的灵石县。较之晋南，山西中部的年均降水量逊色不少，常年多在450—550毫米之间。不过区域内却丝毫不缺乏严重城市水患的发生，除清源、交城、孝义三县城之外⑤，太原府城、介休县城、灵石县城、临县城就是有必要关注的例子。

（一）太原府城

太原城市水患问题不独在晋中一带，即使在整个山西一省亦可入最为严重之列，有必要在前人研究基础上做进一步的探讨。据学者统计，从明弘治十四年至民国结束的近450年间，有记载的太原城水患即有13次之多，平均34.6年就发生一次。⑥ 汾河无疑是威胁最大的河流，该河自城北的上兰村烈石口进入太原盆地，河道随之展宽，流速迅速变缓，河道并不稳定，上游倘遇较强降雨，极有可能形成大的洪水，从而对太原城造成破坏。文献记载称："汾水由烈石口迤逦而至会城之西，其地北高南下，势如建瓴，一遇夏秋雨潦，冲激之害时所不免。"⑦

---

① 光绪《垣曲县志》卷3《城池》。

② 言如泗：《筑堤记》，光绪《垣曲县志》卷3《城池》。

③ 光绪《垣曲县志》卷3《城池》。

④ 光绪《垣曲县志》卷7《宦绩》"梁纲"条。

⑤ 李嘎：《关系千万重：明代以降吕梁山东麓三城的洪水灾害与城市水环境》，《史林》2012年第2期，第1—12页。

⑥ 周亚：《宋代以来太原城的水患及其防治》，载范世康主编《建设特色文化名城——理论探讨与实证研究》，第95—103页。

⑦ 道光《阳曲县志》卷11《工书·堤堰》，道光二十三年刻本。

早在宋代天圣年间陈尧佐即曾在汾河之畔筑堤植柳以防水患。有明一朝，地方官府更加重视城市堤防的修筑，并注意采用科学的筑堤技术以提升其坚固程度。譬如万历三十三年在城西坝儿沟至教场一带筑堤，首先由施工人员从宁化一带买来大木，木长一丈有余，将其下半段橛入地中，内中实以“薪楗稻藁”，同时从太原城东挖掘黏性大的红土填入，再置入石块，“合三成一”，俨然现代社会的混凝土；基桩之上再起堤坝，“每石坝率十累；或俭，不下八累。累皆从冲间作钩刀，缝合，锭形灰液而木纽之。又起大小坝头，前出数武，杀水怒”。① 进入清代，在太原城西门外修筑护汾八堤，“护汾堤分长、堤、永、固、汾、泽、安、澜八段”②，“每遇汾水涨溢，藉有长、堤、永、固、汾、泽、安、澜八段堤堰拦护，俾免河水浸灌入城”③；城外西北小东流村另筑有土堤——金刚堰以护城④。在陪筑护城坝堰的同时，清代又加“岁修”之例，饬令地方官逐年查办⑤。即便如此，水决堤溃的现象仍难以避免。道光二年六月，山水陡发，大水冲垮“澜”字堤一段及“安”字堤尾，此时阳曲知县庆纯提出采用挑挖引河的手段以减轻洪水对堤坝的冲击。⑥ 但挑挖引河之策遭到其他人士的批评，认为：“引河之费逾于培坝数倍，设嗣后雨潦泛滥，而引河则久已淤塞，挑浚不及，势必泛滥坏堤，其为城患者更甚于前”⑦。及至光绪十二年六月，汾河再发大水，对太原城造成了前所未有的大破坏，时任山西巡抚刚毅上奏称：

> 二十五日三更时分，雨势益大，河水异常汹涌，冲决北沙河之金刚堰并大坝、护城两堰，夺溜而来，直扑城西北角，又激而南趋，水旱西门及大南门同时冲开，势莫能御，致将西南隅驻防满营兵房、学政、城守尉参将、阳曲县各衙署及阳曲学舍、城关民房，共淹万余间，倒塌甚多，城垣亦有陷裂。该司道……编扎牌筏分赴水漫各处，搭救满兵并左近灾民，……计是日已收满兵、灾民三千余名。……其淹毙男妇三十余名。⑧

太原城的大坝堤、护城堤、金刚堰在此次灾难中“悉被冲决，荡然无存”，大水冲破水西门、旱西门而涌入城内，夺命毁屋，“一望泥涂，屋多坍塌”；位于城内西南隅的太原满城更是遭到毁灭性袭击，日后不得不于城内东北隅高爽之地择址重建。⑨ 随后，山西巡抚“动库款，佐以民捐”以重建护城堤防系统，新筑的八段护城堤，每段长193丈，同时重筑金刚堰73丈。⑩

① 万自约：《汾河筑坝记》，光绪《山西通志》卷66《水利略一》，中华书局1996年点校本，第4697页。
② 光绪《山西通志》卷66《水利略一》“太原府阳曲县”下，第4695页。
③ 同上书，第4696页。
④ 道光《阳曲县志》卷11《工书·堤堰》“东流土堤”条。
⑤ 同上。
⑥ 同上。
⑦ 道光《阳曲县志》卷11《工书·堤堰》“案语”。
⑧ 《清代黄河流域洪涝档案史料》“1886年（光绪十二年）”第3条，第737—738页。
⑨ 《清代黄河流域洪涝档案史料》“1886年（光绪十二年）”第5条，第738页。
⑩ 光绪《山西通志》卷66《水利略一》“太原府阳曲县”下，第4695页。

频繁遭受城外洪水袭扰的同时，太原城内的积水问题也不容小视。城区地势宏观上呈现出东高西低态势，但微地貌却是高下不一，这使得西城墙内侧的南海子、西海子、饮马河、养鱼池、黑龙潭等低洼地带只能够有限接收附近区域的城内流水①，其他区域就难免出现积潦成涝的现象。位于阳曲县衙之西的县文庙就是经常发生积水之患的所在。文庙西北侧有名为“小文瀛”的水域，可见周围地势明显卑湿，“街路高于庙址，夏秋雨潦，内水不出，外水反入”②，终致阳曲文庙屡修屡圮，地方官民苦不堪言。

明清太原城市水患的严重程度引人深思。在笔者看来，宋代以后迁于现址的太原城在防御水患方面要劣于此前的晋阳城。晋阳古城位于太原城南侧15公里处，所处区位地形较为开阔，距汾河尚有一段距离，所受洪水威胁自然会比太原城小些。对此，光绪《山西通志》修撰者的观点可谓甚有见地：

> 晋阳一炬之后，舍旧谋新，不乏形胜，而必造基于沮洳之场。岂参、商邪说，犹未释然欤？元遗山诗云：“官街十字改丁字，钉破并州渠亦亡。”当时谋之不臧，可以概见。遗患至今，潘美诸人不能不任其咎也。③

（二）介休县城

介休县城年均降水量在500毫米上下，城市坐落于太原盆地内的洪积倾斜平原上，绵山耸峙于东南，城区地势因之呈现出南高北低的倾斜态势。介休县城池周边并无成规模的河流，汾河在城北十里之外，东北部的龙凤河与城池亦有一定距离，城市水患表现出明显的“峪水为灾”特征。夏秋盛雨之时，绵山无数的沟峪之水建瓴而下，经常对介休城形成威胁。据民国《介休县志》所载，明清两代介休城凡发生5次峪水冲击城池事件，分别为正德四年、万历三十三年、顺治二年、顺治八年、光绪十六年，均是从地势高起的南城门迎翠门涌入城内，造成破坏，如顺治二年“六月，大水自迎翠门冲入，平地高五六尺，邑屋淹塌无算”。④ 城外之水灌入城内，于城关北部低洼地带蓄积壅滞，城内百姓遂遭积涝之患，关厢城内的顺城关一带就是深受内涝之苦的区域之一，史料记载说：“邑之顺城关，闾阎栉比，市廛鳞列，为东西往来孔道，每当山水涨发，一片汪洋，几居泽国，居民与行旅交苦之。”⑤

明嘉靖元年乡民董裳等人曾出资砖砌北关门，“树铁栅，以泄城中涨水”。⑥ 万历三年，知县康乂民创修北关水门，崇祯十三年再修南水门。⑦ 但这些局部措施并不能明

---

① 太原诸多城西水域的地理坐落可参见山西省地图集编纂委员会编制《山西省历史地图集·文化图组》“清道光太原城”图幅，中国地图出版社2000年版，第242页。

② 道光《阳曲县志》卷3《建置图·学宫图》。

③ 光绪《山西通志》卷66《水利略一》“太原府阳曲县”下。

④ 民国《介休县志》卷3《大事谱》，民国十九年铅印本。

⑤ 吴匡：《浚疏城河碑记》，民国《介休县志》卷15《营建考》。

⑥ 乾隆《介休县志》卷2《城池》，乾隆三十五年刻本。

⑦ 民国《介休县志》卷15《营建考》。

显减轻水患的发生，清乾隆时人称：介休城“适当泛滥之冲，所赖者，四周隍堑，而积石久沦，略存古迹，此巷陌市廛往往有巨浸之叹也”①。乾隆三十五年，知县王谋文因之开展了规模庞大的浚壕导河工程，文献记载：

自城南村水神庙旁浚至西壕，达韩屯邨；又自南壕绕东而北，从沙河上游向北坛后凿北河一道，入梁家堡合流注汾。计丈四千四百三十有奇，里凡二十四。堤工石甃者半，土筑者半，深或八尺或六尺、五尺，相地之高下，以平衡为准，宽或一丈或过半，随地之广狭，俾田庐不害。②

乾隆《介休县志》卷首绘有该工程的施工图，甚为珍贵，现转绘于下（如图2）：

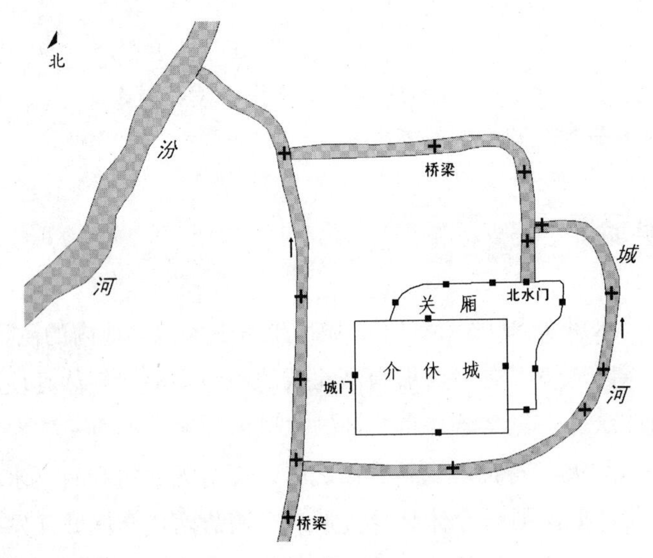

图2 清乾隆中期介休县城浚壕导河工程示意图
（据乾隆《介休县志》卷首，《城壕图》改绘）

此次施工可分为两个步骤，一即疏浚城壕，二为新凿引河，最终与自然河道连为一体。这样一来，山水逼近城区时，就自然会循壕入河，不致对城市造成威胁，城区积水也会通过北水门泄入新凿的北河河道。王谋文记载此次工程效果称：“当秋夏之交，河既毕疏，大雨时降，山水之奔腾而至者，胥归壕堑，泄于汾滨，城以内、城以外无复向时横溢之患。”③

王谋文的拒水之策由于未见后期管理措施的跟进，很快便出现了新的问题。城区百姓习惯将灰渣堆积于南城门之外，以致“灰积如山，有碍水道”，城壕也出现了新的淤塞，位处城内东街的常平仓由于地势低洼，亦成为流水汇集之处。④ 嘉庆二十四年知

① 王谋文：《浚城壕碑记》，乾隆《介休县志》卷12《艺文》。

② 同上。

③ 同上。

④ 恒杰：《壬午城工记》，民国《介休县志》卷15《营建考》。

县陆元鏸遂大治城内水患：

> 重甃北关出水门，起移南门外灰渣，浚凿城壕，疏通城内东大街渲道，掘水洞，深六尺，长五十丈上下，周围各砌以石。复价买毗连董族之地十三亩，开挖池塘，备注雨霖积水。①

疏通城内水道、新掘水洞、购地挖塘成为此次修治的新举措。陆氏去任之后，由继任知县恒杰踵成之，于道光二年完工。此后同治十三年知县李辛②、光绪十三年知县吴匡③均开展过疏浚城壕的工程，皆系在王谋文基础上的重修或局部更新。

（三）灵石县城

灵石县城坐落于太原盆地南端的山间窄谷之中，两侧为剥蚀侵蚀山地，静升河与汾河相交于城市北侧。此处的汾河河谷深邃，河道稳定，对灵石城的冲击很小，文献仅见嘉靖二十三年的一次水患记载，“甲辰，汾水溢，西南城圮”④。对灵石城构成极大威胁的是静升河，时称小水河，源出绵山兴地峪及柏沟、曲美峪，长仅30公里，河道比降为13.4‰，⑤ 坡陡流急。“一值夏秋盛雨，河源暴涨，更合柏沟、曲美、蒜峪等村众流会归，奔腾澎湃，盖洋洋乎巨浸矣”⑥，对城市造成巨大冲击。“城北小水河，每水涨时，数为城患”⑦，“灵石阻山带水，城处洼下，山水暴涨，势若建瓴，计自元明以来随圮随修者屡矣”⑧，“灵邑濒河，数经水患，房书卷册多被淹毁”⑨。文献中关于水患细节的记录至今仍令人惊心动魄：

> （乾隆）二十三年六月，大雨，山水暴至，决城北门入，淹灌街巷，深几及丈，居人相率陟屋登城以避。而南门关闭，水不得出，势甚危。（张）仕敬识水性，泅至门下，去闩门开，水劳［势］渐退，人民获全。⑩

若非典史张仕敬于危急之中开门泄水，此次洪水必将使整个灵石城罹遭灭顶之灾。

早在明景泰年间，灵石知县范宁就曾在城北筑长堤以捍小水河之患⑪，万历三年知

---

① 民国《介休县志》卷15《营建考》。
② 李辛：《浚疏城河役》，民国《介休县志》卷15《营建考》。
③ 吴匡：《浚疏城河碑记》，民国《介休县志》卷15《营建考》。
④ 民国《灵石县志》卷2《建置志·城池》，民国二十三年铅印本。
⑤ 《山西河流》“静升河”条，第106页。
⑥ 陶廷飏：《修石堤碑记》，嘉庆十三年立石，碑存灵石县天石碑廊。
⑦ 民国《灵石县志》卷7《职官志·宦绩》“范宁”条。
⑧ 民国《灵石县志》卷2《建置志·城池》。
⑨ 民国《灵石县志》卷7《职官志·宦绩》。
⑩ 民国《灵石县志》卷7《职官志·宦绩》“张仕敬”条。
⑪ 民国《灵石县志》卷7《职官志·宦绩》“范宁”条。

县白夏加筑坚厚，易名“万金堤”，但“后水暴涨逼堤，寻圮”。顺治年间知县徐来麟、李广生相继修筑，至康熙十年又坍塌100余丈，“水浸东、南门内”，知县侯荣圭、梁应宸再修。雍正十二年知县胡永泽始易土为石，长300丈，又于堤外筑小堰89丈，民号为“胡公堤”。嘉庆十一年七月，淫雨涨溢，“水入东、北二门”。① 嘉庆十三年时，知县陶廷飏重修，其捐俸首倡，“各绅士公义为怀，倾囊乐助”②，凿石煅灰，计长160余丈，民众“前称胡公堤，今又号陶公堰”③。但至嘉庆二十一年时，大水再次冲垮堤之东北面30余丈。降至民国，小水河为患县城的现象仍有发生，民国十八年“七月，小河水涨，溢出岸外，从东门、北门流入，城内鸣锣，集众出城堵口，公（指刘翰池，灵石县知事——笔者注）赤脚持畚为先导，亲自运土，众人竭力堵塞，水流归河，未成大患”。④

（四）临县城

坐落于晋西吕梁山区湫水河畔的临县城同样是应该关注的一座城市。城邑西依凤山之麓，地势西高东低。麻峪沟水、牛涧沟水分别穿越北关和城池之内向东汇入湫水河⑤，为此，明正德八年知县杜敏曾设东、西二水门以泄牛涧沟之水⑥。不过，对临县城影响最大的却是湫水河，该河流域总面积近2000平方公里，为晋西大河，发源于兴县白龙山东北麓大坪头，大体呈北南走向流经县城东侧，最终西流汇入黄河，河道两侧支流众多，发生较大降水之时，洪流经常对县城造成很大破坏，所谓“湫水暴涨，屡为城患”⑦。康熙三十九年五月的一次降水，洪涛“自东崖至城内普化寺西廊下，约高数丈，越数日复暴涨，东城一带城郭俱没”⑧。雍正十年暴水再至，“延及城内，居民荡析”⑨。湫水河洪水还导致临县孔庙的迁建，“孔子庙，元至正年间创建，旧在县治东郭，明永乐十六年戊戌改建东南，去旧址二里许，嘉靖三十五年丙辰，脱尹镐因避河圮之患，迁建城内贤良坊”⑩。另一方面，县城一带的湫水河水面开阔，比降较小，⑪ 河床经过逐年淤积抬高，容易发生河道移徙，从而也会威胁到县城安危，康熙三十二年的水灾就是因河道迁徙导致的，“（康熙）三十二年，大水西射城郭，阛阓荡然无存，以湫河不由东山崖下故道行故也”⑫，另有记载也称湫水河“水势迁徙无常”⑬。

---

① 民国《灵石县志》卷1《地舆志·山川》。
② 陶廷飏：《修石堤记》，嘉庆十三年立石，碑存灵石县天石碑廊。
③ 民国《灵石县志》卷7《职官志·宦绩》“陶廷飏”条。
④ 民国《灵石县志》卷7《职官志·宦绩》“刘翰池”条。
⑤ 民国《临县志》卷9《山川略》“湫水”条，民国六年铅印本。
⑥ 民国《临县志》卷15《营建考·城池》。
⑦ 民国《临县志》卷15《营建考·城池》“石堤附”。
⑧ 民国《临县志》卷3《大事谱》。
⑨ 民国《临县志》卷15《营建考·城池》“石堤附”。
⑩ 民国《临县志》卷15《营建考·庙学》。
⑪ 《山西河流》“湫水河”条，第184页。
⑫ 民国《临县志》卷15《营建考·城池》。
⑬ 民国《临县志》卷15《营建考·城池》“石堤附”。

明弘治年间，知县高峻始筑护城石堤以御湫水河之患。此后历任知县均多次修筑，但“随就倾坏”，筑堤之役反成地方百姓的沉重负担，“每岁二月兴工之际，逃窜避役者扶携塞道”。万历八年知县陈舜道与士绅耆老相谋，“为大石以砌高堤”，百姓借以保障者垂六十年。至明末水患再次严重起来，清康熙四十六年知县沈天泳采取“开渠引流、编柳作堰”的方式抑制水患，但效果不彰。雍正十一年山西巡抚觉罗石麟发公帑三千金令知县徐能宗承修堤防，工程由继任知县霍作明最终完成，新堤长130丈，高13层，“逐层灌以铁管，缀以铁锭，联络坚致”。乾隆六年汾州知府张坦让、临县知县张紫极各捐百金，仿“坦水法，循堤之根埽，叠石甃灰以资外护”。此后不久堤身东北部复受顶冲之患，乾隆二十八年知县丁宗懋再次大修，其在旧堤北段加长48丈的同时，新筑月堤以防洪水对堤防主体的顶冲：“因扼堤之中权，更为筑台，状如偃月，与堤相抱，以避赵家崖之冲，水势至此得稍停泊”，弧状结构的月堤显然能够对来袭洪流起到有效的缓冲作用。乾隆三十七年知县赵海又增石堤40丈，至此堤堰完固。①

清末美国克拉克西北考察队经由临县城时，注意到了这条护城堤防的重要意义，其在考察记录中说：

> 沿着城镇东侧的河床，建起了一条用大石块垒砌的又宽又长的堤岸，用来抵御山洪的猛烈冲击。如果没有围堤的防护，每到雨季，山洪往往会沿谷地突然袭来，洪流深达8至10英尺，会将谷地完全淹没。如果没有堤岸的防护，洪水就会迅速涌进城里。②

民国人士也对乾隆年间最终定型的护城堤堰赞叹不已：“迄今一百五十余年，虽屡因河水冲击，光绪元年补修一次，迄民国元年又补修一次，工料需钱每次不过数百千。可见根基完固，一劳永逸，其遗泽为无穷矣。”③

四　山西北部

由太原府城向北，进入本文界定的山西北部地区，在嘉庆年间的统县政区中，包括大同、朔平二府的外长城以南地、宁武府、保德州、代州、忻州以及太原府北部的兴县、岢岚州、岚县地。该区域年均降水量更显稀少，大部地区在400—500毫米之间，但明清时期有不少城市的水患现象仍旧比较严重。譬如，偏关县城在清代就有三次严重的水患记录，在康熙三年六月的水灾中，“偏关河水暴溢，西关人溺死者数百，城内水深丈余”④，损失十分惨重。再如岢岚州城，城内向来缺水，地方官民通过掘井、

① 民国《临县志》卷15《营建考·城池》“石堤附”。

② 罗伯特·斯特林·克拉克、阿索·德·卡尔·索尔比：《穿越陕甘——1908—1909年克拉克考察队华北行纪》，史红帅译，上海科学技术文献出版社2010年版，第14页。

③ 民国《临县志》卷15《营建考·城池》“石堤附”。

④ 民国《偏关志》卷下《志余》，民国四年铅印本。

凿池的方式以解决居民用水之需①，但城区一带也同样受到水患的威胁。州城南门外的岚漪河承众流之汇东流而来，河道比降达 9.6‰②，且含沙量大，在城区附近“积沙砾而成滩”，致使河身日益逼近城池，清代后期“距城门仅余数武，州人时苦之”，官府为此多次筑坝堰以御之。③ 又如五台县城，虑虒河经流其下，“秋潦涨溢，渐啮城下”④，甚至出现过“冲裂东、北城垣各数十丈”⑤ 的事件，地方官府因之采取了开引河顺水、筑堤植柳的应对措施⑥。不过综合来看，兴县城、静乐县城、保德州城、河曲县城的水患问题在山西北部更具典型意义。

（一）兴县城

由临县北去，另一条汇入黄河的较大型河流为蔚汾河，兴县城就坐落在该河下游的北侧。河谷较为狭窄，城区地势北高南低，城池北城墙将部分山体囊括在内，故而蔚汾河洪水时常对城区南部及关厢一带造成威胁。康熙四十七年知县栾廷芳曾对关厢所受水患有详细的叙述：

> 兴邑僻处万山，所藉蔚汾一河以泄万山之水。……城外东西南三关厢，每关厢有上中下街三道，市肆鳞次，居民稠密。自康熙二十年始受水患，而西关之下街首被冲没，二十一与二十三年冲没东关，二十六与三十四年又冲没南关，三十九年复冲西关，二十余年六受水患，民房漂溺千有余间，而三关遂寥落矣。⑦

不过，蔚汾河为患县城并非始于栾廷芳所说的康熙二十年，实际早在明代已经十分严重，致灾缘由亦值得深究。明嘉靖年间兴县知县王完对此有明确交代：

> （兴县）先固未有城池，景泰中始筑土墉，半枕山麓。在昔郭民繁多，城南环有剧廛，距蔚汾河数十丈。而河自岚县黄尖山合夹至兹百余里，会诸涧为通川，亦所谓蹙九达之遐冲也。嘉靖以前，山林茂密，虽有澍雨积霖，犹多渗滞，而河不为眚。肆今辟垦日广，诸峦麓俱童土不毛，每夏秋时，降水峻激，无少停蓄，故其势愈益怒涌汩湲，致堤岸善崩，而南郭民舍萧然荡徙无存者，即东、西郭人亦播迁，患苦矣。⑧

---

① （明）周经：《井池碑》、（清）岳观澜：《重浚河水入城碑》，光绪《岢岚州志》卷11《艺文志上》，光绪十年刻本。

② 《山西河流》“岚漪河”条，第171页。

③ 史文炳：《重修南门外坝堰碑》，光绪《岢岚州志》卷11《艺文志上》。

④ 吕先声：《修虒河碑记》，乾隆《五台县志》卷8《艺文志》，乾隆四十五年刻本。

⑤ 乾隆《五台县志》卷3《建置志·城垣》。

⑥ 同上。

⑦ 乾隆《兴县志》卷15《营筑·堤防》，乾隆十四年刻本。

⑧ 王完：《增修城垣记》，乾隆《兴县志》卷17《艺文》。

嘉靖之前蔚汾河流域内山林茂密，这对于涵养水源、吸纳大气降水有重要意义，由此，流域内洪水灾害极少发生；不过随着土地垦殖的不断深入，山坡植被破坏严重，山洪随之增多，洪水对兴县城关的冲击遂日益严重，受此影响，南、东、西三关居民寥若晨星。可见，生态环境恶化导致的水土流失，是诱发兴县城市水患的深层因素。

开辟水门、修筑护城堤防成为防御洪水冲击兴县城的两个举措。县城北门利泽门即为水门，系嘉靖四十四年知县马呈书增修。① 堤防的修筑则更早，至迟在嘉靖中期就已存在，嘉靖三十五年就曾发生过蔚汾河冲溃堤防之事，知县王完申请重修。后复溃，万历四十七年知县毛柏再次重修，“自南关火神庙起，缘南濠至西城脚止，砌以巨石”，沿堤庐舍获安，但是东关一带水患依旧严重，“校场及民屋尽毁”。康熙四十七年知县栾廷芳提出了较为全面的除治城区水患的举措。其认为首先应将城区附近的砥流支山凿平数丈，使蔚汾河河面变宽，“以杀其逆转之势”，同时在河流北岸建石堤一道，“以抵其北来之冲”；其二可将旧河身挑浚深广，使归故道，“以通其宣泄之路”；其三应将南关一带河流对面山下阻塞河道的石隘稍加划削，同时在北岸筑石堤一道，宽留河面，“以畅其出口之途”。工程于当年闰三月起，至五月完工，共筑护城堤459丈。雍正八年知县程氏又发动南关有房士民筑小石堤两道，以护南关。② 不过，多次修筑的堤防并未完全消除蔚汾河水患的威胁，史料记载说：“邑蔚汾河承汇众流，不时涨发，虽堤防屡筑，然每届溽暑水潦昌时，即虞冲溃。”③ 譬如道光二年五六月间兴县城就再次发生严重水患，档案资料记载称：“五月二十七日戌时大雨起，至二十八日夜间，山水陡发，冲塌东南角城垣约三十余丈，连城根冲去，已成深坎。城外附近铺户、居民房屋连地基冲去三百八十四间。”④ 方志中对此次水患亦有记录：“道光二年六月间，淫雨倾盆，山河陡发，城东南隅被害尤烈，冲毁城垣几数十丈，漂没民房数百间，东关三街仅存其一，至土城胡同等处，其基址已不可复识矣。”⑤ 这些记载足以使我们认识到根治蔚汾河水患任重道远。

（二）静乐县城

位于太原城以北、汾河上游的静乐县城市水患亦值得注意。该城地处汾河与碾河相交处的山间河谷之中，城池东北部将部分山体包纳其中⑥，故城区地势呈东北向西南倾斜之势，早在北宋熙宁年间修城时就曾“穿穴西南以泄集雨”⑦。汾河于城西呈北南向流动，距城区稍远；碾河自县境东部边界发源后向西流经城池之南，紧濒城区，河

① 乾隆《兴县志》卷15《营筑·城垣》。

② 乾隆《兴县志》卷15《营筑·堤防》。

③ 光绪《兴县续志》上卷《营筑·城垣》，光绪六年刻本。

④ 《清代黄河流域洪涝档案史料》“1822年（道光二年）”第7条，第529页。

⑤ 光绪《兴县续志》上卷《营筑·城垣》。按：《清代黄河流域洪涝档案史料》与光绪《兴县续志》在水患时间上有记载不甚一致之处，但从所载水患的内容来看，当指同一次水患无疑。

⑥ 康熙《静乐县志》卷3《建置志·城池图》，民国间石印本。

⑦ 康熙《静乐县志》卷3《建置志·城池》。

道比降为8.92‰①，流路蜿蜒曲折，且流域内为暴雨多发区，致使碾河水患成为静乐城的一大灾祸。仅明代就发生过5次碾水冲城的事件，例如在嘉靖三十二年“碾水大涨，冲决南郭城垣，湮没民房三百余间”②，损失惨重。康熙年间的志书称：“霜灾、水患叠见书于邑乘，盖碾水近城，泛滥为患，是静邑所独受其殃者”③，可见水患之严重。

为平复碾水害城之患，早在金元时代就在县城附近修筑有护城河堤，明洪武初年静乐知县杨大德重修，长百余丈，后为碾河冲圮，正德年间知县朱麟、王镳均先后修葺，但嘉靖三十二年的大水使“古堤踪迹至是无存”，降至隆庆、万历之初，“每修每冲，堤址虽复，不能障水”。于是万历二十六年知县杨登科始石甃护城堤防，长97丈余，高6尺，于地下置石条三层以固其根基，复于南郭门外筑小堤20余丈，以防不虞。清康熙十五年，静乐典史辛曰杰在修葺旧堤的同时，又于堤畔栽柳成林，以提高堤防稳固度。此后的康熙三十二年、康熙三十九年再次发生碾水冲堤的事件，地方人士急挑旧河、坚筑新堤。④ 经过多次修治，碾水在清初出现了几十年的安流局面⑤。

（三）保德城

位于山西西北角黄河左岸的保德县，大部区域属于黄土丘陵地貌，地表切割强烈，黄土峁广布，沟壑纵横，保德城就坐落在其中的一条大型冲沟之中。该城系在北宋林涛寨的基础上发展而来，军事因素乃是当时城址选择的主要考量，城池主体处于高岗危岩之上，由城中俯视黄河，备极险峻。城区地势很不平坦，地志资料显示，位于州城以南1里的莲花山，延伸至城内形成不少小型山体，如铁山、金山等⑥。城区一带并无大型河流穿过，但明清时期水患却时常在这周围七里二百五十步⑦的州城内肆虐。

保德城的西南部下临深沟，城内之水对此部分的冲击最大，“随修随圮”，即便明宣德八年知州任泰重修城池之后，西南部仍旧难以摆脱“渐为水啮”的处境。弘治十七年知州周山始大筑城内水道，将城中之水分为四渠以畅其流。这四渠在城内的布局是：“一在金沟，水出城西沟；一在铁沟，一在新美街，水俱出火石沟；一在学门东，水出厉坛下沟。”⑧ 至嘉靖三十年时，淫雨不止，城内之水将城池东北部冲决百余丈，受创严重，士绅民众中一时有“弃旧垣南徙里许筑之”的动议，知州蓝云为城市的重

---

① 《山西河流》“东碾河”条，第51页。

② 康熙《静乐县志》卷4《赋役志·灾变》。

③ 同上。

④ 康熙《静乐县志》卷3《建置志·桥梁》“河堤附”。

⑤ 康熙《静乐县志》卷4《赋役志·灾变》。

⑥ 乾隆《保德州志》卷2《形胜·山川》“莲花山”条，乾隆五十年刻本。

⑦ 乾隆《保德州志》卷1《因革·城垣》。

⑧ 同上。

要战略地位考量，否定迁城之议而主张重新甃渠以排水。具体举措为：

> 东北为一渠，长三十丈，阔二丈，深一丈，使水东流入于河；西北为一渠，长二十余丈，阔、深如东北渠，使水北流入于河；正西为二渠，各长十丈余，阔、深如前，使水由西沟曲流入于河。①

东北渠即后来的草场沟，西北渠即厉坛下沟，正西二渠即后来的苦水沟和孙家沟。此次修治效果明显，此后的六十余年中未见严重水患的发生。至万历四十一、四十二两年，大雨冲溃水道两处，水壅溃城，“城圮四十余丈”，情势再次严重起来，知州胡枘发动本州军壮加以修理，“于孙家沟、草场沟各开一水道”。②

至清代康熙二十六年，知州高起凤一改明代于城内修渠顺水的举措，而采取凿池蓄水的方案，结果事与愿违，反而进一步加重了城内水患情势。史料记载称：“塞故水道，于草场沟、州治衙各凿池贮水。每雨甚，水溢，辄从阛阓横流。（康熙）二十八、九年东北城基各坏数十丈，……三十七年六月，大雨，城圮六七十丈，东门外冲城溪壑，行人阻绝。”③ 至乾隆三十三年时，署知州田进升方设法解决，修“东城水洞一座，进深三丈，东城外水道一处，长十二丈三尺”④，但仍旧没有全面恢复至有明一代城内水道的旧规。乾隆五十年、五十七年保德城水患遂再次出现，山西巡抚蒋兆奎在奏折中说：“乾隆五十年七月间大雨滂沱，原设水洞一时宣泄不及，冲坍内外土胎，以致坍塌城墙七十六丈二尺并水洞土胎等工。……乾隆五十七年六、七月间大雨时行，陆续将新旧城工及土城阳胎、土胎、水洞等共十一段冲塌，并连及州署后地基扯裂。”⑤ 乾隆后期保德地方人士杨永芳不无忧虑地指出：

> 三沟水溃，日就崩颓。而尤其者，乔家坝、掬圪沱、孙家营横成溪壑，究无底止，浸及城垣，岌岌将倾矣。居民蹙额无计，每逢天雨，夜不安枕。与民同忧者，将何以处此也！⑥

保德城市水患多发的内因在于所处的黄土地貌以及城区地势的崎岖不平，这决定了疏通水道以排泄城内之水是最好之策，清代地方官员的举措显然背离了这一现实。1938 年 3 月日军进犯保德城，轰炸火烧，居民逃亡殆尽，1940 年县城遂定址在久已是“水旱码头”的东关一带。⑦ 由上文的分析，我们很难否认旧城水患的长期存在亦是此次迁城的重要因素之一。

---

① 张珩：《石渠记》，乾隆《保德州志》卷 11《艺文中》。

② 乾隆《保德州志》卷 1《因革·城垣》。

③ 同上。

④ 同上。

⑤ 《清代黄河流域洪涝档案史料》“1792 年（乾隆五十七年）”第 1 条，第 355 页。

⑥ 乾隆《保德州志》卷 1《因革·城垣》“杨永芳按语”。

⑦ 保德县志编纂办公室编：《保德县志》，山西人民出版社 1990 年版，第 7 页。

（四）河曲县城①

保德城以北的河曲县城同样位于黄土丘陵沟壑区，县城周回六里许，“三面皆临深沟”②，城区地势很不平坦，在城市水患方面表现出与保德城十分相似的特征，即城内之水为患严重。地方官府对城区排水问题向来重视。明万历年间巡抚侯于赵发动军士万余石砌城池，并筑城内水道：

> 分上、中、下三铺，上自文庙前左流，出木瓜崖下；中自中街出城后小井沟，一自西街流入小井沟；下自西南街流出城南雷家沟。③

乾隆二十九年河曲县城治移至河保营，旧城由巡检驻扎管理，修复城内水道的工作多由地方士绅任之。嘉庆二十四年，大雨，东、西水道俱坏，明年，邑人黄贞庵与族人黄廷石、廷举、廷绘等捐资修复城西水道，道光元年邑人苗千亩携族人捐资修复城东水道，民居“赖以奠安”。④ 道光二十二年，旧城一带大雨兼旬，城西水道复坏，明年又大雨，毁坏更甚，城垣因之崩颓，驻扎旧城的巡检戴振宗呼吁“乞之州尊、禀之县主、商诸邑绅士”加以修复，可惜史料中未见工程付诸实施的记载。⑤

五 结语

通过考察山西的12座城市，可以发现，频繁发生的水患严重影响着城区民众的日常生活。其在表现形式上可以分为两类，一为城外洪水之患，二即城内积水之灾。其中，洪洞、闻喜、太原、介休等城在两种水患形态上均有体现，夏县、垣曲、灵石、临县、兴县、静乐等城集中表现为外部洪水对城市的威胁，保德、河曲二城则突出地体现为城内水患现象严重。

由本文的探讨可知，区域年降水量的多寡与城市水患的轻重并无高度的相关性。我们注意到，晋南不少城市并无明显的水患问题，在降水较少的晋北却有大量水患严重的城市存在，而两地均有夏秋之季暴雨多发的现象，无疑，城市下垫面的优劣在其中起到了决定性的作用。一般来说，城市水患语境下的下垫面由城区一带的地形、河流沟峪、湖池等要素组成。研究发现，本文考察的12座城市的下垫面均不令人乐观，首先城区地势多不甚平坦，有的呈现为倾斜特征，有的则高下不一、沟壑遍布，这在

---

① 本文所言河曲县城是指乾隆中期以前的旧县治。乾隆二十九年河曲县治由今旧县村迁至河保营，故城设巡检驻扎管理，本文仍以城市视之。

② 道光《河曲县志》卷1《旧县城池》，道光十年刻本。

③ 同上。

④ 戴振宗：《劝修旧城西水道序》，同治《河曲县志》卷7《艺文类》，同治十一年刻本。

⑤ 同上。

遭遇较强降雨时极易造成洪流冲击街巷、积水成涝的状况。其次，除保德、河曲二城之外，其余10座城市均濒临河流或沟峪，其比降较大，每逢暴雨，洪水建瓴而来，往往对城区造成危害。另一方面，河流高含沙量的水文特征也加大了水患发生的概率。例如流经闻喜城的涑水河、夏县城的白沙河、太原城的汾河、临县的湫水河均有泥沙含量高的特点，大量泥沙长期淤积河底或堆积于河道一侧，势必会造成河道移徙，从而威胁到城市安全。兴县城的例子证实山地开发引起的水土流失能够恶化河流水文，值得重视。最后，城区湖池对洪水能够起到调蓄作用，从而可降低城市水患的破坏力，闻喜城内的污池、夏县城的莲花池、太原府城的西海子、黑龙潭等均发挥了缓冲城内洪水的功能。但若来水量过大，湖泊池塘反而会成为加重城市水患的因素，闻喜污池浸灌民房的例子就是极好的证明。

地方社会的拒水之策实际均是围绕改善城市的下垫面条件而展开，这些举措包括筑堤防、浚城濠、挑引河、建瓮城、掘水道、凿（扩）涝池、辟水门等，十分丰富、多元。有学者在对明清时期江汉平原洪涝灾害进行考察时指出，江汉平原的御患手段存在“单一化”特征，即高度重视堤垸的修筑。① 在本文所揭示的拒水之策中，虽然堤防修筑同样是最为重要的手段，但其他对策也被较广泛地使用，或防、或疏、或蓄、或排，不一而足，拒水之策已明显体现出“多样化”的特点。有必要特别指出的是，文中不少护城堤堰的修筑技术也是较为先进的。譬如先深植木桩再于其上垒石筑堰的方式、薪土石三者合一的堤坝构成、主堤之外再筑月堤的手段、遍植柳树以稳固堤防等，均值得推崇。此外，为保证拒水设施——如城外堤堰和城内水道——能够长久发挥功效，有的城市还推行“岁修”之制，也是很有意义的举措。凡此种种，我们有充分的理由认为，明清黄土高原城市中的御水防洪手段已经十分成熟，足可为今天的城市防洪工作提供借鉴。

城市与水患所构成的“界面”，同时也成为我们了解地方社会的一条重要进路，在这个平台上，我们清晰地看到了州县官、僚属、士绅、民众多方构建起的“关系网络”。其中，地方官员在防治水患的行动中角色最为重要，诸如提出御患方案、捐献薪俸以为治水之资、联络地方精英、发动民众实施等，均需基层官员亲力亲为，他们实际起着领导者和组织者的作用。士绅群体的作用也值得重视，在防治水患行动中，士绅是重要的“参与者”，其角色是不可或缺的。作为地方精英，他们熟悉地方事务，能够左右社会舆论，同时拥有雄厚的经济实力，是地方官府所倚重的对象。我们注意到，许多防治水患行动的最初呼吁者正是地方士绅，即便治理水患的想法最先由州县官员提出，他们也多会事先征询士绅意见，在达成一致之后，士绅富户通常会慷慨解囊以助官府一臂之力。围绕城市水患的防治，官府与士绅之间俨然形成了休戚与共的“共同体”。相较州县官和士绅，僚属和民众的身影在本文中并不多见，前者实际上扮演了州县官“跟随者”的角色，地方民众则是拒水行动的“被组织者”。

本文的研究揭示，对于向来缺水、旱灾易发的黄土高原地带，水患问题同样是不

---

① 张修桂、左鹏：《明清时期的洪涝灾害与江汉社会》，载《自然灾害与中国社会历史结构》，复旦大学出版社2001年版，第396—397页。

容忽视的环境现象。未来我们在进行黄土高原水环境史或社会史研究时，应切实认识到“水利”与“水害”的不同，更加注重对“水害”问题的探讨。以城市水患而论，我们除探讨水患的发生与社会应对问题之外，完全可以进一步延伸思路，譬如洪水对城市水环境的塑造、拒水之策产生的环境效应、民众的“城市水生活”等，均是大有用武之地的重要课题。相信每一位学者均不会否认：关注“水利”的同时，对“水害”给予足够的重视，是构建黄土高原“整体的”水环境史或社会史的必经之途。

（作者单位：山西大学中国社会史研究中心）

试析政治地理因素对杭州“西溪”地名含义变迁的影响

范今朝　刘姿吟

一　引言

政区地理学，也即行政区划方面的研究，是政治地理学的主要内容之一。在行政区划的变更中，可以涉及高层政区、统县政区、县级政区和县辖政区各个层面①，均可与地名含义的形成发生关系。其中，目前国内学术界对县级政区及其以上层级政区的研究较多，而较少研究县辖政区。本文则主要关注县辖政区层面的演变。

地名是人们对具有特定方位、地域范围的地理实体和地理区域所赋予的专有名称。地名的含义，尤其是其所指对象和范围，与行政区划和政区建制息息相关。一个地名的确切含义的形成，往往与其所指称的地域成为一个相对独立的政区（即具有一个独立的行政区划建制）有关；而反过来，行政区划的改变（尤其是分析、撤并、更名），也会使一个原本内涵和外延清晰的地名逐渐产生歧义，其所指会有所变化，范围会变得模糊。

杭州“西溪”② 地名的演变过程，就是这样一个例子。

二　关于“西溪”名称含义的界定和理解

“西溪”作为杭州城市发展史上一个重要的地名，也是目前被广泛使用，并有大量相关及派生地名存在的重要地名，对其的界定和说明当然至关重要；把握不当，在对其的使用中就可能出现不准确之处。事实上，对杭州西溪的认识，古代时期还是较为

---

① 周振鹤：《行政区划史研究的基本概念与学术用语刍议》，《复旦学报》2001 年第 3 期，第 31—36 页。

② 需要说明的是，历史上“西溪”这个地名不单单出现在浙江杭州，江苏泰州等地也有这个地名出现（陈钧：《北宋三相与东台西溪》，《盐城师范学院学报》2007 年第 4 期）；甚至浙江省内的宁海、永康、丽水、建德、安吉等地，亦都有以“西溪”为名的村落名或河流名（陈桥驿主编：《浙江古今地名词典》，浙江人民出版社 1991 年版，第 245—246 页）。本文中所提到的“西溪”，专指杭州市区（八区）范围内的西溪。

清楚的，问题主要是近现代以来所产生，即有着一个从清晰到模糊，再到当代逐渐清晰的过程；这一过程，也是伴随着西溪地区的兴衰起伏而出现的。

大体说来，古代阶段，西溪之名的含义较为清晰和一致，虽有变化，但时人在认识上和表述上基本一致，较少歧义和错误。从20世纪40年代末期到90年代末期，由于各种原因，西溪逐渐不彰，西溪之名的内涵和所指也发生很大的变异；而人们对西溪名称的认识也在此阶段出现偏差①。直到21世纪以来，随着西溪湿地保护工程的实施和西溪国家湿地公园的建设，西溪才重回大众视野，并得到较多研究。但就对其名称的理解和认识而言，仍然存在很多简略和不周之处。

（一）关于“西溪”名称含义的现有研究状况和进展

就对西溪名称的研究而言，以笔者所见，近年来较之20世纪90年代之前，取得了较大的进展，当然多是在讨论其他问题时顺带提及，专门论述此问题的还是较少。在如下为数不多的文献中，论及了西溪名称的含义及其相应的范围，较有启示意义。

1999年，陈谅闻在其论文《“西溪”和“西湖”两个风景区的比较研究》中，虽然未专门论述西溪的范围，但绘制出一幅他所确定的西溪位置图，标出西溪的范围②。

2004年，赵福莲、钱明锵所著的“西湖全书”之一的《西溪》卷中，在其中的“西溪地理”、“西溪兴衰”两章中，系统阐述了“西溪”名称的含义和范围，以及不同时代的大致情况。这里，论者已经区分了“西溪”的河流含义（“西溪的溪流”）和区域的含义（“历史上的西溪风景区”）两种情形，并分别做了界定③。当然，对其含义的区分还有未尽之处，而各种含义的演变过程也未详细阐述。

2006年，程杰在其论文《杭州西溪梅花研究——中国古代梅花名胜丛考之二》中，也专辟“关于西溪”一节，简明而系统地叙述了西溪一名的含义和所指，即首先是水名，二是市镇、村里名，三是区域名。该文的分析简明、清晰，且将历史时期的含义演变也考虑进去，颇有见地④。惜其论述的重点不在地名变迁方面，仅是点到为止，且有的论述也有不甚准确之处。

2007年，由王国平总主编、林正秋等执笔的《西溪历史文化探述》中，对西溪

① 如1986年出版的《中国历史地名词典》（复旦大学历史地理研究所中国历史地名词典编委会编：《中国历史地名词典》，江西教育出版社1986年版，第281页）中，收录了“西溪”和“西溪镇”两个词条，其中对“西溪”的解释仅包括了陕西华县西的渭水南岸支流的“西溪”，未提及杭州西溪。“西溪镇”一条则提及3处，即今江苏东台县西南的西溪镇，今浙江杭州市西南的留下镇和今福建古田县西北的西溪镇；其对杭州西溪的解释为：“北宋置，即今浙江杭州市西南留下镇。南宋建都临安，拟筑行宫于此，改名留下。”此种解释过于简略，且有不甚准确之处，即所谓“南宋建都临安，拟筑行宫于此，改名留下”似是而非，因当时并未改名，“留下”之名当为明代中叶之后才正式使用。1988年出版的《辞源》，收录了杭州西溪，但其解释则大谬：“西溪，水名。1. 在浙江杭州市灵隐山西北，为杭州胜景九溪十八涧之一。见《读史方舆纪要》九十，杭州府仁和县”（《辞源》修订本，商务印书馆1988年版，第1546页），竟称“西溪”为“九溪十八涧之一”，其错误不值一驳。

② 陈谅闻：《“西溪”和“西湖”两个风景区的比较研究》，《浙江大学学报》1999年第2期。

③ 赵福莲、钱明锵：《西溪》，杭州出版社2004年版，第6页。

④ 程杰：《杭州西溪梅花研究——中国古代梅花名胜丛考之二》，《浙江社会科学》2006年第6期。

的名称和范围等进行了更为细致、全面的分析。该文区分了西溪名称的 4 种含义，一为水名；二为山名；三为镇市、乡村名；四为路名、片名。并论述了西溪不同时期的范围，提出了“大西溪”、“中西溪”和“小西溪”的概念①。文中论述了西溪名称不同时代的演变，但未能论述诸种含义先起、后起的关系，亦未分析这种演变的原因。

2010 年，由朱金坤总主编的《西溪文化》丛书中的《西溪筑迹》一本中，作者在“引子”中专门论述了“西溪的历史沿革和范围界定”，也提出了“大西溪”、“中西溪”和“小西溪”的概念②。

（二）关于“西溪”名称几种含义的区分

综合有关论述，我们可以概括一下西溪的名称含义。从地名学的角度而言，西溪作为地名，在使用上，有时区分专名、通名而“西”、“溪”并用，有时“西溪”合在一起作为专名而另加通名，也有时合为专名而省略通名使用；这里，“区分专名、通名并用”与“合为专名而省略通名使用”最易混淆，需要仔细区分。具体而言，笔者同意前述有关学者对西溪之名的分析，即可分为如下的几种含义：第一，为水名，即所指为“西溪河”这条河流；第二，为市镇名，即所指为聚落；第三，为区域名，即随着聚落的发展，西溪已不再单纯指西溪河或西溪市，而是扩展为杭州城区西部的一片特定区域，人们把这片区域都叫作西溪。

这里，笔者认为，实际上应区分两个方面来看：第一，“西溪”单独使用时所具有的含义；第二，“西溪”作为专名，后再加上不同的通名时所具有的意义。

1. “西溪”单独使用时所具有的含义

（1）河流名，即水名。这一点殆无疑义。只是，作为水名，有一个逐渐扩展延长，且从一条河流变为区内所有支流水系的过程。又可以分为两种情形：其一，西溪为西部山间的小河，即“杭州西部山间之溪”，即西为专名，溪为通名；其二，西溪为专名，河或水缺省，为“西溪河”之义，即“叫西溪的那条河”。

（2）聚落名，村落、市镇之名。其地当在今留下镇区。但明代中叶之后，逐渐为“留下”之名所代替，不再作为聚落名称使用，故逐渐不彰。但使用中，往往省略通名“村”、“里”或“市”、“镇”。

（3）区域名，即前述含义时，均可有不同的区域范围，但缺省通名，就容易混淆。可以是“西溪”的溪水所流经的区域，可以是“西溪河”所流经的区域，可以是“西溪村”、“西溪里”范围内的区域，可以是“西溪市”、“西溪镇”管辖范围内的区域；当然，也可以是今天的如西溪街道、西溪校区、西溪湿地公园等的范围内的区域。

---

① 王国平总主编：《西溪历史文化探述》，杭州出版社 2007 年版，第 3—7 页。

② 朱金坤总主编：《西溪筑迹》（余杭历史文化研究丛书·《西溪文化》丛书之一），西泠印社出版社 2010 年版，第 3 页。

2. “西溪”作为专名，后再加上不同的通名时所具有的意义

从古至今，也可见很多，如：西溪镇、西溪市、西溪里、西溪河、西溪山、西溪路、西溪街道、西溪校区、西溪国家湿地公园等。因其含义与特定通名有关，也与不同时期使用专名“西溪”在当时的含义有关，故较为明确，不易混淆。

显然，本文主要研究第一种情况。

（三）关于“西溪”名称含义现有研究的不足

随着杭州西溪国家湿地公园的建成，10余年来，对于西溪的研究，日益扩展和深入。许多之前不甚准确的表述，也逐渐得到澄清和修正。但在笔者阅读有关西溪的古代文献与近今的研究成果的过程中，发现有一个方面的问题，似乎未引起学术界乃至社会各界的注意和重视，即关于“西溪”的名称本身，其作为一个地名，到底是什么含义，指称的对象为何，范围怎样，以及这种含义和范围的扩展与迁移的演变过程，乃至这种演变背后的历史、地理、社会、经济和文化等方面的原因，等等，尚缺乏系统的论述和深刻的揭示。

这种结果导致在当代许多的表述和论述中，存在诸多错误（较早时期）或“似是而非”及“想当然”的论断（近期情况）。事实上，“西溪”及其所指称的对象或区域，有一个逐渐形成、扩展乃至迁移的过程。这一过程，既有自然环境变迁的影响，更有历史时期该区域的经济、社会发展，以及城镇、村落演变的原因，还有外界的文人学士、佛道信众等对该地“意象”的“认知”的叠加。因此，有必要对“西溪”之名在历史不同时期的含义做一番细致的梳理，同时，也必须对该区域的区域开发史、区域历史地理进行综合的研究，才能解释和揭示西溪名称演变背后的深层原因。这些都是此前的研究所忽视的。

具体而言，前述有关对西溪名称的研究，其失在于：

第一，对西溪名称的各种含义虽做了区分，但相互关系未加以揭示，如孰先孰后，如何引申和派生；第二，就西溪名称的每一种含义而言，未揭示其各自在不同时代含义的演变及范围的变化；第三，西溪名称含义变化背后之原因，未加以揭示。

因此，笔者认为，应该从历代文献、文本入手，按照当时人们的认识，客观地复原不同时期西溪名称的含义和所指范围，并结合当时的历史地理状况，进行合理的推论，而非从后人的认识出发任意叠加。

（四）历史时期“西溪”名称的含义变化与本文的研究重点

历代古籍中，出现了很多描写西溪的文字，涉及今西溪区域的自然、人文等发展状况的史料也早及汉唐[①]，但“西溪”合在一起使用作为正式的地名，则出现较

---

① 如林正秋在其《杭州古代城市史》第四章《杭州西溪湿地史略》中，有“汉唐湿地的形成”一节，举出一些唐代之前涉及今西溪地区情况的史料。见林正秋《杭州古代城市史》，浙江人民出版社2011年版，第68—69页。

晚。现在一般认为“西溪”之名出现于唐代，但该说法为清朝倪璠撰写的《神州古史考》中所载①，尚不能确证；“西溪”名称正式出现于北宋文献。当然，需要说明的是，就“西溪”之名所指代的对象，不论是河流，还是市镇或区域，其地均早已存在，不独唐宋时期才有。但就西溪之名而言，是在唐代尤其是北宋之后，才正式出现的。

从笔者所掌握的资料来看，“西溪”名称正式出现于北宋文献，但唐代的情况在后人记载中也有提及。南宋关于临安的文献迅速增多，有多处关于“西溪”的记载；元代少见；至明代中叶以后再次多见，明末清初且出现关于西溪的专书；民国以降，文献和相关记载亦多。我们可以在这些关于杭州及西溪的文献中，找出相关的记载进行研究。

具体研究过程和文献情况这里不赘述（笔者将另文对此专门论述）。从各项材料来看，“西溪”之名在南宋时期和明代中叶之后，其三种含义均有所发展和扩展；而清末以来则有所缩小和变异。在梳理“西溪”名称变迁的过程中，笔者发现其变化过程与政治地理因素有密切的关系。因此，这里笔者仅就政治地理因素对地名含义变化的影响，以西溪为例，略陈管见。

三　政治地理因素对西溪名称含义演变的影响

一个地区地名发展的正常过程，应该是随着人们对该地的逐渐开发，聚落形成，社会经济文化随之发展，则对该地的认识逐步加深，地理认识扩展，地名逐渐形成，人们对其含义的认知也逐渐形成；并随着该地的正式建置，而使得该名称的含义得以固化；再随着进一步的发展，以及人们对其认知、意象等的深化或增加，其内涵会发生变化，地名所指范围亦随之扩展；但均是从某个核心区向外扩展，核心区不能有过大的变动。“西溪”之名的含义从唐宋以来至清末民初，就是这样一个发展过程。而近代的衰落及其地名的变异，内涵的变化和偏离，则是新的特殊的因素介入所致，即该地政区地理格局的变化所导致。兹分论之。

（一）政区建置对地名变迁的影响——兼论西溪兴盛之原因

从宋代（尤其南宋）存世的文献，如北宋的《元丰九域志》②，南宋的全国性的地理总志《舆地纪胜》、《方舆胜览》等，著名的“临安三志”——《乾道临安志》、《淳祐临安志》、《咸淳临安志》，以及一些文人学士的描述，如吴自牧的《梦粱录》、周密

---

① 赵福莲、钱明锵所著《西溪》称：“《神州古史考》载：‘唐有西溪市。’”（杭州出版社2004年版，第4页）但经检核，未查到原文。

② 《元丰九域志》记及钱塘县有“一十一乡，南场、北关、安溪、西溪四镇”，说明北宋时“西溪”已经设“镇”，为准行政区之意。转引自王国平主编《西湖文献集成》第1册第1辑《正史及全国地理志等中的西湖史料》，杭州出版社2004年版，第85页。

的《武林旧事》等的记载①，笔者认为，宋代（尤其南宋时期），“西溪”实际上更主要的是以（准）行政辖区之名的含义而使用，即“西溪市”、“西溪镇”辖区的含义，较之西溪市所在地的聚落“西溪里”（今留下镇区）范围要广得多。这里，实际上涉及宋代（也包括明清时期）县辖政区的体制问题。对此，余蔚在其《宋代的县级政区和县以下政区》一文中，有过细致的论述，提及：“在宋代，县以下还形成了一个政区层级，这个层级包括偏重于经济目的的监、场，偏重于军事目的的寨、堡，然而最重要的当属镇。”②

因此，南宋时，“西溪”应主要为（准）行政辖区之名，即“西溪市”、“西溪镇”辖区的含义。这一点基本为论者所忽视，故笔者这里着重指出，以供讨论。

除了前引余蔚的论证外，笔者还有一个进一步的看法。笔者推测，南宋时，行政管理可能分为两个系统：一个是如市区为坊、巷，郊野为县、乡、里的明确的空间划分，主要为户籍管理的需要；而另一个则为城、镇、市体系，主要为工商业管理方面。二者并用。则西溪有“西溪里”之义（即钦贤乡的6个里之一），为前者，但很少用；也有西溪镇（市）之义，为后者，管辖范围就较大，可认为今杭州西郊的大部分（尤其南部）为其管辖（北部为安溪市管辖），也是其当时较为甚至更为常用之义。

这样的推论也可以找到旁证。如《咸淳临安志》卷21《疆域六》在介绍桥梁时，分府城、钱塘县并列，府城内包括城内河道、“城南左厢”、“城北右厢”；“城北右厢”条下，分为：“右并在西湖上南北山及沿城一带”、“右并在钱塘门外至羊角埂及古塘里”、“右并在余杭门外”；“御街”。“钱塘县”条下，分两部分介绍，分别为“右并在徐范村”和“右并在余杭塘调露乡安溪奉口”等③，这些实际上说明当时的分区方式，也是管辖范围。这里，结合“右并在余杭塘调露乡安溪奉口”、“右并在钱塘门外至羊角埂及古塘里”、“右并在西湖上南北山及沿城一带”，我们基本可以大致区分出西溪所辖之界（即“余杭塘调露乡安溪奉口”区域为“西溪”、“安溪”分辖，南至北山，东至古塘里）。

而此期，笔者认为，“西溪”作为旅游地的含义还未出现。周密在《武林旧事》

---

① 如《咸淳临安志》卷19《疆域四》：“钱塘县：浙江市（去县十一里），北郭市（去县二里），江涨桥镇市（去县八里），湖州市（去县五里），西溪市（去县二十五里），赤山市（去县十里），龙山市（去县十五里），安溪市（去县五十五里），半道红市（去县四里）。”说明“西溪”有“西溪市”的含义，而这里，“市”与“镇”含义类似，为准行政区之意。《咸淳临安志》卷20《疆域五》：“钱塘县管十三乡（《太平寰宇记》云旧二十五乡，国初十乡）：履泰南乡（管里三）；履泰北乡（管里六）；惠民乡（管里六）；调露乡（管里六）；灵芝乡（管里五）；孝女南乡（管里四）；孝女北乡（管里五）；崇化乡（管里六）；钦贤乡（管里六：泾山、西溪、韩家、篠弄、东木、上步）；定山南乡（管里四）；定山北乡（管里四）；长寿乡（管里四）；安吉乡（管里三）。”说明“西溪”有“西溪里”的含义，为聚落之意。引文见（南宋）潜说友纂《咸淳临安志》，浙江省地方志编纂委员会：《宋元浙江方志集成》，杭州出版社2009年版，第151、154页。其他文献亦有类似记载。

② 余蔚：《宋代的县级政区和县以下政区》，载《历史地理》第21辑，上海人民出版社2006年版，第73页。

③ 潜说友：《咸淳临安志》，浙江省地方志编纂委员会《宋元浙江方志集成》，第176页。

中提及的“西溪路”①，可能就指的是单纯的道路而已。即使退一步，西溪路为一处景区，也是附属于北山景区之内，且其路线亦翻山而至，而非如明末之后的从松木场乘船而至。换言之，即使“西溪”有了旅游区的含义，也是刚有雏形，总体上还附属于西湖的北山景区。

故而，西溪之所以成为该区域名，实与其北宋、南宋时设立西溪镇、西溪市，明时设立西溪税课司（局）②，清代设立西溪务③、西溪镇④等有关；实际上均是县以下的（准）政区，且有其相对明确的管辖范围。这也是该名称之后能够涵盖全区（不仅指西溪镇区，而且指这个区域）的主要原因。正是在其首先具有的政区的含义后，该区内的其他地名或新增景观、实体，才亦以西溪命名，也才能够为人们所接受，而成为旅游区名等。

（二）政区调整对地名变迁的影响——兼论西溪衰落之原因

正如政区建置成就了西溪名称对全区统辖的地位，也恰因政区调整，主要由于清末民国以来，该地本身行政地位的变化以及杭州行政区划的调整和政区地理格局的变动，西溪所指的区域范围才发生变动，西溪之名遂逐渐变异。主要表现在两个方面：

1. “西溪”（准）政区名称为“留下”之名所取代而其含义变得模糊

西溪何时正式称为留下，现难确定，作为聚落，应该是不早于明代嘉靖年间；作为县辖政区的（准）行政区域的含义（如西溪务等），则要晚得多，但至迟也不晚于清末。聚落名的含义中，村里之名不再使用，而市镇之名则明中叶之前，很可能依然称为“西溪”，如嘉靖《浙江通志》所记及的“西溪税课局”，吴本泰的《西溪梵隐志》所称的“西溪税课司”等，说明“西溪市”、“西溪镇”均还有使用。但明中叶后，作为聚落的镇区所在地之名应该正式改为留下（至少嘉靖年间还称西溪，留下为俗名⑤），同时人们也还习惯性地称其为“西溪”，直至清末（如清光绪四年即1878年《浙西水利备考》中的《钱塘县水道图》，已经明确标出留下镇、瓶窑镇、闲林镇、三

---

① 如《武林旧事》卷5《湖山胜概》分当时的杭州胜迹为南山路、西湖三堤路、孤山路和北山路，其中“北山路”包括：“自丰乐楼北，沿湖至钱塘门外，入九曲路，至德胜桥南印道堂、小溜水桥、黄山桥、扫帚坞、鲍家田、青芝坞、玉泉、驼巘、栖霞岭、东山、同霍山、昭庆教场、水磨头、葛岭、九里松、灵隐寺、石人岭、西溪路止。三天竺附。”其后，提及的“西溪路”，也仅记有一个“毕宫师墓”。引文见孟元老等《东京梦华录·都城纪胜·西湖老人繁胜录·梦粱录·武林旧事》，中国商业出版社1982年版，第95、112页（《武林旧事》部分）。

② 嘉靖《浙江通志》卷14《建置志第二》之二《钱塘县治》：“西溪税课局：在县西二十七里。”吴本泰《西溪梵隐志》卷1：“西溪税课司，在县西二十七里，西溪市。洪武中建。成化四年并安溪、奉口税课司，后复另置。”“安溪、奉口税课司，在县西北五十里，洪武中建。后归并西溪镇。”

③ 清雍正九年《北新关志》图中有“西溪务”注记。参见伍彬主编《杭州古旧地图集》，浙江古籍出版社2006年版，第257页。

④ 《大清一统志·关隘》载：“西溪镇：在钱塘县西北二十七里。又安溪镇，在县西北五十里。明洪武中设西溪及安溪奉口课税司。”该条记载转引自王国平主编《西湖文献集成》第1册第1辑《正史及全国地理志等中的西湖史料》，杭州出版社2004年版，第339页。

⑤ 如田汝成《西湖游览志》第10卷、《北山胜迹》载：“过岭，为西溪。西溪，居民数百家，聚为村市，俗称留下。”

墩镇等①)。

因此,“西溪”(准)政区名称为“留下”之名所取代,成为“西溪”之名开始变得模糊的转折点。所谓“成也萧何,败也萧何”是也,西溪之成,恰巧是宋代建制镇的萌芽时期(称西溪镇、西溪市),西溪之败,也是清末民初的建制镇普遍化时期(改称留下镇、留下区)。

2. 行政区划变更(行政区域界线调整)则使“西溪”之名的含义发生变异

虽然清末至民初县辖政区不再以西溪命名,但作为当时“旅游区”的西溪含义而言,其固有含义仍基本保持,范围亦一仍其旧(只是界线模糊而已);民国至新中国成立后的行政区划的变化,尤其是本区行政区域界线的频繁调整,对西溪地区近代以来的衰落和地名内涵的变异具有举足轻重的影响;某种程度上可以说是致命的。其中,影响最大的是这样几次调整②:

(1)民国元年(1912)至1927年之间,钱塘、仁和两县合并而为杭县,西溪地区为杭县履泰区所属,大致包括今古荡、留下、蒋村、五常四个乡级区域行政范围。这与清末隶属于钱塘县没有实质性区别,本区还为一完整的区域。西溪名称内涵亦无变化,仍兼有水南山区与山北平原地带。当时诸多文人墨客们仍留恋西溪美景并留下了许多文字优美的游记等,也说明了这一点。

(2)1927年后,情况发生了很大的变化,即杭州市从杭县分出。虽然本区的核心部分仍然都属于以留下镇为中心的留下区管辖,但一些边缘地带(尤其是东部西溪河下游)则开始分离。尤其影响大的地方在于,西溪自此与杭州市主城区分离,与西湖游览区分离,则西湖旅游开始逐渐少地涉及西溪地区,这对西溪的旅游活动发展冲击甚大。杭州设市之后,范围不含北山之北,西溪核心区全部不在市区之内。此时,介绍杭州市乃至西湖风景区的文字,便不再包括西溪在内(其他原来的景点和景区均在,只有西溪景区不再纳入)。这就对西溪的发展造成很大的负面影响。而杭州市为了保持西溪之名,就逐渐将位于市区的西溪地区的东部地带(及其下游河段)称为西溪(和西溪河)了。

(3)1949年后,本区的行政区划调整更加频繁,原杭县经历多次变动,一部分划入市区,一部分划属余杭县。余杭县(2001年又改为余杭区)是1961年4月,由原老余杭县和原杭县大部分合并而成的;其前、其后,经历过1950年、1953年、1957年、1958年、1961年、1980年的多次调整。

调整中,最可惜的是,原来西溪与留下是一而二、二而一的关系,二者唇齿相依,不可分割;但1949年后,几经变迁,留下镇区与西溪湿地区域分属不同政区,则杭州的西溪不得不迁,在原来大西溪的最边缘区域,设立西溪街道;这虽然不能说是大错误,但也有小瑕疵(其实,今天的西溪街道,称为马塍街道,庶几更为贴切)。

因此,可以认为,西溪之名发生重大变异,主要是由于民国和新中国成立后行政区划的分割,导致杭州不再辖有西溪全部,且西溪核心区南北的留下镇区与河渚地区

---

① 参见伍彬主编《杭州古旧地图集》,第254页。

② 具体过程参见余杭县志编纂委员会《余杭县志》,浙江人民出版社1990年版,第1—6页。

分离，导致西溪之名先是迁移到原大西溪的东部边缘（西溪街道），再是指代西溪核心区的北部地区（西溪湿地）。则在新时期恢复西溪之时，西溪原有含义多为近现代新起之含义所掩盖。

（4）当然，20世纪90年代后期，随着杭州行政区划的调整，1996年，蒋村乡等划入杭州市区，2000年，余杭也全境划入，则西溪地区重新成为一个完整的区域，成为可能。

以所谓“西溪核心区”的概念而论，即留下镇区为中心，东至古荡，西至闲林东部，南为西湖群山北部之阴，北至余杭塘河，大约相当于1949年之前的杭县留下区所辖范围（参见《杭县志稿》“杭县县境图”①）。1927年之后的行政区划变动，导致先是东部的西溪上游、下游分割，后是南北的溪南、溪北分割（溪南政区称留下，溪北又不属于杭州，西溪之名迁移至原西溪边缘区，导致名称内涵发生严重变异），和西部的五常、蒋村分割（先是不属于杭州，也就不能称呼为西溪；再是区划调整不彻底，蒋村和五常分离，导致西溪湿地被隔断）。现在重新以西溪湿地为核心重建西溪地区，也是亡羊补牢之举。现“西溪”之名，其所指的区域范围，就目前而言，已经重点指向今西溪湿地区域，而把其原先的最核心的今留下镇区部分及其以南部分排除在外了。

四 结语

杭州“西溪”名称的各种含义，在不同时期，其所指称的对象具有范围的盈缩与重点的变化。之所以会发生这种扩展与转移，其原因与西溪区域的自然环境变化和经济、社会发展过程有关，也与其与杭州中心城区的相互关系以及外界对其的“认知”有关。这其中，有三个时期的三方面的因素最为重要：

第一，南宋时期“西溪市”的繁华，使得原先仅作为山间小溪的“西溪”之名，扩展为指称聚落的“西溪（市）”之名。再随着后世西溪地区的开发，而扩及以其为中心的、其所管辖的区域。这是后来西溪转而为指称一个区域的重要原因。

第二，明代中期之后至清末民初的西溪北部地区的开发与宗教活动、旅游活动的开展，导致人们对西溪地区的认知，从山间之溪的景观逐渐演变而为平畴之溪的景观，进而西溪所指代的区域亦随之扩展到北部的“河渚”地带。

第三，近代以来，由于各种因素的影响，西溪开始衰落。其中，1927年后杭州市建制形成，西溪核心区与杭州市区脱离，尤其是1949年后西溪核心区（以留下镇为中心的区域）所在的杭县又分属杭州市和余杭县，本区在行政区划和管理方面更为支离破碎，是导致西溪近现代衰落的重要原因。这种情形一直延续到20世纪90年代末叶，随着杭州市行政区划的调整，西溪地区重新成为杭州的西溪，方才复兴。这一过程，也使得西溪名称的含义和指称范围在近现代发生变异。

因此，在“西溪”这一地名含义变化的过程中，政治地理因素（具体到本文所论，

① 余杭县志编纂委员会：《余杭县志》，第3页。

即政区地理、行政区划的变化）起到了重要的作用。对“西溪”之名而言，起初不过是一条山间小溪，之后其旁的聚落兴起，遂亦以此命名；而其成为能够涵盖杭州西部一大片区域的名称，则主要是由于具有政区含义的“市”、“镇”以之命名，借此“西溪”之名在具有政区的含义的基础上，转而该政区所管辖之地都为“西溪”所涵盖。而到清末及以后本地政区正式改称“留下”（“镇”或“区”或“街道”等），以及原有辖区被不同政区分割，“西溪”因而逐渐成为模糊的区片名，其所指称的地域也发生变化和移转，导致其含义扭曲、变异。当然，特殊也幸运的是，由于其地旅游活动的兴盛，也由于西溪之名的富于美感价值，在明代中叶以后其也具有了旅游区的含义（但其成为政区之名是转化的关键）；并在旅游活动兴盛时而得以复兴。即使如此，也恰是由于其不再为政区名，才导致近代以来，该名、其地几乎废弃不用、无人问津的命运。如果不是西溪湿地的兴起，则西溪之名所指代的地域空间可说无法落实。

扩而广之，政区与地名之关系，犹似实体与名分（身份）之关系。一个地名要稳定存在，范围清晰，与其正式的行政建制密不可分。一旦行政建制变化，其内涵就必然发生变化。其中，若“上行”，即政区等级升格，或辖区范围扩大，则其名称所指也就扩大，这一点容易理解也易被接受；而若“下行”，即或政区撤销并入其他政区，或等级降格，或改名，其名称所指就缩小，或模糊。“下行”的情况中，如果转化成区片名，则还可使用（但重要性降低）；而若无此机会，一些名称就消失、废弃；反过来，其原所代表的地域也就模糊，甚至泯灭。所以，行政区划的变更，即使仅仅是单纯的命名或改名，亦须慎重。一个地方设立正式的政区（当然就此而有一个正式的地名），是该地区、区域获得独立身份的关键和枢纽；这就如同一个人一样，一旦出生，就需有一个正式的名字，反过来，赋予一个生命正式的名字，就标志着外界承认其独立性和独特的地位。对此，笔者亦曾经以“合法性”、“合宪性”等来论述之[①]。从这里，我们再一次深深体会到行政区划、政区格局的重要性；某种程度上，政区具有天然的、先在的、自然法方面的意味，需要我们审慎对待。

（作者单位：浙江大学地球科学系）

① 有关详细论述可参见范今朝《仁政必自经界始——中国现当代城市化进程中的行政区划改革若干问题研究》，浙江大学出版社2011年版，第235—251页。

汉代司法管辖制度与政区地理

闫晓君

研究汉代地理，《汉书・地理志》是最主要的参考资料，但它反映的主要是汉哀、平帝时期的基本情况，对秦代和汉初的情况虽略有追述，但其中疏误也不少。汉代的政区地理实属难以研究，盖因此而已。前代学者及时贤对《汉书・地理志》多所订正①。张家山汉简《奏谳书》中的22个案例时，涉及汉初的政区地理问题及与此相同的司法管辖问题。从有些案例中所反映出的司法管辖关系，可以发现汉初的某些政区地理问题有与前人的研究成果不同者。本文通过对《奏谳书》中有关汉初地理的考述，提出一点自己的新见解，同时对汉代的司法管辖制度做一些初步的探讨。如有不妥之处，敬请方家驳正。

一 汉代的司法管辖问题

秦汉时期的刑事案件一般也按地区进行管辖。所谓地区管辖，即对案件的告发及相关人犯的逮捕、鞫讯、审判权一般均由案发地司法机构管辖。由于中国古代一般由地方行政长官兼理司法，也就是说，地方行政长官也是地方的司法长官，其行政权与司法权合而为一，因此，其行政、司法权的效力又往往以行政管辖的区域为界，出界则无此权力。

举告罪犯，提起诉讼，一般都要到当地官府提起诉讼，张家山汉墓竹简《具律》："诸欲告罪人，及有罪先自告而远其县廷者，皆得告所在乡，乡官谨听，书其告，上县道官。廷士吏亦得听告。"②

地方发生的刑事案件由案发地的司法官吏和机构进行侦破、逮捕并鞫讯审判。其他郡县则无权管辖，如《后汉书・李章传》中记载："出为琅琊太守，时北海安丘大姓夏长思等反，遂囚太守处兴，而据营陵城，章闻，即发兵千人，驰往击之。掾史止章曰：'二千石行不得出界，兵不得擅发。'章遂按剑怒曰：'逆虏无状，囚劫郡守，此何

---

① 如清代学者全祖望撰有《汉书地理志稽疑》，王先谦在《汉书补注》中多所订正，尤其是王国维《汉郡考》一文创获尤丰，今人周振鹤在前人基础上，将历史文献与汉代简牍中有关地理的珍贵史料相结合，完成了《西汉政区地理》一书，仍是目前研究西汉政区地理的权威之作。

② 张家山汉墓竹简整理小组：《张家山汉墓竹简（二四七号墓）》，文物出版社2001年版，第148页。

可忍，若坐讨贼而死，吾不恨也。’遂引兵安丘城下，募勇敢烧城门，与长思战，斩之。”《淮南王传》：“南海民处庐江界中者反，淮南吏卒击之。”庐江当时为淮南国属郡。

如果盗贼或被追捕的刑事犯逃出郡界、县界，也往往由案发地的官员进行追捕，如张家山汉简《捕律》规定：“群盗杀伤人、贼杀伤人、强盗，即发县道，县道亟为发吏徒足以追捕之，尉分将，令兼将，亟诣盗贼发及之所，以穷追捕之，毋敢□界而环(还)。”[①]《淮南王传》记载：淮南王刘长“令男子但等七十人与棘蒲侯柴武太子谋，以辇车四十乘反谷口，令人使闽越、匈奴”。“谷口”在长安北，汉初属长安管辖，应由长安管辖。案发后，“大夫旦”、“士伍开章”藏匿在淮南，“长安尉奇等往（淮南国）捕开章”。

一般藏匿在其他郡县的罪犯，案发地的司法官员往往须请求罪犯所逃往的郡、国、县的司法机构及官吏进行协助，而这些郡、县也有义务捕捉这些逃犯。如《后汉书·党锢列传》：苑康为太山太守，“是时山阳张俭杀常侍侯览母，案其宗党宾客，或有迸匿太山界者，康既常疾阉官，因此皆穷相收掩，无得遗脱”。《后汉书·曹褒传》：“初举孝廉，再迁圉令，以礼理人，以德化俗。时它郡盗徒五人来入圉界，吏捕得之，陈留太守马严闻而疾恶，风县杀之。褒敕吏曰：‘夫绝人命者，天亦绝之。皋陶不为盗制死刑，管仲遇盗而升诸公。今承旨而杀之，是逆天心，顺府意也，其罚重矣。如得全此人命而身坐之，吾所愿也。’遂不为杀。严奏褒耎弱，免官归郡，为功曹。”[②] 如果没有当地司法机构的协助，其他郡县的官员则无法越境去实施逮捕，如《汉书·吴王濞传》：“它郡国吏欲来捕亡人者，颂共禁不与。”前引《淮南王传》，“长安尉奇等往(淮南国)捕开章”，淮南王“长匿不予，与故中尉蕳忌谋，杀以闭口，为棺椁衣衾，葬之肥陵，谩吏曰‘不知安在’”。

《后汉书·党锢列传》：“张俭字元节，山阳高平人，赵王张耳之后也。……延熹八年，太守翟超请为东部督邮。时中常侍侯览家在防东，残暴百姓，所为不轨。俭举劾览及其母罪恶，请诛之。览遏绝章表，并不得通，由是结怨。乡人朱并，素性佞邪，为俭所弃，并怀怨恚，遂上书告俭与同郡二十四人为党，放是刊章讨捕。俭得亡命，因迫遁走，望门投止，莫不重其名行，破家相容。后流转东莱，止李笃家。外黄令毛钦操兵到门，皆引钦谓曰：‘张俭知名天下，而亡非其罪。纵俭可得，宁忍执之乎？’”按：“外黄”当为“黄”之误，据《续汉书·郡国志》，外黄属陈留郡，东莱属县有黄，外黄令不得操兵至东莱郡捕人。盖李笃家在黄县，故黄令操兵到门。后来又翻检王先谦《后汉书集解》：“钱大昕曰：胡注外黄县属陈留郡，衍。惠栋曰：《袁纪》‘督邮毛钦’，案外黄属陈留，或钦是外黄人，衍令字耳。”[③] 王先谦也曾对此持怀疑的态度。

对于罪犯的递解，也往往体现了汉代司法管辖以地区为主的特点。淮南厉王刘长

---

① 《张家山汉墓竹简（二四七号墓）》，第152页。

② 《后汉书》卷35，中华书局1965年版。

③ 王先谦：《后汉书集解》，中华书局1984年版，第777页。

犯罪后被传送蜀都严道邛邮即其显例，《风俗通义·穷通》："司徒颍川韩演伯南为丹阳太守，坐从兄季朝为南阳太守刺探尚书，演法车征，以非身中赃璺，道路听其从容。至萧，萧令吴斌，演同岁也。未至，谓去宾从，到萧乃一相劳，而斌内之狴犴，坚其环挺，躬将兵马，送之出境。从事汝南阎符迎之于杼秋，相得，令止传舍，解其桎梏，入与相见，为致肴毕，曰：'明府所在流称，今以公征，往便原除，不宜深入以介意。'意气过于所望，到亦遇赦。其间无几，演为沛相，斌去官。"①

唐律关于司法管辖的制度，亦以地区管辖为主，显然是从汉律中的相关规定发展而来的，如果"案发两地"或须异地追摄囚犯或相关者，《唐律疏议·断狱律》规定："诸鞫狱官，停囚待对问者，虽职不相管，皆听直牒追摄。牒至不即遣者，笞五十；三日以上，杖一百。"《疏议》曰："'鞫狱官'，谓推鞫主司。'停囚待对问'，谓囚徒侣见在他所，须追对问者。虽职不相管，皆听直牒。称'直牒'者，谓不缘所管上司，直牒所管追摄。注云'虽下司，亦听'，假如大理及州、县官，须追省、台之人，皆得直牒追摄。牒至，皆须即遣。不即遣者，笞五十；三日以上，杖一百。"②

"诸鞫狱官，囚徒伴在他所者，听移送先系处并论之。违者，杖一百。若违法移囚，即令当处受而推之，申所管属推劾。若囚至不受，及受而不申者，亦与移囚罪同。"注："谓轻从重。若轻重等，少从多。多少等，后从先。若禁处相去百里外者，各从事发处断之。"疏议："此等移囚，并谓两处事发。若是一处事发者，不限远近，皆须直牒追摄，如有违者，自从上法。"③

汉代针对特殊人物的犯罪进行特殊的司法管辖，一般司法机构无权审理。《后汉书·党锢列传》：李膺"再迁，复拜司隶校尉。时张让弟朔为野王令，贪残无道，至乃杀孕妇，闻膺厉威严，惧罪逃还京师，因匿兄让弟（第）舍，藏于合柱中。膺知状，率将吏破柱取朔，付洛阳狱。受辞毕，即杀之。让诉冤于帝，诏膺入殿，御亲临轩，诘以不先请便加诛辟之意"。按当时的司法管辖制度，贵族、六百石以上官吏的犯罪案件实行特殊司法管辖，即先请，就是报请中央（皇帝）。对有些贵族和高官的犯罪，皇帝往往诏特定的司法机构进行审理，如下廷尉狱案治，或下河南郡案治等等，须皇帝授权。

二　从司法管辖看汉初的政区地理

上面谈到汉代的司法管辖往往以地区管辖为主，对案件的告发，以及对相关人犯的逮捕、鞫讯、审判一般均由案发地的司法机构管辖，如有疑狱，并向所属上一级的司法机关奏谳。也就是说，汉代的行政管辖与司法管辖是一致的，因此，从历史文献及出土简帛记载的有关案例的司法管辖关系中可以窥探汉代的政区地理的沿革和演变。下面结合张家山汉墓竹简《奏谳书》中的案例及相关资料，略举几例：

---

① 吴树平：《风俗通义校释》，天津人民出版社1980年版，第279页。

② 《唐律疏议》，中华书局1983年版，第555页。

③ 同上书，第556页。

（一）汉初无江夏郡，安陆属南郡

《汉书·地理志》，安陆县为江夏郡属县，且曰："江夏郡，高祖置。"《水经注》也认为江夏郡"旧治安陆，汉高帝六年置"。至于江夏何时设郡、安陆何时划归江夏，王国维有精辟论述，他说："江夏属县半为衡山故郡，吴芮之王衡山，实都邾县。及芮徙长沙，而衡山淮南别郡。英布、刘长迭有其地。至文帝分王淮南三子，而衡山复为一国。武帝初，伍被为淮南王画策云：南收衡山以击庐江，有寻阳之船，守下雉之城，结九江之浦，绝豫章之口。寻阳为庐江属县，则下雉此时亦当属衡山。……又云强弩临江而守，以禁南郡之下，则淮南所虑仅汉南郡之兵，不言江夏，武帝之初似尚无江夏郡。逮武帝元狩元年，衡山国除，二年在其地复置六安国，仅得衡山五县，江夏十四县当以衡山余县及南郡东边数县为之。"① 20世纪70年代，在江陵凤凰山九号汉墓出土了安陆丞所上的文书有三枚木牍，根据木牍上的文字，黄盛璋撰文指出，文书三牍证明了"汉文帝十六年，安陆尚属南郡"②。《奏谳书》案例十四中有"安陆丞忠刻狱史平"，由"南郡守强、守丞吉、卒史建舍治"，这一案例发生在汉高祖八年（前199），从司法管辖上可以看出，安陆县在汉高祖八年尚为南郡属县。

（二）汉初无汝南郡，地属淮阳，新郪当属淮阳

据《汉书·地理志》：新郪为汝南郡属县，"汝南郡，高帝置"。王国维在《汉郡考》中说："即令《汉志》二十余郡悉为高帝所置，则汝南当属淮阳……"③ 周振鹤则对汝南郡进行了较细致的考述，认为它是文帝封立汝南国时，才从淮阳郡中分出的，这一观点比较符合历史。④《奏谳书》案例十六"淮阳守行县掾新郪狱"，据李学勤考证，"查案中干支有'六月壬午'、'七月乙酉'和'七月甲辰'，只合于高祖六年（前201年）。"⑤ 据《汉书·地理志》，淮阳国初封在汉高祖十一年（前196），王先谦《汉书补注》则认为汉高祖六年置淮南郡，与简文相合。从案例十六的司法管辖关系来看，汉初新郪当属淮阳。

（三）陈留郡不设于汉武帝元狩元年⑥

《汉书·地理志》："陈留郡，武帝元狩元年置"，其郡下辖十七县："陈留、小黄、成安、宁陵、雍丘、酸枣、东昏、襄邑、外黄、封丘、长罗、尉氏、傿、长垣、平丘、

---

① 王国维：《汉郡考》，载《王国维遗书》第2册《观堂集林》卷12，上海古籍书店1983年版。
② 黄盛璋：《江陵凤凰山汉墓简牍及其在历史地理研究上的价值》，《文物》1974年第6期。
③ 王国维：《汉郡考》，载《王国维遗书》第2册，上海古籍书店1983年版。
④ 周振鹤：《西汉政区地理》，人民出版社1987年版，第43页。
⑤ 李学勤：《〈奏谳书〉解说（上）》，《文物》1993年第8期。
⑥ 关于这一点，笔者曾撰写小文《陈留郡考疑》，发表于《陕西师范大学学报》2000年增刊。

济阳、浚仪”。如果依《汉志》陈留郡既为武帝时设置，而陈留属内郡并非边郡，那么陈留郡必定由其他相邻郡国分置而来。前人对此已有研究考证。先请看有关史料及前人研究成果：

济川郡由梁分五国而来。《汉书·文三王传》记载景帝在梁孝王死后，“分梁为五国，尽立孝王男五人为王……太子买为梁共王，次子明为济川王，彭离为济东王，定为山阳王，不识为济阴王，皆以孝景中六年同日立”。又云：“济川王明以垣邑侯立。七年，坐射杀其中尉，有司请诛，武帝弗忍，废为庶人，徙房陵，国除。”又《史记·梁孝王世家》明确记载济川王废迁房陵后，“地入于汉为郡”。《汉书·诸侯王表》则记载济川王被废是在“建元三年，坐杀中傅，废迁房陵”。《水经注·济水》：“汉景帝中六年封梁孝王子明为济川王，应劭曰：济川，今陈留济阳县。”

据此，清代学者王先谦在《汉书补注》中引钱大昕云：“《诸侯王表》梁分为五，其一济川国，《志》无济川郡，亦不言济川国所在，《济水注》引应劭云：‘济川今陈留济阳县’，乃知陈留郡即济川，《志》称陈留郡，武帝元狩元年置，不言故属梁国者，史之阙也。济川国除在武帝建元二年，其时当为济川郡，至元狩初移治陈留，乃改为陈留郡耳。”王先谦进一步认为“景帝以前，梁国地无改易。高帝五年以王彭越，济川自在域内。越诛之后，梁当为郡。景帝中六年，王梁孝王诸子，始分为济川国。武帝建元三年，国除为济川郡，见《梁孝王传》。元狩元年，改名陈留，钱说是也”①。

全祖望在《汉书地理志稽疑》中认为“故属秦砀郡，楚汉之际属楚国。高帝五年属汉，以属梁国。文帝元年为郡，景帝中六年为济川国，武帝建元三年为郡，元狩五年改名”②。

周振鹤教授在《西汉政区地理》中进一步考证认为：“汉志陈留郡领十七县，除去得自其他郡国三县，即为元朔以前济川国的范围。”③ 这三县分别是：“尉氏县原属颍川，改属济川郡（陈留郡）当不得早于武帝建元三年济川国除之时。”“元朔中，傿、宁陵二县由梁国削界济川郡。”成帝时又多一县，即酸枣县。

前人的研究取得了很大的成就，其学术意义自不待言。但有一个问题仍不清楚，就是既然陈留郡由济川郡“元狩初移治陈留”而来，那么陈留县当本属济川郡，但据有关资料及地理沿革看，陈留本不属济川郡（国），直到汉武帝征和年间仍为淮阳郡属县。

（1）证据一：《汉书·酷吏传》：“田广明，字子公，郑人也……郡国盗贼并起，迁广明为淮阳太守。岁余，故城父令公孙勇与客胡倩等谋反，倩诈称光禄大夫，从车骑数十，言使督盗贼，止陈留传舍，太守谒见，欲收取之。广明觉知，发兵皆捕斩焉。而公孙勇衣绣衣，乘驷马车至圉，圉使小史侍之，亦知其非是，守尉魏不害与厩啬夫江德，尉史苏昌共收捕之。”师古曰：“圉，陈留圉县。”查《汉书·地理志》，圉县属淮阳。《续汉书·地理志》圉县属陈留，但“故属淮阳”，颜师古误注。通过对这条史

---

① 王先谦：《汉书补注》，中华书局 1983 年版，第 694 页。

② 全祖望：《汉书地理志稽疑》，载王云五主编《丛书集成初编》，商务印书馆 1936 年版，第 20 页。

③ 周振鹤：《西汉政区地理》，人民出版社 1987 年版，第 61 页。

料的分析，我们可以知道，陈留、圉县其时皆属淮阳郡。

①汉代郡守有发觉并捕斩郡界内盗贼谋反者的职责。《汉书·咸宣传》载武帝时“作沈命法，曰：‘群盗起不发觉，发觉而弗捕满品者，二千石以下至小吏主者皆死’”。《汉书·酷吏传》公孙勇等“止陈留传舍，太守谒见，欲收取之”，太守即指淮阳太守田广明。若据《汉志》陈留郡为武帝元狩初置，则太守应指陈留太守，田广明为淮阳太守，何能觉知并捕斩反者于陈留传舍，前后矛盾不能解释，唯一的可能是陈留当为淮阳属县。②我们假设陈留其时不属淮阳郡辖，那么田广明则不能出界前往陈留传舍收捕反叛。按照汉代法律规定，诸侯、郡守、县令等地方官员不能擅自出界。如《汉书·高惠高后文功臣表》：“（终陵侯华禄）孝景四年，坐出界，耐为司寇。”《后汉书·李章传》：“岁中拜侍御史，出为琅琊太守。时北海安丘大姓夏长思等反，遂囚太守处兴，而据营陵城。章闻，即发兵千人，驰往击之。掾史止章曰：‘二千石行不得出界，兵不得擅发。’章遂按剑怒曰：‘逆虏无状，囚劫郡守，此何可忍！若坐讨贼而死，吾不恨也。’遂引兵安丘城下，募勇敢烧城门，与长思战，斩之。”③公孙勇诈称光禄大夫，据胡广《汉官解诂》：“光禄大夫，本为中大夫。武帝元狩五年，置谏大夫为光禄大夫。”《续汉书·百官志》：“光禄大夫，比二千石。本注曰：无员。凡大夫、议郎皆掌顾问应对，无常事，唯诏令所使。”据汉礼仪，郡守须远迎中央官员于郡界，不得出界，须派员或亲自迎接于郡界。《汉官旧仪》：“丞相、刺史常以秋分行部，御史为驾四封乘传。到所部，郡国各遣吏一人迎界上，得载别驾自言受命移郡国，与刺史从事尽界罢。”① 广明前往陈留传舍，说明其时陈留属淮阳边县。据《汉书·景武昭宣元成功臣表》，广明收捕谋反者在征和二年（前91），《汉书·武帝纪》在征和三年（前90）九月。征和年间，陈留尚属淮阳边县，那么元狩元年（前122）移治陈留似乎不确切。④前引胡广《汉官解诂》：“光禄大夫，本为中大夫。武帝元狩五年，置谏大夫为光禄大夫。”公孙勇诈称光禄大夫当在元狩五年（前118）以后，与此亦相合。此为证据一。

（2）证据二：《汉书·文三王传》：“梁最亲，有功，又为大国，居天下膏腴地，北界泰山，西至高阳，四十余城，多大县。”《汉书·贾谊传》也说“臣之愚计，愿举淮南地以益淮阳，而为梁王立后，割淮阳北边二三列城，与东郡以益梁”。“文帝于是从谊计，乃徙淮阳王武为梁王，北界泰山，西至高阳，得大县四十余城。”据《续汉书·郡国志》圉县有高阳亭。但在汉初高阳乡属陈留县，《史记·郦生陆贾列传》“郦生食其者，陈留高阳人也”。《汉书》亦同，后陈留县之高阳乡分属圉县，陈留别自为县而陈留在高阳西北，则陈留县不属梁国，也不属于割与梁国的“淮阳北边二三列城”之一，周振鹤在《西汉政区地理》中明确指出文帝时割与梁国的边县是襄邑、傿、宁陵三县。那么陈留县本不属梁国，以后也不属于梁国，因此可以肯定，陈留县必割自临郡淮阳。

（3）证据三：我们可以从历史沿革上进行考察。《汉书·地理志》注引孟康曰：“留，郑邑也，后为陈所并，故曰陈留。”臣瓒曰：“宋亦有留，彭城留是也。留属陈，

① 孙星衍等辑：《汉官六种》，中华书局1990年版，第36页。

故称陈留也。”颜师古赞同臣瓒的说法。《史记·楚世家》记载，楚惠王十年“灭陈而县之”，为楚之一县。入秦以后的情形，虽众说纷纭，但据近年的考古发现，结合有关文献记载，秦时已有淮阳郡，其疆域包括汉之南郡，陈留县自必隶属①。秦汉之际，淮阳为楚国封地，高祖五年封韩王信，六年，徒韩王信于太原，罢淮阳、颍川各为郡。十一年，以淮阳为国，并罢颍川郡，颇益淮阳。《汉书·高后纪》：高后元年，“立孝惠后宫子强为淮阳王”。注引韦昭曰：“今陈留郡。”在此之前，淮阳郡范围甚大，并无分削之记载，陈留自在其中。文帝以后，才有分割之事，所分割之县可考。文帝时分割淮阳北边三县（襄邑、傿、宁陵）与梁国，景帝时从淮阳郡分汝南，立王子非为汝南王。通览淮阳与陈留的历史沿革关系，在陈留改属济川郡之前必属淮阳郡无疑，此证据三。

根据以上史料的分析，是不是可推定陈留县本属淮阳。如果推论成立，那么《汉志》中所谓“元狩元年（前122）置”也成问题。相应地，尉氏原属颍川，“改属济川郡（陈留郡）当不得早于武帝建元三年（前138）济川国除之时”的说法也应进一步明确，因为尉氏在陈留的西南，不得越陈留而早于陈留改属济川郡。陈留何时称郡，《汉书》中明确地称陈留郡最早在宣帝本始四年（前70）。

（作者单位：西北政法大学法律史教研室）

① 参见黄盛璋《从云梦秦墓两封家信中有关历史地理的问题》，《文物》1980年第8期。

十六国时期关中地区政区沿革

魏俊杰

十六国时期诸政权并立，战乱频繁，各国统辖之地常有盈缩，其政区建置也随政权的更替多有变化。洪亮吉《十六国疆域志》在十六国政区研究方面具有开创之功，然其舛误甚多。徐文范《东晋南北朝舆地表》、胡孔福《南北朝侨置州郡考》亦涉及十六国政区，而其中的错误和问题也不少。本文依据现存的史料，主要研究十六国时期关中地区的政区沿革，以窥探这一时期政区的复杂变化。

对于关中地区的地域范围，史念海先生指出，“现在一般所说的关中是指陕西中部秦岭以北，子午岭、黄龙山以南，陇山以东，潼关以西的地区”①，这与西晋时期的雍州地域范围大体一致②。本文从西晋时期的雍州政区叙起，下承北魏时期关中地区的政区设置，以考察十六国关中地区的政区沿革。十六国时期的关中地区，先后为汉、前赵、后赵、前秦、后秦、夏等政区占据③，既是前赵、前秦、后秦等政权的核心区，又是氐、羌等诸多部族分布较为集中的地区，这使得关中地区的政区建置常有变化，故考察十六国关中地区的政区沿革具有一定的典型意义。

一　十六国时期关中地区司隶校尉和诸州沿革

西晋时期，关中地区为雍州统领。十六国诸政权占据该地区后，遂分一州之地为数州。匈奴人建立的汉国最先占据了关中东部，仍置雍州领之。前赵刘曜都长安，置司隶校尉领关中部分之地，另置有朔州、幽州统辖关中其余地区。后赵据有关中，仍置雍州。前秦、后秦都长安，皆置司隶校尉统领以长安为中心的地区，后又皆分司隶置雍州。前秦苻坚时，还侨置益州于扶风界，后又废此侨州。东晋灭后秦，入长安，置雍州、东秦州领其地。赫连夏据有该地区后，于长安置南台，并于阴密置雍州，于

---

① 史念海：《河山集》4 集，陕西师范大学出版社 1991 年版，第 146 页。

② 后秦时，关中与“岭北”相提并论。吴宏岐：《后秦“岭北”考》，《中国历史地理论丛》1995 年第 2 辑。然本文所言的“关中地区”其地域范围包括了当时的岭北地区南部的北地、新平、安定等郡之地，地域范围较为宽泛。

③ 对于关中地区各郡县在十六国诸政权的归属情况，参见魏俊杰《十六国疆域研究》，博士学位论文，上海师范大学，2010 年。

安定置梁州，于武功置北秦州。其详考于下。

1. 汉雍州（311—312，316—318），治长安

汉嘉平元年（311），置雍州，治长安①，当领京兆、冯翊等郡。

汉嘉平二年（312），失其雍州，其地入西晋。

汉麟嘉元年（316），复置雍州②，治长安，当领京兆、冯翊、扶风、始平、北地等郡和抚夷护军、安夷护军。

汉汉昌元年（318），国亡，其雍州之地入前赵司州、幽州。

2. 前赵司隶校尉（319—329），治长安

前赵光初二年（319），都长安，当置司隶校尉③，领京兆、冯翊、扶风、始平等郡和抚夷护军、安夷护军。

前赵光初十二年（329），国亡，其司州之地入后赵雍州。

3. 前赵幽州、朔州（319？—329），分别治北地、高平

前赵光初二年（319），疑此年置幽州、朔州，分别治北地、高平④，幽州当领北地、新平二郡，朔州领安定郡。其后，又分安定置陇东郡⑤，当属朔州。

前赵光初十二年（329），国亡，其幽州、朔州之地入后赵雍州。

4. 后赵雍州（329—350），治长安

后赵太和二年（329），置雍州，治长安⑥，领京兆、冯翊、扶风、始平、北地、新平、安定、陇东等郡和抚夷护军、安夷护军。其后，又置赵平、赵兴二郡属雍州。

后赵永宁元年（350）失雍州，其地入前秦雍州。

5. 前秦雍州（351—354，360—370），前治长安、后治临泾

前秦皇始元年（351），置雍州，治长安⑦，领京兆、冯翊、扶风、始平、北地、新平、安定、陇东、赵平、赵兴等郡和抚夷护军、安夷护军。其后分京兆置咸阳郡，分安定置平凉郡，新置长城郡和冯翊、铜官、宜君、土门、三原等护军。

前秦皇始四年（354），改雍州为司隶校尉⑧。

前秦甘露二年（360），分司隶校尉置雍州，治安定临泾⑨；雍州当领安定、新平、陇东、赵平、赵兴、平凉⑩。

前秦建元六年（370），省雍州，其地还属司隶校尉⑪。

---

①《资治通鉴》卷87，晋怀帝永嘉五年八月，中华书局1956年版，第2767页。

②《资治通鉴》卷90，晋元帝太兴元年七月，第2861页。

③ 史霖推测前赵刘曜时于长安置有司隶校尉，当是。参见史霖《十六国时期汉赵国疆域政区的变迁》，硕士学位论文，复旦大学，2010年，第42—43页。

④《晋书》卷14《地理志上》，中华书局1974年版，第431页。

⑤ 十六国诸政权新置的郡县、护军，详见下文相关内容。

⑥《晋书》卷14《地理志上》，第431页。

⑦《晋书》卷112《苻健载记》，第2869页。

⑧《资治通鉴》卷99，晋穆帝永和十一年六月、八月，第3142—3143页。

⑨《晋书》卷14《地理志上》，第431页；《资治通鉴》卷101，晋穆帝升平四年正月，第3179页。

⑩ 前秦、后秦皆分司隶校尉置雍州。由下考所后秦分司隶至置雍州可知，其雍州领有岭北之地。由此推测，前秦所置雍州当亦领岭北诸郡。

⑪《资治通鉴》卷102，晋海西公太和五年十二月，第3240页。

6. 前秦司隶校尉（354—384），治长安

前秦皇始元年（354），置司隶校尉，治长安，领京兆尹、左冯翊、右扶风、始平、咸阳、北地、新平、安定、陇东、赵平、赵兴、平凉、长城等郡和抚夷、安夷、冯翊、铜官、宜君、土门、三原等护军。

前秦甘露二年（360），分司隶校尉置雍州，司隶校尉当领京兆尹、冯翊、扶风、始平、北地、咸阳、长城等郡和抚夷、安夷、冯翊、铜官、宜君、土门、三原等护军。

前秦建元六年（370），安定、新平、陇东、赵平、赵兴、平凉等郡来属。

前秦建元二十年（384），失司隶校尉，其地部分入西燕，部分为后秦所得。

7. 前秦侨置益州（371—373），治所不可考

前秦建元七年（371），可能侨置益州于扶风界①，治所、领郡不可考。

前秦建元九年（373），于成都置益州②，其侨置益州当罢。

8. 后秦司隶校尉（386—417），治常安

后秦建初元年（386），置司隶校尉，改长安为常安③，当领京兆尹、冯翊、扶风、咸阳、始平、安定、北地、新平、陇东、赵平、赵兴、平凉、长城等郡和抚夷、安夷、冯翊、铜官、宜君、土门、三原、安定等护军。

后秦建初二年（387），陇东郡、平凉郡别属秦州④。

后秦皇初四年（397），弘农郡、华山郡、北上洛郡来属，改北上洛郡为上洛郡⑤。

后秦弘始元年（399），分司隶校尉置雍州⑥，司隶校尉当领京兆尹、冯翊、扶风、始平、北地、咸阳、长城等郡和抚夷、安夷、冯翊、铜官、宜君、土门、三原等护军。

后秦弘始二年（417），国亡，其司州之地入东晋雍州、东秦州。

9. 后秦雍州（399—417），治临泾

后秦弘始元年（399），分司隶校尉岭北五郡置雍州，治安定临泾⑦。

后秦弘始二年（417），国亡，其雍州之地为赫连夏所得。

10. 东晋雍州、东秦州（417—418），治长安

东晋义熙十三年（417），得后秦司隶校尉之地，置雍州、东秦州⑧，治长安，领

---

① 《资治通鉴》卷103，晋简文帝咸安元年，第3243、3254页。

② 《资治通鉴》卷103，晋孝武帝宁康元年十一月，第3265页。

③ 《晋书》卷116《姚苌载记》，第2967页；《资治通鉴》卷106《晋纪二十八》，晋孝武帝太元十一年七月，第3366页；毛远明校注：《汉魏六朝碑刻校注》第3册卷286《吕宪墓表》，线装书局2008年版，第82页。

④ 《资治通鉴》卷107，晋孝武帝太元十二年四月、太元十四年九月，第3377、3389页。

⑤ 魏俊杰：《十六国时期司州地区政区沿革》，《历史地理》2012年第26辑。

⑥ 《晋书》卷14《地理志上》，第432页。

⑦ 吴宏岐于《后秦“岭北”考》提出，后秦岭北五郡为安定、北地、新平、赵兴、平凉等5郡。然当时的“岭北”应是较大山脉横山（今子午岭）以北的地区，十六国时期的北地郡在横山以南，不应属岭北五郡之一。又据《晋书》卷116《姚苌载记》，姚苌由北地移兵攻岭北，攻新平、安定而克之，第2966页。此表明岭北辖有新平、安定而无北地。平凉郡已别属秦州，不在“岭北五郡”之列。由下考赵平郡、平原郡可知，此二郡分安定郡所置，在岭北。故后秦分司隶校尉置岭北五郡当是安定郡、新平郡、赵兴郡、赵平郡、平原郡。

⑧ 《宋书》卷62《武三王传》，中华书局1974年版，第2634页；《资治通鉴》卷118，晋安帝义熙十三年十一月，第3713页。

京兆、冯翊、扶风、始平、北地、咸阳等郡。

东晋义熙十四年（418），其雍州、东秦州之地入于赫连夏。

11. 夏雍州、梁州（416—430），分别治阴密、临泾；夏北秦州（418—430），治武功；夏南台，治长安（419—430）

夏凤翔四年（416），置雍州、梁州，分别治阴密、临泾①，其雍州当领有平凉等郡，梁州当领有安定等郡。

夏昌武元年（418），置北秦州，治武功，当领有始平等郡②。

夏真兴元年（419），置南台，治长安③，当领京兆、扶风、冯翊、北地、咸阳等郡。

夏胜光三年（430），失其南台、雍州、梁州、北秦州，其地入北魏。

由上可见，十六国时都于长安的政权，皆于长安置有司隶校尉，以领关中地区或关中部分之地。西晋时期，关中地区为雍州统领，诸政权一般承西晋仍置雍州。一些疆土较小的割据政权，为备职方，仍于其统领之地广置诸州，如前赵除司隶校尉外，还于关中置有朔州、幽州；夏除置有雍州外，还置有梁州、北秦州等。自州作为地方一级政区后，其幅员逐渐缩小，十六国时期是这一趋势增强的开始，关中地区诸州辖域的缩小即是其反映。

二　十六国时期关中地区郡县沿革

《晋书·地理志》（以下简称《晋志》）载雍州领郡七，京兆郡、冯翊郡、扶风郡、安定郡、北地郡、始平郡、新平郡④。十六国时期，战乱频仍，人口迁徙即位频繁，且各霸主往往掠夺人口迁于其核心区。关中地区为前赵、前秦、后秦的核心地区，这些政权皆迁入大量居民于关中⑤。关中地区人口数量的增加和居民结构的变化，促使这些政权对其政区的设置不断调整，在西晋所置郡县的基础上，新增了不少郡县。

1. 京兆郡（京兆尹）

《晋志》载京兆郡领县九，长安、杜陵、霸城、蓝田、高陆、万年、新丰、阴般、郑。

汉嘉平元年（311），得京兆郡，治长安，其领县当同《晋志》所载。

前秦皇始元年（351），都长安，当改京兆郡为京兆尹，后秦都长安后亦称京兆尹⑥。前秦时，还于京兆尹新置有渭南县⑦。

---

① 《晋书》卷14《地理志上》，第432页；《资治通鉴》卷117，晋安帝义熙十一年六月，第3687页。

② 《晋书》卷14《地理志上》，第432页。

③ 《晋书》卷130《赫连勃勃载记》，第3210页；《资治通鉴》卷118，晋恭帝元熙元年二月，第3726页。

④ 《晋书》卷14《地理志上》，第430—431页。

⑤ 史念海：《十六国时期各割据霸主的人口迁徙》，载《河山集》7集，陕西师范大学出版社1999年版，第385—437页。

⑥ 《晋书》卷113《苻坚载记上》，第2887、2896页；卷118《姚兴载记下》，第2998页。

⑦ 李吉甫：《元和郡县图志》卷1《关内道一》，中华书局1983年版，第15页。

后秦皇初元年（394），姚兴即位。姚兴时，于京兆尹置有山北县①。

东晋义熙十三年（417），得后秦京兆尹，应改称京兆郡。

夏胜光三年（430），京兆郡、咸阳郡入北魏。

京兆郡（尹）（311—430），治长安县（311—430，今陕西西安市西北）

（1）长安县（311—430）　　（2）杜陵县（311—430）

（3）霸城县（311—430）　　（4）蓝田县（311—430）

（5）高陆县（311—430）　　（6）万年县（311—430）

（7）新丰县（311—430）　　（8）阴般县（311—430）

（9）郑县（311—430）　　（10）渭南县（351？—430）

（11）山北县（394？—430）

2. 冯翊郡（左冯翊；附长城郡②）

《晋志》载冯翊郡领县八，临晋、下邽、重泉、频阳、粟邑、莲芍、郃阳、夏阳。

汉嘉平元年（311），得冯翊郡，治临晋，其领县当同《晋志》所载。

前秦皇始元年（351），当改冯翊太守为左冯翊③。

前秦永兴元年（357），苻坚即位。苻坚时，左冯翊当又改称冯翊太守④；又置长城郡，领长城等县⑤。

后秦白雀二年（385），姚苌据有岭北之地。其后，置洛川县⑥。

后秦皇初元年（394），姚兴即位。其后，置中部县⑦，后秦所置洛川、中部二县应属咸阳郡⑧。

夏胜光三年（430），冯翊郡入北魏⑨。

冯翊郡（左冯翊）（311—430），治临晋县（311—430 年，今陕西大荔县东）

（1）临晋县（311—430）　　（2）下邽县（311—430）

（3）重泉县（311—430？⑩）　　（4）频阳县（311—430）

（5）粟邑县（311—430？）　　（6）莲芍县（311—430）

（7）郃阳县（311—430）　　（8）夏阳县（311—430）

---

① 乐史：《太平寰宇记》卷 25《关西道一》，中华书局 2007 年版，第 521 页。

② 前秦所置长城郡并非分冯翊郡而置，其地在冯翊郡之北，故附于此。

③ 《资治通鉴》卷 100，晋穆帝永和十二年四月，第 3155 页。

④ 《晋书》卷 114《苻坚载记下》，第 2927 页。

⑤ 李吉甫：《元和郡县图志》卷 3《关内道三》，第 71 页。

⑥ 同上。

⑦ 《魏书》卷 106 下《地形志下》，中华书局 1974 年版，第 2627 页。

⑧ 据上引《元和郡县图志・关内道三》，长城县、洛川县、中部县唐时属鄜州、坊州，其地相接。《魏书》卷 106 下《地形志下》，北华州领有中部、长城和洛川等，第 2627 页。《魏志》亦表明中部县、洛川县与长城县临近，故推测后秦所置洛川、中部二县属长城郡。

⑨ 由上引《元和郡县图志》、《太平寰宇记》可知，北魏时仍置铜官、宜君、土门等护军，冯翊护军或同。

⑩ 凡《魏书・地形志》不载之县，不知何时见废，则存疑，下同。若某县不见于《魏志》，而仍见于《魏书》、《北史》等书载北魏仍有此县，则不存疑。

长城郡（357？—430），治长城县（357？—430，今陕西富县西南）

（1）长城县（357？—430） （2）洛川县（385？—430）

（3）中部县（394？—430）

3. 扶风郡（右扶风；含咸阳郡）

《晋志》载扶风郡领六县，池阳、郿、雍、汧、陈仓、美阳。

汉麟嘉元年（316），得扶风郡郿、池阳、美阳等3县，当置扶风郡领之，当治郿县①。

前赵光初三年（320），得雍、汧、陈仓等3县，来属扶风郡。

后赵太和二年（329），得雍州。其后，置石安县，当属扶风郡②。

前秦皇始元年（351），此年后当改扶风太守为右扶风③。前秦时，改石安县为渭城县④；分扶风置咸阳郡⑤，当治池阳县，当领池阳、渭城、泾阳等3县⑥。前秦时，又新置宛川县、榆眉县属右扶风⑦。苻坚时，右扶风又改称扶风太守⑧。

夏胜光三年（430），扶风郡入北魏。

扶风郡（右扶风）（316—430），治郿县（316—430，今陕西眉县东）

（1）郿县（316—430） （2）池阳县（316—351？）

（3）美阳县（316—430） （4）雍县（320—430）

（5）汧县（320—430） （6）陈仓县（320—430）

（7）石安县（329？—350？） （8）宛川县（351？—430？）

（9）榆眉县（351？—430？）

咸阳郡（351？—430），治池阳县（351？—430，今陕西泾阳县西北）

（1）池阳县（351？—430） （2）渭城县（351？—430）

（3）泾阳县（351？—430）

4. 始平郡

《晋志》载始平郡领县五，槐里、始平、武功、鄠、蒯城。

汉麟嘉元年（316），得始平郡槐里、始平、武功、鄠等4县，当置始平郡领之，

---

① 乐史：《太平寰宇记》卷27《关西道三》，第578页。

② 《魏书》卷106《地形志下》，石安县，“石勒置”，属（北魏）咸阳郡，第2608页。前秦时，改石安县为渭城县。乐史《太平寰宇记》卷26《关西道二》，“（汉）置渭城县，属右扶风”，“苻坚时于今县东北长陵城置咸阳郡”，第557页。故后赵石安县应属扶风郡。

③ 《资治通鉴》卷100，晋穆帝永和十二年四月，第3155页。

④ 《资治通鉴》卷104，晋孝武帝太元五年，第3292页。

⑤ 《晋书》卷14《地理志上》，“苻坚时，分司隶为雍州，分京兆为咸阳郡”，第431页。然其所领池阳、渭城、泾阳等县地晋时皆属扶风郡，当是分扶风郡而置，疑《晋志》所载有误。《资治通鉴》卷100，晋穆帝永和十二年四月，“苻生以邓羌行咸阳太守”，第3155页。可见苻坚前已置有咸阳郡。可能前秦建立不久，已置咸阳郡。

⑥ 李吉甫：《元和郡县图志》卷1《关内道一》，咸阳县，“汉渭城县亦理于此，苻坚时改为咸阳郡”，第12页；卷2《关内道二》，泾阳县，“后魏废于今县置咸阳郡，苻秦又置泾阳县”，第27页。据《元和志》及上引《资治通鉴》等，前秦时，咸阳郡可能治渭城县，领有渭城、泾阳等县。《魏书·地形志下》，咸阳郡领石安、池阳（郡治）、灵武（真君七年分属）、宁夷、泾阳等5县。其中前秦改石安为渭城县，后魏复称之。据《元和志·关内道一》可知宁夷县应是北魏时置，第8页。据上述推测，前秦所置咸阳郡，当治池阳县，领池阳、渭城、泾阳等3县。

⑦ 乐史：《太平寰宇记》卷30《关西道六》，第640页；《晋书》卷122《吕光载记》，第3054页；《资治通鉴》卷88，晋怀帝永嘉六年，第2790页。

⑧ 《晋书》卷116《姚苌载记》，第2965页。

治槐里县。

前赵光初三年（320），得蒯城县，来属始平郡。

夏胜光三年（430），始平郡入北魏。

始平郡（316—430），治槐里县（316—430，今陕西兴平市东南）

（1）槐里县（316—430）　　（2）始平县（316—430）

（3）武功县（316—430）　　（4）鄠县（316—430）

（5）蒯城县（320—430?）

5. 北地郡

《晋志》载北地郡领泥阳、富平二县。

汉麟嘉元年（316），得北地郡，当治泥阳县，领泥阳、富平二县。

夏胜光三年（430），北地郡入北魏。

北地郡（316—430），治泥阳县（316—430，今陕西耀县南）

（1）泥阳县（316—430）　　（2）富平县（316—430）

6. 新平郡

《晋志》载新平郡领漆、汾邑二县。

前赵光初二年（319），得新平郡，当治漆县，领漆、汾邑二县。

前秦苻坚时（357—384），改漆县为新平县①。

夏胜光三年（430），新平郡入北魏。

新平郡（319—430），治漆县（319—357?，今陕西彬县）、新平县（357? —430，今陕西彬县）

（1）漆县（319—357?）　　（2）汾邑县（319—430?）

（3）新平县（357? —430?）

7. 安定郡（含陇东郡、赵平郡、平凉郡、平原郡，附赵兴郡②）

《晋志》载安定郡领县七，临泾、朝那、乌氏、都卢、鹑觚、阴密、西川。

前赵光初二年（319），得安定郡，当治临泾县，领县同《晋志》所载。其后，前赵当分安定置陇东郡，疑治泾阳县，领泾阳、祖居、抚夷等3县③；前赵当有分安定置高平县，属朔州④。

后赵太和二年（329），灭前赵，得安定郡。其后，分安定置赵平郡，当治鹑觚县，

① 乐史：《太平寰宇记》卷34《关西道十》，"苻秦时改漆取郡名为新平县"，第718页。按：中华书局点校本误改"新平县"为"新平郡"，此已更正之。据《晋志》，西晋时已置有新平郡，非苻秦新置。各版本原文为"苻秦时改漆取郡名为新平县"，点校本误改。

② 北魏时置有赵兴郡，在安定郡之北，参见谭其骧主编《中国历史地图集》第4册，中国地图出版社1982年版，第54—55页。后赵所置赵兴郡为十六国后秦等政权所承，北魏当亦承之，故疑后赵所置赵兴郡与北魏赵兴地理位置一致，故附于此。

③ 《资治通鉴》卷94，晋成帝咸和四年八月，第2971页。又据《晋书·苻登载记》等可知，前、后秦皆置有此郡。《魏书》卷106下《地形志下》，陇东郡领有泾阳、祖居、抚夷等3县，第2619页。北魏所置陇东郡当承十六国，颇疑其领县与前后相承。

④ 《晋书》卷14《地理志》，第431页。《后汉书》志第23《郡国志五》，安定郡有高平县，中华书局1965年版，第3519页。

领鹑觚等县①。又置赵兴郡，领有赵安等县②。前赵亡后，其所置高平县当属安定郡，前秦时置有高平牧官都尉③。

前秦皇始二年（352），得安定郡。其后，新置焉弌县属安定郡④；当分安定立平凉郡⑤，疑治鹑阴县，领有鹑阴、阴密等县⑥。

后秦白雀二年（385），得安定郡。其后，当分安定置平原郡⑦，治所、领县不可考。

夏胜光二年（429），阴槃县来属平凉郡⑧。

夏胜光三年（430），安定郡、陇东郡、赵平郡、赵兴郡、平凉郡、平原郡入北魏。

安定郡（319—430），治临泾县（319—430，今甘肃镇原县东南）

（1）临泾县（319—430）　　（2）朝那县（319—430）

（3）乌氏县（319—430）　　（4）都卢县（319—430?）

（5）西川县（319—430?）　　（6）阴密县（319—352?）

（7）鹑觚县（319—329?，350?—430）

（8）高平县（329?—430）　　（9）焉弌县（352?—430?）

陇东郡（319?—430），治泾阳县?（319?—430，今甘肃平凉市西北）

（1）泾阳县?（319?—430）　　（2）祖居县?（319?—430）

（3）抚夷县?（319?—430）

赵平郡（329?—430），治鹑觚县（329?—430，今甘肃泾川县东南）

（1）鹑觚县（329?—430）

赵兴郡（329?—430），治所不可考

（1）赵安县?（329?—430）

平凉郡（352?—430），治鹑阴县?（352?—430，今甘肃平凉市东南）

（1）鹑阴县?（352?—430）　　（2）阴密县?（352?—430）

（3）阴槃县（429—430）

平原郡（385?—430），治所、领县不可考

由上述可见，占据关中的一些政权，除继承西晋时在雍州所置郡县，还新置不少郡县。前赵时，置有陇东郡、高平县。后赵时，新置赵平郡、赵兴郡、赵安县、石安县等。前秦时，增置了咸阳郡、平凉郡、长城郡、泾阳县、渭南县、长城县、宛川县、榆眉县、焉弌县、城安县等⑨，改石安县为渭城县。后秦时，置有平原郡、山北县、洛川县、中部县。十六国时期新置的诸郡县，大多数仍见于《魏书·地形志》，表明十六

① 乐史：《太平寰宇记》卷34《关西道十》，第723页；《魏书》卷112下《灵征志下》，第2959页。

② 《晋书》卷95《艺术传·麻襦传》，第2491页；《魏书》卷106下《地形志下》，第2628页。

③ 《晋书》卷115《苻丕载记》，第2946页。

④ 毛远明校注：《汉魏六朝碑刻校注》第3册卷285《梁舒墓表》，第80页。

⑤ 《资治通鉴》卷106，晋孝武帝太元十一年七月，第3366页。

⑥ 《魏书》卷106下《地形志下》，第2619页。

⑦ 李昉等：《太平御览》卷261《职官部五十九》，中华书局1960年版，第1225页；《魏书》卷106下《地形志下》，平原郡领有阴槃县，此县“二汉属安定，晋属京兆，后属”，第2620页。

⑧ 乐史：《太平寰宇记》卷151《陇右道二》，第2920页。

⑨ 据《邓艾祠堂碑》可知前秦置有城安县，见毛远明校注《汉魏六朝碑刻校注》第3册，第74页。

国政区的建置对北魏政区产生了一定的影响。

三 十六国时期关中地区护军沿革

十六国时期，关中地区为氐、羌等诸多部族分布比较集中的地区，不少政权设置护军以管辖诸部族。西晋末，已置有抚夷护军和安夷护军。前秦时增设了冯翊、铜官、宜君、土门、三原等护军，后秦时置有安定护军。

1. 抚夷护军、安夷护军

西晋末，置有抚夷护军、安夷护军，抚夷护军当分扶风郡置①，安夷护军可能先后置于安定、始平郡界②。

汉麟嘉元年（316），抚夷护军、安夷护军当亦入前赵。前赵、后赵、前秦、后秦时，皆置有抚夷护军③，安夷护军至后秦末仍置④。赫连夏时，应仍置有抚夷护军、安夷护军⑤。

夏胜光三年（430），抚夷护军、安夷护军入北魏。

抚夷护军（316—430），治所不可考

安夷护军（316—430?），治所不可考

2. 冯翊护军、铜官护军、宜君护军、土门护军

前秦皇始元年（351），据有关中地区。其后，当于冯翊郡界置有冯翊护军⑥、铜官护军⑦、宜君护军⑧、土门护军⑨，当分别治临晋、铜官、宜君和土门⑩。

夏胜光三年（430），冯翊、铜官、宜君、土门等护军入北魏。

冯翊护军（351？—430?），疑治临晋（351？—430?，今陕西大荔县东）

铜官护军（351？—430），治铜官（351？—430，今陕西铜川市西北）

宜君护军（351？—430），治宜君（351？—430，今陕西宜君县）

土门护军（351？—430），治土门（351？—430，今陕西蒲城县西）

3. 三原护军

前秦皇始元年（351），得关中之地。其后，于北地郡界置三原护军⑪，治三原。

---

① 抚夷护军可能分晋扶风郡置，此据谭其骧主编《中国历史地图集》第3册，三国魏时和西晋时雍州图可知，第15—16、43—44页。

② 《晋书》卷37《宗室传》，第1103页；《晋书》卷89《忠义麴允传》，第2307页。

③ 李吉甫：《元和郡县图志》卷1《关内道一》，第10页。

④ 《晋书》卷119《姚泓载记》，第3013页。

⑤ 由《元和郡县图志·关内道一》“魏罢护军”可知夏时仍置抚夷护军，疑赫连氏时安夷护军应仍置有。

⑥ 马长寿：《碑铭所见前秦至隋初的关中部族》，中华书局1985年版，第15—16页。

⑦ 李吉甫：《元和郡县图志》卷2《关内道二》，第29页。

⑧ 李吉甫：《元和郡县图志》卷3《关内道三》，第73页。

⑨ 乐史：《太平寰宇记》卷31《关西道》，第669页。

⑩ 冯翊郡治临晋县，故疑冯翊护军治临晋。马长寿认为，土门护军治频阳（今陕西富平县），未言何据，见《碑铭所见前秦至隋初的关中部族》，第24页。而《太平寰宇记》载，土门护军当在秦汉频阳县、唐宋美原县界，今陕西蒲城县西。

⑪ 李吉甫：《元和郡县图志》卷1《关内道一》，第7页。

夏胜光三年（430），三原护军入北魏。

三原护军（351？—430），治三原（351？—430，今陕西耀县西南）

4. 安定护军

后秦白雀二年（385），得安定郡。其后，于安定置有安定护军，疑治临泾①。

夏胜光三年（430），安定护军入北魏。

安定护军（385？—430？），疑治临泾（385？—430？，今甘肃镇原县东南）

据上述可知，抚夷护军和安夷护军为西晋所置，安定护军可能为后秦时始置，其余诸护军皆前秦始置。前秦时，“关中羌族的分布主要在冯翊郡”，“北地、冯翊二郡间的马兰山，部族种族亦多”②。关中为前秦的核心地区，且有诸多部族居住，故置护军以治之。除安定护军置于岭北外，其余诸护军皆置于关中渭水以北的地区，尤其以分布于冯翊郡界为多，这与当时诸部族分布区是一致的。由上引《元和郡县志》和《太平寰宇记》可知，入北魏以后，诸护军先后改为县，表明十六国时期护军的设置对北魏的政区建置也产生了一定的影响。

附：

十六国时期关中地区政区示意图

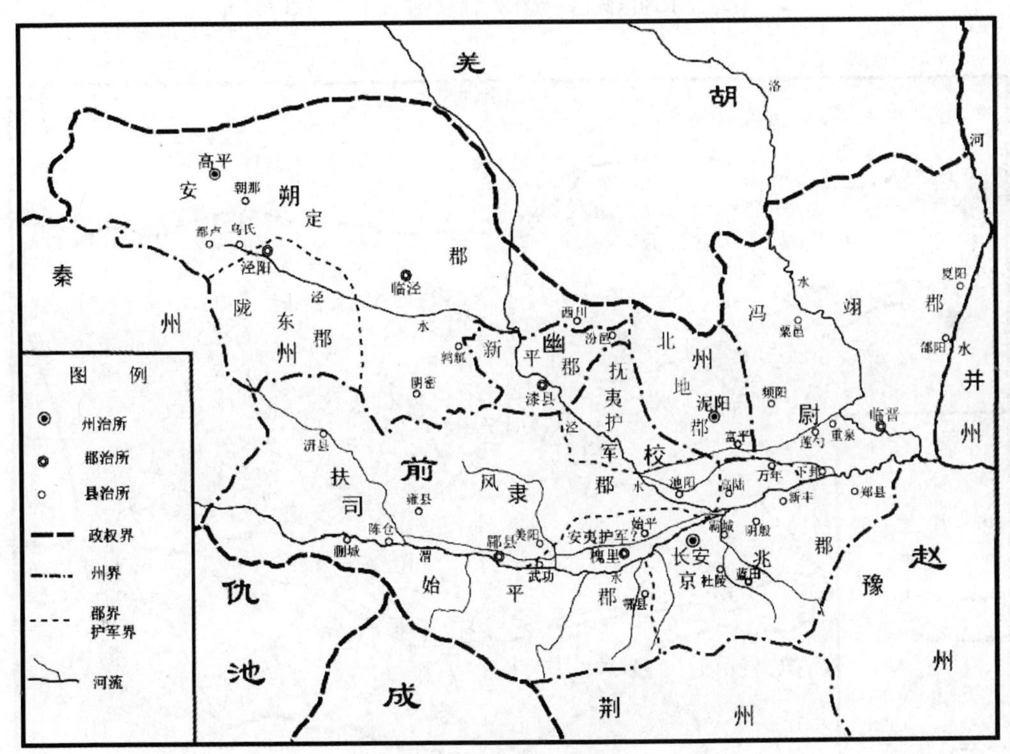

图1　前赵关中地区政区示意图（前赵光初十年即327年）

① 《魏书》卷94《阉官孙小传》，第2018页。安定郡治临泾，疑安定护军与其同治临泾。

② 马长寿：《碑铭所见前秦至隋初的关中部族》，第34页。

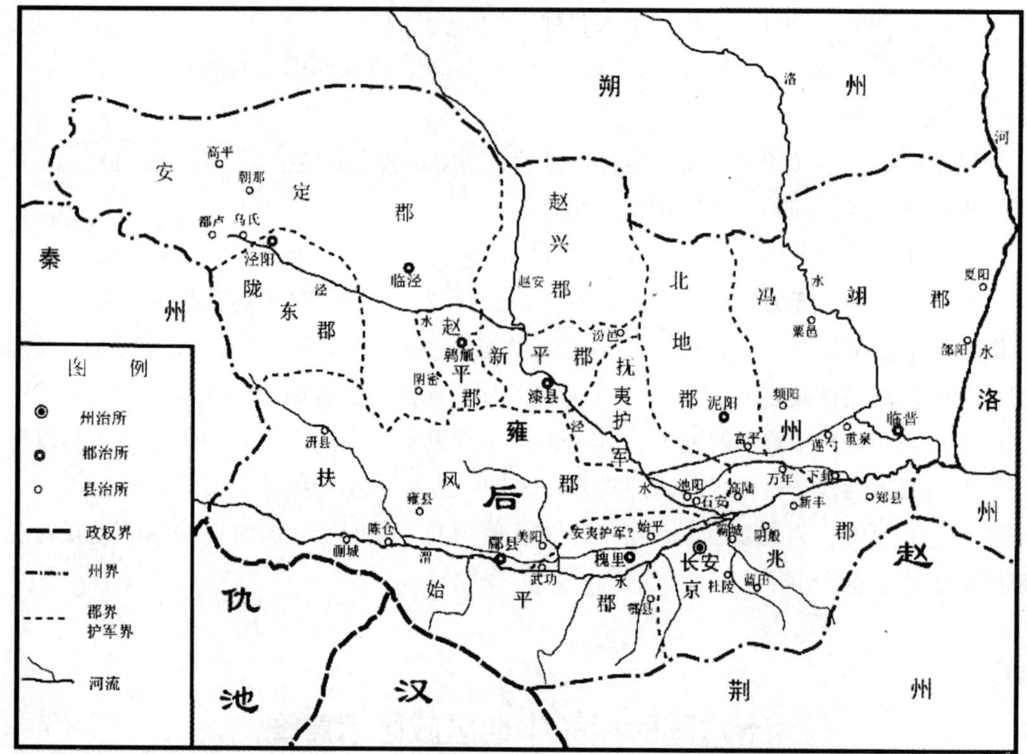

图2 后赵关中地区政区示意图（后赵建武十一年即345年）

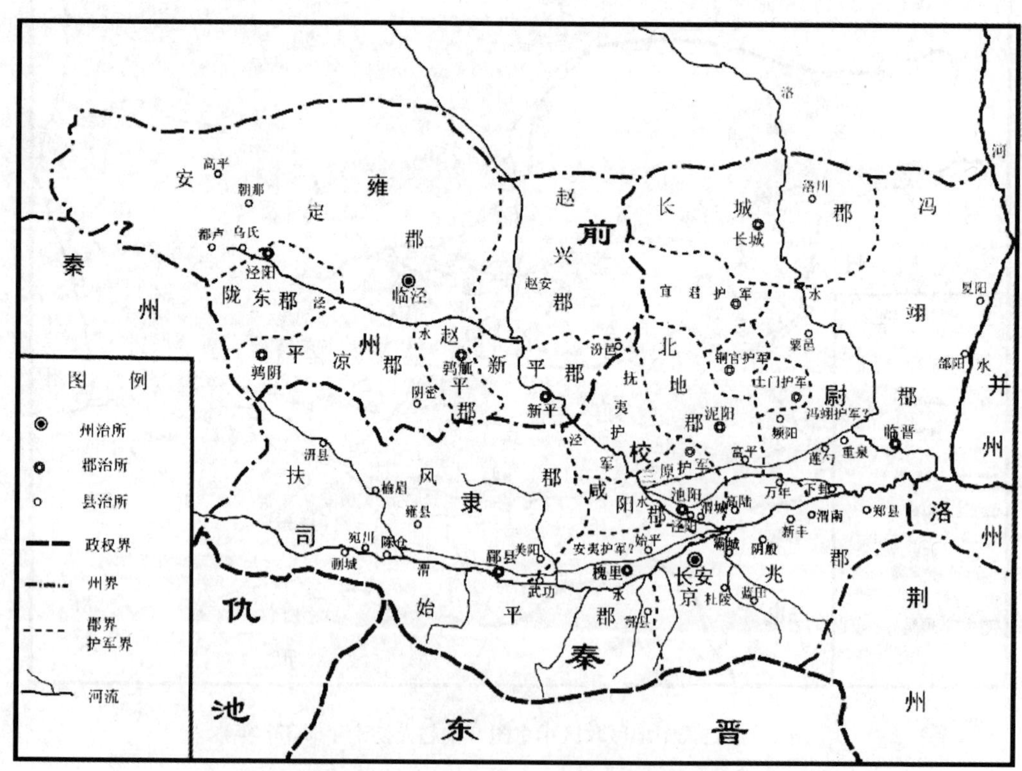

图3 前秦关中地区政区示意图（前秦建元五年即369年）

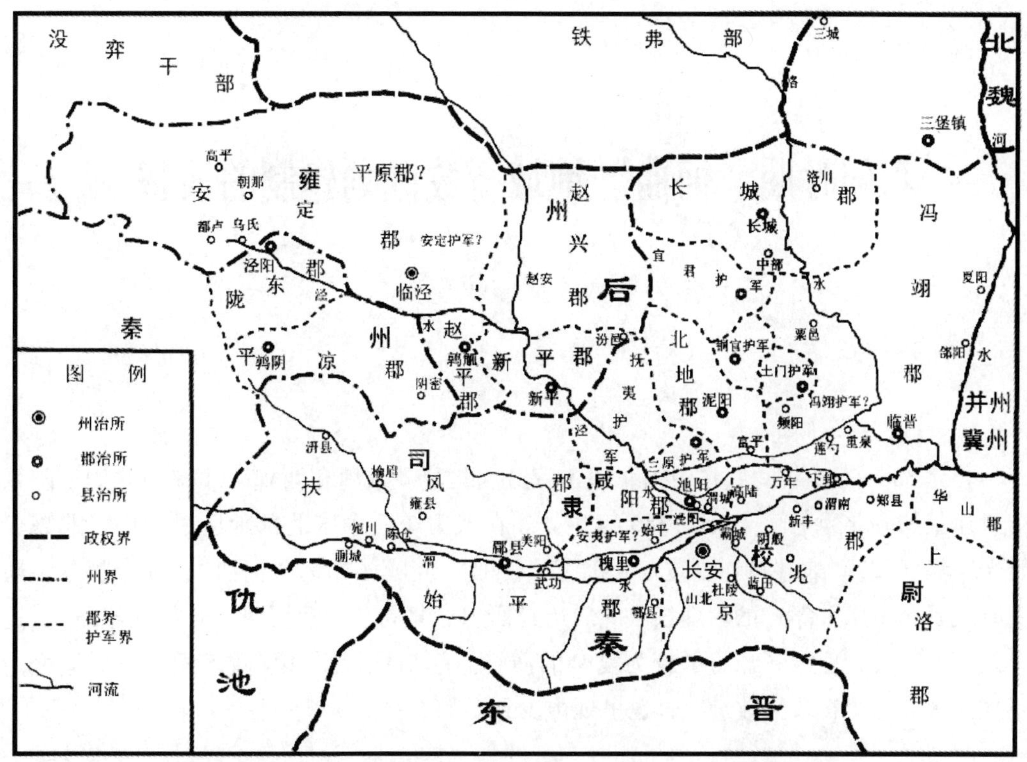

图4 后秦关中地区政区示意图（后秦弘始十一年即409年）

（作者单位：复旦大学历史地理研究中心）

北朝时期“河曲”地域行政区划建制的演替*

艾　冲

公元386—589年间，在中国北部先后出现北魏、东魏和西魏、北齐和北周、隋六个封建王朝。北魏王朝于公元386年建立。在武力统一中国北部地区过程中，北魏于始光四年（427）兼并赫连夏政权，接管“河曲”地域（亦称“河西”，即今鄂尔多斯高原及后套平原大部）的治理权。此后历经西魏、北周和隋朝初期（开皇九年前），这个地域的行政管理体系经历了较为复杂的演替。起初推行军管型政区模式，后演变为正规政区体系。在政区数量上，也呈现由少到多的态势。

一　北魏时期“河曲”地域的行政区划变更

北魏在“河曲”地域的行政区划与行政管理体系，可分为前后两个阶段，即军管型政区时期和正规州郡县时期。这两种行政管理模式的变更反映出区域历史政区地理的新变化与新格局。

（一）军管型政区建制阶段

北魏平定赫连夏政权后，出于稳定地方局势的动机，相继在“漠南”和“河曲”地域推行军管型的地方行政管理制度——军镇建制。具体至“河曲”地域，则建立两大军镇——统万突镇、薄骨律镇，以及沃野镇的局部管区也跨连“河曲”之西北部。

1. 统万突镇的创建及其管区

统万突镇，是北魏兼并赫连夏后创建的军管型地方行政管理单位。在史籍中记作“统万镇”，但在迄今出土的北朝墓志、墓碑刻文中则写作“统万突镇”或“吐万突镇”。① 笔者认为应以当时人的记载为准，“统”与“吐”之别，乃是古人将胡人语言音译时出现的差异，参照历史文献记载，应以“统”为正。因此，本文采用“统万突

---

* 本文是国家社会科学基金重大招标项目“鄂尔多斯高原历史地理研究”（项目号11&ZD097）阶段性成果之一。

① 王仲荦：《北周地理志》卷1《关中·夏州》，中华书局1980年版，第119—120页。

镇”的提法。①

关于统万突镇的创建时间，据《魏书·地形志下》载，始置于北魏太武帝拓跋焘始光四年（427）。至于其建制撤销时间，则在北魏“太和十一年”，即公元487年。据此，该镇历时达60年，成为北魏王朝统治“河曲”地域的主要管理机构之一。② 统万突镇镇将府的驻地，即赫连夏国的旧都——统万城（今陕西靖边县白城子村古城）。这一见解已得到史学界的广泛认同。

统万突镇的管区范围，依据北朝史籍的记载，应包括今陕西延安市和榆林市大部、内蒙古鄂尔多斯市中部和东部。其北、东临黄河，西与薄骨律镇毗邻。今延安市域不在“河曲”范围。

2. 薄骨律镇的创立及其辖区

薄骨律镇，是北魏吞并赫连夏后在今宁夏平原段黄河“河渚”（河心洲）上的赫连夏“果园城”创建的军管型地方行政管理单位。该镇始置于北魏太武帝拓跋焘统治期间。

关于薄骨律镇的建置时间，据《魏书·地形志上》载，始置于北魏太武帝拓拔焘太延二年（436）。其建置撤销时间，则在北魏“孝昌中”，即公元525—527年间。该镇历时达90余年，成为北魏王朝统治“河曲”地域的主要管理机构之一。③

至于薄骨律镇的治所，依据历史文献与考古发掘资料，可判定在今宁夏吴忠市利通区古城湾村西侧、古代黄河河心岛东南部的赫连夏果园城所在。④ 其管区范围，包括今宁夏同心、西吉、中卫一线以北地区，内蒙古鄂尔多斯市西部，以及乌海市的黄河以东、巴彦淖尔盟南部的后套平原区域。

延至北魏太和十一年（487）、“孝昌中”（525—527），两个军镇相继改制为夏州、灵州。“河曲”地域行政区划体系从此进入新的历史阶段。

（二）正规州郡县建制阶段

北魏孝昌年间（525—527），鉴于北疆政治局势出现动荡趋向，魏朝为加强对地方的行政控制，着手改变治理地方的模式。废除军镇制，改行州郡县制。其实早在正光五年（524）八月，魏明帝就颁布诏书，决定改革北疆诸镇为正规的州制。即“诸州镇军贯，元非犯配者，悉改为民。镇改为州，依旧立称”。⑤ 但因漠南诸镇出现动乱，遂使“镇改为州”之政令未能及时实施，拖延至孝昌年间。

1. 夏州的建立及其管境

北魏早在太和十一年（487）就撤销统万突镇，改建夏州。州治仍在统万城（今白城子村古城），唯其时称作化政郡大夏县，大夏县后改称岩绿县。

---

① （北魏）魏收：《魏书》卷106《地形志下》，第2628页。

② 《魏书》卷106《地形志下》，第2628页。

③ 同上书，第2504页。

④ 艾冲：《灵州治城的变迁新探》，《中国边疆史地研究》2011年第4期。

⑤ 《魏书》卷9《肃宗纪》，第237页。

北魏时期的夏州，下领四郡、九县。（见表1）

表1　　北魏太和十一年（487）夏州属郡属县简表

序号	属郡	置年	属县	置年	备注
1	化政郡	太和十二年（488）	大夏/岩绿	太和十二年（488）	周末隋初改称弘化郡
2			革融	太和十二年（488）	今陕西横山县境
3	阐熙郡	太和十二年（488）	山鹿	太和十二年（488）	
4			新国	太和十二年（488）	
5	金明郡	真君十二年（451）	永丰	真君十三年（452）	
6			启宁	真君十年（449）	
7			广洛	真君十年（449）	
8	代名郡	太安二年（456）	呼酋	太安二年（456）	今杭锦旗中部
9			渠搜	太安二年（456） 或太和二年（478）	今达拉特旗西北境、黄河南岸
合计	4		9		

资料来源：《魏书》卷106《地形志下》，第2628—2629页。

化政郡，与夏州同治一城，即今白城子村古城。化政郡大夏县（后称岩绿县），置于魏太平真君六年（445），与州郡同城。革融县，故治当在今陕西榆林市榆阳区西部，今巴拉素镇附近有一座白泥台古城，似为革融县治所在。

阐熙郡，故治当在今陕西定边县东北部八里河下游、堆子梁乡的营盘梁村、仓房梁村一带。因为延至明代，当地仍有一座墩台叫“阐熙墩”。其“阐熙”之名实乃沿承古代政区名称。山鹿县，与阐熙郡同治一城。新国县，其治所当在今陕西定边县安边镇与砖井镇之间探寻。

金明郡，故治当在今陕西延安市安塞县境。永丰县，与郡同治一城，也在今安塞县境。启宁县，故治当在今靖边县南部。广洛县，故治当在今志丹县境洛河上游支流——周河流域某地。

代名郡，位于夏州北部，故治当在今内蒙古杭锦旗东南部的40里梁古城，或鄂托克旗东北部沙井镇后哈达图村西南2公里的水泉古城。代名郡呼酋县，乃承继汉代县名与故城，位于汉代朔方县城（北朝至唐代什贲故城）南约60里、巴彦乌素盐海（亦称哈日芒乃淖尔）北30里许。渠搜县，也是承继汉代县名与故城，位于汉代朔方县城（北朝至唐代什贲故城）之东、巴彦乌素盐海东北的黄河南侧。即《水经注》所谓“河水自朔方东转，经渠搜县故城北”也。①

北魏末期，北疆爆发六镇之乱，“河曲”政局失去稳定，代名郡与其二县被迫南迁。其后，呼酋县，当与代名郡同治一城。渠搜县，故治当在今杭锦旗东南部某座古

① 《水经注》卷1《河水》。金明郡、代名郡及其属县的建置年份，仍有待继续探索。

城。继而废除这一郡二县建制后，改置代名县，隶于夏州化政郡。北齐武平四年（北周建德二年即573年），代名县的建制仍在。周末隋初废除代名县。由此可知，是时夏州的行政区域向北延伸到今杭锦旗北部地区。

2. 灵州的建立与治所

孝昌二年（526），北魏撤销军管型的薄骨律镇建制，别置正规的州级建制单位——灵州。[①]《太平寰宇记》载：北魏“孝昌二年，置灵州。按《括地志》云：‘薄骨律镇以在河渚之中，随水上下，未尝淹没，故号曰灵州。初在河北胡城。大统六年，于果园［城旧址］复筑城，以为州，即今之州城是也。’……至后周，又置普乐郡。隋开皇初，郡废。炀帝又置灵武郡”[②]。

这段引文表达出两层含意：其一，灵州州级政区名称来源于黄河河心洲之名——灵州（古代州与洲词意相通）；其二，灵州建置之初，治所并不在薄骨律镇城，而是定在黄河左岸的“胡城”。明代《宣德宁夏志》亦谓：“至（元魏）明帝，立灵州，初治河北。后徙治果园所筑城。”[③] 胡城故址在今宁夏青铜峡市北部的瞿靖镇东南、新林村之地。

北魏时期的灵州，下领一郡一县——普乐郡回乐县（治胡城，即今宁夏青铜峡市瞿靖镇新林村附近），此外，其管境内存在四处重要的城镇，诸如弘静镇、鸣沙镇、历城镇、饮汗城等。（见表2）

表2　　北魏孝昌二年（526）灵州属郡属县简表

序号	属郡	置年	属县	置年	备注
1	普乐郡	孝昌二年（526）	回乐	孝昌二年（526）	今青铜峡市瞿靖镇新林村
2			弘静镇（上河城、汉城、仓城）	孝昌二年（526）后	今宁夏永宁县境内
3			鸣沙镇	（不详）	今宁夏中宁鸣沙洲镇
4			历城镇（浑怀障）	太和初年（477）	今陶乐县西南境内
5			建安（历城、胡城镇、浑怀障）	太和中（477—499）	
6			饮汗城（丽子园）	（不详）	
合计	1		1+4		

资料来源：《元和郡县图志》卷4《关内道四》；《隋书》卷29《地理志上》。

3. 东夏州（延州）上郡的属县建制

《魏书·地形志下》载有延昌二年（513）所置“东夏州”，及其四属郡、九属

① 《魏书》卷9《肃宗纪第九》，第237页。

② 《太平寰宇记》卷36《关西道十二·灵州》，中华书局2007年版，第759页。

③ 朱栴：《宁夏志笺证》卷上《属城·灵州》，宁夏人民出版社1996年版，第82页。

县。[①] 东夏州是从夏州管区析置的。据《魏书·薛辩传》，永平四年（511），山贼扰乱夏州，薛和奉诏征调汾、华、东秦、夏四州之武装，讨平这场民变。之后，薛和向魏宣武帝元恪建议增立东夏州，得到魏帝的批准。遂有延昌二年（513）建立东夏州之举。北魏的东夏州治城在今陕西延安市宝塔区东40里许。除上郡及其属县大斌、城中、石城之外，其余辖境不在本文论述的“河曲”范围，在此从略。

据《周书·文帝纪》，东夏州于西魏废帝三年（554）春正月改称延州。[②] 以界内的延水为名。

上郡大斌县，在今陕西子洲县大理河流域，北魏孝明帝神龟元年（518）于周隋大斌“县东五十里置大斌县，属上郡，周、隋不改”。《隋书·地理志》称“西魏置”，实误。[③] 据说，得名的原因是“大斌者，取稽胡怀化、文武杂半之义”。

上郡城中县，在今陕西子洲县西部大理河流域，北魏孝明帝神龟元年（518）于隋唐城平“县理西三十里库仁川置城中县。隋改为城平县，自库仁川移至唐代城平县治，属上郡”。[④] 《隋书·地理志》称“西魏置”，实误。据说，改名的原因是“隋讳中（忠），改为城平县”，即因避讳而更名。

上郡石城县，北魏置，故治在今陕西神木县西南40里、窟野河西侧。另有“因城”县，待考。

二 西魏北周时期“河曲”地域的行政区划建制

北魏永熙三年（534），北魏分裂为东、西两个政治实体。随后，东魏军队对西魏展开钳形进攻，并出兵“河曲”，企图从北翼包抄西魏，置宇文泰政治集团于绝境。地处鄂尔多斯高原南部的夏、灵诸州遂成为双方争夺之区，最终被西魏、北周所控制。其后，行政单位数量逐步增多。

（一）西魏时期“河曲”行政建制的继承与变动

1. 四个夏州格局的形成、合并与调整

西魏初年，东魏、西魏在争夺夏州地区的过程中，逐渐形成四个夏州的局面。前节已提及东夏州（后更名延州，治今延安市宝塔区）始建于延昌二年（513），至此时依旧存在。其时，夏州被改称为“西夏州”，治所仍在统万城。增置“南夏州”，治所在长泽县城（今内蒙古鄂托克前旗城川镇城川古城）。此外，还有“北夏州”，其治所待考。（见表3）

---

① 《魏书》卷106《地形志上》，第2629—2630页。

② 《周书》卷2《文帝纪下》，第34页。

③ 《元和郡县图志》卷4《关内道四·绥州》，第104页。

④ 同上。

表3　西魏废帝三年（554）夏州属郡属县简表

序号	属郡	置年	属县	置年	备注
1	化政郡（弘化郡）	太和十二年（488）	岩绿	真君六年（445）	周末隋初改称弘化郡
2			宁朔	（不详）	
3			代名	（不详）	
4	金明郡	真君十二年（451）	永丰	真君十三年（452）	
5			启宁	真君十年（449）	
6			广洛	真君十年（449）	
合计	2		6		

资料来源：《元和郡县图志》卷4《关内道四》；《隋书》卷29《地理志上》。

“西夏州”与“北夏州”之名，盖东魏政权所命也。据《北史·长孙嵩传》载：“五世孙长孙俭，转夏州刺史。时，西夏州仍未内属，东魏遣许和任刺史。长孙俭招之，许和乃归附。即以俭为西夏州刺史，总统三夏州诸军事。”《周书·长孙俭传》亦云：大统三年，“时，西夏州仍未内属，而东魏遣许和为刺史。俭以信义招之，和乃举州归附。即以俭为西夏州刺史，总统三夏州”。① 东魏的西夏州刺史许和袭杀张琼而归降西魏之事，发生在大统三年（537）冬十月。因此，长孙俭出任夏州（即东夏州）刺史、策反许和必在同年早些时候。许和归降后，长孙俭接任西夏州（即夏州）刺史，都督三夏州诸军事。所谓“三夏州”，即指“东夏州”（延州）、“西夏州”（夏州）和“南夏州”（长州）。长孙俭“转夏州刺史”前，夏州城已被东魏夺取和控制，因此其所任职者乃是东夏州（后名延州）也。是时，所谓“西夏州”乃原先与后日的“夏州”是也。“南夏州”，创置年月不详，延至西魏废帝三年（554）春正月，更名“长州”，治长泽县城——今内蒙古鄂托克前旗城川古城，位于夏州城西南方。② 此外，“北夏州”在史籍中未留下多少信息，揣度其治城当在夏州城之北或东北，才可与“北”字相呼应。若此揣度不误，则“北夏州”治城最可能是今陕西榆阳区西部的巴拉素镇白泥台古城。其建制当在西魏废帝三年（554）前就已废除。或亦疑“北夏州”乃“南夏州”之误。

其前，拓跋俭于大统元年（535）受任“使持节、东夏州刺史”。延至大统五年（539），拓跋俭升任都督东、北、西三夏州诸军事，西夏州刺史。③ 怡峰也曾于大统四年（538）九月“拜（都督）东、西、北三夏州诸军事，夏州刺史”。④ 此“夏州”前散佚“西”字。侯莫陈顺于大统六年（540）出任“行西夏州事”，即指夏州。⑤

在大统十年（544）之后，四个夏州格局逐步消失。先是，“西夏州”与“北夏

① 《周书》卷26《列传第十八·长孙俭传》，第427页；《北史》卷22《长孙嵩传附五世孙俭传》，第805—810页。

② 《周书》卷2《文帝纪下》，第34页。

③ 庾信：《周柱国大将军拓跋俭神道碑》，转引自王仲荦《北周地理志》卷1《关中·夏州》，第120—121页。

④ 《周书》卷17《列传第九·怡峰传》，第283页。

⑤ 《周书》卷19《列传第十一·侯莫陈顺传》，第308页。

州”合并为夏州，即所谓宇文贵大统十六年（550）前“历夏、岐二州刺史”，李和“出为夏州诸军事、夏州刺史”；[①] 东夏州则至大统十六年（550）仍保持其建制，例如：库狄昌在大统“十六年，出为东夏州刺史”。[②] 延至西魏废帝三年（554）正月，东夏州被改称延州，“南夏州”被改为长州。[③] 至此，原先四个夏州中，唯有夏州（即西夏州）依旧存在。例如：王雅此后曾“迁大都督、延州刺史，转夏州刺史，加车骑大将军、仪同三司”。“保定初，复为夏州刺史，卒于州”[④]。

顺便提及，《魏书·地形志上》还载有寄治在并州界的“西夏州”及其“太安郡”、“神武郡”两个属郡，其建置年月不明。[⑤] 此“西夏州”实乃侨置之州，其原治地在今鄂尔多斯高原南部、无定河（奢延水）上游。东魏、西魏对峙局面形成后，东魏军队曾经进攻今无定河流域，掳掠了夏州部分居民，将之迁往黄河以东的并州地区，建立侨西夏州，予以管理。西魏大统二年（536）春三月，东魏袭陷夏州，留其将张琼、许和守之。即“（天平）三年春正月，齐献武王袭宝炬西夏州，克之”[⑥]。其具体史实如下：东魏孝静帝天平三年（536）正月甲子，丞相高欢亲“帅库狄干等万骑袭西魏夏州，身不火食，四日而至。缚稍为梯，夜入其城，禽其刺史费也头斛拔俄弥突，因而用之。留都督张琼以镇守。迁其部落五千户以归”[⑦]。据此，寄治在并州地界的“西夏州”及属郡“太安郡”、“神武郡”，是为安置“迁其部落五千户以归”的夏州居民而建立的侨西夏州及其侨郡。“西”字可能是衍文。有学者据《山西通志》相关记载认为：侨西夏州可能寄治在并州寿阳县界。可备一说。[⑧]

西魏的夏州于大统二年（536）正月陷于东魏，历时达两年之久。至大统三年（537）秋天，西魏军队在沙苑之战中以少胜多、大败东魏军。同年冬十月，东魏西夏州守将许和受到长孙俭策反而杀其同事张琼，以西夏州归降西魏。[⑨] 西魏才重新掌控夏州地区。

2. 灵州的治所迁移与属郡属县变动

西魏文帝元宝炬大统六年（540），灵州迁离黄河西侧的胡城（今青铜峡市瞿靖镇新林村附近）。

移入故果园城——在薄骨律镇城旧址重筑的城郭。迄唐代贞观中魏王李泰主持编撰《括地志》期间，灵州治城依旧在薄骨律镇故城。由胡城迁至薄骨律镇旧城，这是历史时期灵州治城的首次移徙。灵州治黄河西侧的胡城历时约15年，即孝昌二年至大统六年（526—540）。

西魏大统六年（540）至隋代开皇九年（589）的50年间，史书未见灵州城移徙的

① 《周书》卷19《列传第十一·宇文贵传》，第315页；《大隋使持节上柱国德广郡开国公李使君（和）墓志铭》，转引自王仲荦《北周地理志》卷1《关中·夏州》，第121页。

② 《周书》卷27《列传第十九·库狄昌传》，第449页。

③ 《周书》卷2《文帝纪下》，第34页。

④ 《周书》卷29《列传第二十一·王雅传》，第502页。

⑤ 王仲荦：《北周地理志》卷1《关中·夏州》，第2503页。

⑥ 《周书》卷2《文帝纪下》，第21页；《魏书》卷12《孝静帝纪》，第300页。

⑦ 《北齐书》卷2《神武帝纪下》，第19页。

⑧ 施和金：《北齐地理志》卷2《河北地区下·西夏州》，中华书局2008年版，第203—204页。

⑨ 《周书》卷2《文帝纪下》，第24页。

记载。换言之，在此期间，灵州治城故址应在今宁夏吴忠市利通区古城湾村西侧、黄河河心洲东南部——陈袁滩东侧黄河大桥之下，未曾出现变迁。①

灵州统领两个属郡——普乐郡、临河郡，郡下各领一县——回乐、临河。此外，在其间存在三个重要城镇：黄河西侧的弘静镇，即两汉时期的上河城，亦称汉城，亦即前薄骨律镇将刁雍督建的储备粮食的仓城。② 鸣沙镇，即今宁夏中宁县鸣沙洲镇。历城，即秦代浑怀障，北周于此置建安县，故址在今宁夏陶乐县（已废）西南部、黄河东岸。（见表4）

表4　　西魏废帝三年（554）灵州属郡属县简表

序号	属郡	置年	属县	置年	备注
1	普乐郡	孝昌二年（526）	回乐	孝昌二年（526）	今吴忠市古城湾村西
2			弘静镇（上河城、汉城、仓城）	孝昌二年（526）后	今宁夏永宁县境内
3			鸣沙镇	（不详）	今宁夏中宁鸣沙洲镇
4			历城镇/胡城镇（浑怀障）	太和初年（477）	今陶乐县西南境内
5	临河郡	西魏置（不详）	临河	西魏置（不详）	今宁夏平罗县境内
合计	2		2+3		

资料来源：《元和郡县图志》卷4《关内道四》；《隋书》卷29《地理志上》。

3. 西安州/盐州建制的出现

西魏建立伊始，创置西安州。魏废帝三年（554）正月，将西安州改名为盐州。其治城故址在今陕西定边县红柳沟镇沙场子古城。

关于西安州的创立时间。西魏于何年创置西安州，史书并未明载。特在此考证如下：北魏分裂于永熙三年（534）。西魏创立西安州建制，约在大统元年至十七年间（535—551），旨在加强对鄂尔多斯高原南部的控制与管理。西魏时期出任西安州刺史者，见于文献记载的有常善其人。《周书·常善传》载：大统“四年，从战河桥，加大都督，进爵为公，除泾州刺史。属茹茹入寇，抄掠北边，善率所部破之，尽获所掠。拜车骑大将军、仪同三司，迁骠骑大将军、开府仪同三司，西安州刺史”。③ 常善出任泾州刺史是在大统四年（538）八月河桥战役之后。而大统年间，茹茹南犯西魏北境的军事行动有两次，一次是在大统六年（540）“夏，茹茹渡河至夏州，太祖召诸军屯沙苑以备之”；另一次是在大统“十三年（547）春正月，茹茹寇高平，至于方城”。④ 夏州在泾州之北，原州在泾州之西北，恰是常善就近防御作战之地。常善应是在击退茹茹第一次南侵夏州后被委任“车骑大将军、仪同三司，迁骠骑大将军、开府仪同三司、西安州刺史”的。因此，就迄今所见史料而言，西安州始建时间当在大统六年（540）

① 艾冲：《灵州治城的变迁新探》，《中国边疆史地研究》2011年第4期。

② 《魏书》卷38《列传第二十六·刁雍传》，第865—870页。

③ 《周书》卷27《列传第十九·常善传》，第446页。

④ 《周书》卷2《文帝纪下》，第27页、第30页。

“夏，茹茹度河至夏州”之后，即大统六年（540）夏秋之际。

此外，其他史料也可佐证其始建时间。西魏时期相继出任西安州大中正、盐州刺史者，见于文献记载的唯有宇文盛其人。据《周书·宇文盛传》：大统三年（537）十月沙苑之战后，宇文盛“除冯翊郡守，加帅都督、西安州大中正、通直散骑常侍、抚军将军，增邑三百户”。其后“累迁大都督、车骑大将军、仪同三司、骠骑大将军、开府仪同三司、盐州刺史”。① 先是在大统二年（536）春三月，“东魏袭陷夏州，留其将张琼、许和守之”。沙苑之战结束于大统三年（537）十月。同月，东魏夏州刺史许和袭杀其同事张琼，以夏州城投降西魏，即“于是，许和杀张琼以夏州降”。② 对于西魏而言，唯有光复夏州地区之后，才有增置西安州的可能性。据此，宇文盛任职冯翊郡守应在大统三年（537）年底论功行赏之际。其后累“加帅都督、西安州大中正”诸职，应发生于大统四年（538）及其后数年间（538—540）。结合常善任西安州刺史和茹茹初次犯境的时间而保守推断，西安州的始建时间当在大统六年（540）“夏，茹茹渡河至夏州”之后，较为稳妥；宇文盛任“西安州大中正”也当在其时。

关于盐州的建置时间。西安州改为盐州的年月则是十分清楚的。据《周书》载：西魏废帝三年（554）春正月，“又改置州郡及县：改东雍［州］为华州，……西安［州］为盐州”。③ 北魏分裂于永熙三年，即公元534年。据《元和郡县图志》载，西安州更名盐州的起因是：“以其北有盐池，又改为盐州。”④《太平寰宇记》亦称：西魏“寻改为西安州。东有安州，故此加‘西’字。废帝三年，以其地北有盐池，又改为盐州”。⑤ 宇文盛“累迁大都督”直至升任“盐州刺史”之职，则是迟至西魏废帝三年（554）之事。《周书·齐炀王宪传》亦载：宇文宪曾于天和五年（570）任职于盐州。⑥

关于西安州/盐州的属郡、属县。在创立西安州前，该城乃北魏大兴郡治所（属于夏州），西魏改称五原郡，治所依旧；后复为大兴郡，属于西安州/盐州。换言之，盐州下领大兴郡，及属县——五原县。隋开皇三年（583），废郡而存州；大业三年（607），改盐州为盐川郡。⑦ 据《太平寰宇记》载：大兴郡的始置，是在北魏太武帝平定赫连夏后；至西魏改称五原郡，隶属新建的西安州。即“后魏太武帝平赫连昌之后，初置大兴郡。至西魏改为五原郡，复立汉［时郡］名”。⑧

五原郡之得名，源于早期的军事驻防城——五原镇。《周书·王德传》载：“［大统］十三年，授大都督，原灵显三州、五原蒲川二镇诸军事。十四年，除泾州刺史。卒於州。”⑨ 西魏大统十三年（547）、大统十四年（548），宇文泰巡抚西境，欲赴五原，即指该五原镇。《周书》载：大统十四年夏五月，“太祖（宇文泰）奉魏太子巡抚

---

① 《周书》卷29《宇文盛传》，第493页。

② 《周书》卷2《文帝纪下》，第21、24页。

③ 同上书，第34页。

④ 李吉甫：《元和郡县图志》卷4《关内道四·盐州》，中华书局1983年版，第98—99页。

⑤ 乐史：《太平寰宇记》卷37《关西道十三·盐州》，中华书局2007年版，第781页。

⑥ 《周书》卷12《齐炀王宪传附宇文贵传》，第169页。

⑦ 《隋书》卷29《地理志上》，第812页。

⑧ 《太平寰宇记》卷37《关西道十三·盐州》，第781页。

⑨ 《周书》卷17《王德传》，第285—286页。

西境，自新平出安定，登陇，刻石纪事。下安阳，至原州，历北长城，大狩。将东趋五原［镇］，至蒲川［镇］，闻魏帝不豫，遂还”。① 宇文泰这次巡视西北边境，自原州（今宁夏固原）向北穿过战国秦长城之后，初拟取道于蒲川镇而前往五原镇（即五原郡城），因闻魏文帝患病而中途折返。据此推断，五原郡的建置当在大统十四年至十七年间（548—551）。《太平寰宇记》则谓“以其地势有五原，旧有五原关，因［此］为郡邑之称”。② 所谓“五原关”应是“五原镇”之笔误。

五原郡再度改称大兴郡的时间，约在北周初年（557—560）。据《隋书·高祖纪》：杨坚于“［周］明帝即位，授右小宫伯，进封大兴郡公”。③ 周明帝即位于公元557年，杨坚当在是年进封为“大兴郡公”。这就表明五原郡改称大兴郡当在其年（557）。又据《隋书·辛彦之传》载，周武帝（561—578）时，辛彦之因奉迎突厥皇后之功，“寻进爵五原郡公”。④ 此处，“五原郡公”当称作“大兴郡公”。

五原郡所部五原县（或称大兴县），有学者认为乃北周所置。⑤ 但是，若上所论不谬，五原县的建置当在西魏大统十四年至十五年间（548—549）。北周王朝成立于西魏恭帝四年（557），遂改称五原郡和五原县为大兴郡和大兴县。五原县系沿承五原镇而来，又成为五原郡/大兴郡和西安州/盐州的治所。五原镇、五原县和五原郡，皆因境内存在五个黄土台塬而得名。塬，即历史文献所谓“原”。盐州地区因“地有原五所，故号五原”。“五原，谓龙游原、乞地千原、青岭原、可岚贞原、横槽原也”。⑥ 所谓盐州境内的五原，是判断与确定盐州治城的依据之一。（见表5）

表5　　西魏恭帝三年（556）盐州（西安州）属郡属县简表

序号	属郡	置年	属县	置年	备注
1	五原（大兴）	大统十四至十七年（548—551）	五原（大兴）	大统十四年至十七年（548—551）	治今定边县沙场古城
2	——	——	——	——	——
合计	1		1		

资料来源：《元和郡县图志》卷4《关内道四》；《隋书》卷29《地理志上》。

4. 南夏州/长州建制的出现

长州，其前身是南夏州，西魏析置。其地起初是夏州行政区域的组成部分，至西魏而析置南夏州。魏废帝三年（554）春正月，南夏州更名为“长州”。⑦

长州下管二郡，即大安郡、阐熙郡。大安郡（亦作太安郡），治长泽县城（今鄂托

① 《周书》卷2《文帝纪下》，第31页。
② 《太平寰宇记》卷37《关西道十三·盐州》，第782页。
③ 《隋书》卷1《高祖纪上》，第2页。
④ 《隋书》卷75《儒林传·辛彦之》，第1709页。
⑤ 王仲荦：《北周地理志》卷1《关中》，中华书局1980年版，第128—130页。
⑥ 李吉甫：《元和郡县图志》卷4《关内道四·盐州》，中华书局1983年版，第98—99页。
⑦ 《周书》卷2《文帝纪下》，第34页。

克前旗城川古城）。北魏所置，具体年月不详。阐熙郡，治山鹿县（在今陕西定边县东北部堆子梁镇境），太和十二年（488）始置。《隋书·地理志》误作“西魏置”，今不采信。至北魏末期爆发破六韩拔陵之乱，山鹿县犹存；隋开皇三年（583），山鹿县与阐熙郡同废，地入长泽县。① 新国县，始置年月大抵与郡同时，即太和十二年（488）置。隋开皇三年（583），废除新国县，地入长泽县。②（见表6）

表6　　西魏废帝三年（554）长州（南夏州）属郡属县简表

序号	属郡	置年	属县	置年	备注
1	大安（太安）郡	后魏置	长泽县	后魏置	治长泽县城
2	阐熙郡	太和十二年（488）	山鹿县	太和十二年（488）	治山鹿县城
3			新国县	太和十二年（488）	
合计	2		3		

资料来源：《隋书》卷29《地理志上·雕阴郡》；《元和郡县图志》卷4《关内道四》。

5. 绥州建制的出现

绥州创建于西魏废帝元年（552），在东夏州（后名延州）分割上郡而置绥州。③治安宁郡上县城，统领4郡、12县。北周沿承绥州建制，并析置银州。（见表7）

表7　　西魏废帝元年（552）绥州属郡属县简表

序号	属郡	置年	属县	置年	备注
1	安宁郡	西魏废帝元年（552）	上县、安宁、安人、石城/银城	西魏废帝元年（552）	治今绥德县东南50里
2	安政郡	西魏废帝元年（552）	大斌、城中/城平	西魏置	治大斌
3	抚宁郡	西魏废帝元年（552）	抚宁、开疆、延陵/延福	西魏置	治抚宁
4	绥德郡	西魏置	绥德	西魏大统十二年（546）	治绥德
			儒林、中乡（真乡）	西魏置	
合计	4		12		

资料来源：《隋书》卷29《地理志上·雕阴郡》；王仲荦：《北周地理志》卷1《关中·绥州》。

---

① 《北史》卷53《刘丰传》，第1901—1902页；《隋书》卷29《地理志上》，第812页。

② 《隋书》卷29《地理志上》，第812页；《北史》卷68《王雅传》，第2371—2373页；《隋书》卷40《列传第五·王世积传》，第1172页。按：王世积是王雅之子；《周书》卷29《列传第二十一·王雅传》，第501页，作“新固”，实误。

③ 《元和郡县图志》卷4《关内道四·绥州》，第102页；《隋书》卷29《地理志上》，第811页。

（二）北周时期“河曲”行政区划建制的发展

在接管西魏“河曲”地域行政区划建制的基础上，北周添置的行政单位较前有大幅度的增加。并向阴山地区扩展，增建城镇，作为控制河曲和阴山地区的军政据点。

武成元年（559），北周创立地方高层行政管理建制——总管府制。“河曲”地域成为早期建立总管府的地方之一，分布着三个总管府：夏州总管府，管夏、银诸州；灵州总管府，管灵、盐诸州；延州总管府，管延、丹、绥3州。其中，绥州之地属于“河曲”范围。

1. 银州的增建

北周王朝将绥州北部析出而增置银州，成为“河曲”地域行政区划发展的重要步骤。

银州，创置于周保定三年（563）春正月，治乞银城（汉名骢马城，今陕西横山县党岔镇古城）。同时设立附郭县——儒林县。① 或称银州始置于保定二年（562），即“银州，……晋、十六国时，为戎狄所居。苻秦建元元年，自骢马城巡抚戎狄，其城即今银州理城是也。周武帝保定二年，分置银州，因谷为名。旧有人牧骢马于此谷，虏语骢马为乞银”②。年月稍嫌不妥。《太平寰宇记》则称：“银州，周武帝保定二年，于其城（骢马城）置银城防。三年，置银州，因谷为名。”③ 将银州始建时间判定在保定三年（563）春正月，这是正确的。《通典·州郡典》曰：“苻秦（筑）有骢马城，即今银川郡是也。后周置真乡、开光二郡，兼置银州。隋初，二郡并废，而银州如故。”④《周书·稽胡传》载，天和二年（567），延州总管府总管宇文盛率部众构筑银州城。⑤ 银州属郡有二、属县有三——中乡郡及中乡县、开光郡及开光县和银城县。

中乡郡（后称真乡郡），领二县——中乡县、儒林县，治中乡县城（今陕西榆林市榆阳区东部双山堡南30里）。中乡县，与郡同于保定三年（563）置。其遗址在今双山堡南30里的圆峰子（当地居民俗称）。中乡县境有银城关（位于今神木县西南部）。儒林县，西魏置，具体年月待考。

开光郡，领二县——开光、银城，治开光县城（今陕西榆林市榆阳区建安堡南的开荒川河谷，即开光川）。开光县，与开光郡同于保定三年（563）置，一说西魏置。银城县（曾称石城县），初治□□城，西魏废帝时移石城县治于银城关，北周保定二年（562）又移石城县至废石龟镇城（即隋代银州银城县城）。少顷，更名为银城县。银城县城即废石龟镇城。其北境，有连谷，即今陕西神木县北70里的黄羊城。（见表8）

---

① 《周书》卷5《武帝纪上》第68页。

② 《元和郡县图志》卷4《关内道四·银州》，第104页。

③ 《太平寰宇记》卷38《关西道十四·银州》，第802—804页。

④ 《通典》卷173《州郡三·银川郡》，中华书局1984年版，第918页。

⑤ 《周书》卷49《列传第四十一·稽胡传》，第898页；卷27《列传第十九·辛威传》，第448页。

表 8　　北周保定三年（563）银州属郡属县简表

序号	属郡	置年	属县	置年	备注
1	中（真）乡郡	保定三年（563）	中乡/真乡、儒林	保定三年（563）	隋开皇三年废郡
2	开光郡	保定三年（563）	开光、石城/银城	保定三年（563）	隋开皇三年废郡或周大象二年废郡，误
合计	2		4		

资料来源：《隋书》卷 29《地理志上·雕阴郡》；王仲荦：《北周地理志》卷 1《关中·绥州》，第 117—119 页。

2. 绥州管区的缩小

至北周时期，因分置银州，绥州的属地较前缩小，下辖 4 郡、10 县。（见表 9）

表 9　　北周保定三年（563）绥州属郡属县简表

序号	属郡	置年	属县	置年	备注
1	安宁郡	西魏废帝元年（552）	安宁、上县、安人、义良	西魏废帝元年（552）	治今绥德县东南 50 里
2	安政郡	西魏废帝元年（552）	大斌、城中/城平	西魏置	治大斌（今子洲县西）
3	抚宁郡	西魏废帝元年（552）	开疆、抚宁、延陵/延福、	西魏废帝元年（552）	隋开皇三年废郡
4	绥德郡	西魏大统九年（543）前	绥德	西魏大统十二年（546）	治绥德，今清涧西北
合计	4		10		

资料来源：《隋书》卷 29《地理志上·雕阴郡》；王仲荦：《北周地理志》卷 1《关中·绥州》，第 114—117 页。

3. 夏州管区的整合

西夏州与北夏州整合为一个夏州、东夏州被改称延州、南夏州被改为长州之后，夏州政区再度回复到北魏后期格局。其属郡较前减少两个——代名郡、阐熙郡，唯有化政郡和金明郡，属县为六。（见表 10）

表 10　　北周夏州属郡属县简表

序号	属郡	置年	属县	置年	备注
1	化政郡（弘化郡）	太和十二年（488）	岩绿、宁朔、代名	真君六年（445）	治岩绿
2	金明郡	真君十二年（451）	永丰、启宁、广洛	真君十三年（452）、十年（449）、十年（449）	治永丰
合计	2		6		

资料来源：《隋书》卷 29《地理志上·朔方郡》；《元和郡县图志》卷 4《关内道四·夏州》，第 99—101 页。

4. 盐州管区的稳定

北周王朝建立后，在地方行政区划领域仍沿承西魏的州郡县建制。盐州下管一郡——大兴郡，郡领一县——五原县。

5. 灵州管区的变动

北周王朝在灵州地区的管理力度不断加强。相继增立怀远郡及其属县、历城郡及其属县，使灵州的属郡增至四个。会州，北周保定二年（562）在鸣沙县城始立，属郡属县数量不明。建德六年（577）废之，改立鸣沙镇。① （见表11）

表11　　北周建德六年（577）灵州属郡属县简表

序号	属郡	置年	属县	置年	备注
1	普乐郡	孝昌二年（526）	回乐	孝昌二年（526）	今吴忠市古城湾村西
2	怀远郡	北周建德三年（574）	怀远（饮汗城、丽子园）	建德三年（574）	今宁夏银川市
3	临河郡/新昌郡	西魏置	临河	西魏置	今宁夏平罗县境内
4	历城郡	北周置	建安（浑怀障、胡城镇）	太和初年（477）或北周天和中（566—571）	今陶乐县西南境内
5			鸣沙镇		
合计	4		4		

资料来源：《元和郡县图志》卷4《关内道四》；《隋书》卷29《地理志上》。

6. 长州管区的变动

魏废帝三年（554）春正月，南夏州更名为"长州"。② 其后，下管二郡：大安郡、阐熙郡。属县仍为3个。入北周，建制依旧存在。（见表12）

表12　　北周长州属郡属县简表

序号	属郡	置年	属县	置年	备注
1	大安（太安）郡	后魏置	长泽	后魏置	治长泽，开皇三年（583）废
2	阐熙郡	太和十二年（488）	山鹿县	太和十二年（488）	治山鹿，开皇三年（583）废
3			新国县	后魏置	开皇三年（583）废
合计	2		3		

资料来源：《隋书》卷29《地理志上》；《元和郡县图志》卷4《关内道四》。

7. 北周在"河曲"地域创立总管府建制

北周于武成元年（559）创立总管府建制。"河曲"遂成为最早建立总管府的区域之一，即建立夏州总管府、灵州总管府，以及延州总管府管内的绥州。③ 其州数约有6—7个。（见表13）

① 《元和郡县图志》卷4《关内道四·灵州鸣沙县》，第98页。

② 《周书》卷2《文帝纪下》，第34页。

③ 艾冲：《论北周总管府制的创立与发展》，《陕西师大继续教育学报》2001年第1期。

表13　　北周总管府与属州简表

序号	总管府名称	置年	属州	置年	备注
1	夏州总管府	武成元年（559）	夏、长、银	（略）	大业元年（605）废
2	灵州总管府	武成元年（559）	灵、盐、会/环	（略）	大业元年（605）废
3	延州总管府	武成元年（559）	延、丹、绥	（略）	大业元年（605）废
合计	3		9		

资料来源：《隋书》卷29《地理志上》，第811页。

8. 北周在“河曲”地域构建的城戍群体

北周在“河曲”地域调整行政区划格局的同时，又沿用和新建一批作为军事控制的城戍据点。例如：连谷戍，据《周书·宇文测传》，西魏大统八年（542）就有突厥入寇连谷的记载，隋大业十三年（617）废戍。其故址在今神木县店塔镇北五里的黄羊城古城。① 银城关，西魏废帝时（552—554），曾作为石城县治所，故地在今神木县西南部。详址待考。石龟镇城，保定二年（562）后成为石城县驻地，在今神木县西南40里、窟野河西侧。② 骢马城（乞银城）暨银城防，该城早在前秦时就已存在，保定二年（562）在该城置银城防。故址即今横山县东南部党岔镇古城。③ 弥浑戍，北周武帝时置，“南有弥浑水，因名”。隋时，改弥浑戍为德静镇，既而废镇，改立德静县。弥浑水即今陕西榆林市榆阳区西部海流兔河。弥浑戍故址当在该河上游北侧，相当今乌审旗沙沙滩古城遗址。德静县城遗址，相当今榆阳区巴拉素镇西南数里的白城台古城址。契吴城，也称“故白城”，赫连夏时“因山所筑”，在夏州城（白城子古城）北125里的契吴山巅。故址当在今乌审旗嘎鲁图镇西南。④ 百井戍，在长州长泽县城（今城川古城）南80里处，约在今陕西靖边县西部。⑤ 五原镇，西魏始置，故址在今陕西定边县西部。蒲川镇，西魏始置，故址在今宁夏盐池县西南部、苦水河东支流傍。⑥ 鸣沙镇，北周建德六年（577）建立，故址即今宁夏中宁县鸣沙洲镇。⑦

北周进而在后套平原开始建立城戍。甘草城，原为西汉广牧县城，至“周、隋间，俗谓之甘草城”，后为隋唐时期九原县城，即丰州治城。故址在今内蒙古巴彦淖尔市五原县南部。永丰镇（贺葛真城），原为汉代临戎县城，魏晋北朝时期“北人又谓之贺葛真城”，周武帝保定三年（563）在此置永丰镇。⑧ 东距甘草城116里。上述西汉故城的重新利用表明北朝的管治体系再度扩展至阴山脚下的河套地区。

---

① 《元和郡县图志》卷4《关内道四·麟州》，第109页。
② 《太平寰宇记》卷38《关西道十四·银州》，第802—804页。
③ 《元和郡县图志》卷4《关内道四·银州》，第104页；《太平寰宇记》卷38《关西道十四·银州》，第802页。
④ 《元和郡县图志》卷4《关内道四·夏州》，第100—101页。
⑤ 同上书，第102页。
⑥ 《周书》卷2《文帝纪下》，第31页。
⑦ 《元和郡县图志》卷4《关内道四·灵州》，第96页。
⑧ 《元和郡县图志》卷4《关内道四·丰州》，第112—113页。

三 隋开皇九年（589）前“河曲”地域的行政区划建制

隋朝取代北周后，继承其地方行政区划遗产，尤其是在开皇九年（589）前数年间。开皇元年（581），在“河曲”地域仍然维持总管府—州—郡—县四级行政管理体系。至开皇三年（583），撤销行政区划体系中的郡级建制，其层级结构简化为总管府—州—县三级。同时，在阴山、河套平原地带继续增立正规的行政建制单位，以及若干军事城镇。延至大业元年（605），总管府建制被废除。此后，相继推行州县、郡县两级制。

（一）开皇元年至九年（581—589）间“河曲”地域的高级行政单位

截至开皇九年（589）前，涉及鄂尔多斯高原的地方高级行政单位——总管府，共计4个。

夏州总管府，北周始置，隋朝沿承，治夏州城（今陕西靖边白城子古城）。其属州之数，史书无载，臆断应包括夏、银、盐3州。其管区东北达今准格尔旗北部、北抵杭锦旗北部、西至盐池县中部、南倚白于山脉。①

灵州总管府，北周始置，隋朝沿承，仍治灵州城（今宁夏吴忠市利通区古城湾村西）。其管州之数，史书不载，臆测应包括灵、环、丰诸州。其管区北括今后套平原、西南至中卫市、东达盐池县西部、南至山水河上源的同心县境。仁寿中，在丰州城别置丰州总管府。②

榆关总管府/云州总管府，隋开皇三年（583），创立榆关总管府，驻榆林关（今准格尔旗十二连城乡的城坡村古城）。开皇五年，改称云州总管府。开皇二十年（600），总管府及云州东迁云州城（今和林格尔县土城子古城）。其领云、胜2州，管区包括今前套平原、鄂尔多斯高原北部和大青山地。③

延州总管府管内的绥州，延府治延州城（今延安市东40里），下领延、丹、绥3州。其中，绥州辖境属于“河曲”地域，位于奢延水（今无定河）下游流域。

（二）开皇元年至九年（581—589）间“河曲”地域州县两级建制单位的兴废

开皇三年（583），隋朝废除郡级建制，成为行政区划领域的重大变动。其后，对全国行政区划展开调整。迄开皇八年（588），在鄂尔多斯高原与后套平原，隋朝除继

---

① 艾冲：《隋代总管府制的发展与废止》，《唐都学刊》1998年第4期。

② 同上。

③ 同上。

承北周的行政区划格局之外，新的建树就是增置两个州级政区——胜州、丰州，进一步扩大正规行政区划建制单位的分布空间。与此同时，又有若干县级单位被撤销。迄开皇九年（589），州级建制单位如下：

绥州（上州，雕阴郡），其10个属县包括：上县、安宁、绥德、吉万（安人）、义良、大斌、延福/延陵、城平、开疆、抚宁。①

银州，其4个属县是：儒林、真乡、开光、银城。儒林县，据《太平寰宇记》隋开皇三年（583）置，属银州。大业二年（606），撤销银州建制，以儒林县属雕阴郡。此“大业二年”实为“大业三年”。真乡县，原名中乡县，至隋开皇元年避“中”字，改称真乡县。开光县，开皇三年废开光郡，以县属银州。大业中，废县，以其地并入真乡县。石城县，开皇三年罢郡，以县属银州；大业七年（611），改称银城县。隋大业三年，废银州，其四县划归雕阴郡（即绥州）。隋末，陷于梁师都割据势力。②

夏州（朔方郡），其3个属县包括：岩绿、宁朔（后周置）、长泽。开皇三年（583），撤销长州及阐熙郡，并废除其下的山鹿、新国二县，地入长泽县。③

盐州（盐川郡），其属县依旧是：五原。④

灵州（灵武郡），其6个属县是：回乐、弘静（开皇十一年置）、怀远、建安/广润/灵武、丰安（开皇十年置）、鸣沙。显然，迄开皇九年，灵州的属县只有4个——回乐、怀远、灵武、鸣沙。⑤

此外，隋朝在开皇十九年（599）曾经增置环州，及其附郭县——鸣沙县。大业三年（607），废除环州，鸣沙县仍改属灵武郡（灵州）。⑥

丰州（五原郡），开皇五年（585），增置丰州，属于灵州总管府。3个属县包括：九原（开皇五年置）、永丰（开皇五年置）、安化（开皇十一年置）。迄开皇九年，其属县为二：九原、永丰。⑦

云州（胜州），开皇五年（585），增置云州，治榆林关城，属于云州总管府。下领3县：榆林（开皇七年置）、阳寿/金河（开皇三年置、十八年改名）、油云（开皇三年置）。开皇二十年，云州总管府及云州迁往河东地区，金河、油云二县俱废。仁寿二年（602），复置金河县于榆林关。⑧

据此，云州和丰州，是开皇元年至八年（581—588）间在鄂尔多斯高原北部与河套平原增建的行政单位。

---

① 《隋书》卷29《地理志上·雕阴郡》，第811页。

② 《太平寰宇记》卷38《关西道十四·银州》，第802—804页；《隋书》卷29《地理志上·雕阴郡》，第811页。

③ 《隋书》卷29《地理志上·朔方郡》，第812页。

④ 《隋书》卷29《地理志上·盐川郡》，第812页。

⑤ 《隋书》卷29《地理志上·灵武郡》，第813页。

⑥ 同上。

⑦ 《隋书》卷29《地理志上·五原郡》，第813页。

⑧ 《隋书》卷29《地理志上·榆林郡》，第813页。顺便论及，云州迁离后，开皇二十年（600）在榆林县城增置胜州（榆林郡）。其属县有三：榆林（开皇七年置）、富昌（开皇十年置）、金河（仁寿二年置）。

四 余论

本文旨在梳理北朝200余年间“河曲”地域行政区划建制的演变脉络，以便再现该时期行政区划体系的真相和总结其历史演替的特点。北朝时期“河曲”地域行政区划的演替进程呈现出：由最初的军管型行政体制向正规州郡县体制转变，而且正规行政区划建制单位数量越来越多、分布越来越广阔的时空特征与发展态势。这是古代国家由分裂逐步走向统一的历史潮流所决定的必然结果。在六镇事变之后，“河曲”行政区划建制在新的历史背景下开始新一轮的配置与发展。在纷繁的“河曲”地域行政区划变动的过程中，折射出政治、军事、经济、交通、民族、人口和文化等因素对地方行政管理模式的深刻影响。

鉴古知今，当代的行政区划调整应吸取历史的经验与教训，顺应国家经济社会发展的实际情形，不可人为地拔苗助长。唯有如此，才能使行政区划体系保持相对长期的稳定，为我国各项建设事业和国民经济可持续发展提供坚固的基础保障条件。

（作者单位：陕西师范大学历史文化学院）

隋唐桂州理定县考[*]

江田祥

隋唐时期，岭南地区政治格局与地方社会发生了剧烈变动，州郡县名也因之频繁改易，因此为后人复原其政区地理增添了莫大困难。经数代学者的辛苦努力，如今学界已对今广西行政区划的历史变迁有较清晰的认识①，当然在沿革考订方面仍有尚待考辨的地方。本文即对隋唐时期桂州理定县的历史沿革进行细致考辨，结合历史政治格局与社会背景考察其废置与更名背后的原因，澄清固有的误识，为隋唐岭南西部政治地理研究打下铺垫。

本文研究之"理定县"最初名为"兴安县"，始见于《隋书·地理志》。《隋书·地理志》"始安县"载："旧置始安、梁化二郡。平陈，郡并废。大业初，废兴安县入焉"②，这里并未解释兴安县的原由；李吉甫在《元和郡县图志》中所述甚详："理定县，东北至州三百里，隋仁寿初分始安县置［兴安县］，至德二年改为理定县"③，《太平寰宇记》、《旧唐书·地理志》皆承袭此说④。大略可知，隋文帝仁寿（601—604）初分始安县置兴安县，隋炀帝大业初（605—618）废兴安县入始安县，至德二年（757）更名"理定县"⑤，皆隶属于桂州⑥。但尚有数处未明：①兴安县是否始置于隋代；②隋大业几年废兴安

* 本文为2011年广西哲学社会科学青年项目（批准号11FMZ001）阶段性成果。

① 谭其骧主编：《中国历史地图集》8卷，中国地图出版社1982年版；谭其骧主编：《正史地理志汇释丛刊》六种，安徽教育出版社2001、2002、2006、2007年版；周振鹤主编：《中国行政区划通史》12卷，复旦大学出版社近年陆续出版中；龙兆佛、莫凤欣：《广西地理沿革简编》，广西人民出版社1983年版；黄体荣：《广西历史地理》，广西人民出版社1985年版；邓敏杰：《广西历史地理通考》，广西民族出版社1994年版；雷坚：《广西建置沿革考录》，广西人民出版社1996年版；廖幼华：《历史地理学的应用——岭南地区早期发展之探讨》，台北：台湾文津出版社2004年版；诸多论文不具列。

② 《隋书》卷31《地理志》下，中华书局1973年版，第883页。

③ 只有清乾隆三十八年（1773）武英殿本有"兴安县"三字，并有按语曰："《隋志》大业初废兴安县入始安，其何时复置，此缺载"，见李吉甫《元和郡县图志》卷37《岭南道四·桂州》"理定县"注18，中华书局2005年版，第919、936页。

④ 乐史：《太平寰宇记》卷162《岭南道六·桂州》，中华书局2007年版，第3105页；刘昫：《旧唐书》卷41《地理志》四，中华书局1975年版，第1726页。

⑤ 宋、元因之，明正统五年（1440）九月省入永福县；隋唐理定县治在今柳州市鹿寨县黄冕乡里定村，参见鹿寨县地名委员会《广西壮族自治区鹿寨县地名志》（内部资料），1983年，第35页；何为彦编纂《永福县地名志》，广西师范大学出版社1994年版，第34页；郭声波的《唐朝岭南道桂管地区行政区划沿革》（《暨南史学》第7辑，广西师范大学出版社2011年版，第403页）一文拟在鹿寨黄冕乡境内，认为里定村乃南宋理定县治上清音驿；谭其骧的《中国历史地图集》第5册定于今桂林永福县南广福乡土城，当误。

⑥ 天宝元年为始安郡，至德元年为建陵郡，乾元元年复为桂州。

县，隋末唐初何时复置兴安县；③唐至德二年（757）改名为“理定”还是“治定”，本文即对这四个问题一一考辨。

一 兴安县始置于隋仁寿初

兴安县始建时间共有梁朝、陈朝、隋仁寿初三说，其中记载隋仁寿初说的史籍不仅时间最早，而且数量最多，《元和郡县图志》、《旧唐书·地理志》、《太平寰宇记》及南宋《舆地纪胜》、明宣德《桂林郡志》、清嘉庆《重修一统志》等均持此说，此且不具论，下面主要辨析“梁朝说”。

持“梁朝说”的学者当推清初舆地大家顾祖禹，其《读史方舆纪要》所论最为详细：

> 理定废县，［永福］县西南六十里。本始安地，梁置兴安县，并置梁化郡治焉。陈因之。隋平陈，郡废。大业初，并废兴安县入始安县。唐武德四年，复置，属桂州。至德二载，更名理定，仍属桂州。①

细读这一论述，再比较他所记的“慕化废县”与北宋初乐史所记的《太平寰宇记》“慕化县”，二者有不少抵牾之处，兹先引这两条材料：

> 慕化废县，在州东。唐武德四年置，本曰纯化，后改曰慕化，避宪宗讳也。五代梁开平元年，湖南奏改曰归化县。后唐同光初，复曰慕化。②

《太平寰宇记》卷162《岭南道六·桂州》“慕化县”条云：

> 西南二百二十里，元二乡，本汉潭中县地，晋太康元年分吴所置武丰县置长安县于此。萧齐又于县理置常安戍。梁大同八年于县置梁化郡，改长安县为梁化县。［隋开皇］十八年改梁化县为纯化县。大业二年省。唐武德四年复置纯化县。永贞元年十二月改为慕化县，以避宪宗庙讳。梁开平元年复为归化县。后唐同光初复为慕化县。③

从上可知，乐史认为慕化县可上溯至晋太康元年（280）之长安县，梁大同八年（542）为梁化郡治而改为梁化县，隋开皇十八年（598）因州县多同名又改为纯化县，大业二年（606，详见下）省，唐武德四年（621）复置，永贞元年（805）更名为慕

---

① 顾祖禹：《读史方舆纪要》卷107《广西二·永宁州》，中华书局2005年版，第4384页。

② 同上书，第4831—4832页。

③ 乐史：《太平寰宇记》卷162《岭南道六·桂州》，第3105—3106页。

化县，地望在今桂林市西南220里。顾祖禹则依据《元和郡县图志》、新旧唐书地理志，认为唐武德四年纯化县析置于始安县，在永宁州东（今桂林永福县百寿镇东）。二者在析置时间、地望上皆有不同；而且关于梁化郡治所在，乐史认为是慕化县，顾祖禹则认为是兴安县。究竟孰对孰错，有待进一步考辨。

关于理定县的始置时间，乐史承袭了前引《元和郡县图志》的说法即隋仁寿初，而顾祖禹“梁置兴安县，并置梁化郡治”这一观点的史料依据又是什么呢，我们不得而知。不过通过仔细分析现存历史资料，我们认为顾说当源自《隋书·地理志》。

《隋书·地理志》“始安县”下载：“旧置始安、梁化二郡。平陈，郡并废。大业初，废兴安县入焉”，隋始安县境内旧有始安、梁化二郡，平陈后始安、梁化二郡并废，废始安郡而改为桂州，旧郡治始安县属焉；平陈后开皇十年（590）梁化郡所辖地域当省入始安县，大业初废兴安县入始安县。因梁化郡领县及被废后的情况不知，从上下文判断认为兴安县是梁化郡治当比较合理，这可能就是顾祖禹“梁朝说”的缘由，但此类记载是否为《隋书·地理志》的体例呢。

首先，《隋书·地理志》中相似的记载是否有反证。果然在《隋志》中发现一则相似记载：“安宜，梁置阳平郡及东莞郡，开皇初郡废，又废石鳖县入焉”①，综合顾祖禹、谭其骧、施和金的分析，石鳖县乃萧齐建元二年（480）阳平郡治，安宜县属焉；梁时安宜县改为阳平郡治，石鳖县属焉；东莞郡乃梁时侨置于安宜县，后入北齐，领县已不可考②，但很明显石鳖县非东莞郡治也。关于《隋书·地理志》的体例，顾祖禹曾评论道：“《隋志》兼及梁、陈、齐、周，裨益颇多，而经纬未尽”③，杨守敬也批评道：“今核此志，体例实不划一，当是诸人和凑而成”④，故此，《隋书·地理志》并无划一的体例，顾祖禹认为兴安县为梁化郡治的说法不能成立。

其次，《隋书·地理志》没有划一的体例，那么是否能肯定兴安县就是梁化郡治呢？关于这一点，顾说一方面没有提供证据，也无其他史料予以支撑；我们遍检《梁书》、《陈书》、《南史》等正史及地理典籍等史料，也没有爬梳到有关“梁置兴安县”的记载；同样，金石文献与当代考古发现亦未有相关资料或官印、封泥之类的实物证据，因此我们没有直接证据证明兴安县就是梁化郡治。但是否存在另外一种可能呢，即大业初省入始安县的兴安县并不是梁化郡治地或其属县。关于这一点，现有“隋朝说”的史料恰恰提供了证据，上引《元和郡县图志》称“隋仁寿初分始安县置兴安县”，此时梁化郡已被废，仁寿初分置的兴安县当属桂州，大业初废县并入桂州始安县，所以不存在属梁化郡的可能。在这两种说法相冲突情况下，当遵循以古为尚的原则，“梁朝说”出现时间比《元和郡县图志》晚得多，而且孤证难为定说，故不尽可

---

① 《隋书》卷31《地理志》下，第873页。

② 顾祖禹：《读史方舆纪要》卷23《南直隶五·高邮州》，第1137—1138；谭其骧：《〈补陈疆域志〉校补》，《长水集》上，人民出版社1987年版，第115页；施和金：《北齐地理志》，中华书局2008年版，第544—545页。

③ 顾祖禹：《读史方舆纪要》“凡例”，第3页。

④ 杨守敬：《隋书地理志考证》卷1，载《杨守敬集》第2册，湖北人民出版社1997年版，第87页。

信。虽然顾祖禹认为《元和志》"考古无乃太疏"、《太平寰宇记》"引据不经，指陈多误"①，但具体在这一条，顾显然完全没提及这二书的记载，更未仔细辨析。

再者，关于梁化郡领县，学者们有不同见解，臧励龢采纳顾说与《元和郡县图志》认为梁化郡领兴安、建陵二县②，施和金在臧说上根据《太平寰宇记》又添加了梁化一县③，而杨守敬引用《太平寰宇记》指出兴安县于隋仁寿初分始安县而置④，梁化郡无领县。他们观点不尽相同，不过经考证，建陵县不当是梁化郡属县。因为建陵郡与梁化郡同时并存废，梁武帝年间建陵郡领建陵县一县，郡县二者同治，陈因之；隋平陈后，郡废而建陵县存，同时梁化郡亦废。⑤ 兴安县为梁化郡治的记载主要是依据《读史方舆纪要》，但上文已证明此说不可靠，因此兴安县不当为郡治；比较合理的说法应是，梁化郡很可能只领梁化一县，且郡县同治⑥。

持陈朝说的最早资料可能是明天顺《大明一统志》，"本陈兴安县，隋省，唐复置，改曰理定"⑦，嘉靖《广西通志》卷39《古迹志》"理定废县"、万历《广西通志》卷41《杂纪三·古迹》"理定废县"、康熙《广西通志》卷24《古迹志》"理定废县"皆沿袭之。

既然顾祖禹的"梁朝说"不尽可信，明天顺《广西通志》的"陈朝说"更没有根据，亦不足信。因此，我们还是相信《元和郡县图志》等书的观点，兴安县于隋仁寿初分始安县西南地域而置。

二　隋大业二年废县、武德四年底复置

废兴安县的时间又是大业几年呢？检阅《隋书·炀帝本纪上》可知，大业二年（606）正月，隋炀帝"遣十使并省州县"⑧，进一步追问，大业二年省并州县的政策是否实施于岭南境内呢，据施和金的研究，大业二年共裁州110、省县216，其中岭南省县数为45，约占全国五分之一⑨。《元和郡县图志》与《太平寰宇记》给我们提供了很多肯定的证据：如大业二年废贺州、省临贺县入富川县⑩，隋大业二年省纯化县入始安

---

① 顾祖禹：《读史方舆纪要》"凡例"，第4页。

② 臧励龢：《补陈疆域志》卷4，他误读了《元和郡县图志》的材料，以建陵县属梁化郡，当误，载《二十五史补编》第4册，中华书局1956年版，第4472页。

③ 施和金：《中国行政区划通史·隋代卷》，复旦大学出版社2009年版，第485页。

④ 杨守敬：《隋书地理志考证》卷8，载《杨守敬集》第2册，第468页。

⑤ 李吉甫：《元和郡县图志》卷37《岭南道四·桂州》，第919页；《太平寰宇记》卷162《岭南道六·桂州》，第3105—3106页。

⑥ 唯有《太平寰宇记》持这种观点，《元和郡县图志》、《旧唐书·地理志》皆认为武德四年析置纯化县（慕化县）；也有无领县的可能；关于梁化县与慕化县之间的关联，待考。

⑦ 天顺《大明一统志》卷83《广西·桂林府》"理定废县"，三秦出版社1990年版，第1270页。

⑧ 《隋书》卷3《炀帝本纪上》，第65页。

⑨ 施和金：《中国行政区划通史·隋代卷》，复旦大学出版社2009年版，第83—85页。

⑩ 李吉甫：《元和郡县图志》卷37《岭南道四·贺州》，第921—922页。

县①，等等，因此推断，“大业初”兴安县废入始安县当在大业二年间。

但这里仍有一个疑问，何时复置兴安县，隋末抑或唐初?《新唐书·地理志》给我们提供了一点线索，“理定，中。本兴安，武德四年置宣风县，贞观十二年省入焉，至德二载更名”②，《舆地广记》卷36《广西南路上·桂州》云：“大业初省入始安，后复置”③。这二则记载仍未明言何时复置兴安县，却提及武德四年（621）增设了宣风县，十七年后即贞观十二年（638）又省宣风县入兴安县。

那么兴安县是否复置于唐武德四年，宣风县与兴安县是什么关系呢？清初顾祖禹似乎给出了明确答案，“唐武德四年复置（兴安县），属桂州。至德二年更名理定，仍属桂州”④，上文已辨析了顾祖禹这则记载，其唐武德四年复置兴安县的说法是否可靠呢?

这需要结合隋唐之际的政治变局予以解释。武德四年十月，占据江陵的萧铣集团为唐军所破；十一月，李靖度南岭至桂州后，遣使分道招抚，唐高祖遣其子李玄嗣赍书召桂州总管李袭志，李袭志不仅“帅所部诸州来降”⑤，而且密说岭南首领永平郡守李光度等与之归附唐朝⑥，“其大首领冯盎、李光度、宁真长等皆遣子弟来谒，（李）靖承制授其官爵。凡所怀辑九十六州，户六十余万。优诏劳勉，授岭南道抚慰大使，检校桂州总管”⑦。李靖在桂州总管任上势必要安抚“并据州县”的土著酋豪及其子弟，授予他们官爵，广置州县因此就成了他们笼络地方酋豪的权宜之计。武德四年底在岭南增置了大量州县，仅仅就在桂州始安县境内，不仅析始安县置福禄、永福、临源、宣风、归义五县，同时还复置纯化县⑧，因此兴安县的复置亦应在此时，即唐武德四年（621）十一、十二月间。

简而言之，隋大业二年（606）间省兴安县入桂州始安县，复置兴安县当在唐武德四年（621）底，同时在兴安县东北部地域增置宣风县，在桂州永福县与理定县之间，县域当较为局促⑨；此县名承载着宣谕风化之美意，但当中央势力较为稳固后，即出现大规模裁并州县之情形⑩，故贞观十二年（638）又省宣风县入兴安县。

---

① 乐史：《太平寰宇记》卷162《岭南道六·桂州》“慕化县”，第3106页。

② 欧阳修：《新唐书》卷43上《地理志》七上“桂州始安郡”，中华书局1975年版，第1105页。

③ 欧阳忞：《舆地广记》卷36《广南西路上·桂州》“理定县”，四川大学出版社2003年版，第1132页。

④ 顾祖禹：《读史方舆纪要》卷107《广西二·永宁州》“理定废县”，第4384页。

⑤《资治通鉴》卷189《唐纪五》“武德四年十一月”，中华书局1956年版，第5939页。

⑥ 刘昫：《旧唐书》卷59《李袭志传》，中华书局1975年版，第2331页。

⑦ 刘昫：《旧唐书》卷67《李靖传》，第2477页。

⑧ 李吉甫：《元和郡县图志》卷37《岭南道四·桂州》，第918—920页；欧阳修：《新唐书》卷43上《地理志》七上“桂州始安郡”条，第1105—1106页；参见廖幼华《由州县置废论初唐对广西统治力之强化——兼述土豪酋中央化之过程》，载《中华民国史专题论文集》（第五届讨论会第一册），台北：台湾“国史馆”1990年版，第341—368页。

⑨ 顾祖禹：《读史方舆纪要》卷107《广西二·永宁州》“宣风废县”条，第4384页，其贞观“十三年”当为“十二年”之误。宣风县在理定县北、永福县南，参见前揭郭声波等《唐朝岭南道桂管地区行政区划沿革》一文认为宣风县址在今桂林永福县广福乡圩上村，第403页。

⑩ 参见廖幼华《历史地理学的应用——岭南地区早期发展至探讨》，台北：台湾文津出版社2004年版，第142—148页。

三　至德二年更名“治定”

唐肃宗至德二年（757），更兴安县为理定县，一说为治定县，《舆地记胜》卷 103《广南西路・静江府》“理定县”下云：

> 在府西南三百里，《寰宇记》……《隋志》……《唐志》“理定县”下注云：本兴安，至德更名理定；《元和志》云：至德二年更名治定，不同。象之谨按：唐以高宗讳，凡言“治”者，则以“理”字代之，不应曰“治定”，当从《唐志》曰理定。《旧唐志》云隋分置兴安，唐置理定。①

作者王象之比较了《隋书・地理志》、《元和郡县图志》、《旧唐书・地理志》及北宋《太平寰宇记》、《新唐书・地理志》诸种史籍，除《隋书・地理志》未涉及这一问题外，《元和郡县图志》是最早记载这一更名的地理典籍，其载“至德二年更名治定”与后出史籍皆异，王象之以避唐高宗讳的原因，认为不应称为“治定”，当从新旧唐书曰“理定”。

但清人张驹贤在《元和郡县图志考证》中驳斥了王象之的说法，认为此说“盖自宋已讹，官本作‘理’，后人改正”②，认为至德二年改“兴安县”为“治定县”，官方刊刻的书籍为避唐高宗讳而将“治”改为“理”，这一说法自宋后被沿袭了下来，但后代非官方刻本的《元和郡县图志》订正为“治定”。

今人贺次君以清光绪金陵书局江南本为底本校注《元和郡县图志》，同时还参阅了清乾隆三十八年（1773）武英殿本、孙星衍的岱南阁丛书本、王灏的畿辅丛书本，他在《元和郡县图志》“理定县”下注有按语曰：“殿本同，与旧、新唐书合，它本‘理’作‘治’”③，金陵书局本是在武英殿本基础上刊刻的，所以与殿本相同，而其他两个私家刻本皆应作“治定”④，这也证明了张驹贤的观点，张即依据岱南阁丛书本而作成了《元和郡县图志考证》一书。

最根本的问题在于避讳问题，为何能犯唐高宗讳而不更名？这与唐代宗庙制度息息相关。《唐会要》卷 23《讳》：“永徽二年十月七日，尚书左仆射于志宁奏言：‘依礼，舍故而讳新，故谓亲尽之祖。今皇祖弘农府君，神主当迁，请依礼不讳。’从之。”⑤ 另，顾炎武《日知录集释》卷 23“已祧不讳”条引《册府元龟》曰：

---

① 王象之：《舆地记胜》卷 103《广南西路・静江府》“理定县”，江苏广陵古籍刻印社 1991 年版，第 829 页。

② 李吉甫：《元和郡县图志》卷 37《岭南道四・桂州》注 17，第 935—936 页。

③ 同上。

④ 李吉甫：《元和郡县图志》“前言”，第 935 页。

⑤ 王溥：《唐会要》卷 23《讳》，上海古籍出版社 2006 年版，第 527 页。

> 唐宪宗元和元年，礼仪使奏言："谨按《礼记》曰：'既卒哭，宰夫执木铎以命于宫曰：舍故而讳新'，今顺宗神主升祔礼毕，高宗、中宗神主上迁，请依礼不讳"，制可。①

因此可知，宪宗一朝并不须避高宗名讳，故李吉甫所编撰的《元和郡县图志》可直言"治定"②。唐代避讳之法令虽比较宽松，但由于避讳风尚盛行，所以在官方史籍中"治定"又常被改作"理定"，"理定"一名也在唐以后广为流传。陈垣先生就曾敏锐地指出："唐人注史记、两汉书、文选，撰晋、梁、陈、北齐、周、隋、南、北八史，于唐庙讳，多所改易，古籍遂至混淆。"③

因此，合理解释应是：至德二年（757），因避安禄山姓氏而改"兴安"为"理定"④，此实应为"治定"，蕴含治定叛乱之意，史籍中为避高宗讳而作"理定"；至元和间李吉甫修《元和郡县图志》时不须避高宗讳而复改曰"治定"。但在大多官私史籍中，"治定"一名盖因唐以降避讳风尚而作"理定"，故"治定"仅见于《元和郡县图志》一书中，后世罕知其真实名称。

综上所述，兴安县乃隋仁寿初分始安县西南境而置，大业二年（606）废入始安县，唐武德四年（621）底十一、十二月间为安抚地方酋豪而复置兴安县，并在兴安县东北地域增置宣风县，待中央势力较为稳固后，遂于贞观十二年（638）省宣风县入兴安县。肃宗至德二年"兴安县"更名为"理定县"，至宪宗之后不须避高宗讳而更正为"治定"，但后人因袭唐以降避讳风尚而径称为"理定县"，并广泛流传在后代官私史籍中，导致其真实名称"治定"反而被湮没无闻。

（作者单位：广西师范大学历史文化与旅游学院）

---

① 顾炎武：《日知录集释》卷23"已祧不讳"条，上海古籍出版社2011年版，第1311—1312页，原文见王钦若《宋本册府元龟》卷591《掌礼部·奏议第十九》，中华书局1989年版，第1770页。

② 顾炎武在"已祧不讳"条中还列举了韩愈不避"治"字讳的几个例子，元和初的墓志中亦有直称"治"者例，如《唐许州长葛县尉郑君亡室孙乐安孙氏墓志铭并序》（元和二年八月十一日）中有"治于古今方术"，《大唐故爨府君墓志铭》（未系年，但记元和二年八月十七日夫妇合葬）中有"治民清慎"，更不避唐太宗讳，周绍良主编：《唐代墓志汇编》下，上海古籍出版社2007年版，第1959、1961页。感谢暨南大学郭声波老师的启发。

③ 陈垣：《史讳举例》，中华书局1962年版，第146页。

④ 同上书，第33—34页。

唐初左右江地区州县建置及其历史意义

郭声波

一 左右江地区早期的行政建置

公元前214年，秦举岭南，在左（南水）、右（郁水）江地区置为郡县，属象郡，治临尘（今崇左）①，余县不明。秦亡，南越国承制不改。汉隶交趾刺史部。元凤五年（前76），废象郡，临尘县属郁林郡，并于左江置雍鸡县（今龙州、宁明一带），右江置增食、广郁二县（今隆安、百色、凌云一带）。东汉初废雍鸡县，东汉末废临尘、增食、广郁三县。晋元帝大兴元年（318），析广州郁林郡安广县置晋兴郡，复置增翊、广郁二县，并置晋兴、熙注、桂林、晋城、郁阳五县，其中增翊县在右江流域，当即故增食县，由此可证“食”当音“yì”，与郦食其之“食”同；晋兴县在今左右江汇合处的南宁市，晋城县在今左江流域的崇左县左州镇，余三县在其东，这是历史上第二次在左右江地区设置郡级行政区划。南朝宋、齐因之。梁武帝时废晋兴郡及安广、增翊、广郁、熙注、桂林、晋城、郁阳七县，以晋兴县隶定州郁林郡，郡治郁林县（今贵港市），寻改定州为南定州。由上可见，西汉和东晋、宋、齐时，左右江流域多达四县（晋兴、晋城、增翊、广郁）。

隋开皇九年（589）平陈，改晋兴县为宣化县，废郁林郡入南定州（仍治今贵港市）。开皇十年，改南定州为尹州。大业二年（606），改尹州为郁州。大业三年，改郁州为郁林郡。隋仁寿年间刘方伐交趾李佛子，未走海道，而是取道尹州伐林邑。

隋末，萧铣建梁国于江陵。武德元年（618），酋帅宁长真以宁越、郁林等郡归萧梁②，改宁越郡为钦州，郁林郡为南定州，以置钦州总管府。

唐武德四年，平定萧梁，改南定州为南尹州，置南尹州总管府，隶山南道行台，并在左右江地区以宣化县析置南晋州。武德五年，隶荆州大总管府，又析宣化县置朗宁、晋兴、横山、武缘四县，其中朗宁、晋兴二县在左右江地区。武德七年，改为南

---

① 一说象郡及临尘在今越南境内，则左右江地区属桂林郡布山县（治今贵港市，或谓今桂平市）。

② 《旧唐书》卷56《萧铣传》：“义宁二年，僭称皇帝。隋将张镇州、王仁寿击之不能克，及闻隋灭，镇州因与宁长真等率岭表诸州尽降于铣。……遣其将杨道生攻陷南郡，张绣略定岭表，［东］（西）至三硖，南尽交趾，北拒汉川，皆附之，胜兵四十余万。”《旧唐书》卷59《丘和传》：“铣遣长真率百越之众渡海侵和，和遣高士廉率交、爱首领击之。……会旧骁果从江都还者，审知隋灭，遂以州从铣。”

尹州都督府，隶荆州大都督府。贞观二年（628），属岭南道。贞观六年，罢都督府，南尹州隶桂州都督府。贞观八年，改南晋州为邕州，因州西南邕溪水为名。

总之，从秦举岭南到唐武德末年平定天下的800多年间，左右江地区建置的统县政区不超过一个，县级政区不超过四个。

贞观十二年，唐朝在隋朝刘方开通尹、交陆路通道的基础上，于左江下游及上游东支明江设置瀼州及四县，恢复了东汉废除雍鸡、临尘二县以来成为蛮荒的夷獠地区的州县，并首次在左江西支开置州县（笼州）。翌年，又在侯弘仁开道基础上，首次在右江上游设置羁縻州（田、添、训、鳎四州），其后又续置思源、得等州。以下考证这几次在左右江地区增置州县的具体过程。

二　贞观十二年宁师京、龚固兴在左江地区的州县建置

《旧唐书·地理志》载："贞观十二年，清平公李弘节遣钦州首领宁师京寻刘方故道，行达交趾，开拓夷獠，置瀼（rǎng）州。"又载："贞观十二年，清平公李弘节遣龚州大同县人龚固兴招慰生蛮，置笼州。"但在反映唐贞观十三年政区设置的《括地志序略》中并未提及瀼、笼二州。《唐会要》卷71云："瀼州、笼州、环州、古州，贞观十七年置。"如果瀼、笼二州置于贞观十七年，那么《括地志》不加记载就是很正常的。但事实果真如此吗？

细推史料，无论《旧唐书》还是《新唐书》都明确记载瀼州是贞观十二年桂州都督清平公李弘节遣使者开拓夷獠设置的，而且连使者是钦州首领宁师京、龚州（首领?）龚固兴都有交代，《太平寰宇记》卷167对此有更详细的叙述："隋大将军刘方始开此路，置镇守（按：此镇或即邕州武缘县西一百里之都棱镇，今南宁市邕宁县城蒲庙镇或良庆镇），寻废不通。唐贞观十二年，清平公李弘节遣钦州首领宁师京寻刘方故道，行达交趾，开拓夷獠，置瀼州。"据郁贤皓《唐刺史考全编》所考，李弘节确曾在贞观十二年底至贞观十三年九月间任桂州都督。如果瀼州始置于贞观十七年，那么就无法解释李弘节遣使置瀼、笼二州的事件。可见两《唐志》和《太平寰宇记》所载不误。

如此看来，《括地志序略》失载瀼、笼二州不外有三种可能：一是《括地志》编纂失误，统计漏了；二是瀼、笼二州距离京城太远，置州的往返奏报耽误时日，贞观十三年《大簿》没来得及登记；三是贞观十二年瀼、笼二州初置时是羁縻州，贞观十七年才升为正州，故为《括地志》不载。

笔者研究过《括地志序略》所记全国三百五十八州州名，其中脱载的行燕、澧、冈、康、矩、靖、盘七州皆为正州，瀼、笼二州不在脱载之列，所以笔者曾倾向于第二种情况①。现在看来，既然《括地志序略》将贞观十四年增置的西域西、伊二州也专门做了补充，而未将贞观十二年的岭南新置州加入，那就得承认第二种情况和第三种情况共同存在的可能性，即两《唐志》记载的贞观十二年新置岭南瀼、笼、环、古

① 郭声波：《唐贞观十三年政区考辨——兼与贺次君先生商榷》，《中国历史地理论丛》1988年第2期。

等州，都是羁縻州，《唐会要》记载的贞观十七年所置瀼、笼、环、古等州，是指升为正州。也就是说，两《唐志》和《唐会要》的记载都没有错，只是不够准确，前者未讲明所置为羁縻州，后者未讲明所置为正州。通观唐代史志，只有贞观十年以前所置羁縻州曾被《括地志》计入全国总州数，贞观十年以后新置羁縻州，因羁縻府州制度已经建立起来，不再被列入户部统计的全国总州数中，而实行单列。《括地志》没有记载瀼、笼、环、古等州，应当就是这个缘故。

还有一个证据是，贞观十三年九月李弘节卒于任上时，"赠桂州都督廿七州诸军事"①，而据《括地志序略》，贞观十三年时桂州都督府督桂、昭、贺、富、梧、藤、容、前潘、白、廉、钦、邕、横、绣、象、柳、融十七个正州，则另外十州应是羁縻州，其中自应包括笼、瀼、环、古四州和另外六个州（业经笔者考证即纡、蕃、田、文、智、钧六州，亦为《括地志》所不载②）。

瀼州治所临江县，谭其骧主编的《中国历史地图集》标注于今广西上思县南屏乡一带。按《元和郡县图志》邕州："西南至瀼州二百八十里。"《太平寰宇记》邕州："南至旧瀼州二百八十里。瀼州在邕府南陆路二百八十二里。"钦州："西至瀼州五百八十里。"瀼州："隋大将军刘方始开此路，置镇守，寻废不通。唐贞观十二年，清平公李孝节遣钦州首领宁师京寻刘方故道，行达交趾，开拓夷獠，置瀼州。州在郁林之西南，交趾之东北界。有瀼水，以为名。东至钦州六百三十里，北至［邕］（容）州二百八十里。"《太平御览》卷172"瀼州"亦有此语，云出《十道志》。顾炎武《天下郡国利病书·交趾西南夷》引《武经总要》云："交趾路：自（邕）州西南陆行，取马援路至瀼州二百七十里，又二百四十里至禄州，又二百里至交州（界）。天宝以前，陆行凡二十驿。"宋初钦州治灵山县（今灵山县），禄州治今越南谅山省禄平，据此，可定临江城在今崇左市城区左江东南岸，其地当邕州通安南陆路，与李弘节所通"刘方故道"及宋交趾路相合。今上思县南屏乡一带距邕州太远，距钦州太近，且不临瀼水，不当刘方故道，所以笔者认为这样的定位是错误的，应加修正。

至于四库本《武经总要》前集卷20云瀼州至禄州之"二百四里"，综合《元和郡县图志》、《太平寰宇记》和《天下郡国利病书》的记载，当有脱误，而有人据此认为瀼州在今广西宁明县那堪乡③，则不仅里数与上述唐宋文献不合，而且其地距禄州太近，亦不当交趾路，故宜再加斟酌。

笼州治所武勒县的位置，据《太平寰宇记》和《武经总要》的记载，距离邕州为八百（或六百）里水路，东南至邕州十日程。既然笼州距离邕州至少在六百里以远，就不可能如谭其骧《中国历史地图集》所画，定在今左江下游的扶绥、崇左一带。但现在依从谭图者众，因此也有必要再加申辩。

白耀天先生曾撰文推测笼州在今越南高平省近中越边界的地方，即左江上游西支

① 《大唐故交州都督上柱国清平李道素墓志铭》，载《芒洛冢墓遗文》第4编。

② 郭声波：《中国行政区划通史·唐代卷》，复旦大学出版社2012年版。

③ 陆韧：《唐代安南与内地的交通》，《思想战线》1992年第5期；廖幼华：《唐宋时期邕州入交三道》，《中国历史地理论丛》2008年第1期。

的水口河上游①。今以上引笼州至邕州里程观之，当以白说近是。且《梦溪笔谈》卷25有云："广源州者，本邕州羁縻。天圣七年，首领侬存福归附，补存福邕州卫职，转运使章频罢遣之，不受其地，存福乃与其子智高东掠笼州，有之。"可见笼州确在广源州（今越南高平省广渊）东南。据此，可定武勒县于今中越交界处之龙州县水口镇。其地沿平江—水口河—丽江—左江取水路至邕州为六百余里，与《太平寰宇记》"邕州"条相合。因《太平寰宇记》"邕管羁縻州"条所载各州如石西州、七源州等里程多误，可知其［笼］（龙）州之"八百三十二里"亦为"六百三十二里"之误，"笼州"条之"八百里"则为"六百里"之沿误。今水口镇西10公里越南高平省境有谷口名"白勒（Baklwz）"，侬语（壮语）意为"勒口"，即指武勒谷口，可证。"武勒"之"武"字可省，如《宋史》卷90《地理志》左江羁縻州就将"武勒州"记为"［勒］（勤）州"。北宋武勒州即笼州别名。

由以上考证可见，贞观十二年所置瀼、笼二州，其实就是为了分别控制左江上游东支明江和右支水口河，在地理格局上是有明确分工的，不可能都挤在左江下游和明江，而置水口河于不顾，如图1。

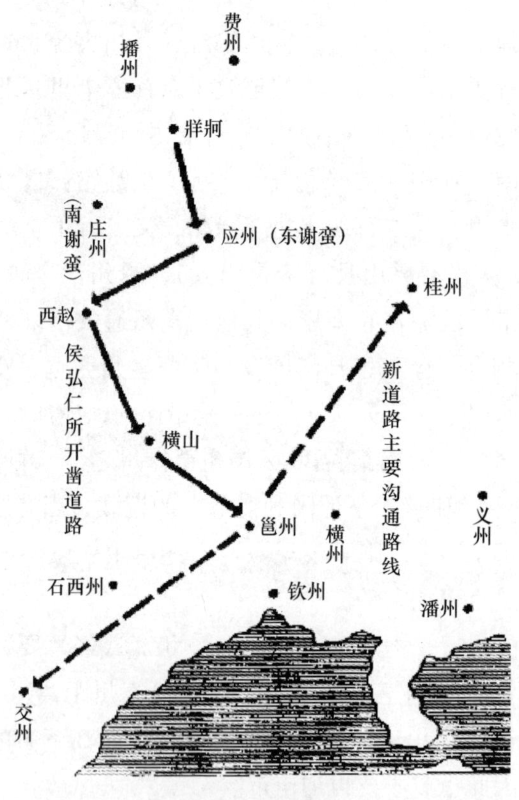

图1　侯弘仁开凿道路

（柏杨《现代汉语版资治通鉴》，中国友谊出版社，第97页）

---

① 《唐代在今广西设置的州县考（下）》。但他另一文《元丰二年以前广源州为宋朝领土辨证》（载《广西民族研究》2000年第3期）云："武勒州当在今左江上游水口河流域覆和州以西地区。"覆和以西即白勒，其地峡谷深峻，非如水口镇之宜于置州。

三　贞观十三年侯弘仁在右江地区的州县建置

几乎与李弘节开置笼、瀼、环、古等州的同时，还有渝州人侯弘仁“自牂牁至西赵杨满洞出邕州，通交桂道，蛮、俚降者二万八千余户”①。侯弘仁身份不明，但他能够深入蛮荒招慰夷獠归降，至少应是受到黔州都督的派遣。他离开唐界的地点，可能是牂牁南界的应州应江县，即今贵州平塘县掌布乡②。西赵蛮是一个分布于今贵州南部的最大部落联盟，“南北十八日行，东西二十三日行”，唐初酋首为西部的赵酋摩，贞观二十三年（649）率部内附，以酋摩部置为明州，在今贵州贞丰县。杨满洞当在其东，大约在今罗甸县一带③。由罗甸县至邕州一段路程，从地理形势不难判断，应当是沿右江而下。胡三省在《资治通鉴》注中做了明确的说明：“今广西买马路自桂州至邕州横山寨二十余程，自横山至自杞国二十二程，又至罗殿十程，此即侯弘仁所通者也。”④ 严耕望先生认为侯弘仁所开道路，是在唐以前“邕州道”（牂州南循北盘江而下，经西赵明州，渡入右江，下行至邕州，又循左江而上西南至交州）和“宜州道”（牂州东南45日行至宜州，取道北盘江，下行江水河，渡入龙江至宜州，又东至柳州、桂州）基础上进行的再次修复⑤。依《资治通鉴》的记载以及胡三省的注释，有学者画出了侯弘仁所开道路的简明地图（见图1）。可以看出，此道主要经过今贵州西南部、广西西北部，招降的二万八千余户蛮、狸，应是西赵蛮的东部部落（西部部落在其后数年间陆续归附）和右江上游的狸獠部落。宜州道似乎不是侯弘仁所开，因为《旧唐志》记载该道上的中点站环州也是桂州都督李弘节开置。

笔者曾根据唐初使者四出招慰沿边少数民族设置羁縻州成为风气的情况（如武德年间吉弘伟开置龙川江流域羁縻州，韦仁寿开置南中羁縻州，贞观年间李世南开置河曲地区羁縻州，王仁求开置西洱河羁縻州，龙朔年间矩州刺史谢法成招慰生獠、昆明、北楼及生獠等开置黔西羁縻州），指出：“弘仁发自牂牁之充州，经今都匀、罗甸、册亨、百色至南宁（邕州），来降二万八千余户当属西赵蛮东部部落及右江上游的狸獠部落，依唐初开边例合置羁縻州。”⑥ 提出了唐初西南地区羁縻州的初置与侯弘仁通交桂道有关的设想。

那么，侯弘仁开置的羁縻州到底有哪些呢？

按咸亨三年（672）戎州都督府以内附昆明蛮二万三千户置十四羁縻州⑦，以此度

---

① 《册府元龟》卷977《外臣部·降附》。

② 应江县先后隶属应、琰二州，当介于二州之间，今姑定于平塘县掌布乡一带。应江，盖即今曹渡河。

③ 据《百度地图》，望谟县桑郎镇北有杨满洞村，村北三公里有地名曰“三交界”。

④ 司马光：《资治通鉴》，（元）胡三省音注，长沙杨氏刻本。

⑤ 严耕望：《唐代交通图考》第4卷《山剑滇黔区》，台北：“中央”研究院历史语言研究所出版社1985年版，第1303页。

⑥ 郭声波：《彝族地区历史地理研究》，四川大学出版社2009年版，第41页。

⑦ 同上。

之，贞观十三年侯弘仁招慰的西赵蛮东部及俚獠之二万八千余户，合置十多个羁縻州，它们可能就是侯、芳、整、训、添、稜、逸、鸾、那、福、劳、峨、延十三个单字羁縻州（双字州出现于贞观末）①。其中的训、添二州即在右江上游地区②。

右江中游的田州（今田东县祥周镇），《旧唐志》只说是“失废置年月，疑是开元中置”，而《新唐志》、《太平寰宇记》则径书“开元中置”。按《太平寰宇记》，先天二年以前邕管右江羁縻州已有田州之名，则田州并非开元中新置，而是由羁縻州升置。羁縻田州位处邕州道上，极有可能也是贞观十三年侯弘仁所开，但因距离黔州都督府太远，只能归属桂州都督府。（如图 2）

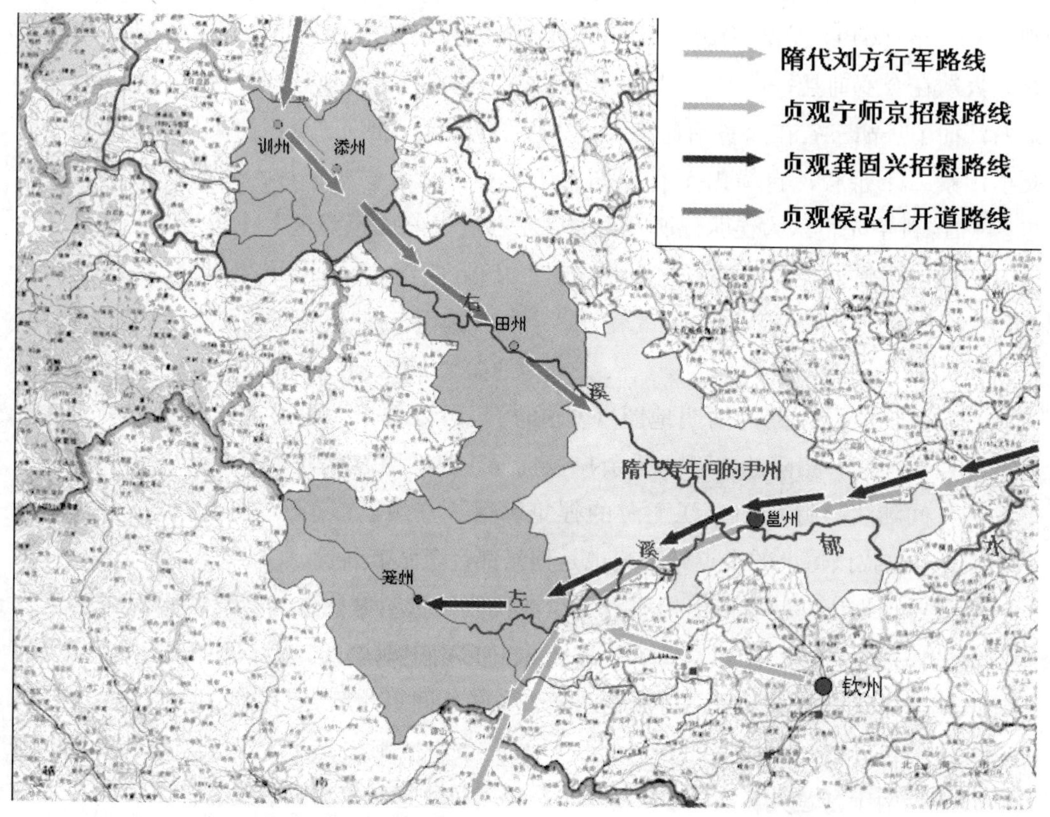

图 2　贞观十二、十三年间宁师京、龚固兴、侯弘仁开置的羁縻州

鶍州亦为右江上游有县之单字羁縻州，可能与其他几个有县的羁縻州（如羁縻鸿、抚水、琳、兰等州）同置于高宗永徽年间。《太平寰宇记》邕管羁縻州列鹣州为右江羁縻州：“在（邕府）西北，陆路一千二里，管县七。右件州属桂管内，近邕州西北，远属桂州不便，司马吕仁高奏，景云二年敕属邕州。”《武经总要》前集卷 20“邕州”：

---

① 关于唐代左右江地区羁縻州的建置沿革及其地望，详见拙著《中国行政区划通史·唐代卷》下册，第五、六两章有关部分。

② 拙著《中国行政区划通史·唐代卷》，第 1232 页，原定训州于贵州晴隆县，今按《大元混一方舆胜览》卷下载，湖广等处行中书省来安路下有训州，与右江上游之唐兴、睢殿（原误作“昭暇”）、路城、四城诸州并列，则训州当在今广西田林县境，今定于旧州镇。原定于旧州镇之鼓州，则相应改定于隆林县新州镇。

“鹣州，南至（邕）州九日程（或云在邕州西北陆路一千二里），本洞监州，本朝太平兴国中改为鹣州，今废。”《新唐志》邕管羁縻州无洞监州、鹣州，有鎷州，因知三州本一州，先后取名不同耳。鹣州在田州以远，故唐时鎷州当今富宁县境，今拟于剥隘镇。

此后数年间，较为平静。到乾封二年（667），左右江地区发生了重大政治事件，那就是唐朝将邕、宾、澄、贵、横、淳、钦、笼、瀼九个正州设置了邕州都督府。此事《旧唐志》系于贞观六年。据《元和志》、《太平寰宇记》，贞观六年只是改南晋州为邕州，乾封二年始置都督府，《旧唐志》当有脱文。

估计与此同时，还将桂州都督府属下的羁縻田、鎷二州和黔州都督府属下的羁縻归乐州割隶邕州都督府，而且还有可能增设了一些羁縻州。这些羁縻州基本上都是从原有的羁縻州中分析的，如思恩、思诚、谈、左、七源、归诚等州。这样，唐初左右江地区的州县格局大体形成。按谭其骧《中国历史地图集》开元年间左右江地区州县的复原，邕州控制左、右江与郁江交汇处及右江下游，笼、瀼二州及一些羁縻州控制左江流域，至于右江上游，则由田州和一些羁縻州控制（如图3）。但谭图复原的州县亦多有阙漏，笔者依据上述考证进行了复原（如图4、图5）。

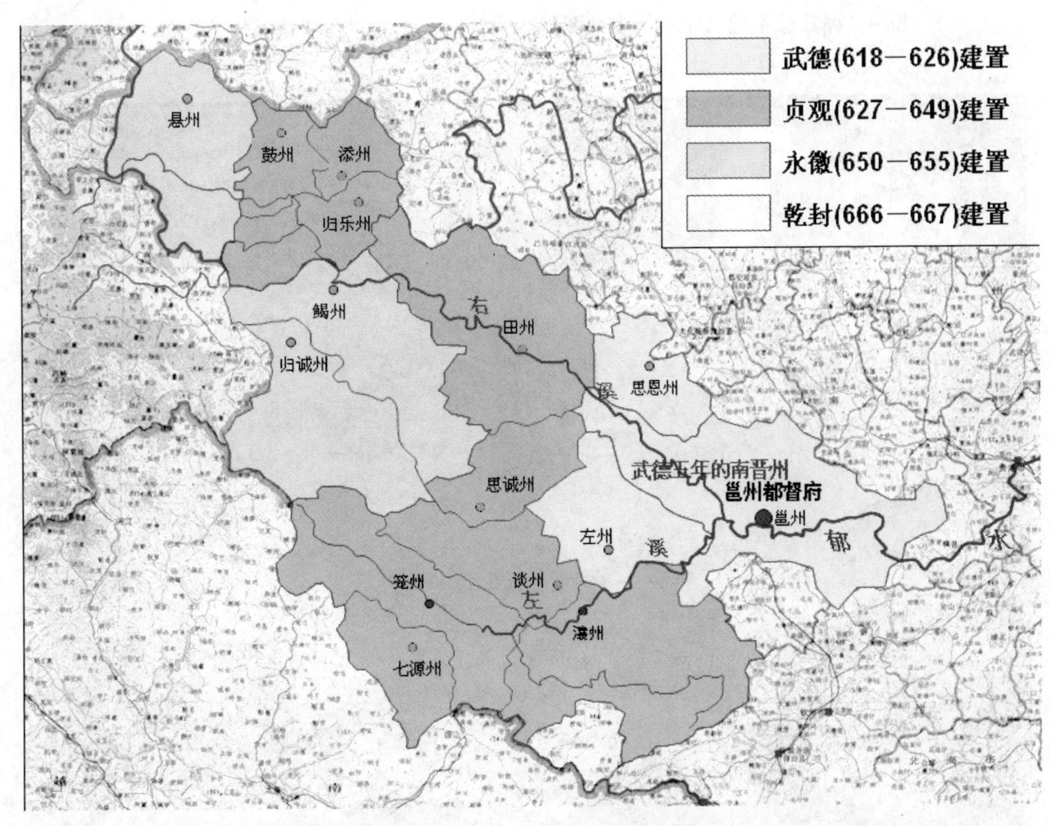

图3　贞观以后左右江地区开置和析置的州县

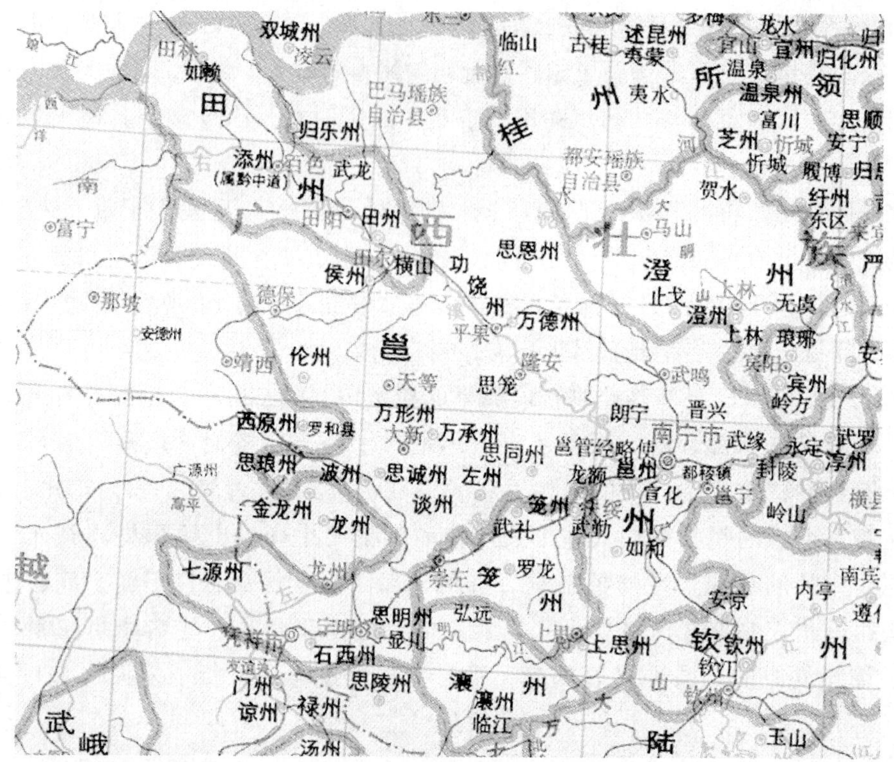

图4　谭其骧主编《中国历史地图集》中开元末年的左右江地区州县分布

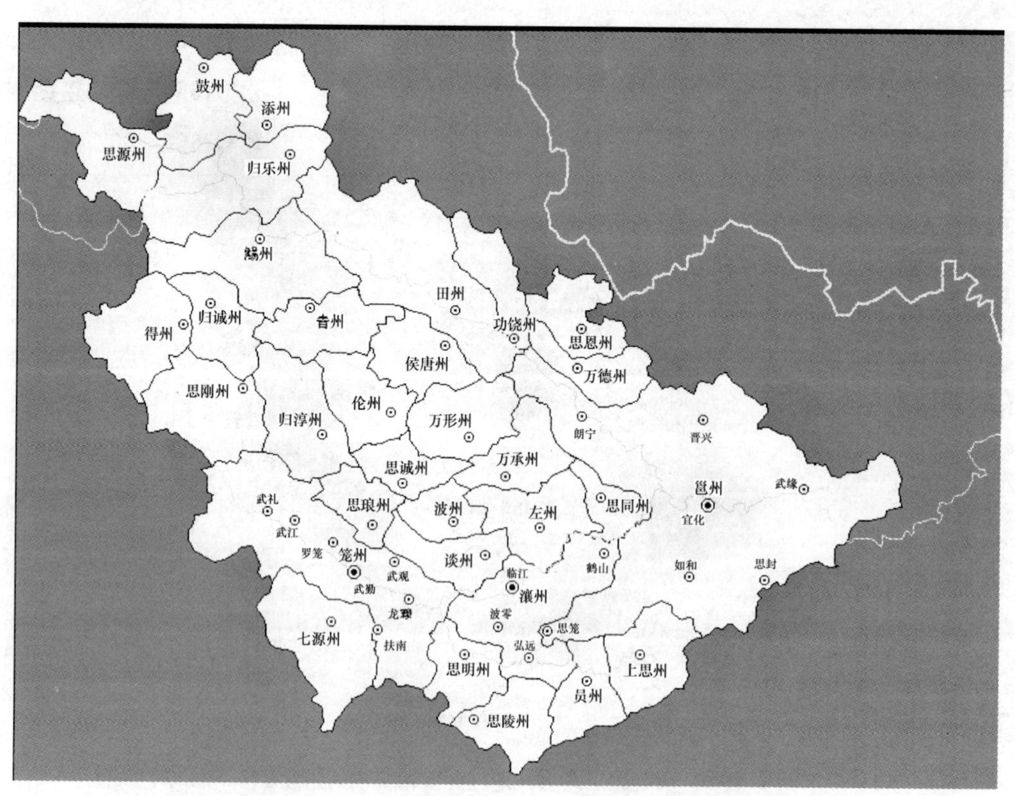

图5　本文复原的景云二年（711）的左右江地区州县分布

四　唐初左右江地区州县建置的历史意义

（一）反映了南方陆疆民族地区经略方式的重大转变，奠定了桂西民族地区疆土管理的政治基础

隋炀帝是继秦皇、汉武之后又一个大力经营边疆的帝王，东征高丽、南伐林邑、西平吐谷浑、北抗突厥。其中对于南方的开拓，比较重视海疆经略，比如刘方平定交趾李佛子之乱后，乘胜傍海南下攻灭林邑国，并出动海军（舟师）协同作战①，拓展海疆二千余里；炀帝又于海南岛沿海复置三郡十余县，还派羽骑尉朱宽、武贲郎将陈棱等率“海师”数度巡视琉球（台湾）。唐初虽在海疆拓展上没有多少作为，放弃了对林邑、琉球等遥远地区的经营，但却在滇、黔、桂、粤一带包括左右江地区在内的近边陆疆地区新置了许多经制州县和羁縻州县，收到了巩固南部边疆的实效。从远征到近取，从好大喜功到务实求稳，隋、唐两朝的经营方略发生了重大转变。

在经营方式上，唐初诸帝虽也有开疆拓土之功，但对于南方的经略却与炀帝的“武功”有所不同，他们没有征发大军远征，只是通过派遣地方官员如李弘节，使者如侯弘仁之流到边疆少数民族进行“招慰”、“招喻”，通过设置大批羁縻州的方式，不费一兵一卒，便化部落为“州县”，拓展了疆界，加强了对这些地方的政治影响。从战争到和平，也算是一个重要转变。

隋代左右江地区不置州，唐武德四年首置南晋州，贞观十二年（638）增置羁縻瀼、笼、田三州，十三年置羁縻添、训二州，十七年升羁縻瀼、笼二州为正州，永徽置羁縻蝺州，乾封二年（667）又置羁縻思恩、归诚、思诚、谈、左、七源、石西、武峨、归乐九州。又经46年，至乾封二年（667）置邕州都督府。这是继秦代短暂的象郡之后，在左右江历史上第一次建立起稳固的二级以上行政机构。县数从南朝的四个，到唐贞观年间增至十六个正县。景云年间（710—711）恢复神龙中因獠乱而废的邕州都督府时，又增置了武龙、功饶、万德、万承、万形、侯唐、伦、青、归恩、得、思琅、波、思同、上思、员、思明十六个羁縻州。此后至今，左右江地区的州县（峒）数目一直在稳步增加，但三级政区总数均保持在四五十个左右，与唐前期情形相差不大。唐初左右江地区首次设置州和都督府，县数增加4倍，并新置、改置羁縻州30多个，基本完成了从布点到析置的过程，应该视作该少数民族地区开发的正式开始。（见图3、图4）

（二）与地方社会经济发展有相互影响

在人口发展方面，隋郁林郡统县12，有户59200，平均每县在籍人户约4993，但

---

① 《隋书》卷53《刘方传》。

左右江地区只有宣化一县。唐贞观十三年（639），邕州领县5，全在左右江地区，有户8225，平均每县在籍人户约1645，较之隋代平均数大减，原因不详（估计主要是统计标准的差异），但总户数也超过了隋代，增幅约39%，因此人口增长可能是增置州县的原因之一。从贞观十三年（639）到天宝（742）初，正好100年，据《通典》载，天宝初邕州户2893，口7330，看起来是比贞观少了很多，有人追究其原因，认为与唐王朝对西原黄洞蛮起义的镇压杀掠有关①。但这种看法值得商榷。其一，据《新唐书·南蛮传》，西原黄洞蛮"寇乱"最早发生在天宝初年，当时官府并未镇压。其二，天宝初年，从邕州分出的淳州有户770，田州有户4168，瀼州有户1666，笼州有户3667，邕、淳、田、瀼、笼5州加起来也有13164户，较之贞观并无减少，而是增加了38%。其三，西原黄洞蛮主要分布在左右江之间的羁縻地区，而如前所述，左右江羁縻州数从贞观十三年的5个增至睿宗景云年间的30多个，至天宝年间一直在稳步增加，这种情况不仅不能证明人口减少，反而说明羁縻州县的设置与人口增加呈正相关关系。

在社会发展方面，唐初左右江地区少数民族的社会性质，虽然向有奴隶制、封建制之争议，唯对其民间广泛存在的奴隶买卖现象则未予否认。而天宝年间西原黄洞蛮起义之后蛮獠之社会性质，学术界基本上认同于封建制。另一方面，无论唐初左右江地区是为奴隶制还是封建制，其社会组织的部落形态一直都很明显。

唐初左右江州县的建置，不仅维持了龚州龚氏（龚固兴）、钦州宁氏（宁长真、宁据、宁师宗）等地方酋豪的利益，而且俚獠侬氏、黄氏势力也因之得到发展。如《桂海虞衡志》说："旧有四道侬氏，谓安平（波州）、武勒（笼州）、忠浪（思琅）、七源，四州皆侬氏。"《太平寰宇记》"邕州"引唐《邕州图经》云："俗吝啬浇薄，内险外蠢，椎髻跣足，尚鸡卜及卵卜。提掩、俚、獠有四色，语各别，译而方通也。""贵州"载："有俚人皆为乌浒，诸夷率同一姓。"可见乌浒蛮这一支俚人虽分为许多部落（州），但皆同姓侬氏。如员州首领也叫侬金勒。《旧唐书·玄宗纪》又载，开元年间，有邕州獠首领梁大海、周光等据宾、横等州叛。则韦氏据南部瀼、思明二州，周氏据员、上思等州，天宝后为黄氏、侬氏所逐，遁入钦、陆二州海滨。《桂海虞衡志》"志蛮"载："又有四道黄氏，谓安德、归乐、归诚、田州，皆黄姓。"《新唐书·南蛮传》载：黄氏居黄橙洞（今崇左市左州镇），元和二年（807），封黄少卿为归顺（归淳）州刺史，黄少高为有（左）州刺史。唐初黄氏曾隶属于钦州宁氏，可能是因为宁氏曾招慰黄氏开置瀼州，势力到达左江流域之故。但后来通过设置羁縻州，改隶邕管，脱离了宁氏的控制。

在经济发展方面，羁縻州最先是没有州县廨署的，如《太平寰宇记》载，邕州羁縻州"承前先无朝贡，州县城隍不置立"。先天二年邕州司马吕仁才奏请遣使巡谕各处"劝筑城隍"，一时"承其劝谕，应时修筑"。但后来有的毁坏了，就没有再修筑，直到宋朝，如文、兰、抚水等州就是这样，没有廨署，可能仅是由村寨头人充任。周去非《岭外代答》："古富州，今昭州昭平县，在漓江之滨，荆棘丛中，止有三家茅屋及

① 张声震主编：《壮族通史》，民族出版社1997年版，第465页。

一县衙，其所谓‘三家市’也。有舟人登岸，饮醉，遂宿茅屋。家夜半觉门外托托有声，主人戒之曰：‘毋开门，此虎也。’奴起而视之，乃一乳虎将数子以行。今为县乃尔，不知昔日何以为州耶?”

在交通发展方面，隋代北抗突厥，南击林邑，西灭吐谷浑，东征高丽，四处用兵。而刘方经过南宁、宁明（都隆岭）伐交趾，未深入右江，陈棱略琉球而未经营福建，史万岁南征及滇池洱海，建立南宁州，而未略定凉山地区。反映当时注重沿边经略，构建帝国边疆，而不注重内地少数民族地区。唐初交桂道与邕州道形成“y”形结构。李弘节和侯弘仁功不可没。但陆路时断时续，久仍未代替海路。如宁长真攻丘和仍从海路。但直到唐末，邕州道仍然存在，且通南诏（樊绰语）。

（三）体现了多民族国家的圈层政区结构特点

唐初州县的性质是唐朝加强对本地区控制的标志，但未深入基层，只是布点性质，有囫囵吞枣、徐图消化的宏大战略意图。所以有人批评炀帝好大喜功，华而不实。而太宗、高宗建立羁縻州县制度，并在岭南维持小州县格局，且创造了“南选”制度，是在继承炀帝开拓基础上有所创新，主要目的是充分利用地方酋帅及社会精英管理岭南，以最小的代价保持边疆稳定，比起炀帝更加务实。收到的成效也十分明显。尽管左右江地区在中唐以后因帝国的衰落，少数民族起义不断，但都未能推翻唐朝的统治。

（作者单位：暨南大学历史地理研究中心）

五代时期荆南（南平）政权辖境政区沿革考述[*]

李晓杰

在中国历史上，统一与分裂是一个从未间断的过程，因而一直备受学者的关注。对这一问题的深入探究，不仅有助于准确而全面地把握中国的政治、经济、军事等方面的历史情况，而且也能为现实政治生活提供颇具价值的借鉴。然而，虽然在中国历史上统一时期要比割据分裂时期的时间短得多，但以往的学者们对于统一时期的各种问题的研究与关注，却比割据分裂时期的要重视许多。这主要是过去的一些学者受传统研究的影响而造成的。不过，这一现象现在已经有所改变，越来越多的学者已经意识到了研究历史上割据分裂时期各个领域问题的重要性，并已在不同程度上做出了自己的研究。

在中国历史政治地理研究领域，情况亦复如是。历代疆域与行政区划的变迁是历史政治地理研究中所主要探究的内容，也是开展其他学科研究所必需的基础研究之一。但是以往对断代政区的研究多选取一个比较稳定的朝代来进行研究，而对割据分裂时期的政区地理研究则着力很小，关注不多，因此亟待开展，弥补这一缺失。

有鉴于此，本文拟择取五代时期名列十国之一的荆南（南平）政权辖区沿革作为探究的对象①，试图从个案研究中来具体观察典型分裂时期政区变动的特点，希冀能为深化割据分裂时期政区地理的研究提供借鉴。

唐天祐三年（906）十月，朱全忠以颍州防御使高季昌为荆南留后，“高季昌自此遂据有荆南”②。

后梁乾化三年（915）八月，后梁封高季昌为渤海王。同年九月，荆南高氏政权趁后梁太祖遇弑政局动荡之际，“造战舰五百艘，治城堑，缮器械，为攻守之具，招聚亡命，交通吴、蜀，朝廷浸不能制”③。高氏荆南自此与后梁断绝关系而成为割据政权。贞明三年（917）五月，“高季昌与（山南东道节度使）孔勃修好，复通贡献”④。虽然此举在名义上荆南修复了与后梁间的臣属关系，但割据一方的事实并未发生改变。

---

* 本文为国家社会科学基金重点资助项目（11AZS010）、教育部人文社会科学重点研究基地资助项目（2009JJD770012）、上海市社会科学研究基金资助项目（2010BLS005）阶段性成果。

① 本文中的“五代时期”，其时间的起迄年代为后梁开平元年（907）至后周显德六年（959）。

② 《资治通鉴》卷265，唐天祐三年十月，胡三省注。

③ 《资治通鉴》卷268，后梁乾化三年九月。

④ 《资治通鉴》卷269，后梁贞明三年五月。

后唐同光二年（924）三月，后唐恐高季兴（因避后唐献祖李国昌讳，高季昌更名为高季兴）与前蜀联合，封其为南平王，故史称此后的高氏政权为南平。同年天成三年（928）六月，后唐出师讨南平，“季兴遂以荆、归、峡三州臣于吴，吴册季兴秦王”①。天成三年冬，高季兴卒，长子从诲立。高从诲承其父旧策②。天成四年（929）六月，“庚申，高从诲自称前荆南行军司马、归州刺史，上表求内附。秋，七月，甲申，以从诲为荆南节度使兼侍中。己丑，罢荆南招讨使”③。长兴三年（932）二月，“赐高从诲爵渤海王”④。应顺元年（934）正月，“壬辰，制以荆南节度使、检校太尉、兼中书令、江陵尹、渤海郡侯高从诲可封南平王”⑤。

后晋天福二年（937）正月，后晋给“高从诲加食邑实封，改功臣名号”⑥。

后汉天福十二年（947），六月，“帝遣使告谕荆南。高从诲上表贺，且求郢州，帝不许；及加恩使至，拒而不受”。八月，“高从诲闻杜重威叛，发水军数千袭襄州，山南东道节度使安审琦击却之。又寇郢州，刺史尹实大破之。乃绝汉，附于唐、蜀”⑦。乾祐元年（948）六月，“高从诲既与汉绝，北方商旅不至，境内贫乏，乃遣使上表谢罪，乞修职贡；（后汉高祖）诏遣使慰抚之”⑧。同年十月，高从诲卒，其子保融立。

后周广顺元年（951）正月，高保融进封渤海郡王。显德元年（954）正月，“以荆南节度、荆归峡观察等使、检校太师、兼中书令、江陵尹、渤海郡王高保融封南平王”⑨。“荆南自后唐以来，常数岁一贡京师，而中间两绝。及（周）世宗时，无岁不贡矣。保融以谓器械金帛，皆土地常产，不足以效诚节，乃遣其弟保绅来朝，世宗益嘉之。”⑩

综上所述，可以看出虽然荆南（南平）高氏政权与其时的南方其他割据政权颇有不同，在大多数的时间里一直以中原五代为正朔，而从未称帝立国，但其割据的事实还是确而无疑的。因此，本文仍采传统观点，视荆南（高平）为十国之一。

五代十国时期，荆南高氏政权的控制范围与唐末的荆南节度使辖区大体相当⑪。开平元年（907），后梁任高季昌为荆南节度使，领江陵府及归、峡二州治江陵府。乾化二年（912）十月，后梁割邓州宣化节度使所领复州隶属荆南节度使。后梁贞明五年

① 《新五代史》卷69《南平世家》；并参《资治通鉴》卷276，天成三年六月。

② 《新五代史》卷69《南平世家》载：“荆南地狭兵弱，介于吴、楚为小国。自吴称帝，而南汉、闽、楚皆奉梁正朔，岁时贡奉，皆假道荆南。季兴、从诲常邀留其使者，掠取其物，而诸道以书责诮，或发兵加讨，即复还之而无愧。其后南汉与闽、蜀皆称帝，从诲所向称臣，盖利其赐予。俚俗语谓夺攘苟得无愧耻者为赖子，犹言无赖也。故诸国皆目为‘高赖子’。”《资治通鉴》卷287天福十二年八月所载与此略同。

③ 《资治通鉴》卷276，天成四年六月。

④ 《资治通鉴》卷277，长兴三年二月；《新五代史》卷69《南平世家》所载与此略同。

⑤ 《册府元龟》卷129《帝王部·封建》；《旧五代史》卷45《唐闵帝纪》；《新五代史》卷69《南平世家》；《资治通鉴》卷278等所载与此略同。

⑥ 《旧五代史》卷76《晋高祖纪二》。

⑦ 《资治通鉴》卷287，天福十二年。

⑧ 《资治通鉴》卷288，乾祐元年六月。

⑨ 《册府元龟》卷129《帝王部·封建》；《旧五代史》卷113《周太祖纪》；《五代会要》卷11《封建》；《新五代史》卷69《南平世家》等所载与此略同。

⑩ 《新五代史》卷69《南平世家》。

⑪ 郭声波：《中国行政区划通史·唐代卷》，复旦大学出版社2012年版，第823—824页。

(919)，荆南高氏以江陵府荆门县地置荆门军，寻废。

后唐同光元年（923），复州又为后唐所据，属邓州节度使。同光二年（924）五月，复州再次属南平高氏。天成元年（926），南平趁后唐灭后蜀之机，一度占领夔、忠、万等3州。天成二年（927）五月，后唐复取复州隶山南东道节度使。七月，后唐复取夔、忠、万等3州。此后至五代末，南平高氏政权一直领江陵府及归、峡二州之地而未更。下面即分成两部分来分别探究荆南（南平）政权所控荆南节度使辖区及其所辖各州沿革。

一　荆南节度使辖区沿革

荆南节度使［后梁907—913，荆南913—924，荆南（南平）924—959］

后梁开平元年（907），高季昌晋为荆南节度使。《资治通鉴》卷266后梁开平元年（907）五月载：后梁太祖“以权知荆南留后高季昌为节度使”。唐光化元年（898）后，荆南节度使领江陵府及归、峡二州①。后梁建立之初，高氏荆南节度使仍当辖有唐末一府二州之地，治江陵府。学者一般据《新五代史》、《资治通鉴》及《十国春秋》所载②以为其时荆南节度使仅有江陵一府之地③，归、峡二州属前蜀④，似不妥⑤。

后梁开平二年（908），前蜀攻打归州，但最终并未据之。《资治通鉴》卷266后梁开平二年二月载：“甲子，蜀兵入归州（胡三省注曰：‘归州，荆南巡属。不地曰入，言入之而不能有其地。’），执刺史张瑭。”此事在《十国春秋·前蜀高祖本纪》中又记为：武成元年（908）二月，“甲子，我兵入归州，执梁刺史张瑭”。其时荆南名义上属后梁，故张瑭应为荆南节度使属州刺史无疑。由此亦可证《新五代史》卷63《前蜀世家》所载“（天复）六年（906），又取归州，于是并有三峡”不确，其时前蜀应未占领归州⑥。

后梁乾化二年（912），后梁割邓州宣化节度使所领复州隶荆南节度使。《五代会要》卷20《州县分道改置》山南道复州下载：“梁乾化二年十月，割隶荆南。”

后梁贞明五年（919），荆南高氏以江陵府荆门县置荆门军，领当阳县。寻废（参见下文荆门军沿革）。

---

① 参见郭声波《中国行政区划通史·唐代卷》，第823—824页。

② 《新五代史》卷69《南平世家》载：“季兴始至，江陵一城而已。”《资治通鉴》卷266，后梁开平元年五月载：“癸未，（朱晃）以权知荆南留后高季昌为节度使。荆南旧统八州，（胡三省注曰：‘荆、归、硖、夔、忠、万、沣、朗，共八州。’）乾符以来，寇乱相继，诸州皆为邻道所据，独余江陵。”《十国春秋》卷100《荆南一·武信王世家》亦载：荆南自“僖、昭以来数为诸道蚕食，（高）季昌至，惟江陵一城而已。”

③ 陶懋炳：《五代史略》，第175页；陶懋炳、张其凡、曾育荣：《五代史》，第120页；朱玉龙：《五代十国方镇年表》，中华书局1997年版，第536页。

④ 蒲孝荣：《四川政区沿革与治地今释》，四川人民出版社1986年版，第268页；杨伟立：《前蜀后蜀史》，四川社会科学出版社1986年版，第71页；曾育荣：《高氏荆南史稿》（博士学位论文），第70页。

⑤ 参见杨光华《前蜀与荆南疆界辩误》，《西南师范大学学报》1993年第4期。

⑥ 同上。

后唐同光元年（923），复州又为后唐所控，隶属于邓州节度使。《五代史补》卷4《梁震裨赞》载：高季兴朝觐后唐庄宗之后，心怀怨愤，“以兵袭取复州之监利、玉沙①二县，命震草奏，请以江为界”。《十国春秋》卷103《荆南四·梁延嗣传》亦载：“唐同光中，将兵守复州监利，武信王之朝唐也，庄宗欲阴图之，既疾趣归，遂以兵攻监利、星沙二县，延嗣兵败，为王所获。”上述二则史载皆可说明其时复州已属后唐。复州本为邓州节度使领地，此时仍当如是。

后唐同光二年（924），复州为荆南（南平）高氏政权所据。《旧五代史》卷32《唐庄宗纪六》载：同光二年五月，“诏割复州为荆南属郡”。

后唐天成元年（926）六月，夔、忠、万等3州为高季兴（即高季昌，后唐庄宗即位，为避其庙讳而改）所据。此前一年，即同光三年（925），后唐灭前蜀，夔、忠、万等3州属后唐。《资治通鉴》卷273后唐同光三年十月所载蜀将张武“以夔、忠、万三州诣魏王（笔者按，指后唐魏王李继岌）降”可证。天成元年六月，高季兴以夔、忠、万等3州本属荆南节度使原管之州为由，奏请后唐将此三州之地割为其属郡。《旧五代史》卷36《唐明宗纪二》载：天成元年六月，“荆南节度使高季兴上言：‘夔、忠、万三州，旧是当道属郡，先被西川侵据，今乞却割隶本管。’诏可之”。《资治通鉴》卷275天成元年六月载：“高季兴表求夔、忠、万三州为属郡，诏许之。”②《十国春秋》卷100《荆南武信王世家》载：“同光四年（926）春二月，王表请夔、忠等州（一作夔、忠、万三州，见《十国纪年》）及云安监隶本道。唐主许焉，诏未下，时门下侍郎豆卢革、同门下中书平章事韦撒，实内主之也。……是月（笔者按，指四月），唐主遇弑。丙午，李嗣源即皇帝位。甲寅，改元天成。六月，王表求夔、忠、万、归、峡五州于唐为属郡，略言：‘去冬先朝诏命攻峡内属郡，寻有施州官吏知臣上峡，率先归投，夔、忠等州（一作夔、忠、万三州）旦夕期于收复，乃被郭崇韬专将文字约臣回归，方欲陈论，便值更变。’唐大臣多谓王请自取诸州，而兵无功，不当以诸州与我。唐主重违王意，不得已许之。”

后唐天成二年（927）五月，复州为后唐所据，隶属于襄州山南东道节度使。《五代会要》卷20《州县分道改置》山南道复州下载：“后唐天成二年五月，却隶襄州。”同年七月，夔、忠、万三州复为后唐所有，并以此3州之地置宁江军节度使，治夔州。十二月，复割武泰军节度之施州来属。《旧五代史》卷38《唐明宗纪四》载：天成二年七月，“夔州刺史西方邺奏，杀败荆南贼军，收峡内三州。丙寅，升夔州为宁江军，以邺为节度使”。十二月，“诏以施州为夔州属郡，以其便近故也”。《新五代史》卷69《南平高季兴世家》载：天成二年，“明宗乃以襄州刘训为招讨使，攻之，不克，而唐别将西方邺克其夔、忠、万三州，季兴遂以荆、归、峡三州臣于吴，吴册季兴秦王”。高氏政权仅有江陵府及归、峡二州。

---

① 五代复州并不领“玉沙”县，此处所载有误，下引《十国春秋》文中的复州“星沙”县问题与此同。辨见曾育荣《高氏荆南史稿》（暨南大学博士学位论文），第83页。

② 《旧五代史》卷133《高季兴传》云：“明宗即位，复请夔、峡为属郡。”按：此载显与上引《旧五代史·后唐明宗纪》和《资治通鉴》所叙内容并不一致，录此待考。

后唐天成三年（928）二月，高氏政权所据归州一度属后唐，旋又夺回。《资治通鉴》卷276后唐天成三年二月载："壬辰，（后唐）宁江节度使西方邺攻拔归州；未几，荆南复取之。"① 同年十一月，后唐再取归州。《资治通鉴》卷276天成三年十一月载："忠州刺史王雅取归州。"胡三省注曰："忠州时属夔州宁江军，西方邺所部也。归州时属荆南军，高季兴所部也。"

至迟后唐长兴元年（930），归州重又为高氏政权所属。《资治通鉴》后唐天成四年（929）六月载："庚申，高从诲（笔者按，高季兴长子）自称前荆南行军司马、归州刺史，上表求内附。秋七月，甲申，（后唐）以从诲为荆南节度使兼侍中。己丑，罢荆南招讨使。"据此可说明高氏政权此后仍奉后唐为正朔。又，《册府元龟》卷178《帝王部·姑息三》载："长兴元年，正月，荆南奏峡州刺史高季雍、归州刺史孙文乞且依旧任，从之。"可知此时高氏政权已在归、峡二州均设有刺史，如此，则归、峡二州至迟在此年前已属高氏。唯确切时间史籍失籍，但其事必在天成四年七月至长兴元年正月之间应属无疑。②

此后至五代末，荆南高氏政权当一直领江陵府及归、峡二州之地而未更。

(1) 江陵府（907—959）　　(2) 归州（907—928，930？—959）
(3) 峡州（907—959）　　(4) 复州（912—923，924—927）
(5) 夔州（927）　　(6) 忠州（927）
(7) 万州（927）　　(8) 荆门军（919—?）

二　荆南节度使所辖各州沿革

（一）江陵府（907—959），治江陵县（今湖北省江陵县）

《旧唐书》卷39《地理志二》江陵府下载江陵、长宁、当阳、长林、石首、松滋、公安等7县，《新唐书》卷40《地理志四》载领江陵、枝江、当阳、长林、石首、松滋、公安、荆门等8县，且在枝江县下注曰："上元元年析江陵置长宁县。二年省枝江入长宁。大历六年复置枝江，省长宁。"荆门县下注曰："贞元二十一年析长林置。"是两《唐书·地理志》所载江陵府领县并无矛盾之处。唐末江陵府领《新唐书·地理志》所载之8县，治江陵县③。五代初，亦复如是。

后梁开平三年（909），割复州监利县来属。《太平寰宇记》卷146荆州监利县下

① 《旧五代史》卷39《唐明宗纪五》亦载："西方邺上言，收复归州。……于归州杀败荆南贼军。"《新五代史》卷6《唐明宗纪六》又载："西方邺克归州。"唯皆系此事于天成三年三月，与《资治通鉴》所记之"二月"有异，未详孰是，录此备考。又，《旧五代史》卷61《西方邺传》称："（邺）又取归州，数败季兴之兵。"《新五代史》卷25《西方邺传》所载与此同。

② 曾育荣：《高氏荆南史稿》，博士学位论文，暨南大学，第74页。

③ 郭声波：《中国行政区划通史·唐代卷》，第825页。

载："梁开平三年，以荆州割据，遂属荆州。"

大约后梁贞明五年（919），废荆门县，以其地置荆门军，并以当阳县别属之。同年，荆门军废，当阳县还属（参见下文荆门军沿革）。

此后至五代末，江陵府一直领江陵、枝江、当阳、长林、石首、松滋、公安、监利、荆门等9县而未闻复又变更。

（1）江陵县（907—959）　（2）枝江县（907—959）
（3）当阳县（907—919，919—959）　（4）长林县（907—959）
（5）石首县（907—959）　（6）松滋县（907—959）
（7）公安县（907—959）　（8）监利县（909—959）
（9）荆门县（907—919）

（二）归州（907—959），治秭归县（今湖北省秭归县）

《旧唐书》卷39《地理志二》、《新唐书》卷40《地理志四》皆载归州领秭归、巴东、兴山等3县。唐末及五代，归州领县亦复如是，治秭归县①。

（1）秭归县（907—959）　（2）巴东县（907—959）
（3）兴山县（907—959）

（三）峡州（907—959），治夷陵县（今湖北省夷陵区）

《旧唐书》卷39《地理志二》硖州（笔者按，当作"峡州"）下载领夷陵、宜都、长阳、远安、巴山等5县，《新唐书》卷40《地理志四》峡州下辖夷陵、宜都、长阳、远安等4县，并在长阳县下注曰："天宝八载省巴山入长阳。"唐末，峡州领《新唐书·地理志》所载之4县，治夷陵县②。五代初，亦复如是。

高氏据荆南时，析长阳县复置巴山县。《元丰九域志》卷6峡州下载："开宝八年（975），省巴山县为寨，隶夷陵。"《舆地广记》卷27峡州夷陵县下载："巴山寨，本巴山县，隋分长阳置，属清江郡，后省。唐武德四年复置，属睦州，八年属东松州。贞观元年属峡州。天宝八载省入长阳。五代时复置。皇朝开宝八年省入夷陵。"《记纂渊海》卷14《郡县部·峡州》下载："五代高氏复置巴山县，本朝省之。"综上所述，可知五代时高氏当复析长阳县置巴山县③，至北宋时又废巴山县入夷陵县。至于巴山县的复置确切时间，史籍失载，在此暂置于913年荆南高氏正式割据之时。

---

① 参见郭声波《中国行政区划通史·唐代卷》，第814—815页。

② 同上书，第827—828页。

③ 有关南平复置巴山县的原因推测，可参见杨光华《五代峡州复置巴山县考》，《中国历史地理论丛》2010年第3辑。

（1）夷陵县（907—959）　　（2）宜都县（907—959）
（3）长阳县（907—959）　　（4）远安县（907—959）
（5）巴山县（913？—959）

（四）夔州（907—959），治奉节县（今重庆市奉节县）

《旧唐书》卷39《地理志二》、《新唐书》卷40《地理志四》皆载夔州领奉节、云安、巫山、大昌等4县。唐末，夔州仍领此4县，治奉节县①。五代初，亦复如是。

前蜀永平二年（912），割云安县置安州，治云安县。《册府元龟》卷338《宰辅部·贪渎》载："云安县，旧置云安监，盐之利为安邑解县胡雒盐池之最。王建既得之，两川大获其利。乃升云安县为安州，以刺史领监务。"宋扈仲荣《成都文类》卷18载前蜀宋光葆《上蜀主表》曰："……昔成汭据山陵，养兵五万，皆仰给云安。请择安州刺史，充峡路招讨副使。改榷盐法，以广财用。"综上所述，可证前蜀时确已升云安县为安州。又，《十国春秋》卷36《前蜀高祖本纪下》：永平二年（912），"升云安监为安州"。

大约后唐同光三年（925），废安州，所辖云安县还属夔州。《太平寰宇记》卷147云安军下载："皇朝乾德二年（964），以夔州云安县上水去州二百里，人户输纳不便，于本县建一军，从本州之所奏请也，仍领云安县。"由此可知北宋平后蜀时云安县已隶属夔州。故颇疑后唐灭前蜀时安州即废，并将所领之云安县复归夔州管辖。

此后至五代末，夔州一直领奉节、云安、巫山、大昌等4县而未闻有所变更。

（1）奉节县（907—959）　　（2）云安县（907—912，925—959）
（3）巫山县（907—959）　　（4）大昌县（907—959）

（五）忠州（907—959），治临江县（今重庆市忠县）

《旧唐书》卷39《地理志二》、《新唐书》卷40《地理志四》均载忠州领临江、丰都、南宾、垫江、桂溪等5县。唐末，忠州仍领此5县，治临江县②。

五代时期，忠州领县未更，一如唐末，治临江县。《太平寰宇记》卷149忠州下仍领唐末5县之地，亦可添一旁证。

（1）临江县（907—959）　　（2）丰都县（907—959）
（3）南宾县（907—959）　　（4）垫江县（907—959）
（5）桂溪县（907—959）

---

① 参见郭声波《中国行政区划通史·唐代卷》，第816页。
② 同上书，第818页。

（六）万州（907—959），治南浦县（今重庆市万州区）

《旧唐书》卷39《地理志二》、《新唐书》卷40《地理志四》皆载万州领南浦、武宁、梁山等3县。唐末，万州仍领此3县，治南浦县①。

五代时期，万州领县未更，一如唐末，治南浦县。

（1）南浦县（907—959）　　（2）武宁县（907—959）

（3）梁山县（907—959）

（七）荆门军（919—?），治当阳县（今湖北省当阳市）

后梁贞明五年（919），荆南高氏以江陵府荆门县地置荆门军，并割江陵府当阳县来属。寻废荆门军②，当阳县复属江陵府。《太平寰宇记》卷146荆门军下载："唐末，荆州高氏割据，建为军，领荆州当阳县。"《舆地纪胜》卷78荆门军下载："五代朱梁时，高氏割据，建为荆门军，治当阳，寻省。"

至于荆门军的始置时间，史籍失载，在此仅据相关史料做一推测。《十国春秋》卷100《荆南一·武信王世家》载：天成二年（927），"筑内城以自固，名曰子城。建楼于内城东门上，曰江汉楼。置荆门军于当阳县"。然《新五代史》卷69《南平世家》载："（梁）太祖崩，季兴见梁日以衰弱，乃谋阻兵自固，治城隍，设楼橹。"《十国春秋》卷100《荆南一·武信王世家》载：贞明五年（919），"改建内城东门楼曰江汉楼"。综合这两条史料记载，则可知吴任臣将贞明五年荆南高氏建江汉楼事误复载于天成二年，故颇疑置荆门军之事亦当调整至贞明五年，如此则亦与《舆地纪胜》所述相合。

当阳县（919—?）

（作者单位：复旦大学历史地理研究中心）

① 参见郭声波《中国行政区划通史·唐代卷》，第817页。

② 又《中国历史地图集》隋唐五代十国分册"南平楚"分图作天福八年（943）南平有荆门军，误。

元代安抚司的演化

陆　韧

一　问题的提出

《元史·地理志序》开篇即言：

> 初，太宗六年甲午，灭金，得中原州郡。七年乙未，下诏籍民，自燕京、顺天等三十六路，户八十七万三千七百八十一，口四百七十五万四千九百七十五。宪宗二年壬子，又籍之，增户二十余万。世祖至元七年，又籍之，又增三十余万。十三年，平宋，全有版图。（至元）二十七年，又籍之，得户一千一百八十四万八百有奇。于是南北之户总书于策者，一千三百一十九万六千二百有六，口五千八百八十三万四千七百一十有一，而山泽溪峒之民不与焉。立中书省一，行中书省十有一：曰岭北，曰辽阳，曰河南，曰陕西，曰四川，曰甘肃，曰云南，曰江浙，曰江西，曰湖广，曰征东，分镇藩服，路一百八十五，府三十三，州三百五十九，军四，安抚司十五，县一千一百二十七。文宗至顺元年，户部钱粮户数一千三百四十万六百九十九，视前又增二十万有奇，汉、唐极盛之际，有不及焉。盖岭北、辽阳与甘肃、四川、云南、湖广之边，唐所谓羁縻之州，往往在是，今皆赋役之，比于内地；而高丽守东藩，执臣礼惟谨，亦古所未见。地大民众，后世狃于治安，而不知诘戎兵、慎封守，积习委靡，一旦有变，而天下遂至于不可为。呜呼。盛极而衰，固其理也。
>
> 唐以前以郡领县而已，元则有路、府、州、县四等。大率以路领州、领县，而腹里或有以路领府、府领州、州领县者，其府与州又有不隶路而直隶省者，具载于篇，而其沿革则溯唐而止焉。

这两段文字是理解元朝人口、户籍、行政区划、民族政策的重要史料，历来为学者们所重视。然而，以往学者各自截取相关的内容进行自己领域的研究：人口史学者关注元初的五次“籍民”活动，以此作为分析元代人口发展的重要线索①；研究行政

① 葛剑雄主编：《中国人口史》第3卷《辽宋金元时期》，复旦大学出版社2000年版，第246—247页。

区划和行政管理制度者重视的是元朝行省制度及其路、府、州、县多层政区制的演变①；民族史学者撷取关于民族政策的话语而论之。

虽然各领域的研究都取得了丰硕的成果，但是对元朝制度的全面认识仍存在明显的局限性和缺漏，留下了很多未能解决的问题和遗憾。例如，至今人口史学者未能解释元朝进行了多次全国性的户口调查，连最边疆的云南也“自兀良合带镇云南，凡八籍民户，四籍民田”②，为什么《元史·地理志》特别记载元朝的人户调查数据是“而山泽溪峒之民不与焉”呢？赋役制度史学者无法解释“唐所谓羁縻之州，往往在是，今皆赋役之，比于内地”，为什么没有湖广行省西部地区的赋役数据呢③；行政区划研究的学者未能对元朝“路一百八十五，府三十三，州三百五十九，军四，安抚司十五，县一千一百二十七”中的15安抚司进行充分的专题研究。民族史学者困惑于唐宋羁縻之州在元朝“比于内地”统治，为什么还有大量的“土官”、“蛮夷官”存在，并成为明清土司制度的肇始呢？

分领域研究者往往忽略了这两段史料概括了蒙古太宗灭金（1234）至元世祖至元二十七年（1290）完成元朝行政区划建制的全过程。元朝入主中原和立国，籍户与行政区划建制双轨并行，而元朝行省—路—府—州—县这一套行政区划体制是以人口统计和户籍管理为基础建构起来的。从行政区划研究的角度看，至少未能对路府州县之外的特殊政区形式，如“军四、安抚司十五”等进行专门研究和探讨。

如果我们细致解读史料，从特殊地理环境、军事征讨、人口统计和民族社会结构等多重视角来对元代的安抚司进行研究，就会发现，安抚司之所以被遗漏，因为它是一种特殊行政区划。安抚司辖区内的人口、民族构成和行政管理都与元代内地常设的行政区划有很大的差异，是元朝基于西南少数民族地区特殊情况建立的特殊政区。

本文拟对安抚司演化进行专题研究，试图通过元代安抚司政区的研究，提供一个解析中国统一和国家疆域发展形成过程中，民族地区行政管理和行政区划的特殊形态，边疆政治地理格局演变与行政区划互动关系的个案研究。

二 元代安抚司的演化

元代的安抚司从宋代军政统筹机构演化而来，因此，元代最早设置的安抚司是南下征服过程中，征服范围扩大导致统辖区拓展，元帝国在其新拓展的统治区的沿边地带设置的机构，以统筹新拓展地带的军政。在元代史籍的记载中，元朝最早设置的安抚司是中统二年（1261）八月“敕以贺天爵为金齿等国安抚使，忽林伯副之，

① 周振鹤主编：《中国行政区划通史·元代卷》，复旦大学出版社2009年版。

② 《元史》卷12《世祖纪九》，中华书局1976年版。

③ 高树林：《元代赋役制度研究》，河北大学出版社1997年版，第34页。

仍招谕使安其民"①，即蒙古军灭云南大理国后，继续向云南西部与缅国交界的金齿地区推进，金齿（今云南省保山市以西地区）成为蒙古帝国新的西南沿边地带，故"平定大理，继征白夷等蛮。中统初，金齿、白夷诸酋各遣子弟朝贡。二年，立安抚司以统之"②，安辑沿边地带的民众。故金齿等国安抚司的性质是统筹沿边军政的机构。

伴随着军事征伐的推进，不断在新征服区域的沿边地带设置安抚司，几乎整个南方都是元朝新边疆，元朝统治者常将完成征伐一地任务的将领或军事官员就地指派为安抚使，设置安抚司，统筹该区军政。元军下重庆，帖木脱斡"留镇夔门，兼本路安抚司达鲁花赤"③。取湖州，以领襄阳诸路新军的管军万户的失里伯行安抚司事④。至元十二年（1275），元军进兵岳州，"降湖右"，任朱国宝为"宣武将军，统蒙古诸军，镇常德府，知安抚司事"。至元十四年朱国宝率军"攻广西静江，拔之"，"进秩管军万户，镇守梧州，领安抚司事"⑤。至元十三年，扬州平，以张君佐为安庆府安抚司军民达鲁花赤⑥。还有蒙古重臣囊加歹在平宋过程中被授予"授怀远大将军、安抚司达鲁花赤，与阿剌罕、董文炳等取台、温、福州"⑦。

元朝平宋期间设置大量的安抚司，但是这些安抚司存在的时间均不长，往往是军事平定之初设置安抚司作为新征服区沿边地带的军政统筹机构，承担镇戍和招谕民众的任务，一旦元朝在南宋地区的统治稳定，就重新建立规范的行政管理体制，安抚司完成其军政统筹的使命，被逐渐裁撤或直接改为行政区划的路，设置路总管府取代安抚司。如至元十三年张懋出任明威将军和泗州安抚司达鲁花赤。"十四年，改安抚司为总管府。"⑧ 南宋平定初期申屠致远出任"临安府安抚司经历"，随后临安改名杭州，申屠致远出任杭州路总管府推官⑨。常德地区于至元十四年，"改安抚司为总管府"⑩等等。

元朝初期不仅平宋后在南宋区域内大量设置安抚司，而且在对域外国家的征伐占领初期也设安抚司。至元十年征耽罗国后，"招讨司后改为军民都达鲁花赤总管府，又改为军民安抚司"⑪，征高丽，也设安抚司，局势稳定后罢之⑫。下表据《元史·地理志》统计元初安抚所的置废情况（见表1）：

① 《元史》卷4《世祖纪一》，第73页。
② 《元史》卷61《地理志四·云南行省》，第1482页。
③ 《元史》卷132《帖木儿不花传附帖木脱斡传》，第3220页。
④ 《元史》卷133《失里伯传》，第3234页。
⑤ 《元史》卷165《朱国宝传》，第3877页。
⑥ 《元史》卷151《张荣传附张君佐传》，第3582页。
⑦ 《元史》卷131《囊加歹传》，第3185页。
⑧ 《元史》卷152《张子良传附张懋传》，第99页。
⑨ 《元史》卷170《申屠致远传》，第3985页。
⑩ 《元史》卷163《张雄飞传》，第3821页。
⑪ 《元史》卷208《外夷传一·耽罗传》，第4624页。
⑫ 《元史》卷208《外夷传一·高丽传》，第4616页。

表1　　元朝至元十七年前安抚司置废表

序号	地名	立安抚司时间	废安抚司时间	所属行省	备注
1	棣州	中统三年	至元二年	中书省	《地理志一》
2	襄阳路	（时间不详）	至元十年	河南江北行省	《地理志二》
3	和州	至元十四年	至元十五年	河南江北行省	《地理志二》
4	安庆路	至元十三年	至元十四年	河南江北行省	《地理志二》
5	真州	至元十三年	至元十四年	河南江北行省	《地理志二》
6	淮安路	至元十三年	至元十四年	河南江北行省	《地理志二》
7	临淮	至元十三年	至元十五年	河南江北行省	《地理志二》
8	邛州	至元十四年	至元二十一年	四川行省	《地理志三》
9	渠州	至元十一年	至元二十年	四川行省	《地理志三》
10	叙州路	至元十三年	至元十八年	四川行省	《地理志三》
11	富顺州	至元十二年	至元二十年	四川行省	《地理志三》
12	金齿等处	中统二年	至元十五年	云南行省	《地理志四》
13	杭州路	至元十三年	至元十五年	江浙行省	《地理志五》
14	建德路	至元十三年	至元十四年	江浙行省	《地理志五》
15	江阴州	至元十三年	至元十四年	江浙行省	《地理志五》
16	台州路	至元十三年	至元十四年	江浙行省	《地理志五》
17	龙兴路	至元十三年	至元十四年	江浙行省	《地理志五》
18	袁州路	至元十三年	至元十四年	江浙行省	《地理志五》
19	连州	至元十三年	至元十七年	江浙行省	《地理志五》
20	武昌路	至元十三年	至元十四年	湖广行省	《地理志六》
21	常德路	至元十二年	至元十四年	湖广行省	《地理志六》
22	澧州路	至元十二年	至元十四年	湖广行省	《地理志六》
23	沅州路	至元十二年	至元十四年	湖广行省	《地理志六》
24	归州	至元十二年	至元十四年	湖广行省	《地理志六》
25	靖州路	至元十二年	至元十三年	湖广行省	《地理志六》
26	天临路	至元十三年	至元十四年	湖广行省	《地理志六》
27	衡州路	至元十三年	至元十四年	湖广行省	《地理志六》
28	道州路	至元十三年	至元十四年	湖广行省	《地理志六》
29	永州路	至元十三年	至元十四年	湖广行省	《地理志六》
30	郴州路	至元十三年	至元十四年	湖广行省	《地理志六》
31	全州路	至元十三年	至元十四年	湖广行省	《地理志六》
32	宝庆路	至元十二年	至元十四年	湖广行省	《地理志六》
33	武冈路	至元十三年	至元十四年	湖广行省	《地理志六》
34	南宁路	至元十三年	至元十六年	湖广行省	《地理志六》
35	梧州路	至元十三年	至元十六年	湖广行省	《地理志六》

续表

序号	地名	立安抚司时间	废安抚司时间	所属行省	备注
36	浔州路	至元十三年	至元十六年	湖广行省	《地理志六》
37	柳州路	至元十三年	至元十六年	湖广行省	《地理志六》
38	容州	至元十三年	至元十六年	湖广行省	《地理志六》
39	象州	至元十三年	至元十五年	湖广行省	《地理志六》
40	宾州	至元十三年	至元十六年	湖广行省	《地理志六》
41	横州	至元十三年	至元十六年	湖广行省	《地理志六》
42	融州	至元十三年	至元十六年	湖广行省	《地理志六》
43	雷州路	至元十五年	至元十七年	湖广行省	《地理志六》
44	化州路	至元十五年	至元十七年	湖广行省	《地理志六》
45	高州路	至元十五年	至元十七年	湖广行省	《地理志六》
46	钦州路	至元十五年	至元十七年	湖广行省	《地理志六》

元朝平宋，元军深入南宋地区，安抚司随征服区域扩大、沿边地带推进而设置，大部分地区都曾设置过安抚司，达46个之多，设置的时间集中在至元十年至十三年期间，大约从至元十四年起至至元十七年，凡元朝统治稳定的地区，建立正常的行政区划体制时，安抚司又被逐一罢废，均逐渐设置为路、府、州等政区，它们存在的时间十分短暂，有的甚至不到一年，因此这46个安抚司只是元初军政征伐过程中临时性的沿边军政统筹机构，显然表1中46个安抚司不是《元史·地理志·序》所说的元代湖广行省的15个安抚司。

但是当至元十七年前后原南宋地区的安抚司转化为路、府、州的同时，却有一个地区在积极设置安抚司，这个地区在整个元朝不仅没有撤废，还得到了加强，直至元末都被保存下来（见表2）。

表2　《大元混一方舆胜览》与《元史·地理志》所载安抚司比较

《大元混一方舆胜览》		《元史·地理志》		
安抚司名称	所属行省	安抚司名称	置废时间	所属行省
罗番遏蛮军安抚司	湖广行省	罗番遏蛮军安抚司	至元十六年至元末	湖广行省
程番武盛军安抚司	湖广行省	程番武盛军安抚司	至元十六年至元末	湖广行省
卧龙番南宁州安抚司	湖广行省	卧龙番南宁州安抚司	至元十六年至元末	湖广行省
金石番太平军安抚司	湖广行省	金石番太平军安抚司	至元十六年至元末	湖广行省
小龙番静蛮军安抚司	湖广行省	小龙番静蛮军安抚司	至元十六年至元末	湖广行省
洪番永盛军安抚司	湖广行省	洪番永盛军安抚司	至元十六年至元末	湖广行省
方番河中府安抚司	湖广行省	方番河中府安抚司	至元十六年至元末	湖广行省
卢番静海军安抚司	湖广行省	卢番静海军安抚司	至元十六年至元末	湖广行省
大龙番应天府安抚司	湖广行省	大龙番应天府安抚司	至元十六年至元末	湖广行省
葛蛮安抚司	湖广行省	新添葛蛮安抚司	至元十六年至元末	湖广行省

续表

《大元混一方舆胜览》		《元史·地理志》		
安抚司名称	所属行省	安抚司名称	置废时间	所属行省
琼州安抚司	湖广行省	乾宁军民安抚司	天历二年至元末	湖广行省
南丹州等处安抚司	湖广行省	庆远南丹溪峒等处军民安抚司	大德元年至元末	湖广行省
都云定云等处安抚司	湖广行省		至元十二年至元末	
		顺元等路军民安抚司	至元二十四年至元末	湖广行省
		播州军民安抚司	至元十二年至元末	湖广行省
		思州军民安抚司	至元十二年至元末	湖广行省
永顺保靖南渭三州安抚司	湖广行省	永顺等处军民安抚司	至元三十年至至大元年	四川行省
		师壁洞安抚司	（置废时间不详）	四川行省
安抚高丽总管府	镇东行省			
新罗国安抚司	镇东行省			

《大元混一方舆胜览》所记行政区划大约为大德年间（大德七年即1303年）的元朝行政区划体制，时共有16个安抚司，除两个为临时的征伐型“镇东行省”统辖，其余14个安抚司皆属湖广行省。《元史·地理志》所记安抚司为元朝中后期长期存在的安抚司，共17个，属湖广行省的仍为15个，属四川行省的2个。考察属于四川行省的两个安抚司置废情况：永顺保靖南渭三州安抚司，元朝前期隶四川行省，武宗至大年间析出保靖州和南渭州，相关地区并入湖广行省“新添葛蛮安抚司”①，因此，元中期以后永顺保靖南渭三州安抚司已废。师壁洞安（宣）抚司，置废时间不详，在《元史》中师壁洞安抚司第一次出现的时间是至元二十八年七月，其后则无相关记载，存在时间短暂②。故顾祖禹说：“安抚司十五，皆在湖广境内。”③

三　湖广行省15安抚司的地理分布

《元史·地理志六·湖广行省》是以宣慰司—安抚司—蛮夷官的体系对湖广行省西部蛮夷官体系、安抚司及其管理体制进行记载的，笔者借助其记载模式对15安抚司的地理分布和行政构架进行考证④：

（1）罗番遏蛮军安抚司：元至元十六年（1279）置，属湖广行省八番顺元宣慰司，治所在今贵州省惠水县好花红乡龙洞。明洪武五年（1372）改罗番长官司。

① 《元史》卷63《地理志六》，第1553、1562页。

② 《元史》卷16《世祖纪十三》，至元二十八年七月“癸丑，赐师壁洞安抚司、师壁镇抚所、师罗千户所印，安抚司从三品，余皆五品”。此后再无该安抚司具体事例的记载。《元史》卷60《地理志三·四川行省》记“师壁洞安（宣）抚司”，然无任何注释，可见其存在时间很短。

③ 顾祖禹：《读史方舆纪要》卷8《历代州域形势八》，中华书局2005年版，第357页。

④ 笔者承担了美国哈佛大学和复旦大学国际合作项目“中国历史地理信息系统·贵州部分”的研究工作，对15安抚司有详细考释，由于篇幅限制，在此仅保留考释结论，考释论证过程和原始史料略。

（2）程番武盛军安抚司：元至元十六年（1279）置，属湖广行省八番顺元宣慰司，治所在今贵州省惠水县城和平镇。明洪武五年（1372）三月改程番长官司。

（3）卧龙番南宁州安抚司：元至元十六年（1279）置，属湖广行省八番顺元宣慰司，治所在今贵州省惠水县和平镇东南的龙井。明洪武五年（1372）改卧龙番长官司。

（4）金石番太平军安抚司：元至元十六年（1279）置，属湖广行省八番顺元宣慰司，治所在今贵州省惠水县三都镇。明洪武五年（1372）改金石番长官司。

（5）小龙番静蛮军安抚司：元至元十六年（1279）置，属湖广行省八番顺元宣慰司，治所在今贵州省惠水县的高镇。明洪武六年（1373）正月改小程番长官司。

（6）洪番永盛军安抚司：元至元十六年（1279）置，属湖广行省八番顺元宣慰司，治所在今贵州省惠水县和平镇南的大兴附近。明洪武六年（1373）改洪番长官司。

（7）方番河中府安抚司：至元十六年（1279）置，属湖广行省八番顺元宣慰司，治所在今贵州省惠水县和平镇南大坡附近。明洪武五年（1372）改方番长官司。

（8）卢番静海军安抚司：元至元十六年（1279）置，属湖广行省八番顺元宣慰司，治所在今贵州省惠水县高镇东南。明洪六年（1373）改置为卢番长官司。

（9）大龙番应天府安抚司：元至元十六年（1279）置，属湖广行省八番顺元宣慰司，治所在今贵州省惠水县雅水镇西的大龙。明洪武五年（1372）改置为大龙番长官司。

上述9个安抚司共领“管番民总管”所属“小程番、中嶆百纳等处；底窝紫江等处；䜌眼纳八等处……”等① 52个蛮夷官，地理范围为今贵州省以惠水县为中心的地区。

（10）顺元等路军民安抚司：元至元二十四年（1286）置，初属湖广行省顺元路宣慰司，至元二十九年（1292）属湖广行省八番顺元宣慰司都元帅府。治所在今贵州省贵阳市，领“雍真乖西葛蛮等处；葛蛮雍真等处；曾竹等处”24个蛮夷官，地域范围约为今贵州省贵阳市及其北部和以西的开阳、息烽、修文、织今、黔西、纳雍、大方、毕节等诸县。元末改贵州宣慰使司，属湖广行省。

（11）新添葛蛮安抚司：元至元十六年（1279）置，属湖广行省八番顺元宣慰司，治所在今贵州省贵定县城北5公里沙坝村北的新添司。领“落葛谷鹅罗椿等处；昔不梁骆杯密约等处；乾溪吴地等处；晰耸古平等处；䜌城都桑等处；都镇马乃等处；平普乐重墺等处；落同当等处……”130个蛮夷官，地域范围不清，约为今贵州省贵定、龙里、都云、麻江、平塘诸县。明洪武四年（1371）改为新添长官司。

（12）乾宁军民安抚司：元文宗天历二年（1329）置，隶属湖广行省海北海南道宣慰司，地理范围约为今海南省，治所在今海南省琼山县城。明洪武元年（1368）改琼州府。

（13）庆远南丹溪峒等处军民安抚司：元初平南宋，至元十三年（1276）改南宋庆远府为庆远安抚司，至元十六年（1279）改庆远安抚司为庆远路。至元二十八年（1291）南丹州蛮归附元朝，设南丹安抚司。元大德元年（1297）九月合并庆远路和南

① 《元史》卷63《地理志六·湖广行省》，第1539页。

丹安抚司置为庆远南丹溪峒等处军民安抚司，属湖广行省。治宜山县，今广西宜山县城。地理位置在元代八番顺元宣慰司之南，领蛮夷官及州县。地域范围约为今广西壮族自治区北部河池市地区，包括天蛾、南丹、凤山、东兰、巴马、荔波、环江、河池、宜山、忻城诸县市。明洪武元年（1368）改庆远府。

（14）播州军民安抚司：元至元十二年（1276）十二月置，初隶四川行省。至元二十八年（1291）升播州宣抚司，隶沿边溪峒宣慰司，仍属四川行省。至元二十九年（1292）沿边溪峒宣慰司及播州改属湖广行省。治穆家川，今遵义市区。元中后期，改播州宣抚司为播州军民安抚司，直至元末。播州军民安抚司领黄平府和32个蛮夷官，地域范围相当于今贵州省遵义市所辖各县及重庆市綦江县。明代改为播州宣慰司。

（15）思州军民安抚司：元至元十二年（1276）十二月置，初隶四川行省，治今贵州省凤冈县城龙泉镇。至元二十九年（1292）曾升思州宣抚司，改隶湖广行省。元中后期仍为思州安抚司，统领婺川县、镇远府及66个蛮夷官，地域范围约为贵州省的沿河、务川、德江、印江、思南、凤冈、铜仁、江口、石阡、镇远、台江、锦屏、剑河、黎平、榕江、从江诸县。永乐十一年（1413）明朝析思州安抚司地分别设置为黎平府、思州府、镇远府、铜仁府、石阡府等。（见图1）

图1 湖广行省15安抚司分布与辖区

简言之，15安抚司均设置在湖广行省所谓“溪峒”民族族群分布区，除乾宁军民安抚司外，其他14个安抚司都分布于今贵州省和广西壮族自治区典型的喀斯特岩溶地貌地区，也即唐宋王朝的“沿边”、“溪峒”地带的羁縻州县的地区。唐宋“沿边”与“溪峒”结合的政治地理圈层，具有喀斯特岩溶地貌影响下形成“溪峒”民族群落分布区特征。在宋元文献中常以“溪峒”简称位于内地正式政区与云南之间的“西南诸蛮夷”。“溪峒”鲜明地反映该区域独特的地理环境，也表现了“溪峒”地理环境下民族群落与地理环境的关系。“溪峒”地区处于中国西南典型的喀斯特地貌的贵州高原和广西地区，受喀斯特地貌影响，该区域地形复杂，地貌破碎，多山涧溪流即“溪”和狭小的山间盆地“峒”。“溪洞”群落在喀斯特岩溶地貌狭小溪流之傍和山间盆地中林立散居，难以形成较大的部落或部落联盟，其族群组织形式为“峒寨”群落。因此，溪峒是当地土著民族主要的生活环境，加之“山林翳密，多瘴毒”①，外人难以进入，在这样地理环境下生活的民族很容易形成封闭的民族群落聚居状态，元代湖广行省15安抚司就设置在这样特殊的地理环境和溪峒族群分布区，安抚司统辖众多的“蛮夷官”，通过“蛮夷官”对“溪洞”民族群落的寨峒进行控制。

四 安抚司的军事职能

《经世大典序录》的《征伐》篇全面记载了元朝平宋的军事征战，而《招捕》篇则是专门记载平宋以后仍然存在军事征战和招抚的情况，故《招捕》说：“真圣树业，中天下以家。宅天武不涉，斯生孽芽。要荒四履，六诏最遐。闽广播思，两江海涯。辽雷江右，岭蜀木波。番分龙、卢，自此下皆一字种名。黎别生、熟。撞、爨、骠、蒲，摇、芒、僰、婼人赊切。落落、顾顾，绵绵、罗罗。此叠字名。绵绵则村名，用以足句。罗罗，罗罗斯也。白衣、金齿，漆头、花角。八百妾御，七十阛阓（音奢）。此以其服饰及所有为种名者。八百媳妇、七十城门皆国名。”② 所谓“招捕”，乃元朝完成大规模的军事征服和平宋战争后，对那些尚未归附的地区和民族人口进行征讨和招抚，因此元代《经世大典·招捕》条记录的正是元朝平宋以后仍然还需进行军事征讨和招抚的地区和民族。所记地区包括元朝疆域西南边疆，包括今云南、贵州、广西西部和部分处于境外的东南亚国家地区，“招捕”的民族大多为唐宋统治没能深入的羁縻民族。从区域上看，元朝长期进行军事“招捕”的地区，除了云南行省边疆的“八百媳妇”（今泰国清迈等地）外，大量的军事行动存在于湖广行省15安抚司地区。

元朝在湖广行省建立15安抚司，只表明地域空间上基本统领了这些地区，并不代表对该区域“溪峒”民族群落实现了真正的统治，实际上，在这一区域元朝进行了长期艰苦卓绝的军事征讨和招抚，这是一个漫长的过程，长期需要具有强烈军事职能的

① 《宋史》卷90《地理六·广南西路》，第2248页。

② 苏天爵：《元文类》卷41《经世大典序录·招捕》，载任继愈主编《中华传世文选》，吉林人民出版社1998年版，第723页。

安抚司承担军事征讨和招抚重任。至元十三年，宋亡，南宋播州（今遵义地区）安抚使杨邦宪归附，元朝授予杨邦宪龙虎卫上将军、绍庆珍州南平等处沿边宣慰使、播州安抚使[①]，设置安抚司作为元朝在这一地区的军政统管机构，从而在溪峒地区开创了招抚归附族群设置安抚司的先例，随后逐渐成为定制。至元十四年四月“宋特磨道将军农士贵、知安平州李惟屏、知来安州岑从毅等，以所属州县溪峒百四十七、户二十五万六千来附”[②]，元朝以宋之“广西钦、横二州改立安抚司”[③]，此乃庆远南丹溪峒等处军民安抚司之前身。至元十四年四月，“诏谕思州安抚使田景贤。又诏谕泸州西南番蛮王阿永，筠连、腾串等处诸族蛮夷，使其来附”[④]，任命田景贤为思州安抚使，形成了思州军民安抚司的基础。至元十五年后，元朝加大了对溪峒族群的招抚，湖广西部地区族群大规模归附，安抚司也集中设置，“罗氏鬼国主阿榨、西南藩主韦昌盛并内附。诏阿榨、韦昌盛各为其地安抚使，佩虎符”[⑤]。至元十六年（1279年）三月“潭州行省遣两淮招讨司经历刘继昌招下西南诸番，以龙方零等为小龙蕃等处安抚使，仍以兵三千戍之”[⑥]，经过潭州行省遣两淮招讨司经历刘继昌的成功招抚，“八番顺元诸蛮，又名一奚卜薛。至元十五年，罗殿国主罗阿察、河中府方番主韦昌盛皆纳土来降。十六年三月，西南八番等国卧龙番主龙昌宁、大龙番主龙延三、小龙番主龙延万、武盛军番主程延随、遏蛮军番主龙罗笃、太平番主石延异、永盛军番主洪延畅、静海军卢番主卢延陵皆来降，其部曲有龙文貌、龙章珍、黄延显、卢文锦、龙延细、龙延回、龙四海、龙助法、龙才零、龙文求等。朝廷立八番宣慰使司，司官赴镇”[⑦]。可见至元十五年至十六年，一奚卜薛（即今贵州中部）的“八番顺元诸蛮”各番主率部众归附元朝，元朝“复谕降八番，以其酋龙文貌入觐，置慰司”[⑧]，设八番宣慰司进行军事镇之，宣慰使赴任，与此同时，以归附各番主为安抚使，建立了一批安抚司，《元史·地理志·湖广行省》记载：“八番顺元蛮夷官。至元十六年，潭州行省遣两淮招讨司经历刘继昌招降西南诸番，以龙方零为小龙番静蛮军安抚使，龙文求卧龙番南宁州安抚使，龙延三大龙番应天府安抚使，程延随程番武盛军安抚使，洪延畅洪番永盛军安抚使，韦昌盛方番河中府安抚使，石延异石番太平军安抚使，卢延陵卢番静海军安抚使，罗阿资罗甸国遏蛮军安抚使，并怀远大将军、虎符，仍以兵三千戍之。”[⑨] 由此可见，元朝平定南宋时，对“溪洞”民族群落的军事征服和招抚并没有结束，元朝不得不以军事征讨和震慑方式对“溪洞”族群逐一招抚，并设置具有军事职能的安抚司进行军政

① 《元史》卷165《杨赛因不花传》，第3884页。

② 《元史》卷9《世祖纪六》，第190页。

③ 同上。

④ 同上。

⑤ 《元史》卷10《世祖纪七》，第206页。

⑥ 同上书，第210页。

⑦ 苏天爵编：《元文类》卷41《经世大典序录·招捕·八番顺元诸蛮》，载任继愈主编《中华传世文选》，第729页。

⑧ 姚燧：《湖广行省左丞相神道碑》，苏天爵编：《元文类》卷59，载任继愈主编《中华传世文选·元文类》，第918页。

⑨ 《元史》卷63《地理志六·湖广行省》，第1539页。

统辖。湖广15安抚司设置，表明元朝采取对尚未归附的民族群落进行逐一招抚，初步实现对溪峒族群的掌控。

安抚司是以归附元朝的大番主为依据设置，而不是以地域为基础设置的。因为，尽管较大部落被招抚归附了元朝，但是以溪峒地理环境为基础的互不统属、零散分布、大小不一的，处于“岩盘川厔，激駚谽（谺），山经叵究”地理环境下的以“甸、砦、团、洞、箐、栅、墟、畲”① 为名的“溪峒”民族群落并没有完全归附元朝，元朝只能依托所设置的安抚司，对那些分散林立的“溪洞”群落逐一招抚，故至元十七年（1280）后，湖广行省长期存在的15安抚司就承担其为元朝征讨或招抚未归附“溪洞”群落的军事和行政职能。与此同时，部分已经归附元朝的民族群落也时常发生叛乱，元朝不得不在这一地区长期保持军事存在，设置八番顺元宣慰司都元帅府和沿边溪峒宣慰司都元帅府作为该地区高层军政统筹管控机构，依托有较强军事职能的安抚司进行长期的军政征讨和招抚活动。

阳恪《平蛮记》称：“大元受天明命，抚有万方，自北而南，无思不服。至元十三年，岁在丙子，先皇帝以神武不杀，混一江南。继而湖广寇盗啸众蜂起，今平章政事、行枢密院刘公奉旨徂征，削平僭叛”，“黔中郡辰、澧二州之界，有洞曰泊崖，蛮酋田万填居之。万填畏威内附，圣度海涵，命为施溶知州。既而恃险负固，扇诱诸蛮，与楠木洞孟再师、桑木溪鲁万丑等同恶相济，窃出为寇”②。元朝对西南少数民族的征服，表面上在至元十三年平宋过程一并完成，蒙古大军兵锋所向披靡，可谓“传檄郢、归、峡、常德、澧、随、辰、沅、靖、复、均、房、施、荆门及诸洞，无不降者”③，湖广15安抚司与元朝在南宋征服的新附地带设置的安抚司一样作为元朝征服战争中新附沿边地带的军政统筹机构于至元十三至十六年期间设置完毕，标志着元朝完成了西南溪峒民族族群聚居区的占领，但问题是地域上的征服和占领是否就实现了当地民族群落的真正归附或元朝进行了真正的行政管理呢？显然没有，因为当至元十六至十八年，南宋江南地区40余个战时军政统筹机构安抚司改置为路、府、州行政区划时，却留下了湖广的15个安抚司一直未改。因为这个区域的军事征服任务远没有完成，军政一体统筹的安抚司并不具备撤废改置正式政区的条件，只能保留下来，最终成为特殊政区。

《经世大典序录·招捕·八番顺元诸蛮》篇中专门记载的是元朝平定南宋后发生在湖广行省的地方反抗和元朝的军事征讨行动，最典型的是几乎所有的军事征讨都发生在15安抚司区域，而且由八番顺元等宣慰司都元帅府及15安抚司负责平叛等军事征讨，如至元十七年对一奚卜薛反叛的军事征讨；至元二十九年对平伐山溪洞蛮的招抚；至元二十九年讨平上思州黄圣许反叛；元贞二年对“平林、独山、州摇、和洞、唐开、珠罗等处八百四十四砦”的招降；大德二年四月平定八番桑拓蛮王三万、马虫等的反叛；大德五年以“兵讨”党兀及其所部娘祖、大盘、小盘、白定、白药等蛮先结连平

① 苏天爵编：《元文类》卷41《经世大典序录·招捕·八番顺元诸蛮》，载任继愈主编《中华传世文选》，第729页。

② 苏天爵编：《元文类》卷27，载任继愈主编《中华传世文选·元文类》，第565—566页。

③ 《元史》卷128《阿里海牙传》，第3126页。

伐蛮之叛；大德年间平定雍真茜蛮土官宋隆济反叛；至大年间征讨八番乖西猫蛮阿马等作乱；以及至元十八年、大德十一年镇压岑氏所率洞兵的多次叛乱；至元、至大、延祐年间对思、播地区地区未归附群落的军事征战等，在15安抚司地区，元朝为招抚“溪洞”民族群落或平定反叛的发生大小战事数十次，各安抚司配合八番顺元宣慰司都元帅府进行军事征讨和镇抚①，不仅说明湖广行省15安抚司地区是元代长期存在军事征伐的地区，也说明15安抚司具有较强的军事职能。在15安抚司区域的军事征讨行动持续了整个元朝时期，15安抚司的军事职能也维持至元末。

可以这样说，元朝平定南宋时并没有真正完成对湖广行省西部溪峒族群的征服与控制，因此，在至元十六年前后大规模撤销南方地区具有沿边军政统筹机构性质的安抚司时，依然保留了湖广行省西部的15个安抚司，是因为这个地区安抚司还没有完成自己的军事使命，元朝还必须在这个区域设置宣慰司统领对征讨未附民族的军事行动，必须保留安抚司建制，作为对西南溪峒族群群落镇抚和管理的机构。

五　对溪峒族群群落间接管理

元朝采用安抚司辖属“蛮夷官”，实行民族与地域混合制的管理模式。《经世大典序录·招捕·八番顺元诸蛮》记载了元朝统治者对湖广行省15安抚司地区民族群落状况。元朝虽然军事征服达到西南广大区域，但对该区域的民族人口和社会的认识则是混沌不清，元朝统治者不仅不识其族类，连其族称也只能靠“一字种名”、“叠字名”或“以其服饰及所有为种名者”来别之；论其族群聚居状态和内部结构，只能识之“甸、砦、团、洞、箐、栅、墟、畬”作为同名的寨落，寨落所属族群、所出地域及地域大小一概不知；对于元朝统治者而言，西南民族除了“习俗异华”外，更令其难以理解和征服的是民族特性“或啸徒复仇，蛮触哄蜗；或出犯徼地，为王民孽痡”②。反映了元朝统治者对西南民族认识混沌，控制乏术，招捕艰难，管理不力的无奈，不能真正地实现深入统治和直接管理。

溪峒民族群落分布的“西南远夷之地，重山复岭，陡涧深林，竹木丛茂，皆有长刺。军行径路在于其间，窄处仅容一人一骑，上如登天，下如入井。贼若乘险邀击，我军虽众，亦难施为也。又其毒雾烟瘴之气，皆能伤人。群蛮既知大军将至，若皆清野远遁，阻其要害，以老我师，或进不得前，旁无所掠，士卒饥馁，疫病死亡，将有不战自困之势，不可不为深虑也”③。元朝大军既不能“孤军留戍”，更无法“图地籍民”，只能设置特殊政区安抚司，通过安抚司对溪峒群落逐一招抚，然后任用归附元朝的土长为蛮夷官，对溪峒群落进行间接管理。元朝蛮夷设置是依据土酋归附、朝贡的

① 上述史实均见苏天爵编《元文类》卷41《经世大典序录·招捕·八番顺元诸蛮》，载任继愈主编《中华传世文选》，第729—733页。

② 苏天爵：《元文类》卷41《经世大典序录·招捕》，载任继愈主编《中华传世文选》，第723—724页。

③ 陈天祥：《征西南夷疏》，载《元史》卷168《陈天祥传》，第3948—3949页。

程序加以任命的，非常随意，“凡蛮夷官：……系远方蛮夷，不拘常调之职，合准所保”①，只要溪峒族群首领归附并进京朝贡者，元朝均以蛮夷官授之，如至元二十九年（1292）“光州蛮人光龙等一十二人及邦崖王文显等二十八人、金竹府马麟等一十六人、大龙番秃卢忽等五十四人、永顺路彭世强等九十人、安化州吴再荣等一十三人、师壁散毛洞勾答什王等四人，各授蛮夷官，赐以玺书遣归”②，到至元末年蛮夷官一度超过2200个，其后元朝对蛮夷官进行多次合并和减少，《元史·地理志》所记仍有296个。尽管《元史·职官志七·蛮夷长官司》条说：“西南夷诸溪洞各置长官司，秩如下州。”但蛮夷官并不具备下州行政区划的条件，只是在名誉上赐予这些民族首领职衔荣耀。再者《元史·地理志·湖广行省》的记载体例中，凡蛮夷官都记载于各安抚司条辖，表明蛮夷官隶属安抚司管理，湖广行省15安抚司的分布区域不过今贵州省中西部、广西壮族自治区西北部的十余个县地域，如何可能设置290余个比于下州的蛮夷官。况且安抚司是进入《元史·地理志序》元朝行政区划序列的，与路、府、州、县并列记载的政区，蛮夷官则应为安抚司辖属的基层组织。

在行政管理方面，湖广行省形成“有八番顺元等处宣慰司，节制诸安抚官”③，又由安抚司统辖蛮夷官的管理体系，元朝采取“诸安抚大抵皆直隶行省，或即以其官为宣慰，而不别设节制之官”④ 军政管控方式进行统治。所以，湖广行省的八番顺元等处宣慰司都元帅府、沿边溪洞宣慰司都元帅府、海北海南道宣慰司分辖各安抚司，安抚司下辖若干“蛮夷官”。这是元朝创行的民族与地域混合制的管理模式，对于国家对少数民族的控制和边疆民族行政管理，是有深远意义的。国家不再被中间地带和崇山峻岭所阻，西南与内地基于国家化的趋势便团结一致起来了，从而打破了传统的“夷夏之防”或“夷夏变夷”的思想枷锁，提供了新的经验，建立了新的制度，出现了新的统治模式：湖广行省—宣慰司都元帅府—安抚司—蛮夷官—寨峒。元朝顺利完成了湖广行省溪峒族群地域的军事征服后，无法以简单的方式深入散居广布的溪峒族群内部进行招抚和管理，以安抚司这种在军事征服过程中临时军政机构作为溪峒民族地区的特殊政区，安抚司的重要职能是招捕、征讨和招抚未归附群落组织，没有“图地籍民”的行政管理权，因此，对招抚并归附的溪峒民族群落并不打破其原来的民族社会结构，因而采取任用数以百计的“蛮夷官”对归附元朝的溪洞和寨落进行间接管理，所以，元朝在15安抚司地区只管理到溪峒群落组织，根本谈不上像内地正式政区那样对溪峒群落进行人口统计和管理。

六　元代人口统计空缺地带的特殊政区

行政区划的实质是中央对地方实行有效的分层级行政管理。中央通过行政区划把

---

① 《元史》卷82《选举志二》

② 《元史》卷17《世祖纪十四》。

③ 《续文献通考》卷133。

④ 同上。

行政权力深入到地方，划分区域，掌土治民。因此，任何一个政权或王朝在设计或创制行政区划制度时，必然要考虑两个基本要素：第一地理，或地域以及地理环境；第二人口，不同区域的人口具有自身的特点，大的方面则可分为人口的民族构成和人口的社会发展程度。

元朝在征服南宋统一全国的过程中，在地域上将南宋内地与其原有的边缘羁縻地区一并纳入版图，曾经作为唐宋边疆的西南民族地区被视同内地，地域上的区划“无阃域藩篱之间”。同时，元朝的统治民族已由汉族变成了少数民族的蒙古族，对于统治民族蒙古族而言，汉族与西南少数民族都是异族，在其蒙古、色目、汉人和南人的四等人制度中，西南少数民族依据被征服或归附时间的先后，有的被视为汉人，如云南；有的被视为南人。这就打破汉族王朝原有的“夷夏之别”，蒙古统治者将汉地和其他少数民族居住地一概当作被征服地区，而与中原王朝将边疆地区视作蛮夷之地的传统观念截然不同，实施较为直接治理边疆的政策①。因此，尽管元朝在地域上对西南地区能够进行区域上的“画境之制”，但在行政管理上则难以实现“掌土治民”，即难以实现完全掌控西南民族区域作为生产要素的耕作土地和人民。因为，元朝是以汉人社会为基础和唐宋制度为模板设计行政区划体制的，当建立在内地汉族地理环境和人口模式基础上的路、府、州、县多层政区管理制度遇到唐宋所谓的溪峒和蛮夷民族人口社会发展程度差异的挑战，不能有效地管理辖区内的所有民族人口，元朝不得不创设一种既能保持该地区稳定，又能实现对其辖区内所有民族进行管理的特殊政区，元代湖广行省15安抚司，正是针对“溪峒蛮夷”这一特殊的民族社会情况创设的特殊行政区划。

元朝行政区划制度的创设与全国户口调查全面展开具有同步性。我们看到元朝灭金平宋，一方面是疆土的占领；另一方面是对人口的统治和管理，元朝的人口统计“籍民”活动，伴随着占领金、宋疆土的进程展开进行了四次户口调查，故《元史·地理志·序》所言：“窝阔台汗六年灭金，得中原州郡。七年乙未，下诏籍民，自燕京、顺天等三十六路，户八十七万三千七百八十一，口四百七十五万四千九百七十五。宪宗二年壬子，又籍之，增户二十余万。世祖至元七年，又籍之，又增三十余万。十三年，平宋，全有版图。（至元）二十七年，又籍之，得户一千一百八十四万八百有奇。”正是在军事征服与户口调查的联动中，元朝逐渐建立起行省、路、府、州、县完整的行政区划体制，户口与政区紧密联系起来，即“阅实天下户口，颁条画”②，户口调查成为行政区划制度建立的基础。元朝政区的层级、等分以户口为依据，至元十五年“各路总管府依验户数多寡，以上中下三等设官”③。“诸州，中统五年，并立州县，未有等差。至元三年，定一万五千户之上者为上州，六千户之上者为中州，六千户之下者为下州。江南既平，二十年，又定其地五万户之上者为上州，三万户之上者为中州，不及三万户者为下州。于是升县为州者四十有四。”“诸县。至元三年，合并江北州县。

---

① 李治安：《元代政区地理的变迁轨迹及特色新探（三）》，《历史教学》2007年第1期。

② 《元史》卷7《世祖纪四》，第135页。

③ 《元史》卷10《世祖纪七》，第201页。

六千户之上者为上县，二千户之上者为中县，不及二千户者为下县。二十年，又定江淮以南，三万户之上者为上县，一万户之上者为中县，一万户之下者为下县。”① 由此可见，元朝的征服、政区设置与户口调查同步进行，反映户口是元朝行省下路、府、州、县四等制行政区划设置的基础。由此，我们便能理解《元史·地理志一·序》为什么在论述元代行政区划体制之前，首先叙述元朝自太宗窝阔台时期至世祖忽必烈至元二十七年（1290）的四次全国性的户口调查，说明元代的行政区划是以区域人口为基础确立的，并在至元二十七年基本完成。

元朝的户口统计还与其赋役制度密切相关，高树林认为大德九年（1305）元朝整顿各地赋役体制时，云南是“无常赋”的地方，说明云南的户籍管理是不够全面系统的②，很有道理。元代在云南进行过户口调查，文献中清楚地保留了一些云南户口数据，这是毋庸置疑的。问题是能够因为对云南进行了户口调查而推论元朝在整个西南少数民族地区都进行了相应的户籍统计吗？如果是的话，为什么在《元史·地理志》分路记载和元史研究学者的讨论中有一个地区基本没有人口数据，是《元史》编撰者和当代学者同时忽略了呢？还是这是一个特殊的行政区划地区实行的特殊管理模式呢？这个地区就是湖广行省的15安抚司。

在《元史·地理志·序》概述至元二十七年全国性户口调查说“（至元）二十七年，又籍之，得户一千一百八十四万八百有奇。于是南北之户总书于策者，一千三百一十九万六千二百有六，口五千八百八十三万四千七百一十有一，而山泽溪峒之民不与焉”③。为何专门说明上述人口数据“而山泽溪峒之民不与焉”？元朝已经改变了唐宋对西南少数民族间接羁縻统治为直接统治④，不再有任何形式的“羁縻路府州”。元代人口的户、寨杂录的地区正是元代在湖广行省下所设15安抚司地区。这种人口统计方式特异区与特殊行政区划安抚司地区完全吻合，说明元朝安抚司作为特殊政区，正是因为其辖区内民族人口管理方式与其他政区存在着差异。

历史政区基础、人口户籍的调查和财政赋役制度成为元朝行政区划设置的基础，甚至贯穿于西南边疆少数民族的征服与统治中。因此，1253年蒙古平云南大理政权，留兀良合台攻诸夷之未附者，兀良合台“以云南平，遣使献捷于朝，且请依汉故事，以西南夷悉为郡县”⑤。兀良合台在云南依照内地的体制在云南建立郡县行政区划的过程是一个籍民户口，控制人口的过程，“自兀良合带镇云南，凡八籍民户，四籍民田，民以为病”⑥，对云南进行了相对充分的人口调查和户口登记，至元十三年，云南行省平章事赛典赤在充分“籍户”的基础上“以所改云南郡县上闻”⑦，建立起“云南诸路行中书省，为路三十七、府二，属府三，属州五十四，属县四十七。其余甸寨军民等

① 《元史》卷91《百官志七》，第2318页。

② 高树林：《元代赋役制度研究》，河北大学出版社1997年版，第31页。

③ 《元史》卷58《地理志一·序》，第1345—1346页。

④ 李治安：《元代政区地理的变迁轨迹及特色新探（一）》，《历史教学》2007年第1期。

⑤ 《元史》卷121《兀良合台》，第2980页。

⑥ 《元史》卷12《世祖纪九》，第246页。

⑦ 《元史》卷125《赛典赤传》，第3065页。

府不在此数”①；实行的是与内地一致的路、府、州、县正式政区制度。由此可见，云南虽然是西南少数民族地区，但是云南有南诏大理国政权行政区划的基础，元朝又对云南进行了相对充分的人口调查和山川形便的考察，在历史、人口和经济状况的基础上，得以实施“皆赋役之，比于内地”② 的行政区划。

但是，元朝未能深入进行人口统计的地区正是湖广行省15安抚司辖区。至元十六年“宣慰使塔海以西南八番、罗氏等国已归附者，具以来上，洞寨凡千六百二十有六，户凡十万一千一百六十有八。西南五番千一百八十六寨，户八万九千四百。西南番三百一十五寨，大龙番三百六十寨”③。说明元朝在八番地区的安抚司区域的人口统计是不成功的，非常混乱，有的统计到户，但大多只能统计到蛮夷寨落。其后再没有关于湖广行省15安抚司地区的人口统计记载了。姚燧在《湖广行省左丞相神道碑》中这样描述元朝平定征服过程中感受到南方不同区域社会与民族的差异，“公鼓其孤军留戍，所余不能倍万，名城通都，身至力取，利尽海表，图地籍民，半宋疆理，其时将相虽瞠后尘，犹不可望公少见。最所下州，荆之南十四，淮西四，湖南九，江之西二，广西十有一，广东、河南各四，凡五十八。自余洞夷山獠，荷毡被毳，大主小酋，棋错辐裂，连数千里，受縻听令者，犹不与存”④，凡元朝对内地以原南宋行政区划州县为基础来表达对区域的征服，以“图地籍民”为标志表明元朝对征服区域实现完全的统治与治理，迅速建立起路、府、州、县地方行政区划管理体制。而南方的另一类地区无法进行“图地籍民”，此乃“洞夷山獠”所居，“大主小酋”所领，唐宋时期仅为“受縻听令者”的溪峒族群的羁縻地区，元朝将领征服这样的地区时，既无法准确说明该区原来所属州县，也不能清楚地域之大小，人口之多寡，“迨南北混一，越十有五年，再新亡宋版籍，又得一千一百八十四万八百余户。南北之户总书于册者计一千三百一十九万六千二百有六，口五千八百八十三万四千七百一十有一，而其山泽溪峒之氓，又不与焉”⑤。这清楚地说明元朝在蛮夷溪峒地区是不编户的，对溪峒民族群落了解不深入，只能以“棋错辐裂，连数千里”概而言之，说明元朝征服溪峒地区的民族后，并没有打破其原有的溪峒群落结构。由此可见，元朝从未实现对安抚司辖属区域人口的真正控制，加之该区域的溪峒民族群落叛服不定，溪峒族群蛮夷“其民散居山箐，无县邑乡镇”⑥，元朝政府未能进行人口统计，甚至难以完全掌握分散林立于喀斯特地貌破碎地理环境的数以千计的溪峒寨落情况。因此，元朝以“掌土治民”为基础正式政区无法在这一区域建立起来，不得不继续依赖安抚司和蛮夷官对溪峒民族群落进行统治，故湖广行省的安抚司是设置于元朝人口统计空缺地带的特殊政区。

尽管元朝统治者制定了严密的“图地籍民”直接统治政策，但溪峒民族地区始终是例外，在其近百年统治中，不得不保留着军事征服状态下的军政统筹机构安抚司，

① 《元史》卷61《地理志四·云南诸路行中书省》。

② 《元史》卷58《地理志一·序》，第1346页。

③ 《元史》卷63《地理志六·湖广行省》，第1539页。

④ 姚燧：《湖广行省左丞相神道碑》，载苏天爵《元文类》卷59《中华传世文选·元文类》，第919页。

⑤ 苏天爵：《元文类》卷40《经世大典序录·版籍》，载任继愈主编《中华传世文选》，第698页。

⑥ 《元史》卷60《地理志三·四川行省》，第1445页。

并且在西南民族地区进行长期艰难的招捕和安抚，安抚司在元朝对西南民族的统治无奈中成为特殊政区，特别是元代安抚司所统领的“蛮夷官”间接管理制的建立和发展过程，清晰地体现了元朝对西南民族招捕与安抚司体制的民族与地域混合制的管理模式探索和创制。

七 结语

元代的安抚司演化具有以边疆为转移的特征。由于元朝没有既定的管理模式，其行政区划是在征服辽、金、大理国、南宋和统一全国过程中，在蒙古社会原有制度基础上吸收唐宋朝制度形成的。元朝曾一度沿袭南宋的边疆军政统筹机构模式，在征服战争的前沿或其统一过程中的活动边疆地带设置了大量的安抚司，但随着征服与统一的完成，内地的安抚司完成了军政统筹管理的职能而被撤废，仅在湖广行省的15安抚司被保留下来，而且集中在湖广行省的西部边缘地带，将国家统治深入到唐宋王朝曾经视为化外的“溪峒”蛮荒地区。元朝通过安抚司控制和管理溪峒族群，又借重溪峒族群酋长或首领作为安抚使和蛮夷官将国家统治力量推进到溪峒各个区域，实现了为对分散的“溪洞蛮夷”群落的管理和控制，因而，湖广行省的15安抚司最终演化为西南民族地区的特殊政区，其特殊性在于：

（1）湖广行省喀斯特岩溶地貌地理环境区域内存在着众多林立分散的“溪峒”民族群落，有元一代叛服无常，元朝统治难以深入，不得不对其进行长期的军事征讨与招抚，致使元初平定南宋军事征战需要建立的军政一体统筹管理机构安抚司被迫长期保存下来，成为湖广行省西部的溪峒民族地区的特殊政区，具有军政管控一体的职能。

（2）湖广行省15安抚司的长官为安抚使，元朝任用归附的大番主和大首领为之；又授予部分民族群落首领为蛮夷官，由他们对下属民族寨洞进行统治和管理，形成安抚司—蛮夷官—寨洞的行政组织构架。

（3）元朝在湖广行省安抚司政区辖属的地域范围内没有进行人口统计，安抚司只能间接管理到民族寨落，形成地域与民族群落混合的管理模式，元代的安抚司政区与内地以户籍管理为基础的“掌土治民”正式行政区存在着较大差异和特殊性。

（作者单位：云南大学历史系）

“界”的动与静：清至民国时期蒙陕边界的形成过程研究[*]

王　晗

蒙陕交界带伙盘地位于毛乌素沙漠与黄土高原的交接带，是半干旱气候带向干旱气候带过渡的边缘地区，同时也是历史时期沙漠变化较明显的地区。15世纪中叶，蒙古鄂尔多斯部驻牧于此。作为我国北方地区重要的一隅，该区域经历了多次统一与分裂、政权相互更替的演变过程。而在这一演变过程中，游牧文明与农耕文明相互交融，其“经营方式——农耕、放牧也迭为交替，每次经营方式的更迭也都带来了生产的衰退，加速了自然条件的恶化，助长了沙漠化的速度”①。清代初年，清政府为促进蒙古社会、经济的发展，提出“编入旗伍，安插牧地，赐以牲口”等休养生息、保护牧业的政策，并在鄂尔多斯地区先后设置了伊克昭盟，并在该盟下设扎萨克旗、鄂套旗、五胜旗、郡王旗、准格尔旗、杭锦旗、达拉忒旗等七旗。此外，出于“蒙汉隔离”的需要，清政府在顺治年间沿陕北长城北侧与鄂尔多斯高原之间划定了一条禁留地②，伙盘地的最初产生和相应发展都是以它的存在为基础和参照的。

通过对雍正《陕西通志》、民国《续修陕西通志稿》、民国《陕绥划界纪要》、陕北沿边六县的清至民国方志资料以及其他文献的梳理，我们可以搜集到大量关于伙盘地的历史沿革、疆域、山川、村庄、户口、地亩、物产等资料。按照本文所讨论问题的需要，针对其中所涉及的历史沿革、疆域、山川、村庄、地亩资料进行基础性整理、解析，是否能够从中提取相应的资料，以此作为推敲研究区内移民社会的垦殖活动在

---

* 基金项目：2012年度国家社会科学基金青年资助项目（12CZS051）；2011年度教育部青年基金资助项目（11YJC770055）；2011年度苏州大学科研预研资助项目（SDY2011A48）。

① 中国科学院《中国自然地理》编辑委员会主编：《中国自然地理·历史自然地理》，科学出版社1982年版。

② 关于“黑界地”，梁冰提出“禁留地即黑界地”的看法（梁冰：《伊克昭盟的土地开垦》，内蒙古大学出版社1991年版）。王卫东在《鄂尔多斯地区近代移民研究》一文中错将《清圣祖实录》“康熙三十六年三月乙亥”条中的“乞发边内汉人，与蒙古人一同耕种”记录为“乞发边内汉人，与蒙古人一同耕种黑界地”，从而将禁留地和黑界地混同（王卫东：《中国边疆史地研究》2000年第4期）。张淑利认为禁留地与黑界地是两个互不统属的概念，两者除出现时间有先后之别外，地域范围也截然不同，黑界地是在禁留地基础上又划出的宽10—15里不等的土地（张淑利：《“禁留地”初探》，《阴山学刊》2004年第1期）。笔者通过文献考订，认为张淑利的观点较接近历史本身。考订工作详见王晗《清代毛乌素沙地南缘伙盘地土地权属问题研究》（“前现代中国的治边实践与边陲的社会历史变迁”学术研讨会会议论文）。

不同历史时期的扩展情况。试解这一问题，显然具有其自身的现实意义，同时也存有一定的难度。

一 清代伙盘地的第一次勘界——康熙线的形成

清代道光年间，学者卢坤曾在《秦疆志略》中对陕北沿边六县基本地理状况的表述多有“其地土瘠沙深，山高水冷，沟渠难资灌溉”之言①。而与之形成鲜明对比的边外禁留地，自清初以来便处于封禁状态，“多年不耕，稿草腐朽地面色黑”，堪称从事垦殖活动的最佳场所，故而引起沿边民众的广泛关注。

清代康熙年间，我国北方气候有一段转暖时期，农牧过渡带的北界有可能到达了无灌溉旱作的最西界②，这为口外民众闯入禁留地从事垦殖活动提供了条件③。而清政府虽在康熙年间屡次申明严格控制“关口出入之人”，但大多是为“防盗窃”，而对于“民人往边外居住耕种者”，既不提倡，也未禁止，而是采取一种默认的态度④。在这种政策默许下，进入禁留地的民众日益增多。康熙三十六年（1697），伊盟盟长贝勒松阿喇布根据当时长城内汉族农民不断出边佃耕蒙古人的土地，蒙古牧场主也乐于出租土地而征收地租的实际情况，奏请康熙帝“愿与汉人伙同种地，两有裨益”，这一请求得到了康熙帝的同意⑤。但是该政策在推行过程中，并未有辅助措施和具体法律条文的规定，也没有勘定出民众垦殖的地域范围，故而伴随着越边民众的不断增多，伙盘村庄相应出现，并迅速发展。至康熙末年，蒙陕农牧交界带的伙盘地村庄渐成规模。如图 1 所示。

由图 1 分析可得，从康熙年间口外民众闯入禁留地开始，至康熙末年，伙盘地村庄初具规模。不过，这些村庄距离边墙不远，而且多沿河流、淡水湖泊分布，呈现由南至北逐步深入的发展态势。时间一长，难免出现口外移民与蒙古族牧民争地的现象，这也就导致了伙盘地发展史上的第一次勘界。

康熙五十八年，贝勒达锡卜坦请定地界，康熙帝命侍郎拉都浑踏勘，即于陕北长城外“五十里界内有沙者，以三十里立界；无沙者，以二十里为界；界内之地准人民租种，每牛一犋准蒙古征粟一石、草四束，折银五钱四分”（以下称康熙线）⑥。

自此，口外移民的垦殖范围得以初步限定。但文献中对垦殖范围的勘定依据是“有沙”和“无沙”，并未对具体处所进行界定，因此是不完善的。这不仅反映了伙盘地缺乏严格约束，为口外移民的发展埋下伏笔，同时也体现了清政府并未对该区域足够重视，使得地方官吏在具体的实施时无法律依据可循，以致陷入两难境地。

---

① 卢坤《秦疆志略》之“定边县、靖边县、榆林县、神木县、府谷县、怀远县”。

② 邹逸麟：《明清时期北部农牧过渡带的推移和气候寒暖变化》，《复旦学报》1995 年第 1 期。

③ 道光《增修怀远县志》卷 4《边外》。

④ 成崇德：《清代前期蒙古地区农牧业发展及清朝的政策》，《清史研究》1991 年第 2 期。

⑤ 《清圣祖实录》，康熙三十六年三月壬子朔。

⑥ 道光《增修怀远县志》卷 4《边外》。

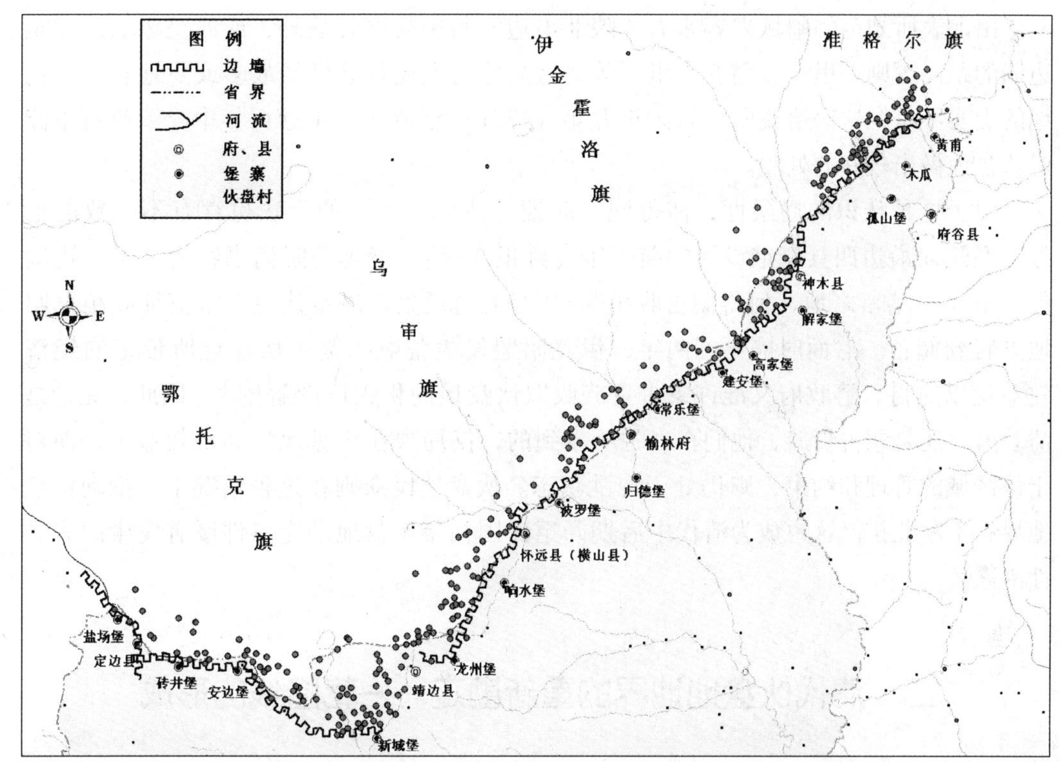

图1　康熙五十八年（1719）伙盘地分布图

为了证实清政府对伙盘地的态度问题，查雍正《陕西通志》得，陕北沿边六县中，府谷、神木二县在清初已然设立，其余四县也于雍正九年（1731）相继设立①。但从成书于道光七年（1827）前后的《陕西志辑要》中，我们找到这样的资料（见表1）。

表1　道光七年（1827）沿边六县疆域一览表

县名	距边墙里程	备注
定边县	北至边墙一里	
靖边县	北至边墙十里	
榆林县	北至边墙十里	编户四里
神木县	西界边墙五十里，北界边墙十里	编户四里
府谷县	北界鄂尔多斯九十里	编户四里
怀远县	北界边墙二十里	未编户

资料来源：王志沂：《陕西志辑要》卷6。

① 雍正《陕西通志》卷2《建置上》。

由上表所划定的疆域内容来看，陕北沿边六县中除府谷县外，或西至边墙或北至边墙的距离少则一里、多则五十里不等。这显然与上述各县已经或多或少地管辖伙盘地的史实不符，这恰恰说明了自雍正九年（1731）至道光初年近百年中，清政府未能对伙盘地做出较好的处置。

由于这种认识的局限性，使得同一时期的清政府对此的看法也存有不一致的地方。在陕北沿边四县相继设置的前一年（雍正八年），经理藩院尚书特古忒奏，边墙外“五十里禁留之地，何得蒙古收租”，于是经过议处，决定让地方官吏征收粮草归地方官仓储备。然而时隔不到两年，伊克昭盟发生荒歉，鉴于伙盘地所带来的经济效益足以应付，清政府又准许蒙古贵族收取伙盘地的租银以图解困①。因此，无论是清政府，还是蒙古贵族，他们在当时所看到的，仅局限在伙盘地的经济效益上，而对于该区域的管理和约束，则仍处于混乱状态。伙盘地民众则在这种情况下，推动伙盘地界石不断北扩。这也成为清代中后期乃至民国初年伙盘地勘定事件屡有发生的先导性因素。

二 清代伙盘地地界的重新勘定——乾隆线的形成

边外垦殖的兴盛，促使“伙盘界石日扩日远”。至乾隆初年，民众已越过那条模糊的康熙线，逐步向伊克昭盟各旗牧地推进。以靖边县为例，乾隆初年，靖边县所辖五堡一县中，“……龙州、镇靖稍跨五胜旗地，余三堡（镇罗堡、新城堡、宁塞堡）多耕鄂套旗地”②，而所涉及的地域如表2，租种蒙古土地情况如表3。

表2　　乾隆八年（1743）靖边县口外伙盘地范围

地界名	范围	备注
县东北五胜旗地界	东南自县属五台廒起，西北至怀远县之阿包采，计一百八十里	与鄂套地接壤
	东北自怀远县庙堀上起，西南至县属塘马窑，计一百二十里	与鄂套地接壤
	正东自怀远县许家沙畔起，正西至县属天池海子，计一百二十里	与定边县蒙地接壤
	正北自榆林县呵叨儿兔起，正南至县属鸽子滩，计一百七十里	与鄂套地接壤
县西北鄂套旗地界	东南自县属姬家峁起，西北至县属猪拉兔，计一百五十里	与定边县蒙地接壤
	东北自五胜衣当湾起，西南至县属熊子梁，计一百二十里	与定边县边墙接壤
	正东自五胜地塘马窑起，正西至县属牌子滩，计八十里	与定边县蒙地接壤
	正北自五胜地胡拉狐梁起，正南至县属边墙壕，计一百四十里	与边墙内地孤山涧接壤

资料来源：光绪《靖边志稿》卷4《杂志》。

① 道光《增修怀远县志》卷4《边外》。

② 光绪《靖边志稿》卷4《杂志》。

表3　乾隆八年（1743）靖边县口外各堡租种蒙古土地亩数租银及花名户口

	耕种蒙古土地数额（垧）	租银数额（两）	汉民户数（户）	男女总数（丁口）
龙州堡	3121	19. 754	95	539
镇靖堡	15810	116. 77	527	3321
镇罗堡	9240	58. 37	131	786
新城堡	8220	36. 45	288	1707
宁塞堡	10632	68. 925	185	1075
宁条梁（镇）	9468	78. 9	133	944
共计	56491	379. 169	1359	8372

资料来源：光绪《靖边志稿》卷4《杂志》。

通过对表2、表3的分析，自康熙五十八年勘定结束，到乾隆八年不过二十几年（1719—1743），口外移民分别在靖边县东北的乌审旗和该县西北的鄂托克旗租种土地，而且所占地域面积较大。据统计，靖边县口外租种蒙古土地亩数共计56491垧，移民所纳租银为379. 169两，折合近149垧/两，远低于内地。此外，将移民的数量和所缴纳的租银加以比较，移民的生活负担相对内地民众要轻。如此一来，前往边外从事农牧业生产的民众越来越多，所营建的村落也与日俱增（见图2）。

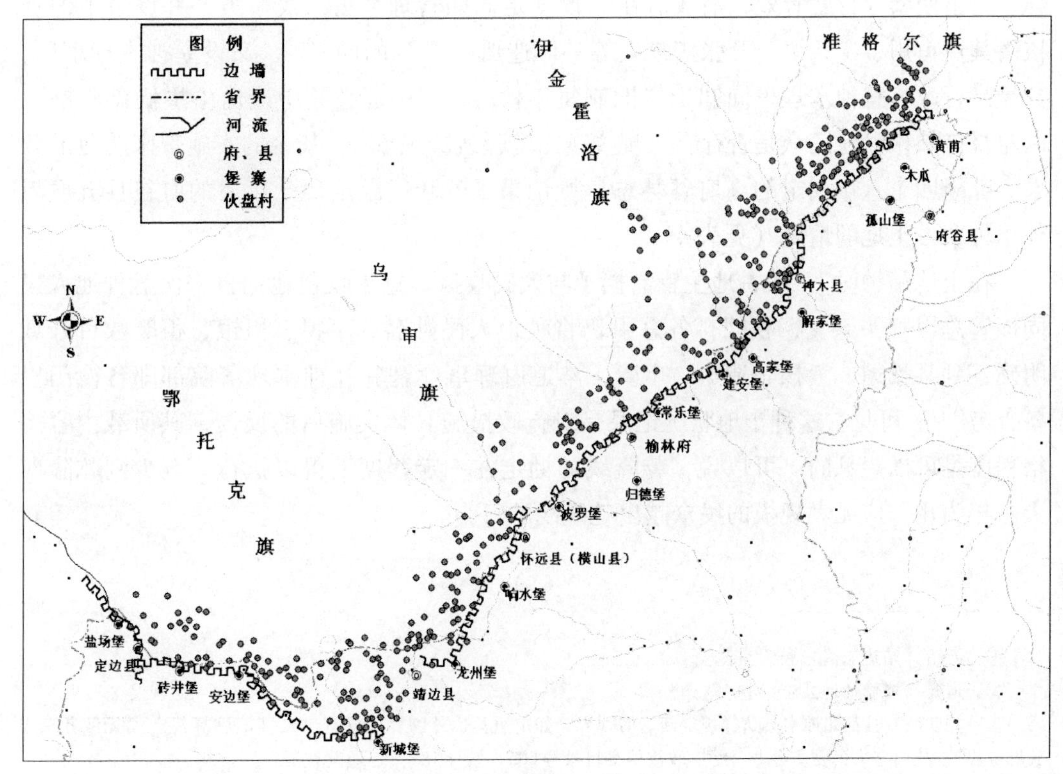

图2　乾隆八年（1743）伙盘地分布图

从图2不难看出，相对于康熙五十八年（1719）而言，口外移民已经不再局限于边墙附近，他们或者沿着窟野河、无定河等河流及其支流溯源而上，或者直接深入草原腹地，寻找适宜农业垦殖的区域，向当地蒙古贵族缴纳相应的租银，进行土地的开垦。这种行为发展速度之快，分布范围之广，是清政府和蒙古族贵族始料不及的，以至官方勘界事宜又一次展开。

乾隆七年（1742），贝勒扎木扬等请驱逐界外人民，经川陕总督马尔泰奏，乾隆帝派尚书班第、总督庆复会同盟长定议，即以现耕之地设立土堆，定为疆界①，同时编定永远章程，即“无论界内界外，俱以旧年种熟之地为界，任民耕种。界内者，照旧租不加；其界外者，每牛一犋除旧租糜子一石、银一两之外，再加糜子五斗、银五钱，其地界安设标记”②。从而，新的官方勘定界线出现（以下称乾隆线）。由此形成“新牌子地”和“旧牌子地”的说法，它们统称牌界地③。总的来看，由官方认同的伙盘地垦殖区域在乾隆中前期始终是维持在禁留地的范围内，即“边墙以北，牌界以南地土”或二十里或三十里之内④。

在这里，值得注意的是“界”的理解和诠释。因为它关系到康熙时期和乾隆时期两次对伙盘地的勘定。上述文献中所谓“以旧年种熟之地为界”之“界”，当指康熙线（旧牌子地），而“其地界安设标记”之“界”则指乾隆线（新牌子地），两线之间的地域当为康熙线之外的，原为禁止，但实际上已被开发的区域，该界仍在禁留地以内⑤。

为了使禁令行之有效，清政府在“设安定同知管理蒙古人民事务，并设总甲俾资核稽其黄甫川、宁条梁、开张店户人等一体造册稽查”的同时⑥，又设立神木理事厅，其最高行政长官神木理事同知于“旧制每年秋后，……巡查县中造送牛犋伙盘册籍”，以监督口外伙盘地民众是否存在大规模越出乾隆线的现象⑦。禁令的实施带来明显的效果。乾隆四十八年刊定的《府谷县志》则记录了乾隆线勘定四十年后的府谷县五堡口外租种蒙古土地的情况（见表4）。

在土地租种时，“蒙古地主皆立档子与人民收执。每年收租地主自来伙盘种地人民同该管总甲牌头亲交，秋间，各总甲仍将种地人民姓名、牛犋、租银、租糜数目开载明确，到县投遁，考核、造册、申赍，本道府理事厅暨驻扎神木理藩院部郎各衙门以备查考”⑧。可见，这种土地状况记录是对行政措施具体实施后的反馈，其所载内容严格程度是可以想见的。可以说，乾隆线的勘定在一定程度上得以执行，至少到乾隆四十八年为止，应无大规模的民众越出乾隆线的行为。

---

① 光绪《靖边志稿》卷4《杂志》。

② 道光《增修怀远县志》卷4《边外》。

③ 并非所有县都如神木县这样规定新、旧牌界，如定边县边外牌界地便有出入（旧牌界规定“无沙者二十五里定界”。陕西省人民委员会办公厅旧政权档案目录号005，卷号185《三边调查资料》）。

④ 道光《神木县志》卷3《建置上》，这里所指的牌界为新牌界。

⑤ 民国《神木乡土志》卷1《编外属地疆域》。

⑥ 光绪《靖边志稿》卷4《杂志》。

⑦ 道光《神木县志》卷3《建置上》。

⑧ 乾隆《府谷县志》卷2《田赋》。

表4　　府谷县五堡口外蒙古土地情况

区名	租种地亩数（牛犋）	租银		租糜		伙盘村（处）
		两/犋	总额（两）	石/犋	总额（石）	
黄甫堡口外	452	2.5	1131.25	1	452.5	95
清水堡口外	383	2	767	1	383.5	77
木瓜堡口外	325	2	651	1	325.5	60
孤山堡口外	358	0.54—0.95	206.44	0.3—0.866	186.612	72
镇羌堡口外	706	1—2.5	1110.75	0.5—1.5	623	145
总计	2224		3866.44		1971.112	449

资料来源：乾隆《府谷县志》卷2《田赋》。

查乾隆后期至道光年间的文献资料，未发现明显的关于民众大规模越过乾隆线的历史记录①。在此期间，怀远县于道光十七年（1837）“复于牌界以内地亩报招内地民人租种，每犋每年租银五钱、糜子五斗，获利更多，蒙汉两益”②。而同一年，蒙古贵族在“沿边蒙地重垒石、立界，招内地人民移垦”③。由上述两条史料可以初步判断，至道光十七年（1837）前后，牌界地内仍存有不少土地可以用于招徕内地民众前去租种。如图3所示。

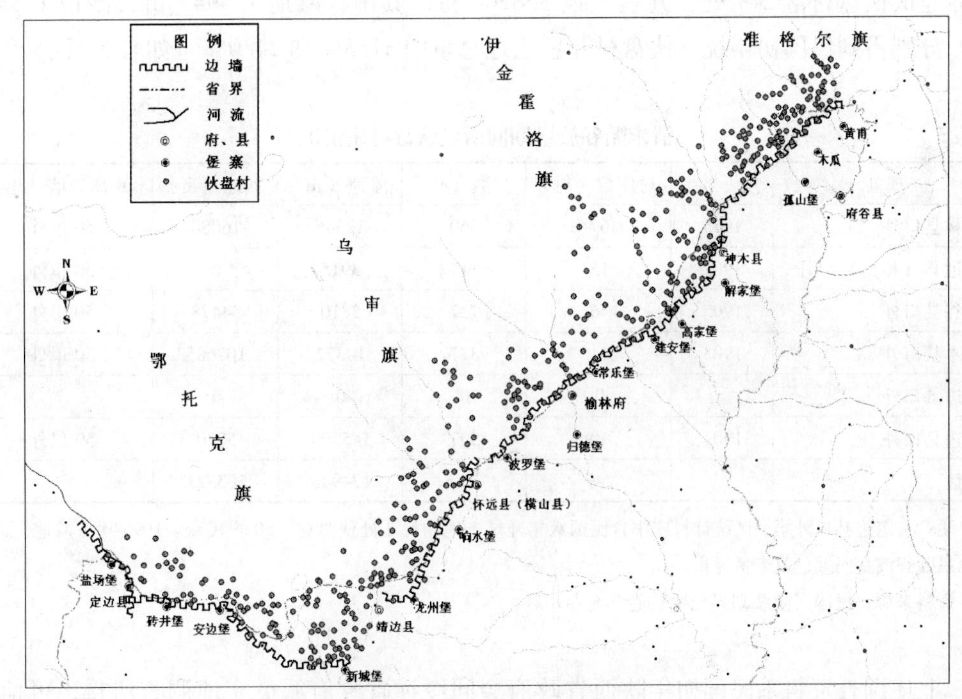

图3　道光十八年（1838）伙盘地分布图

① 道光《榆林府志》卷6《建置志》。

② 道光《增修怀远县志》卷4《边外》。

③ 光绪《靖边县志稿》卷3《实业志》。

由图3不难发现，从乾隆八年（1743）至道光十八年（1838）的近百年时间内，蒙陕交界地带的口外移民由于人均占有土地数量较多，多从事对牌界内的土地垦殖，因此，在此期间，伙盘村落也并未有明显的增加趋势，陕北沿边六县口外均未出现大规模越出乾隆线进行垦殖的现象。

三　清末伙盘地地界的再次变动

清代末年，尤其是自19世纪下半叶始，整个社会处于不稳定的状态，民族矛盾、阶级矛盾日益尖锐。鉴于蒙古辽阔的地域、满蒙之间的传统关系以及边患的严重，清政府希望通过垦务达到巩固边疆、增加国家财政的目的①，遂于光绪二十八年（1902）同意开放蒙禁，并任命贻谷为督办蒙旗垦务大臣，督办内蒙古西部的垦务②。贻谷放垦的重点放在伊克昭盟等处，蒙陕交界带自然也在其中，这些土地由私垦转为官垦，长期依赖租种蒙地而维持生活的汉族民众因失去土地的使用权而需要按照垦务公司的章程重新认购土地③。

此次放垦行为从根本上改变了伙盘地的土地权属，并为清末民初又一次内地民众大规模涌入蒙陕交界地带从事农牧业生产提供了条件。在贻谷放垦期间，蒙陕交界带先后建成伙盘村落249处，开垦土地358264亩，其中，滩地174943亩，沙地183321亩，分别占到民国初年统计伙盘村开垦土地总量的31.3%和24.0%。如表5所示。

表5　　清末贻谷放垦期间所建伙盘村庄情况

属县	开放年代	村庄数（村）	户数（户）	滩地（亩）	沙地（亩）	距离边墙（里）
榆林县口外	1905	67	560	12346	16088	50里外
怀远县（横山）口外	1902	15	114	3915	0	50里外
府谷县口外	1905	76	727	2810	54478	50里外
神木县口外	1903	51	377	10372	107685	50里外
靖边县口外		0	0	0	0	
定边县口外*	1907	40	507	145500	5070	50里外
总计		249	2285	174943	183321	

注：*定边县口外第一区统计村庄中含民国八年开垦土地约计3处伙盘村、50户民众、109540亩滩地，该处土地系贻谷放垦时期已放未垦地亩。

资料来源：民国《陕绥划界纪要》卷3至卷8。

上述调查资料系民国初年陕西省政府会同绥远省政府派员实地调查所得，可信度较高。从表中不难发现，贻谷放垦时期所建伙盘村庄都突破“五十里禁留之地”，进入

① 贻谷：《垦务奏议》，第17、18、51页。

② 民国《绥远通志稿》卷38《垦务》。

③ 张仲臻：《东胜县垦务放地概况》，载东胜市文史资料委员会《东胜文史资料》第3辑，1986年11月。

草原腹地从事农牧业生产，其距离长城最远的伙盘村竟达到230里①。如图4所示。

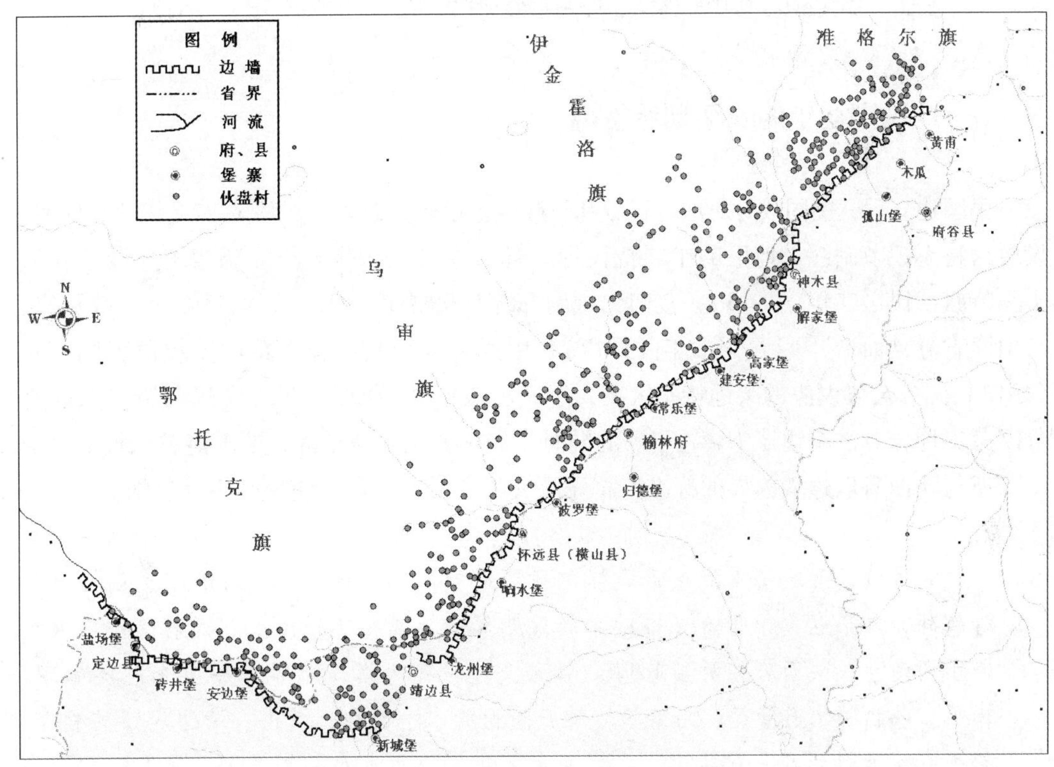

图4 光绪三十三年（1907）伙盘地分布图

此次伙盘地放垦周期为1902—1907年近5年的时间，而移民规模和土地垦殖量相对以前都存有明显变化，而这种变化直接导致了新的伙盘地界的出现（以下称光绪线）。民国六年（1917）刊定的《河套图志》翔实地记载了光绪三十三年（1907）陕北沿边六县伙盘地地界范围：

> ……伙盘界石日扩日远，计府、神、榆、横、定、靖六县边外伙盘地界，东至府谷礼字地，与山西河曲县义字地接壤，西至定边县五虎洞，与甘肃盐池县边外接壤，北至准噶（格）尔、郡王、扎萨克、五胜、鄂套等旗牧地暨东胜县粮地，南至榆、横等县边墙，东西广一千三百余里，南北袤五十里或百余里、二百余里不等。②

自此，清代陕北长城外伙盘地扩展情况在这种官方因素的影响下，得到较为严格的界定。直到民国初年，伙盘地民众没有出现大规模的越出光绪线的现象，从而该区域也未有更大的变动③。

① 民国《陕绥划界纪要》卷6《神木县口外》。
② 民国《河套图志》卷4《屯垦》。
③ 民国《续修陕西省志稿》卷28《田赋》。

四 民国时期陕绥划界争端和三边“赔教地”风波

（一）民国初年的陕绥划界争端

民国建立后，民国政府对地方管制和行政区划都做了改革。民国元年（1912）四月，设绥远将军，节制绥远地区的十二抚民厅、乌兰察布盟六旗、伊克昭盟七旗及归化城土默特旗。民国二年（1913），裁归化城副都统及观察使，“以绥远城将军为行政长官，与山西省分县而治”①。民国六年（1917），绥远特别行政区长官蔡成勋援照民国二年（1913）国务会议议决的绥远特别区案，于民国八年（1919）一月，“迳行派员来陕划分汉蒙界址，意欲指边墙为鸿沟”② 的同时，向国务院提请条陈，要求能够依据清代鄂尔多斯与陕西省以边墙为界的标准，将蒙陕交界地带的伙盘村庄划归绥远管辖。

> 兹查绥远区域所属伊克昭盟鄂尔多斯七旗，……除达、杭两旗归绥属五原县管辖外，其余五旗如准噶（格）尔旗地北界归绥属托克托、东胜两县管理，南界归山西河曲、陕西府谷两县管理。郡王、扎萨克两旗地北界归绥属东胜县管理，南界归陕西神木县管理。乌审旗地尽归陕西神木、榆林、横山、靖边等四县管理。鄂托克旗地归甘肃平罗县管理。然一旗之地有归两省两县管理者，又有一省四县管理者，甚有归三省四县管理者。而一旗地内居住汉蒙人民应纳之租税并呈控之诉讼，趋赴县署或一二百里者，或数百里者，奔驰之苦，久称不便，且对于行政各要端障碍尤多，此疆界纠纷、政权不一之实在情形也。……兹经博考舆情，斟酌现状，自非划清行政疆域，实不足以资治理，拟将伊克昭盟各蒙地陕西、山西、甘肃三省各县管理者，均请划归绥区，酌设县治，自行治理，庶于一切政务可归一致而便整饬，此沿边各县所辖蒙地应划归绥区自行治理之实在情形也。③

上述条陈所列情况确实是清政府遗留给民国政府的问题。该项议案的提出，遭到陕西方面的强烈反对，陕北榆林、绥德、延安、鄜州等地公民代表李鸿训、王尚文等上疏陕西省政府，希望“俯念边防大计，经界攸关，据情陈请国会列入议案，议决咨明政府改正区域，仍以鄂尔多斯所属之鄂套、武胜、扎萨克台吉、郡王、准噶（格）尔五旗划归陕北区域，责成该管长官就近抚驭”④。不过，该提案未能得到国务院的认可⑤。

国民政府的决定没有考虑到蒙陕交界地带的实际情况，忽略了该区域和陕西，尤其与陕北存在千丝万缕的关系，以至于在后来的形势发展中失去了调节的主动权，也

---

① 民国《绥远通志稿》卷2《省县旗疆域现状》。

② 《陕绥划界纪要》之《陕绥划界纪要叙》。

③ 《陕绥划界纪要》卷1《陕西省公署训令第五零二号》。

④ 《陕绥划界纪要》卷1《陕北榆、绥、延、鄜公民代表呈文》。

⑤ 《陕绥划界纪要》卷1《陕西省长公署训令第七三二号》。

使得陕西省和绥远特别行政区之间剑拔弩张，尤其是陕北各阶层“闻风惶恐，纷纷赴京请愿，意图挽回”①。在这种“民情浮动，稍触即发”的情况下，陕西省政府、陕北沿边各县政府、士绅和民众先后介入其中，形成民国初年由陕北沿边六县士绅阶层为主导的反对划界运动②。最终，民国政府收回成命，“嗣准内务部咨绥远都统署，此案续经国务会议议决，仍应遵照原议办理。惟现值蒙边不靖，暂缓施行”③。

实际上，此次陕绥划界争端关键问题在于，绥远方面过于看重蒙陕交界带所带来的经济利益。而伙盘地民众在贻谷放垦时期，已经按照垦务公司章程重新认购土地④。在他们看来，“边外民众历次遵章备价领垦，与内地民人购买田产事同一体”⑤，一旦绥远方面再次提出重新放垦，他们自然会认为“绥远以划界不成，勾结蒙旗将边地重行报垦，得利平分，遂其报复之私”，重演“饵蒙报垦，诬熟为荒，重买双租，特开苛例”的旧例⑥。

此次陕绥划界争端虽然面临种种压力，但陕西榆林道仍在陕西省公署训令的要求下，遴选妥员陪同专员许敬藻、塔斯哈等人前往准格尔、郡王、乌审、扎萨克各旗配合绥远方面对蒙陕交界带的伙盘地村庄进行踏勘，并登录成册⑦。根据此次踏勘情况，绘制民国八年（1919）伙盘地分布图（见图5）。

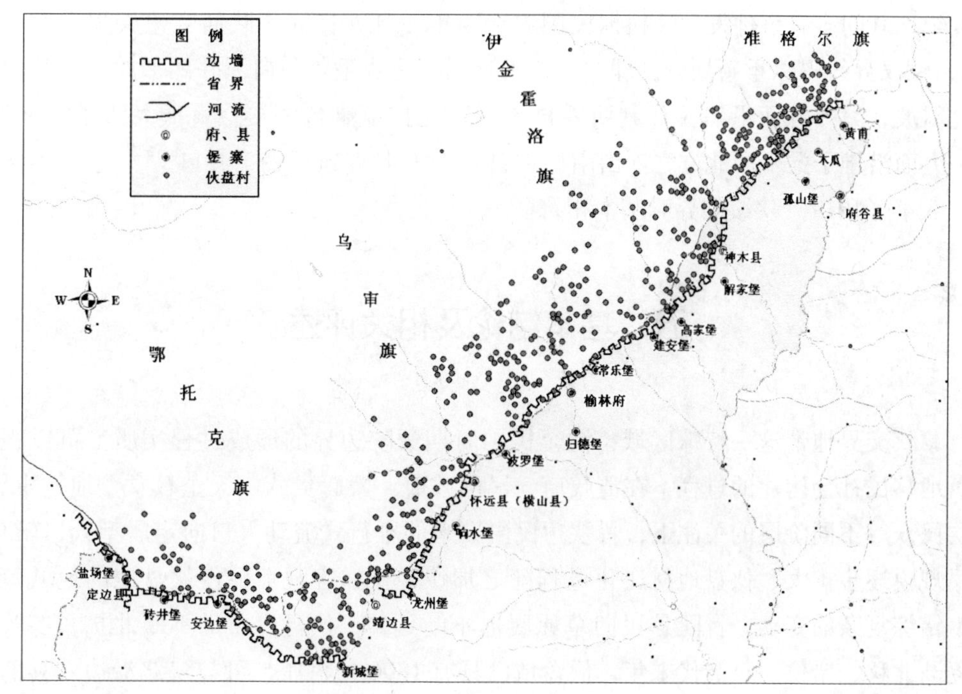

图5　民国八年（1919）伙盘地分布图

① 《陕绥划界纪要》卷1《榆林道道尹呈省长文》。

② 《陕绥划界纪要》卷1、卷2。

③ 民国《绥远通志稿》卷2《省县旗疆域现状》。

④ 张仲臻：《东胜县垦务放地概况》，载东胜市文史资料委员会《东胜文史资料》第3辑，第1986年11月。

⑤ 《陕绥划界纪要》卷2《神木县知事呈文》。

⑥ 《陕绥划界纪要》卷2《陕北榆、横、府、神、靖、定沿边六县争存会呈文》。

⑦ 《陕绥划界纪要》之《陕绥划界纪要叙》。

和光绪三十三年（1907）相比，民国八年前后，蒙陕交界地带的伙盘村庄数量没有明显的增加，只是在定边县第一区口外增加了新地坑、车轮沟和五虎洞等三处伙盘村落，这三处伙盘村所开垦的面积惊人，一共达到 109540 亩，占到了第一区口外土地开垦总面积的 72%，而且人均达到了 2190.8 亩①。这一数字令人难以置信，需要校正。

（二）三边“赔教地”② 风波

三边“赔教地”与定边县八里河灌区相交错，其中，郭家寨至补杜滩之间的土地为定边县民众耕种，补杜滩以北则为天主教区所有③。至民国时期，陕西三边地区地方士绅陆续成立定边县挽回领土大会、陕西三边挽回领土总会，以八里河水事纠纷为爆发点，推动民国政府、鄂托克旗贵族介入其中，同时组织基层民众和天主教进行交涉，以夺回“赔教地”。

三边“赔教地”风波从光绪二十六年鄂托克旗为偿付天主教堂赔款而划出“赔教地”开始，至民国三十五年，陕甘宁边区组成三边专署会同靖、安二县政府暨地方人士与边区政府少数民族事务委员会驻城川办事处最终收回“赔教地”④，前后历经近半个世纪，其间多有事件发生。根据民国二十四年一月九日的“陕西三边天主堂教产协定”，蒙汉界线得以重新划分，即“一方面遵沿伊克克毛尔与白泥井两平原间大沙山南面之斜坡，另一方面沿黑拉什利西界再与岗罕托拉盖脑包相接，直抵大海子湖南岸，又一方面沿堆子梁平原北方之沙山南界再自东专方向直趋石底子渡口”⑤，这一界线和民国八年（1919）陕绥划界时基本相符。

五 基本结论及相关评述

蒙陕交界地带这一特殊区域，清至民国时期蒙陕边界的形成过程实质上可以视为伙盘地移民社会构建的过程，在清政府、民国政府、蒙旗贵族、天主教堂、地方士绅、基层民众等不同阶层的关注下，晋陕边民由原来的雁行式流动人口向定居型人口转化，移民规模逐步扩大、伙盘地村庄化进程随之加快，这在客观上促使伙盘地的地域范围发生错综复杂的变动。晋陕移民向草原腹地不断延伸，伙盘界石的不断北扩，农牧界线逐渐北移、错位。至清代末年，伙盘地已具有 1806 处村庄，可与陕北沿边六县的边

---

① 《陕绥划界纪要》卷 1《定边县已垦地亩表册》。

② 清末，鄂托克、扎萨克、乌审三旗因庚子教案需赔偿白银十四万两。其中，鄂托克旗需赔款六万四千两，由于难以筹措，遂将安边堡属补兔滩、草山梁及红柳河以东三处“生地”抵押，这些土地称为“赔教地”。（陕西省档案馆，全宗号 4，目录号 1，卷号 77）

③ 光绪《定边县乡土志》2 编《地理》。

④ 陕西省档案馆：全宗号 6，目录号 021，卷号 1766“三边收回教区失地运动大事年表”，民国三十五年九月二十七日。

⑤ 陕西省人民委员会“旧政权档案”目录号 008，案卷号 0320：“整理陕西三边天主堂教产协定”，民国二十四年一月九日。

墙内的村庄数等量齐观。在这一发展过程中，政府当局逐步加深对该区域的认识，而这种认识在伙盘地的初步形成、逐步发展乃至极度扩张的过程中，起着举足轻重的作用。对蒙陕交界地带认识的不断深入并不意味着政府当局在进行相关的政令调整过程中能够颁布、执行符合实际情况的政令，相反，政府当局的举措往往会带来政令的混淆不明和行政能力的低下，从而使得地方官员在这种本来就很难定量、定性的地区，根据自身的利益采取虚报或是瞒报的手段来藏匿真实的土地数字。而汉族移民则充分利用这种中央政府和地方政府协调过程中的漏洞，在蒙陕交界地带从事农牧业生产，从而间接地增强了伙盘地扩张的自发性和不确定性。

此外，伙盘地居民的思想观念、文化、心理状态随着边外定居生活的开始、稳定而发生着变化。这种变化是一种复杂的社会和心理现象，它不像自然环境那样存在着地带性规律或非地带性规律，它在改变原有土著居民（多是蒙古族）的同时，也在因人因地而变。这种变化带来了区域社会的变迁，推动独具特色的伙盘地移民社会的形成，从而进一步固化了新的移民社会对于逐步形成的伙盘地范围的认同，并为民国时期陕绥划界的争端和新中国成立后蒙陕界线的划定提供了重要的依据。

（作者单位：苏州大学社会学院历史系）

穿越祁连山大斗拔谷的道路与城址考察

李孝聪

祁连山脉东起甘肃乌鞘岭，西至当金山口，绵延1000多公里，是河西走廊与青海高原两大自然地理区域之间的分界，也是甘肃、青海两省的界山。祁连山从西北向东南由若干平行山岭组成，山峦起伏而宽厚，它并非由一座单体的山岭构成。从北向南要翻越两座海拔3000多米的高山达坂，祁连山腹地还有两块地势平坦的山间谷地，一块是今青海省祁连县，属于黑河上游的高原草甸，古代文献称野马川。草场肥美，适宜放牧。另一块是青海省门源县的浩亹河谷，即大通河上游，随着地势的下降，从高寒草甸逐渐向山林河谷过渡，农牧咸宜。这种自然环境既适应驻牧和农耕的经营，又能为行旅提供粮食和水草，缓急相间。史载：祁连山有不止一条纵贯南北的山间道路，如：白石崖口（今甘肃山丹县东南200里大马营乡白石崖沟）、寒鸦口（今甘肃永昌县西南新城子镇西大河上游峡谷）、江陵口（一名江凌山口，今永昌县城南皇城乡东大河上游峡谷）、榆木川等处，但是其他谷道皆石磴崎岖，宽仅容独人单骑，稍有雨雪冰滑，难以驰驱，甚不便也。唯有扁都口，虽然亦两崖壁立，而横仅丈余，直无里许，可是相比之下，其他道路均不如大斗拔谷来得便捷①。（如图1）

一　祁连山北扁都口外的古今道路与城址分布

历史上的大斗拔谷指连接甘肃省河西走廊与青海省湟水谷地，穿越祁连山脉的南北通道，其北段的山口今天称扁都口。从祁连山脉北麓的扁都口入山，至翻过达坂雪山南边的大通县北川口出山，穿越祁连山道路全长260公里。明清时，凡甘肃凉（武威）、甘（张掖）往来于青海西宁者率皆由此而行，扁都口路虽逾山，实为快捷方式。

① 陈子龙：《明经世文编》卷405郑经略奏疏《议修通海紧关隘口以弭虏患疏修隘口》："甘镇迤南有为虏所出入青海要隘，而最当塞者扁都口是也。……山之势绵亘联络，限隔南北，此亦天造地设自然之险，而其往来海上通行便利者则扁都口。此口东西虽尚有白石崖、寒鸦口、江陵口、榆木川诸处，未尽无路，但诸口皆石磴崎岖，只容独人单骑，稍有雨雪冰滑，难以驰驱，虏所甚不便也。惟是扁都当口之处，虽亦两崖壁立，而横仅丈余，直无里许。一出口以外四五百里，以达于海，一入口以内六十里而洪水，又一百八十里而水泉，皆平衍无阻，宽广易行，则扁都口者青海之要冲，虏行之孔道，甘镇之咽喉"。郑经略，即郑洛（1530—1600），字禹秀，安肃（今河北徐水县遂城）人，明嘉靖进士，官至兵部右侍郎，万历间蒙古鞑靼部扰河西，郑洛进奏防边修塞策。

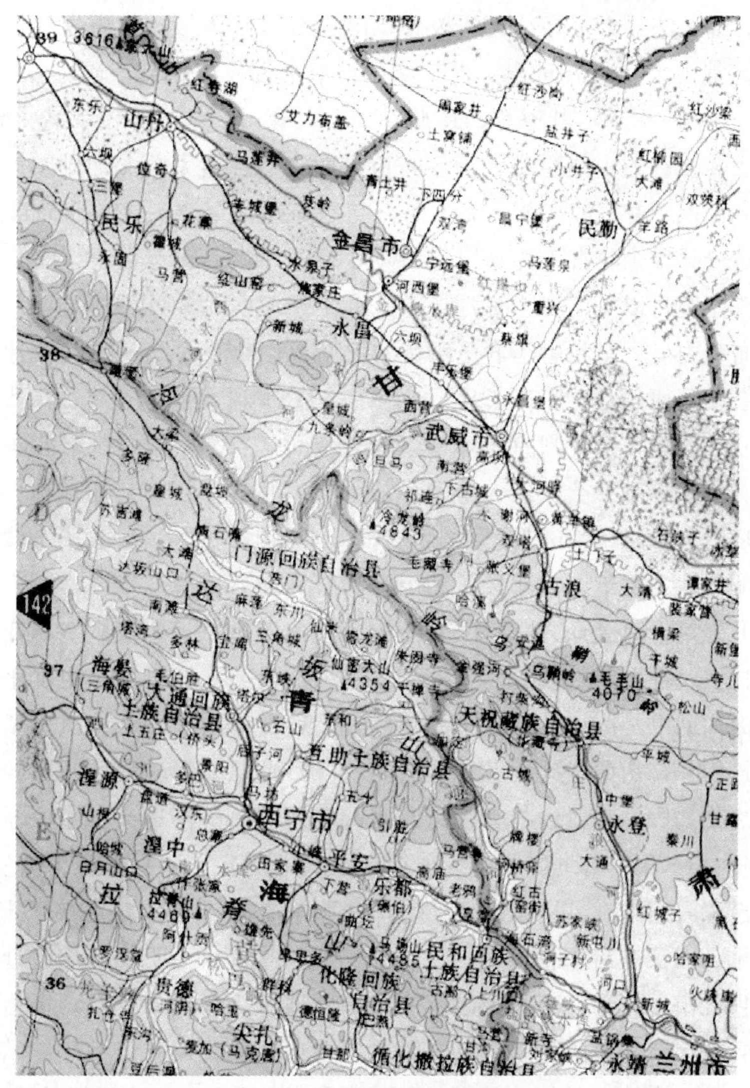

图 1　甘肃青海间祁连山通道示意图

当然最主要的原因还是大斗拔谷这条通道南北两端各自维系着西宁、张掖两个农业开发比较成熟、交通更便利的走廊地带。自河湟谷地向南进入西番藏区，有所谓“唐蕃古道”相连；从张掖沿黑河向北，古“居延道路”可深入蒙古草原。扁都口只是大斗拔谷狭义的北段，历史上中原王朝与西域的交通，羌、匈奴、吐谷浑、氐、突厥、吐蕃、回纥、蒙古等部族利用此通道进出河西、河湟之间的记载史不绝书。后秦弘始元年（东晋隆安三年即 399 年）僧法显自长安启行赴天竺，自记云：“度陇，至乾归国夏坐。夏坐讫，前行至耨檀国。度养楼山，至张掖镇。”① 分析法显西行的行程，乃从长安西行，翻逾陇山（六盘山）；至西秦乞伏乾归的都城金城（今甘肃榆中县境）。待夏天雨季结束后，继续西行至南凉秃发耨檀的国都西平（今青海西宁）。由此转向北方，翻越养楼山至张掖。参照其逐程地点推考，养楼山应指西宁市北面的山岭，即祁连山

① 章巽：《法显传校注》，上海古籍出版社 1985 年版，第 3 页。

脉之大坂山，那么法显必定穿过大斗拔谷，出扁都口到张掖。隋唐之际，吐谷浑驻牧青海湖地区，常由大斗拔谷进出，劫掠河西，战事多发生于此。隋大业五年（609），“炀帝躬率将士出西平道讨吐谷浑，还此谷，会大霖雨，士卒冻馁死者十六七”①。史料记载反映大斗拔谷的山路险隘，行旅需鱼贯而出，若遇风雨交加则多有不测。唐太宗时，置铁勒部落于甘、凉二州，契苾何力与唐凉州都督李大亮、将军薛万均合力同征吐谷浑，选骁兵千余骑直入突沦川，袭破吐谷浑牙帐，斩首数千级，获驼马牛羊二十余万头，浑主脱身以免，契苾何力俘其妻子而还。唐太宗有诏劳师于大斗拔谷②。唐朝中叶，吐蕃势力坐大，与唐廷争夺西域的控制权，吐蕃军队从羌塘草原东下，常取道大斗拔谷袭扰河西州县。唐玄宗开元十四年（726）吐蕃悉诺逻纵兵入大斗拔谷，遂攻甘州火乡聚，陇右节度使判凉州都督事王君㚟间其怠，率秦州都督张景顺乘冰度青海，勒兵避其锐而不战，会大雪，吐蕃皲冻如积，乃逾积石军趋西道以归。王君㚟豫遣谍出塞，烧野草皆尽，悉诺逻顿大非川，无所牧，马死过半③。以上战事都发生在大斗拔谷，元明以后的文献，大斗拔谷多用扁都口称之。嘉靖三年（1524）八月，吐鲁番速坛满速儿亲统二万余众入嘉峪关，至肃州境内四散杀掠，攻围高台千户所城、甘州镇城，不拔；转往山丹、洪水、毕家等堡，杀掠毁屋凡四十日，由洪水堡迤南扁都山口出掠西海而回④。北方蒙古诸部更时常假道扁都口南来北往，过则要赏，停则驻牧，其恋祁连山一带川原辽远，水草繁茂，一旦插帐即不肯动身。明王朝先是深忧蒙古诸部侵践之扰，修塞筑堡以杜其往来，因此在扁都口外沿途兴建了一系列城堡。而后，隆庆四年（1570）鞑靼首领俺答请求封王，进贡互市，明廷册封俺答为顺义王。五月，俺答至青海迎奉三世达赖索南坚措，途经扁都口，“亦以法绳诸部夷，令毋近城堡，毋践苗禾。而汉亦给米酒肉茶果，以中其驩（欢）”⑤。明朝后期改变边政，在扁都口、洪水堡开市，允许青海蒙古诸部来此地贸通有无。明末卫拉特蒙古固始汗率和硕特部入居青海，北起河西走廊，南至四川松潘边外均为蒙古驻牧地。清朝，康熙十四年（1675）青海蒙古趁吴三桂叛军北犯，官兵进剿河东之机，拆毁关隘，袭执官吏，与清兵战于扁都口，清军永固城副将陈达战殁。于是清朝严饬将弁加意防备，同时遣使晓谕达赖喇嘛约束青海蒙古诸部。康熙中叶，噶尔丹自立准噶尔汗，袭取青海和硕特部，复北扰喀尔喀蒙古。康熙帝经多年征战，驱走噶尔丹，绥服蒙古。康熙末年，厄鲁特蒙古准噶尔部首领策旺阿拉布坦趁噶尔丹败死，尽收准噶尔故地，吞并四卫拉特，潜师入藏，袭杀拉藏汗，控制西藏和青海蒙古和硕特部，以对抗清朝廷。雍正朝平定策旺阿拉布坦之乱以后，青海蒙古罗卜藏丹津又叛，被清将年羹尧、岳钟琪击败。从此以后，清朝忧虑蒙、藏、回部利用祁连山之扁都口通道声气相应，再次修复了隘口城塞，添设兵员驻防。

---

① 《元和郡县志》卷40《隋书》记“风霰晦暝”。因史料记载有异，学界对此事原委、天气现象和冻死人数一向有争议。

② 《旧唐书》卷109列传第59《契苾何力传》。

③ 《新唐书》卷216上列传第141上《吐蕃》。

④ 张雨：《边政考》卷11《西域经略》。

⑤ 瞿九思：《万历武功录》卷8中《三边》。

扁都口外的道路形势是怎么样的呢?

走出大斗拔谷，映入眼帘的是宽阔的河西走廊。受来自北面龙首山和南面祁连山两个相对方向冲积扇的影响，在河西走廊中段形成了张掖和山丹两大块绿洲，两块绿洲间以东乐乡为中心，沿着山丹河有一条东西向狭长的走廊平地相通。孕育了张掖绿洲的黑河是从城西南流向东北，依靠引黑河水灌溉的绿洲农田主要分布在张掖城的西南、东北和西北部。由于张掖城南与祁连山脉之间是坡降比较大的山麓冲积扇，发源于山地的数条河流不仅深切成若干沟壑，而且流程短促，迅速消失于山前堆积的冲积扇和洪积坡，形成面积相当大的戈壁滩。因此，导致张掖城与民乐县城之间的地表缺少水源，遍地是风蚀沙堆、砾石的戈壁滩。从大斗拔谷口流出的童子坝河，受民乐县城东隆起的低山阻隔，在永固镇周围形成湖沼、泉流与大草滩。在其东面的霍城、大马营一线的大草滩有多处泉源，汇成了山丹河的上游。山丹河孕育了山丹绿洲，并向西流汇入张掖城郊的黑河。祁连山北麓水草丰茂的自然地理环境对游牧部落和驻牧族群很有吸引力，同时受环境制约，出祁连山扁都口，历史上形成两条通向河西走廊的道路。一条道路即沿着今天的公路（227 国道）经南丰乡、总寨子、洪水镇（民乐县城）、六坝镇，向西北行至甘州（张掖）城下。另外也可以沿着童子坝河、山丹河向北，经马营墩、永固镇、霍城镇，直指山丹县城。向西北直接去张掖的道路虽然近捷，但是必须穿过缺水难行的石岗岭戈壁滩。如果直北去山丹，再折而西走张掖，路程虽然迂远，但沿途有水源可供补给。(见图 2)

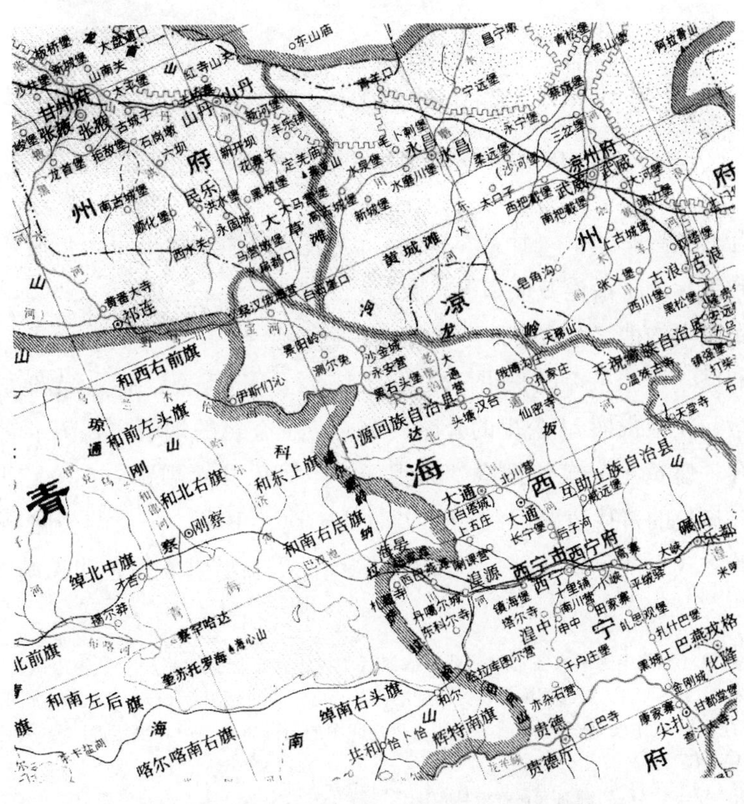

图 2　清代甘州府与西宁府之间祁连山通道示意图

鉴于大斗拔谷在交通上的地位和重要性，历代王朝在沿途修筑的城址历历在目。我们结合现存清代舆图，穿越大斗拔谷，对沿途城址进行了考察。清初绘制的《陕西舆图》（见图3）描绘了甘州镇至扁都口的道路，标志有四城：六坝堡、红水营、永固城营、马营墩堡；显示山丹卫至扁都口的路线有五城：石峡口堡、水泉营、高古城营、大马营、黑城营。永固城是两条道路的交会点，也是规模最大的城址①。

图3 清《陕西舆图》表现甘州府与西宁府之间祁连山通道

乾嘉之际绘制的彩绘本《甘肃舆地图》（见图4）描绘甘州府（张掖）至西宁府的道路，更细致地标志了沿途城址和堡、墩。

我们用舆图中的地名结合实地考察依次考述：

出甘州府城（今张掖市区）沿227国道东南行，过下寨，脱离绿洲进入石岗岭戈壁滩。石刚墩，在距张掖24公里的公路西侧，黄土夯筑的烟墩，高7米。前行，路东侧沙堆中另存一座黄土夯筑的烟墩。六坝堡，今民乐县六坝镇，在公路西侧2公里，镇南、镇北二口外的古代道路因踩踏过多而低于地表1米。今天的公路绕行镇外，现存圆通寺喇嘛教式土黄色砖塔②。红水营城，今民乐县城洪水镇，明嘉靖八年（1529）

---

① 《陕西舆图》（现藏中国国家图书馆，见曹婉如《中国古代地图集·明》），文物出版社1995年版。按：图版说明的作者推断《陕西舆图》绘制的年代为明朝泰昌至天启年间（1620—1627）。笔者根据图内地名注记，考订该图不是明代的地图，而应绘制于清朝顺治年间，只是此图的绘画风格与内容更接近明代。因此《陕西舆图》可以反映17世纪的情况。

② 《清嘉庆一统志》载："圆通寺在张掖县东乐堡，始于宋徽宗时，明天启年间重修，内有砖塔。本朝乾隆年间重修，高八丈有奇，较旧址更宽。"按：北宋势力未达此地，或建于西夏，抑或元代。东乐堡，即张掖市东40公里东乐镇，何时迁移至六坝，待考。

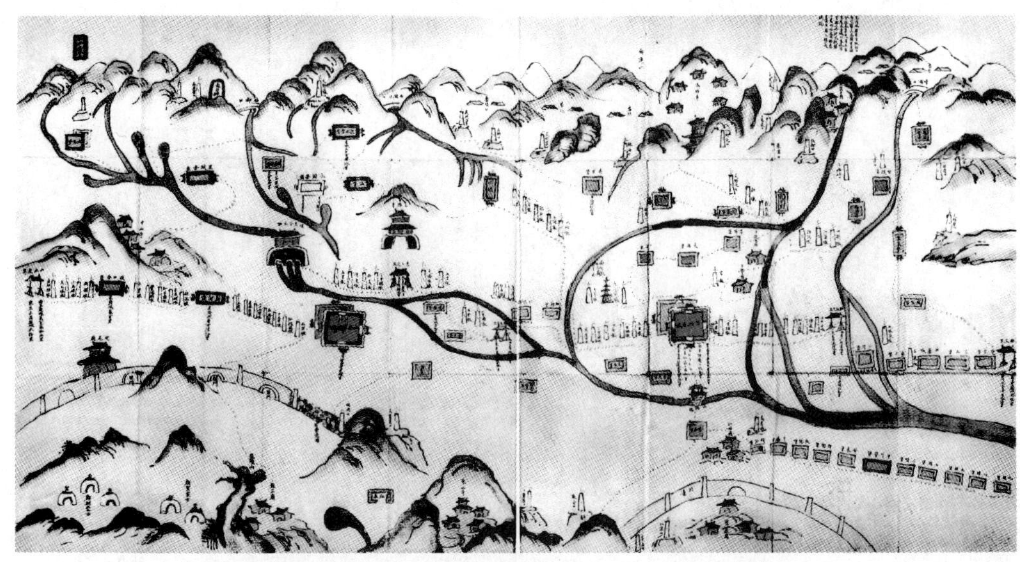

图4 清《甘肃舆地图》表现甘州府及祁连山间驿道

置洪水堡守备驻防，城周三里有奇，当大草滩之口，允许与蒙古诸部开市。黑城营，今山丹县霍城镇，明嘉靖中筑黑城营堡，城周五里，濒大草滩，城北邓家庄残存双湖古城遗址和汉墓群，说明这条道路为历代王朝所选用。

永固协城，今民乐县永固乡（见图5），清顺治八年（1651）筑堡，周四里，设副将镇守。城址位于童子坝河西岸的阶地上，周围低山环护，泉水出涌，溪流绕城，城址四围分布着数座烽燧。现东、北、西南三面残存夯土城墙，城垣曲折，残长远不止2000米，内侧夯层厚9厘米，北城垣上有一覆钵式砖塔，应当不全是清朝所筑。（见图6）

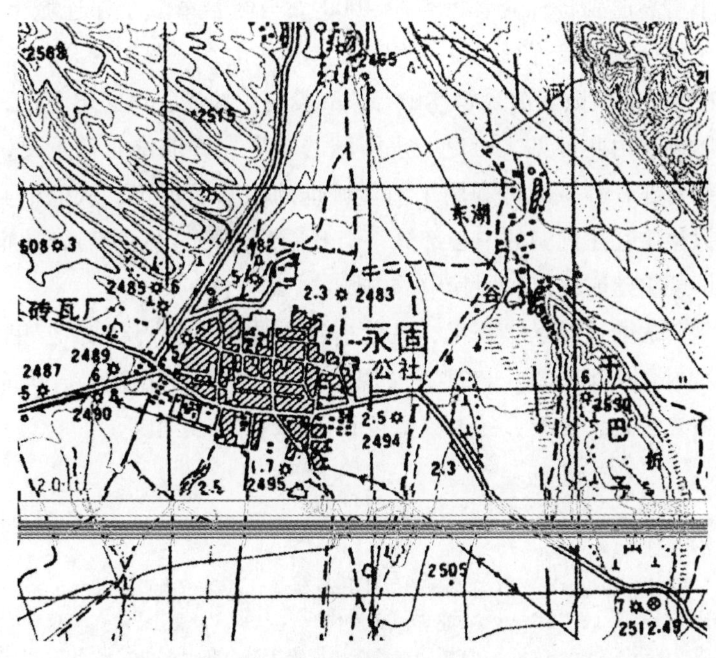

图5 永固城平面图

图6　永固城北城垣

永固城，史载“汉为单于城，凉之祁连郡也”。永固乡东南山脚八卦营村西，在童子坝河东岸阶地上现残存一方形古城址，周约4里，出土汉代或更早的遗物，背后山坡有上千座土穴墓，西北师范大学李并成教授推考该城当为匈奴城址①。永固城位于祁连山北麓大草滩边缘，东面不远就是焉支山，从考古发现与地理形势分析，这一带很有可能曾是匈奴王廷的驻牧地。西汉甘延寿、陈汤驱走匈奴以后，历代王朝均在此修筑过城池。唐玄宗开元十六年（728），吐蕃大下悉末朗率众攻河西诸州，八月，河西节度使判凉州事萧嵩遣副将杜宾客率弩手4000人与吐蕃军战于祁连城下，自晨至暮，散而复合，斩番将一人，吐蕃军大溃，临阵散走祁连山谷，哭声四合，露布传至长安，玄宗大悦②。吐蕃军队溃败能散入祁连山谷，战役发生地离谷口必定不远，唐朝祁连城址应在永固城附近。由此可见，历史上永固城的军事控御地位非常重要，永固城应当不会是清代方始营建，其城或许利用了前代城址的旧基而重筑。从卫星影像观察，目前城内建筑也只集中在永固城的中心部分，街巷围呈方形（见图7），故推测原来可能有两重城墙，清朝重建时仅仅利用其中的内城。

永固城位于227国道以东3公里，古代道路由此城下向南行10公里为马营墩城，今民乐县马营墩村，明朝筑马家墩堡，城周1里余。祁连雪山南峙，大草滩北环，该地气候寒冷，盛夏有霜，史载：兵士堕指裂肤，四时不知菜根。

① 李并成：《河西走廊历史地理》，甘肃人民出版社1995年版，第28—30页。

② 事见《旧唐书》卷8《玄宗本纪上》；卷99《萧嵩传》；卷196《吐蕃上》。嘉庆《大清一统志》祁连废郡条注记：胡三省注城在祁连山下，故名。《方舆路程考略》即单于城，在卫南洪水堡南30里，故址犹存。考其方位应即永固城附近。梁份《秦边纪略》卷3：“己酉（明万历三十七年），大草滩有夷游牧，乃设关筑塞，新名之曰永固城也。”

图7 永固城卫星影像

再向南10公里即入扁都口（见图8），文献记载：两崖壁立，而横仅丈余，直无里许。盛夏积雪，当春不芳，鸟道环崖，裁容一轨，途经深涧，溜急石多，夏秋骑步均艰。如今修建公路以后，交通已十分便捷，考察队仅用半个小时就穿过谷道，经二道沟、羊胸子（今民乐县羊雄子），越过海拔3685米的俄博岭垭口，来到祁连山腹地的野马川。

图8 祁连山扁都口现状

二 祁连山腹地的古今道路与沿途城址

（清）梁份《秦边纪略》卷3载："野马川在甘州东南、扁都口之南也。有明时，张掖、青海相往来，内若王师，外若海夷，咸出入扁都口，而止宿于野马川。盖山口之路宽平，而山中之水草丰茂也。"野马川北距扁都口仅50里，清朝妥善处理河西蒙古诸部族的关系，允其在野马川大草滩住牧，此祁连山腹地之草场，草木咸奥，凡出入扁都口通道者均在此停宿，昔日骡马相接，肩相摩矣。

野马川，今属青海省祁连县峨堡镇，明清文献和舆图标作察汉窝（俄）博，有路西去，经青海省祁连县可抵嘉峪关；东南大路可直下古浩亹河谷（大通河），去西宁、兰州；向北逾岭即通向河西走廊的扁都口隘道，三条道路交会于此。峨堡镇城南临黑河上游的东支峨堡河，又称八宝河，两岸尽是高原草甸，散布着很多藏民的帐篷、牦牛和羊群。因山高地寒，不能耕稼，只适宜驻牧。明朝视祁连山八宝川为边外蒙、蕃的牧场，未设屯戍。清朝雍正稳定青海蒙、藏藩部以后，兴筑察汉窝（俄）博营城，属西宁镇永安营统辖，道光二年（1822）设都司，改属甘州永固协①。原仅驻军而无住民，后来因往来停宿渐繁而成聚落。察汉窝（俄）博营城，北倚山梁，夯筑土垣，周二里二分，东、西、南各开一门，除部分墙体圮塌，现城垣、角墩基本完整。（见图9）

① 《清世宗实录》雍正二年（1724）五月，总理事务王大臣等遵上旨议覆抚远大将军年羹尧条奏青海善后事宜十三条。"请于西宁之北川边外上下白塔之处，自巴尔托海至扁都口一带地方，创修边墙，筑建城堡。……查甘州、西宁，疆界相连，应于此二处设立营汛。"《清宣宗实录》道光五年六月辛酉，"铸给甘肃提属察汉俄博营都司关离，从总督那彦成请也"。道光二十一年（1841）秋七月癸丑，"署察汉俄博营都司事南川营都司刘大庆、察汉俄博营把总马三元，一闻贼匪窜入，驰往堵御，致被戕害，著该部照例议恤。其阵亡受伤官兵，一并咨部照例办理。署永固协副将循化营参将赓音，未能先事豫防，著交部议处"。

图9 祁连山野马川察汉窝（俄）博营城

如今277国道擦着察汉窝（俄）博营城南墙东去，经卧牛河塘（今卧牛河北岸，公路左侧矗立的黄土烟墩），行20多公里攀上景阳岭垭口。景阳岭，一名金羊岭，垭口海拔3767米，清朝设金羊岭塘守备。景阳岭是黑河与大通河水系的分水岭，也是中国西北地区内流河水系（黑河属之）与外流河水系（大通河下游经湟水汇入黄河）的分界点。过岭以后，沿227国道一路下行，过狮子崖（今狮子口），乾隆《西宁志》有诗云："两崖怪石多，中挂瀑布水，岩雨阴忽晴，涧雪低复起。"诗句描绘初下景阳岭的山路陡险，涧水奔涌的状况。下至七道班，公路在冲积扇上径直向东南延伸，沿途观察村庄却都位于公路右侧的西山根，说明昔日老路并不是指向东南，而是向南折转，沿永安河谷西岸的阶地贴着山根走的。在青海门源县皇城乡马营村现存沙金古城遗址，沙金古城，负山临河，平面呈长方形，东西长210米，南北宽120米，夯筑城垣残高5米，基宽8米，顶宽2米，夯层厚8—11厘米，仅东墙开一门。城北永安河与干沙河交汇的三角台地上尚存烽火台基址①，文物考古部门推定沙金古城为宋代所筑。城北为祁连山主脉冷龙岭，西夏元昊袭取甘州回鹘后，控制祁连山北河西诸州，山南为青唐羌（吐蕃）唃厮啰势力所据，联宋抗夏，此时北宋尚不可能在浩亹河上游筑城。北宋政和六年（1116）童贯遣刘法率军出湟州（今青海乐都）败夏人，进筑古骨龙城，赐名震武城，地在山峡中，沙金古城可能筑于此时，当为北宋最前沿的城寨了。清代于此地设沙金城塘，由此南行10余里至今门源县皇城蒙古族乡，东北3公里处又有一城址：永安城，此城始建于清雍正三年（1725），是抚远大将军年羹尧平罗布藏丹津之叛以后，为掌控甘肃、青海咽喉要道，置永安营游击率制兵200人戍守而建，城址位于永安河东岸阶地上，城周三里三分，今城已半圮，南北残垣438米，东西残垣353米，城墙夯筑，残高7米，基宽6米，顶宽4米，夯层厚8—15厘米，外挖有濠，开东、西两门。永安城址当祁连之南，雪峰环峙，草滩环绕，旧为青海蒙古北境，城外不生五谷，绝无村落，唯蒙古游牧，有回鹘居半，产大通良马"青海骢"，现仍旧为蒙古族牧场。永安河汇入大通河（即古代著名的浩亹水）后东流，30里至黑沟口，今青石嘴镇，河

---

① 国家文物局主编：《中国文物地图集·青海分册》，中国地图出版社1996年版，第129页。

谷豁然开朗，金黄色的油菜花撒满田间，由此进入中国著名的油菜花之乡：门源回族自治县。浩亹河谷虽然宽仅10公里，却从高寒草甸山地逐步过渡到适宜农耕的山林河谷，这在祁连山腹地实为难得。这里发现的人类活动遗迹可以追溯到青铜时代，曾是古西羌人休养生息的地区之一，北山乡金巴台古城的文化层从西汉堆积到唐代，老虎沟口城址从唐朝沿用至宋代，北宋散布有4座城址，北山老虎沟保存着明代修筑的边墙，清代则分筑营城，可见中原王朝对浩亹河谷的重视与军事营建之投入。

我们考察了门源县的三座城址。黑石头堡，今门源县青石嘴镇黑石头村，城址位于公路左侧浩亹河北岸的阶地上，长方形城墙，南北长120米，东西宽80米，黄土夯筑，城角筑墩台，残高6米，基宽6米，顶宽1米，夯层厚7—10厘米，此城为清朝修建的绿营兵屯戍之城堡，有西、中、东三堡一字排列。大通协（营）城，今门源县浩门镇，雍正二年（1724）年羹尧奏请浩亹河谷驻总兵，旋设大通卫，隶西宁府，三年始筑大通城，周回6里。"今大通镇营扼险据要……大通镇有控制援剿之责，应如马步各半例，设马兵一千，步兵一千。"① 十三年改设副将，乾隆九年（1744）徙大通卫治于达坂山迤南之白塔城，遂改称旧卫城为"北大通营"。城址平面为长方形，东西长560米，南北宽490米，残高8米，基宽9米，顶宽4米，夯层厚6—15厘米。随着门源县城城镇建设规模不断扩大，旧时的城墙大部分已被拆除，现仅西北城墙尚完整。城南有浩门渡，为官渡要津。浩门故城，门源县城东1公里，城址南临浩亹河谷，位于河床阶地高崖之上，隔河面对苍松郁然的青山，东西两侧皆为深沟，高出河床80余米，凭险而筑。（见图10）

图10 浩门故城卫星影像

浩门故城城垣呈长方形，东西长260米，南北宽240米，夯筑墙体，底宽近20米，

① 《平定准噶尔方略》前编卷17《川陕总督岳钟琪疏》。

顶宽7米，残高仍有10米，夯层实测10—13厘米。城仅开南面一门，外筑瓮城门，并掘深5米的护城壕为堑。城内原有建筑已无存，现仅东部残有遗迹。（见图11）

图11 浩门故城址东南部

北宋对湟水流域的经略始自1065年唃厮啰死后，西蕃不稳。宋神宗熙宁元年（1068），王韶上《平戎策》及《和戎六事》，宋廷采取招抚、用兵双策以避免河湟地区落入西夏势力范围，殃及川峡四路。熙宁五年（1072）王韶发动熙河之役，置熙河路，领熙、河、洮、岷诸州。哲宗亲政，采进取之策以接应欲投汉之蕃部，元符二年（1099），王赡取吐蕃邈川、青唐城（今青海西宁市），在湟水中游置湟州（今青海乐都）、鄯州（崇宁三年改西宁州，即今青海西宁），复又弃守。徽宗即位，崇宁二年（1103），蔡京再开边，用童贯、王厚再复湟州、鄯州、廓州。政和五年（1115）熙河兰湟经略安抚使童贯遣熙河路都总管刘法出湟州，败夏人于古骨龙城，次年进筑古骨龙城，赐名震武城，未几改为震武军。据童贯奏：古骨龙原属湟州，有浮桥，政和六年赐名通济桥。通济桥之桥头堡，同年赐名善治堡。大同堡，本名古骨龙城应接堡，政和六年赐名。德通城，本名瞎令古城，政和七年刘法既解震武军围，进筑，赐名。石门堡，瞎令古城北，地名石门子，政和七年赐名①。浩亹（大通河）流域新归附宋朝的城堡，因宋元文献不载四至，迄今未能确指，谭其骧主编《中国历史地图集》第6册亦未标。现结合青海文物考古部门公布的门源县境唐宋城址规模考述如下：

金巴台城址，浩门镇北8公里北山乡金巴台村北的台地上，西濒老虎沟河崖，长方形城垣，东西长200米，南北宽230米，夯土城垣，残高2米，基宽10米，顶宽4米，夯层厚10厘米，向东开一门。唐开元二十六年（738）河西节度使鄯州都督杜希望率军攻拔吐蕃在浩亹河上的新城，以其城为威戎军，置兵千人，马五十匹镇之，应即此城。唐朝势力衰落后，吐蕃复据此城，北宋置震武军时，因城残破，未再利用而新筑城。

① 《宋史·地理志》卷486《外国二夏国下》。

浩门故城址，浩门镇东1公里，长方形城垣，东西长260米，南北宽240米，前文已述。

克图故城址，浩门镇东28公里克图口村，当地人称三角城。城址北倚山坡，南临浩亹河，西濒克图沟，呈不规则状的城垣，东西长460米，南北宽230米。夯筑城墙残高11米，基宽12米，顶宽3米，夯层厚6—11厘米。向北面对克图沟开一城门，筑有瓮城。

老虎沟口城，浩门镇北2公里老虎沟口东侧，东西长70米，南北宽40米。城墙用石块垒筑，残高2米，基宽4米，向东开一门。

沙金古城址，浩门镇西50公里，长方形城垣，东西长210米，南北宽120米。

从城垣规模看，如果级别与城址规模相当，克图故城最大，又据史料载“震武在山峡中，熙秦两路不能饷”。克图故城址适在大通河入山之浩门峡西口与克图沟南口相交会处，以地形度之，确实在山峡中，符合兵要控扼之原则，应是震武城。其城南临浩亹河，设有浮桥“通济桥”，作为桥头堡的善治堡应位于大通河南岸，今巴哈村。老虎沟口城址似一军事戍守要塞，以“石门堡”地名石门子度之，或即此城。因石门堡在瞎令古城北，再以方位推之，石门堡南面即浩门镇东1公里的浩门故城，有可能是原本为瞎令古城的德通城。政和七年（1117），刘法遣将王德厚率兵进筑①。沙金古城远在西山吐蕃故道下山之当口，“本名古骨龙城应接堡”，于理亦合。宣和元年(1119)，童贯逼熙河路经略使刘法引兵两万深入西夏境，至统安城遇夏主弟察哥，刘法败死于山峡中。夏军乘胜围震武军城，欲拔之。察哥曰：“勿破此城，留作南朝病块”，遂自引去。震武军远处大通河山峡中，难以获得北宋熙河、秦凤两路军马粮草接济，屡为夏人所困，自筑城三岁间，知军李明、孟清皆为夏人所杀。史家云：（北宋）“诸路所筑城砦，皆不毛，夏所不争之地，而关辅为之萧条，果如察哥之言。”元、明以降，浩亹河谷高寒的气候使其住民长期以蒙古人放牧营生。清朝时，回民逐渐迁入。清人记载：“北大通营，故青海蒙地……北阻祁连，南襟浩亹，六月飞霜，四时皆瘴，只产青稞，仰谷于甘州。汉少回多，习俗强悍，兼赖淘金，游牧畋猎为生。”②

三　翻越祁连山多罗达坂至青海西宁的古今道路与沿途古城址

离开门源县城，西南行10余公里开始翻越多罗达坂，又名双俄博、拨科山、大寒山，今名大坂山，壁立千仞，东西横亘200余里，山口海拔3961米。旧道盘旋而上，路面狭而积雪，行旅视为畏途，清朝置山顶塘盘查。近年打通了长1530米的大坂山山顶隧道，车行几分钟就穿过隧道而到达山的南坡。公路沿大坂沟南下，涧水淙淙，坡陡路滑，下至大坂口，沿北川河上游河谷东南行。北川河，即古破羌水，集汇大坂山

① 李埴：《宋十朝纲要》卷17：“政和七年六月癸酉，知熙州刘法遣将王德厚率兵筑瞎令古城。”

② 陶保廉：《辛卯侍行记》卷4。

南麓众多溪涧下泄。峡谷湍流，过五间房，始平原广野。清初，欲在此地创设卫治，后改作西宁营马场，为南北通衢之接际。由此南过峡口桥，白塔川（今黑林河）由西汇入，河谷渐宽，已经全然是农耕地区了。在北川河流域散布着许多以夹沙红陶为代表的齐家文化、卡约文化的遗址，曾是古代羌人生活的地区，明清时期，蒙、藏人聚之，庄户多立喇嘛塔，以白垩粉涂抹，俗谓白塔川。过桥向西行里许是大通县故城，今青海省大通县城关镇。大通县故城，原名“毛百胜”，先是，雍正二年（1724）抚远大将军年羹尧条奏青海善后事宜十三条。其中一条奏称甘州、西宁疆界相连，应“于新设边内大通河设立总兵一员，兵三千名，管辖中左右三营。于大通南边设立参将一员，兵八百名。大通北边设立游击一员，兵八百名。盐池地方设立副将一员，及左右都司二营，兵一千六百名。……至西宁地方宜改设同知，移西宁通判驻扎盐池，令其办理税务。……俱隶西宁总兵道员管辖。则蒙古等不敢觊觎，番民等亦有所依伏”。奏文中提及添设将兵之处均与穿越祁连山的道路及其沿途城址有关。策妄阿喇布坦遣使请罪以后，青海兵事已竣，年羹尧回西安办理三省事务，暂令奋威将军岳钟琪驻扎西宁，留兵四千名，听其管束。俟七八月马匹肥壮时，亲率兵丁，由西宁口外到甘州地方，招抚番民，买给牛犋籽种，开垦屯种。继而，雍正三年（1725），川陕总督岳钟琪以白塔川与西宁北川营相去50里，距大通镇（今门源县城）不过百里，声气响应，应设参将，领马兵240、步兵560，奏请筑营城。城址南倚黄土塬，北临白塔川，周三里余，开东、西二门。因东郭外有白塔，故称白塔城，现存部分残垣。乾隆九年（1744）将大通卫从今门源县浩门镇移治于此，乾隆二十六年（1761）改置大通县。1957年大通县人民政府南迁至10多公里外的桥头镇，但是由于该城做过近200年的大通县治，城内清式建筑物随处可见，庙宇香火不断，商铺林立，较一般乡镇更繁盛也。

白塔川口地当祁连山南麓冲要，向为兵家所重。去城关镇北5里上寺咀山根存有一座古城址，城垣平面不规则，周回约2里，残高8米，基宽7米，夯层厚12厘米，筑有马面，仅向西开一门，久经风霜侵剥而不磨，当地人附会于杨家将，俗称“杨家城”。李智信先生根据城内散落的残砖、断瓦和陶瓷碎片，考定该城是唐代安人军城①。此城选址于两条河水相夹的汇合处，择高地而筑，规模不大，防御性很强，符合唐朝军城选址的规律。

沿北川河南行15公里，到达今大通县城，旧名桥头。老爷山耸立河东，毗邻北川，三川汇流而南下西宁，明代修永安桥以济渡。隆庆六年（1572），又添修边墙，西起河西娘娘山根，跨北川河，从老爷山根向东北，沿山岭蜿蜒东去。边墙开设东、西二暗门，墙外置马市，边墙内筑永安城。永安故城，位于新城乡古城村，呈方形，周2里余，扼南北交通。清雍正三年再筑永安新城，设北川营游击，兵191名，驻扎新城堡，即今大通县南新城乡新城村。城周回600丈，仅1里余，《中国文物地图集·青海分册》和李智信先生认为该城筑于明代②。可是规模如此之小，似不太可能，亦与

① 李智信：《青海古城考辨》，西北大学出版社1995年版，第96—99页。

② 国家文物局主编：《中国文物地图集·青海分册》，第9页；李智信：《青海古城考辨》，第103页。

《宋史·地理志》记载西宁州（原唃厮啰之青唐城）北 25 里的宣威城无涉①。考古部门在大通县城南新城乡下庙村小石山南发现一古城址，“面积不详，现存夯筑残墙长约 10 米，残高约 7 米，基宽约 5 米，夯层厚 12 厘米”。疑为唃厮啰之牦牛城，北宋改名的宣威故城。北川河从大通县故城，经大通县城（桥头镇）至长宁堡的河道，受两岸山体的约束，长期以侵蚀东岸、西岸堆积为主。因此古代道路、古城址和年代较久的村寨大多分布在北川河西岸的阶地上，今天的公路已经转移到河东，而东岸的村落多在黄土墚上，公路沿线村镇稀少。由此看来，无论唐宋时期的军城，还是明清的营堡，都应当选址在北川河西岸。《中国历史地图集》第 5、6 册的绘制是不太准确的。

从大通县城沿着北川河东岸驱车南行 30 分钟，湟水河谷与西宁城已经展现在我们的眼前了。

（作者单位：北京大学历史学系）

① 《宋史·地理志》：“西宁州，旧青唐城，元符二年，陇拶降，建为鄯州……北至宣威城五十里。……宣威城，旧名牦牛城，崇宁三年，改今名。东至绥边砦四十里，西至宁西城界三十五里，南至西宁州二十五里，北至南宗岭九十里。”参见《读史方舆纪要》卷 64，陕西十三西宁镇宣威城条，中华书局 2006 年版，第 3016 页。

关于武汉城市历史地理研究中几个重要问题的初步论述

朱士光

一　问题缘起

华中重镇武汉，城市规模宏大，气势雄伟，同时历史悠久，文化渊深；既是1986年经国务院批准公布的我国第二批38座历史文化名城之一，也是我国一座重要的古都。

2012年3月24日，在由武汉市人民政府主办，武汉国土资源和规划局组织召开的“武汉城市历史全国专家研讨会”上，笔者在发言中曾对武汉市之微观地理条件概括为：

滨江傍湖，丘岗起伏；
湖泊星列，湿地广布。

同时又对武汉市之宏观地理形势与城市特点概括为：

两江汇合处，三镇鼎足立。
气势天下雄，格局世上稀。

然而，就是这么一座地理区位重要，地理环境又十分优越的城市，迄今对其城市发展史上几个重要的问题仍未探究清楚，甚至还存在分歧；很值得当今城市史、历史城市地理与古都学者进行深入研究。这些问题主要有：

（1）位于武汉市北郊的盘龙城，究竟只是商代前期商王朝南征的军事据点、掠夺南方矿产资源的中转站、一般性的政治中心，还是商代统治其南土的都邑？

（2）今武汉市主城区最早建成的东汉末之却月城，究竟是位于龟山上还是在当时即从龟山北麓流注长江的汉水北岸？却月城与之后建成的鲁山城、夏口城究竟只是军事性城堡，还是兼具军事与行政、经济功能的城邑？

（3）今武汉市主城区的汉水之河口段，究竟是明代中期成化年间前才由龟山南改为在龟山北注入长江，还是自古即基本上自龟山北注入长江?

（4）对武汉市作为我国一座重要的古都应如何认识?

本文拟对上述4个关系到武汉市城市发展与城市性质及特征形成的重大问题，就管见所及试做初步分析，意在唤起学界进一步加以关注，共同努力，推进对相关问题做深入研究。

二 关于盘龙城定性问题

盘龙城遗址，是1954年发现的，① 其发现时间略晚于1953年被发现的郑州商城②。之后经过20世纪20年代小范围试掘③与70年代由湖北省文物考古工作者和北京大学考古专业师生组成盘龙城考古发掘队进行大规模发掘，④ 使这一重要遗址的面貌与文化内涵被基本揭示了出来。

盘龙城遗址位于武汉市下辖之黄陂区滠店街道叶店村，南临府河，东与东北濒临盘龙湖，西北与西方连接丘岗地带；地势险要，水陆交通方便。遗址年代分为七期，一期至三期相当于夏代之二里头时期，四期至七期相当于商代前期的二里岗时期。城垣始建于四期偏晚阶段，即商前期，与郑州商都始建年代相当，或略偏晚，距今约3500年。其城址面积虽不及郑州商都大，南北长约290米，东西宽约260米，大体呈方形，面积75400平方米；但却有内外城垣与城门、壕沟（护城河）以及大型宫殿、房基、祭祀坑、窖穴、窑址；城外有大型墓葬与铸铜作坊及平民住房等。出土器物有石器、陶器、玉器、青铜器等。青铜器有礼器、兵器与工具，据湖北省博物馆1976年的统计即已达159件。城内东北部发现有三座前后并列且坐北朝南的大型宫殿基址。其一号宫殿基址，经发掘后复原，为一面阔40米，进深12米，外有回廊，内分四室的“重檐四阿”、“茅茨土阶”的高台寝殿建筑。其前则为一座大厅式的“前朝”大殿建筑。两者结合已具周代文献所记王室宫殿之“前朝后寝”结构之雏形。城外李家咀2号墓，墓底长37.7米，宽3.4米，使用了雕花木椁，随葬有青铜器、玉器、陶器等，并有3名殉葬奴隶。随葬青铜礼器中有四鼎一簋一觚三斝；其中一件大鼎，高达55厘米，仅次于郑州商都出土的大型方鼎。墓葬的规模之大，随葬品数量之多与规格之高，不仅在盘龙城地区是独一无二的，就是在整个商代二里岗文化中也是少见的。⑤

然而对盘龙城遗址这么一座目前在长江流域经考古发掘证实了的唯一一座保存较

---

① 蓝蔚：《湖北黄陂县盘土城发现古城遗址及石器等》，《文物考古资料》1955年第4期（按：“盘土城”即盘龙城）。

② 河南省文物考古研究所：《郑州商城》，文物出版社2001年版。

③ 湖北省博物馆：《一九六三年湖北黄陂盘龙城商代遗址的发掘》，《文物》1976年第1期。

④ 盘龙城发掘队：《盘龙城一九七四年度田野考古纪要》，《文物》1976年第2期。

⑤ 本段内容系引自湖北省文物考古研究所《盘龙城，一九六三年——一九九四年考古发掘报告（上）》相关章节，同时参考皮明庥、欧阳植梁主编的《武汉史稿》（中国文史出版社1992年版）与宋镇豪主编的《商代地理与方国》（中国社会科学出版社2010年版）相关内容撰成。

为完整的商代早期城址，虽被武汉地区的学者认定为是武汉“城邑文明之始”①、“城市之根”②，但其究竟是一座什么性质的城市迄今在学术界尚未取得共识。虽然早在1976年就有学者认为盘龙城是商王朝在南土的一个都邑③，但随后就又有学者认为盘龙城只不过是商人南下的一个军事据点。④ 至20世纪90年代初，以皮明庥、欧阳植梁为首的一批武汉城市史的学者，在集体撰写的《武汉史稿》中曾据盘龙城发掘所得之遗迹、遗物，参照相关史料与一些学者研究成果，力驳“据点”说，力主“方国都邑”说；且认为是由商王朝对王室子弟或宗室大臣分封而立的方国，并据甲骨文所载史实，论定是具有侯伯爵位的雀方国⑤。这一论断本是颇具论据的，惜未突出地强调。之后，到2001年，湖北省文物考古研究所在他们编著出版的《盘龙城，一九六三年——九九四年考古发掘报告（上）》专著中，在论明了盘龙城是一座具有宫城性质的商代早期修筑的城址⑥后，对其在商代南方的地位与作用则明确地指明了下列三点⑦：

（1）商王朝南征的军事据点；

（2）商王朝掠夺南方矿产资源的中转站；

（3）商王朝统治南方的政治中心。

这显然是根据长期多次考古发掘所得材料进行综合深入研究得出的更为全面与权威的结论，值得从事盘龙城相关研究的学者重视与采信。然而，由于之后在这一问题上缺乏持续而更趋深入的研究与宣示，致使孙亚冰与林欢在“中国社会科学院文库·历史考古研究系列”之《商代史》卷10《商代地理与方国》一书中，在考订商代南方方国，征引考古发掘资料，述明盘龙城有城垣，城外有城濠，城内有大型宫殿基址、深窖穴、祭祀坑，墓葬中有木椁墓与殉人、殉狗现象，出土有青铜器、陶器等实况后，竟仅沿用之前一位学者观点⑧，仍只认为盘龙城是商代前期中原王朝掠夺南方矿产资源的中转站，⑨ 对其具有方国都邑性质这一特点未着一字。读后对他们何以竟做出这一结论，有何具体思考，实难想象与理解。更为引人关注的是，截至2012年3月武汉市国土资源和规划局在拟制的《武汉城市历史大纲——武汉规划展示馆历史展区展陈文案》中述及盘龙城时，虽据之肯定武汉市已有3500年历史，并称其为“武汉之根”，这当然都是有根有据的；在论述该城之作用与性质时，在强调了“盘龙城城墙外陡内缓、易守难攻，军事目的较为明显”后，继而写道：“起初是商王朝南征的据点和控制今鄂东、赣北青铜战略资源的中转站，后来逐渐发展成为商王朝在南方的军事、政治中心。”这与前述湖北省文物考古研究所2001年编著出版之《盘龙城，一九六三年——

---

① 皮明庥、欧阳植梁主编：《武汉史稿》，第26页。

② 涂文学、刘庆平主编：《图说武汉城市史》，武汉出版社2010年版，第52页。

③ 江鸿、李学勤：《盘龙城与商朝的南土》，《文物》1976年第2期。

④ 宋焕文：《从盘龙城的考古发现试谈商楚关系》，《江汉考古》1983年第2期。

⑤ 皮明庥、欧阳植梁主编：《武汉史稿》，第29—35页。

⑥ 见该书第441—449页、第498—499页。

⑦ 见该书第502—504页。

⑧ 万全文：《商周王朝南进掠铜论》，《江汉考古》1992年第3期。

⑨ 参见该书第438—441页。

九九四年考古发掘报告（上）》一书基本观点是一致的，论断较为充分，但还犹有不足。依笔者之见，盘龙城本就是作为一处都邑建成的。这从该城内东北部高台上有3处大型宫殿基址，这些宫殿与城垣均同期始建于盘龙城四期偏晚时可加以证实。这表明盘龙城作为一座具有政治中心作用的商代早期城址，它所具之都邑性质是伴其始终的，并非后来逐渐发展形成的；而其作为商王朝南征的据点和掠夺南方青铜战略资源中转站，只是它作为商朝南土都邑所具体承担的两项重要任务。虽然李学勤先生早在20世纪70年代在他所著的《盘龙城与商朝的南土》一文中就论定盘龙城“是商朝南土的一处重要都邑”，此论点后又为皮明庥先生等引申为是由商王朝分封的王室子弟或宗室大臣所建方国之都邑，并推论该方国名“雀”；惜之后因后续工作不足上述观点未被学界与政府有关部门充分采纳，更未广泛传播。据此笔者进一步认为，在盘龙城未获得更具实证性史料（甲骨文、铭文等）证实为商王朝分封的雀方国（或另一某方国）之都邑前，亦可先行论定其为商代南土之都邑，可概称为“商朝南都”。其理由主要是：

其一，盘龙城是经考古发掘业已证实了的，与郑州商都几乎先后同时建成，自建筑之始就具有都邑性质的城址。这从它城内三座大型宫殿基址，“遗址的面貌又同河南郑州等地同时期遗迹十分相似”（李学勤先生语）可予证明。

其二，盘龙城还是通过广泛的考古发掘证明了的，在今湖北、湖南、江西等广大的商代南土上发现的众多商代遗址、遗迹中，唯一一座商代前期具有都邑性质的城址。而且这些商代南土上的遗址、遗迹之文化内涵存在许多与盘龙城文化特征相似或相近之处，证明盘龙城文化对这些商代遗存均产生过一定的影响，发挥过实际的控驭统治作用。

基于上述见解，笔者认为盘龙城堪称“商朝南都”，与郑州商都南北呼应，共同创造了商朝前期之辉煌。对盘龙城之定性，用“商朝南都，武汉之根”，替代原用之“商朝南土，武汉之根”，并不仅仅是为了提升武汉在其历史初期，即商代之地位，而且是为了还原其在商代初期之本来面目，推动商代历史以及武汉城市史之研究。

三　关于却月城定位，兼及却月城、鲁山城与夏口城定性问题

却月城是在今武汉市主城区最早建筑的城邑，其建城年代当在东汉末①。其位置，虽然北魏时郦道元曾在其名著《水经注》卷35《江水》中记载道：“江水又东迳鲁山南，古翼际山也。……山左即沔水口矣。沔左有却月城，亦曰偃月垒。”即指明却月城在当时就沿鲁山（今龟山）北注入长江之沔水（今汉水）口北岸。但因近代有学者认

① 此据清末民初湖北籍著名学者杨守敬（1839—1915）对《水经》中之江夏沙羡县所作的按语。按语指明：建安中黄祖移置之沙羡在却月城（详见《水经注疏》卷35《江水三》，江苏古籍出版社1989年版，第2892页），表明却月城系在东汉末献帝建安时（196—220）即已建成。

为明成化（1465—1487）前，汉水在今之龟山南注入长江，将却月城位置定在龟山上。[①] 以致皮明庥、欧阳植梁主编之《武汉史稿》也依上说，论其位置是“南倚龟山，北面汉水，紧扼汉水入江的交通要道”[②]。因这一论点与汉水入长江河口段走向之古今变化有关，促使复旦大学历史地理研究所张修桂教授在论定汉水注入长江河口段之河道古今虽有变化，但其主河道基本是在今汉阳龟山北麓注入长江（关于汉水河口段流向变化问题，本文第四部分将做进一步论述）。据此他通过对前引《水经·江水注》中所记“山左即沔水口”、“沔左有却月城”之释读，认为却月城位置不在今龟山北麓、汉水南岸，而是在古今均循龟山北麓流入长江的汉水北岸。[③] 然而此论点迄今似尚未为治武汉城市史的学者充分接受，如2010年出版的《图说武汉城市史》一书，仍坚持认为却月城“位于龟山西北隅”[④]。而最新推出的武汉规划展示馆城市历史展陈方案中，有的版本述明了却月城“位于汉江左岸，大致在今汉口一带”；但有的版本却语焉不详，只笼统地说却月城“在武汉主城区内”。笔者通过研读郦道元《水经注》中相关记载与张修桂教授对历史时期汉水注入长江之河口段河道变迁的研究结论，也认为却月城位置不当在龟山北麓，而应在当时汉水入长江处之北岸，与当时之鲁山，即今之龟山隔汉水相望。

却月城于东汉末建成，当时正值群雄并起、战乱频繁之际。献帝兴平元年（194）孙策据有江东。[⑤] 建安五年（200），孙策死，其弟孙权“袭其余业”。[⑥] 孙氏占有江东后即不断沿长江西进，与荆州牧刘表争夺长江中游这一战略要地。史载还在孙策死前一年，即建安四年（199），孙氏兄弟即开始进讨刘表属下大将黄祖于沙羡。[⑦] 此沙羡即却月城。刘表为抗御孙氏西上之兵锋，遣黄祖驻守却月城，并移原治却月城上游不远处今武汉市江夏区金口之沙羡县于却月城。这即是《水经注》卷35《江水》中所记之“沔左有却月城，亦曰偃月垒，戴监军筑，故曲陵县也，后乃沙羡县治也”。应指出的是，郦道元此处所记却月城“乃沙羡县治”是正确的。因沙羡县是西汉时所置[⑧]，治所如前所述，在今武汉市郊之江夏区西北长江边。荆州牧刘表为加强对却月城的防卫，提升其地位，将沙羡县治由金口前移至却月城无疑是必要的。而曲陵县乃西晋时置[⑨]，不可能在东汉末移治却月城。之后，孙权连续发兵攻黄祖，建安八年（203）“西伐黄祖，破其舟军，惟城未克”；[⑩] 建安十二年（207），“西征黄祖，虏其人民而还”[⑪]；建安十三年（208），“复征黄祖，祖先遣舟兵拒军，都尉吕蒙破其前锋，而凌

① 潘新藻：《武汉市建制沿革》，湖北人民出版社1956年版。

② 见该书第99页。

③ 张修桂：《中国历史地貌与古地图研究》，社会科学文献出版社2006年版，第116—117页。

④ 见该书第73页。

⑤ 《后汉书》卷9《孝献帝纪第九》。

⑥ 同上。

⑦ 《三国志》卷47《吴主传第二》。

⑧ 《汉书》卷28上《地理志第八上》。

⑨ 《汉书·地理志》江夏郡与《后汉书·郡国志》江夏郡中均无曲陵县，《晋书·地理志》江夏郡中始见曲陵县。

⑩ 《三国志》卷47《吴主传第二》。

⑪ 同上。

统、董袭等尽锐攻之，遂屠其城。祖挺身亡走，骑士冯则追枭其首，虏其男女数万口。"① 由上述史籍所载，可见却月城，即东汉末之沙羡县治于建安十三年遭屠城被毁。从史载孙权军队曾虏获大批人民来看，城内外除驻有大批军队外，还有数万平民，显然不仅是座军事城堡，确为一县级治所，兼具行政、经济功能。

在孙权派军队攻毁却月城即沙羡县城后，为巩固其对今武汉主城区江、汉交汇处这一战略要地的控制，又先后有孙吴江夏太守陆涣在鲁山建有治所鲁山城及黄初四年，即孙吴黄武二年（223）在黄鹄山，即今武昌蛇山上所筑之夏口城。② 郦道元于此注曰：夏口城"依山傍江，开势明远，凭墉藉阻，高观枕流，上则游目流川，下则激浪崎岖，寔舟人之所艰也。对岸则入沔津，故城以夏口为名"。

针对北魏著名学者郦道元在《水经注》中注有孙吴江夏太守陆涣建鲁山城后，重徙江夏郡治于该城事，清末民初湖北籍著名学者杨守敬曾在他与弟子熊会贞所著《水经注疏》中疏道："《汉志》，江夏郡，高帝置。《通典》，汉江夏郡故城在云梦县东南。""考云梦本汉安陆县地"，"后汉江夏郡治西陵。建安中，黄祖治沙羡，吴治鲁山城，又治武昌"。③ 据杨守敬所疏，却月城不仅是沙羡县治，还是江夏郡治；而鲁山城与夏口城亦为在沙羡城被毁后，相继成为江夏郡治所。此一史实，本也为许多治武汉城市史的学者所深知。然而在对这三座于东汉末与三国初先后在今武汉市主城区之汉口、汉阳、武昌三地建成的城邑之定性上，大多只将它们论定为仅具军事功能的军港或城堡。认为它们"充其量只能算做是城堡"，"夏口城是一座标准的军事城堡"④，它们的"功能主要是用来驻军防守"⑤。揆诸历史，在东汉末与三国时期，在天下兵锋四起，屠城掠地不绝于缕的形势下，当时各级治所城邑事实上都必须加强军事攻防功能，而上述三座城邑因其地理区位重要，山川形势险峻，在战争攻防上占有优势，军事功能十分突出，自应对之做出充分的评价。然而，这三座城邑又是在今武汉市城区最早建立的县、郡治所，这也是不争的史实。所以对这三座城邑的定性应更为全面地进行考量。笔者认为，基于却月城、鲁山城与夏口城除具突出的军事功能外，还具有一定的行政与经济功能这一实际情况，通观整个武汉市发展历史，东汉末年应是武汉主城区设治之始，也是城市兴起之始。

四 关于历史时期今武汉市区内汉水注入

长江之河口段河道流向变迁与定向问题

本文第二部分在论及东汉末在今武汉市主城区内出现的首座城邑——却月城的位置时，曾引述了一些学者的观点说明判定却月城位置与当时汉水注入长江之河口段河

① 《三国志》卷47《吴主传第二》。

② 郦道元：《水经注》卷35《江水》。

③ 《水经注疏》卷35《江水三》，江苏古籍出版社1989年版，第2895—2896页。

④ 《图说武汉城市史》，第74、76页。

⑤ 《武汉城市历史大纲——武汉规划展示馆历史展区展陈方案》之"战略要地，汉晋城堡"。

道流向有直接关系。而造成对却月城位置认识有歧见的主要原因也就在对当时汉水河口段河道流向有不同的认识。实际上对汉水河口段河道流向变迁问题的不同见解，还与确定今武汉三镇格局形成时期有直接关系。由此可见这一问题对武汉城市发展影响之大以及在武汉城市史研究上之重要性。

当前关于历史时期今武汉市区内汉水注入长江之河口段河道流向变迁问题，主要存在三种见解。现分述如下：

其一为“成化改道说”。此说发端于《明史·地理志》。

《明史》卷44《地理志五》汉阳府下有释文道：“大别山在城东北，一名翼际山，又名鲁山。汉水自汉川县流入，旧迳山南襄河口入江。成化初，于县西郭师口之上决，而东从山北注于大江，即今之汉口也，有汉口巡检司。”

上说经清康熙时人张嵛潢倡扬又复有近代学者潘新藻力主，[①] 一时间影响甚广。

其二为“多口归一说”。此即为皮明庥、欧阳植梁与涂文学、刘庆平等学者在他们分别主编的《武汉史稿》、《图说武汉城市史》等著作中揭示的观点。其要点是：“在明朝成化年间以前，在汉水下游众多的入江口中并不存在一个很稳定的水流量大的入江口。换句话说，汉水靠近入江口的一段不存在长期稳定的主河道。明成化年间汉水水文形势发生的变迁，与其说是改道，毋宁说是汉水下游主河道及其入江口的稳定形成。”[②] 此说也都认为汉水下游入江河道，在明成化年间发生过一次重大的变迁。但此说不同于前说的是，这一变迁不是由鲁山南入江改为循鲁山北入江，而是由众多入江口入江改为由鲁山北之一个入江口入江，即明成化年间后汉水入江口才稳定下来，只从今龟山北之河道入江。

其三为“主泓龟北说”。此说前文已述及系由复旦大学历史地理研究所张修桂教授在实地考察的基础上，通过对历史文献的综合分析，较全面掌握汉水河口段历史演变过程后提出。其要点是：

（1）近2000年来，汉水基本稳定在龟山北麓流注长江，汉阳与汉口两地夹汉水对峙的地理形势，由来已久。

（2）汉水下游河段在掀斜构造运动支配下，主泓道逐渐南移，尤其是河口段，已从先秦《禹贡》时代的府河—滠口一线至汉晋隋唐时南移至今之汉水河口段一带，但均在龟山以北区域。

（3）由于汉水河口段曲流发育的结果，汉水一度在南宋时分出一支由龟山之南注入长江，龟山南、北两支并流；至元代前期，甚至完全从龟山之南流入长江。但自元代后期起，河势又发生变化；至明代中叶，其下游又回归龟山以北，形成目前汉水河口段之河道流路。[③]

---

① 皮明庥、欧阳植梁主编：《武汉史稿》，第222—227页。

② 引自《武汉史稿》，第225页。又，《图说武汉城市史》书中也有类似论述，如说明成化前，“汉水下游有众多的入江口”。大约在明成化年间，“汉水下游的水文形势发生了一次重大的改变，其他入江口逐渐淤塞，形成了一个稳定的主河道入江口”，“形成今天我们看到的景观”。上引均见该书第124页。

③ 详见张修桂《中国历史地貌与古地图研究》第4节“汉水河口段河床历史演变及其对长江汉口段的影响”，第111—130页。

对上述三说，笔者认为“成化改道说”持论过于简单，分析过于表面，所得结论中关于明成化前汉水均自龟山南入江部分有违史实。“多口归一说”缺乏实地考察，所论明成化前汉水为多口入江，缺乏一个稳定的主河道之说难以成立。“主泓龟北说”，结合河流地貌学原理与相关史籍文献记载内容的综合分析，所得结论能够令人信服。

当然迄今对这一问题的研究总的看来仍不够充分，还需进一步再做工作。笔者期待，湖北省与武汉市相关领导部门以及武汉地区高校、科研院所专业人员，能就这一问题组织开展多学科综合考察研究。如能确证府河—滠口一线确为先秦时汉水下游河道，不仅对厘清历史早期之汉水下游河道是一重大贡献，而且对研究武汉地区之商朝南都盘龙城之历史地位与作用也将有重要突破。如还能通过这项多学科综合性研究，结合汉水上游陕西境内已获批准的引汉济渭工程与湖北境内业已兴建的丹江口南水北调工程引水后导致的汉水下游年径流量与洪峰流量、枯水流量的变化，将汉水下游入江河道变迁与武汉地区相关湖沼湿地之演变以及它们之间相互影响、制约的关系进一步探明，则将对武汉地区今后水资源、水环境之科学保护与利用，对将武汉市建成生态环境妩媚多姿、优美宜居的江湖之城，将会发挥出积极的必不可少的作用。

五　关于进一步彰显武汉市之古都地位问题

本文第一部分曾论明，武汉北部的盘龙城当为商王朝控驭其南土的都城。对此，因其遗址与出土文物之特征及内涵和郑州商代早期都城类似，学术界大多持类似或相同的观点。至于其城址规模较郑州商都小许多，我国已故著名商周考古学家邹衡先生曾形象地将之比喻为一只研究我国早期国家形态的“麻雀”。就是说，盘龙城尽管城址规模不大，但其基本布局与郑州商代都城相仿，其保存状况比郑州商都更完整，是研究商代早期都城形态更为理想的标本。① 基于此，笔者将盘龙城概括性地称为“商朝南都”，是有坚实的学术依据的，是会得到学术界广泛认同的。因为将来通过进一步深入研究，最后结果不论是将之定为当时商代南土某一方国都邑，或是由商王朝派出的其王室成员在其南土建立的统治中心，都堪称“商朝南都”。既如此，武汉之古都地位将大为提升，在湖北省当位列江陵（今荆州区，郢）、宜昌（夷陵）、浠水（蕲水）、宜城（黎丘）、黄冈（邾）、公安（公安）、云梦（江夏）等古都之前。②

事实上我国古都学创建人之一的史念海先生在前引他所撰写的《中国古都概说》一文中在将武汉市列入我国众多古都的名录中时，也未提及盘龙城曾为商朝南都，仅引述了下列史料：

元明之际汉帝陈友谅于至正二十一年（汉帝大义二年即1361年）八月到至正二十

---

① 据《图说武汉城市史》第52页中相关内容转述。

② 所列湖北省另7座古都详情请参阅史念海《中国古都概说》，载《中国古都和文化》，中华书局1998年版，第169—171页。实际上据该文湖北省境内之古都还当补上鄂州（武昌）、襄阳、竹山。

四年（汉帝德寿二年即1364年）于武昌路江夏县（即今武汉市武昌区）建都，名武昌，① 共3年。

然而同样据《明史》卷123《徐寿辉传》，元末早于陈友谅起义的徐寿辉曾于元至正十一年建天完国，建元“治平”，建都蕲水（今湖北浠水县）。后约在至正十三年曾迁都汉阳，约在至正十九年，离汉阳；在汉阳建都六年。

此外，据《明史》卷390，明末张献忠于崇祯十六年（1643）夏攻占武昌后，改武昌府为“天授府”，并改江夏县为“上江县”，铸西王之宝，设尚书、都督、巡抚等官职，还开科取士，实则在武昌建都。只是为时不长，在明军反攻下，当年即退出武昌，仅历数月。

截至近现代，清末宣统三年（1911）武昌首义成功，带动全国各地军民奋起推翻了腐朽的清王朝。在起义过程中，武汉一度成为全国反清斗争的中心；后因斗争形势使然，未能成为新建的中华民国首都。然而在1926年国民革命军推翻北洋政府的北伐战争中，自1926年11月26日国民党中央政治委员会做出迁都武汉的决定，至1927年9月20日国民政府发表《南京政府宣言》，武汉国民政府宣告结束，武汉又曾为都近一年。②

综上所论，武汉市，自距今3500年前商王朝在盘龙城建立统治其南土的都邑起，截至现代，先后曾五次为都。尽管盘龙城并非商王朝前期的主都，后四次为都皆历时短暂，但均为历史上确曾出现过的史实，武汉市作为我国一座重要古都也是名副其实的。因而在论及武汉之城市史时，对其古都地位应进一步加以彰显，对前述多次建都史实与古都文化应加强研究。这不仅能充实丰富武汉城市史与城市文化研究内容，还能对中国古都与中国古都学研究做出贡献。

（作者单位：陕西师范大学西北历史环境与经济社会发展研究院）

① 《中国古都和文化》，第97页；又见《明史》卷123《陈友谅传》、《国初群雄事略》卷4《汉陈友谅》。

② 详见皮明庥、欧阳植梁主编《武汉史稿》，第492—495、537页。

历史时期彭阳县治所变迁概要*

张多勇

今甘肃省陇东地区的董志塬是黄土高原的最大残塬，是黄土高原保存较完整的塬面，属半湿润半干旱气候，为天然农田所在地，其北部为黄土丘陵沟壑地带，为半农半牧区。仰韶文化时期这里就从事农业生产，在北魏，董志塬得到全面开发，之后这里变成了良田，今天仍然是甘肃的商品粮基地，在古代这里是农业区通向北部牧业区的最后一个规模较大的农业单元，是防御关中的制高点，进军塞外的军事桥头堡，是兵家必争之地，具有重要的战略地位。古代彭阳县（彭原县）就设在董志塬上，丝绸之路“茹河道”从此经过。彭阳县对于经过董志塬和通向塞外的道路有扼控作用，是周秦汉唐在关中做都各朝代京畿地区防御体系的重要一环。(见图1、图2)

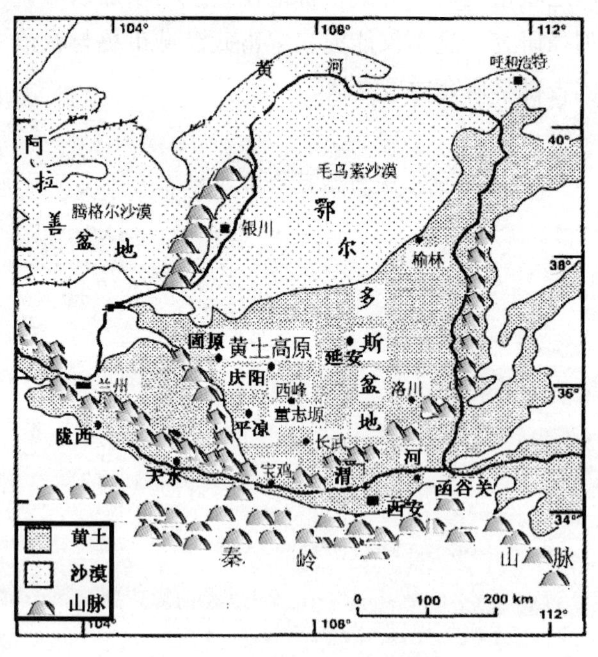

图1　董志塬在关中的位置

* 基金项目：教育部人文社会科学研究规划项目“丝绸之路陇山以东走向考察研究”（09YJA770025）；甘肃省哲学社会科学规划项目（2009）“陇山以东汉代城镇布局及历史变迁研究”。

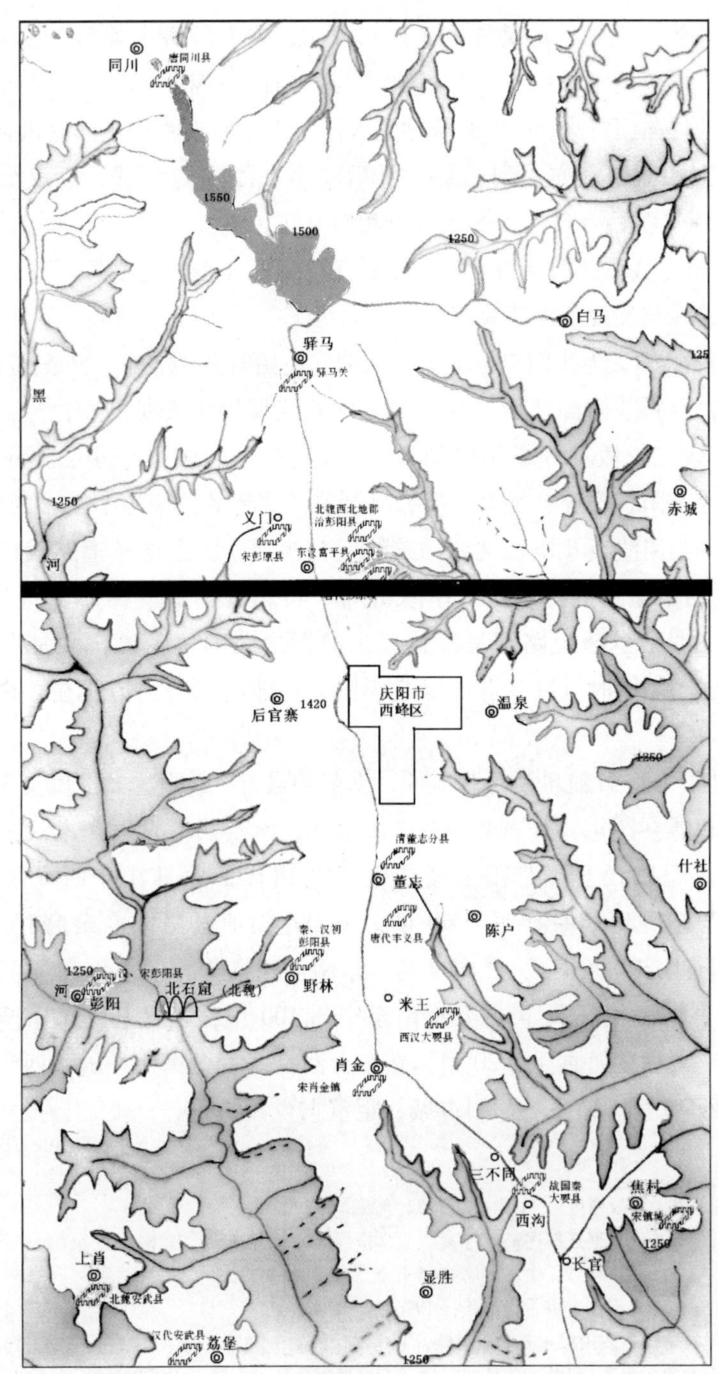

图2　董志塬地形与古城分布

一　西汉彭阳县城

《汉书·地理志》载：彭阳县，属安定郡。①《史记·匈奴列传》："汉文帝十四年，

① 《汉书》卷28《地理志第八下》，中华书局1962年版，第1615页。

匈奴单于十四万骑入朝那、萧关，杀北地都尉印，虏人民畜产甚多，遂至彭阳。使奇兵入烧回中宫，候骑至雍、甘泉。"① 笔者考得，西汉时期朝那县治所在宁夏彭阳县古城镇东遗址，地处茹河谷地，② 匈奴从这里入侵彭阳，所走路线必然是沿茹河河谷，本次入侵，甘泉宫和回中宫亦受到威胁。《后汉书·段颎传》载，后汉灵帝建宁元年（168）春，段颎"将兵万余人，赍十五日粮，从彭阳直指高平，与先零诸种战于逢义山"，③ 东汉彭阳古城在茹河河谷，"从彭阳直指高平（今宁夏固原）"，就是沿这条道路行军，所走路线与匈奴入侵路线相反。

班彪《北征赋》又为我们提供了另一证据。更始时关中丧乱，班彪避祸凉州，"释余马于彭阳兮，且弭节而自思"④。班彪所走的路线汉代从长安出发，经云阳（今陕西淳化县）、登赤须之长坂（今子午岭斜坡）、入义渠之旧城（今宁县平子）、过泥阳，沿蒲河、茹河经彭阳、安定、抚夷、朝那出萧关，至高平。这与孝文十四年（484）匈奴单于入侵彭阳的路线以及段颎破羌的路线完全相同，所走这条道路我们称为"茹河道"。⑤ 今天，这条道路上古城遗址串状分布、石窟寺密集、烽燧遗址线状不间断，古道遗迹随处可见。这条道路即是汉代以来丝绸之路的主干道，又是历史时期一条重要的军事通道。⑥ 同时可以互证西汉之彭阳县在茹河河谷，治所在今镇原县彭阳乡彭阳古城。

《魏书·地形志》载豳州领西北地郡，辖彭阳县，"彭阳，二汉属安定，晋罢，后复属"。⑦《元和郡县图志》宁州条曰："彭原县，南至州一百里。本汉彭阳县地，在今县理西南六十里临泾县界彭阳古城是也。"⑧ 唐代彭原县在今西峰区彭原乡彭原村，西汉彭阳县应在唐彭原县西南 60 里，今天在镇原县彭阳乡政府驻地有一古城，合乎此位置。同书宁州条又载："丰义县，东南至州八十里。本汉彭阳县地，今县理西四十里彭阳古城是也。"⑨ 彭原县，南至宁州 100 里；丰义县，东南至宁州 80 里。如此可知，唐丰义县在彭原县南 20 里，在今天西峰区董志镇所在地。西汉彭阳县故址应在唐丰义县西 40 里。镇原县彭阳古城，距董志乡大约 20 公里，当为之。《元和郡县

① 《史记》卷 110《匈奴列传》，中华书局 1982 年版，第 2901 页。

② 张多勇：《朝那县城址变迁概述》，《宁夏大学学报》2009 年第 1 期，第 64—69 页。

③ 《后汉书》卷 65《段颎传》，中华书局 1965 年版，第 2149 页。

④ 萧统：《文选》第 1 册，上海古籍出版社 1986 版，第 426 页。

⑤ 笔者考得丝绸之路在陇山以东有七条道路，其中汉代的主干道是"茹河道"，其道路走向是：由关中出发至陕西淳化县（有甘泉宫遗址），经陕西旬邑职田镇（有汉代旬邑县、唐代三水县遗址），经甘肃宁县平子（有义渠县遗址）、早胜（唐宋早社驿）、甘肃宁县（有汉代泥阳县、唐宋宁州遗址）、至董志塬分两路，其中一路从甘肃庆阳市西峰区野林（秦汉彭阳县遗址）今北石窟寺下原，渡蒲河，进入茹河河谷，溯茹河而上，一路经甘肃镇原县境内，彭阳乡（有汉代、宋代彭阳县遗址）、城关镇（今城关镇祁家川有安定县遗址）、县城（唐宋原州临泾县）、开边乡（刘路庄村有汉代抚夷县遗址），茹河在宁夏彭阳县境内有城阳乡（北魏黄石县、西魏改为长城县、唐代百泉县城址）、古城镇（古城镇为秦汉朝那县），再翻越山岭进入清水河，至固原（古高平），我们称为"茹河道"。这条道路上古城遗址串状分布、石窟寺密集、烽燧遗址线状不间断，古道遗迹随处可见。这条道路是汉代的主干道，唐宋沿用。

⑥ 张多勇：《陕甘宁蒙毗邻地区石窟寺的分布及地理环境探析》，《陇东学院学报》2009 年第 1 期。

⑦ 《魏书》卷 160《地形二·西北郡》，中华书局 1974 年版，第 2627 页。

⑧ 《元和郡县图志》卷 3《关内道三·宁州》，中华书局 1983 年版，第 66 页。

⑨ 同上。

图志》有载："临泾县界彭阳古城"，唐临泾县故城在今镇原县城，那么唐代彭阳古城在临泾县境内，亦即在今镇原县境内，这进一步说明今镇原彭阳古城即汉之彭阳县治所。

清嘉庆《一统志》曰："《魏书·地形志》豳州领西北地郡，治彭阳县"，又曰："彭原古城，在安化县南。汉置彭阳县，在今泾州镇原县界，后魏徙置于此。"① 可见彭原县北魏时由镇原县徙置安化县（今庆城县）境内。北魏彭阳县治所即今西峰彭原乡何家地坑村庙头嘴北遗址，至此彭阳县从茹河河谷迁至董志塬。

2005 年 2 月 25 日，笔者前往调查。实地所见彭阳古城位于蒲河支流茹河北岸二级台地上，东距蒲河茹河交汇点——北石窟寺 4 公里，今镇原县彭阳乡政府所在地，乡镇机关建于古城城内，地理坐标：E35°36′48.6″，N107°28′48.7″。古城傍河依山而筑，东西长 260 米，南北共长 320 米。西北角墩尚存，高 8 米，只见残角。有 1993 年列为甘肃省文物保护单位的石碑。所以确定此古城遗址为汉、宋两代古城。

后来与庆阳市博物馆原馆长李红雄先生交谈时，他认为彭阳城只是宋城，无汉代遗物，在刘得祯、李红雄主编的《庆阳文物》一书中，如是描述该城："调查中，我们在城中发现的遗物多为宋代青瓷片，依次推断，现有古城当属宋代遗存。据有关史料记载彭阳原为县城，始建于汉武帝元鼎年间，西峰市野林汉墓出土的'彭阳'鼎就是一个实物证据。"虽未否定彭阳古城为汉城，但字里行间透露出，作为汉代城池，尚缺少现场实物证据的意思。于是笔者又于 2006 年 11 月 8 日、12 月 14 日两次前往彭阳古城踏勘复查，这两次注意了地下文化层及其遗物。古城东北角有明显的地层剖面，均为宋代遗留，厚约 3 米，下层接生土，无汉代地层。在城南部今天的彭阳中学的南部沟沿，有一天然剖面，文化层厚 1.5—2 米，全系宋代地层。在今供销社院内，却有一剖面，上层为宋代文化层，厚 0.7 米，中间有杂土，距地面 1 米深的地层，内含粗绳纹瓦片和绳纹陶片组成的汉代建筑残件，厚 1 米，在城西沟沿也发现绳纹瓦片地层剖面。两剖面东西相距仅 130 米，其面积不足县城规模，有驿站的可能性。再往西为一大沟，深约 20 米，宽 110 米，在要离开时抱着试试看的态度，笔者走上了沟西叫新城崂的台地上观察，意外地发现这里有汉代文化层，地层中绳纹板瓦密集，板瓦宽 29 厘米，文化层厚 3 米，地层剖面东西距宽 90 米，南北距 200 米以上，此沟当是汉代以后形成，与沟东文化层联系起来看，应为东西距 330 米，南北距 330 米，面积在 160 亩左右，可具县城规模。② 在遗址北部称上滩的坡地上，有大量汉墓，多数被盗，出土有铜器和绿釉陶器，今见有掘开的砖箍墓三座（见图 3）。

---

① 清嘉庆《一统志》卷 230《庆阳府·古迹》，见《四部丛刊续编·史部》第 31 集。

② 李并成：《河西走廊历史地理》，甘肃人民出版社 1995 年版，第 150 页。

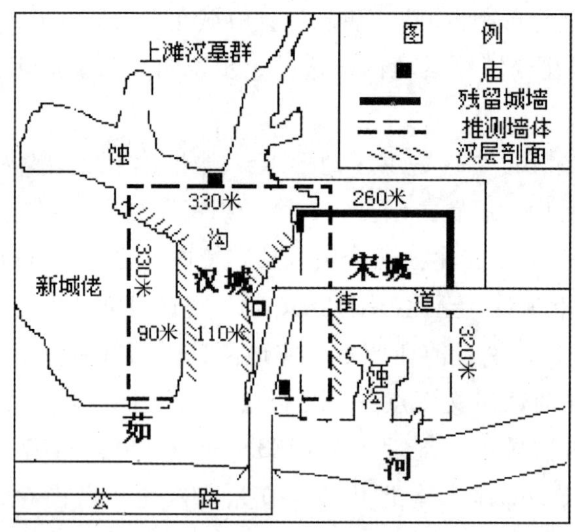

图3　汉、宋彭阳城遗址示意图

至此，我们完全可以断定镇原县彭阳古城西遗址，应为汉代彭阳古城。另需注意，距古城东 15. 5 公里的西峰区野林乡政府所在地，1982 年 11 月村民在住宅附近挖土时发现一座碹顶土洞式古墓，庆阳地区博物馆进行了清理，出土呈土灰色的泥质灰陶罐 2 件，呈蓝灰色泥质灰陶罐 6 件，铁釜 1 件，铁刀 1 件，蒜头铜壶 1 件，铜鼎 1 件。铜鼎有球面盖，盖上有阴刻铭文二竖行，作："彭阳重三斤四两容三升"。铜鼎口沿铭文四竖行，作"彭阳重七斤容一斗三升"。①（见图 4）蒋璐对中国北方地区汉墓进行梳理，认为庆阳野林汉墓为西汉早期汉墓。② 很多学者据此作为远在 15. 5 公里的彭阳城的证据。笔者前往野林考察，却发现这里另有一处古城遗址。

图4　庆阳市西峰区野林汉墓出土"彭阳鼎"及铭文
（图片由庆阳市博物馆王春提供）

① 许俊臣、李红雄：《甘肃省庆阳地区博物馆收藏的一件西汉铜鼎》，《文物》1983 年第 12 期。

② 蒋璐：《中国北方地区汉墓研究》，博士学位论文，吉林大学，2008 年，第 74 页。

二 战国、秦及汉初彭阳县城

2005 年 8 月 19 日，笔者赴野林一带考察，野林地处董志塬的西部边缘，有几条切沟沟头伸入塬区，据 77 岁的金丽伦老师回忆，野林原有古城，城墙被新庄沟冲毁，留有两城墩，城墩 1958 年毁。经他指点距野林乡政府西 0.5 公里，原城墩所在地坐标为：E35°37′20.5″，N107°36′27.3″，两地隔沟相距约 260 米，在城墩西 500 米今存冢状土墩，系黑垆土堆成，无夯层，外表经风化呈红色土壤，高 13 米，底周 40 米，据当地人说，10 米远处还有一冢，今已毁。这里西距蒲河 11.5 公里，距离彭阳古城 15.5 公里，东距董志镇 10 公里。在故城周围的农田里，到处可见到粗绳纹瓦片、红色陶片、蓝色陶片、有刻纹的黑色陶片口沿（春秋、战国），还有绳纹圆底夹砂陶器（商周），秦汉或商周遗物、建筑残片非常丰富。两城墩间距离 260 米，在塬区建城，一般为正方形，照长、宽各 260 米计算，野林古城当具县城规模。这里还出土过商代玉戈一件，① 今存庆阳市博物馆，为该馆唯一的国宝级文物。

笔者认为，这里是战国、秦代和汉初的彭阳县城，西汉武帝元鼎三年（前 114），分北地郡置安定郡，为了防御匈奴，彭阳县迁址河谷地带，此城遂废。理由有七：①上面提到的野林汉墓距野林古城 1 公里，出土了尤为珍贵的“彭阳”铜鼎，用来作为野林古城的证据，远远比用来作为 15.5 公里的镇原彭阳古城的证据充分。②古城遗址的建筑残留物非常丰富，且全系秦汉或更早遗物，城墙虽已毁掉，但曾目睹过的人颇多。③彭阳县城无论是设在董志塬还是在河谷地带，董志塬“本汉彭阳县地”，② 其所辖之地仍包括董志塬的一部分，县城设在塬区，易于形成以城市辐射的农业生产圈和经济交流圈。④镇原彭阳城所处川道，不足 300 米宽，古城南以河为畔，北已枕山，河对岸已为悬崖，具有明显的关隘性质，在这里设县，完全出于军事防御目的，但对发展生产不便，汉武帝时为构筑防御体系，扼控丝绸要道“茹河道”，迁彭阳县至要冲地带，当是必要的。⑤镇原彭阳故城东距蒲河、茹河交汇点北石窟 4 公里，茹河为丝绸之路的主要通道之一，地处军事要冲和丝绸之路要道之上，在这里设置县城，战时可以扼控要塞，和平时期可以掌控丝绸之路的过往商旅，查验文牒。⑥镇原彭阳古城，扼守茹河道，人马只能从城内穿过，前引《史记·匈奴列传》，汉文帝十四年（前 166），匈奴单于 14 万骑入朝那、萧关，遂至彭阳。却未言及“夺彭阳”或“入彭阳”，匈奴“候骑至雍、甘泉”，未攻破彭阳城，可以认为当时彭阳县城并不在茹河河谷，而在董志塬上，匈奴至董志塬，“虏人民畜产甚多”。可以推测，正是由于这次匈奴沿茹河道入侵，且“奇兵入烧回中宫，候骑至雍、甘泉”，震动汉室，为防御需要，才将彭阳县城迁至河谷，扼控茹河要道。⑦县城迁入河谷地带既然是权宜之计，之后就有迁回的可能，北魏、隋唐彭阳县治所迁到董志塬就是明证。宋代又迁入河谷地带，完全

① 许俊臣：《甘肃庆阳发现商代玉戈》，《文物》1979 年第 2 期。

② 《元和郡县图志》卷 3《关内道三·宁州》，第 66 页。

是战时防御西夏的需要。

由以上这些理由可证，野林古城确为战国、秦至汉初的彭阳县城。

三　富平、彭原四城

唐宋时期宁州治所在今宁县县城，庆州治所在今庆城县城，向来没有争论，今就以此二城为坐标，以确定古彭原县城。

《隋书·地理志》曰："彭原，旧曰彭阳，后魏置西北地郡。有乐蟠城，西魏置蔚州，有丰城，西魏置云州。后周二州并废。开皇初，郡废，十八年，改县曰彭原。有珊瑚水。"① 这段记载，明确了彭原是在隋开皇十八年（598）由彭阳改名而来，但没有明确彭原的治所在哪里。《元和郡县图志》宁州条曰："彭原县，南至州一百里。本汉彭阳县地，在今县理西南六十里临泾县界彭阳古城是也。暨与后汉，又为富平县之地。后魏破赫连定后，于此复置富平县，废帝改曰彭阳县，属西北地郡。"② 废帝，西魏皇帝元钦（551—552 年在位），这则材料结合《隋书·地理志》可以理清彭阳、彭原名称的改易过程，即北魏置富平县，西魏改彭阳县，隋开皇十八年改彭原县，唐沿用。其治所方位"南至州一百里"，即南至宁州（今宁县）100 里，当在宁州北部寻找。《太平寰宇记》宁州条载："彭原县，西北一百里。旧二乡今五乡。本汉彭阳县地，后汉又为富平县之地。后魏破赫连定后，于此复为富平县地，废帝改为彭阳县，属西北地，隋开皇三年罢郡，以县属宁州，十八年改为彭原县，因彭池为名，在郡西。富平故城，后汉富平县，今废。"③ 与《元和郡县图志》记载基本一样，增加了：隋开皇十八年改为彭原县。又载：富平古城，在乐蟠县"西八十里，宁州彭原县界"。乐蟠县古城，在今合水板桥镇。板桥西 80 里，南至宁州 100 里之地，约今西峰区彭原乡政府所在地。

嘉庆《一统志》古迹条："马岭古城，北地郡秦置，治马岭县，后汉徙郡治富平而马岭县废。"说明东汉将北地郡治所从马岭县迁到富平县治所。又载："富平古城，在安化县南，汉置富平县，在今宁夏府灵州界，后汉徙置于此，为北地郡治。永初五年，以西羌乱诏徙郡池阳。永建四年，归旧县。永和六年，复治冯翊，县遂废。"④ 这则材料说明，一是富平古城在安化县（清安化县即今庆城县）南；二是西汉富平县在宁夏灵州界（遗址在今宁夏吴忠市南 18 公里关马湖⑤），东汉羌乱后徙置于此；三是东汉北地郡治由马岭徙置富平县；四是永初五年（111）北地郡迁至池阳（今陕西泾阳县），

① 《隋书》卷 29《地理志》，中华书局 1973 年版，第 810 页。

② 《元和郡县图志》卷 3《关内道三·宁州》，第 66 页。

③ 《太平寰宇记》卷 34《关西道十》，见《文渊阁四库全书》第 469 册，台北：台湾商务印书馆，第 295 页。

④ 清嘉庆《一统志》卷 230《庆阳府二·古迹》，见《四部丛刊续编·史部》第 31 集。

⑤ 宁夏博物馆：《宁夏吴忠观马湖墓》，《考古与文物》1984 年第 3 期；许成：《宁夏秦汉时期富平县旧址考》，原载《宁夏史志研究》1986 年第 1 期，收入《宁夏考古史地研究论集》，宁夏人民出版社 1989 年版，第 212—213 页。

永建四年（129）迁回，这次富平县未迁回宁夏，而迁至董志塬，永和六年又迁至冯翊，明确了富平县废止的时间。

根据前引材料，富平、彭阳的关系是：富平县（东汉）—富平县（北魏，西北地郡治）—彭阳县（西魏）—彭原县（隋开皇十八年改名）—彭原县（唐代，彭州治）—彭原县（宋金）。这个序列的变化都在一个古城遗址吗？尚需通过实地考察才能确定。

综合上述记载，可初步推断东汉北地郡治富平县、唐代彭州治所彭原县在今西峰区彭原乡，但笔者在彭原附近考察，发现彭原附近有四座古城，一座汉城遗址（庙头嘴），一座北朝古城遗址（庙头嘴北），一座唐城遗址（彭原村），一座唐、宋、金古城遗址（义门村）。这些遗址是什么关系？需要深入地研究。

（一）隋唐彭原郡治所——彭原县古城

笔者于2005年2月24日前往实地踏勘，这里黄土塬区被湫沟、背阴洼沟、跟集路沟、路坳沟等切割成下庄嘴、前头嘴、任家嘴、庙头嘴、大嘴、翟家南嘴等地形。在以后的5年内，笔者先后8次来到彭原，7次到义门，7次到庙头嘴。对这里的古城址、古遗址、古墓葬做了细致的调查。

彭原古城坐落在庆阳市西峰区彭原乡彭原自然村南庄自然村，庆峰一级公路北3公里桩号折向东行1.5公里，居于董志塬南庄嘴边缘，南北临沟。2003年12月被列为庆阳市级文物保护单位。古城呈不规则长方形，西墙为直线墙，北、东、南墙有圆弧形。北墙残存约730米，全城仅残存城墙1300米，西护城壕尚存，长500米，城周总长2200米。城内布纹板瓦、筒瓦，雨点纹残陶片极为丰富，文化层深1.2米。（见图5）

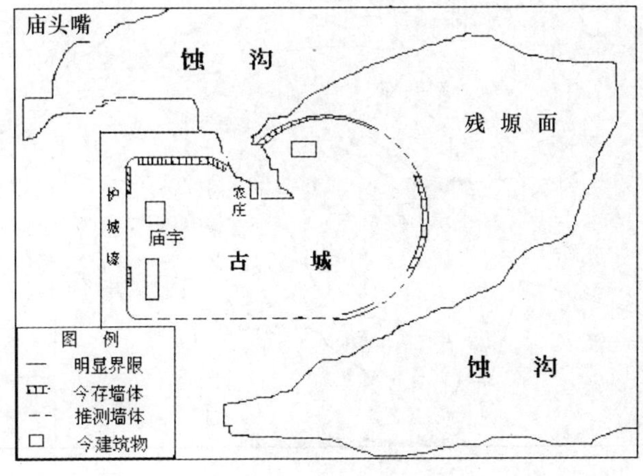

图5　彭原古城结构

据老者讲，城内原有古塔，“文革”中古塔被拆。一民户今存从古塔拆下的大砖十余块，42厘米×21厘米×5厘米，从古塔所拆的大砖的形制可判断为宋代砖，在彭原村一村民家中见到20世纪60年代的一张照片，照片上古塔顶部已经塌去一半，但从形制上看，明显属于宋塔。

彭原古城地处塬区东部的边缘，这里今天水位约距塬面40—50米，在塬上挖井取水较为困难，古代虽有凿井技术，不会家家户户都吃井水，在塬上建城，必须在邻近水源的塬边，临沟建城，正是为了取水方便。彭原古城就其城的规模看，依照李并成先生考订古城的标准，[①] 当属郡城，城中唐代遗物较多，与文献记载相合。可见，彭原是在隋开皇十八年，北地郡废，由彭阳改名彭原，就建成在这里，唐代延续。城内有宋塔，说明宋朝这里或为寺院，寺院和佛塔为清净之地，不可能建于城内闹市中，说明宋代城废另建城址。旧城既废，所迁的新址，应在此城西北7公里的义门古城。

在彭原古城西边，湫沟的沟头向北延伸，与胡洞相连，胡洞向北延伸至汉魏古城西的跟集路沟沟头向北延伸相连，这明显是一个故道遗址，笔者沿着这条胡洞步行，发现胡洞边沿打破汉代墓葬，说明汉代墓葬埋葬时道路尚不存在，当为汉代以后的故道。

《旧唐书·肃宗纪》载唐肃宗至德元年（756）七月至灵州（今宁夏吴忠市）继帝位。“九月戊辰，上南幸彭原郡。”[②] 在这里，唐肃宗召见回纥首领葛罗支，取得回纥军队的支持；接受唐玄宗自成都传来的禅位诏书和玉玺国宝，并指挥各路大军收复关中。

实地考察所见前头嘴有一唐代遗址，其地势很高，在其上观彭原城，尽收眼底，遗址主要是唐代建筑残件布纹瓦片，面积100米×80米，当为唐肃宗驻跸彭原城时的哨卫之所，警戒之地（见图6）。

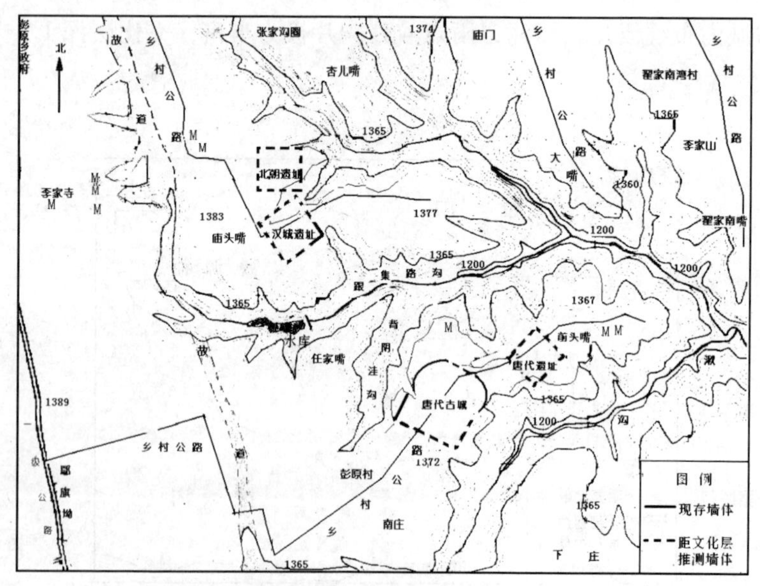

图6　彭原汉代、北朝、唐代古城关系图

① 李并成：《河西走廊历史地理》，第150页。

② 《旧唐书》卷10《肃宗本纪》，中华书局1975年版，第241页。

（二）东汉、西晋北地郡治所——富平县遗址

1975 年在距彭原古城北直线距离相去 1.5 公里的何家地坑村庙头嘴，挖出一个小窖窑，出土 8 件青铜器。有龙首柄铜魁 2 件、铜斗 1 件、铜甑 1 件、铜釜 2 件、铜勺 2 件，断定为东汉的炊具，现藏庆阳市博物馆。铜斗内底部有“市平”铭文（见图 7）。“市”音 fú，是“服”的象形字，《说文》：“古衣蔽前而已，市以象之。从市，象连带之形。”后世造字，如“布”、“帛”、“帐”等均从“市”。“市平”即“富平”的同音假借，此当为富平城的明证。同时在庙头嘴西 1 公里的东坳村发现 4 座汉代墓，单砖碹顶。1982、1985 年彭原村民在修宅时先后又发现 2 座汉墓，出土有铜器和大量陶器。① 笔者在此调查时，听当地村民讲，附近经常有古墓出现，但都被盗掘。说明这里有汉代古墓群。另外，在李家寺也有汉墓群分布，据博物馆同志讲，曾在这里清理过汉墓。

图 7　东汉富平县城（北地郡治）出土的有“市平”铭文的铜斗

据以上信息，笔者推测庙头嘴可能有东汉富平县古城遗址，2008 年 6 月 24 日，笔者约姚文波前往考察，有不小收获，不仅找到汉城遗址，而且找到城墙遗迹，汉代古城遗址位于今西峰区彭原乡何家地坑行政村庙头嘴自然村。

汉城遗址南城墙东部基部尚存长 110 米，经 GPS 手持机定位，城墙东南角位于 N35°47′55.9″，E107°37′55.8″，其夯层厚 5—12 厘米，村民讲，城墙基部一直保留至 1970 年代。根据文化层剖面东西距 280 米，南北距 205 米，复原古城南北宽 400 米，东西约 300 米。面积大约为 12 万平方米，周长 1400 米，符合汉代县城规模。但作为郡治，尚显狭小。考虑沟壑侵蚀，最大周长也在 1600 米，也不算太大的郡城，反映了东汉羌乱以后北地郡的衰落。

西汉富平县在宁夏灵州界（遗址在今宁夏吴忠市南 18 公里关马湖附近），东汉徙置于董志塬，东汉末年羌乱，永初五年（111）北地郡迁至池阳（今陕西泾阳县），永

① 何翔：《甘肃庆阳发现三座汉墓》，《考古与文物》1988 年第 4 期。

建四年（129）迁回，但宁夏一带被羌人占据，富平县从关中迁回滞留董志塬，这时北地郡原治所马岭县废，富平县成为北地郡的治所。永和六年（141）羌乱再起，富平县又迁至冯翊。笔者做过考证，安定郡在东汉羌乱以后二次迁回时间是汉灵帝建宁元年（168）春，段颎破羌以后。① 北地郡羌乱以后二次迁回时间应在同一年。北地郡原辖19县，经过两次羌乱，仅存富平、泥阳、弋居、廉县、参繿、灵州六城，“户三千一百二十二，口万八千六百三十七”②。据此，可证《后汉书·郡国志》所用的是东汉羌乱以后的版籍。

今天从古城遗址文化层的厚度看，在这里设县在二三百年以上，当有西晋富平县的延续。《晋书·地理志》载：北地郡统县二，泥阳、富平。西晋的富平县治所亦当在此，据此推测此城可能废于西晋灭亡时的316年左右。十六国时期，属于赫连夏控制区域。

今陕西有富平县，是晋末迁徙所致。《太平寰宇记》卷31《关西道七·耀州》富平县：“本汉旧县，属北地郡，前汉理在今灵州回乐县界，后汉移于今宁州彭原县界，晋又移于今县西南怀德城。后魏大统元年，自怀德城移于今理。周闵帝二年，于县置中华郡，隋废郡县属雍州。唐开元中，又移于义亭城，盖古之乡亭也。后唐同光初，割属耀州。”③ 这则资料是古文献中对富平县的迁徙过程所做的最为清晰的叙述。

（三）北魏西北地郡治所——彭阳县

为了进一步确定汉城遗址北界，笔者等考察了路坳沟北岸。现在的北岸地面介于其北侧的枣嘴沟和南侧的路坳沟之间，形成了黄土墚状地貌。墚上地面虽散落汉代瓦砾，但未发现汉代文化层，只有北朝地层。北朝遗址以建筑残件为主，无疑是城镇遗址，虽然没有城墙，但含北朝文化层的地层基本呈正南正北走向，东西距350米，南北距300米（见图6），符合县城规模。据此，可以断定彭原庙头嘴北朝遗址北魏西北地郡治所富平县，西魏彭阳县城。北魏破赫连定后，于此复置富平县，西魏废帝（522、523年在位）时改为彭阳县，属西北地郡，隋开皇三年（583）罢郡，置县属宁州，开皇十八年（598）改为彭原县，治所迁往南4里彭原古城处，唐武德元年（618）置彭州，领彭原、丰义、同川等三县。贞观元年（627），废彭州，仍为彭原县治所。

（四）唐彭原西城、宋金彭原县城

在彭原古城西边7公里，董志塬西缘，还有一古城遗址义门古城，义门古城也有

---

① 张多勇：《泾河中上游汉安定郡属县城址及其变迁研究》，硕士学位论文，西北师范大学，2007年，第1—22页。

② 《后汉书》志23《郡国志》，第3519页。

③ 《太平寰宇记》卷31《关西道七·耀州》富平县，见《文渊阁四库全书》，第469—276页。

唐代建筑残件，布纹瓦片。义门古城是否亦建于唐代？考之文献，《新唐书·逆臣列传》载，唐德宗建中初年（780—783），泾州军叛，拥立朱泚（幽州人）为帝，“泚僭即皇帝位于宣政殿，号大秦（后改汉），建元应天”。后战败，“泚犹余范阳卒三千，北走驿马关，宁州刺史夏侯英开门阵而待，泚不敢入，因保彭原西城。”① 朱泚逃亡驿马关，驿马关在今庆阳市庆城县与西峰区交界地带，地处董志塬区南北两塬的崾岘，两面临沟，塬面在这里仅宽约50米，有古关遗址，南北有古道遗址，是唐代以来董志塬南北必经的关口，驿马关有宁州刺史守关，“因保彭原西城”，可见，唐时已有了彭原西城，朱泚在此被部将所杀。唐代为何在一县建二城，正是由于肃宗曾幸彭原半年以上，在彭原坐镇指挥收复两京，想必彭原当时车水马龙，络绎不绝，彭原城经扩建成为皇帝行宫，筑建新城，以为犄角，应在情理之中。彭原西城当为今义门古城。也有可能是因为彭原城做过皇帝行宫，后世官员遂将彭原城予以保护，另建新城辟为衙署。肃宗以后唐代彭原县衙署应当迁至西城，彭原皇帝行宫依旧保存。

2005年2月12日笔者前往义门古城踏勘。以后笔者曾先后7次到此考察，该城属今西峰区彭原乡义门村，距西峰北8公里的庆峰一级公路西侧2公里，东南距彭阳古城7公里，位于董志塬的西部边缘，古城为方形，东西305米，南北260米，古城周长1130米，就其规模看当为古县城遗址，与文献研究的推论相符合。义门古城文化遗存多属于唐、宋、金时期。

乾隆《庆阳府志》卷11认为“彭原废县”和“富平古城”是两城，② 至为正确，但认为后魏以来，治所皆为一城，误也。显然该志未能勘察古城遗址，也未能将东汉、北朝、唐、宋金四个古城遗址加以区分，也未关注唐肃宗幸彭原的历史。张耀民先生在《汉北地郡富平城考证略记》中，认为东汉富平县城在彭原，北地郡治所，是正确的，但都是来源于文献推测和附近考古资料的证据，没有找到东汉富平县的确切遗址位置，认为彭阳、彭原、富平是一城，宋金彭原县治所皆在彭原，亦误。③

四　唐丰义县——宋初彭阳县城

《新唐书·地理志》宁州彭原郡彭原条：“彭原，武德元年以县置彭州，二年析置丰义县。贞观元年州废，以彭原、丰义来属。开元八年以丰义隶泾州，寻复还属，唐末省。”可见丰义县是在武德二年（619）由彭原县析置而来，先属于彭州，再属宁州，又隶于泾州，又回属宁州。同书丰义条：“丰义，武德二年，分彭原县置，属彭州。贞观元年废彭州，来属。”④ 同书庆州顺化郡：“同川，本三泉，义宁二年（618）析彭原郡之彭原置，武德三年更名。”可见，隋唐将董志塬一分为三，自北而南分为同川

---

① 《新唐书》卷225《逆臣列传》，中华书局1975年版，第6449页。

② 乾隆《庆阳府志》卷11《古迹》。

③ 张耀民：《汉北地郡富平城考证略记》，《西北史地》1996年第2期。

④ 《新唐书》卷37《地理志》，宁州彭原郡，第969页。

县（遗址在今庆城县同川乡同川桥子北）、彭原县、丰义县，皆属彭州。董志塬南北60公里，唐代在此置三县，反映出唐代这里人口稠密，县城分布密集。贞观年间，彭州废，同川县属庆州，彭原、丰义属宁州。开元年间，丰义曾属泾州，后还属宁州。《元和郡县图志》宁州载："丰义县，东南至州八十里。本汉彭阳县地，今县理西四十里彭阳古城是也。后魏于县理置云州，周武帝保定二年废州为防，隋文帝废防名为丰义城。武德二年，分彭原县置丰义县，因旧城为名，属彭州，贞观元年州废，县属宁州。"① 可知丰义县治所在宁州西北80里，汉彭阳古城以东40里，西魏为云州、北周为丰义防、隋代为丰义城、唐代为丰义县。前引《隋书·地理志》曰："彭原，旧曰彭阳，后魏置西北地郡。有乐蟠城，西魏置蔚州，有丰城，西魏置云州。后周二州并废。开皇初，郡废，十八年，改县曰彭原。有珊瑚水。"说明唐代丰义县就是西魏的云州，隋代的丰城。唐代宁州治所在今宁县，在距宁县县城西北约80里的地方（唐80里约合今43.2公里），今有四座古城：今西峰区萧金古城西北距离宁县城38公里（现公路距离）；萧金米王古城西北距宁县城41公里；董志旧城东南至宁县城45公里；董志新城东南至宁县城46公里，西北至彭阳古城20公里。四城孰是，需实地考察，方能做出判断。

（一）丰义城的地望

笔者于2005年4月29日前往萧金镇实地考察。所见萧金古城，位于西峰区萧金镇，南距庆阳市区20公里，西峰至西安的公路从此经过。笔者于2005年6月3日至董志镇考察，找到董志新城东北角墩遗迹，但城墙高大，棱角分明，明显是清代城墙遗址。

6月7日，前往范凤岐老师家中拜访。范老师拿出已写成的《董志镇志》约32万字的手稿示我，认为董志新城，为清朝同治八年（1869）所筑，为安化县分县治所，新城南三里有旧城遗址。我们来到老城，即对老城进行踏勘，古城轮廓清晰，西墙靠沟，名曰老城沟，西墙长493米，南墙长212米，东墙长504米，北墙长86米，明显呈梯形（见图8），西北角GPS定位为N35°39′19.5″，E107°38′50.7″。城内唐代布纹瓦片到处堆积，有黑色筒瓦残片，黑色陶片、红色陶片零星分布，并拣到绳纹板瓦残片两片（汉）。大量的唐代瓦片的堆积，证明应为唐代城址。这里北距宁县45公里，南距彭原古城20公里，西距镇原彭阳古城20公里，与《元和郡县图志》所载大体相合。由此推断，董志旧城应为北魏的云州城、北周丰义防、隋之丰义城、唐之丰义县城、宋初彭阳县。董志新城为清代安化县分县治所，范凤岐老师对董志新城的判断是正确的，但认为董志旧城为汉彭阳县城，是将宋代的彭阳县误为汉彭阳县。

---

① 《元和郡县图志》卷3《关内道三·宁州条》，第66页。

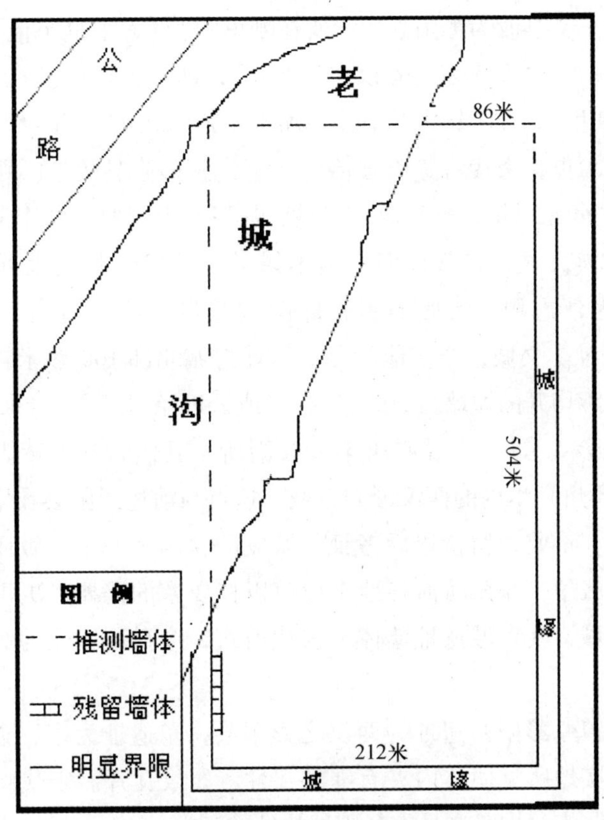

图8　唐代丰义县遗址示意图

宋代既有彭阳县，又有彭原县。史念海先生认为，宋代没有彭阳县，① 误。《中国历史地图集》，可能即受此影响，宋代未标出彭阳县。

（二）宋代彭阳县恢复古名、返回河谷

《宋史·地理志》原州条载："彭阳，唐丰义县，太平兴国初改。至道三年，自宁州来隶。"看来宋太平兴国（976—983）初将丰义县改为彭阳县。至道三年（997）又将该县从宁州划入原州。同书庆州条："彭原，熙宁三年（1070），自宁州来隶。"②《舆地广记》原州条载："彭阳县，二汉属安定郡，晋省之后复置，元魏置西北地郡，隋改县为彭原，唐武德二年，析彭原置丰义县属宁州，皇朝太平兴国元年（976），改曰彭阳，至道三年来属。"③ 不仅说明了宋代的彭阳县为唐代的丰义县所改名，并标明改置的年代为太平兴国元年（976），至道三年（997）从宁州来属。就是说丰义县改为彭阳县后的21年间，仍属宁州。丰义县改名彭阳县21年后从原址迁走。清代董志有一书院，尚称彭阳书院，证明这里曾做过彭阳县城。

① 史念海：《河山集》第4集，陕西师大出版社1991年版。

② 《宋史》卷87《地理三·原州》，中华书局1977年版，第2157页。

③ 《舆地广记·陕西·秦凤路》，载《文渊阁四库全书》，第366页。

那么，宋代由丰义县改为彭阳县的治所在哪里呢？《太平寰宇记》宁州条载："彭阳县，西八十里，旧二乡今三乡，本汉彭阳地"①，即是说彭阳县在宁州西80里（唐丰义县在宁州北80里），今考镇原县彭阳故城在宁州西北43公里（鸟距）的位置，大体与史书记载相合。可见宋代将彭阳县治所迁至西汉彭阳县故址。顾祖禹《读史方舆纪要》卷58载："贞元三年，吐蕃寇丰义城，前锋至大回原，邠宁节度使韩游环击却之。四年游环请筑丰义城，二版而溃，遂不果城。五代时县废大回原，或云近泾州境。"② 大回原当为董志塬。二版而溃，即两次版筑，都已坍塌。可见唐贞元三年（787）老城沟已侵蚀丰义城，今实地所见，估计古城北部100多米被水冲毁，塌入老城沟，今老城沟头距切开的城墙口300米许。"或云近泾州境"，虽未肯定，迁址哪里，"近泾州境"已有提示。进一步说明唐丰义县治所，五代时县废董志塬，已迁往镇原（宋属原州，清属泾州）境内的西汉彭阳古城。这点与前述彭阳县在宋太平兴国年间迁徙不符，今存二说，谁是，留待以后考证。城废的原因，一是二版而溃，更重要的是由于宋代与西夏的战争，在茹河河谷地带设镇以控要塞的需要。更重要的证据是前已述及的镇原彭阳古城，其东城遗址墙体为宋代所筑，今存城墙较为高大，应是宋代迁入的彭阳县城。

据此判断，今镇原彭阳西遗址为西汉之彭阳县，东遗址为宋、金彭阳县城，今城墙当为宋代复筑。实地所见墙体内夹有绳纹瓦片、布纹瓦片。宋代将丰义县改名彭阳县，从地名学上讲，恢复古名亦是宋彭阳城故址的证据。

彭阳故城扼"茹河道"之要冲。匈奴、西夏入侵正是沿着这条道路而来的。由此推测汉代萧关亦应在茹河道上。

五　宋彭阳城

宋代为防御西夏采用"堡寨防御"，在陕西四路修筑大量的堡寨，用于驻军、护粮、保护沿边羌人熟户，城堡分为州军治所、县治所、镇治所、城、堡、寨（砦）等，在陕甘宁地区留下了级别不同大小各异的古城遗址300多个。其中大顺城、细腰城、清涧城、彭阳城、水洛城等最为著名。而且称为城的军事单位都以此为中心构建了立体防御系统。宋代王应麟撰《玉海·城（边城附）》"咸平彭阳城，镇戎军咸平六年（1003）筑"③ 点明了彭阳城的修建年代是咸平六年（1003）。宋镇戎军设在今固原，彭阳城隶属于镇戎军，彭阳城当距固原不远。宋曾公亮等撰《武经总要》前集卷18《边防》陕西路："彭阳城，东至平安寨二十里，西东山寨路至军七十里，南渭州新寨四十里，北至干兴寨五十里。"这里"西东山寨路，至军七十里"意即向西经东山寨路至镇戎军（今固原）70里，这显然不是宋代的彭阳县城，因宋代彭阳县城（今镇远彭

① 《太平寰宇记》卷34《关西道十·宁州》，载《文渊阁四库全书》，第469—296页。
② 《读史方舆纪要》卷58《陕西·平凉府·镇原县》，上海书店出版社1998年版，第409页。
③ 《玉海》卷174《城（边城附）》下。

阳乡）距固原130公里（鸟距）。今宁夏彭阳县古城东距固原40公里，与以上“至军七十里”（约合今38公里）之数略合，故其所记的彭阳城当指今宁夏彭阳县古城，所经东山寨正是今宁夏彭阳县古城乡现存的古城墙，西汉朝那县在古城东半部。①

今宁夏彭阳县北距平凉33公里（鸟距），东距固原40公里，东距宋代彭阳县城90公里，与镇戎军（今固原）成为掎角，战略地位重要，故而咸平六年（1003）筑是城，以远在180里外的彭阳县名命名，宋代既有彭阳县，又置彭阳城作为军事建制，当要彭阳城起到如同彭阳县在历史上的战略地位的作用，彭阳城的军事地位不同一般。

2006年10月28日，笔者考察了彭阳古城。彭阳城坐落在宁夏彭阳县城白杨镇，茹河南岸，古城依南山栖凤山而筑，背南朝北，山上城墙保存完好。南墙在栖凤山顶，与其他宋代古城一样，因山建阙，东西长70米，城外护城壕宽12米，东西二墙呈八字状，向两边撇出（见图9），东墙240米，西墙240米，夯层17厘米。山下台地两墙相距270米，东墙台地部分与山墙相连，今存250米，东西各有马面三座，其余均已不存，据《彭阳县文物志》记载，台地部分南北长675米。② 就其规模计算，该城原周长当为2170米。东北角地理坐标：E35°50′36″，N106°38′46.9″。城内文化层厚1—1.5米，主要以布纹瓦片等建筑残件为主，可见少量青瓷片（宋代），雨点纹陶器残片，是典型的宋代陶器。③ 古城形制与宋夏古城形制基本相同，均为依山而建。

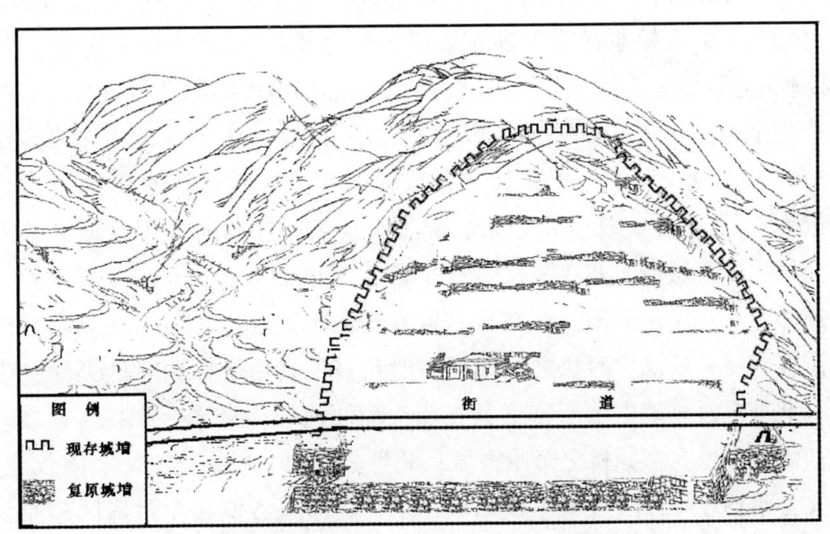

图9　宁夏彭原县宋代彭阳城遗址示意图

金改彭阳城为彭阳堡。明置清平监于此。清改彭阳驿。1983年，经国务院批准，从固原县析出彭阳县，治所白杨镇。

---

① 张多勇：《朝那县城址变迁概述》，《宁夏大学学报》2009年第1期。

② 杨宁国主编：《彭阳县文物志》，宁夏人民出版社2003年版，第88页。

③ 杨宁国主编：《彭阳县文物志》，第88页，将此城分为山城和川城两个城，笔者认真核对当是一个城，依山而建。该书还将“马面”说成城郭。

六 变迁冗杂 各家之误

《隋书·地理志》、《元和郡县图志》、《太平寰宇记》皆曰：隋开皇十八年（598），彭阳改曰彭原。意即明确指出名称的改变，对其中一城位置的记载较为准确，而未言明治所的迁徙。此后的地理志或地方志，或将彭阳、彭原记为一城，或相互混淆，以致造成诸多争议，含混不清，甚至混乱，今人亦莫衷一是，争论不休。

《中国历史地图集》将西汉彭阳县标于镇原彭阳古城的位置，是正确的，将隋唐彭原标于今彭原古城位置，金代彭阳县标于镇原彭阳古城，也是完全正确的。将后周丰义防、隋丰义城、唐丰义县标于今镇原彭阳古城，则误。将东汉北地郡治所标于宁夏河套地区之富平，亦误。宋代不标彭阳县，误。将宋金之彭原县标于今彭原古城位置，亦误。①

史为乐主编《中国历史地名大辞典》："彭阳县，①西汉置，属安定郡。治所在今甘肃省镇原县东八十里。遗址尚存。②北魏置，为西北地郡治。治所在甘肃西峰市北彭原乡。隋开皇十八年改为彭原县。"以上两条正确。"③北魏太平兴国中改丰义县置，属宁州。治所在今甘肃省镇原县东南六十里彭阳乡。至道三年（997）改属原州。蒙古至元七年（1270）并入镇原州。"② 所记未能注意到唐丰义县治所在今董志旧城。

《庆阳地区志》更是未能注意到野林古城、董志旧城、彭原义门故城的存在。③

朱世广先生等在《陇东彭原古城调查报告》一文中认为"彭原古城自东汉末年建成，历两晋、南北朝、隋唐、五代、宋金数朝，上千年不衰"。④ 言之过于粗略。在《彭阳古城调查报告》中，认为汉、宋、金彭阳县治所在镇原彭阳县城，是完全正确的，但认为唐丰义县城治所亦在镇原彭阳古城，⑤ 亦误。

综上所考，秦及汉初彭阳县城在今甘肃省庆阳市野林乡；西汉之彭阳县治所在今镇原县彭阳乡古城；后汉、西晋之北地郡治所及富平县治所在西峰区彭原乡彭原村庙头嘴遗址；北魏之西北地郡治所富平县在庙头嘴北遗址；隋之彭原县、唐之彭州及彭原县在今西峰区彭原乡彭原村之彭原古城；北魏之云州、后周丰义防、隋代之丰义城、唐代之丰义县治均在今西峰区董志镇旧城；宋金之彭原县俱在今西峰区彭原乡之义门古城；宋金彭阳县治所在今镇原彭阳古城；宋代军事重镇彭阳城在今宁夏彭阳县城所在地。

随着历史的变迁，董志塬秦汉设立的彭阳县几经迁徙改名，留下了七个古城遗址，分属于安定郡（汉）、豳州西北地郡（北魏）、彭州（唐武德年间）、宁州（唐）、泾州

① 谭其骧主编：《中国历史地图集》，中国地图出版社 1982 年版，第二册第 33—34、57—58 页，第三册第 54—55 页，第四册第 54—55 页，第五册第 7—8、40—41 页，第六册第 57—58 页。

② 史为乐主编：《中国历史地名大辞典》，中国社会科学出版社 2005 年版，第 2500 页。

③ 甘肃省庆阳地区志办公室：《庆阳地区志》，甘肃人民出版社 2000 年版。

④ 朱世广、张亚萍、王立新、杨贵宝：《陇东彭原古城调查报告》，《西北史地》1999 年第 1 期。

⑤ 朱世广、张亚萍、王立新：《彭阳古城调查报告》，《宁夏大学学报》2002 年第 4 期。

(唐)、庆州(宋金元)、原州(宋金元),名称也经历了彭阳县、彭州彭原县和丰义县并列、彭原县和彭阳县并列、彭原县归并庆州和彭阳县归并原州的变迁,以致造成相互混淆和诸多争议。而目前多数学者虽已搞清楚了彭阳、彭原在历史上的名称改易,却未能搞清楚彭阳、彭原城址的多次迁徙,以致出现诸多分歧。

彭阳、彭原由原区—河谷—原区—河谷的迁徙、原区与河谷并置,几度变迁改易,皆因军事变故而动,历史时期随着军事防御重点的不同和战略地位的转移而置州设县,迁址筑城,而其区划归属亦不断变更,表现出较大的灵活性,反映了董志塬确为"南卫关辅,北御羌戎"① 的军事战略要地,同时也是丝绸之路的要冲。

(作者单位:西北师范大学;陇东学院)

① 《读史方舆纪要》卷57《陕西六庆阳府》,第405页。

金代城市行政建制探讨

韩光辉　刘　旭　吴承忠

唐末五代以来，城市行政管理机构发生了重要变化，其中包括金代明确出现的具有独立行政职能，但等级规模不同的城市行政管理机构警巡院、录事司和司候司。作为专门管理城市的行政制度，发生于12世纪的金代，与京县、附郭县和诸县平行的县级行政机构，其官制在《金史·百官志》中具有明确记载，却被《金史·地理志》疏漏，有必要做系统考证并加以补正。

一　问题的提出

《金史·百官志》记录了大兴府、诸京留守司、诸总管府、诸府、诸节镇、诸防御州、诸刺史州、诸京警巡院、诸府节镇录事司、诸防刺州司候司、赤县、诸县，共同构成了地方行政制度，同属地方行政区划内容。警巡院秩正六品，录事司秩正八品，司候司秩正九品，[①] 官职的设置及其秩级均不同，名称各异，等级规模亦不同，但均已演变为不同等级的治所城市行政管理机构。[②] 作为城市行政管理制度，金代城市警巡院、录事司、司候司三者均设置于金太宗天会年间，与县行政机构相类似，只是社会职责有所不同。（见表1）

表1　金代城市警巡院、录事司和司候司与县行政机构组成之比较

机构名称	主官	佐贰官	巡捕官	吏	职责
警巡院	警巡使	副使、判官	副使	司吏	掌诸京城市民事
录事司	录事	判官	判官	司吏、公使	掌府镇城市民事
司候司	司候	判官	判官	司吏、公使	掌防刺州城市民事
京县、附郭县	县令	丞、主簿	尉	司吏、公使	掌一县行政

资料来源：《金史·百官志》。

---

① 《金史》卷57《百官志》，中华书局1975年版，第1303—1315页。

② 韩光辉、林玉军、王长松：《宋辽金元建制城市的出现与城市体系的形成》，《历史研究》2007年第4期，第42—62页；韩光辉、何峰：《宋辽金元城市行政建制与区域行政区划体系的演变》，《北京大学学报》2008年第2期，第154—161页。

关于金代城市行政建制的研究，首先是清代王昶《金石萃编》指出“（京兆府进士提名碑）载进士里贯有注县名者，有注录事司者。《金史·百官志》诸府节镇录事司，凡府镇两千户以上则置之，是府镇之民不隶于诸县而隶录事司者也”①。这里作者指出了录事司是与县平行的治所城市行政管理机构的事实。其次，清代施国祁《金史详校》也指出：“《河朔访古记》云真定府录事司，国朝所建立，专理城内，城之外则真定县所理。案此自是金制已然。上文警巡已同。”② 20世纪30年代日本学者爱宕松男研究元代录事司时也提到了金代警巡院、录事司和司候司。③ 韩光辉等人自20世纪80年代起则对辽代城市警巡院，尤其金代城市警巡院、录事司和司候司做了进一步较深入系统的研究。④ 希望在此基础上就金代城市行政管理制度做更深入的探索。

二　警巡院、录事司及司候司的城市行政建制

在《金史·地理志》中，只有三处分别记载了警巡院、录事司、司候司的置废：即金“海陵贞元元年更（中京）为北京，置留守司、都转运司、警巡院”；“桓州，下，威远军节度使。军兵隶西北路招讨司。明昌七年改置刺史。户五百七十八。县一：清塞倚”。注：“明昌四年以罢录事司置”；“抚州，下，镇宁军节度使。辽秦国大长公主建为州，章宗明昌三年复置刺史，为桓州支郡，治柔远。明昌四年置司候司。承安二年升为节镇，军名镇宁，拨西北路招讨司所管……四猛安以隶之，户一万一千三百八十。”⑤

在其他相关文献中也有类似记载，据《三朝北盟会编》卷182，天会十五年（伪齐阜昌八年，南宋绍兴七年即1137年）十一月废伪齐，差除“契丹韩睿为都城警巡使”，这里的都城是指北宋的汴京，是年十一月金朝政府即委派契丹人韩睿任汴京城市警巡使，并设置了警巡院。关于录事司，除金京兆府《进士题名碑》记载了金朝一代及第进士有5人的籍贯系录事司外，洪武《太原志》：“金太宗天会六年八月，以代州置振武军节度使，领县四：雁门、崞、五台、繁峙，录事司一；支郡二：宁化军、火

---

① 王昶辑：《金石萃编》卷158《金五·进士题名碑》，中国书店1985年版。

② 施国祁：《金史详校》卷4《百官志·诸府节镇录事》，成书集成初编，第302页。

③ ［日］爱宕松男：《元代的录事司》，索介然译，载《日本学者研究中国史论著选译》第5卷，中华书局1993年版，第608—635页；《元代都市制度とその起源》，《东洋史研究》1938年第4期，第1—28页。

④ 韩光辉：《辽南京城的方圆与警巡院》，《燕都》1987年第4期；《北京历史上的警巡院》，《北京档案史料》1990年第3期，第55—59页；《金代防刺州城市司候司研究》，《北京社会科学》1999年第4期；《金代都市警巡院研究》，《北京大学学报》1999年第5期；《金代诸府节镇城市录事司研究》，《文史》2000年第3辑，第37—51页；韩光辉、林玉军、王长松：《宋辽金元建制城市的出现与城市体系的形成》，《历史研究》2007年第4期，第42—62页；韩光辉、何峰：《宋辽金元城市行政建制与区域行政区划体系的演变》，《北京大学学报》2008年第2期，第154—161页；韩光辉、刘旭、刘业成：《中国元代不同等级规模的建制城市研究》，《地理学报》2010年第12期，第1476—1487页；韩光辉、魏丹、王亚男：《中国北方城市行政管理制度的演变——兼论金代的地方行政区划》，《城市发展研究》2012年第7期，第103—111页。

⑤ 《金史》卷24《地理志》，第557、566页。

山军……元代本州只领雁门县、录事司。中统四年并省入代州。"① 这里也提到了录事司在金代和元初的建置及沿革。关于司候司，据天会十五年二月十二日《滨州司候飞骑尉墓柱记》②，同是金初设置的。这些史料提供了补正《金史·地理志》疏漏的重要依据。

另据金《题登科记后》记载③，章宗承安五年（1200）经义榜登科的33人中籍贯隶属县者18人，隶属诸京府警巡院者6人，隶属录事司者3人，隶属司候司者3人。其中，籍贯隶属警巡院者即张儒卿（大兴府左警巡院）、朱焕（开封府警巡院）、孔天昭（大兴府左警巡院）、王毅（大兴府左警巡院）、赵铢（大兴府左警巡院）和杜实才（南京警巡院）；籍贯隶属录事司者是彭悦（真定府录事司）、邓浩（平阳府录事司）、宋克俊（河中府录事司）；籍贯隶属司候司的3人即王元（解州司候司）、糜元振（磁州司候司）和潘希孟（磁州司候司）。凡此，均足以证明，三种城市行政管理机构，诸京警巡院和赤县、诸京县、诸县，诸府节镇城市录事司和附郭县、诸县，防刺州城市司候司和附郭县、诸县均是相互独立的行政实体，均是进士乃至官员、百姓的县级籍贯，互相平行，不相统属。其他三人的籍贯则分属于千户所或婆速路地方。因此，金代城市警巡院、录事司、司候司均具有县级籍贯意义，自然也就具有城市行政建制意义。

研究表明，金代行政制度分路府、州和县三级制，相应形成了不同行政等级和户口规模的城市，按城市行政建制与等级规模也划分为三级，即警巡院城市、录事司城市和司候司城市。泰和至兴定年间，六京府置有警巡院，13个总管府和所辖诸府节镇置有录事司，防刺州则置有司候司和府州县行政区划（见表2）。④

表2　　金泰和至兴定年间十九路所属行政区划统计

路名	治所	京府	警巡院	总管府	节镇州	录事司	防御州	刺史州	司候司	县	属路
上京	会宁	会宁	1		2	2	1	1	2	6	6
咸平	咸平			1	1	2		1	1	10	
东京	辽阳	辽阳	1	1	2	3		4	4	19	1
北京	大定	大定	1	2	5	7		3	3	42	
西京	大同	大同	1		8	8		7	7	40	
中都	大兴	大兴	2		3	3		10	10	49	
南京	开封	开封	2	2	3	5	8	9	17	108	
河北东	河间			1	2	3	1	5	6	30	
河北西	真定			3	2	5	2	4	6	61	
山东东	益都			2	2	4	2	7	9	53	
山东西	东平			1	2	3	2	4	6	37	

① 《永乐大典》卷5200《原字韵·太原府·建置沿革》，中华书局1986年版，第2254页。

② 端方：《陶斋臧石记》卷41《滨州司候飞骑尉墓柱记》，清宣统石印本。

③ 李俊民：《庄靖先生遗集》卷8《题登科记后》，林玉军博士论文《唐至元代城市行政与治安管理演变研究》先引用了这条史料。

④ 《金史》卷57《百官志》，第1313—1314页。

续表

路名	治所	京府	警巡院	总管府	节镇州	录事司	防御州	刺史州	司候司	县	属路
大名府	大名			1		1		4	4	20	
河东北	太原			1	3	4		9	9	39	
河东南	平阳			2	3	5	1	6	7	39	
凤翔	凤翔			2		2	2	2	4	33	
京兆府	京兆			1	1	2	1	4	5	36	
鄜延	延安			1	1	2		4	4	20	
庆原	庆阳			1	2	3		3	3	19	
临洮	临洮			1	1	2	1	4	5	15	
合计	19	6	8	23	43	66	21	91	112	676	7

资料来源：《金史·地理志》；总管府中含散府。

金代六京共设警巡院8处①，除中都置有左、右二警巡院外，贞祐迁都南京也置有左、右警巡院，上京、东京、北京和西京均建置一个警巡院。诸府节镇城市录事司共66处②，防刺州城市司候司则共112处③。诸府镇除设有城市录事司外，还置有都军司，设都指挥使，“掌军率差役、巡捕盗贼、总判军事，仍与录事同管城隍”④。防刺州城市，置司候司外，还置有“军辖一员，掌同都军，兼巡捕，仍与司候同管城壁”⑤。城市警巡院、录事司、司候司“领在城事”⑥，均属城市行政管理机构；警巡使、录事、司候则是各地方城市行政机构的主官。至元代才有明确的文献记载：“录事职位虽卑，而父母一城之民，其任固不轻”⑦；及“列曹庶务，一与县等”⑧。警巡院、录事司、司候司均系县级行政建制。

三 《金史·地理志》补正

现以路为单位，将金代城市行政机构警巡院、录事司、司候司做相应补正如下：

上京路，国初成为内地，天眷元年（1138）号上京。海陵贞元元年（1153）迁都于燕，削上京之号，止称会宁府，称为国中者以违制论。大定十三年（1173）七月，复位上京。……领府一，警巡院一；节镇四，录事司四；防御一，司候司一；县六，镇一。

---

① 韩光辉：《金代都市警巡院研究》，《北京大学学报》1999年第5期，第71—77页。
② 韩光辉：《金代诸府节镇城市录事司研究》，《文史》2000年第52辑。
③ 韩光辉：《金代防刺州城市司候司研究》，《北京社会科学》1999年第4期，第104—110页。
④ 《金史》卷57《百官志》，第1324页。
⑤ 同上书，第1325页。
⑥ 《元一统志》卷3《汴梁路·建置沿革·郑州》，中华书局1966年版，第225页。
⑦ 吴澄：《吴文正集》卷28《送姜曼乡赴泉州路录事序》，四库全书本。
⑧ 至顺《镇江志》卷16《宰贰》，江苏古籍出版社1990年版，第636页。

咸平路，领府一，录事司一；刺郡一，司候司一；县十。

东京路，府一，领警巡院一；节镇一，录事司一；刺郡四，司候司四；县十七，镇五。

北京路，领府四，警巡院一，录事司三；节镇七，录事司七；刺郡三，司候司三；县四十二，镇七，寨一。

西京路，领府二，警巡院一，录事司一；节镇七，录事司七；刺郡八，司候司八；县三十九；镇九。

中都路，辽会同元年（938）为南京，开泰元年号燕京。海陵贞元元年定都，以燕乃列国之名，不当为京师号，遂改为中都。领府一，警巡院二；节镇三，录事司三；刺郡九，司候司九；县四十九。

南京路，国初曰汴京，贞元元年（1153）更号南京。领府三，警巡院一，录事司二；节镇三，录事司三；防御八，司候司八；刺史郡九，司候司九；县一百〇八，镇九十八。①

河北东路，天会七年（1141）析河北为东、西路，各置本路兵马都总管。领府一，录事司一；节镇二，录事司二；防御一，司候司一；刺郡五，司候司五；县三十，镇三十五。

河北西路，天会七年析为西路。领府三，录事司三；节镇二，录事司二；防御二，司候司二；刺郡五，司候司五；县六十一，镇三十三。②

山东东路，宋为京东东路，治益都。领府二，录事司二；节镇二，录事司二；防御二，司候司二；刺郡七，司候司七；县五十三，镇八十三。

山东西路，领府一，录事司一；节镇二，录事司二；防御二，司候司二；刺郡五，司候司五；县二十七，镇四十八。③

大名府路，宋北京魏郡。领府一，录事司一；刺郡三，司候司三；县二十，镇二十二。

河东北路，天会六年析河东为南、北路，各置兵马都总管。领府一，录事司一；节镇三，录事司三；刺郡九，司候司九；县三十九，镇四十，堡十，寨八。

河东南路，领府二，录事司二；节镇三，录事司三；防御一，司候司一；刺郡六，司候司六；县六十八，镇二十九，关六。

京兆府路，宋为永兴军路。皇统二年（1142）省并陕西六路为四，曰京兆，曰庆原，曰熙秦，曰鄜延。领府一，录事司一；节镇一，录事司一；防御一，司候司一；刺郡四，司候司四；县三十六，镇三十七。

凤翔路，宋秦凤路，治秦州。领府二，录事司二；防御二，司候司二；刺郡二，司候司二；县三十三，城一，堡四，寨十四，镇十五。

鄜延路，领府一，录事司一；节镇一，录事司一；刺郡四，司候司四；县十六，

---

① 《金史》卷25《地理志》校勘记一，第617页。

② 《金史》卷25《地理志》校勘记三十五，第622页。

③ 《金史》卷25《地理志》校勘记五十四，第625页。

镇五，城二，堡四，寨十八，关二。

庆原路，旧作陕西西路。领府一，录事司一；节镇二，录事司二；刺郡三，司候司三；县十八，镇二十三，城二，堡四，寨二十二，边将营八。

临洮路，皇统二年（1142）改熙州为临洮府，置熙秦路总管府，大定二十七年（1197）更名。领府一，录事司一；节镇一，录事司一；防御一，司候司一；刺郡四，司候司四；县一十三，镇六，城六，堡十二，寨九，关二。

四　结论

唐末五代以来出现的城市管理机构军巡院、厢坊，至宋代的都厢、厢坊，到辽代明确为警巡院及录事司等城市机构，再到金代初年，才有《金史・百官志》等文献较明确的记载了京府警巡院、府镇录事司和防刺州司候司，并且确定为不同等级城市的行政管理机构。[①] 作为城市官民百姓的县级籍贯警巡院、录事司及司候司，是中国古代出现的城市行政管理的新事物，值得学术界注意。这种城市行政管理机构既然是行政区划和行政建制的重要组成部分，又是城市百姓的籍贯，则在《金史・地理志》中应该有明确的记载，即在京府、府镇、防刺州属下的行政系统中，除京县、附郭县和诸县外，还应包括专门管理城市的行政管理机构警巡院、录事司和司候司。

（作者单位：北京大学城市与环境学院历史地理研究中心、对外经济贸易大学文化与休闲产业研究中心）

① 韩光辉、林玉军、魏丹：《论中国古代城市管理制度的演变和建制城市的形成》，《清华大学学报》2011年第3期。

行政区划与明代青岛“走私港”的形成

李玉尚

一　引言

1897年德国占领胶州湾后，除了将港口从南部沿海的青岛口转移到胶州湾内的小港和大港外，还将位于青岛口的上、下青岛村以及周遭其他村落（如会前村）拆除，在原先无人居住地区另建商业中心（今中山路和广西路一带），形成德占当局所谓“模范殖民地”的商业区部分。德占当局为彻底消除历史记忆，亦试图拆除天后宫与总兵衙门，因市民反对而未果。随着港口和商业中心的西移以及青岛口地区这些功能的丧失，该地区逐渐成为居住区。

1901年之后青岛口地区在青岛城市空间中功能的变化，使得居住者对本地早期历史记忆越来越淡漠。在殖民主义话语的影响下，德占前后的青岛形成了话语上的天壤之别，即德占之前，青岛是个小渔村；德国占领之后，才变成繁华都市。这种殖民主义话语也影响到地方志编者对于本地早期历史的认识，民国十七年（1928）《胶澳志》卷1《历代设置沿革》这样说：“青岛村初为渔舟聚集之所，旧有居民三四百户，大都以渔为业，今之天后宫太平路一带，乃三十年前泊舟晒网之所，章高元驻兵而后渐成小镇市矣。”

青岛地方史家发现了本地商人胡存约所写的《海云堂随记》，内中记载了1897年青岛口商贸发达的情况，证明德占之前，青岛并非小渔村。对1891年登镇总兵章高元移驻青岛口之前的情况，则由于史料缺乏，认识模糊，无法纠正《胶澳志》中1891年之前青岛是个小渔村的错误认识。现存的“天后宫”证明青岛在明代已经是一个有一定规模的港口城市，但历史文献中并未出现可资证明的文字记录，这一矛盾可以从青岛在明代为一“走私港”得到解释。

二　“青岛”考

万历七年（1579）《即墨县志》卷2《地理·山川》记载：即墨有海岛13，其中巉山岛、颜武岛、白马岛、青岛、竹槎岛诸岛，“俱在县东海中”。十四海口中，“青岛，在县东一百里”。从岛屿排列、地理位置和里距判断，万历志中的“青岛”为今即墨田横镇之三平岛，“青岛海口”为田横镇渔村周戈庄村前海湾，非今青岛市区的小青岛和青岛口。周戈庄村距三平岛约3.5公里，据笔者2007年调查，该村村民仍俗称三平岛为“青岛”。《山东省即墨县地名志》亦称：“此岛（三平岛）又名青岛，因草木繁茂，望之青翠而得名。后因与青岛市重名，改称小青岛”，1984年始定标准名为三平岛。① 该村《刘氏族谱》编修于1858年，内中记载，刘氏始祖迁入的时间为“宏（治）正（德）嘉（靖）隆（庆）之际”（1488—1567），以渔业为生，万历即墨志记载十四海口“俱临近居民捕鱼煎盐之所”，可见志书记载与周戈庄族谱及居民传说的说法相同。万历《莱州府志》编修于三十二年（1604），较万历即墨志时间稍晚，该志卷2《山川》记载“青岛海口，在即墨县东一百里”。从位置判断，这里的“青岛”同样指的是三平岛。

和明代不同，清初至乾隆年间，“青岛”一词所指的地理位置发生改变，兹将文献中有关“青岛”的记载罗列如下：

（1）康熙十二年（1673）《胶州志》卷1《山川》“唐岛”条下，“小青岛，淮口子对岸，入大海者所必由之道”。

（2）雍正《山东海疆图记》卷3《地利部·道里志》，“（唐岛）避东风，东北、正北风，回避淮子口露明石，又东五十里至小青岛，避正北、东北风，又东六十里至董家湾”。

（3）同治十一年（1872）《即墨县志》卷12《杂稽志·海程》，雍正五年（1727），“小青岛在淮子口对岸，入海者必由之道”。

（4）乾隆五年（1740）《莱州府志》卷1《山川·海运》，“淮子口，又东至小青岛五十里”。

（5）乾隆十六年（1751）《灵山卫志·舆地志·八海汛》，“小青岛在淮子口对岸，入海必由之道”。

这里的小青岛，即今青岛市区之小青岛。淮子口系今薛家岛与团岛中间水面，中间“石岈林立”，水流湍急，航者视为畏途。道光《胶州志》舆图上标有淮子口之位置。从上述记载中，可见小青岛是南北海上贸易重要的停泊之所。

“青岛口”一词在这一时期也出现了。雍正《山东海疆图记》卷1《地利部·水口志》记载：

又南经县东南境劳山东登窑口，又折西经浮山所南，有青岛口，又折而北至县西南之女姑口，墨水河注之。

由此可知，雍正年间，青岛口已成为和登窑口（今沙子口登瀛村）、女姑口并列的海船停泊之所。

青岛口和登窑口、女姑口一样，不仅是重要的商港，也是军队防汛要地。乾隆

① 即墨县人民政府地名办公室：《山东省即墨县地名志》，内部出版，1986年，第330页。

《胶州志》卷3《兵防》记载防汛海口就有“会岛口、阴岛口、女姑口、青岛口……大嵩卫、草岛嘴口”等。此“青岛口”同样是今青岛市区之青岛口。

上文引同治即墨志海程资料中，可知雍正年间“青岛”一词已出现在官方文献中。其他文献亦有记载，如乾隆二十八年（1763）《即墨县志》卷4《海口·内外洋界址》就记载：

> 自胶州塔埠头口，为女姑口，入即墨界，俱内洋。即墨西会岛口，为胶即接界。其西为阴岛，为豹岛，即槟榔岛，为芥荠岛，为青岛，俱内洋。正南为墨岛，内洋，为大古积岛，为小古积岛，俱外洋。东南为赤岛，为福岛，俱内洋。

“小青岛”、“青岛口”和“青岛”名词不断出现，从一个侧面说明青岛口地位在继续上升，成为和女姑、登窑、金口同等重要的港口。

万志即墨县志和府志并附有县境、县域、崂山、鳌山卫和海运诸图，各图之中，今青岛口地区皆是一片空白之地。编修于万历年间的《崂山志》，在所附“崂山图”中，亦未对这一区域进行任何标注。志书记载的阙失并非意味着明代青岛口地区是荒无人烟之所，从青岛口天后宫的建造史中可窥见一斑。

据《太清宫志》记载，天后（妃）宫始建于成化三年（1467）。成化初建时有圣母正殿三间，龙王、财神配殿各一间；崇祯年间，进行了第一次维修和扩建；雍正年间，又进行第二次的扩建。[①] 天后宫主要是联系商人群体的纽带，从建筑规模来看，成化年间青岛口地区的商人数量并不在少数。光绪年间，青岛南部沿海的沙子口由于市镇出现并不断发展，客商逐渐增多，天后宫得以修建，该建筑有大殿1座，配房2栋，厢房2栋。[②] 其规模与成化青岛口天妃宫相仿，说明彼时青岛口商业状况与光绪沙子口类似。成化以来，天后宫不断被扩建，说明青岛口地区商人的数量越来越多。志书记载的阙失和青岛口地区商业贸易的初步成长适成矛盾，原因何在？

三　地理位置上属边缘地带

明洪武年间在即墨设鳌山一卫和雄岸、浮山两所，在胶州设灵山卫、夏河所和胶州守御所。其中，浮山所防区的范围如下：

> 东至今青岛市崂山区中韩街道办事处的金家岭村，东北至今青岛市李沧区李村镇之于家下河村，北至今青岛市城阳区城阳镇与即墨市交界处，西北至今青岛市城阳区上马镇西侧之张哥庄，西至胶州湾西岸之胶南市红石崖镇红石崖村，南

① 转引自中国人民政治协商会议青岛市委员会《青岛文史资料·名胜古迹特辑》，内部印行，1985年，第22—23页。

② 沙子口街道志编纂委员会：《沙子口街道志》，内部印行，2007年，第310页。

至黄海。

浮山所防区的海岸线长约130公里。其中包括东起山东头西至团岛的黄海海岸，还包括胶州湾内从团岛北至城阳镇京口的沿岸，又包括由京口折而西至上马镇张哥庄之海岸，另有今胶南市（按：今属黄岛区）红石崖之部分海岸。①

墩堡是卫所最基层的单位，从上述陆防和海防墩堡的设置地点来看，青岛口并非其防御重点。位于浮山所最西边的墩堡为斩山（湛山），青岛口似乎处于浮山所防线之外。饶有意思的是，浮山所对于红石崖的军事管理提供了解决这一问题的钥匙。红石崖位于胶州湾西海岸，今属黄岛区红石崖镇，在行政上是明清胶州属地，浮山所在此设立墩堡，乃是政治地理上“犬牙相错”原则的应用。反过来，灵山卫是否也运用同样原则，在胶州湾东海岸也设置了某个墩堡呢？

乾隆《灵山卫志》对此记载不详，但我们仍可以从其他记载中发现这一原则的运用。清代抄本《山东海疆图记》记事止于雍正年间，成书于清代前期。该书卷2《地利部·山岛志》在“白马岛”下注明：“以下隶即墨县南海”，白马岛下为“青岛，在外洋”，青岛下为“田横岛”，可见此“青岛”为三平岛。在“小青岛”下则注明：“以下隶胶州境”，并记载“小青岛”在“淮子口对岸”。淮子口是历史悠久的地名，乃海船进出胶州湾的孔道，并无歧义，其对面即青岛市区的团岛和小青岛。可见，《山东海疆图记》中的“小青岛”即今青岛河对面之小青岛。值得注意的是，雍正之前，小青岛属于胶州。

同治《即墨县志》卷12《杂稽志》载有海程北道，按此海程是雍正五年（1727），黄中官文登令时，访问“邑中长年三老”而得，内中提到：

黄岛，属胶州，悬处海中……洋船、沙船到胶州贸易者，由此经过，乃咽喉之要地也。所过辉村岛、青岛，俱属胶州。

这一路的海程由福岛出发，经今小青岛和淮子口，至黄岛，所以文中的“青岛”为今小青岛，雍正年间海程资料同样证明今小青岛属胶州。

乾隆初年胶州和即墨的行政区划发生了显著变化。道光《胶州志》卷1《沿革》记载“国朝以二县直隶莱州府，而胶州乃定与诸县等”。乾隆二十八年（1763）《即墨县志》卷1《方舆·沿革》称：“国朝仍沿明制，乾隆间不领于胶，直隶莱州。”乾隆五年《莱州府志》卷1《沿革》记载莱州府乾隆五年之前“领州二县五”，即掖、平度州二州和潍、昌邑、胶州、高密、即墨五县。由此可知，即墨脱离胶州、直属莱州府的时间是在乾隆元年至五年（1736—1740）之间。

乾隆初年胶州直隶州地位的废除很可能导致了即墨和胶州县境的重新划分，道光二十五年《重修胶州志》“广轮分率开方总图”中就有一条胶州和即墨分界线。在这次行政区划调整中，位于边缘位置的小青岛的归属自然是首当其冲的问题，其结果是

① 浮山所志编纂委员会：《青岛浮山所志》，中国出版社2005年版，第60页。

原属胶州的小青岛划归即墨县管辖。

虽然在行政上小青岛划入即墨县，但军事上归胶州营管理。乾隆十七年《胶州志》卷3《兵防》胶州协镇营设炮台四座，“唐家口”和“古镇口”，“在州境”，而“青岛口”和“董家湾口”，“在即墨县境”。董家湾为南窑半岛、大小福岛和沙子口湾东南半岛之间的海域，也是浮山所在最东面设置的墩堡所在地。同治《即墨县志》卷4《武备·炮台》亦记载：“巉山口炮台、黄龙庄炮台、青岛口炮台（在县境，属胶州营，董家湾口同）、董家湾口炮台。”青岛口炮台和董家湾口炮台一样，皆在即墨县境内，但属胶州营管辖。

问题是，炮台究竟是位于青岛口还是小青岛呢？同治《即墨县志》“图西南”中将其绘在青岛口地区，道光《胶州志》“舆图”却将其绘在小青岛上，并标有“即墨炮台”四字。从军事防御的角度来看，胶州志的记载更可能是事实。

雍正之前小青岛在民政和军事上属于胶州，雍正之后在军事上仍属胶州，使得青岛口地区对于胶州地区而言，属于边缘地带。不仅如此，对于即墨县而言，这一地区也属于边缘地带。雍正四年（1726），山东巡抚陈世倌在巡视了登、莱、青三府所有卫所之后，在《请留边卫永固海防疏》中指出：

> 臣亲登岛屿，细察形势，揆之旧制，验之舆情。卫所之去州县，远者数百里，近者百余里。即在百里、数十里内者，中隔层峦叠嶂，陷阻扼塞，有车不能容轨、马不能并辔之处。……卫所地土，皆系斥卤，不比膏腴，额征丁地银两为数无多。①

胶东沿海卫所，皆离行政中心较远，且土地贫瘠。对于即墨县一卫二所而言，陈世倌的叙述尤其中肯。万历六年（1578），即墨知县许铤就指出：

> 而东雄崖、南浮山各所，有依山肆野，恃军遂奸，尤狙狯盘踞之场，未易祛除也……独南路浮山一所，则不会捕，以未尝置簿也。夫浮山去县百二十里，而女姑一带……尤称盗薮，其可虑，不减雄崖、亭口。②

亭口、雄崖、浮山、女姑，分别位于县境的西、东北、南和东南边界，距离行政中心甚远，且交通不便。虽然即墨卫所为非实土卫所，但对卫所实际控制的沿海地区，知县并没有更多办法处置。许铤特别指出浮山所控制地区，只有卫所士兵守卫，没有巡检司协缉盗贼。因此，沿海地区成为流亡民户的乐土，许铤对此抱怨说：

> 待熟知民家虚实，往往乘其不备，抢人牛羊，掳人财物，甚至公行强劫，出没岛中，非地方保甲所能擒捕也。……不直年饥，谷贵之，故大半皆亡命徒耳，

① 乾隆《灵山卫志》卷8《艺文志》。

② 同治《即墨县志》卷10《艺文·文类中》。

又况此旧居乐土也。①

考察即墨沿海渔村的人口来源，土著甚少，其人口来源除洪武、永乐的卫所移民外，大多是明清两代由即墨平原地带迁入的自发移民。可见，在卫所保护之下，远离行政中心和交通不便的沿海地区，俨然成为自发移民的乐土。

即墨县在嘉靖中叶于金家口开通贸易数年之后，便厉行海禁，直到明末才重新开禁。而青岛口形成商港是在成化三年（1467）之前，因此，有明一代，青岛口是即墨县最早通商的港口。青岛口之所以能够突破政策限制，与其处于胶州和即墨的边缘地带不无关系。

四　海禁与通商

虽然明代在卫所设置上，即墨和胶州相同，皆一卫两所；但还需要注意的是，卫所之上，尚有即墨营之设。乾隆二十八年《即墨县志》卷4《武备·营汛》记载：

> 永乐二年，设即墨营，在县南七十里金家岭。宣德八年，易县北十里，筑城一座，周四里，设把总二员。万历二十一年，因倭寇屡警，改设守备一员，中军一员，哨官四员，兵丁九百十九名。

之所以设立即墨营，万历年间，即墨邑人周如砥在《驳迁即墨营于胶州议》中指出：

> 至永乐间，又立即墨等三营，以分控二十四卫、所，故其建营之地，与所控之卫、所远近相均。如即墨营东北至文登营四百里，西南至安东卫四百里也，此即墨营之所由设也。
>
> 至宣德间，登州卫指挥戚圭言：洪武以来，沿海卫、所各守分地，自备倭，都指挥卫青调往登州操备，而倭寇往来之地，城寨空虚，乞调还，各守其地。……既而，指挥同知王真奏：青原领官军登州操备，每至汛期，分戍即墨等三营，今议官军，宜令常于各营操备，更不聚于登州，每遇汛期，量拨各卫、所军于各海堧，瞭守烟墩，遇有警急，互相应援，仍令青总督其事。上从之。此鳌、灵七卫所之军所以驻于即墨营也，今二百年于此矣。②

即墨营之设，目的是节制卫所，并处理登、莱两府南部沿海海防事宜。即墨营的设置，成为厉行海禁的执行者。由于海禁导致商业不发达，万历年间，即墨呈现出一

① 同治《即墨县志》卷10《艺文·文类中》。

② 同上。

片萧条景象：

古称即墨之饶，饶岂足以尽墨矣！今形胜犹昔，凋敝乃尔，田之荒芜者居半，山之砍伐者已尽，鱼盐无贸易之通，居民鲜网罟之利，是以海滨之疲邑也。胜云乎哉！于斯时也，招徕而弘济之，古即墨之盛可复，志氏不无致望于斯云。①

先是，墨邑海错山薮，雄于地方，大耕水耨，岁入颇丰，无讼狱之烦，催科之扰。以故民富而乐，俗厚而侈。……今讼狱既烦，催科日扰，山海利微，田无荒芜。其民日逃日瘁而日以敝，终岁愁苦，饥寒不免。一遇佳节，寂若闻矣。②

万历六年（1578），许铤出任即墨知县。由他主持编纂的万历《即墨县志》刊于万历七年，故上述惨破情形是他刚上任时所面临的真实情况。他在《地方事宜议·通商》中提出改变此种状况的建议，即采取重商主义，发展对外贸易，其主张如下：

今淮海通舟，天所以为登莱赤子开一线生路，乃自闭其咽喉，则本县所未解也。本县淮子口、董家湾诸海口，系淮舟必由之路，而阴岛、会海等社，则海口切近之乡。嘉靖十八年（1539），本县城阳社民牛稼者，告允行海舟，自淮安觅船两昼夜，直抵城阳之西金家口通贸易，是岁大饥，沿海之民赖以不死。行之数年，牛氏以富，附舟者咸利。此即其明验大效也。厥后倭夷称乱，其乎遂止。隆庆壬申，议行海运，胶之民因而造舟达淮安，淮商之舟亦因而入胶。胶之民以腌腊米豆，往博淮之货，而淮之商亦以其货往易胶之腌腊米豆，胶西由此稍称殷富。每船输椿木银三两于州以为常。今虽有防海之禁，而船之往来固自若也。独本县则拘守厉禁而无敢通商。然淮海之船，亦不能越县之淮子口等处，而径达州也。但本县地方不得停泊，而胶州地方任其交易，何防海之禁行于墨而不行于胶耶！③

许铤叙述了万历以前胶即两地的对外贸易历史，其中特别引人注目的有以下两点：一是嘉靖十八年即墨首开对外贸易，城阳社民牛稼到淮安地区，将货物运回金家口贸易。行之数年，方且废止。可见当时即墨海港贸易以胶州港北岸的金家口为常。

二是隆庆之后，即墨厉行海禁，淮商之船不得在即墨停泊，然而却可以在胶州自由贸易。许铤对此没有解释原因，推究原因可能有三。其一，即墨系海防要地，严行海禁；其二，胶州有对外贸易的传统，如“赵礼者，旧志籍失考，洪武八年为知州……胶为商舶辐辏之地，胥吏倚税为奸，其弊已久，礼察曰：人出万死涉海觅微利，岂可令若辈坐享耶！严禁绝之”④。其三，胶州乃直隶州所在地，拥有更大的行政权力。

雍正之前，小青岛属于胶州，浮山所对于青岛口地区管理薄弱，故隆庆之后即墨

① 万历《即墨县志》卷2《形胜》。

② 万历《即墨县志》卷2《风俗》。

③ 同治《即墨县志》卷10《艺文·文类中》。

④ 道光《胶州志》卷22《列传二·官师·赵礼》。

厉行海禁，非但不会影响青岛口的对外贸易，反而由于其他港口的海禁，间接促进了青岛口对外贸易的发展。

五　港口体系

知县许铤议行通商最终获得批准，立于同治十年（1871）女姑口《重整旧规》碑证明了这一点：

> 我即邑自前明许公奏青岛、女姑等口准行海运，于是百物鳞集，千艘云屯。南北之货既通，农商之利益普，洪纤之度，盖至今赖之云。①

万历年间胶即两地获得了港口贸易的同等政策待遇之后，即墨港口贸易得以迅速发展。在一定的区域里，港口之间由于地理位置、交通和腹地等因素，会出现大港与小港之别。某一港口如果规模过大，一定会制约其他港口的规模。胶州塔埠头是最明显的例子，民国二十年《重修胶志》卷52《民社》记载此港在胶州湾港口竞争中的兴衰起伏：

> 胶县自数百年来久为山东省之重要商港，南来货物先是取道于元代所开之运河，以运于胶之少海，与内地最重要之商场曰潍县者相联络。厥后运河淤废，始完全改由海道，由塔埠头卸载货物，转移于东西北各地，一时商货辐辏，帆樯云集，故有金胶州银潍县之谚。自胶澳开埠，铁路交通，水陆货物，皆转移于青岛，而胶县商务，乃至一落千丈，加以连年勒捐，重叠兵匪滋扰，倒闭者时有所闻，以致市面萧条，迥非昔比。

明代由于漕运和胶莱运河的影响，塔埠头盛极一时，成为北方一大港。不仅胶州一地，山东、山西、河南、河南诸省，进出货物亦多由此吞吐。② 明代塔埠头的独特地位使得万历年间即邑发展起来的港口只能是区域性小港口。

即墨沿海宜于港口之地较多，也存在竞争关系。万历年间即墨最主要的港口是女姑口，万历七年《即墨县志》卷2《地理·山川》记载：

> 海，环绕东南两面，劳山盘薄，诸麓咸在巨浸，虽港岸委曲不齐，其外皆汪洋渤澥。女姑岸为海船所栖泊。诸岛外大洋，为海船所经由。颜武、董家湾，渔时筏网聚处。

---

① 青岛市博物馆：《德国侵占胶州湾史料选编（1897—1898）》，山东人民出版社1986年版，第26页。

② 薛菊如：《古城胶州工商撮要》，载《胶州文史资料》第2辑，内部印行，1987年，第2页。

女姑口为海船栖泊之所，而青岛口等地，为海船所经由。颜武位于丁字湾南岸，万历七年（1579）此地仍以渔业为主。

考察女姑口万历年间发展最速的原因，乃是其地距离即墨县城最近，彼时其港口条件优良，于是成为即墨邑土产输出和外来货物输入的主要港口。而青岛口，由于其与即墨腹地的交通条件不如女姑，渔业亦不甚发达，故主要是海船经由之所，不及女姑港口贸易发达。

雄岸所和大山所裁撤后，在自由贸易的刺激下，即墨、莱阳和海阳交界的丁字湾迅速发展起来，形成几个港口，其中以金口最为发达。据传，明末金姓渔民父女最早在此泊舟避风①，可见明末金口尚是一小渔港，前引万历即墨志亦述及颜武岛为捕鱼之所，也可证明。由于腹地广大，到了乾隆年间，金口已发展为胶东第一大商港。乾隆《即墨县志》卷5《赋役·榷税》记载："金家口商船，按装载货物，抽取税银，尽征尽解，无定额。"

这一时期女姑口发展也十分迅速，乾隆《即墨县志》卷1《方舆·山川》记载："女姑、金家口为海舶所泊；颜武岛、董家湾，渔时筏网所聚；岛外大洋为商帆所经由。"

不仅是金口和女姑口，青岛南部沿海的沙子口和登窑口等地发展也十分迅速。乾隆《即墨县志》卷4《武备》记载："属即墨者，迁汛，登窑口，在劳山南头，本捕鱼之口，非戍守要地，因人烟辐辏，贼船昔曾犯抢，遂设兵防之。董家湾，距登窑口十里，亦海滨市镇，可容船偶泊回避。"同治《即墨县志》卷12《杂稽志·海程》亦记载："董家湾，在斋堂岛西北，可泊船三百只。"光绪《崂山续志》卷5《分志·登窑》记载更详，内云：

> 登窑三面环山，南临大海，膏壤千亩，居民七百余户，有老死不知城市者。……登窑旧有口岸，设琥弁，为胶州汛地。盖自古设为海防，以备不虞。嘉庆间海寇登岸，劫掠居民，则海防之驰久矣。秋间椒、梨熟时，渔筏之外，船舶捆载，与江南通贸易，视昔之淳朴风会，亦渐开矣。

前引乾隆即墨志已经述及，小青岛是海舶所经之所，青岛口为海船停泊之处。青岛口除了民间贸易船外，还有为数不少的"洋船"在此停泊。同治《即墨县志》卷12《杂稽志·海程》记载雍正五年（1727）海船航行情况如下：

> 所过辉村岛、青岛，俱属胶州，可容数十艘，避东北、西北、正北风，洋船不得进淮子口者，多于二处停泊……福岛，本名徐福岛，属即墨县……可容二百余艘，洋船多在此停泊，可避飓风。所过管岛、车门岛、车公岛，均属即墨县。

文中的"青岛"为小青岛，可停泊船数十艘。道光《胶州志》"海疆道里图"在"青

① 即墨县人民政府地名办公室：《山东省即墨县地名志》，第95页。

岛”（小青岛）标有“内有居民”。

雍正年间不得进入胶州湾的“洋船”可在小青岛停泊。由于小青岛距青岛口不远，小青岛成为青岛口天然防波堤，加之青岛口有青岛河注入，海水涨潮时，海船可进入青岛河①，故青岛口成为海船停泊之处。1897 年 5 月 14 日《北华捷报》也指出：“青岛向为一停泊帆船、舢板之港口，位于胶州湾入口处。”②

青岛口的天后宫在崇祯十四年（1641）重修之后，雍正七年（1729）又有一次大修，相传后进大殿即是此次重修所建③。虽然青岛口在这一段时期也在发展之中，但是在自由贸易政策和港口竞争条件下，不仅落后于金口和女姑两口，也受到登窑、沧口等口的挑战。

六　结论

万历六年（1578）之前，由于小青岛和青岛口地区处于胶即两地边缘地带，小青岛在行政和军事上属于胶州，在即墨其他港口厉行海禁的政策下，反而获得初步发展的契机，成为一“走私港”。万历六年之后，即墨开禁，同时清初至 1891 年，军事重心由明代的即墨转移到胶州，包括青岛口在内的即墨邑各个港口都得以迅速发展，女姑、金口先后成为即墨和胶东的大港口。在明末和清代前中期港口自由贸易竞争中，青岛口虽然也有发展，但并未处于优势。

青岛口获得再次发展的契机是嘉庆之后，乾隆年间美洲作物在胶东的普及所导致的港口淤塞，对于胶即几乎所有港口来说是一个毁灭性打击。由于青岛口河岸人口稀少、河流短促、自然环境保持良好，免受了此种劫难。加上 1891 年登镇总兵衙门移至青岛口，也是一个促进，但其作用不应高估。

（作者单位：上海交通大学历史系）

① 陈南林：《老青岛话青岛 · 街道》，齐鲁书社 2001 年版，第 1 页。

② 青岛市博物馆：《德国侵占胶州湾史料选编（1897—1898）》，第 26—27 页。

③ 《青岛文史资料 · 名胜古迹特辑》，第 23 页。

清代（1840年前）琼州府的港口分布与贸易初探*

王元林

继明代以后，清代海南岛的港口也有很大的发展。新海外贸易政策的推行对海南海外贸易的发展具有较大的影响，特别是朝廷在广东设立粤海关，并设琼州总口，为海南的海外贸易发展提供了便利条件。因此，清代，尤其是清代前期，海南岛的海外贸易有了很大的发展，不仅与内陆贸易往来密切，与海外周边国家的贸易往来也相当紧密。

一　清代海南岛港口的分布与变迁

清代海南岛港口的数量，从总体上看，较之于明代有所增加。以下自琼山县为始端，自东至西概述全岛主要港口的分布与变迁情况。

（一）琼山县

琼山县位于海南岛的最北端，港口分布密集，截至咸丰年间《琼山县志》记载，有清一代，琼山主要港口有海口港、神应港、小英港、麻锡港、芒苎港、东营港、北洋港、新溪港、博茂港、烈楼港、牛始港、白沙港、大林港、沙上港、北港、盐灶港、白庙港、红沙港、丰盈港等，① 共计达19所，与明万历年间6所相比，从数量上是它的3倍之多。以上港口在对外交通上均发挥着重要的作用。其中，海口港设有官渡，自北过海，并设有炮台防守；北洋港亦因是海防要略而设兵加以防守；而新溪港则与文昌县铺前港相通，所以海船出入，尤其方便，且有渡往来；至于烈楼港，更因与徐闻最为接近，成为与内陆交通往来的重要据点，时自徐闻那黄渡开始行船，小午便到该港口。②

一直以来，海口港都是一个相当优良的港口，其水深，易通船舶，因此，“商船俱

---

* 2012年度国家社会科学基金重大项目“环南海历史地理研究”（编号12 & ZD144）成果。

① 康熙《琼山县志》卷1《疆域志》，清康熙四十七年（1708）刻本；乾隆《琼山县志》卷1《疆域志》；咸丰《琼山县志》卷11《海黎志一》，台北影印本1974年。

② 康熙《琼山县志》卷1《疆域志》。

入港内湾，安然无虞”①。但是自乾隆四年（1739）以来，该港门开始淤浅，船只出入，只能迂回海面，遇到暴风骤雨更是无处停泊，不免有“鲸波之险”②，所以到了乾隆九年，为了便于商船停泊，有商民陈国安等呈请并出资出力将海口东西炮台的支沟筑堤堵塞起来，将水改道往西从海口港出海，至乾隆二十三年竣工，此后则“港水深通船只，出入便易”③。但是好景不长，至咸丰年间，港口再次“浮沙壅塞，水浅港狭，舟不能进……舟旅病之”，本来也有劝捐修浚，但因工繁费巨，官民商绅都不能为之。④ 尽管此次捐修不成，但是从海口港的淤塞给往来商船所造成的不便乃至要多次呈请修筑这一点上，即可说明其对往来商船的重要性。

此外，白沙港口也是另一重要港口，乾隆六年，为了改善航运，也是由陈国安等捐倡，将白沙村尾疏凿通海，形成一段河狭水急的“沟嘴”，并使海田溪、巴仑河、白沙河与大海连接起来，以利于停泊在白沙港的海舶货物能以小舟小艇驳运往海口、府城，便于商旅。⑤ 由于自乾隆四年起海口港曾一度淤塞，所以在此期间，白沙港成为海口所城主要的辅助港口，商贸亦一度繁荣昌盛，更在白沙门中村建立了东、中、西三条街道，成为繁华之地。

然而到咸丰年间，除了白沙港“可泊大船数十”，北港“可泊大船二十余只”，小英湾“可泊大船十余只”外，⑥ 其他诸如海口港、牛始港、大林港、沙上港、北洋港等，都因为淤积沙土，港口狭小不能泊船。⑦ 这无疑影响到琼山与海外正常的交通往来。

总的来说，康熙、乾隆年间，琼山县的港口发展情况还是相当良好的，尤其是海口、白沙、烈楼等这些重要的港口，为来往如鲫的商船提供了很好的湾泊场所。

（二）文昌县

文昌县位于海南岛的东北部，其海岸线曲折，有很多良好的港湾。据清代县志所载则有9港4澳，分别是铺前港、清澜港、抱陵港、陈村港、长岐港、赤水港、郭婆港、石栏港、抱虎港、大泽澳、北峙澳、新埠澳和铜鼓澳。⑧ 其中，铺前港、清澜港既是重要的商贸港口，也是主要的海防要略，特添设炮台以防守。铺前港乃是文昌县的咽喉所在，海商帆船多集于此。⑨ 陈村港、长岐港均是潮涨的时候成港泊舟，潮退则堆沙煮盐。⑩ 而一些大澳，由于水深可泊舟且地理位置隐秘，常成为海贼倭番泊舟之处，

---

① 乾隆《琼山县志》卷1《疆域志》。
② 同上。
③ 乾隆《琼山县志》卷1《疆域志》；咸丰《琼山县志》卷8《经政志》。
④ 咸丰《琼山县志》卷11《海黎志一》。
⑤ 道光《琼州府志》卷4《舆地志》，1976年台北影印本。
⑥ 咸丰《琼山县志》卷11《海黎志一》。
⑦ 同上。
⑧ 康熙《文昌县志》卷1《疆域志》，清康熙五十七年（1718）刻本；道光《琼州府志》卷4《舆地志》。
⑨ 嘉庆《大清一统志》卷453《琼州府部》，故宫博物院藏道光内府朱格稿本。
⑩ 康熙《文昌县志》卷1《疆域志》；嘉庆《大清一统志》卷435《琼州府部》。

如大泽澳、北峙澳等。① 据民国时期的地方志所载，在清琼海关设立之前，还有一些其他阔可泊舟的港口与大泽澳发挥着作用。其中，南沙港，“原水深口阔，可泊舟，后沙天浅垦为田，外尚可泊舟五六只”；湴渚港，“海湾可泊舟六七只，道光戊申（1848）海匪进港肆掠商船，乡人惊惶……去港湾半里为三公垅，地高数十丈，可瞭望，原设有望海楼，每匪船至，击鼓会众防御”；塘洪港“可泊舟数只”；小澳塘“可泊舟数只”；大澳小澳北二里“可泊舟十余只，匪船每泊此伺掠商船，宜防备”；白峙港“可泊舟”；迈犊东、西两港“距铺前港东南三里往来铺前罗豆、锦山等市，商船经由两港”。②

（三）会同、乐会县

会同县位于海南东部地区，沿岸也有不少良好港埠，包括调懒港、鬼颠港、欧村港、望白港、沙荖港、冯家埠、斗牛埠、港门埠、草塘埠等。③ 会同县，唯东南一带，上至冯家埠，下至潭门，洋面浩瀚，常为海匪之渊薮，商船出入往往劫掠不一，尤其自乾隆五十年（1785）来，贼势愈演愈烈，异常猖獗。在乾隆五十三年八月间，有大船数只泊沙荖港，至夜贼众一百多人自海上岸，大肆焚掠或抢人家女子，坐价取赎或猪羊或炮台器械等，致使滨海地方日夜不安，奔走不宁，甚受其害，直至嘉庆十五年（1810）两广总督百龄才遣人招抚。④ 可见，清初至嘉庆中，会同东南沙荖港一带，常为海贼泊舟登岸之所。调懒港潮涨时则泊舟，潮退时则成为居民漉沙煮盐处。而冯家埠因为海澜多，鱼虾所集，更是成为居民捕鱼以营生之所。⑤

乐会县与会同县相接，西北抵会同调懒港，西南则抵万州乌石墩，越东南通诸番，其地理位置也是相当优越。清代乐会县的东南沿岸也有不少良港，包括新潭港、博敖港、潭门港和排港等。其中靠近万州的新潭港，可泊大船数十只；博敖港，在新潭港北三十里之处，也可泊大船数十只，但是由于该港巨石林立如门户，误触的话则船底立刻粉碎，此外“其水道可折而入，非土人习于操舟不能知也”，因此，但凡商船想进入该港，均需要雇本港小渔艇作为向导。⑥ 尽管出入需要土人带路，博敖港仍是十分繁荣的港口，由于巨石林立，港湾相对安稳，所以过往商船也乐意转折湾泊其内。因此，博敖港可谓“本邑（乐会县）咽喉，亦为各处货品出入之要口”⑦。

---

① 康熙《文昌县志》卷1《疆域志》。

② 民国《文昌县志》卷1《舆地志》，1920年刻印本。

③ 乾隆《会同县志》卷2《地里·堤港埠》，清乾隆三十九年刻本；（嘉庆）《会同县志》卷2《地里·堤港埠》，清嘉庆二十五年刻本。

④ 嘉庆《会同县志》卷2《地里·堤港埠》。

⑤ 乾隆《会同县志》卷2《地里·堤港埠》。

⑥ 宣统《乐会县志》卷4《海黎略》，清宣统三年石印本。

⑦ 同上。

（四）万宁、陵水县

万宁、陵水县均位于海南岛东南部，海岸线曲折，港湾众多。万宁东岸一带有港门港、周村港、南港、陂都港、前后湾和东湾港等。① 其中，港门港又名莲塘港，港口二山对峙，所以舟出入颇险。港上有一石状如船，石上有一番神，商贾往来常奉祀祷告，且相当灵验，该神忌猪肉，估计是阿拉伯人所信奉的神。前后湾以及东湾港均是良好的港湾，尤其是东湾港，与陵水县陵水港相通，港域宽阔，客舟往来每经于此。②乾隆十一年（1746）秋，由于飓风大作，番船大坏，东湾港北等处货物漂流，浮上者数人；二十九年（1764）冬十月，又有番船坏在东湾港北，活者七十余人，寸板无留，所遗铅铁沉于海底。③

陵水县主要的港湾有桐栖港、黎庵港、水口港、港坡港、陵水港和赤岭港等。④ 桐栖港一名咸水港，一名南山所港，外通大洋，为商船番舶停泊之所。乾隆年间，广州、潮州二府商贾于此运载槟榔、糖、藤等货。自七月以后，占风不顺，商艘即不出港，每年粤海关派书役征收饷税，于二月来，七月去。港内有渔船二十余，朝出暮归，两岸设立营汛、炮台以备倭，“实陵邑一要区也”。⑤ 黎庵港由于港门狭小，商艘不便出入，反而成为私匪出没之所，并时有渔船朝出暮归。⑥

（五）崖州

崖州位于海南岛最南端，南与东南亚诸国相通，是往来商船停泊补给的主要地方。因此，其港湾也相当多，且发育良好，计海面二百里许，“处处可以泊船登岸取水，又处处逼近村庄”⑦，成为往来商船的停泊补给处，也有不少海寇湾泊于此，伺机寇掠往来商船或海岸村庄。清代，崖州主要的港湾有保平港、大蛋港、禁港、榆林港、三亚港、铁炉港、蕃坊港、临川港、田尾港、高沙港、毕潭港、合口港、头铺灶港、龙栖港、石牛港、抱龙港、罗马港、望楼港、新村港以及乐盘湾、海棠湾、莺歌海湾等⑧。其中，保平港乃是州治要口，与三亚港、榆林港、望楼港等，均是商船密集之处。而三亚港，港面阔大，船只出入自如。⑨ 尤其是榆林港，一直以来都是非常优良的海港。据载，榆林港在城东一百三十里，“西南与安南之陀林湾对望，约为三百里许，为印度洋所必由之路”。港口内，“东西宽一千三百尺有余，南北约宽四百尺。水有深至二丈

① 道光《万州志》卷 3《山川》，广东图书馆油印本 1958 年。

② 同上。

③ 同上。

④ 康熙《陵水县志》（不分卷），清康熙二十七年刻本；乾隆《陵水县志》（不分卷），清乾隆五十七年刻本。

⑤ 乾隆《陵水县志》（不分卷）。

⑥ 同上。

⑦ 光绪《崖州志》卷 12《海防志三》，郭沫若标点本，广东人民出版社 1962 年版。

⑧ 乾隆《琼州府志》卷 1《山川》，清乾隆三十九年刻本；光绪《崖州志》卷 2《舆地志》。

⑨ 光绪《崖州志》卷 12《海防志三》。

以上者，能容大兵轮十余艘，中小轮船三四十艘”。“港东，均硬地，可造船坞。惟有红沙一线，穿入海中，造成之船，不便入水。”但是由于两岸暗礁都是松质石灰石，所以只要稍微人工浚挖，不独船容易入水，即使是兵船也可以容纳十多艘。而且水中无水虫，船板不用担心被蚀啮。底部都是硬泥，轮船便于停泊。此外，由于此处水土独佳，往来轮船多来此取水，常有关船驻港。夏季期间，商船由南洋返者，必入港报验。两岸地平坦，南北各二三里，东五十余里，西稍短。零星村落三十余处。有山如屏，障蔽北方。逾山则三亚港业。港有浮沙一带，以障海潮。渔船入内停泊。冬春渔业极旺，足供给十万人之用。傍岸有晒盐田数十处，亦天然产业。① 铁炉港也因够深阔，常泊大船。至于禁港、头铺灶港、龙栖港则开塞无常。而大蛋港由于淤浅，已不能泊船，昔日设于此的要隘也已经废弃。罗马港也因港口时浅时深，只容小船，乘潮方可入。而乐盘湾、海棠湾、莺歌海湾则因为湾阔波静，可泊船只，乐盘湾和莺歌海湾更因海滨有石井，满注清泉，水味清甘，乃至船至，常取水于此。②

（六）昌化、感恩县

昌化县和感恩县均位于海南岛的西部。至清代，感恩、昌化西岸一带，港湾多有淤浅，不能泊船。昌化县过去一些优良的港口如大员港、小员港，至康熙年间已经淤塞。而沙洲港、蛋场港、南港（即三家港）也变得淤浅，不能泊大船。仅余乌坭港、英潮港、大村港发挥着不大的作用。③ 至于感恩县，据乾隆年间府志所载，还有板桥港、南湘港以及大小南港④。板桥港，后改名为石排港，港下有巨石排列湾环海水，一里许可以泊舟。大南港则于嘉庆年间沙涌淤塞。⑤ 而到道光年间，唯北黎港和白沙港继续发挥作用，“此港可泊舟，商贩皆贸易于此”；另有白沙港，“东南广、高、琼（山）、文（昌）客船多在此装载货物”⑥。可见，清代海南岛西岸港湾的发展已逐渐萎缩。

（七）儋州（儋县）

儋州位于海南岛西北部，其西南与北部湾相连，接占城、真腊等国。清代，儋州主要的港口有田头港、沙沟港、煎茶港、大村港、大员港、黄沙港、南滩港、禾田港、白马井港、洋浦港及新英港等。⑦ 其中，以新英港最良。该港南、西、北三面临海，水

① 光绪《崖州志》卷2《舆地志》。

② 同上。

③ 康熙《昌化县志》卷1《海港》，清康熙三十年刻本。

④ 乾隆《琼州府志》卷1《山川》。

⑤ 嘉庆《大清一统志》卷453《琼州府部》。

⑥ 道光《琼州府志》卷4《舆地志》。

⑦ 康熙《儋州志》卷1《形胜志》，清康熙四十三年刻本；民国《儋县志》卷2《地舆志·海港》，1936年铅印本。

深可泊大舟。康熙十九年（1680）五月内，海寇杨三巨艘数十泊新英港内。① 可见，清初该港仍十分深阔。然到清末，由于港口南滨多属浮沙，每经大雨后，沙随淡水冲入港内，大小船只虽乘潮出入，然亦苦于搁浅。② 田头港至禾田港一带数港皆濒海，海寇无时登岸侵略，禾田港更因港外独无石栏，且离州治远，故海寇更为狂肆。③ 道光时期，黄沙港渔船货船极盛，至清末寥寥无几。④ 清末民初，白马井港阔数十丈，水量深丈余，可停泊轮船战舰，而拖风船则可以随时出入。而洋浦港周围皆石，水量数丈，凡轮船战舰皆可停泊，可容大小船只数百。⑤

（八）临高、澄迈县

临高、澄迈县位于海南岛的北部，一直以来，都是港湾相当发达的地区。清代乾隆年间，临高县港口主要有乌石港、朱碌港、博铺港、博述港、石牌港、黄龙港、博顿港、吕湾港、博白港、新安港和马袅港11所，⑥ 到道光年间以上11所港口依然继续发挥着作用。澄迈县的主要港口有东水港、石礶港、泉凿港、颜张港、麻颜港、材坡港和玉抱港等。⑦ 其中，石礶港四周皆山，形势巍峨合拱，沿海二三十里地岸平衍，风涛安便，随处随时巨舰可泊⑧，是兵防重地。东水港也是要害之港，由于该港逼近县城，潮起风生时，巨舰可直抵城下，是海寇患处，故也是兵防要地。⑨ 顺治年间海寇蔡芳，康熙年间海寇杨二、谢昌等，以及嘉庆年间海寇乌石二等就常于石礶港、东水港等登岸，寇掠当地居民。⑩

二　清代海南港口发展的主要特点

（一）港口数量增加，集中分布在南北两端且东岸较西岸发达

清代海南港口的数量明显比明代要多，尤其是南北两端的州县，港口增加不少。下面仅仅是以道光年间的《琼州府志》所载作为标准，与明代正德《琼台志》所载进行比较，以窥视明清两朝全岛港口的变迁。实际上，清代海南某些县的港口数量远远

---

① 康熙《儋州志》卷2《海寇》。

② 民国《儋县志》卷2《地舆志·海港》。

③ 康熙《儋州志》卷2《海寇》。

④ 民国《儋县志》卷2《地舆志·海港》。

⑤ 同上。

⑥ 乾隆《琼州府志》卷1《山川》。

⑦ 康熙《澄迈县志》卷8《海黎海寇》，清康熙四十九年刻本；光绪《澄迈县志》卷5《海黎志》，清光绪三十四年刻本。

⑧ 光绪《澄迈县志》卷5《海黎志》。

⑨ 同上。

⑩ 康熙《澄迈县志》卷8《海黎海寇》；光绪《澄迈县志》卷5《海黎志》。

不止道光《琼州府志》所载，这里只是为了便于比较，仅以此作为基准而已。(见表1)

表1　　明清两朝海南港口数量比较

州县	（明）正德《琼台志》	（清）道光《琼州府志》	港口增减
琼山县	6	9	+3
澄迈县	4	3	-1
临高县	6	11	+5
文昌县	8	9	+1
会同县	3	5	+2
乐会县	1	2	+1
儋州（县）	8	9	+1
昌化县	4	7	+3
万州（万宁）	4	3	-1
陵水县	5	6	+1
崖州	11	16	+5
感恩县	4	9	+5
总计	64	89	+25

从表1可见，300余年间，全岛港口的数量有了大幅度的增加，由原来的60多所发展到近90所。陆续增设的、新辟的港口所，主要集中在南北两端崖州、万宁和琼山、临高等地。北部的琼山、临高两地与大陆相连，而最南端的崖州、万宁两地主要跟南海诸国沟通，从而形成了南北两大航运中心。明代，海南岛东西两路港口发展情况相当，但是到清代，西路港口的发展情况明显萎缩。东岸由于是往东南亚诸国的必由之路，所以港口仍保持发展。当时福建、广州的一些商船一般都会先驶向海南岛东北岸附近，然后沿着海岸前进，到达海南岛的极南端，再从那里向几近于正南方的方向开往安南海岸，然后再驶往其他地区。正因为还有较多商船经由海南东北岸、东岸以及南岸，故沿岸的港口得以发展。然而，昔日海外诸国入贡道路多经琼州，并有官兵护送的现象已经不再，取而代之的是改由福建、广西北上进贡，有经由广东省会者，也已经“均不由琼州”。① 因此，以往常有番舶停泊的西岸港口便逐渐萎缩。

（二）从总体看，港口发展开始逐渐衰落

清初，海南岛港口的发展还算稳定，不但数量增加，不少港口还因发展需要得以治理。康熙至道光年间，海南港口不仅吸引了不少商船，还招来了不少海寇，可见当时港口的发展情况。但是也要指出，海南港口虽然不少，但多数属于海岸线自然形成

① 乾隆《琼州府志》卷8《海黎志》。

的小港湾，受海潮、台风影响，海沙经常变动，港门开塞无常，因此，从总体上看，大型商业航运作用的发挥是十分有限的。陈伦炯对此有如下的评论："琼州屹立海中，地从海安渡脉，南崖州，东万州，西儋州，北琼州，与海安对峙。……自海口港之东路，沿海惟文昌之潭门港，乐会之新潭、那乐港，万州之东澳，陵水之黎庵港，崖州之大蛋港。西路沿海，惟澄迈之马袅港，儋州之新英港，昌化之新潮港，感恩之北黎港，可以湾泊船只，其余港汊虽多，不能寄泊。而沿海沉沙，行舟实为艰险。"① 至清末，除了一些天然的良港依然保持较好的状态外，很多良港都因海沙淤浅难以泊大船，甚至无法泊小舟。

三　清代海南岛对内贸易的发展

粤海关所订税则包括正税、船钞税两项，船钞税中还有附加的加耗和杂项。所谓正税，也即是进出口货物税，具体还可分为衣物、食物、用品、杂货等项，名目甚多。不同的税口，根据其本身经济特点以及贸易需要，对各项货物有不同的税则规定。《粤海关志》卷 13《税则六》对海南各税口正税的主要税则做一列述，从中也可了解到清粤海关设立期间，海南对外对内贸易的大致情况。除此以外，还有很多税则是针对具体货物但未列出来的，就海口正税口而言，有豆、麦、铁锅、皮料等 40 多钟，名目相当繁杂。总体来看，这一时期海南土产的输出相当多，尤其是槟榔，几乎各口都有输出，且名目众多，包括椰青、椰干、椰咸、椰船等，各自税则不一。船只多往来于广东省会、雷廉半岛、阳江、江门、福建、江南一带，也有洋船出入。货物的输出和输入征税率不同，一般出口货税要比进口货税高，对洋货的征税率也比国货要高些。如洋货进出口，每担收银六分四厘；进口一担国货一般仅在一分六厘到二分五厘之间。至于在船只方面，对洋船进出口每只征银八两到十六两之间，而对中国船，最高者每只征银八两。除以上征税外，还有所谓规礼、验航、丈量、放关、领牌、小仓、分头、担头等名目繁多的各种官衙私正税额则更难以估计。《粤海关志》卷 10《税则三》反映了清粤海关设立期间，海南各口大致的税收情况②。从中看见，其间海口总关口税额年达 23800 两银，加上各种名目的征收以及偷税漏税等，其总额远不止于此。另外，和同期其他口岸相比，可以更清楚地显示海南各口岸的繁荣。与其他正税总口相比，除了澳门正税总口每年征银约 29600 两，比海口正税总口高之外，其他惠州乌坎正税总口（在陆丰县）1100 两，潮州庵埠总口（在海阳县）4200 两，高州梅菉总口（在吴川县）2300 两，高廉海安总口（在徐闻县）3200 两等都比海口每年额征银要少得多。③ 这也恰恰反映了海南海外贸易相当活跃。海南岛与内地贸易往来有以下特点：

---

① 陈伦炯：《〈海国闻见录〉校注》，中州古籍出版社 1984 年版，第 25 页。

② 梁廷枏：《粤海关志》卷 10《税则三》，袁钟仁校注，广东人民出版社 2002 年版，第 207—208 页。

③ 同上书，第 258—669 页。

（一）贸易以南方为主，并远达北方

清代的海南与大陆的联系越来越密切，相互之间的贸易往来也越来越频繁。海南不仅与南方各省有紧密的贸易往来，而且贸易远达北方天津、北京等地。粤海关设立时期，海南几乎与省内其他各口均有一定的贸易往来，这从各口税则便可略窥一二。广州府的大关（在广东省城五仙门内）常有贸易船装货往海南，如是本港船盐船往海南装货，还规定一次收银七两，此外也有海南船来省进口货物，每船收银一两四钱。① 而广州府其他税口如总巡挂号口、西炮台挂号口、东炮台挂号口（以上三口均在南海县附城）、黄埔挂号口（在南海县）、江门正税口（在新会县）、紫泥挂号口（在番禺县）和虎门挂号口（在东莞县）等均有海南的船只或货物进出口。其中总巡挂号口有琼南进出口的货船，而下琼南船货，每单收银五分，税收比澳门、福建、江南、宁波货船贵约二分。② 虎门挂号口琼南有往来装货船收银二两，福南、浙贸易船装货进出，每只收银一两五钱，广、惠、潮贸易船装货进出，每只收银三钱。③ 往来琼南的税收远比其他地方贵得多。黄埔挂号口则有海南乌艚船和白艚船出入④，紫泥挂号口则有双桅船往来琼州和省会。而江门正税口则是与海南贸易往来最为活跃的，不但与海口常有往来，和清澜、陵水、崖州等口也来往密切，且货物品种繁多。⑤ 海南与惠州、高州、肇庆、潮州、雷州、廉州等府也保持较密切的贸易往来。可见，海南已经在广东形成了较广泛的贸易网络。除此以外，海南还与福建、江南一带保持良好的贸易往来，这从海南各税口所列税则便可得以证实。而琼州的白糖还货至苏州、天津等处。潮州商人在海南与内地的商贸中起了很重要的中介作用。当时潮阳的达濠港，其出海孔道河渡口为“琼南、广惠往来商船停泊之处”，在潮阳城东的海门城，为全县门户，“为琼南、广、惠、闽、浙、江苏商船往来之要口”⑥。海南商船不仅于潮州贸易，潮商更是不断将江南的物品贩运到海南销售，然后从海南收购特产运到北方。每年春季“租舶糟船，装所货糖包，由海道上苏州、天津”，至秋季则从北方“贩棉花、色布”回广东，运送到雷、琼等府售卖，“一来一往，获息几倍，以此起家者甚多”。⑦ 潮商通过贸易将海南与我国北方联系在一起。

（二）输出货物以土产为主，输入货物多为日常用品

基于海南本身特殊的地理位置，海南出产很多热带亚热带产物，这些产物恰好为

① 梁廷枏：《粤海关志》卷11《税则四》，第214—216页。
② 同上书，第217页。
③ 同上书，第223页。
④ 同上书，第219页。
⑤ 同上书，第221—223页。
⑥ 嘉庆《潮阳县志》卷9《险隘》，清嘉庆二十四年刻本。
⑦ 乾隆《澄海县志》卷19《海氛》，清乾隆二十九年刻本。

内陆所需。海口总口出产槟榔、藤丝、椰子、楠木板坊、牛皮、麖皮各货，其他九口出产货物均与总口相同。① 当中以槟榔为最大宗，品种也最多。海南出口槟榔主要分榔干、榔咸、榔青、榔玉、枣子槟榔五大品种，分别输入广东省各地。依《广东新语》所载，其中，心小如香附者叫做榔干，惠州、潮州、东莞、顺德人嗜之；用盐渍过的叫做榔咸，广州、肇庆人特好之；果实未熟者为槟榔青，琼人更好之；果实成熟的叫做榔玉，也称玉子，则廉州、钦州、新会及粤西的人嗜之；果实熟透且干焦带壳的则名为枣子槟榔，乃高州、雷州、阳江、阳春人嗜之。海南槟榔每年"售于东西两粤者十之三"，而其他十分之七则主要输往国外。② 由于货物大宗，所以有专门的槟榔船往来于主要的口岸专门从事槟榔贸易。椰子也是输出的主要物产之一，而且与之相类的产物如椰壳、椰棕以及各种椰器也深受内陆欢迎。至于木料则主要有乌木、楠木、杉木板枋、杂木各寿枋等；藤料则主要是黄白藤和土藤丝。③ 牛皮也是海南的特产之一，康熙四十二年（1703）创建于海南的鳌峰会馆，就是由各皮行筹集捐款建立的，成为专门贩卖牛皮的一个同业公会。④ 除此之外，海南其他特色果物如波罗蜜以及各类海产等也是海南重要的输出品。

大陆供应给海南的商品，根据《粤海关志》所列各种税则可见，占主要比重的是与人们息息相关的各种日常用品。总结起来，包括铁锅、缸瓦、土碗、茶酒杯、草席、竹篢、鞋篢、杂货篢、线面篢、灰面篢、线香篢、藤帽、草竹帽、木屐、雨伞等。至清末，这种对于日常用品的需求依然。时博敖港由南洋、香港、澳门等处进口的货物是水油，由江门输入的是大宗的纸料、爆竹、布匹等物，由潮州输入的是瓷器，由高州、廉州输入的是埕瓮、水缸等物。⑤

四　海南岛与周边国家的贸易往来

清初废除海禁之后，中国对外贸易再次趋于活跃，在这样的一个大的背景之下，海南岛与周边国家的贸易往来也有了一定的发展，主要是表现在与日本以及其他东南亚国家的贸易往来。

（一）与日本的贸易活动

明代，海南与日本发生贸易关系主要是通过倭寇的不法抢掠。而到清代，由于海禁取消，贸易合法化，所以海南与日本特别是长崎的贸易关系相对稳定。根据小叶田淳研究所得，清代时期，早在顺治元年（1644）就有从海南岛出发的商船到达

① 梁廷枏：《粤海关志》卷9《税则二》，第197页。

② 屈大均：《广东新语》卷25《木语》"槟榔"条，中华书局1985年版，第629页。

③ 梁廷枏：《粤海关志》卷13《税则六》，第272—276页。

④ 小叶田淳：《海南岛史》，张迅齐译，台北：学海出版社1979年版，第253页。

⑤ 宣统《乐会县志》卷4《海黎略》。

日本长崎进行贸易的记载。① 根据小叶田淳研究，康熙年间从海南岛发到日本长崎的船只相当频繁，兹列表说明（根据《海南岛史》第274—278页引《华夷变态》的研究成果制成，见表2）：

表2　《华夷变态》所载康熙二十六至四十六年间中日贸易情况简表

年代	人物	事件	资料出处
康熙二十六年（1687）	船主朱仲杨，出生浙江。	十年以前，因为经商到琼州居住，两年前造船。前年想东渡日本，没有达到目的，后来又装载沉香等许多土产，在七月十日从海南开船，一路到达日本。	卷13之上
康熙二十六年（1687）	正船主方赞官、副船主叶阳官。	一同在厦门运货，正副船主当时是船上的客商，这条船先到福建运货，再开到海南，于次年五月二十二日，再从海南出发开到日本。	卷14之下
康熙二十七年（1688）	船主黄平官，曾在暹罗运货。	船从厦门开到海南，就在海南装货，到五月十九日，开船到日本。	卷14之中
康熙二十七年（1688）		在海南装载仅少的货物，五月二十五日开船，六月十一日到台湾寄港，改装砂糖、鹿皮等货。七月三日开船，直航日本。	卷15之三
康熙二十九年（1690）	船主游傅李	在福州装运货物，当时以船主的身份到海南，船是初航。在海南装上生姜四十多斤，其他像沉香、鹿皮、腊蜜、牛角皮、黑糖、药种等土产，五月二十二日开船到日本。	卷17之三
康熙三十三年（1694）		船在暹罗运货，潮州所得情报说有一艘货船从海南来到日本，结果这一年根本没有船。	卷21之中
康熙三十四年（1695）	船主汪峻干	十二月，船从宁波开往海南，买卖完毕，六月十八日从海南开船，同月二十九日在普陀山靠船停泊。装载一些丝和零货以后，在七月十日开船。那只船是第一次新来的。船主是从台州经普陀山来到日本的船客。	卷23之下
康熙三十五年（1696）	船主黄益官	正月间，有一艘船从宁波出发到海南交易，五月二十九日出发，六月十八日船在浙江普陀山停泊，将购买妥当的丝、零货等装好以后，就在同月二十六日开船到日本。同时船主还曾于前年在福州沙埕装载货物，运到日本交易，此次又以船客身份到日本来接洽生意。	卷22之上
康熙三十五年（1696）		三月从厦门出发，到海南，买卖完毕，五月十六日的时候又从海南开船，因为逆风，六月十六日船靠萨摩岭，以后再开向长崎，船主曾于康熙二十四年正月从厦门坐船到暹罗，他在暹罗办好货物以后，就到日本，那时候他是船上的副老大，船还是那一只。	卷23之上
康熙三十六年（1697）	船主施辑侯	康熙三十五从海南出发的时候，在海南甲子所的海面上遇到龙卷风，船破不能行，就在甲子所借小船装运残存的货物，船到宁波以后借用大船，再招揽些客商货物，在正月十四日出发。船主施辑侯，曾驾舟到广东的高州办货，这次航行的船，和康熙三十五年到普陀山的船是一样的。	卷24之上

① 小叶田淳：《海南岛史》，第274页。

续表

年代	人物	事件	资料出处
康熙三十六年（1697）	正船主庄运卿，副船主黄哲卿。	四月十九日从海岸出发，五月三日船靠福州的猴屿，装载一批丝、零货，五月二十日开船到日本。船主庄运卿到福州办货以来，一直是船老大，副老大黄哲卿到福州办货的时候，还是一名船客，这次开到日本的船还是第一次。	卷24之中
康熙三十八年（1699）	船主凌尧文	二月上旬，从南京到台湾，购买白砂糖。三月中旬到海南，改购那里出产的山货、杂货。七月六日开船，因为逆风，八月十二日在种子岛抛锚停泊，然后开向长崎，船主凌尧文是新人，船也是初次出航的。	卷26之下
康熙四十年（1701）	船主钱君特	康熙三十九年春，从宁波到海南，办妥货物以后，在同年六月开船，船到海口，遇到大风不幸破损，本年六月八日，将破船重新打造，再开船，到普陀山海面上，船桅又被狂风吹折，被迫到松下门停泊，在那里修调船桅，风色一直不好，所以延到十月八日才开船到日本。船主钱君特还有条船都是新来的。	卷28之下
康熙四十一年（1702）		康熙四十年十月来船，日期已经太迟，生意没有做成，就气冲冲地回到宁波，于四十一年正月的时候，再到日本。	卷29之上
康熙四十五年（1706）	船主吴尔杨	在五月十八日从海南出发到日本，该船曾在宁波装载货物去过日本。	卷32之下
康熙四十六年（1707）		船从上海到海南，就在海南采购货物，五月二十八日船从海南开回上海，招载客货以后，在七月十一日出发到日本。	卷32之下

由表2可见，康熙年间海南与日本长崎通商约有20次，这其中既有直接从海南岛前往日本贸易的商船，但更多的是除了在海南采购货物外，还会于前或后辗转到宁波、福州、厦门、上海、南京等其他大陆沿岸城市通商购物，或是在寄泊港如台湾顺道添办一些砂糖、鹿皮等货，然后再前往日本贸易。由于海南仅是各类土产备受海外欢迎，而丝绢这种与海外贸易的大宗物品，则需要到内陆补充，此外还有其他一些零货，也需要由内陆各港埠提供，所以为了保证货源充足，最大限度地获取更多利润，大多商船都会在海南、内陆采购足够商品后再起航前往日本贸易。除了将国内商品远销日本外，海南与内陆的商品贸易也经由商人的中转买卖得以迅速发展。不少商人除了购买足够的海南土产到日本贩卖外，还将其贩卖给内陆有需要的人，通过转手获得更多钱财，然后再以所得购买丝绢、零货等物到日本贩卖。同理，内陆商人也可先把货物部分贩卖到海南，所得继而购买海南土产到日本贸易，这样，无疑满足了三地的贸易需求，也加速了三地之间的贸易发展。当时海南与日本直接贸易的产物主要还是当地的

热带和亚热带土产，包括沉香、乌木、攀枝、玳瑁、槟榔子、椰子、波罗蜜、车蕖、花梨木、藤等物品。可见，清代前期海南与日本之间的贸易相当繁荣。

（二）与其他周边国家的贸易

海南除了与日本保持一定的贸易往来外，与其他周边国家特别是南洋一带也有较为密切的商业联系。英国人库劳福特曾于19世纪前期来东南亚一带游历考察，其游记中有关于海南对外贸易的重要资料。库劳福特记述道："（中国）与印度支那保持交通的港口，有广东省的5处，即广州、潮州、南澳、惠州、徐闻，还有属于海南岛的各个港口，以及福建省的厦门、浙江省的宁波和江苏省的苏州……价格最高的货物由厦门输入，主要是刺绣的丝织物和茶叶；价格最低廉的货物来自海南岛。"① 书中还记载了19世纪前期海南与越南各港口贸易的情况（如表3）②。

表3　　19世纪前期海南与越南各港口贸易的情况

越南地名	西贡	会安	顺化	东京	其他
海南船只数 每艘载货量	15—25 2000—2500担	3 2500担		18 2000担	
广东船只数 每艘载货量	2 8000担	6 3000担		6 2000—2500担	
厦门船只数 每艘载货量	1 7000担	4 3000担		7 2500担	
苏州船只数 每艘载货量	6 6000—7000担	3 2500担		7 2500担	
合计船只数 贸易总吨数	24—34 6500	16 3000	12 2500	38 5000	20 2300

可见，当时海南和西贡（指今越南胡志明市）、会安（今越南广南—岘港省的会安）、东京（泛指今越南北部一带）三地都有密切的贸易往来。海南与东京的贸易往来，粤海关设立时期就已有之，其时"凡东京进出货物挂号并原拆单，则每担收银七厘"。广东、厦门、苏州、海南四地的船只也到上述地方贸易，其中到西贡贸易的船只合计有24—34只，而海南有15—25只，占了一半以上；到会安的共计有16只，海南约占1/3；到东京的则共计有38只，海南约占一半。由此可见，19世纪前期海南与中南半岛以及越南的贸易还是相当活跃的。

此外，海南岛还有不少帆船开往暹罗、新加坡等地进行贸易。据一些外国资料显

① John Crawfurd, *Journal of an Embassy to the Courts of Siam and Cochin China*, London, Oxford University, 1967, pp. 511 –512.

② John Crawfurd, *Journal of an Embassy to the Courts of Siam and Cochin China*, p. 78.

示，海南岛有很多小帆船开往东京、安南、柬埔寨、暹罗及新加坡进行贸易，“其中每年开往暹罗者约 50 艘，往安南者约 43 艘；仅此二项已使中国直接与各国贸易船只增至 315 艘”，比中国其他地区海外贸易的帆船只数总和 222 艘要多得多①。当中，暹罗与海南的贸易更为活跃，“象暹罗这样一个富庶的国家，给商业活动提供了广阔的场所……他们（中国商人）的帆船每年在二、三及四月，从海南、广州、汕头、厦门、宁波、上海等地开来”②；而“到暹罗去的航途上一定在占城、柬埔寨等海岸采办造船材料，再到盘古购买附属品，以便打造船只，一只沙船只要两个月就可以打造完成，帆、铁锚都由他们自己的手所造成的。于是几艘沙船就载回一批可以在广东或者海南出售的货物，沙船上载回的货物一齐卖掉以后，所得利益，就公平的分配给一同前往造船购物的人，有时候，别的沙船也装着米或者制造肥料的骨类开到海南来”③。1819 年新加坡开埠后，海南已有帆船陆续从文昌的清澜港或海口港起航，运载商品到新加坡、槟榔屿等地。新加坡学者韩山元在《琼州人南来沧桑史》中称：“1842 年《南京条约》签订后，海禁逐步解除。在此之前，已有海南人来马六甲、槟城定居，但来新加坡的不多，虽有海南商人经常乘帆船南来进行贸易，但他们只在新加坡作短暂逗留就回国。”④ 据库劳福特估计，19 世纪前期，中国对外贸易船只吨数有 70000 吨，其中海南岛有 10000 吨。⑤ 可见当时海南海外贸易之繁盛。

（三）海南岛外国飘风船只的处理

清代，亦有不少船只遭风遇溺来到海南岛，所以当地政府也要处理有关事项。康熙四十七年（1708）三月初四日，礼部抄出“两广总督《准礼部咨》题本”中述道：“据广东巡抚范时崇疏称，暹罗国王向化输诚，遣使赍表文、方物三十六样入贡，抵省安奉，其压舱货物尚在琼州，惟载象一船遇风飘散，查探无踪。”⑥ 康熙五十七年（1718）七月初三日，兵部抄出广东广西总督杨疏，言有柔佛国（今马来西亚柔佛地区）人 25 名被风飘至澄迈县苍眼湾，并有三只小船被风飘至琼州府感恩港。⑦ 据会同总督于乾隆二十七年（1762）三月初七案记：“暹罗国正贡船至新宁县茶湾地方，副贡船在七洲洋面被风沉溺，先后檄行地方官将沉失物件打捞，务获表文，捧护登岸，并

---

① B. P. P., *First Report from the Select Committee of the Commons on the East India Company*, China Trade, 1830, p. 629, Evidence by J. Crawfurd, Esq. 转引自姚贤镐《中国近代对外贸易资料（1840—1895）》第 1 册，中华书局 1962 年版，第 59 页。

② Charles Gützlaff, *The Journal of Two Voyages Along the Coast of China*, in 1831and 1832. pp. 44 - 47，转引自姚贤镐《中国近代对外贸易资料（1840—1895）》第 1 册，中华书局 1962 年版，第 51—52 页。

③ China review, Vol. 1, pp. 90 - 91，转引自小叶田淳《海南岛史》，第 280 页。

④ 韩山元：《琼州人南来沧桑史》，载《新加坡琼州会馆庆祝成立一百三十五周年纪念刊》，新加坡：琼州会馆 1989 年版，第 263—264 页。

⑤ R. M. Martin: *China, Political, Commercial and Social*, Vol. II, p. 137，转引自姚贤镐《中国近代对外贸易资料（1840—1895）》第 1 册，第 63 页。

⑥ 《明清史料》（庚编·下册）第 6 本《两广总督〈准礼部咨〉题本》，中华书局 1987 年版，第 1062 页。

⑦ 《明清史料》（庚编·下册）第 6 本《广东总督揭帖》，第 1067 页。

未沉失其贡物，内漂失龙涎香、桂皮、豆蔻儿、茶皮、树胶香五件。”① 由于海南偏于一隅，船只飘溺至此的事件常有发生，以上记载仅是沧海一粟。这些船只当中不乏进贡之船，但也有不少冒充贡船的私商船只，因此，对这些船只的处理都尤为谨慎。就上述“两广总督《准礼部咨》题本”所反映的案例而言，时暹罗贡使先将其压舱货物放置琼州，后则载象一船进贡，结果却遭风飘散。因能奉上“表文”，暹罗贡使则不惜承担“象失”的责任，而且其压舱货物“如彼愿自出夫力带来京城贸易，听来贸易，如欲往彼处贸易，著该督抚选委贤能官员监看贸易，其交易货物数目及监看官员职名另造清册报部”。可见，时区别真假贡使，则视其表文有无为准。但因路途险阻，也常遇溺失“表文”之事，正因如此，不可避免有番商以此为借口，编说自己乃是误失“表文”的贡使，以获取诸多利益。因此，番船飘至海南岛，其查验工作相当严谨，其处理方式也十分考究。雍正六年（1728）十二月由琼州镇差委千总曹国标押送至广东府的五名漂流至琼山的彝人就被进行了详细的审讯，包括对其国籍、何年何月船只漂流至何处及其后的打算等，均做细致查问。据暹罗国番陈宇船上的水手通事林宣供说，其五人中，哄咙、吗林二人是西洋莫来由人，伊什哥、安逈、密喀儿三个则是西洋弥尼喇人，他们自弥尼喇开船要往噶喇吧（今印度尼西亚雅加达市）去，约有 10 天后则遭风打破船只，漂流一个多月至海南岛感恩县。船上共有 35 人，船主叫作哼吟嘫，已死 30 人，仅剩 5 人，船上仅有黄藤、海参，并无他货，船上亦无客人。船已坏，不能回去，情愿卖船买些衣裳等。其后将此记录在案，至由署抚部批，继至布政司查议，经多番查认，确认伊什哥等三人实际是吕宋（今菲律宾）人，其他则无异。然后给予各人口粮，并安插他们搭乘暹罗船然后转船归国。② 可见，政府对遭风至岛的番人番船的处理十分重视，实为防范奸诈商人及海寇勾结到来贸易、寇掠。而政府对各遇难番人周到的抚恤，正是“天朝恤外藩之意至为详备”③ 之体现，以彰显帝国风范。

（四）海南岛海盗的寇商活动

清代，海南岛海寇活动依旧猖獗。不少沿海港口都成为寇盗的登岸之所，而沿海村庄往往成为被劫掠的对象。下面根据地方志记所载做一简述：

顺治十六年（1659）三月，杨二、杨三入崖州番人塘大掠，“掠牛畜稻米无算”。

顺治十八年，杨二、杨三再次泊舟崖州海岸伺机登岸掳掠，掳行至海湾的男妇十数人，其后还获黎妇十多人，“黎人以牛米赎，老羸者放还，壮者不释”；同年十月，贼以二十余船寇儋州，至十一月，辗转返回崖州，夜袭沿港番人塘等村，掠男妇三百余人，“令以金帛牛酒赎，不能赎者杀之，计杀百余人，海岸为赤”。④

① 《明清史料》（庚编·下册）第 6 本《礼部〈为准内阁片〉移会》，第 1118 页。

② 《明清史料》（庚编·下册）第 6 本《广东总督揭帖》，第 1068—1069 页。

③ 《明清史料》（庚编·上册）第 3 本《道光年各部造送内阁清册（节录外国事件）》，第 613 页。

④ 光绪《崖州志》卷 12《海防志二》。

康熙元年（1662）海寇杨三集结数十艘船到铺前掠劫了五百多人，次年海寇杨三再次驾巨船入清澜掠劫米船。

康熙四年六月七日午后，海寇驾一十三艘乘着西风潮涨驶船如箭飞泊蛋场，登岸后前后村落劫掠殆尽，掳四人，次日官兵到时，贼已于潮退时满载而去。

康熙十八年海寇头目杨二驾船入石䃃港，由颜张港登岸，聚众劫掠海滨一带，"财帛搜刮无遗，子女掳掠殆尽，饱其所欲而去，又以舟重南行，被掳子女许父母亲戚持金往赎，否则投之海矣"。

康熙十九年冬，海寇杨二因为前番得逞，再次纠集谢昌等人，抵达铺前，掠夺文、琼等地，次年二月攻破海口所，三月三日飞船百余艘自东水港抵达蛋场，城守弃城逃跑，全城尽为蹂躏，城乡各处只见破屋坏垣，人号鬼哭。

康熙三十九年十二月，有贼船三只泊黄流海岸，入黄流，掳掠妇女十余口，"所掠妇女，皆许以银赎"。

康熙四十二年十二月，有贼船三只泊崖州三亚港，其贼上村掳民财。

嘉庆二年（1797）夏，张保仔寇铺前、清澜两港，劫掠村庄、商船，掳人勒索。

嘉庆十四年八月初七午时，海寇乌石二等人飞船数十只自大海突入石䃃港登岸。

嘉庆十五年五月初一，海北等大小海寇集结一百多艘船飞入石䃃、玉抱、麻颜等港口，下抵临高海滨登岸，焚毁、掳人和掠物无数，横行几十里。①

以上海盗寇掠海南的活动反映了以下几个主要特点：①海岛南北两端是受到海盗侵扰、掳掠最为频繁的地带，其主要原因应是两地都是商贸较为活跃的地区，经济相对发达，过往商船更多，而可供寄泊、樵汲、换购货物的港湾也比较多，且比较容易利用风潮做迅速登陆及逃脱。②海寇多是当时规模较大的海盗集团，如杨二、乌石二（麦有金）、张保仔（张保）等，他们都是横行海上的重要头目。其中以杨二集团寇掠海南次数最多，且每次行动都迅速而浩大。其船队多则二十多艘船只，少则也有十来艘；寇掠范围广泛，常在西路的东北沿岸与南部海岸之间辗转劫掠商船或登岸寇掠沿岸村庄。③寇掠对象多是当地居民及重要的财物，如牛只、稻米、金帛等。牛只、稻米是当时海南重要的进出口货物，具有较高的经济价值，必然成为海盗眼中的"珍品"。至于掳掠人口除了为求换得赎金及所需物品外，不少却是贩卖到海外。海南海盗对以上人口、财物的掳掠以及勒赎银货，可以看作是一种变相的商贸经济活动。④海寇对海南的寇掠主要集中在顺治、康熙、嘉庆年间，这与清代海盗集团本身的发展与壮大密切联系。总而言之，清代活跃于海南的海盗活动，虽然也带有一定的商贸性质，但是相对来说，其寇盗性质才是占据最主要的地位。毫无疑问，海盗经常出入海南岛，并时常劫掠过往商船、当地民众，这对海南经济生产及海外贸易的正常发展所起到的破坏作用将更为明显。

总之，清代海南港口在数量上增多了不少，而且与内陆以及东南亚密切联系的南北部的港口发展良好。由于开放海禁，在广东设立粤海关，并在海南设立一个总口九

① 根据康熙《澄迈县志》卷8《海黎海寇》；乾隆《琼州府志》卷8《海黎志》；光绪《澄迈县志》卷5《海黎志》；光绪《崖州志》卷12《海防志二》；民国《文昌县志》卷7《海黎志》等整理得。

个小口，所以为海南海外贸易的进一步发展奠定了良好的基础。清代海南海外贸易除了继续保持和内陆南方地区的贸易往来外，还与北方一些地区有密切的贸易关系，并与国外周边地区的贸易关系更为紧密，特别是与日本的贸易，在康熙年间更是进入了一个全盛的时期。

（作者单位：暨南大学历史系暨历史地理中心）

清代江南市镇的“夫束”组织

于双远

在农业文明占主导地位的中国古代，一个地区经济的发展，除了本地比较好的农业生态环境和经济基础之外，就要看此地的基础设施建设了。清代的江南地区主要位于太湖流域的下游，历来以“鱼米之乡”著称。这一地区不仅在清代，就是到现在，都可谓是河流遍地，湖泊众多。清代江南大量市镇的兴起，也得益于这种星罗棋布的河流与湖泊所提供的丰富的水利资源和便利的水运交通。可以说，没有丰富的水利资源，就不会有江南地区广泛存在的商品性农业；没有便利的水运交通，就不会有江南市镇的手工业、商业繁荣。而与此同时，这一地区地处长江中下游平原地带，位于太湖下游的长江三角洲地区。这种冲积性三角洲地形，固然地势平坦、土地肥沃，有利于农业的发展，但是这一地区的河流落差很小，再加之其临近大海，潮汐所带泥沙又不断冲积，河道非常容易淤塞。在这种情况下，如何保证河流、湖泊的畅通，以保证正常的水利交通运输和大量的农业灌溉用水，也就是本地市镇的各种社会管理组织所应当重点关注的问题之一。在清代本地大量的乡镇志资料中，《水利》一门都是必不可少的一部分，这也足以看出水利事业建设对于市镇的重要意义。

一　江南地区开浚河道的常用方法

既然水利事业对于江南市镇的兴衰如此重要，那么其又是以一种什么样的具体方式受到重视的呢?

据新中国成立前后新修的《大场里志》记载，“旧社会时代，对于兴修水利，往往由于一般官员，几经公牍呈上转下，不胜其烦，弄得废时失时，浪费金钱。兹据我在幼年时代所见到的例子，先则敲锣报告要开什么一条河，广贴官员出的告示，晓谕大众，再由地方绅董等筹议款项，划分几段，段有段董。招夫挑泥，或由各图分派夫役，如大场厂厂董办事处——同仁堂为河工总处所在。临时雇佣几个厨夫及差役，进茶设筵，而一般地方上参加河工的职员等，乘此机会大喝特吃，结果把有用之经费挥耗于无谓之处，正本土方挑钱减打折扣，甚至有分文领不到者，均被若辈中饱，或吃用干净（俗话吃白食）。这种腐败情形，竟有言语所莫能形容者。还有种田河流，是由地方上自筹开浚，就近派夫。遇到干河或交通要渠，则由商界方面积聚款子，或者田亩带捐。等到河工结束，经由官署派员验收，或者开到中途，宝山县知县亲自莅勘。倘然看到某段工事最为腐败，一个知县老爷就此临时坐审，把一个顶恶劣的伕子，或者一个小包头目，杖股示众，作为警戒（俗话打屁股，旧时代刑具之一种）。”①

《大场里志》的作者一生经历了晚清、民国、新中国三个时期，可以说是见多识广。而修此志已经是新中国成立后的事情了，相对于晚清、民国时期本地乡绅所修的各种乡镇志，能更客观地分析市镇水利建设问题。不长的一段记载，反映出了相当多的问题。当然，《大场里志》的记载是清朝末年时的情况，不能涵盖整个清代，但还是很能说明问题。

据文中记载，宝山县大场镇地区兴修水利都需要政府首先批准，几经转呈后，才由官府贴出告示。然后发动地方绅董开始筹款，划分河道段落，安排河段主管——河董。然后各图分派夫役，开始挑泥。至于开浚河道的款项，不同用途的河流也有不同的筹措方式。主要用于灌溉农田的河流，则是由地方上自筹开浚，夫役也是就近开派。而干河和交通要渠，由于所用款项较大，涉及区域较广，河道用途较复杂，于是由商人积聚款项，或者对附近田亩加派捐税。但政府在这个过程中也不是不闻不问的。在河道开浚的中途，一般本县县令会亲自勘察一番，对不法分子进行一定的惩治，以儆效尤。在河道开浚结束时，政府还会派员验收。

这篇记载显得较为简略，其记述时间段也主要集中在作者亲历的清代晚期。其实在清代的江南地区，虽然区域不大，其开浚河道的办法却有很多种。比如江南地区的日常水利建设方面，还有一种业食佃力之法。所谓“业食佃力”，主要是指“按户派工，业户给食，田户出力，以时开浚”。而“遇空旷所在，暨贫户无力开挑之河面，每资大户津贴”。而且“旧例岁修业食佃力，宪檄干员督查，鸠工集事，承办修浚，各区图一应杂项徭役，俱详邀宽免，勒石永遵在案”。② 也就是说，清代本地开浚河道以田主出食、耕者出力的方式完成。如果贫户无力开浚，或者地当空旷之处，则需要大户津贴开浚。而且业食佃力之法还被应用到修筑圩岸等其他水利事业建设方面。定例每年都要按照业食佃力的办法对本地的相关水利设施进行修缮。一般每年官府都会派出专门人员倡导举行，而本地一应杂项徭役都会被官府免除。

此外，清代江南地区的水利建设过程中还有诸如按图摊派、按亩出夫、雇夫开浚甚至是调动官兵开浚河道等不同的办法。但不管是哪种办法，都是一种临时性的对策，往往都是等到问题出现才临时处理。这种临时性的小修小补，自然无法满足江南市镇的水利建设需求。其实在清代江南地区的嘉定、宝山二县还存在着一种兴修水利的常设赋役组织——夫束。

① 《大场里志》卷1《河道目》，《上海乡镇旧志丛书》第11册，上海社会科学院出版社2005年版，第4、5页。

② 《干山志》卷5《水利》，《上海乡镇旧志丛书》第9册，第51、52页。

二 夫束组织的基本职责

夫束，本是一种“按亩起夫、开浚河道”的赋役组织。组织的小头目称为夫头。夫束并不是清代江南地区普遍存在的地方编制，而是嘉定、宝山二县特有的一种组织。据载：“他邑田不编夫，而嘉、宝独编夫者，盖以地滨东海，潮汐挟沙而来，沟渠易为淤塞，非年年轮浚，不能资灌溉之利。又以工役岁兴，不得动支大帑，是以按亩起夫：上区百亩，中区百六十亩，下区二百亩，计得夫万七千有奇。苟有疏浚，官为派夫任役，而又虑田无常主，每十年行一推收。更定夫束，以均其役。”①

也就是说，在清代的宝山、嘉定二县，由于其接近东海，水道较易淤塞，所以需要有一种常设的水利建设组织来长久地发挥作用。但这种赋役组织说白了还是一种“按亩起夫”的水利建设组织，由全县的土地均摊徭役，每年由政府出面派役，组织进行水道疏浚。但是清代的江南地区，其土地交易频繁，所以其徭役每十年就要按照土地的归属情况重新进行摊派。按照上文的说法，“夫束”本来是一种集合全县力量共办水利的理想制度，故有“用力齐而成功多”这样的赞美之词，对开浚河道的意义重大。但即使是这种凤毛麟角式的水利建设常设组织，在清代江南地区的大环境之中，还是无可避免地走向了腐败。当年再完善的管理制度，终究要依靠人来实行。随着时日长久，官吏因循怠惰，这一赋役组织的败坏已经变得非常明显了。

据记载，“自道光六年行推收法以后，官吏因循，此法（每十年行一推收）不复举。当日编为夫头者，田尽货去，仅存空名，谓之夫壳。逮于咸丰，夫壳遍邑境焉。一闻河工将起，往往讼牍纷呈，互相讦告，甚或孤寡零田，亦派使应役，尝有役未兴而怨已腾者”②。也就是说，随着时日长久，官吏因循怠惰，每十年一推收的旧法很长时间不能得到贯彻执行，于是夫头长期不能得到更换。而很多当日编为夫头的人，早将田地卖出，于是形成所谓“夫壳”之患。一旦河工大兴，“按亩起夫、开浚河道”就成了一种转嫁到无地百姓身上的新型徭役。此时，河道还未开浚，各种官司纠纷纷纷兴起已成必然。且不说官司的结果如何，单就河道开浚来说，也必然会大受影响，以至于在鱼米之乡的江南地区形成了“渠可推车，田不殖稻”这种本该在江南非常罕见的局面。

三 夫束组织职责的扩展

上文还只是对夫束这种水利疏浚的赋役组织本职职责的败坏进行了一些探讨。其实在夫束组织的权力行使过程中，除去其原本职能的败坏，还有另外一种不正常的情

① 《厂头镇志》卷1《疆里》，《上海乡镇旧志丛书》第3册，第9、10页。

② 同上书，第10页。

况，那就是其职能范围的扩展。

据载："夫头轮年，举报保正，稽察图务，谓之现年。遇有河工，夫头各率协夫，分段疏浚，取通力合作之义。惟田无常主，故定十年一编，免无田任役之累，是立法之初。现年但举报保正，保正但司稽察，原与催收粮务无涉。后则古意浸失，专以催粮之事，责令现年举办，至仓差得上下其手，不满其欲壑不止，何怪民怨沸腾，而目之为秕政也。"① 说得更明白一点，本来"夫束为浚河而设，而保正则专司稽察奸宄。惟夫束举报，保正有领县差催粮之责。自后，保正经收钱粮，而夫束遂有赔累之患。道咸间，已有因此而破家者。后经邑侯淡、汪、许、程诸公竭力提议改革，而卒未实行"②。

夫束组织本来只是一种水利疏浚的常设赋役组织，其主管——夫头一般也是一种载之典籍的半官差身份的人员。但就是这种半官差的身份，官府目之为差役，而百姓也目之为地方管理人员。久而久之，其职责开始了某些方面的扩展。首先就是其成为举报市镇保正的专门人员，参与到了市镇日常社会管理之中。

但正如某些学者所言，清政府对基层社会的管理一直循着赋税和防卫这两条主线而展开，于是保正除了原本的"专司稽察奸宄"之任外，还有"领县差催粮之责"。一旦其无法完成政府所交代的催粮任务，不仅市镇保正，就连原本只是举报保正的"现年"也会连带赔累。所以在很多时候，担任夫头往往成为很多家庭败落的原因。而更多的时候，夫头还是会与仓差、保正上下其手，侵渔百姓，成为一种地方弊政。而这一地方弊政一旦形成，想要革除却是难上加难。以至于出现了四任县令先后竭力提议改革都不能得到实施的怪现象。于是夫头就成了对地方社会事务产生影响的又一重要人物，而夫束组织也就不仅仅是一种开浚水利的常设赋役组织了。

总之，夫束组织本来是一种开浚河道的编夫组织。但随着制度的败坏，政府监控力量的缺失，其权力渐渐失去监控。在这种情况下，市镇水利事业能否得到很好的建设就打上了问号，而市镇百姓的赋役却又有所增加。这一赋役组织的存在逐渐成为一种新型的地方弊政，成为又一道加在市镇百姓身上的枷锁，很多时候限制了市镇的发展，有时甚至还会影响到市镇的生存。通过对清代江南地区市镇夫束组织职责的演变及其职能的退化，我们能更好地理解在清代的江南市镇上，其社会管理组织是如何构成的，其权力又是如何运作的，也为我们理解清代江南市镇的社会管理模式提供了一个更好的侧面。

（作者单位：天津师范大学历史文化学院）

① 《钱门塘乡志》卷2《水利》，《上海乡镇旧志丛书》第2册，第28、29页。

② 《望仙桥乡志续稿》卷3《赋役》，《上海乡镇旧志丛书》第2册，第16页。

从筑城到拆城：近世中国口岸城市成长扩张的模式

（台湾）刘石吉

“城”（walled-city）是中国文化的特殊产物与重要标志，它构成了汉文化圈人文地理的独有景观，在人类文明发展中占极重要地位。历史上中国人很早便是建造城墙的民族；在中国文化的地景上，就构造、象征和机能的意义来看，各种“墙”中可说以环绕和确定都市界限的“墙”最为重要。城墙的建造无疑被认为象征了居于城内，在地方上为首的统治阶层。“城”代表的即是都市，也是城墙。传统中国几乎所有的都市人口均生活在“城墙都市”之中。一个没有城垣的市集，从某些意义来说，是很难称为都市的。

1840年代以后，通商口岸体制（treaty ports system）在中国沿海沿江兴起，直到清末，这些口岸城市总数超过100个，影响近代中国社会经济与政治文化至深且巨。通商口岸是西方文化在中国的主要据点，也是近代中外关系的重要舞台。在这里形成了一种特殊的阶级（如买办阶级），与特殊的边际文化（marginal culture）。不平等条约、租界、治外法权、协议关税、外资的引入等，都在通商口岸进行，对近代中国造成重大影响。通商口岸固然植基于传统的商业据点，但通商口岸的港埠设计及都市规划，无疑是一种西方模式：德人在青岛，英人在香港、上海、厦门的都市设计都是显例。这些新兴都市与传统城墙都市在精神面貌上大不相同，它所代表的文化意义也与传统“城乡一致性”（urban - rural continuum）的文化特质不同，这就像托尼（R. H. Tawney）形容的“镶饰在老旧长袍周围的新式花边”（“A modern fringe was stitched along the hem of the ancient garment.”）。[①] 在通商口岸城市中，原有的城墙被拆除，租界里新马路与新市区形成十里洋场，也逐渐与广大的内陆乡村隔离。中国的“经济国界”逐渐向内陆移动，造成近代“都市中国”与“乡村中国”的隔绝，破坏了传统的城乡一致性，使近代城乡趋于两极化（urban - rural dichotomy），城乡开始对立。这不仅是中国城市发展的一大转型，也是近代中国社会经济的一大变革，影响到政治文化的大动荡，而传统城墙都市的时代也宣告结束。[②]

直到清末（1911），中国境内各类城垣及城墙都市超过2000座。本短文仅选取上

---

① R. H. Tawney, *Land and Labor in China*, London: G. Allen & Unwin ltd. 1932, p. 13.

② 刘石吉：《城郭市廛——城市的机能、特征及其转型》，载刘岱、刘石吉主编《中国文化新论·经济篇：民生的开拓》，台北：联经出版事业公司1982年版，第303—341页；陈正祥：《中国的城》，载《中国文化地理》台北：木铎出版社1985年版，第59—100页。以上两文有较详细全面的分析。

海、天津、汉口、重庆、广州等近代重要的港埠城市为例证，观察分析历史上筑城与近代拆城的动机、过程与特征意义。全文只是一个论纲性质，较详细全面探讨近世中国城市的发展过程及其转型特征，唯有俟之来日。

一 上海

上海为中国四个直辖市之一，目前所辖17区及1县（崇明）实已包括清代松江府全部及太仓直隶州大部分地区。但直到清末，上海城市范围及行政建制仍属县城的层级，其上司是松江府（设于华亭、娄县两个附郭县城）、江苏巡抚（驻苏州府城，亦即吴县、长洲、元和三个附郭县）、两江总督（驻江宁府城，上元、江宁两县附郭）。上海设县于元至元二十九年（1292），置县261年后，迟至明嘉靖三十二年（1553）始筑城。在此之前，上海地区曾有阖闾城、沪渎垒、筑耶城等古城，唯已荒废难考。①

唐宋之后，中国经济中心南移，上海逐渐崛起于历史舞台。北宋熙宁十年（1077）设上海务（征商税）；1149年（南宋绍兴）置市舶提举司、榷货场；南宋咸淳三年（1267）置上海镇；1277年、1287年元政府设市舶司及都漕运万户府。以后置县筑城，建立衙署，确立城市规模。明至清初，商品经济进一步发展，康熙二十三年（1684）至二十四年（1685）设江海常关，1730年移苏松道驻上海（1736年改称分巡苏松太兵备道），此即上海道台之始。1843年上海成为开放的第一批通商口岸（treaty ports），旋于1854年后由外人管理海关（洋关），并设立工部局（Municipal Council）、会审公廨；直到此时，上海的行政地位始终很低，它属于松江府管辖（府城设于华亭、娄县两个附郭）；到清末，它仍是县级的建制（1911年始将自治公所改名为上海市政厅）。中国城市真有“市”的建制是在1920年代以后。1928年国民政府北伐后，上海设置特别市，始正式称市。②

上海置镇设县源于经济发达、聚落人口日渐增加、行政管理之需要；筑城则为了防御外力入侵，也具有与四野乡村分隔界限的意义。东南沿海自宋代以后，大致兵革不兴，承平无事。宋金交兵、元军攻宋及明初与张士诚之战，上海微受波及，但“闾里晏然”、“素无草动之虞”，依然无恙。但明初倭寇入侵东南各地，嘉靖（1522—1566）之后日益严重。1552年倭船犯境，大肆抢掠，县署民房被焚，知县潜逃，上海官绅始有筑城之议。1553年邑人顾从礼奏准筑城（见收录文献一、二），知府方廉集众筹议，勘定基址，征集捐赋，督工筑城。上海绅民踊跃捐输，拆屋献地，倾囊助役，竟于两个月中筑成一座周9里，高2丈4尺的城垣，辟有6门（朝宗、跨龙、仪凤、晏

① 刘石吉：《城市·市镇·乡村——明清以降上海地区城镇体系的形成》，载邹振环、黄敬斌主编《江南与中外交流》，复旦大学出版社2009年版；《上海研究资料》，中华书局1935年版，第63—369页；羽根田市治：《上海の县城志》第1编，《上海筑城の记》，东京：龙溪书社1978年版。

② 参见刘石吉《城市·市镇·乡村——明清以降上海地区城镇体系的形成》一文。

海、宝带［即小东门］、朝阳）及水门3，“环抱城外，通接潮汐”。万历二十六年（1598）加高城墙，护以巨石，增开水门一座，抵抗太平军时又加开障川门。城垣之建，固定了上海旧城区的基本格局。①

上海开埠（1843）后商业日盛，经济发展突飞猛进。租界的成立（1845年英租界，1848年美租界，1849年法租界；1863年英美合并为公共租界），其兴盛繁荣对华界影响冲击日大。租界内辟马路大街、筑码头堆栈、建华屋丽宅、兴办洋行银行商场店铺，开设各种娱乐场所，“租界鱼鳞历国分，洋房楼阁入氤氲，地皮万丈原无尽，填取申江一片云”。② 十里洋场出现于旧城北郊，城市中心由百年老城移转到新兴租界内。清末邑人李钟珏（平书）论上海云：“其在通商以前，五百年中如在长夜，事诚无足称道。通商以后，帆樯之密，马车之繁，层楼之高矗，道路之荡平，烟囱之林立，所谓文明景象者上海有之。中外百货之集，物未至而价先争，营业合资之徒，前者仆而后者继，所谓商战世界者上海有之。然而文明者，租界之外象，内地则暗然也；商战者，西人之胜算，华人则失败也。”③

租界洋场的兴旺对照着上海县城的没落。上海城垣此时城基砖泥堆积，老旧颓坏日甚，城门低隘，车马壅塞，行旅不便。加以租界非法扩张，越界筑路日渐严重。法人即有将上海县治移设闵行镇，拆毁县城，以其地并入法租界，“填沟渠以消疫疠，修道路以利交通”之议。“与其为他人口实，不如先自拆之”，1900年上海邑绅李平书等人即已有拆城之意念，④ 他极力主张“拆城垣与筑周围之马路，填城濠设轨道以行汽车，与租界衔接”。⑤ 1906年地方士绅姚文枬领衔具禀上海道呈请拆城，得到上海道台袁树勋的支持。⑥ 但拆城之议在当时却引发一场争议。守旧派反对拆城，以为祖宗之物不可毁，城垣之设可以保全地方，消弭隐患；成立“城垣保存会”，呈文督抚请禁拆城。1908年上海道台蔡乃煌召集拆城、保城两派士绅议决，终以增辟城门、筑造马路的折中方式解决。1909新辟三城门，并将原有城门三处拓高放宽，至此上海县城共有10城门。唯此时城垣仍为障碍之物。城西、北、东北三面为租界，无以发展；城南和东南通道有限，外依黄浦江，内逼城垣，难以拓展回旋。

1905—1914年为上海地方自治运动时期，特别是“上海城厢内外总工程局”（1905—1909）、“上海城厢内外自治公所”（1909—1911）成立的6年中，以李平书、姚文枬等为首的绅商在上海城市建设与地方公务上扮演了重要角色。这是近代中国地方自治、市政建设、市民社会与城市民主的先驱。拆城工作与上海自治运动关系密切，是当时上海开明士绅的重要主张之一。⑦ 辛亥革命后，在上海民政总长李平书及士绅姚文枬等人的积极推动下，上海市政厅组成“城濠事务所”，筹款集役，

① 同治《上海县志》卷2。

② 顾炳权：《上海洋场竹枝词》，上海书店出版社1996年版，第4页。

③ 民国《上海县续志》卷30；李平书：《廿年一瞥》，中华书局1925年铅印本，第1b—2a页。

④ 李平书：《且顽老人七十岁自叙》，载《廿年一瞥》，第443页。

⑤ 李平书：《论将来之上海》，载《廿年一瞥》，第6a页。

⑥ 姚、袁的呈文是上海拆城的重要文献，载《上海市自治志》甲，见附录文献五、六，第27—28页。

⑦ 周松青：《上海地方自治研究：1905—1927》，上海社会科学院出版社2005年版，第162—174页。

于1912年初开工拆城，先拆东南两处城基，后沿西北顺城而拆，城濠下埋设瓦筒作为阴沟，其上修建马路。1913—1914年筑路工程完成，取名民国路与中华路，加上陆续兴建的新马路，将旧城与租界、城外华界紧密联系起来，融成了近代上海的核心市区。①

附：有关上海筑城与拆城的重要文献史料

1. 文献一：同治《上海县志·城池》

城周围凡九里，高二丈四尺，门旧六新一，凡大小七：东曰朝宗，南曰跨龙，西曰仪凤，北曰晏海。跨龙门迤东为小南门，曰朝阳。朝宗门迤北为小东门，曰宝带。晏海门迤东为新北门，曰障川。水门四：东、西门者跨肇嘉浜、小东门者跨方浜、小南门者跨薛家浜，堞三千六百有奇，箭台二十所。濠环抱城外，长一千五百余丈，广可三丈。旧从肇嘉浜、薛家浜、方浜分流灌注。今西商于方浜北新开一浜，又于城西沟通周泾焉。

元建县（1292）后二百六十余年犹无城。故前明倭寇数蹦焉。嘉靖三十二年（1553），邑人顾从礼疏请建城，知府方廉始筑之。

2. 文献二：（明）顾从礼：《请建上海城疏略》（同治《上海县志》）

上海，宋市舶司所驻之地。元至元二十九年（1292）设县，治原无城垣可守。盖一则事出草创，库藏钱粮未多，一则地方之人，半是海洋贸易之辈，武艺素所通习，海寇不敢轻犯，虽未设城，自无他患。今编户六百余里，殷实家率多在市；钱粮四十余万，四方辐辏，货物尤多。而县门外不过一里即黄浦，潮势迅急，最难防御。所以嘉靖戊子等年，屡被贼劫烧，杀伤地方乡官商人居民，不下百有余家。盖贼自海入，乘潮劫掠，如取囊中，皆由无城之故。伏望轸念钱粮之难聚，百姓之哀苦，敕工部会议，开筑城垣，以为经久可守之计。

3. 文献三：（明）潘恩：《筑城记略》（同治《上海县志》）

上海故未有城，嘉靖癸丑，海寇肆虐者数矣。群凶觊觎，攘臂首至，民无固心，受祸尤酷。郡侯方公［知府方廉］忧之曰："斯城不筑，是以民委之盗也"，乃建议城之。公以忠诚之心，集众思之益，酌以义，布以公，发以果。于用，取田赋之裨益者；于工，取佣民之受直者；于费不足，附以钱库之羡者，计日商工劝分，庀役不愆于素。故大功遄举，民罔告劳云。

4. 文献四：《上海县续志·建置上·城池》

城旧制高二丈四尺，本不足此数，而内外城根，复日壅积，砖泥仅存一丈四五尺；月城洼下，跨龙、晏海等门潮大时辄涌水，堞及箭台多脱落。旧有之门既低隘，鲜能通车马，咸苦不便，议拆未果。爰添开三门：东北曰福佑，西南曰尚文，西北曰拱宸。其宝带、朝阳、晏海三门亦扩张之，均高一丈五尺，宽一丈八尺，视旧约增三分之一。濠常淤垫，北半城尤甚。缘濠内地尽庐舍，濠外地即租界，无处储泥，不易浚治。前志［《同治上海县志》］所称于方浜北新开一浜者，已由法公董局填塞；其于城西沟通周泾者，亦已填作马路。

---

① 郑祖安：《百年上海城》，学林出版社1999年版，第5—8页。

5. 文献五：光绪三十二年（1906）2月上海士绅姚文枏呈请拆城文（《上海市自治志》，1915年，公牍甲篇，第27a页）

上海一隅，商务为各埠之冠，而租界日盛，南市日衰。推原其故，租界扼淞沪咽喉，地势宽而展布易；南市则外濒黄浦，内逼城垣，地窄人稠，行栈无从广设。城中空地尚多，而形势梗塞，以至稍挟资本之商，皆舍而弗顾。绅等朝夕筹思：舍自拓商市，无由抵剧烈之竞争；舍亟拆城垣，无由期商业之自立。窃维城垣之设，所以防盗贼而限戎马，表治所而卫仓狱；欧洲古制，亦复相同。近数十年，策军事海防者，多注重炮台，而不尚城守，埃及罗马之名城，视同古器；柏灵、巴黎之都会，即藉市场；参互而观，可为明证。且天津拆城，而商市骤盛；汉口拆城，而铁路交通是。即以中国设城之本意言之，亦正可仍其意而不必泥其法。

6. 文献六：光绪三十二年（1906）上海道台袁树勋呈请拆上海城垣文（《上海市自治志》，1915年，公牍甲篇，第27页）

城垣之设，本古人重门击柝御暴之意，原无轻议拆除之理。唯上海为通商总汇，城厢、租界同在此二三十里之中。而租界则商务日盛，地段则日推日广，南市则以城垣阻隔，地窄人稠，无可展布；非唯有碍商务之进步，且益外人以轻视之心。盖所赖于城垣者，无非谓借此可以保卫人民、衙署、仓库、监狱起见。今租界洋行林立，人民、公署、银库、监狱较华界倍形吃重。彼只倚巡捕、团丁为之戒备，而我顾专恃城垣以为防守，使外人见我并无防御土匪之实力，殊为非计。且沪城本不高厚，砖名无实，徒形其陋而已。况考察租界之所以兴盛，则以有马路交通之故。今我自治之地，仅城厢、南市一隅，马路仅只两条，中间复有城垣间隔；车马既不通行，行旅苦不方便；仕商巨富固无城垣居住者，即在租界觅食小本经营，亦都不吝租金以寄居于租界之中。以致城内、租界地价房价相去数十百倍，一盛一衰之故，内轻外重之情，其显著逼切若此，若不及时变通，与民更始，日后市情凋敝之象，将更不可胜言。

窃思……拆城筑路，非唯无弊，且有四益：就城基改作马路，东西南北环转流通，外而南市沿浦，内而西门外一带，马路可以联络照应，一也。清理城内河浜，填作马路数条，徐图扩充收效，二也。填河应筑大阴沟，可将城砖代用，有余更可修沿河破岸，三也。房地市价增涨，民情振奋，收捐以办善后，事能持久，四也。目前筹计，已有此四益，日后利赖自更无穷。是拆城筑路一事，即属创举，亦应毅然为之。况天津业有成案，商务兴旺，民情安谧，尤为明证。

二 天津

比起黄河流域各地城邑的悠久历史，古代天津由于远离政治中心，其城市聚落的出现显然较迟。天津位于海河及大清、子牙、卫河、南北运河的交汇点及入海口，自来河海要冲地位巩固。东汉末年曹操曾在此区开凿河渠，转运军粮；唐代此地出现“三会海口”名称，与北平郡相提并论，显现其重要性。但直到13世纪女真人统治时，始有直沽寨出现（1214），从此天津成为北方国都所在的重要附属城市。没有金、元、明、清北京的建都，便没有天津的形成与发展；而没有天津的转输、供给与保障，北京也不能发挥帝国首都的职能。①

元朝于直沽设漕运都指挥使，1316 年置海津镇，1404 年设天津卫，次年筑卫城，这是天津城垣之始，直到 1902 年拆除。清于 1662 年，设户部钞关于卫城北门外河畔；1725 年改卫为州，属河间府，旋升直隶州，雍正九年（1731）再升为天津府，从军事城邑变为地方行政中心，另设天津镇总兵及海防同知。1668 年长芦盐政由北京移驻，1677 年盐运使司衙门也由沧州移驻此地，而河道总督也于开府同年，由山东济宁州移驻天津。天津置卫时，即在今南运河与海河之间的小直沽营建卫城，费时一年，为土筑。城垣周长 9 里，呈矩形，俗称“算盘城”，辟有 4 门，以河为池。卫城之筑主要是军事上的考虑，但也具有保护漕运及经济发展的效果。永乐十九年（1421）正式迁都北京后，天津更成为拱卫明朝都城安全的海上门户。由于天津地势低洼，常有水患，城垣屡遭浸泡冲击，年久失修，已多坍塌。弘治六年（1493）加以重修，甃以砖石，并筑城楼，重修后“平看俯瞰，回出尘垢”，更为壮观。明清战乱之际，卫城破坏严重，断壁残垣比比皆是。1653—1954 年又连续遭水患，淹及城砖十八层，洪水倒灌入城，城内低洼处甚至可以行船。康熙十三年（1674）天津总兵赵良栋再次重修，近城周围民房尽行拆除，在离城三丈外另筑城垣，加深城濠，并筑石闸引海河绕城四面，改善了城内居民的用水问题。1725 年洪水又淹达城砖十三层。为了防洪抗洪，再次重修，主要由盐商安尚义、安岐父子出资捐修，巩固城基，加厚城墙，疏浚城濠，工程极浩大，雍正皇帝特将卫城西门赐名为卫安门，或有褒奖安家父子之意。乾隆年间（1736—1795）曾先后 9 次修城，唯工程较小，只在城角加筑城楼而已。清以前城内为土路；清初于北、东门内外修石板路。1739 年又修筑北门外及沿海河迭道以捍卫水灾，方便行旅，并渐建设桥梁、渡口。②

明代天津中心市区沿海河西岸上下延伸，在此区域，“百货交集，商贾辐辏，骈阗逼侧”，“素封巨室，率萃河干”。作为统治权威的卫城，除军政衙署外，“屋瓦萧条，或为蒿莱”，城四角尚为水洼。弘治（1488—1505）年间有 10 个市集，城内 5 个不见发展，城外沿河则集市日旺。虽筑有城垣，却不见城垣城市的封闭性质，反而拥有无城垣城市的经济特色。至 18 世纪（乾隆年间），天津城垣可说已沦为象征性的饰物而已。③

1822 年直隶总督为召集团练，在天津城内外修筑 18 土堡，设义民局与保甲局，为地方性半官方社会管理系统。第二次鸦片战争后（1860），偏安一隅的旧天津城无法保卫城市，僧格林沁奏请在城外增筑濠墙，作为城市防卫工程的城外之城，长 36 里，距

① 罗澍伟主编：《近代天津城市史》，中国社会科学出版社 1993 年版，第 10 页。

② 罗澍伟主编：《近代天津城市史》，第 77—78 页；郭蕴静主编：《天津古代城市发展史》，天津古籍出版社 1989 年版，第 83—85、118—120 页。

③ 罗澍伟：《一座筑有城垣的无城垣城市：天津城市成长的历史透视》，《城市史研究》1989 年第 1 辑。

旧城3—6里不等，大致符合当时天津城市的基本范围，但旋即在英法联军逼迫下被废弃。天津也在1860年开放为通商口岸，九国租界区陆续建立。

清代后期天津几乎完全摆脱旧城的束缚，沿运河、海河自西北向东南发展，整个城市沿河分布，初步形成了条状城市雏形。城居人口、城市小区大致依地域区块分布。根据1846年版的《津门保甲图说》，此时天津县人口442334人，其中近57%的绅衿，近96%的盐商，近80%的应役，75%的铺户和55%的负贩，集中于城内，而铺户和负贩又占县城内户口数的53%，可谓"逐末者众"。海河干流为城市发展主轴，因此东南地区村镇集中，人烟稠密，人口与户口数仅次于城区（城区人口估计约有25万）。开埠后，人口激增：1895年天津城市人口达587666人，比开埠前的198716人增加了388950人。1903年为326552人，1906年356503人（租界人口68053），1917年为600746人（租界人口119150），1936年达到1081072人（租界人口173624）。①

1900年八国联军占领天津时，列强成立"都统衙门"（Tientsin Provisional Government）对天津城和濠墙周围地区行使管辖权，以后更扩大范围至城市安全、市政工程、道路建设、河道疏浚等。而后两年中，陆续拆毁城墙，改建环城马路，全长4.5公里，宽达24米，7条路线遍及天津旧城区及租界。并扩建城内街道，铺设碎石大道，改造租界内外道路，计划修筑穿越各国租界之中立马路，主持下水道改造工程（用拆下的墙砖建造大型砖砌暗沟。后来天津地方政府也下令将城内四街旧渠改筑砌砖明沟），增建沿河码头，疏浚海河，管理城市卫生。1903年引进汽车（上海于1902年引进），1906年比商电车电灯公司开设有轨电车。电车、汽车及人力车为市民提供方便交通工具，扩大市民活动范围，加速人流物流节奏，也沟通新旧市区和租界的联系。天津城墙是根据辛丑和约规定，被迫于1902年拆除的，这使天津名副其实成为一座无城垣的开放城市。这是近代拆城的先驱，也成为同时期上海拆城运动的范例。②

三　汉口（武汉）

武汉地区城邑的起源，不是因商业，也不是因统治阶级设立政治中心的需要，而

---

① 以上论述参见罗澍伟主编：《近代天津城市史》，第99、454—457页；刘海岩：《空间与社会：近代天津城市的演变》，天津社会科学院出版社2003年版；陈雍：《明清天津城市结构的初步考察》，《城市史研究》1995年第10辑。

② 近代天津发展的主要动力是商业，尤其是盐业。以盐商为主的天津城市绅商及精英，在组织商会、水会、团练及其他公益团体、慈善事业，修筑道路城墙工程，捐资办学，从事地方自治运动中扮演不可或缺的角色，对天津"市民社会"的形成功不可没。他们在社会上取得尊贵的威望，但其独立自主性似不能太夸张。他们的角色"渊源于官方的鼓励和保护，以服务广大市民，但其组织并非开放性的"，"他们的活动是增强社会的稳定性，而不是对国家权威构成挑战"。引文参见关文斌《近代天津盐商与社会》，张荣明译，天津人民出版社1999年版；或其英文著作，Kwan Man Bun，*The Salt Merchants of Tianjin*：*State-Making and Civil Society in Late Imperial China*，Honolulu：University of Hawaii Press，2001。另参见［日］吉泽诚一郎《天津の近代：清末都市における政治文化と社会統合》，名古屋大学出版社2002年版。明清以来天津是否存在一个"市民社会"？值得再验证。

是为开疆拓土，屏障都城而形成的军事堡垒。最早的盘龙城，距今3500年，在离今市区5公里的黄陂县，为长江流域第一座商代古城。东汉末年在汉阳筑却月城，是武汉市区城堡之始。三国时（223）孙权曾以鄂城为都，在今武昌蛇山依山筑夏口城以拱卫之；唐代扩大，改修砖城；明洪武年间，江夏侯周德兴再扩修，有九道城门（这位江夏侯对于明代东南沿海各地城垣的修筑有很大贡献，堪称筑城专家）。隋唐以后，商品经济发展，军事性的城堡转化为镇邑，武汉双城阶段（武昌、汉阳两市镇）逐渐形成：直到明清两代，江夏县与汉阳县分别是武昌府（省城）及汉阳府的附郭县（首县）。①

武汉双城到明成化年间（1465—1487）进一步演变出汉口，呈现三镇新格局。汉口“肇于明中叶，盛于（天）启、正（崇祯）之际”，② 明初为无人居住之芦苇荒洲，成化年间汉水北移，汉阳一分为二，南岸为汉阳，北为汉口。正德元年（1506），明政府定汉口、长沙为漕粮交兑口岸（后增设荆州、岳阳），同时淮盐亦以汉口为转运港口，以后汉口经济迅速发展，取代了昔日商务繁荣的汉阳刘家漏，明末清初终形成三镇鼎立。汉口晚出，但后来居上，号称“九省通衢”，为天下“四大镇”、“四大聚”之一。③ 作为漕粮、淮盐、茶叶等主要转运中心，商品流通量巨大。武昌为全省政治、文化中心，汉阳则为地方行政中心，以手工业及早期军事工业著称。

汉口的行政地位很低，不能与武昌、汉阳相比。汉口向来是汉阳县辖地，明中叶（有认为是嘉靖二十一年即1542年）始设汉口镇巡检司，雍正五年（1727）分为仁义、礼智二司；汉阳府同知、通判移驻汉口，行政地位始提升。1861年正式开港（据1858年天津条约），次年江汉关成立，由移驻汉口的汉黄德分巡道兼理；直到1899年，汉口专属行政建制夏口厅才正式成立，但仍隶属于汉阳府。民国改为夏口县，至1926年设市政委员会，1927年成立武汉特别市，以后汉口为院辖市；现在为湖北省省会武汉市（武昌、汉阳为所辖之区名）。

从汉口的发展过程来看，它是一个很典型的“无城垣城市”（行政中心的武昌省城、汉阳府城当然都筑有城垣）。明崇祯八年（1635），汉阳通判袁焻在汉口镇北修筑“袁公堤”，以防后湖之水南浸，堤外掘土成深沟，即为玉带河；加以长江、汉水沿江堤防的修筑，汉口渐形成四面设防的市区。从此北岸水患大减，聚落、商业迅速发展，超过南岸。1862—1864年，汉阳知府钟谦钧为抵制捻军，加强防务，在汉口后湖一带筑土堡，长11里，堡基为木桩，堡垣砌红石，开辟7门。这项工程主要由汉口绅商胡兆春、熊建勲、刘璘等集资25万两协助建成。此堡之兴建，抵挡了水患，堡内低洼之地尽填平为民居，而堡内原有袁公堤已失去挡水功能，遂被填平改建街道（今市区长

---

① 皮明庥主编：《近代武汉城市史》，中国社会科学出版社1993年版，第16—26页。

② 乾隆《汉阳府志》卷1。

③ 刘献廷：《广阳杂记》卷4，中华书局1957点校本；范锴：《汉口丛谈》卷2，湖北人民出版社1999年版；王葆心：《续汉口丛谈》卷1，湖北教育出版社2002点校本。

堤街)，使市区扩大不少，为汉口沿江发展奠定基础。①

明代至清中叶，汉口处于木船航行时代，码头和街巷大致沿汉水分布。1861 年开埠之后，汉口进入轮船时代，以长江为主航线，沿江码头仓库林立，形成新的滨江市区。5 个外国租界的相继成立，使汉口东北沿长江以下原来荒芜之狭长地带，逐渐形成一个有规划的现代城市。汉口对外贸易发展，北岸玉带河、后湖一带日渐繁荣。1905 年湖广总督张之洞筹建长堤，号为“张公堤”，全长 23.76 公里，高 6 米，宽 8 米，耗费 80 万两，由地方绅商集资协建。堤成后襄河故道的后湖地区十几万亩低洼之地上升为陆，使市区扩大 7 倍；加以京汉铁路于 1906 年通车，城区开发同步进行，原先的堤堡（1864 年建）已失去防卫及防水功能，乃于 1907 年拆除，旧基修建为后湖马路（现为汉口闹市中心中山大道至江汉路段），此为汉口第一条近代马路。汉口从沿河走向沿江发展的近代市街格局大致形成。②

武昌城墙于 1926 年底始议拆除。武昌市政厅成立拆城委员会，拟定分期分批拆城，估计全城3000 余丈，需工费 27 万元，拟招商办理，唯成效不彰。后来地方政府主动办理，武昌市民亦自动拆城，直接原因是北伐期间，军阀军队凭借城墙顽抗，造成重大伤亡。但内在深层原因还是商业发展、市区扩张以及武汉三镇合一的趋势。千年以上的武昌城垣是传统官僚行政统治的标志，对近代工商发展和城市建设形成障碍，也形成三镇互不统属的壁垒。拆城实为大势所趋。③

四 重庆

重庆是目前中国四个直辖市之一（面积 8.24 万平方公里，人口 3042 万，下辖 19 区、17 县、4 自治县。夸大地说，它是世界人口最多的“城市”)。重庆是古代巴国的国都，已有城邑。秦灭巴后（前 314)，张仪筑城江州，为巴郡首府。三国蜀汉都护李严筑江州大城（226)，周 16 里，面积 2 平方公里。晋、隋、唐为渝州，政治地位不如益州（成都)。宋代以后，随着商品经济发展，政治地位渐提高，北宋置恭州，南宋 1189 年为重庆府。嘉熙三年（1239）彭大雅筑重庆城，较旧城大 2 倍，这是防御需要，唯旧城外街市发展之安全保障，以及城外新区对城市的作用，均是扩城的原因。可见

---

① 关于这项工程，William T. Rowe 在他享誉学界的名著 *Hankow*（*Hankow*：*Conflict and Community in a Chinese City*，1796 - 1895，Stanford：Stanford Univ. press，1989，pp. 288 - 295）中，有较详尽的论述。他特别强调这条长堡的重要意义。但他将“堡”译为 wall，并与武昌、汉阳城比较“其周长相当于武昌省城，更大于汉阳府城 3 倍；此城完全为汉口商业精英领导市民所建，是中国最坚实的城垣之一”。这是不伦之比，误解了防洪用的堤堡与一般城墙的意义，也忽略了官方筑堡、筑城的角色。征之史实及中国城墙都市之传统规制，汉口并未正式筑城。至于他在两本著作中倡言汉口在 18、19 世纪时已有“市民社会”及“公共领域”（civil society/public sphere）出现，享有一种早期的“城市自治”云，则仍大有商榷余地。主要的批评可参考 Frederic Wakeman、Philip Huang 等人的意见（Modern China，19：2，1993；黄宗智主编：《中国研究的范式问题讨论》，社会科学文献出版社 2003 年版）。

② 皮明庥主编：《近代武汉城市史》，第 111—113 页。

③ 事见 1926 年 12 月《湖北政府公报》及 1927 年汉口《民国日报》，转引自皮明庥主编《近代武汉城市史》，第 340—341 页。

秦至隋唐五代，巴郡城垣以政治、军事机能为主，地位日渐式微。直到宋代由于区域经济发展，州府城工商日渐繁荣，重庆始从政军中心的城邑，渐向以政治、军事、经济、文化为中心的多功能城市发展。①

明代置重庆府（巴县为附郭）、重庆卫，在各州县建里甲，在城内立坊厢。明初，指挥戴鼎在原宋城址基上砌筑石城，确立了明清两代重庆城的范围。又置川东兵备道，管辖重庆府、卫各州县及附近土司。康熙二年（1663），总督李国英在重庆补筑城垣，加强城防；另有重庆镇总兵驻防。清代重庆城周 12 里，辟 9 门，中 6 城门紧临长江，2 门沿嘉陵江，只有通远门与陆地相连。以山脊线分上、下半城，北宽而高，南窄而低；下半城较繁荣，主要商业区在沿江，官署行政中心也在此，码头亦多分布于此区。明清之际长期战乱，四川人口锐减；清初以降，招民开垦，移民大量增加，城市商业日盛，城市社会逐渐形成。清中叶时，城区部分街市已是以工商人口为主。

重庆江北原江州城旧址，到明中叶发展形成江北镇，乾隆十九年（1754）移重庆同知驻此，置江北厅，城区始跨嘉陵江两岸，唯迟至嘉庆年间始筑厅城（土筑）。明清两代城外沿江一带，居民渐突破城墙限制，形成街市，明代设附郭 2 厢；清代为附郭 15 厢，以棚户为主，季节性居民为多数。嘉庆（1796—1820）之后，重庆可说有两个城区：巴县与江北厅城。

重庆从城邑到城市的发展过程，主要是"因商而兴"。它的兴起与长江上游的经济整体发展是分不开的，其中宋、明、清代商品经济的活跃更是关键。米、糖、盐、茶及其他农副产品在此集散转输，促使商业繁荣、人口密集、城市功能增强。重庆于 1891 年开埠（根据 1876 年中英烟台条约），从此由一个封闭型的区域中心走向开放型的近代城市。1824 年城市人口仅有 65000 人，1910 年增至 25 万，1937 年达 47 万余人，1945 年作为陪都的重庆人口更达百万以上。1927 年为省直辖重庆市，1929 年改市公所为市政府，1939 年升院辖市，1940 年为陪都，1954 年为四川地级市，1997 年更将重庆升为直辖市。②

重庆市区范围基本上是在明清两代的巴县城（即重庆府城）及江北厅城内。1921 年始议开拓市区，但拆城之起非来自外力压迫（重庆只有日本租界一处，于 1901 年设立，但范围不大，另城西通远门内有各国领事区），而是由 1926 年后的四川省长刘湘、重庆商务督办杨森等"军阀"所发动。主要计划将江北县城发展为新商埠区，以新城区建设为主，旧城改造辅之。成立商端口工程局，向市商会各绅商筹款 20 万元，先后撤除城门瓮城，城内街道改造加宽，明沟暗渠也加以整理，并在城郭外建公路。1926 年重庆市政公所改为重庆商埠督办公署，1927 年设市政厅，内设工务处专司市政建设。原先计划是要在城内主要街道建马路，但因部分市民反对，原定马路暂缓，乃决定以城外拓展带动城内街巷整理加宽。对城内不修马路的街巷均"拆退台阶，锯短屋檐，改修突出之建筑，取消栅栏，撤宽火墙，拆卸爬壁房屋，修补街面"，共整建 84 条街。

① 隗瀛涛主编：《近代重庆城市史》，四川大学出版社 1991 年版，第 56—84 页。

② 同上书，第 380—402、459—468 页。

至1927年，重庆城内已是“全城除僻街委巷碍难整理外，均焕然一新，夷然坦途”。1929年确定市区总体规划，以马路建设为重点，带动新开街道的片区建设，确定三方干线，分别延伸入旧城，以此带动旧城街市改造。至1930年代中期，城区面积扩大2倍，新开市区缓和了狭窄市区与城市发展不协调的矛盾。旧式交通工具滑竿、轿子渐为黄包车、汽车所取代；街面改为覆瓦式，人行道铺石，两侧设下水道，市容大为改观。随着江北、南岸的发展，原为稀疏村落的西部区域逐渐兴起：以拓展城西通远门外原有坟场为新市场区，并建成连接城内与城外新市场区的第一条现代马路。又以磁器口、沙坪坝为中心形成文化、工业区；北碚成为新的卫星城。重庆向近代城市迈出重要一大步，也为战时首都奠下了良好的条件基础。①

五　广州（略论）

秦汉时，广州地区曾筑有任嚣城、赵佗城（番禺故城）等古城。北宋时筑有东、西城（即广州旧城），奠定了广州城垣的基本格局。明洪武年间，永嘉侯朱亮祖扩建旧城，以后再扩至越秀山麓，南临珠江，周21里，门8。嘉靖间增建新城，清顺治间建翼城，直到清末。明清两代，广州府城（南海、番禺两县附郭）驻有总督、巡抚、将军、粤海关监督、盐运使等大员。

广州作为外贸重要港市的历史过程之叙论，此处从略。1886年粤督张之洞在珠江北岸兴建码头堤岸120丈，始筑马路。宣统初，咨议局绅呈请拆卸各城以便交通，时广州将军兼粤督增祺以城垣不宜拆毁，罢其议。辛亥革命后，都督胡汉民设工务司，计划拆城垣改筑新式街道，不果。1918年10月广州设市政公所，置总办、坐办，负责拆城、规划街道。1920年9月粤军司令兼省长陈炯明首倡地方自治，设广州市政厅，1921年2月正式成立广州市（这是中国最早的建制市），孙科为市长，致力于市区马路之拓宽建设，逐渐完成拆城工程。②

六　综合结论

本文论及的上海、天津、汉口、重庆及广州等城市，先后于19世纪后期开放为通商口岸（即条约港口，treaty ports），但在开埠之前数百年，均已发展成为地方贸易与区域经济中心，都具有悠久长远的城市历史（这与后起的大连、青岛、香港大不相同）。以近现代的发展态势看，将之视为通商大埠，实理所当然。如果回归历史，将其

① 隗瀛涛主编：《近代重庆城市史》，引录《重庆商埠月刊》1927年第7期，第461—465页；《重庆指南》，1938：6。Robert A. Kapp，“Chungking as a Center of Warlord Power，1926 - 1937”，in Mark Elvin & G. William Skinner ed. *The Chinese City Between Two Worlds*，Stanford：Stanford Univ. press，1974，pp. 143 - 170.

② 黄佛颐：《广州城坊志》，广州人民出版社1994点注本；仇巨川：《羊城古钞》，广东人民出版社1993校注本；杨万秀主编：《广州简史》，广州人民出版社1996年版，第388—389页。

纳入“历史名城”之列，均可当之无愧。

传统时代的城市，主要是行政体系中的一环。各级行政中心，基本上都筑有城垣。一座没有城垣的“城市”并不具备它作为地方统治中心的条件；严格说也不能算是一座城市。明清以后虽然兴起不少以经济机能为主的大市镇，但其行政等级并不高——如果它不被升格为县城，就不能也不必筑城，多数只分驻低层佐贰官员及军队而已——即使其经济地位已超越县城、府城。

直到清末，上海在行政层级上仍只是县城，天津与重庆是府城，武昌与广州虽是省城，但汉口直到19世纪末才取得县级的地位。这些城市逐渐发展繁荣，经济机能日显，城市社会形成，行政管理也日趋繁复。中央政府以派驻高层官员（品级高于知府或知县）的方式来补充调剂、征税弹压，例如：道员、同知、盐运使、市舶司、钞关、常关、卫所、总兵之置。开埠之后，更有海关，甚至通商大臣之设。①

从城市形成发展来看，城垣之筑是防御保卫之需要，但城垣也确定了初期的城市范围，作为城区与郊野农村地区的界限。为了保境安民，城垣不断重修增补，或原土筑城墙甃以砖石；而市区的不断扩大，也使各时期城垣的整修必须相应加大加固。但受制于行政阶层与等级城制，城垣扩筑几乎赶不上市区的发展扩张，上海、天津是其显例：两地的城垣后来均构成障碍，沦为饰物，成为“筑有城垣的无城垣城市”。重庆的双城（巴县与江北厅）在筑城时已大致确定了城区范围（也可能是地形所限），直到1920年代以后才渐向西郊扩张。汉口没有城垣，但地方官以修堡筑堤的方式来捍卫及防洪，并借着这种筑堤拆堤的过程，来不断扩大新市区。②

筑城工作通常由地方官主导，各地士绅民众捐输助修，明清以来城市商人在此担负重要角色，上海、汉口、天津都是显例。但是否能由此种城市精英协助筑城的个案中引申解释为：在前近代中国，城市自治或市民社会（civil society）已经浮现？这仍有待争论验证。③

清末各地的拆城过程情况不一。天津被迫拆城为八国联军后辛丑和约（1901）规定，亦为城市发展所需，可说无所争议。1920年代重庆拆城由地方军阀主持，具有较妥善的市区改造计划，新旧城区建设同时进行，阻力不大，也未受外力影响（广州的情况也如此）。上海1900年代的拆城活动主要由邑绅发起，虽然取得地方官员支持，但曾遭到保城派人士的顽强抗拒，初期只能由公论议决采取拆中方式办理；辛亥革命后才顺利完成拆城。这项拆城运动起于地方官绅及市民的自觉，颇能与彼时积极进行

① 嘉庆《重修一统志》各省文武职官之驻所。

② 陈正祥：《中国的城》，载《中国文化地理》，台北：木铎出版社1985年版；川胜守：《中国城郭都市社会史研究》，东京：汲古书院2004年版；Sen-dou Chang（章生道）， “The Morphology of Walled Capitals”, in G. W. Skinner ed. *The City in Late Imperial China*, Stanford: Stanford Univ. press, 1977, pp. 75 – 100; Harry J. Lamley, “The Formation of Cities: Initiative and Motivation in Building Three Walled Cities in Taiwan”, in G. W. Skinner ed. *The City in Late Imperial China*, pp. 155 – 209 等例证。

③ 关于近代中国市民社会“公共领域”的简要讨论，参考黄宗智主编《中国研究的范式问题讨论》，第137—285页（主要是翻译 Modern China1993年4月号，有关中国公共领域与市民社会问题的讨论）；方平：《晚清上海的公共领域：1895—1911》，上海人民出版社2007年版；小浜正子：《近代上海的公共性和国家》，东京：研文出版2000年版。

中的城市改造工程及新兴的地方自治思潮契合，略备近代社会运动的特质。民族主义、城市民主的诉求，市民自治意识的醒觉，在上海拆城运动酝酿过程中已经较清楚地体现出来。①

（作者单位：台湾“中央”研究院人文社会科学研究中心暨近代史研究所）

① 李达嘉：《上海商人的政治意识和政治参与：1905—1911》，《中央研究院近代史研究所集刊》1993 年第 22 期；周松青：《上海地方自治研究：1905—1927》；方平：《晚清上海的公共领域：1895—1911》；Mark Elvin, "The Administration of Shanghai, 1905 - 1914", in Mark Elvin & G. W. Skinner eds. , *The Chinese City Between Two Worlds*, pp. 239 - 262。

从《楚居》说“丹阳”*

——兼论芈姓族人南迁的时间和路线

徐少华

《楚居》是一篇反映楚国历史演进与都邑变迁的重要文献，其中虽有一些传说的成分难以尽信，但部分可与传世文献及先前的出土资料相印证，而更多的则是全新的内容。整理者已对这批材料做了比较全面、细致的解说，为今后的研究奠定了有利的基础①。自2010年底刊布以来，即受到国内外学术界的广泛关注，已先后有一系列文章在各类期刊与网站发表②，较大推动了对有关问题的理解和认识。本文结合传世文献和已有的研究成果，拟就简文所载穴熊至熊绎居地及与楚丹阳的关系加以分析、讨论，并对芈姓族人南迁的时间和路线进行考察，以期利用《楚居》所提供的信息，澄清多年来学术界长期争论不休的若干学术疑难，促进楚国历史地理与文化研究的深入发展。

一

《楚居》前面一段说：

> 季连初降于郻（騩）山，氐（抵）于空（穴）竆（穷）。……逆上汌水，见盘庚之子，处于方山……穴酓（熊）迟徙于京宗……至酓狂亦居京宗。至酓绎与屈紃，思（使）若嗌卜徙于夷屯，为楩（便）室，室既成，无以内之，乃窃鄀人

* 本文为武汉大学自主研究项目“《楚居》与楚都丹阳研究”（2012）、湖北省文物局南水北调工程丹江口库区文物保护科研课题“楚都丹阳探索”（编号：NK11）和教育部人文社会科学重点研究基地重大研究项目“楚国都城与疆域演变研究”（批准号：05JJDZ H244）的阶段性成果。

① 清华大学出土文献研究与保护中心编、李学勤主编：《清华大学藏战国竹简（壹）》，中西书局2010年原大图版，第26—27页；释文注释，第180—194页。

② 参见李学勤《论清华简〈楚居〉中的古史传说》；赵平安《试释〈楚居〉中的一组地名》；李守奎《根据〈楚居〉解读史书中熊渠至熊延世序之混乱》，《中国史研究》2011年第1期。

鄀之犝以祭。惧其主，夜而内层，抵今曰𥛚，𥛚必夜。①

季连为芈姓始祖、祝融八姓之一，整理者已有明确的解释。此前的出土资料中，有若干关于楚人先祖的记载，但还没有发现有关季连的材料，《楚居》的面世，正好弥补了这一空白。

《史记》卷40《楚世家》言祝融之后陆终生子六人：“六曰季连，芈姓，楚其后也。”司马贞《索隐》引《系（世）本》云：“六曰季连，是为芈姓。季连者，楚是。”宋忠曰：“季连，名也。芈姓所出，楚之先。”可见季连在芈姓楚人中的地位。《楚居》以记叙楚人的发展脉络、都邑变迁为主线，而从芈姓始祖季连开端，虽带有一些传说的色彩，但与文献记载可以互证，说明传世文献中有关楚人先族的古史系统大致可信。

这段文字告诉我们，芈姓始祖季连氏早期活动于騩山，再迁穴穷，并逆汌水而上，拜见商王盘庚之子，然后居于方山。从穴酓（熊）至熊狂，皆居于京宗，熊绎之时，曾请巫人若（鄀）嗌占卜而徙于夷屯，构筑便室以供祭祀。由于当时楚人势弱族小，又新到夷屯，无物以祭，于是盗窃了鄀人的一头小牛，因担心白天被秦主人——鄀人发现而招来麻烦，只有等到晚上才悄悄纳享于便室，从此夜祭（𥛚）就成了楚人的一个习俗。

简文中所列举的若干人名、代系，大多能与传世和出土文献对应；然所载季连以后的频繁迁徙和具体位置，则大多不见于传世和出土资料，给我们的研究带来了极大困难。通过对其中少数有线索可寻地点的论定，确立概略的点、线、面关系，于我们认识楚人的族属来源、先祖的早期居地、南迁的时间和路线，具有非常重要的作用，在目前资料不足、证据阙如的情况下，仍不失为一条相对有效的途径。

此前，我们曾对“騩山”和“穴穷”的位置做过分析讨论，认为芈姓始祖季连一系早期所居的騩山，即位于密县、新郑与禹县之间的古之大騩（隗）山，此地正处于其先祖祝融曾长期活动的新郑与嵩山之间，并与其同族的昆吾、郐人诸支相去不远。“穴穷”当读为“空同”，即《庄子·在宥》所言黄帝拜见广成子之空同山，在今河南临汝与鲁山县交界处，《太平寰宇记》以来多称为崆峒山，位于騩山西南不远②。

季连氏早期居地的确认，不但与一系列文献记载相印证，同时又正好弥补祝融八姓中其他七族的早期居地相对明确，唯独季连一支情况不明的千年缺失③。

从季连氏于商代后期仍在騩山、空同一带活动，并与商王盘庚之子有一定联系的情况来看，其族人自氏族社会后期以来，历夏至商，一直没有离开祝融故墟所在的今河南新郑至嵩山附近地带，然后才逐渐向南方的江汉地区迁徙、发展。

---

① 见《清华大学藏战国竹简（壹）》181页。按：凡无须特别讨论者，简文隶定和引用皆从宽式处理，采用现代通行文字。

② 详见拙作《季连早期居地及相关问题考析》，载李学勤主编《〈清华大学藏战国竹简（壹）〉国际学术研讨会论文集》，中西书局2012年特刊。

③ 关于祝融八姓的居地，详见拙作《论祝融八姓的流变与分布》，载湖北省考古学会选编《湖北省考古学会论文选集》3，《江汉考古》增刊，1998年，第122—139页。

二

穴熊即鬻熊[①]，商代末年曾率其族众投靠周人，因协助周文王为灭商作准备而立下汗马功劳，后嗣得以受封立国，可谓楚立国之祖，《汉书》卷30《艺文志》“《鬻子》二十二篇”下班固原注：“名熊，为周师，自文王以下问焉，周封为楚祖。”即可说明。

穴熊所迁之“京宗”何在，目前尚难考实，《世本》曰：“楚鬻熊居丹阳”[②]，言商末穴熊（鬻熊）之时，季连之裔的芈姓族人已居在丹阳，简文之“京宗”和鬻熊之“丹阳”应有一定的联系。

熊狂之后，熊绎又由京宗迁夷屯，至西周中晚之际的熊渠前期，楚一直以夷屯为都不变。夷屯所在，文献亦无线索，但从几个相关的侧面，我们可以推知其大致范围或区域。

据《史记·楚世家》：

> 熊绎当周成王之时，举文、武勤劳之后嗣，而封熊绎于楚蛮，封以子男之田，姓芈氏，居丹阳。

说熊绎于周成王之时因其先祖鬻熊协助周文王有功而被封于楚蛮之地，立国称君，居于丹阳。这段文献明确告诉我们楚人受封的时间、地点、始封之君和受封原因等，基本情形大致可见。

因传世文献于远古史实记载简略且缺失甚多，自两汉以降，史家们对楚丹阳的位置、鬻熊和熊绎之丹阳是一处还是两处的情况便含混不清了，以至后世诸说并立，一直没有达成统一的认识[③]。

从清华简《楚居》的内容来看，自商代末年到春秋早期楚武王、文王时期的三百余年中，不管是立国之前，还是立国以后，芈姓族人迁徙频繁，居址甚多，涉及的地域较大，既没有长期固定的居邑，也没有一个专称“丹阳”的地方，难怪后世文献众说纷纭，莫衷一是。

相比而言，从西周初年的熊绎至中晚之际的熊渠前期，楚人一直居于“夷屯”，并以此为基地前后经历了五代共六位楚君，一个半世纪左右，是楚人连续居住时间最长的都邑，说明“夷屯”在楚国历史发展中的重要地位。由于简文所言的熊绎迁夷屯

---

① 传世文献中，将穴熊与鬻熊作为不同时代的楚人祖先，李家浩先生结合近年出土资料，论定两者实为同一人，而为文献记载所误分，参见李家浩《楚简所记楚人祖先“鬻熊”与“穴熊”为一人说》，《文史》2010年第3期。从《楚居》的记载来看，李先生的说法可信。

② 见《春秋左传正义》桓公二年孔颖达《正义》引《世本》，载李学勤主编《十三经注疏》标点本，北京大学出版社1999年版，第150页。

③ 关于楚丹阳问题的讨论，详见拙作《楚都丹阳地望探索的回顾与思考》，载徐少华主编《荆楚历史地理与长江中游开发——2008年中国历史地理国际学术研讨会论文集》，湖北人民出版社2009年版，第51—63页。

与文献记载熊绎受封“居丹阳”同时，因而《楚居》的整理者认为：“夷屯，地名，当即史书中的丹阳”①；李学勤先生亦认为夷屯“应即文献中的‘丹阳’”②，值得信从。

就《楚居》所载，楚人在徙于夷屯之前，曾“使若嗌卜”，即用若嗌占卜而决凶吉可否。“若嗌”，整理者读为“鄀嗌”，并言是“鄀人祖先”，从其帮熊绎卜居徙都的史实来看，应是当时鄀族或鄀国一位有影响的贞人或巫师。熊绎在由京宗徙夷屯时利用“若（鄀）嗌”占卜决疑，说明“京宗”距鄀国、鄀地不远，因而楚、鄀之间才有交往、联系。简文又说楚人在迁于夷屯之后，筑有便室，因“无以内之，乃窃鄀人之犝以祭”，而又“惧其主，夜而内尸”。楚人既能窃得鄀人小牛，并且担心白天用以祭享被鄀人发现，这就进一步说明熊绎所徙之夷屯确与鄀人唇齿相依、比邻而居，整理者说夷屯“近于鄀”，并结合《左传》僖公二十五年秦、晋伐鄀的记载和杜预注，以及河南淅川下寺楚墓出土上鄀公簠的物证推测：

> 本篇中的“若”当是商密之鄀，亦即铜器中的上鄀，在今河南淅川西南。熊绎所迁之夷屯与之相距不远。③

解释言之成理。我们试想，如果楚、鄀两族不是近邻，熊绎何能请得“若（鄀）嗌”为其卜居决疑？如果楚、鄀两邦相距较远，楚人怎能随便窃得鄀人犝牛，又何以会担心白天在便室用犝牛祭享而被鄀人发现？合理的解释只有一个，即当时楚、鄀两族比邻相近，才会出现这些涉及两者的史实。

资料可见，周初熊绎所迁的“夷屯”，当与鄀人相近，约在今河南淅川县境内丹淅汇流附近地带；“京宗”距夷屯和鄀人也不会太远，结合芈姓族人此前由北向南逐步迁移的历程推测，当更在夷屯和鄀以北或东北方向，大致不出丹淅地区的北部或东北。若以此推论与早年关于丹阳问题的“四系八说”相比较④，当以“丹淅说”比较可信。

结合文献记载分析，楚人由京宗徙夷屯，当与熊绎受封立国的背景有关，若此，则夷屯当是楚人立国之始都，因位于丹水之阳，故又称“丹阳”；穴熊（鬻熊）为楚立国之祖，京宗乃穴熊、丽季（熊丽）和熊狂所居，按常理而言，其地不仅有芈姓先祖的宗庙，还应有穴熊等诸君的陵墓及宗庙，熊绎受封立国之后，以夷屯（丹阳）为首都，而以穴熊所居之地为“京宗”，是合于情理的。

关于古鄀国、鄀人的历史源流、地理变化和文化概貌，我们曾结合文献记载、出土资料和实地调查做过探索，认为鄀人源于中土，具有比较深厚的历史、文化基础，至迟在商代晚期就已立国，是商王朝的一个重要方国，并具有较高的政治地位和经济文化水平，其首领于商王室任要职。周代商政，鄀部族又从属于周，受到周王室的册

---

① 《清华大学藏战国竹简（壹）》之《楚居》注释26，第185页。

② 参见李学勤：《论清华简〈楚居〉中的古史传说》，《中国史研究》2011年第1期。

③ 《清华大学藏战国竹简（壹）》之《楚居》注释28，第185页。

④ 关于楚丹阳问题的“四系八说”，请参见《楚都丹阳地望探索的回顾与思考》，载《荆楚历史地理与长江中游开发——2008年中国历史地理国际学术研讨会论文集》，湖北人民出版社2009年版，第51—63页。

封，其世职未变。西周中期以降，鄀人的形势有所变化，一是称呼由以前的“亚”变为“伯”或“公”，说明鄀国的地位有所提高，实力有所增强；二是其族一分为二，成为上鄀、下鄀两支，当是鄀内部宗族分化的结果，其格局历西周中晚至春秋时期一直如此①。

鄀人、鄀国的地望，从一期卜辞的记载来看，可能其族当时还在中原，或于商代晚期逐渐南迁，《楚居》的记载告诉我们，鄀人至迟于西周初年的楚熊绎之前已定居于南阳盆地西缘的丹淅地区，以至在芈姓族人到此之时，便与其发生一些关系往来。传世下鄀公緘鼎，早年出于陕西商洛（今商州）一带；另有一件鄀公緘簠，或与鄀公鼎同出②。这两件器物的时代为西周晚期，出于丹水上游，当与鄀人在这一地域的活动密切相关。春秋中期秦晋伐鄀时，鄀仍在丹水之阳的商密，说明古鄀国、鄀族与丹淅地区的长期关系。

1979年春，河南淅川下寺M8出土有一件上鄀公作叔妳簠，有铭文5行36字，其中重文2：

> 隹正月初吉丁亥，/上鄀公择其吉金，铸/叔妳番妃媵簠，/其眉寿万年无期，/子：孙：永宝用之。③

该簠是上鄀公为其女外嫁所做的陪品，年代属春秋中期晚段。“叔妳”为其女之字，按周代媵器铭文称字的习惯，“叔”为排行，“妳”是族姓，通行字作“芈”，若此，则这位上鄀公乃芈姓楚人而非允姓的鄀人，当是楚国上鄀县的县公。该器铭文内容告诉我们，在此之前，上鄀已入为楚境，楚则因其故地而设县治民④。春秋中期楚上鄀县公之器出于丹水下游的下寺楚墓，亦为上鄀之地应在这一区域的重要物证。

鄀国所在，是探索周初熊绎所居之夷屯、京宗的重要线索与坐标，当时的楚人“辟在荆山、筚路蓝缕”，“号为子男五十里”，族系弱小，地域狭窄，其与鄀为近邻，就应在鄀都商密附近不远，或就在其近旁丹水之阳的某一地方，《楚居》言熊绎“徙于夷屯”，《史记》等说其“居丹阳”，称名不同，所指应是同一位置。

传世文献以楚自鬻熊（或熊绎）至春秋早期的武王、文王一直在丹阳不变，如上引《世本》说：“楚鬻熊居丹阳，武王徙郢。”从字面的理解就是楚自鬻熊以来一直居于丹阳，武王时再由丹阳徙于郢。《汉书》卷28《地理志上》丹扬郡“丹阳”县下班

---

① 参见拙作《鄀国铜器及其历史地理研究》，《江汉考古》1987年第3期；《古鄀国、鄀县及楚都鄀地望辨析》，载武汉大学历史地理研究所编《石泉教授九十诞辰纪念文集》，湖北人民出版社2007年版，第276—289页。

② 中国社会科学院考古研究所编：《殷周金文集成》（修订增补本），中华书局2007年版，第02753器：鄀公緘鼎；据“铭文说明”，该器为“陕西商洛出土”，旧称“商洛鼎”，商洛即今丹江上游的陕西商州市。《集成》第4600器“鄀公緘簠”，与鄀公緘鼎当为同一套礼器中的两件，早年或亦出于商洛。按：关于这两件器物的时代，《集成》以鼎为春秋早期，簠为西周晚期，恐不确切，从铭文风格和字体观察，当以“西周晚期”为是。

③ 河南省文物研究所编：《淅川下寺春秋楚墓》，文物出版社1991年版，第9—10页，图版3∶1。

④ 上鄀之地何时入为楚境，文献中没有明确的反映，当与《左传》所载鲁文公五年（前622）秦人入鄀的背景有关。秦人入鄀后，鄀族南迁，楚则因鄀故地置县，以加强丹水流域对秦晋的防御。

固原注：“楚之先熊绎所封，十八世文王徙郢。”在楚居丹阳上下限的具体时间上与《世本》说法有异，然在认为丹阳始终在同一地方这一点上，则是一致的。

从《楚居》的内容来看，穴熊（鬻熊）至熊绎前期在京宗，熊绎后期至熊渠前期居夷屯，熊渠后期迁发渐，熊挚徙旁屽，熊延徙乔多等，先后有多次变更，其中并无专称“丹阳”的居邑，由此来看，“丹阳”可能是后世文献对以“夷屯”为代表（或核心）的西周至春秋早期楚人诸居邑的泛称，其缘起当与夷屯居丹水之阳的位置有关，此前的京宗，其后的发渐、乔多等不一定都在丹水之阳的范围内，由于习惯或对具体情况不太清楚，文献记载皆以“丹阳”称之，从而导致后来学界关于楚丹阳问题的长期争论。

分析可见，此前学界于丹阳问题的讨论之所以出现众说纷纭、莫衷一是的局面，当与文献记载过于简略、缺遗甚多，后世学者又多以相对静态的思路解释楚人迁徙频繁、居邑甚多的动态过程有关，因而陷入互相矛盾的境地。《楚居》的面世，对我们解开历史迷雾，重新认识楚国都邑的发展和演变，提供了非常重要的信息和动力。

三

騩山、穴穷的位置大致可辨，京宗、夷屯的范围依稀可见，不但对进一步认识楚国早期历史发展和地理变化奠定了有利的基础，亦为探索楚人的族源及其先祖南迁的时间和路线提供了重要线索。

资料表明，芈姓族人属于祝融支系的季连之裔，自氏族社会后期以来一直活动于以今河南新郑为中心的中原地区，商代晚期才逐渐南迁。《楚居》在记载季连离开騩山、穴穷之后：

> 逆上汌水，见盘庚之子，处于方山，女曰妣隹……先处于京宗。穴酓（熊）迟徙于京宗……至酓狂亦居京宗。

“汌水”，整理者说是葛陵楚简之“鄵追”，然未言所在；李学勤先生认为“就是均水”①，即丹淅流域之淅水，恐未必。因简文说“逆上汌水，见盘庚之子”，如果是均水，季连氏何以在南下之后又逆均水而北上？不好解释，此其一。“盘庚”，整理者和李先生皆认为即商王盘庚，则盘庚之子当是武丁的同辈兄弟，可从；问题是以盘庚之子居于南阳盆地西缘的均（淅）水一带，不太合情理，此其二。我们觉得，“汌水”当在穴穷（崆峒）附近不远，有可能是汝水上源或某条支流；“方山”的位置难以考定，估计与汌水相去不会太远，且在通往丹淅地区的途中。

简文说季连氏“先处于京宗”，其后“穴熊迟徙于京宗”，两“京宗”是同一地方，还是同名而异地难以遂定，从穴熊（鬻熊）“徙于京宗”的语句来看，两者同名

---

① 李学勤：《论清华简〈楚居〉中的古史传说》，《中国史研究》2011 年第 1 期。

而异地的可能性更大一些，但相去不会太远。上文曾推测，穴熊之京宗约在丹淅地区偏北地带，则季连氏先处之“京宗”或更靠近伏牛山南麓，通往方山、汌水与穴穷的位置。

这里还有一问题需要说明，《楚居》所载穴熊及以后的世系，与传世文献大同而小异，可以互证互补；关于穴熊以前的世系，简文亦不清楚，于文献并无多少补充。比较而言，见盘庚之子的季连氏当与商王武丁同时，而徙于京宗的穴熊为商末帝辛（纣王）时人①，从商王的序列来看，其间还有祖庚、祖甲、廪辛、康丁、武乙、文丁四代六位君主，据夏商周断代工程的成果，从祖庚到帝乙末年，共有 116 年（前 1191—前 1076）②，其间芈姓族人的世系并不清楚，简文以“季连”概言之，所指并非一人一世，而是指“季连氏”，类似文献所载的“神农氏”、“有熊氏”、“彭祖氏”等，这与《楚世家》说季连之后“或在中国，或在蛮夷，弗能纪其世”。是大体一致的。

季连氏既能见商王盘庚之子，一方面说明芈姓族人这时仍然靠近中原，同时可见武丁前后他们与商王室的关系还不是太疏远。商末穴熊徙于京宗，结合文献记载和简文内容来看，此京宗既近于都，又与关中西部的周人往来方便，将其定于丹淅流域的偏北地带是相对合理的。如果这个京宗位于汉水以南、今沮漳水源头的景山一带，则与都人、周人均交往不便，疑点较多。

由此可见，自氏族社会后期季连氏从祝融族分化独立以来，到商代后期盘庚以前，一直在祝融故墟附近的騩山、穴穷一带活动，武丁时期仍在靠近中原的伏牛山以北地区辗转迁徙，大约在商代晚期越过伏牛山，进入南阳盆地。由于族势弱小，发展缓慢，以至长期以来季连氏历史渺茫，代系不清。至迟在商代末年的帝辛时期，鬻熊率其族众迁居丹淅流域偏北地带的京宗，并顺应历史潮流，加入了以周人为主体的灭商阵营，从此揭开了其族系发展的新篇章。

季连族裔离开中土而南迁的原因，由于材料阙如，难以确知，结合当时的历史背景分析，当与商代晚期“帝甲淫乱，殷复衰。……帝武乙无道，为偶人”，和纣王荒淫无道，滥杀无辜“百姓怨望而诸侯有畔者，……诸侯多叛纣而往归西伯”的形势密切相关。③

《史记·楚世家》说“彭祖氏，殷之时尝为侯伯，殷之末世灭彭祖氏”。彭祖氏和季连氏同为祝融八姓之后，且势力、地位比季连氏大许多，彭祖氏被伐灭，与彭祖氏同族同根的季连族裔恐不得不逃离中土以避难。鬻熊及其族人迁居京宗之后，便加入“诸侯多叛纣而往归西伯”的行列，即可见芈姓族人对商纣王的痛恨和绝望。

如果此前季连之裔辗转于崆峒山以南、伏牛山北麓的汝水上游地带，则向南越过伏牛山、抵达南阳盆地西缘的丹淅流域，既相对便利、安全，亦易于与周人联系，合乎当时的政治、地理形势。

---

① 据《史记·周本纪》，西伯（周文王）在位时，“太颠、闳夭、散宜生、鬻子、辛甲大夫之徒皆往归之”。裴骃《集解》引刘向《别录》曰：“鬻子名熊，封于楚。辛甲，故殷之臣，事纣。”说明鬻熊等事周在帝辛时期。

② 参见夏商周断代工程专家组编：《夏商周断代工程 1996—2000 年阶段成果报告》“夏商周年表”，世界图书出版公司 2000 年版，第 88 页。

③ 参见《史记》卷 3《殷本纪》。

关于季连后裔南迁的时间和线路，因文献失载，学界曾有多种看法，或说在虞夏之际、夏代初年，如徐旭生先生曰：“楚原名荆，……他们的祖先追溯到高阳、祝融，但当夏、殷两代他们的世系和所住的地方全不明了。”并推测楚“建国于江滨，大约在夏禹征服有苗以后”①。

何介均先生亦言：“如果作最保守的推论，芈姓楚族进入江汉地区（丹淅至荆睢山区），不会晚于夏初。至西周成王时建立楚国，其间已在苗蛮中生活了近千年。”②

或曰在夏商之际，如李玉洁先生说：夏商之际“祝融部落的一支芈姓季连部落迫于商的威慑，从新郑一带，顺禹县、叶县这条古代的通路逐步南迁到淮水以南、汉水流域和荆山地区……”③

何光岳先生认为楚先族从氏族社会后期的尧舜时期即离开祝融故地，由中土至今鲁西，后又回到中原，再经豫西、达关中，前后经过九次迁徙，于商周之际越过秦岭，定都丹水上游今陕西商州附近的楚山、楚水之间④。可谓别具一说。

或言在商代晚期，如顾铁符先生推测芈姓族人曾居于祝融故墟附近的“鄅”，晚商帝乙、帝辛时，因中原形势生变，鬻熊便带领其族人南迁于丹淅附近的丹阳⑤。

张正明先生也认为：“楚人是南迁的祝融部落，……他们避开殷人锐利的兵锋，大约在商代晚期迁到了豫西南的丹水流域。”⑥

比较而言，当以顾铁符、张正明先生的观点更近于实际。然诸说皆认为楚人属于祝融支系的季连之后，早期活动于今新郑附近的中原地区，后渐南迁而立国，基本思路是正确的，值得肯定。《楚居》的出土，正好弥补了文献记载的不足，澄清了这一千年迷雾，于楚史、楚文化，乃至中国上古史的研究与探索，皆有十分重要的意义。

至于芈姓族人南迁的具体路线，仅有少数学者提及，李玉洁先生估计“从新郑一带，顺禹县、叶县这条古代的通路逐步南迁”，就简文内容而言，应做适当调整。

从位于中原的騩山、穴穷到南阳盆地西部的丹淅地区，当以穿过秦岭东部余脉伏牛山地较为近便，就这一带的地理形势和南北通道而言，季连氏后裔越过伏牛山进入南阳盆地西部当有两条线路可走，一是由今鲁山县西南经“三鸦路”越过伏牛山进入南阳盆地北部⑦，然后再穿越南阳盆地西部丘陵进入丹淅地区；另一条路是由今鲁山县一带向东南运动，经方城隘道抵达南阳盆地，即古人所言的“夏路”⑧，然后再穿过南阳盆地或沿盆地北部西行，进入丹淅地区。比较而言，经三鸦路行程较近但路途险峻，

---

① 徐旭生：《中国古史的传说时代》（修订本），科学出版社1960年版，第167、109页。

② 何介均：《关于楚蛮和楚族族源的断想》，载楚文化研究会编《楚文化研究论集》第3集，湖北人民出版社1994年版，第11—23页。

③ 李玉洁：《楚史稿》，河南大学出版社1988年版，第6页。

④ 何光岳：《楚源流史》第七章第三节，湖南人民出版社1988年版，第179—185页。

⑤ 参见顾铁符《楚国民族述略》，湖北人民出版社1984年版，第18—19页。

⑥ 张正明：《楚史》，湖北教育出版社1995年版，第24页。

⑦ 关于“三鸦路”的详情，参见顾祖禹《读史方舆纪要》卷46，河南重险“三鵶（鸦）”，中华书局2005年版，第2126—2127页；另参见拙作《〈水经注〉所载鲁阳关水及相关地理考述》，载《历史地理》第25辑，上海人民出版社2011年版。

⑧ 《史记》卷41《越王勾践世家》有“夏路以左”的记载，司马贞《索隐》引刘氏云：“楚适诸夏，路出方城，人向北行，以西为左，故云夏路以左。”由此可见从南阳盆地出方城之路被称为“夏路”。

经方城口路途平坦但绕道较远，结合商代后期芈姓族人势力弱小、翻越三鸦路上的崇山峻岭举族而迁并非易事的背景来看，其族绕行方城隘道的可能性当更大一些。具体情况如何，还有待今后地下出土资料的补充和进一步的探索。

四

分析表明，《楚居》所载芈姓始祖季连氏早期居住的“騩山”即位于今河南密县、新郑与禹县之间的古之大騩（隗）山，正处于其先祖祝融曾长期活动的新郑与嵩山之间，并与其同族的昆吾、郐人诸支相去不远。“穴穷”当读为“空同”，即《庄子·在宥》所言黄帝拜见广成子之空同山，在今河南临汝与鲁山县交界处，《太平寰宇记》以来多称为崆峒山，位于騩山西南不远。

资料可见，季连之裔的芈姓族人于商代后期离开中原逐渐向西南迁，穿过秦岭东端的伏牛山地，商周之际抵达南阳盆地西部的丹淅地区。

熊绎所徙之“夷屯”，可能就是文献所载的丹阳（因位于丹水之阳），其与鄀人相近，应在今河南淅川县境内的丹淅汇流附近不远处；“京宗”亦与鄀人有关，距夷屯和鄀应该不会太远，大致不出南阳盆地西部、丹淅流域偏北地区。

西周早中期，楚以“夷屯”为基地前后经历了五代共六位楚君，一个半世纪左右，由此说明“夷屯”在楚国历史发展中的重要地位，后世文献对楚人早期所迁的多处居邑概以“丹阳”称之，或与突出楚国始封、发祥之都的特殊作用密切相关。

此前学界关于丹阳问题的讨论之所以出现众说纷纭、莫衷一是的局面，当与文献记载过于简略、缺遗甚多，后世学者又多以相对静态的思路解释楚人迁徙频繁、居邑甚多的动态过程有关，因而陷入互相矛盾的境地。

（作者单位：武汉大学历史地理研究所）

清华简《楚居》所见楚人早期居邑考*

杜　勇

清华简《楚居》是战国中期楚人自己撰作的一篇重要文献。篇中记述楚先、楚君的居处及其迁徙，远较传世文献为详，传说与史实并存，旧闻与新知共见。不仅激发了学者探其奥蕴的兴趣，也留下了各骋己意的空间。本文拟从相关史实出发，也就楚人早期居邑略作探考，臆说必多，但求教正。

一　楚人源起中原的新证据

关于楚人的族源地，长期以来就有不同见解。由于传世文献资料的匮乏以及资料间的歧异，学者从不同角度取材加以解读，于是形成东方说、中原说、西方说、土著说、关中说等多种假说①，令人目迷五色。近出清华简《楚居》涉及楚人族源地及有关历史传说，为探索此问题提供了前所未见的新资料和新线索，颇为令人欣庆。但是，《楚居》所涉地名大都不见于文献记载，且未自示其方位，诸家探讨的结果仍是见仁见智，异说纷纭。看来，仔细寻绎各种资料的真谛，综合思考相关的历史条件，或有利于洞察楚人源起的历史真相。

《楚居》有关楚人族源地的新材料，可作移录如下：

> 季连初降于郻山，抵于穴穷。前出于乔山，宅处爰波。逆上汌水，见盘庚之子，处于方山，女曰妣隹，秉兹率相，詈胄四方。季连闻其有聘，从及之泮，爰生绢伯、远仲。毓徜徉，先处于京宗。②

本段简文称述楚人先祖季连的事迹，开篇即带神话色彩。所谓“季连初降于郻山”非谓季连在郻山降生，而是显示楚人先祖为上天神灵降世，庄严而神圣，具有所居神

---

* 本文为国家社科基金项目“清华简与古史寻证”（12BZS018）的阶段性成果之一。

① 周宏伟：《楚人源于关中平原新证——以清华简〈楚居〉相关地名考释为中心》，《中国历史地理论丛》2012 年第 2 辑。

② 李学勤主编：《清华大学藏战国竹简（壹）》下册，中西书局 2010 年版。其中《楚居》释文见 181—182 页，注释见 182—192 页。后引概不出注，释文皆用宽式。

山一样难以撼动的力量。《国语·周语上》记载，周惠王十五年，“有神降于莘”，惠王问其故，内史过回答这是国家面临兴亡的征兆，并举例证说：“昔夏之兴也，融（祝融）降于崇山。”季连与祝融同为楚人先祖，都具有神—人的双重性格。然据《世本》、《大戴礼记·帝系》记载，季连非自天降，乃为胁生。如《帝系》云：

> 陆终氏娶于鬼方氏，鬼方氏之妹谓之女嬇氏，产六子，孕而不粥，三年，启其左胁，六人出焉。其一曰樊，是为昆吾；其二曰惠连，是为参胡；其三曰籛，是为彭祖；其四曰莱言，是为云郐人；其五曰安，是为曹姓；其六曰季连，是为芈姓。……季连者，楚氏也。

《世本》与此略有不同，谓女嬇氏左右两胁各生三子。至司马迁采《世本》、《帝系》作《史记·楚世家》，则意欲抹去胁生神话的痕迹，谓“陆终生子六人，坼剖而产焉”。“坼剖而产”即部腹而生，与“胁生”又异。如果说有关季连“降生”或“胁生”的传说，是楚人追问自身起源对历史本身的神化，那么，司马迁剥去各种神话色彩，把季连作为部落首领看待，“在本质上不过是神话的还原，还原到它借以产生的历史事实中去”①。循着神话历史化的研究思路，深入解析“季连初降于郻山”的神话传说，可从中寻绎季连部落族源地的有关史迹。

据传世文献分析，季连部落当形成于夏代。《史记·楚世家》说：

> 楚之先祖出自帝颛顼高阳。……高阳生称，称生卷章②，卷章生重黎。重黎为帝喾高辛居火正，甚有功，能光融天下，帝喾命曰祝融。共工氏作乱，帝喾使重黎诛之而不尽。帝乃以庚寅日诛重黎，而以其弟吴回为重黎后，复居火正，为祝融。吴回生陆终。

由于陆终大致活动于尧舜时期，其子季连部落从中分化而出当不早于夏朝。此与同为陆终之子的“昆吾氏，夏之时尝为侯伯”③ 情况相类。但是，从《楚居》所反映的时间坐标上看，季连却处于殷商武丁时期，与《楚世家》所言季连的活动年代相差七八百年④。

《楚居》说季连“逆上汌水，见盘庚之子”，说明这个有子之盘庚必是人名。整理者说“疑即商王盘庚”，语气尚不肯定。其实，盘庚不只是商朝一代名王，而且在《尚书》中还是一篇著名的诰辞，《左传》、《国语》曾多次引其篇名或文句。《楚居》作者对这个事实不会一无所知，也不会已知这个事实还要赋予“盘庚”一词其他鲜为人知

---

① 赵沛霖：《先秦神话思想史论》，学苑出版社2006年版，第3页。

② 所谓“卷章”当为“老童”之讹。《集解》引徐广曰：“《世本》云老童生重黎及吴回。”又引谯周曰：“老童即卷章。”近年出土的望山简和包山简记楚祀典以“老童、祝融、鬻熊”并称，证明卷章确为讹误。

③ 《史记·楚世家》。

④ 夏商周断代工程专家组编：《夏商周断代工程1996—2000年阶段成果报告（简本）》，世界图书出版公司2000年版，第97—88页。

的含义，人为地造成理解上的歧义与困惑，所以盘庚不宜做别的解释。这样，“盘庚之子”即与武丁同辈。虽然文献所谓某人之子，有时兼指男女，但这里的“子”应与季连具有相同性别，始可对应其拜见的身份。不仅如此，这位“盘庚之子”还有可能就是武丁。《尚书・无逸》说：“其在高宗（武丁），时旧劳于外，爰暨小人。”孔疏：“在即位之前，而言久劳于外，知是其父小乙使之久居民间，劳是稼穑，与小人出入同为农役，小人之艰难事也。”武丁被其父小乙置放民间，有机会结识民间各方人士。很可能就在这个时候，季连与武丁有了交谊。嗣后季连迎娶武丁之女妣隹为妻，则是通过联姻进一步加强政治联系，巩固楚人在商朝国家联合体中的地位。过去人们常常提到关于“妇楚”的卜辞，认为“妇楚是武丁的后妃，在武丁时代，殷楚似乎已经通婚姻了”①。其实，卜辞所谓“妇楚”（《合集》5637 反）的“楚”字，从林从巳，当隶定为楚②，或隶定为杞③，都与楚字不相关涉，不能构成商楚联姻的事实。

关于季连生活的时代，出土文献与传世文献发生如此巨大的差异，固然可以用传说的分化加以说明，但在揭示事实真相上却于事无补。研治传说时代的古史之难，在于传说与史实混而不分，而我们的研究工作又恰恰需要有所判别，否则就只有照单全收或一笔抹杀了。照单全收是极端信古的表现，一笔抹杀是极端疑古的做法，都是不可取的。在这个问题上，王国维提出用“二重证据法”以考古史，这是大家都愿意遵信的。但是，当地下新材料与纸上旧材料发生抵牾时，“二重证据法”就显得捉襟见肘了。即使把地下材料扩展到传说时代的各种非文字性遗物与遗迹方面，也同样存在不少局限性。因为那些考古资料不会开口说话，不会自我陈情，仍然无法让人知其就里。过去徐中舒先生主张除用新史料证明旧文献之外，还需要“以边裔民族史料阐发古代社会发展的实际情况”④，即用民族学的比较来研治古史，这是很有必要的。就学术研究的实际而言，所用材料常常是多元的、综合的，而且只有对所用各种材料加以科学考证，才能得出符合逻辑也符合史实的结论。

拿楚先季连来说，《楚居》说是商王武丁时代的人并不足异，因为它符合上古部落首领用名之例。对于传说时代的人名尤其部落首领来说，应该注意到它的多重含义：一是部落名，二是特定的部落首领名，三是部落首领的通名。季连作为陆终之子，是本部落的第一任首领，亦即芈姓之祖。后来季连部落的首领弗能纪其世，实际是以季连为通名了。从民族学的角度看，氏族或部落首领的称号普遍具有沿袭性，特别是一些强大的原始共同体更是如此。如印第安人易洛魁联盟内，“每一位首领职位的名号也就成了充任该职者在任期内的个人名字，凡继任者即袭用其前任者之名”。即新任首领就职以后，“他原来的名字就‘取消’了，换上该首领所用的名号。从此，他就以这个名号见知于人”⑤。即以陆终六子论，其昆吾氏灭于夏，彭祖氏灭于殷，所言“某氏”

① 严一萍：《卜辞中的楚》，《中国文字》1985 年第 10 期。
② 于省吾编：《甲骨文字诂林》，中华书局 1996 年版，第 1385 页。
③ 徐中舒编：《甲骨文字典》，四川辞书出版社 1989 年版，第 648 页。
④ 徐中舒：《夏史初曙》，《中国史研究》1979 年第 3 期。
⑤ ［美］摩尔根：《古代社会》，商务印书馆 1977 年版，第 126—127 页。

实即部落名兼部落首领的通名。文献说“黄帝三百年”①、“神农十七世而有天下”②，也都属于这种情况。由此可见，《楚居》所记往见盘庚之子的季连，已非夏代陆终之子，而是季连部落在武丁时代继任的首领。所以两种关于季连生活年代的记述，各有意蕴，不妨并存。

从《楚居》季连“见盘庚之子”看，楚先季连部落当活动于中原地区，始有与殷商联姻并成为殷商国家联合体成员的可能。早年王玉哲先生曾对楚人始祖祝融居郑（今河南新郑）以及祝融八姓分布的地域加以研究，认为“楚民族在商末以前，大致以河南为其活动范围”③。李学勤先生也指出：“推本溯源，八姓的原始分布都是中原及其周围。”④ 这与《楚居》反映的历史影像适相契合。所以推考《楚居》所见季连部落的早期居邑，首要的前提是以不出中原地区为宜。

《楚居》所载季连部落活动的地点，依其先后大体可分为两组。第一组是：騩山、穴穷、乔山、京宗，第二组是汌水、方山。为什么把京宗放在第一组？仔细涵泳《楚居》文意，京宗无疑是季连部落最初的族居地之一，故简文说“（季连）先处于京宗”。但后来季连部落又有迁徙，离开京宗，才有可能如《楚居》所说“穴熊迟徙于京宗”。而且简文两次提到的这个“京宗”必是同一个地方，否则“先徙”、“迟徙”无从谈起。故有必要把京宗作为楚先早期族居地之一放在第一组来考察。同时，关于穴熊之前季连部落活动的大致范围，既要考虑地处中原，又要考虑其迁徙地与殷都（今河南安阳）相距不至于太远，这样才能与季连往见盘庚之子并迎娶妣隹为妻的史事相呼应。因为两个部落若相隔甚远，互通婚姻就缺乏必要的地理与政治条件。何况季连听说妣隹美丽善良，正受聘待嫁，便急速追赶，及于水畔，终成眷属。其消息之灵通，行动之迅捷，恐怕不是天各一方的两个部落间可以发生的事情。

现在讨论第一组有关地名。关于騩山，《楚居》整理者说：“疑即騩山。《山海经》中有楚先世居騩山之说。《西山经·西次三经》云三危之山‘又西一百九十里，曰騩山，其上多玉而无石，神耆童居之’。”由于騩与騩古音同在微部互可通假，且騩山有楚先老童之居的传说，所以这个推断大体可信。但是，《山海经》中的“騩山”凡六见，即见于《西山经》、《西次三经》、《中次三经》、《中次九经》的“騩山”，见于《中次七经》、《中次十一经》的“大騩之山”。其中有楚先传说的只有《西次三经》的騩山，但此山与三危山相邻，远在西部，可能性不大。所以李学勤先生认为，《楚居》中的騩山“应是《山海经》内《中次三经》的騩山，也即《中次七经》的大騩之山，就是今河南新郑、密县一带的具茨山”⑤。由于《山海经》中的地名虚实杂糅，结合其他文献综合考虑，李先生定此騩山在中原地区是可信的。然据前人研究，《中次三经》的騩山与《中次七经》的大騩山并非一地。《中次三经》说：青要之山“又东十里，曰騩山，……正回之水出焉，而北流注于河”。郝懿行疏云：“山在今河南新安县西北

① 《大戴礼记·五帝德》。

② 《吕氏春秋·慎势》。

③ 王玉哲：《楚族故地及其迁移路线》，载王玉哲《古史集林》，中华书局2002年版。

④ 李学勤：《谈祝融八姓》，《江汉论坛》1980年第2期。

⑤ 李学勤：《论清华简〈楚居〉中的古史传说》，《中国史研究》2011年第1期。

二十里。《水经注》云：新安县青要山今谓之疆山。”由于騩山与青要之山地相邻近，亦当在新安境内。《水经注·河水》说：“河水又东，正回之水入焉。水出騩山，疆山东阜也。”熊会贞疏曰：“《山海经》(《中次三经》)，正回之水出騩山。毕沅、郝懿行并引《郑语》，主芣騩，误。彼乃《溟水》篇之大騩山也。《隋志》，新安县有魏山，即此，在今新安县西北。”① 这说明《中次三经》的騩山与《中次七经》位于新郑、密县一带的大騩山不宜等视齐观。

更重要的是，《中次三经》的騩山当与乔山相近，才符合《楚居》所说“季连初降于郻山，抵于穴穷，前出于乔山”。所言“穴穷”是季连由降而抵之地，应即“郻山”某个地方。这里的关键地名是“乔山”。“前出于乔山”的“前”字，整理者说：“即前进之前”，又引《礼记·中庸》注：“亦先也。”有学者引申说“指季连以上楚先世”②，似与《楚居》原意相违。这个“前”字实际是相对于騩山而言的，具有前往徙居之义。故季连部落“前出于乔山”，应与“騩山”相距不远。整理者以为乔山即《山海经·中次八经》“景山”东北之“骄山”，位于战国时期楚境之内。其时季连部落尚未南下，乔山恐不至于远“在汉水以南荆山一带”③。揆诸情势，乔山当即与騩山相去不远的“青要之山”。《山海经·中次三经》说：“又东十里，曰青要之山，实为帝之密都。是多驾鸟。南望墠渚，禹父之所化。是多仆累、蒲卢。”其“青要”二字急读即为“乔”，且“乔”与“要”上古音同为宵部，音近可通。据《陈书·世祖本纪》载陈世祖说：“每车驾巡游，眇瞻河洛之路，故乔山之祀。”是知后世河洛一带犹有乔山。而“墠渚”即《水经注》中的禅渚水，在今河南嵩县东北。《水经注·伊水》云：“又东南，左会北水，乱流左合禅渚水，水上承陆浑县东禅渚，渚在原上，陂方十里，佳饶鱼苇，即《山海经》所谓南望禅渚，禹父之所化。”这个“墠渚”或即《楚居》中的“爰波”。墠与爰古音同在元部，可相通假，而渚与波又义有关联。如此则意味着季连部落这次迁徙可能到了水网密布的伊洛流域，以便拓展更大的发展空间。

京宗是季连与穴熊先后徙居之地，地位相当重要，历史上必有其蛛丝马迹。考《左传·昭公二十二年》所言“京楚”当即“京宗”。传文云：“十二月庚戌，晋籍谈、荀跞、贾辛、司马督帅师军于阴，于侯氏，于溪泉，次于社。王师军于氾，于解，次于任人。闰月，晋箕遗、乐徵、右行诡济师取前城，军其东南。王师军于京楚。辛丑，伐京，毁其西南。”杜注：“洛阳西南有大解小解”，又注：“济师，渡伊洛”。虽然杜预于“京楚”地望无说，但联系解、京等地名，清人江永谓其“近京邑之地”④，当可信从。《说文》云：“京，人所为绝高丘也。”郭沫若说：“在古朴素之世非王者所居莫属。王者所居高大，故京有大义，有高义，更引申之，则丘之高者曰京，囷之大者曰京，麃之大者曰麖，水产物之大者曰鲸，力之大者曰勍，均京之一字之引申孳乳也。”⑤可见“京楚”当是楚先所居之地，具有都邑的性质。《左传·庄公二十八年》云：“有

---

① 杨守敬、熊会贞：《水经注疏》，江苏古籍出版社1989年版，第366页。
② 黄灵庚：《清华战国竹简〈楚居〉笺疏》，《中华文史论丛》2012年第1辑。
③ 《论清华简〈楚居〉中的古史传说》，《中国史研究》2011年第1期。
④ (清) 江永：《春秋地理考实》卷2，皇清经解本。
⑤ 郭沫若：《两周金文辞大系图录考释》(七)，科学出版社1957年版，第113页。

宗庙先君之主曰都，无曰邑”，故京楚又称“京宗”是极自然的事。

从鄗山、乔山、京宗等第一组地名所涉地域看，基本集中在今河南洛阳附近，此即季连部落早期活动的地方，亦即楚人的族源地。经过夏代和商朝前期数百年的发展，季连部落日渐壮大，于是离开原来的活动区域，北渡黄河，向殷都方向靠近，意在寻求更为有利的发展条件。

二 季连北迁与殷楚关系

《楚居》所见季连部落迁徙的第二组地名，是汌水和方山。

关于“方山”一名，文献多见。如《尚书·禹贡》有“外方”、“内方”二山。《山海经·大荒西经》说：“西海之外，大荒之中，有方山者。”《水经注》所言“方山”更是多至十来处。在确定“方山”的地望时，首先需要考虑的因素是，方山为季连“见盘庚之子”后的徙居地。“盘庚之子”武丁虽曾一度生活在民间，但也不至于远去殷都千里万里，到异邦异土度日。所以这个“方山”当位于殷商统治的中心地带，离此另觅线索未必合宜。这样，真正符合此一条件的，恐怕只有《水经注》所记清水流域的“方山”。

《水经注·清水》云：“清水又东与仓水合，水出西北方山，山西有仓谷，谷有仓玉、珉石，故名焉。其水东南流，潜行地下，又东南复出，俗谓之雹水，东南历坶野。自朝歌以南，南暨清水，土地平衍，据皋跨泽，悉坶野矣。……雹水又东南入于清水。清水又东南迳合城南，故三会亭也，以淇、清合河，故受名焉。”这里说的“仓水”又称“雹水”，东南流向，历朝歌以南的牧野，最后汇入清水。仓水源自“方山”，因其首先流经牧野，是知“方山”当与朝歌相去不远。杨守敬说：“《地形志》，朝歌有大方山。《隋志》，隋兴有仓岩山。《一统志》，苍峪山在汲县西北四十里。《汲县志》，仓水源出西北一百里外之管家井。”① 说明此方山即在今河南淇县境内。

《楚居》说季连“逆上汌水”之后“处于方山”，这个“汌水”即是清水。《水经·清水》云：“清水出河内修武县之北黑山，东北过获嘉县北，又东过汲郡北，又东入于河。”清水经今河南修武、获嘉、卫辉等地，是一条由西向东北方向流入黄河的水道。清水流经汲郡（今河南卫辉市）北部有支流仓水相汇，故清水广义上也包括仓水。由于仓水为西北—东南流向，其源头出自方山，季连往见武丁，须逆水而上，故“汌水”具体所指应即仓水，而广义言之就是清水了。汌水的“汌”字从川得声，上古音为昌母文部，而清水的“清”，上古音为清母耕部，文部与耕部音近可通。《诗·周颂·烈文》云：“无竞维人（真部），四方其训（文部）之；不显维德，百辟其刑（耕部）之。”此诗为真文耕合韵，是为耕文音近之证。此外，《水经注》说“清水”又名“清川”，故以“汌水”称“清川”亦为情理中事。

《楚居》还说季连娶妣隹为妻，生子绲伯、远仲。这位妣隹，李学勤先生认为“即

① 《水经注疏》，第815页。

是葛陵简中的郿追"①，其说可从。新蔡竹简云："昔我先出自郿追，宅兹沱（睢）章（漳），以选迁处……"（甲三：11、12）。"郿"字从川声，与川同，区别在于水名从川，地名从邑。至于"隹"与"追"，同在微母端部，亦可通假。称妣隹者，是直以先祖言之；称郿追者，是兼以先祖居邑言之，无大分别。简文是墓主平夜君成的口气，平夜君成系楚王室贵族，所言"我先"是指自己的直系祖先。细味简文，平夜君成是说自己的直系祖先源出郿追，最初居于睢漳一带，并无郿追也居于南方睢漳流域的意思。文献亦有类似文例，如《后汉·阴识传》说："阴识……其先出自管仲，管仲七世孙修，自齐适楚，为阴大夫，因而氏焉。"

从"川水"、"方山"所处地理位置看，季连部落此时已从黄河以南的洛阳一带北迁殷商腹地，并与武庚之女妣隹结为连理，使殷楚联盟得到进一步加强。这种密近的殷楚关系在殷墟甲骨文中亦有反映。请看下面几条卜辞：

（1）壬寅卜，宾贞：亦楚（[甲骨字形]）东擒有兕？之日王往……（《合集》10906）

（2）于楚（[甲骨字形]）有雨？［于］盂［有］雨？（《合集》29984）

（3）刚于楚（[甲骨字形]），酢。（《合集》31139）

（4）甲申卜，舞楚（[甲骨字形]）享。（《合集》32986）

（5）岳于南单，岳于三门，岳于楚（[甲骨字形]）。（《合集》34220）

上述卜辞中的"楚"字，从林从正三例，从正从一木与从正从三中各一例。从正为其共性，而古字从一木、从三中与从二木其义相通，均可隶定为"楚"。由于正与足为同源之字，如甲骨文中的"疾足"（《合集》28106）之"足"即作"正"（[甲骨字形]），在西周金文中"正"才分化出正、足二字。② 故此字亦可隶定为"楚"。有学者认为这个"正楚"有别于周原甲骨和西周金文所见的"足楚"（如令簋楚作[金文字形]），在甲骨文中只表示地名，从而得出"商代无楚"的结论③。这是有失偏颇的。殷墟卜辞中的"楚"（楚）与周原甲骨和西周金文中的楚（楚）从字义上讲并无分别，既表示地名，也指同一国族名。关于"楚"的本义，《说文》云："楚，丛木，一名荆也。"卜辞未见"楚"作木名，《楚居》言楚名缘起用及此义："（熊）丽不纵行，溃自胁出，妣戳宾于天，巫并该其胁以楚，抵今曰楚人。"不过这里说楚人称楚始自熊丽，时代有后移，意在突出和神化穴熊作为楚人直系先祖的神奇地位，不必作纪实看。

关于卜辞中楚的地望，郭沫若曾以第（5）辞为例，认为即文献中的楚丘，"在河南滑县者"④ 这个说法是可信的。本辞并有"南单"，而南单在朝歌，此即《水经注·淇水》云："今（朝歌）城内有殷鹿台，纣昔自投于火处也，《竹书纪年》曰武王亲禽帝受辛于南单之台，遂分天之明。南单之台盖鹿台之异名也。"南单所在朝歌故址在今

① 《论清华简〈楚居〉中的古史传说》，《中国史研究》2011 年第 1 期。

② 王辉：《正、足、疋同源说》，《考古与文物》1981 年第 4 期。

③ 王光镐：《商代无楚》，《江汉论坛》1984 年第 1 期。

④ 郭沫若编：《殷契粹编》，科学出版社 1965 年版，第 372 页。

河南淇县东北，与位于河南滑县和濮阳县之间的楚丘正相邻近。第（2）辞的楚又与盂方并提，盂方据郭沫若考证在今河南睢县①，只与楚丘相距二三百里地，在天气上也是可以共其晴雨的。这说明季连部落北渡黄河，徙至清水方山一带，可能为时不长，即迁往楚丘。丘者墟也，河南滑县的楚丘或文献所见山东曹县的另一楚丘，都有可能是楚人先后建都立国的遗迹。

在上述5条卜辞中，第（1）辞为一期武丁时代卜辞，第（2）、（3）辞为三期廪辛康丁时代卜辞，第（4）、（5）辞为四期武乙文丁时代卜辞，表明楚在商代后期一直都是一个重要族邦，并与殷商王朝保持着密切的联系。第（1）辞是卜问商王武丁到楚地东部田猎，是否能猎获到犀牛。这与《楚居》所载季连“见盘庚之子”的时代恰相印合。第（3）、（4）、（5）辞是说在楚地举行刚祭、酒祭、舞祭、享祭，或祭祀楚之山神。商王室这些祭祀活动既发生于楚地，应多少带有对楚族消灾祈福的成分，如卜辞常有以山岳为祭祀对象进行“求雨”、“求年”、“求禾”之举，即是祈望农业丰收的记录。第（2）辞卜问“于楚有雨”亦具有相同性质。商王室对楚地祸福的关心，是其双方关系融洽和亲近的表现。

商代有楚，地处中原，并与殷商王朝保持密近关系，似与《诗·商颂·殷武》给人们的印象不一致。《殷武》前两章云：

> 挞彼殷武，奋伐荆楚。罙入其阻，裒荆之旅，有截其所，汤孙之绪。
>
> 维女荆楚，居国南乡。昔有成汤，自彼氐羌，莫敢不来享，莫敢不来王，曰商是常。

在此不必借助历代诗家的传注，只需涵泳白文，即可知其“奋伐荆楚”者是汤之裔孙，而且这个荆楚“居国南乡”，俨然南方可与“汤孙”抗衡的一大强国。这是否意味着殷楚不是同处中原而是地分南北，关系不是融洽密近而是冲突对立呢？

《殷武》是《诗·商颂》中的一篇。《国语·鲁语下》曾述其来源：“昔正考父校商之名颂十二篇于周太师，以《那》为首。”由于殷商无校书之说，于是经古文学家如《毛诗序》不用“校”字，改称“有正考甫者得《商颂》十二篇”，力主《商颂》为商诗。而今文诗家则主为宋诗。如《韩诗·商颂章句》谓为“美襄公”② 之诗。习三家《诗》的司马迁在《史记·宋世家》中更明确地指出：“宋襄公之时，修行仁义，欲为盟主，其大夫正考父美之，故追道契、汤、高宗，殷所以兴，作《商颂》。”郑玄注《礼记·乐记》亦以《商颂》为“宋诗”。虽然今古文学家对《殷武》的写作年代各有不同看法，但在理解诗中相关内容时却又有相通之处。古文学家如《毛传》云：“殷武，殷王武丁也。”这是直以“汤孙”为殷王武丁。郑玄从其说，谓“殷道衰而楚人叛，高宗（武丁）挞然奋扬威武，出兵伐之，冒入其险阻，谓逾方城之隘，克其军率，而俘虏其士众”。唐代孔颖达奉命作疏更广其义，言称“《殷武》诗者，祀高宗之

---

① 郭沫若：《卜辞通纂》考释582，载《郭沫若全集》（考古编第2卷），科学出版社1982年版。

② 《史记·宋微子世家》集解引。

乐歌也。高宗前世，殷道中衰，宫室不修，荆楚背叛。高宗有德，中兴殷道，伐荆楚，修宫室。既崩之后，子孙美之。诗人追述其功而歌此诗也”。这些说法与司马迁所谓《商颂》“追道契、汤、高宗”并无二致。换句话说，不管《殷武》是商诗还是宋诗，都是追述先祖功烈的祭祀乐歌，所言武丁“奋伐荆楚”仍为商代史事。这才是问题的要害所在，需要我们细加分析。

前面论及殷墟甲骨卜辞和《楚居》有关内容，说明商代后期楚人居处中原，且与殷朝保持较为密切的关系，而从武丁到武乙文丁时代的卜辞看，也不曾见到伐楚的记录。武丁时期战事频仍，卜辞所记甚众。不独没有伐楚的记载，即使对南土用兵也甚为罕见。此其一。其二，楚徙南土，史有明文，事在周初。《左传·昭公十二年》说：“昔我先王熊绎辟在荆山，筚路蓝缕以处草莽，跋涉山林以事天子，唯是桃弧棘矢以共御王事。”这是子革面对楚灵王所讲的话，自非向壁虚构之词。《史记·楚世家》说：“熊绎当周成王之时，举文武勤劳之后嗣，而封熊绎于楚蛮，封以子男之田，姓芈氏，居丹阳。”是知商代武丁时期楚国尚未“居国南乡”，何来奋发荆楚之事。其三，若殷商时期楚为南方大国，可与商朝分庭抗礼，这在考古学上应有所反映。但迄今为止，不只南方未见商代有关楚国的考古遗址，即使是西周时期可以确认为楚国的考古遗址亦未发现。虽然盘龙城等考古遗址使我们有理由相信商代江汉流域存在受中原文化影响的方国部落，不过这只是先楚时代原住民的遗存，似与真正的荆楚无关。

以此观之，《殷武》所记既非商代之事，亦非商诗。至于宋诗说，较为合理的看法是魏源认为“宋襄公作颂以美其父”①。但此诗不必作于泓之战后，而有可能成于战前。在《左传》中，有襄公之父桓公会齐伐楚之事。宋襄为了壮其伐楚争霸的声威，不免夸大先父伐楚的功业。所谓“殷武”即是宋人伐楚之武功，不必坐实为春秋时期的“宋武公”。宋武公固然有如晋文公可称为“晋文”而称“殷武”，但并无材料说明宋武公有伐楚之举。

总之，楚人离开最初的族源地，由洛阳一带北渡黄河，迁往殷商腹地，与殷王室保持着密切关系，是殷商贵族国家的成员国之一。《殷武》一诗所谓“奋伐荆楚”乃是后来宋国附会桓公伐楚一事的夸饰，不能说明武丁时代楚人已“居国南乡”，并与殷商王朝形成敌对关系。

三　楚人复归故地与南迁江汉

楚人早期居于中原，最后却以南方大国活跃于历史舞台。这是楚人南迁致使活动中心转移的结果。楚人离开殷商腹地，先试图西去其发祥地京宗，终因发展受限而南迁江汉。

楚人徙居“京宗”，复归故地，历穴熊、丽季（熊丽）、熊狂三世。《楚居》云：

---

① 魏源：《诗古微》上编6《商颂鲁韩发微》，续修四库全书本。

穴酓（熊）迟徙于京宗，爰得妣戱，逆流载水，厥状聂耳，乃妻之，生侸叔、丽季。……至酓狂亦居京宗。

简文中的“穴熊”，又见于《史记·楚世家》：“季连生附沮，附沮生穴熊。其后中微，或在中国，或在蛮夷，弗能纪其世。”司马迁以穴熊为季连之孙，并别鬻熊为二人，是其舛误。清人孔广森曾予指出：“鬻熊即穴熊声读之异，史误分之。”[①] 近年学者通过对望山简、包山简和葛陵简中“楚先”的研究，进一步肯定穴熊即鬻熊[②]。今已《楚居》验之，穴熊为丽季（熊丽）之父，而《楚世家》则以鬻熊为熊丽之父，证明二者确为一人。

《楚居》说“穴熊迟徙于京宗”，那么，他是何时迁徙到京宗的呢？从第四期卜辞“岳于南单，岳于三门，岳于楚”来看，其时楚人犹居河南滑县的楚丘一带，说明楚人从楚丘迁走当不早于帝乙帝辛时期。《史记·楚世家》说：“周文王之时，季连之苗裔曰鬻熊。鬻熊子事文王，蚤卒。”又载楚君熊通曰：“吾先鬻熊，文王之师也，早终。”《周本纪》说：“西伯曰文王，遵后稷、公刘之业，则古公、公季之法，笃仁，敬老，慈少。礼下贤者，日中不暇食以待士，士以此多归之。伯夷、叔齐在孤竹，闻西伯善养老，盍往归之。太颠、闳夭、散宜生、鬻子、辛甲大夫之徒皆往归之。”说明鬻（穴）熊往归周文王在商纣统治末期，其西迁京宗亦在此时。周原甲骨有云：“曰今秋，楚子来告，父后哉。”即是鬻（穴）熊率其族人往归文王的卜问记录[③]。

穴熊率其族人西迁京宗，应与不堪忍受商纣的黑暗统治有关。武王伐纣，誓师牧野，曾历数商纣暴行说：“今商王受，惟妇言是用。昏弃厥肆祀，弗答；昏弃厥遗王父母弟，不迪。乃惟四方之多罪逋逃，是崇是长，是信是使，是以为大夫卿士；俾暴虐于百姓，以奸宄于商邑。”[④] 如果说宠信妲己，荒祀神灵，背弃亲戚，暴虐百姓，奸宄商邑，尚属商本土国的内政，而崇信重用“四方之多罪逋逃”以为卿士大夫，则是支持诸侯国中的异端势力，造成藩属诸侯国内部政治上的对立及其社会秩序的紊乱，结果是“百姓怨望而诸侯有畔者”。于是商纣又采取高压政策，以严刑酷罚控制诸侯，甚至“醢九侯”、“脯鄂侯”、“囚西伯”[⑤]，使诸侯安危受到严重威胁。《史记·楚世家》说：“彭祖氏，殷之时尝为侯伯，殷之末世灭彭祖氏。”彭祖氏同为陆终六子之一，殷末被商纣所灭，预示着与之同为季连裔氏的楚人也面临危险处境。在这种情况下，穴熊带领族人“逆流载水”，即逆河水而行，不只是为了娶妣戱为妻，也是为了西去京宗，远离殷商中心统治区，复归楚人旧地，归服礼贤下士的周文王，在政治上寻找新的依靠力量。刘向《别录》云：“鬻子名熊，封于楚。”[⑥] 此言“封于楚”，即是文王与楚人建立反殷同盟，支持鬻（穴）熊在楚人早年居地京宗立国。而鬻熊本人则前去岐

① 黄怀信主：《大戴礼记汇校集注》下，三秦出版社2005年版，第795页。

② 李家浩：《楚简所记楚人祖先“毓（鬻）熊”与“穴熊”为一人说》，《文史》2010年第3辑。

③ 杜勇：《令簋、禽簋中的“伐楚”问题》，《中国历史文物》2002年第2期。

④ 《尚书·牧誓》。

⑤ 《史记·殷本纪》。

⑥ 《史记·周本纪》集解引。

山，成为辅佐文王的高层智囊人物，楚人谓为“文王之师”。然其功业未成，即先于文王驾鹤西去，故有“早终”之说。

尚须说明的是，鬻（穴）熊带领的族人只是当时楚族中的一支。季连娶妣隹为妻，“爰生绖伯、远仲”，可能暗示在殷商后期楚人有两大势力集团。或因对待殷楚关系各有不同立场，后来便形成两大对立的政治派别。一派亲殷，继续留居楚丘，此即司马迁所言“或在中国”者，结果成为周初令簋、禽簋铭中被周公征伐的对象①。一派疏殷，在穴熊带领下沿黄河西去，复归京宗暂做立足之地，至熊绎南迁，终成“或在蛮夷”的南方大国。

自穴熊徙居京宗，历经丽季、熊狂三代人的惨淡经营，京宗应已具备立国的条件。为什么到了熊绎时代这支楚人又要离开京宗，“辟在荆山，筚路蓝缕，以处草莽”呢？这可能与京宗所在的洛阳地区处于战略要冲有关。武王克商之后，为了有效地控制东方局势，曾有营建洛邑成周的战略计划。周公平定三监之叛后，继承武王遗志，大规模营洛迁殷，使成周变成了近制殷遗远治四方的东方政治中心。在这种背景下，此支楚人要在洛阳一带立国发展显然不具地利优势。故在熊丽之时，一方面暂以京宗做中转站，另一方面又向南方开拓，开始寻找新的根据地。这就是《墨子·非攻下》所说：“昔者楚熊丽始讨此睢山之间。”毕沅云：“‘讨’字当为‘封’。睢山，即江汉沮漳之沮。”② 毕氏以“讨”为“封”，未必可信。因为不只史无熊丽始封之说，而且与《墨子》本篇所讲“非攻”的主旨不合。所谓“睢山”亦可视作睢水，文献上与古荆山有关。《山海经·中次八经》说：“荆山之首，曰景山，其上多金玉，其木多杼檀。睢水出焉，东南流注于江。”《淮南子·地形训》云：“睢出荆山。”《水经注·沮水》云：“沮水出东汶阳郡沮阳县西北景山，即荆山首也。”说明睢山（睢水）与荆山多有关联。据石泉先生考证，在丹淅附近古有荆山，“是比南漳西北的古荆山还要古一些的荆山。它同楚都丹阳之得名，应是同步的、配套的”③。这说明“熊丽始讨此睢山”实际是通过军事手段在江汉流域开辟新的据点，以做南下准备。待熊丽之孙熊绎成为此支楚人领袖时，便以成王册封的名义，南迁荆山睢水，成为真正代表芈姓一族的南土楚邦。

《世本·居篇》说：“楚鬻熊居丹阳，武王居郢。”④《史记·楚世家》则说：“熊绎当周成王之时，……居丹阳。”二说有异。今以《楚居》观之，穴（鬻）熊居京宗，熊绎从京宗迁徙夷屯，说明他们的居邑划然有别，必非一地。那么，夷屯位于何地？它与文献所说的丹阳又是何种关系呢？

对于夷屯，整理者说：“当即史书中的丹阳，近于鄀。”这个推断大体不误。一方面，熊绎所徙夷屯为鄀嗌所卜，是知楚与鄀族有着密切联系；另一方面，熊绎建好新邑因无牺牲举行祭典，竟然偷走鄀人的无角小牛，因担心被发现，便在夜间举行祭祀。

① 《令簋、禽簋中的“伐楚”问题》，《中国历史文物》2002 年第 2 期。

② 孙诒让：《墨子间诂》，中华书局 2001 年版，第 153 页。

③ 石泉：《楚都丹阳及古荆山在丹、淅附近补证》，《江汉论坛》1985 年第 12 期。

④ 《左传·桓公二年》正义引。

这说明鄀宅与都地必相邻近，同处一域。这样，即可以都地为线索，来考知鄀宅的大致方位。

在《楚居》中，“都”作为地名出现过三次：第一次是楚人“窃都人之犝”，第二次是“若敖熊仪徙居都”，第三次是“至堵敖自福丘迁徙都郢”。第一次言及的“都”为国族名兼地名，与简文“都嗌”之都同义；后两次的“都”是地名兼楚都邑名，已不具备国族名的含义。虽然这三个“都”在地名上有其共性，但实际地望却大相径庭。

先谈楚都邑之“都”。

这个问题不妨从楚郢都说起。楚人以郢为都，始于楚武王（前740—前690年在位）。《世本》说“武王居郢”，与《史记·楚世家》、《十二诸侯年表》谓楚文王“始都郢”相异。今据《楚居》云：“至武王熊䵣（《楚世家》作熊通）自宵徙居免……众不容于免，乃溃疆浧之陂而宇人焉，抵今曰郢”，可以确定楚人以郢为都始于武王。郢都本名为免，扩建之后曰“郢”，或称“疆郢”、“免郢”。郢之地望，可从“抵今曰郢”考知。《楚居》记事终于楚悼王（前401—前381年在位），表明本篇作于楚悼王以后的战国中期。所谓“抵今曰郢”，说明楚武王所建之郢与《楚居》作者所处战国时代之郢是同一个地方。而战国时代的郢都所在，史籍有明确的记载。《史记·货殖列传》说：“江陵故郢都，西有巫巴，东有云楚之饶。”《汉书·地理志》说：“江陵，故楚郢都，楚文王自丹阳徙此。”《左传·桓公二年》杜注言之更详：“楚国，今南郡江陵县北纪南城也。”《括地志》云：“纪南故城在荆州江陵县北五十里。杜预云国都于郢，今南郡江陵县北纪南城是也。”① 汉唐学者众口一词，郢在江陵（今湖北荆州市荆州区）应无可疑。特别是司马迁生活的时代与“白起拔郢”事件（前278）相距不到二百年，所言尤可信据。经过对江陵纪南城的考古发掘，“可以肯定纪南城就是楚之郢都”，至于纪南城是否楚武王“始都之郢”，发掘报告在当时“还难以作出明确的回答”②。于今《楚居》的发现，这个问题可以得到解决了。

据《楚居》显示，在楚武王都郢之后，楚都仍有迁徙，但郢作为都邑名称大多随地相附，故所迁之地每每称作“某郢”，都郢即其中之一。《楚居》整理者认为：“都郢，即若敖所居之都。”是可信从。都敖熊仪为武王祖父，卒于春秋初年（前764），《楚居》谓其子“焚冒熊率（《楚世家》误为熊仪之孙）自都徙居焚，至宵敖熊鹿自焚徙居宵，至武王熊䵣自宵徙居免”，免经扩建而称为郢（疆郢）。这说明都、焚、宵作为王居的时间都不长，且其地必与郢都（疆郢）相近，故后来堵敖又曾一度迁回都郢。根据都与郢相距不远这一点来推断，此都当即《左传·定公六年》所载楚昭王“迁郢于都”之“都”。此事于《史记·楚世家》、《汉书·地理志上》均有所载，尤其是《汉志》言“都”之地望甚明：“若（都），楚昭王畏吴，自郢徙此，后复还郢。”都在汉代为南郡属县，距今湖北宜城不远。日本学者竹添光鸿《左传会笺》曰：“由南而北迁，以避吴也。改都为郢，故曰迁郢于都。……秦于其地置若县，后汉改为都县晋因

① 《史记·楚世家》正义引。

② 湖北省博物馆编：《楚都纪南城的勘查与发掘（上）、（下）》，《考古学报》1982年第3、4期。

之。今湖北襄阳府宜城县东南九十里，有鄀县故城。"① 杨伯峻《春秋左传注》亦同此说。然据《楚居》记载，吴王"阖庐入郢"之时，昭王不是迁郢于鄀，而是"焉复徙居秦溪之上"。此"秦溪"与"鄀"到底为何种关系，有待探考。这里只想强调的是"鄀"与"鄀郢"应为一地，位于今湖北宜城东南，与郢都（古江陵）邻近。不过，这个"鄀"或"鄀郢"与熊绎时代鄀人所居之"鄀"是不能等同视之的。一方面，《楚居》对其表述判然有别，前者为楚居，后者为鄀人之邑，自不可混；另一方面，自熊渠从夷宅"徙居发渐"，至熊挚"徙居旁屽"，至熊延"徙居乔多"，再至若敖于两周之际"徙居鄀"，历时二百多年，楚人渐行渐远，已与熊绎时代的鄀人之居不相邻近了。

次言鄀人之"鄀"。

文献上除有南郡之鄀外，尚有商密之鄀。《楚居》整理者认为，本篇鄀人之若（鄀）"当即商密之鄀，亦即铜器中的上鄀，在今河南淅川西南。熊绎所迁之夷宅与之相距不远"。这个推断大致可信，但有些问题仍须辨析。

《左传·僖公二十五年》云："秋，秦、晋伐鄀。"此役秦、晋合师伐鄀，鄀、楚联军相抗，结果鄀降于秦，楚帅被囚。杜预注："鄀本在商密，秦、楚界上小国，其后迁于南郡鄀县。"其地望杜注云："商密，鄀别邑，今南乡丹水县。"《水经注·丹水》亦云："丹水又迳丹水县故城西南，县有密阳乡，古商密之地，其申、息之师所戍也。"又《沔水》云："沔水又迳鄀县故城南，古鄀子之国也。秦、楚之间，自商密迁此，为楚附庸，楚灭之以为邑。……楚昭王为吴所迫，自纪郢迁鄀之。"所言丹水县即今河南淅川县，商密位于该县故城西南，为春秋早中期鄀国所在。根据杜预、郦道元等人的说法，古鄀国只有一个，先都商密，继迁南郡，终灭于楚。

但是，春秋金文资料显示，其时鄀分上下，有二国并存。郭沫若证以鄀公緘鼎出自与商密接壤的上雒（陕西商县），铭文又自称下鄀，故认为"南郡之国为本国，故称上，上雒（按即商密）之鄀为分枝，故称下"②。谭其骧《中国历史地图集》采信其说，影响益巨。现在看来，郭沫若以为春秋时期有两个鄀国并存是其洞见，但对于上、下鄀地望的考证并无确证。因为单凭铜器出土地点来确定二鄀地望未必可靠。譬如后来发现的上鄀府簠出土于湖北襄阳春秋楚墓中③，而上鄀公簠（M8：1）却出土于河南淅川下寺春秋楚墓中④，这就意味着与器铭发现地相近的商密之鄀与南郡之鄀都有可能是上鄀。再从《楚居》看，南郡之鄀早在若敖所处两周之际即为楚人都邑，这就存在两种可能性，或已亡国，或已他徙。但不管哪种情况，南郡之鄀的地位与商密之鄀都无法匹敌。以情理言之，若南郡之鄀为本国，则应比枝国更为强大，亡国或淡出历史舞台的时间会更晚一些。然而，南郡之鄀却早早地销声匿迹，商密之鄀到春秋中期犹显于世。据此看来，倒是商密之鄀为上鄀的可能性更大。1979 年，河南淅川下寺 M8

① ［日］竹添光鸿：《左氏会笺》5，巴蜀书社 2008 年版，第 2186 页。

② 《两周金文辞大系图录考释》8，第 175 页。

③ 杨权喜：《襄阳山湾出土的鄀国和邓国铜器》，《江汉考古》1983 年第 1 期。

④ 河南省文物研究所等：《淅川下寺春秋楚墓》，文物出版社 1991 年版，第 9 页。

出土的上都公簠，其铭有云“上都公择其吉金，铸叔嬭番妃媵簠”①，是知本器为上都公嫁女的陪品。“叔嬭”为其女字，“嬭”（芈）为族姓。说明此时的上都公已非《世本》所载允姓之都，而是由芈姓楚人履职的县公②。该器年代属春秋中期晚段，楚人在此设县治民，表明当时商密之都已不复存在。而上都公簠出自淅川下寺，则是上都即都之本国原在此地的重要佐证。

最后说䢵郢的方位。

熊绎时代的都人之都既为商密之都，则与之相近的䢵郢亦必在今淅川境内，只是其具体位置因文献失载，尚难确考。《楚居》整理者以为䢵郢当即丹阳，只有不把丹阳理解成一个固定的地名而视作丹水之阳，才是正确的。因为䢵郢在音义上与丹阳并无联系，不好直接说䢵郢就是史书中的丹阳。《史记》多次提到战国时代楚地的丹阳，虽可在今淅川县境求之，但仔细查考也不是一个固定的地名。《楚世家》说：“（楚怀王）十七年，与秦战丹阳，秦大败我军，斩甲士八万，虏我大将军屈匄。”此事又见载于《秦本纪》、《韩世家》、《张仪传》、《屈原传》，但《屈原传》称丹阳为“丹、淅”：“秦发兵击之，大破楚师于丹、淅，斩首八万，虏楚将屈匄，遂取楚之汉中地。”《索隐》云：“丹，淅，二水名也。谓于丹水之北，淅水之南。皆为县名，在弘农，所谓丹阳、淅是也。”而《正义》谓“丹阳，今枝江故城”。钱穆先生考证说：“此丹阳即丹水之阳。《索隐》说是也。楚先世封丹阳即在此，故曰‘辟在荆山，筚路蓝缕，以处草莽’，《汉志》以丹阳郡丹阳说之，大误；《正义》说亦非。”③ 这说明直到战国时代丹阳仍指丹水之阳，如同“汉阳诸姬”之汉阳为汉水之阳一样，也是一个区域名称。《玉篇·阜部》：“阳，山南水北也。”丹阳即是丹水北岸地区，可以有若干地名，䢵郢不过其中之一。因此，不宜把䢵郢与丹阳直接画上等号。《楚世家》谓熊绎“居丹阳”是言其区域所在，《楚居》说熊绎“徙于䢵郢”是言其具体位置，二者各有所指，不可混一。在历史上，关于丹阳的地望曾有当涂、枝江、秭归、丹淅等多种说法④，一直聚讼不息。今从《楚居》来看，显然以丹淅说近是。目前在淅川虽未发现西周早中期的考古遗址可与䢵郢对应，但䢵郢近于都人之都，与之同在淅川境内则是不成问题的。

把䢵郢的位置确定在淅川境内，还存在一个如何解释“熊绎辟在荆山”的问题。按照一般看法，荆山在今湖北南漳境内，与丹淅地区相距略嫌遥远。在这个问题上，石泉先生对《山海经·中次十一经》所言“荆山之首曰翼望之山，湍水出焉，东流，注于淯”等材料加以研究，得出结论说：“丹淅附近，古有荆山”，“在今河南淅川县东、湍河以西的邓县与内乡县交界处”，至于在今湖北南漳县境内的荆山，“其得名，当在春秋初期楚都自丹阳迁郢之后”⑤。这样，“熊绎辟在荆山”也就有了合理的解释。

自熊绎徙于䢵郢，至熊渠由䢵郢徙居发渐，楚人的活动中心开始向江汉之间转移。

---

① 《淅川下寺春秋楚墓》，文物出版社 1991 年版，第 9—10 页。

② 徐少华：《都国铜器及其历史地理研究》，《江汉考古》1987 年第 3 期。

③ 钱穆：《史记地名考》，商务印书馆 2001 年版，第 532 页。

④ 徐少华：《楚都丹阳地望探索的回顾与思考》，载徐少华《荆楚历史地理与长江中游开发》，湖北人民出版社 2009 年版。

⑤ 《楚都丹阳及古荆山在丹、淅附近补证》，《江汉论坛》1985 年第 12 期。

《楚世家》说："当周夷王之时，王室微，诸侯或不朝，相伐。熊渠甚得江汉间民和，乃兴兵伐庸、杨粤，至于鄂。"以"江汉间"来考量，其时庸国位于上庸（今湖北竹山西南），杨粤（越）当为江汉间古族，鄂国也不会远至长江以南的鄂城，应为楚西鄂（今河南南阳市北）。熊渠自称蛮夷，不与中国之号谥，竟封其子分领三地，号句亶王、越章王、鄂王。至厉王时，惧周见伐，乃去其王号。由此推测发渐之地望，亦当地处江汉之间。自熊渠徙居发渐，鄀宅才失去百余年来作为楚人活动中心的地位。

综上所述，楚人源于中原，地处洛阳，其后北迁殷商腹地，盘桓楚丘一带，与殷王室保持着密近关系。殷商末年，为避祸殃，楚人的一支在穴熊带领下，沿黄河西进，暂居故地洛阳，以做开拓江汉的据点。待熊绎之时，楚人南迁丹水之阳，立国江汉，从而揭开了不断发展壮大的历史新页。

（作者单位：天津师范大学历史文化学院）

《楚居》"京宗"地望辨析

尹弘兵

"京宗"是《楚居》中传说时代的一个重要地名，为楚先祖所居。从季连晚期至熊狂，芈姓一族均居于"京宗"之地。对"京宗"的考释，学界讨论较多，虽对具体地望多有歧异，但一般认为"京宗"当与荆山或荆山之首的景山有关①，而荆山的地望，虽有不同意见，多数看法认为应在鄂西地区或鄂豫陕交界地区。亦有人认为京宗即《左传》昭公十四年"楚子使然丹简上国之兵于宗丘"的宗丘，地在湖北秭归西北②。

简帛文献研究需将出土简帛与传世文献互证，但《楚居》一篇有其特殊性，尤其是《楚居》所载楚先祖史事，其地名及史事多不见于文献，这给《楚居》的研究带来很大难度。因此现在对"京宗"的考释，一般是用音韵通假的方法，与《山海经》等文献中的相关记载建立起联系。《山海经》对于古代地理虽有重要的参考价值，然其本身已含有较多的神话成分，司马迁撰写《史记》，亦曰："至《禹本纪》、《山海经》所有怪物，余不敢言之也。"③ 可见对于《山海经》，本身已需要谨慎使用，而当整个论证体系是建立在通、转、假的基础上时，尤令人不安，这在方法论上有较大的危险性。高崇文先生因此认为不能仅凭声韵通假之法来指"京宗"即"荆山"或"景山"，主张"京宗"应即周人之"镐京宗周"④。

我们认为，讨论地理问题，要有时间概念，不能把时间与空间割裂开来。京宗之地，从《楚居》所载来看，商代晚期时，季连始居于京宗，穴熊（鬻熊）亦居于京宗，至西周初，熊狂亦居于京宗，穴熊（鬻熊）与熊狂之间还有丽季（即《楚世家》中的熊丽），其居地未有明言，但亦应居于京宗。可见"京宗"的时间跨度甚大，从商代晚期延续到西周初年，而这一时期正是商周之际剧烈变动的时代，芈姓部族在此一时期很有可能曾发生迁徙。古代地随人迁的现象相当普遍，因此《楚居》所记载的

---

① 李学勤：《论清华简〈楚居〉中的古史传说》，《中国史研究》2011 年第 1 期；宋华强：《清华简〈楚居〉1—2 号释读》，2011 年 1 月 15 日，武汉大学简帛研究中心网站（http：//www. bsm. org. cn/show_ article. php？ id = 1391）；笪浩波：《从近年出土新材料看早期楚国中心区域》，《文物》2012 年第 2 期。

② 陈民镇：《清华简〈楚居〉集释》，复旦大学出土文献与古文字研究中心网站（http：//www. gwz. fudan. edu. cn/SrcShow. asp？ Src_ ID = 1663）。

③ 《史记》卷 123《大宛列传》。

④ 高崇文：《清华简〈楚居〉所载楚早期居地辨析》，《江汉考古》2011 年第 4 期。

“京宗”很有可能并不是一个地点，而是这一时期楚人居地之通名。因此我们在探讨“京宗”地望时，应把不同时期的“京宗”区分开来。

一 季连所居之“京宗”

据《楚居》记载，商代晚期时，季连见盘庚之子，并追求其女“比隹”：

> （季连）见盘庚之子，处于方山，女曰妣隹，秉兹率相，詈胄四方。季连闻其有聘，从，及之盘，爰生绖伯、远仲。毓徜徉，先处于京宗。①

由此记述来看，季连在娶商王盘庚之孙女“妣隹”为妻后，生二子绖伯、远仲，并居于“京宗”之地。这里需要说明的是，此时的芈姓部族尚处于传说时代，故季连及其二子，不应作为人名来理解，应视为部落及部落内部的支系，在一般情形下，传说时代的人名不是指特定的个人，而是部落和部落首领的名称。此时的年代为商代晚期，具体为武丁以后，季连部落与盘庚之子联姻成功，部落繁衍，人口增加，内部出现了新的支系。由此可以推知，季连及其二子所居之京宗，当去盘庚之子的居地不远。

至于盘庚之子的居地，我们认为，既为盘庚之子，则其身份为商王族，是商王室的核心成员，其居地当在商朝核心区内。而商核心区，我们可以通过考古学文化分析，从文化地理的角度来确定。在考古学上，晚商文化分为多个类型，而其最为核心、最为重要的，显然是殷墟类型，殷墟类型的分布地区，当为商王朝核心区所在。而盘庚之子的居地，以及距其不远的季连、穴熊所居的“京宗”，亦当在殷墟类型的范围内探求。

晚商文化殷墟类型的分布范围，是以安阳殷墟为中心，包括今河北中南部和河南北部及中部地区②。考虑到季连初降之地的“郻山”，目前学术界有较为一致的意见，均认为其当在今河南省禹州市、新郑市、新密市三市交界处的大騩山，又名具茨山，新郑又是祝融之墟所在，此地点均在今河南省中部地区，则可知季连初处之“京宗”，似当在今河南省中部地区。

至于谓“京宗”与荆山或景山有关，地在今豫西南至鄂西地区，从文化地理和政治地理的角度来说，是难以解释的。

商自盘庚迁殷之后，结束了“九世五迁”的动荡时期，从武丁开始，商朝进入了稳定而强盛的晚商时期（殷墟时期）。

---

① 清华大学出土文献与保护中心编：《清华大学藏战国竹简（壹）》，中西书局 2010 年版。按：本文所引释文主要依据此书，并参考复旦大学古文献与古文字研究中心研究生读书会所做工作，释文不采严释，尽量使用通行字，不另注。

② 中国社会科学院考古研究所编：《中国考古学·夏商卷》，中国社会科学出版社 2003 年版，第 305 页。

晚商时期，商朝在政治、军事及青铜文化上均达至了全盛状态。但晚商并未能扭转中商以来商势力的衰退局面，周边民族则是全面兴起，对商朝发动了一波又一波的进攻，前赴后继，此起彼伏，尽管商人极力振作，大杀四方，在军事上取得了连续胜利，但在军事上的胜利并未能改变商朝势力的全面退缩局面，反映在陶器遗存上，晚商文化的分布范围较之早商时期大大退缩，“今湖北、陕西、山西、江苏境内许多原早商和中商文化分布带，至晚商时期不复为商文化的滞留地，而为性质不同的其他考古学文化所取代。惟山东境内商文化向东保持着微弱的进取势头”①。

相对于季连部落可能的活动地区来说，湖北地区的商文化主要分布在汉水下游、鄂东盘龙城一带，盘龙城类型商文化的年代只是从二里岗上层一期到上层二期晚段②，如按中商文化的概念，盘龙城遗址最晚可至中商二期，湖北地区也分布有较为广泛的中商文化遗存，但不见有晚商遗存，至晚商早期商文化已退出湖北，长江流域的广大地区基本为地方性考古学文化所覆盖③；在汉水上游，新近发掘的辽瓦店子遗址表明，最迟殷墟一期以后，商文化亦退出汉水上游地区④；陕南商洛地区属丹淅流域，从东龙山遗址可知，其商文化遗存亦只到二里岗时期，不见有殷墟遗存⑤。可见晚商时期，商文化已全面退出湖北、陕南，由此可以推知季连所居的“京宗”及见盘庚之子的“汌水”、“方山”等地均不得位在湖北、陕西等地。

至于河南，今河南全境仍属晚商文化分布区，其中殷墟类型分布于河南省北部及中南部地区。在豫西南地区，晚商遗址分布较少，虽然其面貌尚不清晰，但相对于河南省中部和北部地区来说，其已属于商朝势力的边缘地带，应可确定。豫南的信阳地区则为晚商文化天湖类型分布地，河南罗山县蟒张天湖墓地，出有多件带族徽的铜器，据学者考证为商代息国贵族的墓地⑥，因此信阳一带当为古息国所属，文化也表现出一定的地方特性。由此看来，既为“盘庚之子”，则其不当位在商文化分布较为稀少的豫西南地区，更不当为晚商文化南部边缘的豫南地区，这里是古息国所在。

可见晚商时期，殷墟文化的分布范围已较早商时期的二里岗文化大为缩小，商文化已退出湖北、陕南地区，甚至有可能还退出了南阳盆地，因此季连及其二子所居之“京宗”，就不可能位在鄂西及鄂豫陕交界地区，其在南阳盆地的可能性也很小，亦不可能在关中地区，周人在武乙时始迁于岐，因此季连所居之“京宗”也不可能是镐京宗周，而只能在殷墟文化分布较为密集的河南中部地区。

---

① 《中国考古学·夏商卷》，第305页。

② 湖北省文物考古研究所编：《盘龙城》，文物出版社2001年版。

③ 《中国考古学·夏商卷》，第266—267页。

④ 王然、傅玥：《湖北郧县辽瓦店子遗址夏商时期文化遗存研究》，载武汉大学历史地理研究所编《石泉先生九十诞辰纪念文集》，湖北人民出版社2007年版。

⑤ 王昌富、杨亚长：《商州发现一处大型夏商遗址》，《中国文物报》1997年10月26日；杨亚长等：《商州东龙山遗存考古获重要成果》，《中国文物报》1998年11月25日；杨亚长：《东龙山遗址的年代与文化性质》，《中国文物报》2000年8月9日。

⑥ 李伯谦、郑杰祥：《后李商代墓葬族属试析》，《中原文物》1981年第4期。

二 穴熊所居之"京宗"

从《楚居》所记穴熊的活动来看，在季连及其二子"先处于京宗"之后接着就说"穴熊迟徙于京宗"，由此看来，穴熊最初所居之"京宗"，当即季连所居之"京宗"。

但季连部落演变为穴熊部落之后，似乎有所迁徙。《楚居》说："穴熊迟徙于京宗，爰得妣列，逆流载水，乓状聂耳，乃妻之，生侸叔、丽季。"穴熊"徙于京宗"之后，即有"逆流载水"之事，可见季连部落演变成为穴熊部落之后不久，似乎就离开原居地，开始了迁徙的历程。

穴熊与妣列成亲之后，生侸叔、丽季，但丽季出生时，发生了意外，"丽不从行，溃自胁出，妣列宾于天，巫并赅其胁以楚，抵今曰楚人。至熊狂亦居京宗"。整句的意思是丽季的出生不太顺利，结果导致妣列去世，用荆（楚）条将妣列之胁缠包aaaa，从此有楚人之称。这一段记载，包含了极为丰富的信息，需认真解读。

首先，我们需要明确的是，这一段记叙，颇具传说色彩，虽然此时应在商末，从大的历史框架来说，肯定已是历史时期了，但对楚人来说，则还未走出传说时代，因此不能将之视为荒诞不经，也不能以单纯历史学思维来强行解释，如释"溃自胁出"为剖宫产之类。

既然此时楚人还处于传说时代，则穴熊、妣列、丽季就不能理解为个人。穴熊仍是部落和部落首领的名称，妣列则是穴熊的配偶，亦可视为穴熊部落之姻族，丽季为穴熊与妣列之子，应为穴熊部落内部新出现的支系，而"溃自胁出"则是指部落支分的情形，不可强解为"剖宫产"，但因部落支分导致妣列死亡，则应是指穴熊部落因某种原因和其姻族断绝了关系。

穴熊部落因其内部出现丽季支系而与其姻族断绝关系，这一点十分重要。从后面"巫并赅其胁以楚，抵今曰楚人"这一句来看，导致出现这种局面的原因，应是穴熊部落的族群属性发生了变化。传世文献和出土文献均证明楚之先祖出自中原华夏，季连部落始终生活在传统的中原文化核心区，穴熊部落初形成时亦当如此，故穴熊之姻族亦当为中原旧族。但妣列死亡之后，穴熊部落却有了楚人之称。

从此时开始，芈姓一族才与"楚"之名号有了交集，才开始有了"楚人"之称。很明显的是，这里的"楚"，在人文层面，是指早于芈姓楚国而存在的"楚蛮"。楚蛮为古三苗的遗裔，三苗灭亡后，其遗民接受了中原文化，从而形成了商周时代的楚蛮族群，商代及周初，楚蛮活动于鄂豫陕交界地区和汉东地区①，季连部落源出祝融，是华夏集团中的重要成员，一直活动在传统的中原文化核心区，穴熊时却与"楚"发生了交集，这表明穴熊部落似是从中原迁徙到了南方"楚地"（楚蛮之地），从此有了"楚人"之称，而"楚人"这个称呼则表明穴熊部落的族群属性发生了变化，由华夏

① 关于楚蛮及其与芈姓楚国的关系，参见刘玉堂、尹弘兵《楚蛮与早期楚文化》，《湖北大学学报》2010年第1期；张硕、尹弘兵《楚蛮的考古学观察》，《中国文化研究》2011年第3期。

变成了楚蛮。按芈姓本为中原旧族，到西周时却被视为楚蛮，《国语·晋语八》“昔成王盟诸侯于岐阳，楚为荆蛮”可证。芈姓从中原旧族变成楚蛮，其族群属性的转换当始于此。

由于穴熊部落的这一迁徙行动，从此芈姓一族与楚蛮为伍并导致其自身的族群属性发生了变化，这一变化似不被其中原姻族所接受，双方可能发生了较大的矛盾，“妣列宾于天”或许就是此一矛盾的体现。而“逆流载水”一句也证实此时的穴熊部落已离开季连的原居地，有所迁徙。另，《楚居》载有季连居地，亦载穴熊初居之地，丽季之后的熊狂亦有居地，这些居地均冠以“京宗”之名，唯不记丽季居地，可见丽季之时，芈姓一族尚处于迁徙之中，居无定所，故《楚居》不记丽季居地，此亦芈姓一族自穴熊后期起处于迁徙之中的旁证。

三　熊狂所居之“京宗”

《楚居》在叙述完丽季的活动之后说“至熊狂亦居京宗”。熊狂，熊绎之父，大概是《楚居》所载楚先世中第一个可以确指的历史人物，但其所居仍为“京宗”，表明熊狂在《楚居》的体系之中，仍处在传说时代，准确地说处于传说时代与历史时代之交，是传说时代结束与历史时代开始的人物。

熊狂之子熊绎约当周成王之时，则熊狂的年代大致为周武、成之交。从文献记载来看，商周之际，周楚关系颇为密切，从鬻熊开始，芈姓部族就与周人建立了密切的关系，《楚世家》记载鬻熊曾与太颠、闳夭、散宜生、辛甲大夫等周初重臣投奔周文王，并曾为文王师。鬻熊事周，当是以其人生经验和政治智慧辅佐周文王，鬻熊的子孙也因此得以服事周室[①]，熊绎受封时，是以“文、武勤劳之后嗣”而受封。成、康时期，熊绎与鲁公伯禽、卫康叔子牟、晋侯燮、齐太公子吕伋俱供职周室（事见《楚世家》及《左传》昭公十二年楚灵王语）。周成王举行岐阳之会，熊绎亦曾参与，在会中负责守燎（事见《国语·晋语八》），这可能是其父（熊狂）、祖（熊丽）所留之职。周原甲骨文亦记载周初时楚与周的关系：“曰今秋楚子来告父后哉。”“其微、楚□氒燎，师氏受燎。”[②] 这些记载表明，商末周初时，芈姓一族与周室保持着密切的关系，芈姓首领不仅前往关中拜会周王，而且曾参与周室的燎祭，并在周室的重大盟会中任守燎之职。

因此之故，许多学者主张，商末周初之时，芈姓一族的居地应靠近关中。石泉先生认为，“丹江流域与关中平原联系最为近便的地带，是位于今陕南商县（旧称商州）附近的丹江上游河谷平原，由这里往西北，溯丹江上源，经蓝关，越过秦岭（这一带山势较平缓，是古来交通要道之一），就到达关中平原的蓝田县境；更往西北不远就是

① 尹弘兵：《鬻熊史事解析》，《江汉论坛》2008 年第 5 期。

② 陕西周原考古队编：《陕西岐山凤雏村发现周初甲骨》，《文物》1979 年第 10 期；侯志义、陈全方、陈敏编撰：《西周甲文注》，学林出版社 2003 年版。

西周初年的都城丰——镐（在今西安市西）"。不仅如此，在丹江上游的西面，今商县西北、西南以至东南的商洛镇一带，有多处的楚山、楚水，在楚山、楚水的东北方丹江上流北部（偏东），还有荆水。荆、楚二水入丹江处，相去不过25里，商州城位于这一段丹江的河湾之中，正在"丹水之阳"。在考古方面，此地分布着大量的古遗址，有较发达的古代文化，考古学文化面貌与关中平原有密切的联系，自然条件也较为优良，是丹江上游河谷平原中面积较大、生产条件较好的地方，最早的丹阳当在此地①。此即在早期楚都探索中著名的丹阳商县说。

《楚居》中并无"丹阳"，对这一问题还要加以深入探讨。但丹阳商县说与商末周初时期周楚之间的关系契合度最高，在早期楚都的探索上有重要意义，对我们探讨熊狂"京宗"居地亦有重要的启示。因此我们的意见，熊狂之时的"京宗"，当在距周京不远之处，其区域应为陕南丹江上游一带。

四　"京宗"之义

综合以上分析，我们可以得出一些初步的意见，即"京宗"不是一个固定的地点，商代晚期季连所居之"京宗"和穴熊最初所居之"京宗"应在中原地区，周初熊狂所居之"京宗"应在靠近关中的某个地区，二者肯定不是一回事。

由此看来，"京宗"应是传说时代末期楚人居地的统一名称，其含义与后来楚都名"郢"，或有相似之处。

高崇文先生对"京宗"的含义做了详细的考释，指出"京"在周代有特殊含义，用来指都邑，此后"某京"一般指表示为某处都邑，周之镐京又称为"宗周"，"宗"字原义为宗庙，殷商时代已常用，甲骨文中殷人宗庙称为某某宗，如大乙宗、大丁宗、大甲宗、大戊宗、大庚宗、中丁宗、祖乙宗、祖辛宗、祖丁宗、小乙宗、武丁宗、祖甲宗、康丁宗、武乙宗、文丁宗等等，而镐京之所以称为"宗周"，是因为其地有周王室的宗庙，镐京之称为宗周，是表示此地为周人祖神与王权所在之地②。

高先生的考释给我们重大的启示，"京"字在周代往往用指都邑所在，按郭沫若《两周金文辞大系考释》的意见，京"象宫观厜㕒之形。在古朴之世非王者所居莫属。王者所居高大，故有大义、有高义"③。可见"京"字本义当指宫观，即王所居之处，而"宗"字在商代起即有宗庙之义。通俗一点说，"京"字指王所居之宫殿，有政治中心地的含义，"宗"字指宗庙，有宗教或祭祀中心地的含义。先秦时代，"国之大事，在祀与戎"，故政治中心必有宗庙，或者说，有宗庙之地才是政治中心，《左传》庄公二十八年："凡邑，有宗庙先君之主曰都，无曰邑。"可见"都"是建有宗庙的聚居

---

① 石泉、徐德宽：《楚都丹阳地望新探》，《江汉论坛》1982年第3期，又载《古代荆楚地理新探》，武汉大学出版社1988年版，第186—190页。

② 《清华简〈楚居〉所载楚早期居地辨析》，《江汉考古》2011年第4期。

③ 郭沫若编著：《郭沫若全集》考古编第8卷《两周金文辞大系图录考释（二）》，科学出版社2003年版，第113页。

地。或者说，三代之“都”，是政治中心与宗教祭祀中心的复合体。故“京宗”之义即在于此，兼指政治中心与祭祀中心，二者合一，即古代之“都”。由此可见，“京宗”即是芈姓首领所居之宫观与芈姓一族祭祀先祖之宗庙的合称，用以指代都邑所在，在《楚居》之中，“京宗”的含义，即是芈姓一族“都邑”的专用名称，犹后世楚都之称“郢”，周都之称“镐京宗周”。

而商代晚期至商末周初，芈姓一族已极为衰微，只是一个很小的部落，可能只有一个居地，此居地内必有芈姓首领之宫殿与芈姓一族的宗庙，故其居地名之为“京宗”。而有宗庙、有首领之宫殿，即为古代之“都”。

（作者单位：湖北省社会科学院楚文化研究所）

西汉秦中祠疏说

辛德勇

《史记·封禅书》记述汉高祖二年“后四岁”亦即高祖六年于长安置祠祝官、女巫，其中有“南山巫”主掌祠祭“南山秦中”，书作“南山巫祠南山秦中”。此南山即今秦岭，古时或称终南山、中南山、太一山等。《史记》对此“南山秦中”尚附有说明云：“秦中者，二世皇帝。”① 即谓秦中祠的祠主，为秦王朝二世皇帝胡亥。《汉书·郊祀志》记秦中祠事与之完全相同②。此胡亥之祠何以名作“秦中”，专门从事于研究《史记》、《汉书》者一向没有疏解。若是按照秦汉时期通行的用法，“秦中”与“关中”的语义大致相当，乃是一地理区域名词，若是以此词义来指称嬴秦二世皇帝似乎颇欠通洽。盖胡亥治秦，为时甚短且亡国覆社，其功业声名远不足以与千古一帝秦始皇相比，没有舍弃嬴政不祀而专取胡亥与“秦中”二字相关联的道理，西汉人以“秦中”称二世皇帝，应当另有因缘。

清朝末年，章炳麟撰著《訄书》，对此尝有解说云：

> 嬴氏祖曰秦仲，则二世亦号秦中［《郊祀志》：南山巫祠南山秦中，秦中者，二世皇帝也。余谓秦中即秦仲，秦世称仲，犹仍世称叔、赵世称孟也］。③

借“中”为“仲”，是两周金文即已惯行的用法，《史记》、《汉书》亦不乏用例，经书当中则如《周易》长男、中男、少男之“中”诵为“仲”音，与此“秦中”更有比较紧密的关联④，故章炳麟将“秦中”之“中”读作“仲”字，这确实很有道理，但他从秦人累世袭用“仲”字为名这一角度来解释汉初人称胡亥为秦仲的原因，却并不一定可靠。因为胡亥别称“秦仲”，史籍中绝无其他记载，而且假若胡亥确是将此“世称”用作自己的名字，那么，单称“秦仲”两字，也就很容易发生混淆，听闻者无以知悉这到底是指秦王朝的二世皇帝，还是嬴氏那位以“仲”为名的远祖。要不是《史

---

① 《史记》卷28《封禅书》，中华书局1959年版，第1378—1379页。

② 《汉书》卷25上《郊祀志》上，中华书局1962年版，第1210—1211页。

③ 章炳麟：《訄书》，第56卷《尊史》，古典文学出版社1958年版，第148页。又同人著《检论》卷2《尊史》，台北：世界书局1982年影印民国刻《章氏丛书》本，第533页。

④ （唐）陆德明：《经典释文》卷2《周易音义》（页31a）注“中”字读音为“丁仲反”，上海古籍出版社1985年影印宋刻本。

记》和《汉书》都明确记载汉高祖设置秦中祠是用来祭祀秦朝第二代皇帝，读者反倒更容易将祠主看作是章炳麟提到的那位祖公，盖此秦仲在周厉王时因诛伐西戎而殒命①，是一位值得嬴秦后人和后世汉族政权特加纪念的勇武先人。

那么，汉朝人称胡亥祠为"秦中"亦即"秦仲"，究竟取义于何处呢？我想，道理很简单，这是援用"仲"（中）字表示次位的序数词义。虽然"仲"字用于人的排序，多是表示同辈兄弟间的长幼次第，但胡亥身为少子，上面共有十七位兄长，并非秦始皇仲子②，故所谓"秦仲"不会是指胡亥在诸皇子中的行次。另一方面，古人以孟、仲、季来指称四时三月，如孟春、仲春、季春之类，则只是表示月份的早晚次序。《汉书·律历志》叙述刘歆"三统历"的构造，谓"历数三统，天以甲子，地以甲辰，人以甲申，孟、仲、季迭用事为统首"③，这孟、仲、季三统，乃是前后承续的关系。又《华阳国志》开篇叙述巴国沿革，使用"周之仲世"、"周之季世"的说法④，也是讲周朝的中、晚两个时段。明此可知，所谓"秦中祠"也就犹如"秦二世祠"。

《史记·封禅书》和《汉书·郊祀志》所记"南山秦中"，其语义尚需稍加说明，即像这样的句读，应是置此祠宇于终南山中。今中华书局点校本《史记》所施标点，便是基于这样的理解。然而，同样是中华书局点校排印的《汉书》，却是将其读作"南山巫祠南山、秦中"⑤。这样一来，"南山"就与"秦中"并列，成为南山巫主持祭祀的一座山祠，秦中祠的位置亦随之失去记载。二者孰是孰非，殊难裁断。

西汉中期司马相如侍从武帝在终南山下的盩厔长杨宫附近狩猎，"还过宜春宫，相如奏赋以哀二世行失"，其辞曰：

> 登陂陁之长阪兮，坌入曾宫之嵯峨。临曲江之隑州兮，望南山之参差。……弥节容与兮，历吊二世。持身不谨兮，亡国失势；信谗不寤兮，宗庙灭绝。乌乎操行之不得，墓芜秽而不修兮，魂亡归而不食。⑥

司马长卿何以要在"过宜春宫"时奏上这篇哀伤秦二世的赋，唐朝人颜师古以为"宜春本秦之离宫，胡亥于此为阎乐所杀，故感其处而哀之"⑦，所说其实完全不得要领。胡亥被阎乐逼迫自杀，是在汉高祖长陵西北泾水岸边的望夷宫中，这在《史记》中有清楚记载⑧。此宜春宫与秦二世身亡事并无直接关联，而是胡亥坟茔所在之地，所以文中才会有"墓芜秽而不修"的说法。《史记·秦始皇本纪》记赵高"以黔首葬二世杜南宜春苑中"⑨，此宜春苑即汉宜春宫地，唐人因之，并将此"曲江之隑州"疏凿成著

① 《史记》卷5《秦本纪》，第178页。
② 《史记》卷87《李斯列传》并刘宋裴骃集解引"隐名辩士"遗章邯书，第2547—2548页。
③ 《汉书》卷21上《律历志》上，第985页。
④ （晋）常璩：《华阳国志》，巴蜀书社1984年版，卷一《巴志》，第31—32页。
⑤ 《汉书》卷25上《郊祀志》上，第1211页。
⑥ 《汉书》卷57下《司马相如传》下，第2591页。
⑦ 《汉书》卷57下《司马相如传》下唐颜师古注，第2591页。
⑧ 《史记》卷6《秦始皇本纪》并刘宋裴骃《集解》，第274—275页。
⑨ 《史记》卷6《秦始皇本纪》，第275页。

名的曲江池[①]。故司马相如此赋应是途经秦二世墓地有感而发，所谓“临曲江之隑州”，乃实写身履墓地，故清人周寿昌以为其“望南山之参差”一句，就应当是指《汉书·郊祀志》之“南山秦中祠”，亦即因睹墓思人而远眺秦二世祠宇，而“相如时尚有祠在南山也”[②]，所说合乎文脉事理。后来唐朝在德宗贞元十二年和文宗开成二年，曾先后两次敕建终南山祠，在讲述立祠原委时，却都没有自流而溯源，提到西汉先已设有“南山”祠堂[③]，说明并没有汉代的南山神祠传承于世，也可以从侧面印证这一点。

若是依此推断，恐怕还是应该像点校本《史记》那样，将“南山”与“秦中”连读。至于主司秦中祠之巫何以名为“南山巫”，除了祠堂建在终南山间之外，也许还别有渊源。如清乾嘉时人凤韶在分析《诗·秦风·终南》之“黻衣绣裳”等句时，即曾推测此诗撰述缘起云：“岂秦君至终南下举小祀事，故诗人云尔耶?”[④] 若然，秦人此等“小祀”，或即汉高祖刘邦以南山巫主祭“南山秦中”的历史因缘。只是迹象过于模糊，一时还很难察看清楚。

清初人顾炎武在考订泰山人祖殿时曾经论述说，骊山之巅有人祖庙，本为秦始皇祠，顾氏并引据汉立秦中祠事，谓“夫二世尚祀，奚必始皇之不祀乎”[⑤]? 实则秦始皇虽看似远比其子胡亥更具有影响力，但在西汉初年刘邦制订祀典时却是另有考虑，所以并没有为嬴政设立祠祀。曹魏时人张揖解释汉高祖专为胡亥立祠的缘由，乃谓“子产云匹夫匹妇强死者，魂魄能依人为厉也”[⑥]。更全面地理解张揖的看法，应知《左传》载录子产此语，系书作“鬼有所归，乃不为厉”[⑦]，二者适可相互补充，体现完整的语义。胡亥被逼自杀，固属“强死”，亦即今俗语所说“横死”，而其身亡时尚无子嗣，鬼既无所归依，魂魄便不能不“依人为厉”，张揖因有是语。检凌稚隆《史记评林》、泷川资言《史记会注考证》、王先谦《汉书补注》诸书，可知后世研治《史记》、《汉书》的学者，多沿承此说而未能做出新的说明。

张揖这种说法，虽然大体无误，但似乎尚未达其肯綮。盖胡亥生前贵为皇帝，其为厉作祟的程度，宜较平民百姓为甚。《礼记·祭法》载“王为群姓立七祀，曰司命，曰中霤，曰国门，曰国行，曰泰厉，曰户，曰灶”，唐人孔颖达疏云：“曰泰厉者，谓古帝王无后者也。此鬼无所依归，好为民作祸，故祀之也。”等而下之的厉鬼祭祀，还有诸侯五祀中的“公厉”和大夫三祀中的“族厉”。孔氏复谓所说“为民作祸”是指

---

① （宋）程大昌：《雍录》卷6“宜春苑”条，中华书局2002年版，第131—132页。

② （清）周寿昌：《汉书注校补》卷39，商务印书馆1937年版《国学基本丛书》本，第684页。

③ （唐）柳宗元：《河东先生集》卷5《终南山祠堂碑并序》，北京图书馆出版社2003年版《中华再造善本》丛书影印宋咸淳廖氏世彩堂刻本，第8b—11b页；（宋）王钦若等编：《册府元龟》卷34《帝王部·崇祭祀》，中华书局1960年影印明崇祯刻本，第370页。

④ （清）凤韶：《凤氏经说》卷3“终南”条，清道光元年粤东原刻本，第8a—9a页。

⑤ （清）顾炎武：《山东考古录》，清光绪朱记荣刻《亭林遗书补遗》本，之“考人祖”条，第10b页。

⑥ 《史记》卷28《封禅书》刘宋裴骃《集解》引张揖语，第1380页；又《汉书》卷25上《郊祀志》上唐颜师古注引张揖语，第1211页。

⑦ 《左传》昭公七年，载杜预《春秋经传集解》卷21，上海古籍出版社1988年版，第1297页。

“厉主杀害”①。显而易见，此等无后帝王化成的“泰厉”，若是杀生害众，将会殃及一国，其危害较诸“公厉”和“族厉”要严重很多，凶险程度更远非子产所说匹夫匹妇所能比拟。宋元间人马端临释此“泰厉”之祀，即引述汉高祖祠祭“南山秦中”一事为据，谓其与孔氏疏义略同②，因知刘邦特为秦二世建祠，是为防止胡亥亡灵兴妖作怪而不得不“为民所立，与众公之”③。

（作者单位：北京大学历史系）

① （唐）孔颖达：《礼记正义》，台北：艺文印书馆2007年影印清嘉庆二十一年南昌府学刊《十三经注疏》本，卷46，第801—802页。

② （元）马端临：《文献通考》卷86《郊社考·五祀》，中华书局1986年重印民国商务印书馆《万有文库》本，第783页。

③ 《礼记正义》卷46，第802页。

庄浪群众烧柴小史

——对当地植被生存状况的初步揭示

侯甬坚

在接触甘肃省庄浪县梯田建设材料过程中，得知这一地区过去的自然条件相当不尽如人意，当地干部群众从前人或历史资料中得到的比较一致的印象，为过去当地的生存环境是十年九旱，山高坡陡，植被稀少，水土流失严重，百姓温饱大成问题。新中国成立时庄浪人口19万。1953年首次人口普查时，庄浪县人口超过21万，1964年为214179人，增长速度大为减慢，1982年达到了325768人，1992年达到了362260人①，2010年第六次人口普查后，得知庄浪县人口已超过44万人②。

我们接触的庄浪群众烧柴问题，是从张丽珍主编、魏俊舱编著的《庄浪人创业之路》一书开始的③。据魏俊舱所写“后记”文字（落款为2004年1月），在“编写中查阅了有关梯田建设的大量资料，并根据这些资料所提供的素材，走访了23个乡镇的沟岔梁峁中260多位村社干部、群众，认真调查核实，搜集补充才俱成书”。这本书的特点是写故事，作者魏俊舱在“后记”里说道，写这本书“一点不能动摇的，是要写故事，这是开笔前就决定了的……”，“这些故事中十有八九是真人真事，几篇综合编写的只是借以对那段历史进行较为全面的描述”。依据这些叙述及书中内容，有的网站推介此书的性质为纪实文学。

作为学术研究的一种选题，我们很看重本书里面《铲茅衣》、《挖草根》等故事的内容，判断这些故事中的材料是真实的，并为一般书籍所不载，阅读中不仅使我们感受到了当时当地群众的生活疾苦，而且从更具体的材料中，懂得了甘肃省政府于20世纪80年代何以要在中部地区确定执行“三年停止破坏，五年解决温饱”的工作奋斗目标。为了延长对群众烧柴问题连贯性的认识，我们又通过一些其他资料，做了上下时段的连缀，增加前后对比和必要的核实，但材料还是不够充分，目前只能写出一个大

① 庄浪县志编纂委员会编：《庄浪县志》，中华书局1998年版，第100页。

② 吴国江：《庄浪县第六次全国人口普查》，载庄浪县县志编纂办公室主办、王亚斌主编《庄浪史志》第2辑，甘出准028字（2012）1号，第87—91页。

③ 张丽珍主编：《庄浪人创业之路》，甘肃人民出版社2005年版。2003年12月至2010年1月期间，张丽珍担任庄浪县人大主任职务，极为热情地支持本书的出版。魏俊舱自1984年12月参加工作，先在庄浪县卧龙乡文化站工作10年，1994年9月调县文化馆担任文学类工作至今。

致的情形。

一 富有启发作用的森林传说

庄浪县位于陕甘宁三省交界地区的界山——六盘山的西南一边，现今从华亭县进入庄浪县，必须穿过长达10余公里的关山隧道，也就是说，庄浪县靠东的山川属于六盘山的延伸部分，地势颇高，这里的植被覆盖率固然最好，西去的地貌则为典型的黄土沟壑墚峁分布区，长期以来是以农业生产为主要经济活动方式。

在调查人所写的《老“古经”》故事里①，有一个庄浪县的森林传说，具体是通过县城北面40公里原上一个村庄的魏老爷，几十年前放弃演戏后进入说书角色，拿自己从山坡沟崖上拾到的一根干骨头和几块红陶片来展开叙述的。那天晚上，魏老爷告知各位乡亲听众说，那根干骨头是石化了的象牙，红陶片则是数千年前先民留下的陶器残片，以前的庄浪县的自然环境是这样的：

> ……那时天底下人极少，可这里却有很多人劳动、生息和繁衍，说明那时这里气候一定暖和，又有丰富的食物供他们生活。从有记载中得知，汉、唐、宋、元庄浪密布丛林，水草肥美，牛羊成群，人多殷实，变糟是近几百年的事。明初草木开始减少，气候渐变干燥，明末至清更甚，旱涝异常，灾祸不断……至于民国十七年大旱，夏秋绝收，十八年大饥荒，草根树皮都让人抢食光了，大批逃亡，饿殍遍野。你们不会把刚过两三年的灾难忘记吧？……

说书人讲得大家无不心惊胆战，大家马上担心起今后该怎么办、怎么活。说书人叹口气说：“还用问？除非愚公再世，感动上帝，派龟蛇二神搬去今天的干山枯岭，背回昔日的苍山翠岭，否则，沙漠就是大家的栖身之处！”

清代至民国时期，庄浪百姓的烧柴情况，还有待访查。近年庄浪县文化工作者对本县保存的《荩臣董公神道碑铭与墓表》进行了文字勘录，其中有民国十七、十八年（1928—1929）的大旱记录，碑曰：“戊辰岁旱魃为虐，无麦无禾。迄岁杪，草根树皮，剥削且尽。迨己巳春，到处人遂食人矣！”② 墓主董德惠随即捐出谷物，救济众人，最后获救之人近千名。碑文内容同于上面的故事，甚至还有“人遂食人”的记载，其时整个灾区都是一片死气，对人对植物都是一次浩大的劫难。

说起来，学术界已有的甘肃黄土高原环境变迁研究的重要成果③，首先是判断在甘肃黄土高原东南部、一定海拔高度的土石山地以及降水径流汇集的沟谷洼地，古代分

---

① 魏俊舱：《老“古经”》，载《庄浪人创业之路》，甘肃人民出版社2005年版，第3—6页。

② 王克生、刘继涛：《董家湾遗碑校勘点注》，载《庄浪史志》第2辑，第186—196页。

③ 王乃昂：《历史时期甘肃黄土高原的环境变迁》，载中国地理学会历史地理专业委员会编《历史地理》第8辑，上海人民出版社1990年版，第16—32页。

布着天然森林或面积较大的片林，从古至今区内的草原就一直占有优势。长期以来，由于人们对本区自然环境认识的片面性，导致不合理利用土地，带来严重的水土流失。人口增长太快，不断毁草毁林开荒，扩大耕地面积，是产生人为加速侵蚀的根本原因。截止到目前，大范围的环境变迁研究成果一向比较多，具体到庄浪县这样的县域范围来做的研究，还相当少，结合当地群众的实际生活来切入环境变迁的主题，也比较少。

在《百龄老树》里①，调查人讲到白堡乡陈山村的苋麻湾梁鏊岘，曾有一棵古老高大的柳树，在岳堡乡岔口村南生长着一棵有二百年以上树龄的面李树。“白堡陈山，水洛胡沟，岳堡岔口及周围多村至今留有青枫、面李、山定子、忍冬、酸刺及蔷薇科灌木等关山树种，说明那时这里属关山边缘林带”。至于通化乡张虎村的村名，也让调查人做出一番猜想。究竟以前是否有过老虎，故事里并没有说定，最后就是说了“有虎即说明草木之茂密”一句话，而康熙年间所修《庄浪县志》，在“兽类”里面，记下“牛、羊、马、骡、驴、豕、犬、猫”等家养动物之后，记野生动物的第一个就是“虎”，然后是“豹、豺、狼、狐、狸、鹿、兔、猯猪、黄鼠、青胎、计猩、木狼、刺猬”各种动物②，其间可以说是时间越早，种类也就越丰富、越多产。但“伴随着草原、灌丛、森林的减少和人口的大量增加，一些野生大型动物也趋于减少，甚至绝迹于本区。历史上本区曾有分布的虎、豹、猞猁、野猪、毛冠鹿、马鹿、林麝、麇、鹿等，现在已所剩无几，许多种类基本消失”③。本区自然是指甘肃省境内，康熙《庄浪县志》所记下来的动物，在历史上又消失了，最能够说明本县境内野生动物资源的变化，而这种变化在相当程度上，又是同植被生存状况及人类活动的情况相关联的。

二　新中国成立后五六十年代的情况

庄浪县于1949年得到解放，之后很快就进入土改阶段。土改期间，土改工作组对当地的树木是很关心的，有的树长在田地里，田地分给贫苦群众后，那树木就会遇到新的主人。据档案资料④，卧龙三乡在土改中曾没收了地主的林地（上面有199棵成材料的树），“其余小树随地分配”，却“因分配时间短促，给群众没有说明如何保护树木，爱护胜利果实，不能乱砍伐树木……结果树木（原作‘本’）分配下去之后，群众就乱砍伐，把二十棵大的树伐了，十几棵小的也砍伐了”。档案存留的个人情况为，“雇农罗回吉分到了土地，内有十几棵小树，他就向群众（缺‘众’字补上）说我爱土地、爱种田，就是地里有许多小树，耕地不方便，那（应为‘哪’字）个需要就伐

① 转引自《老“古经”》，载《庄浪人创业之路》，甘肃人民出版社2005年版，第7—9页。

② 王钟鸣修，卢必培纂：《康熙庄浪县志》卷之3“物产·兽类”，载《中国地方志集成·甘肃府县志辑》第18册，第61页［据清康熙六年（1667）刊刻之抄本影印］。

③ 《历史时期甘肃黄土高原的环境变迁》，载《历史地理》第8辑，上海人民出版社1990年版，第16—32页。

④ 卧龙三乡工作组：《卧龙三乡对砍伐树木的报告》，现藏庄浪县档案局，序号17，文件张号67，第2页（末页落款有“李勋之章”），1952年2月24日。

去，群众就把五棵树砍了。”这些树伐后的用场，大树应当是按木材去处理，小树则降等使用，以满足日常生活需要。卧龙三乡工作组将此事专门报告给县土改工作委员会，不仅说明当时政府工作中已有保护树木的明确思想，而且在工作中很注意细节，也注意汇报，供上级组织掌握。

还有一件重要的事情，是西北行政委员会农林局平凉区春耕生产检查组掌握的情况，据直接的档案资料所记①：

> 平凉天水两专区的南北界线，是在关山主脉的南部，自六盘山起到陕西的陇县止，两区连界长约三百华里。在这个地带的林业工作中，目前部分地区还存在着滥伐森林的现象。根据平凉区华亭、泾源、隆德等县报告，在两专区连界的部分地区，近年来常有天水区庄浪、秦安、清水等县和张家川自治区的群众，越界滥伐森林，引起许多纠纷，造成很大损失。近据我们重点了解，认为部分地区护林联防工作做得很不够，农副业生产未能很好结合，以及部分群众具有历史性的砍柴习惯和“抓现成”思想，滥伐森林的现象是相当严重的。

检查组于1955年3月19日至4月2日曾到华亭、庄浪县进行了调查了解，随即写成了“致庄浪、秦安县委、张家川自治区工委并各县委”的材料，对之所以出现“很大损失”——“滥伐森林的现象”的原因做了分析，结果是分为政府部门、部分群众两个方面，具体来说，政府部门的责任在于“部分地区护林联防工作做得很不够，农副业生产未能很好结合”，部分群众的原因则在于他们“具有历史性的砍柴习惯和‘抓现成’思想”。报告中也提到产生“滥伐森林的现象”的最基本的原因，就是这几个县的群众缺乏燃料。

非常负责任的检查组也想到了解决问题的办法，报告中说：“庄浪、秦安、清水等县及张家川自治区缺乏燃料问题，是促成森林破坏的主要原因。要解决这一问题，除大力造林育林外，根本办法是改烧煤炭。这样，不但可以保护森林，还可以彻底改变当地群众用粪草充作燃料的习惯，而使所有肥料都能施入农田，使牧草都能成为饲料，而促进农业牧业生产。且能给华亭县煤井打开销路。”为此，检查组计算了烧煤和烧柴之间的差价，得到的结论是改烧煤炭，更节省燃料费②：

> 烧煤炭较烧柴合算，按每人每天做饭需用木材3斤，每斤以一三〇元计，即需要燃料费三九〇元，而烧煤炭据平凉经验（砚峡炭），每人每天只用煤炭一斤，合二二〇元，如改烧煤炭，仅做饭一项每天即可节省燃料费一七〇元。

毫无疑问，检查组是按购买煤炭的城镇居民的情况做了上述计算，可是，农民群

---

① 西北行政委员会农林局平凉区春耕生产检查组：《关于平凉、天水专区做好护林联防工作，保护国家森林资源的意见》（1955年4月6日），现藏庄浪县档案局。

② 《关于平凉、天水专区做好护林联防工作，保护国家森林资源的意见》。

众很简单，他们是通过砍伐树木来解决薪炭问题的，即使让他们购买煤炭，他们也支付不了这项开支。所以，检查组所做的具体计算及其展望——“由煤源、交通、价格及给群众解决副业生产问题等情况看，改烧煤炭是可以实现的”，只能等待当地商品经济发展起来，社会经济状况发生了转变，农民有了支付能力（或者由政府提供了专项补贴来支付），上述建议才能够被采纳。

庄浪县一获解放，行政上就归属平凉分区，1950 年 5 月，经甘肃省人民政府批准，庄浪县改属了天水分区①，上述森林砍伐事件就出现在这次“改属”之后，而在发生这次滥伐森林现象之后的次年 1 月，庄浪县又从天水分区改划到了平凉分区，其中的原因很有可能是同这一事件有关系。关山两边的庄浪县、华亭县，皆划归平凉分区管辖，便于林业上的统一管理，也便于协调群众、集体和国家三者之间的利益，这种归属情况至今再未有过改变。

20 世纪 50 年代后期，经历过“大跃进”和“三年自然灾害”那些年，庄浪县的社会经济状况出现了很大的危机，温饱问题的最基本方面——烧火做饭和煨炕所需用的柴火，竟然出现了前所未有的困难，致使人民群众在这两个基本生活事项上备受困扰，遭遇到来自生活乃至政治上的“严峻考验”。本文论及群众生活中希望企及的第一项“温”的内容，而第二项“饱”的内容当在另文中予以论述。

据调查人记录，本县有个叫有福的老汉，在 1965 年 3 月死了儿子，到 11 月又死了老伴儿，家里剩下他和儿媳、孙女（4 岁）。据调查，“那正是连年遭旱歉收，生活很困难时期，除了缺吃少穿，烧锅煨炕也是愁人的事。二三月的山沟山坡找不到一根柴火”②。不知为什么，捱到 1967 年正月初，阳山土地刚刚解冻这个时间，有福老汉出门了，调查人这样记道：

> ……（有福）就拿上镢头背上背篼挖地埂的草根。一个上午挖一背篼草根，背回晒干，烧锅的有了，煨炕的也有了，他以为这样干既解决了自家困难，又除了地里的草害，益私利公，没啥不合适的。
>
> 村里几个老人眼红跟着有福挖，接着青年男女也挖起来，从二月初挖到四月底，全村所有的地边地埂挖完了，就找沟坡路畔挖，哪里有草根哪里挖。

上述文字透露出的一个意思很明显，即外面的草根不能挖，这肯定是被政府明确规定下来的，大家都在遵守，有福老汉这么一挖，就等于是他带头在违反规定。紧接着，他被通知到大队部，与七八个低躬着腰的“坏分子”站成一块儿，治保主任斥责他“干的比坏分子还坏几倍哩”，有福老汉不吭声了，第二天起就得到和其他“坏分子”一起受训、挨斗、修路的后果。——今天论起有福老汉挖草根的事情，固然是他带了一个头，可是他一动作，其他老人、青年男女立即跟着挖起来了，说明现实生活中柴火的奇缺已经到了一个非常关键的节骨眼上，有福老汉没有出去挖的话，也会有

---

① 《庄浪县志》，第 82 页。

② 魏俊舱：《挖草根》，载《庄浪人创业之路》，甘肃人民出版社 2005 年版，第 44—46 页。

其他人出去挖，为的是挖回一点点柴火来解决生活上的基本问题，但是，有福老汉外出挖草根的行为被很容易地制止住了，下面他又该怎么办呢？家里的日子该怎么过呢？

一人获罪一家人抬不起头。家里没烧的没煨的，有福和儿媳不敢出去找柴火，糊汤烧不开，儿媳瞅着锅底流泪，孙女儿饿得哇哇叫，有福瞅瞅房檐上一根朽了的椽头："球，要这有啥用!""啪"一镢背敲下来，劈碎抛给儿媳才吃了一顿饭。不几天他家住着两间没檐的房。

30岁的儿媳终于熬不住凄苦生活拖上女儿走了。自此，这家一色儿住着一个坏分子。"坏分子"到了穷途末路还不老实，没过一年一间房顶全揭下来烧了饭，另一间也揭得只剩下炕上面的一块，这一块替他遮炎阳挡苦雨。冬天晚上风雪飘进来冻得他裹着一张破羊皮似一只大虾蜷曲在冷炕上，天亮才知道让雪埋在里面。怨什么？坏分子就没好下场。

据万国光所做的调查了解①，他去过内蒙古伊克昭盟的伊金霍洛旗、浙江舟山群岛中的海岛、山东胶南县和山西右玉县的农村，当地都非常缺柴烧，"这些地区的同志告诉我，缺柴断炊，劈家具（原文作'俱'）、木犁生火，扒房顶上的茅草做饭，烧红薯干当柴等等情况，都不是耸听之危言，而是确有过的事实"。这样看来，有福老汉敲下朽了的椽头当柴烧，也不仅仅是耸人听闻的故事，不过，他走得更远，做得更过，"没过一年一间房顶全揭下来烧了饭，另一间也揭得只剩下炕上面的一块，这一块替他遮炎阳挡苦雨，"否则也留不下来了。有福老汉这样做，的确是因为他到了穷途末路，家里剩他一个人，外面没有人可以帮助他，他做得越过，他的生活史就越辛酸。

还有《铲茅衣》那个故事②，也是让读者不胜唏嘘的。作者首先解释所谓"茅衣"，就是大地赖以取暖涵养的棉衣、棉被，这一种比喻，在植被比较好的情况下，指的是林灌草组成的地表植物，若植被生长不理想，还是指对大地有所遮蔽、养护的植物，它们赖大地而生，它们对大地又是起保护作用的。可是，在那些很特别的年代，它们成了被人盯住予以搜刮的对象：

每个村都有那么十几个至几十个女人，年龄30岁左右，有丈夫又有了孩子，于是就成了"狼"。她们干活狠如狼，过光阴贪如狼，还有咒人骂人毒如狼，谁干涉她们的生活，谁动了她们的孩子，就咒谁骂谁，让你红肉见白，变成一堆灰。

入冬了，地皮结冻了，"狼群"结伙出巢，铲扫劫掠茅衣的行动开始了。她们每天不等天亮拿上铁锨、扫帚，背上背篼，挑上筐、绳子奔上苜蓿地，在那里拉开战场，明晃晃的钢锨刮着坚硬的地皮，"咔咔咔"的声音惊天动地，地皮上毛绒一般的根茬、枯叶、细草编织成的棉衣棉被就碎成片儿，卷成卷儿，堆成堆儿，霎时一片一片光秃秃的地面就裸露在外，如同快刀刮过的小孩子嫩嫩的头皮儿。

---

① 万国光：《农民的烧柴问题》，《大自然》1983年第3期，第32—33页。

② 魏俊舱：《铲茅衣》，载《庄浪人创业之路》，甘肃人民出版社2005年版，第41—43页。

"狼群"刮光苜蓿地皮就刮草坡、地埂，这里刮完了就到那里刮。高高一背篼，两筐子，重重一捆儿，背的担的，撅着屁股躬着腰，浩浩荡荡地回家去了。

裸露在外面的苜蓿根茬经凛冽的北风侵冻干裂，第二年春苜蓿大片大片地死掉，地面留出许多空白，活的也生长缓慢，短小瘦弱。

铲茅衣也就是一般所说的铲草皮、铲地皮，生活在那样困难的年代里，最为善良温柔的妇女竟然被比喻为"狼"和"狼群"，这该是多么严酷的现实生活啊！在那样的年代里，人们为了活命，妇女们为了孩子、为了老人、为了丈夫，不得不违背干部们的规定（他们代表着政府来宣布的规定），做出身不由己的事情。若按社会公理来说，铲茅衣这类行为的出现，是怨不得妇女们和老百姓的，本地自然条件本来就不尽如人意，天灾频至，加重了生活上的负担，国家又忙于搞政治运动，政府在满足人民群众过日子最基本的温饱问题上（还不是日益增长的物质需要）作为不了，群众被生活所逼只能自谋生路，这是社会成员面临困难时的一种无可奈何的选择。

1981 年 5 月，陕西师范大学史念海教授发表《历史时期黄河中游的森林》长篇论文①，第五部分的"余论"，以"论以木柴作燃料对于森林的破坏"为小题目的论述给作者和许多读者留下深刻印象，如文中所云，"据常情而论，以树木当柴烧，说起来不过是日常生活中的一种琐事，可是日积月累，永无止境，森林地区即使再为广大，也禁不住这样消耗的"。就上述材料所及庄浪县的情况来看待，百姓烧火做饭和煨炕，所依赖的早已不是木柴类的硬柴，而是一般性的柴火，是指树枝、秸秆、杂草等，甚至还要算上牲畜的粪便。初次得知庄浪县百姓使用牲畜粪便来烧火，使人感到颇为意外，可这就是在庄浪县发生过的事情，为数还相当不少，这就是现实困难在走向极端的情况下，当地群众所做出的自然而然的选择。

植被生存状况对于社会经济的另一种影响途径，在调查人所写的《笑爷说笑话》的故事里，有一个清楚的说明②。这个故事借助猫不认真看好专吃鸡食的老鼠的情节，来说明植物（草类苜蓿）—牲畜（驴的生长）—庄稼（作物生长）—人类（收粮吃粮的人们）之间的关系。笑爷是为生产队看护苜蓿地的专人，他对前来拔苜蓿的孩子们说：

……"现在你们可以明白了吧？苜蓿让人吃，驴就没草吃，放倒耕畜耕种不好，庄稼更长不好，来年又要挨饿。事儿之间往往是相关联的，猫的错误就是不懂这个理儿。"

庄浪是一个农业县，境内养殖的大牲畜不少，当人群需要大量植物来解决温饱问题的时候，还不能忽略了供给牲畜的饲料问题。牲畜中的驴，也算是大牲畜，是很重要的役畜角色，绝对不能忽视对它的饲养责任。按照故事展开的顺序，这个貌似简单

① 史念海：《历史时期黄河中游的森林》，生活·读书·新知三联书店 1981 年版，第 232—313 页。

② 魏俊舱：《笑爷说笑话》，载《庄浪人创业之路》，甘肃人民出版社 2005 年版，第 35—37 页。

的道理，是讲给孩子们听的，可是，真要到了家里缺乏菜叶的时候，大人就会让孩子们去弄些苜蓿来，结果在笑爷那里受到了一番很重要的人生教育。

庄浪县农民缺乏生活燃料之事，一直到20世纪七八十年代时，都是很成问题的。老百姓所能依靠的是什么呢？其中自然包括政府出台的一些好的政策和措施，譬如烧煤的供应，但在无钱购买的情况下，大多群众只能出门铲地皮、挖草根去了。在那样的希望渺茫的日子里，在大自然“一岁一枯荣”的植被演替规律下，田间路旁生长的绿绿的新草，则成为百姓们生活中新的企望。

三 1984—1986年的“三年停止破坏”工作

1978年开始，经过一段时间的拨乱反正，我国进入了改革开放的时代。20世纪80年代初，在国家的大政方针中，出现了在20世纪末21世纪初将国家建设的重点放在西部的说法和做法，当时的党和国家领导人多有视察西部之举，甚至针对甘肃省的情况，提出了“种草种树，发展畜牧，改造山河，治穷致富”的具体方针。甘肃省委对此予以积极响应，并很快在1983年12月的省党代会上确定了“三年停止破坏，五年解决温饱”的近期奋斗目标①。最见诸行动的是，省委抽调了省直属等单位的部分专业人员和干部，组成省地县联合调查组，前往中部地区的18个“干旱县”展开详细调查，获得不少第一手资料和数据。

派往庄浪县展开调查的省地县联合调查组，很快写成了《庄浪县“三年停止破坏”调查报告》，在第一部分“基本情况”叙述之后，第二部分即为“存在问题及其原因”，文章说：“通过这次调查，我们认为这个县在农业生态上最突出的问题，一是水土流失严重，二是燃料奇缺，铲草皮，烧畜粪，乱砍滥伐等不良现象普遍存在。”② 对于这些问题，文章做出的具体论述如下：

> 据四个点和面上调查推算，1983年全县做饭、煨炕共需燃料67823万斤，其中做饭35588万斤，占52.5%，煨炕32235万斤，占47.5%。这些燃料的来源，全县年产农作物秸秆用作燃料的约占19.8%，计4753万斤，占年需燃料的7%；改灶节约410万斤，占年需燃料的0.6%；采集农田杂草和高秆作物根柴8，491万斤，占年需燃料的12.5%；全县农村购煤约14450吨，折薪草4335万斤，占年需燃料的6.4%。上述几项燃料合计17989万斤，占年需燃料的26.5%。**其余49834万斤，占年需燃料的73.5%，靠烧畜粪、铲草皮和掠夺性的采樵弥补。**

① 甘肃省三年停止破坏调查研究领导小组编写组、甘肃省“两西”建设指挥部编：《甘肃中部地区三年停止植被破坏资料汇编》之“编写前言”（落款为1984年7月），甘肃人民出版社1984年版（内部发行）。该书附有甘肃省中部地区的林木面积统计表、天然草场和人工种草面积统计表、荒地调查表、燃料消耗状况表、燃料消耗现状结构表、森林分布图等资料。

② 《庄浪县“三年停止破坏”调查报告》，载《甘肃中部地区三年停止植被破坏资料汇编》，中国林业出版社1994年版，第113—118页。

全县大家畜年产粪43646万斤，其中，80%用作燃料煨炕，约34917万斤，折干粪15519万斤，占年需燃料的22.9%。**据调查推算，全县年铲草皮面积33.92万亩，占三荒地总面积79%，户均5.9亩，年铲草量（合干草）14551万斤，占年需燃料的21.5%**。全县每年从天然林不合理采樵硬柴7509万斤，折草9011万斤，占年需燃料的13.35%。

上述取得的燃料合计57070万斤，占年需燃料的84.1%，尚有10753万斤（约占年需燃料的15.9%）的空缺，主要是部分地区群众采取各种节约办法克服。**根据上述燃料需求和来源状况，如果停止铲草皮和不合理采樵，全县年缺燃料34315万斤，折煤114385吨，户均1.98吨**。如果再将烧畜粪停下来，全县年缺燃料49834万斤，折煤116113吨，户均2.9吨。

按1983年这一年算下来，已经得到了一些最基本，也是最重要的数据资料（尤其是本文作者设为黑体字的内容）。在庄浪县，到1983年展开调查时，全县年需燃料的73.5%，还是依靠烧畜粪、铲草皮和掠夺性的采樵来加以弥补，否则就会影响到烧火做饭和煨炕这些日常生活，也就是说，可能是从1949年新中国成立直到1983年进行调查统计时，这样的燃料寻求和解决方式一直在连续，其中不同的就是随着人口进入20万、25万、30万门槛的时候，所需要的燃料数值呈现着上升趋势。

若考虑单个村庄群众的烧柴情况，可以庄浪县郑河乡的郑河村为例。据调查资料，郑河村的基本情况为①：

全村四个自然村，130户，797人，264个劳力，总土地面积4.36平方公里（6540亩），人口密度每平方公里183人。海拔2083米。属关山高寒湿润气候。年降雨量600毫米左右。无霜期90天。耕地面积2443亩（不包括地埂733亩），人均3.06亩，垦殖指数为37.35%。三荒地2448亩，人均3.07亩。粮田面积1922亩，人均2.41亩。……1983年粮食总产340800斤，人均产粮428斤，总收入60988元，人均收入76.5元。有大家畜249头，其中骡35匹、马61匹、牛121头、驴32头。养猪197口、羊345只、鸡380只。建国以来造林841亩，现保存面积570亩（年报为449亩），四旁零星植树4782株，人均6株。土地被覆面积487亩，被覆率7.4%；水土流失面积为4632亩，亩均流失表土量0.53吨，年总流失量1889立方米。

这个村户均人口6.13，劳力明显偏少，户均为2.03人，老人和孩子占的比例较大（全村劳力除外为533人，户均为4.1人）。人均耕地面积为3.06亩，还有三荒地为3.07亩，1983年人均产粮428斤，主要还是靠播种面积达到的。其人均收入则更低了。海拔2083米的郑河村为什么饲养了这么多大家畜呢（户均近2头）？应当是出于充分

① 《庄浪县郑河乡郑河村调查报告》，载《甘肃中部地区三年停止植被破坏资料汇编》，中国林业出版社1994年版，第228—229页。

利用役畜、节省人力上的考虑和需要。这个村存在的问题及其原因如下①：

这个村的特点是，海拔高、气候寒冷、大家畜多，烧饭、煨炕、饲草用量比较大，但自产自购燃料有限，主要向大自然夺取。因此，对植被的破坏比较严重。现就做饭、煨炕、饲草用量和对植被的破坏情况分述如下：

（一）做饭烧柴：全村有灶130个，均为老式烧柴灶，特点是门大、腔大、柴大，烧柴浪费比较严重。根据调查，每人每天做饭需柴3斤，全年共需柴872715斤。全村年产秸秆562320斤，用作燃料的只有39971斤，占4.6%，其余大部分作饲草。所缺部分全靠采樵补给。不但对天然林的破坏十分严重，而且耗费了大量劳力。该村距离天然林往返50里，每年进山砍柴占用劳动日8327个，占总劳动日的11.26%。

（二）煨炕用柴：全村有土炕260眼，户均2眼，由于寒、湿，一年四季都得煨炕，全年煨炕共需柴1086800斤（每炕每天11.45斤），烧畜粪472200斤，尚缺614600斤，主要靠铲草皮补给。以每平方米铲草0.5斤计算，全村煨炕铲草皮面积约1845亩，人均2亩，户均12亩，仅此一项，年需耗费劳动日16389个，占总劳动日的22.17%。

（三）大牲畜饲草：全村共养大家畜249头，除120天在天然草场放牧外，共需饲草967802斤，自产秸秆用于饲草约522339斤，尚缺445463斤，主要靠农田杂草和割野草补给，由于牲畜多，秸秆少，亦加重了对植被破坏。

造成上述问题的主要原因是：

1. 山高坡陡，土壤瘠薄，肥料不足，广种薄收，加之冰雹、暴雨等自然灾害频繁，粮食、秸秆产量均不稳定。

2. 畜群结构不合理，饲草用量大。

3. 由于高寒、湿冷，烧锅煨炕用柴多。

4. 对原有天然林保护抚育不够，乱砍滥伐，超载过牧。

因此全村劳力除了正常的农业生产外，常年奔波于烧柴、煨料。另外，多种经营门路不宽，来钱门路少，就更加重了对自然生态的破坏。

庄浪之地的确很冷，晚清海宁人陈奕禧曾谓："六盘以西，地近陇阪，风气最寒，飞蝇绝迹，盛暑不絺绤，夜中烧炕不辍，民贫者多莫备衾茵，强半藉此为卧具。"② 据多年气象统计资料，庄浪在甘肃中部地区，是年日照时数最少的一个县（见表1）。全县海拔在1405—2587米之间，东北地势与西南相对高差为1452米③，也是全县年日照时数（小时）等值线最低的地方（远在2200时数以下）。郑河乡的郑河村海拔2083

① 《庄浪县郑河乡郑河村调查报告》，载《甘肃中部地区三年停止植被破坏资料汇编》，中国林业出版社1994年版，第228—229页。

② 陈奕禧：《皋兰载笔》，《小方壶斋舆地丛钞》第2集，南清河王氏所辑书之一，《中国西北文献丛书》第2辑《西北稀见丛书文献》第4卷所收，兰州古籍出版社1995年版，第67册，第348页。

③ 《庄浪县志》"概述"，第3页。

米，一年四季中，所需要烧柴的时间远远多于西面平川和一般黄土丘陵区。

表 1　　　　甘肃省中部地区的年日照时数

站名	年日照时数（小时）	生长季日照时数	年日照（百分率）	站名	年日照时数（小时）	生长季日照时数	年日照（百分率）
定西	2500	1888	56	古浪	2628	2016	59
靖远	2688	2071	61	东乡	2524	1902	57
会宁	2525	1917	57	永靖	2528	1939	57
通渭	2238	1705	51	秦安	2208	1712	50
陇西	2292	1750	52	静宁	2237	1721	50
临洮	2437	1852	55	庄浪	2179	1691	49
永登	2655	2001	60	华池	2250	1759	51
榆中	2655	2026	60	环县	2596	2008	59
皋兰	2768	2128	62	华家岭	2430	1828	55
景泰	2725	2086	62	兴隆山	1626	1294	37

资料来源：《甘肃中部地区三年停止植被破坏资料汇编》附图 14。

《甘肃中部地区三年停止植被破坏资料汇编》这本报告集里的算账方法，总是按平均数来算的，这是按最理想、最简单的方式来计算，也就因此缺乏现实社会中的某些特别情形，尤其是农民群众日常生活中的种种技巧，会在相当程度上减弱按平均数得出统计数字的偏重。对于植被损失来说，生活在山地的农民会有办法来补偿因砍伐所带来的林地负面影响（中间当然会利用自然植被的再生能力），而报告中对此却丝毫没有体现。再如庄浪县从 20 世纪 50 年代开始修建梯田，历 60、70 年代，到 1979 年底，累计修建的水平梯田已有 34.75 万亩①，“坡改梯”后对土壤侵蚀状况的治理作用，在《庄浪县“三年停止破坏”调查报告》中也无丝毫体现，这是按照预定主题展开工作所写报告的通病。

对于甘肃省中部地区的 18 个“干旱县”来说，1983 年是极为重要的一年，从这一年开始实施“三年停止破坏，五年解决温饱”工作目标，从全国到地方，从上到下都在寻求出路，寻求解决问题的办法，甚至要扭转长期以来在烧柴问题上的被动局面，改变一味掠夺大自然，乱砍滥伐林木，甚至铲草根、铲地皮的可怕做法，制定积极而合理的应对措施。县上于 1971 年 11 月召开过林业工作会议，提倡调动各种积极因素造林，到 1980 年全县的大队林场有 256 个，生产队林场 54 个，人们习称“村办林场”②，但显然难以就地解决群众的烧柴难题，农民群众还在采用老办法解决自己的薪炭问题。

---

① 《庄浪县志》，第 134 页。有关庄浪县梯田建设在减少水土流失影响方面发挥的作用及其综合效益，参见庄浪县水土保持志编纂领导小组编印《庄浪县水土保持志》，1998 年 12 月内部印刷使用［甘新出（98）028 号］。

② 据庄浪县政协副主席张嘉科的介绍。张嘉科系庄浪岳堡人，1978 年 8 月参加工作，先后在县水利局、林业局工作，1995—2011 年任县水保局副局长、局长。

1985年10月，庄浪县专门召开了“表彰全县种草种树两户一体先进典型会议”①，就是鼓励广大群众采用种草种树的方式来保护环境、解决生活中的实际问题。

1986年5月20日，中共中央总书记胡耀邦视察平凉后，乘车从华亭县进入庄浪，当时的庄浪县委书记景维新就在身边陪同，胡耀邦边走边提问，景维新随即回答②。胡耀邦很重视庄浪县的农业发展情况，询问了百姓的生活，以及专业户、乡镇企业、土特产等方面的经营情况，给予庄浪县的发展以巨大的鼓励。

四　结语：群众社会生活对环境状态的依赖度和关联度

实际生活中似乎越日常的事项，前人就越是缺乏记载。庄浪群众烧柴这个题目，限于资料，还没有做到一个较为理想的程度。类似庄浪县这样的县域范围，对于展开环境变迁研究工作来说，是非常有益的选择。一则研究时限主要在共和国历史上，距离现实很近，易于产生更真切的学术思索；二则是通过当地群众的实际生活来切入环境变迁的主题，也就是将活生生的群众生活带进研究领域，可以触及环境（地理那一面）与人类（当地群众）具体发生交流关系的内容，从容考察地理环境之特点和人类社会一部分势必承担的那一份职责。

历史地理学专家蓝勇教授曾经以“燃料换代历史与森林分布变迁”为题，撰述和发表过论文③，其中以四川省通江县八家坪农户张仕成、巴中市八家坪农户张星才近50年来家用燃料的变化情况，作为长江上游农村地区在燃料换代方面的典型缩影，富有启发性。实际上这类研究题目还有广阔的开拓空间，结合当地群众的实际生活来切入环境变迁的主题，还需要从细节上进一步认识人类的社会经济行为对于环境的影响和作用，充分地打量和分析诸如百姓烧柴引火这样的日常行为，与环境变迁之间可能具有的非常重要的联系，并着力呈现出不同地区人民群众丰富的社会生活史内容，进而走向真实揭示群众社会生活对环境状态的依赖度和关联度之目的。

（作者单位：陕西师范大学西北历史环境与经济社会发展研究院）

---

① 中共庄浪县委发〔1985〕3号文件《表彰全县种草种树两户一体先进典型的决定》（1985年1月13日），现藏庄浪县档案馆，表彰大会于下半年的10月份在县里召开。

② 董元堂：《见证庄浪历史上的珍贵时刻——再忆胡耀邦总书记视察庄浪》，载《庄浪史志》第2辑，第157—161页。

③ 蓝勇、黄权生：《燃料换代历史与森林分布变迁——以近两千年长江上游为时空背景》，《中国历史地理论丛》2007年第22卷第2辑，第31—42页。

清末民国时期文化与经济社会变迁

——以宁夏固原为例

薛正昌

固原位于宁夏南部，为汉唐时期关中地区北面的门户，地方政权建制已 2000 多年，可谓历史悠久。自然地理意义上，固原地处西安、兰州、银川的大三角地带，是古丝绸之路必经的重要地区，汉唐时期丝路商贸在这里留下了不少西域和中亚商人的历史文化遗迹。近 30 年固原考古发掘已证实了这些。同时，这里也是农牧皆宜的地方。由于固原特殊的地理位置，历代多凸显其军事特点。历史典籍里关于固原的记载较多，大多是从国家层面上来说的。地方志书对固原社会经历的记载比较详尽，反映了地域意义上社会经济和文化的发展状况。元代《开成志》，是固原最早的地方志书，但早已遗失。现在能看到的最早的地方志书，是明代《嘉靖万历固原州志》。清代以后到民国年间，留下了清代宣统《固原州志》、康熙《隆德县志》，包括民国《民国固原县志》、《隆德县志》、《华平县志》等。本文试图在地方志书所承载的资料基础上，对清末至民国年间固原的社会经济和文化变迁做些梳理和简略的析论。

一　学校与文化教育

（一）明代固原儒学

元明清各朝代府州县所设立的学校，称为儒学，并设儒学教授、学正、教谕及训导等，以教诲学校所属生员，这是地方文化建设的根本。追溯明代固原教育发展的经历，有利于认识固原社会发展的特点。明代的固原，是陕西三边总督驻节之地，负有调遣延绥、宁夏、甘肃、固原四镇兵马、驻防和抵御北方蒙元兵锋南下之重任。在充分体现固原军事意义的同时，驻节固原的历任总督都非常关注地方文化教育发展。明代弘治十六年（1503），时任陕西三边总制的秦纮在固原州城建有固原州儒学①。《嘉靖万历固原州志》卷首《固原州城图》里，明确标注着“儒学”所在的位置和建筑样

① 《嘉靖固原州志》卷 1，宁夏人民出版社 1985 年版，第 19 页。

式，正当“总制府”边上，位置较为显眼。这可能是地方志书记载的固原最早的学校，属于官办。依当时的设置模式，固原州儒学设有学正和训导。依《嘉靖万历固原州志》看，这些负责儒学教育者皆为外籍人。同时，秦纮还通过与商人以“愿求外城之内城为居室、铺暑”（固原州城是“回”字形内外城，故有外城之内城的说法）的居住方式与办法来募集商人的资金，将得到的“钱”再用来修建“庙学”，为生员创造和提供学习的场所。实际上，这是将孔子祭祀与儒学教育有机结合起来的模式。

此后，陕西三边总督的继任者，对固原州儒学不断进行扩充，还修建了坊碑①。隆庆四年（1570），再修建尊经阁，“储书籍，以便诸生肓习”，为生员提供了类似于图书馆一样阅读的方便条件。其间，尊经阁曾被焚毁过。万历初年，石茂华出任陕西三边总督时，重建尊经阁②。为政地方的官员，对地方文化建设与智力投资都非常重视。

应该说，明代固原儒学为后来学校教育奠定了基础，而且都是官学教育。但从清末《宣统固原州志》看，似乎到了清代没有很好地衔接上，尤其是清代同治年间（1862—1874）以后，由于战乱频繁，人口播迁，地方文化教育受到严重影响，已经看不出明代儒学对清代教育的传承和直接作用。同时，也没有相关的资料从不同层面给予佐证。《民国固原县志》里有简略的记载：明代固原儒学，到清代同治初年改为直隶州（清代同治年以后，左宗棠上折朝廷将固原州提升为固原直隶州）学正署，以管理生员及文武学童。民国初年，这里又改为奉祀的官署③。

明代儒学，是官学的形式。明代正德、嘉靖年间，书院教育复兴，由于固原处于边地，且多凸显军事特点，故当时学校教育仅以“儒学”的形式出现，还没有形成传统意义上的书院，但明代出任固原的数十位陕西三边总督大多为部院大臣，100 多年的影响力是深远的。到了清代，城镇书院普遍建立，办学模式开始发生根本性变化。

（二）清末固原书院与学堂

依地方志书记载看，清代固原书院大致有如下几种类型。

（1）文昌书院：文昌书院创立较早。清代中期的书院，逐渐官学化，大多演变成为科举预备考试的场所。清代后期尤其是清末新政之后，近代教育逐步萌生，并逐渐取代了旧式教育体制。清宣统《固原州志》载，固原州城有文昌宫，但没有文昌书院的文字。《民国固原县志·学校》记载：清代道光年创立过文昌书院，在城外南郊，后废。这应该是清代固原创立过的最早的书院，但记载太简略，看不到文昌书院与地方科举制度的关系，但对于固原基础教育及其为文化建设服务，其作用是利在千秋的。

（2）归儒书院：清朝同治初年的陕甘回民起义被清政府镇压之后，一部分回民被安置在现在的泾源县境内。同治十一年（1872），清政府设置化平直隶厅（今宁夏泾源

---

① 《万历固原州志》上卷，宁夏人民出版社 1985 年版，第 144 页。

② 《万历固原州志》下卷，第 232—233 页。

③ 《民国固原县志》上册，宁夏人民出版社 1992 年版，第 336 页。

县)，这里成为战乱后清政府安置战后回民较为集中的地区之一。两年之后，提督喻胜荣捐资创设书院，左宗棠命名为“归儒书院”，并撰写《总督左宗棠归儒书院碑记》[①]，旨在以教化后人。当时不仅设立学校，而且“设局鄂省，印刷《四书》、《五经》小学善本，分布（甘肃）各府州县。师行所至，饬设立汉、回义塾，分司训课”。[②] 在湖北印好书，再提供给甘肃所辖州县。当时的化平直隶厅是左宗棠尤其关注的地方，曾为书院题写了牌匾，原物至今还保存着。光绪三十一年（1905），通判曾麟绶改建为高等小学堂。

（3）五原书院：在中国古代文化史和教育史上，书院占据着重要地位。科举，是中国历史上选拔优秀人才的基本途径。书院与科举相伴相随，实际上是中华文明的产物。清同治年以后，设固原直隶州学正一员，负责地方文化教育。清代固原书院，依宣统《固原州志》记载看，应该在清顺治年间就设有书院，但经历了同治年间的战乱后，书院“今倾圮，拟改修[③]”。清光绪十七年（1891），驻固原陕西提督雷正绾捐资创修的书院，始冠名为“五原书院”。

“五原书院”延聘当时的著名文化人为“山长”，如安维峻、孙尚仁、王源翰等。安维峻（1854—1925），甘肃秦安籍，是清代著名的学者，也是当时影响朝野的著名谏官，官至福建道监察御史。中日甲午战争之前，因连续上折反对慈禧太后卖国而被革职。安维峻，是五原书院的第一任“山长”。孙尚仁，甘肃皋兰籍进士，官至刑部主事。王源翰，也是甘肃静宁籍进士。

安维峻进士出身，他的所作所为被当时官场称为“陇上铁汉”，或称为“铁汉御使”。他经历丰富，见识过人，对固原的历史深有研究。出任五原书院“山长”后，写过一篇《整顿书院义学记》的文章，对学校与人才、学校与地方经济文化的发展等析论得极为透彻。“从来人才之盛衰，视乎学校之兴废。无以培植之，犹不耕而欲其获，无米而使之炊也。”对于固原历史上的学校教育，他也指出：“良将才官后先相望，独文学中以科举起家者落落如晨星。岂山川形胜宜武不宜文欤？毋以培植之方犹未至也。”[④] 古人讲的“关东出相，关西出将”，也印证了安维峻的观点。固原历史上武将出了不少，文化人却不多，原因在于学校教育滞后。书院不兴盛，何谈文化教育之兴！固原的书院虽然来得晚一些，但还是来了，它对后来固原的文化教育影响较大，尤其是像安维峻这样的著名学者，包括他们留下的教育思想。

此外，还有清光绪二十一年（1895）建在隆德县城的峰台书院，光绪十九年（1893）建在平远县（今同心县，当时属于固原州辖）的蠡山书院。峰台书院，属甘肃平凉府管辖；蠡山书院，在清代属于甘肃固原州管辖。

（4）中学堂：清朝光绪二十七年八月（1901 年 9 月），清朝政府推行新政之初，颁布通令各省：“人才为庶政事之本，作育人才，端在修明学术……初京师已设大学

① 《甘肃通志稿》二，载吴坚主编《中国西北文献丛书·西北稀见方志文献》，兰州古籍书店 1990 年影印本，第 238—239 页。

② 左宗棠：《左文襄公全集·奏稿五》，岳麓书社 1991 年版，第 561 页。

③ 宣统《固原州志》卷 5，陕西人民出版社 1992 年版，第 159 页。

④ 宣统《固原州志》卷 8，艺文志，第 407 页。

堂，就行切实整顿外，著将各省所有的书院，与省城均改设大学堂，各府厅直隶州均改设中学堂，各州县均改设为小学堂，并多设蒙养学堂。”① 将书院改为学堂，这是中国教育史上的大事件，延续了上千年的书院，退出了历史舞台。“所谓书院改制，不仅是改掉书院之名，其实就是废止书院制度，教育的重心从中学转为西学。书院改制、科举停废，笔者以为都是东西方文明冲突的结果。”② 正是从这个意义上，书院改为学堂影响深远。

清末固原为直隶州，按照清政府书院改学堂的要求，直隶州书院改为中学堂。固原作为一郡之地，书院改中学堂也在时代的推进之中，但毕竟是教育相对落后的地方，成为清政府通令改制六年以后的事。光绪三十三年（1907），固原直隶州知州王学伊一面择地定基，一面筹集经费，“始克兴修”新的学堂，落成后名曰固原中学堂。招收的生员除固原本州外，还有海城（今海原县）、平远（今同心县）、硝河（当时为固原州分州，今为西吉县）的生员入校。

依清代宣统《固原州志》首卷中学堂图看，固原中学堂修建得较为时新，学科设置相对完整。固原中学堂大门为东向，以固原城东清水河对面的东岳山为对应。门前有照壁，门堂三楹，讲堂三楹；左右分列研究所和传习所，中列屏门，再往里就是礼堂、书库、教习、憩所等；左右分别为北斋和南斋。操场在学堂外。宣统元年（1909）始建成③，学堂设教习一人，监堂一人，职责是兼稽查各学科功课。设校长一人，还兼职会计。教习人选，多为举人身份。

（5）小学堂：清末，随着中学堂的出现，小学堂也随之设立了不少。小学堂有高等小学堂与初等小学堂之分，有公立小学与私立小学之别，私立小学多在乡村。应该说，此时的教育已经往前推进了一大步。一是中学堂设立，二是小学堂已遍及城乡，为更多的学生提供了读书的机会。当然，这是相对于书院时期的教育而言的。

（6）宣讲劝学公所：清末新政改书院为中学堂，对于地方教育的影响较大，主要表现为不同教育模式的出现。宣讲劝学公所，也是当时一种新的教育形式。光绪三十二年（1906），固原直隶州知州王学伊捐廉重修，主要建筑有宣讲堂三楹，中奉圣谕牌座，东西为讲生的憩所，后面有储书室。主要目的是“以资劝学绅民”，每讲时期，“乡民环而听者”④。这种形式，有助于更多的不能进学堂读书的人学习，接受当时的新事物。

清代固原州学、化平厅学、海城县学、隆德县学，官学生员定额，贡生不到 10 人，廪生不到 100 人，增生百人略过一点，岁考录取的文武生也不过百人⑤。可见，清末固原走进学校的生员人数很少，文化教育还很落后。清末新政之后，固原州及各县创办的新式学堂和入校的学生数都有所增加，中学堂学生十余名，小学堂包括乡下初

---

① 《光绪宣统两朝上谕档》，广西师范大学出版社 1996 年版，第 175—176 页。

② 刘海峰：《书院与科举是一对难兄难弟》，《华南师范大学学报》2011 年第 6 期。

③ 宣统《固原州志》首卷图说，第 17 页。

④ 同上。

⑤ 王曙民：《近代宁夏教育研究》，宁夏人民出版社 2010 年版，第 32、65 页。

级学堂学生近400名①。

（三）民国时期学校的变化

民国时期，新式教育影响较大，固原的学校教育亦发生了很大变化。一是由于教育体制的变化，二是由于1920年海原大地震带来的毁灭性灾难的影响，使原五原书院已成为瓦砾。清宣统二年（1911），中学堂第一届毕业生报请甘肃省教育司，因不合法而未准。民国初年，又改为固原县立第一高等小学堂。1941年改为初级中学。

师范学校，是民国时期新成立的学校，称省立简易师范。1932年动工修建，第二年落成，教室、教员室、办公室、学生宿舍等一应俱全，是一所现代意义上的学校。学校经费，主要依赖于当时驻防固原的国民党57军军长丁德隆筹拨并提供②。

民国时期，以1928年为例，固原、海原、化平、隆德4县人口有所增长，使得乡村教育发展很快。各县乡镇村庄都建立了男女高级小学校，由于开办时间前后不一，1931年改称为国民学校。当时统一的称谓：各乡镇为中心国民学校，各保为国民学校，保以下各村庄为国民学校分校。仅以固原县为例，中心国民学校14所，国民学校131所。其中心国民学校在城厢者5所，在乡镇者9所；国民学校在城厢者3所，在乡镇者128所③。

1913年，由固原直隶州州官王学伊敦请回族士绅张缵绪筹资兴建的“固原清真第一初、高两等小学校”，后改为同仁小学、中山中心小学。此外，还创办了初高等女子小学校。同时，回族教育也列入国民教育序列之中，以清末秀才张禹川（回族）为代表。1935年，甘肃省回教教育研究促进会在化平、固原、海原创立了六年制回民小学④，回族教育也向前推进了一步。

由此可见，民国时期的教育有两大特点：一是师范教育兴起，这是新事物；二是乡村学校普遍建立，国民教育得以较大规模地开展；三是国民教育的平民化，已初见成效；四是回民教育已得到高度重视。此外，民众教育馆、劝说所这样的同样能发挥教育功能的机构和设施，也为当时的国民教育出力助阵。

二　工商业与社会结构

固原历来多与军事为伍，又是农牧皆宜的地方。农民以畜牧与耕种并重，畜牧业是农民必须依赖的副业。这是传统农业社会背景下农耕与畜牧的基本结构。在那个年代，这是唯一。司马迁的《史记》里记载了秦朝固原大商人乌氏倮以畜牧交换和经营

① 《近代宁夏教育研究》，第32、65页。

② 《民国固原县志》上册，第338页。

③ 同上。

④ 《近代宁夏教育研究》，第216页。

丝绸的故事，是一个很典型的案例，乌氏倮即当时固原境内的少数民族。但后世文献里关于固原人经商的记载还是很少，直到清末以后。梳理固原的商业文化，主要表现在两方面：一是固原地域上的物产，二是商人阶层的变化。

（一）固原畜牧资源与贸易

固原历史上，由于其特殊的地理位置，向以军事为重。秦朝建立后，曾出现过乌氏倮这样著名的少数民族的经商者，但后来的典籍中很少能看到商人与经商方面的记载。六盘山东西的固原地区，汉唐以来就是国家马牧基地，资源丰富，人口迁徙与土著居民结合体现着人口构成的特点。清末至民国年间，固原仍是人烟稀少的地区。历代以来，自然地理意义上这里都是畜牧繁盛的地方，大片的荒山荒地，为军队和农民饲养牛、羊、马、驴提供了草场，是西北地区重要的牧区之一。

历史上，西北地区是重要的畜牧区，盛产羊毛（皮）。固原的自然地理环境，更是历代畜牧的重要地区。近代以前，羊毛（皮）的生产主要靠世代生存在这里的农民自身消化，如传统意义上的自制羊毛毡、羊皮袄、二毛皮大衣等。1860 年，随着天津开埠，地处内陆的广大西北地区的羊毛（皮），在自用的同时，其余的皮毛基本通过商路得以走出去，皮羊及畜牧产业开始大量出口。外销渠道的畅通，使得西北内陆地区逐渐成了经济腹地。以羊毛为例，19 世纪末到 20 世纪 20 年代一段时间里，西北地区所产的羊毛（皮）几乎均被外国洋行收买，在宁夏的石嘴山、银川、花马池等地设有收购分店。20 世纪 30 年代中期，西北地区的羊毛产量仍占到全国总产量的 74. 38%①。因此，皮毛生产是固原外销的唯一大宗商品。对此，近年已有学者从西北地方羊毛贸易的层面上做了研究。近代中国工业化水平较低，中国的羊毛大多通过出口来解决销路的问题。由天津口岸走出去的羊毛，西北地区的数量已占到 90%②，皮毛成为西北外销的重要出口物资。这样，对于固原这样的羊毛资源丰富而又封闭的地区来说，盛产的羊毛能通过出口的渠道换来经济效益，就显得至关重要。由于天津口岸的开辟，国外对羊毛等原料的需求激增，推动了西北地区羊毛贸易的大发展，也为固原羊毛（皮）的外销提供了通畅的渠道。

羊毛（皮）外销的情况，清代《宣统固原州志》里有记载，但很简略："按固原土产，仅羊皮、羊毛为大宗，华商运至津、沪，转售洋商。然较宁夏和各属，究成弩末。"③ 清末，这里还涉及由上海出口的记载。实际上，固原的皮毛运销主要还是通过黄河水运至内蒙古包头，再运往天津口岸走向世界的，由上海走出去的应该不是很多。

民国初年，皮毛贸易已基本常态化，"皮毛交易买卖是其特征"④。日本侵略中国的"七·七"事变爆发以后，战争迭起，尤其是天津和包头陷落后，东往天津的商路

---

① 李晓英：《天津洋行、货栈与近代西北羊毛贸易——以满铁调查的〈支那羊毛为中心〉》，《西北师大学报》2012 年第 6 期；渠占辉：《近代中国西北地区的羊毛出口贸易》，《南开学报》2004 年第 3 期。

② 李刚：《试论民国时期陕北地区羊毛贸易的兴衰》，《延安大学学报》2005 年第 5 期。

③ 宣统《固原州志・庶务志》，第 494 页。

④ 《民国固原县志》上册，第 194 页。

受阻，市场滞销，皮毛价格“狂跌”。在这种背景下，皮毛贸易通道发生了变化，改道向西汇集兰州之后，再沿甘新线由新疆外销苏联。这一时期，固原皮毛商业的运行，主要是通过皮毛生意人将本地的土特产销售出去。当唯一的生意渠道受阻时，地方政府也非常关心。据《民国固原县志》记载，皮毛的主要产地固原县、海原县曾致函国民政府设在兰州的西北办事处，希望派员并想法疏通贸易渠道。协商的结果，就以国民政府贸易委员会西北办事处的名义在固原县城宋家巷设立收购仓库。实际上，这一时期羊毛等畜产品，是政府作为战略物资统购的，主要是为国民政府与苏联进行的偿债易货贸易。因此，固原此时亦属于政府物资统购之地，皮毛市场再度得以复兴。

1939 年以后，羊毛（皮）贸易再度有了起色。《民国固原县志》对 1939—1943 年这 5 年的羊毛收购有统计：1939 年 25 万—26 万斤，1940 年 40 万斤，1941 年 50 万斤，1942 年 35 万斤，1943 年 28 万斤[①]。民国时期，固原是西北皮毛集散地之一，固原周边的定西、靖远、同心、会宁等县的皮毛，都集中于固原。“明清之际，固原成为西北政治之中心，陕甘大路取道于此，商贾辐辏，市廛繁荣。皮毛交易渐自海原移至固原，形成羊毛之唯以集散中心，盛极一时。”[②] 1920 年海原大地震后，继之大旱，匪患四起，在给社会带来极不安定因素的同时，对固原的社会经济造成了毁灭性灾难，十室九空，惨破凋敝，尤其是已经形成的西北皮毛集散地陡然冷落。这种状况持续了 10 年以后才逐渐恢复，“迄今固原仍不失为陇东重镇，而羊毛出产，仍占重要位置”[③]。其间，还有一部分向南进入西安和宝鸡，以供内需。这已经是 20 世纪 40 年代以后的事。

1908 年秋，以美国人罗伯特·斯特林·克拉克为首的考察队，由当时的山西太原出发前往陕西、甘肃考察，在西安看到四面八方的富商大贾、贩夫走卒车水马龙般云集西安时，就看到有“从宁夏运来皮革和羊毛”[④]。实际上，罗伯特·斯特林·克拉克等人看到的“从宁夏运来皮革和羊毛”，包含着固原的畜产品。看来清末固原生产的羊毛和皮革，有一部分是从西安走出去的。

固原畜产品走出国门，远销欧美和俄罗斯等世界各地，进入国际市场，这在地方经济发展历史上是值得研究的课题。原本不太起眼的传统畜牧业，却破天荒地带来了空前的经济效益。尤其是唤醒了千年沉静的乡村，在一定程度上推进了地方经济的发展。

（二）经商人群与社会结构

在民国时期关注固原社会现状的人眼里，认为固原到了“明清以后渐知经商，习手工业矣”。这里是说到了明清时期，固原人才知道经商，而且还是小工业，大致的历史背景应该是这个经历。“农业尚占十分之七八，工占十之二三，商居十之一二……城

① 《民国固原县志》上册，第 558 页。

② 同上书，第 200 页。

③ 同上。

④ ［美］罗伯特·斯特林·克拉克、阿瑟·德·卡尔·索尔比：《穿越陕甘》，史帅红译，上海科学技术出版社 2010 年版，第 49 页。

乡男女织毛编物，以维持生活者亦不乏人。”从商者所占比例很小，而且是手工业。如果再细分，依次是“木匠、铁匠、小炉匠、纺线、织布等”①。小手工业比例是这样的：小商贩、做土砖、木匠、裁缝等占十分之一，纺纱、编草鞋、草绳者占十分之二。这种现象在40年前的农村能看到不少。

《民国化平县志》里记载：化平县人大多务农，经商者“十之一”。即使“十之一”的商人，还多兼营农业，不是完全脱离土地的商人。整个现状是，“衣物恒产多取给于客商，一切资费皆赖粜谷以出之”。② 化平县地处于六盘山腹地，有木材资源，烧饭的木炭皆就地取材，再现的是一个传统农业经济社会的生存状况。

固原商人，在清代光绪年以前，无论行商坐贾基本为外来者。从籍贯看，主要是山西、陕西商人，其次是甘肃陇南商人。光绪末年，“商战之风日彰”，在外来商人的影响下，固原才有外出经商者。固原真正的本土商人出现，也是百年前的事。

清末至民国年间在固原行销的商品，是由外来商人带进来的。棉布，是人们日常的最基本商品，主要来自河南洛阳和陕西长安，也有从天津、上海过来者，当地没有生产布料的资源。“至民国需用布匹，来自于三原，产于鄂省。从前销场尚称踊跃，近年盐务衰，百货因之减色。若夫典当，以全郡之大，只下则一所。举此可概其余矣。”③清末就是这样。农用的山货和农器家具，皆来自甘肃静宁、天水一带，那里盛产制作农具和农用家具的资源。日用的盆、碗、缸、罐等窑货器皿，来自甘肃华亭的安口窑或陕西耀县④。20世纪六七十年代，农具或农用家具，包括家庭用的扫帚、簸箕、筛子等简单的手工制作具，固原县蒿店镇的农民依赖六盘山的资源，提供了不少。

纺织，不是固原固有的小手工业。前面讲过，固原的历史地位在军事，擅长畜牧，商业是陌生的概念。纺织，同样也属于此类。《民国固原县志》里记载，清代同治前，固原人“不知纺织为何事。同治后，豫、陕人民流离此（固原）者日众，因此纺织之术渐相传习”⑤。可见，固原纺织缘起，也是百年前的事。

农副业产品。树木栽种占十分之一，种白菜和葱之类占十分之三。固原多山区，大面积种植苜蓿和荞麦，满山遍野的苜蓿花、荞麦花，为农家养蜂提供了很好的资源。这种现状，一直持续到20世纪七八十年代。因此，养蜂的人家占到1.5%。养蜂人自产的蜂蜜有经济价值，也是可以出售的土特产品。现在，除山区还有少量农家养蜂外，其他地方都已经绝迹。

雇工，当地称长工，是当时农村劳动力阶层的另一种表现形式。通常，每百户农家中雇用长工者有40家。这40家中雇用长工在70人左右。雇用短工的有20家，大约每年每家雇用一个月短工。在对待形式上，长工这一类人务工期间，东家不但要付给工钱，而且要供给伙食；短工一般只付工钱而不管伙食。工钱的价格视农忙与农闲时间而定，多少高低是有区别的。此外，还有租佃他人田地的佃农，租佃的家数比例或

---

① 《民国固原县志》上册，第194页。

② 《民国化平县志·生业》，宁夏人民出版社1992年版，第68页。

③ 宣统《固原州志·庶务志》，第494页。

④ 《民国固原县志》上册，第203—204页。

⑤ 同上书，第201页。

纳佃租，都有详细记载①。

集市主要是约定俗成的集市和牲口市场。固原本城每天都有集市，也有较大的商号，但都是由外地商人来做。城里有一处牲口市场，也是每天开市。县以下各区也有自然形成的集市，以农历时日为准，或者逢一、三、五，或者逢二、五、八，或者逢三、六、九，集市时间照顾到了每个区域的每个地方。有影响的主要是王洼、草庙、蒿店、张易、什字、杨郎、七营、黑城等处，基本上覆盖固原县的东南西北②。

由以上记载看，基本反映了民国时期固原经商人群与农业社会结构的诸多方面。

三　工业文明带来的变革

近代工业文明的推进，在冲击传统农业文明的同时，工业革命带来的重大科学变革，真正影响了地域上的历史性变化。近代电政、邮政进入固原，在百年后的今天看来，是再平常不过的事，但在百年前，却是历史上开天辟地的新鲜事。在清末的人看来，这电政与邮政是“各极灵妙，询有不可思议者”。

电政，包括电话与电报。固原的地理位置重要，历来为“陇东冲要”。清末光绪十六年（1890），固原始设电政局，当时形象地称为“千里信，又曰法通线”③。光绪十八年（1892），在固原设电报分局。光绪二十九年（1903）扩容，增设线路，“官书、商务，佥称利便”。电政局以固原为中心，南行直抵甘肃平凉，西行达隆德县，北面达海原、同心，与宁灵厅（今宁夏吴忠）相通，辐射陇东并宁夏中南部。1931 年，固原电报局已增设长途电话，1945 年，固原成立无线电台④。

邮政，晚于电政。光绪三十二年（1906）在固原设邮政局，营业的内容较多，诸如发售邮票、信件、明信片、印刷物、挂号邮件、包裹、汇寄现金，包括无法投递、邮件转他处、欠资退回等，经营的内容近乎同于现在。邮政局覆盖的地域面积较大，东南达甘肃平凉、泾州，西通兰（州）会（宁），南控秦（天水）巩（陇南），北联宁夏，“商界悉称便益”⑤。邮政，不但把固原与周边联系得更为紧密，而且同样体现着固原的特殊地理位置。

驿站，原本是古代交通要道上供传递政府文书等的人中途更换马匹或休息和住宿的地方。在邮政和电政没有传入之前，地方政府都在交通要道上按里程设置驿站，包括铺司。固原境内的驿站，有瓦亭驿、永宁驿、三营驿、李旺驿等，瓦亭驿最大，有 95 匹马，马夫 35 人，车 10 辆、牛 10 头，夫 10 人。瓦亭驿负责前往固原的驿站，还负责翻越六盘山往兰州的驿站。时过境迁，邮政与电信先进技术介入后，《民国固原县志》里明确写着驿站“今废”，“民国初年裁驿归邮”，原驿站都设置了邮政代办柜。

---

① 《民国固原县志》上册，第 198—199 页。

② 同上书，第 201 页。

③ 宣统《固原州志》卷 9《庶务志》，第 494 页。

④ 《民国固原县志》上册，第 330 页。

⑤ 宣统《固原州志》卷 9《庶务志》，第 493 页。

当邮政与电信覆盖固原之后，驿站的职能就被新兴的高科技替代了，驿站的历史使命完成。

由以上文化教育、商贸变迁、工业革命的影响来审视清末民国以来的固原，会对近百余年社会变迁和文化发展大致有一个轮廓式的了解。一是看到了近百年，乃至数百年来文化教育的演进和变化；二是看到商业贸易与商人阶层的演进和变化；三是百余年间新与旧、传统与工业文明交替的影响。同时，也能看出固原作为传统农耕与畜牧兼顾这么一个地域空间的变化，在社会变迁与发展的过程中，偏僻与落后的历史经历需要研究，好多细微的内容现在大都被忽视了。比如，作为传统农耕区，固原何时耕种冬小麦？恐怕谁也说不清了，但《宣统固原州志》已有记载："近年亦有试种冬麦者"，说明冬小麦在固原试种也是百余年前的事。近 20 年来固原的好多地方都不耕种冬小麦。原本就不知道冬小麦始种于何时，现在又在不知不觉中消失了，后人们便不知道它的来龙去脉。以此类小事考察社会变迁，也是很有意义的事情。

近代以来的固原，由于战乱（清同治年战乱）和自然灾害（1920 年的海原大地震）等原因，经济社会和文化事业基本处在一个相对贫瘠的时期。以上所论及的内容，如果能从一个地域的视点上折射出社会的一个侧面，也是有意义和价值的。

（作者单位：宁夏社会科学院历史研究所）

古典文明中的地理环境差异与政治体制类型

——先秦中国与古希腊雅典之比较

李学智

人类古典文明在形成的过程中，其所处的地理环境对生活于其中的某个人类共同体的经济生活具有直接的、决定性的影响，并通过对经济生活的影响，进而间接地影响到其社会政治及精神生活。① 中国之夏商周三代，包括春秋战国时期的各诸侯国，在自给自足的自然经济及家长制之基础上建立起来的是王权专制政体；古希腊的雅典则由于手工业、商业比较发达，血缘关系被摧毁，因此而逐步建立起城邦公民政体。东西两个古典文明之政治体制的这一不同，根源在于其各自所处的地理环境存在重要差异。

一 两种地理环境与经济生活

古代中国与古希腊的雅典，各自所处的地理环境存在着重大差异，影响所及，使这两个古典文明的经济生活呈现出各自不同的特点。

（一）两种存在重大差异的地理环境

中国夏商周三代文明主要生长于黄河中下游地区。这一地区大部分是平原，山地不多，而这些山又多“在这个地区的周围，环拱若障然”②。黄河中下游地区的西部是现在的关中平原。整个关中平原土质疏松肥沃，十分易于耕种和农作物的生长，有的原上有泉水流过，可使土地得到自然灌溉。③ 关中平原是周人早期活动的中心地区，这样的地理环境为周人的生息繁衍提供了得天独厚的自然条件。太行山以东及中原地区，

① 李学智：《唯物史观与“地理环境决定论”》，《世界历史》1995 年第 3 期；李学智：《马克思、恩格斯地理环境学说析论》，《天津师范大学学报》2010 年第 4 期。

② 史念海：《由地理因素试谈远古时期黄河流域文化最为发达的原因》，《历史地理》第 3 辑。

③ 史念海：《由地理因素试谈远古时期黄河流域文化最为发达的原因》；王德培：《用中外比较法试析周人进入阶级社会的历史条件》，《天津师大学报》1985 年第 5 期。

是夏民和殷人的主要活动地区。这里平原广漠，间有丘陵，太行山与泰山之间无高大的山岭。[①] 当时这一地区“黄土淤泥，土质肥沃，结构疏松，很容易开垦。在这个区域内，除黄河水系外，北面有海河水系，南面有部分淮河水系，并有不少沼泽、湖泊和沮洳积水之地”[②]。

黄河中下游地区上古时期的气候与现在存在着一些差异。据竺可桢《中国近五千年来气候变迁的初步研究》一文，两汉以前的三四千年之中，黄河中下游地区的气候较现在温暖。那时在这个地区生活着许多热带和亚热带动物，如水獐、竹鼠、貘、水牛、野猪等，甚至还有象。此外，“在新石器时代晚期，竹类的分布在黄河流域是直到东部沿海地区的”[③]。而且，气候也比现在湿润，雨水不甚缺乏。[④] 黄河中下游地区的降水多集中在每年的6—10月，秋雨多于春雨，春旱比较严重，冬季的降水量不及全年的5%。[⑤] 黄河中下游地区气候条件中的这一特点，给农业生产造成一定的不利影响，这给当时的人们提出了一个如何兴修水利工程，排涝抗旱，以适应和利用这一气候条件的重大问题。

总的说来，上古时期黄河中下游地区是一个非常有利于人类从事农业生产的地区。考古发掘证明，到原始社会晚期，黄河中下游地区的农业已经有了相当的发展，虽然人们仍从事渔猎和采集，但农业在经济生活中已经占了首要地位。[⑥]

中国处于东亚大陆，其黄河中下游地区是一个相对独立的地理区域，东临渺茫浩瀚的太平洋，北、西、南三面亦均有崇山、大漠或大川构成巨大的地理屏障。在人类文明成长初期，由于生产力水平低下，交通工具落后，这一地区与外界其他地区的交往要受到很大的限制。

古希腊地处巴尔干半岛南部，地中海三面环绕，与中国黄河流域中下游地区相比，是截然有别的另一种地理环境。

希腊地区多是山地，平原很少，其平原面积不会超过其整个面积的20%，[⑦]《剑桥古代史》称：雅典所在的阿提卡地区，“谷物的种植面积大概从来没有超过乡村土地面积的五分之一”[⑧]。而就是这面积很小的可耕地，“其中的大部分又是很难称为肥沃的”，地里有很多石块、沙砾，不如西北欧的土地利于农作物的生长。[⑨] 据修昔底德的记载，阿提卡地区“土地多贫瘠”[⑩]。而且，古希腊地区每块耕地的面积都比较小，可耕地被分割成许多自成一体的小块，“牛在一小块充满石块的梯田中耕作是常见的事

---

① 史念海：《河山集》第2集，生活·读书·新知三联书店1981年版，第328—329页。

② 傅筑夫：《中国封建社会经济史》第1卷，人民出版社1981年版，第90—91页。

③ 见《竺可桢文集》，科学出版社1979年版，第476—480页。

④ 史念海：《由地理因素试谈远古时期黄河流域文化最为发达的原因》，《历史地理》第3辑。

⑤ 任美锷等编：《中国自然地理纲要》，商务印书馆1979年版，第58页。

⑥ 史念海：《由地理因素试谈远古时期黄河流域文化最为发达的原因》，《历史地理》第3辑。

⑦ M. Cary and P. L. Oxon, *The Geographic Background of Greek and Roman History*, Oxford: Oxford University Press, 1950, p. 40.

⑧ D. M. Lewis, *The Cambridge Ancient History*, Vol. vi, Cambridge: Cambridge University Press, 1940, p. 13.

⑨ A. E. Zimmern, *The Greek Commonwealth*, Oxford: Oxford University Press, 1911, p. 39.

⑩ 《伯罗奔尼撒战争史》，谢德风译，商务印书馆1960年版，第3页。

情"①，这与中国黄河中下游地区的平原广漠、田连阡陌形成鲜明的对比。

希腊地区是典型的地中海式气候，降雨集中在秋冬，而整个夏季雨量很少，北风频吹，天气晴朗。② 这一地区"平均年降雨量为30吋（等于750毫米多一点——引者），其中的20吋降在冬季"③，希腊的河流一般都很短，贮水的能力十分有限，"所幸的是希腊众多的山岭可以积聚一些降水，汇成泉流，这对于人们的定居和土地的耕种具有非常重要的意义"。④

希腊地区位于巴尔干半岛南部，三面环海，故海岸线长，港口众多，"希腊大陆上的任何一点与海的距离都不超过40英里"⑤。而位于阿提卡地区的雅典，拥有"最优良和最安全的港口，航海者如遇风暴，可以在此停泊和休息"⑥。而且，地中海作为陆间海，潮汐较小，比较平静，故"码头、登陆地点及海港城市的建筑都很方便，航船出海进港没有困难"⑦。这些地理条件无疑有助于古希腊人的航海及与地中海沿岸其他文明地区的交往。

比较古代中国与希腊的地理环境，可以认为，这两个古典文明各自成长的地理环境存在着重大差异。古代中国文明成长的黄河中下游地区，其气候、土壤等条件十分有利于人类从事农业生产，而古希腊地区经营农业的自然条件相比之下就差了许多。另一方面，中国黄河中下游地区是一个相对独立的地理区域，与其他地区的交往受到自然条件的很大限制，而三面环绕希腊地区的地中海，则为古代希腊诸城邦尤其是雅典与外部其他文明的交往提供了便利的条件。

（二）两种不同的经济生活

两种存在重大差异的地理环境，对生长于其中的两个古典文明的物质生产活动产生了直接、明显的影响，使其经济生活呈现出不同的特点。

先秦时期中国黄河中下游地区的地理条件，十分有利于农作物的生长，农作物种植面积广大，品种也很多。我国的粮食作物向以"五谷"总其名，但具体指哪五种作物，各种典籍记载不一，这当因黄河中下游地区各地的土壤、气候有所差异，所种植的主要作物种类亦有所不同所致。⑧

古希腊主要的农作物仅有大麦和小麦，"古希腊人吃面食很多"⑨。秋季后降水开始多起来，而麦类正是在秋季后开始播种。秋末，"所有的人都急切地仰望着神，看他

① Zimmern, *The Greek Commonwealth*, pp. 45 - 46.

② Ibid., pp. 34 - 35.

③ Cary and Oxon, *The Geographic Background of Greek and Roman History*, p. 4.

④ Ibid., pp. 12 - 13.

⑤ Zimmern, *The Greek Commonwealth*, p. 34.

⑥ Cary and Oxon, *The Geographic Background of Greek and Roman History*, p. 4.

⑦ Zimmern, *The Greek Commonwealth*, p. 27.

⑧ 傅筑夫：《中国封建社会经济史》第1卷，第115—116页。

⑨ Zimmern, *The Greek Commonwealth*, p. 45.

什么时候下雨，好让他们能够安然播种"①。冬天过后，"小麦和大麦，在春天降雨多的时候可迅速生长，……在夏天的阳光下迅速成熟。在土壤变得很干之前就可以收割了。所以这两种作物成为希腊、罗马农业的主要收获物"。② 在小麦与大麦中，大麦的种植面积要大于小麦，因为小麦的根扎得深，大麦的根扎得浅一些，③ 而"希腊的许多田地里，石块很多，这种情况是无法使小麦将根扎向地表深处去的"④。公元前 5 世纪时，雅典所在的阿提卡地区，小麦与大麦的种植比例，约为 1 ∶ 9.8。⑤

再看经济作物。中国先秦时期最主要的两种经济作物是桑和麻。"早在新石器时代晚期，我国黄河流域就已开始育蚕。……商代蚕桑业已成为农业生产的重要组成部分。"⑥ 至西周时，蚕桑业又有很大发展，这可以从西周时植桑地区的普遍和种植量的增多为证。⑦《诗经》中有不少关于桑树、桑田和采桑的诗篇。⑧

先秦时期，一般民众的穿用多为麻布所制，麻是当时种植更广泛的另一种经济作物。《诗经》中有"丘中有麻，彼留子嗟"⑨，"东门之池，可以沤麻"等诗句。⑩ 据傅筑夫的考证，"《诗经》时代生产的纤维麻已有枲、苎两种"，苎麻性喜温暖，黄淮流域大概是种植苎麻的北界，而枲麻种植在黄河流域的北部和西部。⑪

在古希腊的经济作物中，最主要的是橄榄和葡萄。"橄榄是地中海地区唯一的一种典型的树，它适合生长在夏季少雨的地中海地区"⑫，而且"适于在多石头、不肥沃的土地上生长"⑬。"橄榄耐旱，因其主根扎得很深，这样，即使在干旱的夏天，也能吸收到地下深处的水分"，所以，"橄榄在希腊各地都有种植"⑭。橄榄是古希腊最重要的经济作物，希腊人的日常生活与橄榄结下了不解之缘。橄榄树的果实主要用来榨油，"希腊人每餐必有橄榄油，希腊人洗澡不用肥皂，而用橄榄油，点灯也用橄榄油。……橄榄可榨出四等质量不同的油并各有不同用途，依次分别是食用、涂抹身体、点灯，最后连皮一起用作燃料"⑮。

葡萄也十分适应地中海地区的气候，并且也"适于在多石头，不肥沃的土地上生长"⑯，所以成为古希腊地区另一种重要的经济作物。它的果实除了一部分晾晒成葡萄

---

① 色诺芬：《经济论·雅典的收入》，张伯健、陆大年译，商务印书馆 1961 年版，第 51 页。

② Cary and Oxon, *The Geographic Background of Greek and Roman* History, p. 14.

③ R. J. Hopper, *Trade and Industrial Classical Greece*, London: Thames & Hudson, 1979, p. 156.

④ Cary and Oxon, *The Geographic Background of Greek and Roman History*, pp. 41—42.

⑤ D. M. Lewis, *Cambridge Ancient History*, Vol. ⅵ, p. 13.

⑥ 范楚玉、苟萃华：《悠久的中国农业》，中国农业出版社 1983 年版，第 67 页。

⑦ 傅筑夫：《中国封建社会经济史》第 1 卷，第 123 页。

⑧ 《诗·鄘风·桑中》："期我乎桑中，要我乎上宫"；《诗·魏风·十亩之间》："十亩之间兮，桑者闲闲兮。"

⑨ 《诗·王风·丘中有麻》。

⑩ 《诗·陈风·东门之池》。

⑪ 傅筑夫：《中国封建社会经济史》第 1 卷，第 124—125 页。

⑫ Zimmern, *The Greek Commonwealth*, p. 47.

⑬ Hopper, *Trade and Industrial Classical Greece*, p. 98.

⑭ Cary and Oxon, *The Geographic Background of Greek and Roman History*, p. 15, p. 21.

⑮ Ibid., p. 43.

⑯ Hopper, *Trade and Industrial Classical Greece*, p. 93.

干外，大部分被用来酿酒，“希腊每年都出口大量的葡萄酒”①。色诺芬在《经济论》一书中曾详细地谈到橄榄和葡萄的栽种方法。② 可见当时希腊人对这两种经济作物的重视。

地理环境的情况以及受到地理环境影响的农作物、经济作物的种植情况，对于古代中国与希腊雅典的手工业生产产生着直接的影响。现择其中几个主要行业略作考察。

黄河中下游地区蕴藏着丰富的铜、铁等矿，为我国古代金属冶炼制造业的发展提供了良好的条件，使其成为当时一个重要的手工业部门。

二里头遗址的发掘表明，夏代已掌握青铜冶铸技术，从历代出土的商代青铜器和商代冶铜遗址的发掘中都可以看到，殷商时期，我国冶铸青铜的技术已经达到很高的水平。③ 殷商的青铜制品主要是礼器和兵器，从西周开始，才出现青铜制造的手工业生产工具。

由于炼铁比炼铜需要更复杂的技术和更完善的设备，我国的冶铁业在春秋中期以前发展得相当缓慢，产量少，质量也不高。④ 到春秋末战国初，炼铁炉已使用了效率很高的鼓风设备——橐，这对于提高冶炼水平和产品质量起了重要的作用。⑤ 古文献中提到的战国年间铁制的农具、手工业工具和兵器名目繁多，如《管子》说农夫必须有铁制的耒、耜、铫，女工必须有针和刀，制车工必须有斤、锯、锥、凿，否则就不能成其事。⑥ 至今所出土的这一时期的铁器及冶铁遗址，也说明了战国时期冶铁业的发达。

古希腊的金属冶炼制造业与古代中国的情况有较大差异。“希腊本土有银、铁、铜矿，但分布极不均匀，铁、铜、锡都产得很少”⑦，所以古希腊人所需的金属多从海外进口。“铜最初由腓尼基人输入希腊，后来希腊人自己到塞浦路斯弄来，……锡完全由欧洲西部输入”⑧，铁主要来自小亚细亚。⑨ 而且有人认为，希腊人的炼铁技术也是“从小亚细亚的几个民族”那里学来的。⑩ 希腊人从海外输入金属原料，经过加工制成的产品，除满足自己的需要外，还有一些产品销往海外，如盔甲等，在雅典出口的手工业产品中金属制品占有重要地位。⑪ 如此，古希腊虽然缺乏金属矿藏，但其金属制造业仍然是一个相当发达的手工业行业。

纺织业在古代中国和希腊都是重要的手工业行业，两者不同的是，当时中国纺织业的主要原料是丝和麻，而古希腊纺织业的主要原料是羊毛，麻很少，丝则全无。

---

① Cary and Oxon, *The Geographic Background of Greek and Roman History*, p. 42.

② 色诺芬：《经济论·雅典的收入》，第56—59页。

③ 中国社会科学院考古研究所编：《中国考古学（夏商卷）》，中国社会科学出版社2003年版，第65、373—404页。

④ 傅筑夫：《中国封建社会经济史》第1卷，第232页。

⑤ 同上书，第233页。

⑥ 《管子·海王》。

⑦ C. G. Starr, *The Economic and Social Growth of Early Greece 800—500 B. C.*, New York: Oxford University press, 1977, p. 43.

⑧ 杜丹：《古代世界的经济生活》，志扬译，商务印书馆1963年版，第49页。

⑨ Cary and Oxon, *The Geographic Background of Greek and Roman History*, p. 43.

⑩ 达仁堡等主编：《希腊罗马古物词典》“铁”条，转见于《古代世界的经济生活》，第50页。

⑪ 《古代世界的经济生活》，第59页。

中国的丝、麻纺织在殷代已相当发达，至西周，随着农业的发展，丝、麻纺织又有了很大的进步。此时桑树种植的普遍，前文已述及，由此可推知育蚕及丝织之盛。史载："齐带山海，膏壤千里，宜桑麻，人民多文彩布帛鱼盐"，"冠带衣履天下"，[①]说明了齐国纺织业的发达。

如前所述，当时中国民众衣用之物主要用麻布制成，麻是当时广泛种植的一种重要的经济作物，故麻纺织成为每户小农所必须从事的家庭手工业。"农夫早出暮归，耕稼树艺，多聚升粟，此其分事也。妇人夙兴夜寐，纺绩织纴，多治麻丝葛绪细布縿，此其分事也。"[②] 广大农民必须通过男耕女织来保证自己最基本的生活需要，而此时的"女织"，主要是麻的纺织。从麻纺织在人民生活中的重要地位，可知当时家庭麻纺织手工业的兴盛。

古希腊虽也有亚麻的纺织，但其原料均需靠海外小亚细亚、埃及等地供应，[③] 亚麻纺织业的发展受到限制。在古希腊，山羊和绵羊是主要的畜产品，人们利用无法耕种的山坡地放养羊群，羊毛产量较大，遂成为古希腊人主要的纺织原料。[④] 在希腊各地产的羊毛中，以雅典所在的"阿提卡（地区）的羊毛特别有名"，当希腊本地产的羊毛不够用时，还可以"再从吕底亚、夫利基亚和黑海沿岸诸国输入"[⑤]。

地理环境及农业、手工业对商业的发展状况产生着直接或间接的影响。

先秦时期中国人口的绝大部分是农民，在黄河流域特定的地理条件影响下，他们形成了男耕女织、自给自足的自然经济生活，这种情况极大地限制着商业的发展。虽然在夏代就早已有交换活动，但那种交换主要是在各氏族部落之间进行的，受着贵族的操纵，这种交换还很难被称为商业。在商代，生产和交换活动都取得了显著的发展，但商业仍主要服务于上层社会，在整个社会经济中作用微弱。

西周时期，手工业有很大发展，产品增多，但手工业多为官营，它的产品主要并不是用来交换的商品，与广大人民的生活关系甚小，自然经济仍占统治地位。[⑥] 春秋之前，虽也有商贩游走四方，贸易有无，但这种交换应视为"自然经济赖以保持平衡的一种必不可少的经济行为"[⑦]，其对于广大人民经济生活的重要性，远在农业与家庭手工业之下，在当时很难发展起来，而男耕女织自给自足的自然经济一直占有绝对的支配地位。

春秋之际，中国社会经济发生重大变革，商业活动趋于活跃，并在战国年间继续有所发展。但是，春秋战国时期的商业发展，并没有改变自然经济占绝对支配地位的情况，商业的发展基本上限于少数规模较大的城市。广大农民男耕女织，农业与家庭

① 《史记·货殖列传》。

② 《墨子·非乐上》。

③ 杜丹：《古代世界的经济生活》，第47—48页。

④ Cary and Oxon, *The Geographic Background of Greek and Roman History*, p. 18.

⑤ 杜丹：《古代世界的经济生活》，第47页。

⑥ 吴慧：《中国古代商业史》第1册，商业出版社1983年版，第84—85页；曾兆祥：《中国封建社会的轻商思想和抑商政策》，商业出版社1983年版，第22—23页。

⑦ 傅筑夫：《中国封建社会经济史》第1卷，第133页。

手工业结合的自然经济，基本上解决了吃饭穿衣两件大事，需要从市场上获得的商品只有盐、铁器等有限的几种，商业发展的空间受到很大限制。

古希腊雅典的商业发展情况与先秦时期中国有很大的不同，其商业在社会经济生活中占有较重要的地位，尤其是海外贸易发达，而这种情况与古希腊雅典所处的地理环境有着重要关系。

古希腊地区耕地狭小且贫瘠，粮食生产不足，这成为促使古希腊雅典人进行海外贸易的主要原因。关于古希腊粮食生产不足人民之需的情况，有关古希腊的著作多所谈及。如有论者对雅典所在的阿提卡地区粮食生产情况进行估算后认为，其“土地能供养的非农业人口不超过 1 万。一旦雅典城的人口超过了这个数字，它即须进口谷物”①。《剑桥古代史》认为：即使在丰年，阿提卡的谷物产量也只能供养 75000 人，这个产量“无法再供应城市的需要，因此不得不求助于海外的进口”②。另有人推断，公元前 4 世纪，雅典城邦“仅有 1/4 至 1/5 的谷物（大部分是大麦）是本地产的”③。鉴于在海外贸易中，“谷物贸易的极端重要性”，有人称“希腊的商人首先是谷物商”④。

由于古希腊所处的地理位置便于与地中海周边其他地区的联系，这为它通过海外贸易从这些地区获得粮食提供了有利的条件。土地肥沃、盛产谷物的意大利和西西里岛是古希腊人从海外进口粮食的主要来源。此外，“埃及也是雅典谷物的重要来源”⑤。

除了粮食之外，古希腊也需要从海外进口铁、铜等金属和木材、纺织原料等其他物品，以弥补本地所产之不足。有进口就要有出口来支付，才能保持贸易的平衡。在古希腊出口的产品中，“橄榄油是占第一位的”⑥，此外，“希腊每年都出口大量的葡萄酒”⑦。其他用来偿付进口的手工业制品有“金属细工、陶瓷、奢侈品、武器等等”⑧。色诺芬曾说：“雅典拥有外国所需要的大量出口货物。另一方面，如果商人不愿意物物交易，他们还可以运走我们的白银，作为最好的货载。”⑨

雅典的海外贸易，由于对国计民生必不可少，加之地理条件上的便利，故日趋繁荣。有论者认为，“虽然无法说清希腊进口货物的总数和增减的情况，……但可资利用的证据表明，海外贸易一直在扩大和继续，越来越多的人从事海外贸易”⑩。活跃的海外贸易活动，带动、刺激着雅典国内商业的发展。古典时代雅典的商业活动呈现一片繁荣景象，有设施完备的市场，各地的商贩带着自己货物来此出售，“各个地点用活动

---

① Starr, *The Economic and Social Growth of Early Greece 800 – 500 B. C.*, p. 156.

② D. M. Lewei, *Cambridge Ancient History*, Vol. ⅵ, p. 13.

③ A. W. Gomme, *The Population of Athen in the Fifth and Fourth Centuries*, 转见于 Cary and Oxon, *The Geographic Background of Greek and Roman History*, p. 76。

④ J. Hasebroek, *Trade and Politics in Ancient Greece*, London: G. Bell & Sons, 1933, p. 146.

⑤ Hopper, *Trade and Industrial Classical Greece*, p. 77.

⑥ Ibid., p. 93.

⑦ Cary and Oxon, *The Geographic Background of Greek and Roman History*, p. 42.

⑧ 塞尔格叶夫：《古希腊史》，缪灵珠译，高等教育出版社 1955 年版，第 268 页。

⑨ 色诺芬：《经济论·雅典的收入》，第 69 页。

⑩ Starr, *The Economic and Social Growth of Early Greece 800 – 500 B. C.*, pp. 77 – 78.

的栏杆分开。按照规定的时间，不同的市场，一个跟着一个开市了。蔬菜、水果，干酪、鱼、腊肠、家禽和野鸟，酒、木柴、陶器、铁器、旧货，都各有其市场”①。阿里斯托芬的喜剧，反映了公元前5世纪末至前4世纪初雅典的社会生活面貌。他的喜剧中提到大量的商人职业，记有：面包女贩、旧货女贩、蔬菜贩、鱼贩、香料贩、武器贩、盾牌贩、奴隶贩子。此外还提到市场商人、酒店老板和老板娘、金钱兑换商。提到的在市场上出卖的商品有：面粉、谷物、无花果、奶油、千层面包、葡萄酒、干无花果、蛋类、鸟类、鱼类、家禽、干酪（并且特别分出西西里干酪）、油、大葱、大蒜、佐料、醋等等。除了这些食品外，还有克里特的服装、墨加拉的斗篷、波斯履和拉哥尼亚履、陶器、地毯、毛料、米利都地毯、花环、木柴、木炭等等。② 这些情况生动地说明了古代雅典城邦商业的繁荣以及商业与人民生活的密切关系。

由以上所述可见，先秦时期中国与古希腊雅典这两个古文明生长的地理环境存在重大差异，由此造成了其各自的经济生活呈现出鲜明的特点：中国是男耕女织、自给自足小农经济占绝对支配地位，商业活动不发达；雅典粮食缺乏，但手工业、商业、海外贸易较发达。

雅典由于地理条件对粮食生产很不利，当人口增长到一定的限度时，粮食的供应即成为突出的矛盾。但又由于地理位置之便，可以寻求从海外输入其所不足，开展海外贸易对雅典人实所必需，其日趋繁荣实所必然。换取粮食及其他某些物品的需要，有力地促进了雅典手工业的发展。有论者指出：“在公元前800年，希腊人用于交换的主要物品还是土特产品和半制成品，……到公元前500年，希腊人的对外贸易扩展到西方和北方，用于交换的是大量的手工业品和制成品。”③ 手工业的发展促进了海外贸易的扩大，海外贸易的扩大又转而推动国内手工业的继续发展，如此，古希腊雅典的海外贸易与国内手工业互相促进，同趋繁荣。这是雅典农业、手工业和商业三者之间的基本关系及商业如此繁荣的主要原因。雅典非但没有因粮食匮乏陷于困境，反而出现了手工业、工商业的发达和社会经济发展的繁荣局面。

先秦时期中国黄河中下游地区，有良好的经营农业的自然条件，粮食生产可基本满足生存之需，占人口绝大多数的农民，以男耕女织解决了基本生活所需，故自给自足的小农经济一直占绝对支配地位，这在很大程度上削弱了商业的意义，其发展缺乏有力的刺激。所以总的说来，先秦时期中国的商业活动在经济生活中的作用远不如古希腊雅典那样重要，因而亦远不如其那样发达。

二 血缘关系、家长制与王权专制

由于经济生活中存在着上述重要差异，影响所及，先秦时期中国与古希腊的雅典

① 葛洛兹：《古希腊的劳作》，转见于《古代世界的经济生活》，第61页。

② T. A. 科谢连科：《城邦与城市》，载《古代世界城邦问题译文集》，时事出版社1985年版，第24—26页。

③ Starr, *The Economic and Social Growth of Early Greece 800 – 500 B. C.*, p. 76.

社会政治亦呈现出不同的面貌，形成了不同类型的政治体制。

（一）血缘关系的存留与摧毁

夏王朝的建立，标志着中国开始进入文明时代。但是夏王朝国家内部的“原始氏族血缘关系基本未遭到破坏”，“依然保持下来”[①]。夏亡商兴，这种情况依旧。朱凤瀚《商人族氏组织形态初探》一文，[②]在分析研究了现有的商代文献、青铜器皿、甲骨刻辞及其他考古发掘资料后指出，商代“保存着完整的从宗族到家族的组织结构，并依照此族系聚族而居，就其基本成员之间的关系看，仍是一种血缘组织”。在这种情况下，“整个社会结构和国家关系，表现为以商王为最高家长的血缘家族系统”[③]。周人亡商之后，为了有效地统治地域广袤的领土，“封建亲戚，以藩屏周”[④]，以周族的血缘关系为依据，逐次分封，建立起以逐级臣属和贡纳为条件的家族系统，周天子就是以天下为家的这个家族系统的总族长。这样，政权族权合一，各个在血缘关系中处于不同地位的家族，同时就是国家政治结构中的不同环节，“西周的国家结构就是姬姓家族的扩大”[⑤]。这种以血缘关系为纽带的家长制家庭公社关系的国家化，是夏商周三代社会的重要特点，并在此基础上形成了对后世影响深远的一整套宗法制度。

春秋战国之际，家长制家庭公社开始衰落，这时血缘关系虽然趋向松弛，但并没有被打破。从临淄发现的齐国古陶器题铭来看，记有氏者，同里者大率为同氏，如丘齐鄙□里都是王氏，新里都是公孙氏等。[⑥]“在多数地区，各家庭之间的血缘联系并未斩断，聚族而居的传统方式依旧保存，国家的基层组织，充其量不过是一种半宗法半地域性的组织形式。”[⑦]

中国古代文明形成过程中之所以出现上述状况，其主要原因在于“男耕女织”满足了绝大多数人口基本的生活必需品，一切无待外求而能生存，自然经济一直占绝对支配地位，所以人们一直维持着聚族而居的生活状态，“死徙无出乡”，“鸡狗之声相闻，民至死不相往来”的状态是完全可能存在的，“背井离乡”被视为一种无奈与悲惨的事情。这导致中国古代在文明生长过程中，原有的氏族血缘关系难以被打破，以致在社会生活中形成以家长制为核心的宗族制度。这是中国古代文明生长过程中形成王权专制政体的关键因素。

此外，当时广大农民的生产方式也是值得考虑的重要因素。黄河中下游地区由于平原广漠，使当时的人们得以垦辟出相连不断的大片农田，我国古籍中关于田连阡陌的记载是很多的。在甲骨文中，田字作“田”、“**田**”、“**田**”、“**田**”，即反映出当时土

① 苏凤捷：《试论中国古代社会的特点及其成因》，《中国史研究》1984年第1期。

② 载《民族论丛》1981年第2期。

③ 苏凤捷：《试论中国古代社会的特点及其成因》，《中国史研究》1984年第1期。

④ 《左传·僖公二十四年》。

⑤ 郭豫才：《试论西周的公社问题》，《河南师大学报》1983年第1期。

⑥ 李学勤：《战国题铭概述》，载《李学勤早期文集》，河北教育出版社2008年版，第306—307页。

⑦ 赵世超：《战国时期家长制家庭公社的衰落和演变》，《史学月刊》1983年第4期。

地的这种情况，“囗”内的竖线和横线表示的当是大片农田中的道路或沟洫。《孟子·滕文公上》中“方里而井，井九百亩”的记载，也透露出了同样的信息。而且，中国在进入文明时代之时，人们使用的仍是耒、耜之类比较原始的生产工具，这样，为了更有效地进行生产，在农业生产劳动中实行较大规模的集体协作就必不可少了，而且在上述那样的土地条件下，这样的集体协作也是完全可能的。卜辞里关于“王大令众人曰劦田”的记载，《诗经》中“千耦其耘，徂隰徂畛”,①“命我众人，庤乃钱镈，奄观铚艾”,② 以及“率时农夫，播厥百谷。骏发尔私，终三十里。亦服尔耕，十千维耦”③ 等诗句的描绘，正是反映了这种“众人”、“农夫”在统一的组织领导下，制备农具和在田间进行集体协作的劳动方式。同时为了克服雨量不均、时有旱涝等不利气候因素，每个经济单位也需要靠大规模的集体协作来治理水利，抗旱排涝，以保证有较好的收获和居住地的安全。

在这种集体协作为必不可少的生产活动中，各个氏族、家族的首领、家族长们自然担负着组织领导本氏族、家族成员进行这些集体协作的重要职责。处在这样一种物质生产方式中，氏族、家族的血缘关系是难以被打破的，且必然形成社会生活中的家长制。

恩格斯在论述雅典逐步摧毁氏族制度的改革时说得好：“当人民的生活条件和氏族制度还相适应时，这样的变革是不可能的。”④ 先秦时期的中国，每个社会共同体中是一种自给自足的自然经济生活，这与基本孤立于外界，聚族而居的氏族制度并无矛盾，而且，每个社会共同体中的物质生产活动，还需要由氏族、家族的首领、家族长们来组织必不可少的集体协作，才能顺利和有效地进行。中国先秦时期这样一种社会生活当然不会产生打破和摧毁氏族制度的力量，故氏族血缘关系没有如古希腊的雅典那样受到有力的冲击和破坏，而长期存留下来，并形成社会生活中以家长制为核心的宗族制度。这对于先秦时期王权专制政体的形成产生了直接的影响，成为王权专制政体产生的社会基础。

古希腊的雅典，随着手工业和商业的发展，原有的氏族组织则受到日益严重的破坏。雅典在文明形成过程中，随着手工业和商业活动的不断发展，离开本氏族的人口越来越多。为适应人员流动使氏族生活难以正常进行的情况，历次改革不断放弃原有的氏族制度，逐步建立起以地域为单位的公民集体。恩格斯曾对这一过程及原因作过详细的论述并指出：“在全部阿提卡境内，特别是在雅典城本身，各氏族和胞族的成员相互杂居，已经一代比一代厉害了，……随着工业和交换的进一步发展，各种生产部门——农业、手工业（在手工业内又有无数行业）、商业、航海业等——之间的分工日益充分地发展起来；居民现在依其职业分成了相当稳定的集团；其中每个集团都有好多新的共同的利益，这种利益在氏族或胞族内是没有存在的余地的，……氏族制度已

① 《诗·周颂·载芟》。

② 《诗·周颂·臣工》。

③ 《诗·周颂·噫嘻》。

④ 恩格斯：《家庭、私有制和国家的起源》，载《马克思恩格斯选集》第4卷，人民出版社1995年版，第110页。

经走到了尽头。"[①] 公元前594年开始的梭伦改革正是在这样的情况下发生的。这次改革按照财产的多寡将公民划分为四个等级，并赋予不同等级以不同的义务和权利。[②] 在梭伦改革以后的80年间，手工业、商业日益发展起来，"结果，一方面形成了新阶级即从事工商业的富人对旧的贵族权力的胜利竞争，而另一方面，也使旧的氏族制度的残余失去了它的最后地盘"[③]。

由于社会生活发生了这些新的变化，公元前509年克利斯提尼的改革彻底打破了旧有的氏族组织，将全阿提卡划分为100多个"德莫"（demo，塞尔格叶夫《古希腊史》中，此词被译为"自治村社"），这些"德莫""成为财政、选举和宗教活动的地方单位"。[④] 经过这次改革，雅典的氏族制度终被摒弃，"把部落和氏族束之高阁吧！"雅典的这句成语即起源于克利斯提尼时代。[⑤] 正是在不断打破以致最终摧毁氏族制度的基础上，雅典的城邦公民政体逐渐成长起来。

（二）王权专制与城邦公民政体

有论者指出，先秦时期的王权，"是家长制家庭公社关系的最高政治表现，国王就是全国范围的最高家族长，非但所有财产，连同所有臣民的人身也属于他"。[⑥] 在这种统治形式下，国家的最高权力掌握在天子、国君一人之手，国家诸项事务均由最高统治者个人的意志决定，毋庸说一般民众根本没有任何参与的可能，就是统治阶层中的各级官员也是唯王命是从，甚至在某种程度上，各级官员的生杀予夺之权也均操于天子、国君之手。

据《尚书·甘誓》载：启即天子位后伐有扈氏，战前"召六卿"，告诫他们要努力战斗，"用命，赏于祖；弗用命，戮于社，予则孥戮汝"。启为了巩固政权，要去征伐不服从其统治的部落，完全由他个人作出决定，其"六卿"只有去"用命"而已。商代，王权专制的特征更为鲜明，《尚书·盘庚》三篇，记载商王盘庚实行专制统治的情况。迁都是商王朝的一件大事，但商王盘庚在这个问题的处理上是十分专断独行的。迁都计划实施之前，对于不赞成迁都的贵戚群臣，盘庚进行了训导，告诫其"各长于厥居，勉出乃力，听予一人之作猷。……凡尔众，其惟致告：自今至于后日，各恭尔事，齐乃位，度乃口，罚及尔身，弗可悔"。他还警告反对迁都的臣民，"汝分猷念以相从，各设中于乃心，乃有不吉不迪，颠越不恭，暂遇奸宄，我乃劓殄灭之，无遗育，无俾易种于兹新邑"。敢有不服从而胡作非为者，我将斩尽杀绝，不许其在新国都中生存。盘庚之所以能在臣民的反对下，实现其迁都的计划，很重要的原因就在于他是对臣民握有生杀予夺之权，可以专断国政的专制君主。

---

① 恩格斯：《家庭、私有制和国家的起源》，载《马克思恩格斯选集》第4卷，第112页。
② 亚里士多德：《雅典政制》，日知、力野译，商务印书馆1959年版，第10页。
③ 恩格斯：《家庭、私有制和国家的起源》，载《马克思恩格斯选集》第4卷，第115页。
④ N. G. L. Hammond, *A History of Greece to 322 B. C.*, Oxford: Oxford University press, 1967, p. 187.
⑤ 塞尔格叶夫：《古希腊史》，第193页。
⑥ 苏凤捷：《试论中国古代社会的特点及其成因》，《中国史研究》1984年第1期。

西周初年，建立起以周天子为最高统治者的国家系统，周天子为天下“至尊”，也是这个以天下为家的家族系统的总族长。“普天之下，莫非王土；率土之滨，莫非王臣”；[①]“天无二日，士无二王，国无二君，家无二尊，以一治之也”，[②] 正是西周这一情况的写照。诸侯国的大事均受周天子管辖，诸侯要对周天子尽臣子之道，周天子甚至还对诸侯握有生杀之权。周夷王听信纪侯之谮，活活烹了齐哀公，齐国不怨周天子，而恨纪侯，与纪国结下九世冤仇。[③]

春秋时期周天子式微，出现了诸侯、卿大夫秉政的局面，他们在各自的诸侯国内实行的也是专制制度。

首先，各诸侯国间的战争是由统治者个人意志决定的。在《春秋》记载的 40 次战争中，《左传》加以评述的有僖公二十二年宋楚泓之战等八次意义重大的战争，在这些战争中“交战双方都不见开过什么诸大夫会议，实际都由国君决策”[④]。当吴王夫差决定自越退兵，转而伐齐时，“告诸大夫曰：孤将有大志于齐，吾将许越成，而无拂吾虑”，只是把自己的决定通报诸大夫而已，并不让他们发表什么意见。申胥表示反对，进行劝谏，被夫差拒绝。[⑤]

再者，对外结交、绝交、媾和等邦国大事也均由国君一人决定。“郑伯将会诸侯于鄬”，与晋结盟，大夫们不同意，说“中国不足归也，则不若与楚”，郑伯坚持己见，众大夫弑之。[⑥] 大夫们无权改变他的决定，只有冒弑君之罪，将他杀死。楚庄王率军围郑，郑伯肉袒牵羊向楚求和，楚庄王当即决定撤军，与郑媾和，虽有将军子重极力反对，而媾和的决定始终不改。[⑦]

战国时期，各诸侯国为加强集权，普遍推行春秋时期出现的郡县制，通过对郡县长官的直接任免，国君对臣属和地方的控制更为牢固。此外，还产生或进一步完善了对官员的奖惩、考核制度，如爵秩制度、俸禄制度、上计制度等。这些制度，从本质上讲，都是国君控制臣属，加强专制统治的手段。[⑧]

上述种种表明，先秦时期中国政治统治中王权专制的特征是非常突出的。

古希腊的雅典，由于手工业、商业及海外贸易比较发达，雅典公民中逐渐形成了一个有别于氏族贵族的工商业者阶层，他们是反对氏族贵族的主要政治力量。随着手工业、商业的发展，这个阶层的力量不断增强，加之人口流动使氏族制度不断遭到破坏，更导致氏族贵族的力量趋于衰落。雅典经济社会生活的变化引发一系列政治变革，从传说中的提修斯改革，以及梭伦改革、克利斯提尼改革，到伯里克利时代，历经数

---

① 《诗经·小雅·北山》。

② 《礼记·丧服》。

③ 《史记·齐世家》；《公羊传·庄公四年》。

④ 吕绍刚：《中国古代不存在城邦制度》，《中国史研究》1983 年第 4 期。

⑤ 《国语·吴语》。

⑥ 《公羊传·襄公七年》。

⑦ 《公羊传·宣公十二年》。

⑧ 刘泽华、王连生：《关于专制主义经济基础与君主集权形成问题的商讨》，《南开史学》1984 年第 1 期。

百年的不断演进，到公元前5世纪逐步建立起城邦公民政体。[①] 下面对这一政治体制的主要机构及运行情况做一简略分析。

雅典的城邦公民政体中，公民大会是国家的最高政治权力机关，决定城邦的各种重大事项。根据亚里士多德的记载：公民大会“在每一主席团任期内（35或36日——引者注）开会四次。……有一次是最高会议，会议对那些认为办事好的在职长官投票批准，并讨论粮食供应和国防问题”[②]。修昔底德在他的著作中，曾多次叙及雅典公民大会的情况。如，公元前433年，当科西拉人为对付科林斯人而准备加入雅典同盟并派人到雅典商谈时，科林斯人也派代表到了雅典，企图阻止雅典与科西拉结盟。雅典于是召开公民大会，听取双方的辩论。之后，雅典公民大会进行了讨论，最后做出了与科西拉订立同盟的决定。[③] 伯罗奔尼撒战争爆发前，雅典曾召开公民大会辩论、表决和战问题。[④] 公元前423年，雅典与斯巴达订立休战和约，雅典批准休战和约的命令中写有“本约已为人民批准”之字句。[⑤]

雅典国家的另一个政治机构是议事会。议事会成员在克利斯提尼改革前为400人，此后增至500人。[⑥] 其成员“以抽签方式从年龄在30岁以上的所有公民中选举出来”[⑦]，有研究者指出，“五百人会议主要有两个职能，一为监督和调整行政官员的工作，二是为公民大会准备议程”[⑧]。这使得五百人会议成为雅典城邦公民政体中非常重要的机关，以至有论者认为，“没有五百人会议，雅典什么事情也进行不了”[⑨]。

陪审法庭是雅典的最高审判机关和监察机关，[⑩] “从伯里克利的时代起，所有一切民事和刑事的讼案都完全由这些陪审团审判，只有凶杀案以及其他少数的罪案是特别例外”，[⑪] 陪审法庭的工作，包括“审理任何执政官卸任之时被指控犯有侵吞公物罪或渎职罪的案件；陪审法庭可以决定任何一个被指控犯有叛国罪和在公民大会上‘欺骗人民’的公民的命运；陪审法庭还可以取消被认为是与法律相抵触的公民大会上的提

---

① 中国大陆学界多称其为“奴隶主民主政治”，此一称谓意在强调其阶级属性。实际上，雅典这一政体的主体是全体公民，而古典时期雅典的公民几乎均拥有奴隶，只有多寡之分（学界亦有只有社会中上层拥有奴隶的观点）。大工商奴隶主阶层经济力量雄厚，在国家政治生活中占有种种优势，这是不言而喻的，但“奴隶主民主政治”一语，未能准确表达其本来的含义及性质。

② 亚里士多德：《雅典政制》，第48页。

③ 塞尔格叶夫：《伯罗奔尼撒战争史》，第26—35页。

④ 同上书，第98—104页。

⑤ 同上书，第340页。

⑥ 亚里士多德：《雅典政制》，第26页。

⑦ M. I. Finley, *Politics in the Ancient World*, Cambridge: Cambridge University Press, 1983, p. 71.

⑧ A. H. M. Jones, *Athenian Democracy*, Oxford: Basil Blackwell, 1957, pp. 3 - 4.

⑨ C. Hignett, *A History of the Athenian Constitution to the End of the Fifth Century B. C.*, Oxford: The Clarendon Press, 1952, p. 236.

⑩ 中文译为“陪审法庭”的这个机构，在古希腊语中为“dikasteria”，意为“法庭”，但并非现代意义上的法庭或陪审团，而是具有民主政治色彩的监察、审判机构。自梭伦改革时期设立以来，随着雅典城邦的发展，其本身也有相当大的变化。参见张春梅《试论公元前5世纪中期雅典的陪审法庭变革》，《古代文明》2009年第2期。

⑪ 《格罗特〈希腊史〉选》，郭圣铭译，商务印书馆1964年版，第13页。

案，并且惩罚提出者"①。陪审法庭"每年都用抽签的办法抽选出六千名陪审员，他们经过宣誓，然后被分配到十个陪审团里面去，每个陪审团各有五百名陪审员；剩下来的一千名作为后备，遇缺即补"②。为使被选为陪审员的公民能放下从事的工作出席陪审法庭，雅典规定给陪审员每天3个奥坡尔（Obol）的公职津贴。③

顾准关于希腊城邦制度的研究认为，陪审法庭"审理的案件的范围既异常宽广，有报酬的陪审员制度又是中下阶级公民的极好的政治教育机会。唯有当广大公民对国家大事有清楚的了解，掌握最高权力的公民大会才不致流于形式"④。

关于雅典城邦的行政官员，见于《雅典政制》一书的计有：执政官、雅典娜神庙司库官、公卖官、军事基金司库官、收款官、会计员、查账员、骑兵司令官、神庙修缮官、城市监督、公物看守人、港口监督、警吏、街道建筑官、市长等30余种，每种官员的人数从一名到四十名不等。⑤ 各种官职中，至为重要者当属执政官，自王政消灭之后即有此官职。初从贵族后裔中选出，终身任职；后改为任期十年，任职资格扩大到一般公民；及后又改为每年改选一次，"执政官变为一个纯粹执行日常公务的职务，大家关注的只是国家事务的执行，而由谁担任这一职务则无关紧要"⑥。及至伯里克利时代，几乎所有官员均为抽签选任，任期一年，不得连任，例外的是，"议事会议员可以连任一次"⑦，且多数官职有一定的津贴。如此，雅典公民理论上都有担任公职的机会。但是十将军委员会的情况值得关注。创于公元前6世纪末的"十将军委员会"，本只统率军队，后地位不断上升，其成员可以连选连任，且无任职津贴，基本上均由大工商业奴隶主担任，渐成为雅典城邦的重要机构。

雅典的各种行政官员均对全体公民负责，接受公民监督。"行政长官于其任职期满时，须在人民的司法集会上对其所作所为，一切均应亲身承担责任。在该年内定期举行的公民大会（或共议大会），也可对行政长官进行弹劾。有时在公民大会上可以提出正式动议，要求罢免某个还没有任职期满的行政长官。"⑧

雅典城邦公民政体的两个重要特点是"主权在民"和"轮番为治"⑨。亚里士多德称："平民群众作为一个集体，……他们的感觉和审查是够良好的"，这使得平民集体可以担负起"选举执政人员"和"在执政人员任期届满时，由他们审查行政成绩或功过"的职责。⑩ 亚里士多德认为："在一个同样的人们所组成的社会中，根据平等和一致的原则，实行轮番为治的制度，确实合乎正义而值得称赞。"⑪ 这是对雅典城邦公民

---

① A. H. M. Jones, *Athenian Democracy*, p. 4.

② 《格罗特〈希腊史〉选》，第12页。

③ 亚里士多德：《雅典政制》，第65页。当时的雅典，3个奥坡尔（Obol）相当于一个家庭一天的生活费。

④ 顾准：《希腊城邦制度》，中国社会科学出版社1982年版，第168页。

⑤ 亚里士多德：《雅典政制》，第47—56页。

⑥ D. M. Lewis, *The Cambridge Ancient History*, Vol. VI, p. 100.

⑦ 亚里士多德：《雅典政制》，第65页。

⑧ 《格罗特〈希腊史〉选》，第10页。

⑨ 顾准：《希腊城邦制度》，第132页。

⑩ 亚里士多德：《政治学》，第144—145页。

⑪ 同上书，第312、350页。

政体的理论总结，表达了当时人们对城邦公民政体的认识。

需要指出的是，古代雅典城邦公民政体本身的局限也是明显的。这样一个城邦公民政体实际上是在一个狭小的范围内实行的。这个政体不仅将妇女和居住在雅典的外邦人排斥在公民之外，更把奴隶视为会说话的工具。那些具有公民权的成年男子中，一般公民拥有的奴隶数量很少，因为生计的原因，会在不同程度上影响其对城邦政治及其他公共事务的参予。在城邦公民政体中发挥主要作用的多为拥有巨额财富，役使众多奴隶的大工商业奴隶主。[①] 只有这个阶层的人有充分的保障，有条件学习各种知识和某些技能如辩论术，了解城邦各方面的情况，充分地参与城邦的事务。特别是非常重要的十将军职务，可连选连任，没有津贴，基本上均由大工商业奴隶主担任。伯里克利即曾 15 年担任首席将军而主导雅典政治。[②] 但无论如何，城邦公民政体在理论和实际上确为一种与先秦时期中国的王权专制制度存在重大区别的政治体制，是古希腊文明的一项重要遗产，更是古希腊对于人类文明的重要贡献。

三 结语

在人类社会从野蛮向文明的行进中，生活于世界各个地区的不同人类共同体逐渐形成了不同的古典文明。形成于各地区的古典文明，从物质生产活动到政治体制模式、社会风俗、宗教信仰等，均呈现各自不同的鲜明特点。在某个古典文明形成的过程中，人们从事什么样的物质生产活动，农耕还是游牧，种小麦还是种大麦、玉米，放养的是山羊还是牦牛、羊驼，以至具体怎样去耕作或放牧，商业活动是受到抑制，还是比较发达，都绝非随心所欲，或是出自人们的好恶，而一定是“因地制宜”的，即是以所生存的自然环境所能提供的条件为依归的。也就是说，地理环境对于生存于其中的某个人类共同体的物质生产活动的具体内容及其方式，产生着决定性的影响，而“物质生活的生产方式制约着整个社会生活、政治生活和精神生活的过程”[③]。所以，地理环境的差异是使不同地区形成不同类型的古典文明的根本原因。

古代中国与希腊雅典在文明形成过程中，由于各自所处的地理环境存在重大差异，致使两个古典文明的经济社会生活呈现出明显的不同。前者自给自足的小农经济占据支配地位，人们聚族而居，氏族社会的血缘关系、家长制存留下来；后者则农业不能满足生存之需，而手工业、商业及海外贸易较为发达，人口的流动使氏族组织逐渐瓦

① 古典作家色诺芬曾提到，雅典的三个富豪分别拥有 1000、600、300 个奴隶（《经济论·雅典的收入》，第 72 页）；后世史家多有对雅典奴隶数量的推算：20.6 万；20 万；8—10 万，最多不超过 12 万（见刘家和主编《世界上古史》，吉林文史出版社 1987 年版，第 256 页，注释 2）；6—8 万（Finley, *Politics in the Ancient World*, p. 121.），等等。

② 修昔底德称：伯里克利既能尊重公民的自由，又能控制他们，认为“雅典在名义上是民主政治，但事实上权力是在第一公民手中”。（《伯罗奔尼撒战争史》，第 150 页）

③ 马克思：《〈政治经济学批判〉序言》，载《马克思恩格斯选集》第 2 卷，第 32 页。

解，氏族制度终被废弃。① 在各自不同的经济社会生活的基础之上，先秦中国形成王权专制制度，古希腊的雅典则形成城邦公民政体。地理环境的差异，是导致这两个古典文明中形成如此两种不同类型政治体制的根本原因。

（作者单位：天津师范大学历史文化学院）

① 在以血缘关系为纽带的家族、宗族社会中，岂有个人尊严与自由的空间；唯由没有血缘关系的陌生人组成的社会共同体中，方存在彰显个性、争取平等地位与自由权利的可能。这是另一个话题了。

古希腊民主制形成的人文地理环境成因

汪　兵　汪国风

古希腊史归根结底无非就是一部古希腊人在特定人文地理环境中的生存斗争史。在这部生存斗争史中，生存无疑是第一性的，是全部历史的根本动因，而斗争不过是生存的手段。生存斗争的核心便是安德鲁斯所谓的“行政管理的问题”①，亦即通常所谓的政治体制问题。更确切地说，就是民主制和寡头制两种政治体制的选择与实施的问题（僭主制只是夹在两者间的一种“不合法的寡头制”）。二者看似大相径庭，本质上却是“一个硬币的两面”，即基于同一文化传统的两种政治体制。

任何一种政治体制的选择与实施，绝非统治者或统治集团的一厢情愿与随心所欲，而是顺应自家文化传统以应对他们所处的特定人文地理环境中种种压力的产物。所谓人文地理环境，是人文环境与地理环境相互作用与相互制约的辩证统一。所谓地理环境，归根结底就是生态环境，意味着对于气候、地形、植被、矿藏等各种自然资源和自然条件的利用与适应。所谓人文环境，归根结底就是政治环境，意味着对于内部和外部各种政治势力需求与压力的应对。但人文地理环境所意味的种种因素，只是统治集团选择或确立政治体制的客观依据；而确立某种政治体制并与时俱进、因势利导地运用的主观依据，则只能是文化传统。也就是说，统治集团只能在自家的文化传统范畴之内进行政治体制的选择。换言之，古希腊特定的人文地理环境与文化传统，不仅是古希腊人生存斗争的历史舞台，还是古希腊文明特质的决定性因素。

一　古希腊人文地理环境对民主制形成的影响

希腊大陆是巴尔干品都斯山主脉的支脉构成的半岛，半岛由众多伸入爱琴海的小山脉组成，在爱琴海地区密密麻麻地分布着大大小小近500个岛屿，便是小山脉露出海面的部分。众多的小山脉又将半岛隔成许多大大小小的山谷，大部分是荒瘠不毛之地，富饶的谷地仅占半岛面积的1/4，而且主要集中在彼奥提亚、帖撒利亚和伯罗奔尼撒三个地区，耕地严重不足，致使粮食问题成为希腊诸城邦内外政策的中心问题。“希

① ［英］A. 安德鲁斯：《希腊僭主》，钟嵩译，商务印书馆1987年版，第161页。

腊的许多次大战皆由于争夺黑海的及西西里的‘粮食道路’而起。”①

巴尔干山脉又将半岛隔成东西两个部分，东半部海岸线曲折，多海湾与天然良港，爱琴海上大小岛屿星罗棋布，便于从海上与外部世界沟通。西半部的海岸线则相对平直，少海湾、天然良港和岛屿，且又崖岩林立，显得满目荒凉。从南到北，希腊大陆又可分成三个主要的区域。北部主要由帖撒利亚盆地和伊庇鲁斯山脉构成。帖撒利亚虽宜农牧，但因距海较远，发展相对较慢。中部希腊的西部出于同样的原因，亦少著名城邦。中东部的阿提卡半岛和尤卑亚岛则是对农工商业的发展皆有利的地区，并具有希腊半岛最好的海陆交通条件。南部为伯罗奔尼撒半岛，与中部相比，相对闭塞，却拥有拉科尼亚和美塞尼亚两个平原，具有一定的农业发展空间②。正是中部和南部人文地理环境的不同，奠定了古希腊城邦经济模式与政治体制的两种格局。

地理隔绝、交通不便、耕地缺乏、土壤贫瘠、气候干燥，雨量甚少的生态环境，决定了希腊城邦具有多样化、小型化和自给自足的文化特征。所以早期城邦大多一直过着各自为政、自给自足的封闭式生活。但从公元前 8 世纪起，铁器被应用于农业生产之后，迫于人口增长的压力而不得不靠殖民和粮食进口来满足生存需要。由此引发古希腊岛内争霸、海上贸易和海外殖民的活动，从而进一步刺激其军事、工商业和奴隶制度的发展，并相应地开始城邦内部政体的变革。

雅典城邦的崛起和从半岛内争霸扩展到在整个地中海东部称雄，显然得益于半岛东半部四通八达的人文地理环境。从地理环境看，处于阿提卡半岛的雅典，三面环水，境内多山，仅有三个狭小平原。虽然土地贫瘠，不利于农耕，却有利于被称作“地中海三元组”的橄榄、葡萄和无花果的种植。不过由于地小人少，国贫民弱，大约公元前 900 年到前 600 年，当斯巴达“被公认为希腊族（Hellenicrace）之领袖时，雅典还是第二，甚至是第三等的国家”③，但它通过从梭伦到伯里克利的改革，在充分调动城邦公民能动性与创造力的基础上，扬长避短，锐意进取，终于后来居上。雅典腾飞的主要措施可归纳为以下几点：

一是农业由粮食自给自足向以橄榄油和葡萄酒等经济作物转型，即以经济作物出口换取粮食进口，既缓解了长期阻碍城邦发展的粮食瓶颈问题，为城邦的腾飞积累了资金，又从与外部世界冲突或沟通中，增长了见识、扩展了心胸、锻炼了理性，从而提升了民族精神。

二是充分利用四通八达的海上交通枢纽位置，积极建设贸易港口，加强货币经济，变农业自给自足经济为新兴的农工商综合发展经济，从而迅速积累了资金与财富、将大批外邦人吸引来，使雅典成为希腊古典时代爱琴海、地中海和黑海的国际商贸中心。

三是加强海外殖民。既缓解了人口压力、保证了粮食供应，又形成商贸网络、扩展了领土，将封闭的农业文明转化为开放的海洋文明。

四是通过贸易和战争大量进口奴隶，进一步打破血缘氏族所有制，代之以城邦公

① ［苏］塞尔格叶夫：《古希腊史》，缪灵珠译，世界知识出版社 1964 年版，第 9 页。

② 参见《古希腊史》，第 4—11 页。

③ ［英］基托：《希腊人》，徐卫翔、黄韬译，上海人民出版社 1998 年版，第 118 页。

民大会民主制，从而凝聚了人心，为内外称霸奠定了坚实的基础。

五是利用抗击波斯大举入侵的机遇，加强公民“重甲步兵”和海军的建设，并在以斯巴达为主的诸城邦“兄弟阋于墙而共御外侮”的协力下战胜波斯，从而跃上霸主宝座。

反过来，腾飞无疑又使雅典人更加富于冒险精神、更加勇于革新创造、更加酷爱自由、更加坚守民主制。

外部人文环境也在客观上给雅典的腾飞提供了时间和空间。雅典腾飞时期，赫梯王国早已灭亡，埃及和两河文明也已走向衰落，腓尼基人虽具有称霸爱琴海的实力，却因为缺少农业经济基础，只能单纯靠武力经商殖民和忙于开拓它在迦太基的殖民地。希腊南部的斯巴达固然强大，却因海湾与良港的缺乏，不得不偏重农业而缺少改革开放的活力。加之为了镇压希洛人的反抗在伯罗奔尼撒各城邦间的称雄，不得不实行全体公民军事化，以致就在雅典锐意进取、开放腾飞的同时，斯巴达却故步自封、穷兵黩武，不但使雅典身边少了一个腾飞时的竞争强敌，而且斯巴达人穷兵黩武的威胁，无形中又成为雅典腾飞的动力。

雅典城邦民主制就是在这样一个人文地理环境下形成和发展的。历史地看，尽管从梭伦到伯里克利改革，都不过是为了应对内外生存压力的“行政管理”措施。而且民主社会中大多数希腊人“他们自食其力，不愿参加政治活动。没有多少财产，不时常参加集会，除非有利可图”①。但雅典毕竟建立了一个财富差别不大，权力比较分散，政治相当透明的平等社会，只不过这样的平等社会是建立在奴隶制基础之上的，而且只限于有一定财产的城邦公民，不包括占城邦人口大多数的妇女、贫民和外国移民等非公民，更何况雅典城邦的腾飞与繁荣，虽然不乏自身的努力，但归根结底是建立在凭借贸易、掠夺、殖民所形成的霸权主义基础之上的。说穿了，雅典的民主制无非是一种少数贵族与城邦公民对内维护统治、对外殖民掠夺的霸权主义民主。

斯巴达之所以成为寡头政体的代表，同样是由其独特的人文地理环境决定的。与雅典城邦不同，斯巴达位于拉科尼亚平原南部，三面环山，紧挨着拉科尼亚和美塞尼亚两个平原。两个平原虽然面积不广，离海较远，而且没有适宜的港湾，但土壤比较肥腴，牧场林立，宜于农牧。公元前11世纪尚武的多利亚斯巴达人征服了拉科尼亚的希洛人，以及后来终于征服的同样具有农业文化传统的美塞尼亚之后，因地制宜地让这些被征服者保持其农业文化传统，将他们耕种的土地，由城邦分成份地，分配给具有军事民主传统的斯巴达公民使用。把被征服者统统变成所谓的“公有农业奴隶”，从而使斯巴达人拥有了比雅典更强大的农业经济根基，并在很长一段时期内基本满足这一统治集团的需要。加之因距海较远，缺少良港，不具备海外贸易的优势，因而斯巴达人也不太注重工商业贸易，只是把那些周围的大约原本比较擅于经商和手工业部落的庇里阿西人，纳入他们的半公民管理系统，让他们专门从事工商业以及部分农业生产。而自己则把主要精力和力量用于军事的内压外拓上。被称为“黑劳士”的农业奴隶与雅典那些从黑海、埃及、叙利亚等各处俘获或买来的奴隶不同，他们基于农业文

① ［古希腊］柏拉图：《理想国》，郭斌、张竹明译，商务印书馆1995年版，第342—344页。

化传统的根性和被残酷压迫的社会处境，普遍具有而且越来越强烈的反抗之心，始终是斯巴达人统治的严重内患。“黑劳士”的不断反抗迫使斯巴达人不得不将整个族群变成一个全民皆兵、穷兵黩武的军事集团，甚至可称为一部铁血无情的军事机器。斯巴达凭借这部军事机器，不断胁迫或利诱伯罗奔尼撒半岛上的其他城邦与之结盟。公元前6世纪结成的伯罗奔尼撒同盟。尽管拥有全希腊最肥沃的阿哥利斯平原，而农业比较发达的阿哥斯城邦以及偏重牧业的亚该亚和阿卡狄亚北部均未加盟。而羽翼未丰的斯巴达，似乎“只要其他的希腊城邦或城邦联盟没有一个能强大到足以在伯罗奔尼撒对她构成威胁或引发那始终可能发生的令其头痛的希洛人的反叛，她就感到满意了”①。所以，伯里克利宣称：“没有其同盟的帮助，斯巴达从不敢单独向我们进攻。”②

然而，随着人口压力的增大和军事实力的增强，尚武的斯巴达人终于逐步将争霸触角向整个希腊扩展，从而爆发了与雅典长达27年的伯罗奔尼撒战争，最后在波斯的帮助下打败雅典，一跃而成希腊霸主。但特定人文地理环境和古希腊的历史文化传统所形成的独立意识与自由精神，决定了古希腊不可能成为一个大一统的帝国，无论是雅典式还是斯巴达式的霸主，注定也只能是聚散无常的联盟中随时可能被取而代之的老大。

要而言之，民主制与寡头制看似大相径庭，实际上都是基于共同的历史文化传统，建立在奴隶制和霸权主义基础之上的“一个硬币的两面”——以雅典为代表的一面虽然打着民主制的旗号，实际上实施的却是扩大的寡头制；以斯巴达为代表的另一面尽管以寡头制著称，实际上实施的则是寡头主持的军事民主制。从本质上说，它们是同质的，所以亚里士多德说“波里德亚”（即共和政体）的通义“就是混合（寡头和平民）这两种政体的制度；只不过习用时，大家对混合政体的倾向平民主义者称为‘共和政体’，对混合政体的偏重寡头主义者则不称‘共和政体’而称‘贵族政体’……”③

而僭主制大多出现于夹在雅典与斯巴达两强之间的小城邦，当他们左右为难，进退失据，无政府状况和动乱发展到严重关头时，便会有具有政治抱负或政治野心的贵族或平民跳出来，夺权篡位，大权独揽，凭借暴力或外力进行改革或专制，所以被称为“不合法的寡头制”。这般的僭主品质各异，良莠不齐，其历史功过也瑕瑜互见。至于雅典和斯巴达则比较少见，而且往往寿命不长，不是被遏制（如公元前6世纪后半叶斯巴达的僭主趋势），便是被推翻（如雅典的希皮亚斯）；唯有顺应传统体制（如西锡安的奥尔塔戈拉斯家族）或推动改革历史大趋势（如雅典的庇西特拉图）的僭主，才能站稳脚跟。④

质而言之，古希腊的僭主制不过是夹在民主制与寡头制之间，有如润滑剂般的“不合法的寡头制”。而且与民主制和寡头制一样，都是古希腊特定人文地理环境与历

① 基托：《希腊人》，第145页。

② 柏拉图：《理想国》，第151页。

③ ［古希腊］亚里士多德：《政治学》，吴寿彭译，商务印书馆1965年版，第198页。

④ 参见《希腊僭主》；《希腊人》，第123—128页。

史文化传统的产物。

二 古希腊政治体制的历史文化传统

古希腊人的文化传统大抵是公元前6000年西亚纳吐夫农业移民带来的农业文化①与公元前2000年以后印欧语系移民带来的游牧文化融合的产物。古希腊的农业文化传统虽然比游牧文化传统早4000年，但除了人文地理环境相对得天独厚的克里特岛之外，大部分地区皆由于耕地稀少，土壤贫瘠，气候恶劣而缺乏发展的条件，仅有的几处肥沃平原，差不多都被山地包围而与大海隔绝，难以靠商业致富，因而不得不始终处于母系社会和小农生产自给自足的状态，形不成一个统一的民族，像克里特人那样率先进入文明社会，而只能像基托所推测的那样停留在小宗族阶段“你推我搡地混居在一起”，在生态环境发生变化时，还不得不“一会儿定居在此地，一会儿又迁居别处”②。在这样的社会基础之上所形成的政治体制也只能是规模相当于村镇的小型部落王国。相形之下，被荷马称为亚该亚人的印欧语系游牧移民，天性尚武好斗，一路杀伐过来，尽管规模不大却有如潮水般一波又一波地不断入侵，自然所向披靡，如入无人之境。

不过，强势侵入的亚该亚人在人数上毕竟比土著少得多，因而不可能将土著赶尽杀绝，取而代之，便只能与他们通婚融合。这种强势与融合的集中体现，便是古希腊的神话传说。概括地说，便是象征印欧游牧文化、父权社会和男神观念的众神之王宙斯与象征土著农耕文化、母系社会和女神观念的众神之后赫拉，看上去很像一场“王室联姻”③ 的融合。

众所周知，农业文化是一种只有在各方面条件处于相对稳定的状态下才能生存发展的有根文化，具有重等级专制而轻民主意识，重传承因循而轻改革变异，重伦理秩序而轻个体自由，重信仰凝聚而轻暴力镇压等文化特质，由此而形成的政治体制只能是君主官僚制。游牧文化则是一种只有处于不断迁徙的变动状态才能生存发展的无根文化，具有轻等级制度而重自由平权、轻平庸生活而重英雄业绩，轻土地占有而重财富积累，轻文化建设而重开拓冒险等文化特质，由此而形成的政治体制便是军事民主制。古希腊的文化传统便是这样两种不同类型的文化传统融合的产物。

在这样的文化传统中，游牧文化的特质自然占据主导地位，所以亚该亚人语言为本的希腊语便成了半岛通用语，半岛从此也就有了希腊这个称谓，而且突破原先自给

---

① 希腊伯罗奔尼撒半岛东部的福朗荷提洞穴遗址的考古发现便是有力的证明。福朗荷提洞穴遗址是一处自距今25000多年前的旧石器时代晚期至公元前2000年的新石器时代之末，文化遗迹几乎从未中断的一处遗址，只是在大约公元前5900年左右（5844±140），突然出现了大量饲养而非野生的绵羊、山羊的骨头，还首次出现了家培的小麦、大麦和硬石研磨抛光成型的石斧等新型工具，“说明福朗荷提的居民在公元前第6千纪的早期即已开始从事动物饲养与农业生产了”。参见郝际陶《古代希腊研究》，东北师范大学出版社1994年版，第3—5页。

② 基托：《希腊人》，第257页。

③ 同上书，第17页。

自足的封闭状态，在农业比较发达的伯罗奔尼撒形成迈锡尼文明。

与此同时，由于得天独厚的人文地理环境没有遭到印欧移民潮侵扰的克里特米诺斯文明，进入鼎盛阶段。亚该亚人虽然嫉羡米诺斯文明的繁荣强大，但要入侵征服却又力不从心，只能望洋兴叹。于是他们一方面努力效仿米诺斯文明以舰船代替马匹，采取贸易、掠夺、殖民三位一体的“海上骑马民族”模式，先是以海盗与贸易相结合的方式向海上发展，从而建立了自己的舰队；然后又在游牧文化特质的驱使下，跨海侵入安纳托利亚西岸，进行武力殖民，从而建立了以迈锡尼为主的城邦同盟；又以迈锡尼国王阿加门浓为主帅纠合诸城邦，发动了旨在掠夺财宝和开通商路，长达十年的特洛伊战争；最后，凭借一系列掠夺战争所积累的财富与实力，趁米诺斯文明遭地震重创而衰弱之际，终于征服了他们觊觎已久的米诺斯文明。

亚该亚人从骑马民族向海上骑马民族的转化，固然由于希腊半岛缺乏农业发展条件所致，但更深层的原因，则是诸如尚武好斗、英雄崇拜、张扬个性、酷爱自由、重财轻土、善于经商、喜欢冒险之类的游牧文化本性所决定的。所以，当“多金的迈锡尼”毁于不可抗拒的天灾之时，他们便像布罗代尔所推测的那样，毫不犹豫地像他们的印欧祖先一样，扛着武器，带上家人，成群结队，四处流窜，或化为令人谈虎色变的“海上民族”进行武装移民。① 回顾印欧人从如火山喷发般一波一波地四处迁徙，到荷马神话传说中亚该亚人的四处掠夺，再到令人谈虎色变的海上民族，直至古希腊斯巴达的穷兵黩武和雅典的霸权主义民主，不难看出古希腊历史文化传统中，这条一脉相承的游牧文化传统主线。

古希腊历史文化传统中的副线，就是以米诺斯文明为代表的地中海土著农耕文化传统，诸如乐天知命、热爱生活、富于情趣、迷恋宗教、忠于信仰、钟情土地、勤劳朴素等等。只不过大多体现在作为古希腊历史的社会基础的平民百姓身上，往往被统治者的神圣光辉与英雄战士的丰功伟绩所掩盖，难以进入史家视野罢了。也就是说，古希腊骄人的文化艺术高峰不仅仅根植于游牧文化，米诺斯文明所代表的地中海土著农耕文化传统同样是重要根基。

希腊古典时代的政治体制——无论是民主制、寡头制还是夹在两者间的僭主制并非凭空创造，归根结底都是缘于由这样两种不同类型的文化传统融合而成的古希腊的文化传统。

三 结论

作为古希腊人的生存斗争方式的民主制和寡头制不过是一体的两面，不存在任何伦理道德意义上的优劣、高下。所以古希腊的大小城邦，就像随季节时尚更换衣服一样地根据自身生存的需求、理念、习俗或好恶，对这两种政治体制进行因势利导的选

① 参见［法］费尔南·布罗代尔《地中海考古——史前史和古代史》，蒋明炜、吕华等译，社会科学文献出版社 2005 年版，第 126—133 页。

择、随机应变的混用或与时俱进的变更。例如，以寡头制著称的斯巴达城邦，采取的却是军事民主和适度政治民主制；以民主制著称的雅典，至关重要的政治改革则几乎都是在打着民主旗号的寡头或僭主领导下完成的。基本上由农夫、手工业者、水手、商人、流亡贵族等在本邦的失意者组成的雅典殖民者，在母邦任命的贵族领袖的组织带领下，打着民主制的旗号在“公正和平等”条件下外出殖民；然而一旦在殖民地获得了份地，便成为殖民地的寡头贵族，对于土著、外来者或后来者，实施典型的统治形式则是贵族寡头制；反过来对于母邦却又以民主制的名义无止境地提出充分自由的要求。子邦一旦繁荣，便又用大抵相似的方式克隆出若干子邦的殖民地，其政治行为也与子邦如出一辙。被誉为“民主制之父”的雅典城邦，一旦成为希腊诸城邦的老大，便毫不犹疑地将“民主制”转化为扩大的“寡头制”①，并“妄想以屠杀来防止同盟国的暴动”，以致“雅典屡次派往小亚细亚征收贡款的将军们常被本地人所杀”；“几乎所有的希腊国家，内部都分裂为两个党派。伯罗奔尼撒战争可以说是代表工商奴隶主利益的民主党和代表大土地所有者利益的贵族党间的斗争：雅典支持各国的民主党，而斯巴达支持各国的贵族党”②；君主制的马其顿王国最终征服雅典之后，为了巩固对于雅典城邦的统治，居然不惜用“高工资”引诱雅典公民来参与公民大会，以维系已然寿终正寝的民主制……

可见，被一些中外学者誉为人类历史上独特创造并奉为圭臬的古希腊民主制，不过是古希腊人囿于特定的人文地理环境与文化传统的一种生存方式与生存策略，对于人文地理环境相似与文化传统相近的西方列强，自然可以作为“祖宗成法”或“祖传秘籍”来继承发扬。之于人文地理环境与文化传统皆大异其趣的其他民族国家，自然也不乏借鉴意义，却绝非可以到处通用的硬通货。更何况，古希腊民主制还附带着诸多条件，例如，只能是小国寡民，人口一多便必须殖民；国家也不能太大，一旦过大，便无法召开公民大会。又如，周边不能有过于先进或强大的国家，否则不但无法腾飞，还十有八九沦为附庸，又何来什么民主自由？再如，周围必须都是小国寡民的国家，方能“矬子里拔将军”，凸显英雄本色。遇到波斯那样的强敌，还能够“兄弟阋墙而共御外侮”，并乘机做大。更主要的是，必须有大量奴隶替他们承担沉重的体力劳动和供他们驱使，否则他们又哪有时间与精力去行使民主权利？更别提创造骄人的文化艺术高峰了。如此等等，不一而足。因此，对于这一充其量不过200多年寿命的民主制如何借鉴，也就成了必须认真对待的问题。

（作者单位：天津师范大学管理学院、天津画院）

---

① ［英］佩里·安德森：《从古代到封建主义的过渡》，郭方、刘健译，上海人民出版社2000年版，第24页。

② ［古希腊］修昔底德：《伯罗奔尼撒战争史·译者序言》，谢德风译，商务印书馆1985年版，第25页。

试论地理环境对我国社会形态演进的重大影响

高永丽

一　人类社会作为一个整体已显现五种社会形态

人类社会是由人及与人所有相关因素组成的一个有机的统一体，是人以类的存在形式。其存在及演进也如所有有机体一样遵循着一条抛物线式的运动轨迹（见图1，国内外都有学者否认社会是有规律的演进，这说明人们迄今认识社会的水平还未达到全面科学的高度），这从每一种社会形态的运动轨迹（见图2，以中国封建社会为例）、社会细胞人的生命运行轨迹（见图3）以及社会已显现的部分的运行轨迹（见图1）都可清楚看出。因是一个有机的统一体，其中的部分就包含着整体运动的全部信息，这从

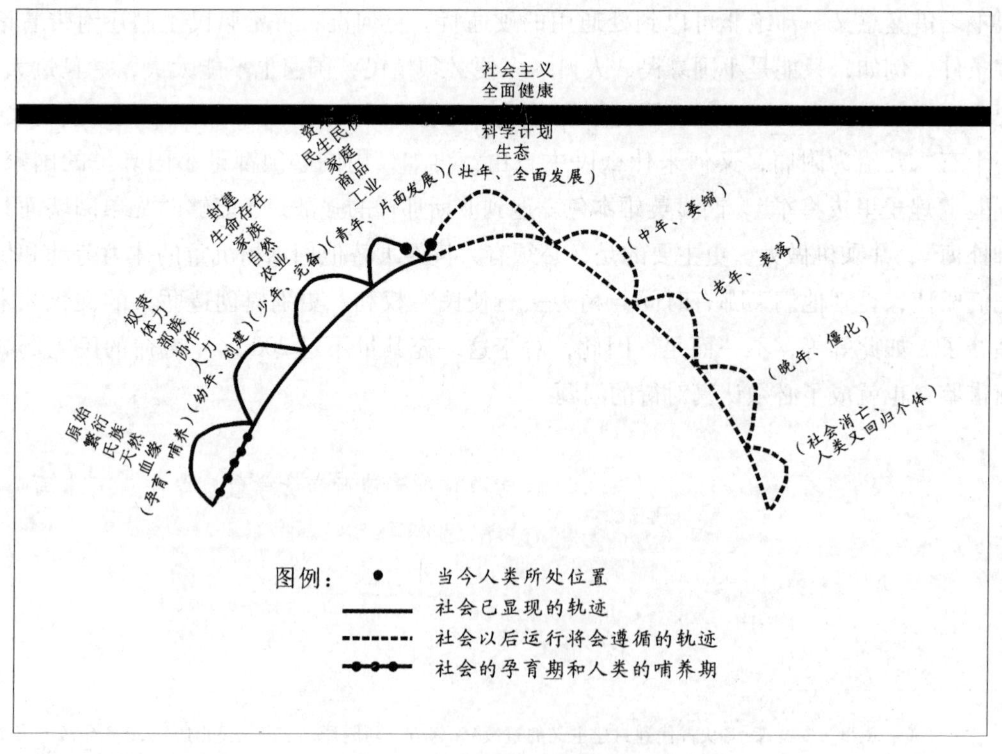

图1　人类社会演进轨迹

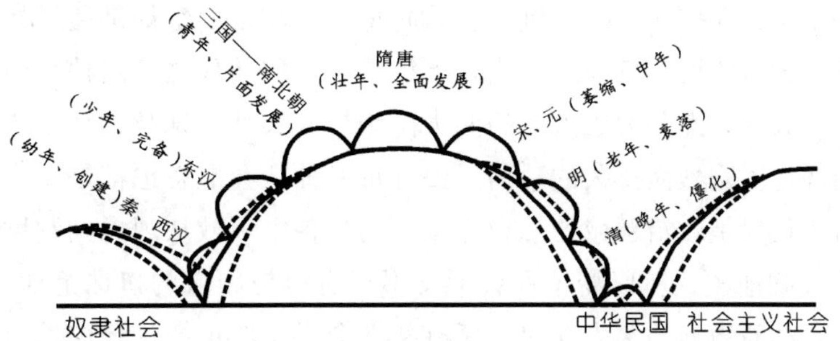

表示一种社会形态中旧因素的逐渐消亡

表示一种社会形态中新因素的不断增长

表示一种社会形态的演进也是显现明显的阶段性，且每一阶段也是抛物线式运动轨迹

图2 中国封建社会运动轨迹

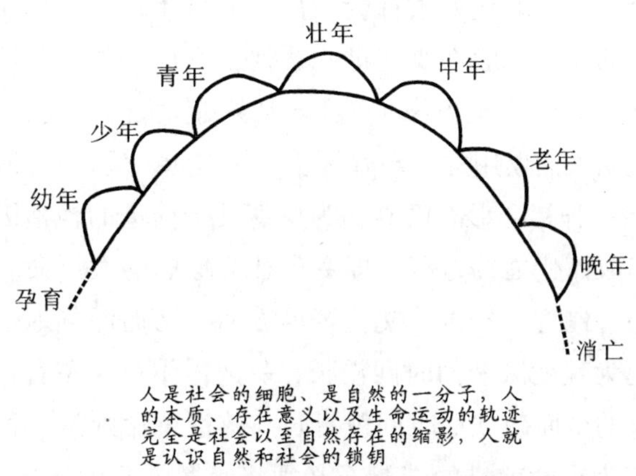

图3 人的生命运动轨迹及阶段性

生命科学通过生物体细胞克隆生命体也可明白。也就是说，从社会已显现的部分，完全可推知人类社会整个存在过程及运行所遵循的轨迹。从社会已走过的道路还可清楚看出，其存在及演进是以一种社会形态为单位，由低级向高级做抛物线式运动，即一种社会形态产生、发展、鼎盛、衰亡后，高一级的社会形态又开始了新一轮的产生、发展，直至衰亡的历程，其后又有更高一级的从诞生到灭亡，因此每一种社会形态的存亡过程就构成了人类社会存在过程中一个大的存在阶段。从历史中发生社会革命的次数和经历的四种生存模式，都说明社会作为一个整体从产生至今共显现五种社会形态（运行轨迹参看图1）。

(一) 社会形态的变革都有长期而剧烈的社会革命发生

当一种社会形态从为社会前进开辟道路演变为社会前进的阻力时，高一级的社会形态就开始在其中孕育，由此，现存社会形态就不可逆转地日益衰落，高一级社会形态的胚胎则不可逆转地日益发育。因新形态都是为摧毁、取代旧形态而来，所以旧新社会形态的关系是相互排斥，以致仇视。因此每一种社会形态都是通过暴力手段把低一级形态，即它的母体彻底打垮后才能登上统治宝座取而代之。两种社会形态的体现者和实现者——人，因此分裂成敌对的两大阶级展开长期的殊死搏斗，二者反复激烈地厮杀使社会产生了剧烈而持久的动荡。而且每一种社会形态也都是一个有机的统一体，其变革就不仅仅是政治领域的暴力夺权，而是各个领域从观念到制度到政策直至很多人地位的天翻地覆，所以变革社会形态不仅有思想领域的口诛笔伐、观念更新，以及政治领域长期而激烈的暴力夺权，还有新社会形态取得统治地位后经济领域轰轰烈烈的发明创造。也就是说，组成社会形态的思想、政治、经济三大子形态的变革并非同步实现，而是分跨在旧新两个形态内先后完成（一种社会形态由思想、政治、经济三大子形态鼎足而立，文化、军事、艺术等等子形态都是依附品）。如我国奴隶社会与封建社会的交接，首先是思想形态变革的“百家争鸣”，接着是政治形态变革的战国几百年的争战，最后是经济形态在新社会形态内完成质变。即汉武帝时期农业革命的完成，到此封建社会才全面取代奴隶社会，社会才整体跃上了封建阶段，变革才最终完成。可见社会形态的交替一般都要通过一系列根本性变革，引发社会长期而剧烈的震荡，新的社会形态才能在母体碎裂的痛苦声中实现伟大的分娩。

历史发展本身说明人们惯用的“革命”有“社会革命”和“政治革命”之分，其中“社会革命”是指一种社会形态已衰朽为束缚社会前进的桎梏因而必须将其打碎并创建一种新社会形态取而代之的过程，即变革社会形态的大革命。因变革整个社会形态，就必然是从思想、制度、经济、文化等等方面全面而深刻地变革，加之旧形态的全力阻挠，所以表现为程度激烈而时间漫长，一般需 100 年左右，如果加上旧形态的全面衰落期和新形态的全面确立期时间就更长。政治革命则是一种社会形态内因把持政权的集团完全衰朽为社会前进的绊脚石必须将其搬除并创建新政权而发生的革命。所以政治革命一般通过改朝换代，甚或宫廷政变后政策稍做调整即可，因此基本只在政治领域进行，时间短而震荡小，一般几到十几年。封建社会中的改朝换代和资本主义社会的政府换届（资本主义社会实行竞选制、任期较短，新任领导调整政策，就避免了封建社会改朝换代或农民革命的暴力方式）、经济危机（以经济手段促使政治变革）均属此类性质。清楚了社会革命和政治革命之别，历史分期问题就变得十分明了：哪里有长期而剧烈的社会动荡，哪里就是在进行社会革命；哪里进行社会革命哪里就是在变革社会形态。可见历史本身有分期，且十分清晰。

如公元 2 世纪罗马帝国就开始明显衰落，基督教的产生和发展就是对维护奴隶制赤裸裸不平等的思想的革命，从此奴隶制日益衰落，封建力量日益增强，到 5 世纪日耳曼人攻入罗马对西欧奴隶社会的埋葬，直至 8 世纪加洛林王朝时期封建制度才在西欧的全面确立。再从 14—16 世纪西欧的文艺复兴、宗教改革到英国的资产阶级革命、“光荣革命”、法国大革命、美国独立战争直至工业革命完成后资本主义形态在英法美等国的全面确立。再从 1848 年《共产党宣言》问世到欧美各国的共产主义运动，再到苏联、中国等多国社会主义革命的胜利（因社会主义社会都是在封建残余浓厚、资本主义发展微弱的落后国家创建，创建后还面临着消除封建残余、赶补资本主义课程和确立社会主义生态文明三大任务，所以向社会主义社会跨越的社会革命迄今还未完成[①])。这三次社会大革命使历史上奴隶、封建、资本主义、社会主义四种社会形态一目了然。从流传至今的神话和历史演进的逻辑，完全可说原始社会与奴隶社会交接的动荡、变革也在所难免，只是时间久远、文字还未产生以及史料较少，不像后来的社会革命那么清晰。因此可说人类社会作为一个整体已经历了四次社会革命，而社会革命就是因变革社会形态而发生，所以社会作为一个整体已清晰显现五种社会形态。虽以往国内外有众多学人对历史演进阶段做过种种划分，但随着对社会存在及演进规律的认识上升到全面科学的高度，人们就会清楚认识到，只有从马克思提出到斯大林完善的五种社会形态的划分完全与社会整体演进的分期相吻合（轨迹参见图1）。

（二）人类迄今共显现四种文明形态

每一种社会形态都是人类社会存在过程中一个相对独立的阶段，都表现为一种特定的人类生存模式亦即文明形态：原始社会是血缘文明，奴隶社会是人力文明，封建社会是农业文明，资本主义社会是工业文明。根据社会演进的法则（现实中日益加剧的自然灾害实质已明白无误地表明），社会主义社会必将是生态文明。社会已显现的五种社会形态一级比一级文明、人的力量一级比一级强大，体现了人类从低级向高级不断成长的逻辑。社会虽已显现五种社会形态，但因今天社会主义社会还在跨越途中，社会主义生态文明还未确立，社会主义存在方式也就未清晰地展现，所以迄今已经历的只有四种生存模式，亦即只显现四种文明形态（见图4、图5）。

图4　我国迄今经历的四种文明形态

---

① 高永丽：《我国正处在社会主义社会创建阶段——根据社会形态存在及演进法则》，载《马克思主义中国化研究》，2012年。

图5　国外迄今经历的四种文明形态

二　我国基本经历四种社会形态

从传说中黄帝时“诸侯相侵伐，暴虐百姓……于是轩辕乃习用干戈，以征不享，诸侯咸来宾从”，又与炎帝战于阪泉、与蚩尤战于涿鹿，此后诸侯咸尊轩辕为天子。还以师兵为营卫，以云命官名，置左右大监监于万国，封禅山川祭祀鬼神，举风后、力牧、常先、大鸿以治民等等①都可看出，黄帝时我国已进入了创建国家，即奴隶社会取代原始社会的社会革命时期，直至夏王朝建立及夏初必然继续经历的社会大变革，从春秋战国到汉武帝时完成的社会大变革，从鸦片战争到新中国成立经历的大变革（因社会主义生态文明还未确立，向社会主义跨越的社会革命还未完成，我国还将继续变革），说明我国社会演进中共经历过三次社会大革命。三次社会革命把我国历史进程清晰地划分为四个大的存在阶段，即四种社会形态：高度发达的原始社会，不发达、不充分的奴隶社会，高度发达的封建社会，必将高度发达的社会主义社会。我国为何会基本经历四种社会形态？因1912年建立的中华民国虽应归于资本主义社会形态，但中华民国在大陆仅存在38年，38年相对于其他社会形态存在的两三千年或一千多年都可谓极其短暂，而且其中还出现两次帝制复辟和社会主义革命的迅速发育，可见不仅短暂而且发展微弱，作为一种社会形态几乎是一晃而过，所以说我国基本经历四种社会形态。资本主义社会形态在我国虽在社会革命的过程中一带而过，但其工业文明的内容和任务从洋务运动始至今仍未结束，这说明我国理论界虽不承认，但事实是我们迄今仍在赶补资本主义课程（每一种社会形态都是“具有独特的特征的社会”②，且特征

---

① 司马迁：《史记》卷1《五帝本纪》，中华书局1982年版，第3—6页。

② ［德］马克思：《雇佣劳动与资本》，载《马克思恩格斯选集》第1卷，人民出版社1972年版，第363页。

鲜明、差异巨大、极易辨别，参看图4、5，而我们今天的生产生活和资本主义工业文明有什么区别？并且还在向其学习，不是资本主义补课又是什么？等社会主义生态文明确立后，人们就会清楚）。可见社会演进的跨越犹如学生升学跳级一样，年级可以跳过，但被跳过的年级的课程不能落下，被跨越形态的任务是在两端形态中高速完成的。

由于我国史学界有不少人否认我国有奴隶社会、否认社会形态及五种社会形态的划分，笔者不得不在此对“我国基本经历四种社会形态”说做简要说明。

首先说明何为发达社会形态。从横向看，组成该社会形态的思想观念、政治制度、生存方式等与当时人们的认识水平、生产水平，即生产力水平完全适应，所以在当时能最大限度地调动人们的生产积极性，最大限度地解放、发展生产力，因此创造出该形态内最高的文明；在当时世界范围内最文明、最先进、最强盛。从纵向看，对后世的发展影响巨大且深远。

（一）高度发达的原始社会——夏朝建立以前

（1）氏族凝结牢固。在大多古文明国家或地区进入奴隶社会时，“氏族制度已经过时了，它被分工及其后果即社会之分裂为阶级所炸毁。它被国家代替了”①。但我国以族为单位的存在形式在进入奴隶社会后依然顽强地存在，而且亲族集团散解的过程与奴隶社会、封建社会相始终，不过奴隶社会中的亲族已发展为部族而非氏族。因氏族既是社会基本存在单位，也是整个社会，即氏族既是该族成员的家，同时也是他们的相当于今天的国（当时国家还未形成，也就无国的概念，本氏族在原始人心中就等同于今人心中的祖国）。而部族已只是社会存在单位，即只是国中的家，各部族虽已称国，但在自己国或族之外，还有很多部族存在，和自己同属一个大王国的统领，或者自己部族就是那个统领其他部族的大王国。部族在我国一直与奴隶社会相始终，直至战国时代才日益瓦解。部族的瓦解并不表示亲族集团的彻底消解，其坚硬的内核依然存在，那就是封建社会中的家族。到明清时法律仍有“诛九族”，方孝孺案竟“夷十族”，以及乡里仍普遍有家族、宗族、宗庙、祠堂甚至聚族而居的现象即可明白。可见氏族时代形成的族的概念及人们在社会中的联结方式在我国的影响是何等深远！不同的是，氏族时代以母系为主（氏族进入父系已是氏族社会走向衰落的表现，也是国家形成的起点），国家形成后一直以父系为主。可以说，原始社会延伸至今的亲族集团的长长的脐带，在改革开放以来汹涌的商品经济大潮的冲击下才基本散解。

（2）我们中华民族今天浓厚的家庭、血缘观念，家国为一的情怀，极强的凝聚力，重群体轻个人的特点，尊老爱幼等优良传统，都是氏族时代亲族凝结牢固、家国同构、依靠群体力量生存、养老护幼等等观念和生存方式高度发展，一直延伸至今的余绪。

（3）我国新石器时代众多的史前遗址，出土石、木、骨、蚌、陶等农具和猪、狗、鸡、牛等动物骨骼，反映了当时原始农业的繁荣和原始饲养业的发展。陶器的普遍应

① 《马克思恩格斯选集》第4卷，人民出版社1995年版，第165页。

用和彩陶工艺所达到的高度都反映了当时手工业的发达。

(4) 进入奴隶社会较晚。五大文明中心中(暂不涉及美洲的古文明)埃及、巴比伦、印度、爱琴文明在公元前3000年都已进入奴隶社会,而我国在公元前21世纪夏王朝建立时才初步进入奴隶社会。这是原始社会发达对奴隶社会排斥力极强社会迟迟无法进入的结果,犹如我国封建社会高度发达,对资本主义因素排斥就极强,进入资本主义时代就晚,资本主义发展就落后一样。

(二) 不发达、不充分的奴隶社会——夏商周三代

因每一种社会形态都只是社会存在过程中一个大的阶段,亦即每一种社会形态都只与一定的社会存在阶段相联系,所以当一种社会形态完全成为社会前进的阻力时,就说明该形态应退出历史舞台,社会要上升到新的阶段了。应社会必须继续成长的要求,高一级社会形态就会应运而生,而成为阻力的现存社会形态并不会自行退出历史舞台,二者必须经过殊死搏斗,高一级形态因代表着社会发展的要求最终取得胜利,原有的社会形态作为过时的旧形态被赶下统治舞台。可见新形态都是为取代旧形态而来,新形态的诞生,就意味着旧形态的被取代和被埋葬,所以二者是你死我活的对立面,在观念、制度、生存方式等等方面都强烈排斥,而且在低一级形态中发展愈先进愈充分,对高一级形态的排斥就愈有力,因此每一种社会形态都有极强的排他性。这就决定了在一种形态中愈先进、愈强盛、愈充分的国家或地区对高一级形态的排斥就愈有力(这从我国封建社会对资本主义萌芽的一再摧折就不难明白),因此在高一级形态中就必然愈落后、愈孱弱、愈举步维艰。社会形态这种极强的排他性就决定了我国原始社会高度发达,奴隶社会必然就不发达。具体为:

(1) 奴隶社会中原始社会残余浓厚,使我国奴隶社会显现鲜明而浓重的血缘特色,始终以族为单位的存在形式使对单个个体的奴役很难展开,所以奴役就表现为以族对族的形式,这是奴隶制在我国难以繁荣的缘由之一。

(2) 破坏生产力严重。根据笔者的研究,奴隶社会的主要特征就是赤裸裸的不平等,以部族为社会存在单位,协作统治,协作经济,协作劳动,手工业水平属于青铜时代,人的生存和社会的前进主要依靠人力协作来完成,因此形成人力文明,所以统治者都最大限度地占有人力,以直接占有被统治者本身获得其劳动成果,社会也充分重视发展人力。其中最鲜明最本质的特征就是政治上把被统治者不当人看,可以随意杀戮奴役买卖,认识上赤裸裸的不平等,如印度的婆罗门教、古巴比伦法典、古希腊罗马视奴隶为会说话的牲口,我国周代的"人有十等"①、"礼不下庶人,刑不上大夫"② 等等。黑格尔说得很对,"奴隶制度的主要原则便是,人类还没有取得他的自由的意识,因此降而成为一件东西,一件毫无价值的东西"③。笔者说得再到位一步,即

① 《左传·昭公七年》,岳麓书社1991年版,第291页。

② 《礼记·曲礼上》,陈皓注,上海古籍出版社1991年版,第13页。

③ [德] 黑格尔:《历史哲学》,王造时译,上海书店出版社2001年版,第102页。

发达奴隶制国家的统治者已认识到人的劳动价值，所以战俘不再被杀死，成为黑格尔说的“一件东西”，即会说话的工具。而我国至商时还未认识到战俘的价值，因此将其降为黑格尔说的“一件毫无价值的东西”，随意杀戮，供先祖“享用”，这反映了我国奴隶社会的落后和野蛮。“根据胡厚宣先生统计，地下考古发掘见到的商代后期人殉、人祭，将近4000人。再从甲骨文中看，关于用人祭祀的卜辞很多。胡厚宣统计，卜辞中用人祭共13052人。”① 我国有的史学家只看到“会说话的工具”和大量“人祭”、“人殉”的不同，而认识不到两种现象的本质完全相同，即都属于把被统治者不当人看，因此认为我国无奴隶社会。人是生产力诸要素中的主导因素，是首要的生产力，我国商代大量的杀戮，根据社会由低级向高级演进的逻辑，夏代只能是更野蛮、杀戮更严重而不是相反，“当禹之时，天下万国，至于汤而三千余国”②，其中6000多数字代表的恐怕不只是被吞并融合一种结局，亡宗灭族应该也是一部分部族消失的缘由。如此大量的杀戮，还包括大量牲畜，都严重破坏生产力，是我国有奴隶社会且不发达的表现和有力证明，而不是我国无奴隶社会。因为落后、因为严重破坏，所以我国在奴隶制时代的成就就远远低于古希腊罗马的哲学、艺术、建筑、史学、体育、科学技术、医学等等极为辉煌的奴隶制文明。

（3）对封建因素的排斥力不强。西周时我国的宗族奴隶社会发展到完善阶段，在夏商末期统治者坚信“有命在天”③，不修内政，极意声色，暴虐无度，使朝政更加败坏，导致民心尽失都被灭亡的历史教训中，周初统治者深刻认识到天命无常，“民之所欲，天必从之”④，“天视自我民视，天听自我民听”⑤，所以把注重百姓痛苦、安定百姓放在长治久安的首位，提出了明德、慎罚的基本国策和安民、惠民、恤民等保民举措。西周倡导的德政与重民，实际上已具有封建性质，在奴隶社会内培育封建种芽，实质是西周统治者自掘坟墓，因此宗法奴隶制在各个方面都达到完善的西周王朝，却仅仅兴盛了约半个多世纪，之后就日益走上了无法挽回的中衰之路。这和英国伊丽莎白女王在封建社会内实行重商主义，大力支持商业贸易使资本主义萌芽发育迅速一样，都是当时现存社会形态不发达，对高一级形态的排斥就不自觉、排斥力就弱小的表现。

（4）奴隶社会发展不充分。如上所述，我国奴隶社会在西周时刚达到完善阶段就迅速走向了衰落，而不像我国封建社会在隋唐达到鼎盛阶段后还经历了宋元明清长期的下降过程（轨迹参见图2），这就是社会形态发达与否的区别：我国奴隶社会不发达，对封建因素的排斥就不强烈，使封建萌芽能在其中迅速发育并很快实现突破，所以不发达就意味着不可能发展充分；而我国封建社会高度发达，对资本主义形态的排斥力就极强，其衰落就必然是一个漫长的过程，在漫长的衰落中封建体制也得到了充分的发展。

---

① 张仁忠编：《中国古代史》，北京大学出版社2010年版，第34页。

② 《吕氏春秋白话今译》，谷声应译注，中国书店1993年版，第334页。

③ 《尚书·西伯戡黎》，中国文史出版社2003年版，第136页。

④ 《尚书·泰誓上》，第143页。

⑤ 《尚书·泰誓中》，第147页。

（三）高度发达的封建社会：秦朝至清

我国进入封建社会时间之早，将自上而下的分封建制发展之充分，在制度文明、思想、文化、艺术、创造发明、手工业、医药、交通等等方面成就之高，对后世影响之大，在世界封建史上都无与伦比，与西欧封建社会稍做比较就不难看出。这已是史实昭昭，毋庸赘述。

（四）必将高度发达的社会主义社会：中华人民共和国建立

我国高度发达的封建社会对资本主义因素的强烈排斥，决定了资本主义因素在我国不可能正常、充分地发展，资本主义极端片面的存在模式（大肆破坏人生存条件：在自然界只孤立地发展人类，即人类中心主义；在社会中只孤立地发展个体，即绝对个人主义；在人本身只注重物质需求，即极度享乐主义），在今天已清晰显现毁灭性前景，即发展与破坏并行，发展愈快破坏愈严重，必将很快导致毁灭性结局。也就是说，竭泽而渔、饮鸩止渴的资本主义模式已无任何发展空间。我国今天人口众多的压力，浓厚的封建残余，正处在社会主义社会的急剧上升阶段仍须迅猛前进的社会要求，他国强盛的压力，当今中国奋起之决心，都决定了我国必将首先突破资本主义的极端片面发展，率先进行生态革命，全面确立科学的社会主义社会。我们中华民族自古就从整体上认识问题的宏观思维模式，自古就显露的治理社会的非凡天赋和优秀遗传，都决定了我国在全面科学的社会主义时代，必将首创与人生存条件共同健康发展的生态文明新模式，并因此重新走在世界前列。

三　地理环境的重大影响

（一）适宜大量动植物生长的广阔的大陆性环境赋予了亲族集团旺盛的生命力

“我国地域辽阔，地形复杂，类型多样……就周边环境来讲，我国的地貌具有相对封闭性和独立性……地处地球北半球的东亚大陆，属世界上最大的大陆——欧亚大陆，面向世界上最大的海洋——太平洋，腹地开阔……大陆东面和东南面以辽阔的太平洋与其他陆地隔离，大陆北部为西伯利亚平原，这里气候寒冷，自然条件差，人烟稀少，人类文明起源较晚……在西面以帕米尔高原及其山脉与中亚隔离……西南以青藏高原的喜马拉雅山脉和云贵高原的横断山脉与南亚次大陆和东南亚隔开。”① 从“半坡遗址

① 毛曦：《中国新石器时代文化地理》，陕西人民出版社 2002 年版，第 79—80 页。

发现的植物孢粉有冷杉、松、云杉、铁杉、柳、胡桃、桦、鹅耳枥、栎、榆、柿，还有禾本科、藜科、十字花科、蔽形科、葎草、蒿、石松和一些蕨类。姜寨遗址发现的植物孢粉……比半坡多”。“半坡遗址和姜寨遗址发现的动物骨骼中，除过华北动物群的骨骼外，还有獐和竹鼠的骨骼……”① “河姆渡遗址所在的宁绍平原处于中亚热带南部……六七千年前，河姆渡村落的南面是连绵不绝的四明山脉，山上生长着茂密的亚热带常绿阔叶林，平原上布满沼泽和湖泊，这里气候湿润，雨量充沛……亚热带的温湿自然环境为动植物的生长和繁衍提供了绝佳的场所。”“河姆渡遗址两次发掘发现了大量的动植物遗存……动物遗存至少有61种、属，植物也在25种以上。”② 关于我国地貌、气候的特征，历史地理、地理、气象、考古等学科都有大量的研究，结论已众所周知，就无必要再一一引述。根据研究结果，可知我国古代先民生存的自然环境有四大特点：相对封闭和独立的地理单元；大陆性；地域广大而辽阔；气候温暖湿润或温暖湿热。

广大而辽阔的陆地，温暖湿润或温暖湿热的气候，必然形成在当时似乎永无尽头的茂密森林、没膝甚至没腰的草丛，各种凶猛的野兽如豺狼虎豹狮熊等等虫兽遍野的自然环境。正如古人描述的“上古之世，人民少而禽兽众，人民不胜禽兽虫蛇”③，“猛兽食颛民，鸷鸟攫老弱”④，这种生存环境就决定了我国原始先民靠单个人力量很难生存。不像地中海沿岸海洋性环境，“小船可以在岸边浅滩安全靠岸；加以岛屿星罗棋布，大陆海岸又围绕四周，使航海者漂流一段时间以后总可见到一线陆地”⑤，所以从古希腊的《奥德赛》、《伊里亚特》到中、近代的《乌托邦》、《鲁滨逊漂流记》等等作品中都可看到海岛型地理环境个人可以独立生存的印迹，所以古希腊罗马人对族群的依赖就不像大陆型环境那样紧密而且必需，因此也就形成了古希腊罗马人崇尚自由和注重个人作用的民族性格及特点。而我国原始初民中即使有大无畏的冒险者，或崇尚自由的人，或与群体中某人发生冲突选择逃离的人，在脱离群体后必然会出现两种结局：一是成为某一虫兽的美食而永远消失，二是迫于各种危险的压力迅速回归。环境迫使人们明白个体必须加入群体才能生存并发展。但社会才开始孕育，个体怎样才能联结为整体？当时最自然最方便的方法就是以血缘为纽带将个人或群体联结在一起，统一认识统一行动，共同生存。血缘是天然的且最牢固的黏合剂，因此家庭就天然地成为以血缘为纽带的社会组织发展的起点。从此，由家庭而家族而氏族而部落、部落联盟，可以清晰看到由社会细胞家庭发育为整个社会的过程。而未以血缘为纽带的联结方式（美国著名考古学家和人类学家罗维指出，初民社会之性质，不是只有氏族这唯一模式在那里积累，而是有地域的、宗教的、性别的、已婚未婚的、有无子女的等等会社式联结人群的多种方式）⑥，在当时的条件下，生存与发展显然不具优势，属不

① 史念海：《西安附近的原始聚落和城市的兴起》，《中国历史地理论丛》1996年第4期，第9页。
② 魏光：《半坡文化与河姆渡文化的比较研究》，载《史前研究》，三秦出版社2000年版，第336—344页。
③ 韩非子校注组编：《韩非子校注》，江苏人民出版社1982年版，第661页。
④（汉）刘安：《淮南子》卷6《览冥训》，陈静注译，中州古籍出版社2010年版，第99页。
⑤ 朱龙华编：《世界历史上古部分》，北京大学出版社1994年版，第312页。
⑥［美］罗维：《初民社会》，吕叔湘译，江苏教育出版社2006年版。

发达的原始社会。

由于生存环境的需要，人们既必须以群体的形式生存，那就不只是简单地联结为一个群体，还需将群体不断巩固为一个极具凝聚力的整体，因此一整套维护、巩固当时生存模式的观念、制度、文化等就随之创造。如加强族内团结的亲情，尊老护幼，平等公平的分配，注重维护个体的利益使个人增强对本氏族的依赖（从孔子分析殷之法之所以弃灰于公道者断其手，是因弃灰于公道影响行人会引起争吵甚至打闹，而个人打斗又必然会引发双方所在部族的相残①，就可知我国奴隶社会个人与亲族关系仍十分紧密，而这种紧密是在氏族时代长期形成的）；共同的图腾信仰，特定的名号，尊崇共同的祖先，生聚族而居，死同族而葬等等；另一方面排斥他族“神不歆非类，民不祀非族”②，《诗经·小雅·黄鸟》就反映了一个人与本族失去联系后他族人不友好，也可说不收留生存困难急于回归本族的心声，直至奴隶社会也主要是奴役外族人就可看出③。在个体生存困难发展更不易的时代，人们以血缘关系联结为一个整体，力量就大大增强，不仅青壮，就是老弱也可依靠群体的力量得以生存，自然也有利于继续发展。所以社会孕育阶段的原始社会，以血缘为经纬的联结方式最适合当时社会的实际，因此形成血缘文明。我国先民增强氏族凝聚力的种种措施，在当时最适合本氏族的生存和发展，因此也使原始社会走向了高度发达。可见氏族愈裹愈紧是我国原始社会高度发达的重要表现和必然结果，也是因环境要求必须以群体形式生存的产物。一方水土造一方人、养一方人，人本身就是自然环境的产物，就是所存在生态的重要组成部分，如北极的动物大都是白色，而山地的动物大都是黄褐色一样，我国独特的生存环境铸就了中华民族重集体作用、家国一体、凝聚力强、务实等民族性格和特点。

（二）适宜农业发展的相对独立而广阔的大陆型环境，决定了我国封建社会的高度发达

大陆型环境在发展农业方面的天然优势，决定了我国先民必然走上依赖土地、不断发展农业解决生存问题的道路，所以我国自古就以农立国。经过原始、奴隶两个阶段五六千年对农业知识和经验的积累，至战国末期我国已为创建封建农业文明奠定了深厚的根基。因必须群体生存，在氏族时代长期形成的个体对族群、晚辈对长辈的依赖和服从，也为国家创建时就实行自上而下的分封建制提供了沃土，因此大禹时就初创分封制，“禹为姒姓，其后分封，用国为姓”④。自上而下的分封建制经过夏商周三代的不断发展，至战国末期已具备了向最高阶段迈进的条件。加之奴隶社会的不发达，使封建种芽在其中得到快速发育，我国首创中央集权的、小农与土地相结合的封建社会就成为历史发展的必然。封建时代是农业文明，我国虽在创建封建社会方面条件充

① 《韩非子校注》，第316页。

② 《左传·僖公十年》，第60页。

③ 《诗经》，西安出版社2000年版，第197页。

④ 《史记》卷2《夏本纪》，第89页。

分、基础雄厚，但广大的适宜于农业发展的地理环境和气候，才是我国首创封建社会及封建文明高度发达的决定性因素。

（三）相对独立的地理环境，决定了我国社会形态演进的独特性和连续性

我国因原始社会发达在奴隶制时代落后，若地处近东，早就会饱尝落后就要挨打的滋味，而不是等到近代。正因我国距奴隶社会发达的古希腊罗马遥远，且有冰川广布的帕米尔高原和世界屋脊喜马拉雅山阻隔，才受外界影响较小，因而可完全按照我国社会自身成长的逻辑存在及演进，也就走出了一条独特的社会演进道路，留下了一条和西方不同的演进轨迹（见图6、图7），我国独特的地理环境既使我国少受冲击，也使我国的发展无法像亚历山大、成吉思汗、阿拉伯帝国等等那样万里开拓（但所有在短期内大张大伐的帝国因缺乏牢固的根基又都顷刻土崩瓦解，结果不仅使自身发展的链条断裂，也冲击了其他国家和地区发展的连续性），而是必须以稳扎稳打的形式，所以发展是中心稳固后再以水到渠成的方式逐渐扩展。这种逐渐的扩展，是社会本身不断成长的体现，与历史潮流同步，自然就形成了稳步发展起来的牢固的国家，使我国社会发展呈现连续性和整体性，成为社会发展唯一未中断的国家。

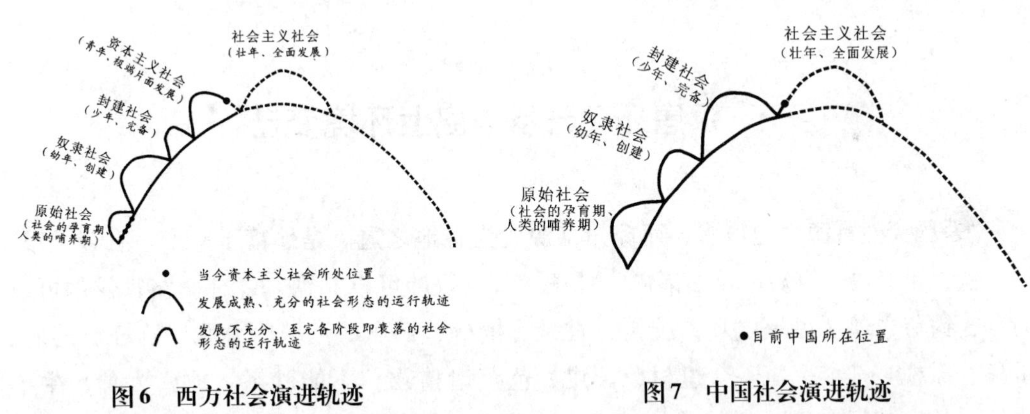

图6　西方社会演进轨迹

图7　中国社会演进轨迹

（作者单位：陕西省文物信息咨询中心《文博》编辑部）

历代对海南岛的经略政策与岛上环境变迁

司徒尚纪　许桂香

海南岛位于我国最南端，孤悬海外，地理位置偏远，并自成一个相对独立的地理单元，历代封建王朝鞭长莫及；但因其战略、交通和国防上特殊地位和丰富的热带资源，刺激了历代封建王朝对它的开发欲望，并因对海南岛地位和作用的认识不同而采取的一系列的治理手段和开发方略，对海南岛的生态环境产生了直接影响，宋元以来对海南岛的掠夺式开发使岛上的生态环境逐渐恶化，特别是明清以来，随着开发的深入，岛上的资源环境遭到了不可逆转的破坏，产生严重后果，影响至今。

一　汉唐环岛开发与岛上环境变迁

“吾国天然富源之地虽多，而琼州富源尤为各地之冠。是地富于矿产，有金、银、铜、铁、铅、锡、煤炭、煤油诸矿。甘蔗、蕃茂取汁可以制糖，森林荫翳，伐木可以为舟，钓鱼之丝，鱼埕之场，胶树、蚕桑、槟榔、椰子、菠萝、龙眼、荔枝、芝麻、番薯、橄榄、茄楠、沉香、橙柑、黄皮、芭蕉诸植物，不能胜举。地广人稀，牛羊成群，牧畜之场在焉；丛林峻岭，麋鹿、猿、豺、兔、狸、獭、山猪栖息其间，狩猎之区存焉。总之，琼州一岛，动、植、矿三界莫不丰富……”① 西汉政权进入海南之初，就垂涎于海南岛上的资源，采取了盘剥式的开发策略。汉武帝元封元年（前110）在海南岛北、西和南部首次设立珠崖、儋耳两郡十六县，开始了对海南的封建统治。当时朝廷派驻海南的官员中多贪官酷吏，他们独霸一方，横征暴敛，肆无忌惮地搜刮当地的珍宝奇货，引起了当地人的强烈反抗。如据《后汉书·南蛮西南夷列传》中载：“武帝末，珠崖太守会稽孙幸调广幅布献之，蛮不堪役，遂攻郡杀幸。”② 后武帝又命孙豹为太守，同样贪污纳贿，掠献方物，反抗仍不断发生③。清初顾炎武《天下郡国利病书》中也有类似记载：“汉魏以还，守官广南者，多以贪墨坐激吏民之

① 孙中山、梁士诒、陈发檀等36人：《琼州改设行省理由书》，1912年。

② 《后汉书》卷86《南蛮西南夷列传》第76，第2835页。

③ 《后汉书》卷86《南蛮》。

叛，启蛮獠之寇，实由此。盖古今之同患也。”南迁的汉族官员不仅对黎族先人进行残酷压迫和剥削，而且占领了肥沃的沿海平原台地，迫使俚人向自然条件更为恶劣的山区迁移。这部分汉人直接从事农业的人很少，对森林和环境的破坏不大，但他们从中原带来的铁斧、刀、锄头、犁等金属工具是改变土地资源和促进森林消失的强大因素。而俚人农业生产主要靠刀耕火种，加之钩刀、铁斧等部分铁器工具的使用，森林消失的规模和速度较前代加快，如《汉书·地理志》说岛上“男子耕农、种禾稻苎麻，女子蚕桑织渍”。显见土地开发已达到一定程度，但因其时生产力水平较低，金属工具为数不多，加上岛上丰富的森林资源在一定限度内的自我更新和自行调解功能，加之水热条件优越，植物生长较快，对岛上生态环境的破坏是有限的。仅少数地区被开垦为农田，但原始的生态环境已经开始发生变化，这是海南岛环境变迁的起点。

唐政权空前强大，政局较稳定，中央和地方政权都更多地关注边疆的巩固和开拓。唐代少数民族地区通常被划为羁縻州。海南虽然属于少数民族地区，但却不设羁縻州，而由中央直接委派官吏，同一般地区一样设立州县管辖，充分说明唐代对海南开发的重视。岛的沿海地区设立22个州县，环岛被列入开发范围，岛上移民也增加，有“故家大半来中土，五州编户盛于唐”诗句。其中海南的东北和东南部地区是唐代重点经营和加剧盘剥的对象。东北琼崖2州领县8，地狭县多，赋税增加，官吏盘剥加剧，人民的反抗也此起彼伏。如《新唐书》载，乾封二年（667），琼州（今海南岛定安以北）俚人起事，反抗唐朝统治。琼州都督李孝逸抚驭失当，致使琼州治也失陷。① 这也间接说明沿海地区，主要在北部和东部有较大面积开垦、栽培作物广泛出现，如此，则森林的界线也从沿海四周向内后退，当然这仍是断续而不是全线的移动。岛东南地区也是唐的重点经营对象，据唐天宝年间鉴真回大陆沿途所见，万安州一带出现了一片稻果蚕桑的欣欣向荣的田园景观②。当地豪强冯若芳盘踞地“其奴婢居处，南北行三日，东西行五日，村村相次”③。可知这一带人口、聚落较密集，沿海森林有一部分被砍伐是肯定的。另外，琼州太守韦公干，驱使家奴砍伐乌文、呿陁等珍贵木材，造大船载货到广州贩卖，后在广州附近沉没。可见这也是采伐森林行为。④ 这与森林的后退是同步进行的。另据《新唐书》记：“时崖、振五州首领更相掠，民苦于兵，使者至，辄苦瘴疠，莫敢往。”⑤ 说明当时州县刚设立不久，沿海各地森林仍然很普遍，环境还相当恶劣，以致官员不敢上任，由此可知森林没有遭到太大破坏。

---

① 《新唐书》卷3《本纪第三·高宗》，第66页。

② 《唐大和上东征传》，中华书局1979年版，第69页。

③ 李昉：《太平广记·陈振武》卷286，人民文学出版社1959年版，第2282页。

④ 《太平广记》卷269。

⑤ 《新唐书》卷130，列传第55，裴阳宋杨崔李解，第4493页。

二 宋元全岛开发与岛上环境变迁

宋代对海南岛采取怀柔招抚政策为主，移民增加，对耕地的需求加大，森林变迁是伴随着黎族汉化地区不断扩大而从沿海转向山区。按宋代岛上人口分布，汉人居住在沿海地区，生黎居住在中部山区，熟黎则介于两者之间，从沿海到山区形成了三大开发程度不同的地带。沿海汉族地区为岛上开发重点，封建经济占主导地位，大规模毁林垦荒，加快了森林的消失，是生态环境改变最大的地区。如据苏过《斜川集》载，宋代岛西北沿海地区已出现"濒海瘠卤之地"①。至少说明岛上原本茂密的红树林被破坏已不是个别现象。另外，岛东部、东南部平原台地大片热带原始森林被辟为热带草场或耕地，如宋朝宰相卢多逊被贬谪来到海南南部的水南村留下来的《水南村为黎伯淳题》七律诗中写道："禾黍年登有酒樽……上篱薯蓣春添蔓，绕屋槟榔夏放花。"②形象地反映了森林被辟为耕地的情况。再如《诸蕃志》也记载了岛东部原始森林被砍伐后演替为草原的情况："牛羊被野……居多茅竹、瓦屋绝少。"③熟黎区接受汉文化影响大，处于向封建化过渡的类型，农业有一定发展，并辅以采集渔猎，部分山区被垦辟为水田，如琼管安抚司长官朱初平在给朝廷的奏疏中提到"黎峒宽敞，极有可为良田处"，并建议迁入部分汉人"与黎人杂处分耕"，如岛南"朱崖军颇有熟黎峒米"④。王象之《舆地纪胜·槟榔为命》条说，"琼人以槟榔为命，广于石山村者最良，岁过闽广者，不知其几千万也"。又市舶门曰，"非槟榔之利，不能为一州也"⑤。可见熟黎地区的山间盆地水田不少。山区的林木被采伐，生态环境也随之发生不同程度的改变。而中部生黎区，深处五指山腹地，《文献通考》云："生黎之巢深邃，外人不复痕。"⑥他们还处在原始社会晚期，或刚刚踏进阶级社会的门槛，生产生活比熟黎落后，以采集渔猎为主，农业为辅，原始森林密布，是生态环境保持最为良好的地区。

元政治苛暴，对黎族以军事镇压为主。例如从至元三十八年（1291）开始，分兵四路，奋师大伐"深入千万年人迹未到之处，刻石黎母、五指山而还，增户主九万二千二百有零，自开郡以来未能过之者也"⑦。每次军事行动几乎无一例外地伴随着伐木、割草、开路等一系列破坏植被的作战措施，加之军事行动后的军事屯田，至元三十年置海北海南屯田万户府，同时置海南黎兵万户府。史载"则每因屯田，且耕且战为居久之计"⑧。屯田的结果是人口大幅增长，仅琼州路就有屯田民户5011户，对农业和粮

① 苏过：《斜川集》卷5《论海南黎事书》，知不足斋丛书本，第5页。
② 宣统《崖州志》卷21《艺文志三》，第467页。
③ 《诸蕃志》卷下，海南，第146页。
④ 李焘：《续资治通鉴长编》卷330。
⑤ 王象之：《舆地纪胜》卷124。
⑥ 《文献通考》卷331，四裔八，《黎峒》第2589页。
⑦ 《元史》卷33。
⑧ 《元文类》卷17"屯田"条，嘉靖刻本，第7页。

食生产提出了更高的要求。据正德《琼台志》载，泰定二年（1325）海南秋粮米数占当时湖广省岁入粮额834787石的2%。海南面积约为湖广总面积的5.3%，这与海南岛在湖广省的地位相比较并不过于悬殊，从侧面反映了当时毁林开荒垦田达到了一个新的高峰。加之大力推广植棉、围垦河滩，兴修各种水利工程，扩大了森林在沿海和内地的消失，导致耕地上山，首先在沿海，继之在其内地出现生态平衡失调现象。森林在北部沿海地区丧失了优势地位，其他地区也出现草原、耕地取代森林现象，山区森林破坏已经开始，标志着环境恶化的新趋势。

三　明清深入开发与岛上环境变迁

明代封建制度在岛上逐渐占统治地位，海南岛进入全面深入开发时期。明太祖朱元璋十分注意经略海南，在给守岛将士敕令中称之为“南溟奇甸”、“必遣仁勇者戍守”①。洪武元年（1368）将琼州升格为府，成为全岛行政中枢，这一统一的治理机构对岛上资源开发、经济中心的形成大有裨益。洪武年间，在人口和土地调查的基础上，在黎区建立基层行政组织黎图，若干黎图为一都，若干都为一乡，并废除元代黎首世袭制，起用当地土官，并在减少对黎族大规模用兵的同时，对海南岛采取减轻赋税徭役的特殊政策，为更全面深入地开发铺平了道路。这主要是与明统治者采取的以夷治夷、重在安抚不扰民的积极统治政策密不可分，使海南有了较长一段时间的稳定发展。明洪武二年海南岛由原属广西划归广东管辖，广东大陆先进技术源源不断传入海南岛，钩刀等铁器工具已普及到五指山腹地，为砍林垦荒提供了更强有力的工具。明中叶又移入苗人，他们“往往焚山而耕，既又弃而他徙”②。这种游耕活动对森林破坏范围非常广泛，而且程度严重。明万历年间（1573—1619）镇压琼山南境黎族起义，军队“每大举，众无虑十万，云集境上，斩蓬蒿而夷之”，使森林的消失有增无减。同时，大量汉族移民迁入海南实行军屯，提供了充足的劳动力，农业耕地面积迅速扩大，与农业生产息息相关的水利建设也得到了重视。随着农业经济的飞跃发展，黎汉贸易也空前活跃，墟市和港口的数量日益增多，森林直接成为开采贸易对象，有一部分移民直接进入五指山区从事各种拓垦活动，例如有些黎人受雇于汉商，入山采藤、采香、伐木，“黎之穷者亦藉以资生”③，有些“黎人数十为群，构巢于山谷间，分行采购”④，特别是“黎产唯藤之利为大，出而运诸海口，通行各省”⑤。在安定县，“龙头花木，近日纷纷争购之矣”⑥。木材输出的增加，大大加快了山区森林的消耗。又岛内手工业的发展也对森林提出更多的要求。明代琼州就是广州有数的几个造船中心之一。

① 《古今图书集成》卷1383，第170册，琼州府部，第3页。

② 陈铭枢编：《海南岛志》，神州国光社1933年版，第85页。

③ （清）（无著撰人姓名）《琼黎一览·琼崖黎歧风俗图说》全1册，广东中山图书馆手抄本，第12页。

④ 《琼黎一览·琼崖黎歧风俗图说》，第15页。

⑤ （清）张庆长：《黎歧纪闻》全1册，宣统刊本，第9页。

⑥ 《黎歧纪闻》，第10页。

万历四十五年批准“立厂取材于本处地方”①，清雍正五年（1727）和嘉庆十八年（1813）海口被定为广东省内四大船舶修造中心之一，雷州半岛有些港口的船只也由海口负责检修②。在万州，还在明代就有人指出“万州藤作名天下，始于近代，官役劳及妇人，连年不得休息”，由于采伐过度，以致“条蔓枯尽，山为童”③。已经引起生态环境的变迁。像这类消耗木材的手工业的发展，只会使森林消失有增无已。从海外传入海南的新作物品种很多，粮油作物有番薯、玉米、花生大粒种，经济作物有烟草、菠萝、辣椒、南瓜、番茄、甘蓝、莴苣、洋葱、香芹。它们的栽培地点，有些是过去开垦的土地，但它们使用时间已久，比较瘦瘠，故即便是一些对土壤肥力要求不高的作物也必须伐林开垦。这样无疑加速了森林面积的缩小。

明末清初。社会动荡不安，战事不断。广东沿海又有迁海之变，海南社会同样遭到严重破坏。迨康熙中叶以后清王朝对海南岛的统治才渐趋稳定，地方建置才得以在前代基础上扩大和加深。清代虽因袭明制，但经过一系列整顿，中央政令已经渗透到海南腹地，特别是对黎族直接统治大大加强，遂使黎族普遍受编，极大地改变过去不入版籍“不服王化”状况。到道光年间（1821—1850），几乎所有黎区都划入州县统治范围。人口日稠，开发程度渐高，森林破坏日趋严重。原来森林较多的陵水县，康熙年间（1662—1722）已出现“不毛之山峙其内，涨海之沙环其外”的局面④。森林破坏之后，直接导致岛上饱受风沙之害。当时在西海岸（如在感恩）就发生流沙淹没农田之事。砂生草丛和砂生刺灌丛及裸露沙地比例大大增加，整个西部沿海，环境变迁都很严重。如光绪（1875—1908）初，从儋县南丰到乐东番阳，已为五指山中央，其间约150公里，“其中并无平广之荒地，亦无大林，间有茂密之区，亦浅露于山阿之外。其材木以鸡子木、胭脂木、油楠、绿楠为佳，而每次不可多得，其出山易者已采伐罄尽。今惟层山峻谷中间有一二株、数株而已”⑤。

明清时期沿海地区原始林基本上被次生林和栽培作物所取代，荒地和草原面积大增，局部地区出现环境质量下降、生态平衡破坏、农业生产受到不同程度的损害。例如三亚藤桥海岸，“白沙弥望，高平之处浅草平铺，无开垦者。凡地属高坡，虽平旷而土深厚、垦而种植，其收成必减于低处二三分。盖其地四无遮蔽，晴则风吹松土以去，雨则水漂土膏下流，且禾苗茂时，多虞风灾”⑥。在这里所展现的仍是一幅植被被破坏后，土壤裸露，在风蚀和水蚀作用下生态环境恶化，农业凋零的景象。它们仅是受害地区的少数事例而已。而五指山区森林成为采伐主要对象。到清末山区内部出现大面积次生林、灌丛和草原。

---

① 《道光府志》卷17《经政志十五·船政》第1页。
② 同上书，第2页。
③ （明）唐胄：《传芳集》，《海南丛书》第4—5种，1935年海口版，第31页。
④ 广东省文史研究馆编：《广东省自然灾害史料》，内部发行，增订本，1963年。
⑤ 胡传：《游历琼州黎峒行程日记》，《禹贡》第2卷第1期，1934年9月。
⑥ 道光《万州志》卷9《黎歧》，第32页。

四　近代掠夺式开发与岛上环境变迁

20 世纪初到新中国成立前是海南岛各类资源被掠夺破坏最严重时期，森林经历了一场浩劫，环境变迁最大，后果最严重的 50 年。这时期新式运输的发展，公路深入山区，大大加快了森林开采步伐。鸦片战争以后，海南的特殊地位和资源，又成了外国侵略者觊觎和角逐的对象。英、法、德、意、比、西、美等帝国主义列强先后伸进海南广大城乡，以不合理方式开发岛上资源，不但在政治上企图控制本岛，而且通过经济侵略，对海南岛经济起了巨大分解作用，迫使大批农民破产，荒地大面积增加，许多破产农民进山伐木为生，许多人迹罕至的林区也被纳入开采范围，同样遭到很大的破坏。在所有破坏森林的行为中，以日寇对森林的掠夺最为严重。沦陷期间，日资岛田、王子、台湾海南产业和三井农林会社 4 家较大公司在崖县、陵水、感恩、昌江等县大面积开采热带阔叶林和针叶林，计前 3 家公司设有 18 家木材加工厂，工作人员 1500 人，每年采伐木材 1 万立方米①。日寇为了围剿抗日军民，到处修路、筑碉堡，大肆破坏丘陵地区的次生林和五指山区的原始森林。对沿海红树林，日寇更是不遗余力地采伐，主要集中在东北海岸。在澄迈一带大量掠夺制革原料油柑，提取单宁，并输出岛外②。新中国成立后据广东省植物科学工作者实地调查，发现北部这一带沿海有许多被砍伐的海桑树桩，有直径巨至 1 米者③。这种树高可达 15—20 米，是红树林中的优质种，亦为日寇重点掠夺对象。这样海南岛上的森林急剧减少，1933 年覆盖率仍有 50%④，到新中国成立前夕，下降为 35%⑤，不到 20 年时间减少了 15%。而从公元前 110 年（即设郡之初）到 1933 年，2000 余年才减少 40%，即抗战到新中国成立前夕这段时间，岛上森林消失总量等于以往 766 年，相当于元明清三代王朝破坏的总和⑥。这实为海南岛森林和环境的一场空前浩劫。

继明清以来的砍伐，到这一时期，岛上的森林面貌已彻底改观，“濒海各地，弥望童山”⑦，尤以北部为甚，南渡江下游各地，“所有树木经砍伐净尽，成一荒凉赤野”。儋县北门江流域本为一大林区，这时“两岸既成赤野，无复林木存在……上游亦零星散漫”⑧。在“琼东滨海，无森林可言”⑨，即使东部沿海内地，河流经过的丘陵平原，因“交通方便，所有树木砍伐无遗”，情况稍好一点者，则“良材大木，已砍伐殆

① 陈植：《海南岛资源之开发》，正中书局 1948 年版，第 102 页。

② 《海南岛资源之开发》，第 19 页。

③ 广东省植物研究所编：《广东植被》，科学出版社 1976 年版，第 109 页。

④ 《海南岛志》，第 12 页。

⑤ ［日］吉野正敏：《海南岛的农业气候》，载日文版《地理》第 29 卷，8 号，第 83 页。

⑥ 司徒尚纪：《海南岛历史上土地开发研究》，海南人民出版社 1987 年版，第 192 页。

⑦ 彭程万等：《琼崖之森林》，《地学杂志》1922 年第 12 期，第 9 页。

⑧ 《海南岛志》，第 300 页。

⑨ 《琼崖之森林》，《地学杂志》1922 年第 12 期，第 9 页。

尽”①。至于五指山区，正如德国民族学家 H. 史图博 1931—1932 年两次沿昌化江河谷进入其腹地所见那样，到处是疏林草原。如在乐东南大一带，“覆盖着茅草的山地，在山斜坡几乎一树不长，惟山顶有森林”，甚至在五指山北侧打什港，“沿路几乎是被草覆盖的丘陵地”②，除栽培作物外，还有成片长满杂草的荒地，比 20 世纪所见要严重得多。总之凡“人迹所到之处，林木辄受摧毁，……故交通稍便之处，森林每多零落”③。日本侵占海南岛以后，对森林破坏有加，连他们自己也承认“岛北部海岸五十到六十公里地方已见不到森林”④。这时不但北部用材匮乏，而且日常薪炭也发生困难，柴价甚至与广州差不多⑤。再如东方县入学、感城和板桥一带，抗战前还有包括花梨、青皮等大树在内的森林，日寇入侵后被砍伐殆尽，演替为草地，灌丛或稀树草原⑥。这场浩劫使得沿海森林基本绝迹，山区森林严重破坏，唯交通不便的山区腹地，尚保留大面积森林直到新中国成立后。森林破坏后引起水土流失、河床淤浅，土壤变质，风沙蔓延，生态平衡被破坏，自然灾害加剧，直接间接影响农业生产和群众生活，以沿海平原台地最为严重，随地势上升向丘陵山地削弱。其严重后果在当时就表现出来了。1946 年，南渡江从金江市以下，万泉河从嘉积到乐会县城，陵水河在陵水县城附近河段，还有宁远河、太阳河、龙滚河等出现暴雨则泛滥，旱则徒步可涉，沙积乃至断流等现象⑦，这显然是上游森林被破坏，水土流失的结果。

五 小结

综上所述，历史上对海南的经略政策因朝代更替而每有不同，但有一个基本事实是，对海南岛的地位和作用都没有将其提升到作为政权赖以生存的经济基础的高度，因而对海南岛的经略政策基本上不是放任自流，就是进行掠夺式开发，对岛上资源的无序开采，直接或间接导致了岛上环境的变迁与恶化。历代对海南的垦殖、采伐原材和林业产品、狩猎、放牧、军事活动以及其他生产生活消耗，尤其是毁林开荒，刀耕火种、耕地上山等，都直接造成了岛上大片原始热带森林面积的萎缩，直至消失。在历史上反动统治者的经济、政治双重压迫之下，一方面引起农民不断的反抗，激起社会政治危机，另一方面又迫使农民除出走以外，主要出路是扩大和强化对土地本身的掠夺式经营，以应付租税和人口再生产。这样的结果使生态平衡失调乃至危机频仍，被大自然惩罚和报复的频率增加，后果一次比一次严重。要消除过去由于一系列错

---

① 《海南岛志》，第 299 页。

② ［德］H. 史图博：《海南岛民族志》（上），广东省民族研究所译，1964 年油印本，第 9—24 页。

③ 《琼崖之森林》，《地学杂志》1922 年第 12 期，第 9 页。

④ ［日］饭本信之：《南洋地理大系》2，昭和十七年（1942），第 116 页。

⑤ 《琼崖之森林》，《地学杂志》1922 年第 12 期，第 9 页。

⑥ 朱济凡、姜志林：《关于建国三十二年来海南岛合理开发与连续破坏两种结果好坏的考察报告》，《生态学杂志》1982 年第 3 期，第 2 页。

⑦ 林缵春：《海南岛之产业》，琼崖农业研究会，1946 年，第 31—32 页。

误的经略措施和政策所造成的生态环境变迁的严重后果，必须在遵循自然规律和社会规律的基础上，从综合、整体的高度出发，合理开发岛上资源，充分认识到保护森林是维持岛上生态平衡、保障海南生态环境良性循环和经济可持续发展的关键所在。

（作者单位：中山大学地理科学与规划学院、贵州民族学院民族科学研究院）

浦阳江下游河道改道新考

朱海滨

一　问题的提出

浦阳江发源于今浦江县（早期历史文献多载为乌伤县，浦江县乃唐代时从义乌县即原乌伤县析出），自南往北流经诸暨、萧山两县，在萧山义桥镇与闻堰镇之间汇入钱塘江，是钱塘江的重要支流，也是历史上浙江境内连接金绍两府、自南往北贯穿浙江中部的一条交通要道。但在历史上，其下游萧山境内的河道，曾经发生过重大的改道，即今天临浦至义桥镇之间的河道，就是改道之后新形成的河道，此前的主河道则是萧山境内的“西小江”，经钱清镇流入山阴县，在三江口（今绍兴斗门镇）入杭州湾（历史文献多记载为“后海”）（见图1）。浦阳江与钱塘江原本是两条独立的河流，改道之后才成为钱塘江的支流。明清以来的众多方志，对此均有明确的记载，几乎没有任何不同的说法。从宋元时期的大量文献中也可看出，现存的西小江原本就是浦阳江的主河道。谭其骧先生主编的《中国历史地图集》中明中叶以前的图幅，也采用西小江河道为浦阳江下游河道的说法。原本没有疑义的这样一个历史地理现象，陈桥驿先生却在《历史地理》创刊号上发表《论历史时期浦阳江下游的河道变迁》（以下简称《变迁》）一文，提出了这样一个观点：现在浦阳江下游河道原本就西出钱塘江，并非明代改道之后才形成，南宋时期在浦阳江河道途经碛堰山的山口部分，修建起了一个堰坝（“碛堰”），才迫使浦阳江改走西小江河道，到了明代嘉靖年间，碛堰最终被废，在临浦筑起临浦大坝，隔断浦阳江与西小江，才逼使浦阳江主河道回归今天的浦阳江河道。陈先生在文末还这样补充道：“时至今日，关于浦阳江下游河道的这种错误说法已经流传了四百余年之久。不仅从历史地理资料上说，这个以讹传讹的错误必须予以纠正。”① 由于陈桥驿先生是一位著名的历史地理学家，在浙江历史文化学界影响巨大，此后浙江当地的许多文史研究者及地方志编纂者都采信了陈先生的说法。此后虽有不同的意见出现，但基本上都没有指名道姓地批

① 陈桥驿：《论历史时期浦阳江下游的河道变迁》，载《历史地理》创刊号，上海人民出版社1981年版。

评，只是把陈先生的观点模糊为“有学者认为”之类。① 更没有学者撰文对陈先生所引述的史料、根据进行反驳，只是仍然坚持西小江乃浦阳江的下游河道，明代后才改走今天河道。近来笔者阅读陈先生一文，并检详其所引用史料后发现，宋元明清以来的方志及当地人的说法并没有错误，倒是陈先生曲解了几个关键地名（如渔浦湖、临平湖、浦阳南津、浦阳北津），误解了部分史料的含义，其所提出来的观点，完全没有切实的根据。

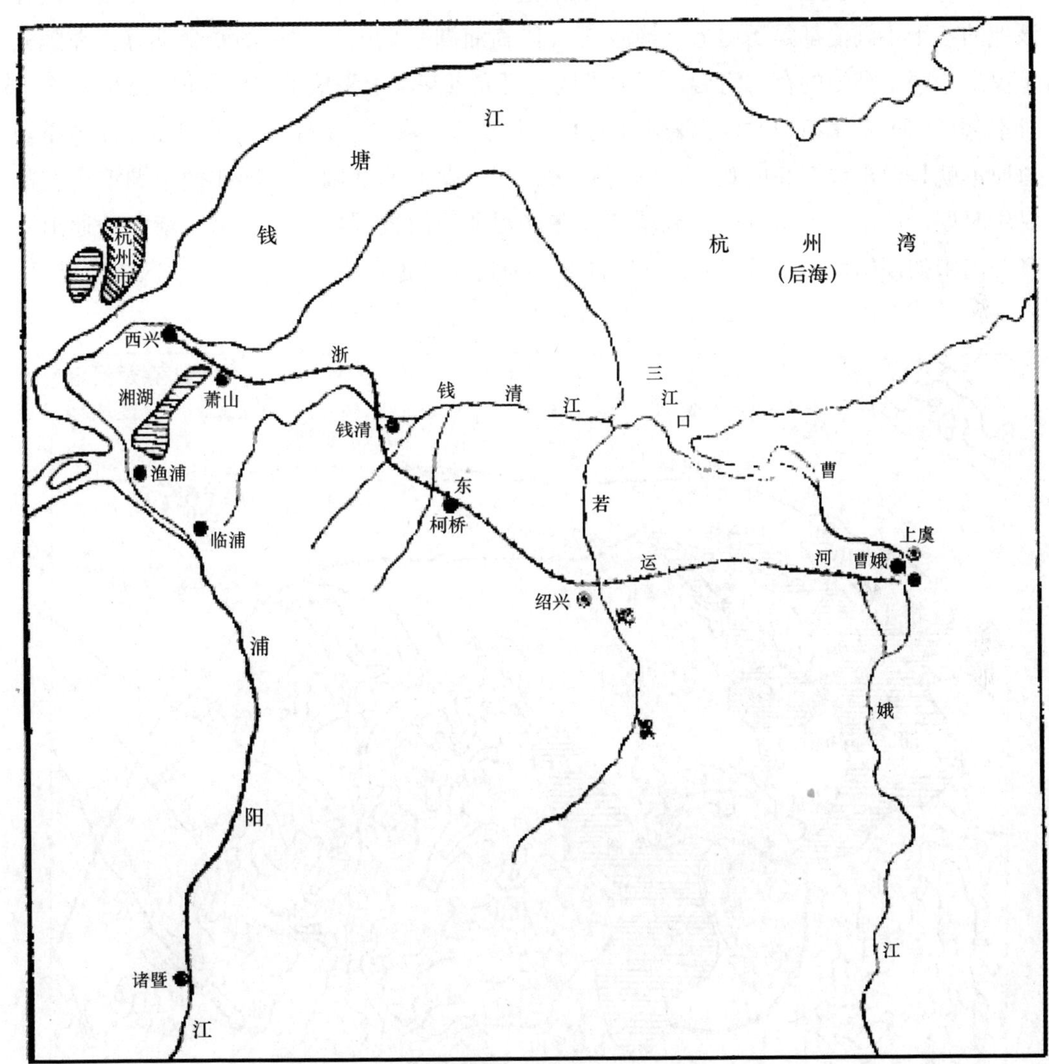

图1 浦阳江及相关河流形势图

① 如孔子贤、陈志根《浦阳江下游河道变迁考略》，《杭州师范学院学报》1991 年第 1 期，第 65 页；杨钧：《浦阳江源流考辨》，载《水利史研究论文集》第 1 辑，河海大学出版社 1994 年版，第 84 页。

二 历史上萧山境内并无“渔浦”、“临浦”二湖

陈先生在《变迁》一文，有“古代浦阳江下游的河湖形势”一节。在该节中，陈先生提出在宋代之前，今浦阳江下游河道有两个巨大的湖泊，即“渔浦湖”、“临浦湖”（见图2），随着唐宋以来开发（围湖造田）的加剧，这两个湖泊先后湮废，现存该地的各个小湖泊都是历史上“渔浦湖”、“临浦湖”两个大湖泊的残余部分。在陈先生提出这两个湖泊的存在之后，萧山当地的研究者基本上采信了这样的说法，[①] 甚至连日本著名的史学家斯波义信也采用了这样的说法[②]。陈先生关于历史早期浦阳江下游河道原本就是西出钱塘江的观点，就建立在这两个湖泊的基础上，即在两个湖泊还在的汉唐时期，浦阳江下游就西出钱塘江，在这两个湖泊被围垦后，西出钱塘江的通道不畅，南宋初期碛堰山口被塞后，浦阳江下游河道才改走西小江。

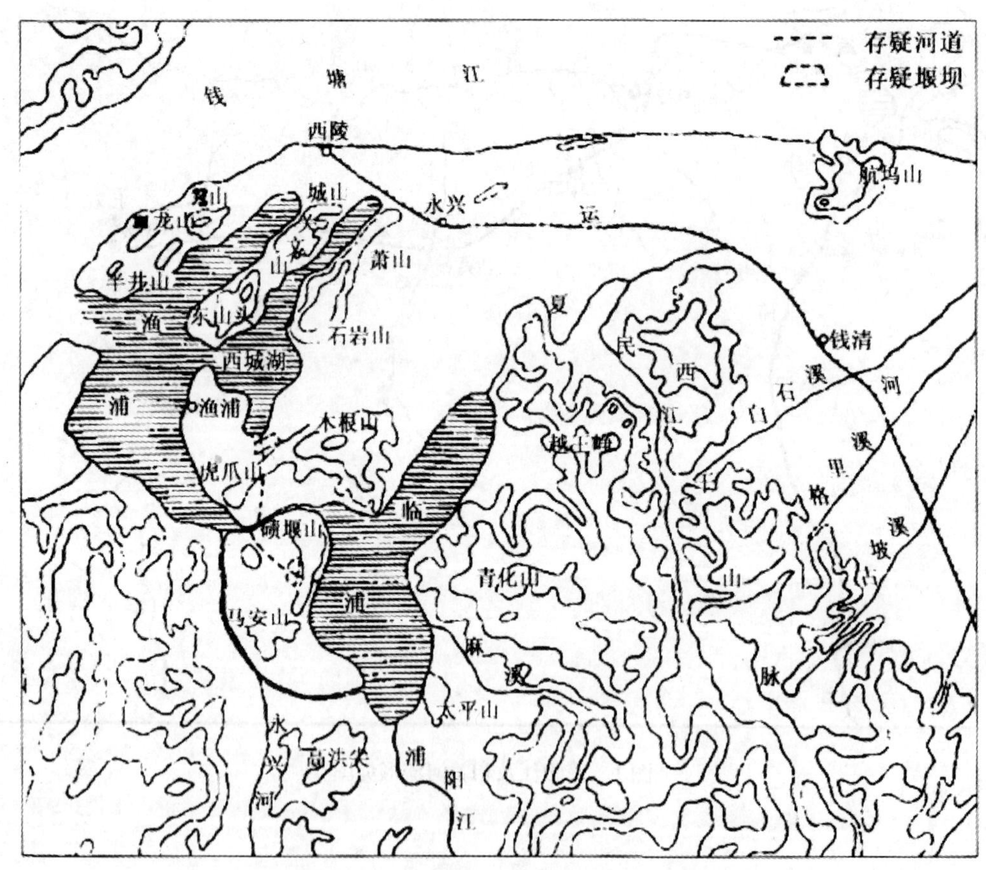

图2 六朝时代浦阳江下游示意图（录于《变迁》之第69页）

① 如前述孔子贤、陈志根、杨钧，又如陈志富《萧山水利史》，方志出版社2006年版。

② ［日］斯波義信:『宋代江南経済史の研究』，東京大学東洋文化研究所，1988年。

笔者遍检现存历代绍兴府及萧山县志以及清代以前历史文献中有关萧山的记载中，丝毫也找不到任何关于“渔浦湖”、“临浦湖”这样的说法，可以断定萧山境内的“渔浦湖”、“临浦湖”是由陈先生首次提出的，此后的学者都是在陈先生学说的基础上展开讨论的。

尽管他们并不完全同意陈先生的说法，但几乎没有人怀疑过陈先生所提出的“渔浦湖”、“临浦湖”的存在。浙江境内萧山最晚于西汉设县（很可能秦代已设县），境内发现过大量新石器时代及商周时代的遗址，属浙江地区开发较早的地区，也是六朝时期的经济文化发达区，关于该地区的文献记载相对较多。根据陈先生的说法，临浦湖与渔浦湖的水面面积巨大，现存萧山境内的许多湖泊（包含萧山最大的湘湖）都是这两个湖泊被围垦后遗留下来的痕迹。如果说唐代之前由于文献资料有限，没能找到这两个湖泊的直接记载属于合理的话，那么南宋嘉泰《会稽志》、宝庆《会稽续志》以及众多明清方志中均没有这两个湖泊的记载就无法让人理解了。历史上萧山境内大大小小的湖泊，在萧山县志及绍兴府志中均有记载。唯独两个最大的湖泊没有得到记载，而且唐代距离宋代还不算久远，文献记载不太可能忘得如此彻底。在此，最为合理的解释是，这两个湖泊原本并不存在。

事实是否如此，且来看看陈先生得出两个湖泊结论的资料。陈先生先是引述了后魏阚骃的《十三州志》中有“浙江自临平湖南通浦阳江”，并说“临平湖”是“临浦”之误，早为明王祎、张元忭及清毛奇龄、阮元等所指出。笔者检索了陈先生注解中提到的元末时王祎所写的《钱清江浮桥记》及张元忭的《三江考》。两人所引《十三州志》确实云：“自临浦南通浦阳江”，但这并不能说明临浦是个“湖”。而且王祎、张元忭两人的文章中丝毫没有透露出萧山境内存在一个“临浦湖”的事实，无论王祎还是张元忭均认为“西小江”（“钱清江”）原本就是浦阳江①。那么陈先生所谓的“临浦湖”是怎么得出来的呢？他说道：“阮元说得最明确，他说‘临平湖乃临湖之误，临湖即今临浦，横亘于浦浙之间’。”② 笔者按照陈先生的引文出处，查到阮元的原文如下：

> 浙江又东合临平湖，湖水上通浦阳江，下注浙江，名曰东江，行旅所从，以出浙江也。元案：临平湖在今上塘，临平山之西南，地高于下塘，故旧有四坝以蓄其水。其水或西北泄于南江之迳石门者谓之下注浙江可也。浦阳，则必不可以上通。毛检讨大可谓临平湖乃临湖之误，临湖即今临浦，在萧山南三十里，横亘于浦浙之间。③

也就是说，针对《水经注》中所引《十三州志》中的“浙江自临平湖南通浦阳江”一

① 如王祎的《钱清江浮桥记》一开始就说：“钱清江，古名浦阳江，俗名小江。在山阴东北五十里，江北则萧山境也。”

② 《论历史时期浦阳江下游的河道变迁》，第66页。

③ （清）阮元：《揅经室集》1集（四部丛刊景清道光本）卷13《浙江图考中》。

事，阮元认为临平湖在杭州仁和县临平山西南，不可能通浦阳江，并说毛奇龄曾说“临平湖”是“临湖”之误，“临湖”即为“临浦”，位于萧山县南面30里处的浦阳江与浙江之间。在此我们可以明确，阮元仅是引用清初萧山籍学者毛奇龄的意见而已。那么毛奇龄的原文又是如何的呢？毛奇龄的《杭志三诘三误辨》就是阮元所引毛检讨的意见出处，其文中谈道：

> 《钱唐记》云：临平湖上通浦阳江，下注浙江。而《水经注》亦云：浙江又东合临平湖，湖上通浦阳江，下注浙江，名曰东江，行旅所从，以出浙江者也。……乃读越志，然后知其又误者。盖浦阳江者，禹贡三江之一也，又名东江。其源促于浙，而与浙抗流，至山阴三江之口，然后入海。乃其中有临浦焉，在萧山南三十里，横亘于浦、浙之间，东首接浦者曰碛堰，有小水相通而不大。达西尾接浙者曰渔浦，则直注江水，与钱塘岸山名定山者东西相望，称要津焉。……上通浦阳江下注浙江者临浦也。名曰东江，行旅所从，以出浙江者，谓浦阳名东江，可取道以达浙江，亦临浦也。不合渔浦，上下多富阳跨江所辖之地，而富阳有临湖，傍有临湖村临湖里，与临浦名相乱，刘氏不察，误以临浦为临湖，又误以临湖为临平湖，辗转讹错，致使东江一名，全失所在。而渔浦相望之定山，西陵相望之柳浦，谓可以乘风举帆，直达之桐扣山边临平市畔，将钱塘西岸几无尺土，而不知其误也，此又致误之由之，不可不辨者也。①

在此我们可知，《水经注》所引阚骃的《十三州志》，其原始出处是《钱唐记》。毛奇龄认为，《钱唐记》作者刘道真把“临浦”误以为“临湖”（位于富阳县城以北），又进而把“临湖”混同为“临平湖”（位于今余杭区临平山西南）。毛奇龄的看法是否正确另当别论，② 但从中可以肯定的是，毛奇龄并没有将“临浦”视为一个湖泊，而是指一段河流，它横亘于相互平行的浙江与浦阳江两条河流之间，连接浦阳江的一端是碛堰，与浙江相接的一段是渔浦。至此，我们可以明白，无论是毛奇龄还是阮元，均没有认为临浦是个湖泊，而是指一段河流。而陈先生把阮元引用毛奇龄的话“临平湖乃临湖之误，临湖即今临浦，横亘于浦浙之间”断章取义，得出一个并不存在的“临浦”湖。以上对陈桥驿先生所谓的“临浦湖”由来进行了考证，可知纯粹是误解毛奇龄、阮元的意思所致。事实上，唐代以前并不存在所谓的“临浦湖”，还可从考古遗物的发现证实，在陈先生所谓的“临浦”湖范围内，早就发现了春秋战国时代著名的茅湾里印纹陶窑址（遗物以几何印纹陶及原始瓷为主），2006 年已被列为全国重点文物保护单位。另外，在临浦镇以北一带地方也发现了一些春秋战国时期的遗物③。这些春秋战国时期的遗物、遗址发现说明，最晚在春秋战国时期，临浦镇周边一带已是人类

---

① （清）毛奇龄：《杭志三诘三误辩》（四库存目丛书 214 册），第 234—235 页。

② 笔者并不认同毛奇龄的观点。因为这句话是在《水经注》卷 29 的“沔水”，其所记载的内容为杭嘉湖一带（如六朝时乌程县、余杭县），这里所谓的“临平湖”就是指临平山西南的临平湖，与“临浦”无涉。不能为了符合自己的解释，后人就随意指责早期文献记载错误。

③ 2011 年 7 月萧山市博物馆馆长施加农告知笔者。

的居住、生产地，绝对不是什么巨大的湖泊。所谓的汉唐时期巨大湖泊“临浦湖”，完全是子虚乌有的东西。遗憾的是，至今为止萧山当地的史志工作者仍然受陈先生的影响，居然相信曾经存在过一个“临浦”湖。

至于渔浦湖，陈先生说首见于晋人顾野王《舆地志》。笔者查阅了收在《汉唐地理书钞》的辑本《舆地志》（与陈先生所引乃同一版本），其中确有“渔浦湖，舜渔处”一句[①]。陈先生把此处的“渔浦湖”理解为萧山的“渔浦”，笔者认为这里存在地名误判的问题。因为绍兴府属县上虞自古以来就有一个著名的“渔浦湖”，现存史料中凡是提及“渔浦湖”的均指上虞县的“渔浦湖”（今称白马湖）。《水经注》也载：“（上虞）县之东郭外有渔浦湖，中有大独、小独二山，又有覆舟山。”[②] 北宋《太平寰宇记》载：“周处《风土记》云：舜生于姚邱妫水之内，今上虞县县东也。……渔浦湖，《舆地志》云舜渔处。”[③] 据周处《风土记》，六朝时上虞县城东面被认为是舜的出生地，顾野王也指出“渔浦湖”是“舜”捕鱼的地方，当然这些都是当时流行于当地的传说。现存提及上虞县渔浦湖的史料中，多处都提及“舜渔处”。有关舜的传说及历史遗迹大量存在于浙东地区，以上虞县、余姚县及会稽县之间最为集中。其中会稽县及上虞县均有大量祭祀舜的庙宇，[④] 而萧山有关于舜的传说却要少得多，更无舜的庙宇。谈及萧山“渔浦”是“舜渔处”的资料，较早有嘉泰《会稽志》中“（萧山）渔浦：在县西三十里，《十道志》云：渔浦，舜渔处也”。[⑤] 但这里把“渔浦”归为“水”（河流）类而非“湖”类。嘉靖《萧山县志》也载“渔浦，舜渔处”。[⑥] 但这里也说“渔浦”是“川”而不是“湖”。另外，万历《绍兴府志》也载：“萧山渔浦：在县西三十里，《十道志》云：舜渔处也。”这里也是将萧山渔浦归为“山川类”的“浦”而非湖泊。[⑦] 嘉泰《会稽志》等引用唐代《十道志》来说明萧山渔浦是舜渔处，但唐代《十道志》并无萧山“渔浦湖”的记载，而且《十道志》远远晚于顾野王《舆地志》，再加上与萧山渔浦相关的历代文人诗作中，均无“舜渔处”，清代就已有人指出《十道志》所载乃附会所致[⑧]。根据以上情形判断，顾野王所载的“渔浦湖”，应指上虞境内的渔浦湖。至于萧山渔浦出现的“舜渔处”传说，可能是受上虞等地的传说影响所致。另外，陈先生说“渔浦湖”常见于六朝诗人吟咏中，其注解中的谢灵运的《富春渚》及丘希范的《早发渔浦》，但笔者查阅这些诗文原文后发现，他们诗中只是用了“渔潭”及“渔浦潭”，没有任何迹象说明萧山的渔浦是个湖泊，只能说明“渔浦”是与

---

① （晋）顾野王：《舆地记》，载《汉唐地理书抄》，中华书局1961年版，第199页。

② 《水经注》卷40《渐江水》。

③ （宋）乐史：《太平寰宇记》（清文渊阁四库全书补配古逸丛书景宋本）卷96《江南东道八》。

④ 如万历《绍兴府志》卷19《祠祀志·庙》载：“虞舜庙：在府城东南七十里太平乡舜山之阳，《述异记》：会稽山有虞舜巡守台，下有望陵祠；又一在余姚历山；一在上虞百官市；一在梁湖堰北，称为行宫。”

⑤ 嘉泰《会稽志》卷10《水》。

⑥ 嘉靖《萧山县志》卷1《川》。

⑦ 万历《绍兴府志》（明万历刻本）卷8《山川志五·浦》。

⑧ （清）宋长白：《柳亭诗话》（清康熙天茁园刻本）卷15载：“谢康乐《富春渚诗》：宵济渔浦潭，旦及富春郭。《十道志》云：渔浦在萧山县西三十里，舜渔处也。按定山、赤亭皆在江中，自宵达旦可至富春。潮汐未反，故曰遡流。丘迟、常建、陶翰、潘闲俱有诗，并无言及舜事者。……”《十道志》疑属附会。

钱塘江相连的河港，而“渔潭”、“渔浦潭”则是江面上的一处水深处①。这也就说明，萧山“渔浦”在六朝、唐时期并无“渔浦湖”的说法。直至陈先生发表论文之前，均没有任何人、任何文献提及萧山“渔浦湖”，现代萧山水利史专家及方志工作者有关渔浦湖的说法，直接导源于陈先生的考证。因此，陈先生所说的萧山“渔浦湖”，历史上根本就不存在。

另外，陈先生把萧山的湘湖说成是《水经注》所载的“西城湖”，其根据是清末李慈铭《越缦堂文集》卷12所载的“湘湖即汉志之潘水，郦注之西城湖”。众所周知，湘湖原是一片耕种已久的农田，北宋时期被开挖成湖，这一点有当时资料为证，② 而陈先生却以清末李慈铭的说法把湘湖说成是渔浦的一部分，《水经注》里的西城湖。事实上，近年来在湘湖的中部地区，发现了著名的新石器时代的跨湖桥文化遗址，并发掘出了汉代墓葬群，其文化遗存被埋藏在湘湖下面。由此也可证明，跨湖桥文化遗址所在地，历史早期并非湖泊，而是陆地。这也就证明北宋之前湘湖并非一个湖泊。至于《水经注》里所载“西城湖（西陵湖）”，应该就是现存的白马湖，与湘湖之间有“湖城山”隔开。如毛奇龄所说：“西陵湖即白马湖……以地近西陵则名西陵湖，以其在城山之西则名西城湖。”③

通过以上引证，完全可以肯定，陈桥驿先生提出来的汉唐时期的“临浦”湖、“渔浦”湖、“湘湖”根本就不存在，而是误解了史料的含义，弄错了地名所致。而萧山当地史志工作者却是在陈桥驿提出来“临浦湖”、“渔浦湖”的基础上考察萧山的水利，完全偏离了正确的方向。

三　浦阳南津、浦阳北津的位置

浦阳江一词最早出现于六朝时期，如《钱唐记》、《宋书》、《南齐书》、《十三州志》，在此之前，则有《汉书·地理志》中的“余暨，萧山，潘水所出，东入海”。余暨是萧山县的古名。潘字为甫元反，与浦阳音近，疑指同一河流。《水经注》郦道元就认为“又疑是浦阳江之别名也，自外无水以应之”。④ 但在《水经注》一书中，浦阳江除了浦阳江（西小江、钱清江）外，还包括了今曹娥江、浙东运河（柯水）以及姚江⑤。后世关于浦阳江的争论，有许多便源于对该时期浦阳江含义的理解所致，这些都是以唐代以后的浦阳江含义去解释六朝浦阳江概念，所以出现后人指责六朝文献记载失误的局面，如嘉泰《会稽志》便云：

---

① 民国《杭州府志》（民国11年本）卷23《山水四·钱塘县三》载：“渔浦：在州西南［晏殊《舆地志》］定山下有浮屿，潭深聚鱼，对岸为渔浦［姚靖《西湖志》］又称鲇鱼口［康熙县志］一名鱼潭，亦名渔潭，又名渔浦潭，别名鱼浦潭。其地跨属钱塘、富阳、萧山三邑，东西约三十里，南北约二十余里，胥名渔浦。”

② （宋）许景衡：《横塘集》卷19《方文林墓志铭》。

③ （清）毛奇龄：《萧山县志刊误》卷1。

④ 《水经注》卷40《浙江水》。

⑤ 杨钧先生也力主是说。

> 今以地里考之，自浦阳江至曹娥百余里，郦道元误以曹娥为浦阳江，岂当时曹娥江之名未著，亦名浦阳耶？或陵谷迁变，旧流不循其故道耶？《十道志》云：浦阳江有琵琶圻，岸有曹娥碑，信此则曹娥江即浦阳尔。五臣《文选注》云：浦阳汭经上虞至会稽、山阴为浙江。谢康乐《山居赋》注云：浦阳江，自嵊山东北，迳太康湖。其说皆误，盖自道元有东迳嵊县，又迳上虞之说，有以误之尔。①

其实都是后人用唐代以后的浦阳江理解六朝时期浦阳江含义所致。如果说郦道元是北方人，未尝到过浙江，才有此类错误的话。但谢灵运（385—433）故居在会稽郡始宁县（今属上虞）曹娥江畔，但其《山居赋》却以之为浦阳江。谢灵运是当时（东晋、刘宋时）当地人，不可能搞错地名，只能说明当时曹娥江也被认为浦阳江的一部分。同样，《文选注》里所收谢惠连（397—433）诗句“昨发浦阳汭，今宿浙江湄”提到的“浦阳汭”显然位于今上虞县曹娥江一带（谢惠连是谢灵运族弟，浙江湄是指今西兴镇一带）。关于这一点，清代考订大家全祖望（1705—1755）已经说得很清楚：“浦阳之名至宋齐之间而大著，其时合曹娥、钱清二水，皆曰浦阳。谢康乐《山居赋》中所云浦阳皆指曹娥，李善因之。而《南史》所载浦阳征战之事，则皆指钱清。”② 明清时期的考订大家，其意见基本一致，即六朝时期浦阳江水系概念基本上包括了明清时期绍兴府境内的主要河流。

关于六朝时期浦阳江下游段的走向，陈先生观点是浦阳江是北出萧山西入钱塘江，而非北出萧山东折入山阴县，最后在三江口（今绍兴斗门镇一带）一带汇入杭州湾。其提出来的重要证据之一是南齐时期（480—502）“浦阳南津”、“浦阳北津”两个渡口的位置分别位于萧山渔浦渡和钱塘定山渡，这是一个崭新的观点（在陈先生之前从未有人提）。但笔者细读陈先生的观点后发现，其对浦阳南津、浦阳北津的地理位置判断完全违背历史事实。

陈先生以《南史·顾宪之传》（更早史料应为《南齐书·顾宪之传》）为证：“西陵戍主杜元懿以吴兴岁俭，会稽年登，商旅往来倍岁。西陵牛埭税官格，日三千五百，求加至一倍，计年长百万。浦阳南北津及柳浦四埭，乞为官领摄，一年格外长四百许万。”③ 也就是说，南朝齐时，吴兴郡（明清湖州、杭州两府及江苏宜兴县）发生饥荒，会稽郡（明清绍兴、宁波两府）丰收，从会稽郡运粮到吴兴郡的商人比往年增加一倍。西陵戍主杜元懿建议四个重要关口：西陵、柳浦、浦阳南津、浦阳北津由官府管理，税收提高一倍。对于文中的“浦阳南津”、“浦阳北津”，元代胡三省《通鉴注》说：“浦阳江南津埭，则今之梁湖堰是也，北津埭则今之曹俄堰是也。”④ 浦阳南津是位于上虞县的梁湖堰、浦阳北津是位于会稽县的曹娥堰（今属上虞曹娥镇）。明清时期

---

① 嘉泰《会稽志》卷10《水·浦阳江》。

② （清）全祖望：《鲒埼亭集》（四部丛刊本）卷30记《浦阳江记》。

③ 《南史》卷35《顾宪之传》。

④ 《资治通鉴》卷136。

的绍兴府志、上虞县志、会稽县志等也都是这么记载。但陈先生却说考订大家胡三省的注解“其实是一个重大错误”。其理由如下：从地理位置看，梁湖与曹娥乃是江东与江西的关系，不可以说是南北关系。笔者查阅了梁湖堰与曹娥堰的相对地理位置后发现，陈先生的反驳理由完全不成立。曹娥江呈南北走向，梁湖堰与曹娥堰虽然一个位于曹娥江之东，一个位于曹娥江以西，但从南北关系来看，曹娥镇位于北面，梁湖镇位于南面，南北直线之间有五里路左右的距离，因此把浙东运河与曹娥江相接的埭坝分别称为“浦阳南津”（浙东运河东段，今上虞四十里河）、“浦阳北津”（浙东运河西段），合情合理。从小比例尺地图来看，两者的南北关系也许看不出来，但如到实地探访，南北关系还是很明显的。这可能就是陈先生认为两者是东西关系而非南北关系的误判所在吧。其次，陈先生认为《南史》所载西陵（钱塘江东岸渡口）、柳浦（钱塘江西岸渡口）、浦阳南津、浦阳北津必然位于吴兴和会稽之间的交通要道上，而曹娥与梁湖位于会稽腹地之内，怎能掌握吴兴与会稽之间来往客商的税收？其实，陈先生的这一理由同样不成立。详细阅读《南齐书》、《南史》、《资治通鉴》可知，当时所谓的税收，是指商品货物过埭时，当地驻防人员帮助商人把舟船或货物翻越埭坝，作为公私两宜的举措，商人付给守卫人员一定的报酬。西陵戍主提出加倍征收，且由官府直接管理。朝廷把他的建议交给主管会稽郡事务的顾宪之审议，结果顾宪之断然否决了该提议。自古以来，曹娥埭、梁湖埭、西陵埭都是浙东地区的最重要埭坝，而且都是位于浙东运河与大江大河的交接点上，沿至明清，历代皆有驻军把守，胡三省等人及明清方志均没有错误。而陈先生认为浦阳南津是萧山钱塘江边上的渔浦渡，浦阳北津是钱塘县钱塘江西岸的定山渡。近代之前，定山渡与渔浦渡确实是沟通浙东、浙西之间的一组重要渡口。但两者恰恰是陈先生所说的东西关系，而非南北关系。用南津、北津来命名，不合情理。而且钱塘县定山渡位于钱塘江的西边，无论怎么看，都与浦阳江无涉，焉能命之为“浦阳北津”。自古以来，定山渡纯粹是个水陆转接码头，没有运河与浙西地区的运河系统连接，在此没有设立埭坝的条件。而从《南齐书》、《南史》、《资治通鉴》等史料原文来看，浦阳南津、浦阳北津是一组对称的埭坝所在地。如前所述，六朝时期曹娥江也被浙江当地人认为是浦阳江的一部分，把浙东运河与曹娥江相交接的一组埭坝命名为浦阳北津、浦阳南津这合情合理，而且两者距离很近，可以成双。除了以上这些理由外，我们还从《水经注》中的相关记载可以推知浦阳南津就是梁湖堰。《水经注》卷40《渐江水》在记述前述上虞境内的渔浦湖时还谈道：“湖之南即江津也，江南有上塘、阳中二里，隔在湖南，常有水患，太守孔灵符遏蜂山前湖以为埭，埭下开渎，直指南津。”即南朝宋会稽太守孙灵符在上虞蜂山前湖筑了一条埭坝，埭坝下开挖了一条河道，直接通到“南津”。此处所谓的“南津”，当指《南齐史》、《南史》所说的“浦阳南津”，也就是上虞县梁湖堰一带。最近几年，萧山境内的明清时期横筑塘上，当地史志工作者找到了一处埭坝遗址，他们把它说成是历史上的“浦阳南津”，其根据就是陈桥驿先生认为浦阳南津是指历史上的渔浦镇。笔者曾到现场考察，在笔者看来，那里不过是明清时期浙东地区随处可见的一处埭坝（从横筑塘翻越到外面，再到浦阳江）而已，直到新中国成立前还在使用，与南北朝时派兵驻守的“浦阳南津”风马牛不相及。

总之，从元代胡三省注解“浦阳南津”、“浦阳北津”为梁湖堰、曹娥堰以来，明清时期浙江当地的方志及著名的考证学者，均认同胡三省的意见。原本没有任何疑义的一个结论，著名学者陈桥驿先生却对之横加否定。但笔者检视陈桥驿先生提出的反驳胡三省的理由，却没有一处经得起推敲，而《水经注》中出现的上虞“渔浦湖”、“南津”等地名，陈先生却只字未提。

四　明代之前的浦阳江下游河道

通过前面的考证可知，陈桥驿先生提出来萧山境内的“临浦湖”、“渔浦湖”并不存在，浦阳南津、浦阳北津的地理位置存在明显误判，在此基础上提出来浦阳江下游河道原本就是在临浦镇附近西折流入钱塘江的观点也就没有了任何实质性的证据。至于他所说六朝时从杭州定山渡至渔浦，然后到达萧山、山阴、诸暨等地的路线是一条交通要道一事，则是众所周知的历史事实。自古以来，定山渡与渔浦渡、柳浦渡（杭州江干）与西陵渡（西兴）都是沟通浙东与浙西的重要渡口，但这并不能说明当时浦阳江由萧山义桥镇汇入钱塘江。浦阳江下游河道如何走向，最权威的证据应是当时的历史文献记载。

关于浦阳江的最早记载，便是《汉书·地理志》中的“余暨：萧山，潘水所出，东入海”。“潘水”就是“浦阳江”的异名，这一点古今学者意见基本一致。依《汉书·地理志》记载，浦阳江流到萧山后，向东汇入大海。有关这一点，从现代地理学来看也完全讲得通。明代以前，钱塘江的下游河道位于赭山与龛山之间，即钱塘江的南岸基本上贴着萧山县境内的北干山、长山、龛山一线（明代北海塘）。按照河流动力学的原理，钱塘江南岸一带的地形，应该比萧山腹地的平原、河湖地带要高，浦阳江向北流入萧山县境后，受阻于北干山、长山、龛山一带高地的阻挡，只能向东南转入山阴县，这就是现代还残存的“西小江”河道的走向。关于浦阳江的记载，东汉上虞县人王充的记载也相当有参考价值。“或言投于丹徒大江，无涛。欲言投于钱唐浙江。浙江、山阴江、上虞江皆有涛。三江有涛，岂分橐中之体，散置三江中乎？人若恨恚也。仇雠未死，子孙遗在，可也。”王充谈到，伍子胥的尸体可能分投于浙江、山阴江①、上虞江，因而这三条江都是“涛”（潮水）。浙江就是指钱塘县的钱塘江下游，而上虞江则是山阴县与上虞县的界江曹娥江，至于“山阴江”，当指山阴县与余暨（萧山）县的界江“浦阳江”（西小江、钱清江）。

到了南北朝时代，《水经注》卷29“沔水”条有这样记载：“（浙江）又于余暨东合浦阳江。”余暨是汉代萧山县名，即浦阳江与浙江的汇合点在萧山县东方，这与在三

① 陈桥驿先生把王充记载的“山阴江”理解为若耶溪（如车越乔、陈桥驿《绍兴历史地理》，上海书店出版社2000年版，第33页），笔者认为是曲解。若耶溪是“溪”而非“江”，其规模比较小，无法与上虞江、浙江相提并论，唯有浦阳江才能与之匹配。从后世历史文献记载来看，谈及浦阳江、曹娥江潮水记述较多见。如宝庆《会稽续志》卷3《镇》载：“钱清镇：在县西北五十里，行人至此，多有待潮过堰之阻。”

江口附近汇入杭州湾的西小江河道一致。另外《水经注》卷40“渐江水”条又载：“又东北迳永兴县东与浙江合，谓之浦阳江。《地理志》又云：县有萧山，潘水所出，东入海。又疑是浦阳江之别名也，自外无水以应之。”即浦阳江（潘水）流经永兴县（孙权改余暨县为永兴县）东北面后，向东流入山阴县，与浙江汇合。当然，这一时期的浦阳江，除了这段河道外，还包括曹娥江、余姚江等河道。

与六朝时浦阳江泛指浦阳江、曹娥江、柯水（浙东运河）、姚江水系所不同的是，唐代以后的浦阳江就是指今天的浦阳江（其下游段为西小江、钱清江），在三江口入杭州湾。《元和郡县志》载：“浙江在县西二十五里，浦阳江在县南一十五里。”① 萧山县城距离与西小江之间有南门江连接，从县城至西小江的距离，正好是十五里路。而钱塘江主河道距离唐代萧山县城西二十五里也符合实际情况。钱塘江河口段河道虽然紧贴萧山县城北面的北干山，但这一段河道在当地人眼中是海而不是江，只有西面的钱塘江河道才称江。②

到了北宋时期，熙宁年间任越州知州的孔延之曾这样描述越州的水道形势，“越之通道有四江，西接钱塘曰浙江，去城西四十五里曰钱清江，州之东七十里曰曹娥江，余姚县曰姚江”③。其中的钱清江，就是浦阳江的下游河道，位于绍兴城西四十五里，与现代情况完全一致，古今不易也。到了南宋，嘉泰《会稽志》的记载就更加明确了，如卷10载：“（萧山）浦阳江：在县东，源出婺州浦江。北流一百二十里入诸暨县溪，又东北流，由峡山直入临浦湾以至海，俗名小江，一名钱清江。”峡山就是萧山南面浦阳镇的尖山，浦阳江在此往北流入萧山平原地带，河道拐了个大弯，即“临浦湾”，自此流入大海段的河道称为“小江”（西小江）。又如同卷，“（山阴）西江：在县西四十五里，源出诸暨县界五十里，西北流入萧山，江阔一里”。至于其入海口，卷4有这样记载：“三江斗门：在县东北八里，三江说不同，俗传浙江、浦阳江、曹娥江皆汇于此，旧有堰，今废为斗门。”再如卷12《道路、水路附》载：“（萧山）浦阳江路：南来自诸暨县界，经县界一百五十六里，北入山阴县界，胜舟二百石。运河路：东来自山阴县界，经县界六十二里，西入临安府钱塘县界，胜舟二百石。”浦阳江在萧山境内长达156里，在萧山北侧进入山阴县界，其运输能力同于浙东运河。由上可见，南宋时期的浦阳江下游河道走向基本与今西小江河道一致。

至于元代，前揭王祎在至正十七年（1357）所作的《钱清江浮桥记》有清晰的说明：

> 钱清江，古名浦阳江，俗名小江。……然则浦阳江发源浦江，经诸暨入临浦，而后合柯水，由萧山以达于浙江而为海，古今盖不易也。其复名钱清者，后汉刘宠作守，郡中大化，及去山阴，有五六老叟，人赍百钱送宠，宠为人选一大钱受之，寻投诸江，故后人因名江曰钱清。今俗唯称钱清，而不复道其为浦阳者，地

---

① （唐）李吉甫：《元和郡县志》卷27《江南道、越州、萧山县》。

② 萧山历代方志把西面钱塘江海塘称为“西江塘”，北面钱塘江海塘称为“北海塘”。

③ （宋）孔延之：《会稽掇英总集》卷5。

> 因人而著也。江自临浦而东若千里，是为柯水所注，即所谓钱清，其地控驿道，而江流至是，势以益大。又潮汐之所经，操舟而渡，动致覆溺，旧有浮桥。①

即浦阳江发源于浦江，流经萧山临浦，继续向东行若干里，在钱清一带有柯水（浙东运河）注入，最后汇入钱塘江并达海。

以上根据历代文献回顾了明代之前浦阳江下游河道的走向，可以说其经路非常清晰，古今不变。自萧山设县后，浦阳江下游河道（含西小江河道及临浦至诸暨境内的浦阳江干流）一直是萧山与山阴县的界河，这种情况延续至新中国成立初，2000多年间一直没有改变。新中国成立初把原山阴县会稽山脉余脉西干山以东的土地划归萧山管辖后，钱清镇以上的河道才变成萧山境内的一条河流。

五　明代浦阳江下游河道的改道

面对嘉泰《会稽志》里的“浦阳江”下游河道相关记载，陈桥驿提出了这样的观点：南宋初在今碛堰上口筑起堤堰，这样就拦断了浦阳江通往钱塘江的河道，并迫使浦阳江水夺麻溪河道西小江而从钱清镇一带流入山阴县，这一过程长达300多年，并导致了明代以来的方志编撰者误认为西小江自古以来便是浦阳江的这一错误观点。陈先生还在文中特意强调，“既然钱清以东原来并无东流的大河，故南宋以前，绝无钱清江之名。只是由于浦阳江的转入，南宋以后才有钱清江一名出现。……南宋以前，钱清江只是一条无名小河，到了南宋淳熙年间，钱清镇附近的河面即宽达十余丈，已非一般内河可比”。② 如笔者前面所述，浦阳江下游河道自汉代以来就记载得非常清楚，现存西小江河道就是历史早期的浦阳江下游河道。至于“钱清江”一名，北宋中期孔延之就已明确记载，与曹娥江、姚江、浙江共同构成越州（明清绍兴府）境内最重要四条大河。钱清江根本不是一条小河，一直以来都是与曹娥江（东小江）齐名的西小江。③。至于曹娥江、浦阳江、浙江三条大河在绍兴斗门镇附近汇合的说法，并非明代以来才有，嘉泰《会稽志》就已明确记载了。

另外，陈桥驿先生在其文中还列一张碛堰兴废表，试图说明南宋以来的数百年间浦阳江下游时而走今河道，时而走西小江，其背景是萧山县与诸暨县的利益之争。但笔者一一校对其所提出来的史料，觉得其对史料的理解大有问题，对萧山、诸暨的水利形势理解完全错误，如他在文中说道：“大体言之，从农业上说，碛堰的开启不利于碛堰以北的肖山而利于诸暨和山阴，碛堰的堵塞则不利于诸暨和山阴，却有利于碛堰以北的肖山。”④ 事实上，自明代中期浦阳江改从碛堰向西北流入钱塘江后，诸暨境内

---

① （明）王祎：《王忠文公集》卷8《记》。

② 《论历史时期浦阳江下游的河道变迁》，第77页。

③ 相对于钱塘“大江”而言，绍兴东面的曹娥江和西面的浦阳江都是“小江”，因为一在绍兴城东方，一在西方，故绍兴人习惯上将浦阳江称为“西小江”，曹娥江称为“东小江”。

④ 《论历史时期浦阳江下游的河道变迁》，第75页。

的水患明显增多。对于此事，光绪《诸暨县志》中有明确记载：

> 先是阖邑之水北流东折入麻溪，经钱清达三江以入海，水性趋下，泻之尚易。自筑麻溪、开碛堰，导浦阳江水入浙江，而邑始通海。……每当夏秋淫霖，山洪斗发，上游之水建瓴直下钱唐江，又合徽衢金严杭五府之水，海潮挟之，以入碛堰，逆流倒行，而与浣江作难，其互相阻格，则渟潴不行，两相搏激，则横溢四出，溃堤埂，淹田禾，坏庐舍，北乡湖田尽受其害。昔戴太守有言曰诸暨将成巨浸，唯有付之于天而已，观诸今日：斯言验矣。案：……自塞麻溪，开碛堰，东折之水改而北流，迳入浙江，于是诸湖始受潮汐之患矣。①

也就是说，原西小江河道地势更为低下，如果浦阳江沿西小江河道走的话，诸暨的水就容易排泄。自从西小江排水通道阻塞改走今河道后，钱塘江下游的洪水加上潮水的顶托作用，浦阳江下游河口之水会逆行上流，与浣江（诸暨境内浦阳江）下行之水相抗衡，于是诸暨境内洪水涸水不前，淹没诸暨北乡的农田，这种情况至今没有消除。②而对萧山、山阴、会稽三县来说，改道碛堰山，总体上有利，如萧山方志编撰者言“凿碛堰，筑麻溪，此山、会、萧山一大利害也”③。至于陈先生说南宋以来碛堰时开时堵，至少有16次之多，全是误解史料所致。浦阳江下游河道是一条终年可行走大船的河道，其径流量相当可观（多年平均年径流量24.6亿立方米，下游河宽80—120米）。在古代，在其上面架设桥梁已属不易，若想修堰拦住主干河道，岂是小工程？此事放在今天也属不易，宋元明时代更是异想天开之举。如若真有，当地方志岂能没有记载，各种文集、笔记小说怎能没留下雪泥鸿爪。这里只有一种可能，明代之前浦阳江下游河道一直在西小江。

陈桥驿还认为，越过碛堰山口往渔浦方向流去的河道作为浦阳江主要通道的年代大致当在北宋初期，直到北宋后期仍然畅通无阻。其之所以这么判断的理由，就是他所说的“临浦湖”、“渔浦湖”都已湮废，原来西出今河上桥及北出今义桥镇的河道都已淤塞，因而碛堰山口的河道担负起了浦阳江排水主要通道。④ 如前面所考证，“临浦湖”、“渔浦湖”根本就是子虚乌有的东西，其所设想的河道形势也完全是虚构。他还把宋仁宗时期的越州知州刁约的诗句“市肆凋疏随浦尽”理解为“渔浦湖”湮废的证据。该诗收在《会稽掇英总集》，其题为《过渔浦作》：

> 一水相望越与杭，渡头人物见微茫。翩翩商楫来溪口，隐隐耕犁入富阳。市肆凋疏随浦尽，山峰重叠傍江长。民瞻熊轼咸相谓，太守经行此未尝。⑤

① 光绪《诸暨县志》卷13《水利志》。
② 如2011年6月，诸暨北部江藻镇、湄池镇受淹严重，主要原因是浦阳江下游排水不畅，上游来水过猛。
③ 康熙《萧山县志》卷12“碛堰”条。
④ 《论历史时期浦阳江下游的河道变迁》，第72—73页。
⑤ （宋）孔延之：《会稽掇英总集》卷5。

这首诗所描写是钱塘江渡口渔浦镇附近的风光，其大意是：越州与杭州之间隔一水相望，对面渡口的人物也能隐约看到。商船纷纷来到渡口，隐约中可看到富阳农民在田间耕作。市街店铺到浦尽头越来越稀疏。岸边的层层山峰映在江中。老百姓们奔走相告围观太守之车，他们还没看过太守路过此地。可见，陈先生对“市肆凋疏随浦尽”的理解出现了偏差。除此之外，陈桥驿通过此诗还得出了刁约乘船通过碛堰山口的浦阳江通道这一错误结论。有宋一代，尚无今碛堰山浦阳江下游河道的存在。作为这一事实的证据，可以从湘湖灌溉的范围作为证据。据嘉泰《会稽志》卷10“湘湖”条载，“乾道中知县顾冲以许贤一乡，距湖水虽差邈，亦可溉及，乃合旧约，益以许贤为九乡，均其利，刻石示众曰：均水约束云”。南宋乾道年间（1165—1173），萧山知县把湘湖灌溉范围扩大至许贤乡，并立石约束。嘉靖《萧山县志》收录了顾冲的《湘湖均水利约束记》，其中谈道：“许贤霪：溉许贤乡罗村六千三百三十七亩三角二十步，荷村三千三十七亩二步，朱村三千四百六亩一角六步，共得水八厘七毫三忽，放二十六时一刻止。”① 其中的罗村就是位于浦阳江河道南侧的罗磨坂，朱村现名朱村桥，同样位于浦阳江南侧，荷村也是如此。位于浦阳江北侧的湘湖，岂能越江灌溉？这只能说明当时并无此浦阳江河道。另外，从行政区划也可证明当时并无此河道。浙江地区的“乡都制”形成于北宋后期，其后虽有局部调整，但直到清末基本未变。据孔子贤、陈志根研究，由于明代浦阳江的改道，使得许贤、安养两乡的村庄被新开河道所分隔。清末为止属许贤乡的罗磨坂、金街甸、南坞、荷村、石盖、上董六个村分隔在江南，而华家里、双桥头、渔浦庄、中坟庄四个村在江北。② 在中国古代，南方地区行政区划特别是基层政区，其范围基本是按照山川形便原则，像浦阳江这样的大江，其南北之间按理是不可能属于一个乡的。之所以如此，是因为在划分基层政区时，没有这条河道的存在。再者，从考古遗址的发现来看，也可证明过去并无此河道。2000年以来，在碛堰山脚新坝村浦阳江大堤外侧的河道上，发现了新石器时代、商周、六朝、隋唐时期的大量遗物、遗址，其中六朝水井等遗址正位于浦阳江的河床上，可知这段浦阳江河道一直是人类生活的据点，证明了该河道是后来开挖形成的，六朝、隋唐时期绝无可能有河道。

自古以来浦阳江的下游河道都是临浦以北的西小江河道，那么什么时候才改走今碛堰山山口而向西北汇入钱塘江，成为钱塘江的支流呢？关于浦阳江改道碛堰山口的过程，光绪《诸暨县志》卷13《水利志》编撰者有如下简要、完整的表述：

> 开碛堰始于元至元间萧山县尹崔嘉讷③，继于明天顺间知府彭谊，然麻溪东行之道仍如故也。至成化间知府戴琥始筑麻溪而塞之，并开碛堰而广且深之，时主其谋者萧山致仕尚书魏骥也。受制巨室，不能为暨民乞命，故《水利碑记》有诸

① 嘉靖《萧山县志》卷2《水利》。

② 《浦阳江下游河道变迁考略》，第66页。

③ 崔嘉讷在嘉靖、康熙《萧山县志》及乾隆《绍兴府志》等都有其记载，但同书中有至元间和至正间邑令两种不同说法，两者相差40多年，不知何故？在此姑且采用光绪《诸暨县志》之“至元间”。

暨将成巨浸，惟使斗门圩埂有备，余当付之天已之语也。

也就是说，嘉泰《会稽志》所记载的碛堰，元代至元年间被萧山县尹崔嘉讷开通，当时的碛堰山口河道应该还很狭浅。到了天顺年间，绍兴知府继续开碛堰山口，但此时浦阳江主河道仍走西小江。直到成化年间，绍兴知府受萧山籍致仕大官僚魏骥的影响，对碛堰山口河道进行加宽、加深，通过碛堰山口的浦阳江水变成主流，于是顺势堵住麻溪，最终完成浦阳江改道碛堰山口的过程。

崔嘉讷打通碛堰山口，引部分浦阳江水通过碛堰山往渔浦方向流去一事，从《永乐大典》中残存的《绍兴府志》中萧山县图中可以得到证实（见图3）。该图清晰地显示了浦阳江河道在临浦镇附近分成两支，一支往北流经钱清镇入山阴，即西小江，另一支从临浦西行，在渔浦注入钱塘江。往北流的一支，应是浦阳江的主流，从渔浦注入钱塘江的一支，就是元代所开凿的新河道。虽然元代已打通碛堰山口，还只是分流了部分来水而已，还不能说明此时浦阳江已经改道。真正的改道是要封住浦阳江流入西小江的通路，逼使浦阳江上游来水都走碛堰山口，这样才算完成该过程，而这样的过程就发生在成化年间。

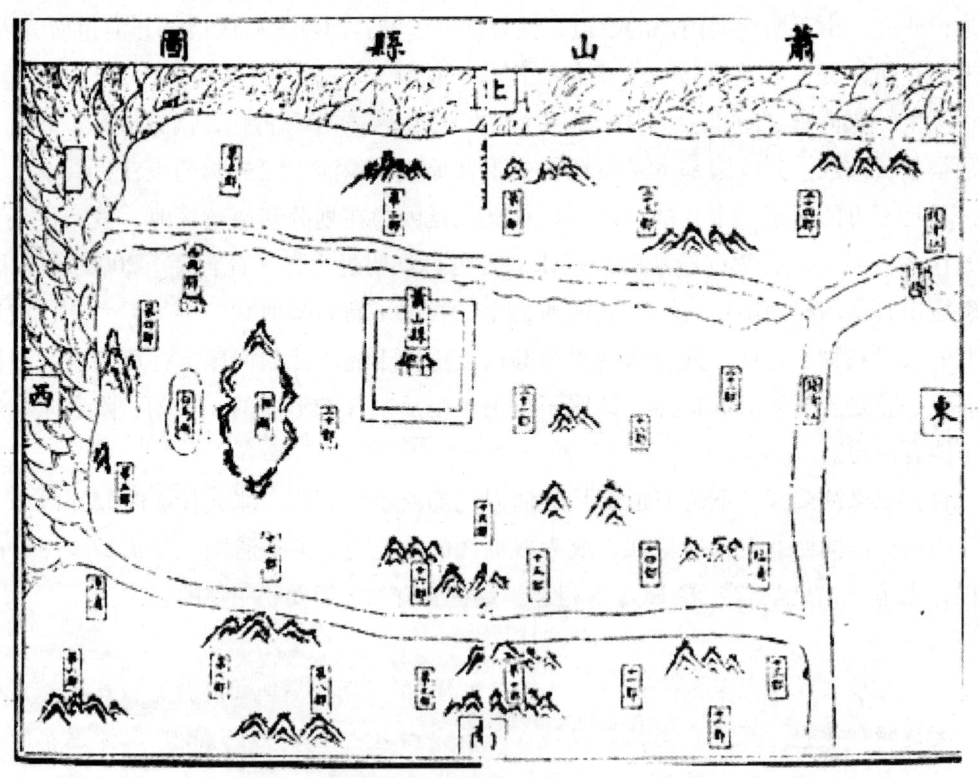

图3　永乐大典本《绍兴府志》之《萧山县图》

嘉靖《萧山县志》、万历《绍兴府志》等方志都收载了萧山籍进士黄九皋于嘉靖十八年（1539）写就的《上巡按御史傅凤翔书》，其中说道：

国初上江洪流在渔浦西北十余里，东北入大江，若夫概浦江之水，经临浦麻溪，是谓小江，东至三江入海。大江在县西北，小江在县东南，县以二江为界，素不相涉。成化年间，浮梁戴公琥来守绍兴，见山阴、会稽、萧山三县之田，岁被小江之害，且小江两涯皆斥卤之地，萑苇之场，可以田而耕也。相度临浦之北，渔浦之南，各有小港，小舟可通，其中惟有碛堰小山为限，因凿通碛堰之山，引槩浦江而北，使自渔浦而入大江，由是概浦江与大江合而为一，乃大筑临浦之麻溪坝，使概浦江之水不得由小江而下，以为山会西北、萧山东南之害。又于滨海之地，修筑三江、柘林、夹蓬、扁拖四所斗门，节潮水之上下，由是附近小江之民反藉小江为利，而两涯之斥卤者，今民居矣。萑苇者，今桑田矣。戴公之功也。小江居民，实受其福，而西江水患，从此滋甚。①

黄九皋谈到，明朝初年，萧山境内钱塘江与西小江“素不相涉”，临浦之北和渔浦之南各有小河，能通小船。这种情况可能就是元代崔嘉讷打通碛堰后江河形势。多年以来，西小江经常泛滥，两岸没有得到较好开发。戴琥来到绍兴就任知府后，看到只有碛堰小山为阻隔，于是凿开碛堰山口，把浦阳江水引向北边，使之从渔浦汇入钱塘江。并筑起了麻溪坝，使浦阳江水不再流入西小江，为害萧山东南、山阴、会稽西北地区，并在滨海之地修筑了四所斗门，彻底免除了西小江沿岸地区的水害，由此几十年后西小江开始得到较好开发。而与此同时，钱塘江沿岸的水灾随之越来越严重。黄九皋是萧山当地人，而且是代表萧山乡亲给浙江巡按上书，要求修复西江塘。写作此文之时，距离戴琥任绍兴知府不过五十年而已，其所述内容当为可靠，而且也与其他记载吻合。另外，嘉靖《萧山县志》卷1《川》也载浦阳江：“浦阳江又名小江。……东北过峡山，又北至临浦，注山阴之麻溪，北过乌石山曰乌石江，又北东至刘宠投钱之处，曰钱清江，又东入于海。今开碛堰以通，上流塞麻溪以防泛溢，而江分为二”碛堰开通后，在碛堰山上游处大筑“麻溪坝”，塞住入“麻溪”（西小江）之水，于是西小江就被断开了。同书卷2《水利》则载：“天顺间知府彭谊建议开通碛堰，于西江则筑临浦、麻溪二坝以截之。既改其上流，又于下流筑白马山闸以遏三江口之潮汐，故知府戴琥《水利碑》曰：碛堰决不可修，三江决不可开。”该条记载也与前述光绪《诸暨县志》的记载相吻合。在戴琥之前，天顺年间知府彭谊已有开通碛堰，筑临浦、麻溪二坝的想法，并可能付诸行动，但此事最终由成化年间的知府戴琥完成。也就是说，拓宽、加深碛堰山口通道，塞住浦阳江入西小江通道这一改道大事，发生于明天顺成化年间（1465—1487）。萧山籍大官僚魏骥（官至南京吏部尚书）景泰元年（1450）致仕后闲居萧山，死于成化七年（1471），因此他很可能参与了此事的谋划。② 经过此次的改道工程，此后浦阳江下游河道就稳固下来。此后正德年间虽有商人为了通船方

① 嘉靖《萧山县志》卷2《水利》。

② 《萧山水利》卷下（存目丛书史部225册）《尚书魏文靖公萧山水利事述》载：“予邑人也，宦游中外经五十年而归，见其旧有塘闸等处，俱失整饬，殊于朝廷拳拳恤民之意，前贤之用心有违，尝与邑之令丞辈讲究斯事，皆以予言为然，于是于凡水利关系所在，令丞簿从而整葺，颇有次序。”可见魏骥退养期间积极谋划萧山水利事业。

便一度掘开临浦坝或改建闸门，但碛堰山口始终畅通无阻，浦阳江河水一直走新开挖的河道。

关于浦阳江改道，陈桥驿在文中提出明代就有数种说法（弘治说、天顺说、成化说、宣德说），而且自相矛盾，因而都不足信。在笔者看来，根本就不存在所谓的“四说”，全是误解所致。崇祯年间萧山人任三宅所撰《麻溪坝议》中把戴琥就任知府的年代误记成弘治年间，其所谈内容与黄九皋一致，也就不存在什么“弘治说”。至于“天顺”说，那只是“建议开通”，是改道工程的开始，最终完成应该是在成化年间，“天顺说”也是无中生有。至于“宣德说”，其意思是说宣德年间碛堰已被拆除，往渔浦去的通道已经打开，但并不能说明此时浦阳江主流已经改道成功，因为此后浦阳江河道仍走西小江，因而也无宣德改道一说①。所谓明代四说，完全是后人的误解。明代真实存在的说法是，天顺至成化年间，浦阳江下游河道进行了改走碛堰山的工程②。关于碛堰山的改道细节，民国《萧山县志稿》中留下了许多资料，可以印证明代的改道过程，因为篇幅所限，在此不一一展开。

总之，从元代挖开碛堰后，就形成了一条通往渔浦的新河道（渔浦新江），但当时它还不过是浦阳江的分支而已，过了一百多年后，它终由支流变成主流，而原来的主流却被拦腰截断，分隔成两支独立的水系。

为什么会发生这样大的改道工程呢？在笔者看来，改道乃是大势所趋，天顺成化年间的改道工程可以说顺应了这样的形势，因而改道成功后，新河道稳定了五百多年而不变，正像成化十八年（1482）戴琥在《水利碑》中所说：“堰决不可成，小江决难复通矣。”③

众所周知，唐宋时期钱塘江入海段河道走南大门，但元明以来，河道却逐渐往北迁移，最终定位在北大门，即今钱塘江河口段。南宋末年以来，北岸盐官（今海宁）坍塌严重，《元史》中就记载了大量海宁潮溢的严重灾害，如元泰定元年（1324）十二月，“杭州盐官州海水大溢，坏堤堑，侵城郭，有司以石囤木柜捍之，不止。”泰定二年八月，“盐官州大风海溢，捍海堤崩广三十余里，袤二十里，徙居民千二百五十家以避之”。④元代天历二年（1329）盐官州之所以更名为“海宁州”，就是图个吉祥，希望潮水不为害。但这只是人们的美好愿望而已，并不能改变河道北移的趋势。在北岸崩坍的同时，位于钱塘江南岸的余姚、会稽、山阴、萧山等地，则不断涨出新的沙地。

---

① 陶存焕先生主张宣德说，其证据是刘宗周《天乐水利图议》中有“宣德中有太守某者，相西江上游，开碛堰口中，径达之钱塘大江，仍筑坝临浦以断内趋之故道”（陶存焕：《浦阳江改道碛堰年代辨》，载《鉴湖与绍兴》，中国书店1991年版），但资料出处却是清末民初时所编的《麻溪改坝为桥始末记》卷1。另外道光四年重刊本《刘子全书》卷24《天乐水利议》所载相同。但时间更早的乾隆《绍兴府志》所收刘宗周《天乐水利议》原文却是这样记载的“于是天顺中太守彭公谊相西江上游，凿开碛堰口，径达之钱塘大江，仍筑坝临浦，以断内趋之故道，自此内地水势始杀”（见乾隆《绍兴府志》卷14《水利志·山阴》），该说与成化说并不矛盾，说明天顺年间就已计划改道工程。即便刘氏原文为“宣德中”，也并不能说明那次改道成功，因为此后浦阳江河水大部仍走西小江，有众多史籍为证，因此陶存焕先生所据资料不足为据。

② 孔子贤、陈志根一文也主张此说。

③ 乾隆《绍兴府志》卷14《水利志》之知府戴琥《水利碑》。

④ 《元史》卷50《五行一》。

原本在绍兴三江口汇入杭州湾的西小江，由于涨沙，排水越来越不通畅，加上潮水挟带泥沙逆小江而上，更使得西小江水位抬高，下水缓慢。这样一来，势必造成江水漫过江堤，淹没两岸田土，如《明英宗实录》载：

> （1447 年 12 月）吏部听选官王信奏：绍兴府有东小江（指西小江，因在萧山县城之东，萧山人也称之为东小江），南通诸暨县七十二湖，西通杭州府钱塘江。近为钱塘江潮涌塞，江与田平，舟不能行。久雨水溢，邻田辄受其害。乞发萧山、山阴二县丁夫，于农隙时疏浚，从之。①

也许为了减少西小江沿岸的洪水压力，元代萧山县尹才会在碛堰山口开掘通道，分泄浦阳江中上游来水，减少西小江的水量。但随着西小江上游来水的减少，反而造成西小江泥沙淤积速度加快，河道下水更为不畅。正因为此，自碛堰被开通后，就屡屡有人提出仍然要堵住碛堰山口，“束水攻沙”，把浦阳江中上游来水集中于西小江，加速冲刷泥沙，上述《明英宗实录》也留下了如下记载：

> （1435 年）行在吏部主事沈中言：浙江绍兴府山阴县西有小江，上通金华、严、处，下接三江海口，旧引诸暨、浦江、义乌等处湖水，以通舟楫，近者水泄于临浦，三义江口致沙土淤塞。乞敕有司，量户差人，筑临浦戚堰，障诸暨等处湖水，仍自小江流出，则沙土冲突，舟楫可通矣。事下该部议行。②

按此，宣德十年（1435）以后又恢复浦阳江走西小江故道。但萧山、山阴、会稽的平原地带，受洪水淹没的威胁始终存在，唯一可行的措施是在入海口建起闸门，堵住潮水侵入内陆，在临浦等地筑起大坝，引浦阳江中上游来水全走碛堰山口向西汇入钱塘江。这也就是后来绍兴先后两任知府彭谊、戴琥大兴水利，在白马山处设立闸门，在西小江下游两岸建立多处排水闸（如新灶、柘林、匾拖、夹缝、龛山等闸），西小江上游筑起临浦大坝、临浦小坝、麻溪坝，彻底拦断上游来水的目的所在。正由于此，西小江汇入杭州湾地方很快涨成陆地，正如嘉靖《山阴县志》卷 2“西小江”条所载“天顺元年（1457）太守彭谊建白马山闸，以遏三江口之潮。闸东尽涨为田，于是江水不通于海矣。”也正由于此，才有嘉靖年间绍兴知府汤绍恩不得不在三江所外建立“三江闸”。浦阳江下游改道一事，正是明代二百多年间萧山、山阴、会稽平原地区治理水患中的重要一环。而其背后的深层次原因，则是由于钱塘江主泓道的演变，导致杭州湾南岸地区沙土沉积加速，引起汇入杭州湾的河道排水不畅及钱塘潮水挟裹泥沙逆流而上所致。浦阳江改道成功后，萧山、山阴、会稽北部平原地带的防洪压力骤然减轻，但与此同时却加重了麻溪坝、临浦坝上游及碛堰山口以下新浦阳江沿岸地区的防洪压力。此后的数百年间，上游与下游的争执从未停止过。

---

① 《明英宗实录》卷 161“正统十二年十二月辛巳”条。

② 《明英宗实录》卷 9“宣德十年九月戊子”条。

六　结论

以上对浦阳江下游河道的变迁历史做了简要的回顾，否定了《变迁》一文中所提出的萧山“临浦湖”、“渔浦湖”的存在，指出了其对浦阳南津、浦阳北津地理位置的判断错误，证明了胡三省注解的正确性。在此基础上提出陈先生所谓的浦阳江下游原本西出钱塘江的说法不成立，其所提出来的北宋以来碛堰山口以下浦阳江河道并不存在，南宋初因筑起碛堰而使浦阳江下游河道夺麻溪河道从三江口入海一说也是无中生有，指出自有文献记载的东汉以来一直到明代中期改道为止，浦阳江下游的主河道都固定在今西小江河道。浦阳江下游河道改道的过程，起始于元代萧山县尹崔嘉讷掘开碛堰，开挖新河道，引浦阳江河水经碛堰山口从渔浦汇入钱塘江。此后浦阳江下游河道就分成两支，主流仍在西小江，碛堰山以下河道成为分流。到了明代中期，为了减轻西小江沿岸地区的洪水灾害，在绍兴府长官的主持下，开始加宽、加深碛堰山口通道，并筑起临浦大坝、临浦小坝、麻溪坝等，拦断浦阳江中上游的来水涌入西小江河道，把中上游来水都引向碛堰山口，最终完成了浦阳江下游河道的改道过程。浦阳江下游的改道，其深层次的原因是由于南宋后期、元明以来钱塘江主泓道由南大门向中小门、北大门演变，引起杭州湾北岸地区的坍塌，而南岸地区则不断涨出新的沙地，由此泥沙随钱塘江潮涌入西小江河道，引起西小江排水困难，山阴、会稽、萧山平原地区水灾频繁。只有让浦阳江改从渔浦汇入钱塘江，萧山、山阴、会稽平原地区的洪涝形势才会得以好转，正是在这样的情势之下，天顺年间知府彭谊、成化年间知府戴琥启动了浦阳江下游的改道工程。

通过本文的考证、论述，可知明代以来绍兴府地区方志的记载并没有错，浙东地区的考证学大师胡三省、全祖望等见解也没有错，《水经注》作者郦道元对浦阳江的记载也基本正确。由于古今情况差异及所读文献不够全面，我们难免会不理解古人的一些记载，但不能因此就轻易否定古人，特别是当时当地人的记载，不能以今律古，对史料的解读一定要小心、谨慎，科学、准确，不能随意曲解，迎合自己需要。

（作者单位：复旦大学中国历史地理研究所）

欲速则不达：江南乡村地区饮水改良分析（1952—1978）*

梁志平

中国地域辽阔，地理环境与气候条件多样而复杂，自古以来就是一个多灾多难的国家，疫病流行就是其一，在新中国成立初期具有“病种多”、“流行范围广”、“危害大”三大特征。① 就江南乡村地区而言，由于“地理环境有利于病原体的生存”和“民众并不注意环境卫生”，造成了“传染病的存在和盛行”②。新中国成立后，面对各种疫病的流行和所谓的美国帝国主义的“细菌战”，展开了一系列的卫生防疫工作，如爱国卫生运动、血吸虫病防治（血防）、饮水改良则是重要内容，其中持续时间最长、影响最广的属开挖土井活动。

诸多新修方志等资料显示，自20世纪50年代中期开始，各地陆续开挖了数量惊人的水井，大多认为有效地改善了饮水条件，并将之作为血防成功的原因之一。笔者通过档案等资料发现，20世纪50年代至1978年之间，虽然江南地区各县开挖水井基本都有数万口，但所挖土井基本“弃而不用”，灶边井水质欠佳，打井并没起到饮水改良的效果，对血吸虫病的防治所起作用也微乎其微，所谓改水成就基本只是一组组数据。③

一　问题的提出：打井运动中的种种疑问

翻阅新修的县志、卫生志、血防志等志书，无不将“改水”或“管水”作为卫生防疫的主要内容加以重点叙述，然而仔细思考这些记载，给人留下诸多可以进一步探讨的空间。

---

* 基金项目：本论文得到教育部人文社会科学研究青年基金项目（项目编号：12YJC770035）和复旦大学重点学科创新人才计划共同资助。

① 李洪河：《新中国的疫病流行与社会应对：1949—1959》，中共党史出版社2007年版，第64—83页。

② 李玉尚：《地理环境与近代江南地区的传染病》，《社会科学研究》2005年第6期，第133—140页。本文的江南指太湖流域，是江南的核心区域，与李文中江南地理范围稍有不同。

③ 鲜见史学界对新中国成立后饮水改良中的挖井活动有具体的论述，仅见在一些非史学研究稍有提及，基本认为新中国成立后的挖井起到了一定的饮水改良作用。如郭兴华主编《江苏农村改水》，人民卫生出版社2000年版，第63页；赵素莲：《中国生活饮用水改水简况回顾》，《卫生研究》2002年第4期，第269页。

（一）打井物资、经费的来源

新修方志在谈到打井物资、经费时，突出了政府、集体的作用，但常常没有具体说明在计划经济时代，政府、集体如何保证打井物资、经费。如，新修《嘉定县志》称：

> 1952年，嘉定县人民政府把饮用井水列为防治血吸虫病的一项重大措施，拨款资助农民打井……1979年，全县有水井3万多口，平均每4户1口。①

1952年到底拨多少钱资助农民打井，新修《嘉定县志》没说明。若1979年，3万多口水井都要政府拨款资助，这将不会是一个小数目。新修《南汇县志》记载过政府的一次资助打井行为，称“1964年拨款12万元”，“打井1000余口”。历史是否真的如新修方志所述，暂不讨论，但有一点可以肯定，“12万元”，在当时无疑是一项极大的政府财政支出（据《南汇县志》1965年南汇县全年财政总支出为507.84万元），这种资助不可能长久。果然，第二年推行“集体和个人分担费用”的方法，普及水井。②不过，方志中没有说明集体和个人分担费用具体是怎样分担打井费用，但同样可以肯定，根据当时的社会经济状况，实施起来会有诸多困难。如1965年，青浦县局部地区开展打井，由于“当时农村经济尚不富裕，加上砖、瓦等材料供应紧张，推广有难度”③。

（二）打井数量与打井工艺

新修志书记载改水活动中开挖水井的数量都相当惊人，据《武进县卫生志》：

> 1976年，全县掀起了灶边小土井的群众运动。这一年共打小土井近2万口，仅小河公社在秋忙前就打了近2000口。④

短时间开挖数量庞大的水井，这样的例子不胜枚举。在太仓，开展血防工作后，提倡饮用井水，1971—1980年，全县共打井12186眼。⑤ 是什么样的打井工艺，使打井活动开展得如此迅速呢？要知道，符合卫生要求的水井，是有一系列的工艺要求的，如井底、井壁、井台等等都要进行防渗处理。

---

① 上海市嘉定县县志编纂委员会编：《嘉定县志》，上海人民出版社1992年版，第932页。

② 上海市南汇县县志编纂委员会编：《南汇县志》，上海人民出版社1992年版，第608页。

③ 青浦县卫生防疫站编：《青浦县卫生防疫历史资料（1951—1991）》，内部资料，1992年，第105页。

④ 武进县卫生局编史修志领导小组编：《武进县卫生志（1879—1983）》，内部资料，1985年，第125页。

⑤ 太仓县县志编纂委员会编：《太仓县志》，江苏人民出版社1991年版，第777页。

（三）改水的效果

几乎所有新修志书和相关血防史书，无不将新中国成立后的饮水改良，特别是打井活动，作为血防成功的重要原因。如在《上海消灭血吸虫病的回顾》一书中，“安全用水”被当作成功预防血吸虫病的重要措施与经验：

> 为了使流行区农民防止血吸虫尾蚴的侵袭，早在血防工作开展初期，本市就提出了因地制宜的多种安全用水方法。本市开展这项工作可分为三个阶段，即60年代以打公用的大口砖瓦井为主；70年代改挖独家使用的小口井为主……随着四十多万口小口井（灶边井）的砌建，以及自来水厂越来越多地建立，使农村饮水卫生发生了很大的变化。这不仅能避免血吸虫尾蚴的感染，以巩固血防成果，而且对整个农村卫生工作都起着重要的作用。①

同样，在《浙江省血吸虫病防治史》中也有类似的表达：

> 至1979年，据海盐、海宁等35个流行县（市）统计，共建各类水井139452口……虽然井的质量及水质不够好，但对当时预防和减少感染起了重要作用。②

打井活动到底起到了多大“重要作用”，没有人详细说明。其实，打井在血防中所起作用并不大，主要原因有以下两点：

首先，从流行病学的角度来看，饮用水并不是感染血吸虫病的主要途径。据我国著名医学寄生虫学家毛守白研究，人体感染血吸虫病的方式大致可分为“生活下水”和“生产下水”，在平原水网区，居民感染血吸虫病的方式是多种多样的，但是“接触河水则是主要的感染方式”，在流行地区，成年人“大多皆有因生活下水和生产下水而感染血吸虫的机会”③。

在当时上海市青浦县的血防宣传中，也明确指出喝生水感染血吸虫病的概率很低：

> 问：是不是喝了生水才会生血吸虫病？
>
> 答：喝生水是一种不卫生的习惯。喝了有血吸虫尾蚴的生水，尾蚴可以从嘴里或食管钻进人的身体，使人生血吸虫病。但是得血吸虫病的主要途径，是在生产和生活活动中接触有尾蚴的水，尾蚴钻进身体而得病的。④

---

① 王希孟主编：《上海消灭血吸虫病的回顾》，上海科学技术出版社1988年版，第81、84页。该说法朱敏彦等也基本采用，参见朱敏彦主编《上海防疫史鉴》，上海科学普及出版社2003年版，第38页。

② 浙江省血吸虫病防治史编委会编：《浙江省血吸虫病防治史》，上海科学技术出版社1992年版，第72页。

③ 毛守白主编：《血吸虫病学》，人民卫生出版社1963年版，第74、75页。

④ 上海市青浦县血吸虫病防治站编：《消灭血吸虫病100问》，上海科学技术出版社1966年版，第14页。

其次，挖的土井基本“弃而不用”，灶边井使用率也不高，水质也欠佳。在改革开放前，广大群众的生活饮用水源还是以河水、塘水、浜水等地表水为主，并没有根本性的变化。

透过新修志书中的描述，笔者发现，20世纪60、70年代开挖的水井，农民不太喜欢使用。对此，志书中记载的原因大都是农民“不习惯”饮用井水。例如，在昆山，1951、1952年，县血防站防治小组在淀西、淀东、巴城等乡村，曾开挖土井20多口，由于“群众没有应用井水的习惯”，“不久即废弃”。1956年，昆山县8个多月时间，在淀东、菉葭、淀西、茜墩、石浦、花桥、城北、城南、陆桥等公社，“新挖了水井3490口”，“由于昆山农村没有用井水习惯，又缺乏管理，至60年代末，60%以上的水井已遭废弃”①。在武进有些地区，群众也因“提水不便，使用不惯”，出现“挖而不用”的状态。② 在上海郊县，部分水井由于“农民主要因嫌提取井水不方便而被摒弃不用”③。

习惯是可以改变的，不然，为何在20世纪80年代各地农民都习惯用井水，“挖而不用”显然另有隐情——水质问题。有些新修的志书就直接提出水井水质存在问题。如《上海市卫生志》如此评价郊区的打井活动：

> 由于井水为浅层地下水，外来污染因素较多，消毒不够完善，加以不少农民仍习惯在河里洗碗筷、瓜果，喝生水，抑制肠道传染病发病的效果仍不显著。④

新修《桐乡卫生志》也指出开挖水井“水质达不到饮用水卫生标准”⑤，新修《嘉善县志》亦称土井“水质不太理想”⑥。如此看来，挖井活动对流行病的预防，特别是血防，到底起了多大作用，需要进一步探讨。

除此之外，由于时代的局限性，新修志书的编纂者在编写时往往会对资料进行取舍，需要进行一些甄别。如，新修《海宁市卫生志》称，为改善饮用水卫生条件，1966年全县农村推广伊桥公社“自力更生，挖建土井”的经验，“共挖各种土井2286口”⑦。按照卫生志的记载，改水效果应该不错，其实不然。查找编修卫生志所用的资料汇编，编修人员在编纂卫生志时，只是截取了突出政府成绩的内容。原文应如下：

> 有计划的发动群众挖井，是从1965年开始的，到1966年初统计，全县共挖井2286口。当时所谓因陋就简，土法上马，所以极大部分为土井，因为没有砖石结

---

① 昆山市地方志编纂委员会编：《昆山县志》，上海人民出版社1991年版，第770页；昆山市血防志编纂委员会编：《昆山市血防志》，上海科学技术文献出版社1995年版，第104页。

② 《武进县卫生志（1879—1983）》，第125页。

③ 《上海消灭血吸虫病的回顾》，第84页。

④ 上海卫生志编纂小组编：《上海卫生志》，上海社会科学出版社1998年版，第225页。

⑤ 浙江省桐乡市卫生局编：《桐乡卫生志》，海南出版社1996年版，第192页。

⑥ 嘉善县志编纂委员会编：《嘉善县志》，上海三联书店1995年版，第942页。

⑦ 海宁县卫生局编：《海宁市卫生志》，内部资料，1995年，第36页。

构，除土质较硬的黄墒土外，都不能经久即倒塌。①

综上所述，对于新中国成立后的打井活动，虽然新修志书有些记载，但由于时代限制，留下诸多探讨空间，进行一番深入的研究与分析，非常有必要，现进行分期阐述。

二　运动下的打井：数量惊人的土井和灶边井

（一）20 世纪 50 年代至 60 年代末挖井运动：以土井（泥巴井）为主

在上海，虽然早在 1883 年就有了现代意义上的自来水，但是自来水的普及是一个漫长的过程。上海乡村地区用上自来水基本是 100 年后的事情。为了解决农村饮水卫生，改善居民饮水条件，1962 年，上海市卫生防疫站推广打井工作，后来，结合防病工作，又陆续“打了数万口井”，以改良农村的饮用水源。② 对这次打井活动，新修方志都有记载。如南汇，1962 年冬打土井 500 余口，1964 年拨款 12 万元，打井 1000 余口。③ 奉贤，1963 年，采取国家出物资，群众出劳力，先后打井 215 口，1964 年和 1965 年两年，共打井 2553 口。④ 金山县在 1965 年则有土井 4468 口。⑤ 宝山，60 年代初期，打了“数千口井”⑥。

在浙江，自 1964 年开始，打土井运动迅速推广起来。如嘉善，1964 开始提倡挖土井，虽然由于“各乡的土质不同，部分地区不能推广”，但至 1970 年共挖土井 6630 口。⑦ 平湖自从 1965 年 7 月开始狠抓挖土井工作，到 1966 年止，“全县已新开土井 1552 眼”。⑧ 桐乡在 1966 年推广百挑公社“土法上马”，打井改善饮用水条件的经验，全县农村普遍开展了打水井，泥井的数量逐年增加，1966 年仅为 163 口，到 1972 年达到顶峰，有 1526 口。⑨ 海宁则在 1966 年全县农村推广伊桥公社“自力更生，挖建土井”的经验，共挖各种土井 2286 口。⑩

---

① 中共海宁县委除害灭病领导小组血防办公室编：《浙江省海宁县血吸虫病流行情况和防治工作资料汇编（1949—1979）》，内部资料，1981 年，第 64 页。

② 上海市卫生防疫站编：《上海地区农村打井工作介绍》，载北京医疗队改水小组编写《农村饮水卫生管理经验资料选编》，人民卫生出版社 1974 年版，第 16 页。

③ 《南汇县志》，第 608 页。

④ 奉贤县卫生局卫生志编纂组编：《奉贤县卫生志》，内部发行，1985 年，第 156 页。

⑤ 上海市金山县县志编纂委员会编：《金山县志》，上海人民出版社 1990 年版，第 949 页；金山县卫生志编纂室编《金山县卫生志》，上海少儿出版服务社 1994 年版，第 90 页。

⑥ 周盛运、邵家文：《宝山饮用水三部曲》，载政协上海市宝山区委员会文史资料委员会、上海市宝山区卫生局编《宝山卫生史话》，内部资料，1990 年，第 19 页。

⑦ 《嘉善县志》，第 446、942 页。

⑧ 浙江省档案馆，档号：J166—007—078。

⑨ 中共桐乡县委血防领导小组办公室编：《桐乡县血吸虫病流行情况和防治工作资料汇编》，内部资料，1980 年，第 108 页。

⑩ 《海宁市卫生志》，第 36 页。

在江苏，大规模的打土井也是从1964年展开。如，武进，1964年开始，为了实现基本消灭血吸虫病的目的，有计划地在流行区开展挖建大口井工作。至1973年底，全县共打井8192口。① 常熟，从1965年起，在农村推广生产队开挖公井，第二年，全县整修旧井8900余口，新挖公井4000余口。②

（二）20世纪70年代至80年代初的挖井运动：以灶边井为主

与20世纪60年代中期挖泥井相比，20世纪60年代末至80年代初开挖灶边井的数量同样非常惊人，每个县基本都在万口以上，比前一时段还要多。

上海南汇于1968年推广灶边井，因“每口仅10多元”，至1975年共打井36150口。③ 在青浦，到1976年总计打井21081口，其中灶边井就达12500口。④ 在嘉定，1979年，全县有水井3万多口，平均每4户1口。⑤ 在奉贤，1976—1981年，前后共打井38820口，至1983年累计打水井67065口。⑥

20世纪70年代，浙江各地开挖水井的数量也非常巨大。至1979年底，桐乡已挖井7799口，其中灶边井2509口；⑦ 湖州有灶边井6526口；⑧ 嘉善城乡则有水井15764口，其中灶边井5711口，砖井5027口，土井5016口。⑨ 在70年代初的打井血防工作的新高潮中，在浙西山区也开挖了不少水井，至1979年，长兴县实有水井1621口；⑩ 安吉县共有水井2163口。⑪

1979年之后，浙江各地开挖水井的速度迅速加快。在平湖，至1980年，有水井（含灶边井）21383口，供11万农民饮用，⑫ 算起来平均每5人就要挖1口井。在海盐，农村开凿了大量水井，至1981年已累计水井34074眼。这些水井除部分灶边井及少数水泥管井外，多数井壁系砖石所砌的砖石井。⑬

在江苏，20世纪60年代末至80年代初打井活动似乎来得更猛烈一些。例如前揭，1976年，武进全县掀起了灶边小土井的群众运动，一年共打小土井近2万口，仅小河公社在秋忙前就打了近2000口。⑭ 在江阴，1968年农村推广打浅水井。1979年全县打

---

① 《武进县卫生志（1879—1983）》，第125页。

② 常熟市血防志编纂委员会：《常熟市血防志》，百家出版社1996年版，第109页。

③ 《上海市南汇县血吸虫病流行情况和防治工作资料汇编（1952—1985）》，内部资料，1986年，第39页。

④ 青浦县卫生防疫站编：《青浦县卫生防疫历史资料（1951—1991）》，内部资料，1992年，第105页。

⑤ 《嘉定县志》，第932页。

⑥ 《奉贤县卫生志》，第156页。

⑦ 《桐乡县血吸虫病流行情况和防治工作资料汇编》，第108页。

⑧ 湖州市卫生志编纂委员会编：《湖州市卫生志》，香港：大时代出版社1993年版，第447页。

⑨ 《嘉善县志》，第446、942页。

⑩ 长兴县卫生志编纂小组编：《长兴县卫生志》，内部资料，1995年，第124页。

⑪ 中共安吉县委血防领导小组办公室编：《浙江省安吉县血吸虫病流行情况和防治工作资料汇编（1949—1979）》，内部资料，1984年，第68页。

⑫ 平湖县志编纂委员会编：《平湖县志》，上海人民出版社1993年版，第880页。

⑬ 湖州市档案馆，档号：107—30—70。

⑭ 《武进县卫生志（1879—1983）》，第125页。

各类浅水井3万口。① 其他一些地区，这一时期也开挖了数量不菲的水井。如太仓，开展血防工作后，提倡饮用井水，1971—1980年，共打井12186眼。② 吴江自1974年在部分农村推行灶边井，至1980年，全县累计打井7912口，其中公井1767口，灶边井6145口，1981年打井18437口。③

在江苏张家港，打井工作虽说开展得比较晚，但发展异常迅速。当地居民在1968年以前大多饮用河水，少量饮用井水。1979年起，各个公社发动群众，集体资助，组织“专业队伍”打水井，解决农民饮水卫生问题。仅两年的时间，共有水井20282眼，其中公井2784眼，占13.7%，户井17498眼，占86.3%。④

面对各地数量惊人的水井，新修志书都认为在80年代初，各地基本实现居民饮用水源井水化。如，在江苏宜兴，1977年有水井9759口，1/3的群众吃上了井水。1978年，全县又打水井2000余口，吃井水的占总人口的50%。1980年，农村小口井计12875口，有215个大队实现水井化。1981年全县共有水井1.37万口，吃井水的占65%。⑤ 在丹阳，1979年全县公用井达27216口，70%的生产队实现了以井水为饮用水源。⑥ 无锡，1982年统计全县共打井102376口，平均每2户半有1眼井，使95%以上的群众吃上了井水。⑦

上海、浙江的情况与江苏的情况类似。1983年底，奉贤累计打水井67065口，有72%的社员吃用井水；⑧ 浙江海宁全县农村拥有水井44034口，平均达到2.8户1口井，基本普及应用水井。⑨

三　改水效果：数字上的成绩

饮水改良的效果在前揭笔者已略有论述，整体来说，水井水质都不大理想。兹按挖井运动中最主要的土井（泥井）与灶边井来详细说明。

（一）土井（泥井）：弃而不用

自20世纪50年代开挖的土井（泥井），一般深不过三四米，井壁、井底基本不做防渗处理，宛如水坑，水质可想而知。因而开挖的土井（泥井），大多弃而不用，很快

① 江阴市地方志编纂委员会编：《江阴市志》，上海人民出版社1992年版，第1130页。

② 《太仓县志》，第777页。

③ 吴江市地方志编纂委员会编：《吴江县志》，江苏科学技术出版社1994年版，第747页；县志称1981年打井10437口，据《江苏省吴江县血吸虫病流行情况和防治工作资料汇编（1952—1981）》，应为18437口。

④ 沙洲县卫生事业志编纂领导小组编：《沙洲县卫生事业志》，内部资料，1982年，第167页。

⑤ 江苏省宜兴市地方志编纂委员会编：《宜兴县志》，上海人民出版社1990年版，第735页。

⑥ 丹阳市卫生局编：《丹阳市卫生志》，南京出版社2004年版，第234页。

⑦ 无锡县卫生局编：《无锡县血防志》，内部资料，1988年，第142、143页。

⑧ 《奉贤县卫生志》，第157页。

⑨ 《浙江省海宁县血吸虫病流行情况和防治工作资料汇编（1949—1979）》，第64页。

坍塌。除上述江苏昆山、武进，浙江海宁乡村地区诸多土井弃而不用之外，类似情况在其他地区也很普遍。

1965 年，江苏常熟在农村推广开挖公井，第二年全县整修旧井 8900 余口，新挖公井 4000 余口，但因“汲水不便，乏人管理，大多废置”①。同年，金山县有土井 3391 口，但群众不愿使用，如“刘埝大队原有土井 79 口”，只有“2 口饮用”；后来政府组织“专人整修”，也只有“1734 口吃用了起来”，仅“占 51.1%”，其中“廊下公社只有 28%，干巷 30%，松隐 28.6%”②。对此，新修的《金山县志》直接指出“没几年土井长期浸浊，坍损淤塞”③。

在桐乡，1972 年，全县共有水井 5219 口，其中泥井 1526 口。虽然“泥井简便易行，但时间一长，井壁易塌”④，故而实际使用的水井总数为 3276 口，使用率为 62.7%（见表 1）。那些能使用的水井，水质也不怎么样。新修《桐乡卫生志》就指出：

> 这些井的水质达不到饮用水卫生标准，故仍提倡饮水消毒和煮沸后饮用。⑤

至于众多地区新挖土井出现“挖而不用”的状态，诸多新修方志动辄归因于群众嫌“提水不便，使用不惯”⑥。显然，这只是一个极其次要的原因，土井（泥井）水质欠佳才是根本原因。如嘉定娄塘镇，1968 年全镇共有水井 162 口，其中瓦井 47 口，泥井 69 口，污水井 46 口，⑦ 因而嘉定居民“饮用河水现象还相当多”⑧。

表 1　1964—1979 年桐乡县水井总数及使用率　单位：口

年份	水井总数	其中灶边井	其中泥井	使用口数	使用率
1964	100	—	59	92	92%
1965	211	—	160	195	92.42%
1966	227	—	163	208	91.63%
1967	232	—	162	208	89.66%
1968	264	—	168	213	80.68%
1969	348	—	150	271	77.87%
1970	1657	17	567	1416	85.46%
1971	4760	420	1436	3213	67.50%
1972	5219	425	1526	3276	62.77%
1973	5233	438	1379	3356	64.13%

① 常熟市卫生志编纂委员会编：《常熟市卫生志》，内部资料，1990 年，第 139 页。
② 金山区档案馆，档号：49—1—71。
③ 《金山县志》，第 949 页。
④ 《桐乡县血吸虫病流行情况和防治工作资料汇编》，第 109 页。
⑤ 《桐乡卫生志》，第 192 页。
⑥ 《武进县卫生志（1879—1983）》，第 125 页。
⑦ 嘉定县娄塘镇修志领导小组编：《娄塘镇志》，上海三联书店 1992 年版，第 218 页。
⑧ 嘉定区档案馆，档号：2—15—51。

续表

年份	水井总数	其中灶边井	其中泥井	使用口数	使用率
1974	5174	407	1109	2971	57.42%
1975	5147	440	1093	2806	54.52%
1976	5991	1023	830	3360	56.08%
1977	6677	1440	972	3775	56.54%
1978	4860	2361	1006	4612	94.90%
1979	7799	2509	877	4394	56.34%

资料来源：1.《桐乡县血吸虫病流行情况和防治工作资料汇编（1949—1979）》，第111、112页；2. 按照逻辑，1978年水井总数似乎也有问题；3. 使用率系笔者计算。

（二）灶边井：水质欠佳

灶边井虽说井壁用砖瓦或水泥管等进行防渗处理，但毕竟是浅层地面浸透水，若井址选择不当，或限于环境条件以及土质等问题，“很易受污染，不是长久之计，而只能是临渴掘井”①。

在上海宝山，1970年在彭浦、大场、庙行、顾村、杨行、月浦、盛桥等7个公社的部分生产队进行的调查研究表明，大部分土井较浅，“约3—4公尺”，“水源不够充分”，“易受到污染”②。至1974年，宝山县共有土井8647口，大都“年久失修，水质混浊”③。嘉定的水井“多数细菌指标仍达不到饮用水标准”④。1979年，江苏江阴有各类浅水井3万口，“符合饮用水卫生标准的仅占26.49%”⑤。

1981年，无锡县卫生防疫站劳卫科曾对全县浅水井水质进行了一次卫生学测定，抽样调查锡东、锡西、锡北三个片59口水井（公井5口、灶边井5口、小口井49口），按国家颁发的生活饮用水标准（1976）分类为一级水、二级水、三级水、四级水（依次为好、较好、差、不好的水），水井的水质“以二、四级比重较大”，公井水质较好，其次为插管井、小口井、灶边井，河水最差。水质分级“以二级水为多（58.3%），其次为四级水（21.7%），三级水（16.7%），一级水很少（仅3.3%），污染指标、感官指标及部分化学指标均有超标现象”⑥。1982年初，沙洲县（张家港）抽样调查了992口土井，深度小于5米的有910口，占91.73%；727口无井台，占73.28%；644口无排水沟，占64.92%。如此构造的水井自然“易受到来自地面的污染”，井水混浊的252口，占25.40%，井水有颜色的213口，占23.29%。⑦

同年，浙江余杭县卫生防疫站也对全县水井水质进行了一次调查。通过在46个乡

① 湖州市档案馆，档号：107—30—70。

② 宝山区档案馆，档号：145—3—61。

③ 宝山区档案馆，档号：36—1—6。

④ 嘉定建设志编纂领导小组编：《嘉定建设志》，上海社会科学出版社2002年版，第324页。

⑤ 《江阴市志》，第1130页。

⑥ 《无锡县血防志》，第144页。

⑦ 苏州市档案馆，档号：H67—2—108。

的水井调查资料中，随机抽查10个乡的总人数、饮用浅井水和自来水人数、痢疾病例数，分别计算不同地区、不同时期的饮用浅井水、河水和自来水人口百分比与痢疾发病率。相关分析表明“饮用浅井水对预防痢疾等肠道传染病效果不明显”。后来还进一步调查了九堡乡八堡村等地的水井污染情况，调查浅井139眼，其中133眼井周围30米范围内有厕所、粪池、粪坑等污染源的占96%，井水均长期未作消毒处理。①

由于灶边井整体水质欠佳，随着时代的发展，80年后灶边井逐渐淡出历史的舞台。21世纪初新修的《吴江市血防志》指出：

> 由于公井缺乏有效的管理措施，利用率不高；灶边井因与猪棚、厕所相距达不到卫生学要求，况且都是用浅表地面水，所以水质不符合卫生学指标而不再推广。②

四　土井、灶边井：特殊年代的发明与创造

打井运动的高涨，除了出于预防流行病，特别是血吸虫病，还有一个很重要的考虑是“备战”。20世纪50年代末中苏交恶，国际形势复杂多变。为了应对敌人“细菌战”，打井被提到“备战”的高度，“土井”被视为“战时的第三后备水源”③，有些群众直接称“灶边井”为“备战井”④。在此形势下，挖井以运动的形式在各地红红火火地开展起来。

（一）土井（泥井）、灶边井的出现：便宜就是硬道理

打井需要人力、物力和财力，在那个年代可谓不缺人，但物资是一道绕不开的槛，打一口符合卫生与战备要求的水井需要不少水泥、黄沙、砖瓦，甚至钢材等，这些在当时基本都是紧俏物资。如在上海就供应紧张，房屋正常维修所需材料“尚难以解决”，根本无力用到打井工作中。⑤ 若从经济成本上来计算，打一口“洋井”（砖瓦井），在当时绝对算造价不菲，每眼井得花“200—300元”⑥，即使打一口符合卫生要求的水井一般也需要“50—60元”⑦。这显然超越了当时政府的财力，无法全靠政府。

---

① 俞其根：《余杭县农村饮用浅井水人口比例与痢疾发病关系的调查》，《环境与健康》1984年第11期，第41、42页。

② 吴江市血防志编纂委员会编：《吴江市血防志》，今日出版社2001年版，第120、121页。

③ 上海市档案馆，档号：B226—3—183。第一、二水源分别为河水、深井水。

④ 《上海地区农村打井工作介绍》，载《农村饮水卫生管理经验资料选编》，人民卫生出版社1974年版，第19页。

⑤ 上海市档案馆，档号：B226—3—183。

⑥ 浙江省档案馆，档号：J166—007—078。

⑦ 《上海地区农村打井工作介绍》，载《农村饮水卫生管理经验资料选编》，人民卫生出版社1974年版，第17页。

于是，政府发动群众“自力更生”，打井变成了广大群众的一项政治任务。

在需要群众自筹经费的情况下，为完成任务，广大农民在“勤俭节约”的原则下，“以土为主，土洋结合”，不断改进结构，降低造价，基本只需要人力的土井（泥井）应运而生。

上海金山县，根据本地区的土质情况，因地制宜，因陋就简，发动群众挖泥井。泥井井深3米，井口0.7米，井壁不用材料砌，就用原泥壁铲光，仅需做吊桶、井台、井栏材料的经费，只要花“6—7元”，“省钱、省料”①。金山的泥井还做井台、井栏，有些地区进一步发展为更为经济的无井台、井栏的泥井，如同一个水坑。1965年，嘉善的丁栅公社红星大队挖了“不少室外土井，几户用一口”，但是很快井水都“变成死水、脏水”，不久“全部坍掉，损失极大”②。井壁不经处理的土井易塌，不能经久，在此情形下，井壁稍作处理的，成本在10元左右的灶边井越来越流行。③

“省字当头，以土为主”的指导思想下，群众还创造出花费更少的灶边井。浙江平湖县农村系还平原水网地区，血吸虫病严重流行。当地群众自古以来都是饮用河水，“河水因受粪便污染严重，水质很差”。从1965年7月开始，狠抓挖土井工作，一年多的时间里“全县已新开土井1552眼”。来看看这些“土井”是如何挖出来的：

> 这种土井每眼只用一包水泥（约3—4元）和100块砖（拣破旧砖）做井台、井口，一个土井全部成本只是花一包水泥钱，三个人一天可挖一眼。一般2—3户人家挖一眼，有的1户挖一眼。④

（二）用所谓的“实践”、“科学”来推广：卫生调查报告

为了证明土井、灶边井水质优良，相关部门还进行了一系列的检测来推进打井工作的开展。

1965年，嘉善县卫生防疫站选择红星大队较有代表性的55口土井做水质测定，虽然细菌检测“水质较好的水井仅占32.7%”，不过，最终却得出了这样的结论：

> 灶边井水质虽未能达到自来水卫生规定要求，但与当地河水相比，而灶边井的水质有显著提高。⑤

---

① 《上海地区农村打井工作介绍》，载《农村饮水卫生管理经验资料选编》，人民卫生出版社194年版，第16—45页。

② 嘉善县档案馆，档号：328—3—39。

③ 嘉善县档案馆，档号：328—3—39；中共浙江嘉善县地方病防治领导小组办公室编：《浙江省嘉善县血吸虫病流行情况和防治工作资料汇编（1949—1985）》，内部资料，1985年，第213页。

④ 浙江省档案馆，档号：J166—007—078。

⑤ 嘉善县档案馆，档号：328—3—39；《浙江省嘉善县血吸虫病流行情况和防治工作资料汇编（1949—1985）》，第212页。

平湖县防疫站也认为灶边井的水质“必须根据农村实际情况来决定”，“不能与国家颁发的水质标准规定相比”。为此，平湖县防疫站编制了《挖简易土井参考资料》、《怎样挖土井》等资料，作为典型在浙江省推广。①

嘉善县卫生防疫站血防组也整理了《灶边井》资料，推广他们的打井经验。他们总结出灶边井六大优点，首要原因就是“挖掘便当，成本节省”，而非水质的改善：

1. 挖掘便当，成本节省。挖一只灶边井仅花2—3个劳力，三百余块砖头，一根400毫米水泥管，材料成本在10元左右。群众说，“买1只水缸也得花10多块钱”。

2. 管理容易，使用便当。以往挖在室外大井，最大的问题是管理不好，脏物、灰尘污染井水，每当社员劳动歇工回来，大家争着吊水。现在每户都有水井，由自己保护，不论下雨、落日不用出门，取水方便，大大提高了井水使用率。

3. 适应战备，保护水源。灶边井挖在室内比室外大井管得牢，全面使用灶边井有利于战备，防止阶级敌人破坏。在农田施用剧毒农药时，可以防止人畜中毒。

4. 减少疾病，提高出勤。以往特别是三抢期间，肠道传染病比较多，自推广灶边井以来，一般肠道传染病有明显减少。

5. 冬天省柴草，夏天当冰箱。在冬天，井水比河水温度高，容易烧开，节省烧柴。夏天井内温度低，社员们有时将食物或吃剩的饭菜放到井里临时存放，不易变质变味。

6. 增加青饲料，发展畜牧。以前单纯为了解决水源卫生，提出河浜里不养水生植物，保证河水畅流。现在使用灶边井以后，扩大种植水生植物，有利于畜牧生产。②

1966年，海宁县防疫站选择伊桥公社10口水井连续进行三次重点项目的水质检查，并与河水、浜水、塘水进行对照。虽然明知“由于在建造过程及使用过程中卫生技术没有相应跟上”，“部分水井井壁坍泥，水质发浑”，按细菌总数“2口属于不太清洁，8口属于不清洁”，但不知为何，海宁县防疫站得出的结论竟然是：

从以上检查结果来看，通过改水后，井水的水质比河水、塘水有所改善是完全可以肯定的。③

正是因为海宁县防疫站认为“土井的水质是比较好的，而且与砖井并无显著差别”，海宁伊桥公社打土井的经验得以在全县推广，并影响全省。

---

① 浙江省档案馆，档号：J166—007—078。

② 嘉善县档案馆，档号：328—3—39；《浙江省嘉善县血吸虫病流行情况和防治工作资料汇编（1949—1985）》，第212页。

③ 浙江省档案馆，档号：J166—007—078。

五 结语：欲速则不达：新中国成立后的饮水改良活动

新中国成立后，政府为防治传染病，特别是血吸虫病，改变广大乡村地区饮水极不卫生的状况，开展了轰轰烈烈的打井运动，从出发点来说，政府的行为无疑值得肯定。随着国际形势的变化，60年代起，战备思想也影响到打井活动，打井成了社会各阶层的一项政治任务，也就逐渐偏离了正常轨道。

在计划经济时代，由于物资缺乏、财力有限，政府、集体都无力承担所有打井的费用，结果只能依靠广大群众“自力更生”。广大农民其实也无力承担，结果为完成打井这一政治任务，广大群众“土法上马”、“因陋就简”，不断简化水井工艺，降低水井水质卫生学要求，以“省钱”、“省料”，从而创造出“土井（泥井）”、“灶边井”等众多根本不合卫生要求的水井形式。

对于新中国成立后的打井活动的评价，大体可以借用1981年桐乡县改水工作总结中的报告：

> 群众在这方面已花了大量的财力和劳力，虽不同程度改善了饮用水条件，但由于生产生活习惯、居住条件、土质等影响，使用这些水的比例不高，也不持久，而且这几种形式都是分散的，不便管理，广大社员生活饮用水还是以河水、塘水、浜水为主，卫生状况较差，经我们调查，肠道传染病发病率高的地方都与饮用不卫生的水有密切关系。①

群众花了“大量的财力和劳力”，开挖了大量的水井，但是使用的井水“比例不高，也不持久”，广大社员“生活饮用水还是以河水、塘水、浜水为主”，没有起到预防传染病的作用。它不仅仅是桐乡一个地方的情况，应该是新中国成立后江南打井运动的整体状况。

“多”、“快”、“好”、“省”建设社会主义的后果往往并达不到真正的“好”。在缺少财政支持的情况下，以群众运动的形势开展打井活动，结果群众创造性地将打井简化成了挖水坑，成千上万的土井基本是“挖而不用”，很快坍塌，饮水改良成为一句空话。这一期间的打井活动堪称浪费民力而无实际效果的“大跃进”。

（作者单位：上海工程技术大学社会科学学院现代城市管理研究中心）

① 湖州市档案馆，档号：107—30—70。

台湾乡村环境景观变迁研究：以桃园地区为例

（台湾）廖慧怡

一　前言

地理学和社会学研究中，对乡村（rural）的定义有大量描述，普遍认为“乡村地区”通常是相对于都市地区的地理空间，其人口密度相对较低，自然、农耕或森林等为其重要的环境元素，并具有持续性的人文及与经济（主要为农业）有关的活动。① 乡村通常被界定为都市的反义词，统称为非都市区，没有明显的范围界定，但其特性通常为由森林、河川、海滩与农地所构成的地景空间。② 乡村是聚落的一种形态，由一个或数个乡村单位共同组成空间领域，并于其中进行土地的生产与利用，不论直接或间接，多数均与农林牧渔或其他相关生产工作有关。在台湾社会中，乡村是指以农业生产为主的地区，除聚落外，大部分的土地都为作物的栽植、水产养殖、放牧等生产之用，其分布地区为远离人口集中的都市，且其自然环境程度高于都市地区，因此乡村乃指以一级生产为主之非都市化地区。③

台湾的乡村地区长期以来扮演着重要的生产者角色，各种农产业如稻作、茶作、蔗作、烟盐、果蔬、养殖等不但是重要粮食基础，亦是构成台湾经济发展的最早来源。在乡村地区的景观空间中灌溉水圳、农作物的集散、工作空间、防风或区隔的藩篱、祭祀与聚落生活空间等，形成台湾乡村地区农田阡陌纵横、聚落或农舍间杂于田野间的特征。经济成长下，乡村地区却逐渐失去特色与活力。麦斯登（Marsden）指出乡村地区的发展在乡村再结构的过程中通常受四项需求影响，包括：①高质量的食物生产；②美好舒适的公共空间；③居住的土地；④环境保护，而这些需求则通过市场与国家政策影响了乡村的发展与再结构。④ 台湾的乡村地区面临快速的分化，在乡村发展与

---

① OECD，*What future for our countryside? A rural development policy*，Paris：OECD，1993，p. 30；郑健雄、施欣仪：《新乡村主义与乡村旅游发展》，《乡村旅游研究》第1卷第2期（2007），第1—17页。

② Sarpley，R. & Sarpley，J.，*Rural Tourism：An Introduction*，London：International Business Press，1997，p. 4.

③ 欧圣荣：《台湾乡村景观风貌调查分析计划》，（台湾）“行政院”农业委员会水土保持局编，农委会水土保持局2005年版，第1—2页。

④ T. Marsden，“Economic perspectives”，in B. Ilbery，ed.，*The Geography of Rural Change*，London：Longman，1998，pp. 13－30.

再结构的过程中则产生了乡村环境的变迁，有些乡村转型为农业生产专区，有的乡村地区则成为城市居民的户外休闲场所。① 而本研究之目的即透过对区域性的乡村景观变迁进行脉络分析，以了解其在发展与环境变迁过程中之乡村景观主体演变的概况与特征。

二 桃园地区的地理特征

土地可说是景观变迁中重要的作用与被作用的因素，亦即土地就是景观发展的基质，由此可了解土地利用的重要性与特质。从过去学者专家们对于台湾乡村景观的研究，与台湾环境开发的脉络，可归纳出台湾乡村景观是在农业文化基础上构成的，主要的景观构成要素包括：①灌溉水圳系统；②农产品的分化；③工作空间的特质；④防风或区隔用途的藩篱；⑤祭祀与聚落的生活文化空间。这些景观要素随台湾各地的自然条件影响而有所差异。选择桃园为研究场域在于此地区的地理位置有特殊性。在台北与新竹两大城市的发展下，位居中间的桃园地区受现代发展的影响较台湾其他乡村区更显著。借由对桃园地区的环境开发历程之研究，认为通过对区域性的乡村景观演变与土地利用的政策或模式之沿革进行时间脉络上的分析，可对环境开发政策对景观主体性的转变有较深入的了解。

桃园位于台湾省台湾本岛西北部，行政单位属台湾省桃园县，面积1220.9536平方公里，约占全省土地总面积的3.43%（见表1）。本区北邻新北市（旧称台北县），南接新竹县，西侧临台湾海峡，东侧则以山地和宜兰县为邻（见图1）。桃园县辖内现有的行政单位共计13个乡镇市，其中仅复兴乡是山地行政区。

表1　　桃园县境之乡镇市面积统计

行政区名称	面积（公顷）	占县境面积比例（%）
芦竹乡	7550.25	6.18
龟山乡	7201.77	5.90
大园乡	8739.21	7.16
桃园市	3480.46	2.85
八德市	3371.11	2.76
中坜市	7652.00	6.27
观音乡	8798.07	7.21
新屋乡	8501.66	6.96
平镇市	4775.32	3.91

① 谭宏仁：《关系空间与乡村发展：以龙潭槺风茶产业为例》，《地理学报》2007年第50期，第47—72页；庄淑姿：《台湾乡村发展类型之研究》，博士学位论文，台湾大学农业推广学研究所，2000年，第9—12页。

续表

行政区名称	面积（公顷）	占县境面积比例（%）
杨梅市	8912.29	7.30
龙潭乡	7523.41	6.16
大溪镇	10512.06	8.61
复兴乡	35077.75	28.73
总计	122095.36	100

资料来源：桃园县政府主计处：《桃园县统计要览》，2005 年。

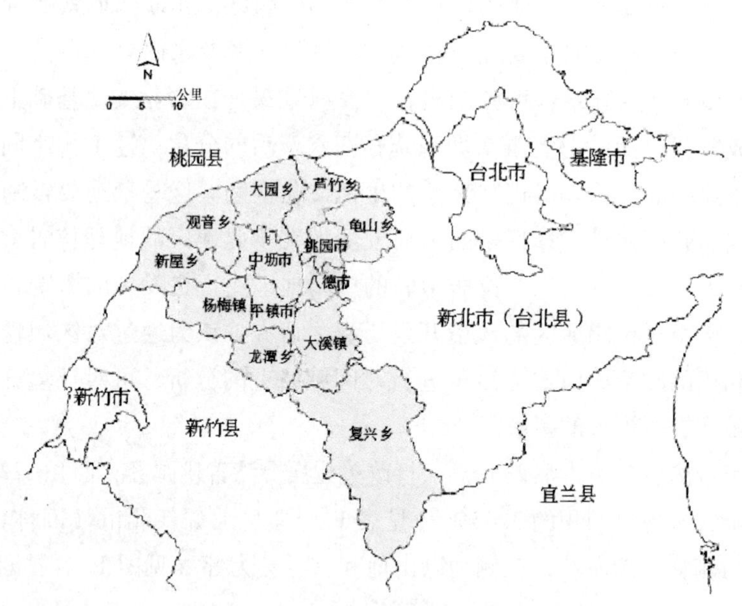

图1　桃园县境与区位示意图

地形上，本区地势东南高，西北低，东南部为高峻山地。本区中部、西北部为砾石台地的桃园冲积扇（或称石门冲积扇）。西侧海岸地区则是冲积沙岸，海滨呈条状沿岸洲和沙丘分布。台地以红壤为主，浅山、低丘陵地带，以黄壤或崩积土为主要土壤构成；山地区则以石质土为主；平原、山涧台阶地及谷地，则均为冲积土。水文上，本研究区主要河川计有四条：大汉溪（亦称大嵙崁溪）、南崁溪、老街溪及社子溪，除大汉溪外，区内河川多为水源供应不足，流域面积狭小，流路短浅的荒溪型溪流。本区河川之季节性特征为夏季时易溪水暴增，泛滥成灾；冬季为枯水期，流量减少。因台地上的溪流在水源的供给上有季节性的限制，造成早期农业发展上的用水限制，居民利用台地的缓坡与壤土构成的不透水层进行蓄水池塘的挖掘，形成依靠埤塘蓄水以供应灌溉的特殊农业景观。桃园地区气候受到东北季风与西南季风影响最大。1—5 月盛行风向为东北风，而 6 月起盛行风向转为西风或西南风，至 9 月再渐渐转为东北风，冬季的东北风伴随较强的风速，对于农业生产影响大。在降水上，本区年雨量在 1500 至 2000 毫米，山区则为 2000 至 4000 毫米。夏季降雨量较多，冬季较少。影响本区降雨量主因素有春季的梅雨锋，夏季午后对流系统及台风与其所引进旺盛西南气流所带来的雨量。气温部分，四时之变化不显著，以 7、8 两月气温为最高，平均在 27℃左右，最低为 1—2 月份，平均在 13℃左右，全年平均温度约 23℃。

三 城乡发展对乡村环境的影响与变迁

（一）从散村到聚落市镇

1. 桃园台地上聚落的形成与分布

富田芳郎撰写的《台湾乡镇之研究》① 以德国聚落地理学角度对台湾农村与小型乡村都市从清代形成后至日治时代的聚落形态与形成因素，认为台湾的农村分布特征北部多散村与小村落，南部多集村，成因包括：①生活用水的条件；②原始景象即自然环境条件的影响；③高山族人与汉人移民的关系；④汉人开垦组织与开垦过程对聚落形成的影响；⑤农业经营的形式。从自然环境的条件、社会关系与历史发展过程作为分析，归纳出台湾北部多散村、南部多集村的成因，下表为针对富田芳郎的研究所归纳之分析表。而陈正祥在《台湾地志》的研究亦证实，桃园台地上乡村地区多散村形式的聚落分布部分原因确实与此类环境因素有关（见表 2）。②

表 2　台湾南、北部乡村地区特征

	台湾北部（浊水溪以北）	台湾南部（浊水溪以南）
聚落形式	散村	集村
用水条件	较便利，气候湿润	受干雨季影响
地形	多丘陵、台地	多平原
开发时间	清代康熙、雍正年间	荷兰治理时代开始
与高山族人关系	较和缓	较紧张
耕作形式	集约	粗放

本区早期中心市镇包括因河运而形成的大溪镇、因铁路与公路衢道而产生的桃园、中坜等市镇中心。清领时期，这些聚落因交通便利而成为农产品集散中心并具备提供商业服务等机能，逐渐发展下而成为小型市镇。二战后实行之都市计划，首先划设此三处聚落为都市计划范围，但大溪镇之城市发展却因河川淤塞与未处于陆路交通要道而发展趋缓。1960 年代以后，各项交通建设加速桃园—中坜间的生活机能便利性与对外的易达性，渐成为政府的工业发展之重心。1970 年代起，配合重化学工业发展政策，在桃园陆续增设幼狮、北部特定、中坜、杨梅大兴等工业区，通过工业生产带的形成，逐渐影响桃园地区的城市分布状态与城市化规模。区域间人口移动是城市化的主因，

① 富田芳郎：《台湾乡镇之研究》，《台湾银行季刊》1955 年第 7 卷第 3 期，第 85—109 页。

② 陈正祥编：《台湾地志》，台北：南天书局 1993 年版，第 256—260 页。

人口移动受乡村与城市部门的推拉因素左右，农村地区的生产力有限、收入低，过剩劳动人口自然流入城市地区的工商业部门，桃园、中坜成为1947—1986年间新兴城市人口增加率较高的地区。①

2. 乡村地区的转变

桃园乡村地区对于各区域内邻近的小型商业聚落一直具有经济上的依附关系。商业聚落除提供消费、娱乐服务外，亦是重要的行政中心，且教育资源较丰富。部分受访农民即表示：

> 这里（观音新坡）人口外流不多，居民多是白天在桃园、中坜、平镇等地工作，晚上回来。……道路建设对居住环境增加交通便利，移入人口增加……［观音，GY03］
>
> （以前）出去消费的部分比较低。现在就不是，年轻人嘛还是会习惯外面的消费。……［新屋，XW01］

访谈中可了解乡村居民对于市镇的消费依赖。加上长年下来，乡村地区的基础设施普遍完善，公路网络系统便利，提高了乡村居民的交通易达性。

近年因交通便利性，乡村地区居民往返于都市就业的容易度增加，或乡村地区居住成本较低等因素，乡村地区的非农业人口数量亦逐年增加。又因过去桃园乡村地价较低廉，许多建商受制于土地变更的限制，便大量承购废弃的农舍建地，逐年改建集合住宅，此类社区住宅多分布在农业区域之间。因此，桃园乡村地区的非农业人口、非农业用地的逐年增加成为其乡村地区的一个重要转变特征。

（二）区域内的不均衡发展

在工业政策的发展下，本地区呈现内部区域性发展不均衡的现象。二战后，因桃园地区以农业生产为经济基础的生活方式，尚无较明显的大型城市出现，仅为小型商业机能较强的市镇分布于台地中部的南北交通带上。随重大交通建设与工业的快速发展，城市化沿着公路边缘扩张。乡村地区劳动结构受到影响，农业人口渐高龄化。本区内部的城乡不均衡发展逐渐让农业弱化，也造成农民对于土地的依赖情感正逐渐消失，访谈中可从对于“不期待子女传承”与“极易受经济诱因而贩卖土地或休耕的行为”上看出来。

> 孩子晚上会回来住。现在的农家会有饭吃、房子住，还是要靠孩子出去工作赚钱，老爸就供房子给他们住，我们农村才有办法过活。……［芦竹，LZ03］
>
> 一起做农的孩子有两个，但没什么利润，但是要有兴趣才能从事农业。……［平镇，PZ01］

---

① 戴宝村：《日本领台与台湾港口市镇的发展》，《亚洲文化》1989年第13期，第149—159页。

像现在很多搭铁皮屋租人的，都是十年前很多把农地改建成仓储之类，大概十到十五年前，到处都是，连现在都是，都盖在马路旁。新屋、杨梅、平镇、中坜都很多啊。最多给你扣个房屋税，地价税就算扣农地也不高就给你扣。很多农村环境都是被人破坏的。……［中坜，ZL01］

年轻人没了啦，哪有人要做，种田可以生活吗？收入也无法［支持］生活……外面有钱人来买田，光是隔壁这一块就有台北人来买，新竹人来买……来买的人很多啦，这样你田怎么能种……［大溪，DX01］

四　桃园地区开发以降的生产性景观转变

（一）桃园的开发之初

清代台湾开发的路线，虽说是由南往北，由西向东进展。但进展至桃园台地时，囿于本身的自然环境因素如荒溪型的河流、贫瘠的红土壤等，使得清代桃园台地的早期拓垦较新竹及台北二地为迟，推测本区有规模化的移垦路线可能有二：一是由新竹沿海岸越过桃园台地直接进入台北盆地的现象；另，沿淡水河溯游而上，经大汉溪，达粟仔园、埔顶，此水运路线亦造就出早期大溪地区的开发与蓬勃的商业活动。沿西侧海岸线上的港口聚落，溯溪东进开垦是台湾西部地区开垦的路径模式。据《桃园县志》记载：

清雍正三年，有福建、漳州人郭光天者，偕兵勇百余名至本县南、内厝、坑子口、桃仔园等地，驱逐生蕃，为之开垦。清乾隆二年，有广东人薛启隆者，偕兵勇数百名，至桃涧平原开垦荒地。自是田连阡陌，地方日臻繁盛。……①

汉人自渡海来台耕作之始，即习以市场之需要而选择栽植合适之作物。桃园地区限于地形条件与气候因素，以水源之供给与交易活动之习惯决定栽培之作物，普遍来说地势平坦、水源充分地区辟水田以栽植稻米为主，丘陵或水源供应困难之地则为旱田，多栽植茶树为主。在日据时代的政策发展下，为增进农业产量，政府修筑桃园大圳引大汉溪水作为台地上灌溉之水源，并利用桃园台地上现有之农圳与埤塘串联，改善桃园地区因气候与地形的限制而无法增产的现象。

（二）土地利用方式的演变

在农业社会时期，农业景观是本区主要的景观形态。桃园地区战后的农业发展概况，通过《桃园县统计要览》的数据统计可以发现，以耕地面积而言，1953 年全县

① 廖本洋主修，连文安纂修：《桃园县志》卷 4（上）《经济志》，桃园县政府 1979 年编印出版，第 2 页。

耕地面积比率达48%，为历年最高。耕地面积比率增加之因素包括：战争对农业生产的破坏已恢复，扶植自耕农与公地放领等政策下的生产激励。至1970年为止，耕地比持续维持在44%—48%之间，显示桃园地区至1970年代仍有近半数面积维持在乡村环境的发展上。1981年后耕地面积降至40%以下，1997年以后降至35%以下。1983年政府初提倡农地休耕政策时，本区仍维持缓慢的下降模式，但1999年后，则因农地释出政策与气候异常影响造成用水短缺、实行强制性轮耕或休耕，始加速农地的休耕与荒废。在农地面积逐年下降的现象下可以显示乡村地区的地景正在逐渐转变中（见图2）。

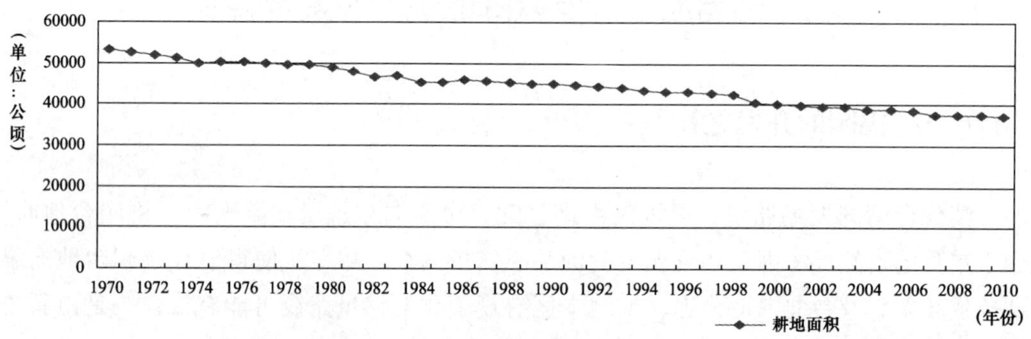

图2　1970—2010年桃园县耕地变化

资料来源：《桃园县统计要览》，1954—2010年。

对于桃园地区土地利用方式的变化亦可由桃园地区的工业用地成长趋势与其分布状况的改变来讨论。本区最早的工业区设置始于1966年，为疏解台北盆地内工业用地的不足，先在龟山、中坜设置工业区。1970年代后期，配合区域性发展，设立大园扩大工业区、林口特定工业区、观音工业区等。1980年代，桃园继续增加了海湖工业区、新屋工业区，以及幼狮扩大工业区。1990年代后，以大型智能型或主题工业园区为主。桃园国际机场的设置则让周边地区如南崁、大园等地发展出货柜储置场及航空货物仓储业。工厂与工业区逐年林立，工业用地带来的景观文化渐成为桃园的环境特征之一（见图3）。

在整体土地利用方式的演变下，桃园从早期的农产品供应地逐渐转变成吸收其已饱和的工业生产，工商业用地的发展从人口集中的桃园台地中心带开始扩散。1970年代至今，更转为在各乡镇征收大范围之工业区用地，尤其在以农业发展为主的乡镇地区，许多良田逐渐划设为工业用地，乡村地区逐渐不再以农业为土地利用与发展主体。

在都市用地的变化上，1970年代之后本区内各乡镇市行政区都市用地面积皆快速增加。在台湾地区增加都市用地之方式为通过土地利用变更的方式扩大都市范围或变更市区内之生产用地，首当其冲的通常为农业用地的征收与重划。1990年代之后，为疏解邻近都会带人口与土地地价之压力，本区主要市镇桃园市、中坜市周围的八德、平镇与芦竹之南崁地区亦大范围征收农业地转为都市用地重划与都市计划（见表3）。

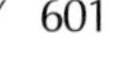

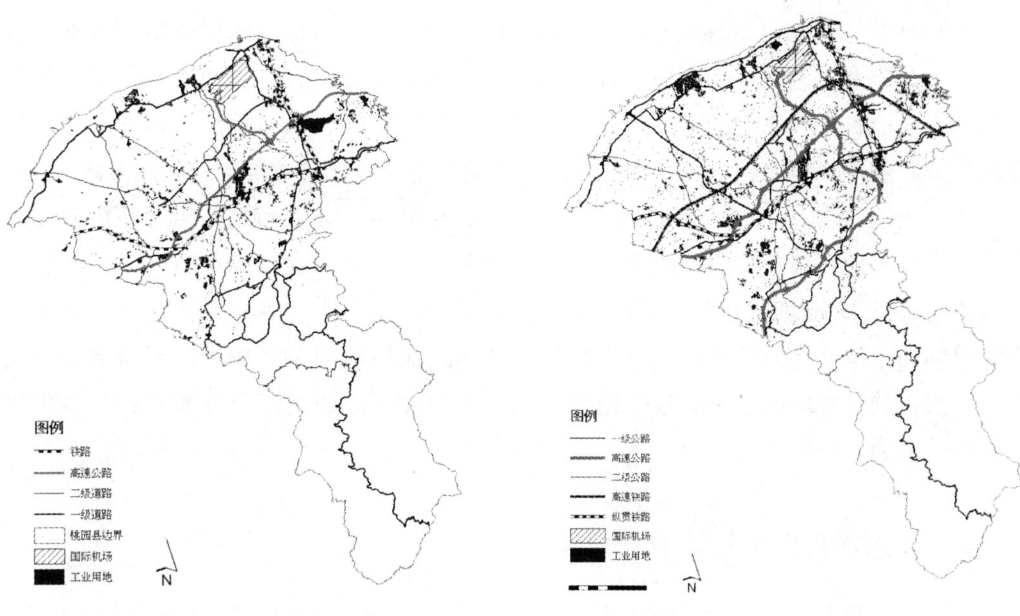

1995年桃园地区工业与交通分布概况　　2005年桃园地区工业与交通分布概况

图3　1995、2005年桃园地区工业与交通分布概况

资料来源：《国土利用现况调查》，台湾省政府地政处，测绘时间：1994—1995；《国土利用调查成果》，“内政部”土地测量局，测绘时间：2005—2008。

表3　　桃园县各行政区历年都市计划区面积统计

主要行政区划	1954	1960	1965	1970	1975	1980	1985	1990	1995	2000	2005	2010
桃园市	8. 22	8. 22	8. 22	8. 22	9. 57	20. 13	24. 81	24. 81	24. 88	24. 88	24. 82	25. 12
中坜市	6. 19	6. 19	6. 19	6. 19	21. 03	45. 64	55. 49	59. 95	60. 15	65. 05	65. 60	66. 62
大溪镇	0. 31	0. 31	0. 31	0. 29	2. 40	2. 40	2. 40	6. 84	6. 84	6. 84	6. 84	6. 84
平镇市								10. 60	10. 60	10. 60	10. 60	10. 60
八德市						5. 86	5. 86	5. 86	5. 61	5. 61	5. 61	5. 74
龟山乡					4. 59	30. 58	78. 28	56. 90	78. 98	79. 13	79. 13	79. 12
芦竹乡					32. 60	32. 60	36. 59	36. 59	36. 59	36. 59	36. 65	36. 65
大园乡						5. 10	7. 87	7. 87	7. 87	10. 30	10. 30	10. 30
观音乡					1. 90	1. 90	8. 83	8. 83	8. 83	8. 83	8. 83	8. 83
新屋乡					1. 80	1. 80	1. 80	1. 81	1. 80	1. 80	1. 80	1. 80
杨梅市					14. 16	19. 97	19. 91	22. 93	22. 99	22. 99	23. 01	23. 01
龙潭乡			7. 25	34. 38	37. 74	37. 74	37. 74	37. 74	37. 74	12. 71	12. 67	12. 75
复兴乡					0. 77	0. 77	2. 71	4. 55	4. 56	37. 04	37. 04	37. 04
总计	14. 72	14. 72	21. 97	49. 08	126. 56	204. 49	282. 29	285. 28	307. 44	322. 37	322. 90	324. 42

资料来源：《桃园县统计要览》，1954—2010 年。

1990年代因应加入世界贸易组织而提出的农业生产的转作、休耕影响了农业粮食作物的生产体系。为使农地使用不致荒废，又要为农家提供收入来源，政策始提倡发展休闲农业让农业产业化，以游憩机会来增加乡村居民的收入。桃园地区在农业休闲化的政策影响下，利用原来的埤塘水系发展休闲农场、观光农业等土地利用方式。

通过土地利用方式转变可发现因政策性目的的引导与必须满足民生经济的双重压力下，乡村土地利用有阶段性的改变。1950—1970年代重视农地的粮食与经济作物生产价值而维持农业地景。1980—2010年则是在都市与工业土地利用的竞争下，逐渐转变为单纯的土地经济效益的利用思维，认为转为工业用地或都市用地的经济效益更为重要。仅存的乡村地区虽仍维持传统农业生产，但亦逐渐通过产业休闲化的模式发展以经济效益为导向的休闲产业。

（三）因应自然环境的农业设施

1. 埤塘农圳灌溉系统功能的变化

水利设施的发展与水资源的利用是台湾乡村景观的构成之一。桃园台地上分布的河川因河源被袭夺而成为水源供应不足，流域面积狭小、流路短浅的“荒溪型”河川。在农业灌溉上的功能渐以排水为主。地势与土壤的构造特性，让开垦先民习惯仰赖筑埤蓄水灌溉以发展农耕。《淡水厅志》曾记载：

> 淡北外港有旱田、水田之别，旱田仍赖雨旸为丰歉；惟近港水田，实称沃壤。盖自内山水源错出，因势利导，通流引灌以时宣泄，故少旱涝。此陂圳之设，为利最溥。①

水稻生产曾是桃园地区的重要经济基础，在自然条件之因素下，发展出以埤塘和农圳的水利模式进行农业灌溉与生产，对于水稻生产与农业发展有绝对重要性。在系统性设施未完善前，台地上多以个别的埤塘蓄水灌溉，农圳设施规模均不大。②陈正祥《台湾地志》中曾指出：“1913大旱前，桃园台地主要靠将近一万个溜池灌溉，占地8000公顷，主权不一。”显见埤塘在桃园台地上之规模与其重要性。1928年桃园大圳完工，串联桃园台地上的埤圳系统，提高灌区范围、增加生产，但自桃园大圳、石门大圳完工后，池塘灌溉之重要性渐被取代，部分被填平，以垦为田，耕作水稻。③

---

① 同治《淡水厅志》卷3《志二·建置志·水利》，第80页。

② 曾珠珍：《桃园县农业土地利用之研究》，载《中国文化学院地学研究所研究报告》1975年第2集，第61—94页；陈鸿图：《从埤塘到大圳——桃园台地的水利变迁》，《东华人文学报》2003年第5期，第183—208页。

③ 曾珠珍：《桃园县农业土地利用之研究》，载《中国文化学院地学研究所研究报告》第2集，中国文化大学地学研究所1975年版，第61—94页。

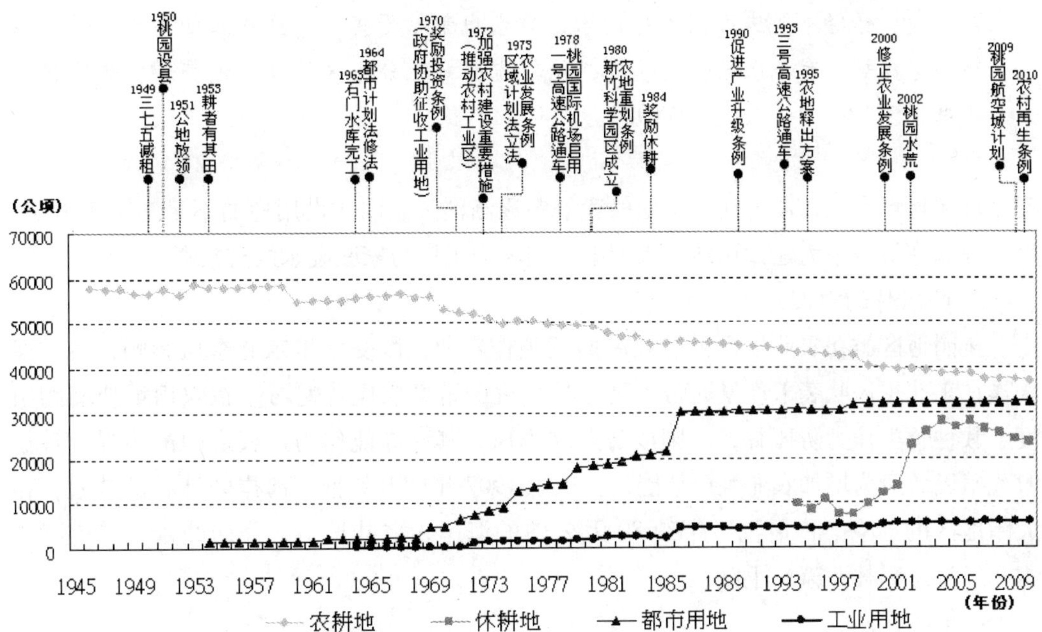

图4 1945—2010年桃园土地利用趋势与重要政策发展、环境事件比较

资料来源：《桃园县统计要览》，1954—2010年；本研究整理绘制。

受到桃园大圳灌溉系统的改良影响，桃园西北沿海地带的海滨冲积平原与沙丘等旱作区①，包括芦竹、大园、观音新屋等乡过去处于桃园农业区域的边缘，水量稀少、沙土渗透率高，不易蓄水辟田，冬季东北季风强劲，主要作物与旱田轮作，甘薯为重要作物，花生、玉米、小米等为短期作物。桃园大圳修筑后，许多的旱作区皆转为水田，大园、观音地区水田增加超过40%，使地势较低远的沿海地区可获得灌溉水源，改变“风头水尾”的意象。其他如桃园、中坜、八德部分原来水源不足、以茶树旱作为主要栽培的地区，在旱田水田化后，作物的选择上更自由，水稻面积扩增，茶园面积减少。②

二战后，为提供更大范围的水田生产与增加桃园大圳的水量，政府乃筹建石门水库。石门水库于1964年完工后，全区灌溉面积达83000多公顷，使原来旱作地都成为水稻田，而种植茶树的高地旱作地带也曾因石门水库可引水灌溉为水稻田。在农民的访谈中亦可以察觉埤塘水圳对于生产的重要性：

以前芦竹乡第一期稻作都有超过三千公顷，现在不到一千，农地都还在啊。就是放在那里发草。你路一开、水源一断我就休耕啊。……［芦竹，LZ03］

像我们这里有很多废掉的池塘，我家这里大概有个五分地的池塘，我们附近池塘很多，荒废以后变森林，自已长树长草。……当时这些池塘是灌溉用的。……我

① 见民国《大园乡志》第4章·胜绩·史迹遗址，第122页。《大园乡志》中指出桃园大圳灌溉前后，沿海大园乡地区的农耕差异。桃园大圳开通前，大园乡水田耕作面积少，多为旱田，水利不便且受沿海季节风侵袭，农民常离乡至外地做长工，留乡人口少。大圳完工通水后，沿海地区亦广植防风林，农耕方便，往昔外地工作的状况始不复见。

② 周宪文：《台湾经济史》，台北：开明书店1980年版，第507—513页。

们的池塘已经不能进石门水库的水，泉水也都枯干掉了。现在只能蓄雨水。之前桃园球场那里有个水利会的池塘，他们先储好在分出来给其它池塘。但现在已经不够用了。……［大溪，DX02］

现今许多埤塘在工商业与住宅用地的竞争中逐渐消失，因建设用地的不足与利润考虑，部分埤塘亦被填平为建设用地，农圳渠道则沦为工厂与家庭废水的排放通路。

2. 防风林的消长

桃园地区虽在农业生产上能发展两期稻作农业，因受冬季东北季风影响，第二期稻作在东北季风吹袭下产量通常不高。早期桃园地区农民普遍习于在农田坻块间的田埂上栽种竹类作为防风林，一则以防东北季风，其次亦能作为产权之间的边界。日据时代殖民政府为增加农业生产效能，尝试于1907年即开始推广海岸防沙林的栽植，在大园地区的沙仑、许厝港一带约80万公顷的海岸未登陆地上，分期经营。《桃园县志·经济志·林业篇》上载：

……第一期为镇定飞砂，固定砂丘，事先栽植甘蔗萱或桃园萱，株间扶植海埔恙或直播其它植物种子，以待第二期栽植相思树、黄槿、榄仁、榎、台湾赤松、日本赤松等树种。……日人黑伸治氏为选适合本县海岸沙地种植之林木，于民前二年在沙仑地方以竞赛栽种良种法，奖励人民自行择地栽植，……其它树种尚有木麻黄、桉树、大叶合欢等树种……造成环绕海岸一带一千四百二十六甲苍郁茂盛之林带，成为当时本省海岸造林之楷模。①

至二战前日人从事的定沙造林工作面积已达2513公顷。受到战争破坏，1950年积极造林达2384公顷，但受到开发活动的影响，防风林地逐渐转为农地与工业地，1974年防风林面积降到最低。在田野调查中，亦可发现沿海地区的农家对于当代防风林数量逐渐减少而影响农业生产颇有感触。

防风林对二期稻作影响很大，周围的防风林数量减少很多，种植品种主要是竹子、朱瑾……对一期没什么影响，对二期的冲击比较大……［观音，GY03］

防风林跟以前比差很多。防风林有的话对我们也是有帮助。……防风林变少的时候，印象中大概是八十年左右就全部都被砍掉，现在剩下很少了。……［新屋，XW01］

（四）生产特征的转变

1. 市场化的作物取向

台湾地区一般将作物以栽培的用途进行区隔，可概分为普通作物、特用作物、园艺作物等三类，其中普通作物乃指粮食作物为主，包括水陆稻、甘薯、杂粮等；特用

---

① 民国《桃园县志》卷4（中）《经济志·林业篇》，第5—8页。

作物盖指经济作物，如茶、蔗、落花生、麻、菇蕈类等；园艺作物可区分为果实、果树类与蔬菜、花卉等的生产。桃园地区受到气候、水源与地形等条件的影响，全区栽培以稻作为主要种类，在旱地与仅栽培第一期水稻的地区则另以茶作或甘薯、杂粮等为其次的栽培选择。特用作物除茶作外，其他重要的栽培类型尚包括落花生、菇蕈类等，花生的栽种多在旱田、山坡或水田稻作间，菇蕈类最早以复兴乡的山地区域为主，20 世纪七八十年代平地地区受市场需求影响亦有栽培。蔬菜类则分散在各地农田内间种，除自用外，亦销往台北县市。近年则因城市生活的发展，增加对于消费品的需求，桃园地区以邻近台北都会区的地理优势下，亦发展花卉生产以供应都市消费之需要，花卉生产的类型以精致栽培技术之盆花、兰花为主，和中南部地区大面积栽培之花田迥异。

桃园地区的农业生产类型近年的变化亦可通过桃园地区各地农会对于农家产销辅导的组织种类进行了解。通过各农会的产销班类型与农事指导员的访谈调查可以发现，在桃园台地上过去多以稻作生产为主体，但亦逐渐发展出以蔬菜栽培为主要推广销售对象的农民，而丘陵地区则可能因地势的变化与市场区隔的考虑，出现较多的种植种类。

2. 生产技术上转变的影响

日据时期，为图稻谷增产而对栽植技术加以改进，包括在稻种改良与耕作技术上。1945 年光复后，仍持续以选种、育种，并奖励采用新式改良犁以加深耕土深度、推广新的密植技术等，以促进增产。农机具的改良与辅助使用可协助农民提高生产效率，战后桃园地区农业机械使用状况上，随着农地重划让耕地集中、方整后，亦奖励民众使用而逐渐普及。农机具的普及使用可说是农业现代化的必经过程之一，但亦可称是农业工业化的一种现象。在提高生产效率下，多数农村地区逐渐释放出多余的农村劳动力。但在 1980 年代后，因工商业的发达，青年务农意愿不高，农业人口逐渐开始高龄化，而更加深对于农机具的依赖。为了解决高龄化农业生产者的困境，台湾普遍发展出专业代耕的现象。在访谈过程中，亦有受访者提到：

> 种植品种的选择我们自己选。我自己觉得我这一代人会懂稻种的不多。……农民对于品种的概念都是以量多为主，我去帮人家种都是要量多但不见得要好吃。主要是为了要好照顾，收入增多。我代耕都是要帮其它农友决定怎么种比较好。……［八德，BD03］

许多高龄农民为了不放弃农田，多数宁可花钱请代耕队来服务。而代耕的类型也有专业分工化的趋势。

3. 休耕与休闲农业

1983 年政府提出休耕补助政策后，因传统农业生产的价值取向，多数高龄农民仍不愿意离农，水稻栽培仍维持在两期耕作的形态。至 2002—2004 年因农业用水不足，实施轮耕措施下，休耕农地才明显增加（见表 4）。

表 4　　1994—2010 年桃园地区休耕面积统计

年份	耕地面积（公顷）	休耕地面积（公顷）		第一期稻作休耕率（%）	第二期稻作休耕率（%）
		第一期稻作	第二期稻作		
1994	43456.4	4132	5562	9.51	12.80
1995	43142.9	3252	5369	7.54	12.44
1996	42881.5	4643	6006	10.83	14.01
1997	42765.8	3419	4096	7.99	9.58
1998	42519.3	2767	4760	6.51	11.19
1999	40304.7	3136	6659	7.78	16.52
2000	40129.1	3941	7987	9.82	19.90
2001	39754.2	4648	9187	11.69	23.11
2002	39608.2	10543	12329	26.62	31.13
2003	39370.2	10747	14820	27.30	37.64
2004	38858.8	11946	15943	30.74	41.03
2005	38771.6	11965	14814	30.86	38.21
2006	38612.2	12543	15482	32.48	40.10
2007	37545.0	12228	14244	32.57	37.94
2008	37438.2	11800	13635	31.52	36.42
2009	37375.0	10998	13009	29.43	34.81
2010	37187.8	10694	12673	28.76	34.08

资料来源：《桃园县统计要览》，1994—2010 年。

鉴于农家普遍收入较低、城市居民需要户外游憩空间而发展出休闲农业政策。但对于休闲农业的设置办法严格，且没有明确的经营辅导方向，在桃园的推广初期，许多农民尝试转型皆失败，目前非法经营的休闲农场居多数，普遍均以观赏作物的栽培与提供餐饮服务为主要经营方式。有些受访者就认为：

九十三年我才开始办休耕，但我是八十三年就没做了，就干脆去做工，没做了以后，我就养猪啦……［大溪，DX01］

有机农业今年开始执行，目前在引导部落产业转型，开办有机农业的讲习，已参观其它有机农场三次了，有机农业的推广范围要根据讲师实地评估后决定。最终目标是有机农业再搭配休闲农业。……［复兴，FX01］

事实上，休耕与休闲农业的发展现象是乡村地区农业弱势化下的产物，经由这样的发展现象可以说明乡村地区的传统农业主体性正在解构当中。

五 结论

本研究综合近代台湾地区环境发展政策的脉络，分析对于桃园地区乡村景观的演变，对于桃园乡村景观特征的变化分析包括：

乡村景观主体的解构与再建构：在工业化过程与城市扩张的压力下，桃园乡村地区的景观主体逐渐从农业转变为间杂工业与集合住宅的结构，亦即农业景观的斑块化。

现代化下农业生产特质的转变：市场需求决定生产形态、劳动力不足形成专业分工与代工。

传统农业基础设施的消失：在埤圳系统的农业灌溉设施与防风林则因水田的减少而逐渐崩坏。

农业休闲化、产业化、分工化：反映出乡村地区提供都市人口的游憩服务之关系，以及乡村地区农业的生产性功能的转变。

通过对于桃园地区乡村景观变迁的探讨可以发现桃园地区在受到工业化与都市竞争的影响下，快速发展城市化、加深城乡间的差距。但城乡发展通常是一体两面的，当忽视乡村地区逐渐缩小、碎块化时，代表的是不永续的环境发展正在发生。当代对于城市化的追求几近盲目的程度，如何让快速消逝、弱化的乡村地区亦能发展出其特有之乡村化、地方化的存在模式，将值得进一步探讨。

（作者单位：北京大学城市与环境学院）

壮族地区特色植物资源的开发与利用*

刘祥学

人类在宇宙洪荒之时，就与周围的自然环境建立了密切的关系。人类的文明，最初常常通过对自然界中植物资源的认识与利用体现出来。从野果的辨识与采集，到构木为巢，再到植物品种的人工栽培与改良，以及相关植物品种的开发利用，无不是人类认识自然与适应自然能力的体现。然而，不同民族由于所居环境不同，各地植物资源的种类也存在极大差异，因而在植物资源的利用上，也各有特色。即使是同一个民族，在不同的历史时期因为生产力水平的不同，利用程度也存在明显的差异。其基本规律是，随着人类文明程度的提高，对植物资源的利用程度也越高。正是意识到人类与植物资源的紧密关系，19 世纪末，美国经济植物学的创始人哈什贝格尔（Harshberger）最早提出了“民族植物学（Ethnobotany)”这一名词，随后在 2 世纪中叶后，逐渐得到学术界的认同。美国密歇根大学教授理查德·福特（Riciard I. Ford）还给民族植物学下了这样的定义：民族植物学是指人和环境植物的相互影响，包括了人对周围植物认识和利用以及这一过程对人产生的作用。① 由于人类的生活与生产活动，总是会从认识与利用周边的植物资源开始的，故一个民族与周围植物的关系，是人地关系的重要内容之一。壮族在长期的文明进程中，积累了十分丰富的植物利用经验，有效地丰富了壮族的物质生活。迄今为止，还没有学者开展探讨，在此笔者拟以其中部分具有区域特色的植物的开发与利用，做一初步的探讨。

一　壮族对桄榔（Arenga westerhoutii Griff.）的开发与利用

桄榔之名最早载之于西汉扬雄《蜀都赋》，云“面有桄榔”；《后汉书》卷 86《西南夷·夜郎》载“句町县有桄榔木，可以为面，百姓资之”。此后史料多有记载，但名称不一。三国沈莹《临海异物志》称之为“姑榔木”，北魏杨衒之《洛阳伽蓝记》称为“面木”，明人杨慎《卮言》称之为“铁木”。明代著名医学家李时珍认为“其木似

* 本文为 2010 年国家自然科学基金项目“壮族地区人地关系过程中的环境适应研究”（批准号：41061014）、2011 年国家社会科学基金重点项目“中国历史民族地理研究”（推准号：11AZD059）阶段性成果。

① 参见陈重明等编《民族植物与文化》，东南大学出版社 2004 年版，第 10 页。

槟榔而光利，故名桄榔。姑榔，其音讹也。面，言其粉也。铁，言其坚也”①。可见，其不同名称的由来，多与时人对其植物特性的直观认识有较为密切的关系。

桄榔木的最大植物特征是含有丰富的淀粉，可以食用。如晋《华阳国志》载“自梁水、兴古、西平三郡少谷，有桄榔木，可以作面，以牛酥酪食之，人民资以为粮，欲取其木，先当祠祀”②。因为其时的兴古郡（今云南东南部一带）“多鸠僚、濮”，历来被视为壮族的先民，因此壮族对桄榔的利用，最早可以追溯到汉晋时期。当时的壮族先民，利用桄榔树中含有丰富淀粉的特征，取之食用以弥补粮食的不足。树木里含有面粉（古人看法，实际上是黄色的淀粉）可食，当然非常神奇，因而在中国古代，人们常常把它当作神异之物来记载，无形中使它增加了几分神秘的色彩。如南朝梁任昉《述异记》卷下“西蜀石门山有树名曰桄榔，皮里出屑如面，用作饼食之，与面相似，因谓之桄榔面焉”。晋时张华《博物志》记载大致相同。因《博物志》早于《述异记》，可知《述异记》中有关桄榔树的记载，应自《博物志》转录。

桄榔，作为热带、南亚热带常绿乔木，喜热怕寒，喜潮湿，抗寒和抗旱力较差，据现代植物学测定在年均平均气温20℃—30℃生长良好，遇有较长时期5℃—6℃低温和轻霜，即会导致叶子枯死。因此，历史上随着气候的变化，桄榔的地理分布也略有变化。汉晋之时，四川尚有分布，自此之后即不再有，应与四川地区的历史气候变化相关。至于史料中提到北魏时洛阳昭仪尼寺内种植有“酒树”、“面木”③，应是冬季采取特殊保护措施的个体移栽，不是分布的常态。晋以后其分布的主要地区桂南、桂西南、广东、海南岛、云南东南部以及中南半岛地区。《南方草木状》载桄榔“出九真、交趾”；明李时珍称“桄榔木，岭南二广州郡皆有之”④。清嘉庆所修《广西通志》所载的物产中明确提到桄榔木的是南宁府、泗城府、直隶郁林州。⑤ 清檀萃所辑《滇海虞衡志》也载滇东南、滇南地区长有桄榔树。由于桄榔主要分布在我国的热带地区，也是壮族主要分布区，因而它常被视为壮族地区的特殊植物品种。

然而，桄榔的种类较多，史料记载又颇为含糊，这为辨识其物种造成了极大的困扰。因为史料所载具有“出面”特性的树木品种，计有莎木、都句树和欀木等。唐时，岭南一带人民开发出了一种叫“桄榔炙”的食品。其时史料所描述的桄榔，“茎叶与波斯枣、古散、椰子、槟榔小异，其木如莎树皮、欀木皮，出面可食。……木理有文，堪为握槊局。其心似藤心，为炙滋腴极美，其须可为帚，香润绝胜棕楠”⑥。崔龟图对“出面”注文称“《广志》云：莎树出面……《吴录地志》云交趾望县（疑为望海县之误）有欀木皮，《会要》又云：都句树似栟榈，木中出屑，如面可啖，出交州”。对

---

① 以上为（明）李时珍，《本草纲目》卷31《果之三·桄榔子》所引，上海科学技术出版社2008年版。

② （晋）常璩：《华阳国志》卷4《南中志·兴古郡》，上海古籍出版社1987年版；（宋）王钦若等：《册府元龟》卷960《木部九·桄榔》称“有面大者，聚面乃至百斛”，中华书局1960年版。

③ （北魏）杨衒之：《洛阳伽蓝记》卷1《昭仪尼寺》载“相比堂前有酒树、面木”，中华书局2012年版。

④ 《本草纲目》卷31《果之三·桄榔子》。

⑤ 参见（嘉庆）谢启昆《广西通志》卷89《舆地略·物产一》至卷93《舆地略·物产五》，广西人民出版社1988年版。

⑥ （唐）段公路纂，崔龟图注：《北户录》卷2《桄榔炙》，丛书集成初编本。

"酒树"则做了这样的引述："《南史》云：扶南国有酒树，似安石榴，采其花汁，停著瓮中，数日成酒，醉人也。"① 从这则史料的记载及引注可以看出，莎木、都句树、穰木皮虽然都"出面"可食，但与桄榔树仅是相似而已，并不属同一种类。由于古代多将"出面"的植物称为桄榔，实际上经现代植物学研究，能够"产面"的植物有多种，故一些学者认为桄榔是多种植物的总称。②

历史上壮族对桄榔的利用主要在以下几个方面：

食用。桄榔中的淀粉具有"食之不饥"③ 的特点，无疑是较佳的天然食物。但桄榔面虽说可食，毕竟不是粮食，也就不可能成为壮族居民的主食，而只是在粮食不足时，用作食物的补充。晋人嵇含所著《南方草木状》载"皮中有屑如面，多者至数斛，食之与常面无异"。其本食用方法，一是将桄榔树去皮取其树髓，捣碎为粉，用适量开水做成糊状，即是史载的桄榔面，直接食用。二是做成饼状，制作方法同上。④ 明人魏濬到广西时，还对当地的壮族取桄榔面食用做了专门的调查，载"土人云：高二三丈时剜其心，粉之作面，甚美"⑤。

用于制作缆绳。桄榔树的皮和须，较为柔韧，耐腐蚀，经过加工，可以制成系船用的缆绳。《南方草木状》卷中载岭南地区的桄榔，"树似栟榈，实其皮可作绠，得水则柔韧，胡人以此联木为舟"⑥。基本制作方法是：取树皮泡于水中，数日后表层腐烂，剩下柔韧的纤维，加工晾干即成；如取桄榔叶下之须，则"尤宜咸水浸渍，即粗胀而韧。故人以此缚舶，不用钉线"，"广人采之以织巾子"。

用于制作棋盘、枪、锄、容具、弩箭、扫帚等用具。《南方草木状》卷中载："桄榔……木性如竹，紫黑色，有纹理，工人解之，以制弈枰。"宋人引《临海异物志》称桄榔木"其木刚，作鍜钐，锄利如铁，中石更利"⑦。周去非称"其根皆细须，坚实如铁，镟以为器，悉成孔雀尾斑，世以为珍。木身外坚内腐，南人剖去其腐，以为盛溜，力省而功倍。溪峒取其坚以为弩箭"⑧。清时，岭南一带的壮等族居民还以之为屋梁柱，制作成扫帚等，屈大均《广东新语》载桄榔"可以车镟作器，须可织巾及扫帚，肌甚刚，可作锲锄及枪以代铁，番人多用之。下四府人以其小者为屋椽，为梁柱"⑨。

用作观赏植物。自宋代起，岭南一带壮等族居民，利用桄榔外形美观的特征，植于庭院、庙宇之内，以为观赏。宋代《岭外代答》称，"桄榔木，似棕榈，有节如大竹。青绿耸直，高十余丈。有叶无枝，荫绿茂盛，佛庙神祠，亭亭列立。如宝林然。

① 《北户录》卷2《桄榔炙》。

② 中国科学院昆明植物研究所编：《云南植物志》第14卷《棕榈科》，科学出版社2003年版，第70页。

③ 《本草纲目》卷31《果之三·桄榔子》。

④ 《册府元龟》卷960《木部九·桄榔》引《魏王花木志》曰："桄榔，出兴古国者，树高七八丈，其大者，一树出面百斛，交趾又有树其皮，有光屑取之干捣，以水淋之如面，可作饼耳"，中华书局1960年版。

⑤ （明）魏濬：《西事珥》卷6《桄榔树》，四库全书存目丛书，史部，第247册。

⑥ （晋）嵇含：《南方草木状》卷中，广东科技出版社2009年版。

⑦ 《册府元龟》卷960《木部九·桄榔》引。

⑧ （宋）周去非：《岭外代答》卷8《花木门·桄榔》，中华书局1999年版。

⑨ （清）屈大均：《广东新语》卷25《木语·桄榔》，中华书局1985年版。

结子叶间，数十穗下垂，长可丈余，翠绿点缀，有如璎珞，极堪观玩”①；明代魏濬《西事珥》也载，“桄榔木，岭南二广州郡皆有之，人家亦植之庭院间”②。清代，岭南地区“诸祠宇多植桄榔、蒲葵、木棉”③。人们将桄榔树与其他棕榈科植物杂植在一起，起到了美化居室环境的作用。

用作医药。主要是取其果实，配合其他中药合用。李时珍《本草纲目》载桄榔子“味苦平，无毒。主治破宿血”；桄榔面“气味甘平无毒，主治作饼食腴美，令人不饥，盖益虚羸损乏腰脚无力。久服，轻身辟谷”④。壮族人民在长期的生活实践中，也将其视为居家生活的医药保健品。

二　竹类资源的利用

壮族地区高温多雨，非常适于竹类植物的生长。竹的品种极多，据记载，广西的竹类较为有名者有：斑竹、箪摩竹、寿竹、方竹、猫头竹、箭竹、钓丝竹、凤尾竹、石竹、越王竹、桄榔竹、芦竹、桃枝州、丹竹、紫竹、筋竹、大竹、莓绿竹、巢竹、苦竹、思牢竹、麻竹、人面竹、油梧竹等几十个品种。岭南地区的居民对竹的利用极为广泛，苏轼曾言：“岭南人当有愧于竹，食者竹笋，庇者竹瓦，载者竹筏，爨者竹薪，衣者竹皮，书者竹纸，履者竹鞋，真可谓一日不可无此君也耶。”⑤ 历史上，壮族在生活中对竹的利用极多，主要有：

用作房屋建材。多用茎大肉厚的箪摩竹、猫头竹作为屋梁、支柱的替代材料。史载箪摩竹“大若茶碗，竹厚而空少，一夫止擎一竿，堪为茅屋椽梁柱”⑥；又载“猫头竹，质性类筋竹，大者可屋，嫩者可纸”⑦。竹类植物生长期短，取材容易，商品价格较杉木便宜。在缺少杉木的地区，普遍壮族人家在建造干栏房屋时，茎大、肉厚、空小、节密，承重力好的箪摩竹等，成为理想的房屋建材，以之为材料，可以达到降低成本的目的。明代横州的壮族人，还使用当地所产的蒲竹“为瓦屋并编屋壁，最坚美”⑧。部分壮族人则用肉薄、空多的竹类，分为两半，正反相扣，置于房顶，以代瓦。

用作容器及灌溉引水。主要取材那些节稀、空大的竹类为原料。通常截其一至两节，凿通中间的竹节，即可做成盛放酒、米、水、饭等用的容器，十分简便。一些长得较粗的竹类，壮族人还将其制作成汲桶。如史载横州壮族人，利用衮竹节疏、干大、体厚的特点，“截之可作汲桶”⑨。野外，则多用于山泉的引具，以代替沟渠，实现田

① 《岭外代答》卷8《花木门·桄榔》。
② 《本草纲目》卷31《果之三·桄榔子》。
③ 《广东新语》卷25《木语·桄榔》。
④ 《本草纲目》卷31《果之三·桄榔子》。
⑤ （宋）苏轼：《苏轼文集》卷73《杂记·记岭南竹》，中华书局2008年版。
⑥ （唐）刘恂：《岭表录异》卷下，丛书集成初编本。
⑦ （嘉庆）谢启昆纂修：《广西通志》卷89《舆地略十·物产一》。
⑧ （明）王济：《君子堂日询手镜》，丛书集成新编94册，新文丰出版公司印行。
⑨ 《君子堂日询手镜》。

地的灌溉。

用作生活辅助工具的制作，以及弓、箭、篱笆等用途。茎较少的竹类，在生产上用途一般不大，壮族根据其外形特点，各取其长，分别制作成各种生活辅助用具。如指甲锉，用涩竹制作而成。史载“岭南竹品多矣，……涩竹，……每一节上半犹是常竹，其半篘肤膺涩，视之似生细毛，可借以磨琢爪甲，人取其涩处，削成锉子，黑漆其里，以相赠送。……邕州两江多有之”①。手杖，多以人面竹、桃枝竹制作。② 箭竹，则多用于制作箭杆，“诸郡治兵器，各自足用，不求之岭北。桂林十二枝箭为钱二百，则其杆贱可知矣”③。筋竹、巢竹则多被做成矛之类的武器。史载临贺县“土地有巢竹，丛如大戟，坚中，俚人以为矛”；“筋竹，长可二丈许，围则数寸，至坚利，可为矛”④。

用于构筑篱笆，防御聚落免遭蛇鼠危害的是竻竹。分布在山区的壮族充分利用其“大如钩丝，自耕至稍，皆密节，节有刺，长寸许”的植物特点，“山野间每数十家成一村，共植此竹环之，以为屏翰，则蛇鼠不能入，足可备御”⑤。清代，壮族使用竻竹作为篱笆的习惯一直保持着，清人吴震方《岭南杂记》卷下载“竻竹多刺，土人用为藩篱，近交趾境尤多”。此外，壮族还将竻竹用作城堡、关隘的外墙上，以巩固防御，竻竹，“枝上有刺，土人用以堵墙，牢不可破”⑥，大大加强了防护效果。

至于竹笋，当然成为各地壮族人食用或制成干品到市场交换生产、生活用品。

三　木棉（Bombax malabaricum）的开发与利用

木棉为木棉科属热带、亚热带落叶大乔木，又有红棉、英雄树、攀枝花等多种名称。原产于我国的木棉有两种，一种为长果木棉，主要产于云南南部的西双版纳。另一种即为木棉，产于西南地区的云南、贵州、四川和岭南地区的广东、广西、海南以及福建、江西和台湾等地。生长在壮族地区的木棉，就是后者。木棉被称为树棉，主要是为了与草本棉相区别。历史上，壮族对木棉的利用是：

用作纺织原料。因木棉中含有纤维，因而在古代是重要的纺织原材料。壮族先民对木棉的利用历史较早，早在汉晋时即根据其纤维特性，纺作棉布。《吴录·地理志》载：“交阯定安县有木棉，树高大。实如酒杯，口有锦，如蚕之绵也。又可作布，名曰白緤，一名毛布。”⑦ 唐以后，木棉的另一品种爪哇木棉，引入我国南方种植，因其纤

① 《岭外代答》卷8《花木门·竹》。

② （宋）范成大：《桂海虞衡志·志草木》，广西人民出版社1986年版。

③ 《岭外代答》卷8《花木门·竹》。

④ （宋）乐史：《太平寰宇记》卷161《岭南道五·贺州·土产》，中华书局2007年版；（清）金鉷修，钱元昌纂：《广西通志》卷31《物产》。

⑤ 《君子堂日询手镜》。

⑥ （清）羊复礼纂修：《镇安府志》卷12《物产》，台湾成文出版社1967年印行本。

⑦ （北齐）贾思勰：《齐民要术》卷10《五谷、果蓏、菜茹非中国物产者》引，上海古籍出版社2009年版。

维较本土木棉好，而迅速在南方得到推广。因古越语称木棉为“吉贝”,[①] 故史料记载常常将两种不同品种的木棉相混。如雍正《广西通志》称“吉贝，即木绵，各州县出。……岭以南多木绵，土人竞植之，其花成对，如鹅毛，采花作布，与苎不异，即方勺《泊宅编》所谓白叠布也”[②]。唐以后以木棉织成的布又叫“吉贝布”，实际上是以引进的吉贝属木棉为原料纺织的。清人谢启昆根据史料记载得知“其絮（指木棉絮），土人取以为裀褥”，亲自购买了数斤回来，“欲效棉花制为絮，女工不能治”，“今询之粤人，亦无有织作者，或别是一种”[③]。或许他不知道壮族先民语言称“木棉”为“吉贝”之故，所以主观认为“以木绵为吉贝者，误之甚矣”[④]。唐以后，岭南“蛮人”所织的吉贝布即闻名中原，花色品种有多样。《岭外代答》卷6《服用门》载“吉贝木，如低小桑枝萼类芙蓉，花之心叶皆细茸絮长半寸许，宛如柳绵有黑子数十，南人取其茸絮，以铁筋碾去其子，即以手握茸就纺，不烦缉绩，以之为布，最为坚善。……雷、化、廉及南海黎峒富有以代丝纻，雷、化有织匹幅长阔而洁白者，名曰慢吉贝，狭幅粗疏而色暗者，名曰粗吉贝。有细而轻软洁白，服之且耐久者”。随着宋元以后一年生草本棉花的引进并广泛种植，壮族以吉贝木棉纺织才逐渐淡出了历史。

用作观赏植物。木棉是深根性阳性树种，耐旱耐湿，生长旺盛，适生于热带干热的河谷、低山丘陵以及聚落路旁的冲积土上。从种植到长成树，只需短短的三五年时间。长成后的木棉树，树冠高大，叶片较大，有如亭亭华盖，非常适合夏长炎热的壮族地区，用于遮阳避暑的树种。此外，它在春季三四月间，先开花后长叶，花朵呈红色或橙红色，硕大如杯，蔚为壮观。古人形容“木棉，高十余丈，大数抱，枝柯一一对出，排空攫挐，势如龙奋。正月发蕾似辛夷而厚，作深红、金红二色，蕊纯黄六瓣，望之如亿万华灯，烧空尽赤。……花时无叶，叶在花落之后，叶必七，如单叶茶。未叶时，真如十丈珊瑚，尉佗所谓烽火树也”[⑤]。由于木棉的花絮易随风飘移，部分人易对其过敏，因此历史上分布在广西的壮族一般将之植于村落附近，或道路旁作为风水树。在一些庙宇院落，则与桄榔、棕榈等树种杂植在一起，成为重要的庭院观赏植物。

用作药材。木棉也是一味中药，从《本草纲目》卷36《木之三·木绵》记载的药方看，其主要成分及功效为：

> 白绵及布【气味】甘，温，无毒。
>
> 【主治】血崩金疮，烧灰用（时珍），子油（用两瓶合烧取沥。）
>
> 【气味】辛，热，微毒。

---

① 《本草纲目》卷36《木之三·木绵》称“木绵有两种：似木者名古贝，似草者名古终，或作南贝者，乃古贝之讹也。梵书谓之睒婆，又曰迦罗婆劫”。

② （清）金鉷修，钱元昌纂：《广西通志》卷31《物产》。

③ （清）谢启昆纂修：《广西通志》卷91《舆地略十二·物产三》。

④ 同上。

⑤ 《广东新语》卷25《木语·木棉》。

【主治】恶疮疥癣。燃灯，损目（时珍）。

壮族在生活实践中，用来入药的主要是木棉的花朵，将其烧灰以做解毒、戒烟之药。史载“若吞生鸦片，以此棉烧灰吞之，即呕吐，故为救烟之要药。戒烟丸亦有此物”，基本方法是：“吞生烟者，用木棉花六钱，烧灰加食盐二钱，将滚水搅匀，冲服，两刻之久即吐出吞烟，多者加服二三剂，无不愈。又解水粉、铅粉、砒霜、虫毒、野菰诸毒，但用木棉花烧灰冲滚水服之，不可用盐。其材不可用，而其花甚艳，其棉中药亦足宝贵矣。”① 至今木棉花仍是壮医的常用药材。

四　蓝靛（Natural indigo）等染料作物的利用

壮族地区生长着不少富含天然色素的植物。在长期的生活实践中，壮族积累起了丰富的利用经验，对美化生活产生了积极的效果。壮族对这些植物的利用，一是作为衣物染料，二是作为食物的染料。

用作衣物染料的首推蓝靛。蓝靛，又称马蓝、靛青，为爵床科草本生植物。历史上又有板蓝、大蓝、山蓝、青蓝等多种名称。其叶经过加工，可以提取蓝靛，其根则可入药。历史上，壮族服饰曾先后以蕉、葛、木棉、苎麻等野生植物纤维，纺织成布，然后以天然植物色素加以染织成衣。故史书常常记载壮族“鸟言卉服”、“花衣短裙”。蓝靛，是用于染衣最重要的植物。其根本提取方法是：夏秋之季，采集蓝靛的叶子，置于木桶和缸中，加水浸泡，待其完全发酵后，将残枝残叶捞出，加入适量石灰，充分搅拌，即可使蓝靛沉淀。以蓝靛做染料，可以将衣料染成黑色或蓝色。其中，将衣料染成黑色最为普遍，因而黑色成为壮族服饰主色调，中老年服饰多以黑色为主。这与史籍中，有关壮族“服色尚青”的记载，② 是完全一致的。那坡县的黑衣壮族，男女老幼则全穿黑色衣服，其黑衣的染料就是野生蓝靛。在生活中，当地的黑衣壮族对蓝靛这种植物，怀有较深的感情，在传统文化中甚至把它视为挽救整个部族的神物。当地流传着这样一个神话传说：古时候，这里山青林密，土地肥美。黑衣壮族最早来到这里，繁衍生息。后遭到外族入侵，首领侬老发率兵抵抗，不幸受伤，避入密林。他发现一片青绿的野生蓝靛，随手摘来一片叶子，放在伤口上，伤口竟很快愈合了。于是，侬老发率兵重上战场，打败了敌人，保卫了自己的家园。之后，侬老发便令族人移植野蓝靛，一律穿用蓝靛染制的黑色服装，作为族群标记。③ 乾隆之际，赵翼任职镇安府，写有《镇安风土》诗，称“烧畬灰和土，接水木刳沟。靛采蓝盈菊，禾收穗满篝”。其中在“靛采蓝盈菊”之句下，有小字说明“民皆采蓝自染，无染匠也”④。

---

① （清）羊复礼纂修：《镇安府志》卷12《物产》。

② 《桂海虞衡志·志蛮》载：“土僚，男子裹青”；（明）王士性：《桂海志续》载：“僮俗，男女服色尚青”，中华书局1981年版。

③ 参见何毛堂、李书田、李全伟《黑衣壮族的人类学考察》，广西民族出版社1999年版，第4页。

④ （清）赵翼：《瓯北集》卷13《镇安风土》，续修四库全书，集部，第1146册。

在滇东南地区的壮族地区，也将蓝靛作为染料的上乘之品，善织土布的壮人经常使用。在洋靛未输入以前，壮族用所织布匹与瑶族交换蓝靛。这种交易，今日在广南、马关县的一些集镇上仍较为常见。① 除了蕨马科的马蓝可以提取蓝靛外，蓼科的蓝蓼（Polygonum tinctorium）、蝶形花科的假蓝靛（Indigofera sufferuticosa）、萝藦科的蓝叶藤（Marsdenia tinctoria）都可用于提取蓝靛，历史上各地壮族也多有利用。②

用作食物染料的植物主要有苋科和血苋（Iresine herbstii）、爵床科的红蓝（Peristrophe roxburghiana）、姜科的姜黄（Curcuma longa）等。利用从中提取的食用色素，以增加食物的外观色泽，渲染节庆气氛。基本提取方法为：采集其叶或根洗净，放入锅中先炒一会儿，然后放于温水中搓揉出汁。即可得到天然的染色剂。壮族过传统的“三月三”、清明等节日时，普遍有食“五色饭”的习俗。光绪《白色厅志》卷3《风俗》载，“其饭，糯，有赤、黑、白三色”；光绪《镇安府志》卷8《风俗》载，“三月三日，染五色饭，割牲烹酒，男女咸出拜墓”。“五色饭”又叫“青精饭”，取糯米为原料，做成饭后，染成红、黄、蓝、紫、黑等五种颜色。其中黑色以枫香树的嫩茎叶为基料，黄色用密蒙花的花蕾或姜黄的根状茎为基料，红色以红蓝草的嫩叶为基料，蓝色则用红蓝草加草木灰为基料。基本流程是将嫩叶、茎根置于石臼中捣烂，水煮过滤去渣，即可取得染汁。③

五　有毒植物的利用

据现代植物学者研究，广西壮族地区生长着上百种有毒植物，其中毒害较大的有76种。④ 在生活实践中，壮族对其中一些有毒植物很早就有了正确的认识，并对其中的一些有毒植物进行了有效的利用。

根据史籍记载，壮族对有毒植物的利用主要在两个方面：

用于蘸涂箭矢，制作毒箭。其主要植物基料为毒蛇草。宋范成大《桂海虞衡志·志器》载，“药箭，化外诸蛮所用。弩虽小弱，而以毒药濡箭锋，中者立死。药以蛇毒草为之”。蛇毒草（Hypericum wigbtianum），学名遍地金，又名对对草、蚂蚁草、蚁药、苍蝇草、小化血等，属藤黄科一年生草本植物。据现代医学研究，它有一定毒性，也可入药。《岭外代答》卷6《器用门》又载，“溪峒弩箭皆有药”。这说明，使用毒药涂抹箭头是壮族社会较为普遍的现象。但所谓“中者立死”的药箭，应是指用毒性较大的矿物类毒药涂蘸而成。宋之后，也有用杭药为基料制作毒箭的。“杭药，出深山中，鸟不栖其上。按《赤雅》：形似独窠蒜，最毒人。就其生处采煎……用蘸弩矢”⑤；除此之外，壮族还利用某些有毒的木类植物制作毒箭。见之史料记载的，有桄榔木箭和

① 参见杨宗亮《壮族文化史》，云南民族出版社1999年版，第42页。

② 参见李树刚、梁畴芬主编《广西植物资源》，北京科学技术出版社1990年版，第263—264页。

③ 参见陈重明等编著《民族植物与文化》，东南大学出版社2004年版，第199页。

④ 《广西植物资源》，第320页。

⑤ （清）谢启昆：《广西通志》卷89《舆地略十·物产一》。

竻竹箭，所谓“邕州溪峒以桄榔木为箭镞，桄榔遇血悉裂，故其矢亦能害人”①；“竻竹，临贺出，有毒，人以为弧，刺虎中之则死”。② 桄榔木树髓制面可食，但其木具有一定毒性，已为现代医学所证实。壮族使用毒箭的原因主要是为提高箭的杀伤力。因为历史上壮族在与汉族的竞争中，处于弱势地位，其反抗屡屡遭到残酷镇压。为在战场上战胜比自己强大的敌人，壮族及先民很早就非常注重对武器装备的改进。除药箭外，史料记载的还有“蛮刀”、“蛮弩”等，但以毒箭威力最大，既可提高战场杀伤力，还可对敌人造成巨大的心理威慑。雍正帝为此还曾谕令广西巡抚李绂派人深入广西左右江流域壮族地区，寻求解方，“必令认明形状，尽行砍挖，无留遗迹”③，欲将山上所有有毒植物铲除。此外就是将药箭用于狩猎活动中，可以提高成功率。壮族居民很早即发现，毒素随血液流动才会产生效果，人食用中毒箭的猎物后并不会中毒这一现象。

用于治病和防护。一些植物虽有毒性，但也可入药治病。壮医中将一些有毒药物用于治病的历史较为悠久。《岭外代答》卷8《花木门》载，“广西曼陀罗花遍生原野，大叶白花，结实如茄子而遍生小刺，乃药人草也。盗贼采花干而末之，以置人饮食，使之醉闷则挈箧而移。南人或用为小儿食，药法去积甚峻”。仙人掌有多种，其中野生仙人掌的生物碱有毒，“汁入目使人失明”，“无叶，枝青嫩而扁厚，有刺。每层有数枝，杈丫而生，绝无可观”，没有什么经济价值。但在广西左右江田峒地区，当地壮族有种植仙人掌的习惯。主要是利用仙人掌的刺，实现防护院落的目的。史载：“仙人掌，俗名霸王鞭，镇人呼为龙骨桨。各属皆植，以代篱笆”，还有的则将仙人掌“种于田畔，以止牛践”，保护庄稼。另外，又将之作为药物使用，“与甘草，浸酒服，可治肠痔泻血”④。在武宣，当地壮族也是利用仙人掌“有刺，可护篱。土人以其汁酿酒，有毒不宜人”⑤。

六　结论

不同的地理环境，拥有不同的植物资源，对当地植物的认识与利用程度，既体现了一个民族的文明程度，也是一定地理区域内人地关系的重要内容。影响到壮族开发利用植物资源的，主要有生产力水平、生活习俗、民族关系等方面。

从生产力水平而言，壮族生产力水平的高低深刻地影响到植物资源利用的方式。如桄榔的利用，最初是利用其植物淀粉的可食特征，以弥补食物不足。而当生产力水平提高后，对其淀粉“食用”的需求随之下降，转而以利用其他方面为主。

---

① 《岭外代答》卷6《器用门·药箭》。

② （清）谢启昆纂修：《广西通志》卷91《舆地略十二·物产三》。

③ （清）李绂：《奏报觅取苗弩解毒药方折》，见《宫中档雍正朝奏折》第4辑，台北：台湾故宫博物院1978年版，第492页。

④ （清）羊复礼纂修：《镇安府志》卷12《物产》。

⑤ （清）《武宣县志》卷5《物产》，故宫珍本丛刊本，第198册，海南出版社2001年版。

从生活习俗而言，特有的民族习俗，会影响到相关植物的利用。如壮族地区食“五色饭”习俗，其制作原料主要是充分利用自然存在的天然染色植物为主。又如“尚青”的服饰，促进当地民族对蓝靛的充分利用。

至于民族关系，主要是在古代民族存在民族歧视、民族矛盾，民族间互信不足的情况下，出于防备、防卫的心理，在天然有毒植物的利用方面就会高度重视。随着民族关系改善，民族融合不断发展，这方面的利用就会相应地弱化。

总之，壮族对植物资源的开发与利用，是其适应自然环境的产物，是生产力水平与民族关系的重要反映。

（作者单位：广西师范大学历史文化与旅游学院）

从入迁到外流：清代镇番移民研究*

潘春辉

历史时期西北地区人口的大规模移动，往往来自于外力推动，如战争、政府的政策导向、灾荒等，而同一地区在特定时期内同时具备人口大量迁入与外流特征者较为少见。清代的镇番县则是人口迁入与移出皆十分明显的地区，移民色彩极为浓厚。镇番县，即今天甘肃省民勤县。该县位于河西走廊东北部、石羊河下游，其东、西、北三面分别与腾格里沙漠和巴丹吉林沙漠毗连。明洪武二十九年（1396）设镇番卫，清雍正二年（1724）改县属凉州府。该县“僻处偏隅，介居沙漠”①，明末清初之际“地广人稀”②。清前期与中后期该县移民人口出现较大起伏。清前期，在政府经略西北的大背景下，在移民屯垦的浪潮中大量外埠移民移入本县，外来移民成为该县人口的主体，并对当地社会面貌等产生重大影响。清中后期，在政府的号召、自然灾害、土地及水源的不断减少、治理腐朽等因素的影响下，镇番县人口不断外移，使得该县又成为人口大量外迁的地区。清代镇番县的移民问题在历史时期西北地区的人口迁移中具有典型性。对此，学术界已有一些讨论，但总体来看缺乏对清代镇番县移民问题的专门、系统论述，而从移入到外流这一取向对清代镇番移民问题的研究尚付阙如。③ 本文利用档案资料及河西地方文献对清代前期镇番县人口的移入与清中后期人口的迁出现象进行探讨，分析人口移入与迁出这一趋势的产生及其影响，以期深化对清代西北地区的移民问题、边疆政策及环境变迁等问题的认识。

---

* 基金项目：本文为笔者主持的国家社会科学基金项目“清至民国时期甘宁青地区农村用水与基层社会治理研究”（11XZS028）、教育部人文社会科学基金项目“水资源安全与西北基层社会控制——以清代河西走廊为中心”（10XJC770002）、西北师范大学“青年教师科研能力提升计划项目”、西北师范大学青年教师科研基金项目阶段性研究成果。

① （宣统）《镇番县志》卷4《贡赋》，甘肃省图书馆藏书。

② 周树清、卢殿元：（民国）《镇番县志》卷1《地理考·风俗》，甘肃省图书馆藏书。

③ 李并成：《民勤县近300余年来的人口增长与沙漠化过程——人口因素在沙漠化中的作用个案考察之一》，《西北人口》1990年第2期；李万禄：《从谱牒记载看明清两代民勤县的移民屯田》，《档案》1987年第3期。

一　入迁：清代前期镇番县的人口移入

明清时代，偏处河西走廊内隅的镇番县人口规模在外来移民的基础上形成。据文献记载镇番县最初并无定居农业人口，“是县古无定民”①，其人口主要来自各类移民。最初自发而来之移民多为从事畜牧业者,② 至明代初年方迁徙内地百姓至此，“洪武初，始迁内地民人以实之”③，自此镇番县人口开始有所增加。时至清代，政府多次用兵西陲，重视经营西北，河西走廊以其重要的军事地理位置而备受关注，“盖以用兵西陲，饷运悬远，必先兴屯足食，乃可以言进取”。于是东起镇番柳林湖、昌宁湖，西至敦煌、安西，皆“募民给田，开渠筑路，发农器、牛畜，借籽种以及耕种分余之制，所以便民裕军者”④，大规模的移民屯垦活动在河西走廊展开。同时政府实施一系列移民优惠政策，为移民借贷籽种、口粮、牛犋、银两等。⑤ 在这样的背景之下，大量外来人口移入镇番，日益成为镇番县人口的主要组成部分。

（一）移民的类型

清代镇番县的移民主要为拓垦移民。雍乾时期镇番开屯，拓垦迁移者纷至沓来，“迨雍正二年，延准开拓，于是柳湖沸沸然。余族之一族，今居东渠，盖雍正时迁往拓垦之一者耳”⑥。雍正四年（1726）春，李海风等72户农民，“自青松堡迁徙柳林湖屯田”⑦。雍正五年，官府移民160人至镇番定居，有司发给试种执照及牛马车犋等物，令其垦荒种植。⑧ 乾隆间柳林湖开屯，祖籍江南滁州的王氏家族徙居镇番中渠。⑨ 又如乾隆二十四年（1759）镇番县清查户籍时查出，该年外来移民中“八户系流乞，番民二户，皆系游方僧徒，置有田产者二十七户”⑩。即除去流乞与游方僧徒，从事农耕与置有田产者占当年移民数的84%。李万禄对其收览的28部民勤县家谱考证，民勤入迁户民的祖先皆为明清两代移来本县的屯田兵民，分别来自陕西、山西、河南、江淮和甘肃东部等地。⑪

---

① （民国）谢树森、谢广恩等编撰，李玉寿校订：《镇番遗事历鉴》卷4，思宗崇祯六年癸酉，香港：天马图书公司2000年版，第170页。

② （民国）《镇番遗事历鉴》卷1，明太祖洪武三年庚戌，第1页。

③ （民国）《镇番遗事历鉴》卷4，思宗崇祯六年癸酉，第170页。

④ （清）黄文炜：《重修肃州新志·校读记》，甘肃酒泉县博物馆翻印，1984年，第1页。

⑤ 《乾隆二十七年甘肃布政使吴绍诗五月十三日奏》，载中国科学院地理科学与资源研究所、中国第一历史档案馆编《清代奏折汇编——农业·环境》，商务印书馆2005年版，第209页。

⑥ （民国）《镇番遗事历鉴》卷6，圣祖康熙二十八年己巳，第240页。

⑦ （民国）《镇番遗事历鉴》卷7，世宗雍正四年丙午，第269—270页。

⑧ （民国）《镇番遗事历鉴》卷7，世宗雍正五年丁未，第271页。

⑨ （民国）《镇番遗事历鉴》卷12，中华民国八年己未，第514页。

⑩ （民国）《镇番遗事历鉴》卷8，高宗乾隆二十四年己卯，第316页。

⑪ 《从谱牒记载看明清两代民勤县的移民屯田》，《档案》1987年第3期，第17—18页。

清前期镇番移民中亦有不少贸易经商者。这些贸易之人出自“晋商”者较多，如嘉庆二十年（1815）晋商樊奎润，“于县城南街捐资修建晋西会馆，自任馆长。八月十五日邀同乡聚会，李令亲诣致贺”①。可见镇番县居住着不少来自山西的商人。除此而外，还有来自四川、安徽、河北以及南方各地之贸易者。如山海关人查勇“贸易徙镇，因家与焉”②，从此定居下来。再如裴姓富商“亦蜀人也”③，再如南人张宗琪“贸易至镇”④ 等等。

除去垦田与贸易者，清代移居镇番的少数民族人口亦不在少数，如康熙四十八年（1709）镇番县调查县属外来移民中的少数民族，“蒙人为多，次则回，再则番。番人皆僧尼，分居城内、苏山、枪杆岭山处”⑤，少数民族人口以蒙古、回、藏为多。乾隆二十四年镇番县清查户籍时查出，“有外民四十二户，回民二十户，番民二户”⑥。该年移入镇番的回民与番民占外来移民的三成。

清代镇番县之移民种类较多，除上述外还包括戍守的士兵、避乱迁移者、改官调任并定居至此者等。如何相之祖何海潮“从戎至镇，因家与焉”⑦，“张公祖籍山西平阳府襄陵县，至六世永岐迁家于镇”⑧ 等。可知，清代镇番移民以拓垦移民为主，兼有经商、避乱、迁官、从军以及少数民族移民等。

（二）移民的来源地

清代镇番县的移民来源地广泛。如有来自江南滁州凤阳的王氏，⑨ 浙江孟氏，⑩ 山西樊奎润、张氏，⑪ 山海关查氏，⑫ 蜀人裴氏、韩氏，⑬ 山西平阳府张尔周，⑭ 阶州何氏、李氏，陕西谢氏、蓝氏，河南卢氏，鄱阳汤氏，金陵马氏，伏羌白氏，邛州秦氏，淮南蔡氏，扬州方氏，安徽盱眙曾氏，江苏淮安魏氏，陕西华亭范氏，浙江华阴乔氏，等等。《镇番遗事历鉴》记载：

> 比如柳林湖今之户族，据王介公《柳户墩谱识暇抄》记，凡五十六族，十二族为浙江、金陵籍，五族为河南开封、汴京、洛阳籍，三族为大都籍，十五族为

① （民国）《镇番遗事历鉴》卷9，仁宗嘉庆二十年乙亥，第379页。
② （民国）《镇番遗事历鉴》卷1，孝宗弘治三年庚戌，第30页。
③ （民国）《镇番遗事历鉴》卷9，仁宗嘉庆十九年甲戌，第376页。
④ （民国）《镇番遗事历鉴》卷5，世祖顺治十八年辛子，第212—213页。
⑤ （民国）《镇番遗事历鉴》卷6，圣祖康熙四十八年己丑，第248页。
⑥ （民国）《镇番遗事历鉴》卷8，高宗乾隆二十四年己卯，第316页。
⑦ （民国）《镇番遗事历鉴》卷1，明太祖洪武五年壬子，第1页。
⑧ （民国）《镇番遗事历鉴》卷9，仁宗嘉庆二十年乙亥，第378页。
⑨ （民国）《镇番遗事历鉴》卷12，中华民国八年己未，第514页。
⑩ （民国）《镇番遗事历鉴》卷7，高宗乾隆三十年乙酉，第319页。
⑪ （民国）《镇番遗事历鉴》卷9，仁宗嘉庆二十年乙亥，第379页。
⑫ （民国）《镇番遗事历鉴》卷1，孝宗弘治三年庚戌，第30页。
⑬ （民国）《镇番遗事历鉴》卷9，仁宗嘉庆十九年甲戌，第376页。
⑭ （民国）《镇番遗事历鉴》卷9，仁宗嘉庆二十年乙亥，第378页。

甘州、凉州籍，一族为湟中籍，一族为金城籍，三族为阶州籍，三族为宁夏籍，五族为元季土著，仅有八族为山西籍。①

可见，南至浙江、金陵，西北至湟中，北至大都，东至洛阳、开封，镇番移民来源极广。

（三）移民对镇番社会的影响

由于聚集镇番的移民数量众多，来源地各不相同，故对当地的语言、民风民俗、阶层划分、社会管理等皆产生了重大影响，形成了较为典型的移民社会。如镇番县的语言受到移民的影响甚大：

> 镇邑地处边塞，远距城市，土厚沙深，交通阻隔，人民杂聚，风俗交烩，于语音一端，南腔北调，东韵西声，往往令来官斯土者瞠目结舌，不知所云。乾隆间，有福建龚景运者莅任典史之职，其闽音深重，镇人目为蛮夷，而龚公不解镇语，闻之如听天书。虽誓习方言，终因喉舌有违宏旨，无奈作罢。后寄书原籍，延请熟北语之通使赴镇供役。②

不难看出，由于来自各地之移民众多，语言各异，加上地理位置闭塞，形成了镇番独特之方言，南腔北调、东韵西声，往往令外来之地方官员不知所云。这进而影响到了镇番县当地的语言习惯。如山西清源县主簿事马信，因为老成练达被当地百姓称为“马大老”，而镇番县当地俗语中亦将成年男子称为“大老”、“二老”、“三老”，对此陈广恩认为“溯其源流，盖晋陕旧俗也”。③

同时，移民亦带来了异域文化与不同的生产方式，并影响到当地的民俗民风。如康熙四十六年（1707），有陕人十数众献艺者迁来镇番，所唱皆秦音，“此谓秦腔也。今镇亦有此艺……曲戏亦自陕西来，故白口袭陕音”。④ 可知，随着移民的到来，陕西秦腔亦随之而来。又如，由于镇番地处边地，气候寒凉，并不适合种植水稻，⑤ 然而乾隆三十年（1765）浙江移民孟从蛟迁至镇番垦种，辟地十余亩试种南稻，起初稻苗委顿、了无生机，至芒种时节，秧田骤长，不久便葱茏满目，遂之成熟收割，获得丰收。“明年，邻里多效如也。”⑥ 由于浙人孟从蛟种植水稻成功，从而影响到当地百姓纷纷仿效，其结果虽然收成欠佳，然而亦可见移民对镇番社会的影响。

---

① （民国）《镇番遗事历鉴》卷1，明太祖洪武五年壬子，第2页。

② （民国）《镇番遗事历鉴》卷8，高宗乾隆三十五年庚寅，第322页。

③ （民国）《镇番遗事历鉴》卷1，宪宗成化二十二年丙午，第29页。

④ （民国）《镇番遗事历鉴》卷6，圣祖康熙四十六年丁亥，第248页。

⑤ 《乾隆八年陕西凉州镇总兵王廷极二月十二日（3月7日）奏》，载《清代奏折汇编——农业·环境》，第72页。

⑥ （民国）《镇番遗事历鉴》卷8，高宗乾隆三十年乙酉，第319页。

随着移民的繁衍生息、不断发展，他们有的日渐成为当地的望族，跻身镇番社会的上流。如改官调任至此的彭氏，“今镇邑彭氏，历传七世，或以明经正选，或以武功显扬，代不乏人，称望族焉”。① 原籍浙江宁波府鄞县右坊的孟良允，从军至此，“因家与焉，实本邑一望族焉”。② 文献对镇番移民中的重要氏族进行了记载：

> 统本邑实有户族姓氏，凡一百九十。如谓何氏：其族也，盖阶州原籍，因家与焉。初不过十余口，繁衍播迁，历传十世，遂成望族。今户八十，口六百五十余。一支居于川，一支住于湖。祖茔在川，宗谱在湖。数代俱以武功显，英才辈出，与国有勋，造就地方，民社赖之……兹谨以序，略录于左：孟氏，浙江宁波府鄞县；何氏，陕西阶州文县；王氏，滁州；谢氏，陕西咸阳县；卢氏，河南卫辉府；蓝氏，陕西；赵氏，合肥；张氏，山西平阳府襄陵县；李氏，陕西阶州；汤氏，鄱阳；马氏，金陵；霍氏，陕西；苏氏，陕西；白氏，伏羌；秦氏，邛州；蔡氏，淮南；夏氏，河南正阳；方氏，扬州；黄氏，河南淮阳；韩氏，四川长宁；曾氏，安徽盱眙；魏氏，江苏淮安；范氏，陕西华亭；乔氏，浙江华阴；邸氏，洛阳华林……③

从上引资料看，镇番县190户族姓氏中，来自陕西、浙江、安徽、河南、山西、江苏、四川等地的移民望姓就有25族。这些移民望族，皆为“英才辈出，与国有勋，造就地方，民社赖之”的大族，在地方上地位举足轻重。可见，移民已日益成为镇番地方社会的重要力量，对当地的影响力不断增强。

面对移民的不断增多，镇番地方政府还形成了专门的移民管理制度。如发给迁居镇番垦种的民户试种执照，④ 以利管理。再如，定期查核移民数量及由来等，康熙年间“奉查境内客民，共三百又二户，一千一百十七人”。⑤ 此外对于来历不明、不安本分的垦种移民要遣回原籍，对垦耕之移民则与土著百姓一起编设户籍。乾隆二十四年（1759）镇番县查核户籍，“因镇有外民四十二户，特报指示，旋令外民与土著一例编设。如系亲佃种者，即附于田主户内，偿有不安本分，抑或来历不明；回民二十户，已置田产，八户系流乞；番民二户，皆系游方僧徒。置有田产者二十七户，与土著居民一例编制，其余十五户递回原籍”。⑥ 即将移民中之无田产、佃种者附入田主户籍，将有田产者编入土著户籍，将不安本分、来历不明者不予入籍，发回原地。同时对在镇番贸易及置有恒产的移民亦进行定期统计，并采取牌甲之法管理，对于无恒产之游商走贾则勒令离镇。如乾隆二十三年规定“奉饬编报在邑贸易或置有恒产之客民，本邑贸易者七十八户，置有恒产者二十三户，共一百又一户。按例编列十牌一甲，移置

① （民国）《镇番遗事历鉴》卷1，英宗正统元年丙辰，第16页。
② （民国）《镇番遗事历鉴》卷3，神宗万历三十八年庚戌，第127页。
③ （民国）《镇番遗事历鉴》卷1，英宗正统十二年丁卯，第19—20页。
④ （民国）《镇番遗事历鉴》卷7，世宗雍正五年丁未，第271页。
⑤ （民国）《镇番遗事历鉴》卷6，圣祖康熙四十八年己丑，第248页。
⑥ （民国）《镇番遗事历鉴》卷8，高宗乾隆二十四年己卯，第316页。

县署总理。又查有二十七户商贾小贩及匠工，往来经营，游弋不定，按制责令客长诘而出之”。① 镇番对移民的管理已渐成体系。

综上所述，清代前期伴随着政府经营西北、开发河西的政策导向，外来人口不断移入镇番开田垦荒、贸易经商等，并对当地社会形成较大影响。“左番右彝前代寇掠频仍，屡为凋敝，尝徙他处户口以实之，山陕客此者恒家焉，今生齿日繁”②，移民的到来为偏处沙漠边缘的镇番县带来了劳动力，促进了当地的经济发展。

二　外流：清中后期镇番县的人口外移

以上对清前期镇番县的外来移民进行了论述，可知清代前期政府开发河西、柳林湖开屯，外埠人口大量移入镇番。然而从史料记载看，清代中后期该县存在着明显的人口外流现象，镇番县由移入之地变为了迁出之乡（见表1）。对此我们可从清代镇番县人口数量的变化谈起：

表1　　清后期镇番县人口数量变化

时间	户数	口数	户均口数	资料来源
道光五年（1825）	16756	184542	11	（道光）许协修，谢集成等纂：《镇番县志》卷3《田赋考·户口》，第179页
道光十五年至二十九年	16758	189462	11	甘肃省档案馆编：《甘肃历史人口资料汇编》第1辑，甘肃人民出版社1997年版，第211页
咸丰八年（1858）	16648	189785	11	
同治九年（1870）	16060	173230	11	《镇番遗事历鉴》卷11，穆宗同治九年庚午，第448页
光绪六年（1880）至十年	16087	183430	11	甘肃省档案馆编：《甘肃历史人口资料汇编》第1辑，第211页
光绪九年	16067	183131	11	（民国）周树清、卢殿元：《续修镇番县志》卷3《田赋考·户口》
光绪二十七年至三十三年	23325	123595	5	甘肃省档案馆编：《甘肃历史人口资料汇编》第1辑，第211页

从表1中数据看，清代镇番县人口自咸丰以后至清末，呈负增长趋势，从咸丰八年至光绪三十三年镇番人口从189785减至123595，不足50年本区人口减少了近1/3。产生这一现象的原因，李并成认为是由严重的沙化而导致的人口大量外流。③ 从文献记

① （民国）《镇番遗事历鉴》卷8，高宗乾隆二十三年戊寅，第315—316页。

② （乾隆）张玿美修，曾钧等纂：《武威县志·地理志·户口》，载《中国方志丛书》，台北：成文出版社有限公司1976年版，第31页。

③ 《民勤县近300余年来的人口增长与沙漠化过程——人口因素在沙漠化中的作用个案考察之一》，《西北人口》1990年第2期，第32页。从人口增长的角度探讨了民勤县的沙漠化发展。本文在此不赘。

载看该县自清代中期起即已出现了人口的外流，至清后期人口外流不断累积，从而造成该县人口总数的锐减。其中政府号召外出垦荒、灾荒频仍、水源日稀、人多地少、原居地治理腐败等因素皆是该县人口外迁的重要原因。下面分别进行论述。

（一）政府号召，移往新疆

清代镇番县的人口大规模外流应始于新疆收复。清乾隆中叶新疆底定，政府号召甘肃省境内的无地贫民移往新疆垦荒，以充实边疆。乾隆皇帝多次下发诏令，要求甘省民众移往新疆："甘省被灾贫民与其频年周赈，不如送往乌鲁木齐安插。"① "所有甘省灾荒贫民，其徒留内地常年赈养，不如移送新疆安置。"② 除此之外，清政府还给予移往新疆贫民以各种优惠政策，"每户拨地三十亩、农具一全副、籽种一石二斗，又每户给马匹一匹支，作价银八两，建房价银二两，照水田例，六年升科后，分年征还归款。又每户于到屯之初，按每大口日给白面一斤，小口减半，秋收后交还归款"。③ 这更激发了甘省民众的移新热情。在这股移民新疆热潮中，镇番民众纷纷响应，如乾隆三十七年，凉、甘、肃三州迁往吉木萨尔四百户④；乾隆四十三年凉、甘、肃三州迁往昌吉等地一千二百五十五户⑤；乾隆四十三年陕甘总督勒尔谨奏"张掖、武威、镇番、肃州等州县无业贫民，闻新疆乐土咸愿携眷前往"。⑥ 乾隆四十四年武威等县户民迁往乌鲁木齐垦种地亩，共计一千八百八十七户。⑦ 乾隆四十四年十二月又由镇番县迁往乌鲁木齐等处计三百一十七户；⑧ 乾隆四十五年镇番县户民呈请愿往新疆垦种者一百八十六户。⑨ 如按照上述《清后期镇番县人口数量变化表》所作统计：清代镇番县户均口数为十一人，那么仅据上引有明确记载之史料计算，仅乾隆四十四至四十五年间镇番县迁往新疆的人数至少为五千五百多人，若加上无明确数量记载的移民，那么清代中后期由镇番县移入新疆的人口数量是十分可观的。

（二）灾害多发，移出逃荒

清中后期随着人口的增长，垦殖力度的不断加大，对环境的影响亦愈趋明显。该县三面环沙，生态脆弱，人口的骤增及过度的垦殖导致灾害加剧，迫使人们不得不远

---

① 《乾隆四十二年乌鲁木齐督统索诺穆策凌八月十二日奏》，载《清代奏折汇编——农业·环境》，第270页。

② 《乾隆四十一年乌鲁木齐督统索诺穆策凌十月二十七日奏》，载《清代奏折汇编——农业·环境》，第267页。

③ 《乾隆四十二年乌鲁木齐督统索诺穆策凌八月十二日奏》，载《清代奏折汇编——农业·环境》，第270页。

④ 《乾隆三十七年陕甘总督文绶正月十九日奏》，载《清代奏折汇编——农业·环境》，第246页。

⑤ 中国第一历史档案馆编撰：《乾隆朝甘肃屯垦史料》，《历史档案》2003年第3期。

⑥ 《清高宗实录》卷1061，乾隆四十三年闰六月壬午，中华书局1985年影印本，第186页。

⑦ 《清高宗实录》卷1083，乾隆四十四年五月壬子，第559页。

⑧ 《乾隆朝甘肃屯垦史料》，《历史档案》2003年第3期。

⑨ 《清高宗实录》卷1101，乾隆四十五年二月丙子，第743页。

走他乡，形成人口的外移。乾隆二十二年镇番县郑公乡因被沙覆，“户民迁徙”。[①] 道光年间，由于灾荒频仍“民户多流亡”。[②] 同治三年，“是年大饥，道馑相望，婴儿遗弃，妇女流离”。[③] 同治五年三月镇番县大河决堤，渠水自决口奔涌而出，“灾区农民岌岌可畏，日逃夜走，争先恐后”。[④] 受灾民众为谋生计，纷纷外逃，造成人口的外流。(宣统)《镇番县志》记载了水患造成的镇番人口外流：

> 况自西河为患以来，一经倒失辄驱于柳林附近之青土湖，湖蓄水既多竟成巨壑，每值大风暴作，波浪掀天，往往以倒折之水淹没居民田庐。田庐既尽，贫民无地可耕，不能不奔走他方，自谋生计。[⑤]

镇番西河为患，青土湖水量暴涨，水患及河患导致田庐被淹，贫民无地可耕，不能不奔走他方自谋生计。灾荒是造成镇番人口外移的重要原因之一。

（三）地少水减，人口外流

自清后期起，国家人多地少之忧已日益显现。而此种态势在缺水的镇番县则表现得更为突出。“镇邑地界沙漠，全资水利，播种之多寡恒视灌溉之广狭以为衡，而灌溉之广狭必按粮数之轻重以分水，此吾邑所以论水不论地也。”[⑥] 该县的人口数量既取决于土地的数量，更受制于水源的多寡。镇番有限的水源限制了土地的更大规模开垦与人口的大量移入。

旧志云镇番土沃泽饶，可耕可渔，然而“自风沙患起上流壅塞，移丘开荒逐水而居者所在皆是，殖民地辟河流日微，将有人满地减之忧，至水族孳息泽梁涸而多鱼无梦，土沃泽饶竟成往事矣”。[⑦] 由于人口的增殖，致使水源日减，人满地减之忧甚矣。早在康熙二十八年，该县土地不足之状即已显露，“清以来，邑人屡有开垦柳湖之请，知其时人口已众，而耕地则有不敷种植之患”。[⑧] 至清中后期该县人多地少之势已愈发严重，如嘉庆十八年，镇番“马王庙湖、六坝湖及柳林湖暂停垦荒，亦不收接外埠屯民，以省地节水故也”。[⑨] 可知至嘉庆时期镇番县已禁止垦荒与人口的大量移入，目的即为省地节水，然而对此时人已嫌太迟，“乾隆之季，已有人稠地少、水不敷用之吁请，至嘉道间，上游来水显见减少”。[⑩] 可知为了减轻人口压力，镇番县已不再允许外

① （民国）《镇番遗事历鉴》卷8，高宗乾隆二十二年丁丑，第315页。
② （道光）许协、谢集成：《镇番县志》卷7《宦迹列传》，载《中国方志丛书》，第338页。
③ （民国）《镇番遗事历鉴》卷11，穆宗同治三年甲子，第444页。
④ （民国）《镇番遗事历鉴》卷11，穆宗同治五年丙寅，第446页。
⑤ 宣统三年《镇番县志》，《贡赋考》卷4《户口》。
⑥ （道光）许协、谢集成：《镇番县志》卷4《水利考》，第236页。
⑦ （民国）周树清、卢殿元：《镇番县志》卷1《地理考·风俗》。
⑧ （民国）《镇番遗事历鉴》卷6，圣祖康熙二十八年己巳，第240页。
⑨ （民国）《镇番遗事历鉴》卷9，仁宗嘉庆十八年癸酉，第375页。
⑩ 同上。

来人口移入。然而即使如此亦不能从根本上解决土地及水源不足问题。故清中叶起该县人口不断外出垦田。如迁至金塔县“垦地务农”,① 再如乾隆年间移入安西从事屯垦②等。时至清末该县由于无地可耕已造成了人口的大量外移。对此《镇番县志》记道：

> 邑至光绪中叶田赋仍旧，而总辑版图户未少而口顿减……迄于光绪十年调查户口较前过之。乃十年以后国家之修养如故，官吏之拊循如故，既无兵岁与疫互相耗折，而民数反减至五六万之多……以三倍之地养五倍之人，人与地两相比例超过之数已有二倍，此二倍之人耕田无田垦地无地。虽欲不离乡里弃妻子以糊口，四方讵可得乎？……有可耕之人而无可耕之地，其病源已昭然可见。③

由此可见，清光绪朝镇番人口顿减的原因为人多地寡而造成的外迁，“有可耕之人而无可耕之地”，地少水减导致清后期镇番人口的外流。

（四）治理腐败，人口逃亡

除上述原因之外，清代后期治理腐败、赋税沉重等因素亦是造成该县人口外移的重要原因。清末以来由于治理的腐败，该县人口大量逃亡，土地抛荒现象严重：“惟自清末以来，由于骄治经济等原因，人口日少，荒芜日甚。”④ 政治腐朽，移民而不养民，致使大量人口逃亡。“蚩蚩之氓，负担太重，多逃新疆……徭赋频仍，朝夕追逼，缧绁囚系之不暇，遑论农业耶。”⑤ 赋税沉重、治理腐朽造成农田废弃、人口逃亡。据《甘肃省民勤县社会调查纲要》记载，清末民初镇番县人口逃亡造成的土地抛荒占民荒十分之一。⑥ 至民国初年镇番县的土地抛荒面积已达72669市亩，仅次于武威、张掖，成为抛荒面积较大的地区之一。⑦ 从此亦可见人口外流的严重性。

以上对清代中后期镇番县的人口外移状况进行了探讨。在国家的号召、灾荒、水源与土地数量的减少、治理腐败以及沙漠化等因素的影响下该区人口不断外移。他们

---

① （民国）赵仁卿等纂：《金塔县志》卷2《人文·移徙》，金塔县人民委员会翻印，1957年。

② 《乾隆四年十一月二十八日川陕总督鄂弥达酌改边地兵屯一折》，载中国第一历史档案馆编《乾隆朝上谕档》，中国档案出版社1991年版，第485页，附录第5条。

③ （民国）周树清、卢殿元：《镇番县志》卷3《田赋考·物产》。

④ （民国）《甘肃河西荒地区域调查报告（酒泉、张掖、武威）》，《农林部垦务总局调查报告》第1号，第1章《概述·荒区沿革》，农林部垦务总局编印，1942年。

⑤ （民国）吕钟：《重修敦煌县志》卷3《民族志·四时风俗》，敦煌市人民政府文献领导小组整理，甘肃人民出版社2002年版，第119页。

⑥ （民国）《甘肃省二十七县社会调查纲要》，载《甘肃省民勤县社会调查纲要·土地与人口》，甘肃省图书馆藏。

⑦ （民国）《甘肃河西荒地区域调查报告（酒泉、张掖、武威）》，《农林部垦务总局调查报告》第1号，第1章《概述·荒区范围》。

或远走新疆，或近趋河套、阿盟，或驼行半路而流落于张掖、安西、敦煌等地。① 人口的大量外流造成了镇番经济的萧条与农业的衰败，“一任数万生灵流离迁徙……社会经济日行支绌，农业政策日不见发达”②。清中后期镇番的人口外流带来了当地经济发展的变化。

三 余论：清代镇番移民变迁的背后

综上所述，镇番移民人口在清代前期与中后期经历了较大起伏。清前期，随着西陲用兵，河西走廊成为重要的军事前沿与军需补给地，充实该区人口、促进该区开发成为清代西北边疆政策的重要一环。移民垦荒则是清朝开发河西的主要手段。在政府的号召下，大量内地无地贫民移入镇番，使得清代的镇番县成为名副其实的移民社会，其土地垦殖力度亦极大增强。除了开垦原有荒田外，还新开发了柳林湖等处，“于雍正十二年奏请招民开垦屯种”③，鉴于柳林湖垦区可为肃州、高台等地提供军需支持，开垦面积大增，乾隆元年“柳林湖屯田连本年新增共一十七万五千余亩，地方辽远，屯户众多”④。在此背景下，即使是镇番域外之地、水源地亦被开垦，“且红崖堡东边外，如乱沙窝、苦豆墩，昔属域外，今大半开垦，居民稠密不减内地”⑤。逐水而居、逐水开荒、开垦水源地之现象所在皆是。“以移丘开荒者，沿河棋布。”⑥ 民勤县的鱼海子、白亭海等被垦为田，⑦ 距城三十余里的六坝湖亦被开垦。⑧ 而且伴随着农垦规模的扩大，祁连山林木破坏益趋加剧，不仅入山伐木猎材的活动愈演愈烈，一些浅山区也不免遭受犁杖之践诸。⑨ “至于角禽逐兽，采沙米、桦豆等物，尚有至二三百里外者。”⑩ 随着土地的大量垦殖，植被砍伐加剧。

人口的大量移入以及过度的垦荒造成土地承载力的下降以及当地环境的变化，清后期镇番县地少水减、灾荒多发等状况日趋严重，并导致人口加速外流。“殖民地辟，河流日微”⑪，该县出现水源日减、灾害加剧、沙化严重、收成减低等现象：“镇地风大沙狂，气温寒凉，西外渠、东渠等多处，几被风沙埋压净尽。又兼水淹，竟无可耕

---

① 《民勤县近300余年来的人口增长与沙漠化过程——人口因素在沙漠化中的作用个案考察之一》，《西北人口》1990年第2期，第32页。

② （民国）周树清、卢殿元：《续修镇番县志》卷3《田赋考·物产》。

③ 《乾隆二十七年甘肃布政使吴绍诗五月十三日奏》，载《清代奏折汇编——农业·环境》，第209页。

④ 《乾隆元年甘肃巡抚刘於义十二月初十日奏》，载《清代奏折汇编——农业·环境》，第10页。

⑤ （道光）许协修，谢集成等纂：《镇番县志》卷1《地理考》，第45页。

⑥ （乾隆）张玿美修，曾钧等纂：《五凉全志》卷2《镇番县志·风俗志》，第255页。

⑦ （民国）慕寿祺：《甘宁青史略》副编卷2《甘宁青山水调查记中编》，载《中国西北文献丛书》，兰州古籍书店1990年版，第391页。

⑧ （民国）刘郁芬：《甘肃通志稿》，《甘肃舆地志·舆地十一·水道三》，载《中国西北文献丛书》，第158页。

⑨ 李并成：《河西走廊历史时期沙漠化研究》，科学出版社2003年版，第177页。

⑩ （民国）《镇番遗事历鉴》卷10，宣宗道光二年壬午，第393—394页。

⑪ （民国）周树清、卢殿元：《续修镇番县志》卷1《地理考·风俗》。

之田。流亡人众，接踵道路。"① "农民衣褴褛食糠麸住茅由处不得，推其痛苦原因半由灾旱频仍、收获无几。"② 环境变化及自然灾害同时成为镇番民众外移的推力。

随着新疆的收复，甘肃由边疆而成为腹里，失去了先前重要的军事地理位置，在政府招徕民众移往新疆及原居地治理腐朽等因素的推动下，镇番人口不断外流。民众离乡，这已与清前期人口大批涌入的局面相去甚远，最终由早期的移入之地演变成为迁出之乡。从入迁到外流，清代镇番移民为我们提供了一个认识清代西北边疆政策及环境变迁等问题的典型案例。它是清廷经略西北大的军事和政治背景之下人口变迁的一个缩影，它与清政府的西北边疆政策及环境的变迁息息相关。清代镇番县的移民问题可为中国移民史研究提供极好的个案。

（作者单位：西北师范大学历史文化学院）

① （民国）《镇番遗事历鉴》卷12，中华民国十八年己巳，第522页。

② （民国）《甘肃省二十七县社会调查纲要》，《甘肃省民勤县社会调查纲要·四农业与农村》。

高陵十三村回民聚落群与清代关中回民人口分布格局*

路伟东

高陵地处关中平原腹地，县境自清至今，未有明显变化①。省城西安、泾阳、三原、富平、渭南与临潼等市县环拱其周，泾、渭自西而东从县南境穿行而过，地势平坦，土壤肥沃，素称关中“白菜心”，自古即为农业发达之区。根据现有史料推测，同治以前，高陵与蒲、富、临、渭等县一样，是陕省回民人口分布最集中的州县之一，不但人数众多，而且分布广泛，除了零星散布的小村小庄外，更有成片集聚的回民聚落群。

经过同治年间的那场沧桑巨变之后，高陵回民尽数西迁，无数鲜活的生命与那些曾经繁郁的乡村聚落都隐藏在历史的故纸堆中，有关战前高陵回民人口分布的具体情况，我们现在已经知之甚少了。聚落是具有空间属性的地表人文景观，其核心要素是人口，因此，聚落的分布变迁与人口的分布变迁紧密相关。搜集、整理、考证、研究史料中记载的那些曾经的回民聚落，我们可以从一个新的视角管窥战前高陵回民人口状况，这将有助于我们更加客观、准确地认识同治以前高陵县、关中地区，乃至整个陕甘地区的回民人口分布状况。

一　高陵回民十三村

回民十三村，学界多指临潼回民十三村。临潼十三村分布的北原，位于临潼城北十公里处的渭河北岸，原名“奉政原”，因龙头为白龙沟所断，又名“破头原”，或称“普陀原”,② 因此，临潼十三村又俗称为“普陀原十三村”。多隆阿奏言：“臣驰赴渭北，……合力痛剿十三村余孽，一经得手，即进薄高陵，力图攻取。”③ 所指即此。临潼县知县谢恩诰称：“临回如渭河南之三府、马坊、行者桥，北之普陀原十三村，素称

* 国家社科2011年度青年项目“辛亥以前西北地区城乡聚落研究”（11CZS036），国家社科2011年度重点项目“中国历史民族地理研究”（11AZD059）；复旦大学亚洲研究中心2011年度青年项目。

① 高陵县境1949年以后，仅在县境东南、东北部稍有调整。高陵县地方志编纂委员会编：《高陵县志》，西安出版社2000年版，第44页。

② 乾隆《临潼县志》卷1《地理・山川》。

③ 同治二年八月二十六日（庚子）多隆阿奏：《钦定平定陕甘新疆回匪方略》卷52。

狂悖。"① 渭河南的三府、马坊及行者桥三村均在渭河河曲的顶部外侧，距县城不远。而渭北普陀原十三村在雨金镇西南一带，正处于渭河河曲内部，与渭南回村隔河呼应。

平凉拜长清讲，其原籍高陵县边滩下拜家人。……同治元年七月十三日晚上，汉人团练把上、下拜家的南礼拜寺用火烧了，……邹保和领导上下拜家及十三村二百多户，在各处打仗，最后到金积堡投了诚。② 马长寿先生认为此十三村，当临潼十三村。然光绪《三原县新志》载："盖贼巢数处，去原不远，一在泾阳永乐店、塔底；一在高陵十三村。自官军驻原，十三村专扰邑东乡及东北原。"③ 又据三原县原政协委员王村楼讲，高陵县回族人的据点在县之西北一带，称为十三村。④ 高陵十三村在县之西北，距三原很近，这与《三原县新志》载"贼巢数处，去原不远"，是相符的。由此推测，高陵也是有回民十三村，拜长清所言回民十三村应是高陵十三村而非临潼十三村，马长寿先生的推断或当有误。

十三村具体方位，不详。光绪《高陵县续志》（以下简称《光绪志》）载："钦差大臣多隆阿由东路进剿收复县城，荡平十三村，直捣泾阳贼巢，贼始西遁。"⑤ 泾阳县城在高陵城的正西，据此来看，十三村应该在高陵县城以西，且处于高陵至泾阳的大道上，或者离大道不远处。现高陵通远乡政府驻地西南约 1. 35 公里处高永公路南侧有村名官路者，即因村旁高陵通往泾阳的官路（即大路）而得名。⑥ 高陵县城在整个县域偏东北部，从全县区划上来看，十三村应位于整个县域的西北部，这与前文引文所描述的十三村的方位是相符的。

1999 年出版的《明清西安辞典》（以下简称《辞典》）与 2000 年出版的《高陵县志》（以下简称《新志》）均称："高陵上、下拜家礼拜寺，位于高陵县渭河边滩，辖上下拜家十三村二百多户回民。同治元年（1862），邹阿訇主持教务……"⑦ 高陵边滩在何处，不详。两书皆称上、下拜家清真寺在渭河边滩，其意似指边滩所处乃渭河边角滩地，应距渭河不远。果如是，那上、下拜家村应该位于高陵县西南，而非高陵县西北，这与前文论证相左。

《辞典》与《新志》关于上、下拜家等十三村回民寺毁人迁的记载，均未注明原始出处。关于此事更早的记载见于马长寿先生 20 世纪 50 年代的调查记录。在平凉县的访问中，有名拜长清者，"六十一岁，高陵县边滩下拜家人"。行文中未见有"渭河边滩"之说。高陵县现有村落名称中带"滩"字的共有 7 个，其中张卜乡夹滩、耿镇乡

---

① 谢恩诰：《再生记》，载马长寿主编《同治年间陕西回民起义历史调查记录》，陕西人民出版社 1993 年版，第 229 页。

② 《同治年间陕西回民起义历史调查记录》，第 410 页。

③ 光绪《三原县续志》卷 8《杂记》。

④ 《同治年间陕西回民起义历史调查记录》，第 229 页。

⑤ 光绪《高陵县续志》卷 6《人物传下》。

⑥ 高陵县地名工作办公室编：《高陵县地名志》，八七二八五部队印刷厂，1984 年，第 126 页。

⑦ 张永禄主编：《明清西安辞典》，陕西人民出版社 1999 年版，第 616 页；高陵县地方志编纂委员会编：《高陵县志》，第 672 页。

马坊滩、王家滩以及马家湾乡的陈家滩，皆因村在渭河滩上得名。① 而药惠乡的白马寺滩、通远乡的徐家滩、宋家滩得名皆因地处荒滩，与渭河无关。② 因此，有滩的地名，不一定就源于渭河滩地，也可能是远离渭河的荒滩。《辞典》与《新志》在上、下拜家所处的“边滩”前加“渭河”二字，可能出于作者主观臆断，并无根据。

高陵回民十三村应该在高陵县城以西，更确切的位置可能是在通远乡官路村以西靠近三原县的湾子乡境内，处于高陵至泾阳的大道上，或离大道不远处。在整个县域内处于西北部。

十三村具体何指，不详。前引拜长清所言，高陵回民十三村至少包括上、下拜家两个回村。临潼普陀原十三村，亦包括两个拜家村，但完整的村名是南拜家和北拜家，而非上拜家和下拜家。③ 以高陵县城为参照，两个十三村，一个在城之西北，一个在城之东南，泾渭分明。高陵、临潼两回民十三村其地皆处渭北，又都包括两个拜家村，马长寿先生将高陵十三村误指为临潼十三村，这可能是其中原因之一。

《新志》载：“高陵上、下拜家清真寺，位于高陵县渭河边滩，辖上下拜家十三村二百多户回民。同治元年（1862），邹阿訇主持教务。东府回民起义后，汉族团练放火烧了上下拜家清真寺，邹阿訇召集各村回民起义。次年失败，西迁至陇东董志塬十社镇，寺遂毁。”④ 据此来看，作者其意或指上、下拜家即十三村之首。

乾隆《西安府志》所记高陵七个乡村市镇中无一个在县之西北隅，⑤ 雍正《高陵县志》（以下简称《雍正志》）记坊、村、镇、店442个，⑥ 南、北拜家两村均不在列。光绪《高陵县续志》（以下简称《光绪志》）录村、堡421个，⑦ 亦未有南北拜家的记载。由此可见，高陵西北并无大村巨堡。按上、下拜家十三村仅200余户人家，每村平均不过一二十户，皆为小村小庄。《雍正志》未见记载，可能是村落过小，不足为记。也可能是雍正时尚未有此村落，也有可能是方志作者刻意摒弃地方上的回民人口聚落信息。⑧《光绪志》未见记载，可能是战后高陵回民尽数西迁，原有村落已经焚毁废弃，不再有人聚居。

高陵回民十三村的最初可能是以上、下拜家两个村落为首的十三个纯回民村，或以回民为主的村落群，后来随着回民人口增加，村落数目或有所增加，所指范围亦有所扩大，很有可能还包含了临近的部分回汉杂居，或以汉人为主的村落。因此，所谓高陵回民十三村实际上是对以这十三个回民村为主的成片居住的回民村落群或回汉杂居村落群的泛称。

---

① 《高陵地名志》，第62、65、77页。

② 同上书，第71、119、124、130页。

③ 路伟东：《清代陕甘人口专题研究》，上海书店出版社2011年版，第175页。

④ 高陵县地方志编纂委员会编：《高陵县志》第24编《民俗宗教》，第672页。

⑤ 乾隆《西安府志》卷10《建置志中·镇堡》。

⑥ 雍正《高陵县志》卷1《地理志》。

⑦ 光绪《高陵县续志》卷1《地理志》。

⑧ 路伟东：《掌教、乡约与保甲册——清代户口管理体系中的陕甘回民人口》，《回族研究》2010年第2期。

二　同治战前高陵的回民聚落与人口

同治以前，除了位于县境西北部的十三村以外，高陵县城及其他村镇亦有为数众多的回民人口分布。史载回民于仓渡起事后，“泾阳、高陵之回均执器仗赴约而东”①。知县梁书麟，“秉性敦厚端正，毫无私苛，县故汉回错处，先生一体视之，遇有雀角，据理执法，故人皆输服，而回尤戴德”②。战前高陵回民集聚的村落，我们知之甚少，20世纪50年代，马长寿先生进行陕西回民起义历史调查时，亦未有对高陵县进行专门调查。通过对零星史料的搜集、整理与分析，我们做如下考证：

（一）高陵县城

高陵县城有回民，人数不详。《高陵县乡土志》（以下简称《乡土志》）及民间口碑史料中均称城内有回民。同治元年（1862）五月二十九日瑛棨奏称：“汉回互斗情形，目下滋蔓愈大……高陵城内，汉回亦各起事，虽未杀官劫库，城中已骚乱不堪。”③城内回民敢于起事，人数应该不少。

在西安光大门马氏祖茔碑记载的64坊中，当年的调查者无法判读或判读错误的7坊，即马五十二堡、白家滩、白家嘴、西撒家、东撒家、东全子头、邸家村等7坊，经韩敏先生的考证，这些回民村实际上多分布在高陵县渭河以南耿家集，也就是今天耿镇一带。④ 耿家集各回民村东与临潼三府、马坊、行者桥等回民村相连，西南则与长安沙河以东的回民村相连，这和马氏祖茔碑的记载是一致的，也和当年调查者的推断相符。

（二）马伍什

马伍什村位于今耿镇政府驻地西约1.8公里处，西南与灞桥区水流乡北郑村、刘家村为邻，南与灞桥区新合乡买家村相接，即碑文所载马五十二堡。《雍正志》记为“马五十家”，《光绪志》记作“马五十堡”，民国《高陵县区保总图》（以下简称《民国图》）始记为今名，“伍十”当“五十”讹误。村名源起有二：一说因初有回民名马五十者在此居住；一说村处五路交叉十字路旁，又有马姓回民聚居。⑤ 虽名马伍什村，今无一户姓马。

---

① 光绪《高陵县续志》卷8《缀录》。

② 光绪《高陵县续志》卷4《官师传》。

③ 同治元年五月二十九日瑛棨奏：《钦定平定陕甘新疆回匪方略》卷13。

④ 韩敏：《清代同治年间陕西回民起义史》，陕西人民出版社2006年版，第8页。

⑤ 《高陵地名志》，第64页。

（三）白家嘴

白家嘴村位于今耿镇政府驻地东约1.3公里处，南接灞桥区新合乡马坊村。村处地形延伸突出，形状如嘴，遂结合村民姓氏得名白家嘴。……据《高陵县地名志》（以下简称《地名志》）载，清代即有此村，原为回民聚居点。《雍正志》记作“东白家村”、“西白家村”两村。《光绪志》所载与今名同。①

（四）白家滩

位置不详，可能在白家嘴附近，属于渭河南耿镇一带回民聚落群。

（五）西撒家村

《光绪志·县壕分图三》有西马坊、王家村、西白家村、算刘村、东耿家村、西耿家村、撒家村。东马坊、东白家村，撒白二姓村、泉子头、王家村。马氏祖茔碑所言西撒家村应为撒家村，位于耿镇政府驻地西北约0.93公里处，西禹公路西侧，即今之耿镇沙家村。《雍正志》记为“撒家村”。撒为典型的回姓，该村当为回村。传说初以居民沙姓得名沙家。清末，沙姓他迁，易为葛姓，故又更名葛家。1949年以后恢复原名。②“沙”当系“撒”之误，沙家建村之说，显属望文生义，可能是战后新迁移民误传。

（六）东撒家村

韩敏先生推断，东撒家村可能系《光绪志》所载撒白二姓村，今无村，应该在耿镇以东，具体位置不详。

（七）东全子头

应该是《光绪志·县壕分图三》所载东泉子头村，今无村，位置不详，韩敏先生推断应在今耿镇以东。③

（八）邸家村

《雍正志·地理志·乡里》：咀头有抵家村。咀头在渭河北渭桥东原上，即今高陵

---

① 《高陵县地名志》，第63页。

② 《高陵地名志》，第65页。

③ 韩敏先生对自己早先发表的《清代乾隆年间西安城四乡回民六十四坊考》一文中“东马坊即临潼县之马坊堡，东泉村为东全子头”的说法，认为可能有误，待考证。

县张卜乡嘴头村，位于乡政府驻地东偏南约4.05公里处，奉正原东端，泾惠九支渠北侧。邸家村在咀头附近。“抵”与“邸”音同，抵家应为“邸”家村，今无村。

据多隆阿奏言：“回逆在三府里迤东筑垒六座，由白鸭嘴起至坝河止，……将三府里攻破，……又将白鸭嘴贼巢登时时攻破，……十三日，命马步队进攻马乌什，该处十余村堡皆系回众麇集之所，巢穴最大，经各队苦战，竟日将各村堡全行平毁。”① 马乌什即马五十，即今之高陵县渭河以南耿镇西的马伍什村，文中“十余村堡皆系回众麇集之所”所指即高陵渭河以南耿镇一带回民聚落群。

（九）半个城

半个城位于今耿镇政府驻地东约3.03公里处，东临渭河。……据《地名志》载，清末叶即有此村。相传曾有回民为村筑城，因故中辍。村仅有半个城堡，故名。《光绪志》载有此村名。② 同治战后，高陵回民根株尽绝，西迁回民就地安插，严格管控，原有回民不太可能返回原籍建村立户，此村应该建于同治以前。即使有回民战后重新建村之事，也很可能是旧址重建。故，半个城战前应该是回村。

（十）虎家庄

虎家庄位于今耿镇政府驻地东约2.63公里处，东临渭河。据《地名志》记载，村建于清末叶。得名原因不详。《光绪志》载有此村名。③ 从字面上分析，村名应源于村民姓氏。如建村于清末，且庄内有虎姓村民，村名源流不太可能无人知晓。如无虎姓村民，那清末建村以虎家命名就着实令人费解。20世纪50年代，马长寿先生在陕西调查时发现，战后很多回民村被外地迁来者占据，这些后来者很多对本村的历史都不了解。虎家村得名不详，有可能属于这种情况，估计该村应该建于同治战前，虎姓较为少见，回民属此姓者较多。④ 虎家庄所处的耿镇一带，为回民聚居之区，该村为回民村的可能性很大。

（十一）苏家村

苏家村位于今耿镇政府驻地西约0.8公里处，西禹公路西侧。南与灞桥区新合乡于家村、寇家村为邻。清初有回民苏万兴最早居住此得名，《雍正志》记为苏家村。同治以后，原住居民西迁，新迁入的居民曾用名为同福村。《光绪志》记为“同福村”。《民国图》始记为今名。⑤ 苏家村是关中回民村落，战后为外迁移民占据，并更改村名

---

① 同治二年七月二十日（甲子）多隆阿奏：《钦定陕甘新疆回匪方略》卷48。

② 《高陵县地名志》，第63页。

③ 同上。

④ 魏德新编著：《中国回族姓氏溯源》，新疆大学出版社1998年版，第47页。

⑤ 高陵县地方志编纂委员会办公室编：《高陵名村》，第36页。

的一个典型样本，虽名苏家村，今无一户姓苏。同治二年（1863）夏瑛棨奏称："自四月以来，东路贼匪纷纷西窜，愈聚愈多，从前仅有沙河、高陵苏家沟等处老巢二三万人，其余四乡贼巢虽系林立，每处不过一二千人或数百人不等，已有偏地皆贼之势。"①高陵苏家沟或即指此苏家村。

（十二）渭桥里②

《光绪志》卷6《科贡闲传》："举人，明万历丙午科三人：……米良翰，渭桥里人，初任阳城教谕，历官至徐州知州。"杨大业先生考证，米良翰为回族。③嘉靖《高陵县志》（以下简称《嘉靖志》）载：清真寺，在渭河南渭桥里，元至正间建。④韩敏先生认为渭桥里当指为今榆楚乡渭桥村，渭桥村地处渭桥渡的坡头上，在渭水之阳，与记载不符，韩说或有误。《辞典》称，高陵渭河南清真寺，位于高陵通西安渭河南大路旁。⑤其位置大体应在渭桥以南，耿镇以北，渭水之阴的大道旁。

《乡土志》载："初汉族外，仅有回民。自唐肃宗时助兵平安史之乱，其不欲回国者安插泾渭间，县南之太华村，渭桥渡西之来家滩、韩村、米家崖皆为彼族生聚之地，后延及于城内，据父老云，户止五百奇，其口不详，习尚犷悍，岁转贩牛马，往往贱食民禾，与汉民积衅遂成前清同治老年之变，今转徙他境，无遣类矣。"

（十三）太华村

太华村位于榆楚乡政府驻地东北约2.7公里处，西禹公路西侧，即今之榆楚乡团庄村。民国年间，因村周围筑有围墙，居住集中，改称团庄。《光绪志》载有此村记为太华北、太华南二村。⑥太华村有礼拜寺，建筑年代无考。⑦

（十四）韩村

韩村在今姬家乡政府驻地南偏东约2.5公里处，南临泾河。韩村建有清真寺，据杨大业先生考证，咸丰年间，西安化觉巷米万选曾在此任教。⑧同治战后，人迁寺毁，村名亦改为"兴隆村"。民国年间始改为今名。今之村民迁自湖北和陕西的山阳、柞水等处，虽沿用原村之名，但无人知其含义。⑨

---

① 同治二年六月二十日（乙未）瑛棨奏：《钦定平定陕甘新疆回匪方略》卷47。

② 栾成显：《明代里甲编制原则与图保划分》，《史学集刊》1997年第4期，第20—25页。

③ 杨大业：《明清回族进士考略（九）》，《回族研究》2007年第2期。

④ 嘉靖《高陵县志》卷2《祠庙》。

⑤ 高陵县地方志编纂委员会编：《高陵县志》，第616页。

⑥ 《高陵县地名志》，第87页。

⑦ 高陵县地方志编纂委员会编：《高陵县志》，第672页。

⑧ 《明清回族进士考略（九）》。

⑨ 《高陵县地名志》，第102、103页。

（十五）米家崖

米家崖应该是今马家湾乡米家崖村，在乡政府驻地西约0.3公里处，鹿苑原北麓，渭水之阳。得名当地处崖下，米姓回民聚居。同治后回民西迁，后迁入者仍沿用原名。《民国图》始载有此村名。①

（十六）来家滩

来家滩今地何指不详，从《乡土志》行文上看，来家滩应该皆在渭桥渡以西，韩村以东，渭水以北的滩地上。

《新志》称："明时县境内的来家集（今耿镇附近）、梁村、米家崖、韩村、太华村（今团庄村）、关马寺等村居住着大量回民。"②

（十七）来家集

来家集今地何指不详，今耿镇附近并无来姓村庄，亦无由来姓村改名者，同治战后村已废弃，湮没无闻。

（十八）梁村

梁村应该是今马家湾乡梁村，位于乡政府驻地西南约2.2公里处，濒临渭河北岸，鹿苑原南麓。相传最初为梁姓所居，得名。村民多缘窑居，呈长带形，故有十里梁村之称。村西南渭河上设有渡口，为早年通往西安之要津。《嘉靖志》即以大村载之，记为"良村"，《光绪志》将村分为三段，并改"良"为"梁"，记作"东梁村"、"中梁村"和"西梁村"。③ 梁村是一个较大的村落，濒临渭河边滩，又处渡口要津，同治以前，可能是一个回汉杂居的村子，应该是回民在高陵的重要聚居点之一。

（十九）官马寺

官马寺村位于张卜乡政府驻地东北约3.5公里处，泾惠七支渠以南。相传，村建于官家牧马的地方，初名官马村。后来回民关、马两姓在村旁修建了一所清真寺，乃改名关马寺。④ 20世纪70年代，曾在该村附近发现刻有回、汉文字的《法规常昭》碑

---

① 《高陵县地名志》，第69页。

② 高陵县地方志编纂委员会编：《高陵县志》，第671页。

③ 《高陵县地名志》，第70页。

④ 同上书，第79页。

一通。[①] 该村系回民村应无疑问，关、马两姓建寺之说亦较可信，村建于官家牧马之地，似属望文生义，不足据。《光绪志》始载此村，名“官马寺”，并注明为客户所居，显然该村当建于同治战前。

（二十）七留村

七留村位于榆楚乡政府驻地西约0.75公里处，泾惠八支渠北侧，即今之榆楚乡西刘村。据谈，七留村以七户刘姓留居于此得名，一说以七户人家留居于此得名。后以谐音衍称七流、西刘等。[②] 七留村有洪教院，明正统年间（1436—1449）重修，该村属回民村。[③]《嘉靖志》以大村载入，并言“唐于志宁宅布线西七里七流村”。可见不但历史悠久，而且规模较大，估计同治以前的七留村，可能不是一个纯回民的村落。

（二十一）喇叭庄

喇叭庄在渭桥附近，即今之耿镇喇叭庄，位于乡政府驻地北约1.93公里处，西禹公路西侧，北临渭河。据传初为回民所居，是以村民喇叭的名字而得名的。据临潼马坊头米遇春说：“行者桥、回回道、三府、蔡家庄一直到高陵的喇叭庄，各村都有回回。”[④]

（二十二）买家村

平凉买家湾买德明讲，我们姓买的祖籍是高陵人，赶井家的集。[⑤] 西迁甘肃的陕回现居村庄名称很多都以原村相称，高陵耿家集西南有买家村，即今灞桥区买家村，买德明所称买家湾之名很可能源于此，果如此，买家村当为回民村。

除以上确考的回民村外，有一些村落可能也是回民聚居之所，如湾子乡关市，相传明中叶，村旁有关家修建寺院一所，人称关家寺，村以寺名。后简称关寺，又以同音写为官寺，谐音写为关市。[⑥] 该村得名与张卜乡官马寺村相似，很有可能是回民村。高陵有来姓回民聚居，渭桥西来家滩与耿镇来家集均为回村，通远乡有来家村，相传，清初因来姓居此而得名，该村有可能是回民村。[⑦]

高陵村名中有“马”字，且源于姓者，现有10处，分别是马家湾乡的马家湾、张卜乡的今古渡马家、马家沟、马家[⑧]、马家、[⑨] 崇皇乡的三马白、姬家乡的康桥马、药

① 《高陵名村》，第44页。

② 《高陵县地名志》，第86页。

③ 高陵县地方志编纂委员会编：《高陵县志》，第672页。

④ 《同治年间陕西回民起义历史调查记录》，第145页。

⑤ 同上书，第402页。

⑥ 《高陵名村》，第78页；《高陵县地名志》，第138页。

⑦ 《高陵县地名志》，第128页。

⑧ 乡政府驻地东偏南3.15公里处。

⑨ 乡政府驻地西北约2.5公里处。

惠乡的马家、马家窑、通远乡的吴郑坊马家等。马姓为回族首姓，俗有“十个回回九个马”之说，高陵城乡回民众多，这10个村落虽然无法准确判断哪个是回民村，但其中肯定有部分，甚或大部分是回民村。

同治战前高陵回民人口究竟有多少？不详。多隆阿奏称：“查陕西回类不下数十万众，如大荔、渭南、高陵等处，回户十居其七，余可类推。”① 同治战前，高陵人口大约有六万余，② 回民人口如占七成，则其人数高达数万。现有研究表明，战前关中回民人口数量最多的州县，其比例也仅有三成，③ 多隆阿所言高陵回户十居其七，显然系夸大之辞。

《乡土志》称清代县内回民户“五百有奇”④。500余户当有两三千人。同治元年（1862）夏托明阿等奏称：“大荔回匪窜到同州府城，围攻八昼夜，……城中兵少粮缺，若日久无援，恐难力保危城，其咸阳、泾阳、三原、临潼、高陵各县，均有回匪数千。”⑤ 两者所言，倒似接近。以两三千人计，回民人口在全县人口中所占的比例仅及半成，与周围各县相比，回民人口比例明显偏低，估计战前高陵回民人口数可能还要多一些，或许有三五千人，更多一些亦并非不可能。

高陵回民人数与周围各县相比较少，可能与其自然环境有关。高陵号称“关中白菜心”，其地处关中腹地，自古农业发达，汉民世居垦殖，边角滩地较少。马长寿先生在分析西安城郊回民人口分布格局时称“回民迁来时，这里的熟地、好地早已为汉民种植经营，回民为了生活，只能在村外依附，或在河滩、湖边披荆斩棘，开出一片片土地，进行生产”⑥。高陵的情况恐怕与之类似，回民落脚之地少，人口自然就少。清人卢坤称，高陵“地系平原，邑甚偏小，无山川险阻之区，……南乡回民杂处，颇为强悍，宜儆戒之”⑦。泾、渭穿行高陵南境，沿河一带多边角滩地，是以南乡临渭一带回民人口相对较多，这与前面分析是相符的。

三　同治以前关中回民聚落群与“大分散、大集中”的分布格局

同治以前，高陵境内回民人口聚落散布四乡，分布非常广泛，但在县之西北隅龙洞渠两侧及沿渭一带又有成片分布的聚落群，大分散之中，亦有大集中的趋势。这种分布格局与当今回民人口聚落“大分散，小集中”的分布格局明显不同。实际上，高陵回民人口聚落的这种分布格局，只不过是陕甘回民人口聚落分布格

① 同治二年十一月初六日（戊申）多隆阿奏：《钦定平定陕甘新疆回匪方略》卷56。

② 卢坤：《秦疆治略》。

③ 路伟东：《清代陕甘回民峰值人口数分析》，《回族研究》2010年第1期。

④ 高陵县地方志编纂委员会编：《高陵县志》，第672页。

⑤ 同治元年六十五日（丙寅）托明阿、瑛棨、孔广顺奏：《钦定平定陕甘新疆回匪方略》卷13。

⑥ 《同治年间陕西回民起义历史调查记录》，第476—477页。

⑦ 《秦疆治略》。

局的一个缩影，同治战前，整个陕甘地区，回民人口聚落都是这种“大分散、大集中”的分布格局。如果把每一个回民聚落看成一颗小星星的话，那她的分布格局就宛如夏夜的星空，到处都是繁星点点，中间又有群星组成的带状银河，横跨天际。

“大分散”的分布格局，指的是回民人口聚落分布非常广泛，同治战前，陕甘地区回民人口有800万，[①] 比现在全国回民人口的总数还要多，两省境内，城镇乡村，平原山地，水陆要冲，偏远内陆，几乎无县无之，无处无之。“大集中”的分布格局指的是，回民人口聚落分布区域，具有较强的选择性。陕甘回民居于乡村较多，居于城市较少。居于关厢者多，居于城内者少。居于平原者多，居于山区者少。居于水陆要冲者多，居于僻远内陆者少。民间流传有“回回不住关即住山”，[②] 关或即指城镇关厢，水陆要冲。分布于平原的回民，又多居于田土较差的“三边、两梢、一沟”之区。

“大集中”的分布格局，从宏观的视角来看，集中体现为两个方面：一是“片状分布”，二是“带状分布”。同治以前，关中地区有众多成片聚居的回民聚落群，小的片状回民聚群绵延交错，又共同组成更大片的回民聚落群。除高陵的十三村、耿镇及以西沿渭回民聚落外，其他州县亦为数众多，如临潼十三村、苏家沟十三村、渭城二十六坊、凤翔二十八坊、沙苑三十六村等等。这些以数字俗称的回民聚落，和高陵十三村一样，并非确指回民聚落的个数，而是泛指以某些特定村落为核心的成片聚居的回民聚落群。从潼关往西，沿渭河而上，第一个成规模的回民聚落群就在沙苑。沙苑是大荔南洛、渭之间的一大片沙草地，东西长八十余里，南北宽三十余里，以南王阁为首的数十回民村隐居之间。沿沙苑西缘，仓渡、孝义、乔店等回民巨堡星罗棋布，连成一片，同治战时，为陕西回民重要据点之一。[③] 同治二年清军攻入王阁时，掘得窖银二十余万两，[④] 攻占羌白时，更是得窖银三百余万两，黄金六万余两。[⑤] 此可见当年沙苑一带回民财力之强，人口之盛。

沙苑西的仓渡镇有回民一千余户，位于东西大道上，东通孝义镇，西通省城，北达乔店、羌白，沿途村庄都有回民居住。仓渡再往西，地界蒲城、富平、临潼、渭南与大荔之间，五县犬牙交错，回民村居其大半。[⑥] 辛市、官道、关山、美原等均为回民巨堡，人口繁盛。往西，高陵西北的十三村一带回民聚落与三原、泾阳回村相连，高陵东南的耿家集及以西沿渭一带回民村又与临潼十三村一带回民村相连。

沙苑以南沿渭水之阴地属临潼、渭南、华州、华阴，史称临、渭、二华，回民占

---

① 《清代陕甘回民峰值人口数分析》，《回族研究》2010年第1期。

② 马建春、郭清祥：《金城关回民居住区的历史和现状》，载《兰州文史资料选辑》第9辑，兰州文史资料委员会1988年版，第163页。

③ 《清代同治年间陕西回民起义史》，第55页。

④ 同治二年二月二十四日（庚子）多隆阿奏：《钦定平定陕甘新疆回匪方略》卷36。

⑤ 同治二年三月初八日（甲寅）熙麟奏：《钦定平定陕甘新疆回匪方略》卷37。

⑥ 余澍畴：《秦陇回务纪略》卷1，载《回民起义》Ⅳ，神州国光出版社1952年版，第218、220页。

四县总人口的四成多,① 沿渭一带，回民聚落相连。西安省城四周回村密布，人口众多，从北门外马家堡直达泾阳塔底下不过25公里，就有大小清真寺百余所，人口达五十万之众。② 西北乡的回民巨堡沙河在灞河东岸入渭处，北接高陵，东通临潼，西与渭城、苏家淘一带回村相望。西安以西咸阳北原从渭城至苏家沟尽皆回村，往东与泾阳永乐镇、塔下回村连成一片。由此，从沙苑直至渭城，沿渭两岸，及泾、洛近渭处，形成了一个十分辽阔的回民聚居区。陕西为中国回族教门之根，其先民最早的聚居地即在今之关中一带。因此，同治以前陕西回民人口聚落的这种分布特点，与陕西在中国回族族群形成发展过程中的这种地位密切相关。

如果从更宏观的视角来看，陕甘回民人口聚落是“带状分布”的，渭水下游从沙苑至渭城的片状回民聚落群只不过是这条带子上的一小段。从渭城往西，经兴平、武功、扶风、岐山等线就是凤翔回民聚落群。凤翔有回民二十八坊，六万三千余口，除城内两坊近50家外，其他尽附郭而居，离城不过一二里，或三四里，分布相当集中。再往西越陇山，便进入甘肃境内。同治战前，甘肃回民多达600万，占总人口的三成左右，比陕西回民人口更多，聚落分布也更密集。经秦州或平、庆两地，再经兰州，顺河西走廊往西，经凉州、甘州、肃州等地直抵嘉峪关以西的瓜、沙。这条长达1500余公里的轴线正是古丝绸之路的一段，这也是回民先辈最早来中国的大路，是最早的落脚地，因此回民人口最多，聚落分布最集中。在这条自西往东的轴线上，尤以西头的河西走廊和东头的渭、泾、洛下游回民人口聚落分布最为集中。另一条回民分布的轴线是沿黄河自西南而东北延伸的。从河湟谷地的西宁、大通、碾伯，向东北经巴燕戎格、循化、河州，直抵兰州，再东北，经靖远、中卫、灵州直抵宁夏，穿宁夏平原，抵河套，与内蒙古黄河沿岸的回民聚居点连成一串。两条轴线在兰、巩交叉，是同治战前陕甘回民人口的精华所在，也最集中地体现了清代陕甘回民人口聚落的分布大势。

（作者单位：复旦大学中国历史地理研究中心）

① 路伟东：《清代陕西回族的人口变动》，《回族研究》2003年第4期。

② 《同治年间陕西回民起义历史调查记录》，第163页。

清代河南省农业人口职业选择的人文环境：地域习俗的制约

邓玉娜

地域习俗制约着人们的行为选择模式，即所谓“一方水土养一方人”。这种制约早已成为一种心理暗示，人们从出生之日起就开始接收它传递的信息，与日俱增、代代沿袭，形成区域内一致认同的价值观、审美观、世界观。①

清代河南省大部分农业人口依旧坚持农耕职业的原因之一为习俗影响，即不商和安土重迁习俗所营造的主观环境限制了农业人口主动脱离农村就业，从而限制了河南籍商人群体的扩大、商业规模的发展。

一　不商习俗

自古的农业生产氛围造就了河南民间普遍重农轻商的地域习俗。再加上宋明理学在中原的深远影响，强化了民众对“逐末利”、“权母子”行为的鄙视。至清代，除极少数州县外，不商习俗在河南已经形成一种庞大的舆论声势。如陕州“轻商贾而勤稼穑……民务耕桑拙于商工”②。长葛县“商贩非所素习，务本者多，逐末者甚少”③。光山县“执业士农多而工商少，其大较也”④。怀庆府除了产生“怀商”的个别州县外，大部分府域仍“民多敦本好学，力耕而鄙贩鬻”⑤。清代方志中诸如此类的记载俯拾即得。

据不完全统计，清代，该省约84%个州县的民人耻经商、怕经商；民国，全省109州县中仅15州县的人从事商贸；20世纪80年代，河南还有“饿死不经商”、将做生意

① 相关研究有周振鹤：《中国历史文化区域研究》，复旦大学出版社1997年版；彭南生：《近代农民离村与城市社会问题》，《史学月刊》1999年第6期；池子华：《农民工与近代长江三角洲乡村的社会变迁：以苏南地区为中心的考察》，《学术月刊》2009年第5期；等等。

② 乾隆《重修直隶陕州志》卷4《风俗》。

③ 乾隆《长葛县志》卷1《风俗》。

④ 乾隆《光山县志》卷13《风俗》。

⑤ 康熙《河南通志》卷7《风俗》。

视为邪门歪道的观念，甚至出现某村庄竟无一人愿意经商的现象。①

与此形成鲜明对比的是外省商人的大量进驻。从清代该省内修建的外省商人会馆（见表1），我们清楚看到当时流入的诸多商团，远至大江南北，近在大河东西，其中尤以山陕会馆最多，约65%的会馆皆为这两省所建，且晋商的势力更为庞大。

表1　　　　清代河南境内外省会馆一览表②

	山陕会馆	江西会馆	湖广会馆	湖北会馆	福建会馆	江浙会馆
数量（单位：个）	64	6	5	5	4	3
百分比	66%	6%	5%	5%	4%	3%
	四川会馆	江南会馆	山东会馆	江宁会馆	湖南会馆	两江会馆
数量（单位：个）	3	2	2	1	1	1
百分比	3%	2%	2%	1%	1%	1%

山、陕、豫三省毗连，以有利的地理位置为依托，山陕商人将河南变为了他们的垄断市场及商务运销中转地，河南重要的城镇如祥符、洛阳、南阳、朱仙镇、周家口、李家道口、赊旗镇、北舞渡等处山陕商人云集，并在一般城乡中也处处可见他们的身影。豫北内黄县由清至民国“向无富商大贾贸易地方，间有一二阛阓坐贾，半属汾、潞、广、冀寄寓侨民”③。豫西嵩县“其商贾多山、陕、河北人，邑民率务农力生穑，无远贾服贾者”④。孟津县“无厚资居赢者，盐当各商多晋人”⑤。宜阳县“土人只知农桑，阛阓出租于山、陕、河北之民”⑥。汝州“土著者十无二三，流寓多山、陕、河洛之众……惟工商贸易多流寓之人”⑦。豫南唐县“盖以秦晋之氓聚居贸易，乘乡民缓急称贷而垄断取盈”⑧。叶县“以故晋魏贾贩，操赢猥集，力穑所获，半归廛肆”⑨。豫东五女店镇“道咸之际，红绿之布，红花之庄，颇称一时集散中枢……山陕之客，湖滨之贾，络绎于道，接踵而至……该镇经济实力雄厚，恒与秦晋各地票号相往还，汇兑可达十三省”，石固镇“前兹山陕布客，自五女店衰落后，懋迁贸易均集中于该镇……秦晋京津各地之富商之贾，辇金而来，捆载而去”。⑩ 睢州“百物取给于外商……若布帛、盐卤诸利皆秦陇徽苏侨寓于此者，辐辏于市”⑪，等等。

当然，河南也存在本省人经商的情况，集中于卫辉府、河南府、南阳府的个别州

① 邓亦兵：《对近代河南经济问题的一点思考》，《中州学刊》1989年第2期。

② 张文彬：《简明河南史》，中州古籍出版社1996年版，第301页中的相关研究整理。

③ 民国《内黄县志》卷8《实业志》。

④ 乾隆《嵩县志》卷15《食货》。

⑤ 嘉庆《孟津县志》卷4《风俗》。

⑥ （民国）林传甲编：《大中华河南省地理志》第133章《宜阳县》。

⑦ 道光《汝州志》卷5《风俗志》。

⑧ 康熙《唐县志》卷1《建置志·集镇》。

⑨ 同治《叶县志》卷1《地理志·风俗》。

⑩ 民国《许昌县志》卷8《商业·市集》。

⑪ 康熙《睢州志》卷10《风俗》。

县，这些地区在局部小范围内存有“好商贾”习俗，即“南阳好商贾召父富以本业”、“卫辉府……民情颇事商贾”、“怀庆府……其俗尚商贾，机巧成俗”。[①] 另据民国时期的记载：

> 业商者以温县、孟县、济源、武陟、沁阳诸县为多，所谓怀商也。境内市镇无不有其足迹，且能营业于各省，较之晋、粤虽资短利微，然坚韧耐劳，他处人不易及也。河南素称地狭民稠，而盗贼独少者，无非商业之赐。次则武安之商，大都运售绸缎，本省之外远至满洲，商况谨严，保护商童，极为周至，是以土味跷瘠，而富奢之风反为河北之冠，柏延一村尤盛，至有小扬州之称，以富庶及服饰自相似也。又次则汜水、巩县亦有商人。汜水麻商在开封者甚多。南阳、镇平之绸商，能自运货销售汉口长沙上海各埠，满洲直隶亦其所及之地。[②]

如上地区的商人堪称豫籍大商人。豫北有武安商人及温县、孟县、济源、武陟、泌阳等怀庆商人，豫西有河南府巩县商人及与之相邻的汜水商人，豫南有南阳、镇平商人。河南主要粮产区豫中、豫东，则鲜有商人。

商人的产生与地域环境有关。豫南地区较多受到长江流域省份的影响，汉代便有“尚气力，号商贾”[③] 的习俗，商业气氛一直以来都相对浓厚，从商的原因以地域习俗制约为主。豫北、豫西之怀庆府、武安县、汜水、巩县等境内多山地丘陵，较之平原农业区，这里沙石壤土的地力歉薄，不利粮产，“土味跷瘠”，被迫求其他生计存活，从商的原因以自然环境制约为主。整体上看，河南适宜农耕的地区少有主动弃农从商的农户，这与资源因素直接相关。

资源因素的制约作用还表现在豫籍大商人基本上经营的是其当地非粮特产：怀庆商人经营药材、河南府商人经营棉纺织业、南阳府商人经营绸缎。以武安商人为例（见表2）。其经营的贸易品种为药材、绸布，商务范围覆盖东北、西北、华北，也涉足江南、安徽。其关东帮势力雄厚，囊括了武安80%商人和77%商家；次为山陕甘帮、冀鲁帮。此三帮占总体商人的90%强。但武安商人在河南本省的业务并不强大，仅占其6%。这也说明在与进驻河南的山陕商人的角逐中，豫籍商人不占优势。

清末铁路贯通之后，河南风气渐开，促进了商业发展，经商者渐多。如“铁路通后沿路如郑县、郾城、新乡等处，交通便捷，大商所经，观感甚切，人民渐驱于商业”[④]。宣统年间，日本京师同文馆在京汉铁路沿线进行经济调查，指出河南商人本墨守成规，至铁路开通后商业活跃，其与福建、广东、山西商人竞争，在各地已渐占重要地位。[⑤]

---

① 康熙《河南通志》卷7《风俗》。

② （民国）白眉初编：《河南省志》第6卷《河南之商人》。

③ 康熙《河南通志》卷7《风俗》。

④ （民国）白眉初编：《河南省志》第6卷《河南之商人》。

⑤ 张瑞德：《平汉铁路与华北的经济发展》，台北：“中央”研究院近代史研究所，1987年，第61页。

表2 **民国时期河南武安商人商务经营情况统计表**

经营区域	经营业务	商家		商人	
		数量（个）	占比%	数量（人）	占比%
关东帮	药材、绸布	1500	77	20000	80
山陕甘帮	药材、绸布	150	8	1300	5
冀鲁帮	药材、绸布	120	6	1500	6
	油盐、鲜果	—	—	—	—
河南帮	绸布、山绸、药材	90	5	1400	6
热察绥帮	药材、绸布	70	4	600	2
苏皖帮	药材、绸布	20	1	200	1
合　计	—	1950	100	25000	100

资料来源：民国《武安县志》卷10《实业志·商业》。

此时，河南境内约有35%大商人为本地人，已超过山陕商人且高出10%的比例，且河北、山东、江西、湖广、两广、闽浙商人势力比较均衡，均在10%。这样的商人结构已与清代传统时期不一样，山陕商人一统天下的局面不复存在，本省大商人逐渐崛起，成为主要的商业群体（见表3）。

表3 **清末河南、河北境内大商人籍贯分析表**

河南省		河北省	
商人籍贯	所占百分比（%）	商人籍贯	所占百分比（%）
河南	35	河北	50
山西、陕西	25	山西	25
河北、山东	10	山东、河南	10
江西、湖广	10	湖广	10
两广、闽浙	10	两广、闽浙	
其他	10	其他	5
总计	100	总计	100

资料来源：东亚同文会编：《京汉线调查报告书》第2卷第7编，第86—87页。转引自《平汉铁路与华北的经济发展》，第62页。

纵向上的发展经不起横向上的比较。较之同时期的河北省，不难发现河南大商人在占领本省市场的步伐仍是缓慢。同样的历史境遇，同样的经济刺激因素，河北省的本籍商人已掌控本省半壁江山，晋商仅是其一半，鲁豫两省约有10%，湖广、两广、闽浙分得的市场则更小。

河南、河北二省大商人的数量在对方境内彼此相当，在省内市场的争夺中河南落后了15%。这不得不再次证明，无论对外还是对内，豫籍大商人在新时期的发展仍显迟滞，时人评曰该省商务之“重要贸易仍多为晋、直、粤、浙诸省及外国人所握”①。

二　安土重迁习俗

儒家文化强调“父母在，不远游”的孝道，官府积极倡导安居守业并广泛教化安分守己的道德观。所以，安土重迁习俗在河南早已成为一种根深蒂固的共识。

特别是传统农耕文化熏陶下的广大农民，祖辈生活的土地使他们感到安全，相同的乡音使他们感到亲切。对于外界环境，他们虽感新奇但更多的还是陌生与恐惧，体现出的安土重迁观念更为严重。清代河南各地出现有“小民务本不习末作，即遇岁荒不肯轻弃”②、“务本业不习末作，即遇凶荒，宁死不弃乡井”③ 的现象，“小民勤务农桑，少作商贾，有终身不入城市者”④ 也不乏有之。这都说明安土重迁习俗对本省人口流动的限制，对农民主动延伸自己生活半径的制约。

这样的习俗心理也作用于商人，表现为各地出现的“远不服贾”经营状况：“中州之人大率不善贸易，又其性恋土怀乡，不能牵车远贾。”⑤ 光山县“安土重迁，不善商贾技艺之事。其富商巨贾挟重资而游四方者，境内不闻其人也”⑥。汲县“其事货殖者多列肆居货，以待贸易，鲜出外经商。盖由人性朴直，重去其乡；无家无厚资，不能任智力乘时逐重利也”⑦。鲁山县“民多笨拙，少黠慧，株守田畴，不谙货殖，即或留心化居终鲜子母之利，而市肆商贾率获利无算”⑧。密县“性恋土而不善贸利，市镇交易抱布握粟而退。近惟煤、蒜、桑、□、金银花利稍多，然皆售于远客，未尝服贾索本，其操奇赢纲市利者皆外来之人”⑨。

我们大致可以从中总结出这种“远不服贾”局面的造成原因：其一，商人家贫财薄，资本不足，极大减弱了抵御市场风险、参与大规模商贸的能力；其二，广大商人“重土恋乡”、“离土不离乡”，商业眼光短浅，营销范围狭窄，少有长途贸易者，多属坐贾小贩，限制了商业资本的继续扩充和商业市场的进一步拓展。

对河南常见的粮食贸易经营者的具体分析，有助于我们更清晰地域习俗的这种制约作用。

道光朝，扶沟知县为了整顿该县经济、破除民间陋俗，曾刊《厚风俗告示》广而告之。其中将粮食等生活物资的经营现状单独开列，记曰：“扶民但知作贾不知行商，如花布油粮各有行户，从不闻有出外贸易之人。尔等只知粜粮于数里之中，并不肯贩

---

① （民国）白眉初编：《河南省志》第6卷《河南之商人》。
② 乾隆《襄城县志》卷1《方舆志·风俗》。
③ 乾隆《鲁山县志》卷1《风俗》。
④ 嘉庆《商城县志》卷2《地理志·风俗》。
⑤ 乾隆《林县志》卷5《风土志·艺术记》。
⑥ 乾隆《光山县志》卷13《风俗》。
⑦ 乾隆《汲县志》卷6《风土志·艺术》。
⑧ 乾隆《鲁山县志》卷1《风俗》。
⑨ 嘉庆《密县志》卷11《风土志·习尚》。

货于百里之外，离家一日便以出门为难。”① 该知县希望通过教谕的方式使广大商人改善经营方式。舞阳县也有类似情况：“居货曰贾，行货曰商。舞民但知坐贾不知行商，离家一日便以出门为难，竟不知行商为何。即坐地贸易如花、布、煤、粮各行户尚有本境人充当，余则全系西商，喧客夺主。银钱全被他人赚去，地土全被他人买去。所以然者舞民习安逸而不好勤劳，图小利而不顾久远。知是而返之，则富可致矣。”②

河南民间普通粮商的小规模经营状态，表面上难逃“懒惰”嫌疑，深层原因则是安土重迁习俗的制约。

再因运输条件限制，农民售卖粮食等粗笨货物之时坚持就近原则以节省成本，直至铁路出现后仍未改变：“农民旅行甚少，其利用交通工具也，几限于农事之收获及运粮上市两事。农民售粮，贫苦者多用肩挑，或用手车推运，但此就城市车站附近之农民而言，车马之便之大农户，载运粮食至城市，或车站，约有六七十里以内，一日可到者，将粮出售，犹能稍获利益。如路途再远或贫苦乏力之农户，则得不偿失矣。因除人畜往返日用外，尚有车捐、斗捐、牙税等等之负担，而粮价太低，尤为痛苦之源。”③

所以，河南无论农商，参与的粮食交易一般保持在短距离、小范围内。不管豫籍粮商无奈与否，粮食囤积之后的长途贸易已不属于他们。整个粮食贸易链条中，河南仅掌握“生产”这一个环节，触摸部分“交易”环节，而“流通”、“销售”环节则完全听命于外省商人，成为全国粮食市场体系中的供应地。在粮食经济利润的大蛋糕中，河南仅分得很小一块。

“远不服贾”的后果是严重的。河南多数商人普遍保持着淳朴气质，小本经营，糊口度日，彼此之间缺乏团队意识，缺乏“走出去”的胆识，拱手让出本省商贸重头戏——长途贩运，三晋、陕甘等地商人接手这份馈赠，从中获利无算，极大阻碍了河南商业扩大收益和整体经济效益的提高。

地域习俗制约着农业人口主观上不能勇敢脱离农业、主动脱离乡村。但在对清代河南乡村客观环境考察后④，发现农民并非不经营商业和手工业，只是不会舍弃农业单纯经营商业、手工业，这就是农业家庭中主副业多种经营模式，一种很好地结合了农忙与农闲时间安排、最大化利用家庭人口资源的生存方式。同时，这种方式也阻碍了河南省内商业经济的扩大，造成市场控制权的丧失，商贸利润出让给山陕商人。上述这些情形在清末变化不大。

随着近代化工业的发展，城镇中为农业人口提供了更多的就业机会，扩展了他们在农闲时期的谋生空间，也为他们完全脱离乡村职业提供了可能。

（作者单位：天津师范大学历史文化学院）

① 道光《扶沟县志》卷7《风土志·风俗》。

② 道光《舞阳县志》卷6《风土·风俗》。

③ 陈伯庄：《平汉沿线农村经济调查》，中华书局1936年版，附录第48页。

④ 邓玉娜：《清代河南的城镇化发展》，《中国经济史研究》2005年第3期；《种植理性与清代农家经济选择：以河南省为中心的研究》，《陕西师范大学学报》2012年第5期。

明末中朝之间海上通道研究

张士尊

万历末年，后金南下夺取辽东，切断了朝鲜半岛与中原之间的陆路交通。面对这种局面，明朝要阻止其攻势，并最终收复辽东，自然要维护与朝鲜的宗藩关系，从而在战略态势上处于有利的地位；同样，面对后金的崛起，朝鲜虽然充满着恐惧，但无论从文化传统，还是经济利益，都与后金有着很大的矛盾，这必然导致其倾向明朝，从而借助后者来增强自身的力量；而对后金而言，要想生存和发展，就要在可能的情况下，尽快迫使朝鲜就范，从而改变腹背受敌的被动局面。正是基于这样的原因，从泰昌元年（1620）到崇祯九年（1636）的 16 年里明朝和朝鲜都极力维持着海路的畅通，也正是基于同样的原因，明朝与朝鲜之间的海上通道最后完结。

万历四十七年（1619）六月，萨尔浒之战结束，辽东岌岌可危，大学士徐光启上疏提出应“亟遣使臣监护朝鲜以联外势”，因为经此一战，朝鲜已经“师徒尚败，魄悸魂摇”，而后金则“恐喝挑激”，“且怵且诱”，如果朝鲜屈服，后金就“无复东方之虑”，“奚止唾手全辽，射天逆图，殊未可量”①。此疏传入朝鲜，朝鲜国王马上派遣大臣李廷龟专程到北京“辩诬释疑”。当时，辽东局势已相当紧张，李廷龟临行时，请求朝鲜国王允许其减少“不紧员役”，多带有航海经验的水手同行，以备辽东不幸陷落时，经天津和旅顺走海路回国。② 看来朝鲜君臣对辽东路绝后如何保持与明朝的联系还是有所准备的。辽东失守后，各种复辽战略构想纷纷出台，其中以熊廷弼的“三方布置策”影响最大，所谓“三方布置策”，就是在广宁厚集兵力，吸引后金主力；在天津与登莱设巡抚，置舟师，威胁辽南；在东方联合朝鲜，牵制后金的后方。同时在山海关设经略，节制三方。从地缘格局上看，这种战略构思是非常有道理的，故后来明朝政府虽然多次更换明清战场的主帅，但这种战略布局却照常维持着。在三方布置中，朝鲜是很重要的一方，正因为如此，天启元年（1621），辽东巡抚王化贞派遣都司毛文龙前往朝鲜。同年七月，毛文龙率辽民收复镇江及辽东沿海岛屿。次年六月，明朝正式任命毛文龙为平辽总兵官，以朝鲜椵岛为根据地，设置东江镇。这样，在明清战争的初期，明朝政府利用自己的海上优势在辽东沿海夺取了主动权。此后，辽东沿海岛

① （明）徐光启：《徐光启集》卷 3，中华书局 1963 年版，第 113 页。

② ［朝鲜］李廷龟：《庚申燕行录》（万历四十八年），载林基中辑《燕行录全集》第 11 册，韩国东国大学 2001 年版，第 20 页。

屿就像一条锁链把朝鲜半岛和山东半岛联结起来，捆住了后金南下的手脚，迫使其不得不收缩防线，从而给明朝与朝鲜之间的海上交通留下了存在和发展的空间。

自从洪武末年朝鲜朝贡使团改走陆路以后，明朝在绝大部分时间推行海禁，允许通运的时间很短，如嘉靖后期为缓解多年不遇的饥馑，万历壬辰战争期间向朝鲜半岛运输军食等，故突然改走海路，无论对明朝还是对朝鲜，都存在着诸多困难。据《朝鲜李朝实录》记载：天启元年（1621）三月，“赴京使臣朴彝、柳涧回自京师，遭风漂没。时辽路遽断，赴京使臣创开水路，未谙海事，行至铁山嘴，例多败没。……自是人皆规避，多行赂得免者。”同年五月，明朝诏使刘鸿训、杨道寅乘船返回北京。据《朝鲜李朝实录》记载：刘杨二人“贪墨无比，折价银参，名色极多，至于发给私银，要贸人参累千斤，捧参之后，旋推本银四两，松都辇下商贾号泣彻天。大都收银七八万两，东土物力尽矣。诏使至我国者，如张宁、许国清风峻操，虽未易见，而学士大夫之风流文采，前后相望。至于要银参膳品折价，则自顾天俊始，而刘杨尤甚焉”①。六月，谢恩使崔应虚向朝鲜国王奏报：“天使到旅顺口，夜半狂风大作，刘天使所乘船、臣所乘船、陈慰使所乘船，两天使卜物所载船、唐船并九只败没，刘天使仅以身免。唐人溺水死者不知其数，臣亦仅仅浮出，奏表咨文拯出水中，方物大半漂失。”②《满文老档》也记载了这次海难：“六月初七，听到尼堪的翰林院给事中的官员们送去赏给朝鲜王的衣服，朝鲜的二总兵官和一侍郎送行，乘二十二艘刀船，在海中行驶，不得顺风，到金州这边岛上来。爱塔率三十人去时，官员们有乘独木船的时间，所以没被逮住，俘获没有来得及乘船的朝鲜人五十二人，尼堪九十人，银四两。”③ 刘爱塔就是刘兴祚，当时为后金镇守金州。同年九月，朝鲜使臣李馨远听自毛文龙的消息，“毛都司之言曰：‘俺来时闻朝鲜使臣所乘之船败于广鹿岛，一行为假鞑所掠，方在拘留中。’又曰：‘贵国之人为贼所掠者至辽城，贼见回咨，怒而杀之，其数则四十七名。’其所谓船败被掠至辽城被杀云者，似是前日朴景龙之事，而若曰朝鲜使臣云，则恐非译官之谓也，抑指朴彝叙之一行乎，所谓回咨，亦未知我国与中朝之文，则或云方在拘留中，或云怒而杀之，小其数四十七名云，亦与前日走回之供八十名之数不同，此是彼非，有难得知。”④ 具体数字有些区别，但三者所记属于同一海难。

海路与陆路有很大的区别。陆路行走，不管是骑马、坐车，还是步行，虽然受到自然条件的限制，速度有快有慢，但都必须沿着大路，故考察陆路交通，只要把沿途的站点搞清楚就可以了。海路航行，受天气等自然因素的影响较大，顺风可一日千里，逆风则寸步难行，飓风也可能带来灭顶之灾，故研究海上的交通，只要把沿途经过的主要锚地和岛屿考证清楚就可以了。

朝鲜通往明朝的海上通道早期登船在宣沙浦。如天启二年十月，登极使吴允谦回国，九月初六从北京出发，二十六日抵达登州，然后经过16天的海上颠簸，于十月十

① 吴晗辑：《朝鲜李朝实录中的中国史料》第8册，中华书局1980年版，第3123页。
② 《朝鲜李朝实录中的中国史料》第8册，第3133页。
③ 《满文老档》，李林译，辽宁大学历史系1979年，第36页。
④ 《朝鲜李朝实录中的中国史料》第8册，第3138页。

二到达朝鲜平安的大串，最后到达宣沙浦。[①] 据《新增东国舆地胜览》记载："宣沙浦，在郡西三十二里，有水军佥节制使营。"[②] 据李民宬《癸亥朝天录》（天启三年）记载：其于三月二十五受命为书状官，五月十七日到郭山郡，十八日午后"抵宣沙浦，距郡三十里，所寓之舍，矮陋不堪居，但岛屿乱点于海面，身弥岛为案，最宜于眺望，镇厅在西偏，正使名之曰解缆亭，前有孤松冠壁，命之返槎台，诗而识之"。宣沙浦应该在今朝鲜平安北道郭山西南东莱河口石和里附近。[③]

天启七年六月，朝鲜政府规定："自今赴京使臣，当于大同江乘船，永为恒氏。"为此这年的冬至使请求说："陆路自平壤至石多山，则不过一日程，水路由大同江回转于海口，则甚险且远。今番登极使登船于大同江，十余日后，始过甑山。臣行或迟了数旬，则风高节晚，势难发船，请依前例乘船于石多山。不许。"[④] 这就是说，虽然出发地点在石多山，但必须在平壤附近的大同江登船，顺大同江而下到石多山。关于石多山的具体地点，李杞《雪汀先生朝天日记》（崇祯二年）中的记载，给我们留下了线索：李杞七月初八受命，八月初一在平壤东乘船顺大同江而下，"日气晴朗，风势甚顺"，夕到江村，行 80 里。八月初二，"沿流而下，行两息宿，平明因潮入风逆仅过急水门，下碇于龙岗地左界，则安岳黄州境"。在此待风。八月初九，"东南风甚顺。寅时发船，开洋出还荣岛，过珠罗川、德岛，夕止石多山前洋。是日终夕得顺风，行船可八百余里"[⑤]。看来走大同江道石多山是很远。崇祯年间，李安讷写有《一行员役行三神祭》词："平壤石多山下，海岸高岗之上，除地为坛，乃大海龙王小星山神设祭之所也，赴京使臣乘舟下海之日，例必恭行祀事，洁诚祈祷云。"另有《到石多山口占》诗："石多山下海连天，西指中原在日边。此去旅怀君莫问，黑风吹浪片帆悬。"[⑥] 对前程充满忧虑。

一般来说，每个使团由 6 船组成。以李民宬出使为例，第一船正使，乘 69 人；第二船副使，乘 74 人；第三船书状官，乘 47 人；第四船 50 人，第五船 54 人，第六船 49 人，后 3 船主要提供服务，故也称卜船，总计 345 人[⑦]。也有比这少的，如崇祯五年（1632）洪镐出使，则是 264 人，但船只仍然是 6 艘[⑧]。

朝鲜使团西行的第一站是椵岛。椵岛也称皮岛，是明朝东江镇所在地。朝鲜使臣之所以先往椵岛，主要目的是拜访明朝驻岛总兵，从而得到总兵的信牌，由总兵派人护送，方便出入各岛。据赵辑《燕行录》（天启三年）记载：九月初三，到椵岛，"往拜毛都督，都督设茶礼款接，仍给使书状各银十两，通官水手有差，且以信牌护送一路"。[⑨] 同年，李民宬在《癸亥燕行录》（天启三年）中描述了前往椵岛拜见毛文龙路

---

① 《朝鲜李朝实录中的中国史料》第 8 册，第 3201 页。

② （朝鲜）卢思慎、李荇：《新增东国舆地胜览》第 3 册，卷 53，朝鲜：1959 年，第 546 页。

③ （朝鲜）李民宬：《癸亥朝天录》（天启三年），载《燕行录全集》第 14 册，第 277 页。

④ 《朝鲜李朝实录中的中国史料》第 8 册，第 3394 页。

⑤ （朝鲜）李杞：《雪汀先生朝天日记》（崇祯二年），载《燕行录全集》第 13 册，第 19—20 页。

⑥ （朝鲜）李安讷：《朝天后录》（崇祯五年），载《燕行录全集》第 15 册，第 163 页。

⑦ （朝鲜）李民宬：《癸亥朝天录》（天启三年），载《燕行录全集》第 14 册，第 280 页。

⑧ （朝鲜）洪镐：《朝天日记》（崇祯五年），载《燕行录全集》第 17 册，第 419 页。

⑨ （朝鲜）赵辑：《燕行录》（天启三年），载《燕行录全集》第 12 册，第 254 页。

上所看到的情形："诸山连亘东南，苍翠近远，罗拱于前，皆连陆之山也。中火后各坐肩舆，诣总镇衙门。越一峻岭而下，复登峻坂，迤而东折而西，石路崎岖，几十余里，山势回抱北向，土窝草场，各站高下，前有孤峰陡起，镇衙背之，盖瓦者仅数楹，而余皆苫覆，所舍铺店，亦甚草草，海港在孤峰之北崖下，樯乌簇立于两涯。"① 朝鲜使臣高用厚曾有《椵岛有感》诗，赞美椵岛军民的抗金斗争和英雄气魄："一点弹丸海上山，向来谁道设雄关。高旌大旗围东岭，巨舰楼船列北湾。辽广未闻窥左足，沈阳何望扫完颜。皇恩至重无毫报，慎勿贪荣战触蛮。"② 毛文龙死后，东江镇开始走向衰落。崇祯二年（1629），朝鲜李杞登上椵岛，前往拜会东江镇三位总兵："呈名帖于徐副总敷奏衙门，则托以公干免见。往陈副总继盛衙门，则相见颇款，讨得票文。又往刘副总兴祚（胡名爱塔，又名海）衙门，则曰：'徐爷既免见，似难相会，当于宁远卫相见'云。"③ 崇祯九年，朝鲜使臣金育也登上椵岛，"送名帖于都督，都督答以气不平，明日请见，宿于届伴使馆所"。他在岛上"历见三官庙，盖岛中有二寺，皆谓之庙堂，三官者天官、地官、水官，有僧十余人，设茶果相待"。据其记载："岛中形势，回抱东西南三面，只开一面北向，中有一峰特立西向，都督开营于其下，村家罗络，谷中锋头大约三千余户。横峦山腰为路，分十二营，岭上各立旗杆。周圆一岛，岛兵共一万二千，一营各领一千，而数或未满云。岛中大治宫室，极其宏侈，破岩凿崖，筑墙作砌，将官等亦各治第舍，皆役所属军兵，军兵不得休息，颇有怨言。近来人多病死，死则烧之，烟气不绝，而都督久不坐堂，罕接将官，军情颇失望云。"④ 数月之后，东江镇灭亡。

离开椵岛向西航行，就是中国的大鹿岛，两岛之间直线距离约为160里，《燕行录》有说两岛距离400里的，也有说两岛距离500里的，这种夸大都是当时人们没有办法科学测量海路的表现。在椵岛和大鹿岛之间，有朝鲜的车牛岛、薪岛，中国的獐子岛等，有的使团船只不能到达鹿岛，往往停泊在车牛岛或獐子岛。如金地粹《朝天录》（天启六年）就有《泊车牛岛》诗；高用厚《朝天录》（崇祯四年）也有《车牛岛祈风祭文》。这说明他们的船只都曾在车牛岛停泊。据洪镐《朝天日记》（崇祯五年）记载："獐子之西连岗屏列立于洋中者曰鹿岛。岛岸中断，潮通两岸之间，船多湾泊，潮落则揭历之地也，凡船之道车牛者，若风短则直趋鹿岛，而有走獐子岛者，盖獐子稍近故也。"⑤ 大鹿岛不但利于船只停泊避风，而且面积较大，故岛上辽民较多，东江镇也在岛上驻军。天启三年，赵辑所乘船只在大鹿岛背面停泊，据其记载："岛内有守堡唐官，姓名不知，而军兵多聚，且避乱辽人结幕海汀者亦多。"⑥ 同年，李民宬也曾在鹿岛停泊，据其记载："岛中有军兵，朱尤吉领之。"⑦ 如今大鹿岛保存有一块

---

① （朝鲜）李民宬：《癸亥燕行录》（天启三年），载《燕行录全集》第14册，第226—227页。

② （朝鲜）高用厚：《朝天录》（崇祯四年），载《燕行录全集》第16册，第269页。

③ （朝鲜）李杞：《雪汀先生朝天日记》（崇祯二年），载《燕行录全集》第13册，第25页。

④ （朝鲜）金育：《潜谷朝天日录》（崇祯九年），载《燕行录全集》第16册，第159—161页。

⑤ （朝鲜）洪镐：《朝天日记》（崇祯五年），载《燕行录全集》第17册，第420页。

⑥ （朝鲜）赵辑：《燕行录》（天启三年），载《燕行录全集》第12册，第256页。

⑦ （朝鲜）李民宬：《癸亥燕行录》（天启三年），载《燕行录全集》第14册，第249页。

《新建望海寺碑》，碑文中说：大鹿旧有望海寺茅庵一座，但规模狭小，而且年久失修，已经坍塌。崇祯元年（1628），明朝王副总兵奉皮岛平辽总兵毛文龙之命驻守大鹿岛，“谒寺于朔望，意极虔矣。目睹斯庵，善心勃发，……于是命僧重修，另创新基，肇建禅堂五楹，韦驮殿一座。非独模样焕然峥嵘，即圣舍有以奠安；不止僧众欣然有归，即香火始为兴隆”。此碑碑阳只有282字，但碑阴却记载397个人名，其中有毛文龙以下各级军官118人，这是后人研究明末清初历史的宝贵资料。

大鹿岛西南130里为石城岛，这里是朝鲜使团船只常常停泊的地方。据天启三年年（1623）李民宬记载：“岛中有石城遗址，故名焉。周回二十里，宽平可居，居人盛集，以观我行。”① 同年，赵辑到石城岛，受到东江镇守岛将官刘参将的热情招待，“饮食齐整，杯盘洁净，面饼鱼肉，使其妻子亲执，极其有味，且馈军官、译官、随行人等酒食，设箜篌歌调以娱之。”其在所著《燕行录》中写道：“此岛极其广阔，且有农田瓦屋，自平时元有居民，今时避乱，辽人亦多会聚，过去时争相观望，其女子等背面而立，时复回见，衣裳之制，首饰之物，与本国不同，仪态显习，容貌温雅者居多，辽广遐方，而且如此，况中国乎。”② 崇祯年间，朝鲜使臣崔有海有《岛中有市有兵》诗，其中“皇圣威灵被日东，生民奠枕大洋中。文华竞市珍奇货，雄武争弯霹雳弓”③。看来此岛不但辽民众多，而且商业活动也非常活跃。另外，在大鹿岛与石城岛之间，有黄鹘岛，海上船只往往到此避风和停泊，故崔有海有《过黄鹘岛》诗。事实上黄鹘岛，并非岛屿，而是辽东沿岸明朝修筑的一座城堡，直线距离石城岛35里左右。

石城岛西南约80里为长山岛。据赵辑记载：“午后入岛门，门外两旁有石屹立，舟人常谈此岛好泊船。果然，四面围山，水势缓闲处也。”④ 同年，李民宬到长山岛，其在《癸亥燕行录》（天启三年）写道：“平明发船，……自朝至午，四方沉雾，要泊于长山岛，而不辨近远。忽于阴暗中，觉有岛屿状，舟人失喜。俄而雾开，见绝壁巉岩，前有五石峰，刻削离立如五丈夫。岩西有蟠松一粒冠其巅，古怪绝妙，画所不及，遂缓棹容与而行。……泊于长山岛之东隅，三面环山，水势宽缓，真藏船处也。岛中人家仅百余，有军兵守备。”⑤ 崇祯年间，洪镐认为，“自石多山以西南至登岸，北至觉华港浦，形势未有若此之奇绝者”⑥，这里的港湾是非常理想的停泊地点。长山岛西南40里为广鹿岛，也是来往船只经常停泊之地。据李民宬记载：天启三年，此岛有“居人近三百余户，战船六只，炮手若干人，皆浙兵，乃毛总镇听候船也。参将张继善，颇有纪律，与所经石城岛等处将领不同”。⑦

据金育《潜谷朝天日录》（崇祯九年）记载：“过广鹿岛，午时到福子山，风恬波静，万里一镜，遂落帆停桡，舟人下陆，往村落故墟摘桃而来。墙垣础砌，宛然依旧，

① （朝鲜）李民宬：《癸亥燕行录》（天启三年），载《燕行录全集》第14册，第297页。

② （朝鲜）赵辑：《燕行录》（天启三年），载《燕行录全集》第12册，第263页。

③ （朝鲜）崔有海：《东槎录》（崇祯三年），载《燕行录全集》第17册，第527页。

④ （朝鲜）赵辑：《燕行录》（天启三年），载《燕行录全集》第12册，第271页。

⑤ （朝鲜）李民宬：《癸亥燕行录》（天启三年），载《燕行录全集》第14册，第301页。

⑥ （朝鲜）洪镐：《朝天日记》（崇祯五年），载《燕行录全集》第17册，第425页。

⑦ （朝鲜）李民宬：《癸亥燕行录》（天启三年），载《燕行录全集》第14册，第304页。

且有石磨等物。水田陆田皆干陈荒秽，无人物踪迹。盖沿海数十百里之间，荡无居民，为空虚之地，念之怆然，此去长山岛仅七十里，皆金州地方，去州治所九十里。"① 虽然朝鲜人称福子山为神仙岛，但事实上这里不可能是岛，而是大陆沿岸。根据金育记载的里程分析，盐大澳以南的磨盘山当是其地。

广鹿岛西南百余里有三山岛，是往来船只又一停泊地。据洪镐《朝天日记》（崇祯五年）记载：三山岛"三峰则立，如鸾斯翔，如凤斯翥，如三朵芙蓉，列抑半空，云烟变态，绿聚常湿，奇唯为诸岛最。有山樱，夏季始熟。旧立神祠，颓毁已久，盖地媪钟精之所也。岛座不广，港口颇狭，不便藏舟，东槎之所罕过者，以此也"②。天启元年，后金两次用兵长山等岛，大批无辜辽民遭到杀戮，三山岛受难人数众多，"故过此者必祭之，且以白米散于林薮，使之冤死之人得以沾享"③。

三山岛西南60余里为平岛，是朝鲜使船又一经常停泊的港湾。据洪镐《朝天日记》（崇祯五年）记载：在三山岛和平岛之间有海城岛，"往来者樵汲便地，港长峡，东翠壁苍崖，竞媚争妍，树不丛生，妆点鲜净，恍是神仙境界，长山之西北港，素有明媚之称，而此实过之"④。今三山岛到小平岛之间没有称海城岛者，估计此岛或是东西大连岛，或是老虎滩湾南部老虎牙附近的港湾。

平岛不是岛，而是半岛，即现在的小平岛。据赵辑《燕行录》（天启三年）记载：平岛"泊船甚好，此乃平日金州之民盛居之地，瓦屋处处，田畴芜没。潜令善水者下船密窥，寂无人烟，满目蓬蒿也"。⑤ 平岛西距旅顺口近50里，朝鲜使臣经登州前往北京，如果风顺就不必前往旅顺，只有待风或经过宁远前往北京，才到旅顺口停泊。据李杞《雪汀先生朝天日记》（崇祯二年）记载："旅顺形势，南边有土囊之口，口内海水环混。有平陆之岛，如一自字形，亘入水中，人家依岛栉比，几至七八百户。岛根南边连陆处，割断通水，仍作举桥以通行路，一面筑城为门，门上起楼数十间，城头列立干楯以备不虞。南山顶上筑烽台，以为瞭望之处矣。因岛人闻，夏间鞑贼数十骑来抢，不得抄掠而空还云。唐将姓尹者谓把守将云。"⑥ 据《全辽志》（嘉靖四十四年）记载："旅顺城，南北二城，金州城南一百二十里，俱临海。"⑦ 李杞这段文字告诉我们，明军当时所固守的旅顺，并不是明代的旅顺城，而是西鸡冠山东的老虎尾半岛。

明朝初年，朝鲜使团海路朝天，要过渤海海峡到登州，旅顺口是必经之地。嘉靖时期巡按御史周斯盛疏请开海运时曾说过："国家建置之初，以之隶山东省者，止以海道耳，自旅顺口以望登莱，烟火可即，泛舟而往，一日可至。……盖自旅顺口起，抵海中羊埚、皇城二岛，约三百里；自皇城南抵钦岛、龟矶岛约三十里；钦龟岛抵井岛约七十里；井岛抵沙门等岛一百三十里；沙门岛抵新河水关仅二十里，总括其数亦五

① （朝鲜）金育：《潜谷朝天日录》（崇祯九年），载《燕行录全集》第16册，第165页。
② （朝鲜）洪镐：《朝天日记》（崇祯五年），载《燕行录全集》第17册，第431页。
③ （朝鲜）赵辑：《燕行录》（天启三年），载《燕行录全集》第12册，第272页。
④ （朝鲜）洪镐：《朝天日记》（崇祯五年），载《燕行录全集》第17册，第432页。
⑤ （朝鲜）赵辑：《燕行录》（天启三年），载《燕行录全集》第12册，第273页。
⑥ （朝鲜）李杞：《雪汀先生朝天日记》（崇祯二年），载《燕行录全集》第13册，第31页。
⑦ （明）李辅：《全辽志》（嘉靖四十四年）卷1，图考，辽沈书社1984年版，第509页。

百五十里。各岛相接如驿递。”① 但明朝末年情况有所不同，朝鲜使团驾船而来，如果风顺，从小平岛南下更为便捷一些。从平岛到隍城岛约 140 里，天启三年（1623），赵辑一行就是从平岛开船直达隍城岛，据其记载：“二更初，张两帆，从风发船，船疾如飞。大海茫茫，一天冥冥，明烛跪坐，只凭灵龟。且看北斗星在北，参昴星在东，任风执舵，所恃者天。此时心事，不言可想，之倭之蛮，亦不念也。俄顷，片月初升，似是三更末。舟人见月之升，稍以为安，相语曰：‘月在船尾，分明船向西，可无虑也。’居无何，海雾初收，曙色朦胧，明星高挂，执碇军官望见一发螺鬟，微茫呈露于水云之间，疑似黄城岛已在目中，相与欢跃曰：‘舟行正当直跖，不南不北，吾济之得生，天之怜也，使道之德分也。’”②

隍城岛历史上称黄城岛或皇城岛，是庙岛群岛最北端的岛屿，也是从辽东半岛南部横渡渤海海峡最先到达的岛屿。庙岛群岛总计 32 个岛屿，来往船只主要停泊地为隍城岛、陀矶岛、庙岛，也有的船只由于风向原因，到其他岛屿停泊的，如天启年间赵辑一行，初“欲入黄城岛而风大浪涌，泊船无策，更令迤南走入舵矶岛之计，而此岛泊船不好，更令迤南走入舵镜岛留泊”。此岛就是苏东坡所说的仙人所居之地。③ 明朝末年，庙岛是登州总兵的驻地，有重兵守卫。从隍城岛到庙岛百余里，从庙岛至登州 30 余里，到登州，朝鲜使臣登陆，经过陆路前往北京。

天启年间，从朝鲜到中原的海路从登州上岸，崇祯元年（1628）七月，朝鲜使臣在北京看到登莱巡抚孙国缜题本，其中有改朝鲜贡道一款，理由是“朝鲜与倭交和，万一倭奴窃附贡使而来，国家之患不在山海而在登莱，不在奴酋而在贡使”④。这个题本没有下文，估计朝廷已把此本转给驻扎宁远的辽东督师袁崇焕。修改贡路，朝鲜方面自然反对，理由是从登莱而行，“越海万里，片舸得达”，如果到宁远登陆，经山海关前往北京，“则所经水路，风涛倍险，利涉难期”。决定向辽东督师请求仍走登州。⑤ 朝鲜政府反对改变贡道还有个重要原因，就是从登州上岸，有利于贸易活动，从而使朝鲜使团获得更大的利益。崇祯二年四月，明朝政府根据袁崇焕奏请，改朝鲜贡路经觉华岛和宁远。⑥ 袁崇焕之所以同意改路宁远，主要的着眼点还不是朝鲜政府，而是东江镇。因为自从毛文龙开辟东江镇以后，东江与山东之间的贸易迅速发展，毛文龙的财力大增，辽东督师很难控制，有时甚至公开与其分庭抗礼，如果前往东江的所有船只都在宁远登记，辽东督师就会掌握其大致的财政收入，从而加强对东江镇的控制。故修改贡道，毛文龙也极力反对。崇祯三年七月，朝鲜国王命进慰使郑斗源借赴京的机会，带改路奏本，直接奏请皇帝同意贡路仍经登州。⑦ 崇祯九年七月，明朝东江镇白姓副总兵前往朝鲜，曾给朝鲜国王献策：“今者陈都督首见大策，议平辽广，出师之

---

① 《全辽志》（嘉靖四十四年）卷 1，山川志，第 539 页。

② （朝鲜）赵辑：《燕行录》（天启三年），载《燕行录全集》第 12 册，第 274 页。

③ 同上书，第 277 页。

④ 《朝鲜李朝实录中的中国史料》第 8 册，第 3395 页。

⑤ 同上书，第 3416 页。

⑥ 同上书，第 3418 页。

⑦ 同上书，第 3457 页。

日，登对面奏戎务之事，皆蒙准许。贵国诚欲复通登州贡路，移咨都府，转达皇上，则必得所请矣。"① 东江镇希望再走登州，但没有修改道路的充分理由，故鼓动朝鲜政府奏请。同年九月初六，朝鲜使团驻扎宁远，把要求改道的奏文当面交给辽东督师，辽东督师欣然同意转奏朝廷。② 但随着东江镇的消失，改路已经失去了意义。

改路以后，最早到达宁远的朝鲜使臣当是李杞一行，据李氏记载：崇祯二年（1629）九月，辽东督师因朝鲜冬至使遇难之事的致谢谕帖中说："辽自被兵，无鲜使之趾久矣。兹信使重来，汉官威仪再见，今昔之感欣然。"③ 显然这是宁远官方接待的第一批朝鲜使臣。与前往登州不同的是，前往宁远必须经过旅顺口，绕过老铁山，进入渤海。崇祯九年金育一行前往宁远，据其记载：八月初八，他们从平岛出发，"出浦之后，东南风吹，扬帆而行，诸船皆随而发。过旅顺口，铁山嘴，黄昏到双岛。岛边有火把，似是唐船，而夜暗难辨，不敢同泊，住船洋中。待诸船齐到，达夜顺潮而行，平明过猪岛"。初九，到泊南汛口。④ 这里提到的铁山嘴，在今老铁山西南，黄渤海分界处，最为凶险，朝鲜使臣多次在此遇难。李安讷有《铁山嘴》诗："山从直北走南来，束作千峰立海限。觉华外洋通旅顺，皇城孤岛接登莱。潮头险若瞿塘峡，石嘴危于滟滪堆。幸得便风安稳过，舟人相顾笑容开。"⑤ 铁山嘴沿岸北行 20 余里有羊头凹，为旅顺北部良港，李安讷有《留羊头凹》诗。羊头凹沿岸北行 20 余里有双岛，为东江镇总兵毛文龙被害处，高用厚有《双岛出兵》诗。双岛北行 50 余里有猪岛，李安讷有《猪毛岛》诗。猪岛东北行近百里有长兴岛，长兴岛与复州沿岸之间有条狭窄的水域，其南端称南汛口，北端称北讯口，两者相距 50 余里，为天然良港。渤海中航行的很多船只都在这里停泊。崇祯九年（1636），当金育一行到达南汛口的时候，看到"都督兵船列泊汛中者八十余只，船樯森立，旗帜飘扬，鹅鸭鸡犬并在，各船俨然如村落。夜则摆列如一字阵，明灯逻警，他船不敢入"。从这里"西北望觉华岛，杳然若一点弹丸，宁远卫、山海关等处了然在目中。西南铁山、双岛、猪岛等处如在眼底。广宁诸山飘渺露出于东北间矣。南北汛口之间，此为一岛，名长行岛"。⑥

觉华岛，距离长兴岛 200 余里，两者中间没有任何陆地可以停靠，故风是特别重要的。李安讷有诗道："四望天无际，三更斗正中。舻头向北陆，帆腹满南风。大海成平地，微诚彻上穹。"觉华岛距离宁远岸边约 20 里，明清战争中，此岛一直是明朝的军事重地。为保证辽西明军的军食供应，明朝不但在觉华岛上修筑城堡，囤积军粮，而且在宁远城和港口之间连续修筑 5 座城堡，以保障运输的畅通。崇祯初年，朝鲜使船停泊觉华岛时，亲眼看到了停泊在岛屿西岸的大批运粮船只⑦。朝鲜使团从宁远上岸后，走陆路前往北京。

---

① 《朝鲜李朝实录中的中国史料》第 8 册，第 3556 页。
② （朝鲜）金育：《潜谷朝天日录》（崇祯九年），载《燕行录全集》第 16 册，第 182 页。
③ （朝鲜）李杞：《雪汀先生朝天日记》（崇祯二年），载《燕行录全集》第 13 册，第 42 页。
④ （朝鲜）金育：《潜谷朝天日录》（崇祯九年），载《燕行录全集》第 16 册，第 166 页。
⑤ （朝鲜）李安讷：《朝天后录》（崇祯五年），载《燕行录全集》第 15 册，第 278 页。
⑥ （朝鲜）金育：《潜谷朝天日录》（崇祯九年），载《燕行录全集》第 16 册，第 170—172 页。
⑦ （朝鲜）李杞：《雪汀先生朝天日记》（崇祯二年），载《燕行录全集》第 13 册，第 38 页。

客观地说，海路开辟是无奈之举，与陆路相比，使团随时都面临着来自大海的威胁，甚至死亡。海路靠帆船，帆船靠风，载舟覆舟，风是决定因素。关于风，朝鲜使臣曾总结说："七八月，东风连吹，此正浮海朝天之时也。九月以后，则西风无日不吹，且或有东风，不信，或朝发午止，午发夕止。春夏间则西风南风连吹四五日。海行必于七八月赴京，四五月回来可也。无已，则二月回来可也。三月则花信风、妒花风皆不利。五月鱼出之时，例有北风，回来时若遭此风，必迟滞也。所谓鱼出者，平安道石首鱼四月望时入浦，五月还入海，故谓之鱼出云。唐人之来往海中者不拘时，只慎风而已。"① 以上的说法，应该是经验之谈。尽管如此，一旦置身大海，仍然面临种种的凶险。天启年间，朝鲜使臣赵辑一行过渤海海峡时，虽然顺风，但仍然惊心动魄。他在《燕行录》中写道："海日初升，北风渐紧，船之疾驰，如跃如涌。船到黑水海，掀天大浪，荡潏澎湃，一浪之来，船疑上天，一浪之去，船疑入地。"同时渡海的还有明朝船只百余艘，"出没于波浪之中，吾见他船神惧魄夺，他船之见吾船者，亦必如此。望见船头，风浪接天，虑其船到，此浪必致覆没，而船之才到，便则驾浪而高骧，所驾之浪便从船尾而去，则船头悠然而低走，如龙鸟下田之形。此时疑其入地，而前浪又来，则船又高出，必败之道在于顷刻而毙，竟不致覆没者，上古圣人作舟车以济不通者，制固之至矣，而其所以不致覆没者亦天意"。"所谓黑水海者，乃齐北海下流，古称渤海者也，无风白浪亦难渡涉，况当九秋，天风从北而来，掀天振海，雪浪山堆者乎，操舟之练习莫如水手，而到此不能措手足，丧魂惊呼，颠僵呕逆者过半，况乎日不习舟楫者乎。"②

处于这种险境之中，海难就不可避免了。天启元年（1621）七月，据陈慰使朝鲜护送官奏报："天使及臣等一行，六月十六日登州到泊。"虽然路上遭遇很大的风险，但明朝与朝鲜之间的陆路已经开通。与陆路相比，海路存在着更大的风险。天启二年三月，朝鲜"陈慰使康昱、书状官郑应斗淹死海上"，山东陶军门"发船载尸以送"③。天启七年十二月，朝鲜圣节使边应璧向朝鲜国王奏报："九月二十三日到登州，书状官所乘第二船及第三船十四日到广鹿岛，遇大风漂流，不知去处。……两船所载员役多至七十九人。"④ 崇祯三年（1630）二月，朝鲜进贺使向朝鲜国王奏报："冬至使尹安国淹死。"⑤ 另据《满文旧档》记载：崇祯八年五月，皇太极致书朝鲜国王："去年七月去大明国的王的使者洪命亨、元海逸二大臣乘五艘船返回贵国时，三十八人乘的一艘船被风吹船坏，死了四人，通事官金得声和剩下的人漂流到我们方面的岸边，我巡逻边境的兵获得了，向我报告那消息，因此，我急忙派人去迎接带来，暂令休息，因两国是兄弟，欲立即送王的人。……王出人马和作为我的使者去的大臣们一起到通远堡迎取。我出人马，将送王的人到通远堡。"⑥

---

① （朝鲜）赵辑：《燕行录》（天启三年），载《燕行录全集》第12册，第261页。

② 同上书，第275—277页。

③ 《朝鲜李朝实录中的中国史料》第8册，第3167页。

④ 同上书，第3373页。

⑤ 同上书，第3430页。

⑥ 《满文老档》，第62页。

尽管遇到种种困难和风险，但海路的开通还是给双方带来了很多好处。抛开政治话题，仅就贸易来说，与以前相比，双方民间贸易进入一个大发展时期。毛文龙在椵岛设置东江镇之后，东部沿海地区的客商纷纷前往椵岛，与朝鲜人进行交易，最后连朝鲜政府都开始参与这种活动。如天启四年（1624），朝鲜“久旱民饥”，而“登州三钱之银直米八斗，粟米则倍之”，解决困难的最好办法是把山东的粮食运到朝鲜。当初，东江镇驻军用军饷向朝鲜政府购买粮食，粮款保存在关西各州，现在要从山东购买粮食，这些钱正好派上用场。另外，每年朝鲜政府都要派出数个使团前往北京，其从登州上岸以后，船只留在登州或莱州港口，正好利用使团前往北京的空档，向朝鲜转运一两次粮食。这样既可以度过灾荒，又可以救济辽民，是个很好的办法。① 据《朝鲜李朝实录》记载：崇祯元年（1628）十二月，朝鲜户曹向国王奏报：“毛都督于岛中接置客商，一年收税，不啻累巨万云。若使都督不尽入己，其补军饷，岂浅鲜哉。我国则京外商人云集椵岛，赍持银参，换贸物货者不可胜数，而官家未尝有一个收税，岂有此礼乎？今若另择有风力文官，称以接伴使从事官，设关于津头要害处，监收商税，而严立科条，着实举行，则必有裨益。”备边司建议：“宜择文官有风力者，往按海口要路，使行商之徒，持该曹票帖，必关由税官，然后方得入去，则非但逐名征税，无所遗漏，潜商之辈，亦绝乱入之弊矣。”但朝鲜国王却认为：毛文龙为了垄断朝鲜与中原之间的贸易，曾经要求朝鲜政府减少贡船，结果遭到朝鲜政府的拒绝，现在如果“设征税之官，使商船不得任意出入”，那必然会引起毛文龙的愤恨，应该看看再说。② 此事最后虽然不了了之，但却明显反映出海路开通以后，对民间航运和民间贸易的巨大促进作用。

崇祯九年四月，皇太极在沈阳举行称帝大典，改汗为皇帝，改后金为大清。十二月，皇太极亲征朝鲜，并迫使其与明朝断绝关系，成为自己的藩属国，接着在回军的路上消灭了东江镇。此时，以金育为首的朝鲜使团正在北京。崇祯十年四月，明朝政府派遣武官护送金育使团回国。闰四月二十三，在明朝四艘战船的护送下，朝鲜政府最后一个使团在宁远起航，五月初十，回到出发港石多山，六月初二，向朝鲜国王复命，从此，朝鲜与明朝之间的海上通道完全断绝。

（作者单位：鞍山师范学院）

① 《朝鲜李朝实录中的中国史料》第8册，第3224页。

② 同上书，第3410—3411页。

战时台湾兵力的大陆补给与投送*

——以林爽文事件为例

李智君　陈　静

对于海岛的经略，其成本和难度，都远高于久经“教化”的大陆国土。每当遇到突发事件，海岛孤立无援、海峡风浪阻隔，不仅是兵力投送的“距离杀手”，也是“时间杀手”。发生于乾隆五十一年（1786）的林爽文事件，是台湾内属后最大的民变事件。清政府动用大量的人力物力，费时一年零三个月才得以平息事件。那么清政府是如何突破“距离杀手”和“时间杀手”，完成跨海兵力的补给与投送的？如何选择兵丁、粮饷的补给区的？长距离投送兵力又是如何选择投送路线的？除此之外，清政府在兵丁和粮饷投送的目的方面有差异吗？本文在对上述历史军事地理问题进行实证研究的基础上，进一步讨论经济基础、交通运力、信息传播以及乾隆个人好恶对此次兵力投送的影响，并对影响此次战争规模和持续时间的核心原因提出新的看法。

乾隆时期的兵力补给与投送，主要指兵丁、粮饷、枪药和战马等人员与物资的补给与运送。虽然战马在当时仍然是力量、速度兼有的利器，但却不是此次兵力投送的主要对象。原因有二，一是福建向无马匹，以至于驿站都靠人夫。二是运马渡海有困难。“缘海船舱底甚深，马匹不能上下，仅可于蓬板底，每船附载三四匹。一遇风浪，尚多惊跳不宁，是以载往甚难。”① 另外，枪、炮等武器都由兵丁随身携带，因此，关于此次台湾战争的兵力投送的研究，并不涉及马匹和武器，重点关注的是粮饷、兵丁和火药的补给与投送。

一　前沿补给区：从福建省补给投送兵力

台湾府的各类械斗，如夏日午后的雷阵雨，因此，无论是台湾府、县的军政要员，

---

* 本文为国家社科基金项目“明清时期西北太平洋热带气旋与东南沿海基层社会应对机制研究（10BZS059）”的阶段成果之一。

① 闽浙总督李侍尧奏折，乾隆五十二年七月五日，洪全安主编：《清宫宫中档奏折台湾史料》，台北：“国立”故宫博物院，第9册，2004年，第303页。

还是闽浙总督、福建巡抚及水陆提督，皆视平定械斗为日常工作之一。乾隆五十一年(1786）尤其如此，闽浙总督常青八、九月份坐镇泉州蚶江港，指挥平定诸罗县杨光勋、杨妈世兄弟争财引起的械斗，刚回省城不久，即十一月二十七至二十九日，彰化县林爽文便“聚众攻陷城池，杀害官长，阻截文报，尤为从来未有之事”。故常青于十二月十二日，“飞咨水师提臣黄仕简，率领本标兵一千名，金门镇兵五百名，南澳镇铜山营兵五百名，由鹿耳门飞渡前进。派令副将丁朝雄、参将穆素里带领臣标兵八百名，海坛镇兵四百名，闽安烽火营兵三百名，听海坛镇总兵郝壮猷调遣，由闽安出口，至淡水前进，两路围攻。又参将潘韬、都司马元勋，带领陆路提标兵一千名，前赴鹿仔港堵御”。[①] 常青驻扎于泉州，会同陆路提督任承恩居中调度。其实，任承恩本想第一时间前往台湾，但因“漳、泉地方，不可一日无大员镇压，未敢轻动”[②]，直至常青调金门镇总兵罗英笈赴厦门弹压，任承恩才于十四日登舟，十七日开驾，率一千二百名提标精兵赴台，由鹿耳门入口进剿。

考虑到此次事件非同寻常，估计仅凭借福建一省调去的六千兵丁，恐难胜任，故常青同时咨会两广总督孙士毅和浙江巡抚觉罗琅玕，“饬沿海各营及地方官，严密防范，毋致匪徒潜逃内地”。并“于附近水师营内酌拨备战兵二三千名，配齐器械，在交界本境驻扎，以便征发，亦可藉为声援”。[③] 但这一“预设机宜、一体防范”的明智之举，却因乾隆皇帝错判战争形势而搁置。

> 看来伊等办理此事，俱不免张皇失措。此等奸民纠众滋事，不过幺麯乌合。上年台湾即有漳、泉两处匪徒纠集械斗，滋扰村庄等案，一经黄仕简带兵前往督办，立即扑灭，将首伙各犯歼戮净尽。今林爽文等结党横行，情事相等。台地设有重兵，该镇道等，业经会同剿捕。黄仕简籍隶本省，现任水师提督，素有名望，现已带兵渡台。该提督到彼，匪党自必望风溃散。即使该提督病后精神照料未能周到，亦止可于内地添派能事总兵一员，多带兵丁前往，协剿帮办。而漳泉为沿海要地，其镇将不可轻易调遣，乃任承恩竟欲亲往，岂有水陆两提督俱远渡重洋，置内地于不顾、办一匪类之理。至所称简派钦差督办，更不成话。督抚提镇俱应绥靖地方，设一遇匪徒滋事，辄请钦派大臣督办，又安用伊等为耶？从前康熙年间，台匪朱一贵滋扰一案，全台俱已被陷，维时止系水师提督施世骠渡台进剿，总督满保驻扎厦门调度，不及一月，即已收复蒇功，伊等岂未闻乎？看来常青未经历练，遇事不能镇定。任承恩竟系年轻不晓事体，而黄仕简尚能办事，于此案亦不免稍涉矜张。[④]

显然，乾隆视林爽文为台湾常见之械斗匪首，因此对福建水、陆提督置漳、泉这

① 闽浙总督常青奏折，乾隆五十一年十二月十二日，第9册，第730页。
② 福建陆路提督任承恩奏折，乾隆五十一年十二月十三日，第9册，第733页。
③ 浙江巡抚觉罗琅玕奏折，乾隆五十一年十二月二十八日，第9册，第19页。
④ 常青奏折，乾隆五十二年正月十三日，第9册，第47—48页。

样的沿海要地于不顾，皆带兵赴台，极为不满。对福建省内兴师动众，其态度尚且如此，对调用外省兵力，自然无从谈起："此时似可无须邻省接济兵力。"① 显然，此次常青恰当及时的调兵举措，却被乾隆责以"不免张皇失措"之辞，易职湖广总督，旋即又命常青渡台视师。

与"军旅非所素习"的常青相比，新任闽浙总督李侍尧，参与过平定苏四十三、田五等战争，可谓素习军旅。尽管李侍尧"屡以贪黩坐法，上终怜其才，为之曲赦"②，深得乾隆信任。因此，李侍尧对乾隆并不唯命是从，敢于直面问题。乾隆拒绝从福建省外调兵，但闽省兵力毕竟有限，至五十二年三月初，当福建省内调兵人数达到一万一千多名时，问题就出现了。对此，李侍尧直陈："闽省兵除先后派调外，内地各营存留较少，且兵律久驰，增调亦不得用，即如台湾额设戍兵本有一万余名，已不为不多，当林爽文猝起时，竟毫无抵御，仅柴大纪带兵千数百名在盐埕桥堵守，而保护府城，尚系民兵兼用，其余或系伤亡，或系冲散……是旧有之戍兵已属有名无实，现在所用只内地调往之一万一千余名，而两月以来情形，又此将怯而卒惰，已可概见，是闽兵竟不必更调。"③

福建调兵的地区，涉及驻防满兵及绿营兵，分布在福州、金门、南澳、海坛、闽安、延平、建宁、汀州、兴化、福宁、桐山和罗源等地。因漳州"濒临大海，而台湾逆匪祖籍多系漳人"④，所以对驻守漳州的兵丁，调与不调，调多调少，内中颇多讲究。

在常青看来，"漳泉一带，民俗刁悍，且台湾逆匪林爽文又系漳人，尤不可不严加防范"。⑤ 因此在福建各地征兵，常青俱酌量选拔，但对漳州之兵，"并未调派，示其不动声色"⑥。相对于常青的固执与偏见，乾隆的头脑要清醒许多，要求常青对漳州人，"惟有视其顺逆，分别诛赏。断不存歧视之见，少露形迹，致漳民疑惧"⑦。当府城、诸罗被林爽文部下包围，四面楚歌之时，李侍尧只好一面"仰皇上添派大兵，用全力痛加歼除"，一面考虑调用漳州兵力："查闽兵存营无几，未便再调。惟漳州镇有兵四千，上年因林爽文贼伙多系漳人，是以独未调用。虽漳州兵素称强劲，然以派往蓝元枚处，俾漳人统漳兵，或未必不得力，而以之派往常青处，臣亦不敢放心。况贼既鸱张，漳州声息相通。臣现在风闻，有逆首林爽文密遣人来内地勾结会匪之说……是属一带亦不可不预为防范。"⑧ 李侍尧较常青更进一步，对漳州兵是既用又防。在蓝元枚看来："漳镇兵内平和、漳浦二营，难保无会匪在内。其诏安、云霄二营兵最为勇健得用。镇标中右二营及城守同安二营，亦俱可得力，保无他虞。倘得此等兵五千，不独可以御贼，即相机进剿似亦不难。"⑨ 知根知底的蓝元枚，对漳州人进行了更为细致的

① 觉罗琅玕奏折，乾隆五十二年正月十四日，第9册，第56页。

② 《清史稿》卷323《李侍尧传》，中华书局1977年版，第10822页。

③ 闽浙总督李侍尧、福建巡抚徐嗣曾奏折，乾隆五十二年三月初八，第9册，第129页。

④ 福建漳州镇总兵官常泰奏折，乾隆五十二年正月初六日，第9册，第35页。

⑤ 常青奏折，乾隆五十一年十二月二十二日，第9册，第7页。

⑥ 常青奏折，乾隆五十二年正月十二日，第9册，第43页。

⑦ 常青奏折，乾隆五十二年正月十五日，第9册，第60页。

⑧ 李侍尧奏折，乾隆五十二年六月十一日，第9册，第272页。

⑨ 李侍尧奏折，乾隆五十二年七月初五日，第9册，第302页。

区分，因此，即是对故乡漳浦也不避讳。久经戎行的福康安，比前三者的方法更为实用："再查泉州民人素与漳人有隙。凡系居住台湾之泉人，多有充当义民者，杀贼保庄，倍加勇往，贼匪不敢轻犯。因思泉州地方风俗剽悍，向有械斗滋事之案。若此时召集泉州乡勇，既可随同剿贼，又可安戢地方。臣于到闽时，先遣妥人密办，及行过泉州，即有乡勇多人恳请随征进剿。观其情辞恳切，当经面加抚谕，饬委同安县知县单瑞龙、教谕郭廷筠拣选身家殷实之人，互相保结，准其前往。一时报名效力者络绎不绝，臣于此内择其精壮者二千四百余名，商同李侍尧酌赏安家口食银两，令其随往。又恐内地漳人闻知疑虑，复遣妥弁召集漳州乡勇百余名，以泯形迹。"① 可见，随着台湾兵力需求的增加，漳州兵丁经历了从被隔离到逐步介入的过程，但始终都未作为被信任的主力参与战争。值得注意的是，漳州府漳浦县湖西畲族人蓝廷珍与蓝元枚，祖孙两代人，同为提督，分别参加了平定朱一贵和林爽文叛乱的战争。因蓝廷珍战功卓著，受其影响，乾隆对蓝元枚也寄予厚望："廷珍平朱一贵，七日而事定。元枚当效法其祖，毋负委任。"② 后蓝元枚因连日作战，于八月十八日，患病身故，乾隆闻知感叹："殊为轸惜！"③

乾隆拒绝从外省调兵，粮饷自然也要从福建省内调拨。但福建的粮食供应却并不乐观，"第上游延、建、汀、邵等六府州，俱系崇山叠巘，挽运维难，多费脚价。下游漳、泉等府，虽有存谷，亦须酌留地方，以备缓急，未便尽数用完。兼以各营兵粮，向系台湾各县解运谷石供支，今台地无谷可解，并应解上年之谷亦尚未结清，又须内地仓谷动支。且漳泉民食，向恃台米贩来接济，今台米稀少，内地粮价渐增，将来恐不免平粜，则仓储不敷用"④。"应解上年之谷亦尚未结清"，指乾隆五十一年（1786）福建存仓粮食严重不足，通省缺谷五十四万余石⑤。在粮饷的供应方面，乾隆与李侍尧的看法相同，即宽为预备。李侍尧于乾隆五十二年二月十九日奏报就对福建省内的调粮状况深为不满："今内地所宜接应者，口粮最为紧要，臣询常青、徐嗣曾已饬各州县碾米四万五千石，分贮厦门、泉州等处，现在尚未解到，臣一面严催，以备陆续应用，不致有误。"⑥ 其实，考虑到横渡台湾海峡作战的特殊性，常青配给官兵的粮饷是比较优厚的：

> 查各路官兵，虽系本省调派，但计程俱在三百里以外，且涉历重洋，航海进剿，亦与内地不同，自宜量加优恤，臣经檄饬署藩司李永祺酌借各官兵三个月俸饷银两，资其安家，俟事竣分年匀扣还项。至外海行军，口粮必须多带，如照前督臣雅德于挑备战兵案内奏明，配船兵丁给米三斗，仅可供一月之食，未免不敷。臣并饬令地方官，每兵备给米六斗，将来销算，仍按定例。同官员余丁跟役，每名每日准销米八合三勺。其自出口日起，亦照则例分别加给盐菜银两，缘海洋风

① 福康安奏折，乾隆五十二年十月二十四日，第9册，第668页。

② 《清史稿》卷328《蓝元枚传》，第10896页。

③ 阿桂奏折，乾隆五十二年九月十六日，第9册，第544页。

④ 李侍尧奏折，乾隆五十二年四月二十六日，第9册，第197页。

⑤ 李侍尧奏折，乾隆五十二年三月二十八日，第9册，第151页。

⑥ 李侍尧奏折，乾隆五十二年二月十九日，第9册，第108页。

汛靡定，臣复另委文员多带银米，随同兵船运往军前，以备接济，以上所需粮饷，统于闽省藩库并附近各厅县仓拨给，除俟事竣核实造册题销外，臣谨会同福建巡抚臣徐嗣曾合词恭折奏明。①

而随着战争规模的进一步扩大，粮饷消耗与日俱增，“自上年十二月起，陆续解往银已二十万余两，米一万九千余石，又委员赍银三万两前往买米，计可得一万数千石，近又准常青咨取银十万两，并淡水同知徐梦麟带往银一万两”②。这是截至乾隆五十二年（1787）四月初八日台湾前线的粮饷消耗。加上运脚及置办装备的费用，战争消耗会更多。因此，仅从福建补给粮饷，已无法维持台湾战争所需。据李侍尧奏：

所有粮饷等项，固须接济无误……而台湾道府，纷纷请拨前来。臣以事关军务，不可迟误，且询知从前拨解，俱系运至台湾府城，而鹿仔港一路，竟未筹及，势必由府城再行转解，既费脚价，又有疏误……上年十二月起，至臣到任以前，共拨藩库银三十三万余两。臣意用兵未久，何至如许之多，及阅所开各款，有盐菜等项目例应支给者，有预支俸饷等项数月内即可扣还者，亦有解往台郡备用，正在途次，该道府具禀时尚未到者，缘仓猝调兵，务期迅速应付，以利遄行。且台郡远隔重洋，往返动需时日，不得不多为预备……至台湾府县，本各有仓库，其三县虽已残破，而府城保守无虞，尚应实贮。据藩司查明，府库应存银二十五万余两，仓谷应存十二万余石。仍节据台湾道府禀称，银谷俱已用尽等语，并未将作何动用之处，详悉开报。③

事实上，战争爆发后，不仅一万多官兵需要吃饭，大量的难民也需要政府救济，因此，粮食缺口很大：

据台湾道永福知府杨廷桦详称，凤山、诸罗、彰化、淡水四厅县仓库悉空，府仓谷亦无多，恳解米十万石，分路接济。又禀称彰化县属，仅存鹿仔港一处尚在固守，各村男女老幼，咸来避匿，不下十万余人，无处得食，似应仿照灾赈之例，量为赈恤。至乡勇口粮，向系义民公捐，今为日已久，义民告匮，难令再捐。乡勇无食，必然解散，拟照出征兵丁，每名每日给米八合三勺，盐菜钱十文，另加给三十文，挑选壮丁，以备攻剿，事竣报销，其加给钱文，就台湾文武官员匀捐补款。④

在这样的背景下，从福建省外补给兵力已是大势所趋。

---

① 常青奏折，乾隆五十二年正月十二日，第9册，第40页。

② 李侍尧奏折，乾隆五十二年四月初八日，第9册，第164页。

③ 李侍尧奏折，乾隆五十二年三月十九日，第9册，第139—140页。

④ 李侍尧奏折，乾隆五十二年四月初八日，第9册，第164页。

在论及闽兵的战力时，尽管李侍尧有“潮州、碣石二镇兵较闽兵精锐”①、闽兵“将怯而卒惰”等评价，甚至阿桂也有如下推测之辞：“前后调往官兵虽已不少，然其中如福建本省兵丁竟难深信。即如该提镇等遇贼打仗，屡报多兵不知下落，此项兵丁岂尽死伤逃亡，未必不因与贼同乡，遂尔附从。”② 但纵观长达一年零三个月的战争，无论是从参与战争的兵丁数量、战斗次数以及兵力投送的及时程度来看，福建兵丁无疑是作战的主力。乾隆可以凭借其雄厚的国力，从秦岭—淮河以南的广大地域补给兵力，但当台湾府城和诸罗出现危机时，终究缓不济急，还得从福建紧急调兵。粮食亦如此，如台湾村庄因战争俱遭焚抢，民众嗷嗷待哺时，也首先是从福建调粮抚恤。据李侍尧奏：“查闽地民人向食番薯，其切片成干者，一斤可抵数斤，加米煮粥，即可度日。随飞饬司道先在泉州采买一万斤，拨米两千石，委员运解鹿仔港，交与地方官。务查实在贫难男妇，照依灾赈粥厂之例，设厂煮粥散食。仍在上游延、建一带产有番薯地方，再采买数万斤，酌配米石，陆续运往接济。”③

二　协防补给区：从粤浙两省补给投送兵力

原本在乾隆眼里，林爽文“不过幺\u9ebd小丑”④，至五十二年二月二十七日，乾隆惊讶地发现，“林爽文竟有自称为王及僭立年号之事”⑤，匪徒成了自立为王的割据者，问题的性质发生了根本性的变化，乾隆的用兵策略也因此做了调整。但此时福建不仅无粮无兵可调，业已调往台湾的官兵，也“将怯而卒惰”，不堪大用，故李侍尧不得不再次提议从邻省补给与投送兵力。

（一）从广东调运兵力

除乾隆皇帝外，常青、李侍尧、福康安和孙士毅，都是决定此次台湾战争走向的胜负手。与常青、李侍尧、福康安这些坐镇战争一线指挥的总督、将军不同，两广总督孙士毅只是毗连省分兵力补给的调度者，但因广东“潮州、碣石二镇兵既较闽兵精锐，且地近泉厦，较之闽省自延、建调来更为近便”⑥，因此，孙士毅调度的重要性仅次于闽浙总督。其实从战争伊始，孙士毅就从省城急赴潮州调度兵力，可谓未雨绸缪。但因乾隆错判战争形势，孙士毅反被其着实羞辱一番：

孙士毅向于事体轻重，尚能知悉，稍有主见。虽军旅之事，原非书生所能办

① 李侍尧奏折，乾隆五十二年三月初十日，第9册，第132页。
② 阿桂奏折，乾隆五十二年九月初二日，第9册，第500页。
③ 李侍尧奏折，乾隆五十二年四月十六日，第9册，第181页。
④ 两广总督孙士毅奏折，乾隆五十二年二月初八日，第9册，第98页。
⑤ 李侍尧奏折，乾隆五十二年二月二十九日，第9册，第124页。
⑥ 李侍尧奏折，乾隆五十二年三月初十日，第9册，第132页。

> 理，但该督系军机司员出身，曾经随同出兵，非若未经军务者可比。乃似此遇事张皇，以致该将军存泰亦纷纷挑备满兵，预资策应，是孙士毅不但不谙军务，而于事体轻重亦毫无定见，朕转不值加以责备，而该督办事识见如此，适足为朕所轻矣！①

等孙士毅听从“圣慈教诲”，迅速赶回府城时，乾隆又以“闽粤境壤毗连，难保无逸匪窜往，自当督率各隘口，严密堵拿。况惠、潮民人入天地匪会者不少，必须彻底查办，净绝根株。其从外窜逃入境及内地勾引入会之人，均应逐一搜捕，不留余孽。若孙士毅往来查察，督率缉捕，岂不较总兵彭承尧及道府等更为有益”等理由，又把孙士毅申斥一番：“乃该督将一切稽查防范事宜，交与署提督彭承尧料理，率行回省，全不知事体缓急，因时制宜，何以拘泥错缪若此，著传旨申饬。”② 其实，无论是从粤省的兵力投送，还是护送贵州、广西兵力过境，孙士毅都做到了滴水不漏。

首先看从广东调兵。首批四千名粤兵“定于三月十六日即令头起官兵自潮起程，每起二百五十名，间一日行走。若由水路赴厦门、蚶江等处，海洋风信靡常，不免耽延时日。查自粤省黄冈入闽省诏安境，相去止数十里，自诏安至厦门、蚶江等处，亦止数日可到，是以统由黄冈陆路出境。照依李侍尧派定数目，以二千五百名赴厦门，一千五百名赴蚶江，配船渡台”③。从厦门出口的官兵，横渡台湾海峡，经澎湖，由鹿耳门进港，可达台湾府城；由蚶江出口的，则从鹿仔港靠岸，直抵彰化县城。原计划兵分两处的粤兵，因乾隆皇帝“以台湾府城兵力尚单，令将调赴鹿仔港之粤兵一千五百名，改由厦门齐赴府城”④。该四千兵于五十二年四月中旬全部到达台湾府城⑤。孙士毅在照料点送粤兵出境时，对兵丁粮饷考虑颇为周到，“至各兵自离营之日起，至出境日止，照例每日支给口粮八合三勺。出境后闽省沿途定例虽有支应，但该省现在厚集兵力，行粮必须宽裕，是以臣仍按照兵数，每名令其裹带一月口粮，以备缓急应用”⑥。由于首批四千粤兵，主要从毗连闽省的潮州附近各营调拨，当六月初八日常青再请调粤兵时，孙士毅已经提前预备了两千名，即督标兵一千，提标兵五百，左翼镇兵五百⑦，驻扎在潮州贴防，接到调令即迅速启程，六月十三日便全部入闽境，前后只用了五天时间。其后调的四千名，即督标兵一千，右翼镇兵一千，提标兵五百，左翼镇兵五百，增城营兵三百，惠来营二百，肇庆、罗定、惠州三协共兵五百，于八月初二到闽省。乾隆准调的粤省驻防满兵一千五百名⑧，也于七月二十八日入闽省诏安境⑨，九

---

① 孙士毅奏折，乾隆五十二年二月初一日，第9册，第90页。
② 孙士毅奏折，乾隆五十二年二月二十七日，第9册，第122页。
③ 孙士毅奏折，乾隆五十二年三月十四日，第9册，第138页。
④ 李侍尧奏折，乾隆五十二年四月十一日，第9册，第171页。
⑤ 李侍尧奏折，乾隆五十二年五月二十五日，第9册，第252页。
⑥ 孙士毅奏折，乾隆五十二年正月初九日，第9册，第38页。
⑦ 孙士毅奏折，乾隆五十二年六月初九日，第9册，第268页。
⑧ 孙士毅奏折，乾隆五十二年七月初二日，第9册，第294页。
⑨ 孙士毅奏折，乾隆五十二年八月初八日，第9册，第393页。

月初三日到厦门①。七月二十六日，鹿港蓝元枚告急，谕令孙士毅又从潮州调兵一千，约于八月二十日前到闽省。至此，粤省调兵人数已达一万二千五百人。

虽然粤东潮州一带，一向是福建漳、泉一带粮食的供应地之一，但至清代，"广东所产之米，即年岁丰收，亦仅足供半年之食"②，而粤东缺粮更加严重，"东粤少谷，恒仰资于西粤"③，因此，此次事件中，朝廷并未从广东省调拨米谷，而是调拨饷银。乾隆五十二年四月初五日上谕：

> 闽省办理剿捕台湾贼匪，现在添调兵丁前往会剿，虽指日可以剿灭贼匪，但筹办军需等项，不可不宽为预备。该省库贮银两现在陆续支拨，恐将来不敷备用，因思广东近在邻省，粤海关税及盐课银两俱属充裕，著传谕孙士毅于此二项内不拘何项，酌拨银三四十万两，一面奏闻，一面即行派委妥员，迅速解往闽省交界，交与李侍尧，派员接押，以备应用。

从广东调拨的四十万饷银，主要从粤海关税中支取，据佛宁奏："奴才查粤海关本年应解正杂课饷共九十二万余两，正在起解之时，今奉特旨酌拨税课银两，解闽备用。抚臣图萨布一面立即拣派知县县丞等四员分领，小心星速解运赴闽交纳。奴才即将现在本年应行解京课饷银九十二万余两内，拨出四十万两，除归还督臣孙士毅先行借发潮州运同衙门盐课银五万两，又归还借发潮州府广济桥关税银一万两外，其余银三十四万两，奴才当堂面交解员分领，飞速解往闽省。"④ 五十二年八月，朝廷谕令："酌拨粤海关五十二年分税银二十万两，解闽备用。"⑤ 其后朝廷又命广东调拨地丁盐课银五十万两，粤海关本年税银五十万两，解往闽省，并于五十三年四月初八日全数运交闽省泉州总局兑收⑥。

受荷兰占领和海外贸易的影响，"台地风俗惯用外洋银钱。向来内地解到饷银，俱就行户易换，应用时日从容尚易办理。现因大兵出征，所需夫价车价等项，需用繁多。郡城一隅之地，兼有商贩罕通，洋钱日少，易换维艰"。虽然李侍尧先期发银十万两，在福州、泉州、漳州、厦门等处换了六万元，"第闽省行使洋钱之地，只此数处，恐将来再需易换，民间益少，或致赶接不及。查粤省向亦惯用洋钱，广潮二府商贾辐辏，行使最多……今应奏明，令两广督臣孙士毅拨出库银四十万两，分作数起，按照市价陆续易换洋钱，解闽以资接济"⑦。广东尽管是对外贸易大省，但短时间内兑换四十万两银的洋钱也非易事。据图萨布奏："缘近年洋人来粤，多以货易货，携带洋钱较少。民间行使几与纹银相等，且市铺旧存洋钱，俱经剪凿，不合闽省行使。适值有新到洋

① 李侍尧奏片，乾隆五十二年八月十七日，第9册，第453页。
② 雍正《广东通志》卷1《典谟·论闽广百姓各务本业》，雍正九年刻本，第54页。
③ 屈大均：《广东新语》卷14《食语·谷》，康熙水天阁刻本，第1页。
④ 佛宁奏折，乾隆五十二年四月二十三日，第9册，第189页。
⑤ 粤海关监督佛宁奏折，乾隆五十二年八月十五日，第9册，第437页。
⑥ 孙士毅奏折，乾隆五十三年四月初八日，第10册，第466—467页。
⑦ 李侍尧奏折，乾隆五十二年六月初六日，第9册，第262—263页。

船，按照时价易换出舱洋钱二十万两。余银一时不能易齐，臣接督臣札，遂与藩司许祖京酌商，将库贮上年潮属解存谷价内洋钱十四万九千余两，拨出凑解。将饷银扣存司库抵补谷价。再于省城、佛山二处市铺公平兑换凑足全数。”①

至此，广东省解闽饷银共计二百万两。其中一半的银两由粤海拨出，三分之一由地丁盐课银内拨出，与乾隆所言相符：“粤海关税及盐课银两俱属充裕。”同时，通过兵丁随身携带及三次额外运送，广东共向福建调运火药二十万斤②。

（二）从浙江调运兵力

李侍尧原计划调四千浙江官兵，其中“提标右营兵五百名，镇海营兵五百名，黄岩镇标兵一千名，温州镇标暨瑞安营兵一千名。又添调距闽较近之衢州镇标兵一千名”③。但在乾隆看来：

> 浙省兵丁素性懦弱，朕南巡时阅看闽、浙兵丁技勇，浙兵与闽兵角艺，即形畏怯，况现在台湾贼匪，皆系闽人中之剽悍者，闽兵攻剿尚不能得胜，何况浙省之兵，更不如闽省，调往协剿，岂能得力。是以昨据常青奏调，已传谕琅玕停止派拨。今据李侍尧奏，金门、铜山等营存兵无几，未便再拨，请于浙省檄调兵四千名等语。李侍尧为海疆紧要，存兵无多，请于浙省派拨，所见亦是。但此项浙兵止可分派内地海口各营，若以之进剿，自不若本省兵丁为得济，自应遵照。昨降谕旨，在闽省各营先行抽拨，以资接济，其浙兵到闽时竟留于内地防守，亦足以弹压。至李侍尧请调浙兵四千名，较之常青原调浙兵数目已多二千名。昨又经朕筹及闽省驻防满兵，自较绿营为优，况系常青旧属，已谕令恒瑞拣选一千名带往会剿，则此满兵一千，足抵浙兵二千。此时李侍尧止须调浙省兵三千名，自属敷用。且浙省兵丁向来柔懦，一经调配远征，更不免系念家室，心多顾恋。惟温、衢地方，距闽省较近，该处兵丁在浙省中稍微强健，著传谕琅玕、陈大用即于该二镇所属各营拣派兵丁三千名，速为料理，前赴闽省交李侍尧酌量派拨。④

乾隆皇帝对浙兵的小瞧，一目了然。因此，李侍尧只调来了三千浙省兵丁。另外一千兵丁，则被闽省驻防旗兵所替代。其实，这部分常青早想调动的旗兵，之前却被乾隆以“恒瑞旗兵更不宜轻动”⑤ 为由制止。再次征调时，台湾的战火已成燎原之势，可谓今非昔比。可见，在乾隆心目中，只有满兵才是弹压地方最值得信赖的力量。三千浙江兵丁，由蓝元枚带领两千名，于五十二年四月初七日，由蚶江配渡前往鹿仔港。

① 广东巡抚图萨布奏折，乾隆五十二年七月初七日，第9册，第312页。
② 孙士毅奏折，乾隆五十二年八月二十九日，第9册，第494页。
③ 浙江提督陈大用奏折，乾隆五十二年四月初二日，第9册，第157—158页。
④ 陈大用奏折，乾隆五十二年四月十二日，第9册，第173页。
⑤ 常青奏折，乾隆五十二年正月十三日，第9册，第49页。

由魏大斌带领一千名，于四月二十九日，由厦门前往台湾府城①。从浙江仅有的一次调兵来看，受交通条件的制约，其兵源主要分布在海港附近及与闽省毗连州县。

乾隆五十二年（1787）四月二十六日，李侍尧奏请拨浙米十万石备用。上谕："浙省温、处一带，与闽省毗连，从前该省商贩往往由海道运至闽省接济，现距秋收之期尚远，或彼时闽省竟无须邻省接济，固属甚善。倘民食稍有未敷，应设法早为调剂，俾得有备无患。李侍尧统辖两省，闽浙皆其所属，著传谕该督会同徐嗣曾，悉心酌议，预行知照浙省妥为筹办，届期如有必须接济之处，即妥员前往采买，务令裒多益寡，民食无虞缺乏，以慰廑注。"② 乾隆五十一年，浙江省实存仓谷"一百三十万石零"，从中调拨十万石米自然不是问题。考虑到"此项米石若于通省动拨，由陆路起运，须用人夫背送，脚费浩繁，且道里绵长，有稽时日"，因此浙江巡抚觉罗琅玕认为："应即由海运赴闽，庶为省便。"故浙江调取的十万石米，主要由临近港口各府碾备。琅玕"饬行藩司，于乍浦口附近之杭州、嘉兴、湖州三府属，先为酌拨八万石，于宁波、温州二海口附近之宁波、绍兴、温州、台州四府属，酌拨谷八万石，即令预行碾备，以免临期迟延"。因李侍尧资会其"赶紧"备米运闽，并考虑到"海运粮食全资风力，若过夏至以后，南风当令，恐有迟滞"，因此，琅玕"当即飞行各该府，除先已拨动仓谷十六万石，碾备米八万石外，再分动仓谷四万石，碾米二万石，以敷十万石之数。并即雇觅坚固船只，酌量分行装载，即由各府营拣派妥干员弁，带同兵役，赶紧兑运。所有杭、嘉、湖三府属米五万石，即由乍浦出口，运赴泉州交收，宁、邵、温、台四附属米五万石，即于宁波、温州出口，运赴厦门交收"③。

十万石米，要从浙江的乍浦、温州和宁波运往福建厦门和泉州，海上运输难度可谓不小。当时每只海船约能载五百石米，运送十万石就需二百只船。而在浙江沿海只雇到百余只海船，且"内有挑出陈旧不堪应用者二十余只"，很显然不敷装运。考虑到"乍浦海口与江南上海口相距百余里，往来船只一潮可至，甚为近便"，琅玕"径行飞饬江苏松太道，即于上海口岸代雇船只"，该道雇觅海船三十只，才得以解燃眉之急④。

首批装载五万石米的海船，五月初二日刚刚从乍浦开行，朝廷便于五月初五日降下从浙江增调大米的谕旨，乾隆皇帝对林爽文事件的重视可见一斑。"浙省现在实贮仓谷，原不难再为酌拨数万石，以资接济。但于未经动拨之金华、衢州、严州、处州等府派拨，则陆路居多。即间有小河可通海口之县，亦须过山盘坝等事，路途迂远，运脚浩繁。且正值农忙之际，需用人夫数万，一时亦难雇觅。若仍于附近海口之杭州等府属各州县再行酌拨，未免积存过少，于仓储亦有未便。况此时动拨仓谷，将来仍需买补归还。浙省清查案内，上多分年买补之项，恐为数愈多，归款益为费力。"因此琅玕建议从市场直接买米。"查杭州、嘉兴二府属之长安坝等各市镇，素为商贩云集之地。前因拨运米石，臣恐奸商牙贩闻风屯聚，抬价居奇，即经檄行严查饬禁，吃该处

① 李侍尧奏折，乾隆五十二年五月，第9册，第211页。

② 觉罗琅玕奏折，乾陵五十二年四月二十六日，第9册，第200页。

③ 同上书，第201页。

④ 觉罗琅玕奏折，乾陵五十二年五月初三日，第9册，第204—205页。

河干店铺米粮聚集颇多，此时不难采买。各该处河道与乍浦一水可通，办运尤为便捷。五月份粮价虽未据各属报到，而现在市价每米一石在二两二钱以内，尚不为昂。臣详筹熟计，与其拨动仓贮，多费周折，莫如就近买运，较为妥速，应即遵旨购办，以资接济。臣当即酌定采买米六万石，委令嘉兴府知府郑交泰采办米四万石，海宁州知州王泰曾采办米二万石，共合六万石之数。查照四月份每石二两二钱之价，于司库内先行动支银十三万二千两，发交该员等分途速行购买足数，陆续运赴乍浦，装载开行。"① 这次续调之米，头批米三万石于五月二十八、六月初三日分期开行，二批米三万石亦于六月初八日、十三日分期开行②。

五十二年六月十三日，李侍尧咨会琅玕，动拨浙省库项银六十万两，解闽备用。据琅玕奏："浙省征存库贮乾隆五十、五十一年地丁各款，应入秋季报拨，共实存银一百三十五万一千余两。臣当于此内动拨银六十万两，拣委妥干丞倅三员，每员领解银十五万两，佐杂三员，每员领解银五万两。酌定分为三起，每起银二十万两，间两日行走，以免前途人夫拥挤。即饬委员弹兑钉鞘，星夜赶办。兹头起银二十万两，已于十七日自省启程，其二起、三起银于二十、二十三启程前进。"③ 八月初八日，又于两浙盐课项下拨银八十万两，解往闽省④。十月十二日又接谕旨，于浙江地丁、漕项、盐课三项内通融拨银五十万两，又浙海关本年税银四万两。此五十四万两银十月十九日启程解闽。其后又应福建兑换钱文的要求，兑换五万四千余串，运往上海，搭米船解闽⑤。至此，浙江共计向福建省拨银超过二百万两。

粤、浙两省虽非主战场，但从台湾窜逃回来的林爽文兵丁，很可能在广东和浙江上岸，因此两省的任务就是协防，其次才是补给兵力。两省虽同处协防补给区，但两省兵力补给能力却各有所长。兵丁补给方面，广东的十二万五千与浙江的三千兵丁，完全不是一个档次，这当然是乾隆的偏见造成的。饷银方面，浙江与广东持平。从浙江调拨火药 10 万斤⑥，仅仅是广东的一半，但在粮食供给方面，浙江强于广东省。总之，雄厚的经济基础，毗连福建的地理区位，便捷的水运条件，使与台湾隔海相望的广东省和浙江省，成为此次战争中仅次于福建省的第二兵力补给区。而在两省内部，受距离衰减律的制约，广东潮州和浙江沿海，则是主要的兵力补给区。

三　外围补给区：从长江流域补给投送调运兵力

这里的长江流域诸省，并非水文学上的长江全流域，而是指四川、湖北、湖南、江西、江苏、广西和贵州等省。从这些省份向台湾投送兵力，主要有两条运输路线：

① 觉罗琅玕奏折，乾隆五十二年五月初九日，第 9 册，第 221—222 页。
② 觉罗琅玕奏折，乾隆五十二年六月十八日，第 9 册，第 282 页。
③ 同上书，第 281 页。
④ 觉罗琅玕奏折，乾隆五十二年八月，第 9 册，第 389 页。
⑤ 觉罗琅玕奏折，乾隆五十二年十月二十八日，第 9 册，第 688 页。
⑥ 觉罗琅玕奏折，乾隆五十二年五月二十九日，第 9 册，第 257 页。

一是从长江进入鄱阳湖，沿抚河逆流而上，至江西建昌府新城县五福镇，再由旱路至福建省邵武府光泽县水口镇，顺闽江而下，经海路至泉州晋江蚶江港和厦门港；二是顺长江流至江苏上海港、浙江乍浦港，再沿近海航线南下至蚶江和厦门。在台湾海峡，则由蚶江—鹿仔港、厦门—台湾府城四个港口对渡。

（一）从江西调运兵力

与李侍尧奏请从广东和浙江调兵调粮不同，从江西省调米，完全是乾隆“圣心筹虑”的结果：“台湾府城，现在兵数陆续加增，乡勇义民人数本众，皆须按日支给口粮，现又有投顺者二千余人以及无食难民，亦须量给养赡，自应宽裕接济……今思江西素称‘产米之乡’，且与闽省接壤，著传谕何裕城，将该省仓谷即行碾米十余万石，派员迅速运往福建。应由何路运往，及闽省由何处接收，方为妥便之处，并著何裕城札知李侍尧妥协酌商。”江西所调之米，主要从水运较为便捷的府县内调拨，据何裕城奏：“江西省之南昌、瑞州、临江、吉安、抚州、建昌、广信、饶州、南康等府所属各县，虽不皆毗连闽省，尚俱附近水口。随按其仓粮存数之多寡，量行派拨，计动支谷三十万石，碾米十五万石，每二万五千石为一起，分作六起，委官六员，按起领运。”① 对于乾隆提出的“何路运往”问题，由于由“江西入闽之路有三，其广信府之铅山县一路，有陆程四五站；宁都州之瑞金县一路，更系小路，挽运维艰；惟建昌府之新城县，由五福地方陆运八十里，至闽省邵武府光泽县之上水口，即可用竹簰及小船驳运，此系向来解运铜铅之大路。由上水口再四十里至光泽县，又可换大船运至省城，再用海船装运至泉、厦”。因此，何裕城与李侍尧商议，江米拟由新城五福运往邵武光泽。接收地点是光泽县之上水口。据李侍尧奏：“江西省之米应在光泽县之上水口交兑。查五福起旱，系江西省新城县地方，雇夫挑运，应由江省办理，自上水口雇船及竹簰驳运，应由闽省办理。仍各委大员在上水口公同交收，所有脚价各归本省报销。”②

从江西到达福建，除陆路外，其实还有“长江—海洋”水路可行。治河出身的何裕城也想到了这一点，“接奉谕旨之后，检查臣署旧卷，从前有无江西拨运米谷赴闽之成案，以便参酌仿办。随查得雍正四年，前抚臣裴率度任内，奉旨拨动江西仓谷碾米十五万石，协济闽省灾赈之用，彼时议由新城县等处陆路运送，嗣因路小运缓，仅运交米五万石，其余未运之米，经闽浙督臣奏明，改由长江载至苏州，海运赴闽……臣伏查军营需米，无论陆路、水路，总须迅速运交方克有济。臣虽查知米由长江装运，乘此夏多南风时日，颇能迅速，而上海关以外，海道情形，臣未经亲历，其或不及陆运之稳，或较之陆运加速，臣不能深知，是以未敢轻议。但从前两届既有此办法，自必筹画妥便而后举行。”③ 何裕城的想法可谓合理，但令他没想到的是，为了邀功请赏，时任两江总督的李世杰主动奏请由江苏向闽省拨米十万石。这样一来，江苏海船自己

① 江西巡抚何裕城奏折，乾隆五十二年五月初八日，第9册，第216页。

② 李侍尧奏折，乾隆五十二年五月十五日，第9册，第232—233页。

③ 何裕城奏折，乾隆五十二年五月初八日，第9册，第217—218页。

尚且不敷用，还哪里有船帮江西运米。最终导致何裕城被乾隆痛斥："总由何裕城往返札商，办理错误，又不酌定何路早行具奏，业经将何裕城交部议处。"① 当然何裕城也会"急国家之所急"，随即奏请将江西人不大食用的十万斤番薯，"于运米完竣之日，带运前去，交闽浙督臣李侍尧查收酌用"②。这批薯干最终还是运到了福建。此后，无论是两湖、四川的米，还是四川、湖南的兵，何裕城都精心护送过境，没有半点差错，因此还被乾隆赏赐大小荷包。

同时，江西还协济闽省六万斤火药③，又遵旨动拨江西地丁银五十万两，九江关税银三十万两，解赴闽省。其中"江西地丁银两，向系拨充本省及云贵兵饷、云南铜本等用，自应酌归款。请于该省漕项银内拨银十万两，九江关本年税银内再拨银三十万两，浒墅关本年税银内拨银十万两，共银五十万两，抵补江西动拨之数"④。此次饷银解运，还包括湖南、湖北的五十万两，因此在江西省内有两条路线，一是袁州—临江—南昌—饶州—广信一线，即袁江—赣江—信江水路，主要解运湖南饷银；二是九江—南康—南昌—饶州—广信一线，即鄱阳湖—信江水路主要解运湖北和江西饷银。最终由广信府玉山，经浙江衢州府常山、江山，运至福建浦城，进入闽江水道。"适当湖南官兵分起过境，各兵行走之路，即饷鞘行走之路。虽间有数处水陆分行，而兵船饷鞘同时入境，恐该地官员不能分身照管，兵役人夫亦不敷分派，致有顾此失彼之虞。除行司饬令沿途府县各于楚兵到时，将饷银留贮县库，一俟兵过，立即护送前行，俾饷鞘不致或有疏虞，兵行亦得加倍迅速。"⑤

按理，从江西调兵，比从四川贵州等地调兵要近便。将军常青也动过这个心思，甚至都动了从广西调兵的念头。据李侍尧奏："至常青折内有增调江西、广西兵各三千之请。而声叙柴大纪咨文，又有增兵一万之请，虽觉迹涉张皇，然看来亦不得不再为接济。与其零星续派，自不如用大力，以期一举扑灭之功。查江西赣州兵素称强劲，且距闽省路亦近便，粤西之兵亦尚可用，如蒙皇上照常青所请之数调派三千前来，合之臣此次续调至闽兵三千，则兵力亦已壮盛。"⑥ 这里的"粤西"即"广西"。接到常青咨会的孙士毅，咨会广西巡抚孙永清："现准将军常青知会奏请添调粤西兵三千名，赴台协剿灭。若恭候朱批，未免缓不济急，自应即日启程。"其实这三千名兵，孙士毅早就让广西方面准备好了。接到两广总督调令的孙永清"会饬原派各营将弁，立即带兵自营启程，扣算路途远近，勒限均到梧州汇齐，分起起行"⑦。常青奏调江西之兵，却并未曾先行咨会江西巡抚何裕城，何九月初四日接到暂停调兵的谕旨，才知有此事，自然没有调兵之举，算是又少犯一个错误。不过乾隆对江西、广西兵的偏见，估计让

---

① 何裕城奏折，乾隆五十二年七月十八日，第9册，第328页。

② 同上书，第329页。

③ 何裕城奏折，乾隆五十二年十一月初一日，第9册，第689页。

④ 经延讲官太子太保文华殿大学士管理户部事务和珅等奏折，乾隆五十二年十月初六日，第9册，第610页。

⑤ 何裕城奏折，乾隆五十二年十一月十二日，第9册，第723页。

⑥ 李侍尧奏折，乾隆五十二年八月初九日，第9册，第404—405页。

⑦ 广西巡抚孙永清奏折，乾隆五十二年八月二十八日，第9册，第487页。

何裕城很没面子：

> 以江西、广西之兵在绿营中最为无用。若派调前往剿捕，岂能得力？且常青请调官兵，原为救援诸罗起见，此等无用之兵，若资以剿贼，适足虚糜兵饷，轻试贼锋，于事何益……江西之兵较广西更为平常，断无庸派往。著传谕何裕城如常青已经檄调该抚办理，尚未启程，即可停止。如业已派拨启程，行抵何处，即于何处撤回，毋庸前进。所有兵丁往返资给费用，俱著令常青按数罚出。其已调之广西兵到，若能剿捕得力则已，如不能得力，所有一切支给费用，亦著常青照数罚出。①

孙士毅是九月初九日接到谕旨的，而此时广西三千兵，已经分六起全数出境。阴差阳错，比江西兵稍强一点的广西兵，最终得以成行，而江西却没有一兵一卒前往台湾。

（二）从江苏调运兵力

相对于江西，从江苏调兵调粮运往福建，因海道相通，无疑要便捷很多。因此，看到浙江、江西先后运米协济闽省，两江总督李世杰和江苏巡抚闵鹗元，自然不甘人后，恭请动拨江苏省米运闽："苏省之松、太一带海口，与浙省乍浦毗连，时有商船往来闽广，海道顺利。臣等同司道悉心商酌，请于就近之苏州、松江、常州、镇江、太仓各属常平仓贮项下，动拨谷二十万石，碾米十万石，运赴闽省泉州、厦门一带交收，听候闽浙督臣李侍尧酌量拨用。至运装运船只，必须往来闽广之船，认识沙线，方堪应用。现在松太海口船只，协济浙省运米。所有江省米十万石，应俟浙米起运后，将江、浙两处续到海船，通融挑备，仍令分作两起，先后启行。瞬届夏杪秋初，北风得令，更可一帆直达。"面对李世杰等人的急功行为，乾隆朱批："虽属尔等急公之见，但未虑及警动人心矣。"② 随后把皮球踢给了李侍尧："据李世杰等奏请，碾米十万石运闽，以济军需一事，著李侍尧查看情形，如不须协济，即咨会李世杰等停止起运。倘闽省粮米尚有为敷，亦咨会李世杰等，令其委员押运赴闽。"虽然得到浙江、江西三十一万石米的协济，闽省之米已觉充裕，但久经沙场的李侍尧，深知战场风云变化无常，因此奏报："近接常青知会，以贼匪甚多，又请添兵剿捕，则米粮自以多备为要。兼以台湾又支给乡勇，抚恤难民等项需米既多。且向来内地各营兵米多由台湾运来支放，今惟台湾无米运来，而台湾班兵转须内地运米往给，两面核算，又增八万余石之用。又近日漳、泉一带，雨泽较少，晚禾尚未栽插，将来不免平粜等事，则闽省筹备米石自以多多益善。臣再四筹酌，江苏省既碾备米十万石，似应即令陆续委员运闽，

① 孙士毅奏折，乾隆五十二年九月初十日，第9册，第526页。

② 两江总督李世杰、江苏巡抚闵鹗元奏折，乾隆五十二年五月十八日，第9册，第236页。

以裕储备。”①

在江苏，有人恭请拨米，自然有人主动请缨。江南提督陈杰早在李世杰等之前，就曾奏请：“念奴才年虽已过六十，自揣精力尚壮，马上步下，不让少年。虽未曾出兵渡台，然江、浙、闽省海面皆曾走过，较之未曾登舟者，自然少知风水之性。况奴才在东南二十余年，所有南方风土人情，略知大概。惟有叩求皇上天恩，赏准奴才带兵前往台湾，尽力杀贼，俾稍抒奴才愤恨之心。断不致如总兵郝壮猷、把总高大捷之怯懦畏葸，辜负圣恩。惟是若仍用福建之兵，语言先自不通，兵将未能一心，仍恐不能得力。奴才现在水路两标内，密行挑兵一千二百名，将备九员，整束行装，恭候命下。”乾隆朱批：“孟浪不堪。”② 因此，未从江苏征调一兵一卒。

江苏向福建运送钱文十六万串。以每库平纹银一两，易换定串钱九百九十文计算，共计用银二十万二千二十两。其中的十二万串，价值银十二万一千二百一十二两，于浒关税银内动支，四万串钱文于宝苏局存贮中调取③。

（三）从四川调运兵力

从四川调米，是乾隆为了稳定闽省人心、摧垮林爽文之部的心理防线而实施的心理战术：“李侍尧接奉此旨，不妨将现在又于江南、川省运米数十万石前来接济之处，先令闽人知之，俾军民口食有资，市价不致踊贵，方为妥善。”④ 李侍尧更是直言：“是米在漳、泉，固所以绥靖地方；而米之到台湾，尤足散贼党而省兵力。”⑤ 但该战术实行的前提是四川有米可调。“川省素为产米之区，连岁收成丰稔，积储较裕。”⑥ 四川总督保宁于六月二十一日奉上谕调川米二十万石，续令再采买三十万石。此五十万石米，除采买三万八千石米外，其余四十六万二千石米，考虑到“采买市米，虽似便宜，但川省民间素鲜盖藏，目下早稻甫经收割，未能集辏一时，采买多米，市价易致腾涌。若仓谷则取之于官，亦可不动声色而立办。将来遵旨于暇时买补办理，甚属从容。且新米性带潮湿，远运恐非所宜，亦不若仓谷干结，可无霉变之虞。而加紧碾米，尚为迅速”，因此，共调拨长江干流及岷江、沱江和嘉陵江等沿岸州县仓谷九十二万四千石，碾米后用小船运至重庆，换装大船，由川江东下⑦。头运米于七月十九日开行，时值秋季，“川江秋水方盛，顺流东下，虽风水靡常，舟行总属迅速。其自汉口而下，川船素未经行，必须换船前进”⑧，因此，长江中下游的船舶，主要由湖北备办，运至江苏上海，则再换海船，运往福建。五十万石米还没有完全运到福建时，台湾战

① 李侍尧奏折，乾隆五十二年六月初八日，第9册，第266页。

② 江南提督陈杰奏折，乾隆五十二年五月初六日，第9册，第209—210页。

③ 江苏巡抚闵鹗元奏折，乾隆五十二年十一月，第9册，第721—722页。

④ 两江总督李世杰、江苏巡抚闵鄂元奏折，乾隆五十二年六月二十八日，第9册，第288页。

⑤ 李侍尧奏折，乾隆五十二年八月初二日，第9册，第380页。

⑥ 李世杰、闵鹗元奏折，乾隆五十二年六月二十八日，第9册，第288页。

⑦ 四川总督保宁奏折，乾隆五十二年七月二十日，第9册，第338—339页。

⑧ 保宁奏折，乾隆五十二年七月十八日，第9册，第334页。

争已经结束，真正运到福建的米只有三十二万石，其余十八万石，谕令江苏“酌量截留，以抵买补仓储之用”①。

可见，此次调运川米，不仅是台湾战争期间调粮数量最多的一次，也是运输距离最长的一次。从长江头运至长江尾不说，还要跨越三千余里海面，从上海海口运至闽省泉州、厦门。用时长达九个月，还只运完了其中的三分之二。“千里不运粮，百里不运草。”川米的运费比米价低不了多少。因此，此川米的真正价值不在于其食用价值，而是其所具有的绥靖漳泉地方、涣散台湾贼党的战略价值。这正是乾隆调川米的初衷：“令李侍尧多备粮饷，足敷十万官兵之用，使外间相互传说，贼人闻风胆落。”②

与调米不同，乾隆从四川调兵，绝对出于战争需要。保宁等于五十二年八月十一日接乾隆六百里加急谕旨：“台湾前后所调兵丁不为不多，但该处山深箐密，路径崎岖，因思川省屯练、降番，素称矫捷，前曾经调往甘省剿捕逆回，甚为得力，著传谕保宁即于屯练、降番内挑选二千名，并拣派曾经行阵、奋勇出力之将领张芝元等分起带领，从川江顺流而下，由湖北、江南、浙江一路前赴闽省。”③ 屯练、降番是四川土兵。乾隆征廓尔喀、讨安南，都有土兵随征，一向以骁勇善战著称。二千名川兵中，屯练一千六百名，降番四百名。于八月二十一至二十七日从成都开行，九月初一日至初七日自重庆换船进发。川江水道此时正忙于运送川米，米、兵争船严重。解决之道是米让兵：“倘番练等行至重庆，尚无多余船只，即将复运三十万石尾帮之船，暂停运米，先尽兵行，再将续到之船随后运米，亦不致守候稽延。”④ 为了保障屯番在川江险滩航行的安全，“兵番等均可于过滩时，上岸行走，不过一二里，仍即可下船”⑤。川兵原本拟定的行进线路，即“由长江行走，经过镇江至严州、衢州等处，计程有二千三百余里。若由江西玉山至常山，径至衢州，计程止有一千三百余里，路程较近”，因此改道行进。又经何裕城咨会修正，行程更为便捷：“川兵如不经由浙江，即从河口镇起旱，由铅山过岭，径入闽省之崇安县，达建宁府前进，较之浙省所拟路程又可少行五百六十里，兼可少过一岭，更为便捷。”⑥ 川兵经由此线行进，于十月初一至初八日到达崇安县⑦。十月十六日至二十三全部抵达蚶江。全程用时五十五天，只相当于运粮时间的五分之一。由此可见，四川土兵实乃战争前线之急需力量。

（四）从湘鄂黔调运兵力

湖南、湖北协济闽米各十万石，完全是湖广总督舒常等人“邀功请赏”的结果：“湖北省早稻丰收，秋成可卜大有，现于临近水次州县，动支仓谷二十万石，碾米十万

① 闵鹗元奏折，乾隆五十三年三月初四日，第10册，第361页。

② 福康安奏折，乾隆五十二年八月十八日，第9册，第463页。

③ 鄂辉、保宁、成德奏折，乾隆五十二年八月十二日，第9册，第430页。

④ 同上书，第431页。

⑤ 保宁奏折，乾隆五十二年八月二十一日，第9册，第469页。

⑥ 李世杰奏折，乾隆五十二年九月十二日，第9册，第534页。

⑦ 何裕城奏折，乾隆五十二年十月初十日，第9册，第616页。

石，分作四起，委员由江西新城县五福地方，旱运赴闽。”① 又“湖南省年岁丰稔，存谷尚多……附近水次二十五州县，约村谷四十余万，足敷拨运。随各按仓贮多寡酌量派定，共拨谷二十万石，碾米十万石”。关于楚米赴闽的路线，单是由长江顺流由上海、乍浦等处出口海运，还是由江西新城五福旱运赴闽的讨论，就浪费很多时间，还有湖南到江西之间运输路线的讨论：“查湖南醴陵县与江西萍乡县接界，有路可达闽省，亦系经由江省新城县五福地方。较之取道武昌计程差近数站。惟查醴陵境内既系逆水滩河，运至萍乡又须起旱，六十里至芦溪地方，再行换船。彼地系一线溪河，滩险更甚，不通大船，来往止有本地小船，装米不及二十石。深秋水落，随地爬滩，即小舟亦虞浅阻。是萍乡一路水陆迂折，恐欲速反迟，且节节换船，起剥运费亦复不低。自不若北渡洞庭，由岳州直达武昌，尾随北省米船之后，经历长江行走较为便捷。”② 乾隆之所以同意拨运，是因为“此等运闽米石，原系预为储备，止须源源接运，以备应用，本非必须同时运到也”③。因此楚米就慢慢悠悠，从江西五福运往福建，以至于“大功告蒇”，大部分湖南米还在路上。最终处理结果，据何裕城奏：

> 臣查湖南米石自正月开运以来，天气晴和，又时值农隙，夫多运速。所有现应停运之七万五千石内，先已过山，运贮闽省光泽县水口者，三万五千六百六十三石零；已运贮五福水口尚未过山者，三万九千三百三十六石零。不特运回湖南途长费重，即分运江西曾经拨运军糈各厅县，抵补仓粮，所需水陆脚费亦属不赀。且江西地气潮湿，米难久贮，非西北官仓堪以存米抵谷者可比。臣与司道悉心商酌，莫若即将此米交与该处附近之府县，照依时价出粜，将价解存司库。俟本年秋收后，分给原拨军糈各县，买谷补仓，其价毋庸解还湖南，如有盈余，报部充公。至已经运抵光泽县米三万五千六百余石，臣即咨明李侍尧饬交该处府县，亦照时价就近出粜。其价或解还湖南，或存闽拨用，听李侍尧酌办。庶运回之脚费可以节省，而米价不至亏折，民食亦得充裕。④

征调黔、楚兵丁，与征调川兵的理由颇为相近。乾隆五十二年八月初二日谕旨：“因思湖广、贵州兵丁，前经调赴金川军营，于驰陟山险较为便捷。若调往台湾助剿，自更得力。著传谕舒常等于湖北、湖南各挑备兵二千，富纲、李庆芬于贵州挑备兵二千，拣选曾经行阵奋勇干练之将备带领。”⑤ 其中湖广官兵即从本省由江西一路行走，贵州兵丁从广西、广东一带行走，前抵闽省。贵州兵于九月十八至二十四日由古州威宁镇全数开船⑥，

---

① 何裕城奏折，乾隆五十二年七月二十日，第9册，第335页。
② 署湖广总督舒常、湖南巡抚浦霖奏折，乾隆五十二年七月二十二日，第9册，第343—344页。
③ 浦霖奏折，乾隆五十二年八月初十日，第9册，第410页。
④ 何裕城奏折，乾隆五十三年三月初二日，第10册，第354页。
⑤ 何裕城奏折，乾隆五十二年八月十一日，第9册，第418页。
⑥ 贵州巡抚李庆芬奏折，乾隆五十二年九月二十四日，第9册，第577页。

十月十二日全数到达闽省诏安县①，十一月初三至初八日全部到达蚶江②，总用时四十五天。

总之，从外围区补给投送兵力，粮饷尤其是粮食的补给，很大程度上是一种威慑手段，很难派上用场。但是兵丁的调动则不然，无论是川、楚还是黔兵，都是久经沙场，善于山地和台湾湿热环境的“特种”作战部队，深得乾隆信任。“川省屯练最为矫健，而黔兵于陟山履险素称便捷。此四千兵实足当数万之用。”③ 因此，他们的投送，沿途应用船只及一切应付事宜，都预为筹备。所以，无论是川兵用时五十五天，还是黔兵用时四十五天，都是乾隆令其“加紧兼程行走，愈速愈妙”，不计成本投送的结果。

四 影响大陆兵力补给与投送的因素

（一）空间经济规律对兵力补给与投送的控制

此次兵力的补给与投送，无论是官兵、粮饷还是火药，由闽省到粤浙，再到长江流域诸省，随着距离的增加，皆呈逐级递减的趋势，这正是距离衰减律使然。虽然战争行为不同于日常经济行为，并不以经济利益最大化为目的，但如果无理性地超长距离投送兵力，就背离了“兵贵神速”的战争原则。所以乾隆虽然本着兵力“预为宽备”的思想打仗，但也未调“京营劲旅”南下，理由正如乾隆所言：“至京营劲旅，朕非靳于调拨，惟念道里遥远，且不能服习台湾水土，即派往亦不能得力。”④ 处在长江流域的安徽省，是唯一没有补给和投送兵力的省份。此乃区域资源禀赋差异性使然。安徽虽然有兵，但没有能征善战的“特种兵”。而其所处的区位，正好属于川、黔这样只能调特种兵的区域。乾隆五十二年恰恰又是安徽的一个灾年，粮饷自给尚且不足，遑论对外投送。不从广东调米，也是资源禀赋使然，因为广东无米可调。

（二）交通不便对兵力投送的影响

乾隆五十二年前后，南方的交通仍以水运为主，包括内河与近海航线。此次兵力投送涉及的内河航线，以长江、珠江和闽江为主。近海航线以上海港、乍浦港—蚶江港、厦门港—鹿港、台湾府城组成的“折尺型”航线为主。河流上游及流域间的分水岭，如闽江与抚河、信江的分水岭——武夷山，赣江与湘江的分水岭——武功山，或因水浅滩多，或因山路崎岖，都需人力搬运，运输效率低下，是内河航运的瓶颈地带。

① 李侍尧奏折，乾隆五十二年十月二十六日，第9册，第674页。
② 李侍尧奏折，乾隆五十二年十一月十二日，第9册，第725页。
③ 阿桂奏折，乾隆五十二年九月十六日，第9册，第544页。
④ 福康安奏折，乾隆五十二年十月二十四日，第9册，第667页。

台湾海峡，风汛不常，是近海航线的瓶颈地带。以水运为主的运输方式，对兵力投送的影响是多方面的。第一，无论是粮饷还是兵丁的补给，主要来自近水次或近港口各州县。第二，江海联运，常常因海船不足，使长江流域的军力补给，无法以最快的速度，从长江口到达泉厦。第三，台湾海峡的风浪，成为大陆兵力投送的最大障碍。不远千里投送到蚶江、厦门的官兵，几乎没有不守风待渡的。如福康安，从京城接受了乾隆的密令，一路风尘仆仆，于九月十四日抵达厦门，恰遇飓风频作，连日不止，只好在大担门登舟候风。守风旬日，洋面依然风信频作。十月十一开船，又被风打回。直至十月“十四日，得有顺风，与海兰察同舟放洋。驶行半日，风色又转东北，船户即欲在料罗地方暂泊。臣仍令折戗开行，无如侧帆迎借旁风，往来转折，水道迂回，不能迅速。二十二日已至外海大洋，日暮时大风陡起，不及落帆，水深又不能寄碇，随风折回。至二十三日卯刻望见崇武大山，将近泉州惠安县洋面。维时风信愈烈，询据船户佥称，现值暴起，三四日方能平顺。当令收入崇武澳中湾泊，普尔普、舒亮及巴图鲁侍卫等船只后随至。臣遣人赴各船看视，皆因不惯乘舟，又遇风涛倾簸，呕吐不能饮食，间有患病者。臣以现在湾泊候风，并须添带淡水，该侍卫等既多疾病，不必在船坐守，即令登岸稍微歇息，一遇顺风，即可开船”①。直至二十八日申刻第三次放洋，二十九日申刻至鹿港后，又因潮退不能进口，十一月初一日清晨才登岸。火速前进的福康安，为渡台湾海峡，就耗时四十八天，比黔兵赶到厦门的用时还要多三天。至于在台湾海峡，因风急浪高，溺毙官兵、沉失粮饷、延误文报等事故，更是比比皆是。

从各地投送的官兵、粮饷和火药，最终都要进入福建省，在蚶江、厦门聚集渡台，因此福建的运力如何，会直接影响各路兵力的投送效率。“闽省办理兵差、运送军械等项，除海运外，皆系陆路，逾山越岭，向无车马，惟恃雇募人夫。缘平日另有一种江西及本省游食之人，专以受雇充夫为业，故农民各安田亩，不知有应差之事。即遇有重大差使，农民习以为常，谓各站各有充夫之人，于民间无与，是以州县遇有差务，俱系现雇人夫应用，从不能派及里下。非如陕、甘、云、贵等省，可以按田派夫，使之领价应役。而此等专以充夫为业之人，明知官府不能签派乡夫，每值差务紧急，辄一名索数名之价，否则不肯就道。地方官惟恐误差，不得不曲徇其意，增给价值。此闽省实在情形也。”战时紧迫，当然无暇推广陕、甘等省经验，李侍尧只好仰恳皇上用经济手段解决：“量增雇价，使人乐于受雇，则素不充夫之人既来受雇，则专以充夫为业之人，转不敢刁难，而地方官应付差事，可不致竭蹶。”②

（三）通信迟滞对兵力调动的影响

以驿站为主要通信传递体系的时代，中国的战争，都集中在大陆上。无论首都布局在中原中枢地带，还是在近海中枢地带，作为战争的最高决策者——皇帝，与前线

① 福康安奏折，乾隆五十二年十月二十四日，第9册，第664页。

② 李侍尧奏折，乾隆五十二年八月十七日，第9册，第458页。

指挥之间的情报往来，一般不会超过一个月时间。而在台湾用兵则不然，孤悬海外，且不说台湾海峡风汛无常，往返之间，动辄月余，单从北京到福建，考虑到要翻越武夷山脉，山路崎岖，溪河纵横，加之“闽省驿站，向无额设马匹，只设递夫驰送公文”①，几乎是耗时最多的通信线路。故因台湾战况信息被海峡风浪“封锁”，无论是常青、李侍尧、孙士毅还是福康安，常常处于“旬日以来，尚未续得信息，惟于进口商船密为探访”的窘境。海峡西岸尚且如此，远在北京的乾隆，更是一头雾水，不得要领。因此，战乱初起时，乾隆因得不到及时准确的战况信息，从而错判战争形势，致使林爽文乘机坐大。同样因为消息滞后，导致李侍尧和孙士毅，先期调了乾隆极不满意的浙江兵和广西兵。以至于身为两广总督的孙士毅，其主要职责之一，竟然是替乾隆打探台湾战况的小道消息。尽管孙士毅的消息经常性的失实，但对于“宵旰焦劳至于废寝，下怀萦切梦寐难安”的乾隆来说，有点消息比没消息的日子要好过，因此从不怪罪于他。

（四）乾隆个人的好恶对兵力调动的影响

乾隆自身的好恶，很大程度上影响了兵丁、粮饷的补给与投送。先说粮饷，自五十一年十二月至五十三年二月，先后运到台湾的米共四十余万石，比川米五十万石还要少。银共计四百四十余万两②，只相当于粤、浙两省补给的数量。单就粮食来说，台湾并非绝对缺米，据李侍尧奏：“查台湾自贼扰以来，专贩米谷之商船日渐减少，惟运送兵丁粮饷到台之船回棹时，有附载米谷内渡者。六、七月间，每旬或数百石，至一二千石。八、九月以来，海多风暴，回船本少。近日始有陆续回来，每船不过带米数十石、百余石不等。”③ 由此看来，乾隆因帑银充盈，于办理军务“预为宽备”、“从无靳惜”的做法，值得商榷。其实大范围的调粮，几乎没达到“散贼党而省兵力”的效果。倒是福康安虚张声势的十万大军，一定程度上摧垮了林爽文集团的心理防线。另外乾隆根据自己五十二年皇帝生涯，对各地兵丁强弱排定的座次，即川兵、黔兵最厉害，依次是楚兵、粤兵、闽兵、浙兵、广西兵，江西兵最为无用。这样的座次不能说没有道理，但认为江西兵于绿营中最为无用，以至于不调一兵一卒，显然有失公允，李侍尧就认为：“江西赣州兵素称强劲，且距闽省路亦近便。”值得征调。至于将军、总督、提督信赖程度的差异，如对常青、何裕城的偏见，对李侍尧的信赖，对福康安的依靠，对蓝元枚的过度期待，虽然是人之常情，也有一定的合理性，但还是多多少少影响到了战争的进程。不过以“古稀望八之年，须鬓早半白”之日，乾隆依然有如此清醒的头脑，运筹帷幄之中，决胜于万里之外，其实已经是最在行的皇帝了。

---

① 福建布政使觉罗伍拉纳奏折，乾隆五十二年八月十三日，第9册，第435页。

② 李侍尧奏折，乾隆五十三年二月初十日，第10册，第275页。

③ 李侍尧、徐嗣曾奏折，乾隆五十二年十一月初五日，第9册，第696页。

五 小结

兵力投送，其实是征服空间距离，并与时间赛跑的过程，古今中外概莫能外。那么，此次对台战争，作为最高统帅的乾隆，和他的臣民与时间赛跑的成绩如何呢？乾隆在《御制剿灭台湾逆贼生擒林爽文纪事语》① 一文中，对此次战争兵力投送的“迟与速”做了评述。乾隆的言论，很大程度上是对自己所调前线将领是否称职、及时的反思。其实，兵力的投送，最高统帅指挥如何，并非唯一影响因素。因为速度是距离与时间的函数，即空间与时间的函数关系之一，涉及很多已知与未知因素。

从空间上来看，涉及补给区、送达区及二者之间的交通路线等三个方面。送达区的需求决定着补给区与交通路线的选择。由于台湾人口以泉、漳二府及粤东移民为主，两岸声息相通，加之福建的军、民粮食，主要依靠台湾补给，因此，清政府的此次粮饷的投送，既要考虑战争前线的台湾，也要兼顾林爽文的家乡——泉漳。这种移民出发地与到达地之间的特殊关系，是以往乾隆所经历的战争中没有遇到的现象。

此次兵力的补给区，涉及东南沿海和长江流域两个区域。其中，兵丁主要从福建、广东、浙江、四川、贵州、湖南、湖北和广西征调；饷银主要从福建、广东、浙江和江西支取；军粮主要采买自长江流域的四川、湖北、湖南、江西、江苏以及浙江的杭嘉湖平原。同时，随着战争的发展，兵力补给区域，由福建延展至毗连沿海省份，再延展至长江流域，有逐渐扩大的趋势。值得注意的是，虽然兵丁和粮食，都超越空间经济规律制约，实现了远距离补给和投送，但二者的缓急程度和作战目的有较大差异。兵丁，尤其是川兵、黔兵及海兰察率领的“百人足以当数千人之勇”的巴图鲁、侍卫、章京等，都是以“特种兵”的待遇进行投送的，因此他们可以不计成本。相反，粮食的补给和投送，尤其是外围区补给，很大程度上是乾隆的一种战略威慑手段，很难派上用场。

从四川、湖北、湖南和江西等省向福建投送兵力有两条主要路线：一是从长江进入鄱阳湖，沿抚河逆流而上，至江西建昌府新城县五福镇，再由旱路至福建省邵武府光泽县水口镇，或由江西广信府铅山县河口镇，过武夷山至浦城、崇安县，再顺闽江而下，经海路至泉州晋江蚶江港和厦门港；一是由顺长江流至江苏上海港、浙江乍浦港，再沿近海航线南下至蚶江和厦门。在台湾海峡，则由蚶江—鹿仔港、厦门—台湾府城四个港口对渡。其中，河流上游及流域间的分水岭，如闽江与抚河、信江的分水岭——武夷山，赣江与湘江的分水岭——武功山，或因水浅滩多，或因山路崎岖，都需人力搬运，运输效率低下，是内河航运的瓶颈地带。台湾海峡，风汛不常，是近海航线的瓶颈地带。对台湾海峡风浪影响认识不足，很大程度上决定着此次兵力投送的速度，这一点在乾隆身上体现得尤为明显，如在读到任承恩折中：“奴才随即统领官兵两千名，配船二十五号，于十二月十七日开行，因风雨阻滞，直至正月初四夜放洋。”

① 此碑现存厦门南普陀寺内。

乾隆朱批："岂有阻滞十余日之理。"[①] 在台湾海峡，候风十余日实属正常，等福康安被阻滞四十八天，乾隆早已知道海峡风浪的凶险，自然不再抱怨了。

许多研究林爽文战争的著述，都喜欢用调拨钱粮总数来衡量此次战争的规模，其实，真正运过台湾海峡的粮食只有四十余万石，银四百四十万两，不及常见统计数据"一千万"钱粮的一半。除一些钱粮直至战争结束还在路上外，大部分屯在海峡西岸的福建。因此，此次战争之所以持续时间长，其难度主要是海岛孤立无援与海峡风浪阻隔造成的。否则，在"人多力量大"的传统作战年代，以林爽文区区一二县之兵力，倘若在无海峡阻隔的内地，是很难成气候的。再者，如果常青的奏折从台湾投出，等收到乾隆的朱批或谕旨，很可能在两个月以后，一年零三个月的战争，实在算不了用时太长的战争。因此乾隆战后总结时，以"迟与速"为主题，可谓切中肯綮。值得庆幸的是，鹿仔港和鹿耳门周边大多数是泉州庄或广东庄，假如是漳州庄，林爽文因此阻断海上交通咽喉，台湾还能否是大清国土，估计得另当别论了。

其实，远离大陆的岛屿国土，因自然环境恶劣，对于不同经济类型的国家，其价值和经营理念相差很大。对于一些很早就步入远洋贸易、远洋渔业，并从中获利的国家或地区人们以及海盗来说，有淡水的岛屿，或能避风的岩礁，便是补给点和避风港，是茫茫大海中的天堂，因此也是他们着力占据、经营和守护的海洋国土。对于传统大陆农业国家来说，如果岛屿上没有可供耕种的土地，就没有经济价值可言，自然也就不会着力、持久地经营，更难用国土的标准占据并守护了。台湾岛从自然条件和农业基础来看绝对是宝岛，但这些条件，并不是雍正开疆拓土、收复台湾的原动力。当初施琅带兵收复台湾和澎湖，根本目的是彻底肃清以此为基地，自明代以来就长期滋扰东南财富之地的土、洋海盗。因此在台湾内属后，清政府对台湾治理的基本理念，便是派重兵弹压，使其"虽有奸萌，不敢复发"。但台湾自给自足的国土资源，海岛易守难攻的地域形胜，偷渡移民的冒险精神，分类械斗培养出来的嗜血性格，以及海盗文化中天生的民主团结，如堆积在一起的硫黄、硝和木炭，一旦比例恰当，星星之火，即可引爆。因此，林爽文以二三县的"幺麽小丑"，让最称职的皇帝宵衣旰食，吃尽苦头，实属正常。否则，在现代战争条件下，蒋介石还哪里敢选择台湾作为"远遁"的基地。

（作者单位：厦门大学历史系）

① 福建陆路提督革职留任任承恩奏折，乾隆五十二年正月十四日，第9册，第52页。

男逸女劳：岭南经济民俗的历史地理学考察

范玉春

近代以前的妇女劳动问题一直是中国经济史研究中一个比较薄弱的领域，一个人们习以为常的说法是，中国古代社会是家庭农业与手工业的结合体，“男耕女织”是“天经地义”的社会分工。李伯重通过对明清时期江南地区的研究，对上述结论提出了质疑，他指出，“男耕女织”这种农家男女劳动安排方式的形成和存在是有条件的，绝非放之四海而皆准的普遍模式和万古不变的固定模式，“男耕女织”也不是近代以前中国农家劳动安排的唯一方式；除了这种模式之外，还有其他许多模式①。作为一种经济分工模式，“男耕女织”不仅是特定历史时期的产物，也具有地域分布的巨大差异。即使是在纺织业最发达的明清时期江南地区，“男耕女织”也不是一种普遍的经济分工模式。在五岭以南地区，由于农业发展水平相对落后，狩猎一直作为重要的经济部门而存在，纺织业不发达，男子主要从事狩猎，妇女则成为农业生产的主要承担者。加上南方地区气温较高，降水充沛，一年四季均适宜作物生产，因而没有明显的淡季；而狩猎则具有明显的季节性，在淡季，男子往往闲住，与终年忙碌的妇女明显不同，因此形成“男逸女劳”的特有民俗景观。

一

“男女并耕”本是农业发展水平相对落后时代的普遍现象，但在明清时期的南方地区，“男女并耕”不仅仍然大量存在，而且在壮族聚居地区还发展成为一种典型的“男逸女劳”现象，男子相对而言显得轻松、闲散，而妇女不仅是农业生产的主要承担者，也是市场交易、官府差役的主要承担者。

对于岭南地区的这种习俗，古代文献中有大量记载。

唐代的柳州“俗好游惰，男不知力田，女独苦井臼”②。宋代，岭南地区“男逸女劳”的现象十分突出，分布地域也非常广泛。广东龙川县“人多蛮僚，妇人为市，男

---

① 参见李伯重《从“夫妇并作”到“男耕女织”——明清江南农家妇女劳动问题探讨之一》、《“男耕女织”与“半边天”角色的形成——明清江南农家妇女劳动问题探讨之二》，载李伯重《多视角看江南经济史》，生活·读书·新知三联书店2003年版。

② 谢启昆：《广西通志》卷87《舆地略八·风俗一》引柳宗元《大云寺记》。

子坐家"[①]。广西中南部地区，"旷土弥望，田家所耕，百之一尔，必水泉冬夏常注之地，然后为田。苟肤寸高仰，共弃而不顾。其耕也，仅取破块，不复深易。乃就田点种，更不移秧。既种后，旱不求水，涝不疏决。既无粪壤，又不籽耘，一任于天。既获，则束手坐食以卒岁，其妻乃负贩以赡之，己则抱子嬉游，慵惰莫甚焉"[②]。宋代林弼《龙州诗》"趁虚野妇沽乱酒，候客溪童进辣茶"[③]，元代陈浮《思明诗》"手捧槟榔染蛤灰，峒中妇女趁墟来"，也都反映了宋元时期岭南妇女参加劳动的情况。钦州一带"城郭墟市，负贩逐利，率妇人也"，"为之夫者，终日抱子而游，无子则袖手安居"[④]。

这种习俗在明代的岭南地区仍然存在。广东惠州府和平县"户必力田，妇女皆芸获，虽缙绅亦间有之"[⑤]。在壮族聚居的桂南、桂西南、桂西地区，这种习俗更加普遍。据明人王济记载，"余初至横（州），入南郭门，适成市，荷担贸易，百货塞途，悉皆妇人，男子则不十一"。尤其值得关注的是，"男逸女劳"本是壮族等少数民族的特有习俗，但流风所染，横州等地的汉族官绅也有此俗："城中居者多戎籍，不敢买仆，有仆则有差，虽武弁之家例不得免，故厮役多用妇人。至于贩粥、侍从亦然，大家巨族有至一二十人，有善经纪者，值银二十两。有司、民间亦染此俗。"县城附近尚且如此，在壮族聚居的乡间，妇女参与大田劳作、趁墟就更加普遍了，"乡村人负柴米入市，亦是妇人"[⑥]。明代廉州府"俗淳朴，衣无华彩，虽妇人亦负担贸易以为活计"[⑦]；钦州"妇效男事而忽女工"[⑧]，妇女参加大田劳作、趁墟贸易非常普遍。"多妇人为市"[⑨] 成为岭南地区重要的民俗景观。明人董传策被贬广西南宁，途中所见"村圩市果蔬及担负行者，皆妇人"[⑩]。万历年间徐霞客在广西各地经常见到"妇人为市"的情况：柳江"东岸犹多编茅瞰水之家，其下水涯，稻舟鳞次，俱带梗而束者。诸妇就水次称而市焉，俱从柳城、融县顺流而下者也"[⑪]。不仅如此，妇女还要承担官府差役。徐霞客在广西镇安府境内游历，沿途经停各村，不断更换驿夫，其中就有当地妇女[⑫]。湖南南部的永州由于地理上"近粤"，其习俗也与岭南接近，"一路铺递、皂快、马卒之徒，皆以妇女代男为之"[⑬]。

延至清代，岭南地区"蛮俗"之异于"华俗"者之一仍然是"男耘女籽，……谷

---

① 阮元：《广东通志》卷93《舆地略十一》"风俗二"引《太平寰宇记》，道光二年刻本。

② 周去非：《岭外代答》卷3"惰农"条。

③ 谢启昆：《广西通志》卷88《舆地略九·风俗二》。

④ 《岭外代答》卷10《蛮俗门》"十妻"条。

⑤ 《广东通志》卷93《舆地略十一》"风俗二"引《和平县志》，道光二年刻本。

⑥ 王济：《君子堂日询手镜》，中华书局1985年版，第14—15页。

⑦ 张国经：《廉州府志》卷2《地理志·风俗》，载《稀见中国地方志汇刊》本，中国书店据崇祯十年刻本影印，1992年。

⑧ 林希元：《钦州志》卷2。

⑨ 谢肇淛：《五杂俎》。

⑩ 董传策：《渡左江诸泷记》，载《古今游记丛钞》第8册，中华书局1936年版，第147页。

⑪ 徐弘祖《徐霞客游记》卷3下《粤西游日记二》，上海古籍出版社1987年版，第372页。

⑫ 《徐霞客游记》卷4上《粤西游日记三》，第492、493页。

⑬ 陶晋英：《楚书》，载《丛书集成初编》，中华书局影印本，1991年，第7页。

或剪或刈，皆出女手”①，妇女的劳动强度明显大于男子。清人吴震方在广东惠州、大埔等地游历时也对岭南妇女参与劳作的情况留下深刻印象：“岭南婢女赤足行市中，亲戚馈遗盘榼，俱妇女担负，……甚有肩木担盐，往来濡织。雇夫过山，辄以女应”；“惠州水城门外，妇女日汲江水而卖；大埔石上丰市，妇女挑盐肩木，往来如织。雇夫过山，辙以女应”②。云南省广南府“村寨皆夷民，耕织相兼，男子懦而性惰，女健而力勤”③；与广西毗邻的贵州境内也零星分布着上述习俗，贵阳府农民“性惰”④。在壮族等少数民族聚居的广西，此种习俗更为常见。宾州境内，壮族妇女“绣衣骑牛入市贸易”⑤。横州“男子不务耕，尚好赌博，妇女知守阃则，勤刺绣，……女婢负米于市”；永淳（今属横县）境内“男好逸，女负劳，春秋力作、趁墟贸易，率多妇女”；永康州（今属大新县）“每值墟场，妇女杂沓”⑥。在壮族聚居的武鸣乡村，妇女不仅在生产劳动中占据主导地位，“市廛多妇女贸易”也是当地壮族民俗的重要内容⑦。柳州壮族聚居地区甚至“解牛多俚妇，亦曰屠婆”⑧。上林境内壮民“三日一趁墟，悉任妇人为之，男子怠惰嬉游，不勤生理”⑨。广西南部的宁明州在清末仍是“妇女多勤苦而少冶游”，“男子游手赌博，而健妇独力持家，其夫赖以存活者。盖习俗相安，不以为病也”⑩。崇善县“壮人散居乡间”，妇女不仅在农业生产中起主要作用，还从事商业贸易等活动，邑人谢兰《丽江竹枝词》中有“市东喧响郡城东，贩妇如花倩倚风”、“玉环穿耳谁家女，负贩归来坐小船”等句⑪，反映的即是境内妇女参加商贸活动的情况。左州境内“男子多逸，妇女负劳，操井臼，躬□□，采薪于山，汲饮于河”⑫。新宁州也是壮族聚居地区，“居城之家，凡事皆以妇女主之，沾体涂足，辛苦备尝”，男子则“每以赌博营生，破产倾家，在所不惜”⑬。永康“每值墟场，妇女杂沓，赶途贸易”⑭。桂西北的庆远府在明清时期也是男逸女劳，“耕作力田，以及走墟市场，大率皆妇人”，甚至“解牛多俚妇，亦曰屠婆”⑮。桂东南的廉州一带“支持门户者皆女子，或胼手胝足，尽力南亩；或逐末趁墟，肩挑贸易，皆妇女为之。男子执役，则群相诟詈；山海妇女裸膝跣足，各佩山刀，行坐不离”⑯。清人马倚元《合浦杂咏》有“城乡

---

① 周诚之：《龙胜厅志·风俗》引钱元昌《粤西诸蛮图记》。

② 吴震方：《岭南杂记》上卷。

③ 岑毓英等：《云南通志》卷30《地理志五》“风俗”，引《广南府志》，光绪二十年刻本。

④ 鄂尔泰等：《贵州通志》卷7《地理志》“风俗”，乾隆六年刻本。

⑤ 陆祚蕃：《粤西偶记》，《小方壶斋舆地丛钞》第7帙。

⑥ 金鉷：《广西通志》卷32《风俗》。

⑦ 温德溥：《武鸣县志》第3卷《地理考·风俗》引《一统志》。

⑧ 吴光升：《马平县志》卷2《地舆·风俗》。

⑨ 张劭振：《上林县志》卷上《土风》，康熙年间修，民国抄本。

⑩ 黎申产：《宁明州志》卷下《风俗纪》。

⑪ 吴龙辉：《崇善县志》第5编《文化·文艺诗词》，民国二十六年抄本。

⑫ 李铨：《左州志》卷上《村坊·风俗附》，民国十九年刻本。

⑬ 张灿奎、戴焕南：《新宁州志》卷2《舆地·风俗》。

⑭ 谢启昆：《广西通志》卷88《舆地略九·风俗二》。

⑮ 英秀、唐仁：《庆远府志》卷3《地理志下》“风俗”，道光九年刻本。

⑯ 张堉春、陈治昌：《廉州府志》卷4《舆地志四·风俗》。

户户耐清贫，男自偷闲女自勤”之句①，形象地反映了当地“男逸女劳”的情况。桂东的富川县“瑶、汉杂处，俗尚朴陋。……穷民之妇，日汲水鬻钱以养其夫”②。恭城“庶民之家，妇女亲操舂杵，担汲于江，摘蔬于野，樵薪于山，……而蚕织之工无闻焉”③。成书于民国时期的《岭表纪蛮》也反映了岭南妇女在社会生产生活中的主导地位：“凡耕耘、烹饪、纺织、贸易、养育、负担诸事，女子皆能任之。”时至今日，这种“男逸女劳”或“男女均劳”现象仍在广西大部分地区广泛存在着。20世纪50年代以前，灵川县西部还有一种“媳妇娘墟”，赶圩的人均为妇女。这种由妇女承担墟市交易活动的场所俗称“老婆墟”。

由此可见，在岭南地区，“男逸女劳”这一特殊民俗的分布范围基本上与壮族聚居地域重合，表现出很强的民族性、地域性。在汉族占多数或深受汉文化影响的地区，更多地表现为“男女均劳”，即男女均参与大田劳动和贸易活动，女子的辛劳一如既往，但不存在壮族地区常见的“男逸”现象。如在桂西北的思恩县（今环江县），不特“男子不怠玩游”，女子“才力亦不让于男子，凡农事工作，男子所能者，女子尽能之，且襁负其子，作工于烈日苦雨中，较男子为劳。其刺绣、纺织、井臼、炊爨为女子分内职业者，均克尽厥职。……兼能营商交易，每墟场趁墟之人，男女各半”，妇女趁墟成为当地一道特殊的风景，与邻近的湖广等地截然不同，“外来人骤然见之，颇诧异”④。贵县（今贵港市港南区、港北区、覃塘区）风俗的汉化程度很高，“士多志学，虽贫亦延师教子，以故科名独盛。男子务耕读，妇女守阃范，颇知崇尚廉耻”；雒容（今属鹿寨）“壮与汉杂居，汉居十之二三，男女皆力田、赶墟、佃耕而食”⑤。壮族聚居的武缘县也是“男知力田，女业纺织”⑥。这种变化大概跟该地长期以来是桂中地区的政治中心（明清时期思恩府治所）、汉族移民数量较多有关。

桂北的桂林一带深受中原文化的影响，男女界限清楚，男子成为农业生产的主要承担者，但女子仍在大田劳动中占有一定地位。直至清代，女子仍然参加大田劳作。清代乾隆时期曾任广西巡抚的李绂在其《劝农过花桥》⑦一诗中写道：

一雨东郊野色遥，劝农小队过花桥；
水田稻叶深如许，耘女连畦绿国腰。
……
桑麻鸡犬故园情，饷妇耕夫作队行。

---

① 《廉州府志》卷26《艺文四》。

② 金鉷：《广西通志》卷32《风俗》。

③ 光绪：《平乐府治》卷32《风土部·风俗》。

④ 吴瑜：《思恩县志》第2编《社会·风俗》，民国二十四年铅印本。

⑤ 王锦、吴光升：《柳州府志》卷11《民俗》，刘汉忠等据乾隆二十九年刻本点校，京华出版社2003年版，第151页。

⑥ 金鉷：《广西通志》卷32《风俗》。

⑦ 曹泌：《临桂县志》卷16《建置志四·梁津》。

说明清代桂林妇女不仅要为耕夫送饭下田，也承担着耘田等辅助性大田劳动。桂北地区的灌阳“俗尚质朴”，“男子皆以耕读为业，女子勤纺织，习针凿，议酒食，成衣履，不识田野负担之事，所谓有闺门之修，无境外之志也”①，“惟崇顺堡妇女素不缠足，且勤耕作，与男子均劳”②。崇顺堡是灌阳县境内瑶、壮民族聚居地，可见“女劳”现象亦主要盛行于少数民族地区。灵川县境内每到春耕农忙时节，“分秧插田，男女杂作”，妇女与男子同样承担着繁重的大田劳作，但县境南北地区风俗差异仍较大，“北半之民，男多劳而女较逸，妇女中馈外，止及园蔬，至分秧时偶一杂作耳。南半之民，女多劳而男较逸”，北部风俗大概受湖湘风俗影响所致，南部风俗则与当地“男子多营工商，一切农事必使妇女助之”有关③。

二

妇女参与大田劳作并非岭南地区特有的现象，在湘江流域、徽州、苏北、赣南粤北闽西客家人聚居地以及东南沿海地区，妇女都在农业生产领域扮演着不可替代的角色，但与此相伴随的是男子或以外出经商，或以读书为业。也就是说，在其他地区，“女劳”并不与“男逸”相伴随。只有在岭南地区，“男逸女劳”才形成一种独特的经济民俗。这种特殊的经济民俗的形成，具有复杂的自然和社会背景，概而言之，主要有以下两点：一是由于岭南地区特殊的地理环境，农业生产的落后与狩猎作为一个重要经济部门的长期存在，严重影响了当地的性别社会分工；二是男子的普遍军事化，即在土司制度下，男子更重要的职业是充当土兵和狼兵，只有在难得的闲暇时间才从事农业生产劳动，妇女因此不得不成为农业生产以及其他各种生产活动的主要承担者。

包括岭南在内的长江以南地区农业的开发明显晚于黄河流域，渔猎经济长期占有重要地位。据《汉书·地理志下》记载，“江南地广，或火耕水耨，民食鱼稻，以渔猎山伐为业”。宋代，广西境内有“僚”人，“依山林而居，无酋长版籍，蛮之荒忽无常者也。以射生食为活，虫豸能蠕动者皆取食”④。由于开发进程的落后和不一，直至明清时期，岭南地区社会经济发展的地域不平衡性仍然相当明显，但总体上看，即使是农业发展水平较高的桂北地区，狩猎在社会经济中也占有一定比例。如明代的桂林府，基本上是“不渔则樵”，所辖全州也是“田野沃润，耕渔为业”⑤；柳州府南部的象州“地无桑柘，民不事蚕作”；壮族聚居的上林县“土不种麦，地不植桑”⑥。南宁府横州更有所谓“惰农”：

① 范光祺：《灌阳县志》卷3《风俗》，道光二十四年刻本。

② 蒋良术：《灌阳县志》卷4《风俗》，民国四年刻本。

③ 李滋繁：《灵川县志》卷4《人民一·礼俗》。

④ 范成大：《桂海虞衡志》“志蛮”。

⑤ 林富、黄佐：《广西通志》卷17《风俗志》。

⑥ 同上。

吴浙农家甚劳，横之农甚逸，其地皆山乡，有田以丘，则有塘储水，塘高于田，旱则决塘窦以灌。又有近溪涧者，则筧溪涧。故横人不知有桔槔。每岁二月布种毕，以牛耕田，令熟，秧二三寸即插于田，更不复顾，无水方往决灌。略不施耕荡锄之工，惟薅草一度而已，勤者再之。薅者，言拔去草也。至六月，皆已获。每一亩得谷者为上。此亦习于逸惰而不力耳。又有畲禾，乃旱地可种者，彼人无田之家并瑶壮人皆从山岭上种此禾，亦不施多工，亦惟薅草而已，获亦不減水田。彼又不知种麦之法，故膏沃之地，皆一望芜莽不顾①。

壮族男子“善伏弩，猎山而食，儿能骑犬，引弓射雉兔，掘鼠”②，平时很少参加农业生产，捕鱼、狩猎成为其主要经济活动。由于渔猎经济具有很强的季节性，在冬季，男子往往闲住。而广西地处热带和亚热带地区，终年气温较高，适宜农作物生长，早在宋代，钦州一带的水稻种植就很发达，甚至达到了“无月不种，无月不收”的状况，因此，妇女终年劳累也就是顺理成章的事了，与男子的闲住形成鲜明反差，难免给外人留下“男逸”而“女劳”的印象。

男子较少参加农业生产劳动还与唐宋以来朝廷在岭南地区推行羁縻—土司制度导致当地男子的普遍军事化有关。唐宋以来，中央政府对少数民族聚居的西南地区实行羁縻—土司制度，在保留了当地原有的社会制度的前提下，“以夷治夷”，通过少数民族首领对当地人民实行间接统治。在羁縻—土司制度下，土司是名副其实的土皇帝，拥有至高无上的地位，不仅全部土地为其所有，所有人民也成为土司的奴仆，平时为土司耕种土地，提供各种劳役，战时，则被签发为兵，跟随土司征战：“所隶人民尽籍为兵，各甲诸寨皆有土兵，寨目统之”③，“谓之田子甲，言耕其田而为之甲士也”④。宋代，广西乡兵名目繁多，数量庞大，有土丁、保丁、寨丁、峒丁等名称，其中“峒丁”就是隶属于少数民族首领的私人武装，他们平时听命于土司，朝廷有事，则征发他们担任修桥铺路、防守城镇等辅助性军事任务。北宋熙宁年间，峒丁一度成为抵抗安南入侵的主力。“靖康之变”后，广西峒丁还曾组织人马北上“勤王”⑤。明代，桂西土司所领私人武装被称为狼兵。明代中期以后，由于卫所官军大量逃亡和缺员，朝廷遇到重大战事每每征集募兵作战，广西更是“凡有征调，全倚土兵”⑥。关于明代俍兵的数量，时人估计“无虑十数万”⑦，几乎占了当地成年男子人口的绝大比例。土司管辖地区的男子“少长，习军骑，应募为狼兵”⑧，当兵打仗成为其谋生的主要手段。男子的普遍军事化，导致男子大量退出农业生产领域。这样，妇女就不得不在承担家务劳动的同

① 王济：《君子堂日询手镜》，《丛书集成初编》本，中华书局1985年版，第35—36页。

② 郑若曾：《筹海图编》第11卷《狼兵》，《四库全书》第584册本。

③ 王誉命：《西隆州志书》之“捍围”。

④ 《岭外代答》卷3《外国门下》“田子甲”条。

⑤ 《岭外代答》卷3“田子甲”条、范成大《桂海虞衡志》“志蛮”；另见钟文典主编《广西通史》第1卷，广西人民出版社1999年版，第217—218页。

⑥ 《续文献通考》卷128《兵考》“郡国兵·乡兵”，浙江古籍出版社1988年版，第3942页。

⑦ 丘濬：《驭夷狄议》，《明经世文编》卷73。

⑧ 郑若曾：《筹海图编》第11卷《狼兵》，《四库全本》第584册。

时，承担起繁重的大田劳作、商品交易等重任，从而导致“女劳”现象的广泛存在。

三

妇女广泛参与农业生产劳动，标志着岭南地区妇女在社会经济生活中扮演着非常重要的角色，这也是当地妇女社会地位较高的主要原因。在壮族地区，“凡事皆以妇女主之”①，“支持门户者皆女子”②，就与妇女参与所有经济活动、在家庭中的地位较高有关。笔者曾听钟文典教授亲自讲过，20世纪80年代，他们前往桂平一带进行田野考察，借住在当地农民家里，每天陪同客人在堂屋中吃饭喝酒的也是妇女，男人则蹲在屋子外吃饭。宋代以后，尤其是明清时期，由于人口压力的出现，全国很多地方出现了“溺女婴”的陋习，在岭南地区汉化较深的桂北、桂东以及珠江三角洲地区，这一陋习也广泛存在，但在壮族聚居地区，则很少见。其主要原因一方面与壮族宗法制度的不完善有关，另一方面也与女子在社会经济中占有重要地位分不开。

“男逸女劳”的广泛存在，还催生出岭南地区其他的特殊民俗。

多妻现象。多妻本是古代社会的一种普遍现象，但多妻现象产生的具体原因则各不相同，有的是出于男子追求性欲的最大满足，有的是为了生儿育女、传宗接代。岭南地区的多妻则纯粹出于经济目的，即将多妻作为增加家庭劳动人手和经济收入的主要手段。这一点，即使是在宋元时期的真腊，也有类似表现：“国中交易，皆妇人为之。所以唐人（指侨居真腊的中国人）到彼，先纳一妇人者，兼亦利其能买卖故也。”③ 在岭南，“钦之小民，皆一夫而数妻，妻各自负贩逐市，以赡一夫”④。

为了适应大田劳作，岭南妇女的服饰也有其特殊性：一是天足与赤脚，二是穿短衫。“岭南妇女多不缠足，其或大家富室闺阁则缠之。妇婢俱赤脚行市中，亲戚馈遗盘榼，俱妇女担负，至人家，则袖中出鞋穿之，出门即脱置袖中，女婢有四十、五十无夫家者。下等之家，女子缠足则皆诟厉之，以为良贱之别。”⑤ 广东“高州妇女多椎髻跣足，每入城负小儿以行，儿即于背上酣睡”⑥。桂北的灌阳，汉族妇女均缠足，“惟崇顺堡妇女素不缠足”⑦。灵川县境内“大家妇女装饰一如桂林，惟不裹足；寻常妇女则头束青巾，衣长及膝，着裤，少衣裙者”⑧。在桂西北的思恩县，女子“才力亦不让于男子，凡农事工作，男子所能者，女子尽能之，且襁负其子，作工于烈日苦雨中，较男子为劳”，妇女服饰则是“衣短衫，挽髻，不缠足”⑨。明朝万历年间，徐霞客在

① 张灿奎、戴焕南：《新宁州志》卷2《舆地·风俗》。
② 张堉春、陈治昌：《廉州府志》卷4《舆地志四·风俗》。
③ 周达观：《真腊风土记》20“贸易”，夏鼐校注中华书局1981年版，第146页。
④ 《岭外代答》卷10《蛮俗门》“十妻”条。
⑤ 《岭南杂记》上卷。
⑥ 同上。
⑦ 蒋良术：《灌阳县志》卷4《风俗》，民国四年刻本。
⑧ 李滋繁：《灵川县志》卷4《人民一·礼俗》。
⑨ 吴瑜：《思恩县志》第2编《社会·风俗》。

太平府、镇安府以及南宁府属隆安县等地考察，也对当地特殊服饰有着直接观察：隆安“男子着木屐，木片为底，端绊皮二条，交于巨趾间”，“妇人则无不跣者”①。桂西北的思恩县“妇女草笠短衣”②。湖南南部的“永（州）近粤，乡村间稍杂以彝僚之俗，男子衣裙曳地，妇女裙袴反至膝止，露骭跣足，不避秽污。著草履者，其上也。首则饰以高髻，耳垂大环，铸锡成花，满头插戴。一路铺递、皂快、马卒之徒，皆以妇女代男为之，致男女混杂戏剧，官不能禁”③。

“男逸女劳”民俗最极端的表现就是“产翁制”的遗存。产翁制度是父系氏族制代替母系氏族制时所产生的一种习俗，一般表现为：指男子在其妻子生产期间，模拟妻子“分娩”，或在妻子分娩以后装扮成产妇卧床抱子，代替妻子“坐月”，而真正的产妇则照例外出干活，并为卧床“坐月”的丈夫准备饮食。我国的壮族、傣族、仡佬族、藏族等都曾保留着这种古老的习俗，不少中外典籍对我国南方及西南少数民族曾经盛行的“产翁制”也都做了较为详尽的记载。宋代《太平广记》卷483引《南楚新闻》记载：“南方有僚妇，生子便起，其夫卧床褥，饮食皆如乳妇”；“越俗，其妻或诞子，经三日，便澡身于溪河。返，具糜以饷婿。婿拥衾抱雏，坐于寝榻”。文中提到的“僚”、“越”均是壮族等南方少数民族的旧称。宋代的钦州一带，“城郭墟市，负贩逐利，率妇人也”，“为之夫者，终日抱子而游，无子则袖手安居”④。12世纪，云南的金齿人盛行此俗，李宗昉《黔记》卷4：“郎慈苗在威宁州属，其俗更异，产子必夫守房，不牖门户，弥月乃出。产妇则出耕作，措饮食以供夫及乳儿外，日无暇晷。”元代来华的著名旅行家马可·波罗在游记中记录了中国云南保山一带少数民族的特殊风俗：“男子们除了醉心于骑马、行猎和使用武器及军事生活外，从不关心其他事情，至于家务管理，完全由他们的妻子负责”；“孕妇一经分娩，就马上起床，将婴孩洗干净包好，而她的丈夫则立即躺在她的位置上，将婴孩放在身边，看护四十日。同时这一家的亲戚朋友都来向他道喜，而他的妻子则照管家务，将饮食送给床上的丈夫吃，并在旁边给孩子哺乳”⑤。明清以后，有关岭南地区产翁制的记载已不多见，但妇女下地干活、男子在家照顾孩子则仍很普遍。

综上所述，由于特殊的地理环境和民族分布格局，岭南地区长期流行一种迥异于中原和江南地区的特殊男女劳动分工模式，其主要表现就是“男逸女劳”，在男子以渔猎、从军为主要谋生手段的背景下，妇女承担着繁重的大田劳作、商品交易以及家务等主要经济活动，终年劳累，与男子的相对安逸、休闲形成鲜明对比。这一习俗的分布具有很强的地域性和民族性，也在一定程度上反映了岭南地区的经济发展水平。

（作者单位：广西师范大学历史文化与旅游学院）

---

① 《徐霞客游记》卷4上《粤西游日记三》，第528页。

② 英秀、唐仁：《庆远府志》卷3《地理志下》“风俗”，道光九年刻本。

③ （明）陶晋英：《楚书》，第7页。

④ 《岭外代答》卷10《蛮俗门》“十妻”条。

⑤ 《马可波罗游记》第2卷，张星烺译，上海商务印书馆1937年版，第247页。

明清时期广西瑶族地理分布的变迁*

郑维宽

现代的研究表明，瑶族是一个起源于黄河、长江中下游的民族，其主要来源是古代的九黎和三苗，是从九黎部落集团和其后三苗部落集团的一个分支发展而来①。后来由于受到汉人的压迫，便沿着湘黔间的民族迁徙走廊，不断向南迁徙，于隋唐时期到达南岭山区，宋元时期逐渐深入岭南，明清时期进一步扩散开来，在岭南形成了大分散、小聚居的分布格局。汉人对瑶族先民的称谓经历了一个不断演变的过程，南朝以前称为蛮，如荆蛮、盘瓠蛮、武陵蛮、长沙蛮、五溪蛮等。东汉时期，瑶族的先民还有相当部分生活在江汉平原地区，史称“江夏大邦，而蛮多士少”②。随着汉人逐渐扩张其势力范围，瑶族逐渐退居到长沙、武陵、五溪地方，晋人干宝在《晋纪》中说：“武陵、长沙、庐江郡邑皆盘瓠之后。”南朝时出现了“莫徭”的称号，这是瑶族族称最早见于文献的称呼。南朝梁时，湘州零陵、衡阳等郡“有莫徭蛮者，依山险为居，历政不宾服”③。隋代长沙郡“又杂有夷蜒，名曰莫徭，自云其先祖有功，常免徭役，故以为名”④。瑶族在唐宋时期发展成为单一民族实体，并逐渐向南迁徙到广西境内，自此与广西的历史发生着密切的联系。正如清人李调元在《南越笔记》中所说：“粤无瑶种，古长沙、黔中、五溪之蛮也，生齿繁衍，播于粤东、西。”清人顾炎武在《天下郡国利病书》中对瑶族的起源及向南迁徙的情况有一段带有总结性的记载，他说：“及吴起相悼王，南并蛮越，遂有洞庭、苍梧之地。……蛮越之众，自此逾岭而居溪峒，分瑶、壮二种，瑶乃蛮荆，壮则旧越人也。瑶本盘瓠之种，产于湖广溪峒间，即古长沙、黔中、五溪之蛮是也。其后生息蕃衍，南接二广，右引巴蜀，绵亘数千里。椎髻跣足，衣斑斓布褐，各匀远近伍，刀耕火种，食尽一山则移一山。”一方面指出瑶族先民源自盘瓠，产于湖广溪峒间，即古长沙、黔中、五溪之蛮；另一方面，比较清晰地勾勒出瑶族南迁的路线，即从洞庭到苍梧，逐渐“逾岭而居溪峒”，其分布的范围也极大地拓展，“南接二广，右引巴蜀，绵亘数千里”。

---

* 本文系国家社会科学基金重点项目《中国历史民族地理研究》（11AZD059）和广西民族大学《历史时期广西民族地理研究》（2009QD003）阶段性成果。

① 奉恒高主编：《瑶族通史》上卷，民族出版社2007年版，第9页。

② 《后汉书》卷61《黄琬传》。

③ 《梁书》卷34《张缵传》。

④ 《隋书》卷31《地理下》。

瑶人较大规模迁入广西境内，见于宋代的文献记载。《宋史》称宋代瑶人广泛分布于南岭两侧的山区，地跨湘粤桂之境。此时瑶民居住的山区“自衡州常宁县，属于桂阳、郴连贺韶四州，环纡千余里，蛮居其中，不事赋役，谓之傜人”①。而南宋初年范成大和周去非的记载，更是清晰地再现了瑶人在广西境内的分布情况。根据范成大和周去非的记载，广西境内瑶人的分布包括静江府管辖的兴安、灵川、临桂、义宁、古县等县，融州管辖的融水、怀远等县。其中周去非更是详尽地记载了义宁县境内瑶人聚居的村落，指出义宁县“傜人聚落不一，最强者，曰罗曼傜人、麻围傜人，其余曰黄沙，曰甲石，曰岭屯，曰褒江，曰赠脚，曰黄村，曰赤水，曰蓝思，曰巾江，曰竦江，曰定花，曰冷石坑，曰白面，曰黄意，曰大利，曰小平，曰滩头，曰丹江，曰縻江，曰闪江，曰把界”②。总之，宋代从湘西南到桂北的融州、桂东北的静江府、桂东的贺州，为瑶族连片居住与活动的场所，而且在黔、桂交界地区的宜州，也有瑶人居住。吴永章先生指出：“宋代瑶人居住的重心偏北。以全国而论，主要分布在湖南；以今日瑶族聚居区广西而论，主要分布在桂北。可见，瑶族的迁徙路线是从北而南。加之，这时五溪一带的辰、沅、靖州，仍是瑶人重要居住区，当地瑶人势力也颇强。这种分布格局，为瑶族源于武陵、长沙蛮之说，提供了有力的历史依据。”③

元代瑶族继续南移，其分布重心也开始由湖南向岭南转移。从元代有关史籍的记载看，该时期广西瑶民起义及活动的中心区位于静江路及其所属灵川、临桂、古县、义宁、修仁、荔浦、阳朔诸县。此外，在桂北的柳州路、融州、庆远南丹安抚司，桂东的平乐府、贺州、梧州路、滕州，桂中的浔州路、象州、宾州、横州等地，也先后爆发过瑶民起义，足以证明元代广西境内瑶民的分布范围已较宋代大为扩展④。

由上可知，历史上的瑶人是一个处于不断迁徙状态中的族群，他们从北方不断南迁，活动的中心也逐渐南移。在元代以前，瑶民的活动中心尚位于岭北的湖南境内，但宋代的史料表明，已有相当部分的瑶民迁入岭南的粤北、桂北地区。宋末元初，瑶民大规模南迁至两广腹地，岭南地区逐渐成为瑶民活动的中心。而广西成为岭南瑶民活动的主要区域，并由广泛分布到逐渐聚居在几块固定的山地，则与明清时期中原王朝对岭南地区的经略和汉族移民的大规模迁入密切相关。因此，分析明清时期广西瑶民地理分布的情况，对厘清这一时期瑶民在广西境内的迁徙过程和分布变迁，探究瑶民形成今日分布格局的原因，具有较大的学术意义。以往关于广西瑶族分布的研究存在较多不足，一是将某个朝代作为一个时间断面，缺乏朝代内部基于时间序列上的动态分析，因而难以复原瑶族不断迁徙的动态过程；二是缺乏瑶族分布的某一空间在不同时期的对比，以及同一时期瑶族在不同空间分布情况的对比。值得注意的是，目前还存在着一种将瑶族解构为泛指边缘族群的观点，认为文献记载中的“瑶”往往并不

---

① 《宋史》卷493《蛮夷一》。

② （宋）周去非：《岭外代答》卷3《外国门下·傜人》。

③ 吴永章：《瑶族史》，四川民族出版社1993年版，第131页。

④ 嘉庆《广西通志》卷187《前事略》。

是指民族实体意义上的瑶族。上述问题的存在，使笔者觉得仍有必要对历史上特别是明清时期广西瑶族的地理分布问题进行梳理，以求教于方家。

一 明代广西瑶族的地理分布

明代是广西瑶乱最为严重的时期，官方册籍的记载不绝于书，这一情况的出现，与明代广西瑶族的地理分布和前代相比大为扩展、瑶民与汉民争夺土地等资源的斗争日益激烈密切相关。明代广西瑶族不仅分布广，而且人口多、势力强。据《明史》卷317《广西土司传》载："广西瑶、壮居多，盘万岭之中，当三江之险，六十三山倚为巢穴，三十六源踞其腹心。其散布于桂林、柳州、庆远、平乐诸郡县者，所在蔓衍。"清初闵叙也在《粤述》中记载明代广西"地瘠而陷，多山林溪峒，瑶、壮诸蛮连络而居，视编氓盖十之七"。有明一代，广西瑶民的反抗斗争从未真正停歇过，成为明代广西历史的一大特点。为此，笔者试以《明实录》和《殿粤要纂》的记载为依据，通过考察不同时期瑶民的斗争来复原其地理分布的情况。

（一）明中前期广西瑶族的地理分布

1. 桂北、桂东瑶乱及瑶人分布情况

明代中前期桂北地区瑶人的频繁作乱，为我们考察该时期瑶人在桂北各地的分布情况提供了依据。从瑶乱的发生地看，主要分布于桂林府的临桂、全州、灌阳、兴安、灵川、古田，柳州府的柳城、融县、忻城，庆远府的思恩县等地。早在明初，有关桂北瑶乱的记载就出现了，此后愈演愈烈。洪武十四年（1381），"柳州府融州瑶民作乱，官军讨平之"①。洪武二十七年，"全州及灌阳等县平川诸源瑶民聚众为乱，命湖广、广西二都司发兵讨之，擒杀千四百余人，诸瑶遂奔窜遁去"②。宣德二年（1427），广西三司奏称："柳、庆各府山贼，纠合瑶壮，于临桂等五县劫掠人财，已集民款置备器械守护。"③ 宣德四年，庆远府属思恩县治因屡次被瑶蛮攻劫，不能自守，朝廷准许徙治于境内白卜山寨④。正统元年（1436），庆远府瑶壮出没，杀掳人民，不能宁息⑤。成化四年（1468），广西瑶贼林裕肇等"劫宾州、柳城等县"⑥。成化五年，古田、灵川等县"瑶壮作乱"⑦。成化九年，广西忻城平田、风火等峒瑶贼"纠众流劫宾州、上

① 《明太祖实录》卷135，洪武十四年二月乙丑。
② 《明太祖实录》卷233，洪武二十七年六月甲午。
③ 《明宣宗实录》卷29，宣德二年七月乙未。
④ 《明宣宗实录》卷59，宣德四年十月辛亥。
⑤ 《明英宗实录》卷22，正统元年九月丙午。
⑥ 《明宪宗实录》卷52，成化四年三月辛巳。
⑦ 《明宪宗实录》卷66，成化五年四月丁巳。

林等处”①。正德七年（1512），广西兴安、全州“瑶贼为乱”②。

明代中前期，桂东瑶人主要分布在平乐府富川、恭城、贺县，梧州府岑溪、陆川、北流等地。洪武二十一年（1388），“平乐府富川县灵亭山、破纸山等峒瑶二千余人，占耕内地，啸聚劫夺，居民被扰。其恭城、贺县及湖广道州、永明、江华等县之民，逼近瑶峒，亦被其害”③。明朝设立富川守御千户所的主要目的，就是为了控制瑶人④。而处于两广交界处的岑溪，也是桂东瑶人聚居的一个地方，正统六年（1441），岑溪及广东泷水二县的瑶贼骆宗安等二百余人，“劫杀岑溪县连城乡民，死伤者五十余人”⑤。

2. 桂中大藤峡瑶乱与瑶人分布中心区

浔州府大藤峡地区是明代广西瑶乱的核心区，也是广西瑶族的集中分布区。从成化元年李贤的奏疏中，可以获知该区域的大致范围，李贤说：“盖广西瑶寇，处处有之，惟浔州大藤峡为大。大者既困，则小者不足平矣。峡前临河道，后抵柳、庆，左界昭、梧，右接邕、贵，中皆高山峻岭，惟藉刀耕火种，蓄积有限。况所耕之田，尽在山外。大军四面分守，截其出路，彼既不得掳掠，又不得耕种，不过一二年，皆自毙矣。”⑥ 大藤峡瑶民的反抗斗争始于明初，一直延续到万历时期。史料载：洪武八年，浔州府大藤峡瑶贼窃发，柳州卫官军擒捕之⑦。洪武二十年，浔州府境瑶贼出没不常，甚至广西布政使司参议汤敬恭也被生瑶所杀⑧。在明初王朝控制力较为强盛时尚且如此，此后更是愈演愈烈，并在15世纪中后期达到高潮。正统七年，广西浔州瑶贼蓝受二等，“恃所居大藤峡石门山险，纠集大信等山山老、山丁，或五六百人，或三四百人，递年作耗，劫杀抢虏”⑨。景泰七年（1456），浔州府大藤峡瑶贼“纠集荔浦等处首贼韦公海等，劫掠县治，杀虏人财”⑩。

此外，明中期，桂中的宾州、上林等地也有瑶人分布。比如成化八年韩雍等奏称：“宾州瑶寇经行要地，宜委按察司官一员，常居其地，往来柳庆、迁江、上林、南宁、宣化等境防守。”⑪

（二）明后期广西瑶族的地理分布

与明中前期相比，明后期广西境内的瑶人除了广泛分布于桂北、桂东各府所属州县外，在桂中地区，瑶人分布的区域已经向西部大为拓展，特别是在明中前期浔州府

① 《明宪宗实录》卷115，成化九年四月癸酉。
② 《明武宗实录》卷87，正德七年五月辛酉。
③ 《明太祖实录》卷190，洪武二十一年四月丙辰。
④ 《明英宗实录》卷60，正统五年四月丁丑。
⑤ 《明英宗实录》卷85，正统六年十一月辛丑。
⑥ 《明宪宗实录》卷13，成化元年正月甲戌。
⑦ 《明太祖实录》卷98，洪武八年三月戊辰。
⑧ 《明太祖实录》卷182，洪武二十年六月己卯。
⑨ 《明英宗实录》卷89，正统七年二月丙午。
⑩ 《明英宗实录》卷263，景泰七年二月丁卯。
⑪ 《明宪宗实录》卷109，成化八年十月丁丑。

大藤峡地区成为广西境内瑶人分布中心区的基础上，随着瑶人逐渐向西迁移，思恩府境内的土司地区成为广西瑶人分布的又一个聚居地。此外，桂南地区也迁入了一些山子瑶。瑶人向西、向南的进一步迁移，是明后期广西瑶族地理分布上呈现出的新变化。

1. 桂北、桂东瑶人仍大致保持了原有的分布格局

明后期，桂北的瑶族分布与中前期相比变化不大，主要分布于桂林府的灵川、兴安、阳朔、义宁、永福、全州、灌阳、古田，柳州府的洛容、怀远、象州，庆远府的河池州、思恩县等地。万历年间编纂的《殿粤要纂》较为详细地记载了本区域瑶人的分布情况。在桂林府，灵川县“界内瑶壮，惟六都、七都最多”；兴安县“民、瑶驯扰”；阳朔县“民、瑶杂居，不甚为梗”；义宁县“户口止十二里，余皆瑶、壮”；永福县“自古田既平，瑶、壮种类浸繁”；全州西延“地广林僻，瑶多轻生健讼”；灌阳县“田沃山饶，而瑶人十九遵化”①。在柳州府，府城以外“绕地率瑶、壮矣”；洛容县“所辖五乡瑶、壮丛杂”；怀远县“自三甲以往，多瑶人、侗人”；象州“自郭三里而外，瑶、壮丛错”②。在庆远府，府城以外“民之家一，而瑶、壮之穴九”；河池州“瑶、壮视昔禀令，征税无逋”；思恩县“瑶、壮杂居”③。

该时期桂东瑶族的分布仍很广，境内几乎所有的州县都有瑶人分布，包括平乐府的平乐、恭城、富川、修仁、荔浦、昭平，梧州府的苍梧、藤县、岑溪、容县、博白、北流、郁林等州县。《殿粤要纂》较为具体地记载了平乐府、梧州府瑶人的分布情况。平乐府境内“瑶、壮十居七八”，其中平乐县民村仅115个，而瑶、壮村落“不啻倍焉”；恭城县“诸瑶峒除已经剿平无论，其势江源瑶离城最近”；富川县“富川多高山邃谷，瑶、壮凭为巢穴”；修仁县“仁化、归化二里内有顽壮梗瑶构仇格斗，殆无虚日”；荔浦县“编氓三，而瑶与壮七”；昭平县“编氓于瑶、壮十之三”④。梧州府境内各县亦多瑶人，苍梧县“层嶂纡回，瑶、壮环列”；藤县“外则赤篱、古稔等瑶，牛岭、高段等壮，既各设营防卫，而内则思王等壮、新塘等瑶”；岑溪县“民田视瑶山仅十之二”；容县共11里，有瑶者竟达7里；博白县和北流县的瑶人则大多已经归附朝廷，成为输纳赋税的编户齐民⑤。万历年间，郁林瑶人桀骜不驯，数次纠集生瑶攻破村寨，后来明朝调兵征剿，才平定了诸瑶的叛乱⑥。

2. 桂中瑶人向西迁移及分布范围的扩大

明后期，桂中地区的浔州府和柳州府南部仍是广西瑶族的一个重要分布区，正如万历四十六年（1618）广西巡抚潘一桂所奏：“浔、贵、宾、迁间八寨、三里之地，瑶贼纵横，两江为梗。”⑦ 与明代中前期相比，桂中瑶人分布的区域已向西大为拓展，到达了思恩府的兴隆司、定罗司、旧城司、安定司、都阳司、古零司等土司地区和土田

① （明）杨芳：《殿粤要纂》卷1《桂林府图说》。

② 《殿粤要纂》卷1《柳州府图说》。

③ 《殿粤要纂》卷1《庆远府图说》。

④ 《殿粤要纂》卷2《平乐府图说》。

⑤ 《殿粤要纂》卷2《梧州府图说》。

⑥ 《明史》卷317《广西土司传》。

⑦ 《明神宗实录》卷574，万历四十六年九月己酉。

州境内。万历年间，思恩府兴隆司“有大厢瑶村，其民驯习，刀耕火种”；定罗司图上有瑶村；旧城司的瑶、壮“皆力事耕种，无跳梁”；安定司“东西二山并夷江峒瑶、壮共二十一陇，西之快到、下色等共九陇，素称良瑶”；都阳司“瑶皆刀耕火种，不为患”；古零司图上有瑶村①。嘉靖年间，田州境内的深山绝谷“皆瑶、壮所盘踞”②。

此外，明中后期，还有一些山子瑶迁入桂南地区。据明人王济所载，横州有一种人“名曰山子，即夷獠之属”③。这里的“山子”即过山瑶，显然是游耕至此。

综上所述，明代广西瑶族的地理分布体现出如下特点：

一是明代广西境内的瑶族比宋代的分布范围大为扩展，广泛分布于广西7府48州、县（长官司）内。特别是桂林府、平乐府、梧州府、柳州府、庆远府、浔州府等桂东、桂北、桂中地方，瑶人频繁起事，与其分布格局呈现出一致性。比如正统八年广西总兵官柳溥奏称：“广西所属浔、梧、柳、庆等府地方，瑶壮夷人，叛服不时，所赖者城池壕堑耳。”④ 又成化二年兵部尚书王复等奏称：“广西瑶贼，攻陷洛容县治，越入博白县城，杀虏官民人口，劫掠印信，烧毁公廨民居。……全州、临桂、宜山、平乐等境，亦被多贼杀掠焚毁，不可胜计。”⑤ 大体反映了这一分布格局。

二是与宋代广西瑶族主要分布于桂北的静江府、融州一带相比，明代广西瑶族的分布重心逐渐南移到浔州府、平乐府、柳州府之间的大藤峡地区，这与瑶族向南、向西的迁移方向相一致。

三是明后期广西瑶族分布区域的西界扩展到思恩府的土司地区和土田州境内，该区域逐渐成为广西瑶人分布的又一个聚居地。

二　清代广西瑶族的地理分布

清代广西瑶族的分布范围比明代有了进一步拓展，具体表现为在明代的基础上，瑶民不断向桂南、桂西南和桂西迁徙，有的甚至迁徙到云南和越南等地。而且广西境内瑶族人口众多，据道光《龙胜厅志·风俗》载：“粤西山谷奥险阻绝，蛮类实繁，合其类而十分之，则壮居四、瑶居三、狼居二，余仅得一焉。”尽管这一比例并不能说明真实的人口构成情况，但至少反映了广西瑶族人口较多的事实。下面试以《清实录》、《皇清职贡图》、嘉庆《广西通志》的记载为依据，复原清代前、中期广西瑶族的分布情况，并根据瑶族《过山榜》等文献，勾勒清后期瑶族向云南、越南等地迁徙的路线及事实，再现其分布空间的扩展。

---

① 《殿粤要纂》卷4《思恩军民府图说》。

② 《明世宗实录》卷88，嘉靖七年五月壬午。

③ （明）王济：《君子堂日询手镜》。

④ 《明英宗实录》卷107，正统八年八月庚戌。

⑤ 《明宪宗实录》卷28，成化二年闰三月戊戌。

（一）清前期广西瑶族的地理分布

清前期，桂北、桂东、桂中的瑶人保持了与明代相似的分布格局，而在桂南、桂西南、桂西方向，瑶人活动的范围则明显扩大，甚至一些偏僻的边缘山区都出现了瑶人的身影。

1. 桂北、桂东、桂中瑶人的分布

清前期，桂北瑶人呈广泛分布状态，主要分布于桂林府的临桂、永宁州、义宁、兴安、灌阳、西延，柳州府的马平、罗城、怀远、融县、象州，庆远府的河池、东兰等地。据康熙时毛奇龄《蛮司合志》载："其在桂林之兴安、义宁，柳州之融县、怀远界者，则谓之瑶。"其实这里记载的桂林、柳州二府有瑶人的州县很不完整，实际情况是大多数州县均有瑶人。比如雍正年间桂林府全州西延司"瑶、壮杂处"①；永宁州地居万山之中，"为瑶、壮出没之所"②。另据乾隆时傅恒《皇清职贡图》卷4记载，临桂县为大良瑶，永宁州为梳瑶，兴安县为平地瑶，灌阳县为竹箭瑶。柳州府马平县去城百里外就有瑶人，罗城县的瑶人包括板瑶和盘瑶③。庆远府境内的瑶人主要为过山瑶④，分布于河池州、东兰州等地。

此时桂东瑶人分布于平乐府属富川、恭城、修仁、荔浦，梧州府属岑溪，郁林州属陆川、博白、北流等地。康熙四年（1665），平乐府属富川、恭城、修仁、荔浦四县瑶贼作乱，官兵剿平之⑤。梧州府岑溪县连城乡境内瑶人很多，"上里为平河等二十村，中里为大峒等四村，下里为佛子等五村，皆瑶人所居"，而六十三山更是诸瑶盘踞之所⑥。郁林州境内各县多分布有瑶人，陆川县为山子瑶；博白县瑶人散居各堡，有瑶总管束；北流县瑶人分布于"县治南鸡儿坡、南禄、茆田、那留等十二村"⑦。

桂中的瑶人分布于浔州府的桂平、武宣，柳州府南部的宾州、上林、迁江，以及思恩府属兴隆、定罗、那马等土司地区。浔州府武宣县东乡之峡江、花灵、花周、花樊诸村皆瑶人，桂平县大藤峡地区瑶人亦多⑧。柳州府南部的宾州、上林等州县"瑶、壮顽劣，察治尤难"⑨，乃至于乾隆八年（1743）在迁江县平阳圩专门设立理瑶巡检⑩。而思恩府土司地方的瑶人自明后期定居以来，至清前期已经成为都阳山—大明山地区的主人之一⑪。

---

① 《清世宗实录》卷89，雍正七年十二月二十一日。
② 《清世宗实录》卷120，雍正十年六月二十九日。
③ 雍正《广西通志》卷93《诸蛮》。
④ （清）傅恒：《皇清职贡图》卷4，四库全书本。
⑤ 《清圣祖实录》卷16，康熙四年七月十八日。
⑥ 雍正《广西通志》卷93《诸蛮》。
⑦ 《皇清职贡图》卷4。
⑧ 雍正《广西通志》卷93《诸蛮》。
⑨ 《清世宗实录》卷35，雍正三年八月九日。
⑩ 《清高宗实录》卷185，乾隆八年二月二十七日。
⑪ 雍正《广西通志》卷93《诸蛮》。

2. 桂南、桂西南、桂西瑶人的分布

清前期，桂南瑶人进一步向南迁徙，到达了廉州府合浦县境内。据《皇清职贡图》卷4记载，合浦县山民“一名莫徭，自荆南五溪而来，本瑶、壮之类，而不属于峒长，故名莫徭。随溪谷群处，斫山为业，有采捕而无赋役”。

桂西南太平府、镇安府在明代尚无瑶人分布，到了清代，瑶人逐渐迁入这一地区。康熙五十四年，广西提督张朝午参劾新太营参将王启云擅自领兵与瑶人交战，请求交部议处，但康熙帝认为瑶人劫掠村庄，围攻万承州署，理应弹压①。此外，太平府还有宁明瑶、江州瑶和思州瑶，镇安府有向武瑶②。

明代桂西边缘地区是否有瑶人尚缺乏记载，但清前期泗城府境内已有瑶人分布的确凿信息，乾隆年间西林县八渡墟地方已是“瑶、壮杂居”③。

（二）清中期广西瑶族的地理分布

清中期对广西境内瑶人的记载已经由过去的模糊、笼统趋向清晰、细致，不仅根据政区命名不同地区的瑶人，而且根据瑶人的服饰、居住条件、生活方式等外在形态予以细分，说明清人对瑶人的认识已经越来越深入。而且清中期广西已经成为全国瑶族人口分布最多的地方，并形成了今天广西瑶族“大分散、小聚居”的分布格局。

1. 桂北、桂东、桂中的瑶人种类及其分布

清中期，桂北桂林府境内的瑶族以居住的政区划分，有临桂瑶、兴安瑶、灵川瑶、阳朔瑶、永福瑶、义宁瑶、西延瑶、灌阳瑶等，而且其内部常常又包括不同的支系。比如临桂瑶皆熟瑶，有平地瑶、大良瑶、高山瑶、过山瑶之区别；阳朔瑶又分为笠头瑶、箭杆瑶、戴板瑶、大源瑶；义宁瑶分盘古瑶、平地瑶、狗瑶三种；全州西延瑶有隘瑶、令勾瑶、狗瑶三种④。庆远府境内的瑶族按政区划分，有天河瑶、思恩瑶、南丹瑶、忻城土县瑶等，其中天河瑶有顶板、赤膊、过山诸种⑤。需要指出的是，虽然嘉庆《广西通志》没有记载柳州府境内是否有瑶，但从府、州、县志的记载可以发现，此时柳州府境内照样存在大量瑶人。

桂东的瑶人主要根据居住的州县或村寨来命名，比如平乐府境内的瑶人分为平乐瑶、恭城瑶、富川瑶、贺县瑶、荔浦瑶、修仁瑶、昭平瑶、永安瑶，梧州府境内的瑶人分为苍梧瑶、藤县瑶、容县瑶；而在某一州县内，又根据其居住的乡村基层组织名称或村寨来命名，比如富川瑶有四种：“曰七都瑶、上九都瑶、一六都瑶、畸零瑶，皆来自黔中五溪，散处三十六源。”昭平县“东北有南峒瑶，西北有古皂瑶、岭阳瑶、立龙瑶、花州瑶，皆以山寨命名”。梧州府境内的瑶族有苍梧瑶、藤县瑶、容县瑶⑥。与

---

① 《清圣祖实录》卷262，康熙五十四年二月二日。

② 雍正《广西通志》卷93《诸蛮》。

③ 《清高宗实录》卷1262，乾隆五十一年八月八日。

④ 嘉庆《广西通志》卷278《列传二十三·诸蛮一》。

⑤ 同上。

⑥ 同上。

清前期相比，中期郁林州已无瑶人分布的记载，原来该地的瑶人“自乾隆以来山岭开辟，俱迁徙安南，今无其人，并无其俗”①。

桂中的瑶人按居住的政区划分，浔州府境内有平南瑶、贵县瑶等，思恩府则有武缘瑶、宾瑶、迁江瑶、上林瑶、田州瑶等。其中平南瑶包括平地瑶、盘古瑶、外瑶三种，“平地瑶男女皆青衣花带草履，以银圈挂项；盘古瑶头插匙簪，衣领绣花，平地瑶则不簪不绣；外瑶俗与民同”②。

2. 桂南、桂西南、桂西的瑶人种类及其分布

清中期，桂南南宁府境内的瑶人广泛分布于流、土政区，包括流官政区的宣化瑶、隆安瑶、上思瑶和土司政区的归德瑶、果化瑶、忠州瑶。其中宣化瑶“一名輋客，有盘、蓝、雷、钟四姓，自谓狗王后。男女皆椎髻跣足，结茆而居，刀耕火种，不供赋役”③。与清前期相比，清中期南宁府境内的瑶族分布范围大为扩展，瑶人的种类也更多。

桂西南镇安府境内有天保瑶、奉议瑶、归顺瑶，其中天保瑶“聚居瑶庄，距城八十里，语与民同”；奉议瑶“居州属之山老坡，俗俭朴，言语衣服与齐民无异”；归顺州境内则有 12 个瑶村④。

桂西泗城府境内有泗城瑶、西林瑶，其中泗城瑶“居深谷，耕山猎食”；西林瑶“散处林谷，所种山稻、䅟子、野芋，待雨而耕，旱则移就泉源，疏沟架槽，引以灌溉，终年一收，捕禽兽为食”⑤。

（三）清中后期广西瑶族的迁徙趋势

清中后期，不仅原先居住在广西东部的瑶族不断向广西西部、云南和越南等处迁徙，而且广东西南部的瑶族也呈现出经由广西向西迁徙的趋势，比如在桂南十万大山地区的瑶族，传说其祖先原住广东肇庆府，百多年前才迁来这里，部分经钦州、防城进入越南。就广西的瑶族向广西西部、云南和越南等处迁徙而言，流传下来的瑶民迁徙路引歌提供了很好的佐证。据《计开千家洞路引》载：“寄信人邓元珠，情因嘉庆丙子（1816）年，搬来小朝住居十数余年，因红苗作乱，只得搬去云南开化府猛子（蒙自）县住居三年。闻说石碧洞何好，兄弟亲戚凑合银钱，我等入往云南省，串过向到广西柳州府所管石河县，离城一百六十里，以前石碧碑果是千家洞，今人改唤石碧洞，我等入洞看石碑字，有十二姓瑶人名姓在石碑上。……开列路引，白沙至中间之处，司辛山街到平乐府，向利（荔）普（浦）县、修仁县向柳州城，柳州府向怀山街庆远府，又向德滕（胜）向石河县石碧洞口。”⑥ 这里列出了从平乐府经由柳州府到庆远府

① 道光《博白县志》卷 13《礼俗》。
② 嘉庆《广西通志》卷 278《列传二十三·诸蛮一》。
③ 同上。
④ 同上。
⑤ 同上。
⑥《过山榜》编辑组编：《瑶族〈过山榜〉选编》，湖南人民出版社 1984 年版。

的迁徙路线。另外一部书《瑶族过山牒文汇编》收录有《冯朝易家信》，这是已迁徙到交趾（即越南）定居的冯朝易写给还留在广西恭城的弟弟冯朝唐、冯朝良的一封家信，信中谈到自己在交趾找到了合适的生存之地，写信叫弟弟也到交趾去，为此在信的后面列有冯朝易迁往交趾时的路线，并指点他的弟弟按照这条路线走，就可到达交趾北部，该路线经过了平乐府、荔浦县、修仁县、迁江县、宾州、思恩府、归德州、田州、百色、剥隘、归朝州、富州、开府、红水河、交趾万之冲、猛洞。同上书《交趾曲（一）》所载迁徙路线为：平乐府、象州、柳州、来宾、迁江、田州、百色、剥隘、富州、开府、红水河、交趾万言山、猛洞山。①

综上所述，清代广西所有的府、直隶厅和直隶州都有瑶人居住，包括 65 个厅、州、县（含土州、土县）及 3 个土司。从分布的范围看，大量瑶人离开桂东和桂中地区，向桂南、桂西南和桂西迁徙，不断扩大着瑶人分布的版图。而且随着清中期广东、岭北各地汉人向广西大规模移民，从东向西、从北向南压缩着瑶民的生存空间，许多瑶民选择了继续向西迁徙和向深山退却，或者逐渐与外来汉族移民融合。因此，从广泛散布到逐渐聚拢到一些相对集中的定居地带，成为广西瑶族空间发展上的一种趋向，并最终造就了今天广西瑶族地理空间上的分布格局。需要指出的是，清代一些史籍中有关瑶族的记载，有时存在着瑶、壮不分的情况，在阅读史料时需要细心研判，从而找出瑶人分布的蛛丝马迹。

三　结语

通过对明清时期广西瑶族在几个时段地理分布的对比，不难发现其前后变迁的趋势：明清时期广西瑶族的地理分布经历了一个从东向西、从北向南扩散的过程，即从明代主要分布于桂北、桂东、桂中到清代逐渐向桂南、桂西南和桂西扩散，形成了清代广西所有的府、直隶厅和直隶州都有瑶人居住的格局，并在清中后期进一步迁徙到云南和越南等地。从广西瑶族分布的中心区看，明中前期已经形成了大藤峡核心分布区，明后期瑶人从桂中逐渐向西迁移，使思恩府境内的土司地区逐渐成为广西瑶人分布的又一个聚居地。

明清时期广西瑶族的地理分布不仅存在着空间上扩散的一面，同时也存在着分布地域逐渐收缩的趋势，这一点在清代中后期表现得尤其明显。造成这一现象的原因，一方面是随着清中期广东和岭北等地汉族移民的大规模迁入不断压缩着瑶族的生存空间，许多生活于低山丘陵地区的瑶民选择了向深山退却或向外地迁移，或者逐渐与外来汉族移民融合；另一方面也与瑶族"居山游耕"的生活习惯有关，虽然从史料上看瑶族曾经广泛分布于广西各地，但若仔细考察其数量和分布的具体区域，可以发现他们主要集中在有广阔山地的地区，而在缺少山地依托的地区则很稀少，而且瑶族游耕的生活习性使得他们在一个地方耕种一段时间地力耗尽后，便选择迁徙他处，所留下

① 中科院民研所广西少数民族社会历史调查组编：《瑶族过山牒文汇编》，1964 年。

的地盘则多为汉族移民所占据。随着瑶人从游耕向定居的转变，定居的瑶族依托几块大的山地逐渐形成了几个稳定的分布区域，包括大瑶山区、桂东南岭山区、都阳山—大明山区、十万大山区等，而其他地区散布的瑶族要么与别的民族杂居或融合，要么迁徙他方，最终形成了今天广西瑶族“大分散、小聚居”的分布格局。

（作者单位：广西民族大学民族学与社会学学院）

走向世界的中国历史地理学

——2012年中国历史地理国际学术研讨会综述

毛　曦　靳润成

由中国地理学会历史地理专业委员会主办，天津师范大学历史文化学院承办，天津市地理学会、南开大学中国社会史研究中心、天津师范大学城市与环境学院协办的“华北历史地理与中国社会变迁——2012年中国历史地理国际学术研讨会”于2012年9月22—23日在天津师范大学隆重举行。有来自中国科学院、中国社会科学院、北京大学、复旦大学、中国人民大学、中山大学、武汉大学、陕西师范大学以及中国台湾和意大利等国内外80多个科研院所与高校的200余位专家学者出席会议，会议收到论文达172篇。大会开幕式由天津师范大学历史文化学院院长侯建新教授主持，天津市人大常委会副主任苟利军、天津市教委主任靳润成、天津师范大学党委书记王璟、天津师范大学校长高玉葆等天津市和天津师范大学领导出席了会议，苟利军、靳润成、高玉葆三位领导发表讲话，中国地理学会历史地理专业委员会主任、复旦大学图书馆馆长葛剑雄教授代表学会致辞。大会报告和大会闭幕式分别由历史地理专业委员会副主任、北京大学历史系辛德勇教授与历史地理专业委员会副主任、复旦大学历史地理研究中心满志敏教授主持，黄盛璋、邹逸麟、朱士光、司徒尚纪、李孝聪、唐晓峰、陈文豪、毛曦、韩光辉、吴松弟、侯甬坚等学者做了大会报告，葛剑雄教授发表闭幕词。本次大会人数之众、层级之高、论文之多，皆创两年一次的历届中国历史地理学年会的新高，应属我国历史地理学界的一次高端盛会。通过大会学术报告和6个小组的专题讨论，与会代表们畅所欲言，进行了充分的学术交流，围绕中国历史地理学诸多领域，提出了许多新颖的见解和富有建设性的意见。这里，仅对本次大会的学术研讨综述如下。

一　华北历史地理研究

华北历史地理研究为本次大会的中心议题，有近30篇论文就此展开研讨，涉及华北区域历史地理的各个专题和不同区域，也涉及微观考察和宏观综合研究，无论是切入的角度，还是论点的创新，都有值得嘉许之处。

许多论文以河北地区乃至华北地区作为研究范围展开讨论并提出观点。邹逸麟认为河北地区自然条件相对较差，历史上曾大起大落，它的兴起晚于关中、黄淮、巴蜀和江南，隋唐为鼎盛时期；其在环境上、经济上的衰落却始于宋代，其在政治上的重要性同样始于宋代，元明清三代为畿辅之地，然其在环境和经济上的衰落由此更甚。马孟龙提出河北定县北庄汉墓墓石题铭可以用来复原东汉早期的中山国辖域范围，通过与《汉书·地理志》、《续汉书·郡国志》的对比，可以勾勒出两汉中山国疆域变迁的态势。张晓虹等讨论了晚清以来天主教在张家口地区长城一带的传播及其所进行的生态改造活动，揭示出我国干旱、半干旱地区人类活动的特点及其与环境变化之间的关系。曹志红等通过文献研读，勾勒了区域内虎种群的时空变动过程，同时对形成原因进行了环境史视角的分析。此外，穆渭生等认为盛唐“平定河北之役”未能从“地利”优势出发运筹方略并使用兵力，进而导致战事迁延；陈新海论述了清代燕赵地区三种民风的分布范围及不同地域的分布规律；周运中对炎黄部落的活动范围、迁移路线以及涿鹿之战的所处地域等历史地理问题做出了新的考证；关传友揭示了明清时期华北地区墓地风水林营造与保护的盛况及其所产生的社会效应。

以京津冀或京津唐为研讨对象，崔建新将 GIS 作为基本平台，收集多种来源数据，结合考古文献资料，重建了京津冀新石器考古遗址分布及人类生计模式与地理环境、气候波动之间的互动关系。尹国蔚主张元代以来京津唐区域文化是都城文化与环都文化的统一，北京在二者关系中居主导地位，环都文化分为包括长城文化区和滨海文化区在内的边缘文化带和由环京平原组成的内环带。张慧芝则对晚清以来京师、口岸、腹地定位的京津冀一体化的过程进行了历史地理学的解读评论。

关于天津历史地理的专门研究，华林甫披露了新修《清史·地理志》天津相关部分的内容，并就天津直辖市地域清代地理沿革的情况做出了系统的论述。钟翀分析了新近发现于日本的《天津城厢形势全图》的价值所在，指出该图不见于相关目录或图录书籍，亦未见藏于海内外公藏机构，是了解天津近代城市地图新旧交替时期传统地图的实物资料。李兆江论述了天津地域内聚落的演化历程及城镇体系的形成过程，认为天津城市聚落起源和发展均与“河海要冲，华北喉吭，京师门户”的地理区位密切相关，目前天津正凭借环渤海区域中心的地域优势向国际性港口大都市迈进。刘露认为天津城市发展是由海河起始点向海河入海口的一种空间发展过程，从明朝的“卫城”沿海河呈带状发展至20 世纪中叶，到20 世纪 80 年代重新确立了双心轴向的城市结构，而滨海新区的建立促成了“一条扁担挑两头”格局的形成。此外，肖立军提出明代天津设镇与发展主要与援朝抗倭及抵御后金有关，明中后期天津省镇营兵制将领及其所统营兵具有地方特点。

在北京历史地理研究的论文中，马保春认为太行山脉东西两侧各存在一条大致南北向的文化交流通道，尤其是太行东道曾显现出了非常重要的政治地理作用，对于北京的历史发展具有的意义。王毓蔺对明代北京营建中的烧办供应范围和烧造构件分类、烧造地域空间变化、烧办方式变迁、烧办过程、烧造规模、经费筹措等问题进行了考察。孙冬虎揭示了清代北京周边地区森林植被因过度砍伐而日渐萎缩的情况及其造成这一局面的各种原因。朱永杰等对清代密云八旗“满城”的时空演变进行了探析。

与华北地区相关联，环渤海区域亦被作为专门的研讨范围。陈晓珊认为明代形成了对环渤海地区统一规划管理的局面，显示出对环渤海战区战略地位、交通路线、军事部署、经济协作等状况的全面认识，这些认识在战局中起到了有效的作用。张利民系统分析了促使近代环渤海地区经济中心重组的三个方面的政治因素。樊如森概述了近代环渤海经济一体化的历史发展过程、主要内容及其特征。

此外，有论文专门讨论山西历史地理问题。贾亚宾论述了清代山西地区“十年九旱”的旱灾发生情况及其形成原因。李嘎以山西12座典型城市的个案考察为基础，对明清黄土高原地区的城市水患与拒水之策进行论析。潘慧生从地理条件入手，考察了清代到民国年间滹沱河上游两湾地区手工业村落的形成发展状况。

二　历史地理学学科研究

历史地理学学科问题的研讨是本次大会重点议题之一，也是此次会议研讨的特色所在。历史地理学学科问题包括了学科的理论与方法、地理学史和历史地理学史、学术史和学术动态以及历史地理文献等方面，本次大会论文涉及了历史地理学学科问题的诸多方面，提出了许多有关学科问题的真知灼见，对历史地理学发展将会产生积极影响。

关于历史地理学理论方法及中国历史地理学的发展，与会代表进行了专门的交流。黄盛璋认为历史地理研究最早始于中国，中国历史地理学应不断扩展研究的时间与空间范围，不断创建历史地理考古学、历史海洋地理学等分支学科，走有中国特色的历史地理学的发展道路。毛曦总结分析了中国世界历史地理研究的成绩和存在的问题，强调在学科调整背景下，历史学（尤其是世界史）和地理学系统开展世界历史地理研究的途径及应注意的问题。陈文豪论述了台湾的历史地理学的历史发展状况，认为其历史地理学滥觞于清领时期的方志纂修，日治时期有一定的历史地理学基础研究成果出版，1949年以来发生了一些变化并影响迄今。丁超认为中国学界“历史人文地理”的形成受自然地理、人文地理二分法的直接影响，西方则通常将历史地理学视为人文地理学的一部分即“过去的人文地理学”。苏海洋提出历史地理学人地关系研究中须高度重视尺度的选择与转换，在大尺度、中尺度和小尺度时空下，自然力与文化力的地位有所差异。李并成就我国沙漠历史地理研究中理论问题发表见解，给出了沙漠化的新的定义；认为“沙漠考古”只是沙漠历史地理学中的一种技术手段而已；历史时期形成的沙漠化土地，除具有现代沙漠化土地的一般指征外，还具有其他一些重要特征；建议对于森林破坏是否会引起干旱地区河川径流量的减少等问题展开探讨。娜拉提出历史地理研究中应重视族群文化系统、民族过程等民族因素对于专题历史地理研究和区域历史地理研究等的重要影响。谢丽认为历史地理学的方法创新应主动适应现代地理学研究视野与研究方法的变化，努力提高定量化程度。何凡能等对历史时期中国耕地空间格局重建方法进行了研究，在分析历史时期土地利用变化基本规律的基础上，依据现代耕地空间分布特点，构建土地宜垦性算法模型，进而设计了一套将历史耕地数量进行 10 公里 ×10 公里网格化分配的方法。周文业介绍了以 GIS 技术构建中国历史地理数字化应用平台以及在中国文学史中的应用。

有论文专门论述国外历史地理学史及历史地理研究的进展状况。意大利博洛尼亚大学斯特凡诺·皮亚斯特拉（Stefano Piastra）论述了 17 世纪后期意大利画家乔瓦尼·盖拉尔迪尼（Giovanni Gherardini）在游记中对于中国历史地理的描述，涉及当时欧洲到中国的水运航线、珠江状况、虎门情形、广州城概况和华南的其他景观。这一文献为国内以前尚未关注。唐晓峰认为美国地理学的推进是地理学家向历史学靠拢的结果，其中最为重要的有三位：第一位是布朗（R. Brown），1948 年出版了名著《美国历史地理》；第二位是克拉克（A. Clark），师承索尔（C. Sauer），使历史地理学正式成为地理学的一个分支；第三位是梅尼格（D. Meinig），他是仍然在世的美国大历史地理学家。张伟然提出北美地区关于中国宗教地理研究近年来出现愈益兴盛的趋势，并就相关热点领域佛教“圣地学”、空间宗教、空间宗教系统、宗教与地方社会做出评析。潘晟巧妙利用文献目录对 1977—1986 年日本历史地理学论著的出版、学术共同体的发展、具体研究的区域与对象等做了分析，勾勒了该时期日本历史地理学发展的概况。

关于中国历史地理学史及中国历史地理文献，有 10 余篇论文进行了讨论。田天梳理分析了先秦秦汉文献中的早期九州说，认为一类为《禹贡》系统的以山川为界的九州说，另一类则抽离了具体地理因素，形成一种模式化的九州说，并具有很强的数术背景。满志敏等提出清末曾出现地理知识大积累过程，最初推动来自地方实际需求，大清会典馆奏请开办会典舆图，从上到下推动了各地地理知识调查，促进了各地地理知识的积累和技术的进步。王小红主张历代学者从地理学角度研究《禹贡》的学术活动以及产生的大量文献，是中国古代地理学的重要组成部分，并对学科在思想、内容与方法上的促进作用非常明显。马强认为陆游的川陕诗是研究宋代川陕历史地理、宋代地理学史的一手资料。张保见考述了宋代《宝庆四明志》的学术价值及存在的问题。吕卓民认为宣统《重修泾阳县志》富有特色，极具史料价值，值得予以重视。张九辰等对 1956 年出版的《中国地震资料年表》编制的起因、过程、特点进行梳理，分析了特定历史年代国际学术交流存在的问题，提出当今如何摆脱“任务带学科”的传统模式、如何与国际学术界接轨并开展国际性学术合作等问题。施存龙发表对《中国历史地图集》质疑两则，认为明代双屿港不在象山港口外，隋代高华屿、句鼊屿标绘地望和对应今名成问题。此外，杨雨蕾对《坤舆万国全图》朝鲜彩色摹绘本的版本、承传及其他相关问题进行了详细考述评判；王志刚考释了《清代乾隆河南黄河河工图》相关问题；刘瑞以《西京市区图》为基础，论述了西京筹备委员会的测绘工作；张佳静论述了地图晕滃法在中国的传播与流变过程。

三　历史政治地理研究

历史政治地理研究是中国历史地理研究的传统主题，主要包括了疆域变迁、历史政区等内容。本次会议有关历史政治地理方面论文较多，内容以政区研究为多，时间上几乎涉及各个王朝，这些论文的学术研讨细致深入，多数论文不乏新意，对于中国历史政治地理研究的深化和整体推进不无裨益。

就综论而言，范今朝以杭州“西溪”的历史变化过程为例，综合分析了政治地理因素对地名含义变迁的影响；詹嘉全面剖析了景德镇御厂权力空间的格局：集地方衙署和皇家工厂于一体，凸显陶瓷文化和王权专制。多数论文讨论了不同时代的政区地理或政治地理。于薇认为山西翼城大河口墓地出土铜器铭文“霸”国可能与文献中“伯”族有关，应属主祭山川之国，反映了西周时期封国民、神分职的现象。鲁鑫认为春秋时代的沈尹应属楚国的中央官职，而非沈县县尹；历代学者判定春秋楚县八项标准中的七项标准都不应绝对化，必须辅以其他证据。田成方论述了楚国分封制的起源、类型、特点以及对楚国政治的影响。何慕考证后认为秦代内史既不在秦统一之初的三十六郡之中，也不应计入秦代后期的郡数之中。闫晓君提出汉代司法管辖以地区为主，通过对案例中管辖关系的分析，可以为汉代政区地理研究提供一种新的方法和角度。魏俊杰对十六国时期关中地区政区沿革进行描述考证。艾冲将北朝时期“河曲”行政区划建制演变分为三个时段加以论述，指出其演替呈现出由军管型行政体制向州郡县体制转变、行政区划单位数量越来越多、分布越来越广阔的时空特征与发展态势。吴榕青对六朝之前揭阳县的设置与废弃、六朝义安郡的设置及其地望与郡治等进行考订。江田祥对隋唐时期桂州理定县的历史沿革情况进行了细致考辨。郭声波论述了唐初左右江地区州县建置的情况，认为近边陆疆地区的建置收到了拓展和巩固南部边疆的实效，体现了多民族国家的圈层政区结构特点，并且对地方社会经济发展也产生了深远影响。聂顺新通过对河北魏博和敦煌归义军等的考察，并结合对佛教官寺作为国忌行香等国家仪式的礼仪空间的考察，认为由朝廷统一敕立的佛教官寺实为中晚唐半独立藩镇借以构建自身政治合法性的重要资源。李晓杰以前蜀乾德二年（后梁贞明六年即920年）为断，分节考订讨论了五代十国时期前、后蜀政区地理的沿革情况。陆韧系统论述了元朝特殊行政区划安抚司的设置数量、分布地域、管理办法、政区层级等问题，认为安抚司是元朝创制的地域与民族群落相结合进行管理的行政区划。吴德义认定明代广西思恩升府是在明正统四年，是为奖励岑瑛的忠诚与战功，与获建文帝并献于朝廷不相干连，而所谓的获建文帝更是子虚乌有之事。傅林祥对清代州县“冲繁疲难”官缺制度中的一些问题进行了深入探析。覃影研究发现清代四川厅治选址与绿营驻地之间存在重要的地缘关系，乾嘉时期二者呈现向四川盆地周边扩展并重叠的地理分布趋势。胡恒探讨了清代甘肃省独具特色的分征佐贰辖区的形成与演变过程，认为县域过大、废县管理、政治变迁是其设置主因，分征佐贰具有极为广泛的行政职能，已具有准县级政权性质。王开队阐释了固始汗进军康区不仅加快了康区统一的步伐，同时加快了康藏的一体化进程，为整个藏区的统一乃至其后的管理做出了贡献。张轲风认为清末民初西南贯通“三沿”（沿江、沿边、沿海）地带的省际交通格局体现出丰富的政治内涵，进而促成“内联外拓”的地域政治结构。王晗探讨了清至民国时期蒙陕边界的形成过程，这一过程可视为伙盘地移民社会的构建过程和伙盘地地域范围的变动过程。凌永忠研讨了清末民国时期云南边疆地区特殊过渡型政区的演进问题。

四 历史城市地理研究

历史城市地理研究向来是中国历史地理研究的重要内容，本次大会的论文有许多属于这一主题。这些论文或就单体城市历史地理专门论述，或对城市选址、城市形态、城市行政建制、城市管理、城市文化、城市经济、城市环境变迁、港口兴衰等予以讨论，涉及面广，研讨深入，提出许多新的见解。当然，这里的论文尚不包括前文已经提及的华北历史地理研究中有关北京、天津历史城市地理研究的成果。

就区域及单体城市地理研究而言，李孝聪利用古今地图和现代遥感影像的比勘，结合历史文献的记载，实地考察了穿越祁连山大斗拔谷的道路的走向，以及沿途历代城址的位置、形制、修建时代和缘由。朱士光对于武汉城市历史地理研究中几个重要问题发表见解，特别指出武汉确为一重要古都，对其古都地位与古都文化应明确彰显并加强研究。张多勇认为从汉置到元废经过迁徙、改建、更名，先后出现过 8 个彭阳古城，并考证其变迁轨迹。许桂灵等提出广州地理环境及其变迁深刻影响到城市形态和布局，最终形成广州选址于越秀山畔，城垣呈梯形，聚落和建筑依地貌类型错落有致分布，以及以珠江为轴线发展的空间格局。此外，韩宾娜等探讨了渤海国上京龙泉府城市选址、城市形态、城市建制、城市影响等城市地理问题，田冰讨论了古代郾城的历史变迁及其多种原因。

多数论文就中国古代某一断代的城市地理问题展开讨论。韩光辉对《金史·地理志》所载城市行政建制疏漏进行补正，认为在京府、府镇、防刺州属下的行政系统中，除京县、附郭县和诸县外，还应包括专门管理城市的行政管理机构警巡院、录事司和司候司。吴朋飞认为黄河变迁对金代开封府域影响深刻，但对开封城市本身还谈不上有重大影响。李玉尚认为万历六年（1578）之前，小青岛在行政和军事上属于胶州，在即墨其他港口厉行海禁的政策下，反而获得初步发展的契机，青岛“走私港”得以形成。张萍论述了明清时期西北地区城镇市场格局及其意义。许檀等以碑刻资料为中心，考察了明清时期河南清化镇的商业。牛淑贞认为明清时期归化城区曾由明末的蒙古转口贸易中心变为清初稳定的商业市场，再变为清代中后期西北长距离大宗贸易中转枢纽，乃至西北对外贸易的节点。罗艳春以江西省万载县城为中心，考察了明清时期县城聚落的建祠现象。余新忠评估了清代城市水环境的状况：流经城市的江河多较为浑浊，但水质并不恶劣；城市河流多被赋予排泄污物的功能，一些大城市城河淤塞造成部分水域污染的情况日趋严重；由于排水设施不良，城市中污水横流和污水沟、污水潭现象多有存在；虽然个别工商业发达城市水域出现了一定的手工业或工业污染，但绝大多数水环境的恶化是人口增加带来的生活垃圾无法及时有效清除造成的。吴滔揭示了清代梅菉镇的空间结构的形成变化与社会组织的地域特色。王元林论述了 1840 年前海南岛的港口分布、地域特点、贸易范围、贸易税则，以及外国飘风船只处理与寇商活动等。于双远提出了清代江南市镇的水利疏浚组织“夫束”，其职责后来出现扩展，成为市镇管理机构中的重要一环。武强以《歧路灯》为基础，从节点、标志物、道路、边界、区域等城市意象五元素的角度探讨了清中期开封的城市发展状况。

关于近代城市地理研究，有两篇论文极为重要。吴松弟详细论述了近代早期22个通商口岸的开埠过程，分析了第一次鸦片战争后开埠的东南五口，第二次鸦片战争后开埠的沿海沿江和台湾口岸，以及与俄国毗邻的新疆、蒙古口岸等不同区域，在开埠过程中表现出来的不同特点。刘石吉以上海、天津、汉口、重庆、广州等近代通商口岸城市为例，探讨这些城市从早期聚落的形成、城镇规模的确立、城垣的修筑、城郭市廛的兴起，以迄20世纪初期拆除城垣、改善交通、扩展商旅，迎接近代市政建设的发展历程。

五　其他历史地理专题研究

除以上4个专题外，本次大会的论文广泛涉及历史地理研究的其他问题。虽然每个具体专题论文数量不算太多，但总体数量众多，反映出中国历史地理研究的广阔领域，也反映出中国历史地理学的整体进展和最新动态。

在区域人文地理研究方面，侯甬坚揭示了陕西人文地理的诸多重要特征，认为对于这些特征的把握过程可以视为是从本区历史人文地理到现代人文地理表现特征的一种尝试性归纳；范玉春对岭南地区“男逸女劳”的经济民俗进行了历史地理学的考察释读；薛正昌论述了宁夏固原地区清末民国时期文化与经济社会的变迁；许桂香等阐述了客家服饰既承继中原服饰文化的传统，也与岭南山区环境相适应的情形。此外，有论文从国家区域研讨地理环境对历史发展的影响作用。李学智提出中国先秦时期政体形式基本是王权专制，古希腊雅典建立起城邦公民政体，这一差异的根本原因在于两个文明生长的地理环境不同。汪兵专题论析了古希腊民主制形成的人文地理环境成因。高永丽则专门论述了地理环境对我国社会形态演进的重大影响。

在文化地理研究方面，辛德勇通过缜密考证，详细解释了文献记载西汉秦岭秦中祠应为秦二世祠的原委；王社教指出今西安斗门镇“石爷庙”和“石婆庙”的牵牛像与织女像，在牛郎织女神话传说及“七夕节”的形成和传播过程中具有重要的历史文化地理学意义，表明“七夕节”的真正起源地是在今西安地区；黄义军等认为中国迄今发现最早牙刷为辽墓出土，地点为头下军州所在地或北方游牧部族活动区域，金元时期实物牙刷仍以北方地区出土为主，12世纪中叶以后，牙刷逐渐成为日常用品；常建华以山西洪洞县为例，从日常生活的角度考察了晚明时期的风俗变迁；章宏伟探讨了万历年间五台山刻藏施主的地域空间分布及其成因；樊莉娜论述了以崤函古道与铸鼎塬为中心的黄帝神话群的形成过程及其形成条件；尹弘兵考辨认为《楚居》“京宗”是芈姓一族“都邑”的专用名称，犹后世楚都之称“郢”。

在经济地理研讨方面，韩茂莉提出古代经济重心南移过程中以广度开发为主逐渐转变为以深度开发为主，稻麦复种奠定了一年两熟种植制度的基本空间，并以此决定了经济重心的地域所在与时间进程；吴文涛论析了北京历史上戾陵堰与车箱渠的具体方位、相互关系、形制规格、水利价值及后世影响；邓玉娜对清代中后期河南粮价变化情况做出了历史地理学的解释；刘景纯叙述并评估了近代西北鸦片种植的情况，认为长期且有一定规模的鸦片种植也带来了城镇和市场的短暂繁荣；张维慎从分析历史时期以来宁夏南部农牧结构的变迁入手，提出了本地域居民脱贫致富的五种途径。

此外，在移民与人口地理方面，徐少华对《楚居》简文所载穴熊至熊绎居地及与楚丹阳的关系进行了分析讨论，并对芈姓族人南迁的时间和路线进行了考察；潘春辉对清代镇番县的移民状况及原因进行了探讨，认为这一时期的本地域移民经历了从入迁到外流的过程；路伟东认为同治前高陵西北以数字命名的十三村实际上是对回民村落群或回汉杂居村落群的泛指，对高陵回民人口群落的考证比较直观地反映了当时关中回民人口片状分布的格局。在民族地理方面，刘祥学论述了宋代以来广西壮族地区“汉化”与“壮化”现象的人地关系背景；郑维宽论述了明清时期广西瑶族的地理分布及其变迁情况。关于军事地理，朱悦梅分析了唐代吐蕃进攻河西走廊的具体方略与军事建置的地理分布情况及其特征和优势；鲁延召探讨了明清时期伶仃洋区域海防地理的特征，指出其海防对象的多样性与海防重心的阶段性；谢湜展示了清初对于浙江海岛的展复过程及其复杂情形，指出海岛的展复造就了新的海域格局；僧海霞认为明至民国嘉峪关意象变迁经历了由明代“关限华夷”，到清代“鬼门关”，再到民国“废垒”的变化过程。在交通地理研究方面，李久昌介绍了秦函谷关的最新考古发现情况并据此做出了一些初步的研究；施存龙综合论述了中国东西大运河和南北大运河的变迁情况，认为二者应统称为中国大运河；于宝航提出明代运河因地理条件所限，在制度和实际上形成了贡舟先行、次则漕舟、官舟次之、民舟又次之的通航次序；张士尊专题研究了明末中朝之间的海上通道问题；李智君以清代林爽文事件为中心，探讨了战时台湾兵力的大陆补给与投送的交通地理与军事地理等问题；马琦对清代黔铅京运问题进行系统研究。

关于历史自然地理包括环境变迁研究，本次大会收到有十余篇论文，对相关问题展开了深入探究。龚胜生等系统探讨了元朝时期疫灾发生的时空分布、疫灾频度、疫灾密度、疫灾厚度等疫灾地理问题。高凯从中西交流视角考察认为中国境内最早有麻风病的地区应在云贵川和新疆地区，时间应在公元前3世纪之前。司徒尚纪等认为历代对海南岛的掠夺式开发，直接导致其生态环境的变迁和恶化，特别是近代日本侵占海南后，对岛上森林和环境的破坏最为严重。廖慧怡分析了台湾乡村环境景观的变迁过程，认为主要环境结构的转变包括土地利用方式、水利设施、生产形态与城乡发展等方面。朱海滨对浙江省浦阳江下游河道改道做出新的考证，对陈桥驿的有关论点提出商榷。祝一志等通过对丹江上游地区连续的考古文化遗址调查及相关技术手段取样分析，揭示了该地区全新世以来气候环境的变化规律。雍际春探讨了渭河上游地区史前时期的农业文明，并复原出同期该地区的自然环境。夏宇旭论述了金代女真人对其境内山林和野生动物资源的认识与保护。安介生论述了明清时期当地士大夫的刻意营造，使得扬州北湖地区受诸多水系影响的景观环境叠加上了学术及高雅文化的特征。曹志敏分析了明清时期在“以水攻沙”方略指导下治理黄河泥沙的有关措施。赵珍论述了清同治年间浙江海塘的建筑与资源的利用，分析其对杭嘉湖地区的资源环境、海岸环境的影响。吴小伦考察了嘉庆、道光时期黄河的水患及其对河南地方社会的深刻影响。梁志平分析了1952—1978年间江南乡村地区的饮水改良活动，认为其效果微乎其微，其成绩基本只是一组组数据而已。

六　结语：中国历史地理学的国际化趋势

综上可见，本次大会学术研讨内容广泛，重点突出，多数论文选题新颖，见解深刻，在华北历史地理研究和历史地理学学科问题研究方面，成果尤为丰硕集中。就整体来看，大会论文不仅可视作近年来中国历史地理学发展的一个缩影，而且集中反映出我国历史地理学走向世界的国际化趋势。这种国际化趋势体现在大会论文的四个方面的特征：一是国外学者参与中国历史地理研究并以其成果参与此次会议；二是与会学者充分发掘国外汉籍中的历史地理文献并用于中国历史地理研究；三是有论文总结分析了国外历史地理学的历史与现状以及学术研究的最新进展；四是与会专家思考中国历史地理学的发展道路，就学科理论方法更新、研究范围拓展乃至我国历史地理学走向世界提出了看法和建议。

（作者单位：天津师范大学历史文化学院）